hist. Franc. N°. 11. fl. 1.
R. 31

H. 6412 bis 1

HISTOIRE
DU REGNE
DE
LOUIS XIV.
ROY DE FRANCE ET DE NAVARRE.
SECONDE EDITION,
Revuë, corrigée & augmentée.

TOME TROISIEME.
Contenant la Revolution d'Espagne, & l'Etat de France jusqu'à la fin de ce Regne.

Par H. P. DE LIMIERS, *Docteur en Droit.*

Sicut vetus Ætas vidit quid ultimum in Libertate esset, ita nos quid Servitute
Corn. Tacit. init. Vit. Jul. Agric.

A AMSTERDAM,
Aux Dépens DE LA COMPAGNIE.
M. DCC. XX.

SOMMAIRE
DU
LIVRE TREIZIEME.

Livre Treizieme.

Commençant au Mariage de Mr. le Duc de Bourgogne, & finissant à la grande Alliance concluë en 1701.

La paix est publiée à Paris. Réjoüissances à ce sujet. Preparatifs pour le Mariage du Duc de Bourgogne. Celebration des Nôces. Magnificence de cette Fête. Plaisirs qui l'accompagnent. Ambassade du Roi d'Angleterre à la Cour de France au sujet de ce Mariage. Retour du Prince de Conti en France. Motifs de l'aversion du Roi pour ce Prince. Son caractere. Il est encore traité comme Roi par le Primat de Pologne. Nouveau Convertis persecutez en France. Desarmez comme suspects. Declaration du Roi sur ce sujet. Motifs de cette Declaration. Elle fait voir que la voie de la Contrainte n'étoit pas regardée comme sûre. Que la France se défioit de sa propre conduite. Elle est opofée aux Maximes du Cardinal de Richelieu. Pernicieuse à la Societé. Effets dangereux qu'elle a produits. Autre Declaration pour remedier à la premiere. Observations sur ce sujet. Protestans rétablis à Orange, & peu après troublez de nouveau. Surprise qu'on leur fait. Mauvais traitement dont elle est suivie. Ce qui arriva à ceux de Provence. Fermeté des Protestans de France au milieu de toutes ces Persecutions. Declaration du Roi portant defense à ses sujets de s'aller établir dans la Principauté d'Orange. Paix fatale aux Nouveaux Convertis. Embarras de la Cour à cet égard. Le Roi fait un Camp à Compiegne pour l'instruction du Duc de Bourgogne. Belle Ordonnance des troupes. Magnificence du Marechal de Bouflers. Revuë générale. Description de deux actions qui se passerent en presence du Roi. Ordre d'un decampement. Preparatifs pour le siege de Compiegne. La Place est investie. Action entre les deux Armées. Ouverture de la Tranchée. Attaque de deux Lunettes à l'Angle flanqué de la demi-

1697.

1698.

SOMMAIRE

Lune & du Chemin couvert. Attaque de la demi-Lune. Dequoi fut suivie la reddition de la Place. Retranchement forcé. Regal fait aux Dames de la Cour par Monsieur de Bouflers. Bataille rangée. Enlevement de Fourageurs. Le Roi s'en retourne à Versailles. Pourquoi les Ambassadeurs ne se trouverent point à ce Camp. Le Marechal de Bouflers s'y distingue par une depense excessive. Mariage de Mademoiselle avec le Duc de Lorraine. Description de la Ceremonie des Fiançailles. Description du Mariage. Honneurs que la Princesse reçut avant son départ. Elle se met en chemin pour se rendre dans les Etats du Duc son Epoux. Comment elle fut reçue à Châlons. Surprise agreable que lui fait le Duc son Epoux à Vitri-le-François. Elle arrive sur les Terres de Lorraine. Reception qui lui fut faite. Le Roi touche plusieurs Malades des Ecrouelles. Remarques sur cette Cerémonie. Parallele de Loüis XIV. & de Guillaume III. à cette occasion. Declaration du Roi touchant les Nouveaux Convertis & autres. Remarques des Catholiques Romains sur ce même sujet. Conformité de ces deux Declarations. Difference qu'il y avoit entr'elles. Propositions de Paix

1699 *sans fruit entre la Cour de Vienne & la Porte. Combat entre les Tartares & les Polonois. Rencontre des Flotes Venitienne & Ottomane. Paix de Carlovvitz entre la Cour Imperiale & la Porte. Raisons qui porterent l'Empereur à la faire. Differend pour la Souveraineté de Neuchâtel terminé à l'avantage de la Duchesse de Nemours. Affaire du Quietisme. Persecution faite à ce sujet à Mr. l'Archevêque de Cambrai. M. de Meaux son Ancien Ami devient son plus ardent Persecuteur. Motifs qui le firent agir ainsi. Pretexte qu'il prit pour faire éclater son ressentiment. Motif secret de la part que la Cour prit en cette affaire. Tranquilité de Mr. de Cambrai au milieu de ses persecutions. Mr. de Meaux fait faire de nouveau le procés à Mr. de Cambrai. La Doctrine de cet Archevêque étoit la même que celle de plusieurs Mistiques aprouvez. Formule d'Abjuration qu'on força les Nouveaux Convertis de signer en quelques Provinces du Roïaume. Statuë Equestre du Roi élevée à Paris. Description de la Place dite anciennement de Vendôme. Hôtel des Mousquetaires noirs bâti des anciens materiaux de cette Place. Ceremonie faite à Paris lors qu'on decouvrit la Statuë Equestre du Roi. Feu d'artifice tiré à ce sujet. Parallele qu'on y fit du Roi & des anciens Heros. Ce que l'on doit penser de ces sortes d'honneurs rendus aux Princes. Etat de la France en cette conjoncture. Foi & hommage rendus au Roi pour le Duché de Bar par le Duc de Lorraine. Nouveau moïen dont S. M. se sert pour cacher ses vuës sur la Monarchie d'Espagne. Ce que fit cette Cour pour en prevenir l'effet. Memoire donné par l'Ambassadeur de France au Roi d'Espagne sur le Testament de S. M.*

1700. *C. en faveur du P. Electoral de Baviere. Reponse du Roi d'Espagne à ce Memoire. Le Comte de Tallard forme le Projet d'un Traité de Partage de*

DU LIVRE XIII.

la Monarchie d'Espagne. Le Roi d'Angleterre y donne les mains à bonne intention. Intrigue de la France qui pensa faire échoüer ce Traité. Extrait du Traité de Partage. Quel effet il produisit à la Cour d'Espagne. La Cour de France inspire au Roi Catholique de faire un Testament. Effet que produisit le Traité de Partage à la Cour de Vienne. Projet du Testament envoié de France en Espagne. Extrait de ce Testament. Affaires du Nord. Suite des differens du Roi de Danemarck & du Duc de Holstein-Gottorp. Ils sont terminez par un Traité de paix. Guerre entre la Pologne & la Suede. Siege de Riga par les Polonois, changé ensuite en Blocus. Le Czar de Moscovie, Allié du Roi de Pologne, declare la guerre à la Suede. Mort du Duc de Glocester, Heritier presomptif de la Couronne d'Angleterre. Mort du Pape Innocent XII. Clement XI. lui succede. Le Cardinal de Bouillon est fait Doien du Sacré College après la mort du Cardinal Cibo. Quel fut le sujet de sa disgrace. Il n'ait un fils au Roi des Romains. Erection de la Prusse en Roïaume. Mort du Roi d'Espagne. Le Duc d'Anjou est demandé pour être son Successeur. Le Roi y consent, & rend public le Testament du Roi Charles. Le Duc d'Orleans proteste contre la disposition de ce Testament. Le Roi declare son Petit-Fils Roi d'Espagne. Il allegue le consentement des Peuples en sa faveur. Si le Roi Charles a veritablement fait un Testament. Explication illusoire du Traité de Partage, fournie par la France. Comment elle fut reçuë du Roi d'Angleterre. Le Roi T. C. attire l'Electeur de Baviere dans son Parti. De qu'elles esperances on le flata. Remontrances du Roi au nouveau Roi d'Espagne avant son départ. Traité qu'on lui fait signer. Ce que lui dit le Daufin son Pere. Il part de France & arrive en Espagne. Changemens qu'il fait à son arrivée. Recapitulation des principaux Evénemens de ce Siecle. Henri IV. & Loüis XIII. ébauchent le grand dessein de la Monarchie Universelle. Loüis XIV. l'acheve en quelque maniere. Sa trop grande Puissance réünit toute l'Europe contre lui. Il obtient par une revolution surprenante ce qu'on lui avoit disputé par tant de guerres. La France montée par là au plus haut periode de sa grandeur. Moiens qu'elle met en usage pour prevenir une nouvelle Ligue. Distinction qu'elle fait entre l'esprit & la lettre de ses Traitez. Elle refuse de donner satisfaction à l'Empereur. Le Roi d'Angleterre se dispose à défendre les Etats Généraux. On se prepare de tous côtez à la guerre. L'Empereur fait publier un Manifeste contre les pretensions de la France. Les Ducs de Mantouë & de Savoïe suivent le parti du Roi. L'Empereur se met en état d'agir, & charge le Prince Eugene de ses ordres. Avantage remporté par ce Général. Le Marechal de Catinat s'y opose inutilement. Le Marechal de Villeroi lui est envoié pour Adjoint. Autres avantages du Général des Imperiaux. Les Généraux François sont battus. Le Prince Eugene acheve de les

1706.

ã 3

SOMMAIRE

deconcerter. Le Prince de Vaudemont remporte de son côté quelques avantages. L'arriere-garde des François est chargée en repassant l'Oglio. Les Imperiaux entrent dans la Mirandole. Mort de Monsieur, Frere du Roi. Mort du Roi Jâques II. Declaration du Roi T. C. en faveur du Prince de Galles. Comment elle fut reçuë en Angleterre. Adresses presentées au Roi Guillaume sur ce sujet. Le Roi envoïe des Troupes dans l'Electorat de Cologne. Alliance du Portugal avec les deux Couronnes. Intrigues de la France auprès du Roi de Suede. Traité d'Alliance conclu entre l'Empereur, le Roi d'Angleterre & les Etats Généraux.

LIVRE QUATORZIEME.

Contenant ce qui s'est passé depuis la grande Alliance, jusqu'à la bataille d'Hochstet en 1704.

1701. *Suite des affaires de Hongrie. Ragozzi est arrêté avec les principaux de son Parti. Il se sauve par le Moïen du Ministre de France qui facilite son évasion. Conspiration à Naples contre le Viceroi. Elle est découverte & dissipé. Affaires de Pologne. Avantage remporté par le Roi de Suede. Il entre dans le Duché de Curlande & met le Païs sous contribution. Ses Troupes sont battues dans l'Ingrie par les Moscovites. Mariage du Roi*
1702. *d'Espagne avec la Princesse de Savoïe. Prise de Bersello par les Imperiaux. Le P. Eugene veut surprendre Cremone. Il fait entrer quelques Troupes dans la Ville par un Aqueduc. Le Prince y entre lui même avec un Corps de Cavalerie. Cependant il ne peut s'y maintenir. Il sonne la retraite & se retire en bon ordre. Mesures prises en Angleterre contre la France. Mort du Roi Guillaume. La Reine Anne lui succede. Memoire presenté par la France aux Etats Généraux. Reponse des Etats Généraux peu goûtée par la France. Siege de Keisersvvaert par les Alliez. Le Comte de Tallard campe près de cette Place du côté du Rhin. Mesures du Marechal de Boufflers rompuës par les Alliez. Il est joint par le Comte de Tallard. Le Duc de Bourgogne vient commander l'Armée. Il manque son coup sur Nimegue. Mouvement des deux Armées. Prise de Keisersvvaert. L'empereur, l'Angleterre & les Etats Généraux declarent la guerre à la France. Le Roi la leur declare à son tour. Examen des Motifs de cette Declaration. La Cour d'Espagne fait la même chose; quelles en furent les suites. Le Comte de Malbourough commande l'Armée des Alliez. Il veut livrer bataille au Duc de Bourgogne qui l'évite. Les deux Armées se trouvent en presence*

DU XIV. LIVRE.

& se contentent de se canonner. Siege de Venloo par les Alliez. Prise de Maseick & de quelques autres Places. Le Duc de Bourgogne quitte l'Armée. Venloo capitule, & pourquoi. Prise de Ruremonde. Mouvement des deux Armées. Prise de Liege par le Comte de Malbourough. Suites de cette expedition des Alliez. Campagne d'Allemagne. Siege de Landau par les Imperiaux. La Place se rend au Roi des Romains, après une longue resistance. Mouvement du Marechal de Catinat. Le Duc de Baviere se declare ouvertement pour la France. Il surprend la Ville d'Ulm. De quelle maniere la chose fut executée. Pretexte dont l'Electeur de Baviere colora son procedé. Suite de cette premiere expedition. Combat entre les François & les Imperiaux près d'Huningue. Les François s'emparent de Nieubourg. Autre combat entre les Troupes Françoises & Imperiales. Le Champ de bataille demeure aux François. Ce qu'on pensa de la conduite du Prince de Bade en cette occasion. Les Bavarois remportent quelques avantages. Autres Avantages remportez par les François vers le Bas-Rhin & dans le Païs de Juliers. Le Roi s'empare de Nanci, & sur quel pretexte. Situation des affaires en Italie. Progrès du Roi Philippe. Combat entre ses Troupes & celles des Imperiaux. Les dernieres sont battuës & prennent la fuite. Bataille de Luzzara, quelque tems douteuse, & enfin gagnée par le Prince Eugene. Suivie de la prise de Luzzara par les Imperiaux. Guastalle pris par les Espagnols. Le Prince Eugene rompt les mesures des François, en demeurant dans son Camp. Avantages des Alliez sur Mer. Ils forment une entreprise sur Cadix qui ne reüssit pas. Ce que l'on publia d'abord de cette expedition. Par où les Alliez la commencerent. Ils publient les Motifs de leur entreprise. Comment elle échoua. Ils s'en consolent par les prises qu'ils font sur les Espagnols à Vigo. Les Troupes de debarquement en occupent le Port. La Flote attaque celle des deux Rois & prend les Gallions. Affaires du Nord. Victoire remportée par le Roi de Suede sur celui de Pologne. Celui-ci rompt tout commerce avec la France qui favorise ses Ennemis. Suite des mouvemens de l'Electeur de Baviere en faveur de la France. Mesures qu'on prit dans l'Empire pour s'y oposer. Mauvais succés des Alliez en deux occasions. Avantages qui les reparent. La Ville de Cologne se declare pour l'Empereur. Les Imperiaux abandonnent plusieurs Places & perdent le Fort de Kehl. Precautions de l'Empereur pour empêcher la jonction des François & des Bavarois. Tentatives de l'Electeur de Baviere pour amuser le Cercle de Franconie. Fausse marche qu'il fait pour tromper les Imperiaux. Il remporte sur eux un avantage considerable. Autre feinte de l'Electeur pour tromper le Comte de Stirum. Action entre ces deux Généraux. L'Electeur s'avance vers Ratisbonne & s'en saisit. Campagne du Bas-Rhin & du Païs-Bas. Siege de Bonn par le Duc de Marlborough. Les François surprennent deux Bataillons dans Tongres.

1703.

SOMMAIRE

Leurs projets deconcertez par les Alliez. Le Duc de Marlborough tâche en vain d'attirer le M. de Villeroi à une Action. Lignes du Païs de Waes forcées par les Alliez. Le Duc de Marlborough se dispose à quelque entreprise. Le Marechal de Villars veut attaquer les Lignes de Stolhoffen. Il échoue dans cette entreprise. Jonction de l'Armée Françoise & Bavaroise. Dures Propositions de Mr. de Villars à l'Electeur. Combat donné près d'Eckeren. Relation de cette affaire par les François. Relation du même Combat par les Alliez. Les François refusent de s'engager dans une Action decisive. Le Duc de Marlborough prend Hui. Il assiege Limbourg. Vigoureuse resistance des Assiegez qui se rendent enfin prisonniers de guerre. Progrés du Duc de Baviere en Italie sans succés. Siege de Brisac par le Duc de Bourgogne. Combat entre les François & les Imperiaux. Les Bavarois veulent s'emparer d'Augsbourg & sont battus. Defaite du Comte de Stirum. Siege de Landau par les François. Vigoureuse resistance des Assiegez. Les Imperiaux veulent secourir Landau & sont defaits. Cette defaite est suivie de la Capitulation de Landau. Recapitulation des affaires d'Allemagne. Campagne d'Italie. Demarches infructueuses des François dans le Trentin. Mauvais traitement qu'ils font aux Troupes du Duc de Savoïe. Ce Prince declare la guerre à la France, & reçoit du secours des Imperiaux. Le Roi lui declare la guerre à son tour. Le Roi de Portugal se joint au reste des Alliez. L'Archiduc est couronné Roi d'Espagne sous le nom de Charles III. Soulévement dans les Sevennes. Soulévement en Hongrie. Invasion des Suedois en Pologne. Evenemens Maritimes. Avantage remporté par une Escadre Françoise sur une Flote Angloise. Autre Avantage remporté sur quelques Fregates Hollandoises. Rencontre de quelque Vaisseaux François & Hollandois. Prise faites sur les François. Secours envoié en Portugal par l'Angleterre & les Etats Généraux. Suite des progrés du Duc de Baviere sur le Danube. Il prend Kempten & Augsbourg. Combien le Duc servoit utilement la France. Il fait passer cette guerre pour une guerre de Religion. Quel interêt les Alliez avoient à s'y oposer. Le Roi s'empare d'Orange. Suite des expeditions du Duc de Baviere. Les François se rendent 1704. *Maîtres de plusieurs Places. Campagne de Piemont. Le Comte de Staremberg va au secours du Duc de Savoïe. Le Roi Charles va en Portugal. Avantage de Philipe V. contre lui. Efforts des Portugais pour s'y oposer. Dessein des Alliez sur Barcelone sans succés. Affaires d'Italie. Les François y remportent divers avantages. Suze prise par le Duc de la Feuillade. Suite des progrés du Duc de Vendôme en Piemont. Prise de Verceil. Prise d'Yvrée &c. Mesures des Alliez pour s'oposer aux progrés des François. Preparatifs de ceux-ci pour en empêcher l'effet. Le Duc de Marlborough marche vers l'Allemagne. Le Marechal de Villeroi quitte le Pays-Bas pour le sui-*

vre.

DU XIV. LIVRE.

vre. Le Duc de Malborough force les Retranchement des Troupes de l'Electeur. Combat de Schellemberg le 2. de Juin. Les Alliez entrent dans la Baviere & y font de grands progrés. Le Duc de Marlborough propose inutilement à l'Electeur de changer de Parti. Les Alliez ravagent ses Etats. Mouvement de l'Electeur & du P. Eugene. Ingolstadt est investi par les Alliez. Les François passent le Danube pour attaquer ce Prince avant l'arrivée du Duc de Malborough. Ce Général va joindre le Prince. Disposition du Camp des François avant la Bataille d'Hochstet. Combien il étoit dangereux de les y attaquer, & ce qui determina les Alliez à le faire. Dispositions pour l'attaque. Les Alliez se preparent à attaquer. Les François commencent les premiers à canonner les Alliez. L'attaque commence à la gauche des Alliez. La Cavalerie des Alliez d'abord repoussée, pousse à son tour celle des François. La Cavalerie Françoise se rallie & est ensuite mise en deroute. L'Infanterie Françoise capitule & se rend prisonniere. Attaque de l'Aîle droite des Alliez. La victoire y est quelque tems douteuse. Le Prince Eugene se met à la tête de l'Infanterie & bat entierement les François. Le Duc de Baviere se sauve vers Ulm avec le debris de son Armée. Quelle fut la perte des deux Partis. Morts & blessez François. Lettre du Duc de Marlborough sur ce sujet. Autre Lettre du Duc de Marlborough à L. H. P. Lettre du P. de Hesse aux Etats Généraux. Lettre de l'Empereur aux Etats Généraux. Relation de la même Bataille, par un Officier de l'Armée Françoise. Lettres de deux autres Officiers François. Le Roi est mecontent de la Gendarmerie. Lettre par laquelle elle se justifie auprès de Mr. de Chamillart.

LIVRE QUINZIEME.

Qui commence au changement arrivé dans les affaires après la bataille d'Hochstet, & finit à la surprise de Gand & de Bruges par les François en 1708.

CEtte guerre est la seule que les Alliez aient été obligez de declarer les 1704. premiers. *Motifs qui les y portent. Situation de leurs affaires durant les années precedentes. Changement arrivé à leur avantage. Revers inopiné pour la France. Epuisement général du Roiaume. Naissance du Duc de Bretagne. Rejouissance à ce sujet. Contretems fâcheux pour ces divertissemens. Landau assiegé par le Roi des Romains. Progrés du Duc de Marlbotough. L'Empereur le fait Prince de l'Empire, & fait eriger une Pirami-*

SOMMAIRE

de à son honneur. Reduction entiere de la Baviere par les Imperiaux. Campagne du Païs-Bas. Les Alliez manquent leur coup sur les Lignes des François. Ils bombardent Namur. Ils prennent le Fort Isabelle. Triste situation de l'Electeur de Baviere. Le Marechal de Villeroi retourne au Pays-Bas. Prise de Gibraltar par le Prince de Darmstad. Combat Naval entre les deux Flotes. La Cour de France fait chanter un Te Deum pour cette pretenduë victoire. Reflexions des François sur la Lettre du Roi à Mr. de Noailles. Sur la Relation de cette bataille. Les Espagnols tentent de reprendre Gibraltar & en levent le Siege. Avantages des Portugais. Extremitez auxquelles le Royaume est reduit. Violences exercées pour avoir des Soldats. Ordonnance du Roi sur ce sujet. Le Marechal de Villars est envoyé dans les Cevennes à la place de Mr. de Montrevel. Conferences entre les deux Parties, suivies d'un accommodement. Cavalier se laisse gagner aux promesses de la Cour. Caractere de ce Chef des Camisars. Cavalier se promene dans le Royaume & se sauve ensuite dans les Pays Etrangers. Suite des troubles de Hongrie. Avantages remportez sur les Rebelles. Stanislas Leczinski est declaré Roi de Pologne par le moyen du Roi de Suede.

1705. Levée du siege de Gibraltar par les François & les Espagnols. Reddition de Verruë. Prise de la Mirandole par les François. Marche imprevuë du Prince Eugene qui deconcerte leurs projets. Avantages dont elle fut suivie. Bataille de Cassano au passage de l'Adda. Les deux partis y font une perte égale. Les François neanmoins s'attribuent la victoire. Prise de Barcelone par le Roi Charles. Avantages des Portugais sur les Espagnols. Mort de l'Amirante de Castille. Le Marquis de Leganez arrêté & conduit à Vincennes. Reflexions sur la reduction de la Catalogne au pouvoir du Roi Charles. Ce qu'on en pensoit en France. S'il y eut veritablement une conspiration contre le Roi Philippe. Si la France eut raison de se prevaloir du consentement des Espagnols en sa faveur. Dessein du Duc de Marlborough aux Païs-Bas. Le Marechal de Villars y commande l'Armée Françoise. Mouvemens des deux Généraux. Le Marechal de Villeroi fait assieger Hui & Liege. Les Etats Généraux écrivent au Duc de Marlborough sur cette conjoncture & l'engagent à revenir au Pays-Bas. Mort de l'Empereur Leopold. En quel état il laissa les affaires de l'Empire. Mort du Duc de Bretagne. Le Roi est attaqué de la goute. Les François levent le siege de Liege. Le Prince de Bade force les Lignes des François en Alsace. Le Duc de Marlborough en fait autant au Pays-Bas, & remporte un plus grand avantage. Autres succés du Général Anglois. Trouble en Baviere. Propositions d'accommodement sans effet. Les Rebelles mettent bas les armes. Affaires de Hongrie. Victoire remportée contre les Mecontens par les Imperiaux. Affaires de Pologne. Avantages qu'y remportent les Suedois. Progrés

DU XV. LIVRE.

des mêmes contre les Moscovites. Affaire du Jansenisme renouvellée. Ce qu'on en disoit en France. Si le Jansenisme étoit quelque chose de réel. A qui on attribua cette nouvelle querelle. Pourquoi le Roi se déclara contre les Jansenistes. Raisons qu'il eut de le faire. Le Roi cru Jesuite, aussi bien que l'Empereur Leopold. Fortes presomptions sur ce sujet. Changemens avantageux dans les affaires de France au commencement de cette année. Ils durent peu & commencent par l'Espagne à decliner à la levée du siege de Barcelone. Eclipse de Soleil arrivée dans cette conjoncture. Campagne du Païs-Bas. La France croit y surprendre les Alliez & pourquoi. L'Envoyé Extraordinaire de Dannemarck à Paris attaqué à son retour par un Parti François. Quel fut le motif qui y donna lieu. Disposition des Armées à la bataille de Ramelies. Premiere action. Defaite entiere de la droite des François. Deroute generale de l'Armée. Perte des Alliez. Eloge de Marlborough. Suite de sa victoire. Les François abandonnent toutes les Places Espagnoles. Siege d'Ostende par les Alliez. Siege de Menin. Bataille de Calcinato en Italie. Le Duc de Vendôme remporte la victoire. Lettre obligeante que le Roi lui écrit. Sa Majesté le rappelle d'Italie pour l'envoyer en Flandre, & envoye le Duc d'Orleans en sa place. Suite du Siege de Menin. Reddition de la Place après un premier assaut. Reduction de Dendermonde. Prise d'Ath. Etat des affaires en Espagne. Situation de celles d'Italie. Difficulté de secourir la Ville de Turin assiegée par les François. Relation du passage de l'Adige par l'Armée Imperiale, écrite de Vienne. Suites de ce passage. Delivrance de Turin. Commencement de l'action qui donna lieu à cette delivrance. Les François sont batus à Lucenta & prennent la fuite. Autre deroute de l'Armée des deux Couronnes. Butin que firent les Alliez dans le Camp des François. Perte des Alliez. Confirmation de cette batailles par la Relation envoyée aux Etats Généraux. Lettre du Prince de Saxe aux Etats Généraux sur le même sujet. Lettre de Versailles sur la même affaire. L'Arriere garde de l'Armée Françoise poursuivie & battuë par le M. de Langallerie. Le debris se sauve à Pignerol dans un état deplorable. La France n'eût peut-être pas souffert cet échec si l'on eût suivi l'avis de Mr. le Duc d'Orleans. Autre action près de Castiglione. Reduction entiere du Milanez. Capitulation de la Ville & du Duché de Milan. Propositions de paix faites par le Roi, & rejettées par les Alliez. Prieres publiques ordonnées par tout le Royaume. Les Côtes de France menacées d'une descente par la Flote des Alliez. Affaires de Hongrie. Avantages remportez sur les Rebelles. Suite des troubles de Pologne. Avantages remportez par le Roi de Suede. Irruption du Roi de Suede dans la Saxe. Son Armée battuë en Pologne, & sur la Mer Baltique. Demission du Roi Auguste en faveur de Stanislas. Evenemens remarquables de cette année. Naissance du 2. Duc de

1706.

1707.

SOMMAIRE

Bretagne. Nouvelles tentatives du Roi inutiles pour la paix. Suite des conquêtes des Alliez dans le Milanez. Reduction du Château de Milan. Traité conclu avec les Alliez pour l'évacuation de la Lombardie, &c. Reflexions sur la situation des affaires des deux Couronnes. Contretems inesperé arrivé aux François. Reparé par les avantages qu'ils remporterent cette année en Espagne. Bataille d'Almanza. L'Aile droite des Alliez est mise en desordre. La victoire quelque tems douteuses à leur gauche se declare enfin contr'eux. Perte que firent les Alliez en cette occasion. Perte des François. Privileges accordez par le Roi Philippe à la Ville d'Almanza. Mr. le Duc d'Orleans joint l'Armée du Duc de Bervvick. La Ville de Xativa prise sans quartier & razée. Echec souffert près de Balaguer par Mr. le Duc d'Orleans. Reparé par la prise de Lerida. Succés du Roi Philippe en Portugal. Naissance du Prince des Asturies. Nouvelles inventions pour avoir de l'argent. Billets de Monnoye. Lignes de Stolhoffen forcées par le Marechal de Villars. Contributions exigées par les François en Allemagne. Marche de l'Armée Imperiale du côté de Philipsbourg, qui rompt les mesures du Marechal de Villars. L'Armée Françoise & celle des Imperiaux se canonnent sans en venir à d'autre action. L'Electeur de Hanover prend le commandement de L'Armée Imperiale & remporte quelques avantages sur les François. Irruption du Duc de Savoye & du Prince Eugene en Provence. L'entreprise des Ennemis sur Toulon échoüe par la lenteur du Duc de Savoye. Comment cette expedition manqua. Suze assiegée par le Prince Eugene. Entrée des Troupes Imperiales dans le Royaume de Naples. Prise de Capouë. Siege de Gaëte par le Comte de Thaun. Ce General se rend Maitre d'Orbitello. Campagne du Pays-Bas. Le Duc de Marlborough suit le Duc de Vendôme, sans pouvoir l'engager à une bataille. Autre tentative inutile du General Anglois. Union des deux Royaumes d'Angleterre & d'Ecosse, & des deux Parlemens. La Souveraineté de Neuf-châtel adjugée au Roi de Prusse. Affaires de Hongries. Les Rebelles sont battus par tout. Ragotski declaré Prince de Transilvanie. Le Roi de Suede quitte la Saxe.

1708 *Etat de la France au commencement de cette année. Abaissement où la Campagne precedente l'avoit reduite. Comment elle s'en releva. Quel usage le Roi fit de son Autorité dans l'épuisement général de l'Etat. Armement de la France pour faire passer le Pretendant en Ecosse. Entrevuë du Roi avec le Prince avant son depart. Contretems qui s'oposent à son embarquement. Depart de la Flote. Elle est obligée de se retirer. Avec quelle confiance on parloit en France de cette expedition. Avantages que l'on s'en promettoit. Comment la France parla du mauvais succés de cette entreprise. Quel en devoit être le fruit si elle eût reüssi. Gand surpris par les François. Le Gouverneur du Château de Gand se rend après quelque resistance. Bruges subit le même sort.*

LIVRE SEIZIEME.

Contenant ce qui s'est passé de plus remarquable depuis la surprise de Gand & de Bruges, jusqu'aux Conferences de Gerrruydemberg en 1710.

Suite de la surprise de Gand & de Bruges. Marche des Armées avant 1708. la Bataille d'Oudenarde. Bataille d'Oudenarde. Premiere action desavantageuse aux François. Ils attaquent un Corps de Cavalerie Ennemie & sont repoussez. Les deux Armées engagent une affaire générale. La nuit survenue au plus fort du combat oblige les deux Partis à cesser de tirer. Les François se retirent en confusion du côté de Gand. Les Alliez poursuivent leur Arriere-garde & font quelque perte. Quelle fut celle des François & des Alliez dans toute la bataille. Suite de cette defaite. Campagne d'Allemagne. Campagne de Piemont. Le Duc de Savoye prend diverses Places, & ensuite Fenestrelle. Affaires d'Espagne & de Portugal. Siege de Tortose par le Duc d'Orleans. Ouverture de la tranchée. Suite du Siege. La Ville demande à capituler. Conquête de la Sardaigne par les Alliez. Reduction de Minorque & de Port-Mahon. Mr. Stanhope conduit l'attaque. Il prend le Château par Capitulation. Ce que cette conquête coûta aux Alliez. Affaires d'Italie. Campagne du Pays-Bas. Situation des deux Armées avant le siege de Lille. Lille est investie. La tranchée est ouverte. Attaque de la Chapelle de la Madelaine. Precautions des deux Partis par raport aux Places voisines. L'Armée des Alliez veut passer l'Escaut. Le Prince Eugene reçoit une Lettre empoisonnée. L'Artillerie & les Bagages des Alliez passent l'Escaut. Mouvement du Duc de Bourgogne vers Tournai. Mouvement de l'Armée des Alliez pour attendre les François. Marche des deux Armées. Elles se trouvent en presence sans combattre. Les Généraux des Alliez retournent au siege. Mouvement de l'Armée Françoise. Le Prince Eugene se rend à la grande Armée, sur ce qu'il aprit des desseins du Duc de Bourgogne. L'Armée Françoise marche vers Tournai. Ce qu'ils publioient de leurs desseins. L'Armée de France veut couper les vivres aux Alliez. Le Marechal de Bouflers écrit au Duc de Bourgogne. Situation de l'Armée du Roi. Les François veulent enlever un Convoi aux Alliez. Ils sont battus à Winendale. Recit de ce combat. Quelle fut la perte des deux Partis. Situation des deux Armées après la bataille. Les François veulent jetter du secours dans Lille. Mouvement de l'Armée des Alliez. Ils occu-

SOMMAIRE

pent deux postes abandonnez par les François. L'Armée des Alliez va chercher un Convoi à Leffingen. Ce Convoi arrive à leur Camp. Les François veulent surprendre Ath. Les Assiegeans battent Lille en breche. Les Assiegez battent la Chamade pour la Ville. Les François sont repoussez à Leffingen, & s'en rendent Maîtres ensuite. Bruxelles assiegée par le Duc de Baviere est secourue par les Alliez. Ils entreprennent de passer l'Escaut à la vuë des François qui ne peuvent l'empêcher. Passage du Duc de Marlborough. Passage du Prince Eugene. Ce passage est suivi de la levée du siege de Bruxelles. Reddition de la Citadelle de Lille. Mr. de Bouflers y donne à souper au Prince Eugene & au Prince de Nassau. Il va ensuite à Versailles où il est fort bien reçu du Roi. Religieuses de Port-Royal persecutées à cause du Jansenisme. Elles sont enlevées & dispersées. Le Nouveau Testament du Pere Quesnel condamné. Mauvais état du Royaume de France à quoi attribué. Histoire d'un Vœu fait par Loüis XIII. Reflexion de Grotius sur ce Vœu. Loüis XIV. mis en parallele avec Charles-Quint. On affecte d'informer le Roi des personnes qui meurent dans un âge avancé. Mr. des Marêts est fait Controlleur-Général des Finances à la place de Mr. de Chamillard. De quelle maniere il commença son Administration. Enregistrement des titres de Noblesse. Siege de Gand par les Alliez. Ouverture de la tranchée suivie 6. jour après de la reddition de la Place. Suite de cette conquête des Alliez. Affaires de Hongrie. Guerre du Nord. Du Roi de Suede contre les Moscovites. Mort du Prince George de Dannemarchk. Evenement remarquables de cette année. Grand Hiver en 1709. Mort du Pere de la Chaise. Quelles sont les Fonctions & apointemens de Confesseur du Roi. Le Pere le Tellier est choisi pour remplir cette place. Pourquoi ç'a voit été un Jesuite depuis Henri IV. Mort du Prince de Conti. Mort du Prince de Condé. Edit du Roi en faveur de ceux qui voudroient s'exempter de la Capitation. Etat des Finances du Royaume. Ordonnance publiée à Lion pour le renvoi du Payement. Cherté excessive des Grains. On travaille au soulagement des pauvres. Tumulte à Paris à cette occasion. Ce que firent les Parisiens pour faire cesser les calamitez publiques. Noble hardiesse de quelques Predicateurs. Triste situation de la France. Ordonnance du Roi pour la declaration des Grains. Ouverture de paix faite par la France. Propositions faites par Mrs. de Torci & Rouillé à la Haye. Ils refusent de repondre positivement sur l'Article de l'Espagne. Tout leur procedé fait voir qu'ils n'ont pas envie de conclure. Pourquoi l'on ne consentit pas aux propositions de la France. Raisons que les Ministres de France alleguerent pour ne pas s'en tenir aux Preliminaires. Rupture de la Negociation. Lettre circulaire du Roi à cette occasion. Autre au C. de Noäilles. Considerations sur la Lettre circulaire du Roi. Autres sur la Lettre au C. de Noäilles. Motifs de la Cour de France dans la

1709.

DU XVI. LIVRE.

rupture des Negociations de paix. Combien la France étoit éloignée de la vouloir. Dispositions des François pour la campagne du Païs-Bas. Mr. Voisin est fait Secretaire d'Etat de la guerre. Le Marechal de Villars se retranche entre la Bassée & Lens. Siege de Tournai par les Alliez. Sortie des Assiegez. Reddition de la Ville. Changement que Mr. de Villars fait dans son Armée. Elle abandonne le poste de Warneton. La Ville de Tournai est livrée aux Alliez. Extrait de la Convention signée pour la Citadelle. La Cour n'ayant pas aprouvé cette Convention, les Alliez continuent le Siege & obligent la Place à se rendre. Dessein des François sur Ostende. Situation de l'Armée Françoise retranchée près de Mons. Relation de la bataille de Malplaquet. Lettre du Comte de Tilli sur le même sujet. Autre Lettre du Duc de Marlborough. Relation du même combat, publiée par l'ordre de la Cour. Lettre d'un Officier François sur le même sujet. D'où vint le bruit qui se repandit de la victoire des François. Lettre de Mr. de Bouflers au Roi. Reflexions sur cette Lettre. Siege de Mons par les Alliez. Le Roi de Suede est battu à Pultovva. Relation de cette bataille. Guerre de Hongrie. Affaires d'Allemagne. Campagne de Piemont. Le Pape reconnoît Charles III. pour Roi d'Espagne. Operations des Armées en Espagne. Moyens employez en France pour avoir de l'argent. Naturalization des Réfugiez dans les Pays Etrangers. Edits Bursaux publiez en France. Esperance d'une paix prochaine mal fondée. 1710.

LIVRE DIXSEPTIEME.

Qui commence aux Conferences de Gertruidemberg, & finit à la prise de Bouchain par les Alliez en 1711.

Pourquoi le Projet de paix proposé par la France ne put être executé. 1710. *Conferences de Gertruidemberg. Naissance du Duc d'Anjou. Seconde entrevue des Plenipotentiaires aussi inutile que la premiere. Ouverture de la Campagne. Lignes des François forcées par les Alliez. Consternation que cette Nouvelle causa à la Cour. Suites des Conferences de Gertruidemberg. Derniere entrevue des Plenipotentiaires suivie de la rupture des Negociations. Lettre des Ministres de France au Conseiller Pensionnaire de Hollande sur cette rupture. But que la France se proposoit dans cette Negociation. Reponse des Etats Généraux à la Lettre precedente. Prise de Doüai par les Alliez. Siege de Bethune. Mort du Duc de Bourbon. Le Roi regle le rang entre les Princes & les Princesses de sa Maison. Nouvelle Chapelle à Versailles. Mariage de Mr. le Duc de Berri. Le Cardinal de Bouillon se sauve*

SOMMAIRE

hors du Royaume. Il écrit une Lettre au Roi. Le Roi en écrit une autre au Cardinal de la Tremoüille sur la même affaire. On fait le Procès au Cardinal de Boüillon. Suite de la Campagne du Païs-Bas. Siege d'Aire. Siege de St. Venant. Convoi des Alliez battu par les François. Autre affaire desavantageuse aux François. Reddition de St. Venant. Suite du Siege d'Aire. Affaires d'Espagne. Descente des Alliez au Port de Cete, comment se passa selon les François. Selon les Alliez. Relation de la Bataille d'Almenara selon les François. Relation du même Combat selon les Alliez. Situation des deux Armées après cette Bataille. Affaire de Penalva. Comment on fut premierement informé de la Bataille de Saragosse. Lettre sur ce sujet. Suites de cette Victoire du Roi Charles. Affaires du Nord. Affaires de Hongrie. Enlevement du Grand-Prieur de France. Par qui il fut executé. Nouveau Differend entre les Cours de France & de Rome au sujet de la Regale. Arrêt du Parlement de Paris sur cette Affaire. Raisons alleguées contre le Bref du Pape. Conformité de cette affaire avec celle de la Constitution Unigenitus. Etat du Roïaume dans la continuation de la Guerre. Ce qu'on en disoit à Paris. Levée du Dixieme Denier. Supression des Billets de Monnoye. Agioteurs punis. Situation des affaires d'Espagne. Relation de la Bataille de Villa-Viciosa. Lettres particulieres sur le même sujet. Relation de la même Bataille par le Comte de Staremberg. Suite des affaires d'Espagne. Idée generale de celles de 1711. Mort de Monseigneur. Ses Obseques. Le Duc & la Duchesse de Bourgogne sont declarez Daufin & Daufine. Lettre du Roi au Cardinal de Noailles sur la mort de Monseigneur. Service solemnel pour ce Prince. Le Roi reçoit les Complimens de Condoleance de la Cour. Edit de Sa Majesté pour regler le Rang des Duchez & Pairies. Mort de l'Empereur Joseph. Mouvement que la France se donne à ce sujet. Affaires de Hongrie. Guerre entre le Czar & le Turc. Suivie de la Paix. Affaires du Nord. Aplication du nouveau Daufin aux affaires & particulierement à regler les Finances. En quel état elles étoient cette année. Interdiction du Commerce avec les Hollandois. Le Prince de Conti & autres faits Chevaliers du S. Esprit. Suite de l'affaire de la Constitution. Les Evêques de Luçon & de la Rochelle écrivent au Roi contre le Cardinal de Noailles. Les Jesuites Auteurs de cette Lettre. Demarche du P. le Tellier contre ce Cardinal. On le prie de revenir en Cour. Comment il y fut reçu. Lettre interceptée de l'Abbé Bochard de Saron sur cette affaire. Modele de la Lettre au Roi contre le Cardinal de Noailles. Effet que produisit la Lettre de l'Abbé Bochard. Lettre qu'il écrit pour justifier les Jesuites. Reponse à cette Lettre. Pouvoirs de confesser & de prêcher ôtez aux Jesuites. Le Roi ne peut obtenir qu'on les leur rende. Etat des affaires des Alliez. Etat des affaires d'Espagne, de Portugal & de Savoie. Affaires d'Allema-

DU XVII. LIVRE.

gne. Etats des Armées au Païs-Bas. Arleux pris par les Alliez. Les François veulent surprendre un Corps de Troupes vers ce Poste. Ils le reprennent à leur tour. Leurs Lignes, cruës impenetrables, sont passées sans effort. Lettre des Deputez des E. G. à ce sujet. Mort du Marechal de Boufflers. Election du nouvel Empereur Charles VI. Description de cette Ceremonie. Remarques sur cette Election. Combien elle fut aplaudie. Raisons qui la confirment. Le Grand-Prieur de France relâché. Siege de Venasque en Arragon. Comment finit cette Campagne. Suite de celle du Païs-Bas. Bouchain est investi par les Alliez. Généraux des Alliez enlevez par les François en deux rencontres. Suite du Siege de Bouchain. Difficultez survenuës pour la Capitulation. La Cour en est fort mecontente. De quelle maniere on en parla à Paris. On impute au Duc de Marlborough de n'en avoir pas gardé les conditions. Lettre de ce Général à L. H. P. pour sa Justification. Lettre du Marechal de Villars au Duc de Marlborough sur le même sujet. Memoire instructif sur cette affaire donné par la France. Reponse du Duc de Marlborough à Mr. de Villars, accompagnée d'un Memoire du Général Fagel & du Colonel Pagnies sur le même sujet. Les deux Armées se separent. Comment le Marechal de Villars fut reçu du Roi.

LIVRE DIXHUITIEME.

Contenant les intrigues de la Cour de France avec celle d'Angleterre jusqu'à la Suspension d'Armes Générale concluë au mois d'Aoust 1712.

Intrigues de la France à la Cour d'Angleterre pour la détacher des Alliez. Sermont seditieux du D. Sacheverel jette dans Londres des semences de Division. Quelle fut la cause du mecontentement de la Reine de la G. B. Origine des Whigs & des Toris. D'où viennent ces noms & ce qu'ils signifient. Changement dans le Ministere d'Angleterre. Le nouveau Ministere se declare pour la Paix. Quelles furent les premieres marques de ce changement. L'Angleterre en fait les avances. Premieres Propositions de la part de la France. On fait mystere de ces Negociations aux Etats Généraux. Propositions secretes de l'Angleterre. Les Alliez n'y ont point de part. Avantage que l'Angleterre procura en cela à la France. Mr. Menager est envoyé à Londres & pourquoi. Les Ministres Anglois font signer à la Reine les Plein-pouvoir dont ils ont besoin. Quelle vuë ils avoient en agissant ainsi. Combien la France accorda peu de chose à l'Angleterre pour prix de

1711.

SOMMAIRE

sa complaisance. Preliminaires de la Paix Générale proposez par les François. Intelligence parfaite des deux Cours. Conduite de l'Angleterre à l'égard des Etats Généraux. Remontrances inutiles de L. H. P. à la Reine. Voiage de Mr. de Tallard en France dequoi suivi. La Ville d'Utrecht est nommée pour le Lieu du Congrés. Intentions secretes du Roi par raport aux Alliez dans son Memoire en reponse à celui de la Reine. Les Anglois s'engagent de les apuyer. Si toute la Nation Angloise étoit dans les mêmes sentimens. Débat dans les Chambres du Parlement à ce sujet. Disgrace du Duc de Marlborough. Expedition du Sr. du Gué-Trouin sur les Côtes de l'Amerique. Sa Lettre au Gouverneur de Rio-Janeiro. Reponse du Gouverneur. Couronnement de l'Empereur Charles VI. S. M. I. reçoit les hommages des Magistrats de Francfort. Mort de Mr. le Daufin & de Mad. la Daufine.

1712

Honneurs funebres rendus à leurs Corps. Le Duc de Bretagne est declaré Daufin. Le Roi reçoit les complimens de condoleance de toute la Cour. Mort du nouveau Daufin. Constance du Roi au milieu de toutes ces pertes. Bâtême du Duc d'Anjou devenu Roi sous le nom de Loüis XV. Le Roi se porte bien & en donne des marques. Mort de la Princesse d'Angleterre, Fille du Roi Jaques. Plenipotentiaires envoyez au Congrés d'Utrecht. Reglement touchant l'Ordre qui devoit être observé dans le Congrés. Ouverture des Conferences. Seconde Conference dans laquelle les Offres de la France furent proposées. Explication specifiques de ces offres. Comment elle fut reçuë par les Alliez. L'Evêque de Bristol se signale à Utrecht par sa Magnificence. Demandes faites par les Alliez. Les François refusent de repondre par écrit & pourquoi. Quel étoit le but des Negociations d'Utrecht. La France & l'Angleterre continuent les leurs secretement. Ce que fit la Chambre des Communes gagnée par la Reine. Soupçons que les Alliez conçoivent de cette intelligence. Renonciation du Roi Philippe, proposée comme un moyen d'empêcher l'Union des deux Monarchies. Difficultez qu'on y trouve. M. de Torci y aporte des temperamens. Alternatives proposée pour le Roi d'Espagne. Il choisit la Renonciation. Mort du Duc de Vendôme. La Reine d'Angleterre rompt tout engagement avec ses Alliez. Declaration faite sur ce sujet par le Duc d'Ormond à l'Armée. Ses Correspondances avec la France. Lettre de L. H. P. à S. M. Britannique sur ce sujet. Reponse de la Reine aux Etats Généraux. Reponse du Roi à un Memoire envoyé de Londres. Article du Commerce. Article d'une Suspension d'armes. Siege du Quesnoi par les Alliez. Courses de leurs Partis en Champagne & en Lorraine. Suite des intrigues de la France avec l'Angleterre. Suspension d'armes declarée par le Duc d'Ormond. Condition de cet Armistice. Les Copies sur lesquelles on l'accepte ne sont point signées. Les Troupes Etrangeres refusent d'obéir au Duc d'Ormond. Le Comte de Strafford va à l'Armée &

DU XVIII. LIVRE.

pourquoi. Conditions de la Suspension d'armes Générale ou de la Paix separée de l'Angleterre. Correspondance de M. de Villars avec le Duc d'Ormond. Lettres qu'ils s'écrivent. Traitement fait aux Troupes Etrangeres à la solde d'Angleterre. Avantage que la France tira de la Suspension d'armes des Anglois. Dunkerque leur est livrée. Disposition des Armées avant l'affaire de Denain. Les Alliez se preparent à recevoir les François en cas d'attaque. Feinte des François pour surprendre les Ennemis occupez au Siege de Landrecies. Les Alliez n'aprennent la marche des François, que quand ils ne peuvent plus les éviter. Disposition des Alliez avant l'attaque. Ordre de l'Armée Françoise. On commence de part & d'autre à se cannoner. Les Alliez sont battus & leur Retranchement forcé. Lettre des Seigneurs Deputez des E. G. sur cette affaire. Comment cette Nouvelle fut reçuë & à quoi attribuée. Ce que font les Anglois en faveur des François. L'Evêque de Bristol declare à Utrecht la suspension d'armes. Demandes du Roi en faveur de l'Electeur de Baviere. Demandes de la Reine d'Angleterre pour le Duc de Savoye. Agitation de ce Prince lors qu'on lui proposa le Royaume de Sicile. Mr. de St. Jean va en France pour travailler à la paix d'Angleterre. Lettre qu'il écrit au Comte de Dartmouth. Il y negocie le Traité de Suspension d'armes Générale. Copie de ce Traité.

LIVRE DIX-NEUVIEME.

Contenant ce qui est arrivée depuis la Suspension d'armes générale concluë entre la France & l'Angleterre, jusqu'à la conclusion de la Paix de Rastadt en 1714.

Effets de la suspension d'armes entre la Grande Bretagne & la France. 1712. Suite de la Campagne de Flandre. Prise de Marchiennes. Levée du Siege de Landrecies. Siege de Bouchain. Surprise du Fort de Knocque par les Alliez. Fin de la Campagne. Son heureux succés cause beaucoup de joye à la Cour. Expedition du Capitaine Cassard au Cap-Verd. Guerre des Suisses. Quelle en fut la cause. Privileges de ceux du Tockembourg violez par l'Abbé de St. Gal. Quelles raisons eurent les autres Cantons pour se mêler de cette affaire. Le procedé de l'Abbé oblige les Cantons à s'armer pour reprimer ses violences. Preparatifs pour en venir aux mains. Les Cantons Catholiques commencent les premiers les hostilitez. Quels en furent les premiers effets. Evenement qui donne lieu à la bataille de Vilmergen. Relation de cette bataille. De quoi elle fut suivie. Que cette guerre, termi-

SOMMAIRE

née par un Traité, peut aisement se rallumer. Suite de l'affaire de la Constitution. En quel sens le Cardinal de Noailles & le Pere Quesnel sont Chefs de Parti, & pourquoi le dernier est si odieux aux Jesuites. Grand credit de ces Peres à la Cour. Comment ils attacherent la Personne du Roi à leur Compagnie. Fait qui semble établir que le Roi à fait les Vœux de la Société. Les Jesuites avoient aussi gagné feu M. le Duc de Bourgogne. Memoire en leur faveur trouvé dans les papiers de ce Prince. Suite des Negociations d'Utrecht. Une querelle entre les Domestiques de deux Plenipotentiaires en arrête le cours. On veut impliquer les Etats Généraux dans cette affaire. Les Conferences sont renoüées. Nouvelles difficultez de la part de la France. Mr. Prior est envoyé en Angleterre pour traiter des interêts de l'Electeur de Baviere. Lettre de creance de ce Ministre. Il retourne en France avec une Lettre de la Reine. Les deux Cours conviennent d'une paix separée, & s'envoient reciproquement des Ambassadeurs. Acte de Renonciation du Roi Philippe reçu par l'Ambassadeur d'Angleterre en Espagne. Renonciation du Duc de Berri à la Couronne d'Espagne. Renonciation de M. le Duc d'Orleans à la même Couronne. But de l'Angleterre en acceptant ces Renonciations. Incendie de l'Hôtel de l'Ambassadeur de France en cette 1713. Cour à quoi attribué. Paix particuliere entre la France & l'Angleterre declarée à Utrecht. Effet qu'elle y produisit. Instances faites aux Hollandois pour s'y joindre. Ils l'acceptent & se conforment au desir de la Reine. Changement fait dans leur Traité de Barriere: Il est suivi de la signature des autres Traitez. La paix est publiée à Paris. Suite du Congrés d'Utrecht pour ce qui regarde les Imperiaux. Comment les interêts des Catalans furent abandonnez. Convention pour l'évacuation de la Catalogne. Extrait du Traité. Le Roi d'Espagne se prepare à faire la guerre aux Catalans. L'Ambassadeur d'Angleterre leur écrit une Lettre. Motifs qui empêcherent l'Empereur de consentir si-tôt à la paix. Lettres Patentes du Roi pour admettre les Renonciation des Princes. Protestations diverses contre les Traitez conclus à Utrecht. Protestation particuliere du Pretendant à la Couronne d'Angleterre. Ce qui fut fait au Congrés en faveur de la Religion Reformée. Lettre du Roi de Prusse à la Reine d'Angleterre sur ce sujet. Mort de ce Prince. Le Prince Roïal lui succede. Memoire des Ministres Protestans presenté en faveur des François de la même Religion. Difficultez qui firent échoüer ce projet. Autre tentative de la Reine d'Angleterre. Declaration presentée de sa part à Utrecht par Mr. de Mivremont. Delivrance des Galeriens accordée à cette Princesse. Reception qu'on leur fit à Géneve & ailleurs. Etat des autres Protestans du Royaume. Lettre d'un Intendant à leur sujet. Rigueur qu'il exerce envers eux. Le Livre des Réflexions Morales condamné par la Constitution Unigenitus. Le Cardinal

DU XIX. LIVRE.

de Noailles revoque l'Aprobation qu'il avoit donnée à ce Livre. Extrait des Propositions condamnées par la Bulle. Elles contiennent la même Doctrine qui se trouve dans les Homelies du Pape. Etat des Finances du Roiaume. Felicitations faites au Roi sur la paix. Lettre des Etats Généraux à S. M. sur ce sujet. Reponse de S. M. Double Alliance du Duc de Bourbon avec Mademoiselle de Conti, & du Prince de Conti avec Mademoiselle de Bourbon. Ceremonie de leur Mariage. Campagne d'Allemagne. Siege de Landau. Mouvement du Marechal de Villars. Il passe le Rhin. Suites de ce passage. Siege de Fribourg. Divertissemens de la Cour à Fontainebleau. Suites de ces divertissemens. Etat du Roiaume de France. Expedition du Capitaine Cassard à Surinam. Comment elle se termina. Expedition de Curassau. Affaires du Nord. Combat entre les Suedois & les Danois. Suite de la victoire des Suedois. Incendie d'Altena. Lettre des Généraux Saxons & Danois au Comte de Steenbok sur ce sujet. Reponse de ce Comte. Autre Lettre du même Général. Lettre des Généraux Saxons & Danois sur l'injustice du traitement fait à Altena. Mauvais succés de l'Armée Suedoise depuis l'incendie d'Altena. Elle se retire à Tonningen où elle est assiegée & prisonniere. Intrigues de la France à la Porte en faveur du Roi de Suede. Projet de paix de la France avec l'Empereur. Conferences tenues à Rastadt pour ce sujet. Lettres du Prince Eugene à la Diete de l'Empire touchant ces Conferences. La France les Traîne en longueur & pourquoi. Il semble qu'on les veuille rompre. Mesures prises dans l'Empire pour continuer la guerre. Les deux Généraux quittent Rastadt. M. de Villars écrit au P. Eugene pour l'y faire revenir. Les Conferences sont renouées & l'on y convient des Preliminaires. Ils sont suivi de la signature du Traité de paix. Recompensé accordée au Marechal de Villars. 1714.

LIVRE VINGTIEME

Contenant ce qui s'est passé depuis la Paix de Rastadt, jusqu'à la fin de ce Regne.

STatuë Equestre du Roi érigée à Lyon. Mort de la Reine d'Espagne. Mort du Duc de Berri. Le Roi defend le grand deuil à la Cour & pourquoi. Honneurs funebres rendus à ce Prince. Etat des Finances de la France cette année. Suite de l'affaire de la Constitution. Projet de Lettre au Pape pour accepter la Bulle. Le Cardinal de Noailles refuse d'y consentir. Mesures de la Cour pour la faire recevoir. Lettres Patentes du Roi à ce sujet. 1714.

SOMMAIRE

Elles sont enregîtrées au Parlement. Les Esprits s'irritent & plusieurs Prélats se joignent au Cardinal de Noailles. Brefs du Pape envoïez au Roi & au Clergé. Ordonnances du Roi touchant les Nouveaux Convertis. La Duchesse de Berri accouche d'une Princesse. Lettres Patentes du Roi en faveur du Duc du Maine & du Comte de Toulouse. Cet Edit est enregîtré au Parlem. Testam. du Roi deposée au Parlement. Codiciles joints au Testament. Discours de Mr. l'Avocat Général à ce sujet. Mr. de Pontchartrain se demet de la Charge de Chancellier, & M. Voisin est choisi en sa place. Mort de la Reine d'Angleterre. L'Electeur de Brunsvvick Lunebourg lui succede. Ce Prince est proclamé Roi sous le nom de George premier. Quelle est la Famille Roiale. Caractere du Roi de la G. B. Son entrée publique à Londres. Rejouissances à ce sujet. Mesures qui furent prises pour assurer la tranquilité de son Roiaume. Protestation du Pretendant. L'avenement du Roi George en Angleterre rend le repos à ce Royaume. Affaires de Catalogne. Les Barcelonois prennent la resolution de se defendre. Leur Ville est assiegée. Pretexte de l'Angleterre pour se declarer contre eux. Reponse de la Deputation de Barcelone. Autre remontrance des Barcelonois aux Anglois. Peu d'effet qu'elle produisit. Congrés de Bade en Suisse. Intêrets des Electeurs de Cologne & de Baviere reglez. Evenemens qui firent craindre quelque retardement à la paix. Signature du Traité. Suite du siege de Barcelone. Vigoureuse resistance des Assiegez. Il ne se rendent qu'à la derniere extremité. Conditions de la Capitulation. La Ville est livrée aux Espagnols. Le Roi T. C. se felicite de cette Conquête. Congrés tenu à Anvers pour la Barriere des Païs-Bas. Extrait de ce Traité. Canal de Mardick bâti près de Dunkerque. Memoire du Roi d'Angleterre à ce sujet. Reponse du Roi à ce Memoire. Autre presenté par le Comte de Stairs. Reponse du Roi. Il fait interrompre les ouvrages de Mardick. La France agit contre ses principes en distinguant en cette occasion la Lettre de l'Esprit du Traité. Differend entre les Cantons Suisses sur le renouvellement de leur Alliance avec la France. Ceremonie de ce renouvellement. Extrait du Traité. Raisons qui empêcherent les Cantons Protestans d'y entrer. Ambassadeur de Perse vient en France. Quelles étoient ses mœurs & son caractere. Differend survenu à son entrée. Ordre de cette ceremonie. Son Audience publique. Il entre dans le Château de Versailles. Riche parure du Roi en cette occasion. L'Ambassadeur aborde S. M. Harangue qu'il lui fit. Presens de l'Ambassadeur. Motifs de cette Ambassade publié par ordre de la Cour. Ce qu'on en disoit dans le monde. Mort du Cardinal de Bouillon. Suite de l'affaire de la Constitution. Nouvelles Ordonnances contre les Nouveaux Convertis. Le Roi veut employer toute son autôrité pour finir l'affaire de la Constitution. Etat des Finances cette année. Divers Edits publiez. Honneurs accordez à la

1715.

DU XX. LIVRE.

Duchesse de Berri. Indisposition du Roi qui n'a point de suites. Il fait la revue d'une partie de sa Maison. Il tombe malade & n'en relève pas. Il se trouve un peu mieux, & en reçoit les felicitations de la Cour. Il retombe, & reçoit le Viatique & l'Extrême-Onction. Il fait un Codicile. Il fait appeller Mr. le Duc d'Orleans & les Princes legitimez. Il a la cangrene à une jambe. Dessein que S. M. avoit eu de porter au Parlement une Declaration en faveur de la Constitution. Les Jesuites y ont eu plus de part que personne. Parole du Roi qui semble marquer qu'il avoit changé de sentiment. La cangrene gagne, & la vie du Roi est desesperée. Belles Paroles de S. M. au Daufin. Sa reconnoissance envers Madame de Vantadour. Il ne craint point la mort. Sa presence d'esprit jusqu'au dernier moment. Derniers ordres qu'il donne. D'où pouvoit venir la grande securité qu'il fit paroître à la mort. Il console ses Domestiques. Nouveau remede qu'on lui donne aporté par un Provençal. Effet qu'il produisit, & ce qu'on en disoit à la Cour. Le Roi commence à perdre connoissance. Sa longue agonie. Sa mort. Recapitulation des principaux Evenemens de son Regne. Il n'a pas eu après sa mort plus de privileges que ses Predecesseurs. Son cœur est porté aux Jesuites, & ses entrailles à Nôtre Dame de Paris. Son Corps est porté à St. Denis. Services faits pour ce Prince.

Fin du Sommaire.

HIS

HISTOIRE
DE
LOUIS XIV.
ROI DE FRANCE ET DE NAVARRE.

LIVRE TREIZIE'ME.

Commençant au Mariage de Monsieur le Duc de Bourgogne, & finissant à la Grande Alliance concluë en **1701.**

1697.

La Paix est publiée à Paris. Réjouissances à ce sujet.

LES ordres de la Cour étant arrivez à Paris pour la publication de la Paix avec l'Angleterre & la Hollande, elle se fit en cette Ville dans les principales Places avec les ceremonies acoûtumées. Le Prevôt des Marchands, le Lieutenant General de Police, les Lieutenans Particuliers du Châtelet & autres Officiers y assisterent, precedez des Archers du Guet, des Huissiers à cheval & à pied, avec le Roi d'Armes, six Herauts, douze Trompettes, douze Tambours, douze Fifres & Hautbois. La marche dura depuis midi jusqu'à cinq heures du soir, & il y eut ensuite des feux & des illuminations dans les ruës ; quoique les illuminations ne fussent jamais commandées qu'aux mariages & aux naissances des Rois & des Héritiers Présomptifs de la Couronne. Mais, feintes ou sinceres, on vouloit des réjouissances, & les Commissaires de Quartiers obligerent les Particuliers d'allumer des feux. La Paix avec l'Espagne fut publiée le 4. Novembre avec les mêmes ceremonies ; & l'on n'éxigea pas de moindres réjouissances à la publication de celle qui avoit aussi été

Tome III. A

conclue avec l'Empereur. Il y eut un fort beau feu tiré devant l'Hôtel de Ville, ensuite du *Te Deum* chanté dans la Cathedrale en action de graces de la Paix generale. Il ne restoit plus que celle de Savoye, qui fut publiée le 2. de Decembre, aussi-bien que le Contract de Mariage du Duc & de la Duchesse de Bourgogne.

<small>Preparatifs pour le Mariage du Duc de Bourgogne.</small>

On n'étoit ocupé que de la magnificence qui devoit éclater à ces nôces : on en pressoit extraordinairement les préparatifs; & l'on prétendoit surpasser tout ce qui avoit été fait en pareilles ocasions. Les Dames surtout n'y épargnoient aucunes dépenses. Elles devoient avoir six habits differens, & ces habits étoient tellement chargez de dorures que l'on eut assez de peine à les porter. * L'habit de Mr le Duc de Bourgogne étoit de velours noir, tout couvert de perles : & ceux du Roi & de Mr le Dauphin, de la plus riche étoffe d'or qu'on eût pû inventer, couverte de broderie & de diamans. Le Roi avoit nommé les personnes de l'un & de l'autre sexe qui devoient danser au bal de la nôce. Il y en eut soixante & douze de chaque sexe, tous parez à l'envi des plus riches étoffes, relevées de broderie & de pierreries. Enfin on ne peut rien imaginer de plus somptueux ni de plus superbe que les préparatifs de cette nôce; & jamais on n'avoit poussé si loin une dépense en habits & autres ornemens pour une fête de si peu de durée. On en peut juger par cette seule circonstance, que les draps & la courte-pointe du lit nuptial coûterent cinquante mille francs. L'habit de la Princesse étoit d'un drap d'argent, tout couvert de pierreries. Le Roi étoit habillé d'un drap d'or, sur les coutures duquel il y avoit un point d'Espagne d'or, large de quatre doigts. Mr le Dauphin & tous les Princes étoient aussi magnifiquement vêtus; & tous ces habits étoient relevez de broderies d'or, & éclatans de pierreries agreablement diversifiées & mises en œuvre.

<small>Celebration des nôces.</small>

Tout étant prêt pour la ceremonie, elle fut celebrée à Versailles le 7. de Decembre par le Cardinal de Coislin en la maniere suivante. Mr des Granges, Maître de Ceremonies, alla sur les onze heures du matin prendre Mr le Duc de Bourgogne dans son apartement, & le conduisit en celui du Roi. Sa Majesté se rendit ensuite chez Madame la Duchesse de Bourgogne, & la mena à la Chapelle, acompagnée des Princes & Princesses du Sang, de la Duchesse de Verneuil, des Cardinaux d'Etrées, de Janson & de Furstemberg, & de l'Archevêque de Reims. Le Cardinal de Coaslin, premier Aumônier du Roi, dit la Messe en mitre, revêtu de ses habits Pontificaux, & fit la ceremonie du mariage, après laquelle Sa Majesté donna un magnifique dîné en maigre aux nouveaux Mariez, sur une table faite en forme de fer à cheval, garnie de vingt-trois couverts. Il y eut ensuite des divertissemens, & sur le soir un très-beau feu d'artifice. Le souper se fit dans l'apartement de Madame la Duchesse de Bourgogne, après quoi les nouveaux Mariez furent mis au lit entre onze heures & minuit, en presence du Roi, de toute la Cour, & du Marquis Ferrero, Ambassadeur Extraordinaire de Savoye. Le Roi Jaques donna la chemise à Mr le Duc de Bourgogne, & la Reine son Epouse à Madame la Duchesse. Les nouveaux Mariez demeurerent environ une heure couchez ensemble, les rideaux ouverts, en presence de tout le monde, ensuite de quoi on les fit lever; & Mr le Duc de Bourgogne, ayant repris ses habits, retourna dans son apar-

---

* *Il y avoit une Dame dont la Juppe seule contenoit sept cens onces d'or.*

1697.

Magnificence de cette Fête.

tement. Le Duc de Bourgogne ne coucha pour cette fois avec la Princesse que pour la forme : les Medecins ayant été d'avis que la consommation du mariage ne se fît que deux ans après.

La Princesse tint Cercle le 8. où toutes les Duchesses eurent le tabouret. Le 11. le Roi donna un bal magnifique dans sa galerie, qui étoit éclairée de quatre mille bougies. Il y avoit des amphitheatres dans les embrasures des fenêtres. L'enceinte du bal étoit de neuf toises de long sur la largeur de la galerie. On servit une collation d'une maniere fort galante & en même-tems fort nouvelle, sur onze tables couvertes de gazons avec des fleurs dessus & des guirlanders autour, chargez de feuilles, de fleurs & de fruits. Il y avoit sur ces tables des corbeilles or & argent remplies des confitures les plus exquises & des plus beaux fruits. On voyoit au milieu de ces tables des Orangers chargez de fruits bons à manger, & de fleurs; & chacune étoit portée par quatre hommes en justaucorps bleus, avec des galons d'or par tout. La premiere table fut mise devant le Roi Jaques & la Reine son Epouse. Des dix autres, cinq furent portées du côté des Danseurs, & cinq vis à vis, en sorte que chacun faisoit collation sans sortir de sa place. Ensuite venoient cinquante Officiers avec des soucoupes, portant des eaux & des glaces de toutes les façons, & quatre cens corbeilles de toutes sortes de confitures, fruits & paquets pour le reste de l'Assemblée. On n'a jamais vû de spectacle plus brillant ni plus magnifique.

Plaisirs qui l'ont accompagneér.

Cette Fête dura quinze jours, pendant lesquels la Cour demeura toûjours parée & changea d'habits plusieurs fois. Il y eut quatre bals & quatre representations d'Opera, que le Roi avoit choi-

sis, savoir *Roland*, *Armide*, *les Amours d'Apollon* qu'on nomma *l'Opera du Mariage*, & *l'Europe Galante*. Il y eut outre cela des Comédies, & tous les jours des collations & des jeux entremélez de Musique & de Simphonie. Les feux d'artifice & tous les autres divertissemens ne manquerent point ; & ce fut à qui marqueroit plus de joye pour faire sa cour dans une ocasion dont le Roi se faisoit un plaisir singulier. Les atentions qu'il eut pour la nouvelle Duchesse fixerent de ce côté-là tous les empressemens des Courtisans, & ce fut elle qui regla dans la suite tous les plaisirs de la Cour.

1698.

Le Roi ayant envoyé un Exprès à Londres pour donner part à Sa Majesté Britannique du mariage que l'on vient de raporter, le Roi d'Angleterre nomma le Duc de St Albans pour en aller complimenter de sa part Sa Majesté très-Chrétienne. Ce Duc arriva à Paris au mois de Janvier 1698. & eut ses audiences du Roi & de toute la Famille Royale le 19. du même mois. Il presenta au Roi des Lettres du Roi d'Angleterre, du Prince & de la Princesse de Dannemarck, après quoi il fut traité magnifiquement avec ceux de sa suite par les Officiers de la Maison du Roi. L'après-dinée il eut audience de Madame la Duchesse de Bourgone, à laquelle il remit de pareilles Lettres en la complimentant sur son mariage. Il fut conduit à toutes ces audiences par Mr de Bonneuil, Introducteur des Ambassadeurs, qui avoit été le prendre en son Hôtel à Paris dans les Carosses du Roi & de Madame la Duchesse de Bourgogne, & qui le reconduisit de Versailles de la même maniere.

Ambassade du Roi d'Angleterre à la Cour de France au sujet de ce mariage.

Le Prince de Conti, élu Roi de Pologne, étoit revenu en France dès le 12. de Janvier. Le raport qu'il avoit

Retour du Prince de Conti.

1698. fait au Roi de la situation des affaires de ce Royaume, obligea la Cour d'oublier une entreprise qui avoit été suivie d'un si mauvais succez. A l'égard du Prince, on publia qu'il n'avoit pas fort désiré cette Couronne & qu'il avoit fait ce voyage plûtôt pour plaire au Roi que par aucun empressement qu'il eût d'être Roi. Mais quelque indifférence que l'on témoignât dans cette ocasion, où la necessité obligeoit de parler ainsi, il y a peu d'aparence que l'on fût si peu touché de l'ambition de regner, surtout après avoir été si près du Trône; & que le Roi, qui avoit salué ce Prince avant son départ, aussi bien que la Princesse son Epouse, comme Roi & Reine de Pologne, n'ait pas eu quelque mortification d'une démarche avancée si temerairement. La gloire du Monarque n'étoit-elle pas un peu blessée de cette espece de Retractation à laquelle il se vit forcé, & croit-on qu'il n'ait pas aussi regretté les sommes qu'il avoit employées inutilement à l'envie d'avoir un Roi de sa main? Outre l'argent qu'il avoit fait semer par avance en Pologne, dans l'sperance d'en recueillir plus de fruit; il avoit donné au Prince en partant pour deux Millions de Lettres de Change, & dix mille Loüis d'or en especes pour subvenir à ses menuës necessitez. Quoi qu'il en soit, il lui rendit encore genereusement tout ce qu'il avoit dépensé du sien à la poursuite de cette Couronne. Pour ce qui est du Prince, il chercha à se consoler de l'avoir manquée, dans les bonnes graces de Monseigneur qu'il partageoit avec le Duc de Vendôme, & qui le dédommagerent en quelque sorte de l'aversion qu'on prétend que le Roi avoit pour lui.

Motifs de l'aversion du Roi Mr L. M. D. L. F. raporte dans ses Mémoires, que ce fut à l'ocasion du voyage que ce Prince & quelques autres avoient fait en Hongrie, comme nous avons dit, en qualité de Volontaires, avec le Prince Eugene. ,, Il leur arriva, ,, dit-il, pendant ce tems-là, une chose ,, très-fâcheuse par l'indiscretion de Mr ,, de Villeroi. Mrs de la Rocheguïon, ,, de Liancourt, & de Villeroi, jeunes ,, gens amis de ces Princes, à qui le ,, Roi avoit refusé la permission de les ,, suivre, leur écrivoient régulierement. ,, Le malheur voulut que les Neveux de ,, Mr de Villeroi avoient commerce en ,, France avec quelqu'un qui les détour- ,, noit d'obéïr au Roi. Ce dernier donna ,, ordre de faire arrêter un Courier ,, qui leur avoit été dépêché, lequel se ,, trouva chargé des Lettres de ces jeunes Messieurs. Ils parloient dans ces ,, Lettres en vrais étourdis, & y trai- ,, toient le Roi de *Gentilhomme Cam- ,, pagnard afainéanti auprès de sa vieille ,, femme*, & se servoient de paroles si ,, méprisantes, que le Roi ne l'a jamais ,, oublié, d'autant plus que ces Mes- ,, sieurs étoient les enfans, l'un du Duc ,, de Villeroi, pour qui il avoit de la ,, bonté, & l'autre du Duc de la Roche- ,, foucaut, qui étoit une espece de Fa- ,, vori. Il les exila tous trois, & ne ,, voulut point voir le Prince de la Ro- ,, che-sur-Yon à son retour, parce que ,, c'étoit à lui que les Lettres s'adres- ,, soient. Quant au Prince de Conti, ,, son gendre, il voulut bien croire ,, qu'il avoit ignoré ce commerce.

Son caractere. Cette avanture fit beaucoup de tort au Prince de la Roche-sur-Yon, depuis Prince de Conti, quand il fut devenu l'Aîné de sa Branche par la mort de son Frere; à quoi l'on peut ajoûter que le refus qu'il avoit fait d'épouser une fille naturelle du Roi, contribua beaucoup à lui attirer l'aversion de ce Monarque. Quoi qu'il en soit, sa réputation de valeur, jointe à ses autres belles qua-

1698. litez, l'avoit fait élire Roi de Pologne. Il marqua en effet beaucoup de courage & de grands talens pour la guerre dans les Campagnes qu'il fit avec Mr de Luxembourg. Il avoit beaucoup d'esprit & il l'avoit fort orné par la lecture : avec cela une humeur douce qui le rendoit de la plus aimable conversation du monde. Pour ce qui est de la Couronne de Pologne, il lui fut reproché de n'avoir pas assez promptement ni assez vivement soûtenu son election. C'étoit d'ailleurs de tous les Princes un des plus acomplis.

Il est encore traité comme Roi par le Primat de Pologne.

Peu de tems après son retour, il arriva à Versailles un Courier de Pologne, depêché par le Cardinal Primat, avec des Lettres pour le Roi, par lesquelles il donnoit avis à ce Monarque de la resolution qui avoit été prise par une grande partie de la Noblesse de la Grande Pologne, de maintenir ses Loix & ses Droits pour l'élection unanime d'un Roi. On prétend que ce Prélat suplioit aussi Sa Majesté Très-Chrétienne de lui faire savoir si elle souhaitoit qu'on continuât de soûtenir l'élection du Prince de Conti, auquel cas il demandoit un secours d'hommes & d'argent pour pouvoir chasser les Troupes Allemandes. Ce même Courier aporta aussi des Lettres à son à. S. A. S. qu'on assure qu'elle ne voulut pas recevoir, ayant renvoyé le Courier au Roi. La suscription de ces Lettres étoit *A Sa Majesté Polonoise*. Quoiqu'on pût dire de cette nouvelle invitation, qui parut douteuse à plusieurs dans la conjoncture d'alors, elle marquoit du moins que le parti de ce Prince étoit encore bien fort; puis que dans le tems qu'on le croyoit abandonné, il faisoit encore de pareilles démarches.

Nouveaux

La guerre qui venoit de finir, n'avoit pas empêché celle qu'on faisoit en France aux Nouveaux Convertis. On ne se contentoit pas d'empêcher les Assemblées qu'ils continuoient de faire pour prier Dieu, on employoit encore toutes sortes de violences pour les obliger à changer de Religion. On emprisonnoit, on pendoit, on faisoit grace; mais ces remedes étoient impuissans contre la cause du mal, qui consistoit dans la répugnance du cœur, étranges ressorts en matiere de Religion ! Il est vrai que ces violences n'étoient pas du goût de tout le monde ; puis qu'un célebre Prélat * écrivant † aux Curez de son Diocese, touchant la conduite qu'ils devoient tenir à l'égard des Nouveaux Convertis, leur avoit enjoint de n'employer aucune Contrainte, leur representant que *Dieu veut que le service qu'on lui rend soit volontaire*, & leur recommandant de nourrir leur Troupeau *de la Pâture des Divines Ecritures*, attendu que *rien ne sert plus à faire connoître la veritable Eglise que ce que l'Evangile nous enseigne*. Le Pape ** même avoit approuvé la conduite de ce Cardinal, dont il loüa la sagesse & la pieté. Mais les sentimens Apostoliques dont cette Lettre étoit remplie n'en furent pas pour cela plus aprouvés de bien des gens ; ils exciterent au contraire plusieurs faux zelez contre ce Cardinal, comme s'ils eussent été marris que cette Lettre fît tant d'honneur à l'Eglise Romaine. Aussi le Pape les traitoit il d'ignorans, qui ne savoient ce qu'ils disoient. * Mais par malheur il y avoit une clause dans le Bref du Pape qui gâtoit tout ; car après avoir témoigné l'estime qu'il faisoit de ce Cardinal, il

Coverris persecutez en France.

---
* Mr le Cardinal le Camus.
† Dès le 28. Avril 1687.
** Innocent XI. par son Bref du 18. Octobre 1688.
* *Inanes inscia multitudinis criminationes.*

A iij

1698. ajoûte ; *& ce qui nous a encore confirmé dans la bonne opinion que nous avions de vous, c'est la profession ouverte que vous faites dans vôtre Lettre des sentimens d'obéïssance & de respect, que vous avez pour cette sainte Eglise, la Mere & la Maîtresse de toutes les autres, & de la disposition dans laquelle vous êtes de soûmettre à son Jugement tous vos Ecrits & toutes vos paroles : ce qui fait voir clairement la pureté de vôtre Foi & de vôtre Religion.* Voilà la pierre de touche de la Foi Romaine, touchant laquelle on est plus ou moins pur, non selon qu'on est plus ou moins conforme aux Veritez de l'Evangile, mais selon qu'on est plus ou moins soûmis au Siége Romain, qui est l'Oracle infaillible de la verité. Principe non moins difficile à prouver, qu'à être crû gratuitement ; mais en revanche beaucoup plus politique & plus commode pour les Conducteurs que celui des Protestans !

Desarmezcômme suspects.

Cependant comme on voyoit que ce joug n'étoit pas capable de ramener tous les Nouveaux Convertis à l'obéïssance, on s'apliquoit à s'assurer de leur fidelité en les desarmant ; comme s'ils fussent devenus infideles à leur Souverain depuis leur Conversion, eux qui avoient toûjours été fideles & reconnus pour tels, tandis qu'on les avoit laissé vivre dans leur pretenduë heresie. Comme la Déclaration * renduë sur ce sujet est une piece remarquable, j'en donnerai ici un Extrait pour y faire ensuite quelques reflexions.

Déclaration du Roi sur ce sujet.

„ Sa Majesté étant bien avertie, que „ quoi que *la plûpart des Nouveaux* „ *Convertis de son Royaume*, tien„ nent une conduite dont elle a tout „ sujet d'être satisfaite : neanmoins il „ en reste *quelques-uns* parmi eux de „ mal intentionnez, lesquels n'omet„ tent rien de ce qu'ils croyent pouvoir „ servir à inspirer aux autres de mauvais „ sentimens. Et Sa Majesté voulant leur „ ôter *tout moyen de pouvoir rien entre-* „ *prendre contre son service*, & de mal„ traiter ceux qui ne voudroient pas „ adherer à leurs mauvais conseils: Sa „ Majesté a ordonné & ordonne, &c. „ Que *tous ceux* qui ayant ci-devant „ professé la Religion Prétenduë Refor„ mée, *& se sont convertis depuis cinq* „ *ans*, portent ou fassent porter, quinze „ jours après la publication de la pre„ sente Ordonnance, & remettre entre „ les mains des Magistrats, Consuls, „ Capitouls, Jurats, & Echevins des „ Villes, Bourgs, &c. tous les mous„ quets, &c. & autres armes offensi„ ves, &c. même la poudre, plomb „ & mêche, &c. Desquelles armes & „ munitions lesdits Consuls, &c. leur „ donneront Recepissez, pour être en„ suite portées aux lieux où il sera or„ donné par les Gouverneurs, Lieute„ nans Generaux ou Commandans pour „ Sa Majesté en ses Provinces. Ordon„ ne Sa Majesté, que si après ledit tems „ passé, & pendant celui de deux an„ nées qu'elle veut que cette Ordon„ nance ait lieu, il se trouve aucunes „ armes, &c. chez ceux, qui ayant „ fait profession de ladite Religion Pré„ tenduë Reformée, *se sont convertis* „ *depuis cinq ans*, ils soient conduits *aux* „ *Galeres* suivant les ordres qui en se„ ront donnez par lesdits Gouverneurs „ & Lieutenans Generaux de Sa Majes„ té ou Commandans, &c. *sans forme* „ *ni figure de procez*, *& sans délai*. „ Veut Sa Majesté, que *les Gentilhom-* „ *mes* qui ont ci-devant fait profession „ de ladite Religion P. R. *& se sont* „ *convertis depuis ledit tems de cinq an-* „ *nées*, fassent aussi porter leurs armes

* Du 26. Octobre 1688.

1698. "en la maniere qu'il est prescrit ci-des-
"sus, à la reserve de deux épées, de
"deux fusils, & de deux paires de pisto-
"lets, que Sa Majesté trouve bon
"qu'ils gardent pour leur usage parti-
"culier, & qu'ils puissent conserver
"chez eux jusqu'à six livres de poudre,
"& pareille quantité de plomb. Ordon-
"ne Sa Majesté que ceux desdits Gen-
"tilshommes, lesquels auroient gardé
"une grande quantité d'armes, de pou-
"dre & de plomb, soient arrêtez jus-
"qu'à nouvel ordre de Sa Majesté, *&*
"*qu'ils demeurent en prison*, jusques à
"ce qu'ils ayent payé *mille écus d'amen-*
"*de* au profit de l'Hôpital le plus pro-
"chain, pour chaque nature d'armes
"qu'ils auront gardées au delà, &c. Et
"qu'à l'égard de ceux chez lesquels on
"trouveroit une plus grande quantité
"de poudre & de plomb que celle pres-
"crite ci-dessus, ils *tiennent prison*, jus-
"qu'à ce qu'ils ayent payé *dix mille li-*
"*vres.* Mande & ordonne Sa Majesté,
"aux Gouverneurs, Lieutenans Gene-
"raux, &c. A Fontainebleau, le &c.

Motifs de cette Déclaration. Lettres sur les Matieres du Tems.

Cette Déclaration fait voir deux choses, la 1. que nonobstant les distinc-
tions qui sont faites dans le préambule,
à l'égard des Nouveaux Convertis, il
n'y a point d'exception dans l'Ordonnance, puisque tous furent également
desarmez, ce qui fait voir qu'on les
distingua en cela des autres sujets de Sa
Majesté, & qu'on se defioit de leur fidelité. La 2. qu'encore que cette Ordonnance comprenne également les
Nouveaux Convertis qui sont bien intentionnez & ceux que l'on regardoit
comme mal intentionnez, cependant
elle ne s'étendoit que contre ceux qui
s'étoient convertis *depuis cinq ans* ; *

* *C'est à dire depuis l'année* 1683. *jusques en*
1688. *que cette Déclaration, fut donnée. J'ai
differé d'en parler jusqu'ici, pour ne pas interrompre le fil des Evénemens militaires.*

& par conséquent elle en exemtoit les
autres: qui étoient de plus vieille datte,
comme n'y ayant pas de sujet de les
soupçonner ni de revoquer en doute
leur fidelité. A l'égard du 1. Point, je
ne prétends pas toucher à ce qui est du
Droit & de la Puissance en de semblables ocasions. Je sai que chaque Etat
prend toutes les précautions qu'il croit
necessaires pour sa conservation, &
qu'il suffit du moindre soupçon pour
l'obliger de veiller à ses suretez, par
tous les moyens qu'il juge les plus convenables.

Je m'attache seulement aux motifs
ou aux raisons de fait. On desarma en
France les Nouveaux Convertis, parce
que leur Conversion étoit suspecte, &
que l'on ne croyoit pas s'y pouvoir
confier. Car si l'on eût été persuadé
qu'elle fût veritable & sincere, il est
certain qu'on ne les eût pas distinguez
des autres sujets Catholiques. On s'é-
toit bien fié à eux pendant qu'on les regardoit comme Heretiques. On n'avoit
point eu recours à ces précautions dans
les precedentes guerres que Sa Majesté
avoit soûtenuës au dedans & au dehors.
Au contraire on y avoit éprouvé leur
fidelité, & l'on s'étoit loué de leurs
services. Or s'ils n'ont point été suspects en qualité d'Heretiques, ils le
devoient être encore moins en qualité
de Catholiques. Il n'y avoit donc que
le soupçon de leur Catholicité qui eût
été la cause de cette distinction, & ce
soupçon, comme chacun sait, ne pro-
cedoit que de la contrainte dont on
avoit usé dans ces sortes de Conversions. Sur ce pied-là il faut donc convenir qu'on s'étoit donné beaucoup de
peine, sans en recueillir que des épines,
& qu'on ne pouvoit s'autoriser ni par
les Maximes de la Religion, ni par celles
de la Politique. Au premier égard, parce

*Elle fait voir que la voye de la Con-
trainte n'étoit pas re-
gardée comme sûre.*

1698. qu'il n'y a point de Religion ni de Conversion que dans les sinceres mouvemens du cœur; au second, parce que la Contrainte n'a servi qu'à rendre suspect un grand nombre de sujets qui ne l'étoient pas auparavant.

Que la France se défioit de sa propre côduite.

Quant au second Point, c'est une chose très-remarquable, que les Conversions qui avoient été faites *depuis cinq ans* fussent ainsi notées & distinguées dans cette Déclaration; car quoi qu'elle n'en specifie pas la raison, qui est-ce qui l'ignoroit alors? Qui n'étoit pas informé des violences qui avoient été exercées depuis 1683 ? Il est vrai que quelques Auteurs se sont éforcez de voiler un fait si éclatant avec des toiles d'araignées, s'il est permis de parler ainsi. Ils ont crû qu'à la faveur des préjugez, qui regnent dans chaque Parti, il n'y avoit qu'à contester la verité, pour la rendre problematique à ceux qui n'en avoient pas été les témoins, & sur tout à la Posterité dont les conjectures s'établissent à proportion de l'éloignement. Nous voyons même qu'on avoit pris soin de déguiser les faits dans plusieurs Monumens publics. On qualifioit du nom d'*Interpretation* ce qui en effet étoit une atteinte manifeste aux Edits. La violence étoit apelée douceur, & ce qui d'un côté étoit le sujet d'une infinité de souffrances & de persecutions, faisoit de l'autre la matiere d'une infinité de Panegiriques. Jusques là que la Révocation du fameux Edit de Nantes, faite en 1685. suposé qu'un Contract si solemnel étoit comme anéanti du consentement des Parties, c'est à dire par ce grand nombre de Conversions qui l'avoient precedé. Mais on fut contraint d'en retrancher tout d'un coup *les Conversions faites depuis cinq ans*, & de remonter au delà de 1683. pour y trouver des Convertis volontaires sur lesquels on pût se confier. C'est à dire que sans préjudice des autres faits qui étoient en contestation: voilà l'époque dont on convenoit de part & d'autre pour porter un sain jugement de toutes les Conversions qui avoient été faites, depuis qu'on avoit ôté la liberté de sortir du Royaume, & qu'on avoit voulu étoufer celle des mouvemens de la Conscience. On en craignit ensuite les retours, parce qu'on savoit que le desir de la Liberté est aussi naturel à l'homme, qu'est le mouvement aux corps inclinez qui ne sont retenus par aucun obstacle, & qui peuvent suivre leur pente naturelle. On eut donc recours à la précaution de désarmer tous ceux qui étoient marquez au coin de cette derniere Contrainte; & l'on ne pût s'empêcher d'en laisser un Monument public, pour défendre la verité à cet égard contre toutes les attaques du Pirronisme.

C'étoit sans doute une mauvaise marque pour toutes ces Conversions qui avoient fait le sujet de tant de Panegiriques & du gemissement de tant de malheureux. Il eut été bien plus facile & plus avantageux pour le Royaume de prevenir ce mal, que d'entreprendre de le guerir par de semblables remedes. Si l'on eût suivi les Maximes du Cardinal de Richelieu, on ne se fût pas trouvé dans l'embarras de cette défiance. Ce grand Homme dit dans son Testament Politique: ,, Qu'il n'y a ,, point de Souverain au Monde, qui ,, ne soit obligé, par ce Principe, à ,, procurer la Conversion de ceux, qui ,, vivant sous son Regne, sont dévoyez ,, du chemin du Salut. Mais comme ,, l'homme est raisonnable de sa nature, ,, les Princes sont censez d'avoir en ce ,, point satisfait à leur obligation, s'ils ,, pratiquent tous les moyens raisonnables

Elle est oposée aux maximes du Cardinal de Richelieu.

1698. ,, bles pour arriver à une si bonne fin, ,, & la prudence ne leur permet pas d'en ,, tenter de si hazardeux, qu'ils puissent ,, déraciner le bon blé, en voulant dé- ,, raciner la zizanie, dont il seroit diffi- ,, cile de purger un Etat, par autre ,, voye que celle de la douceur, sans ,, l'exposer à un *ébranlement* capable de ,, le perdre, ou au moins de lui causer ,, un notable préjudice. Il seroit à souhaiter que Messieurs du Clergé, laissant à part ce qu'il y a de faux dans leurs Panégiriques, eussent mis en pratique ces Maximes non moins Chrétiennes que conformes à une bonne & sage Politique ; d'autant plus qu'en France on venoit d'experimenter, d'une maniere fâcheuse, que ces moyens violens avoient causé des maux irremediables, sans produire l'effet qu'on s'en étoit proposé.

Pernicieuse à la Société. En éfet quelque zele qu'ait un Prince pour étendre sa Religion & pour tâcher de l'inspirer à une partie de ses sujets qui ont des opinions differentes de la sienne, mais qui neanmoins sont compatibles avec les Loix de la Société : il peut bien employer toutes les voyes qui sont capables d'attirer un consentement volontaire, mais il n'en doit jamais tenter aucune qui puisse aliéner le cœur de ses sujets, en les voulant forcer, sur tout lors que la Foi publique y est intervenuë, parce qu'alors il donne atteinte aux fondemens du bonheur & de la tranquillité de son Etat, en troublant le repos de ses sujets, au préjudice du secours qu'il en peut tirer, & de sa propre réputation.

Effets dangereux qu'elle a produits. Ces conséquences, que je pourrois apuyer d'exemples & de raisonnemens, ne sont que trop évidentes par les inconveniens où la France est tombée, pour avoir voulu se roidir contre ces Maximes. Les grands éforts qu'elle a faits pour étendre son empire sur les

Tome III.

Consciences, n'ont produit, contre son attente, que du trouble & de la confusion. Elle a trouvé le secret de chasser une partie de ses sujets Protestans, & de retenir par la force & par la contrainte le reste de ces mêmes sujets, dont auparavant elle possedoit le cœur. Ainsi, sans avoir rien fait ou peu de chose en faveur de sa Religion, elle a affoibli le nombre de ses meilleurs habitans & par conséquent sa force, son commerce, ses revenus, & ses commoditez, en détruisant en même tems la confiance pour les engagemens publics, au grand préjudice de sa réputation au dedans & au dehors. Ce mal avoit été bientôt fait, mais il n'en fut pas de même des remedes. *Une * main rude peut aisément casser un os, que l'art & une forte aplication ont bien de la peine à rejoindre, en sorte qu'il ait sa premiere force & proportion.* Les remedes n'avoient été jusqu'alors que nuisibles ou palliatifs : la severité, les tentatives, & les feints radoucissemens étant également hors de saison, lors qu'il s'agit, non d'extirper ni d'amuser, mais de rassurer les esprits en rapelant une pleine & entiere confiance.

Autre Déclaration pour remedier à la premiere. Ce fut encore dans cette derniere vûë que le Roi fit publier cette année** une Déclaration permettant aux Refugiez François de retourner en France dans six mois, à la charge d'y faire Profession de la Religion Catholique & Romaine. Elle eût été avantageuse sans doute pour les Nouveaux Convertis de ce Royaume, si Sa Majesté T.C. leur eût permis ou de demeurer dans leur Patrie aux termes de l'Edit de 1685. ou la liberté d'en sortir s'ils ne s'accommodoient pas de la Religion qu'on leur avoit fait embrasser par contrainte. Mais il est aisé de reconnoître par tout ce que j'ai dit jusqu'ici, & par les Re-

* *Remarques sur l'Etat des Provinces Unies.*
** *Au mois de Fevrier.*

1698.

Observations sur ce sujet.

marques suivantes, que ce n'étoit point là la vûë de la Cour.

„ La Déclaration qui vient d'être „ publiée en France, concernant ceux „ qui en sont sortis pour cause de Re- „ ligion, acheve, dit l'Auteur de ces „ Observations, de confirmer ce que „ les precedentes nouvelles ont déja dit „ sur ce sujet. C'est à savoir qu'il n'y a „ pour eux aucune esperance de retour „ qu'en changeant de Religion. Le Roi „ T. C. s'en étoit ainsi expliqué en di- „ verses ocasions, ce qui ne permettoit „ pas d'en douter ; mais Sa Majesté „ ayant jugé à propos de rendre ses in- „ tentions publiques par cette derniere „ Déclaration, personne n'en peut pré- „ tendre cause d'ignorance, pour se „ flater mal à propos d'un changement „ de condition : l'exclusion étant for- „ melle pour tous ceux qui ont dessein „ de perseverer dans la possession de „ leur Foi. De sorte que si d'un côté „ toute esperance leur est ôtée, il en „ resultera de l'autre cet éfet, que nul „ ne pourra plus s'y tromper que vo- „ lontairement. Les Lettres de Paris qui acompagnoient cette Déclaration y ajoûtoient les Remarques suivantes: „ 1. *Qu'elle ne regarde que ceux qui sont* „ *sortis au préjudice des défenses portées* „ *par l'Edit du mois d'Octobre 1685. &* „ *de la Déclaration du mois de Mai* „ *1686. sans qu'il soit fait aucune men-* „ *tion de ceux qui sont sortis aupara-* „ *vant.* 2. *Qu'elle n'est que pour ceux* „ *qui desirent de revenir dans leur Patrie,* „ *pour y faire Profession & Exercice de* „ *la R. C. A. &* R. 3. *Qu'elle n'a d'au-* „ *tre effet que de les garantir des peines* „ *corporelles qu'ils ont encourûës par la* „ *contravention à l'Edit & à la Décla-* „ *ration ci-dessus.* C'est à dire, *pour les* „ *hommes, de la peine des Galeres, &* „ *pour les femmes, de celle de la confis-* „ *cation de corps,* &c. Mais il n'est pas „ dit qu'ils seront rétablis en possession „ de leurs biens, & la Déclaration ne „ contient aucune révocation de celle „ de 1689. & des autres qui ont dis- „ posé de ces biens. 4. *Qu'elle n'est* „ *acordée qu'à la charge de revenir dans* „ *six mois, & de faire Profession & Exer-* „ *cice de la Religion C. R.* 5. *Que cette* „ *clause ne laisse tirer que des conséquen-* „ *ces fâcheuses pour tous ceux qui sont* „ *demeurez dans le Royaume, sur la foi* „ *de l'Edit de 1685. & qui ont crû qu'ils* „ *pourroient demeurer chez eux en toute* „ *liberté, sans être forcez contre les mou-* „ *vemens de leur Conscience, & sans* „ *qu'on pût tirer à conséquence des signa-* „ *tures qu'ils n'ont données que par obeï-* „ *sance & pour éviter la contrainte.* „ 6. Cependant comme la Déclaration „ ne dit rien à leur égard, on est encore „ dans l'atente sur ce sujet ; & ils espe- „ rent que Sa Majesté, qui s'est si clai- „ rement expliquée par l'Edit de 1685. „ contre les voyes de la Contrainte, ne „ permettra pas que pour avoir obéï à „ cet Edit, leur condition soit plus „ malheureuse que celle des autres qui „ sont sortis. Et qu'au contraire comme „ ceux-ci sont bien avertis qu'il n'y a „ de retour à esperer que pour ceux qui „ voudront se déterminer librement à „ faire Profession de la Religion Ro- „ maine, S. M. permettra de même „ aux premiers, ou la liberté de demeu- „ rer dans le Royaume aux termes de „ l'Edit de 1685. ou la liberté d'en „ sortir à ceux qui ne voudront pas faire „ la même Profession, comme elle fut „ acordée en pareil cas au siecle prece- „ dent.

On voit bien par la derniere de ces Remarques, que celui qui en est l'Auteur, souhaitoit avec passion que les choses se passassent de la maniere qu'il avoit conçû, à l'égard de ces malheureux, à qui l'on avoit fait embrasser par force la Religion Catholique & Romaine. On ne peut disconvenir qu'il ne

1698.
raisonnât conséquemment, & qu'il faloit que la Cour de France, qui vouloit que ce Royaume fut *tout Catholique*, se débarrassât une bonne fois de tous ceux qu'elle croyoit Heretiques; mais il étoit facile de juger par l'esprit de cette Cour qu'elle n'en feroit rien. On voulut au contraire leur persuader que c'étoit de bonne foi qu'ils avoient abjuré leurs prétenduës erreurs: qu'ils n'y avoient été contraints que par la force de la verité, & les bonnes raisons des Missionnaires: que les violences que les Dragons leur avoient faites, n'étoient que de pures visions. On les traita même comme des *Relaps* : & il n'y eut pas jusques à ceux d'Orange qui n'éprouvassent la rigueur de ces injustes traitemens.

Protestans rétablis à Orange & peu après troublez de nouveau.

Les Officiers du Roi d'Angleterre, qui s'étoient rendus en cette Ville dès que le Traité de Paix avec la France eut été ratifié, y avoient fait l'ouverture du Parlement, * & établi l'Amnistie pour tous ceux qui s'étoient volontairement soûmis à la France. Ils avoient travaillé à remettre les choses en leur premier état, & principalement à abolir les changemens qui y avoient été faits pendant la guerre en faveur de la Religion Romaine ; en sorte que les Ministres qui avoient été si long-tems prisonniers, recommencerent à prêcher, & que les Protestans de cette Principauté joüissoient de quelque repos. Ceux des Païs voisins voulurent en profiter, & allerent à Orange pour avoir la consolation d'y prier Dieu ; mais cette consolation leur fut bien-tôt ôtée. La crainte de s'exposer aux rigueurs dont ils étoient menacez, & les exhortations de ceux d'Orange même, qui voyoient la tempête prête à fondre sur eux, les empêcherent de continuer leurs pieux Exercices : de sorte que personne n'y alla pendant tout l'Eté. Ce-

* *Relation envoyée de France sur ce sujet.*

LOUIS XIV. Liv. XIII.

pendant on leur tendit un piege, & voici ce qu'on fit pour les surprendre. Les Intendans des Provinces voisines & le Vice-Legat d'Avignon, qui avoient mis auparavant des Gardes aux passages, voyant que cela étoit inutile, firent vuider tous ces postes : en sorte que vers la fin d'Août tous les passages furent libres. On ne l'eut pas plûtôt apris en Languedoc, en Provence, & en Dauphiné, que l'on crût qu'on pouvoit aller à Orange sans aucun danger. Si bien qu'il y en eut de toutes ces Provinces qui s'y rendirent au commencement de Septembre, & auxquels on dit à tous les passages, qu'il n'y avoit rien à craindre pour eux. Mais la suite fit bien voir que ce n'étoit que pour les éprouver ; car on remarqua le 7. du même mois, qu'il y avoit des Archers de Nîmes & d'Usez travestis, pour observer si ceux qui étoient allez à Orange iroient entendre les Prédications. Ceux du Comtat d'un autre côté firent acroire au Vice-Legat qu'au lieu de trois à quatre cens de ces Religionaires, il y en avoit sept à huit mille, & que ces gens-là pourroient bien les insulter à leur retour, s'il ne leur envoyoit des Gardes & ne leur donnoit la permission de les arrêter. Le Vice-Legat non seulement acorda aux sujets du Pape ce qu'ils demandoient, mais il leur fit dire encore, qu'ils eussent à courir sur ces malheureux, & à les piller; que le pillage leur apartiendroit.

1698.

Ces pauvres gens, qui ne savoient rien de ce qui se passoit, voulant se retirer sur la bonne foi de ceux qui leur avoient dit aux passages, qu'il n'y avoit rien à craindre, se mirent en chemin au nombre d'environ cent cinquante, les uns par Roquemaure, & les autres par le Port de Lardoise ; mais comme les Habitans de Cadrousse tenoient d'un Port à l'autre, ils se jetterent sur eux dès qu'ils furent sur les bords du Rhône, les maltraiterent à coups de bâtons, les volerent, en mirent la plûpart en che-

Surprise qu'on leur fait.

B ij

1698.

mise, & les conduisirent en cet état dans les prisons du Château de Roquemaure. Cette nouvelle fut bien-tôt répandue à Orange, mais en même-tems on fit courir le bruit que ce n'étoit pas par ordre de la Cour de France que cela étoit arrivé. Que c'étoit seulement le Vice-Legat d'Avignon qui avoit permis aux Sujets du Pape de se tenir sur la défensive en cas que les Nouveaux Convertis voulussent les insulter à leur retour. Ce que quelques-uns ayant crû, il en partit encore le lendemain une autre Troupe qui fut plus maltraitée que la premiere. Les Batteliers du Port de Lardoise firent passer à ceux qui avoient pris cette route la premiere branche du Rhône, en leur disant qu'il n'y avoit du tout rien à craindre. Cependant dès qu'ils furent entre les deux Rhônes, ils se virent tout d'un coup envelopez par une bande de Fuseliers, qui non contens de leur avoir ôté tout ce qu'ils avoient, les battirent cruellement, les mirent dans une Barque, & les conduifirent dans les prisons de Roquemaure. Quelques-uns trouverent le moyen de se sauver; mais comme ils étoient entre les deux Rhônes, ils demeurerent dans l'Ile pendant trois jours & trois nuits à se nourrir d'herbes; & enfin on les alla prendre. Le même jour 9. les Habitans de Mornas, Camaret, Serignan, & Sarrians firent aussi plusieurs prisonniers qu'ils traiterent avec la même barbarie que les autres, & qu'on conduisit aussi à Roquemaure.

Mauvais traitemens dont elle est suivie.

Cependant on donna avis de toutes ces captures à Mr de Bâville, Intendant, qui envoya ordre en même-tems au Procureur du Roi de Nîmes de se rendre à Roquemaure avec la Compagnie des Archers. Cela étant exécuté, le Procureur du Roi fit sortir les prisonniers du Château où ils avoient été au pain & à l'eau trois ou quatre jours: il les fit attacher deux à deux, & les fit conduire à Montpellier au nombre de quatre-vingt dix-sept hommes & trente-huit femmes ou filles. Les Habitans de Cadrousse tuerent deux Orangeois le jour que la seconde Troupe étoit sortie d'Orange. Ceux de Dauphiné, qui étoient encore au nombre d'environ quarante, voulurent se retirer le 14. Ils partirent l'après-midi, & craignant de tomber entre les mains de ceux du Comtat, ils tâcherent d'éviter tous les Villages. A cet effet ils passerent la Riviere d'Aigues à gué dans un endroit du Territoire d'Orange apellé Porteclaire, à demi-lieuë de Serignan & de Camaret. Mais un nommé Taveau, homme de crédit dans Serignan, épia l'ocasion de faire à son tour des captures, & sachant d'ailleurs que ce jour-là il devoit passer de ces gens, monta à une des tours du Château & avec des lunettes d'aproche observa toutes les avenuës d'Orange. Il n'eut pas plûtôt découvert cette Troupe, qu'il fit sonner le Tocsin, fit mettre sous les armes cent cinquante Païsans & leur ordonna d'aller tirer sur ces Huguenots, avec promesse que tout ce qu'ils pilleroient seroit pour eux. Ces gens-là partirent à cet ordre, & ayant investi ces malheureux peu de tems après, ils tirerent sur eux impitoyablement avec des cris & des juremens horribles. Outre que la Partie n'étoit pas égale, les Reformez n'avoient pour toutes armes que cinq ou six bâtons entre tous. Ainsi ils furent traitez cruellement & avec beaucoup d'indignité. Les femmes furent deshabillées jusques à la chemise & cinq ou six des hommes furent blessez & un tué: les autres se sauverent, & ceux qui furent pris furent amenez au Sieur Taveau qui les envoya d'abord en prison.

Comme ces Païsans n'étoient point satisfaits, il s'en détacha une bande pour aller poursuivre ceux dont ils n'avoient pû se saisir. On en prit un dans un bois sur lequel on exerça une grande cruauté; ils le mirent tout nud, lui

1698. lierent les pieds & les mains avec des cordes, & l'atacherent ensuite à un arbre. Le 16. un Irlandois qui venoit de Die trouva sur son chemin ce malheureux en cet état, qui lui cria d'abord d'avoir compassion de lui. L'Irlandois n'ayant point de couteau tira son sabre & se mit en état de couper les cordes. Mais tout à coup il sortit quatre hommes d'un endroit du bois où ils étoient cachez, qui lui dirent que c'étoit un Huguenot, qu'il faloit qu'il mourut, qu'on l'avoit condamné à ce suplice, & que s'il leur resistoit plus long-tems, ils l'atacheroient lui-même à un autre arbre : ainsi l'Irlandois fut dans l'impuissance de le secourir. On aprit depuis que tous ceux qui se sauverent de cette attaque furent blessez dangereusement à la reserve de neuf ou dix : qu'il en mourut deux à Vinsobres : qu'on en avoit trouvé un mort le long d'une haye : que parmi les prisonniers qui furent conduits à Serignan, il y avoit trois filles, dont l'une avoit le nez emporté, l'autre un œil crevé, l'autre une partie d'une joüe déchirée : & que la veuve de celui qui étoit resté sur la place, étant venuë pour faire enterrer le corps de son mari qu'on laissa à la voirie pendant trois jours, avoit été assommée à coups de bâtons par les Habitans de Serignan.

Ce qui arriva à ceux de Provénce. Ceux de Provence furent un peu plus heureux, parce qu'ils passerent par des chemins inconnus. Il y en eut pourtant neuf ou dix qui tomberent par mégarde à Bedarrides, où les Habitans du lieu se jetterent d'abord sur eux & les assommerent à coups de bâtons. Dans le tems de ce cruel massacre un habitant d'Orange, ancien Catholique, venant de l'Ile, & voyant cette cruauté, en eut horreur. Il dit à ces Scelerats, *que c'étoit une chose horrible qu'on traitât ainsi des Creatures de Dieu, & que le Christianisme ne leur permettoit pas de tuer des Chrétiens.* On crut à ce discours qu'il étoit de la Religion ; sur quoi il fut menacé de la destinée des autres. On s'en saisit d'abord : on le mena en prison, où il ne fut pas long-tems, parce qu'ayant des connoissances à Bedarrides, il donna des preuves suffisantes de sa Catholicité ; & les Provenceaux qui n'étoient pas restez sur la place furent traduits à Aix, ayant leurs membres tout mutilez.

Je ne finirois point, si je voulois rapporter ici des Extraits de toutes les pieces que j'ai entre les mains sur ce sujet, par lesquelles il paroît que ces violences n'étoient pas seulement l'éfet du zele mal entendu de quelques particuliers, mais les suites des ordres donnez par les Intendans des Provinces : ce qui marque assez que la Cour ne pouvoit les ignorer. J'ajoûterai seulement à tout ce que j'en ai dit jusques ici, l'Extrait d'une Lettre de Paris écrite le 9. Juin de cette année. ,, Plus on persecute les ,, Religionnaires en France, plus ils ,, font paroître de fermeté. L'Intendant de Xaintonge en a eu de fortes ,, preuves dans toute l'étenduë de sa ,, Generalité : car leur ayant demandé ,, dans tous les lieux de sa tournée, s'ils ,, ne vouloient point être de la Religion ,, du Roi ; ils lui ont tous répondu avec ,, une constance merveilleuse qu'ils ,, vouloient vivre & mourir dans la Religion qu'ils avoient succée avec le ,, lait. En d'autres endroits où ils peuvent trouver le moyen de sortir du ,, Royaume, ils le font. Il en est sorti ,, de la Rochelle, du Païs d'Aunis, ,, ou des Iles d'Oleron environ 700. qui ,, ont passé en Angleterre : & il en est ,, sorti de Bedan ou des environs plus ,, de 70. tout à la fois. Ceux de Languedoc ne font pas moins paroître de ,, fermeté que ceux de Xaintonge, témoin ce qui est arrivé au Sieur Thibaud, Gentilhomme, originaire d'Orange, où il a demeuré fort long-tems. ,, Il se retira il y a quelques années à

Fermeté des Protestans de France au milieu de toutes ces persécutions.

1698. "Bagnolz qui n'en est qu'à trois lieuës, & il a été persecuté a outrance par le refus qu'il a fait d'aller à la Messe d'y envoyer ses enfans. On lui a saisi tous ses meubles pour les amendes auxquelles sont condamnez les refusans, & il les a vû vendre sans murmurer. L'on n'en est pas demeuré-là. Le Peuple voyant la fermeté du Sieur Thibaud, le dépouilla & le mit en chemise à la ruë avec sa femme & ses enfans, & ensuite l'assomma de coups. Il n'est pas jusqu'à Orange où il n'arrive des choses extraordinaires pour la Religion. A l'enterrement du Sieur Chion, Ministre, qui y est mort six mois après être sorti de Pierre en-Cize, où il a été detenu plus de 12. ans avec ses trois Collegues; un certain garnement C. R. se mêla parmi le Convoi funebre pour l'insulter dans sa douleur, & eut l'insolence de crier tout haut plus d'une fois : *jettez-le à la voirie*, ce qui ne demeura pas impuni."

Enfin pour faire voir combien la Cour s'apliquoit par toutes sortes de moyens à empêcher que les Nouveaux Réünis n'eussent la moindre ocasion d'exercer leur Religion en France; le Roi fit défense à tous ses sujets de s'aller établir dans la Principauté d'Orange. J'en donne ici la Déclaration, pour faire voir au Lecteur combien ce Monarque s'aplaudissoit de ces prétenduës Conversions, dont j'ai raporté tant d'exemples.

Déclaration du Roi portant défenses à ses sujets de s'aller établir dâs la Principauté

LOUIS par la Grace de Dieu, &c. Le zele que nous avons toûjours eu pour la seule & veritable Religion, ayant fait naître en nous le desir d'étouffer l'Heresie qui se répandoit dans nôtre Royaume; Nous avons crû que toute l'autorité que Dieu a mise entre nos mains, devoit être employée pour soûtenir sa Cause avec plus d'effet & de succez. C'est pourquoi après avoir démoli les Temples de la Religion Prétenduë Reformée, & en avoir interdit tous les Exercices à ceux qui la professoient; Nous n'avons rien oublié de tout ce que nous avons crû le plus capable de les faire rentrer dans le sein de l'Eglise; Nous avons pris soin de faire élever leurs enfans dans les sentimens des veritables Chrétiens, & nous avons défendu sous des peines severes la sortie de nôtre Royaume, à ceux qui par un aveuglement opiniâtre, vouloient abandonner leurs biens, leurs familles, & leur patrie, plûtôt que de renoncer à leurs erreurs. Comme tous nos soins n'ont eu pour objet que la gloire de Dieu & le soûtien de son Eglise, il a bien voulu les seconder jusques ici de tout le succez que nous pouvions souhaiter; & nous avons vû avec plaisir que la plûpart de ceux mêmes, dont la Conversion paroissoit la plus suspecte, ont enfin reconnu & embrassé avec sincerité la veritable Religion. Mais comme il en reste quelques-uns qui n'ayant encore qu'une foi chancelante, retomberoient peut-être dans leurs premieres erreurs, si la Principauté d'Orange, enclavée dans nos Etats, pouvoit leur servir de retraite pour s'y établir, & y faire les Exercices de la Religion Prétenduë Reformée, ou autres Actes défendus; nous avons crû devoir expliquer précisément nos intentions à cet égard. A ces Causes, Nous avons fait & faisons, par ces presentes signées de nôtre main, tres-expresses inhibitions & défenses à tous nos sujets de quelque qualité & condition qu'ils soient, d'aller s'établir dans la Principauté d'Orange, sous quelque pretexte que ce puisse être. Ordonnons à ceux qui se trouveroient y avoir fait leurs établissemens, de revenir dans nôtre Royaume dans six mois, à commencer du jour de la publication des presentes, sous les peines portées par nôtre Déclaration du mois d'Août 1669. Défendons à tous nos sujets de faire dans ladite Principauté d'Orange aucun Exercice de la Religion P. R. d'y contracter aucun mariage, d'y envoyer leurs enfans

1698. *pour y être bâtisez par les Ministres, & instruits dans les Exercices de ladite Religion, ou autres Etudes; & generalement d'y faire ni souffrir d'être fait par leurs enfans ou autres, de l'éducation & tutelle desquels ils seront chargez, aucuns exercices ni actes qui ne soient permis & usitez dans nôtre Royaume, le tout à peine de mort contre les contrevenans.* Nous n'entendons neanmoins par ces presentes empêcher nos sujets d'aller au Païs d'Orange, & d'y séjourner autant que le besoin de leurs affaires ou de leur commerce pourra le requerir. Si donnons en Mandement à nos amez & feaux Conseillers les Gens tenans nôtre Cour du Parlement à Paris, que ces presentes ils ayent à faire lire, publier & registrer, & icelles executer selon leur forme & teneur: car tel est nôtre plaisir; en témoin de quoi nous avons fait mettre nôtre Scel à ces dites presentes. Donné à Versailles le vingt-troisième jour de Novembre, l'an de grace mil six cens quatre-vingt dix-huit, & de nôtre Regne le cinquante-cinquiéme. Signé Louis, &c.

Paix fatale aux Nouveaux Convertis. Lettres écrites de France sur ce sujet.

On voit par-là, & par plusieurs autres preuves que j'en pourrois raporter, que la paix fut fatale aux Nouveaux Convertis; puis qu'on reveilla à leur égard depuis ce tems-là des rigueurs qu'on avoit bien voulu suspendre. On croyoit du moins que cette paix ouvriroit les Prisons & les Galeres, mais ce ne fut pas une paix pour ces pauvres gens, plus dignes de la compassion que de la severité des Juges, puisqu'il n'y avoit point d'autre crime en eux que celui de leur Religion. Il parut en ce tems-là des Lettres fort touchantes écrites sur ce sujet, qui contenoient en substance: ,, que l'état des Protestans ,, étoit bien triste, par la crainte & ,, l'incertitude qui les ocupoient sans ,, cesse, au milieu d'un Clergé qui ne ,, les laissoit point en repos. Qu'on ne ,, se contentoit pas de leur avoir fait ,, prendre le nom de *Romains* contre ,, leur volonté, mais qu'on vouloit ,, qu'ils en pratiquassent tous les Actes, ,, qu'ils assistassent à un Service, & par- ,, ticipassent à une Communion, qui ,, selon eux contreviennent à l'Institu- ,, tion Divine, à laquelle ils devoient ,, obéir plûtôt qu'aux hommes; c'est ,, dire qu'on vouloit les faire passer pour ,, des Prévaricateurs ou pour des Sacri- ,, leges. Qu'on vouloit qu'ils allassent ,, à des Instructions; à la bonne heure ,, si elles eussent été libres, & si ne pou- ,, vant pas en être persuadez, il leur ,, eût été permis d'y contredire; mais ,, que dès qu'ils vouloient ouvrir la ,, bouche, ils passoient pour des opi- ,, niâtres. Qu'on vouloit leur soûmis- ,, sion, & non leur persuasion, qui ,, n'est duë qu'aux lumieres de la Cons- ,, cience. Que s'ils s'assembloient pour ,, prier Dieu & pour jouir entr'eux de ,, quelque consolation, ils étoient ré- ,, putez pour des criminels; & s'ils vou- ,, loient sortir du Royaume pour jouir ,, de cette liberté, ils devenoient éga- ,, lement coupables. Que c'étoient des ,, précipices de tous côtez, dont ils ne ,, pouvoient se tirer qu'en renonçant à ,, leur Conscience ou à la vie. Que dans ,, une perplexité si extrême on voyoit ,, ces pauvres gens se demander encore ,, à eux-mêmes & aux autres, si c'étoit ,, bien la volonté du Roi qu'on leur fît ,, gouter des fruits si amers d'une paix ,, qu'ils avoient tant souhaitée. Qu'ils ,, ne pouvoient comprendre que sa bon- ,, té Royale eût permis ces violences, ,, & qu'ils étoient persuadez que si leurs ,, plaintes respectueuses pouvoient avoir ,, libre accez au Trône de Sa Majesté, ,, elle seroit touchée de leur état, & re- ,, cevroit leurs défenses, qui au fond ,, étoient les mêmes que celles des pre- ,, miers Chrétiens, dans cet excellent ,, Apologetique de Tertullien. On trai- ,, toit leurs Assemblées de factieuses, ,, comme si en s'assemblant pour louer

1698. „ Dieu, ils euſſent violé la défenſe de
„ l'Empereur, & ils ſe défendoient par
„ ce grand principe: *Que la Religion*
„ *ne peut être forcée, & que le ſervice*
„ *Divin eſt un pur Acte de volonté.* *Nous*
„ *nous aſſemblons,* diſoient-ils, *pour*
„ *prier Dieu, pour lire les Ecritures*
„ *Saintes, qui nourriſſent nôtre Foi, rele-*
„ *vent nôtre eſperance, & aſſurent nôtre*
„ *confiance en Dieu*...... *Les mé-*
„ *chans tremblent lors qu'ils ſont ſurpris,*
„ *& nient tout quand on les acuſe*; *mais*
„ *les Chrétiens ne rougiſſent pas quand on*
„ *découvre ce qu'ils font, & ils ne ſe re-*
„ *pentent d'autre choſe, ſinon de n'avoir*
„ *pas plûtôt ſuivi la Loi de J. C*..... *On*
„ *veut forcer un Chrétien de nier ce qu'il*
„ *eſt, afin de l'abſoudre, cela eſt vrai-*
„ *ment trahir la ſainteté des Loix*, &c.
„ D'ailleurs, continuent ces mêmes
„ Lettres, c'eſt une choſe aſſurée que
„ les Dragons envoyez en quartier d'hi-
„ ver en Poitou, n'y furent que pour
„ châtier les Nouveaux Réünis: l'exem-
„ ple rigoureux qu'on avoit fait de ceux
„ qui avoient été pendus n'ayant pas
„ produit l'effet qu'on en attendoit. En
„ quoi l'on reconnut qu'on s'étoit trom-
„ pé des deux côtez, les uns en ſe fla-
„ tant d'un changement favorable, les
„ autres en voulant qu'un changement
„ forcé devint veritable & ſincere. On
„ avoit beau dire, *qu'on avoit vû avec*
„ *plaiſir en France, que la plûpart de*
„ *ceux-mêmes dont la Converſion paroiſ-*
„ *ſoit la plus ſuſpecte, avoient enfin re-*
„ *connu & embraſſé avec ſincerité la Reli-*
„ *gion Catholique.* Toute l'Europe étoit
„ incredule: le moyen de l'en perſua-
„ der étoit de faire entendre qu'on ne
„ les condamnoit plus aux Galeres, &
„ qu'ils étoient ſi bien convertis, qu'ils
„ n'avoient plus beſoin de Dragons pour
„ les inſtruire.

Embarras de la Cour à cet égard. A dire la verité, la Cour ſe trouvoit fort embarraſſée. Elle auroit bien voulu que toute la France fût Catholique, mais l'exemple d'Orange faiſoit voir qu'on ne ſauroit compter ſur des Converſions forcées, & que l'effort qu'on fait pour cacher ſes ſentimens, ne dure qu'autant de tems qu'on demeure ſous la contrainte. Non ſeulement toutes les familles d'Orange, qui avoient changé exterieurement, reprirent leur premiere profeſſion; mais pluſieurs autres qui en étoient ſorties durant l'interdiction y retournerent, de ſorte qu'on y comptoit environ trois mille familles cette année. Ce ſeroit peut-être ici le lieu de faire voir, avec un celebre * Auteur, ce que c'étoit que *la France toute Catolique ſous le Regne de Louis XIV*. mais outre qu'on le peut aſſez juger par ce que je viens de dire, & que tant d'obſervations de ſuite ſur cette matiere pourroient enfin ennuyer; j'aurai peut-être encore occaſion d'en parler ci-après.

Le Roi fait un Camp à Compiegne pour l'inſtruction du Duc de Bourgogne. Il eſt tems de reprendre des matieres plus agreables & de mêler aux ſanglans recits que nous avons faits juſques ici, celui d'une bataille & d'un ſiege, où ſans répandre de ſang, on ſut allier les plaiſirs avec les travaux militaires. Ce fut à Compiegne que cela ſe fit. Le Roi, ſur la fin de l'Eté, reſolut d'y aller paſſer quelque-tems avec toute la Cour. Et pour faire voir à Mr le Duc de Bourgogne & aux Princes ſes Freres une image de la guerre au milieu de la paix, Sa Majeſté y ordonna un campement conſiderable, tant par le nombre des Troupes que par la magnificence. Il étoit compoſé de quarante-cinq à cinquante mille hommes, tant de la Maiſon du Roi, que de la Gendarmerie, des Carabiniers & d'autres Troupes de Cavalerie & de Dragons. Tout étant diſpoſé pour cet effet, le Roi partit le 28. d'Août pour Chantilli, acompagné de Mr le Dauphin, de Mr le Duc & de Madame la Ducheſſe de Bourgogne, de Mr le Duc d'Anjou, & de Mr le Duc

* *Mr Bayle.*

LOUIS XIV. Liv. XIII.

1698. de Berri. Il arriva le 30. à Compiegne, & s'étant rendu le premier de Septembre au Camp, où il n'y avoit encore q'une partie de sa Maison, Sa Majesté vit arriver douze mille hommes, entre lesquels étoit la Gendarmerie de France. Mr le Dauphin se mit à la tête de sa Compagnie, pour saluer le Roi & entrer dans le Camp. Les Princes firent la même chose, & à mesure qu'il arrivoit un Régiment, Mr le Duc de Bourgogne se mettoit à la tête comme General, pour saluer le Roi, avec cette difference, qu'à la tête de la Cavalerie il étoit à cheval, saluant de l'épée, au lieu qu'à la tête de l'Infanterie il étoit à pied, saluant de la pique. Lors que les trois dernieres Compagnies des Gardes du Corps arriverent, elles eurent ordre du Roi de ne mettre le sabre à la main que pour le General seul. Le 2. il arriva encore douze mille hommes au Camp; le Roi les alla voir défiler. C'étoit toute l'Aîle gauche de la premiere Ligne & une partie de l'infanterie.

Belle ordonnance des Troupes.

Rien n'étoit plus superbe à voir que toutes ces Troupes, il n'y avoit point de plus beau spectacle que l'ordre avec lequel elles entrerent dans le Camp au bruit des Tambours & des Trompettes. Chaque Corps avoit son terrain marqué par deux Piquets, au haut desquels le nom du Régiment étoit écrit: en entrant chaque Régiment se mit en bataille entre les deux Piquets, qui étoient ainsi disposez dans toute la longueur de la Ligne. Ils planterent en terre leurs Drapeaux ou Etendars à dix pas devant eux, & on y mit une Garde ou une Sentinelle. Chaque soldat posa son bagage & ses armes au lieu où il se trouvoit. En moins de rien tous se mirent à dresser leurs tentes par ruës derriere eux, de sorte que deux heures après, il sembloit qu'un Régiment étoit campé dans son Poste depuis deux mois. Le 2. la premiere Ligne étoit presque entierement formée & tirée au cordeau la longueur de deux lieuës. Les Dragons de la gauche de la premiere Ligne en faisoient une courbe & regardoient Compiegne. Le 3. & le 4. le reste de l'Armée arriva & forma la seconde Ligne. Au centre étoit le parc de l'Artillerie. Le quartier du Maréchal de Bouflers étoit derriere l'Infanterie de la seconde Ligne : la reserve à sa droite, près de Mouchi. On devoit assieger Compiegne; l'attaque étoit du côté de la Riviere, vis à vis de l'Ile qui est près du Pont de Batteaux. On travailla à relever une demi-Lune, & à remettre en état les endroits qui avoient besoin d'être fortifiez & pallissadez. Les Assiegez n'en faisoient pas moins bonne chere, & les curieux pouvoient aller à la tranchée sans crainte ni peril. Il ne laissoit pas d'arriver de tems en tems quelque accident, ce qui n'est pas extraordinaire dans une Armée aussi nombreuse. Arson, gros Bourg, fut brûlé la nuit du 2. au 3. par le feu qu'un Cuirassier mit à son logement en fumant, & la flâme se communiqua si promtement d'une maison à l'autre, qu'il fut impossible d'en arrêter la violence. Il y eut 150. maisons brûlées. Le Marquis de la Châtre fut blessé à la tête d'un coup de pied de cheval, & sa blessure se trouva dangereuse.

Magnificence du Maréchal de Bouflers. Revûë generale.

La revûë qui se devoit faire le 5. jour de la naissance de Sa Majesté, fut remise au 9. à cause de la pluye, qui empêcha les réjouissances qui se devoient faire au Camp. Mr le Duc de Bourgogne, & les deux Princes ses Freres mangerent souvent chez le Maréchal de Bouflers, & Madame la Duchesse de Bourgogne y avoit déja fait collation une fois. La tente de ce General étoit fort spacieuse. Il y avoit des sales parquetées & meublées magnifiquement. On y voyoit les tableaux du Roi & de tous les Princes de la Maison Royale. Tout ce qu'il y avoit d'honnêtes gens au Camp & aux environs y furent régalez, & on assure qu'il en coûta à ce Maréchal cent loüis

Tome III. C

1698. d'or au delà de deux mille écus que Sa Majesté lui donnoit par jour. Le Roi acompagné des Princes visita tous les jours le Camp, & alla aussi voir l'Hôpital de l'Armée. Il fut défendu aux Officiers d'aller à Compiegne, & aucun carosse n'eut permission d'entrer dans le Camp. La pluye qui étoit tombée pendant quelques jours avoit fort gâté le terrain, ce qui avoit sursis plusieurs mouvemens que les Troupes devoient faire. On peut dire qu'il n'y avoit rien de plus magnifique que ce Camp : mais cette magnificence ruina un bon nombre d'Officiers & de Marchands. Chacun y voulut paroître ; & la plûpart des Officiers un peu distinguez se piquerent d'y tenir table, & d'avoir leurs tentes parées comme les plus belles chambres de Paris. On n'avoit jamais vû jusques alors soixante & dix mille hommes ensemble se battre par plaisir, & convertir en jeu ce qui avoit auparavant fait la désolation de tant de Provinces. Le Roi Jaques arriva le 9. au Camp, auquel jour on fit la revûë generale des Troupes. Tout ce qui s'étoit passé jusques-là ne consistoit qu'en de petites actions de guerre, embuscades, rencontres, & escarmouches. Je raporterai seulement deux de ces actions.

Description de deux actions qui se passerét en presence du Roi.

La premiere se fit le 7. du mois après midi, lors que le Roi & les Dames arriverent à la tête du Camp. C'étoit un Détachement de Cavalerie commandé par Mr de Pracontal, Maréchal de Camp, qui vint attaquer les Gardes avancées de l'Armée par differens endroits, & qui les poussa si vigoureusement, qu'après les avoir culbutées, il les poursuivit l'épée dans les reins, jusqu'au lieu où étoient les carosses du Roi. L'allarme s'étant répanduë au Camp, Mr le Duc de Bourgogne fit avancer le Piquet de l'Aîle droite, qui vint aussi-tôt au secours des Gardes ; & l'Ennemi se voyant poussé se retira dans la Forêt, où il avoit posté de l'Infanterie pour le soûtenir. Le combat devint alors general & fort douteux pendant quelque tems. Mais Mr le Duc de Bourgogne ayant reconnu que les Ennemis avoient plus de quinze cens Chevaux, & que le nombre de leur Infanterie augmentoit, fit avancer en diligence le Piquet de l'Aîle gauche de l'Armée ; ce que les Ennemis ayant aperçu, ils ne songerent plus qu'à se battre en retraite : si bien que les Troupes de l'Armée retournerent dans leur Camp après avoir passé en bataille devant le Roi. Ce fut dans cette action que le Chevalier de Beuil, Capitaine dans le Régiment de la Valiere, fut blessé à mort, d'un coup qu'il reçut à la tête, & qu'un Mousquetaire noir reçut un coup de sabre au travers du visage. L'autre action fut une sortie d'un Parti de la Garnison, qui s'étant mis en embuscade dans la Forêt dès le matin, fut poursuivi par Mr le Duc de Bourgogne qui le mena toûjours battant jusques dans la Place, quoiqu'il disputât long-tems sa retraite à l'entrée du Pont de Bateaux, dans les pallissades & dans les dehors. Depuis cette action Mr le Duc de Bourgogne plaça des Corps de Garde autour de la Place, pour empêcher qu'elle ne fût secouruë, & que les vivres n'y pussent entrer, ou pour couper ceux qu'on y devoit conduire après avoir battu l'Escorte. Tous ces préludes n'étoient qu'en attendant le siege de Compiegne, qui devoit commencer le 12.

Le Jeudi 11. le Roi voulant faire voir à ce Prince l'ordre d'un décampement d'Armée, les trois Princes, enfans de France, partirent de Compiegne à six heures trois quarts du matin, & se trouverent à la tête du Camp. Une heure après Mr le Duc de Bourgogne vit l'Avant-garde de l'Armée, & donna ses ordres aux Officiers, qui devoient se saisir du Poste, où l'on vouloit aller camper, & regler l'ordonnance du campement. L'Armée se mit en bataille

Ordre d'un décampement.

1698. à la tête du Camp sur les neuf heures & marcha sur dix colomnes : savoir, l'Infanterie sur quatre, l'Artillerie & le bagage dans le centre, deux colomnes de Cavalerie à droite, & sur la gauche le Corps de reserve. Toutes les Troupes se trouverent à la tête du nouveau Camp, à une heure après-midi, & entrerent dans le Champ de bataille à la vûë du Roi, du Roi Jaques, & de Mr le Dauphin. Le Roi fit mettre pied à terre à la Cavalerie, & donna tems à l'Infanterie de faire alte ; c'étoit à la Ferme de Pieumel, à une lieuë & demie du Camp de Coudun, où Mr le Maréchal de Boufflers donna à Mrs les Princes une alte magnifique. Mr Rosen en fit autant à tous les Officiers Generaux. Sur les quatre heures on tira quatre coups de Canon. Au premier les Soldats se rendirent à leurs files. Au second ils prirent les armes. Au troisiéme l'Armée se remit en bataille ; & au quatriéme elle se mit en marche dans le même ordre, & arriva au Camp sur les six heures & demie. Chaque colomne d'Infanterie étoit composée de douze Bataillons, qui marchoient dix hommes de front, & soixante de file, & chaque colomne de Cavalerie étoit de deux Escadrons de quarante hommes de front. La Cour rentra à Compiegne à l'entrée de la nuit.

Préparatifs pour le Siege de Compiegne. Le même jour on commença à disposer toutes choses pour le siege de Compiegne. Mr de Crenan, Lieutenant General, avoit été nommé pour le défendre & pour y commander, & Mr Rosen pour l'assieger. On devoit l'ataquer par la demi-lune, qui est entre la Riviere & la Porte-Chapelle. Mr Lapara, Ingenieur, eut ordre de mettre en état tout ce qu'il y avoit à rétablir. On y fit un Parapet; on rétablit la rampe qui descend dans la gorge de la demi-lune, on fit un Chemin couvert avec son glacis, qui regnoit depuis la Riviere jusqu'à quelques pas du Pont-levis de la Porte-Chapelle. On la palissada : on fortifia le bout du Mail d'une Contre-garde, & l'on fit un épaulement à la pointe de l'Ile qui est tout proche. On avoit rebâti les murs de la Ville & rétabli les parapets du Boulevard ; & l'on y avoit fait des Embrazures pour placer les batteries. Il y en avoit deux, une de cinq pieces, proche un Moulin, qui battoit la Campagne : une de trois pieces, qui défendoit le fossé de la demi-lune. Il y avoit encore une piece de Canon sur la Contre-garde du Mail, & une à la pointe de l'Ile qui battoit le long de la Riviere. Il y avoit deux pieces en batterie sur l'Angle flanqué de la demi-lune, qui tiroient à Barbette, & deux sur la face gauche d'une autre demi-lune qui est de l'autre côté de la Porte-Chapelle. Sur les dix heures du matin toute cette Artillerie arriva avec le Regiment Royal Artillerie. Les Soldats travaillerent en même-tems au rétablissement des parapets, & à faire des embrazures, & on dressa les batteries. On entoura de palissades le Cavalier qui est sur la porte, pour servir d'Amphitheatre à mettre toute la Cour pour voir les attaques des Ouvrages.

La Place est investie. Action entre les deux Armées. Le Vendredi 12. dès le matin, on aperçut des Escadrons qui descendoient par la gauche de la Montagne vis à vis de Cleroye, & qui venoient dans la plaine ; on les vit s'avancer insensiblement, & enfin passer le pont de Batteaux. Alors on commença à tirer le Canon pour interrompre leur passage, mais ils allerent toûjours leur train en s'éloignant au sortir du pont sur la gauche de la plaine. Ils avancerent en demi-cercle pour investir la place, & s'étendirent depuis la Riviere jusques vers le Faubourg de la Porte de Pierre-fonds, couvrant l'Infanterie qui passoit derriere eux, & qui s'alla ranger de même en demi-cercle tout autour du bord de la Forêt. Sur les quatre heures après midi

C ij

1698. la Cavalerie s'étant placée sur les deux Lignes dans une petite Plaine qui est entre l'Hermitage de la Forêt, le Faubourg de Pierrefonds, & la Ville ; quelques Escadrons de la place s'avancerent dans la Plaine pour faire face à l'Ennemi, ayant derriere eux de l'Infanterie à couvert dans les Hayes d'une espece de petit Faubourg qui est au sortir de la Porte-Chapelle. Les Assiegeans, qui vouloient s'emparer de ce Poste, se mirent en état d'avancer. Huit Cavaliers qu'ils détacherent commencerent l'escarmouche ; & après avoir fait le coup de pistolet avec huit autres que la Cavalerie des Assiegez avoient détachez, ils regagnerent le derriere de leurs Escadrons qui avancerent l'un sur l'autre, & firent leur décharge en passant. La Cavalerie des Assiegez fut poussée, mais un Escadron qui étoit sur la gauche à l'abri d'un buisson, étant parti à toute bride pour l'aller soûtenir, ils firent volte face, & repousserent les Assiegeans. Un moment après chacun se reforma & se remit en presence. L'Ennemi vint en plus grand nombre sur les Assiegez, qui furent repoussez jusques dans les Hayes, où l'Infanterie étoit en embuscade, qui venant alors au secours de la Cavalerie, & faisant ses décharges, repoussa les Ennemis qui les repousserent à leur tour ; mais enfin ils l'obligerent de lâcher le pied & resterent Maîtres du Poste qu'ils avoient voulu occuper. Cependant il se passoit une autre escarmouche à côté du Faubourg de la Porte de Pierrefonds, où la Cavalerie ennemie s'empara du Poste qu'elle vouloit ocuper de ce côté-là, parce qu'après le Combat on entendit sonner fanfare & les cris de *Vive le Roi*.

Ouverture de la tranchée.

Ces deux actions ne furent pas plûtôt finies, qu'on vit arriver des Travailleurs armez de bêches & de pioches, que soûtenoit la Cavalerie pour l'ouverture de la tranchée. Le Canon de la place faisoit un feu continuel sur le Pont. Incontinent après on vit les Cavaliers porter les fascines pour mettre les Soldats à l'abri à l'ouverture de la tranchée : puis les Ingenieurs commencerent à conduire les Travailleurs le long de la trace, & à leur marquer leurs distances. On commença les deux Lignes paralleles en même-tems, le Régiment des Gardes ouvrit la droite, & celui de Picardie fit l'ouverture de la gauche, la queuë de la tranchée se trouvant sur une hauteur au bord de la Riviere, trois cens pas au dessus du Pont de Batteaux. Le Duc de Bourgogne, conduit par le Maréchal de Boufflers, & acompagné de Mr de Barbesieux, vit faire l'ouverture de la tranchée, & promit aux Travailleurs vingt sols par jour pour leur travail, & qu'on leur envoyeroit de la biere, ce qui fut executé un instant après. Cependant la Garnison de la Ville commença des décharges de mousqueterie qui faisoient un beau feu, & qui dura jusques à la nuit : l'Infanterie le genouil à terre mettoit les Travailleurs à couvert des insultes, & la Cavalerie faisoit le Bioüac. *

Ataque de deux Lunettes à l'Angle flanqué de la demi-Lune, & du Chemin couvert.

Le Samedi 13. au matin les tranchées se trouverent fort avancées. Les Assiegeans commencerent à faire tonner leur Canon. Ils en avoient trois batteries de six pieces chacune. Le Canon de la Ville & toute la Mousqueterie y répondit pendant l'espace de plus d'une heure & demie, malgré le mauvais tems & la pluye continuelle. L'après-midi à trois heures & demie on commença l'attaque de deux Lunettes que Mr de Lapara avoit fait faire pour défendre la pointe du Chêmin couvert & l'Angle flanqué de la demi Lune, & pour commander la Plaine. La Lunette gauche ayant été tout d'un coup investie par un Détache-

* *C'est une Garde de nuit, ou une Faction de l'Armée entiere pour couvrir ses Quartiers, &c.*

1698. ment de Navarre, il ne fut pas possible à ceux qui étoient dedans de tenir ; il faloit se rendre ou perir sans quartier. Ils l'abandonnerent donc le plus promptement qu'ils purent, se retirant dans l'autre, & les Assiegeans s'en emparerent. La seconde ne tarda pas d'être ataquée : on s'y défendit mieux, l'Ennemi fut repoussé deux fois ; enfin il revint vivement à la charge, il falut se retirer & l'abandonner encore. Cependant les Travailleurs ne perdirent point de tems; tandis que l'on se chamailloit, ils avancerent toûjours leurs tranchées, firent un boyau de communication d'une Lunette à l'autre, & s'y mirent à couvert. On ne s'en tint pas là, on fit une ataque au Chemin couvert pour donner lieu aux Travailleurs de pousser une tranchée qui en fût fort proche : de sorte qu'ils n'en étoient plus qu'à dix pas. Enfin sur les sept heures on attaqua le Chemin couvert depuis le bord de l'eau jusqu'à la Porte-Chapelle. Les Troupes s'avancerent de tous côtez en bonne contenance. Le Canon & la Mousqueterie faisoient grand bruit de part & d'autre. Le feu brilloit de toutes parts ; on voyoit voler les Grenades de tous côtez. Les Assiegeans parvenus jusqu'aux palissades les arracherent, les renverserent, & se firent jour par tout. Les Assiegez les repousserent : ils ne s'étonnerent point, ils chasserent les Assiegez, s'emparerent du Chemin couvert, & s'y logerent. Le Dimanche 14. le Roi voulut que toutes choses demeurassent en état.

Ataque de la demi-Lune.

Le 15. le Roi fit la revuë des Gendarmes & des Chevaux-legers de sa Garde, & de toute la Gendarmerie faisant douze Escadrons. Ensuite étant rentré, & monté sur le Cavalier qui étoit sur le Rempart, comme il avoit fait à la premiere attaque, on donna le signal de trois coups de Canon pour l'ataque de la demi-Lune, qui fut emportée après une tres-belle resistance, & le logement fait par trois Bataillons du Régiment des Gardes, qui avoient à leur gauche deux Bataillons du Régiment de Bourbonnois. Alors le Gouverneur de la Ville fit batre la Chamade. Mr de Basca, Lieutenant General de jour pour commander la tranchée, qui s'étoit rendu Maître de la demi-Lune s'aprocha de la muraille de la Ville, & demanda ce que l'on vouloit : on lui répondit qu'on demandoit à capituler. On proposa d'envoyer des Otages, & l'on se mit en état de le faire. C'est ainsi que finit le Siege de Compiegne. La Capitulation fut : *Que l'on sortiroit de la Ville le Lundi suivant 22. Qu'on laisseroit les Fortifications en l'état qu'elles étoient, excepté qu'il seroit permis cet Hiver de faire bon feu avec les Palissades, & aux Laboureurs de passer la Charruë sur les tranchées, que les Soldats auroient soin de remplir avant leur depart.*

Cette representation d'un siege fut si bien conduite, & le feu y fut si grand & si continuel depuis le moment que la place fut investie, particulierement pendant les attaques, que toute la Cour & tous les Etrangers qui assisterent à ce spectacle, en reçurent une tres-grande satisfaction. Le 16. le Roi alla au Camp, & fit la revuë d'une partie de la Cavalerie de l'Aîle gauche : & Sa Majesté voulant donner à Mr le Duc de Bourgogne une idée de la maniere dont on force les Retranchemens, divisa l'Armée en deux. l'Aîle droite des deux lignes jusqu'au centre composa celle du Duc de Bourgogne : & l'on forma celle de Mr Rosen de toute la gauche. La premiere Armée resta dans un Camp retranché, que Mr Rosen devoit ataquer avec l'autre.

Dequoi fut suivie la reddition de la Place.

Le 17. Mr le Duc de Bourgogne & Mr Rosen s'étant mis à la tête de leurs Armées, Mr Rosen fit faire une longue escarmouche dans un Village voisin, d'où l'on obligea l'Infanterie & les Dragons qui ocupoient ce Poste de ren-

Retranchemet forcé.

1698. trer dans le Camp que Mr le Duc de Bourgogne défendoit. Sa premiere Ligne en força d'abord les retranchemens, & s'y maintint assez long-tems : mais ce Prince ayant rallié ses Troupes, les mena aux Ennemis avec une si fiere contenance, qu'il les contraignit de les abandonner & de faire retraite. Ces deux actions durerent plus de deux heures. Elles furent de part & d'autre très-bien exécutées & aprouvées du Roi & de toute la Cour.

Regal fait aux Dames de la Cour par Mr de Boufflers. Le Jeudi 18. Madame la Duchesse de Bourgogne acompagnée de plusieurs Dames, alla dîner au Camp chez Mr de Boufflers qui la servit. Il y eut trois services de trente-six tant plats que hors-d'œuvres chacun, & un fruit au delà de toute description. On servit dans le même-tems sous la grande Tente une table de vingt-cinq couverts aussi forte & aussi délicate. On en servit encore plusieurs autres en divers endroits. Quelque-tems après le dîner, cette Princesse monta en carosse & alla au Camp, où le Roi & les Princes étoient arrivez. Le Roi fit la revûë de l'Infanterie de la premiere Ligne, & vit ensuite passer à pied les sept Régimens de Dragons qui étoient au Camp, & qui défilerent par vingt devant Sa Majesté.

Bataille rangée. Le 19. Mr le Duc de Bourgogne, à qui on vouloit donner le spectacle d'une bataille rangée, après lui avoir donné celui d'une Armée forcée dans les retranchemens, se leva à cinq heures du matin, aussi-bien que Mrs les Ducs d'Anjou & de Berri, & tous trois se rendirent au Camp avant sept heures. Les Armées de Mr le Duc de Bourgogne & de Mr Rosen se formerent des mêmes Troupes que le Mecredi 17. La premiere étoit de vingt-sept Bataillons, & de quatre-vingt trois Escadrons. L'Armée de Mr le Duc de Bourgogne marcha dans la Plaine d'Ouernavilé, ayant sa droite vers Gournai & étendant sa gauche à Emévilé. Celle de Mr Rosen se posta en vûe de celle de Mr le Duc de Bourgogne, mais fort loin. Le Roi, Mr le Dauphin, & Madame la Duchesse de Bourgogne étant arrivez, se placerent sur une hauteur entre les deux Armées, à la gauche de celle qui étoit commandée par Mr le Duc de Bourgogne. Les deux Armées marcherent l'une contre l'autre en très-bon ordre. Les Gardes avancées se chargerent quelque-tems. L'Avant-garde de l'Armée de Mr Rosen fut soûtenuë par trois Escadrons de Dragons qui s'avancerent pour se saisir du Poste de la Ferme d'Ouernavilé. Mr le Duc de Bourgogne détacha aussi, pour s'y oposer, trois Escadrons qui disputerent long-tems ce Poste, soûtenus par un Régiment de Dragons qui en chasserent enfin les Ennemis. Les deux Armées continuant toûjours de marcher l'une à l'autre, s'aprocherent & se canonerent. Enfin elles se joignirent. L'action commença par la gauche de l'Armée de Mr le Duc de Bourgogne, qui poussa la droite de celle des Ennemis. L'Infanterie qui étoit au centre de l'Aile droite eut le même avantage, & renversa la premiere Ligne des Ennemis, qui s'alla rallier derriere la seconde. Celle-ci marcha en fort bon ordre contre la premiere Ligne de Mr le Duc de Bourgogne, qui avoit eu l'avantage, & la fit plier à son tour. Elle se rallia aussi derriere la seconde, l'Infanterie ainsi que la Cavalerie. La seconde Ligne de Mr le Duc de Bourgogne renversa à son tour cette seconde des Ennemis, qui fut soûtenuë de la premiere, & fut ensuite renversée avec tant de desordre qu'elle ne put se rallier. Elle se retira à toutes jambes à une grande lieuë de son Infanterie, qui fit un fort grand feu, mais elle fut envelopée de toute la Cavalerie de Mr le Duc de Bourgogne.

Mr Rosen voyant son Infanterie abandonnée par la Cavalerie des deux

1698. Aîles, prit le parti de former un Bataillon quarré de toute son Infanterie. Pour cet effet le centre de cette Infanterie demeura ferme dans son Poste, faisant téte à l'Armée de Mr le Duc de Bourgogne. Les deux Aîles de la premiere Ligne se replierent, & formerent deux autres faces de ce quarré, qui fut fermé par l'Infanterie de la seconde Ligne : en sorte que ce Bataillon étoit formé de douze autres. Toute l'Infanterie de Mr le Duc de Bourgogne forma quatre faces pour attaquer l'Infanterie de Mr Rosen. Il y avoit entr'eux une espace assez grand. Le Roi passa au milieu de ce feu pour voir ce Bataillon quarré & la contenance de ces Troupes. Elles avoient sauvé quinze pieces de Canon qu'elles avoient placées dans les quatre faces. Chacune avoit dix hommes de front sans compter les Officiers : les Piquiers à la premiere file, & à leur côté alternativement un Grenadier ayant la bayonette au bout du fusil. Ce Bataillon étant ainsi herissé, la Maison du Roi tâcha de l'entamer de tous côtez sans y pouvoir réussir, ce qui fut cause qu'on fit avancer le Canon & l'Infanterie qui l'entoura ; & après un grand feu tant de Canon que de Mousqueterie, il fut enfin contraint de capituler, & de se rendre prisonnier de guerre. Le reste de l'Armée s'étoit retiré dans un grand désordre hors de la vûë de celle de Mr le Duc de Bourgogne, qui retourna ensuite dans le Camp.

Enlévement de Fourageurs. Le 20. après-midi le Roi fit la revûë de l'Infanterie de la seconde Ligne. Le 21. S. M. dit à son lever au Maréchal de Bouflers, qu'il étoit si content des Troupes, qu'il faisoit present de cent écus à chaque Capitaine d'Infanterie, & deux cens à chaque Capitaine de Cavalerie. L'après midi on voulut terminer tous ces mouvemens par un enlevement de Fourageurs, qui fut une action fort agréable. Une partie de la meilleure Cavalerie alla au fourage avec une Escorte. Elle fut chargée, & mise ensuite par des Troupes qu'on avoit placées en embuscade, & tous les fourageurs ayant remonté à cheval en desordre, passerent en fuyant devant le Roi & toute la Cour.

Le 22. le Roi partit pour Chantilli où il alla coucher, & le 24. il alla dîner à Versailles. Le 3. d'Octobre la Cour partit pour Fontainebleau. On fait monter la dépense de ce campement, tant pour la suite du Roi que pour les Officiers, à seize millions. Les Troupes qui le composoient, défilerent les unes du côté du Languedoc & de Catalogne, les autres vers les frontieres de Flandre & d'Allemagne. *Le Roi s'en retourne à Versailles.*

Tels sont les jeux des Grands qui font souvent peur aux petits. La curiosité y attira du monde de toutes parts pour voir un des plus beaux spectacles qui eût jamais paru, & sans la pluye & la boue qui incommoderent fort les Troupes, il y auroit encore eu une plus grande foule de Spectateurs. Ce n'est pas neanmoins cette raison qui empecha les Ambassadeurs de s'y trouver, ce fut un seul mot qui les arrêta. Ils prétendoient que leurs logemens fussent marquez *pour Messieurs les Ambassadeurs*, au lieu qu'on ne voulut mettre seulement que *Messieurs les Ambassadeurs*, parce qu'on soûtenoit à la Cour que le mot *Pour* n'avoit jamais été acordé qu'aux Princes & aux Cardinaux. Ainsi ce mot seul fit tout l'obstacle, tant il est vrai qu'il faut peu de chose pour embarasser la Grandeur, & que les ceremonies qui la distinguent font croître les difficultez avec la distinction du rang. Il n'y eut que les Ministres du second Ordre qui s'y trouverent & qui aparemment ne furent pas fâchez de n'avoir point cet embarras à démêler, afin de pouvoir prendre part à tous les plaisirs d'un Campement si magnifique. *Pour quoi les Ambassadeurs ne se trouverent point à ce Campt.*

La dépense qu'on y fit est quelque chose d'inoüi. Tout le monde y tenoit *Le Maréchal*

1698.

de Bouflers s'y distingua par une dépense excessive.

table, & la peine n'étoit que de trouver des mangeurs. On s'arrachoit les uns aux autres les gens qui alloient manger au Camp. Il arriva même chez le Marquis de Crequi & le General Rosen, qui tenoient chacun deux tables soir & matin, que n'ayant point de Conviez ni de gens qui se presentassent à manger avec eux, ils firent venir tous leurs Valets, & les firent manger en leur presence. La magnificence ne consista pas seulement dans la dépense de bouche. Tous les Officiers firent acommoder des maisons, & les firent meubler, comme à Paris. Cependant tout cela ensemble n'étoit rien en comparaison de ce que fit le Maréchal de Bouflers : il seroit bien difficile de le décrire, & il faut l'avoir vû pour en juger. Il fit bâtir des apartemens avec des galeries, & les fit meubler par tout de damas couleur de feu avec des galons d'or de haut en bas. Les miroirs, les tables de marbre, les cabinets de la Chine, les porcelaines & le bronze y étoient comme dans son Hôtel à Paris; mais les tapisseries, les lits & les chaises, aussi bien que la vaisselle d'argent & de vermeil doré, tout cela étoit neuf & fut fait exprès pour le Camp. Outre cette dépense immense, il lui en coûta plus de quatre cens pistoles par jour pour sa table. Il y avoit soir & matin autant de tables que de gens pour les remplir; & depuis sept heures du matin jusques à minuit, on y donnoit à tous venans toutes sortes de liqueurs chaudes & froides sans interruption. Enfin il en aquit le surnom de *Lucullus*, * & l'on croit que cette affaire lui coûta plus de cent mille écus. Aussi le Roi lui fit-il un honneur qu'il n'avoit fait à personne depuis 30. ans, qui fut de diner deux fois chez lui avec la Famille Royale. L'un de ces repas se fit en maigre;

* *Lucius Licinius Lucullu., Consul Romain, Vainqueur de Tigranes, homme fort riche, & celebre par le luxe de ses meubles & de sa table.*

le Maréchal avoit envoyé en Angleterre, en Flandre & dans tous les Ports voisins, chercher tout le poisson qu'on pouvoit trouver, afin de se surpasser encore dans cette ocasion. Mr le Dauphin & Mr le Duc de Bourgogne y mangerent très-souvent, & quand l'Armée marchoit on faisoit des altes qui ne cedoient en rien aux repas le plus exquis, & où les Ortolans & Becfigues étoient aussi communs qu'en Languedoc. Enfin il n'y eut jamais de somptuosité pareille; & le Roi même dans toutes les Fêtes qu'il donna, ne fit pas une chere plus grande & plus délicate, que ce Maréchal là fit tous les jours. Les autres à l'envi en aprocherent le plus près qu'ils purent; & chacun se signala par un desir demesuré de se ruiner.

1698.

Mariage de Mademoiselle avec le Duc de Lorraine.

Ces plaisirs furent bien-tôt après suivis d'une autre Fête, à l'ocasion du Mariage d'*Elisabeth - Charlote* d'Orleans, fille de Monsieur, avec *Leopold-Charles*, Duc de Lorraine. Ces Nôces qui avoient été retardées à cause d'un degré de parenté pour lequel on avoit eu besoin d'une Dispense du Pape, furent celebrées à Fontainebleau le 13. d'Octobre. Les preparatifs en furent très-somptueux. Les pierreries que S. A. S. envoya à Mademoiselle consistoient entre autres en un collier de perles de la valeur de trente mille écus, deux autres fils de perles de moindre valeur pour des bracelets, un diamant pour un bracelet estimé trente mille écus, & plusieurs assortimens pour mettre sur des habits. Le Roi fit aussi present à cette Princesse d'une garniture de pierreries du prix de cinquante mille écus, avec un ameublement des plus superbes, & Monsieur lui en fit outre cela pour plus de cent mille livres. Le Roi la défraya depuis le jour de son Mariage, jusqu'à son arrivée dans les Etats du Duc son époux, où l'on fit de très-grands preparatifs pour sa reception dans tous les lieux de son passage.

La

1698. La Ceremonie se fit de la maniere suivante.

Descriptió de la ceremonie des Fiáçailles.

Le 12. du mois d'Octobre, qui étoit le jour que le Roi avoit fixé pour les Fiançailles de Mademoiselle avec Mr le Duc de Lorraine, le Duc d'Elbeuf chargé de la Procuration de ce Prince, acompagné du Comte de Couvonges, & de M. de Barois, Envoyé extraordinaire, se rendit sur les cinq heures du soir dans l'apartement de Madame à Fontainebleau, où étoit Mademoiselle, y ayant été conduits par le Marquis de Blainville, Grand Maître des Ceremonies. Le Duc d'Elbeuf & le Comte de Couvonges donnerent la main à Mademoiselle, dont la mante étoit portée par Madame la grande Duchesse de Toscane, & la conduisirent à l'apartement de Madame la Duchesse de Bourgogne, où les Princes & les Princesses s'étoient assemblez. On passa ensuite dans le cabinet du Roi. Le Contract fut presenté à Sa Majesté par le Marquis de Torci, Secretaire d'Etat, & par Mr de Pontchartrain : & après la signature le Cardinal de Coislin, Aumônier du Roi, en Camail & en Rochet, acompagné des Aumôniers de Sa Majesté & du Curé de la Paroisse, fit la Ceremonie des Fiançailles. L'habit de Mademoiselle étoit d'un Gros de Tours noir, brodé d'or en plein, sa jupe étoit d'un tissu d'argent avec une broderie d'or, dans laquelle il entroit un peu de couleur de feu. Elle avoit une riche parure de diamans, & sa mante étoit d'un point d'Espagne d'or de six aunes & demie de long. Le Duc d'Elbeuf avoit un habit à manteau, très-riche. Il étoit de drap d'or avec des fleurs couleur de pourpre, & le manteau étoit doublé de couleur de pourpre, & tout garni d'épaisses dentelles d'argent. Les jarretieres étoient de même.

Descriptió du Mariage.

Le lendemain 13. après le Conseil, le Duc d'Elbeuf & le Comte de Couvonges, acompagnez de Mr de Barois,

& precedez du Grand Maître des Ceremonies, allerent prendre Mademoiselle dans son apartement, & la menerent à celui de Madame, & ensuite chez la Reine, Epouse du Roi Jaques, où le Roi s'étoit rendu avec les Princes & les Princesses. On descendit à la Chapelle, & le Cardinal de Coaslin en habits Pontificaux celebra la Messe, & fit la Ceremonie du Mariage. L'habit de Mademoiselle étoit ce jour-là d'une étoffe d'argent, & la juppe de même, toute chamarée de dentelles d'argent : sa parure étoit de diamans & de rubis. Mr le Duc d'Elbeuf avoit un habit à manteau à fond noir avec des fleurs d'or, doublé d'un glacé d'or, sur lequel étoit apliqué un grand point d'Espagne d'or à cartisanes, qui regnoit tout autour du manteau. Les chausses étoient garnies de pareilles dentelles en falbala à trois rangs, avec des rubans bleu & or. Il avoit aussi des plumes bleuës. Le Grand Maître des Ceremonies & le Maître des Ceremonies, reconduisirent Mademoiselle dans son apartement avec le Duc d'Elbeuf & le Comte de Couvonges, d'où elle passa à celui de Monsieur où elle dîna. Cette alliance est la trente-troisiéme que la Maison de Lorraine ait faite avec celle de France. Mr le Duc de Lorraine, dont nous parlons, est fils d'une Reine, Neveu d'un Empereur & d'un Roi. Il a pris, comme Roi de Jerusalem, une Couronne fermée & composée de pieces de l'Ecu de ses Armes. On prétend que le Duché de Lorraine soit le plus ancien de l'Europe.

Honneurs que la Princesse reçut avant son départ.

Le Roi devoit défrayer Madame la Duchesse de Lorraine de toutes choses après son mariage. Cette Princesse partit de Fontainebleau le même jour 13. dans les carosses de Sa Majesté, acompagnée des Gardes de ce Monarque. Elle arriva sur les neuf heures du soir au Palais Royal, où elle fut servie par les Officiers du Roi. Voici ce qui se

1698. passa le même jour à Nanci. Le Duc de Lorraine donna ce jour-là la Comedie *gratis*, & traita soixante personnes à souper. Il y eut des fontaines de vin en plusieurs endroits de son Palais, des feux dans toutes les ruës, & des illuminations à toutes les fenêtres. Depuis ce jour-là ce Prince dépêcha tous les jours un Gentilhomme pour savoir des nouvelles de la Princesse son épouse & lui faire compliment de sa part. Le 15. le Prévôt de Marchands de Paris & les Echevins de la Ville furent au Palais Royal complimenter Son Altesse Royale sur son mariage, & lui faire les presens acoûtumez en pareilles ocasions.

Elle se met en chemin pour se rendre dans les Etats du Duc son Epoux.

Le 16. cette Princesse partit dans les carosses du Roi avec la Princesse de Lillebonne, nommée par Sa Majesté pour l'acompagner jusques dans les Etats du Duc de Lorraine. Mr des Granges, Maître des Ceremonies, Mr de Cambrai, Maître d'Hôtel du Roi, Mr de Busca, Exempt des Gardes, & un très-grand nombre d'Officiers de la Maison du Roi suivirent pour la servir jusqu'à Cermoise. Elle alla coucher ce soir-là à Claie. Le 17. elle partit pour Meaux. La Maréchaussée & les Chevaliers de l'Arquebuse à cheval furent au devant d'elle environ deux lieuës en deçà avec des Trompettes, des Hautbois & des Violons. Ils la conduisirent jusqu'à la Porte de la Ville, où elle fut reçuë par le Présidial & par le Maire & les Echevins, qui la complimenterent, & lui firent les presens acoûtumez. Elle traversa la Ville au milieu de toute la Bourgeoisie sous les armes pour aller à l'Eveché, où l'Evêque de Meaux, en Rochet & en Camail, lui fit compliment à la tête de son Chapître. Le même jour sur les deux heures, après avoir dîné à l'Evêché, cette Princesse partit pour aller coucher à la Ferté sur Jouarre, & fut conduite par les mêmes Corps qui avoient été au devant d'elle, jusqu'à deux lieuës de Meaux, où la Noblesse de la Ferté l'atendoit. Pendant qu'elle avançoit vers la Lorraine, le Prince son Epoux venoit au devant. Il arriva le 11. au matin à Bar, acompagné de toute sa Cour, & de ses Chevaux-Legers, & de plusieurs Compagnies de Bourgeois à cheval, qui avoient été au devant de ce Prince. Il étoit à cheval lui-même avec le Prince Charles son Frere.

La Princesse coucha à Jouarre le 17. d'où elle partit le 18. pour Monmirel. Elle y sejourna le 19. & alla coucher le 20. à Estoches : & le 21. elle arriva à Châlons sur les quatre heures du soir. Elle fut reçuë & complimentée à la porte de la Ville par le Maire & les Echevins, les Bourgeois étant sous les armes & en haye jusqu'à l'Evêché. Aussi-tôt qu'elle fut descenduë de carosse, elle fut complimentée par le Chapitre, le Doyen portant la parole, & par les Officiers du Présidial, de l'Election & du Bailliage. Le College des Tresoriers de France lui rendit aussi ce devoir. Le lendemain elle entendit la Messe dans la Cathedrale, où l'Evêque à la tête de tout le Clergé la reçut à la porte de l'Eglise, & la complimenta : & l'après dinée il lui donna une magnifique collation à sa Maison de Sari, où les principales Dames furent la saluer. Le 23. elle alla coucher à Vitri-le-François.

Comment elle fut reçuë à Châlôs.

A peine se fut-elle mise à table pour souper, que Mr de Couvonges parut, qui lui presenta une Lettre de la part du Duc de Lorraine, qui s'étoit coulé lui-même derriere lui, suivi de son Capitaine des Gardes. Elle lut aussi-tôt la lettre, en regardant avec beaucoup de modestie le prétendu Gentilhomme qui étoit derriere Mrs de Couvonges & de Viange, & qui parut fort rouge & fort échauffé. Il y eut bien des regards de part & d'autre. Enfin le Duc ayant remarqué que la Duchesse ne mangeoit point, eut la discretion de passer dans

Surprise agréable que lui fait le Duc son Epoux à Vitri-le-François.

1698. la chambre de cette Princesse, où il attendit la fin du soupé, dans la ruelle de son lit. Madame de Lorraine l'y trouva après le soupé. Leurs Altesses se saluerent sans s'aprocher : mais Madame de Lillebonne en parlant à Mr de Lorraine assez haut, ayant laissé échaper le mot de *Monseigneur* comme par hazard, Madame de Lorraine demanda à Madame de Lillebonne si elle ne vouloit pas bien permettre que ce Prince la saluât. Ils s'aprocherent & se baiserent. Leurs Altesses demeurerent encore quelque-tems ensemble. On joua ensuite ; & Mr de Lorraine, afin d'avoir un pretexte pour s'asseoir, se mit de moitié avec Madame de Lillebonne. Ce Prince parut fort gai & avec des manieres fort aisées. Il avoit un justaucorps bleu, chamaré d'un galon d'or large d'un doigt sur les coutures, les boutonnieres de deux en deux du même galon avec des boutons des deux côtez, la culote bleue, des bas rouges & une veste de brocard d'or. Il étoit ainsi vêtu, parce qu'il étoit venu *incognitò*. Le jeu qui dura jusqu'à environ minuit étant fini, & Mr de Lorraine s'étant levé avec toute la Compagnie, il fit une profonde reverence à Madame de Lorraine, & alla chez Madame de Lillebonne.

Elle arrive sur les Terres de Lorraine. Reception qui lui fut faite.

Le 24. Son Altesse Royale étant arrivée à Germoise, le Duc l'envoya complimenter par Milord Carlingfort, Chef de son Conseil, & Colonel de son Régiment des Gardes. Le 25. ce Prince qui s'étoit rendu aux environs de Cermoise, ayant été averti par le Comte de Couvonges que la Princesse avoit dîné, se rendit au logis où elle étoit, acompagné de ses Officiers & des Seigneurs de sa Cour, avec un cortege de plusieurs carosses. La Princesse de Lillebonne lui presenta Son Altesse Royale ; & après les complimens réciproques, ils monterent en carosse. Lors qu'ils furent arrivez à l'endroit qui sert de limites entre la France & la Lorraine, Mr de Busca prit congé d'elle pour retourner à Paris, & fit place aux Gardes & aux Chevaux-legers du Duc de Lorraine, qui attendoient dans cet endroit pour continuer l'escorte. Le même jour étant arrivez à Bar, la Ceremonie du Mariage fut faite par le Grand Aumônier de Son Altesse Royale dans la Chapelle du Château, après laquelle le Duc de Lorraine presenta à la Princesse la Marquise d'Haraucourt, sa Dame d'honneur, la Marquise de Lenoncourt, sa Dame d'Atour, les autres Dames, & les Officiers qui la devoient servir. Il y eut ensuite un magnifique soupé, où étoient l'Evêque d'Osnabrug & le Prince François, avec la Princesse de Lillebonne, Mademoiselle de Lillebonne, le Comte d'Armagnac, le Chevalier de Lorraine, le Comte de Marsan, & le Prince Camille. On servit en même-tems quatre autres grandes tables pour les personnes de la Cour du Duc, & pour les Officiers du Roi de France qui avoient servi Son Altesse Royale pendant le voyage. Le lendemain du Mariage il y eut Comédie, & Feu d'Artifice. Madame la Duchesse de Lorraine trouva entr'autres cinq apartemens qui étoient d'une beauté & d'une richesse extraordinaires. On dit que l'Ecurie du Duc étoit une des plus belles de l'Europe, qu'il avoit sept cens Chevaux, & trente-six attelages de carosse.

Le Roi touche plusieurs malades des Ecrouelles. Remarques sur cette Ceremonie.

Le 1. jour de Novembre, Fête de tous les Saints, le Roi, selon sa coûtume, toucha un grand nombre de malades des écrouelles ; & le Roi Jaques qui étoit allé passer quelques jours en retraite à Paris, toucha aussi une Religieuse Angloise, atteinte du même mal, qui avoit eu recours à lui. Cette Ceremonie me donne lieu de placer ici ce qui se lit sur ce sujet dans les *Mémoires & Observations faites par un Voyageur*, sur ce qu'il a trouvé de plus

D ij

1698. curieux dans la Grande Bretagne.
,, Tout le monde fait, dit l'Auteur de
,, ces Mémoires, qu'Edouard, dit le
,, Confesseur, & canonifé par Alexan-
,, dre III. fut le premier Roi d'Angleter-
,, re, qui prétendit avoir la vertu de
,, guerir des écrouelles, en touchant
,, ceux qui en étoient malades. Je crois
,, que tous les autres Rois, qui lui ont
,, fuccedé, ont eu la même illufion,
,, jufqu'à Guillaume III. par la Grace de
,, Dieu prefentement regnant, lequel
,, n'étant point homme à chimeres,
,, s'eft moqué de cette fotife. Le Peu-
,, ple Anglois avoit, & a peut-être en-
,, core une grande foi en ce remede ano-
,, din. Pendant les derniers mois du
,, Regne de Jaques II. comme on s'ima-
,, gina bien que quand Dieu fufciteroit
,, le bon vent qui devoit amener le
,, Reftaurateur en Angleterre, il pour-
,, roit bien arriver du grabuge qui in-
,, terromproit le cours ordinaire des
,, chofes; quantité de gens à écrouelles
,, acoururent de toutes parts pour être
,, touchez; le Roi en ayant été averti,
,, eut la bonté de faire dire qu'il tou-
,, cheroit plus fouvent que de coûtume,
,, & de marquer tous les jours. Je fus
,, prefent à la derniere Ceremonie. Le
,, Roi étoit affis dans un fauteuil dans
,, la grande fale de Whitehall, apelée
,, Banketinghall, élevé fur une eftrade
,, de deux ou trois dégrez. Le Reve-
,, rend Pere Peter avec fon petit collet
,, & fon manteau traînant étoit debout
,, à la droite du Roi. Après quelques
,, Oraifons, les Gardes de la Manche
,, firent défiler près de trois cens mala-
,, des ou foi difans, entre une double
,, baluftrade & faite exprès, dont l'ave-
,, nuë faifoit face au Roi; chaque ma-
,, lade, riche ou pauvre, mâle ou fe-
,, melle, fe mettoit à genoux l'un après
,, l'autre aux pieds du Roi. Le Roi
,, avançant fes deux mains lui touchoit
,, les deux joües; le Jefuite qui tenoit
,, une enfilade de médailles d'or atta-

,, chées à un cordon de ruban de fil 1698.
,, blanc, paffoit le cordon au col du
,, patient, en même-tems que le Roi
,, le touchoit, & difoit je ne fai quoi
,, d'équivalent à ce qu'on dit en France;
,, *le Roi te touche, Dieu te guerisse*. Cela
,, fe faifoit en un moment: & de peur
,, que le même malade ne vînt fe re-
,, fourer dans la file pour atraper une
,, nouvelle médaille; d'autres Gardes
,, le relevoient par le bras, & le met-
,, toient en lieu fûr. Quand le Roi étoit
,, las de faire la même action d'allonger
,, le bras, ou de toucer la joüe, ou le
,, menton, l'Aumônier Peter lui pre-
,, fentoit le cordon fur le col du mala-
,, de. La vertu paffoit de la main au
,, cordon, du cordon à l'habit, de l'ha-
,, bit à la peau, & de la peau à la four-
,, ce du mal. Après cet atouchement
,, Royal, ceux qui étoient réellement
,, malades étoient mis entre les mains
,, des Medecins; & ceux qui n'étoient
,, venus que pour la médaille n'avoient
,, pas befoin de remedes.

Le même Auteur remarque que cette *Paral-*
médaille valoit à peu près deux écus, & *lele de*
que le fond qui étoit deftiné pour cet *Louis*
achat fut employé en œuvres pies par *XIV. &*
ordre du Roi Guillaume. Ce Monar- *deGuil-*
que, comme l'on voit, étoit au deffus *laume*
de certaines foibleffes dont peu de Têtes *III. à*
Couronnées font exemtes. Il ne fe re- *cette*
paiffoit point de ces vifions à qui l'on *ocafio.*
a donné avec tant de juftesse le nom de
Fatuitez des Grands, & c'eft ce qui fait
la veritable grandeur. Si je ne craig-
nois de fortir des bornes de mon fujet,
je raporterois ici le Panegirique de ce
Prince qui fut prononcé à l'ouverture
du Parlement d'Orange * par le Sieur
Emeri, Avocat du même Parlement.
Que croira la Pofterité, lors qu'elle
confrontera les Panegiriques de S.M.B.
avec ceux de S. M. T. C.? Les Pane-
giriftes de Guillaume III. lui donnent

* *Le 22. de Mai.*

1698. la gloire d'avoir procuré la paix. Ceux de Louis XIV. font bien éloignez d'en convenir. Il est vrai qu'on auroit fait cette année un gros volume des Sonnets, des Madrigaux, des Epîtres Dédicatoires, des Devises & des Harangues où l'on prétendoit prouver que *Louis le Grand* avoit été encore une fois le Pacificateur de l'Europe. Mais quelles preuves en aportoient-ils ? Seront-elles bien propres à en convaincre un jour la Postérité ? Voici entre autres ce qu'en dit l'Abbé Genest dans un Discours qu'il prononça lors qu'il fut reçû Membre de l'Academie Françoise, en parlant du Camp de Compiegne. Ce lambeau est remarquable par plus d'un endroit. *Que nos Ennemis eux-mêmes*, dit ce nouvel Academicien, *regardent ces florissantes Armées, cet ordre, cette discipline, toute cette pompe formidable qui sert de spectacle & de leçon à nos jeunes Heros, pour tromper une envie impatiente de veritables combats. Dans ces representations de sieges & de batailles, dans ces attaques feintes, au milieu de ces éclairs qui ne sont plus acompagnez de la foudre, qu'on voye si la foudre n'est pas encore en état de tomber, qu'on voye ce que feroient encore nos braves soldats sous un Roi toûjours Vainqueur, & s'ils se sentent de la guerre passée que par la noble ardeur de la recommencer! Oui, que nos Ennemis, si nous en avons encore, viennent donc voir s'ils ne doivent pas la paix aux seules bontez que nôtre Prince a pour nous, & s'il n'a pas voulu faire le bonheur de toute la terre en faisant celui de ses peuples.*

Déclarations du Roi touchât les nouveaux Convertis & autres.

Le Roi fit encore publier cette année plusieurs Déclarations touchant les Nouveaux Convertis : l'une du 13. Decembre, qui ordonne l'exécution de l'Edit de Révocation de celui de Nantes : l'autre du 29. du même mois touchant les Refugiez qui étoient dans les Païs étrangers. L'une & l'autre nous fourniroient une infinité de reflexions ; mais l'abondance de la matiere ne nous permettant pas de les faire, nous nous contenterons d'inserer ici quelques-unes de celles * qui parurent en ce tems-là ; & qui doivent être d'autant moins suspectes qu'elles furent faites par des Catholiques Romains. ,, La grande apli- ,, cation du Roi, disoient-ils, va être ,, de tranquiliser le dedans du Royau- ,, me, comme il paroît par sa derniere ,, Déclaration du 13. Decembre, qui ,, ne regarde pas moins les Quetistes, ,, & autres gens suspects à l'égard de la ,, Religion, que les mal-réunis, quoi ,, qu'il semble qu'elle n'ait été donnée ,, que pour faire executer l'Edit de Ré- ,, vocation de celui de Nantes. On voit ,, par les termes de la déclaration, qu'il ,, est enjoint à tous les Archevêques & ,, Evêques de continuer à resider dans ,, leurs Dioceses, d'y travailler avec ,, tout le zele & l'atention possible, à ,, l'instruction & au salut des Sujets, ,, qu'il a plû à Dieu de confier à ,, leur authorité spirituelle, & d'apor- ,, ter encore des soins plus particuliers ,, pour l'instruction des Nouveaux Réu- ,, nis ; il est enjoint à tous ces Prélats, ,, d'employer toute l'autorité qu'il a plû ,, à Dieu d'attacher à leur Caractere, ,, pour inspirer les mêmes sentimens aux ,, Ecclesiastiques, & particulierement ,, aux Curez, qui ont sous leur autho- ,, rité le soin principal des ames des ,, Sujets de S. M. Il enjoint à tous éga- ,, lement, de rendre l'honneur & le ,, respect qu'ils doivent à tout ce qui ,, regarde la Religion dedans & dehors ,, les Eglises, par leurs actions & par ,, leurs paroles, d'honorer les person- ,, nes Ecclesiastiques, & particuliere- ,, ment encore les Archevêques & Evê- ,, ques, & les Curez de leurs Paroisses ; ,, de recevoir avec déference les avis ,, qu'ils leur donneront touchant la ,, Religion, & leur conduite spirituel-

* *Lettre é.rite de Paris à ce sujet.*

1698.
,, le ; le tout à peine de punition exem-
,, plaire contre les Contrevenans. Ainsi
,, voilà l'authorité Ecclesiastique élevée
,, au plus haut degré qu'elle puisse être,
,, sur tous les Sujets indistinctement, &
,, en tout ce qui regarde la Religion
,, & la conduite spirituelle ; ce qui
,, n'excepte rien. Tous sont obligez,
,, non seulement à recevoir les instruc-
,, tions des Ecclesiastiques, mais aussi
,, à y deferer, sur peine d'être punis
,, exemplairement ; malheur à ceux qui
,, ne pourront pas penser & croire com-
,, me ces Messieurs, ou qui du moins
,, ne pourront pas gagner sur leur cons-
,, cience, de faire semblant de penser
,, & croire comme eux. C'est en vain
,, qu'on dira qu'il en est des opinions
,, de l'esprit, comme des maladies du
,, corps, lesquelles ne guerissent pas
,, en vertu de l'Ordonnance d'un Me-
,, decin. On n'admet point ici d'im-
,, puissance pour excuse, il faut se gue-
,, rir & se convertir à la parole de ces
,, Messieurs, ou s'exposer à être con-
,, traint par une punition exemplaire,
,, de confesser qu'on est veritablement
,, gueri & converti. Et c'est par-là que
,, ces Messieurs ont eu le crédit de per-
,, suader, qu'on viendroit à bout de
,, rétablir la paix & la tranquilité dans
,, l'Eglise & dans l'Etat.

Autres Remarques des Catholiques Rom. sur ce même sujet.

On voit par là, ajoûtent les Auteurs de quelques autres Remarques sur ce même sujet, que sous pretexte d'un Réglement pour les Nouveaux Réunis, on y a compris generalement tous les Sujets, sans aucune exception ni distinction ; de sorte que la même soûmission & deference qui est exigée des Réunis envers les Ecclesiastiques, est aussi imposée à tous Sujets anciens Catholiques sous la même peine de *punition exemplaire contre tous les Contrevenans*. 1. Les Articles concernans le Service Divin, l'Observation des Commandemens de l'Eglise, les Batêmes, l'Instruction des enfans, les Tutelles, les Malades, les Charges de Judicature, les Licences, ne regardent pas moins tous les autres Sujets que les Réunis. Il faut à tous égards respecter l'autorité Ecclesiastique, & *deferer à ses avis*, qui deviennent des ordres absolus, par la punition qui s'ensuit contre les Contrevenans. 2. On est sur cela dans quelque étonnement, de voir que le Roi, qui ne voulut pas laisser l'Inquisition dans Barcelonne, lors qu'il en fit la conquête, établisse aujourd'hui ce Tribunal dans son Royaume, & abandonne ses Sujets à la merci du Clergé, en rendant sa domination absoluë par les contraintes, & lui assujettissant par là les Consciences, en tout ce qui regarde *la Religion & la conduite spirituelle*. Les conséquences en vont si loin, & peuvent être si préjudiciables à l'Etat en de certaines ocasions, qu'on a peine à comprendre comment ce relâchement a pû arriver en France. Car quoi que l'authorité Souveraine du Roi qui a donné la Déclaration, soit suffisante pour remedier aux abus, le mal est fait, & le tems peut aussi bien nuire que remedier. 3. On n'est pas moins surpris de lire dans la Déclaration, qu'en faisant mention des *Saints Canons*, dans l'Article de la Résidence des Evêques, & dans celui des Mariages des Sujets Réunis, on ait ajoûté à ce dernier une clause qui enjoint d'observer les solemnitez *prescrites par les Saints Canons & notamment par ceux du dernier Concile*. Cette clause introduit donc les Canons du Concile de Trente, au nombre des Saints Canons qu'il faut observer dans le Royaume, quoi que ces Décisions n'ayent été reçuës qu'en ce qui regarde les points de la Foi, & non pour ceux de la Discipline, parce qu'il y en a plusieurs, comme dit Mezerai, *qui blessent les Droits de la Couronne, les Libertez de l'Eglise Gallicane, l'autorité des Magistrats seculiers, les Privileges des Chapitres & Communautez, & di-*

1698. *vers usages reçûs dans le Royaume*. Et si l'on y pratique plusieurs de ses Reglemens, *ce n'est pas en vertu des Decrets du Concile, mais des Ordonnances des Rois*. Ces considerations & plusieurs autres, qui marquent combien l'esprit d'Inquisition a eu part à ce nouveau Reglement, exciterent une attention generale aux suites qu'il auroit dans son execution.

Conformité de ces deux Déclaratiôs.

Ces deux Déclarations avoient ceci de commun, que la premiere ne laissoit plus de repos ni de ressource à esperer à ceux qui n'étoient Réünis que de nom, qu'en soumettant leur Foi & leur Conscience au joug Ecclesiastique qu'on leur imposoit; & que la derniere ne laissoit plus d'esperance aux Refugiez de rien posseder en France, ni même d'y mettre le pied, sinon en se soumettant à la même condition des autres. La liberté de Conscience étoit également refusée à tous, & il n'y en eut aucune de joüir des biens, *qu'à la charge de vivre exactement & fidellement dans la Profession & Exercice de la R. C. R*. Ces termes sont remarquables & ils ne pouvoient manquer d'aller aussi loin que le Commentaire Ecclesiastique les voudroit étendre.

Difference qu'il y avoit entre elles.

Elles differoient au contraire en ceci, que la derniere Déclaration avoit pour but de rapeler ceux qui étoient sortis, au lieu que la premiere ôtoit toute esperance de sortir à ceux qui étoient demeurez. On proposoit à ceux-là des biens temporels pour les attirer & pour leur faire embrasser la Religion C. R. & à ceux-ci on imposoit des peines pour les retenir & pour les forcer de croire ce qu'ils ne pouvoient croire. C'est ce qui rendit la condition des uns & des autres bien differente. Il étoit au choix des premiers de retourner en France, ou de n'y pas retourner, selon que les motifs de leur Conscience ou l'interêt de leurs biens les détermineroient. Il étoit en leur pouvoir de se conserver la liberté de Conscience en renonçant aux biens qu'ils avoient en France, & nul n'étoit forcé de trahir son devoir. Mais il n'en étoit pas de même à l'égard des derniers. Ils ne pouvoient acheter la liberté de leur sortie par la perte de leurs biens; il faloit qu'ils sacrifiassent leur Conscience ou qu'ils renonçassent à tout repos, & se déterminassent à tout souffrir. Mais quittons cette matiere sur laquelle on pourroit reflechir à l'infini.

Propositions de paix sâs fruit entre la Cour de Vienne & la Porte.

La paix entre les Princes Chrétiens auroit été infailliblement suivie de la guerre que l'Empereur & ses Alliez avoient avec le Grand Seigneur, si Leopold qui n'avoit plus d'affaires sur les bords du Rhin, eût fait des propositions moins désavantageuses pour le Sultan; ce qui fit traîner la Négociation entamée par le moyen du Roi d'Angleterre & les Etats Generaux; & l'année se passa sans rien conclure. Cependant la disposition que les deux Empires avoient à un acommodement, suspendit en quelque maniere les hostilitez de part & d'autre: car quoique le Prince Eugene se fût avancé avec l'Armée Imperiale aux environs de Temesvar, le Grand Vizir ne fit aucun mouvement pour se presenter à lui.

Cõbat entre les Tartares & les Polonois.

Le nouveau Roi de Pologne, qui étoit engagé dans la même guerre que l'Empereur selon la Ligue faite par son Predecesseur, ayant fait marcher l'Armée du Royaume sous les ordres du Grand Maréchal Jablonovuski, éprouva beaucoup plus de mouvemens de la part des Tartares, qui sachant qu'il n'avoit pas encore joint les Polonois, attaquerent * ceux ci avec un Corps de 35. mille hommes près de Podajeck. Ils mirent en peu de tems les deux Aîles en désordre: penetrerent jusqu'au bagage qu'ils pillerent entierement, ce qui fut cause du salut de l'Armée. Car

* *Le 9. Septembre.*

1698. pendant que les Ennemis étoient ocupez au pillage, les Polonois s'étant ralliez les obligerent de se retirer après un rude choc, dans lequel ils perdirent neuf cens hommes. De ce nombre furent soixante Officiers & quatre Starostes, le jeune Comte Jablonovuski y fut blessé.

Rencótre des Flotes Venitienne & Ottomane.

Les Venitiens combattirent avec beaucoup plus d'avantage dans l'Archipel près de l'Ile de Metelin, où ils rencontrerent la Flote Turque commandée par le Capitan Bacha Mezomorto. Le Sr Delfino General des Vaisseaux de la République ayant le vent sur elle, la fit d'abord attaquer par les Vaisseaux des Nobles Flangini, & Nicolas Floscolo, qui pousserent deux Navires Turcs avec beaucoup de vigueur, & les firent éloigner. Le General en ataqua ensuite un troisiéme, qu'il mit en desordre ; mais ce succez, qui lui promettoit des suites plus avantageuses, fut troublé par la mauvaise manœuvre du Capitaine d'un Vaisseau, qui ayant abordé le sien, s'embarassa dans ses cordages, & lui ôta l'usage des voiles. Le Vaisseau Venitien tomba sous le vent de quatre Vaisseaux Turcs qui le canonnerent avec une extrême furie pour profiter de ce desordre. Neanmoins le Chevalier Delfino fit faire un si grand feu, pendant que ce Vaisseau travailloit à se débarasser, qu'il les empêcha de l'aborder comme ils en avoient le dessein. Ils n'auroient pas manqué de le faire encore dans la suite, s'il n'eût été secouru, ses manœuvres & ses mats étant en très-mauvais état. Le Capitaine Bounvicini se presenta le premier dans le tems que plusieurs Vaisseaux arrivoient sur lui à pleines voiles, & s'étant mis devant pour le couvrir, lui donna le tems de racomoder ses mats & ses vergues prêts à tomber. Presque dans le même-tems le Marquis de Meli, Capitaine, desampara un vaisseau Turc, & l'auroit pris s'il n'eût été secouru par d'autres qui le dégagerent. Le combat finit avec le jour ; & la nuit donna moyen aux Turcs de se retirer vers le Canal de Chio, à Foya, & à Smirne, après avoir perdu trois mille hommes ; le Beau-Frere de Mezomorto, & cinq Reys ou Capitaines Turcs furent tuez. Les Venitiens perdirent mille hommes. Le Noble Annibal Conti, le Colonel Leonard Zebil, & les Srs Albertini & Francisco Angerelli furent de ce nombre. Le Chevalier Delfino, le Marquis de Meli, les Nobles Diedo & Riva, & les Capitaines Marinoni & Suarez furent blessez.

1699. Paix de Carlouvitz entre la Cour Imperiale & la Porte.

Dans le tems que ces choses se passoient, les Plénipotentiaires de l'Empereur & de ses Alliez travailloient serieusement à Carlouvitz en la Basse-Hongrie avec les Ambassadeurs du Sultan à finir une guerre qui avoit également fatigué les deux partis. Ils la terminerent enfin le 24. Janvier de l'année 1699. par un Traité de Trêve de vingt-cinq ans entre les deux Empires. L'Empereur demeura possesseur des conquêtes qu'il avoit faites en Hongrie : & les Venitiens de la Morée, & de ce qu'ils avoient pris en Dalmatie. Asoph resta aux Moscovites, & Caminieck fut rendu aux Polonois.

Raisos qui porterent l'Empereur à la faire.

Les mêmes raisons qui avoient poussé le Roi de France à s'acommoder avec les Puissances liguées contre lui, à des conditions désavantageuses, porterent aussi l'Empereur à faire une paix plus utile, puisqu'il conserva ses conquêtes. Ses Etats n'étoient pas moins épuisez que la France, & il avoit besoin de respirer pour pouvoir dans la suite soûtenir comme Louis XIV. son droit à la Succession du Royaume d'Espagne. Il n'auroit pû se flater de trouver les mêmes dispositions dans les Ministres de la Porte, si la mort du Roi Catholique l'eût plongé dans une nouvelle guerre qui étoit inévitable par cet événement.

Le

1699.

Différent pour la Souveraineté de Neuchâtel terminé à l'avantage de la Duchesse de Nemours.

Le calme qui avoit été ainsi rendu à toute l'Europe, fut peu après sur le point d'être troublé en quelques endroits pour des interets particuliers. Le different qui étoit entre la Duchesse * de Nemours, le Prince de Conti & le Canton de Berne, touchant la Succession à la Souveraineté de Neuchâtel & de Valengin près de la Comté de Bourgogne, causa quelque alteration à la bonne intelligence depuis si long-tems maintenuë entre les Suisses & la France. La Duchesse de Nemours avoit pris possession des Etats de Neuchâtel après la mort du Duc de Longueville † son Frere avec le consentement des Peuples; le Prince de Conti obtint peu après un Arrêt du Parlement de Paris, quoique Tribunal incompetant, par lequel il fut déclaré Successeur legitime de Neuchâtel; le Roi fit ensuite marcher des Troupes dans la Comté de Bourgogne pour le soûtenir dans ses prétentions. Mais les Suisses ayant de leur côté fait la même démarche en faveur des Peuples de Neuchâtel, & de la Duchesse de Nemours, il étoit à craindre que ce feu prêt à s'allumer ne causât du désordre parmi les Cantons, & ne se communiquât à leurs Alliez, si le Roi d'Angleterre, Successeur présomptif de la Duchesse, n'eût interposé sa Médiation en faisant connoître au Prince de Conti, par le Sieur Hervart son Envoyé, en presence des Etats de Neuchâtel, que ses prétentions n'ayant aucun fondement, il étoit encore moins en droit de vouloir établir un Tribunal pour en juger. Ce qui fit désister ce Prince, qui repassa en France en mêmetems avec la Duchesse de Nemours par ordre du Roi, qui rapella aussi ses Troupes.

Affaires du Quietisme. Persécution faite à ce sujet

Il y avoit long-tems que la prétenduë hérésie du *Quietisme* ocupoit la Cour de Rome & celle de France. Elle

* *Anne Marie d'Orleans de Longueville.*
† *Jean François d'Orleans.*

Tome III.

fut enfin terminée cette année par la condamnation du Livre des *Maximes des Saints*, composé par Mr de Fenelon * Archevêque de Cambrai. Tout le monde sait la persécution qui lui fut suscitée à ce sujet, & qu'il a été le Martir de la Theologie Mistique qu'il avoit défenduë dans son Livre. Je ne m'engagerai pas à en faire ici le détail. L'Histoire en est longue & demanderoit un éclaircissement fort ample; mais les bornes que je me suis prescrites ne me permettent pas de m'étendre beaucoup là dessus. Je dirai donc en peu de mots que Mr de Cambrai, tout grand esprit qu'il étoit, avoit formé le dessein de soûtenir *l'Amour pur & desinteressé*, tel que plusieurs Contemplatifs l'ont enseigné, & tel qu'il ne subsiste que dans l'imagination échaufée de quelques Devots de profession, qui croient par là se sequestrer du reste du monde, & qui regardent les autres hommes comme des Mercenaires, qui marchandent le Paradis avec Dieu, & qui ne le servent qu'en vûë de la récompense. Cette idée sans doute est belle & digne de la grandeur de Dieu, qui merite d'être servi pour lui-même, sans aucune vûë d'interet. C'est dommage que la nature de l'homme soit trop foible pour ateindre à une si haute perfection, & que l'amour propre soit toûjours la base & le motif de toutes nos vertus. Toutefois plusieurs Mistiques aprouvez de l'Eglise Romaine avoient enseigné ces mêmes Maximes, & étoient encore allé plus loin que Mr de Cambrai, comme la plûpart en conviennent & comme il me seroit aisé de le démontrer. Je ne prétends point ici raporter toutes les persécutions qu'on lui a suscitées: le Public en a été informé & lui a rendu justice.

Personne n'ignore que Monsieur de Meaux, † autrefois son ami intime,

* *François de Salignac de la Mothe-Fenelon.*
† *Jaques Benigne Bossuet.*

1699.

à Monsr. l'Archevêque de Cambrai.

Mémoires du tems.

Mr de Meaux son ancien ami dé-

1699.

vient son plus ardent perfécuteur.

devint le plus paſſionné de ſes Ennemis: qu'il ſe ſervit contre lui de l'authorité du Roi, & du zele que ce Monarque témoignoit pour la Religion : qu'il engagea pluſieurs Prélats dans ſa querelle : qu'il ſouleva une partie de la Sorbone : qu'il répandit pluſieurs Libelles pour ternir la réputation de ſon ancien ami, & qu'enfin toutes ſes démarches, où il parut beaucoup de paſſion & d'emportement, ſervirent plûtôt à faire voir le grand crédit de Mr de Meaux que la juſtice de ſa cauſe. On pourroit peut-être demander quelles raiſons avoient ſi fort animé Monſieur de Meaux contre ſon Confrere & ſon ami : d'où avoit pû proceder un zéle ſi amer, & dire avec le fameux Deſpreaux :

Tant de fiel entre-t-il dans l'ame des Dévots ?

L'interêt de la Religion n'inſpire point tant d'injures, tant d'intrigues ni de cabales, ſur tout contre un homme qui ne reſpiroit que la paix : qui ne demandoit que la juſtice & la raiſon : qui offroit de ſe ſoumettre à un Tribunal legitime, qui s'y ſoûmit en éfet ſans reſerve, & qui donna l'exemple d'une parfaite obéïſſance. Mais il faut raporter ce que l'on en diſoit alors, & ce qui fut, à ce qu'on croit, le vrai motif du procedé de Mr de Meaux. Ce Prélat avoit, dit-on, d'autres interêts en vûë que ceux de la Religion, & voici ce que quelques perſonnes, qui paroiſſent avoir mieux demêlé la verité, ont penſé de toute cette affaire, qui a fait tant de bruit dans le monde, & dont peu de gens ont penétré les veritables motifs.

Motifs qui le firent agir ainſi.

Mr de Meaux avoit recherché avec empreſſement la Charge de Premier Aumônier de Madame la Ducheſſe de Bourgogne ; Mr de Cambrai avoit paru auſſi la ſouhaiter, mais ſans faire de brigues pour l'obtenir, & ſans autre apui que ſon ſeul merite. Le crédit de Mr de Meaux l'avoit emporté, mais il n'étoit pas content d'avoir eu la victoire. Mr de Cambrai avoit ceſſé d'être ſon ami, dès qu'il étoit devenu ſon rival. Un Concurrent d'un tel mérite eſt toûjours à craindre, quelque malheureux qu'il ſoit. Voilà, ſelon quelques-uns, quel fut le principal ſujet de la brouillerie. Mais il y eut plus. Mr de Cambrai, en recevant l'Archevêché que le Roi lui avoit donné, s'étoit démis d'une Abbaye conſiderable, diſant que le revenu de l'Archevêché de Cambrai lui ſuffiſoit. Cet exemple de déſintereſſement, digne ſans doute d'être admiré, condamnoit tacitement la conduite de Mr de Meaux, qui poſſedoit ſeul pluſieurs Benefices & dont l'ambition n'étoit pas encore ſatisfaite. Ainſi ce n'étoit plus, ſelon lui, une action ni belle ni indifferente. D'ailleurs la réputation d'eſprit, de ſavoir & de vertu que Mr de Cambrai s'étoit aquiſe, offuſquoit en quelque façon la gloire de Mr de Meaux, qui depuis long-tems étoit l'Oracle des Prélats de France, & qui ne vouloit pas déchoir de cet honneur.

1699.

Pretexte qu'il prit pour faire éclater ſon reſſentiment.

Ces raiſons le rendoient ſon Ennemi ſecret, mais elles ne lui permettoient pas encore de paroître. Il faloit des pretextes ſpecieux pour authoriſer ſa paſſion ; & pour ne perdre pas ſa réputation en voulant détruire celle d'un autre. Le Livre des *Maximes* lui fournit tout ce qu'il ſouhaitoit : il y vit ou y crut voir des conſéquences dangereuſes. La bonne intention de l'Auteur ne put l'excuſer ; ſa droiture, ſa ſoumiſſion & toutes ſes autres vertus ne purent arrêter le cours impétueux d'une paſſion prête à éclater. Ce zele amer ſe fit ſentir, & ſervit à éblouïr les ſimples. Les idées de perfection que Mr de Cambrai avoit voulu donner dans ſon Livre,

1699. n'étoient, selon son Adversaire, que des Chimeres & des Heresies. Son nom dans les Ecrits de Mr de Meaux se trouva acompagné des épithetes les plus odieuses; & comme sa conduite ne donnoit pas de prise, on voulut le confondre avec Madame Guyon, * & mettre un homme si sage dans les interêts d'une femme extravagante. Il devint *le Montan de la nouvelle Priscille.* En un mot il n'y eut point de voye dont on ne se servit pour le rendre criminel.

Motif secret de la part que la Cour prit en cette affaire. Mémoires MSS.

Ces motifs pouvoient être suffisans pour animer un Prélat jaloux du merite de son Confrere; mais jusques-là on ne voit rien qui ait pû interesser la Cour, ni la porter à prendre tant de part à une querelle qui sembloit devoir se décider entre les Theologiens. Il faut donc savoir quel fut, à ce qu'on prétend, le crime de Mr de Cambrai par raport au Roi, ou plûtôt à Madame de Maintenon, qui n'attendoit qu'un pretexte pour lui faire éprouver son ressentiment. L'envie d'être déclarée Reine possedoit depuis long-tems Madame de Maintenon. Elle avoit souvent persecuté le Roi pour l'y faire consentir; & ce Monarque, qui avoit toûjours resisté jusques-là, lui promit enfin dans un de ses quarts-d'heure de tendresse de consulter son Confesseur là-dessus. Madame de Maintenon crut alors son affaire en bon train, ne doutant pas que le Pere de la Chaize ne fût bien aise de lui faire sa cour dans cette ocasion. Mais il étoit trop bon Politique, & il savoit trop bien qu'on ne sauroit se déclarer pour un Parti, sans devenir la victime de l'autre. C'est pourquoi il eut assez d'habileté pour se tirer d'affaire, en disant au Roi qu'il ne se croyoit pas assez bon Casuiste pour décider une question si importante, & qu'il le prioit de trouver bon qu'il consultât là-dessus

* Fameuse devote que la Spiritualité avoit jetté dans des extravagances dont elle a rempli plusieurs Livres.

une personne éclairée dont il lui répondoit. Le Roi ne vouloit point que l'on sût son secret; mais quand le Pere de la Chaize lui nomma Mr de Cambrai, il n'eut pas de peine à le lui confier, & dit au Pere de l'aller chercher. Dès que cet Archevêque sut dequoi il s'agissoit, il fut fort chagrin, & dit au Jesuite, *que vous ai-je fait, mon Pere? vous me perdez.* N'importe, ajoûta-t-il, *allons trouver le Roi.* Il les attendoit dans son cabinet. Le Prélat se jetta aux pieds de Sa Majesté en y entrant, & la pria de ne le point sacrifier. Le Roi le lui promit, & ensuite lui proposa le cas. Mr de Cambrai, avec sa droiture ordinaire, lui représenta le tort qu'il se feroit en déclarant le mariage, & les suites fâcheuses que pouvoit avoir cette Déclaration. Le Roi goûta la solidité de ses raisons, & resolut d'en demeurer-là. Madame de Maintenon eut beau le presser, il lui dit que cela ne se pouvoit. Elle lui demanda si c'étoit le Pere de la Chaize qui l'en avoit dissuadé. Le Roi refusa quelque-tems de lui dire ce qui en étoit; mais enfin, par une foiblesse qu'on ne peut que condamner, il lui dit la chose comme elle s'étoit passée. Madame de Maintenon dissimula son chagrin, & attendit l'ocasion de pouvoir se venger de l'Archevêque. On fut long-tems embarassé à chercher par quel endroit on pourroit l'attaquer. Il n'avoit jamais donné de prise sur lui; mais son Livre *des Maximes des Saints* en fournit un pretexte plausible. On ne fut pas fâché de pouvoir le taxer d'heresie, & le Quietisme vint à propos pour flétrir la doctrine de celui dont la personne étoit devenuë odieuse. Voilà du moins, ce qu'on en disoit dans le public, sans que je prétende donner cette circonstance, quelque vraisemblable qu'elle soit, pour autre chose que pour une conjecture.

Pendant ce tems de troubles & de persécutions, Mr de Cambrai conserva *Tranquillité*

1599.

de Mr de Cãbrai au milieu de ses persecutiõs.

dans son cœur la paix & la tranquilité; & comme s'il eût été insensible aux injures & aux cabales qu'on faisoit contre lui, il ne répondit qu'avec une moderation capable de désarmer toute la colere de ses Ennemis. Sa force ne parut que dans ses raisons & dans les victoires qu'il remporta sur lui-même. Aussi gagna-t-il les suffrages de toutes les personnes désinteressées, & malgré la condamnation de Rome, il fut justifié dans tous les cœurs. Chacun sait que les intrigues de ses Adversaires l'emporterent sur ses raisons. Cela ne l'empêcha point d'obéir aveuglément. Il n'eut pas plûtôt sû l'Arrêt prononcé contre lui, qu'il s'y soûmit sans aucune restriction. Il condamna lui-même son Livre, sans chercher ni pretexte ni excuse pour le défendre. Rare exemple d'humilité dans un Savant du premier ordre, & sur tout dans un docte Prélat!

Mr de Meaux fait faire de nouveau le procez à Mr de Cambrai.

Il n'y avoit personne jusques-là qui ne jugeât que Mr de Meaux devoit être content de la soumission de son Adversaire. En éfet si ce Prélat ne cherchoit que l'avantage de l'Eglise, il devoit être satisfait. Rome avoit parlé: tout cédoit, & son Adversaire donnoit le premier l'exemple de l'obéïssance. La Charité demandoit qu'on oubliât le passé; qu'on loüât hautement la conduite d'un Ennemi si sage, si l'on peut traiter d'Ennemi un homme qui ne cherchoit & qui ne vouloit que la verité. Cependant Mr de Meaux vint encore à la charge & attaqua un homme qui ne se défendoit plus. Il reveilla de nouveau cette affaire dans l'Assemblée du Clergé de France qui se tint à St Germain en Laye, & voulut qu'on travaillat à la revision du procez: qu'on en fît une ample Histoire pour justifier son zele à la posterité, & pour immortaliser sa gloire en humiliant son Adversaire, qu'il ne croyoit pas encore assez abatu. Ce fut en vain que l'Evêque de Rennes, apuyé de plusieurs de ses Confreres, lui representa en pleine Assemblée, qu'on ne devoit plus se souvenir de l'affaire de Mr de Cambrai, que pour admirer son obéïssance & sa soumission, Mr de Meaux ne laissa pas de poursuivre, & dans un des Bureaux à la tête desquels le Prélat se mit, on fit de nouveau le procez à Mr de Cambrai. Le jugement que les plus sensez porterent alors de cette conduite, fut que Mr de meaux, pour sa propre réputation, auroit bien fait de prendre, avec tout le monde, le parti d'admirer la sagesse d'un Prélat si soumis, & qui s'aquit plus de reputation par son malheur, que lui-même par sa victoire.

1699.

La doctrine de cet Archevêque étoit la même que celle de plusieurs Mistiques aprouvez.

Je laisse aux Theologiens à examiner si l'on eut tort de condamner la Doctrine de Mr de Cambrai, & si les vûës profanes qu'on peut avoir eües en cela n'empêchent pas que le jugement ne soit équitable. Une chose seulement sur laquelle ce Prélat put se plaindre avec raison, c'est que n'ayant rien avancé que sur la foi de tous les Mistiques * les aprouvez, on ne voulut pourtant pas les confondre avec lui, quoiqu'il eût été plus modéré qu'eux. C'étoit vouloir que sa Doctrine subsistât encore dans les Livres de ces Auteurs, quoiqu'elle fût condamnée dans le sien. Mais il faut le dire franchement: le malheur de Mr de Cambrai vint d'avoir tiré cette doctrine de l'obscurité mistérieuse où elle avoit été enfermée. Il l'avoit mise au grand jour: il avoit, pour ainsi dire, levé le voile qui la couvroit; & avec beaucoup de netteté & de précision il l'avoit montrée telle qu'elle étoit. Alors dévelopée du galimatias qui l'environnoit, elle avoit paru toute nouvelle, & voilà en quoi Mr de Cambrai avoit choqué les esprits. Il parloit trop nettement pour des gens

* *St François de Sales, Ste Therese, le B. Jean de la Croix, Balthasar Alvarez, &c.*

LOUIS XIV. Liv. XIII.

1699.

qui vouloient être trompez. Il diſſipoit ces nuages qu'on avoit ſi long-tems reſpectez. La trop grande lumiere les éblouit, & ils condamnerent en lui ce qu'ils avoient aprouvé dans les autres.

Formule d'abjuration qu'on força les nouveaux convertis de ſigner en quelques Provinces du Royaume.

Cette nouvelle Hereſie, comme l'apeloient les Ennemis de ce Prélat, ne fit pas oublier l'ancienne qu'on imputoit aux Nouveaux Réünis. Pour ôter toute équivoque de leur Converſion forcée, on voulut les obliger à ſigner un Ecrit, contenant le Formulaire de ce qu'ils devoient faire pour paroître du moins à l'exterieur ce qu'ils ne pouvoient être en éfet. Voici de quelle maniere il étoit conçu. *Je ſouſſigné, en conſequence de l'abjuration que j'ai faite, promets & m'engage de me rendre aſſidu pendant un mois auprès de M. N. pour être inſtruit des veritez de la Religion Catholique, Apoſtolique & Romaine, pour après ladite inſtruction, me conformer en tout au culte preſcrit dans ladite Religion, remplir tous les devoirs qu'elle ordonne, & faire generalement tout ce que doit faire un bon Catholique Romain. En foi dequoi j'ai ſigné volontairement & de mon bon gré le preſent Acte, ſous les peines d'encourir la rigueur des Edits & des Déclarations du Roi.* Ce fut particuliérement en Poitou que le Maréchal d'Etrées & l'Evêque de Poitiers obligerent les Nouveaux Réünis à ſigner cet Acte. Ceux qui ne le voulurent pas faire, furent mis en priſon: quelques-uns échaperent par la fuite, & pluſieurs intimidez par les menaces firent enfin ce qu'on exigeoit d'eux.

Statuë Equeſtre du Roi élevée à Paris.

Il y avoit long-tems qu'on préparoit un nouveau Monument à la gloire du Roi; & comme ſi ceux qu'on avoit déja élevez en divers endroits de la Ville de Paris n'euſſent pas ſuffi à immortaliſer ſon Regne, on voulut que toutes les Places fuſſent ornées de ces marques d'honneur. Il n'y avoit plus que la Place de Vendôme, ſituée au bout de la ruë St Honoré, qui manquât de ces ſortes d'embelliſſemens, l'on y plaça cette année la Statuë Equeſtre du Roi, & dès le mois de Juin on avoit poſé avec ceremonie la premiere pierre du Piedeſtal qui devoit la ſoûtenir. Le Prévôt des Marchands à la tête du Corps de Ville y aſſiſta, & prit lui-même une petite truelle d'argent avec laquelle il mit un peu de mortier pour cimenter cette pierre.

1699.

Avant la mort de Mr de Louvois on avoit commencé la conſtruction des murs de face qui devoient former cette grande Place, ſuivant le plan qu'on en avoit arrêté. Mais Sa Majeſté ayant trouvé que les murs, quoique convenables à ſa grandeur par leur élévation & par leur Architecture, étoient incommodes & impraticables pour l'habitation & pour l'uſage des particuliers qui auroient voulu y faire conſtruire des maiſons, avoit formé un nouveau deſſein; ce qui avoit empêché la perfection de cet Ouvrage. Sa Majeſté ayant enſuite conſideré l'avantage dont jouiſſoient les Mouſquetaires de la Compagnie de ſa Garde ordinaire, pour le logement qui leur a été donné dans un même Hôtel où ils ſont réünis au quartier de St Germain des Prez, & par ce moyen plus prêts aux ordres de leurs Commandans ſelon le beſoin de ſon ſervice: & d'ailleurs le ſoulagement que les Proprietaires des maiſons & les habitans de ce quartier en recevoient. Elle reſolut de procurer le même avantage aux Mouſquetaires de la ſeconde Compagnie de ſa Garde & le même ſoulagement aux Proprietaires & Habitans des maiſons du Fauxbourg St Antoine, où leurs logemens ſont diſtribuez, en faiſant conſtruire un pareil Hôtel dans ce Fouxbourg, avec les écuries, logemens & lieux qui conviennent.

Deſcription de la Place dite anciennement de Vendôme.

Ainſi le Roi abandonna à Mrs le Prévôt des Marchands & Echevins de Paris l'emplacement reſtant, tant de

Hôtel des Mouſquetair.

E iij

1699.

noirs bâtis des anciens matériaux de cette Place.

l'Hôtel de Vendôme que de l'ancien Convent des Capucins, Places & terres qui en dépendoient, avec les Edifices qui avoient été commencez sur ces emplacemens, pour former la Place en l'état qu'elle est aujourd'hui, & les matériaux qui étoient alors dessus & aux environs, destinez à cet éfet : à condition par eux d'aquerir l'emplacement necessaire pour la construction de l'Hôtel qui sert à present de logement aux Mousquetaires de la seconde * Compagnie, au lieu qu'on trouveroit le plus propre dans le Faubourg St Antoine. Le Prévôt des Marchands & les Echevins accepterent la condition avec de très-humbles remercimens à Sa Majesté du don qu'il lui avoit plû de leur faire, & suivant le pouvoir qui leur fut donné de disposer de toutes les Places & de tous les bâtimens, tant en fond qu'en superficie, qui restoient de l'emplacement de l'Hôtel de Vendôme & de l'ancien Convent des Capucins, apartenances & dépendances, ils abandonnerent à un Bourgeois † de Paris, toutes les sommes, à quoi qu'elles pussent monter, qui proviendroient des ventes & adjudications de ces Places à bâtir & de ces matériaux, moyennant la somme de six cens vingt-mille livres qu'il s'obligea de payer en divers termes. Les autres conditions auxquelles il soûmit, étoient de faire démolir, tant en fond qu'en superficie, tous les bâtimens qui avoient été commencez sur les emplacemens qu'on lui avoit abandonnez, & qui formoient l'ancienne Place ; & d'y faire construire à ses frais ou aux frais des Aquereurs les édifices necessaires pour former la façade de la nouvelle Place, avec les ruës d'entrée & d'issuë suivant le Plan, figure & élevation qu'on en avoit dressez par les ordres de Sa Majesté.

* *Appelez Mousquetaires noirs, parce qu'ils montent des Chevaux noirs, comme les autres sont apelez gris, par la même raison.*
† *Nommé Masneuf.*

Ce fut dans cette Place, qui est un quarré-long, qu'on érigea cette année la Statuë Equestre du Roi en bronze, dont le poids est d'environ cent milliers ; & le 13. d'Août on fit la ceremonie de la découvrir, de la maniere suivante. Le Prévôt des Marchands & les Echevins tous à cheval, & en robes de ceremonie, acompagnez des Conseillers & autres Officiers de la Ville, partirent à midi de leur Hôtel, precedez des timbales, trompettes & hautbois, & des Archers de la Ville. Ils se rendirent chez le Duc de Gesvres, Gouverneur, qui étant monté sur un très-beau cheval richement caparaçonné, se mit à côté droit du Prévôt des Marchands, precedé de ses Gardes, & suivi des ses gens de livrée. Ils allerent en cet ordre à la Place, apelée desormais *la Place de Louis le Grand*; & ayant fait deux tours devant la Statuë en la saluant, ils s'en retournerent par un autre chemin. Il y eut ensuite un magnifique repas à l'Hôtel de Ville : la table étoit de soixante & dix couverts.

1699.

Ceremonie faite à Paris lors qu'on découvrit la Statuë Equestre du Roi.

Le soir sur les neuf heures on tira un feu d'artifice qui avoit été dressé sur la Riviere, & le Canon de la Ville fit plusieurs décharges. Comme la description du dessein de ce feu est trop longue pour avoir place ici, & que d'ailleurs elle a déja été imprimée, je me contenterai d'en marquer quelques endroits. Ce dessein avoit pour titre : *La Statuë Equestre de Louis le Grand, placée dans le Temple de la Gloire*. Ce Temple étoit élevé au milieu des eaux, & sur un rocher qui paroissoit innaccessible. Quatre demi-Dieux en ocupoient les quatre faces. Persée délivrant Andromede : Hercule victorieux de l'Hidre : Thésée Vainqueur du Minotaure, & Jason faisant la conquête de la Toison d'or. Chaque façade du Temple representoit un portail en forme d'Arc de Triomphe, & la Statuë Equestre du Roi s'élevoit au milieu. Le Corps de l'Edifice, les

Feu d'artifice tiré à ce sujet.

1699. Colonnes & l'Entablement étoient de marbre de differentes couleurs, les Chapitaux, les bazes & Ornemens de Bronze doré, & les entre-Colonnes & les quatre retours étoient ornez de médailles & de bas-reliefs contenant le Parallele du Roi avec les Princes qui ont merité le nom de *Grand* ou d'*Auguste* dans l'Histoire. Ces Princes étoient *Alexandre*, *Céfar*, *Cirus*, *Theodofe*, *Augufte*, *Conftantin*, *Fabius*, *Pompée*, *Clovis*, *Charlemagne*, *Philippe-Augufte*, *Henri IV*.

Paralle. lequ'on y fit du Roi & des anciens Héros.

Je ne m'engagerai point ici dans le détail de ces comparaifons. Le Lecteur jugera aifément qu'elles furent toutes à l'avantage de *Louis*, & que la Nation Françoife qui en tout genre, ne fait jamais les chofes à demi, pouffa en cette ocafion le parallele auffi loin qu'il pouvoit aller. Le but qu'on s'étoit propofé dans cette Pompe, étoit de faire du Roi la Divinité de ce Temple imaginaire de la Gloire; on avoit raffemblé ce qu'on avoit pû trouver de plus diftingué & de plus fameux parmi les Héros de la Fable & de l'Hiftoire: on les avoit tous mis l'un après l'autre vis à vis de *Louis le Grand*, & après leur avoir fait fubir à tous l'examen & le parallele, la conclufion fut ce qu'elle eft toûjours en ces ocafions, favoir que Louis étoit bien plus grand qu'eux. Qu'auroient dit ces Héros s'ils fe fuffent trouvez dans ce conflit autrement qu'en peinture? Leur confolation auroit été, qu'un Temple de Gloire, bâti fur une Riviere en feu d'artifice, eft quelque chofe de bien peu folide, puis qu'une partie de la matiere tombe dans l'eau & s'enfuit avec fon cours, & que l'autre s'envole en l'air & fe diffipe en fumée. S'il y a un fond fur lequel le Temple de la Gloire puiffe fubfifter, c'eft dans les efprits éclairez, & qui ne font prévenus d'aucune paffion. Fond rare, fond fans prix, qui fe trouve pourtant, & où l'on ne juge point des chofes par les flateries outrées de quelques lâches Courtifans, par les louanges fades d'une populace aveugle. Que dira encore un coup la Pofterité, quand elle comparera les échafaux dreffez en ces ocafions pompeufes avec les Barricades, ces Spectacles & ces Jeux avec les dernieres Guerres civiles, ces cris de joye avec ces infames Pafquinades qui fe confervent dans les Bibliotheques? Elle y aprendra que fi cette Nation eft plus idolâtre de fon Prince que les autres, comme quelques-uns le pretendent, c'eft quand elle n'a plus d'autre parti à prendre que celui de l'Idolatrie, & qu'elle garde auffi peu de mefures dans la Rebellion, que dans les aplaudiffemens & dans les éloges.

Ce qui refulte de tout cela, c'eft que ces Temples & ces Statuës font des Emblemes tout à fait équivoques de la véritable Gloire. Car il faudroit premierement que l'on décidât ce qui peut rendre un Prince folidement glorieux; & comme c'eft un point qui reftera long tems en queftion, ces fortes d'honneurs peuvent auffi-bien être les preuves d'une grande Tirannie que d'un bon & aimable Gouvernement. Comme il y auroit du fafte à rejetter les honneurs moderez, un Prince commet fa réputation & s'expofe à être acufé d'orgueil & de foibleffe quand il lâche la bride au Peuple, & qu'il l'abandonne au penchant qu'il n'a déja que trop pour élever fes Maîtres, & pour les divinifer s'il le pouvoit. Il femble, à la verité, que le Roi ait voulu entrer dans ces fentimens. La Relation publique de cette Fête nous affure que Sa Majefté s'en défendit long-tems, & qu'elle n'en permit la Celebration qu'aux follicitations preffantes de ceux qui en avoient fait les fraix. Elle n'y affifta point, & priva les Princes fes enfans du plaifir qu'ils auroient pris d'en être les témoins. Quoi que ce fût un fpectacle tout propre à les exciter à la gloire, Sa

Ce que l'ô doit penfer de ces fortes d'honneurs rendus aux Princes.

1699. Majesté crut qu'un exemple de modestie leur seroit plus utile, & qu'il valoit mieux qu'ils étudiassent dans l'Original le mépris des honneurs qu'on rendoit à la Figure. Ce fut aussi aparemment par ordre du Roi que le Parlement n'interrompit point ses séances, & que le Peuple ne ferma point ses boutiques. Ce Monarque laissoit entrevoir par-là qu'il n'étoit plus sensible à l'odeur de ces parfums, & que s'il les laissoit fumer, ce n'étoit que pour laisser à ses sujets le plaisir d'en être embaumez.

La Cour fit le voyage de Fontainebleau au commencement de Septembre, & lors qu'elle fut de retour à Versailles, le Roi jugea Mr le Duc de Bourgogne assez vigoureux de corps & d'esprit pour être laissé sur sa bonne foi. Sa Majesté lui permit de consommer son Mariage & regla en même-tems sa maison. Cependant pour ménager les forces précieuses de ces jeunes Epoux, & ne pas les livrer trop tôt à leur bouillante ardeur, ils furent separez dès le lendemain.

Etat de la France en cette conjôcture.

Quoique la Cour & la Ville fussent en joye à l'ocasion de la Fête que nous venons de raporter : la misere ne laissoit pas d'être grande à Paris & dans les Provinces. La cherté des vivres & la rareté de l'argent en étoient la cause, & tout le Royaume en souffroit considerablement. Mais comme les François oublient aisément leurs peines, il ne faut pas s'étonner que ceux qui étoient à portée de prendre part à ces divertissemens, ayent fait éclater autant de joye que s'ils eussent été dans l'abondance. Cela n'empêcha point que le reste du Peuple ne fût dans une grande consternation. On eut même assez de peine à empêcher des soûlévemens en quelques endroits. Les Pauvres s'atroupoient pour piller les boutiques des Boulangers, & il seroit arrivé du désordre à Paris, s'il n'eût été prevenu par les soins & la vigilence du Lieutenant de police. †

La nouvelle Duchesse de Lorraine n'avoit pas été long-tems dans les Etats du Duc son Epoux. A peine en eut-elle pris possession que leurs A. R. revinrent en France, & furent reçus à Paris ** quoiqu'*incognitò*, avec des grands témoignages de joye. Le Duc fit ce voyage, pour rendre au Roi les Foi & Hommage qu'on exigea de lui pour les Terres du Duché de Bar & les autres qui lui apartiennent en proprieté dans l'étenduë du chemin qui conduit depuis Mets jusqu'en Alsace. Son A. R. se rendit pour cet éfet à Versailles le 25. Novembre dans les carosses de Monsieur. Comme Sa Majesté avoit trouvé bon, pour éviter les embarras du Ceremoniel, que ce Prince conservât jusqu'à l'entrée de sa chambre l'*incognitò* dans lequel il avoit toûjours été depuis son arrivée à Paris, il alla d'abord descendre dans l'apartement que Mr le Comte d'Armagnac, Grand Ecuyer de France, Prince de sa Maison, ocupoit dans le Château de Vesailles, où il atendit que Monsieur, qui étoit allé trouver le Roi, l'eût fait avertir de se rendre auprès de Sa Majesté. Peu de tems après Mr d'Effiat, premier Ecuyer de Monsieur vint l'apeler : & aussi-tôt Son Altesse Royale suivie des principaux Seigneurs de sa Cour se rendit à l'apartement du Roi. Dès qu'il parut près de sa chambre, les Huissiers ouvrirent les deux battans des portes, & Son Altesse Royale ayant passé la chambre de Sa Majesté, se rendit dans le salon voisin, où le Roi étoit assis sur sa chaise, & couvert, ayant à ses côtez Mrs les Ducs de Bourgogne, d'Anjou & de Berri, Monsieur, Mr le Duc de Chartres, Mrs les Princes de Condé & de Conti,

Foi & Hommage rendus au Roi pour le Duché de Bar par le Duc de Lorraine.

† *Mr d'Argenson, qui avoit succedé dans cette charge à Mr de la Renie en 1697.*
* *Le 20. Novembre.*

les

LOUIS XIV. Liv. XIII.

1699. les Ducs de Bourbon & du Maine, & le Comte de Toulouse découverts. Son Altesse Royale s'étant aprochée du Roi remit son chapeau, ses gands & son épée entre les mains de Mr le Duc de Gêvres, premier Gentilhomme de la chambre du Roi, en l'absence de Mr le Duc de Bouillon, Grand Chambellan de France; & s'étant mis à genoux sur un carreau placé devant les pieds du Roi, Mr le Chancelier, qui étoit derrière la chaise de Sa Majesté, & avoit à ses côtez Mrs de Torci & de Pont-chartrain, tous deux Secretaires d'Etat, lut l'Acte de Foi & Hommage contenant en substance, *Que Monsieur le Duc de Lorraine juroit & promettoit au Roi le service & l'obéïssance, qu'il étoit tenu de lui rendre à cause du Duché de Bar, &c. Comme aussi de le servir envers & contre tous, sans nul excepter, en toutes les guerres que lui Roi & ses Successeurs pourroient avoir contre les Ennemis de sa Couronne, & ne permettroit jamais qu'il fût fait dans ses Terres aucune chose au préjudice de Sa Majesté, & de son Etat.* Le Duc ayant confirmé ce serment par ces paroles qu'il adressa au Roi: *Oüi, Sire, je promets de le garder*; Sa Majesté lui dit, *levez-vous Mr le Duc de Lorraine*; & Sa Majesté s'étant levée en même-tems, elle se découvrit & lui fit une reverence, après laquelle elle se couvrit, & fit couvrir le Duc. Aussi-tôt les Princes Enfans de France, Monsieur, Mr le Duc de Chartres & les autres Princes du sang se couvrirent aussi. Mrs de Vendôme & les autres Princes ne s'y trouverent pas. Après cette Ceremonie, d'autant plus mortifiante pour un Prince Souverain, qu'il avoit stipulé le contraire au tems de son Mariage, le Roi le conduisit dans son cabinet, où ils furent seuls assez longtems. Ensuite de quoi Son Altesse Royale revint à l'apartement de Mr le Grand, où Monsieur vint peu après le reprendre, & le ramena dans ses carosses au Palais Royal. On dit que Madame la Duchesse de Bourgogne vit de derrière un rideau cette Ceremonie.

Tout le monde sait, que la principale raison, qui avoit porté le Roi à conclure promtement la paix, étoit la mort prochaine du Roi d'Espagne. Il étoit de l'interet de Sa Majesté de désunir tant de Puissances Alliées, dont la concurrence, par l'union de leurs armes, auroit été fatale à ses desseins, si Sa Majesté Catholique fût décedée dans le tems de la Negociation. Au lieu de terminer, on auroit ouvert de nouveau le theatre d'une guerre plus sanglante; & les Princes Alliez auroient sans doute redoublé leurs éforts, & contesté les armes à la main la Succession de la Monarchie d'Espagne à la Couronne de France. Le Roi tira de très-grands avantages des intrigues, dont ses Plénipotentiaires se servirent, pour abreger cette Négociation; car la paix étant faite, tous les Princes Alliez désarmérent, & il n'y eut que Sa Majesté qui conserva seule ses Armées sur pied, dans la resolution de les faire agir au premier avis qu'elle auroit de la mort du Roi d'Espagne. Mais comme il faloit donner le change à tant de Princes, & leur faire acroire que le Roi, dans l'âge avancé où il se trouvoit, ne songeoit plus qu'à conserver la paix, on inventa à la Cour une nouvelle Négociation, qui produisit tout l'éfet qu'on en esperoit: je veux dire le *Traité de partage*. Mais avant que d'en parler, il faut raporter l'événement arrivé à la Cour de Madrid, peu de tems après la conclusion de la paix de Risuvick, dont le Roi de France fut si chagrin, qu'il résolut de s'en venger.

On avoit fait dès le mois d'Octobre 1698. un Traité provisionnel du partage de la Monarchie d'Espagne, conclu à la Haye entre la France, l'Angleterre, & les Etats Generaux, qui avoit été fort

Nouveau moyen dont Sa Majesté se sert pour cacher ses vûës sur la Monarchie d'Espagne.

Ce que fit cette Cour pour en prevenir l'éfet.

1699. secret. Mais le Roi d'Angleterre venant à faire une serieuse réflexion sur l'état present de l'Europe, & considerant que malgré ce Traité le Roi de France ne laisseroit pas de prendre les armes à la mort du Roi Catholique, pour faire valoir ses prétentions sur ses Etats, crut qu'on ne jouiroit jamais d'une paix solide, si le Roi d'Espagne ne nommoit un héritier pendant sa vie, à l'exclusion d'un des enfans de France. Pour cet éfet, Sa Majesté Britannique mit tout en usage à la Cour de Madrid, afin de porter Charles II. à nommer pour son Successeur le Prince Electoral de Baviere, qui étoit petit-fils de sa Sœur, laquelle avoit été mariée à l'Empereur. Le Roi d'Espagne fit donc son Testament, & désigna ce jeune Prince pour son héritier. Quoique la Négociation de ce Testament se fût passée avec beaucoup de secret, le Roi de France ou ses Ministres trouverent neanmoins le moyen d'en avoir une copie, le jour même que le Roi d'Espagne le signa. Le Roi Très-Chrétien fit alors éclater son ressentiment, & en donna des marques authentiques; il ordonna au Marquis d'Harcourt, * son Ambassadeur à la Cour de Madrid, de presenter un Memoire à Sa Majesté Catholique, où il fit des plaintes, & promit de se venger d'un attentat qui tendoit à l'exclure pour toûjours des legitimes droits que ses Enfans avoient à la Succession d'Espagne. Voici la copie de ce Mémoire.

Mémoire donné par l'Ambassadeur de France

SIRE,

„ Le Roi, mon Maître, m'a ordonné de remontrer à V. M. qu'après „ les assurances positives que je lui ai „ données de la part de V. M. qu'elle „ ne feroit jamais aucune nouveauté

* *François d'Harcourt de Beuvron.*

„ contraire à la paix, ni à son exacte „ observation, il seroit fort mal aisé „ que S. M. pût ajoûter foi à la nou-„ velle qui court d'un Testament fait „ par V. M. en faveur du Prince Elec-„ toral de Baviere, si elle n'étoit con-„ firmée d'une maniere à n'en pas dou-„ ter. Dans ce cas, Sire, auquel le Roi, „ mon Maître, ne pouvoit pas s'aten-„ dre, par l'entiere confiance qu'il „ prenoit à la parole Royale de V. M. „ il croiroit manquer à cette amitié de „ laquelle V. M. a reçû tant de mar-„ ques de sa part dans la conclusion de „ la paix; à ce qu'il doit à la conserva-„ tion du repos de l'Europe, & enfin „ au maintien du droit que les Loix & „ Coûtumes inviolables de la Monar-„ chie établissent en faveur de Mon-„ seigneur le Dauphin son Fils unique, „ si Sa Majesté ne déclaroit à present, „ comme elle m'ordonne de le faire à „ à Vôtre Majesté, qu'elle prendra les „ mesures necessaires pour empêcher en „ même-tems le renouvellement de la „ guerre, & l'injustice qu'on prétend „ lui faire. Je dois ajoûter à cela, Sire, „ que la plus forte passion du Roi, „ mon Maître, est de voir V. M. jouir lon-„ gues années des Etats qu'elles a reçûs „ de Dieu par sa naissance. V. M. sait „ que je n'ai fait aucunes instances de „ sa part touchant la Succession, & en-„ fin V. M. peut considerer si les égards „ désinteressez du Roi mon Maître, „ & le desir qu'il a témoigné d'entre-„ tenir une parfaite intelligence avec „ V. M. meritoit qu'on prit une sem-„ blable résolution, & ce que l'Europe „ entiere pourra reprocher à Vôtre Ma-„ jesté, si malheureusement les soins „ du Roi, mon Maître, ne peuvent „ empêcher que la tranquillité generale „ ne soit troublée par cet accident im-„ prévu.

Sa Majesté Catholique aprehendant que le ressentiment du Roi Très-Chrétien ne le portât à renouveller la guerre,

au Roi d'Espagne sur le Testament de S. M. C. en faveur du P. E. de Baviere.

Réponse du R. d'Espagne à

1699. fit faire une réponse au Mémoire du Marquis d'Harcourt, qui lui fut presentée par D. Leonard d'Elzenis; elle étoit conçuë en ces termes.

Mémoire.

MONSIEUR,

„ Sa Majesté ayant vû & consideré
„ le Mémoire remis entre ses mains par
„ V. E. le 19. Janvier dernier, m'a
„ ordonné de dire à Vôtre Excellence,
„ qu'étant persuadée d'une maniere
„ très-certaine, qu'elle n'a jusques ici
„ manqué en rien à l'entiere & ponc-
„ tuelle observation de la paix, ainsi
„ qu'on l'a insinué à V. E. en d'autres
„ ocasions, elle perseverera toûjours
„ dans les mêmes sentimens, & se pro-
„ posera pour but en toutes choses la
„ tranquilité de l'Europe, avec un zéle
„ égal à celui du Roi Très-Chrétien.
„ Que cependant les offices de V. E.
„ ont dû lui causer quelque surprise,
„ sur tout s'étant passez dans un tems
„ auquel par la bonté Divine (qui lui a
„ rendu sa santé) elle se trouve en état
„ de n'être obligée par aucun des motifs
„ qu'on pense, de prendre des resolu-
„ tions prématurées, mais plûtôt d'es-
„ perer qu'elle pourra correspondre
„ long-tems à l'amitié & à l'estime que
„ Sa Majesté Très Chrétienne lui té-
„ moigne, concourir avec elle au main-
„ tien du repos public, & laisser enfin
„ cette union, & cette correspondance
„ pour maxime à la Postérité. C'est ce
„ que S. M. se propose d'obtenir de
„ Dieu par les vœux & les prieres de ses
„ fideles Sujets. Dieu garde V. E. &
„ lui donne plusieurs longues & heu-
„ reuses années. A Madrid le 3. Fevrier
„ 1699. Monsieur, je baise les mains
„ à Vôtre Excellence & suis son plus
„ humble serviteur.

D. ANTOINE DE UBELLA Y MEDINA.

Cette réponse ambiguë ne fut point du goût du Marquis d'Harcourt: cet Ambassadeur répondit que le Roi, son Maître, n'en seroit nullement content, & expedia aussi-tôt un Courier pour la porter à Sa Majesté. Mais la mort inopinée du Prince Electoral de Baviere mit fin à ce démêlé. Le Roi se voyant délivré d'inquiétude de ce côté-là, prit alors des mesures pour se venger. Et pour donner le change aux Princes qui s'interessoient à la Succession d'Espagne, il leur fit acroire que dans l'âge avancé où il étoit, il ne pensoit plus qu'à conserver la paix. Il se servit pour les éblouir d'un nouveau Traité de Partage, afin d'empêcher que de pareils cas n'arrivassent dans la suite; mais principalement dans la vûë de se rendre maître lui seul d'une succession qui faisoit tant de jaloux.

1699. Mécontentement de Louis XIV. à ce sujet.

Le Comte de Tallard fit le premier projet de ce fameux Traité, & l'ayant communiqué aux Marquis de Torci & de Pompone, ces Ministres le presenterent au Roi. On tint à Versailles diverses Conferences secretes, sur une affaire si serieuse & si importante, qui devoit mettre ce Prince en possession de toute la Monarchie d'Espagne. On avoit tant fait la guerre, pour soûtenir les droits que la Couronne de France prétendoit avoir à cette succession, qu'on crut que le Comte de Tallard avoit été inspiré divinement, pour imaginer un Traité, qui alloit faire donner dans le panneau tous les Princes de l'Europe sans éfusion de sang. Depuis ce tems-là ce Comte entra dans la faveur, & fut regardé comme un homme d'un genie extraordinaire. Ce Traité ayant été aprouvé par le Roi & par ses Ministres, on en fit l'ouverture au Comte de Jersei, qui avoit succedé à Milord Portland, Ambassadeur d'Angleterre à la Cour de France, peu après la paix de Risuvick. Le Roi témoigna au Ministre Anglois dans une Audience

1700. Le Comte de Tallard forme le projet d'un Traité de Partage de la Monarchie d'Espagne.

1700. secrette: „que comme la paix venoit „de le reconcilier avec le Roi son Maî- „tre, il n'avoit rien plus à cœur que „la recherche des moyens, qui pou- „voient contribuer à rendre cette paix „durable: qu'il ne doutoit point que „le Roi d'Angleterre ne fût dans les „mêmes sentimens: que cependant si „le Roi d'Espagne venoit à mourir, les „droits que le Dauphin avoit sur la „Succession de ce Monarque, l'engage- „roient indispensablement à reprendre „les armes: qu'il lui déclaroit en con- „fiance que si le Roi d'Angleterre vou- „loit donner les mains à un nouveau „traité dont on lui communiqueroit „le projet, on asureroit la paix pour „toûjours.

Le Roi d'Angleterre y dône les mains à bonne intention. Mémoires MSS.

Après cette ouverture, le Comte de Jersei eut plusieurs Conferences avec les Marquis de Pompone & de Torci; & en ayant informé le Roi son Maître, ce Prince donna les mains au Traité, & l'agréa ensuite des Négociations du Comte de Tallard auprès de sa personne, & de celles du Comte de Briord auprès des Etats Generaux. Ce ne fut pas sans peine que ces deux Puissances consentirent à un Traité de cette natu- re; sur tout les Etats Generaux y firent paroître beaucoup d'éloignement. Le Traité demeura plus de six mois sur le bureau, sans qu'on pût se resoudre à le signer; & ce ne fut qu'aux pressantes instances du Roi Guillaume, qu'on y donna enfin les mains, pour déferer à ce que ce Prince desiroit. On lui en re- montra plus d'une fois les inconve- niens; mais S. M. B. qui craignoit, que les Provinces-Unies ne devinssent après sa mort la proye des François, crut se garantir par la de leur ruine. Elle vou- lut, comme par un pressentiment de l'avenir, embrasser tous les moyens de prevenir une nouvellle guerre; & n'eut en cela d'autre intention que de mettre la France dans son tort, en signant un Traité que cette Couronne proposoit,

comme l'unique voye de terminer les 1700. differens que la mort du Roi Catholi- que pourroit causer. C'est du moins le témoignage qu'en a rendu une per- sonne digne de foi, que son rang & sa capacité avoient fait employer dans cette Négociation.

Cependant la conduite de la Cour de France pensa faire échouer ce Traité; car dans le tems qu'on étoit sur le point de le signer, le Roi d'Angleterre reçut une lettre de son Envoyé à Madrid, qui lui donnoit avis que le Marquis d'Har- court, Ambassadeur de France, met- toit tout en usage auprès des Ministres d'Espagne, pour les porter à conseiller au Roi, de faire un Testament en fa- veur du Duc d'Anjou, second fils du Dauphin. Le Roi d'Angleterre commu- niqua cette Lettre au Comte de Tallard, & lui dit que si l'on ne traitoit de bon- ne foi de part & d'autre, il romproit toute Négociation. Mais le Comte de Tallard ayant desabusé ce Monarque des mauvaises impressions que la lettre de son Ministre lui avoit fait concevoir des intrigues de la Cour de France (qui n'étoient pourtant que trop vrayes, comme la suite l'a fait voir,) le Traité de Partage fut signé à Londres le 13. Mars, par les Comtes de Tallard & de Portland, au nom des Rois de France, & d'Angleterre; & quelques jours après à la Haye, par le Comte de Briord, Ministre de France, & par Messieurs Jean van Essen, Frid. Baron de Rhede, Heinsius, d'Odick, de Dickvelt, van Haren, Lemkes, & de Heeke, de la part des Etats Generaux. Voici quelques Articles de ce Traité, par lequel il fut convenu & acordé. „Que le cas arri- „vant, de la mort du Roi Catholique „sans enfans, le Roi Très-Chrétien, „tant en son propre nom qu'en celui „de Monseigneur le Dauphin, ses en- „fans mâles ou femelles, Héritiers & „Successeurs, nez & à naître, comme „aussi mondit Seigneur le Dauphin,

Intri- gue de la Fran- ce qui pensa faire é- chouer ce Trai- té.

,, pour foi-même, ses enfans, mâles ou femelles, Héritiers ou Successeurs, nez ou à naître, se tiendront satisfaits par le present : Que Monseigneur le Dauphin ait pour son partage en toute proprieté, possession, pleniere extinction de toutes ses prétentions sur la Succession d'Espagne, pour en joüir lui, ses Héritiers Successeurs, descendans mâles ou femelles, nez & à naître, à perpetuité, sans pouvoir jamais être troublé, sous quelque pretexte que ce soit, de droit ou de prétention, directement ou indirectement ; même par Cession, Apel, Revolte ou autre voye que ce puisse être, de la part de l'Empereur, du Roi des Romains, du Sereniſſime Archiduc Charles, son second Fils, des Archiduchesses, & des autres enfans, mâles ou femelles, Descendans, ses Héritiers & Successeurs nez & à naître : les Royaumes de Naples & de Sicile, en la maniere que les Espagnols les possedent presentement ; toutes les Places dépendantes de la Monarchie d'Espagne, situées sur la côte de Toscane, & Iles adjacentes, comprises sous le nom de Sancto Stephano, Porto Hercole, Orbitello, Talamone, Porto-Longone, Piombino, en la maniere aussi que les Espagnols les tiennent presentement ; la Ville & le Marquisat de Final, de la maniere pareillement que les Espagnols les tiennent ; la Province de Guipuscoa, nommément la Ville de Fontarabie & de saint Sebastien, situées dans cette Province ; & specialement le Port du Passage, avec ce qui y est compris ; avec cette restriction seulement, que s'il y a quelques lieux dépendans de ladite Province, qui se trouvent situez au delà des Pirenées, & autres montagnes de Navarre, d'Alava ou de Biscaïe du côté d'Espagne, ils resteront à l'Espagne ; & s'il y a quelques lieux pareillement dépendans des Provinces soumises à l'Espagne, qui soient en deçà des Pirenées ou autres montagnes de Navarré, d'Alava ou de Biscaye, dans la Province de Guipuscoa, ils resteront à la France ; & les trajets desdites montagnes, & lesdites montagnes qui se trouveront entre lesdites Provinces de Guipuscoa, Navarre, Alava, & de Biscaye, à qui elles apartiennent, seront partagées entre la France & l'Espagne ; en sorte qu'il restera autant desdites montagnes, & trajets à la France de son côté, qu'il en restera à l'Espagne du sien. Le tout avec ses fortifications, munitions de guerre & de bouche, poudre, boulets, canons, galeres, & chiourmes qui se trouveront apartenir au Roi d'Espagne, lors de son decez sans enfans, & être attachez aux Royaumes, Places, Iles & Provinces qui doivent composer le partage de Monseigneur le Dauphin ; bien entendu que les Galeres, Chiourmes & autres éfets apartenans au Roi d'Espagne par le Royaume d'Espagne, & autres Etats qui tombent dans le Partage du Sereniſſime Archiduc, lui resteront ; Celles qui apartiennent aux Royaumes de Naples & de Sicile, devant revenir à Monseigneur le Dauphin, ainsi qu'il est dit ci-dessus. De plus les Etats de Monseigneur le Duc de Lorraine, à savoir les Duchez de Lorraine & de Bar, ainsi que le Duc Charles IV. de ce nom les possedoit & tels qu'ils ont été rendus par le Traité de Risuvick, seront cedez & transportez à Monseigneur le Dauphin, ses enfans & héritiers & successeurs mâles, nez & à naître, en toute proprieté & possession pleniere, en la place du Duché de Milan qui sera cedé & transporté en échange au dit Duc de Lorraine, ses enfans mâles & femelles, héritiers, descendans, successeurs nez & à naître, en toute proprieté & ple-

F iij

,, niere possession, lequel ne refusera pas ,, un parti si avantageux. Bien entendu ,, que le Comté de Birche apartiendra à ,, Mr le Prince de Vaudemont, qui ,, rentrera dans la possession des Terres, ,, dont il a joüi ci-devant, qui ont été, ,, ou dû être renduës en execution du ,, Traité de Risuvick. Moïennant les-,, quels Royaumes, Iles, Provinces ,, & Places ledit Roi Très-Chrétien, ,, tant en son propre nom qu'en celui ,, de Monseigneur le Dauphin, ses en-,, fans mâles ou femelles, héritiers & ,, Successeurs nez & à naître, lequel a ,, aussi donné son plein pouvoir pour ,, cet éfet au Sieur Comte de Tallard, ,, & au Sieur Comte de Briord, pro-,, mettent & s'engagent de renoncer, ,, lors de l'ouverture de ladite succes-,, sion d'Espagne, comme en ce cas ils ,, renoncent dès à present par celle-ci à ,, tous les droits & prétentions sur ladite ,, couronne d'Espagne, & sur tous les ,, autres Royaumes, Iles, Etats & Pla-,, ces qui en dépendent presentement, ,, à l'exception seulement de ce qui est ,, énoncé ci-dessus pour son partage. Et ,, de tout cela ils feront expedier des ,, Actes solemnels, dans la plus forte & ,, la meilleure forme qu'il se pourra, ,, qui seront délivrez au tems de l'é-,, cheance de la Ratification de ce grand ,, Traité, au Roi de la Grande Bretagne ,, & aux Seigneurs Etats Generaux.

,, Que toutes les Villes, Places & ,, Ports situez dans les Royaumes, & ,, Provinces qui doivent composer le ,, partage dudit Seigneur Dauphin, se-,, ront conservez, sans pouvoir être ,, démolis.

,, Que ladite Couronne d'Espagne & ,, les autres Royaumes, Iles, Etats, ,, Païs & Places que le Roi Catolique ,, possede presentement tant dedans que ,, dehors l'Europe, seront donnez & ,, assignez au Serenissime Archiduc ,, Charles, second Fils de l'Empereur ,, (à l'exception de ce qui a été dit ,, dans l'Article IV. qui compose le

,, partage de Monseigneur le Dauphin, ,, & du Duché de Milan en conformité ,, dudit IV.) en toute proprieté & ,, possession pleniere, en partage & ex-,, tinction de toutes ses prétentions sur ,, ladite succession d'Espagne, pour en ,, joüir lui & ses héritiers, successeurs, ,, nez & à naître à perpetuité, sans ,, pouvoir jamais être troublé sous quel-,, pretexte que ce soit de droits & pré-,, tentions, directement ou indirecte-,, ment; même par Cession, Apel, ,, Révolte ou autre voye, de la part du ,, Roi Très-Chrétien, de mondit Seig-,, neur le Dauphin, ou de ses Enfans ,, mâles où femelles, ses héritiers, suc-,, cesseurs, nez ou à naître. Moyennant ,, laquelle Couronne d'Espagne, & au-,, tres Royaumes, Iles & Etats, Païs & ,, Places qui en dépendent, l'Empereur ,, tant en son propre nom, qu'en celui ,, du Roi des Romains, du Serenissime ,, Archiduc Charles, son second Fils, ,, des Archiduchesses ses filles, ses en-,, fans, leurs enfans, mâles ou femel-,, les, leurs héritiers, descendans ou ,, successeurs nez ou à naître, comme ,, aussi le Roi des Romains pour lui, ,, & le Serenissime Archiduc Charles ,, dès qu'il sera Majeur pour lui-même, ,, leurs enfans, héritiers & successeurs, ,, mâles ou femelles nez & à naître, se ,, tiendront satisfaits que le Serenissi-,, me Archiduc Charles ait en extinc-,, tion de toutes leurs prétentions, sur ,, la Succession d'Espagne, ladite Ces-,, sion faite ci-dessus. Ledit Empereur ,, tant en son propre nom qu'en celui ,, du Roi des Romains, & du Serenissi-,, Archiduc Charles, son second Fils, ,, des Archiduchesses ses filles, ses en-,, fans, mâles ou femelles, & ses hé-,, ritiers & successeurs; comme aussi le ,, Roi des Romains en son propre nom, ,, renonceront lors qu'ils entreront en ,, ce present Traité & qu'ils le ratifie-,, ront, & l'Archiduc Charles dès qu'il ,, sera Majeur, à tous autres droits & ,, prétensions sur les Royaumes, Iles,

LOUIS XIV. Liv. XIII. 47

1700. Etats, Païs & Places qui composent le partage & les portions assignées ci-dessus à Monseigneur le Dauphin, & à celui qui aura le Duché de Milan par échange de ce qui sera donné à mondit Seigneur le Dauphin, &c.

Quel effet il produisit à la Cour d'Espagne.

Quelque secret qu'eût été ce Traité, il vint bien-tôt aux oreilles du Roi d'Espagne par l'adresse de la Cour de France. Le 28. de Mai, il arriva un Courier extraordinaire à Madrid, dépêché par le Marquis de Castel dos Rios, Ambassadeur de cette Cour auprès du Roi Très-Chrétien, & l'on s'aperçut que le Monarque Espagnol tomba tout d'un coup dans une profonde mélancolie, qu'il lui fut impossible de surmonter d'abord. On ne fut pas long-tems à en aprendre la cause. Ce Courier fut suivi de deux autres quelques heures après, dont l'un avoit été expedié par Sa Majesté Très-Chrétienne à Mr de Blecourt, son Envoyé Extraordinaire, & l'autre au Comte d'Arrach par le Comte de Sinzendorf, Ministre de l'Empereur à la Cour de France. Le bruit fut d'abord répandu que ces trois Couriers avoient aporté des copies d'un Traité conclu pour le partage de la Monarchie, au cas que le Roi Catholique mourût sans enfans. Le Monarque, que cette nouvelle ne pouvoit que surprendre, quoi qu'il dût s'y attendre depuis long-tems, en fut extrêmement ému. Mais s'étant surmonté peu après, il fit paroître un visage assez gai, convoqua un Conseil d'Etat extraordinaire, & partit quelques jours après pour Madrid. Ce procedé de la Cour de France étoit contraire à ce dont on étoit convenu avec les Ministres, qui avoient signé le Partage, savoir ,, qu'on laisseroit ,, mourir le Roi d'Espagne en repos ,, pour ne point l'affliger dans les der- ,, niers jours de sa vie, s'il aprenoit ,, qu'on partageât ses Etats. Mais le Roi de France qui n'avoit fait cette démarche, que pour leurrer le Roi d'Angleterre & les Hollandois, fut bien aise que le Roi d'Espagne en eût connoissance, dans la pensée que cela favoriseroit la Négociation secrete du Testament de ce Prince dont nous avons parlé, en faveur du Duc d'Anjou, comme on le verra dans la suite.

Si la bonne foi eût pourtant été gardée, ce Testament ne pouvoit nuire au *Traité de Partage*, qui n'étoit fait que dans la vûë d'empêcher, que la paix generale de l'Europe ne fût troublée, ce qu'on n'avoit pas lieu d'esperer du Testament. Car ce dernier ne pouvant être regardé que comme nul, parce que les Rois n'ont pas droit de disposer de leurs Etats, dont ils ne sont qu'Usufructuaires, ne pouvoit pas non plus décider des droits des Prétendans à cette Succession. Mais le Roi de France, qui n'avoit d'autre but, que de faire tomber la Monarchie d'Espagne toute entiere dans sa Maison, ayant gagné le Cardinal Porto-Carero, Archevêque de Tolede, & les autres Ministres d'Espagne; ceux-ci representerent à leur Roi, que c'étoit une chose inouïe que l'on partageât les Etats d'un Prince pendant sa vie: que c'étoit une entreprise qui attaquoit son honneur & sa gloire, & une injustice criante que l'on faisoit à toute la Nation: que l'Angleterre & la Hollande n'avoient point d'autre vûë, que de ruiner la Religion Romaine, par le démembrement d'une Monarchie, qui en avoit toûjours été l'apui. Raisons entierement fausses, puisque ces deux Puissances n'avoient fait qu'adhérer au Roi Très-Chrétien, dont les Ministres avoient imaginé le Partage. Ceux d'Espagne conseillerent ensuite au Roi, que pour se vanger de ce procedé, il devoit faire choix d'un Héritier, qui en conservant la Monarchie dans son entier, fût d'ailleurs assez puissant pour en soûtenir l'éclat, & s'oposer aux Princes qui vouloient le Partage; ne faisant pas reflexion que Philippe IV. Roi d'Espagne en avoit

La Cour de France inspire au Roi Catholique de faire un Testament.

1700. nommé un par son Testament, & lié en même-tems les mains à son Fils sur ce sujet. Ils lui témoignerent que le Duc d'Anjou, second Fils du Dauphin son neveu, devoit être preferé à l'Archiduc ; puis qu'outre ses droits à la Couronne d'Espagne, il pouvoit encore disposer de toute la puissance de la France en cas de besoin.

Le Roi d'Espagne, aussi foible d'esprit que de corps, entra dans les sentimens de ses Ministres. On le disposa à agir en faveur du Duc d'Anjou. Il envoya ordre au Marquis de Canalès, son Ambassadeur en Angleterre, de presenter à la Cour un Mémoire plein de ressentiment & qui offensoit le Roi, les Seigneurs Regens, le Parlement, & toute la Noblesse Angloise ; ce qui fit juger qu'il venoit d'ailleurs que de la part du Roi Catholique qui n'étoit guere en état d'agir de la sorte ; & que la Cour de France l'avoit dicté pour aigrir les deux Nations. Le Roi d'Angleterre, qui étoit pour lors en Hollande, ayant apris cette démarche outrageante de la Cour d'Espagne, & lû le Mémoire, en fut si outré, qu'il expedia aussi tôt un Courier à Londres, pour donner ordre de faire sortir de ses Etats le Ministre Espagnol, & écrivit à son Envoyé à Madrid de se retirer.

Effet que produisit le Traité de Partage à la Cour de Viéne.

Si le Traité de Partage fit beaucoup de bruit à la Cour d'Espagne, il n'en fit guere moins à la Cour Imperiale, où les Ministres d'Angleterre & des Etats Generaux, agissant de bonne foi, mirent tout en usage pour persuader l'Empereur des grands avantages que sa Maison recevroit de ce Traité. Il sembloit en éfet que l'Empereur eût moins de sujet de se plaindre que le Roi de France, qui par là reconnoissoit le droit que la Maison d'Autriche avoit à la succession d'Espagne, en donnant les mains à l'élévation de l'Archiduc, second Fils de l'Empereur, sur le Trône des Espagnes, des Indes & des Païs-bas.

Mais ce consentement n'avoit rien que d'illusoire ; car quoi que les Puissances, qui avoient formé avec LOUIS XIV. le Traité de Partage, fissent leurs éforts auprès de l'Empereur, pour le lui faire agréer, l'Ambassadeur de France faisoit jouer toute sorte de ressorts, pour détourner ce Monarque de l'accepter, afin que le Roi de France eût le pretexte de son refus, pour pousser la Négociation du Testament en faveur de son Petit-fils ; ce qui faisoit toute son attention. La chose arriva effectivement ainsi, quoique le Roi ne fût pas pour cela plus fondé en raison ; car comme par un Article du Traité de Partage, il étoit expliqué, qu'au cas que l'Empereur & le Roi des Romains ne voulussent pas en convenir, les trois Puissances donneroient le Partage à un Prince dont il seroit convenu : il étoit obligé d'agir de concert avec le Roi d'Angleterre & les Etats Generaux, en suivant la chose à la lettre, bien loin de se servir d'autres voyes pour l'éluder.

Projet du Testament envoyé de France en Espagne.

Le Roi Très-Chrétien ayant donc disposé les Ministres d'Espagne par ses largesses, à suivre les mouvemens qu'il voudroit leur inspirer, il fit dans ce tems-là le Projet d'un Testament, qu'il envoya au Cardinal PORTO-CARRERO. Ce Cardinal l'ayant examiné & y ayant fait quelques changemens, de l'aveu du Cardinal Borgia, & des Ducs de Medina-Sidonia & de l'Infantado, au sujet de l'Archiduc, que le Roi de France excluoit pour toûjours de la Couronne d'Espagne, le fit signer, ou fit semblant de le faire signer au Roi Charles le 2. Octobre, se servant de la débilité d'esprit de ce Prince, inséparable de celle de son corps, pour le porter à cette démarche au préjudice de sa Maison. Le Roi de France en reçût peu de jours après une copie, que le Cardinal Porto-Carrero lui envoya. Mais comme cette Piece est trop longue pour l'inserer ici toute entiere, je raporterai seulement un Extrait des Articles qui regardent la Succeſſion.

Extrait du Teſtament clos & cacheté de Charles II. Roi d'Eſpagne, du 2. Octobre 1700.

Extrait de ce Teſtament.

„ AU nom de la très-Sainte Trini-té, &c. Nous, Charles, par
„ la Grace de Dieu, Roi de Caſtille, &c.
„ Reconnoiſſant comme mortel que
„ nous ne pouvons éviter la mort, pei-
„ ne à laquelle nous ſommes tous aſſu-
„ jetis par le peché de nôtre premier
„ Pere, & nous trouvant arrêté au lit,
„ de la maladie dont il plaît à Dieu de
„ nous viſiter, nous faiſons nôtre Teſ-
„ tament, ayant le Jugement ſain &
„ libre, ſelon qu'il a plû au Seigneur
„ de nous l'acorder, ordonnons & dé-
„ clarons par cet Ecrit nôtre derniere
„ volonté.

S'enſuit l'Extrait des Articles dudit Teſtament concernant la Succeſſion.

„ *Article* XII. Si Dieu par ſa miſe-
„ ricorde infinie vouloit nous donner
„ des Enfans legitimes, nous déclarons
„ pour nôtre Heriter Univerſel de tous
„ nos Royaumes, Etats & Seigneuries
„ le Fils Aîné, & tous les autres qui
„ par leur ordre doivent ſucceder, &
„ au défaut des mâles, les filles en ſe-
„ ront Héritieres, conformément aux
„ Loix de nos Royaumes ; mais comme
„ Dieu ne nous a pas encore acordé
„ cette grace dans le tems que nous
„ faiſons ce teſtament ; nôtre premier
„ & principal devoir eſt de procurer le
„ bien & l'avantage de nos Sujets, fai-
„ ſant en ſorte que tous nos Royaumes
„ ſe conſervent dans cette union qui
„ leur convient, en obſervant la fide-
„ lité qu'ils doivent à leur Roi & Seig-
„ neur naturel, étant perſuadé que
„ l'ayant toûjours pratiquée, ils ſe con-

„ formeront à ce qui eſt le plus juſte,
„ s'affermiſſant ſur la ſouveraine autho-
„ rité de nôtre preſente diſpoſition.

„ XIII. Et reconnoiſſant conformé-
„ ment aux réſultats de pluſieurs Con-
„ ſultations de nos Miniſtres d'Etat &
„ de la Juſtice, que la raiſon ſur quoi
„ on a fondé la Rénonciation des Da-
„ mes Donna Anna & Donna Maria
„ Tereſa, Reines de France, ma Tan-
„ te, & ma Sœur, à la Succeſſion de
„ ces Royaumes, a été d'éviter le dan-
„ ger de les unir à la Couronne de Fran-
„ ce ; mais reconnoiſſant auſſi que ce
„ motif fondamental venant à ceſſer,
„ le droit de la Succeſſion ſubſiſte dans
„ le plus proche, conformément aux
„ Loix de nos Royaumes, & qu'au-
„ jourd'hui ce cas ſe verifie dans le ſe-
„ cond Fils du Dauphin de France : pour
„ cette raiſon nous conformant aux ſuſ-
„ dites Loix, nous déclarons être nôtre
„ Succeſſeur (en cas que Dieu nous
„ apelle à lui ſans laiſſer des Enfans) le
„ Duc d'Anjou, ſecond Fils du Dauphin ;
„ & en cette qualité nous l'apellons à la
„ Succeſſion de tous nos Royaumes &
„ Seigneuries ſans en excepter aucune
„ partie, & nous déclarons & ordon-
„ nons à tous nos Sujets & Vaſſaux de
„ tous nos Royaumes & Seigneuries,
„ que dans le cas ſuſdit, ſi Dieu nous
„ retire ſans Succeſſeur legitime, ils
„ ayent à le recevoir, à le reconnoître
„ pour leur Roi & Seigneur naturel,
„ qu'on lui en donne auſſi-tôt la poſ-
„ ſeſſion actuelle ſans aucun délai, après
„ le ſerment qu'il doit faire d'obſerver
„ les Loix, Immunitez, & Coûtumes
„ de noſdits Royaumes & Seigneuries ;
„ & parce que nôtre intention eſt, &
„ qu'il eſt ainſi convenable pour la paix
„ de la Chrétienté, & de toute l'Eu-
„ rope, & pour la tranquilité de nos
„ Royaumes, que cette Monarchie
„ ſubſiſte toûjours ſeparée de la Cou-
„ ronne de France ; nous déclarons en
„ conſéquence de ce qui a été dit, qu'au

„ cas que le Duc d'Anjou vienne à mou-
„ rir, ou au cas qu'il vienne à hériter la
„ Couronne de France, & qu'il en pre-
„ fere la joüiſſance à celle de cette Mo-
„ narchie ; en tel cas que ladite Suc-
„ ceſſion doit paſſer au Duc de Berri ſon
„ frere, troiſiéme Fils dudit Dauphin,
„ en la même forme & maniere ; & en
„ cas que ledit Duc de Berri vienne à
„ mourir auſſi, ou qu'il vienne à ſuc-
„ ceder à la Couronne de France ; en
„ ce cas nous déclarons, & apellons à
„ ladite Succeſſion l'Archiduc, ſecond
„ Fils de l'Empereur nôtre Oncle, ex-
„ cluant pour la même raiſon & incon-
„ veniens, contraires au bien public de
„ nos Sujets & Vaſſaux, le Fils premier
„ né dudit Empereur nôtre Oncle ; &
„ venant à manquer ledit Archiduc, en
„ tel cas que nous déclarons & apellons à
„ ladite Succeſſion le Duc de Savoye &
„ ſes Enfans : & nôtre volonté eſt, que
„ tous nos Sujets & Vaſſaux l'execu-
„ tent & s'y ſoumettent comme nous
„ l'ordonnons, & qu'il convient à leur
„ tranquillité, ſans qu'ils permettent
„ le moindre démembrement, & dimi-
„ nution de la Monarchie fondée avec
„ tant de gloire par nos Predeceſſeurs.
„ Et parce que nous déſirons ardem-
„ ment, que la paix & l'union, ſi im-
„ portante à la Chrétienté, ſe conſerve
„ entre l'Empereur nôtre Oncle & le
„ Roi Très-Chrétien; nous leur deman-
„ dons, & les exhortons d'affermir la-
„ dite union par le lien de Mariage d'en-
„ tre le Duc d'Anjou & l'Archiducheſſe,
„ afin que par ce moyen l'Europe jouïſſe
„ du repos dont elle a beſoin.

„ XIV. Et au cas que nous venions
„ à manquer de Succeſſeur, ledit Duc
„ d'Anjou doit ſucceder en tous nos
„ Royaumes & Seigneuries, non-ſeu-
„ lement à ceux qui apartiennent à la
„ Couronne de Caſtille, mais auſſi à
„ ceux de la Couronne d'Arragon &
„ Navarre, & à tous ceux que nous
„ avons dedans & dehors l'Eſpagne,
„ notamment à l'égard de la Couronne
„ de Caſtille, Leon, Tolede, Galice,
„ Seville, Grenade, Cordouë, Mur-
„ cie, Jaen, Algarves, Alguires, Gi-
„ braltar, Iles Canaries, Indes, Iles,
„ & Terre-ferme de la Mer Oceane, du
„ Nord, & du Sud, des Philippines
„ & autres Iles, Terres découvertes &
„ qu'on découvrira à l'avenir, & tout
„ le reſte de quelque maniere qu'il
„ apartienne à la Couronne de Caſtille.
„ Et pour ce qui regarde la Couronne
„ d'Arragon en nos Royaumes & Etats
„ d'Arragon, Valence, Catalogne,
„ Naples, Sicile, Majorque, Minor-
„ que, Sardaigne, & toutes les autres
„ Seigneuries & droits de quelque ma-
„ niere qu'ils apartiennent à cette Ro-
„ yale Couronne ; & dans nôtre Etat
„ de Milan, Duchez de Brabant, Lim-
„ bourg, Luxembourg, Gueldres,
„ Flandre, & toutes les autres Provin-
„ ces, Etats, Dominations, & Seig-
„ neuries qui nous apartiennent &
„ peuvent nous apartenir dans le Païs-
„ bas, Droits & autres Actions qui
„ nous ſont échuës en vertu de la Suc-
„ ceſſion deſdits Etats ; nous voulons
„ qu'auſſi-tôt que Dieu nous aura reti-
„ ré de cette vie, ledit Duc d'Anjou
„ ſoit apellé, & ſoit Roi, comme
„ *ipſo facto*, il le ſera de tous ; *nonobſtant*
„ toutes ſortes de Rénonciations &
„ Actes qu'on ait faits au contraire,
„ parce qu'ils manquent de juſtes rai-
„ ſons & fondemens ; nous ordonnons
„ aux Prélats, Grands, Ducs, Mar-
„ quis, Comtes, & Hommes riches,
„ aux Prieurs, & Commandeurs, Gou-
„ verneurs des Maiſons fortes & autres,
„ aux Chevaliers, Avancez, & à tous
„ les Conſeils, Adminiſtrateurs de
„ Juſtice, Prévôts, Echevins, Offi-
„ ciers, & Gens de bien de toutes les
„ Citez, Villes, Paroiſſes, & Terres
„ de nos Royaumes, & Seigneuries,
„ & à tous les Vice-Rois, & Gouver-
„ neurs, Châtelains, Commandans,

,, Gardes des Frontieres de deçà & delà
,, la Mer, & tous autres Miniſtres &
,, Officiers tant du Gouvernement de
,, la paix, que des Armées & Flotes
,, ſur Terre & ſur Mer, & auſſi en tous
,, nos Royaumes & Etats de la Cou-
,, ronne d'Arragon, de Caſtille, de
,, Navarre, Naples, & Sicile, & Etats
,, de Milan, païs Bas, & en tout au-
,, tre lieu nous apartenant, & à tous
,, nos autres Vaſſaux, Sujets naturels
,, de quelque qualité, & prééminence
,, qu'ils puiſſent être, en quelque lieu
,, qu'ils habitent & ſe trouvent, pour
,, la fidélité, loyauté, ſujettion, &
,, vaſſellage qu'ils nous doivent & ſont
,, obligez, comme à leur Roi & Seig-
,, neur naturel, en vertu du ſerment
,, de fidélité & hommage qu'ils nous
,, ont fait & ſe nous ont dû faire,
,, que lors qu'il plaira à Dieu de
,, nous retirer de cette vie, ceux qui
,, ſe trouveront preſens, ſi-tôt qu'il
,, viendra à leur connoiſſance, confor-
,, mément à ce que les Loix de nos ſuſ-
,, dits Royaumes, Etats, & Seigneu-
,, ries ordonnent en tel cas, & ſe trou-
,, ve établi en ce Teſtament, qu'ils
,, ayent à recevoir le ſuſdit Duc d'An-
,, jou (en cas que je vienne à mourir
,, ſans Succeſſeur légitime) pour leur
,, Roi & Seigneur naturel proprietaire
,, de noſdits Royaumes, Etats, & Seig-
,, neuries en la forme déja reglée. Qu'on
,, arbore les etendars pour ſon ſervice,
,, en faiſant les Actes des ſolemnitez
,, qu'on a coûtume de faire en pareil-
,, les ocaſions, conformément à la
,, coûtume de chaque Royaume & Pro-
,, vince, qu'ils prêtent, faſſent prêter
,, & montrent la fidelité & obéiſſance,
,, à quoi comme Sujets & Vaſſaux ils
,, ſont obligez envers leur Roi & Seig-
,, neur naturel; & nous ordonnons à
,, tous Commandans des Forteresses,
,, Châteaux & Maiſons de plaiſance;
,, & à leurs Lieutenans de quelques
,, Villes, Villages, & Lieux de Peu-

,, ples que ce ſoit, qu'ils rendent hom-
,, mage ſelon les coûtumes d'Eſpagne,
,, de Caſtille, d'Arragon, & de Na-
,, varre, & à tous ceux qui leur apar-
,, tiennent; & dans l'Etat de Milan &
,, autres Etats & Seigneuries, on le
,, rendra ſelon la coûtume de la Pro-
,, vince & lieu où ils ſe trouveront, ils
,, le garderont pour le ſervice dudit
,, Duc d'Anjou, tout le tems qu'il leur
,, ſera ordonné, pour le remettre par
,, ſon ordre à celui qui leur ſera en-
,, voyé, leur ordonnant de faire acom-
,, plir exactement tout ce qui a été dit,
,, pour ne pas s'attirer les peines que
,, méritent les Rebelles & Deſobéiſſans
,, à leur Roi, par leur violement de la
,, foi, & de la loyauté qui eſt duë.
,, XV. Si au tems de nôtre decez,
,, nôtre Succeſſeur ne ſe trouve pas
,, dans ces Royaumes, la plus grande
,, & la plus exacte prudence étant né-
,, ceſſaire pour leur Gouvernement uni-
,, verſel, conformément à leurs Loix,
,, Conſtitutions, Privileges, & Coû-
,, tumes, ainſi que le Roi nôtre Seig-
,, neur & Pere a remarqué, juſques à
,, ce que le dit Succeſſeur puiſſe pour-
,, voir au Gouvernement; nous ordon-
,, nons qu'incontinent après nôtre de-
,, cez, il ſe faſſe une Aſſemblée compo-
,, ſée du Préſident du Conſeil de Caſ-
,, tille, du Vice-Chancelier, ou Pré-
,, ſident du Conſeil d'Arragon, de
,, l'Archevêque de Tolede, de l'Inqui-
,, ſiteur General, d'un Grand, & d'un
,, Conſeiller d'Etat que nous nomme-
,, rons dans ce Teſtament, ou dans le
,, Codicile que nous y joindrons, ou
,, dans un Mémoire ſigné de nôtre
,, main; & pendant le tems que la
,, Reine nôtre très-chere & bien-aimée
,, Epouſe voudra demeurer en ces Ro-
,, yaumes & Cours, nous prions &
,, chargeons Sa Majeſté, d'aſſiſter &
,, autoriſer la ſuſdite Aſſemblée, qui
,, ſe tiendra en ſa preſence Royale,
,, dans l'apartement & lieu que Sa

G ij

1700. ,, Majesté lui plaira de marquer, se don-
,, nant la peine d'intervenir dans les
,, affaires, ayant voix délibérative de
,, qualité, ensorte que les sentimens
,, étant égaux, la partie de ceux à qui
,, elle s'ajoindra sera preferée, mais
,, dans les autres elle se joindra au plus
,, grand nombre, & nous voulons que
,, ce Gouvernement dure & subsiste,
,, jusques à ce que nôtre Successeur
,, ayant sû nôtre decez y puisse pour-
,, voir aussi-tôt qu'il aura atteint sa
,, Majorité.
,, XVI. Et comme nous sommes
,, obligez en qualité de Pere universel
,, de tous nos Sujets & Vassaux, au cas
,, que nôtre Successeur soit Mineur, de
,, donner la meilleure Regle qui soit
,, possible à nos Royaumes, & la plus
,, conforme à leurs Loix, Privileges,
,, Constitutions & Coûtumes ; Nous
,, nommerons des Gouverneurs naturels
,, d'iceux, afin que selon nôtre haute &
,, Roïale disposition, & au nom de nôtre
,, Successeur, ils gouvernent nosdits
,, Royaumes, en toute paix & justice;
,, & qu'ils pourvoient aussi à leur dé-
,, fense, ensorte que nosdits Sujets se
,, conservent dans la tranquillité, re-
,, pos, & immunitez dont ils doivent
,, jouir suivant les Loix, Privileges,
,, Constitutions & Coûtumes de cha-
,, cun, & aussi qu'ils demeurent dans
,, la fidélité qu'ils doivent à leur Roi
,, & Seigneur naturel, dont ils se sont
,, toûjours fait un devoir indispensable.
,, Nous nommons pour Tuteurs de nô-
,, tredit Successeur, pendant sa Mino-
,, rité jusqu'à l'âge de quatorze ans,
,, les mêmes que nous avons nommez
,, pour ladite Assemblée, afin qu'ils
,, gouvernent au tems de nôtre decez
,, & jusques à ce que nôtre Successeur
,, vienne dans nos Royaumes, &c.

Le Roi ayant reçû au mois d'Octobre la copie entiere de ce Testament,
aprit bien tôt après que le Roi Catholique étoit à l'extremité. Sa Majesté
assembla sur cela son Conseil, où il fut
resolu que le Marquis d'Harcourt se
rendroit sur la frontiere d'Espagne avec
une puissante Armée & qu'il feroit semblant d'entrer en Catalogne.

Dans le tems qu'à la faveur de la paix
le Roi T. C. aqueroit la Monarchie
d'Espagne pour sa Famille, la guerre
s'allumoit dans le Nord entre plusieurs
Souverains. L'entreprise formée l'année
precedente par l'Electeur de Brandebourg sur la Ville d'Elbing, avoit d'a-
bord fait apréhender une rupture de ce
Prince avec la Pologne ; mais la satisfaction qu'il reçut sur les sommes qui
lui étoient duës par cet Etat, & pour
lesquelles la Ville d'Elbing lui étoit hi-
pothéquée, rétablit la bonne intelligence, qui avoit commencé de s'alterer entre ces deux Puissances.

On avoit crû que le Traité fait à Altena dans le Holstein depuis l'année
1698. produiroit pour long-tems le
même effet entre le Roi de Dannemarck, & le Duc de Holstein-Gottorp; cependant les troubles se renou-
vellerent plus que jamais entre ces deux
Souverains, depuis la mort du Roi de
Dannemarck, arrivée sur la fin de
l'année precedente. Le nouveau Roi
s'étant plaint des entreprises du Duc ;
celui-ci apuyé des Troupes du Roi de
Suede, & des Ducs de Zell, de Hanover & des Hollandois, se mit en état
de les soutenir. Sur cela le Roi de Dannemarck fit marcher un Corps de douze mille hommes, sous les ordres du
Duc de Wirtemberg, vers les Forts
que le Duc de Holstein avoit fait bâtir
l'année d'auparavant. A son aproche,
le Fort d'Holmer fut abandonné par la
Garnison, après trois volées de Canon
tirées. Le Château, & la Ville de Hu-
son eurent peu après le même sort, aussi
bien que le nouveau Fort, qui fut
abandonné par le General Reventlau.
Les Danois emporterent ensuite d'assaut
la Ville de Frederickstad en demi-heure,

Affaires du Nord.

Suite des differéds du Roi de Dannemarck & du Duc de Holstein-Gottorp.

1700. nonobstant la resistance du Colonel Mardafeld, avec une Garnison de six cens hommes, dont cent furent tuez, & le reste fait prisonnier ; le Duc de Wirtemberg avoit promis pour chacun un ducat à ses Soldats. Le Colonel fut de ce nombre avec les deux Comtes de Mellin. Le Fort de Schouvabstede ayant été ensuite attaqué par le Brigadier Hacstausen, se rendit après une médiocre résistance du Colonel Vander Meden. Le Sieur de Lilienstroom fut aussi obligé de remettre aux Danois, commandez par le Colonel Bulagni, le Château de Gotorp à discretion, avec sa Garnison trop foible pour le défendre.

Après ces avantages remportez avec tant de facilité, le Duc de Wirtemberg marcha contre Tonningen, Capitale du Pays d'Eiderland dans la Contrée de Ditmarse, & ayant donné ordre au General Fuchs d'attaquer avec mille hommes deux Redoutes près de cette Ville, elles furent emportées avec beaucoup de vigueur & peu de perte. Ce succez lui donna lieu d'assieger la Place, devant laquelle le Roi de Dannemarck se rendit peu de jours après. Les bréches se trouvant suffisantes pour donner l'assaut, ce Prince s'y disposoit, lors que les Ambassadeurs de France, d'Angleterre & de Hollande, qui travailloient depuis quelque-tems à acommoder ces différens, le prierent de suspendre ses attaques, avec promesse que l'Armée des Princes, interessez dans le Parti du Duc de Holstein, ne passeroit pas la Riviere de Stor. Le Roi de Dannemarck y consentit & changea le siege en blocus.

Ils sont terminez par un traité de paix. Cette facilité, qui marquoit la disposition où étoit ce Prince d'écouter des propositions d'acommodement, & qui faisoit en même-tems connoître la crainte, que lui causoit l'aproche des Troupes de quantité de Princes, unis pour la défense de son Ennemi, fut suivie du Traité de paix conclu à Travendal, Maison du Duc de Holstein-Ploen. 1700. Par ce Traité il fut arrêté. ,, Que le Roi ,, de Dannemarck, & le Duc de Holstein pourroient également bâtir des ,, Forteresses dans leurs Terres, pour-,, veu qu'elles fussent éloignées de deux ,, lieuës de celles qu'ils avoient déja à ,, une lieuë des frontieres de l'un & de ,, l'autre, & qu'elles ne fussent pas ,, construites sur les grands chemins ,, conduisant à Flensbourg, à Rensburg, ,, à Itzheoa, à Glucstad, & à Hambourg. Ce Traité termina une guerre, qui auroit été des plus sanglantes, & auroit interessé presque tout l'Empire.

Guerre entre la Pologne & la Suede. Celle que le Roi de Pologne s'atira de la part du Roi de Suede, par l'invasion que S. M. Polonoise fit dans la Livonie, après avoir fait une Ligue offensive avec le Czar de Moscovie, eut des suites funestes pour la Pologne, & fit éprouver de grandes révolutions à ceux qui en étoient les Auteurs. Voici comme la chose arriva. Le Roi de Pologne se voyant paisible au dedans de ses Etats, par la soumission du Parti qui s'étoit oposé à son élévation sur le Trône ; & au dehors par la paix faite avec les Turcs, forma le dessein de recouvrer la Livonie, Province qui avoit été démembrée de la Pologne depuis environ un siecle. Il s'y crut obligé par les Conventions, qu'il avoit jurées à son avenement à la Couronne, par lesquelles il s'étoit engagé de recouvrer les Pays, qui avoient autrefois apartenu à la République. Il fit pour cela marcher un Corps d'Armée, composé de Troupes Saxones, sous les ordres du Baron de Flemming, & de Polonoises commandées par le Prince Sapieha, vers Riga, Capitale de la Livonie sur la Riviere de Duvine. Le Baron de Flemming fit d'abord attaquer le Fort de Kobber vis à vis la Ville, de l'autre côté de la Riviere, qui fut emporté d'assaut en deux heures. Le Major Bielstern, qui y commandoit,

1700. fait Prisonnier. Le même jour un détachement de trois mille hommes attaqua les Forts de Bordera, & de Dunamunder, dont le premier se rendit sans beaucoup de résistance. L'autre tint plus long-tems: néanmoins le Canon y aiant fait des brêches suffisantes, le Général Flemming envoïa ordre d'y donner l'assaut. Le Général Carlouvits l'attaqua là-dessus avec tant de furie, que nonobstant la défense obstinée des Assiegez, un Lieutenant avec 40. hommes gagna le Rempart; mais Carlouvitz aiant été tué d'un coup de Fauconeau, & le Pont rompu par le Canon des Assiegez, le Lieutenant & sa Troupe ne pouvant être secourus, furent taillez en pieces, & les assiegeans repoussez avec perte de 5. à 6. cens hommes, Soldats ou Officiers. De ce nombre furent le Colonel Louvuen, & le Sergent Général Stiegleder. Le Baron de Flemming, averti de ce mauvais succés, fit avancer un renfort de deux mille hommes de pié, & aiant menacé la Garnison d'un assaut la nuit suivante, le Colonel Budberg la remit en son pouvoir.

Siege de Riga par les Polonnois, changé ensuite en blocus.

L'Armée Polonoise bloqua ensuite Riga, en attendant qu'elle fût en état d'en faire le siége, avec de nouveaux renforts de Troupes, qui devoient venir sous la conduite du Roi. Ce Prince étant arrivé prés du Fort de Dunamunder, passa peu aprés la Duvine proche du Village de Tromsdorf, à sept lieuës au dessus de Riga, malgré les Troupes Suedoises qui étoient au delà sous les ordres du Général Welling, qui se retira à son aproche. Le Roi de Pologne marcha ensuite à lui en bataille, chargea son Arriére-garde, la renversa, & s'étant aproché de Riga en forma le siége. Il y fit jetter des bombes, & des boulets rouges; mais soit que la résistance du Comte de Dalberg, Gouverneur de la Place, soûtenu d'une garnison nombreuse, dans une saison qui commençoit d'être incommode par les pluies, lui fit entrevoir de grandes difficultez à s'en rendre Maître, soit qu'il apréhendât l'arrivée de l'Armée Suédoise, qui se formoit avec beaucoup de diligence; il discontinua ses attaques, à la sollicitation de l'Envoïé de France auprés de sa Personne. Les Assiegez, pour s'exemter du bombardement, s'obligerent de lui païer cent mille écus, & il changea le siége en blocus. Le Duc Ferdinand de Curlande, & le Sr. Robel, Lieutenant Général, furent ensuite détachez pour attaquer le Fort de Koxenhausen sur la Duvine à 14. lieuës au dessus de Riga. Le Major Hein qui y commandoit capitula au bout de quatre jours.

Tandis que le Roi de Pologne finissoit ses Conquêtes de cette année par la prise de cette Place; le Czar, qui avoit été occupé jusqu'alors à faire ses préparatifs, se mit enfin en Campagne, & déclara la guerre au Roi de Suede, selon qu'il en étoit convenu avec le Roi de Pologne par son Traité d'Alliance. Etant entré dans l'Ingrie, il se rendit Maître des fortes Places de Jana, & Coporge. Il s'avança ensuite devant Nerva, Ville située à l'extremité de la Livonie, & du Golfe de Finlande, prés de l'embouchure de la Riviere de Nerva, qui sepère la Livonie de l'Ingrie, autrefois de la domination des Moscovites. Il l'attaqua aussi-tôt avec beaucoup de violence, aiant une Armée de 70. mille hommes; & malgré la résistance des Assiegez, commandez par le Sr. Holmer, il poussa ses travaux jusqu'à la Contrescarpe. Mais le Roi de Suede, qui pendant le siége de Riga n'avoit fait aucun mouvement, soit que ses Troupes ne fussent pas encore assemblées, soit qu'il crût ne pouvoir agir avec succés contre le Roi de Pologne, aiant joint dans la Livonie l'Armée du Général Welling avec le Corps qu'il avoit amené de Suede, & s'étant avancé à Veisenberg, marcha avec 25.

Le Czar de Moscovie, Allié du Roi de Pologne, declare la guerre à la Suede.

LOUIS XIV. LIV. XIII. 55

1700. mille hommes au secours de la Ville assiégée. Il auroit eu de la peine à réüssir dans son dessein, après les précautions prises par le Czar, si la Fortune n'eût pris plaisir de le seconder : car étant arrivé au défilé de Pogoïoggi, les Moscovites qui le gardoient au nombre de six mille, étoient en état de lui en disputer le passage avec avantage, si un Païsan qu'il rencontra aux environs, ne lui eût donné moïen de les attaquer, en le conduisant par un Marais qu'ils croyoient impraticable. Ce Prince les aiant par là envelopez, les défit entierement. Les Moscovites qui gardoient le passage de Nerva, au nombre de dix à douze mille, surpris de voir venir à eux l'Armée Suedoise, & de savoir leur premier détachement forcé, se mirent en état de réparer cet échec ; mais aiant été attaquez, ils furent contraints de se retirer, & de gagner leur Camp après une vigoureuse résistance.

Le Roi de Suéde animé par ces deux avantages, attaqua le lendemain l'Armée Moscovite, retranchée devant la Ville sous les ordres du Knez Fœdos Gollouvin en l'absence du Czar, qui depuis quelques jours étoit allé avec un Détachement du côté de Pleskou, & la mit en déroute, après avoir forcé les retranchemens. Les Moscovites, qui s'étoient d'abord défendus avec beaucoup de fermeté, prirent la fuite avec tant de confusion & de desordre, que le Pont qu'ils avoient dressé sur la Riviere de Nerva, & par lequel ils vouloient se sauver, rompit sous eux : ce qui leur causa une perte considerable, outre celle qu'ils avoient faite dans le combat, de neuf à dix mille hommes tuez, & de quantité d'Officiers Généraux prisonniers. Les principaux furent le Duc de Crouï, Maréchal de Camp Général, le Prince Carlouvits, le Knez Jean Iergouvitz, & le Général Hallard. Les Vainqueurs perdirent de leur côté trois à quatre mille hommes, mais le Bagage & l'Artillerie des Vaincus leur demeura. 1700.

Pendant que ces choses se passoient dans le Nord, & que le Roi attendoit la mort prochaine du Roi d'Espagne, celle du Duc de Glocester, Héritier presomptif de la Couronne d'Angleterre, arrivée à Windsor le 10. du mois d'Août, fut notifiée à la Cour par l'Ambassadeur de cette Couronne. Ce Prince étoit fils du Prince George de Dannemarck, & de la Princesse Marie-Anne Stuart. Sa mort, dont la Cour de France prit le deuil, causa de l'inquiétude à toute la Nation Angloise, & donna lieu de régler l'année suivante la Succession dans la Ligne Protestante, après la mort de Sa Majesté le Roi Guillaume, & de Son Altesse Roïale Madame la Princesse de Dannemarck, & leurs legitimes Héritiers : tant pour conserver la paix, & le bonheur du Royaume, que pour affermir de plus en plus la Religion Réformée.

Mort du Duc de Glocester, Héritier presomptif de la Couronne d'Angleterre.

La mort du Pape Innocent XII. arriva quelque tems après, savoir, le 27. Septembre. Il étoit né à Naples en 1615. d'une trés-ancienne & trés-noble famille. Il avoit été Vice-Legat du Duché d'Urbin sous le Pape Urbain VIII. Inquisiteur de Malte, Gouverneur de Viterbe & Nonce à Florence sous Innocent X. Alexandre VII. l'envoya en Pologne & à Vienne en qualité de Nonce. Clement X. le fit Evêque de Lecce. Innocent XI. l'appela à Rome & le fit Cardinal ; enfin l'Archevêché de Naples fut le dernier degré qui l'éleva au Pontificat. Sa place fut bien tôt remplie par l'élection qu'on fit du Cardinal Albani de la Ville de Pesaro dans le Duché d'Urbin, d'une famille originaire d'Epire : il prit le nom de Clement XI.

Mort du Pape Innocent XII. Clement XI. lui succede.

Le Cardinal Cibo étoit mort aussi quelques mois auparavant, & la Place de Doyen du Sacré College, vacante par sa mort, avoit été remplie par le

Le Cardinal de Bouillon est fait

1700.

Doyen du Sacré Collège après la mort du Cardinal Cibo.

Cardinal de Bouillon. Mais la disgrace où il tomba auprès du Roi troubla un peu le plaisir que cette nouvelle Dignité pouvoit lui causer. Sa Majesté lui ordonna de sortir de Rome, & ce ne fut qu'à la faveur d'une maladie, qu'il se trouva à portée de s'y rendre pour prendre possession du Décanat qui lui apartenoit de droit. Le Prince de Monaco, Ambassadeur de France en cette Cour, fit des instances inutiles auprès de Son Eminence, pour lui signifier les ordres que Sa Majesté lui donnoit de revenir incessamment en France. Le Cardinal s'en excusa en termes très respectueux sur la nécessité indispensable, où il se trouvoit de veiller à la conservation de ses Privileges, qui étoient aussi ceux de la Nation Françoise. Le Prince de Monaco lui déclara, que par ce refus, il encouroit l'indignation du Roi, & la privation de ses Charges & de tous ses revenus ; & le même jour il lui fit demander sa démission de la Charge de Grand Aumônier, avec le Cordon de l'Ordre du St. Esprit, & lui fit dire qu'il eût à ôter les armes de France qui étoient sur la porte de son Palais. Son Eminence s'en excusa encore, & dit qu'elle recevroit toûjours avec beaucoup de respect les ordres de Sa Majesté ; mais qu'il étoit bien-aise de se donner l'honneur de lui écrire, pour lui remontrer que les motifs puissans, qui le retenoient à Rome pour ne pas manquer à ce qu'il devoit à son rang, ne lui feroient jamais oublier son devoir, & son respect envers Sa Majesté. Tout le reste des Cardinaux, qui étoient à Rome, n'en rendoient pas moins d'honneur à leur Doïen, qui s'étoit mis en retraite au Noviciat des Iesuites. Il y gardoit de grandes mesures dans la situation présente de ses affaires, & évitoit avec soin tout ce qui pouvoit augmenter les ombrages de la Cour de France. En cet état, il attendoit patiemment le bien ou le mal que lui paroit sa destinée, lors que le Prince de Monaco donna part au Cardinal Spada, comme Premier Ministre d'un Arrêt rendu au Conseil de Sa Majesté Très-Chrêtienne contre Son Eminence. Par cet Arrêt * *le Roi, pour bonnes & justes considérations, ordonnoit que le Cardinal de Bouillon seroit rayé, & rejetté de l'Etat de sa Maison, faisant défense à toutes personnes dont il étoit Superieur en qualité de Grand Aumônier, de le reconnoître à l'avenir en quelque sorte & manière que ce fût : lui ôtant toutes les pensions, gages, droits, & autres revenus, faisant même saisir ceux de ses biens & de ses Bénéfices, &c.*

1700.

Quel fut le sujet de sa disgrace.

Pour ce qui est maintenant du sujet de la disgrace de ce Cardinal, on ne peut mieux l'apprendre que de lui même, dans *l'apologie* qu'il fit imprimer pour être publiée après sa mort. Deux choses arrivées peu auparavant en furent, à ce qu'il raporte, les deux occasions. Le Livre de l'Archevêque de Cambrai intitulé, *Maximes des Saints*, fournit l'une, & la Coadjutorerie de Strasbourg fit naître l'autre. Dans ce Livre l'Archevêque de Cambrai, comme nous l'avons dit ailleurs, avoit avancé une Doctrine qu'il soûtenoit être celle des Saints Mistiques, & qui, dès qu'elle parut, souleva bien des gens. Comme il avoit prévu, qu'elle pourroit être mal expliquée, il avoit pris soin de distinguer très-précisément, ce qu'il y avoit d'erroné dans cette matière, & ce qu'il y avoit de vrai : mais cette précaution fut inutile. L'Evêque de Meaux prétendoit que les propositions données pour vraies, n'étoient point Orthodoxes, & il attaqua vivement le Livre & l'Auteur. L'Archevêque de Cambrai se défendit avec beaucoup d'éloquence & de force. La querelle s'échauffa. Chacun déja commençoit à prendre parti selon son goût & ses lumières,

* *Du 11. Septembre.*

1700. lumiéres, & les plus sages craignoient qu'elle n'eût des suites scandaleuses pour l'Eglise, lorsque l'Archevêque de Cambrai déclara qu'il soûmettoit ses opinions au jugement du St. Siége, & promit d'abjurer sincèrement celles qui seroient condamnées.

Si cette soûmission étoit conforme ou contraire aux Maximes d'Etat de la France, ce n'est ni mon intention, ni le lieu de l'examiner ici : il suffit de dire qu'elle y fut alors approuvée. L'Evêque de Meaux l'accepta, & tout se disposa de part & d'autre à l'Instruction de ce fameux procès. Aprés que les deux Prélats eurent écrit tout ce qu'ils crurent propre à donner un entier éclaircissement à la matiére, le Roi parut desirer que cette affaire fût réglée. Il s'en faloit bien que la Cour ne penchât pour l'Archevêque de Cambrai. On étoit fort mal satisfait, qu'un homme qui avoit été chargé de l'education de l'Heritier presomptif de la Couronne, & des autres Enfans de France, se fût embarassé dans des propositions, qui étoient regardées du moins comme équivoques & suspectes, & on y avoit mauvaise opinion d'une Doctrine qui avoit besoin d'être justifiée. Les Ennemis du Cardinal de Bouillon connoissoient, dit il, cette disposition, & savoient d'ailleurs qu'il étoit ami particulier de l'Archevêque de Cambrai ; il étoit à la fois Cardinal & Ministre du Roi. Les devoirs attachez à ces trois differentes qualitez sembloient se combattre ouvertement. Comme Cardinal il pouvoit être Juge & il devoit être Neutre. Comme Ministre du Roi il devoit être contraire à l'Archevêque, qui étoit publiquement dans sa disgrace. Comme ami de ce Prelat, il devoit entrer dans tout ce qui pouvoit contribuer à sa justification. On mit donc utilement en œuvre les apparences, que fournissoient contre lui une amitié à l'épreuve de la disgrace de l'Archevêque de Cambrai, &

les intrigues de ses Partisans à la Cour de Rome. Alors la confiance que le Roi avoit en lui se refroidit, & il eut particulièrement occasion de remarquer qu'elle s'éteignoit, dans l'affaire de la Coadjutorerie de Strasbourg qui arriva un peu aprés.

Le Roi voyant que le Cardinal de Furstemberg, Evêque de Strasbourg, devenoit vieux & infirme, crut qu'il ne devoit pas attendre sa mort, pour s'assurer d'un Successeur. L'importance de ce Poste sembloit demander un homme qui eût de l'experience dans les affaires, & le Cardinal de Bouillon s'étoit imaginé que son âge, son zèle, & le rang qu'il alloit tenir dans le Sacré Collège, pourroient bien faire pancher les bontez du Roi de son côté, ou de quelcun de sa famille. Mais quel fut son étonnement, lors qu'il eut ordre de solliciter un Bref d'Eligibilité pour la Coadjutorerie de Strasbourg, en faveur de l'Abbé de Soubise ? C'étoit à la verité un jeune homme de très-belle esperance, mais le Cardinal ne pensoit pas, que le Roi pût se contenter d'esperance pour une place de cette nature. Il n'ignoroit pourtant pas, quel étoit à la Cour le credit de la Princesse de Soubise, aussi habile qu'elle avoit été belle ; & il savoit parfaitement, qu'elle étoit capable de faire joüer beaucoup de ressorts. Mais il ne pouvoit s'imaginer, que la seule consideration de cette Princesse eût fait prendre ce parti ; il se persuada donc qu'on l'avoit perdu auprés du Roi, & que dans la grace qu'on faisoit à l'Abbé de Soubise, il y entroit moins d'envie d'élever ce jeune Abbé, que de le mortifier, lui, qui sollicitoit cette Place pour l'Abbé d'Auvergne son Neveu. Plein de ces pensées, & dans les premiers mouvemens du dépit qu'il en conçut, il écrivit * en Cour.

* Voiez le Recueil des Lettres concernant S. A. E. le Cardinal de Bouillon, Amsterdam 1710.

1700. Il ne fut pas long-tems à se repentir de s'être tant pressé. Il croïoit n'envoïer qu'une Remontrance respectueuse & zélée: il envoïa des plaintes indifférentes & des raisons mal digerées, qui produisirent l'effet qu'il en devoit attendre. Le Roi en parut piqué, & les Lettres que le Cardinal reçut en réponse, lui aprirent que ce qui n'étoit que froideur auparavant, étoit devenu chagrin. Il voulut se justifier auprès du Roi ; mais il y réüssit mal ; & bien-tôt il comprit, qu'il n'avoit fait qu'avancer les affaires de l'Abbé de Soubise, & renverser les siennes. Ce fut alors qu'il reçut, par le Prince de Monaco, les ordres dont j'ai parlé ci-devant, & que le refus qu'il fit d'obéir, quoi-que fondé sur de bonnes raisons, lui attira la disgrace éclatante, dont chacun a su les suites. Nous en parlerons encore ci-après.

Il naît un Fils au Roi des Romains.

Pendant ces brouilleries qui ne pouvoient manquer de causer du chagrin au Sacré Collège, il nâquit un Fils au Roi des Romains, qui fut un grand sujet de joïe pour toute la Cour Impériale. Ce Prince reçut au Bâtème le nom de *Leopold, Joseph*, & sa naissance modera en quelque sorte le déplaisir causé par la disposition que le Roi d'Espagne avoit faite de ses Etats, au préjudice de l'Empereur & de sa Maison ; mais ce ne fut que pour peu de tems, ce jeune Prince étant mort au bout de neuf mois.

Erection de la Prusse en Roïaume.

L'Empereur érigea en ce tems-là la Province de Prusse, de la dépendance de l'Electeur de Brandebourg, en Roïaume, & donna le Titre de Roi à ce Souverain, en reconnoissance de son zèle pour la Maison Impériale, & pour les intérêts de l'Empire : dans la vuë de l'engager de.plus en plus à lui continuer ses bons offices dans les conjonctures difficiles, où il étoit sur le point d'entrer. Le Couronnement du nouveau Roi * & de la Reine ** son Epouse,

* *Friderié I.*
** *Charlote. Sophit.*

se fit au commencement de l'année suivante à Conigsberg en Prusse, avec une magnificence digne d'une telle Cérémonie, & le même jour ce Monarque institua l'Ordre de l'Aigle noir & fit vingt Chevaliers.

Mort du Roi d'Espagne. Le Duc d'Anjou est demandé pour être son Successeur.

Ce qui avoit fait prendre à Louis XIV. la précaution d'envoïer des Troupes vers l'Espagne, fut la crainte qu'il avoit que cette Nation ne fût pas disposée à reconnoître le Duc d'Anjou pour son Roi, après la mort de Charles II. Son dessein étoit d'intimider par là les Espagnols ; mais il n'eut pas besoin d'emploïer la force, pour les amener à ce qu'il souhaitoit. A peine eut-il reçu la nouvelle de la mort du Roi Catholique, arrivée le 1. Novembre, que les assurances qu'on lui donna en même tems de l'empressement des Peuples à recevoir son Petit-Fils, arrêtèrent tout d'un coup les violences dont il vouloit user pour les y contraindre. Le jour d'après qu'on eut reçu cette nouvelle, le Marquis de Castel dos Rios, Ambassadeur de la Cour de Madrid, lui remit une Lettre entre les mains, par laquelle la Reine d'Espagne, le Cardinal Porto-Carrero & les autres Ministres, qui avoient pris les rènes du Gouvernement pendant l'Interrègne, prioient S. M. d'agréer que le Duc d'Anjou fût leur Roi, suivant la teneur du Testament, que le Roi Charles leur avoit laissé ; & dont ils lui envoïoient copie. Ce n'étoit qu'une formalité, peu nécessaire, puisqu'il ne l'ignoroit pas, & qu'il l'avoit lui-même dicté. Après la lecture de cette Lettre, & de trois autres des mêmes Régens, & de Don Antonio de Ubilla, Secretaire d'Etat, le Roi tint Conseil où se trouverent Mr. le Daufin, Mad. de Maintenon, Mr. le Duc de Bourgogne, Mr. le * Chancelier, Mr. de Chamillard, le Duc de Beauvilliers, & les Marquis de Pompone & de Torci,

* *R. Phelipeaux de Pontchartrain.*

On y agita la question qui devoit décider de l'acceptation du Testament, ou du Traité de Partage ; la plûpart furent pour le dernier ; mais le Roi, Mad. de Maintenon, Mr. le Dauſin, & Mr. le Chancelier, se déclarèrent pour le Teſtament, ne faisant pas réflexion que la jalousie causée par l'union de ces deux Couronnes dans une même Maison, engageroit infailliblement toutes les Puissances de l'Europe à prendre les armes, & à joindre ensemble toutes leurs forces pour l'empêcher. En effet ç'avoit été un des principaux motifs du Traité de Partage, comme il étoit expliqué par le troisième Article ; & on ne pouvoit y contrevenir, sans faire injure à l'Empereur, au Roi d'Angleterre & aux Hollandois ; au premier, parce que c'étoit le priver entièrement d'une Succession, à laquelle il croïoit avoir des droits si légitimes : & aux deux autres, parce que c'étoit violer la foi d'un Traité qu'ils venoient de conclure tout nouvellement : ce qui pouvoit leur inspirer un extrême ressentiment, & les tenir en une continuelle défiance sur la conduite de la Cour de France.

Le Roi y consent & rend public le Testament du Roi Charles.

Malgré ces considérations, le Roi flaté par les instances des Régens d'Espagne, qui le prioient de faire partir incessamment le Duc d'Anjou, pour aller remplir le Trône vacant, prit la résolution de rendre public le Testament du feu Roi, lequel déclaroit ce jeune Prince Successeur universel de tous ses Etats. C'est ainsi que l'Espagne, qui avoit souffert tant de démembremens par les gueres précédentes, crut trouver son salut, en se jettant entre les bras de la France sa Rivale, après avoir disputé tout un siècle pour s'en garantir ; & que cette heureuse Rivale, se voïant au comble de ses desirs, ne goûta plus d'autre expédient que celui-là, *pour maintenir la paix de l'Europe.* Surprenante révolution, qu'on ne peut assez admirer !

Le Duc d'Or-

Mais pour affermir d'autant plus la Couronne d'Espagne dans la Maison de France, le Conseil du Roi trouva bon que le Duc d'Orléans, son Frère, fit une protestation * contre la clause du Testament du Roi Charles, qui règloit la Succession à son préjudice. Cette Protestation regardoit particulièrement l'Archiduc, à qui la Couronne étoit substituée, en cas que le Duc de Berri devînt Roi de France, ou qu'il mourût sans Enfans. Elle fut aussi suivie d'une seconde, que fit le Duc de Chartres en qualité de Fils & d'Héritier présomptif du Duc d'Orléans. Mais de quelque manière que l'on envisage l'une & l'autre, on ne peut les considérer que comme une démarche tout-à-fait irrégulière, puisque c'étoit en quelque façon regarder comme nul le Testament sur lequel le Roi établissoit pourtant le principal droit du Duc d'Anjou, & dont il devoit par conséquent suivre toutes les clauses, à moins d'y vouloir renoncer entièrement.

Après toutes ces précautions, pour éloigner la Maison d'Autriche de la Succession d'Espagne, Loüis XIV. fit la Ceremonie, qui devoit faire reconnoître le Duc d'Anjou pour Roi. Ce Prince étant entré dans son cabinet, dans le tems qu'il donnoit une audience particulière au Marquis de Castel dos Rios, il lui dit : *Monsieur, le Roi d'Espagne vous a fait Roi ; les Grans vous souhaitent, & moi j'y consens ; songez seulement que vous êtes Prince de France : je vous recommande d'aimer vos Peuples & de vous attirer leur amour par la douceur de vôtre Gouvernement.* Paroles remarquables, qui font voir, s'il est vrai que le Roi les ait dites, combien les règles de l'Equité, fondemens les plus solides des Trônes, sont estimées de ceux mêmes qui les pratiquent le moins ! Après ce discours, il fit prendre la droite au Duc d'Anjou, & dit au Marquis de Castel

leans proteste contre la disposition de ce Testament.

Le Roi déclare son Petit Fils Roi d'Espagne.

* *Datée du 1. Decembre.*

1699. dos Rios, qu'il pouvoit le saluer comme son Roi, ce qu'il fit aiant mis un genou en terre, & baisé la main du nouveau Roi.

Cependant le Roi de France, ne pouvant, malgré ces démarches, désavouer qu'il n'eût reconu le droit de la Maison d'Autriche par le Traité de Partage, prétendit que ce droit étoit annullé par le Testament; & pour apuïer cette disposition, dont la validité lui étoit contestée, il allégua le consentement des Peuples. On étoit persuadé depuis long-tems que ce Monarque ajoûteroit à toutes ces raisons le droit de Marie-Therèse d'Autriche, son Epouse, à cette Couronne, en qualité de Fille de Philippe IV. Roi d'Espagne, comme il avoit fait en 1667. pour la Succession du même Roi. Mais Sa Majesté Très-Chrétienne fit connoître en s'appuïant sur le Testament de Charles II. que le droit de son Epouse n'étoit pas bien assûré. Et pour l'obtenir, il flata les Peuples d'Espagne d'un profond repos, après avoir fait craindre aux Grans un démembrement des Etats de la Monarchie. Il arriva pourtant tout le contraire, car l'Espagne fut le théatre de la guerre, & se vit exposée à toutes ses fureurs; ses Etats furent démembrez, ses Grans * exilez ou oprimez, & son Commerce des Indes occupé par les François.

Si le Roi Charles a véritablement fait un Testament. Mémoires MSS.

Quant au Testament, quelque solemnel & authentique que la France vouloit qu'il fût, on prétend que l'Amirante ** de Castille témoigna par écrit, que le Roi Charles II. n'avoit jamais eu la pensée de le signer, quoi qu'on voulût persuader le contraire; & qu'il étoit suposé par conséquent. A quoi l'on voit beaucoup d'aparence, pour peu qu'on y fasse reflexion; car enfin quelles raisons auroit eu ce Monarque, de ne vouloir

* La Reine Douairiere à Baïone, le Marquis de Leganez, & le Duc de Medina Celi &c.
** D. Jean Thomas Henriquez de Cabrera.

pas qu'un Prince de son nom, & de sa 1700. Maison possédât seul les Etats d'Espagne, & l'Empire? Quelqu'imbécile qu'il fût, on a peine à croire qu'il puisse avoir eu ces sentimens; & il est plus vraisemblable que ce Testament fut l'ouvrage de la Cour de France, dont l'intérêt a toûjours été d'affoiblir la puissance de ses Voisins, afin qu'ils fussent moins en état de lui nuire. On prétend aussi que le Cardinal Porto-Carrero, qui mourut quelques années après, fit peu avant sa mort une Déclaration, pour la décharge de sa Conscience, qui ne s'éloignoit pas de ce qu'avoit témoigné l'Amirante de Castille. Il notifioit, dit-on, par cette Déclaration tout ce qui s'étoit passé dans l'affaire du Testament, dont il découvroit clairement la nullité. En effet quand il n'auroit pas été suposé, il n'auroit pu être fait au préjudice de l'Empereur Leopold, ou de ses Enfans, tant par les Rois de France Louïs XIII. & Louïs XIV. & par les Reines Anne, & Marie-Therèse d'Autriche, à la Paix des Pirenées, que par raport aux autres Traitez postérieurs & au Testament de Philipe IV.; car si Charles II. pouvoit tester, & faire des substitutions, Philipe IV. son Père avoit eu le même droit: or ce Prince fit, plusieurs années avant sa mort, un Testament par lequel il déclara, *qu'au cas que son Fils mourût sans Enfans sa Succession passeroit à l'Empereur Leopold, Fils de Marie d'Autriche sa Sœur, & à ses Enfans; & à leur défaut au Duc de Savoie.* On pourroit peut-être répondre, que le Testament de Charles II. étoit comme une Déclaration de ceux qui avoient droit à sa Succession; mais en ce cas-là ce Prince devoit nommer pour son Successeur Louïs Daufin de France, Fils unique de Marie-Therèse sa Sœur, par laquelle la Maison de France prétendoit avoir droit aux Etats d'Espagne: la qualité de Daufin ne l'excluant pas du Trône de ce Roïaume, il auroit pu l'occuper durant le reste du Règne de Louis XIV. son Pere ; dont il auroit attendu la fin plus patiemment ; & après son élevation sur le Trône de France, il auroit pu céder la Couronne d'Espagne au Duc d'Anjou. Mais Louis XIV. ne voulut pas que son Fils possedât les Etats du Roi son Oncle, parce que le Daufin étant dans un âge capable de les gouverner par lui-même, & aiant ses Créatures, dont il eût formé son Conseil ; le ministère de France auroit eu peu de crédit à la Cour d'Espagne, bien loin d'y gouverner absolument, comme il fit sous le Duc d'Anjou. Comme on avoit éloigné de toute sorte de Charges & d'Emplois à la Cour de France, tous ceux auxquels le Daufin témoignoit de l'affection, le Roi avoit lieu d'apréhender, que si son Fils venoit à monter sur le Trône d'Espagne, ses Partisans ne marquassent le ressentiment qu'ils conservoient du peu d'égard qu'on avoit eu pour eux.

Explication illusoire du Traité de Partage fournie par la France.

Quoi qu'il en soit, Sa Majesté T. C. ne doutant pas que le Roi d'Angleterre & les Etats Généraux ne se formalisassent avec fondement, de ce qu'il eût accepté le Testament, en faveur de son Petit-Fils, au préjudice du Traité de Partage, & qu'irritez de cette violation, ils ne se missent en état de s'en vanger : ses Ministres s'aviserent, pour détourner l'orage de donner une nouvelle explication à ce Traité, après avoir pris avis des plus célèbres Jurisconsultes ; dans l'espérance que ces Puissances offensées s'y laisseroient éblouir, & ne songeroient à rien moins qu'à renouveller une guerre, dont on ne faisoit que de sortir. Pour cet effet le Comte de Briord, Ambassadeur de France auprès des Etats Généraux fut chargé de leur faire entendre, ,, que les motifs qui avoient porté le ,, Roi à faire le Traité de Partage, aiant ,, été de prévenir les troubles infinis, ,, dont l'Europe pouvoit être affligée, ,, Sa Majesté avoit remarqué qu'on par-
,, venoit à ce but avec moins de peine, ,, par l'acceptation du Testament. ,, Mais on en étoit bien éloigné, comme la suite l'a fait voir ; puisque par le Traité de Partage le Fils de l'Empereur aiant la plus grande partie de la Succession d'Espagne, se trouvoit en quelque façon satisfait ; au lieu qu'il avoit tout sujet de se plaindre du Testament qui ne lui laissoit rien, puisqu'il donnoit la possession entière de la Couronne d'Espagne au Duc d'Anjou : ce qui étoit capable de donner d'ailleurs de l'ombrage à la plûpart des Puissances de l'Europe, & de leur faire prendre des mesures pour l'empêcher. Le Comte de Tallard eut ordre de faire la même insinuation au Roi d'Angleterre, & de lui présenter une Lettre du Roi son Maître sur le même sujet.

Comme on étoit aveuglé par les raisons d'une prospérité, qui flatoit une ambition sans bornes, on s'imaginoit que les autres le fussent aussi ; mais on se trompoit fort. Le Roi d'Angleterre reçut l'explication du Comte de Tallard, avec une froideur égale à celle avec laquelle les Etats Généraux l'avoient reçuë du Comte de Briord ; & ces deux Puissances se préparèrent dès-lors à la guerre. Mais comme il faloit du tems pour se mettre en état, & que le Païs étant ouvert, le Roi pouvoit y faire marcher ses Troupes qui étoient déja sur pié, ils se servirent des voïes de la Négociation, auxquelles le Monarque François paroissoit disposé, connoissant l'insuffisance de ses forces, à s'opposer avec succès aux Puissances, qui alloient se liguer contre lui. En effet il rappela de Hollande le Comte de Briord, pour avoir traité d'une manière trop fière avec les Etats, & envoïa le Comte d'Avaux à sa place. Ce Ministre qui avoit été peu de tems auparavant Ambassadeur en cette Cour, en connoissoit mieux l'Esprit & le Gouvernement, & l'on se flatoit, que par son adresse il

Comment elle fut receuë du Roi d'Angleterre.

porterroit Leurs Hautes Puissances à terminer à l'amiable la contestation du Partage & du Testament ; mais il y avoit d'autant moins de sujet de l'espérer, que leurs intérêts & ceux de leurs Alliez y étoient entièrement contraires.

Le Roi T.C. attire l'Electeur de Bavière dans son Parti.

Le Roi ne comptoit pourtant pas si infailliblement sur cette Négociation, qu'il ne cherchât en même tems tous les moïens possibles de parer le coup, qu'il prévoïoit qu'on alloit lui porter. Et pour y réüssir, il attira dans son Alliance l'Electeur de Bavière * alors Gouverneur Général des Païs-Bas pour l'Espagne, par le moïen de plusieurs millions qu'il lui donna : se servant d'ailleurs, pour l'y engager, du mécontentement que ce Prince prétendoit avoir de la conduite du Roi d'Angleterre, & des Etats Généraux à son égard, sur la fin de la dernière guerre. Cet Electeur s'obligea ,, de ,, faire entrer un certain jour des Trou-,, pes Françoises dans toutes les Places ,, des Païs-Bas, & de permettre, après ,, qu'elles y seroient entrées, qu'on dé-,, sarmât les Troupes Etrangères. Il promit d'agir avec toutes ses forces contre les Ennemis du Roi : de porter ,, l'Electeur de Cologne, son Frère, à ,, embrasser les mêmes intérêts, & à re-,, cevoir les François dans les Villes de ,, son Electorat, qui seroient à leur bien-,, séance. Il consentit à recevoir dans ses ,, Etats un Corps de Troupes Françoises, ,, avec un Général de la même Nation ,, pour les commander, & pour agir de ,, concert avec les siennes, dont il se ,, serviroit, pour faire telle diversion ,, qui seroit jugée nécessaire, après avoir ,, fait en sorte de former dans l'Empire ,, un Parti avec les Cercles & les Prin-,, ces, sous le prétexte d'une Association ,, pour le maintien de la paix : moïe-,, nant quoi les deux Rois lui promi-,, rent, & à l'Electeur de Cologne, un ,, subside considérable leur vie durant,

* Maximilien Marie.

,, païable par quartier, s'engageant à ,, tous les fraix de la guerre que le Duc ,, de Bavière feroit dans ses Etats ; com-,, me aussi d'assurer le Gouvernement ,, des Païs-Bas à lui & à sa Postérité pour ,, toûjours, d'emploïer les armes des ,, deux Rois, pour réduire les Chapitres ,, de Cologne & de Liége, qui étoient ,, alors en division avec l'Electeur ; & ,, qu'on ne finiroit point la guerre, sans ,, la pratication de Son Altesse Elec-,, torale, & sans l'avoir rétabli dans ses ,, Etats, aussibien que son Frère, au cas ,, que les armes des Alliez s'en empa-,, rassent. ,, Cette précaution fut comme un pressentiment de ce qui devoit arriver à ces deux Princes.

De quelles espérances on le flata.

Le Duc de Bavière se rendit peu après *incognito* à la Cour de France, où il avoit été invité par les deux Rois. Le Roi d'Espagne avoit souhaité particulièrement d'avoir un entretien avec lui avant son départ, pour conférer sur plusieurs affaires particulières ; mais ce Monarque aiant été obligé de partir pour l'Espagne quelques jours avant l'arrivée de l'Electeur, comme nous l'allons dire, il laissa au Roi son Aïeul le soin de cette entrevuë, dans laquelle on flata l'ambition de l'Electeur de grandes espérances, même de celle de monter sur le Trône Impérial. Il parut s'y être laissé éblouïr, sans penser que la route qu'il prenoit, le conduiroit au même précipice où étoient tombez Jean-Frideric, Electeur de Saxe, & Frideric Prince Palatin du Rhin : dont le premier fut dépouillé de son Electorat par l'Empereur Charle-Quint, & l'autre par l'Empereur Ferdinand II. Le Traité & le voïage de l'Electeur furent si secrets ; que les Puissances qui étoient sur le point d'entrer en guerre avec la France, n'en eurent alors aucune connoissance. L'on n'en fut informé que quand le mal fut sans remède ; ce qui donna le tems de faire éclore des desseins qui sans cela auroient été d'abord renverzez & réduits en fumée, par les précautions de l'Empereur & de tout l'Empire, dont les deux Frères Electeurs se rendoient les Ennemis capitaux, en se joignant à une Puissance Etrangère contre l'intérêt commun.

Remontrances du Roi au nouveau Roi d'Espagne avant son départ.

Le nouveau Roi d'Espagne ne pouvant donc plus différer son départ pour Madrid, l'avoit fixé au 4. Decembre. Le Roi son Aïeul, & le Daufin son Père, prirent occasion de ce dernier adieu, pour lui marquer ce jour-là les sentimens les plus particuliers de leur cœur. Le premier lui présenta à signer un Traité d'Union & d'Alliance perpétuelle entre les deux Couronnes, après avoir eu avec lui une conversation de demi-heure, dans laquelle, voulant lui donner de nouvelles instructions sur sa conduite, ,, il lui dit, de se souvenir toute sa ,, vie qu'il étoit *Enfant de France* : qu'il ,, ne devoit jamais entrer dans les senti- ,, mens particuliers d'une Nation, qui ,, avoit toûjours été Ennemie irréconci- ,, liable de la Maison dont il sortoit, ,, pour faire la guerre un jour contre ses ,, Frères : qu'il devoit conserver la Mé- ,, moire des soins Paternels, qu'il avoit ,, pris pour l'élever au Trône d'une Mo- ,, narchie, qui comptoit plusieurs Roïau- ,, mes sous sa domination : que les bien- ,, faits qu'il venoit de recevoir de la ,, Couronne de France, devoient l'allier ,, avec elle pour toûjours : que l'union ,, réciproque des deux Monarchies feroit ,, tout son apuis, & le rendroit un jour ,, absolu en Espagne, comme lui l'étoit ,, en France : qu'il ne doutoit point que ,, son Règne ne fit dans les commence- ,, mens quelque peine à un Peuple at- ,, taché depuis long tems aux Princes ,, de la Maison d'Autriche, &c.

Traité qu'on lui fait signer.

Le Roi d'Espagne, aiant écouté ce discours, signa le Traité, par lequel il cédoit au Roi Très-Chrétien, & à la Couronne de France à perpétuité, les Païs-Bas & le Milanez, en considération des grandes dépenses que Louïs XIV. avoit faites pour l'élever sur le Trône d'Espagne. Le Roi s'engagea de son côté de donner un Equivalent au Duc de Bavière, & au Prince de Vaudemont, pour le Gouvernement perpétuel qu'ils avoient de ces deux Païs, Le Roi d'Es- ,, pagne promettoit de ne rien faire ,, pendant son Règne, & celui de ses ,, Successeurs, que de concert & suivant ,, les Conseils du Roi Très-Chrétien & ,, de ses Ministres ; & de ne permettre le ,, Commerce des Indes à aucune autre ,, Nation qu'aux François ,,. D'autre part Louis XIV. & ses Successeurs à la Couronne de France s'engageoient ,, de secourir de toutes leurs forces le ,, Roi Catholique, & ses Successeurs ,, dans toutes les guerres qu'ils entre- ,, prendroient, ou qui leur seroient décla- ,, rées par les Ennemis des deux Cou- ,, ronnes ,,.

Ce que lui dit le Daufin son Père.

Ce que le Daufin, Père du Roi d'Espagne, dit à ce jeune Monarque, quand il alla prendre congé de lui, fut à peu près dans le même sens. Il lui témoigna dans une entrevûë d'une heure ,, qu'il ,, devoit se souvenir toute sa vie du *Sa- ,, crifice généreux* qu'il venoit de faire ,, en sa faveur d'une Couronne, qui ,, lui apartenoit de droit ; mais qu'il ,, avoit bien voulu la lui céder, par ,, un motif de tendresse naturelle à un ,, Père pour son Fils : Qu'outre l'amour ,, paternel, des Raisons d'Etat l'avoient ,, porté à en user ainsi, pour prévenir des ,, guerres sans fin, que l'union aparen- ,, te des deux Monarchies, jointes en ,, sa Personne, lui auroit inmanquable- ,, ment attirées : Que quoique le pre- ,, mier Prétendant à cette Couronne, ,, & toûjours incertain de devenir ja- ,, mais Roi, il se faisoit cependant un ,, extrême plaisir de le voir sans jalousie ,, monter sur le Trône d'une des plus ,, puissante Monarchie du Monde: Qu'il ,, croïoit qu'il n'oublieroit jamais ce ,, bienfait: Qu'il ne lui demandoit pour ,, toute reconnoissance que de l'aimer ,, toûjours tendrement, & ses Frères,

H iiij

1700. „ aussi bien que la Couronne de Fran-
„ ce dont il étoit sorti, & avec laquelle
„ il devoit entretenir une perpétuelle
„ union.

Il part de France, & arrive en Espagne.
Après cela, la Cour aiant suivi le Roi d'Espagne jusqu'à Seaux à quelques lieuës de Versailles, ce Prince continua sa route, accompagné des Ducs de Bourgone & de Berri, ses deux Frères. Ils se séparèrent sur les limites des deux Etats; après quoi le nouveau Roi se rendit à Madrid le 19. Février 1701. Il avoit auparavant envoié ses ordres aux Régens du Roiaume, d'en faire retirer la Reine Douairière, sur une Lettre que lui écrivit le Cardinal Porto-Carrero, & qu'il avoit reçu à Tartas peu avant d'entrer en Espagne. Cette Princesse choisit pour son séjour la Ville de Tolède. Elle y fut suivie par l'Envoié du Prince Palatin son Frère, à qui on donna ordre de se retirer de la Cour, aussi bien qu'au Comte d'Aversberg, Ambassadeur de l'Empereur, qui se retira à Carmanchel à demi-lieuë de Madrid.

Changemens qu'il fait à son arrivée.
La disgrace de la Reine Douairière, causée par la suggestion de ses Ennemis, fut suivie de celle de D. Baltazar de Mendoça, Inquisiteur Général, qui fut relegué dans son Evêché de Segovie, & de celle du Père de las Torres, Confesseur du Roi Charles II. lequel eut ordre de se retirer dans son Couvent. Cette conduite d'un Prince, qui ne faisoit que de monter sur un Trône, qu'on prévoioit lui devoir être contesté, donna à penser à bien des gens de la Nation, qui regardèrent ce procédé, comme contraire aux idées avantageuses qu'ils s'étoient formées de son Gouvernement: ce qui en porta plusieurs à se déclarer en faveur de la Maison d'Autriche.

Récapitulation des principaux Evenemens de ce Siècle.
Ainsi finit le dix-septième Siècle par une Révolution, qui préparoit une ample matière à l'Histoire du Siècle suivant. Mais avant que de parler des suites de ce grand Evenement amené par divers dégrez au point où on le vit alors, jettons les yeux sur ce qui l'a précédé: remontons un peu plus haut par raport au Siècle où il est arrivé, pour en remarquer l'origine & le progrès. Chaque Siècle est une leçon pour celui qui le suit.

Réflexions de l'Auteur des Lettres sur les Matières du Tems.
Quoique le démembrement de l'Empire Romain eût sappé les fondemens d'une nouvelle Monarchie, il avoit néanmoins dans la suite donné lieu à l'élévation de deux grandes Puissances dans nôtre Occident, que l'on avoit regardées selon la pensée du Duc de Rohan, *comme les deux Poles, desquels descendent les influences de Paix & de Guerre sur les autres Etats*: Et cette Maxime avoit règlé jusqu'alors les intérêts des Princes, pour tenir la balance égale entre ces deux grandes Monarchies. Celle d'Espagne, comme un grand fleuve, s'étoit étenduë au long & au large, jusques dans le Nouveau Monde, sous le prétexte spécieux d'étendre *la Foi Catholique* suivant la Concession du Pape *Alexandre VI*.: source de richesses immenses & en même tems d'iniquitez & de cruautez énormes, par l'avidité de ceux à qui cette expédition fut commise! Sur quoi le fameux Evêque Don B. de las Casas adressa au Roi une sage & Chrétienne Remontrance, qu'on lit dans son Histoire, où, après avoir représenté combien les cris des Pauvres & des Malheureux attiroient la colère de Dieu sur les Peuples & sur les Rois, & que ces horribles excès ne pouvoient qu'attirer des châtimens sur toute l'Espagne; *Ceux*, ajoute-t-il, *qui viendront après nous, ne verront que trop la vérité de cette Prophétie*. L'émulation de la Maison de *Valois*, aidée par l'intérêt commun de quelques autres Puissances, fut une digue à la valeur & aux progrès de l'Empereur *Charles-Quint*, qui avoit hérité de ces vastes Etats. Mais le lustre de cette Maison, si féconde en Princes, dont elle donna l'un à la Pologne, se ternit par de sanglantes Tragédies, &
enfin

Henri IV. & Louis XIII. ébauchent le grand dessein de la Monarchie Universelle.

enfin s'éteignit tout d'un coup, pour faire place à la Maison de Bourbon, qui monta sur le Trône, quoi qu'éloignée du dix à l'onzième dégré, dont il n'y avoit jamais eu d'exemple en France.

Henri le Grand étoit *Protestant*, lorsqu'il parvint à la Couronne; mais il cessa de l'être pour se la conserver contre les desseins de la fameuse *Ligue Catholique*. Il mit fin à l'horreur des guerres civiles, dont il recueillit le débris; & se souvenant de ceux qui l'avoient soûtenu, il rétablit la paix au dedans & au dehors, rendit en peu d'années le Roïaume florissant, & se mit en état de se rendre à son tour redoutable à ses Ennemis. L'Histoire a conservé le grand projet qu'il avoit formé au commencement du dernier Siècle, sous le prétexte spécieux *de réduire la Maison d'Autriche dans les bornes de l'Espagne & de ses Terres Héréditaires*. Mais sur le point que ce grand projet alloit éclore, il s'évanoüit tout d'un coup par un accident déplorable, qui finit les jours de ce grand Prince. *Louis XIII.* son Fils ne put reprendre sitôt ce dessein, à cause de sa Minorité, traversée par l'ambition des Grans & des Favoris. Tout demeura suspendu par la conclusion d'un double Mariage entre les deux Couronnes. L'Espagne qui n'a point de *Loi Salique*, exigea une Rénonciation de l'Infante *Anne d'Autriche*, pour garder l'égalité entre ces deux Couronnes rivales & incompatibles: foible rempart, comme la suite l'a fait voir! Le Cardinal de *Richelieu*, parvenu au Ministère, montra bientôt ce qu'un grand Génie étoit capable d'entreprendre & d'exécuter. Il abaissa les Grans, éleva l'Autorité Roïale; puis tournant ses vûës contre la Maison d'Autriche, il excita ce grand mouvement qu'on vit alors dans toute l'Europe, & malgré les épines qu'il trouvoit sous ses pas à la Cour, il fraïa le chemin à tout ce que nous voïons aujourd'hui. Mais sa mort, suivie de celle du Roi, changea pour un tems la face des affaires.

Louis le Grand parvenu à la Couronne dans son bas âge, sous la Régence de la Reine sa Mère, sous le Ministère du Cardinal *Mazarin*; eut d'abord des commencemens glorieux, mais ensuite troublez par une guerre civile, qui mit sa Couronne en péril, & donna lieu aux Protestans d'y signaler leur fidélité; quoique dans la suite elle n'aît pu les garantir de leur ruïne. La paix de *Munster* qui mit fin aux troubles d'Allemagne, & affermit les Provinces-Unies, fut, suivie quelques années après de celle des *Pirenées*, & du Mariage du Roi T. C. avec l'infante Marie Therèse: source de nouvelles prétentions & de nouveaux démêlez. L'Espagne crut alors y avoir fermé la porte, avec le sceau d'une Rénonciation solemnelle; mais elle la vit bien tôt ouvrir, après la mort de Philipe IV. La France avoit eu le tems de reprendre de nouvelles forces; les affaires avoient changé de face en Angleterre, par le rétablissement du Roi *Charles II*. après une terrible catastrophe; le pouvoir du Roi T. C. dans ses Etats n'avoit plus d'autres bornes que sa volonté; & la conjoncture favorisoit de tous côtez l'exécution des grans desseins de son Aïeul. Ainsi rien ne parut impossible à ce grand Monarque, non pas même de rendre la France *toute Catholique*: Réünion, qui (au jugement de Mr. Talon dans l'Arêt du 23. Janvier 1688) *paroissoit non seulement aux Politiques, mais aux Personnes les plus pieuses & les plus zélées, un Projet également chimerique & dangereux*; & qui en effet eût été digne d'une louange immortelle, si l'esprit de l'Evangile en eût dirigé le plan & l'exécution, dans ceux qui en avoient le soin, au lieu du renversement de *l'edit de Nantes*, & de tant de moïens crians, pratiquez pour faire des Conversions, qui n'en-ont encore aujourd'hui que le nom.

Louis XIV. l'achève en quelque manière.

Tom III.

1700.

Sa trop grande Puissance réunit toute l'Europe contre lui

Les suites ont fait voir dans le cours de près de 40. ans, quels ont été les effets que cette grande Puissance a fait sentir à tous les autres Etats & combien d'efforts il a falu multiplier à proportion du délai, pour ramener l'équilibre. L'orage n'étoit pas dissipé dans un lieu qu'il éclatoit dans un autre. Rome, Gènes, le Païs-Bas, la Franche-Comté, la Lorraine, l'Alsace, la Hollande, l'Angleterre, l'Allemagne, l'Italie, éprouvèrent successivement ou conjointement le poids de cette Puissance. Ce fut ce péril commun, qui, après avoir redonné un *Stathouder* à la Hollande, surmonta tous les obstacles qui rendoient l'union comme impossible; qui donna un Electeur de Cologne, un Prince de Liège, un Roi à l'Angleterre, un Roi des Romains à l'Empire, un Gouverneur dans les Païs-Bas, & même en dernier lieu un Roi à la Pologne; & qui enfin après tant de Traitez impuissans & équivoques, produisit les grandes Restitutions portées par le Traité de Risvvick.

Il obtient par une Révolution surprenante ce qu'on lui avoit disputé par tant de guerres

Mais, chose admirable & surprenante ! ce que la France avoit tenté vainement à force ouverte, par tant de guerres successives, elle l'obtint depuis cette dernière paix, qui avoit redonné du crédit à ses Négociations, & relâché les ressorts de l'union. L'Espagne, pour qui tant de coups avoient été frapez, étoit arrivée à ce moment fatal, qui devoit éteindre par la mort de *Charles II.* cette branche de la Maison d'Autriche, pour faire monter sur son Trône la Maison de Bourbon, quoi que l'autre branche Imperiale d'Autriche, féconde en Héritiers, fût devenuë plus libre & plus dégagée que jamais par la paix avec le Turc. Le Traité de Partage concerté avec la France & ses Alliez, pour trouver un équilibre entre les deux Puissances concurrentes, s'évanouït à la vuë d'un Testament, qui accordoit tout à l'une au préjudice de l'autre. La porte qui avoit été fermée par les Rénonciations, venoit d'être ouverte par ce Testament; & la Maison de Bourbon se vit Héritière d'une si vaste Succession, qui lui avoit coûté depuis un Siècle tant d'épuisemens & de guerres.

1700.

La France montée par là au plus haut période de sa grandeur.

Ce fut par ce grand & extraordinaire événement que commença ce nouveau Siècle. Le Roi Philippe V. fut mis en possession de la Monarchie Espagnole sans aucune contradiction, avant que l'Empereur eût le tems de se reconnoître & de s'y oposer, ni qu'aucune Puissance fût en état de le secourir. Tout réüssit selon les souhaits de la France, & ce fût là le plus haut période de son bonheur; si pourtant on doit appeler de ce nom une prospérité aparente, qui renfermoit tant d'épines, comme la suite l'a fait voir. Chacun regarda cette conjoncture, comme un tems de crise pour la perte ou le salut de l'Europe; mais il étoit impossible de prévoir de quel côté les choses tourneroient, tant il y avoit de difficultez & d'embarras comme insurmontables. Le peril étoit évident en ne s'oposant point à un torrent, qui commençoit à inonder les Etats voisins; mais il n'y avoit pas moins de péril à s'y oposer foiblement, & les dispositions n'étoient pas telles qu'il eût été à souhaiter, pour remedier à un mal si pressant. La paix de Risvvick avoit desarmé & desuni les Alliez: la France avoit conservé ses forces, & avoit trouvé le secret de gagner plusieurs Cours. L'Empire se trouvoit partagé, & l'Empereur n'étoit pas en état de poursuivre ses droits sans secours. Les Provinces-Unies qui se trouvoient les plus exposées, se voïoient menacées d'invasion; & comme naturellement elles sont portées à la paix, elles paroissoient peu disposées à rentrer dans une nouvelle guerre, sans une necessité indispensable. L'Angleterre se trouvoit dans les mêmes dispositions, & on voïoit en general que la Nation étoit plus portée à se tenir sur la défensive, qu'à agir offensivement.

1700.
Moïens qu'elle met en usage pour prévenir une nouvelle Ligue.

Les choses étant dans cet état, la France crut qu'il ne lui restoit pas beaucoup à faire, pour parvenir à ses desseins; & que d'un côté en intimidant par ses Troupes, & de l'autre en parlant de paix ou de neutralité elle previendroit une nouvelle Ligue avec l'Empereur, & par là seroit en état de mepriser ses forces. C'est pour cela que le Roi T. C. muni d'un plein-pouvoir des Regens d'Espagne, envoïa ses Troupes dans le Milanez & dans le Païs-Bas pour en prendre possession au nom du Roi son petit-Fils. Il fit sortir les Troupes Hollandoises des Places qu'elles occupoient : il se saisit de Mons, de Charleroi, de Namur, & il anéantit la fameuse Barrière, qui avoit été stipulée & confirmée par tant de Traitez. Le prétexte fut que les Etats Generaux n'avoient pas reconnu le Roi d'Espagne; mais ce prétexte fut levé par une reconnoissance, aux conditions de donner à l'Empereur une satisfaction

Distinction qu'elle fait entre l'esprit & les Termes de ses Traitez.

juste & raisonnable, & de rétablir la Barrière.

On vit en même tems les Ministres de France dans les Cours Etrangères, ouvrir une nouvelle scène bien différente de celle de l'année dernière, lorsqu'ils avoient invité les Puissances d'entrer dans le Traité de Partage *pour le maintien de la paix*. Ces Ministres, chargez de nouvelles instructions, changèrent aussi de langage, & firent entendre que l'union des deux Couronnes étoit l'unique soutien de la paix. On leur oposa les promesses nouvellement réiterées, de s'entenir au Traité de Partage. Ils repondirent par une distinction *de l'Esprit & des Termes du Traité.*

elle refuse de donner satisfaction à l'Empereur.

L'étonnement fut général, & chacun en comprit les conséquences. Les Etats Generaux, de concert avec le Roi de la Grande Bretagne, firent tous leurs efforts pour détourner l'orage qui menaçoit toute l'Europe. Ce Monarque, plus attentif au bien commun, qu'au ressentiment de l'injure qui lui étoit faite sur le Traité de Partage, & Leurs Hautes Puissances le secondant dans le même esprit, n'oublièrent rien pour tâcher de moïenner un accommodement, avant que les affaires s'engageassent plus loin; & l'on peut dire que c'étoit alors le tems favorable, & l'occasion la plus convenable que l'on pût souhaiter. M. le Comte d'Avaux fut, comme je l'ai dit, envoïé en Hollande, où sa venue fut extrèmement agreable. On eut avec lui plusieurs Conferences, & rien ne manqua du côté de la Negociation; mais ses ordres ne s'étant pas étendus plus loin, que la sureté particulière & les interêts separez de cet Etat, L.H.P. firent connoître, que leur sureté particulière ne pouvoit se trouver que dans la paix generale, & que celle-ci ne pouvoit avoir lieu qu'avec la satisfaction de l'Empereur. La Cour de France ne voulut pas donner les mains à ce point décisif, ni entrer en aucun expedient à l'égard de S. M. I. Ainsi toutes les tentatives furent inutiles, & M. le Comte d'Avaux partit sans pouvoir rien conclure, au grand regret de tous ceux qui souhaitoient une bonne paix.

Le Roi d'Angleterre se dispose à défendre les Etats Généraux.

Ce fut alors que le Roi d'Angleterre passa en Hollande, pour y voir la disposition des affaires, & se mettre en état de parvenir par la force au but, où il n'avoit pu arriver par la Negociation. Il alla d'abord visiter Breda, Berg-op-Zoom, le Fort de l'Ecluse & quelques autres Places frontières des Provinces-Unies, d'où aiant passé dans la Gueldre, il y fit la revûe des Troupes des Etats, & alla dans toutes les Places de cette Province. Tandis que ce Monarque prenoit ces precautions en faveur des Hollandois pour résister aux efforts que le Roi pouvoit faire contr'eux, le Parlement d'Angleterre disposoit toutes choses pour leur secours suivant les Traitez d'Alliance des deux Nations, a près avoir marqué son indignation con-

1700. tre le procedé du Roi T. C., & desaprouvé le Traité de Partage, qui jusqu'alors n'étoit point venu à sa connoissance. Il fut jugé prejudiciable, non seulement à la Grande Bretagne mais même toute à l'Europe ; puisqu'ajoûtant à la France les Roïaumes de Sicile & de Naples, divers Ports de la Méditerrannée, la Province de Guipuscoa; & toute la Lorraine, il tendoit directement à augmenter le pouvoir & la grandeur de cette Couronne, & contribuoit à la rüine du Commerce de la Nation Angloise. La Chambre des Communes poussa même la chose si avant, qu'elle demanda l'éloignement du Comte de Porland, de Milord Jean Sommers, d'Edouard, Comte d'Oxford, & du Marquis d'Halifax, de la Cour & du Conseil du Roi, pour lui avoir conseillé d'entrer dans ce Traité.

On se prepare de tous côtez à la guerre.

Les préparatifs de part & d'autre pour une guerre, qui menaçoit l'Europe entière, jetterent la consternation parmi les Peuples; mais ceux de France eurent d'autant plus de sujet de s'en allarmer, qu'ils n'avoient pas les mêmes raisons que leurs Voisins, pour s'engager dans une querelle, qui n'interessoit que leur Monarque, dont l'agrandissement & la puissance ne tendoient qu'à oprimer de plus en plus leur liberté. Aussi la dernière paix leur avoit-elle causé peu de joïe, par un pressentiment des nouveaux malheurs aux-quels ils alloient être exposez. A peine avoient-ils eu le tems de respirer, & de goûter les douceurs de la tranquillité; puisqu'ils s'étoient vûs obligez de païer les mêmes impôts, les mêmes charges, & les mêmes subsides. Il n'y eut que la Capitation, dont ils furent soûlagez pendant quelque tems; mais le Roi la renouvella cette année. Il haussa la Monoïe à son profit, & créa de nouvelles Charges dans les Villes, dans les Bourgs, & dans les Villages même. C'est ainsi qu'il se préparoit à la guerre, qui étoit devenüe inévitable, par le peû d'égard qu'il avoit eu pour les remontrances du Roi d'Angleterre & des Etats Généraux, qu'il avoit jouez d'une manière si injurieuse. Car non content d'avoir pris possession de toutes les Places des Païs-Bas apartenant à l'Espagne, & d'y avoir mis Garnison ; il fit marcher des Corps considérables de Troupes, & tirer une Ligne depuis l'Escaut près d'Anvers jusqu'à la Meuse, & une autre d'Anvers à Ostende: Il établit de grans magazins en Flandre, en Brabant, en Gueldre, & à Namur, & fit des tentatives auprès de plusieurs Princes d'Allemagne, & d'Italie, pour les attirer dans ses intérêts, ou les engager à demeurer Neutres.

Cependant l'Empereur, comme la Partie principale & la plus intéressée, publia d'abord un manifeste contre les prétensions de la France, & commença à faire valoir ses droits sur le Duché de Milan, qui étant un Fief de l'Empire, sujet au droit de Réversion à défaut d'Hoirs mâles, lui étoit dévolu par la mort du Roi d'Espagne. Il en informa le Pape, aussi bien que les Princes & les Républiques d'Italie, & fit déclarer son droit au Prince de Vaudemont, Gouverneur du Milanez, & aux Etats du Païs assemblez à ce sujet. Il les somma de le reconnoître, & de lui prêter Foi & Hommage, mais ce fut inutilement. Le Prince étoit trop dévoüé aux intérêts de la France, pour prendre un autre parti ; & les Peuples, quelque bien intentionnez qu'ils fussent pour l'Empereur, n'étoient pas libres de suivre leur penchant : leur païs étant rempli de Troupes Françoises.

L'Empereur fait publier un Manifeste contre les prétensions de la France.

Le Roi prévoïoit bien que l'Empereur ne pouvant se faire faire raison par la voie des Négociations, auroit enfin recours à la force, & comme il se défioit de celles qu'il avoit à lui oposer, il pressa les Venitiens & les autres Puissances d'Italie, d'entrer dans son Parti, sous le prétexte de leur commune défense. Mais les démarches du Cardinal d'Etrées, & du Comte de Tessé, ses

Les Ducs de Mantoüe & de Savoïe suivent le parti du Roi.

1701. Miniſtres, n'eurent pas tout le ſuccez qu'il en avoit eſperé. Toute l'Italie embraſſa la Neutralité, excepté les Ducs de Mantouë & de Savoye. Le premier, moins éfrayé des menaces ſimulées du Prince de Vaudemont, & du Comte de Teſſé, que gagné par les promeſſes du Roi, qui lui donna enſuite ſix cens mille francs, reçût Garniſon Françoiſe dans ſa Capitale. Le ſecond ne put reſiſter aux offres avantageuſes qu'on lui fit de le déclarer Generaliſſime des Armées du Roi en Italie, avec une penſion de cinquante mille écus par mois, & de marier ſa ſeconde Fille au nouveau Roi d'Eſpagne, dès qu'il ſeroit monté ſur le Trône. Il ſemble que le Duc de Savoye fit en cela une démarche opoſée à la bonne Politique. Car la Couronne d'Eſpagne lui étant ſubſtituée après la mort de l'Empereur & de ſes Enfans, il devoit non-ſeulement ne pas entrer dans l'Alliance de la France, ni demeurer dans la Neutralité, mais prendre ouvertement le Parti de l'Empereur, & l'aider de toutes ſes forces à ſoûtenir ſes droits ſur une Succeſſion, à laquelle il avoit lui-même tant de part. En éfet le Roi des Romains n'avoit point d'Enfans, & l'Archiduc ſon Frere n'étoit pas encore marié; ce qui aprochoit fort le Duc de Savoye de la Couronne d'Eſpagne. Au lieu qu'il s'en voyoit exclus, ou du moins fort éloigné, ſi elle demeuroit à la Maiſon de France, à cauſe des prétentions des Ducs de Berri & de Chartres, au défaut deſquels, & de leurs Enfans, l'Archiduc étoit en droit, même ſelon les François, de ſucceder.

L'Empereur ſe met en état d'agir, & chargé le Prince Eugene. Durant ce tems-là l'Empereur s'étoit mis en état d'agir. Il avoit reſolu d'envoyer une Armée en Italie pour la défenſe de ſes droits, & pour encourager les autres Puiſſances. Il avoit chargé le Prince Eugene de cette importante Négociation; & ce Prince, inſtruit par le paſſé de tout ce qu'il faloit pour la faire réüſſir, partit muni du pouvoir & des ordres neceſſaires pour l'execution. Toutes les aparences lui étoient contraires, les François s'étoient emparé de tous les paſſages de l'Etat Venitien. Leur Armée ſuperieure en nombre jouiſſoit de toutes les commoditez du Milanez & des Etats voiſins. Elle étoit commandée par le Maréchal de Catinat, Capitaine auſſi experimenté, qu'il avoit été heureux juſques-là dans ſes entrepriſes; & le Duc de Savoye étoit à portée de le joindre avec ſes forces en qualité de Generaliſſime. 1701. *des ſes ordres.*

On étoit ſi peu allarmé en France de la marche du Prince Eugene, que l'on ne croyoit pas même qu'il lui fût poſſible de penetrer en Italie, & ſon projet étoit regardé comme chimerique. Cependant à l'arrivée de ce Prince ſur la frontiere, toutes les difficultez s'évanoüiſſent. Il ſe fait une nouvelle route à travers des lieux inacceſſibles: il penetre dans le Païs, amuſe les François par des feintes, & pendant qu'on l'atendoit où il n'alloit pas, il tombe ſur Carpi où il n'étoit pas attendu. Le Maréchal de Catinat s'y étoit retiré. Les Imperiaux l'y attaquent ſans perdre de tems, nonobſtant l'inégalité du terrain, les ravines, les marais, & les brouſſailles qu'il faloit franchir. Le choc fut d'abord rude, & un Regiment de Cuiraſſiers des Imperiaux, qui s'étoit écarté des autres pour n'avoir pas vû la Ligne, eſſuya un grand feu des François, & fut fort maltraité. Mais l'Infanterie Imperiale étant venuë à ſon ſecours, les arrêta tout d'un coup & les repouſſa enſuite. Le Prince Eugene étant ſurvenu avec de nouvelles Troupes les chaſſa de leur Poſte qu'ils abandonnerent avec précipitation, laiſſant près de deux mille hommes ſur le champ de bataille, & quantité d'Officiers. Les principaux furent le Chevalier d'Albret, Fils du Duc de Luines, & le Sieur du Cam- *Avantage remporté par ce General.*

I iij

1701. bout, Colonels: les Imperiaux perdirent quatre cens hommes, sans les blessez. Le Prince Eugene reçut un coup de feu à la jambe, dans le tems qu'il animoit ses Troupes à forcer les obstacles qui arrêtoient sa victoire.

Le Maréchal de Catinat s'y opose inutilement.

Le Maréchal de Catinat s'étant retiré ensuite à St Pierre de Legnano, en décampa la même nuit, & marcha vers les bords du Mincio, après avoir abandonné tous les Postes qu'il avoit ocupez jusqu'à Verone. L'aproche des Imperiaux lui fit peu après quiter son Camp de Villa Franca, & passer cette Riviere pour s'avancer vers Goito dans le Mantouan, resolu de disputer de là l'entrée de ce Pais aux Imperiaux; mais toutes ses mesures, ni l'arrivée du Duc de Savoye qui joignit dans ce tems-là l'Armée Françoise, avec six à sept mille hommes de ses Troupes, ne purent arrêter le Prince Eugene. Il passe le Mincio à la vûë de cette Armée, après avoir nétoyé l'Adige, & prend enfin poste près de l'Oglio, où il assure la subsistance de son Armée, & se met en état de harceler sans cesse les François.

Le Maréchal de Villeroi lui est envoyé pour Adjoint.

Un progrès si surprenant causa quelque alteration parmi les Generaux des deux Couronnes, jusques-là que les amis du Maréchal de Catinat craignirent, qu'il n'en rejaillit quelque chose sur lui. C'est l'effet ordinaire de l'injustice, qui acompagne les mauvais succez, sur tout après une longue prosperité; les flateurs enchainent la fortune au char des Heros; mais ceux qui sont au timon des affaires, & qui connoissent la vicissitude des choses humaines sentent le ridicule de cette flaterie. La suite du tems a fait l'apologie de ce General, dont les vûës penetrantes le portoient à ne rien hazarder sans necessité, & le Roi son Maître lui a rendu justice. Cependant sur les premiers avis, le Maréchal de Villeroi fut rapelé en Cour, & envoyé en Italie pour Adjoint,

HISTOIRE DE

avec ordre d'aller ataquer les Imperiaux, & de les forcer dans leur Camp.

Cet ordre s'execute: l'Armée des deux Couronnes, fortifiée par la jonction des Troupes de Savoye, passe l'Oglio sans oposition; le Prince Eugene l'atend de pied ferme, & renforce le Poste de Chiari. Ce Poste est ataqué avec vigueur, mais avec un mauvais succez, qui ôte aux deux Rois l'envie de revenir à la charge, & le moyen de repasser l'Oglio avec la même facilité. En effet les François ayant d'abord chassé les Imperiaux de leurs Postes avancez, attaquerent & forcerent leurs Retranchemens par la droite; mais n'ayant pas eu le même succez à la gauche, ils furent repoussez & obligez de se retirer. Ils se mirent ensuite en bataille à la portée du mousquet, où après avoir essuyé un grand feu, ils furent fort maltraitez, & perdirent beaucoup de monde. Le Prince Eugene profitant de leur désordre, fit attaquer en-même-tems les Postes qu'ils avoient ocupez au commencement de l'action, que les Imperiaux forcerent après quelque résistance, & après avoir taillé en pieces une partie de ceux qui les défendoient. La confusion fut si grande parmi les Irlandois des Troupes Françoises; à l'ataque d'un moulin qu'un Bataillon des Imperiaux défendoit après l'avoir repris, que les deux Partis l'abandonnerent pêle-mêle.

Autres avantages du General des Impériaux.

Pendant que cela se passoit à la droite des Imperiaux, le Maréchal de Villeroi ne se rebutant point des premiers désavantages de ses Troupes, fit attaquer la gauche par la plus grande partie de l'Armée. Mais le Prince Eugene ayant laissé aprocher bien près les François, fit faire sur eux une décharge de Canon & de Mousqueterie, avec tant de succez, qu'ils furent mis en désordre & obligez de se retirer, laissant deux à trois mille morts sur le champ de ba-

Les Generaux François sôt battus.

LOUIS XIV Liv. XIII.

1701. taille, & un plus grand nombre de bleſſez. Le Maréchal de Catinat, & le Comte de Schulembourg, General des Troupes de Savoye, furent du nombre de ceux-ci, avec le Marquis de Drui, & le Comte d'Eſtaing. Parmi les premiers ſe trouverent le Sieur de la Chaſſagne, Brigadier d'Infanterie, les Sieurs de Chatelus & de Boude, Colonels, & Rouſſel Officier d'Artillerie. Les Imperiaux eurent trois cens hommes tuez ou bleſſez: leur General y aquit une gloire peu commune.

Le Prince Eugene acheve de les déconcerter.

Les Generaux François allerent peu après camper à deux lieuës de là, dans la crainte que les Impériaux profitant de leur victoire ne ſe miſſent à les pourſuivre. Mais l'Armée Françoiſe s'étant remiſe de la conſternation où l'avoit jettée la derniere affaire; elle ſe raprocha de l'Oglio, pour ocuper ſon premier Camp d'Urago, dans le tems que les Impériaux étoient encore aux environs de Chiari. Le Maréchal de Villeroi jugeant qu'ils ſeroient obligez de décamper au plûtôt, à cauſe de la ſituation incommode où ils ſe trouvoient, & qu'ils manquoient de beaucoup de choſes neceſſaires, crut qu'il pourroit les charger dans leur retraite. Pour cet éfet il reſolut de ne point quiter le Camp qu'il ocupoit, nonobſtant la rigueur de la ſaiſon; mais le Prince Eugene ayant penetré ſon deſſein, ſe mit en état de rompre ſes meſures, en faiſant faire des baraques & prenant toutes les précautions neceſſaires, pour mettre ſes Soldats & ſes Chevaux à couvert des injures de l'air.

Le Prince de Vaudemont réporte de ſon côté quelques avantages.

Pendant ce tems-là le Prince Thomas de Vaudemont ayant été détaché avec quinze cens Cavaliers & huit cens hommes de pied, paſſa la Riviere d'Adda à un gué, où il n'y avoit point de Gardes, & ſurprit deux Régimens de Cavalerie & de Dragons Eſpagnols, commandez par le Marquis de Monroi, qui furent tous tuez ou faits priſonniers; les Impériaux firent un butin conſiderable en cette ocaſion. Les François s'en vangerent peu après en détruiſant les magazins, que le Prince Eugene avoit à Cavarzere dans les Etats de la République de Veniſe, & à Cividato, dont ils enleverent les grains & les fourrages. Cette perte des Impériaux fut en quelque façon reparée par la défaite de ſix Eſcadrons François, commandez par le Sieur de Coq-fontaine. Trois mille Cavaliers Allemans firent cette expédition. Le Comte de Montrevel y fut tué, & le Chevalier de la Barben fait priſonnier.

Les François ne pouvant plus reſiſter au mauvais tems dans leur Camp d'Urago, le quitterent enfin, & repaſſerent l'Oglio. Les Impériaux avertis de leur marche chargerent une partie de l'Arriere-garde; le Maréchal de Catinat y fut bleſſé; mais la diligence avec laquelle les François marchoient, & l'avance qu'ils avoient déja ne pouvant permettre au Prince Eugene de les pourſuivre, il fit rebrouſſer chemin à ſes Troupes, après avoir été juſqu'au Camp que les François venoient d'abandonner. Il quitta peu après le ſien, & prit ſa marche dans le Mantouan, où il y avoit quelques Troupes des deux Couronnes. Il obligea Fontanella de ſe rendre; aſſiegea Caneto qu'il emporta au bout de quatre jours, & y fit ſept cens Priſonniers, ſans que les François, qui étoient aux environs, au nombre de quinze mille hommes, ſe miſſent en état de s'y opoſer. Il fit enſuite entrer des Troupes dans Guaſtalle.

L'arriere-garde des François eſt chargée en repaſſat l'Oglio.

Les François s'étoient ſaiſis de la Mirandole au commencement de la Campagne; mais le General des Impéraux ayant fait connoître à la Princeſſe, Tutrice du Souverain * de cet Etat, le danger où il étoit d'être ravagé par les Troupes Impériales, ſi elle ne faiſoit

Les Impériaux entrent dans la Mirandole.

——————
* *Jean François-Marie Pic.*

en sorte de les introduire dans cette Place ; il la fit consentir d'y laisser entrer un nombre considerable d'Allemans déguisez, qui s'étant saisis de toutes les avenuës, dans le tems que le Sieur de la Citardie, Commandant des Troupes Françoises, dînoit chez la Princesse qui l'avoit invité à dessein, cet Officier fut obligé de se retirer avec ses Troupes, dans l'impuissance où il étoit de se défendre : trop satisfait encore que le Prince Eugene lui donnât un Passeport pour lui & pour les siens.

Mort de Monsieur Frere du Roi.
Pendant ces événemens, où parmi tant de choses si surprenantes, on vit une paix sans repos, une guerre sans rupture, & une Campagne sans quartier d'hiver : Monsieur, frere unique du Roi, mourut à Saint Clou le 9. de Juin, âgé de soixante ans & huit mois. Ce Prince se nommoit Philippe, Duc d'Orléans, de Valois, de Nemours, & de Montpensier. Il avoit épousé en premieres nôces Madame Henriette d'Angleterre, & en secondes nôces Madame Charlote Elizabeth, Princesse Palatine. Ce Prince avoit eu quinze jours auparavant une ataque considerable d'Apoplexie. Il laissa trois enfans, savoir Philippe Duc de Chartres, aujourd hui Duc d'Orleans & Regent de France, la Duchesse de Savoye, & la Duchesse de Lorraine.

Mort du Roi Jaques II.
Sa mort fut quelques mois après suivie de celle de Jaques II. Roi d'Angleterre, arrivée à Saint Germain le 16. Septembre à quatre heures du matin. Le Roi lui avoit rendu visite le 13. & ayant fait apeller la Reine, le Prince leur Fils & tous les Lords de leur Cour, leur avoit déclaré que si Dieu apeloit le Roi Jaques, *il reconnoîtroit le Prince de Galles pour legitime Successeur des Couronnes d'Angleterre, d'Ecosse & d'Irlande, & qu'il lui feroit les mêmes traitemens qu'il avoit faits au Roi son Pere.* Ce qui fut executé en éfet aussi-tôt après sa mort. Le Corps du défunt fut porté aux Benedictins Anglois du Faubourg St Jaques, où il fut long tems exposé à la dévotion du Peuple credule, qui lui attribuë plusieurs miracles. Le Prince de Galles, * nommé Jaques-François Edouard, fut aussi-tôt apelé en France *Jâques III. Roi d'Angleterre & Jâques VIII. pour l'Ecosse*. La pensée de S. M. T. C. en cette ocasion fut, que l'idée d'un nouveau Roi seroit capable de produire des divisions en Angleterre, ne doutant point que ceux qui étoient peu affectionnez au Roi Guillaume ne prissent de là ocasion de se déclarer ouvertement.

Déclaration du Roi T. C. en faveur du Prince de Galles.
Cependant pour en ôter le soupçon au Public, il déclara *qu'il ne prétendoit en aucune maniere par cette reconnoissance troubler le Gouvernement de Guillaume, Roi de la Grande-Bretagne.* Il envoya en même-tems à la plûpart de ses Ministres dans les Cours Etrangeres, & même à celui qu'il avoit à Londres, une Lettre Circulaire par laquelle il marquoit : ,, que le Prince de Galles ,, ayant pris le titre de Roi d'Angleter- ,, re, aussi-tôt après la mort de son Pe- ,, re, comme son Fils & son Héritier, ,, il n'avoit pas fait difficulté de le re- ,, connoître en cette qualité, comme ,, il le lui avoit promis quelque-tems ,, même avant la mort du Roi Jaques ; ,, que l'ayant toûjours traité de *Prince* ,, *de Galles*, la conséquence étoit natu- ,, relle de l'apeler Roi d'Angleterre ,, après la mort de son Pere : que nulle ,, raison ne s'y oposoit, puisqu'il n'y ,, avoit point d'engagement contraire ; ,, & qu'il étoit certain qu'on n'en trou- ,, voit point dans le Traité de Risuvick ; ,, l'Article IV. de ce Traité portant ,, seulement que *Sa Majesté Très-Chré-* ,, *tienne ne troubleroit point le Roi de la* ,, *Grande-Bretagne dans la possession pai-* ,, *sible de ses Etats, & qu'elle n'assiste-* ,, *roit ni de Troupes, ni de Vaisseaux,* ni

* *Ce Prince étoit né le* 20. *Juin* 1688.

,, d'au

LOUIS XIV. Liv. XIII.

1701.

Comment elle fut reçûë en Angleterre.

« *d'autres secours*, *ceux qui le voudroient inquieter* : Que son intention étoit d'observer ponctuellement cet Article, & qu'il étoit sûr que le titre de Roi d'Angleterre, que le Prince de Galles ne pouvoit se dispenser de prendre, ne lui procureroit d'autre secours, que ceux que le feu Roi son Pere en recevoit depuis le Traité de Risuvick, seulement pour la subsistance, & le soulagement de ses malheurs : que sa generosité ne lui avoit pû permettre d'abandonner ce Prince, ni sa Famille : qu'il n'étoit point Juge entre le Roi de la Grande Bretagne, & le Prince de Galles : qu'il ne pouvoit décider contre ce dernier en lui refusant un titre que sa naissance lui donnoit ; qu'enfin il suffisoit qu'il observât exactement le Traité de Risuvick, & qu'il s'en tînt précisément aux termes de ce Traité, dans un tems où la conduite du Roi de la Grande-Bretagne & des Etats Generaux, la sortie de leur Flote, les assistances secrettes qu'ils donnoient à l'Empereur, les Déclarations qu'ils faisoient en faveur de ce Prince, & les Troupes qu'ils levoient de tous côtez, pouvoient être regardez avec bien plus de raison, comme une veritable contravention au Traité. Qu'au reste il n'étoit pas nouveau qu'on donnât aux enfans les titres des Royaumes que les Rois leurs Peres avoient perdus. »

On citoit ensuite des exemples pour prouver cette conduite ; mais quelques plausibles que parussent ces raisons, quoique peu solides, comme cependant elles ne peurent empêcher qu'on ne connût le motif de celui qui les alléguoit pour se justifier, on n'y eut aucun égard. Le Roi d'Angleterre qui étoit encore en Hollande, ayant apris cette démarche du Roi T. C. envoya ordre au Comte de Manchester, son Ambassadeur en France, de se retirer incessamment ; ce qu'il fit sans prendre congé.

L'Ambassadeur de Fr. à Londres ayant dans ce tems-là presenté au Secretaire d'Etat la Lettre circulaire dont j'ai fait mention, les Régens du Royaume en l'absence du Roi, lui ordonnerent de sortir, sans differer, des Iles Britanniques, & son Secretaire fut mis en prison pour avoir fait imprimer la Lettre.

Adresses presentées au Roi Guillaume sur ce sujet.

Le Roi Guillaume étant peu après retourné en Angleterre, toutes les Provinces, les Villes, les principaux Bourgs, & tous les Corps du Royaume lui presenterent des Adresses, par lesquelles ils témoignoient leur indignation contre le procedé de la Cour de France, qu'ils traitoient de *Présomption*, de *Perfidie*, d'*Audace*, & même d'*Insolence*. Le Roi Guillaume reçût en ce tems-là une Lettre du nouveau Roi d'Espagne, au sujet de son Mariage avec la Princesse de Savoye ; mais pour toute réponse, le Gentilhomme qui l'avoit aportée eut ordre de se retirer.

Le Roi envoye des Troupes dans l'Electorat de Cologne.

Pour prevenir le ressentiment des Anglois, dont le Roi T. C. s'attendoit de voir bien-tôt des éfets, il avoit, comme j'ai dit, attiré dans son Parti l'Electeur de Cologne, par le moyen du Duc de Baviere son Frere. Le premier reçût des Troupes Françoises dans Bonn, Zons, Keisersuvert, Rhinberg, Nuis, & dans les autres Places de son Electorat, même dans la Ville de Liege, & dans les Forts des environs, sous le nom de *Troupes du Cercle de Bourgogne* : ce qui fut suivi de l'enlévement du Sieur Mean, Grand Doyen de l'Eglise Cathédrale de Liege, & de plusieurs désordres dans les Places occupées.

Alliance du Portugal avec les deux Couronnes.

Cette Négociation avoit été precedée du Traité d'Alliance du Portugal avec les deux Couronnes : le Roi Pierre n'ayant pû s'en défendre dans la crainte d'y être forcé, en l'état où il se trouvoit, desarmé, & sans secours present des Alliez. Mais la difference des conjonctures lui fit dans la suite prendre des mesures plus conformes à ses inte-

Tome III.   K

1701.

Négociatiós de la France avec les Hongrois & la Suede.

rêts, qui ne pouvoient se separer de ceux de la Cause Commune.

Le Roi T. C. non content des Alliances dont je viens de parler, mit en œuvre deux autres Négociations, l'une auprès des Hongrois, & l'autre à la Cour de Suede. Le dessein de la premiere étoit de replonger l'Empereur dans une guerre, qui outre les suites qu'elle pouvoit avoir par raport au Turc, étoit capable de l'intriguer beaucoup, comme il en avoit fait deux fois l'experience. La seconde fut entreprise pour éloigner le Roi de Suede de la paix à laquelle il paroissoit disposé. La conjoncture de la guerre, où il étoit entré avec le Roi de Pologne & le Czar de Moscovie, parut d'autant plus favorable à la France, qu'il y avoit peu d'aparence que le Roi de Suede étant libre fût entré dans ses interêts. La plus grande partie de ses forces eût été, au contraire, à la solde de l'Angleterre ou des Etats Generaux, ou employée au secours de l'Empereur, qui auroit encore été fortifié de celui du Roi de Pologne: au lieu que la guerre empêchoit cette assistance mutuelle, & obligeoit chacun de ces Princes à garder ses forces pour lui même. Aussi, bien loin que le Roi employât sa Médiation, comme il avoit commencé de le faire peu auparavant, pour les porter à la paix; il détourna par toute sorte de voyes le Roi de Suede, d'écouter les propositions qui lui étoient faites par le Roi de Pologne, & d'avoir égard aux offices des Rois d'Angleterre & de Prusse, des Etats Generaux, & de quelques Princes de l'Empire, qui vouloient procurer un acommodement; & pour le mettre en état de continuer la guerre, il lui fournit des sommes considerables d'argent. Il gagna par la même voye les Polonois, qui n'avoient pas concouru à favoriser l'Electeur de Saxe, & les lia d'interêt au Suedois, qui après avoir demandé la déposition du Roi Auguste, porta les Polonois à une nouvelle Election.

1701.

Traité d'Alliance conclu être l'Empereur, le Roi d'Angleterre & les E. G.

Pendant que la France faisoit jouer tous ces ressorts, l'Empereur, pour se garentir de ses desseins, conclut un Traité d'Alliance avec le Roi d'Angleterre & les Etats Generaux, par lequel ces trois Puissances s'étant unies pour leur défense & leur avantage réciproque, jugerent que pour établir la paix, & la tranquillité de l'Europe qu'ils avoient fort à cœur, rien n'étoit plus efficace que de procurer à l'Empereur une juste satisfaction sur ses pretentions à la Succession d'Espagne, & à l'Angleterre & à la Hollande, la sureté commune pour leurs Etats & pour leur Commerce: ce Traité fut signé à la Haye le 7. Septembre.

Fin du XIII. Livre.

HISTOIRE
DE
LOUIS XIV.
ROI DE FRANCE ET DE NAVARRE.

LIVRE QUATORZIE'ME.

Contenant ce qui s'est passé depuis la Grande Alliance, jusqu'après la bataille d'Hochstet en 1704.

1701.
Suites des affaires des Hongrois.

ES Hongrois, gagnez par la Cour de France pour troubler le calme dont leur Païs avoit à peine commencé de jouir, ne furent pas long tems sans donner des marques de la disposition, où ils étoient de satisfaire à leurs engagemens. Les remises considerables qu'on leur avoit faites, & les promesses de leur en faire encore de plus grandes, étoient plus que suffisantes pour les y porter. Le Prince Frideric Ragotski, à qui le Ministre de France s'étoit adressé, pour le porter à être le Chef du soulevement contre l'Empereur, de concert avec le Comte Berezini, après avoir attiré dans son parti le Comte Szirmai, Chef de Justice de la Haute Hongrie, & quelques autres personnes qualifiées du Royaume, forma le dessein de surprendre Sa Majesté, & toute la Famille Imperiale à Laxembourg, Maison de plaisance de ce Monarque à quelques lieuës de Vienne, où il alloit souvent prendre le divertissement de la Chasse. Il avoit pour cela disposé des Troupes à s'y rendre, quand l'ocasion auroit paru favorable pour executer son dessein.

Les mouvemens qu'on aperçut que ce Prince se donnoit contre son ordinaire, & les desordres qui furent causez en ce tems-là par des vagabons, & des gens sans aveu, dans la Haute Hongrie,

1701.

Ragotski est arrêté avec les principaux de so parti.

K ij

1701. aux environs de la Teisse, qu'on soupçonna d'être favorisez par ces deux Seigneurs, les ayant rendu suspects, le Comte Solari, Commandant des Troupes Imperiales en la Haute Hongrie, les fit arrêter, & conduire à Epéries, d'où ils furent transferez à Neustad pour y être jugez. On leur confronta le Capitaine Languval, qui avoit découvert la conspiration, de laquelle on avoit aussi des preuves dans des Lettres de Ragotski. Celui-ci s'inscrivit en faux contre le témoignage du Capitaine, & dit que les Lettres qu'on suposoit être de lui, étoient des blancs-signez qu'il avoit donnez à ceux qui prenoient soin de ses affaires, & que ses Ennemis avoient remplis comme ils avoient voulu. Cela n'empêcha pas que ce Prince & Szirmai ne fussent déclarez criminels, & leurs biens confisquez, en attendant qu'on leur fit porter la peine qu'ils méritoient. On arrêta aussi l'Archevêque de Colocza, le Comte Nadasti, Adam Vai, Gaspar Sandor, qui avoit été Secretaire de Tekeli, Adam Sarozi, Michel Vai, Frere d'Adam, & Ladislas Vai, leur Neveu.

Il se sauve par le moyen du Ministre de France qui facilite son évasion.

Après ces précautions, & les ordres donnez aux Commandans des Troupes en Hongrie, d'observer tous les mouvemens qui s'y feroient, il sembloit qu'il n'y avoit plus rien à craindre, quoi qu'on n'eût pû se saisir de Berezini; mais l'évasion de Ragotski arrivée peu de tems après, donna lieu à de nouvelles apréhensions, & fut suivie au bout d'un an du soulévement general de la Hongrie, comme on le verra dans la suite de cette Histoire. L'évasion de ce Prince fut favorisée par les intrigues du Ministre de France, qui lui ayant fourni de l'argent durant sa détention, lui donna moyen de corrompre le Sieur Leheman, Capitaine d'une des Compagnies de Dragons qui le gardoient. Celui-ci fit enyvrer les Soldats de Garde, & donna à Ragotski un habit de Dragon, sous lequel il sortit de Neustad sans être reconnu. Il trouva dans le Fauxbourg trois Chevaux qu'on lui tenoit tout prêts, & prenant la route de Raab & du Danuqe, il se sauva par la Haute Hongrie, gagna la Pologne, & alla joindre le Comte Berezini. Le Capitaine Leheman voulut le suivre peu après; mais il fut arrêté sur quelque soupçon. Il avoua ce qu'il avoit fait en faveur de Ragotski, surquoi il fut condamné à avoir le poing coupé, & la tête tranchée; & son Lieutenant, qui avoit donné lieu à l'évasion, fut cassé & condamné à servir plusieurs années dans les Mines de la Haute Hongrie. On arrêta aussi les deux Fils de Ragotski, & leur Mere fut releguée au Monastere des Religieuses de Tuln. On afficha ensuite dans Vienne, & dans toutes les Villes des Païs Hereditaires, des Placards par lesquels il étoit déclaré *Proscrit*, avec promesse de dix mille florins à ceux qui le livreroient vif aux Officiers de l'Empereur, & de six mille à ceux qui aporteroient sa tête. On envoya aussi au Ministre de l'Empereur en Pologne, quelques personnes affidées, pour tâcher de prendre Ragotski mort ou vif, & des ordres aux Officiers des Troupes qui étoient en Silesie, d'aller chercher Berezini. Mais tout cela fut inutile; le Prince se tint si bien caché qu'on ne sut ce qu'il étoit devenu, & l'autre ayant été rencontré dans un bois près de Varsovie bien escorté, ne pût être arrêté, quoi qu'on eût blessé deux de ses gens.

Conspiration à Naples contre le Viceroi.

Tandis que les Hongrois prenoient leurs mesures, pour faire éclater leur mécontentement, plusieurs Seigneurs du Royaume de Naples travailloient, à la sollicitation de l'Empereur, aux moyens de faire passer cet Etat sous sa domination. La disposition où étoit la plûpart du Peuple de la Ville de Naples, soûmis malgré lui à un Prince de la

1701. domination de France, avoit porté l'Empereur à y envoyer le Baron de Chaſſinet, pour ménager les eſprits. Sa Négociation avoit eu d'abord tout le ſuccez dont il pouvoit ſe flater; il avoit mis dans ſes interêts le Prince de Macchia, les Ducs de Teleſe, & de Caſtellucia; Don Malicia, & Don Tiberio Caraffa : l'un frere, & l'autre tre fils aîné du Prince de Chiuſano, Dom Carlo de Sango, frere du Marquis de Santa Lucia, & Don Joſeph Capecce, frere du Marquis de Lofrano. Le Prince de Caſerte, qui étoit à Rome, avoit promis d'entrer auſſi dans le complot, & d'envoyer quelques Troupes à Naples pour l'apuyer. Ces Seigneurs, pour venir à bout de leur deſſein, avoient formé celui de ſe ſaiſir du Duc de Medina-Celi, Viceroi du Royaume, à la promenade, de le tuer même en cas de réſiſtance, & de ſe rendre maîtres du Château-neuf, dont ils avoient gagné quelques Soldats : ce qui auroit été infailliblement ſuivi de la Déclaration de toute la Ville en faveur de la Maiſon d'Autriche. Mais le Viceroi en ayant été averti le même jour que ce projet devoit être executé, il fit entrer une Compagnie de Soldats dans le Château, & arrêter ceux qui avoient été gagnez, qui avoüerent d'abord tout le complot.

ille eſt découverte & diſſipée.

Les Partiſans de l'Empereur, informez peu après que leur deſſein étoit découvert, reſolurent de le faire éclater ſans perdre de tems. Ils ſortirent pour cet effet le lendemain matin avant le jour avec le Baron de Chaſſiner, ſuivis de quelques gens armez, ſe ſaiſirent des Monaſteres de Ste Claire & de St Laurent, de la maiſon où on avoit acoûtumé de faire les Aſſemblées de la Ville, aux fenêtres de laquelle ils expoſerent le Portrait de l'Archiduc Charles, criant *Vive l'Archiduc!* & jettant de l'argent à la Populace, qui étoit acouruë au bruit. Ils marcherent enſuite au Palais de la Vicairerie où ſe tenoient les Tribunaux brûlerent les Regîtres & les Actes, & ouvrirent les priſons. A ce tumulte imprévû la Nobleſſe, & beaucoup d'autres perſonnes ſe rendirent au Palais, pour offrir leurs ſervices au Viceroi: Celui-ci étonné de la conjoncture où il ſe trouvoit, qui pouvoit avoir des ſuites fâcheuſes, comme il étoit arrivé durant le Regne precedent, fit paſſer les deux Compagnies de Cavalerie de la Garde aux avenuës de la ruë de Toledo, & de la Place du Château, & ſe mit en état d'ataquer les Rebelles. Mais comme il ignoroit la diſpoſition du Peuple, de la part de qui il avoit tout à craindre, s'il ſe fût déclaré pour l'Empereur, il ordonna au Prince de Monteſarchio, au Duc de Popoli, & à Don Joſeph Caro, Meſtre de Camp du Terze de Naples, d'aller en divers quartiers de la Ville avec quelques Compagnies de Cavalerie, & de gens de pied, pour obſerver les mouvemens qui ſe feroient au préjudice du Roi Philipe; mais ayant apris qu'on n'avoit donné par tout que des marques de ſoûmiſſion pour ce Prince, parce que le Peuple étoit ſans Chef & peu apuyé, il fit attaquer le jour d'après ceux qui avoient pris les armes en faveur de l'Empereur, commençant par la Porte Suſela, où ils s'étoient fortifiez. Ils en furent chaſſez, auſſi bien que des Retranchemens de la ruë Ste Claire, & pourſuivis juſqu'au Monaſtere, qu'ils furent obligez d'abandonner, après quelques volées de Canon tirées contre la Tour, d'où ils furent pouſſez à celui de St Laurent par diverſes routes. Ils défendirent d'abord les avenuës avec beaucoup de vigueur; mais en ayant été chaſſez, les Troupes du Viceroi tournerent l'Artillerie contre le Monaſtere, & contre la Maiſon des Aſſemblées, qui furent abandonnez peu de tems après par ceux qui les défendoient. Comme ils n'avoient point d'autre retraite, & qu'ils

K iij

1701. ne furent foûtenus par aucun parti de la Ville, ainsi qu'ils l'avoient esperé, ils gagnerent la Campagne. On prit dans ces deux Postes Don Carlo de Sangro, & le Baron de Chaffinet, avec ses papiers, & la liste de ceux qui avoient part à la Conjuration. Le Viceroi envoya après les Fuyards le Duc de Sarno & le Prince del Valle, avec quelques Troupes qui les joignirent & en tuerent un grand nombre : entr'autres Don Joseph Capecce, & en firent plusieurs prisonniers. Dans ce tems-là le Prince de Caserte sortit de Rome, acompagné de l'Abé Grimaldi, Frere du Duc de Telese, & par le Marquis de Lofrano; mais ayant apris le mauvais succez de l'entreprise, il rebroussa chemin, & prit celui d'Allemagne, suivi peu après du Duc de Telese, & du Marquis de Lofrano. Le Prince de la Riccia vouloit prendre la même route, mais il fut arrêté près de Sora de même que le Capitaine Olaya. Les cruautez qu'on exerça dans la suite contre quantité de Seigneurs qualifiez, qu'on punit du dernier suplice, alienerent davantage les esprits, tant de la Noblesse que du Peuple, qui ne demeurerent tranquilles, qu'après qu'ils eurent été tirez d'une domination qu'ils suportoient avec impatience. L'Empereur aprehendant que le Baron de Chaffinet ne reçut un pareil traitement, fit arrêter à Vienne le Duc de Moles, pour lui servir d'assurance à cet égard.

Affaires de Pologne. Avantages réportez par le Roi de Suede.

Le Royaume de Pologne fut aussi troublé de nouveau par des divisions intestines, & par la guerre que le Roi de Suede porta sur ses Frontieres, dans le dessein de les fomenter. Il vouloit soûtenir la Maison Sapieha, qui étoit en guerre ouverte avec la Noblesse de Lithuanie. Ce Prince, fier de la victoire remportée l'année precedente sur les Moscovites, commença la Campagne par le passage de la Dune, sous le Canon de Riga, nonobstant l'oposition de l'Armée du Roi de Pologne, composée des Troupes Saxones & Moscovites, sous les ordres du Comte de Steinavu, qui après un combat de trois heures également soûtenu, ne pouvant empêcher les Suédois de passer la Riviere, se retira avec quelque perte. Le Colonel Elping fut fait prisonnier dans cette action, & le Duc de Curlande eut deux chevaux tuez sous lui. Les Suédois perdirent cent hommes avec le Sr Palmquist Lieutenant Colonel. Les Troupes du Roi de Pologne abandonnerent ensuite le Fort de Kobert, & peu après celui de Kokenhausen. Le Poste de Lubelsholm coûta davantage aux Suédois; le Colonel Hermers, en fut détaché pour l'ataquer, & voulut l'emporter l'épée à la main ; mais trois cens Moscovites, qui y étoient retranchez, soûtinrent le choc avec tant de fermeté, qu'il y fut tué avec un grand nombre d'Officiers & Soldats. Cependant les Assiegez furent enfin forcez, & presque tous passez au fil de l'épée.

Il entre dans le Duché de Curlande, & met le Païs sous contribution.

Le Roi de Suede poursuivant les Saxons entra dans le Duché de Curlande où il s'empara des Villes de Mittau, de Libau, de Venden, & mit tout le Païs sous contribution. Il s'avança même dans la Samogitie, ce qui obligea le Sr Oginski, Grand Guidon de Lithuanie, d'y marcher avec la Noblesse Polonoise, & celle de Lithuanie, pour s'oposer à ses desseins, pendant que les Saxons prirent la route de Prusse.

Ses Troupes sont battuës dans l'Ingrie par les Moscovites.

Les Moscovites étant entrez en ce tems-là dans l'Ingrie, un de leurs Corps s'avança de Plescovu dans la Livonie, & ayant rencontré un Détachement de Troupes Suédoises près de Derpt, le défit après un long combat : la plûpart des Suédois furent taillez en pieces, ou faits Prisonniers ; on leur prit six Etendars, & six pieces de Canon. Ils souffrirent encore un échec de la part du Colonel Gots, Saxon, près du Château de Rennebourg en la même Province,

& un Détachement de leurs Troupes, qui s'y étoit enfermé, fut fait Prisonnier.

Mariage du R. d'Espagne avec la Princesse de Savoie. Prise de Bersello par les Impériaux.

Philippe V. Roi d'Espagne avoit épousé par Procureur à Turin, *Marie Louise Gabrielle*, Princesse de Savoye, dès le 11. du mois de Septembre ; ce Mariage fut consommé à Figueras en Catalogne le 2. Novembre suivant.

Quoi que la guerre entre la France & les Alliez ne fût pas encore déclarée dans les formes, elle ne laissa point de se continuer en Italie au nom de l'Empereur, & de se faire ailleurs sous le nom de *Troupes Auxiliaires*. Mais les choses ne pouvoient pas demeurer dans cet état, & le Traité d'Alliance conclu entre l'Empereur, le Roi d'Angleterre, & les Etats Generaux, alloit donner matiere à de plus grands événemens. Le Prince Eugene, toûjours vigilant & infatigable, après avoir obligé le Comte de Tessé, Lieutenant general des Troupes Françoises, à abandonner divers Postes, & à se jetter dans Mantouë, dont il apréhendoit que les Impériaux ne formassent le siege, fit investir Bersello au commencement de l'année 1702. Cette Place apartenoit au Duc de Modene, qui la voyant environnée d'un Corps de douze mille hommes, avec du Canon & des Mortiers, & ses Etats ménacez d'être mis au pillage, ne fut pas long tems à en ouvrir les portes. On ne douta point que ces menaces n'eussent été faites de concert ; pour mieux cacher la partialité de ce Prince en faveur de la Maison d'Autriche. Le Prince Eugene logea ensuite une partie de ses Troupes dans les Etats de Parme, nonobstant l'oposition du Duc de ce nom, qui refusoit absolument de recevoir les Impériaux dans ses Places, & même de leur donner des quartiers, sous pretexte qu'il étoit Féudataire du Saint Siege.

Le Pr. Eugene Le Blocus de Mantouë que les Impériaux formerent après la prise de Bersello, & les victoires remportées en Italie par le Prince Eugene sur les Troupes des deux Couronnes, durant le cours de l'année precedente, auroient été suivis de la réduction entiere du Milanez vers le commencement de celle-ci, si la Fortune eût secondé les mesures qu'il avoit prises, pour se rendre Maître de Cremone. L'action fut trop considerable & trop éclatante, pour n'en parler qu'en passant. Il est donc juste d'en faire ici le détail. Le General des Impériaux s'étant ménagé des intelligences avec quelques Bourgeois, & un Curé de cette Ville, sous la maison duquel passoit un grand Aqueduc, qui répondoit au pied des Remparts, fit entrer dans Cremone en divers tems cinq à six cens hommes déguisez en plusieurs manieres, qui s'y tinrent cachez jusqu'au jour marqué. Il fit cependant plusieurs mouvemens pour couvrir son dessein. Le 27. du mois de Janvier le Comte Gui de Staremberg, & le Prince Thomas de Vaudemont eurent ordre de faire tenir chacun deux cens hommes prêts à marcher ; & le Colonel Kirchbaum d'envoyer vers Campitello trois cens hommes de pied, & une Compagnie de Grenadiers. Le Prince Eugene ayant tenu Conseil le lendemain, se rendit le jour suivant à Montignano, où il passa la nuit. Deux jours après le Prince Thomas, à la tête de deux mille hommes de pied, & de trois Régimens de Cavalerie, marcha vers Fiorenzela ; & le Comte de Staremberg, qui avoit eu ordre dans le dernier Conseil de guerre de se rendre à Ustiano, pour passer l'Oglio avec neuf cens hommes de pied, sept cens Chevaux, & quelques Compagnies de Grenadiers, s'étant trouvé au Rendez-vous general, le Prince donna à chacun ses ordres ; & disposa tout pour l'execution. Il fit marcher les Troupes destinées à son dessein par petits Détachemens ; se mit ensuite lui-même en mar-

veut surprendre Cremone.

1702. che, une heure avant la nuit, avec le moins de bruit qu'il fut possible, & prit sa route vers Cremone, où devoit aussi se rendre le Prince Thomas, dont il n'avoit point eu de nouvelle depuis son départ. En continuant son chemin, il aprit que le Maréchal de Villeroi étoit à Cremone avec plusieurs Officiers Generaux, & que le Détachement envoyé par les François, pour observer le Prince Thomas, étoit rentré dans la Ville, dont la Garnison consistoit en douze Bataillons & cinq Regimens de Cavalerie.

Il fait entrer quelques Troupes dās la Ville par un Aqueduc.

Ces avis ne lui firent point changer de resolution. Il arriva sur les dix à onze heures de nuit à un mille de Cremone, avec le Prince de Comerci & le Comte Gui de Staremberg, & y attendit le reste des Troupes auxquelles le mauvais tems, & la difficulté des chemins, ne pûrent permettre d'arriver qu'une heure avant le point du jour. Il disposa cependant toutes choses, pour surprendre cette Ville. Dès que les Troupes l'eurent joint, celles qui y devoient entrer par l'Aqueduc prirent les devans. Le Major du Régiment de Geschuvind, s'étant mis en marche avec deux cens hommes de pied, une Compagnie de Grenadiers, des Charpentiers, & des Serruriers, tous bien armez, s'avança doucement & sans bruit vers la Ville, ayant avec lui un Guide que le Prince lui donna. Quand il fut arrivé devant les murailles, il fit jetter un Pont sur la Caneta dans le Fossé à l'endroit que le Guide lui montra, & ayant passé dessus avec ses gens il entra dans l'Aqueduc, d'où il penetra dans la Ville. Il y fut joint par les gens déguisez, qui y étoient depuis quelques jours. Il s'avança alors sans bruit par un chemin dérobé vers la Porte Ste Marguerite, qui étoit murée, & où il n'y avoit point de garde; & s'y tint caché jusqu'à l'arrivée de quatre cens hommes, commandez par les Comtes de Kufstein & Massari, qui le suivoient par la même route, ayant passé par l'Aqueduc. Ceux-ci étant entrez se saisirent du Poste qu'on leur montra, pendant que cinquante Grenadiers, commandez par le Major du Régiment de Geschuvind, se rendirent Maîtres de la Porte de l'Aqueduc, après avoir fait main basse sur les Soldats du Corps de Garde avec peu de bruit. Ils s'assurerent ensuite de la grande ruë; prirent Poste sur le Rempart, & ayant mis des Corps sur toutes les avenuës, firent ouvrir la Porte Ste Marguerite par les Charpentiers & les Serruriers qu'ils avoient avec eux, & y mirent un gros Détachement pour la garder.

Cela étant fait, le Major monta sur le Rempart, & donna le signal en faisant brûler trois fois de la poudre comme on en étoit convenu. Le Prince Eugene l'ayant aperçu, s'aprocha de la Ville, & entra avec sa Cavalerie par la Porte Ste Marguerite, pendant que l'Infanterie entroit par la Porte de l'Aqueduc. S'étant avancé vers la Place d'Armes, il chargea la Grande-Garde des François qu'il fit prisonniere, & s'empara de quatre pieces de Canon qu'il y trouva, dans le tems que d'autres Troupes se saisirent du Podestat, & de la Maison de Ville. Il mit alors une partie de ses gens en bataille, ordonna aux Majors de Lorraine & d'Herbestein d'aller avec leurs Détachemens se poster autour de la maison du Gouverneur pour s'en saisir, & fit patrouiller depuis cet endroit jusqu'à la grande place, pour secourir le Lieutenant Colonel du Régiment de Lorraine qui y étoit posté, & en être secouru en cas de besoin. Le reste des Troupes se saisit de plusieurs Postes, & de la Porte d'Ogni Santi. Le Comte de Merci étant aussi entré dans la Ville avec le reste de la Cavalerie, courut vers la Porte du Pô; le Baron de Freiberg qui le suivoit se posta à la Place Ste Agathe,

Le Pr. y entre lui-même avec un Corps de Cavalerie.

&

1701. le Major du Haux, qui avoit un pareil nombre de Troupes, les partagea à la grande & à la petite Place. Le Major du Régiment de Neubourg resta hors de la Ville avec un gros Détachement, de même que le Colonel Paul Diack avec ses Hussars.

Cependant il ne peut s'y maintenir.

Après des ordres si sagement donnez & si heureusement executez, le Prince Eugene avoit lieu de se promettre un heureux succez, quoique les habitans ne fissent aucun mouvement en sa faveur, comme il avoit esperé. Il enleva pourtant le Maréchal de Villeroi qui étoit sorti de sa maison au bruit; le Marquis de Crenan, Lieutenant General, le Sr d'Egrigni Intendant, & plusieurs Officiers Generaux; mais comme dans des ocasions de cette nature le moindre incident rompt toutes les mesures, que la prudence la plus prévoyante peut avoir prises, la difficulté qu'eût le Lieutenant Colonel Schertzer de se rendre aussi vîte qu'il auroit falu à la Porte du Pô, pour soûtenir le Comte de Merci qui s'en étoit saisi, fit manquer un coup si avantageux pour la Cause Commune. L'alarme s'étant donc à la fin répanduë dans la Ville, un peu après que le jour eût parû, deux Régimens Irlandois, qui avoient leur quartier proche de cette Porte, s'avancerent au bruit, & ayant attaqué les Cuirassiers Impériaux rangez en bataille sur le Rempart, les poussérent avec beaucoup de furie. Le Prince Eugene envoya dans ce tems-là un Officier Irlandois des Troupes Impériales, aux Irlandois qui étoient au service de France, pour leur proposer de se rendre sous telles conditions qu'ils voudroient. Mais il fut arrêté par ces Troupes, qui reprirent peu après la Porte. Le Prince Thomas de Vaudemont arriva sur ces entrefaites avec son Corps de Troupes, au nombre de 7. à 8. mille hommes, & s'aprocha du Pont-Levis, dans la pensée que les Impériaux lui ouvriroient la Porte, suivant les mesures prises avec le Prince Eugene, & que les Troupes Françoises de la Redoute, qui couvroit le Pont, ne seroient pas en état de l'en empêcher. Mais le Comte de Prâlin, qui s'aperçût de l'aproche du Détachement du Prince Thomas, ayant proposé de rompre le Pont, le Marquis de Revel, Lieutenant General, y envoya un Officier pour executer cet ordre, après avoir fait retirer cent cinquante hommes qui gardoient la Redoute.

Pendant que les Irlandois repoussoient les Impériaux de la Porte du Pô, les François qui s'étoient aussi éveillez, & qui avoient couru aux armes, firent de leur côté des éforts extraordinaires. Ils reprirent la Porte d'Ogni Santi, après avoir barricadé les ruës, & les avenuës des environs, pour empêcher la Cavalerie Impériale de venir au secours de l'Infanterie. Celui qu'on envoya demander au Prince Thomas, après la rupture du Pont, fut si lent & si petit, qu'il ne put empêcher les François de continuer à se défendre avec beaucoup d'obstination & de fureur. Car quoi que ce Prince eût un Corps considerable d'Infanterie, il ne put en faire passer qu'un petit nombre, parce que les bords du Fleuve étoient fort hauts, & qu'il n'avoit pas assez de Ponts. Le Prince Eugene connoissant alors le danger où il seroit exposé, s'il continuoit de disputer les Postes que ses Troupes avoient encore dans la Ville, fit sonner la retraite sur le soir, & sortit en bon ordre par la Porte Ste Marguerite, par laquelle il étoit entré, à la tête de la Cavalerie suivie de l'Infanterie, sous les ordres du Comte de Staremberg. Il s'arrêta hors de la portée du Canon de la Place, pour attendre ceux qui en sortoient les derniers, & repassa la même nuit l'Oglio, après avoir été joint fort tard par le Prince de Comerci, sur le sujet duquel il avoit

Il sonne la retraite & se retire en bon ordre.

Tome III.   L

été dans quelque inquiétude. Tel fut le succez d'une expedition des plus hardies, & des mieux concertées, qui quoi que la fin n'en ait pas été aussi heureuse que le commencement, n'en aquit pas moins de gloire au Prince qui osa l'entreprendre. Les Impériaux & les François perdirent quantité de gens en cette ocasion ; du côté des derniers les Marquis de Crenan , d'Entragues, & de Prêle, furent tuez, & le Chevalier de Crouï fut fait prisonnier.

Le Prince Eugene étant retourné ensuite dans son quartier general de Luzara dans le Mantouan, envoya dans le Parmezan le Prince Thomas, qui se rendit Maître de Monticello, de Busseto, & du Bourg St Donino.

Mesures prises en Angleterre contre la France.

Dans le tems que le Prince Eugene agissoit avec tant de vigueur pour les interêts de l'Empereur en Italie, on se donnoit en déçà des Alpes & en Angleterre des mouvemens, capables de déconcerter la France. Le Roi Guillaume passa en Angleterre, pour commencer à executer le Plan, qu'il avoit été obligé de former en Hollande pour le salut commun, de concert avec ses Alliez. Il fut secondé par les vœux de la Nation, de même que par le zéle & la diligence du Parlement qu'il avoit convoqué. La Chambre Haute lui presenta une Adresse pour l'assurer ,, qu'elle le ,, mettroit en état de contraindre *le Roi* ,, *des François* à faire raison à l'Empe-,, reur sur ses droits ; de reduire la Puis-,, sance de Louis XIV. dans de justes ,, bornes, & de maintenir l'Equilibre ,, de l'Europe ; que les Seigneurs de ,, cette Chambre étoient resolus de faire ,, tous leurs éforts pour leur propre sure-,, té,& pour le maintien de leurs Alliez. Les Communes ne témoignerent pas moins de zéle, car ayant acordé au Roi, sans differer, une levée de quarante mille hommes pour servir sur terre, avec les subsides necessaires pour leur entretien, elles le suplierent de faire inserer un Article dans les Traitez d'Alliance de S. M. avec les autres Puissances: ,, portant qu'on ne feroit point ,, de paix avec la France que ce Monar-,, que, & la Nation n'eussent reçû une ,, satisfaction formelle de la grande in-,, dignité qui leur avoit été faite par *le* ,, *Roi des François*, en reconnoissant & ,, déclarant le Prince de Galles Roi ,, d'Angleterre ; elles passerent un Bil ,, d'Atteinte, ou de Haute Trahison ,, contre ce Prince & la Reine Doüai-,, riere, auquel les Seigneurs donnerent ,, leur consentement.

Mort du Roi Guillaume. Hist. de ce Prince, &c.

Le Roi d'Angleterre, satisfait de la disposition de ses Sujets, se mettoit en état d'en recueillir les fruits, lorsque la mort l'enleva, dans une conjoncture si importante. Ce Monarque étant allé à la Chasse le 4. Mars, son cheval s'abatit en mettant le pied dans un trou, & broncha si rudement qu'il le fit tomber ; il reçut de cette chute un coup à l'épaule gauche, dont la Clavicule fut démise ; mais cet os fut remis dans le moment. Cet accident n'eût d'abord aucune suite fâcheuse, le Roi se trouva assez bien jusqu'au quinze, & vaqua à ses ocupations ordinaires. Ce jour-là s'étant promené dans une Galerie, il s'endormit ensuite dans un Fauteuil ; il sentit à son reveil un petit frisson, qui fut suivi d'une fiévre intermittente, acompagnée d'un dévoïement. Cette fiévre se tourna enfin en continuë, qui ne l'ayant point quitté les trois jours suivans, le mit dans un état très-foible. La nuit du dix-huitiéme Mars, les Médecins déclarerent qu'il n'y avoit plus rien à esperer du secours des Remedes, & l'ayant bien connu lui-même, il envoya chercher la Princesse de Dannemarck qui devoit lui succeder, & eut avec elle un entretien de plus de deux heures ; après quoi il l'embrassa, & fit apeler ensuite quelques Seigneurs, ausquels il parla quelque tems. Il reçut la Communion des mains de l'Archevêque de Cantorberi, & rendit l'esprit sur les huit heures du Dimanche matin 19. après avoir poussé trois sanglots qui avoient été precedez d'un soupir, en parlant des Provinces Unies, qu'il pria Dieu de protéger dans le peril où elles se trouvoient. Ainsi mourut ce grand Prince, âgé de 52. ans & 4. mois, après que tout ce qui regardoit les interêts de son Royaume, l'ordre de la Succession, & le soûtien de la Cause Commune, venoit d'être consommé. Chacun fut frapé d'étonnement à ce grand coup. Les Ennemis de l'Angleterre & de la Hollande l'interprêterent en leur faveur, & les aparences étoient pour eux; mais Dieu fut pour la bonne cause. Il fit éprouver aux deux Nations affligées, que comme il s'étoit servi de ce Prince pour les délivrer, il pouvoit les soûtenir sans lui, & que tous les instrumens & les moyens devenoient également puissans en sa main. Le deuil fut general, mais sans abatement.

La Reine Anne lui succede.

Le jour même de la mort du Roi, la Princesse de Dannemarck fut proclamée Reine, & les Seigneurs lui prêterent serment à St James, où le Conseil s'étoit assemblé. Cette Princesse monta sur le Trône pour la consolation de ses Peuples; & animée du même zéle pour la Cause Commune, elle maintint avec le même Parlement tout ce qui avoit été fait, donnant dans ces commencemens de meilleures esperances de ses dispositions à venir. Les Etats Generaux continuerent leurs délibérations dans le même esprit: la necessité donna de nouvelles forces, & l'union s'affermit de tous côtez avec le courage; de sorte que par un bonheur non moins surprenant, que le peril où l'on s'étoit vû plongé, il n'y eut presque qu'un moment d'intervale entre la crainte & l'esperance.

Mémoire présenté par la France aux Etats Generaux.

La France néanmoins en jugea autrement. Le Roi ne doutant point que les Etats Generaux ne se trouvassent par là dans de nouveaux embarras, fit auprès d'eux une nouvelle tentative, mais d'une maniere que son honneur ne parût pas y être interessé. Il chargea le Sr Barré, qui étoit demeuré à la Haye depuis le départ du Comte d'Avaux, en qualité de Résident de France: ,,de re-,, presenter aux Etats Generaux, qu'a-,, vant de faire agir les nombreuses Ar-,, mées qu'il avoit sur pied, il avoit ,, jugé à propos de les faire souvenir de ,, ce qu'ils devoient aux Rois ses Pre-,, decesseurs, & des dernieres démar-,, ches qu'il avoit faites pour maintenir ,, la paix rétablie par le Traité de Ryswick, dans lequel il leur avoit acordé des avantages si considérables pour ,, leur Commerce. Qu'il avoit dissimulé ,, les vains reproches de foiblesse, & de ,, défiance de ses forces; les Traitez ,, faits avec les Ennemis du Roi d'Es-,, pagne; les assurances secretes pour ,, envahir les Etats de ce Prince; les ,, hostilitez exercées en pleine paix; en-,, fin les entreprises faites contre ses Al-,, liez, & les secours donnez ouverte-,, ment pour les attaquer; mais qu'il ,, avoit consideré toutes ces choses ,, comme l'éfet de l'état violent où leur ,, République se trouvoit: qu'alors ,, qu'elle alloit se gouverner conformé-,, ment à ses interêts, sa conduite ré-,, gleroit ses sentimens pour elle: qu'il ,, dépendoit des Etats Generaux, en ,, renouvellant les Traitez avec le Roi ,, Catholique, dont la France seroit ,, garante, de jouïr sans trouble des ,, Privileges, qu'ils avoient obtenus en ,, differens tems, de la France & de ,, l'Espagne. Qu'il retireroit aussi-tôt ,, ses Troupes des Païs Bas: que com-,, me la saison de la Campagne apro-,, choit, c'étoit à eux seuls à décider ce ,, qu'ils devoient preferer, ou le repos ,, & la liberté, ou la guerre & la ruine ,, de leur Commerce, sacrifiez à des ,, interêts étrangers.

Ce Mémoire fut pris pour un signal Répon-

Réponse des E. G. peu goûtée par la France.

de guerre. Mr le Comte de Goës, Ministre de l'Empereur, en releva les expressions, & fit connoître, que *les deux mois stipulez par l'Alliance étoient expirez depuis long-tems ; que la France profitoit du délai, en augmentant ses Troupes & se fortifiant ; & qu'il étoit tems d'en venir à une Déclaration ouverte: que Sa Majesté Impériale les y exhortoit, que l'Angleterre les y invitoit, & que l'Empire & d'autres Puissances n'atendoient que d'être éclaircis par des faits, des intentions de Leurs Hautes Puissances.* Les Etats Generaux de leur côté, après avoir communiqué le Mémoire du Résident de France aux Provinces qui composent leur République, lui donnerent leur réponse qui contenoit en substance ,, qu'ils avoient fait ,, tout ce qui avoit été en leur pouvoir ,, pour conserver l'affection du Roi de ,, France ; mais que la Négociation ,, commencée ayant été rompuë par le ,, rapel du Comte d'Avaux: que voyant ,, leur Barriere ocupée, leur Etat blo- ,, qué, pour ainsi dire, de toutes parts, ,, les éforts qu'on faisoit pour les enfer- ,, mer entierement, & pour leur ôter ,, leurs amis, ils avoient été obligez ,, d'armer de leur côté, de demander ,, l'assistance de leurs Alliez, & d'en- ,, trer avec eux dans les engagemens ,, qu'ils avoient jugé nécessaires ; ,, qu'ils n'avoient aucune connoissance ,, des reproches d'hostilitez, de ,, secours donnez aux Ennemis du ,, Roi d'Espagne, & des autres choses ,, qu'on leur imputoit dans le Mé- ,, moire ; que les affaires étant dans ,, cette situation, il étoit inutile qu'ils ,, envoyassent un Ambassadeur au Roi ,, de France, ou qu'ils en reçussent un ,, de sa part, étant obligez par les Trai- ,, tez qu'ils avoient faits pour leur sure- ,, té, de n'entrer en aucune Négocia- ,, tion particuliere. Que le Sieur Barré ,, étoit mal informé, de croire qu'ils ,, avoient eu auparavant moins de li- ,, berté qu'ils n'en avoient alors ; que ,, les Conseils du Roi d'Angleterre n'a- ,, voient eu pour but que la conserva- ,, tion de leur liberté, & de leur Reli- ,, gion ; qu'ils avoient résolu de suivre ,, les mêmes principes, de ne se point ,, départir des Alliances qu'ils avoient ,, contractées, & de persister dans les ,, mesures prises pendant la vie de Sa ,, Majesté. Bel éloge pour la Mémoire de ce grand Prince, & bien digne de la sagesse de la République ! Cette réponse ne fut pas du goût de la Cour de France ; neanmoins le Roi dissimula encore quelque-tems : ce qui donna une idée d'autant plus désavantageuse de ses forces, que cette conduite n'étoit pas de son caractere.

Siege de Keiserfuvert par les Alliez.

Cependant les Etats Generaux ne pouvant plus demeurer dans l'inaction, à cause des engagemens contractez avec l'Empereur & l'Angleterre, firent marcher un Corps de leurs Troupes sous les ordres du Prince de Nassau-Sarbruck, déclaré Velt-Maréchal des Troupes Hollandoises, sous le nom d'*Auxiliaires de l'Empereur*, devant Keiserfuvert, Ville de l'Electorat de Cologne. L'Electeur de ce nom avoit été déclaré Ennemi de l'Empire & de ses Alliez, pour avoir reçu dans ses Places des Troupes Françoises, & pour n'avoir pas obéi au Décret de l'Empereur, qui lui ordonnoit de les renvoyer, sous peine d'être mis au Ban de l'Empire. Le Comte Dopf, Lieutenant General des Troupes Hollandoises, ayant investi Keiserfuvert dès le 16. Avril, le Prince de Sarbruck y fit ouvrir la Tranchée la nuit du 17. Les Alliez trouverent dans l'execution de cette entreprise d'autant plus de difficultez, que la Place n'avoit pû être entierement investie, & qu'elle recevoit journellement du secours de l'Armée Françoise, campée au delà du Rhin. Le Comte de Tallard, qui en commandoit une partie, s'étoit d'abord avancé aux

LOUIS XIV. LIV. XIV.

1702. environs, pour rompre les mesures des Alliez sur cette Place; mais n'en ayant pû empêcher le Siege, il marcha dans le Païs de Juliers, croyant que le Prince Palatin étant attaqué, presseroit les Alliez d'aller à son secours. Il fit aussi-tôt savoir à cet Electeur, d'une maniere pleine de hauteur & de fierté, qu'il avoit ordre de lui demander cent mille écus de contribution pour la Ville de Dusseldorp; que d'ailleurs il eut à faire raser la Redoute, qui couvroit le Pont de Bateaux qui étoit devant la Ville, & à rompre en même-tems le Pont; il lui demanda encore le passage dans le Païs de Berg pour les Troupes Françoises, avec menaces, en cas de refus, de bombarder Dusseldorp, & de la reduire en cendres. Mais cette tentative, au lieu de produire l'éfet que la Cour de France en esperoit, porta le Prince Palatin à prendre toutes les précautions necessaires, pour mettre Dusseldorp à couvert du bombardement.

Le Comte de Tallard campe près de cette Place de l'autre côté du Rhin.
Le Comte de Tallard, hors d'état par là d'executer son projet, quita le Païs de Juliers, & alla se poster devant Keisersuvert de l'autre côté du Rhin, sur le rivage duquel il fit dresser plusieurs batteries de Canon, suivant l'avis que lui en avoit donné le Marquis de Blainville. Il incommoda d'autant plus les Assiegeans par là, que malgré leurs retranchemens, les Tranchées en étoient enfilées en plusieurs endroits. Le Roi ayant apris le siege de cette Place, par un Courier du Maréchal de Bousslers, qui étoit à la tête des Troupes Françoises dans le Païs-Bas, il tint un grand Conseil de guerre, où il fut resolu que le Duc de Bourgogne partiroit, pour se rendre à l'Armée du Maréchal, en qualité de Generalissime.

Mesures du Maréchal de Bousslers.
Pendant ce tems-là le Maréchal de Bousslers eut ordre d'aller au secours de Keisersuvert, avec les Troupes destinées pour entrer dans le Païs de Juliers. Pour cet éfet il passa la Meuse, & le Roer, & s'avança dans l'Electorat de Cologne. Le Comte d'Athlone, qui étoit campé avec un Corps de Troupes Hollandoises près de Rosendal, rompit alors son Camp, en fit plusieurs détachemens pour la Flandre Hollandoise, & marcha avec le reste vers la Meuse, pour joindre le Comte de Tilli, qui étoit campé avec huit à dix mille hommes près de Santen en Gueldre, dans la crainte qu'il ne fût attaqué par les François. Ce qui n'auroit pas manqué d'arriver avant sa jonction sans cette précaution: car le Maréchal de Bousslers s'avança dans ce tems-là au delà de la Ville de Gueldre dans ce dessein; mais le General Hollandois en étant averti, se retira la nuit avec plus de gloire pour lui-même, que d'avantage pour les François, imitant le Prince de Vaudemont dans sa retraite durant le siege de Namur. Le Comte de Tilli étant allé ensuite camper à Clarembeck, près de la Ville de Cleves, y fut joint par le Comte d'Athlone avec six mille Chevaux, onze Bataillons Anglois, & quelques autres Troupes.

Il est joint par le Comte de Tallard.
Le Maréchal de Bousslers, chagrin de n'avoir pû empêcher cette jonction, renforça son Armée de tous les Détachemens qu'il avoit faits, dans le dessein d'être en état par sa superiorité de rompre leurs mesures, & d'entreprendre même quelque expédition; il fut joint aussi par les Troupes du Comte de Tallard au Camp de Santen, d'où il fit quelques Détachemens. Il occupa ensuite Burick vis à vis de Vesel, & deux autres Postes, où il y avoit de petites Garnisons qu'il prit à discrétion.

Le D. de Bourgogne vient commander l'Armée.
Mr le Duc de Bourgogne arriva peu de jours après avec de nouveaux renforts au Camp de Santen; mais au lieu des progrès considerables qu'on ne doutoit point qu'il ne fît, il y resta durant un mois sans faire aucun mouvement, attendant le succez de ceux que le Ministere de la Cour de France faisoit en

L. iij

1702. secret à Nimegue, par ses intrigues, pour s'en emparer sans coup ferir. Le Roi croyoit si bien être parvenu à son but, par les intelligences qu'il avoit ménagées dans cette Place, qu'il chargea le Duc de Bourgogne de cette expédition. La réüssite lui en parut si peu douteuse, qu'il ne put s'empêcher de déclarer, que son Petit Fils iroit bientôt dîner dans cette Ville. Le Duc de Bourgogne ayant décampé de Santen prit sa marche près de Gog, entre le Niers & la Forêt de Cleves, dans la vûë de couper Grave & Nimegue au Comte d'Athlone; mais ce General ayant penetré son dessein, décampa de Clarenbeeck, & fit en même-tems un Détachement de six Escadrons de Cavalerie & de deux Régimens de Dragons, sous les ordres du General Major Rhoo, pour s'emparer des hauteurs de Moock avant les François; il le fit suivre de douze Escadrons, commandez par le Duc de Wittemberg pour le soûtenir.

Il manque son coup sur Nimegue.

Le Prince François s'étant donc mis en marche, & n'ayant pas trouvé le General Rhoo, ocupa lui-même une des hauteurs de Moock. Le Comte d'Athlone qui l'avoit suivi de près avec toute sa Cavalerie, après avoir fait marcher son Infanterie vers Nimegue, ayant sû que quelques Escadrons François paroissoient du côté de Moock, s'avança avec le Comte de Tilli, pour soûtenir le Duc de Wirtemberg; mais celui-ci abandonna les hauteurs qu'il ocupoit, dès qu'il eut aperçu 25. à 30. Escadrons de l'Armée Françoise, & alla joindre le Comte d'Athlone à la faveur de quelques escarmouches. Le General Hollandois ayant rangé pendant ce tems-là sa Cavalerie en bataille, se retira en bon ordre vers son Infanterie, & prit sa marche vers Nimegue, suivi de près par l'Armée Françoise. Le Duc de Bourgogne qui n'avoit voulu rien engager jusqu'alors, afin de donner le tems à son Aîle droite & à l'Infanterie d'arriver, fit d'abord pousser les Alliez avec beaucoup de vigueur. Ceux-ci se défendirent de même; mais après l'arrivée de l'Artillerie Françoise, le Comte d'Athlone se voyant hors d'état de resister, prit le parti de se jetter dans les Ouvrages de Nimegue. Cette judicieuse démarche n'auroit pourtant pas garanti sa Cavalerie, qui se trouvoit exposée au feu de l'Artillerie des François, si les Bourgeois de cette Ville fussent demeurez dans l'inaction. Ils avoient pris les armes à l'aproche des François, & dès qu'ils virent le danger où étoient les Troupes de leur Nation, ils conduisirent eux-mêmes le Canon sur les remparts, parmi le trouble & la confusion de leur Ville, & firent ensuite la fonction de Canoniers, parce qu'il ne s'y en trouva pas un seul.

Les Generaux François jugerent par les coups de Canon tirez de la Place, que leur intelligence avoit manqué; c'est pourquoi ne pouvant rester dans le Poste où ils étoient, sans un danger évident, ils prirent le parti de se retirer. Les Alliez perdirent dans les divers chocs, qu'ils furent obligez de soûtenir, sept à huit cens hommes, & les François un peu moins. Cependant pour cacher leur perte, ils enterrerent leurs morts en se retirant; le Duc de Guiche, le Marquis d'Alegre, & le Comte de Duras, furent ceux qui se distinguerent davantage du côté des François.

Mouvement des deux Armées.

Le Duc de Bourgogne quitta alors les environs de Nimegue, & alla à Cleves, Capitale du Duché de ce nom, apartenant au Roi de Prusse; il y prit son quartier sans oposition, & fit camper son Armée entre cette Ville & Cranenbourg. Le lendemain le Comte de Tallard, avec un Corps de dix mille hommes, s'avança du côté de Rhinberg pour le couvrir. Outre ce Détache-

1701. ment ; le Duc de Bourgogne en fit encore un autre peu de jours après, qui alla se poster entre Calcar & Santen. Le Comte d'Athlone qui étoit sur ses gardes, passa le Vahal avec toute sa Cavalerie, & alla camper près du Fort de Schenck, où il fut joint par quelques Détachemens, & disposa ses Troupes le long de ce fleuve & aux environs du Rhin, pour en défendre le passage aux François.

Prise de Keisersuvert.
Pendant ces mouvemens du Duc de Bourgogne & du Comte d'Athlone dans la Gueldre, le Prince de Nassau-Sarbruck s'étant rendu Maître de la Contrescarpe de Keisersuvert, après un combat fort obstiné, obligea le Marquis de Blainville à capituler, & à lui remettre cette Place, qui fut peu après démolie, comme on en étoit convenu. Dans le même tems le Baron de Heiden, Commandant des Troupes de Prusse, passa le Rhin & se rendit Maître des Villes de Kempen, d'Erkelens, & de Linn.

L'Empereur, l'Angl. & les E. G. déclarent la guerre à la France.
Les Etats Generaux ne pouvant plus éviter la guerre, après les hostilitez commises entre leurs Troupes & celles de France, en firent publier la Déclaration contre cette Couronne & celle d'Espagne le 15. Mai ; le même jour que l'Empereur & la Reine d'Angleterre firent la même démarche, selon qu'elle avoit été concertée dans le Traité fait entre ces trois Puissances.

Le Roi la leur déclare à son tour.
Le Roi de France de son côté fit la même chose le 5. Juillet, insinuant par sa Déclaration : ,, qu'encore qu'il ,, eût donné, par le Traité conclu à ,, Rysuvick, des preuves certaines du ,, desir sincere qu'il avoit, de rétablir ,, la paix & la tranquillité de l'Europe ; ,, l'Empereur sans aucun droit à la Suc- ,, cession de la Monarchie d'Espagne ,, s'étoit mis en état, par l'augmenta- ,, tion de ses Troupes & par des Allian- ,, ces avec l'Angleterre & les Etats Ge-

,, neraux des Provinces Unies, & plu- ,, sieurs autres Princes, de commencer ,, une guerre aussi injuste que mal fon- ,, dée. Qu'il avoit vû attaquer des Pla- ,, ces, enlever des convois & faire des ,, prisonniers, sans aucune Déclaration ,, de guerre ; mais qu'enfin ayant été ,, publiée par eux, il s'étoit vû obligé ,, de se disposer à se défendre & de sou- ,, tenir le Roi d'Espagne son Petit Fils ; ,, & que pour cet éfet, après avoir im- ,, ploré la protection divine pour la jus- ,, tice de sa cause, il leur déclaroit la ,, guerre, &c.

Examē des motifs de cette Déclaration.
L'Ordonnance dont on vient de donner un Extrait, contenoit les motifs qui avoient enfin déterminé ce Monarque à s'expliquer le dernier, quoi qu'il eût agi le premier dans cette guerre, dont il étoit le principal Moteur. Mais on peut dire que les raisons qui y furent exposées, ne servirent qu'à mettre dans une plus grande évidence la justice de la cause des Alliez. Car pour commencer par le *Traité de Rysuvick* que l'on allegua, comme *une preuve certaine du desir sincere que Sa Majesté a toûjours eu, de rétablir la tranquillité dans l'Europe* ; il faloit pour persuader le monde de cette verité, ne point passer sous silence le Traité de Partage, qui en étoit une mauvaise preuve. Ce Traité étoit la pierre de touche de l'observation de celui de Rysuvick, de l'aveu même de Sa Majesté, qui s'en étoit ainsi expliquée, & qui avoit donné elle-même cette Régle, pour juger de ses intentions. On disoit que l'Empereur *sans aucun droit legitime à la Succession des Royaumes & Etats de la Monarchie d'Espagne, s'étoit mis en état par l'augmentation de ses Troupes, & par des Traitez & Alliancés avec plusieurs Princes, de troubler le repos de l'Europe par une nouvelle guerre.* Mais on ne disoit pas, que le Roi lui-même avoit reconnu le droit de l'Empereur par le Traité de Partage, & qu'il en

avoit fait la base du maintien de la paix de Ryswick : que Sa Majesté Impériale n'avoit fait Alliance qu'avec les Princes qui étoient les garans des Traitez : qu'elle ne l'avoit recherchée qu'après qu'on lui eut refusé toute satisfaction, & n'avoit armé que depuis que le Roi de France s'étoit mis en possession de tout.

On alleguoit, que les Alliez *avoient commencé de toutes parts des Actes d'hostilité contre & au préjudice des Traitez si solemnellement jurez ; & que l'Europe entiere étoit témoin de la moderation de Sa Majesté, qui avoit vû attaquer des Places, prendre des Postes avantageux, arrêter des convois, faire des Prisonniers, avant qu'il y eût aucune Déclaration de guerre, dans le tems que Sa Majesté faisoit agir ses Ambassadeurs ou Envoyez pour conserver la paix.* Mais on passoit sous silence, que ce fut Sa Majesté elle-même qui commença les hostilitez, qui non contente d'avoir l'Espagne, porta ses armes en Italie, dans le Païs-Bas, dans l'Electorat de Cologne, dans l'Evêché de Liege, &c. qui rompit la Barriere qui faisoit la sureté des Provinces Unies, qui arrêta & renvoya leurs Troupes, qui bâtit des Forts sur leurs Frontieres, qui rapela le Comte d'Avaux, dès qu'on voulut parler de quelque satisfaction pour l'Empereur, qui reconnut le prétendu Prince de Galles pour Roi d'Angleterre, qui enleva le grand Doyen de Liege, &c. Voilà quelles furent les veritables causes de la guerre, où les Alliez se virent contraints d'entrer par une necessité indispensable.

Pouvoit on mieux prouver cette necessité, qu'en disant, comme on faisoit dans le Préambule de la Déclaration, que dans le tems du Traité de Ryswick, *le Roi par la superiorité de ses forces étoit en état de donner la loi aux Princes voisins, jaloux de sa Puissance ?* On donnoit clairement à entendre par-là, que si ce Monarque étoit alors en état de donner la loi, à plus fortes raisons l'étoit-il dans le tems qu'il disposoit de la Monarchie d'Espagne : que si auparavant il n'avoit pû être retenu par les bornes qu'il s'étoit lui-même prescrites, il le seroit encore moins dans la suite avec une Puissance plus étenduë, & qu'ainsi les Alliez n'avoient d'autre parti à prendre, ou que de se soumettre, comme avoit fait l'Espagne, ou que de s'armer comme ils firent, pour se garantir eux-mêmes de subir *la loi du plus fort*, & pour garantir en même-tems l'Europe du joug dont elle étoit menacée.

C'est ainsi que la France, contre son but & son intention, arma tous les autres Etats contre elle & contre l'Espagne, & qu'elle se replongea dans une nouvelle guerre, dont il lui eût été facile de se garantir. Dans les conjonctures precedentes, lors que la France, seule contre tous, attaquoit l'Espagne, la guerre n'étoit involontaire que de la part des Alliez. Mais cette année, qu'elle disposoit de l'Espagne, & qu'elle ne croyoit pas qu'on pût troubler son repos, elle se vit attaquer malgré elle dans sa plus grande force ; & ceux qui l'ataquerent y furent forcez malgré eux, par une necessité encore plus pressante & inévitable, que lors qu'ils avoient été ataquez auparavant. Ainsi tous furent entraînez où ils ne vouloient & ne croyoient point aller ; mais les Alliez par pure necessité pour éviter leur perte, & la France par une necessité qu'elle s'atira, en présumant tout de ses forces.

La Cour de Madrid imita presque dans le même-tems celle de France, qui entreprenoit la guerre pour ses interêts, en la déclarant aux mêmes Puissances. Le Marquis de Bedmar, Gouverneur General des Païs-Bas Espagnols, l'ayant fait publier dans l'étenduë de sa Jurisdiction, se mit aussi-tôt en état d'en faire

La Cour d'Esp. fait la même chose ; quelles en furent les suites.

1701. faire reſſentir les éfets aux Hollandois, & s'étant joint au Comte de la Mothe, Lieutenant General des Troupes Françoiſes, ſe rendit Maître de Middelbourg en Flandre, après quelques jours de ſiege. La Garniſon Hollandoiſe qui l'ocupoit, depuis le commencement de la Campagne que le General Coehorn s'en étoit emparé, fut faite Priſonniere de guerre. Ce General prit de ſon côté le Fort de St Donat, ſans que le Comte de la Mothe qui s'étoit avancé pour le ſecourir, pût l'en empêcher.

Le Cō-te de Marlborough cōman- de l'Ar- mée des Alliez.

Dans le tems que le Duc de Bourgogne étoit campé entre Cleves & Cranenbourg, le Comte de Marlborough * arriva au Camp des Alliez près du Vahal pour commander l'Armée. La Reine d'Angleterre l'avoit nommé quelques mois auparavant Capitaine General des Troupes Angloiſes, tant de celles qui étoient dans le Royaume, que de celles qui étoient au ſervice des Alliez ; & les Etats Generaux lui avoient depuis donné le Commandement en chef de leurs Troupes. Tout le monde avoit aprouvé ce choix, & les Provinces l'avoient confirmé : la ſuite fit voir qu'on ne s'étoit pas trompé dans le jugement qu'on avoit fait de ce grand Capitaine. On ne fut pas longtems à s'apercevoir du changement que ſa preſence aporta à la diſpoſition des affaires. Car le lendemain de ſon arrivée, l'Armée Françoiſe quita les environs de Cleves, après avoir ravagé le Païs, & alla camper à Haſſum près de Genap & de Gock, entre le Niers & la Meuſe.

Il veut livrer bataille au Duc de B. qui l'évite.

Le Comte de Marlboroug fit paſſer le Vahal quatre jours après à celle des Alliez ſur les deux Ponts de Nimégue, & la fit camper le lendemain à Dukenbourg, où il fut joint par le General Lumlei avec 3. à 4. mille Anglois. Huit jours après, il fit faire un mouvement à une partie de ſes Troupes, comme s'il eût eu deſſein de marcher vers le Brabant, pour tirer les François du Poſte avantageux qu'ils ocupoient ; mais ceux-ci n'ayant pas branlé dans la crainte de quelque ſurpriſe, il reſta encore quelque-tems dans le même Camp. Néanmoins comme il ne doutoit pas qu'ils ne ſe miſſent enfin en état de le ſuivre, il paſſa la Meuſe à Grave, & prit la route du Brabant. Le Duc de Bourgogne en ayant eu avis, fit marcher ſon Armée le ſoir du même jour vers Venloo, & s'avança enſuite près de Ruremonde, dans le tems que le Comte de Marlborough alla camper à Eindhoven. Ce General en continuant ſa marche prit le Château de Gravenbock, défendu par deux à trois cens hommes, & s'étant arrêté à Breugel entre Hamont & Peer, il reſolut de donner bataille à l'Armée Françoiſe le lendemain. Mais le Duc de Bourgogne qui ſe crut trop foible, prit le parti de la retraite durant la nuit. Il auroit pourtant été quelques jours après en état de hazarder bataille, puiſqu'il fut renforcé par les Détachemens des Comtes de Tallard & de Gaſſé, & du Prince Tſerclas de Tilli, faiſant près de dix mille hommes, ſi les ordres de la Cour de France ne lui euſſent pas lié les mains. Cependant ayant pénetré le deſſein du General des Alliez ſur les Places de la Gueldre Eſpagnole, il fit pluſieurs Détachemens pour en renforcer les Garniſons. Cette précaution n'en empêcha pourtant point la Conquête, & ne ſervit qu'à acroître la gloire du General Anglois. Car le Comte de Marlborough, bien loin de changer de meſures, détacha peu après le Baron d'Opdam * avec un Corps de Troupes pour

* Mylord Jean Churchil.

* De Waſſenaer.

1702.

aller inveſtir Venloo, & il alla lui-même ſe poſter à Everberg, pour favoriſer le ſiege de cette premiere Place.

Les 2. Armées ſe trouvent en preſence, & ſe contentent de ſe canonner.

Le Duc de Bourgogne ne pouvant rompre les meſures du General des Alliez, fit faire un mouvement à ſon Armée pour entrer dans la Mairie de Bois-le-Duc, attiré par l'abondance des fourrages d'un Païs, qui n'avoit pas vû depuis long-tems des Armées Ennemies. Le Comte de Marlborough qui l'obſervoit, décampa auſſi-tôt d'Everberg, & s'avança à Holchteren, où il trouva l'Armée Françoiſe dans la diſpoſition aparente d'en venir à une action, quoi que les Generaux ne penſaſſent à rien moins, comme il étoit facile de le connoître par la ſituation où elle ſe trouvoit. Le Comte de Marlborough rangea pourtant ſon Armée en bataille, pendant que le Duc de Bourgogne en fit faire autant à la ſienne. Mais comme les deux Armées étoient ſeparées par un marais, formé par le Ruiſſeau de Beringen, par une grande Ravine, & par un Etang, de maniere qu'il étoit impoſſible de s'aprocher, elles ne firent d'autre mouvement, que de ſe canoner durant deux jours qu'elles reſterent en preſence. Le Duc de Bourgogne qui ne vouloit rien riſquer, décampa enſuite, & alla prendre poſte à Beringen.

Le General Anglois voyant par là, qu'on ne pouvoit engager les François à une action, reprit ſon premier deſſein de faire des Conquêtes. Le Duc de Bourgogne qui n'étoit pas en état de s'y opoſer, voulut profiter de ſon éloignement, & vint camper à Aſche, pendant que la Ville de Venloo étoit inveſtie par le Baron d'Opdam du côté du Fort St Michel, & par le Baron de Heiden de l'autre côté de la Meuſe avec la Cavalerie Pruſſienne.

Siege de Venloo par

Le Prince de Naſſau-Sarbruck qui avoit été chargé du Commandement du ſiege, fit l'ouverture de la Tranchée la nuit du onze au douze Septembre, & les travaux furent conduits par le General Coehorn. Le Comte de Marlborough envoya en même-tems contre la Ville de Veert un Détachement de Cavalerie & d'Infanterie, qui l'obligea de ſe rendre au bout de trois jours, après en avoir ruiné le Château à coups de Canon & de Bombes.

les Alliez.

Maſeick ſur la Meuſe au deſſus de Venloo eut peu après le même ſort, auſſi bien que le Château de Stocheim, ſitué ſur le même Fleuve, au deſſus de Maſeick, qui fut pris par le Prince de Heſſe. Les François furent enſuite obligez d'abandonner la petite Ville d'Erxelens pour ſe jetter dans Ruremonde.

Priſe de Maſeick & de quelques autres Places.

Ce ſuccez des armes des Alliez ne promettant rien d'avantageux pour celles de France, le Duc de Bourgogne quitta l'Armée le 6. Septembre, en laiſſant le Commandement au Maréchal de Boufflers. Comme la preſence de ce Prince dans le Païs-Bas n'avoit rien produit de favorable aux deſſeins du Roi ſon Ayeul, ſes entrepriſes ayant toutes échoué, ſon départ ne rapella pas non plus la fortune des deux Couronnes: elles continuerent de ſoufrir des pertes conſiderables durant le reſte de la Campagne, qui ne fut qu'un tiſſu de progrès & de conquêtes pour le Comte de Marlborourgh. Ce General étant demeuré campé durant quelques jours aux environs de Maeſtricht, y reçut des Députez de la Province de Luxembourg, d'une partie du Brabant, & du Païs d'entre Sambre & Meuſe, pour traiter des Contributions qu'on leur demandoit, & lui marquer leurs ſoumiſſions.

Le D. de Bourg. quitte l'Armée.

Dans ce même-tems le Prince de Naſſau Sarbruck ayant battu durant quelques jours le Fort St Michel près de Venloo, y fit donner l'aſſaut, & l'emporta après quelque reſiſtance ;

Venloo capitule, & pourquoi.

quoi qu'il fût défendu par trois à quatre cens hommes, dont une partie se sauva dans la Ville, & les autres furent faits Prisonniers. Cet avantage fut suivi trois jours après de la réduction entiere de la Place par capitulation, à laquelle une équivoque donna lieu. Le Prince de Sarbruck avoit eu avis de la part de l'Electeur Palatin, de la prise de Landau en Alsace par l'Armée Impériale, comme nous le raporterons bien-tôt. Pour en marquer sa joye, il mit son Armée en bataille, & fit faire trois décharges de toute son Artillerie contre les Ouvrages de la Ville qui étoient ataquez: ce qui ayant fait croire aux Assiegez, que c'étoit le signal de l'assaut qu'on devoit donner à la Place, le Comte de Varo, Gouverneur, & le Sr de Labadie, Commandant des Troupes Françoises, jugerent qu'il faloit demander à capituler. Mais comme le Prince de Sarbruck ne faisoit point d'attention à un événement auquel il ne s'atendoit pas, il ordonna la seconde décharge. Les Assiegez au desespoir de ce qu'on ne les entendoit pas, firent suivre le premier Tambour par plusieurs autres, pour demander à capituler, ce qui fut executé le même jour.

Prise de Ruremonde.

Le Comte de Marlborough détacha ensuite le Comte de Tilli, Lieutenant General de la Cavalerie Hollandoise, avec douze cens Chevaux pour investir Ruremonde, & fit en même-tems ataquer le Fort de Stevenswert, qui se rendit au bout de cinq jours, quoi que défendu par une Garnison nombreuse. Ruremonde ne fit pas une plus longue resistance; la tranchée ayant été ouverte le 2. Octobre devant cette Place, elle capitula le 7.

Mouvemét des 2. Armées.

Le Maréchal de Boufflers, étonné de tant de Conquêtes, faites par le General des Alliez, & ne doutant point qu'elles n'eussent des suites encore plus avantageuses pour eux, pensa d'abord à pourvoir à la sureté de Liege, & à poster son Armée dans un Camp où elle fût hors d'insulte, par l'apréhension où il étoit d'être ataqué. Pour cet éfet il décampa l'onzième Septembre des environs de Beringen, & ayant passé le Demer, il fit un Détachement de six mille hommes pour Liege, sous la conduite du Prince de Tserclas; il s'avança ensuite jusqu'auprès de Tongres, où il se retrancha d'une maniere qui ôta toute l'esperance au Comte de Marlborough d'en venir à une action, quoi qu'il souhaitât extrêmement d'ajouter encore une victoire à toutes ses Conquêtes. Dans ce dessein ce General quitta son Camp de Geneck & d'Asche, & marcha droit vers l'Armée Françoise; mais l'ayant trouvée postée si avantageusement, qu'il n'étoit pas possible de l'engager au combat qu'elle vouloit éviter, il forma le dessein d'ataquer Liege, & fit marcher son Armée le 12. d'Octobre entre la Meuse & le Jecker. Il arriva le lendemain sur les quatre heures après midi à la portée du Canon de la Citadelle.

Prise de Liege par le C. de Marlborough.

Le Maréchal de Boufflers fit aussi-tôt faire un mouvement à ses Troupes, & quittant les environs de Tongres, alla se poster derriere la Mehaigne, pour assurer le Brabant de ce côté-là. Mais il ne put empêcher la Conquête de Liege, & de la plûpart des Places d'alentour. Cette Ville ouvrit ses portes à Mylord Marlborough le jour d'après son arrivée, ensuite de quoi ce General attaqua la Citadelle devant laquelle il fit ouvrir la tranchée. Le General Coehorn dressa les batteries les deux jours suivans, & fit faire un si grand feu le lendemain avec 40. pieces de Canon, & 25. Mortiers, que les batteries des Assiegez en furent démontées, & toutes les défenses ruinées. Le General Anglois fit là dessus pousser les attaques avec tant de vigueur, que tous les Ouvrages de la Place étant presque détruis, & la bréche plus que suffisante, il reso-

M ij

1702. lut de donner l'assaut à la Contrescarpe. Il fit pour cela sur les quatre heures du soir un Détachement de Grenadiers, soûtenus de plusieurs Bataillons, sous les ordres des Generaux Fagel & Somersfeld: ces Troupes allerent à l'ataque avec tant d'intrépidité & d'ardeur, qu'elles pousserent l'épée à la main jusques dans le Corps de la Place. Le carnage fut terrible, & dura l'espace de trois quarts d'heure. Le Sr Violaine, qui y commandoit, fut pris sur la bréche l'épée à la main, avec le Comte de Berlo, & plusieurs Officiers. Les autres ayant pour lors jetté les armes, demanderent la vie & furent dépouillez. On trouva dans la Citadelle 36. pieces de Canon, quantité d'armes, & des munitions de toute sorte: vingt mille écus d'argent monoyé, & un service de Vaisselle d'argent; ce qui fut donné au pillage aux Soldats. Les Alliez perdirent peu de monde en cette expedition; le Comte de Nassau Blexembourg, Capitaine de Cavalerie, Fils de Mr d'Odick, Député de la Province de Zeelande, y fut tué.

Suites de cette expedition des Alliez.

Le Comte de Marlborough ne balança pas après cet avantage, d'ataquer la *Chartreuse*, ou *Fort des Chartreux*, devant lequel la tranchée fut ouverte le 27. Octobre. Il le fit battre le lendemain avec tant de violence par le Canon & les Bombes, que le Sr Milon, Gouverneur, apréhendant le même sort de la Citadelle, fit battre la chamade le jour suivant, & capitula. L'attaque de Rhinberg par le Prince Albert Frederic de Brandebourg, Prere du Roi de Prusse, avec un Corps de douze mille hommes, n'eut pas le même succez. Ce Prince fut obligé de la discontinuer au bout de huit jours, autant par la resistance du Marquis de Gramont, que par l'incommodité de la mauvaise saison qui commençoit.

Le Marquis de Bedmar ne réüssit pas mieux en ses entreprises dans la Flandre Hollandoise, où il forma le dessein d'assieger Hulst. Il débuta d'abord par l'ataque de six Forts des environs, dont trois, savoir le Fort Ferdinand, celui de St André, & un autre situé entre Hulst & le Fort de Moerspuïe, furent pris par un Détachement, commandé par le Marquis de Courtebonne; les Troupes Hollandoises les ayant abandonnez après leur première décharge. Mais le Fort, dit le *Grand-Keikuit*, fit plus de resistance; le Marquis de Bedmar l'ayant fait canoner & bombarder pendant cinq jours, fut enfin contraint de se retirer.

Campagne d'Allemagne.

Les armes de l'Empereur agirent sur le Haut Rhin au commencement de la Campagne avec autant de succez, que celles des Alliez dans le Païs-Bas, tant à cause de la superiorité des forces de ce Monarque, que de l'impuissance de celles des François à s'y oposer. La Cour de France avoit fait de fortes brigues l'année precedente dans les Cours des Princes de l'Empire, & depuis auprès des Cercles, pour les diviser d'avec leur Chef. Son dessein étoit de porter les premiers à s'oposer au neuviéme Electorat, créé depuis quelques années en faveur du Duc de Hanover, que l'Empereur vouloit faire recevoir à la Diete en cette qualité; & de solliciter ensuite les uns & les autres, à faire une Ligue, ou Association entr'eux, pour demeurer dans la Neutralité. Elle s'étoit flatée durant quelque tems de parvenir à ses fins, & elle avoit aquis tant de crédit dans l'Empire, qu'elle sembloit pouvoir se promettre d'en faire agir les membres à son gré. Tous les Princes & Etats qui le composent, se souvenant des malheurs des guerres précedentes, paroissoient dans la résolution de jouir des fruits de la paix; mais ayant depuis fait reflexion, que quoi que la guerre qui étoit sur le point de s'allumer sur leurs frontieres, n'eût relation qu'aux interêt des Maisons de

France & d'Autriche, elle ne l'aisseroit pas de tourner dans la suite à l'opression de leur liberté, & à la ruine de leurs Etats; puisque l'Empereur, privé de leurs secours, ne manqueroit pas de sucomber sous les éforts d'une Puissance de laquelle ils avoient tout à craindre, & rien à esperer : ils changerent leur premiere resolution, & les mêmes Troupes qu'ils avoient d'abord assemblées dans le dessein de maintenir la paix, ils les employerent à faire la guerre à la France, tournant ainsi contre Louis XIV. les moyens qu'il avoit lui même inspirez, & qu'il croyoit devoir servir à l'execution de ses desseins. Les Princes qui ne prirent pas d'abord ce parti, s'y virent contrains par la force. Tels furent les Ducs de Wolffenbutel, dans les Etats desquels ceux de Zell & de Hanover firent marcher leurs Troupes dans cette vûë, pour satisfaire au desir de l'Empereur.

Siege de Landau par les Impériaux.

Ce Monarque ayant donc assemblé par l'armement presque general de l'Empire une puissante Armée, il la fit marcher vers le Rhin sous les ordres du Prince Louis de Bade, pour faire le siege de Landau. Le Roi des Romains le joignit quelques jours après l'ouverture de la tranchée, qui fut faite le 19. Juin. Les Imperiaux pousserent leurs ataques avec beaucoup de vigueur; mais la resistance obstinée du Sr de Melac, Gouverneur de la Place, une des plus fortes de l'Europe, les arrêta tout d'un coup, & leur fit prendre le parti de ménager leur monde. Ce siege fut plus long qu'on ne s'étoit d'abord imaginé. Le vingt-trois du mois de Juillet, les Assiegeans perdirent un grand nombre de Soldats & d'Officiers. Le General Baur, Lieutenant Colonel des Gardes du Duc de Wirtemberg, & le Sieur Hanslen, General de l'Artillerie de l'Electeur Palatin, furent de ce nombre; le Major General Bibo fut blessé.

Cependant malgré la resistance des Assiegez, une partie des ouvrages extericurs de la Place ayant été ruinez par l'Artillerie, ou emportez par les Assiegeans, le Roi des Romains fit attaquer le 2. Août la Contrescarpe de l'Ouvrage à corne, & ses Troupes s'y logerent après un combat obstiné. Mais le Sieur de Melac ayant fait de nouveaux éforts, les obligea de l'abandonner avec perte de quatre à cinq cens hommes des deux Partis. La tentative que fit ce Prince, le 15. du même mois contre le même Ouvrage, eut un succez plus favorable; les Impériaux s'y logerent, & s'y maintinrent malgré la resistance des Assiegez, qui fut funeste à un grand nombre des Assiegeans. Le Comte * de Soissons, General de l'Artillerie, Frere du Prince Eugene, & le Prince de Barëith furent blessez mortellement, & moururent au bout de quelques jours. Le Prince de Bade Dourlach, & le Comte de Koningseck furent aussi blessez. Trois jours après, le Roi des Romains fit loger ses Troupes du côté de la Riviere de Queiche, sur la Contrescarpe dans la Place d'armes, vis à vis la pointe de la Demi-Lune, & dans une autre du côté de la grande ataque le lendemain. Le Sieur Braun Ingenieur General y fut blessé. Cet avantage ayant été suivi de la prise de la Demi Lune, réduisit le Sieur de Melac dans un état à ne pouvoir se défendre avec succez. Il capitula le 9. Septembre, & remit la Place au Roi des Romains: qui pour lui marquer l'estime qu'il faisoit de sa bravoure, lui fit present d'une épée.

La Place se rend au Roi des Rom. après une longue resistance.

Le Maréchal de Catinat qui n'avoit pû empêcher le siege de Landau, étoit demeuré campé aux environs du côté de Saverne, comme pour en être en quelque maniere le Spectateur. A la nouvelle de la réduction de cette Place,

Mouvement du Maréchal de Catinat.

* *Louis Thomas de Savoye.*

il fit marcher son Armée du côté de Strasbourg, dans la crainte d'être attaqué par l'Armée Impériale, que le Roi des Romains fit avancer vers Croon-Veissenbourg dans ce dessein. Mais ce Prince ne voiant point de jour à l'exécuter, quitta l'Armée, & la laissa sous les ordres du Prince de Bade, qui se rendit ensuite maître d'Haguenau.

Le Duc de Baviere se declare ouvertement pour la France

La perte de Landau auroit été capable de déconcerter la Cour de France, à cause des suites qu'elle pouvoit avoir à l'avantage de ses Ennemis, qui se voioient en état de pénétrer par la Lorraine jusques dans le cœur du Roïaume. Mais le Duc de Baviere aiant pris parti contre l'Empereur, fut non seulement un obstacle aux progres des armes de S.M.I.; mais en procura même au Roi T.C. dont il releva le courage presque abatu par tant de pertes qu'il avoit déja souffertes. Cet Electeur avoit différé jusqu'a lors de satisfaire à ses engagemens avec les Rois de France & d'Espagne, soit que ses forces ne fussent pas prêtes, ou qu'il entrevît trop de difficultez à ses desseins. Il avoit pourtant fait des levées considerables dès l'année precédente, sous pretexte de les joindre à celles des Cercles pour maintenir la paix & la neutralité. Mais voiant par le parti que les autres avoient pris, qu'on ne manqueroit pas de le contraindre à les imiter, apres les instances que lui avoit fait le Comte de Schlick de la part de l'Empereur, il leva le masque, & débuta par la surprise de la Ville d'Ulm, Capitale de la Suabe. L'exécution de l'entreprise fut commise au Sr. Peckman, Lieutenant-Colonel de ses Gardes.

Il surprend la Ville d'Ulm.

Cet Officier aiant reconnu la Ville, & remarqué une porte nommée la Porte aux Oies, par laquelle les Païsans des Villages voisins entroient tous les matins, & qui seule parut propre à favoriser son entreprise, y fit avancer, le 8. Septembre au matin, quarante Officiers choisis, déguisez en Païsans & en Femmes, avec des paniers pleins de fruits, d'œufs, & d'autres denrées, leur aiant donné pour armes des pistolets & des baïonetes, & à chacun deux grenades. Ceux-ci entrerent sans être reconnus, avec ordre de se trouver auprés de la porte à l'heure marquée pour soutenir l'entreprise. Il y en avoit un qui devoit sortir, apres avoir mis son chapeau d'une certaine maniere pour servir de signal.

De quelle maniere la chose fut exécutée.

Tout étant prêt, six cens Dragons furent mis en embuscade dans un petit bois proche de la Ville, & deux Régimens des même Troupes prirent Poste un peu plus loin, avec deux cens Grenadiers, & pareil nombre de Fuseliers. L'Officier deguisé, en Païsan aiant paru hors de la Ville, fit le signal de son chapeau pour marquer que tout étoit tranquille : surquoi le Sr. Peckman fit avancer les autres Païsans suposez. Quand ils furent arrivez au Poste qu'il leur avoit marqué, il laissa tomber de sa main une hache qui étoit le signal de l'expédition ; alors on se jetta sur la Garde de la porte qui fut desarmée ; & les Femmes travesties se saisirent des Sentinelles pour prévenir l'alarme. Les Soldats, qui étoient au nombre de vingt-cinq, furent enfermez dans le Corps de garde, il n'y en eut qu'un de tué, pour tenir les autres en crainte. En même tems les Officiers qui étoient dans la Ville, se rendirent prés de la porte pour empêcher le secours, & se saisirent d'une Tour dans laquelle il y avoit une Garde. Au signal donné les Dragons parurent l'épée à la main, & s'empareérent du Rempart, de l'Arsenal, & de cinq Bastions. La Garnison y accourut ; mais elle fut dissipée dans un moment ; Les Compagnies des Bourgeois au nombre de dix-huit, de deux cens hommes chacune, parurent ensuite avec leurs Drapeaux, & les Femmes y acoururent aussi en furie, armées de tout ce qui leur étoit tombé sous les mains; mais tout cela n'empêcha pas que les Bavarois ne conservassent les Postes qu'ils avoient ocupez, ayant été soûtenus par de nouvelles Troupes. Le Sr Peckman, principal Executeur de l'éntreprise, y reçut plusieurs blessures dont il mourut peu après.

Pretexte dont l'Elect. de Bav. colora souprocedé.

Le Duc de Baviere voulant colorer un attentat si criant, & si oposé aux libertez des Etats de l'Empire, dont il se rendoit par là l'Ennemi, prit pour pretexte: ,, que les Cercles de Franco,, nie & de Suabe, l'ayant sollicité d'en,, trer dans un Traité d'Association, ,, dont le but étoit d'éloigner la guerre ,, de leurs frontieres, il y avoit donné ,, les mains, & avoit fait de grandes ,, dépenses pour lever des Troupes. Que ,, les Cercles, après l'avoir engagé ,, dans leur Parti, avoient pris le chan,, ge, & éludé la sincerité de ses inten,, tions, s'étant laissé prevenir par les ,, artifices de quelques personnes enne,, mies de la paix. Que cependant il ,, s'étoit servi des voyes de la douceur, ,, pour les faire rentrer dans leurs veri,, tables interets: mais que ses démar,, ches ayant été inutiles, il avoit crû ,, de son interêt d'obliger le Cercle de ,, Suabe à faire par la crainte de ses ,, armes, ce qu'il avoit refusé à la jus,, tice de ses raisons; & que comme ,, Ulm étoit une Place qui couvroit la ,, Baviere, il avoit crû devoir s'en em,, parer pour assurer le repos de ses Peu,, ples, & la tranquillité de ses Etats. Ces raisons étoient si peu plausibles, que quand on n'auroit pas été persuadé d'ailleurs des veritables motifs qui faisoient agir l'Electeur, on s'en seroit imaginé à peu près de semblables.

Suites de cette premiere expedition.

Ce prince étant venu peu de jours après à Ulm, se saisit de Kickberg, Passage important sur l'Iler, qui se jette dans le Danube près de la premiere Ville; & ensuite de Biberach: profitant ainsi de l'absence des Troupes des Cercles, qui étoient encore dans l'Armée Impériale près de Landau. Mais sur l'avis qu'on en eut peu après, le Duc de Wirtemberg quitta le Camp de Croon Weissenbourg le 17 Septembre, avec ses Troupes & celles du Cercle de Suabe. Dans ce tems-là, le Duc de Baviere fit partir le Comte d'Arco, General de sa Cavalerie, avec un Détachement de douze mille hommes, pour s'aprocher du Rhin selon les mesures prises avec les Generaux François. Le General Bavarois étant auprès de Waldshut, l'une des quatre Villes Forestieres, le Maréchal de Catinat détacha une partie de son Armée du Camp d'Eckbolsheim, aux environs de Strasbourg, avec trente-trois pieces de Canon, sous les ordres du Marquis de Villars, pour aller le joindre, & passer le Rhin à Huningue. Les Troupes des Cercles s'étoient retranchées de l'autre côté du Fleuve vis à vis de cette Place, & avoient été depuis renforcées d'un Détachement envoyé par le Prince de Bade, sous les ordres du Comte de Tunghen.

Combat entre les Franç. & les Impér. pies d'Huningue.

Le Marquis de Villars étant arrivé à Huningue, résolut de les attaquer ou de les obliger à quitter leur Poste, dans le dessein d'aller joindre les Bavarois; il fit pour cela mettre une batterie de quarante pieces de Canon dans une Ile du Rhin, plus voisine du rivage d'Allemagne que de celui de France. Il fit passer dans des Bateaux douze cens Grenadiers sous les ordres du Marquis de Seignelai, & preparer des Barques pour la construction d'un Pont: après quoi il fit avancer les Travailleurs, qui soûtenus par les Grenadiers, commencerent des Ouvrages pour couvrir le Pont, à la vûë des Imperiaux retranchez sur une hauteur à un quart de lieuë de là. Ceux-ci firent d'abord quelques décharges de leur Artillerie, & n'ayant pû empêcher les François d'achever leur Pont, ils s'avancerent la nuit suivante pour leur donner la chasse; mais ayant été aperçus par les François, le Sieur des Bordes, Lieutenant General, & le Marquis de Biron, Maréchal de Camp, firent retirer les Travailleurs & les Grenadiers sur le Pont & dans les Bateaux. Cependant les Impériaux qui ne croyóient pas avoir été découverts, s'aprocherent & attaquerent les François avec beaucoup de vigueur; mais ils furent obligez de se retirer, & de reprendre la route de leur Camp, après un combat de trois heures, dans lequel il y eut deux à trois cens hommes tuez de part & d'autre.

Les Fr. s'emparent de Nieubourg.

Le Marquis de Villars envoya en même-tems donner avis au Comte d'Arco de ce qui s'étoit passé, & fit continuer de travailler aux Ouvrages qu'il avoit ordonnez au delà du Pont, pour en couvrir la tête, à quoi il trouva peu d'opofition. Neanmoins comme le Poste qu'ocupoient les Impériaux étoit un obstacle au projet qu'il avoit formé d'aller joindre les Bavarois, il resolut pour le obliger à le quiter de s'emparer de Nieubourg, situé de l'autre côté du Rhin à quatre lieuës de Brisach, & autant d'Huningue. Il donna ordre au Sieur de Laubanie, Gouverneur du Nouveau Brisach, de l'ataquer, après avoir détaché de son Camp d'Huningue le Marquis de Biron, avec de l'Infanterie qu'il fit mettre sur des Bateaux pour l'aller joindre. Le Sieur de Laubanie s'en rendit Maître * en peu de jours, quoi que ce Poste fût défendu par cinq à six cens hommes, dont quatre cens furent faits Prisonniers.

Autre combat être les Troup. Franç. & Impérial.

Dans le même tems le Maréchal de Catinat voulant apuyer le dessein du Marquis de Villars, fit un Détachement de dix mille hommes, sous les ordres du Comte de Guiscard, pour se rendre à Huningue; ce que le Prince Louis de Bade ayant sû, il se détacha de son Armée, campée à Bischuveiler sur la Moter au dessus de Haguenauv, & se rendit au Camp des Troupes des Cercles près d'Huningue, pour y prendre des mesures convenables, afin de rompre les desseins des François. La prise de Nieubourg & la marche du Comte de Guiscard avec un renfort si considerable, lui firent craindre qu'on ne coupât les vivres à ses Troupes; c'est pourquoi il résolut de décamper le 14. Octobre au matin. Le Marquis de Villars, qui avoit jugé de son dessein par les mouvemens du Camp des Impériaux, avoit fait passer le Rhin dès le 13. à l'Infanterie, & à une Brigade de Cavalerie, pour ne pas perdre l'ocasion de les ataquer dans leur marche. Il suivit lui-même le lendemain avec toute sa Cavalerie. Et dès qu'il eût passé l'autre bras du Rhin, il rangea son Armée en bataille à l'entrée de la plaine de Fridlingue, & marcha sur le midi aux retranchemens des Impériaux, qu'il trouva abandonnez. S'étant ensuite avancé au delà, dans la plaine, vers leur Camp qu'ils avoient quité, il prit la résolution d'entrer dans les montagnes du côté d'Erlingen, où les Impériaux s'étoient postez. Il les fit aussi-tôt attaquer par son Infanterie, sous la conduite des Sieurs des Bordes & de Chamarante, pendant que sa Cavalerie se mit en bataille dans la plaine. Elle avoit celle des Impériaux devant elle, sa droite à la montagne où étoit l'Infanterie, & sa gauche au Fort de Fridlingen, malgré le feu de l'Artillerie de ce Fort ocupé par les Impériaux, qui lui causa beaucoup de perte. A l'aproche des François, la Cavalerie Allemande s'avança, & fit sa décharge de fort près, suivie d'un mouvement pour se retirer. Les François en ayant profité, la pousserent jusqu'à un défilé, où les Impériaux se jetterent avec tant de confusion, qu'aucune Troupe ne se rallia pour revenir à la charge.

En

* Le 11. Octobre.

En même-tems l'Infanterie Françoise gagna le haut de la montagne, où ayant trouvé celle des Impériaux, postée dans un bois épais avec du Canon, elle essuya un rude combat. Le Sr des Bordes Lieutenant General, & le Sr de Chavanes, Brigadier, y furent tuez. Les Impériaux neanmoins étant de beaucoup plus foibles que les François, & apréhendant le secours du Comte de Guiscard qui n'étoit pas éloigné, prirent le parti de se retirer. Les François les poursuivirent en descendant dans la plaine, où ils furent tout d'un coup arrêtez, & ensuite repoussez avec beaucoup de perte. Cependant les Impériaux ayant continué leur retraite, leur abandonnerent le champ de bataille, où ils laisserent environ deux mille morts : de ce nombre furent le Comte de Zollern, le General Stofemberg, & le Colonel Wonvaldt : le Prince de Brandebourg Anspach, & le Comte de Furstemberg y furent blessez mortellement. Le Prince Louis de Bade, General de l'Armée, & le Prince Hereditaire de Dourlach, le furent aussi ; les Comtes de Conigseek, & d'Hohenloe furent faits Prisonniers. La perte des François fut de douze cens hommes tuez ou blessez ; du nombre de ceux-ci furent le Duc d'Etrées, le Marquis de Polignac, le Chevalier de Chamilli, & le Sr de Chamarante. Le lendemain le Marquis de Villars fit mener le Canon contre le Fort de Fordlingen, dont la Garnison, composée de quatre cens hommes, sortit après avoir été désarmée.

Le Prince de Bade fut extrêmement blâmé de s'être laissé surprendre dans cette ocasion, & d'y avoir même ensuite témoigné peu de vigueur. Cette journée commença l'Eclipse de sa gloire, & donna lieu à tous les soupçons qu'on eut de sa conduite jusqu'à sa mort. Ce General rassembla ses Troupes à Stauffen entre Fribourg & Nieubourg. Il fut joint ensuite par une partie de celles qu'il avoit laissé dans la Basse Alsace, sous les ordres des Comtes de Thungen, & de Stirum, après avoir abandonné Haguenauv & Bischuveiler, pendant que l'autre qui ne faisoit que six mille hommes, s'étoit retirée vers la Lauter, pour la garde des Postes de Weissembourg & de Lauterbourg. Il s'avança alors à demi lieuë de Nieubourg, dans le dessein d'ataquer l'Armée Françoise, & de prendre sa revanche du Marquis de Villars vers lequel il marcha. Mais celui-ci ne trouvant pas de sureté à l'attendre, & content de son premier avantage, repassa le Rhin & alla camper à Otmarsen, d'où il envoya faire des plaintes au Duc de Baviere, en des termes qui exprimoient son chagrin, sur ce que ce Prince n'avoit fait aucun mouvement pour le seconder.

Les Impériaux n'ayant donc pû engager les François dans un second combat, prirent leur marche le long du Rhin, & furent camper près du Fort de Kehl, d'où le Prince de Bade fit un Détachement sous les ordres du Comte de Thungen pour couvrir Landau, & un autre commandé par le Comte de Stirum, qui marcha vers la Forêt noire pour couper le passage aux Bavarois. Ceux-ci se saisirent dans ce tems-là de Kempten, Ville Imperiale sur l'Iler, & de Weissembourg en Franconie ; ils batirent le Comte Palfi, commandant un Corps de Troupes de l'Empereur, après l'avoir obligé de quitter son entreprise sur la Ville de Werting qu'il avoit attaquée ; & établirent leurs quartiers dans une grande partie de la Suabe.

Pendant que ces choses se passoient en Allemagne, d'autres Armées agissoient aux environs de la Sare & de la Moselle, & vers le Bas-Rhin. Le Comte de Tallard ne pouvant s'oposer aux progrès des Alliez, sous les ordres du Comte de Marlborough, dans les Provinces de Gueldre & de Liege, entra dans l'Electorat de Cologne, pour se joindre aux Troupes de l'Electeur de ce nom, d'où il marcha vers le haut du Duché de Juliers. Il obligea les Troupes des Alliez, commandées par le Duc de Saxe-Mingen, campées à Mulheim, de se retirer, & fit contribuer presque tout le Duché de Berg. S'étant ensuite aproché de Cologne, il força cette Ville à accepter la Neutralité, & à ne tenir dans son enceinte que des Troupes du Cercle de Westphalie. Cependant le Marquis de Lomenie qui commandoit un Camp Volant près de Sar-Louis, ayant été joint par un Détachement envoyé par le Maréchal de Catinat sous les ordres du Sieur de St Laurent Lieutenant General, se rendit maître de Treves. La Ville & le Château de Traerbach tomberent peu de jours après, avec autant de facilité, au pouvoir des François. Le Comte de Tallard s'étant presenté devant la Ville le 31. Octobre y entra le même jour, & le Château, où la Garnison s'étoit retirée, ayant été attaqué le lendemain, se rendit par capitulation sept jours après.

Le Roi s'empare de Nanci, & sur quel pretexte.

Ces divers avantages remportez par l'Armée Françoise, ne parurent pas suffisans au Roi, pour le mettre à couvert des entreprises des Impériaux, qui par la prise de Landau étoient à portée de penetrer dans les Etats du Duc de Lorraine, à qui l'Empereur avoit refusé d'acorder la Neutralité. C'est pourquoi Sa Majesté Très-Chrétienne obligea ce Duc à lui remettre la Ville de Nanci, & ses autres Places fortes, où le Comte de Tallard mit Garnison, sous pretexte de les défendre contre les Allemans. Ce Comte entra donc en Lorraine avec un grand Corps de Troupes, & se presenta devant la Capitale. Son Altesse Royale qui n'étoit pas en état de se défendre, lui en fit ouvrir les portes, & se retira ensuite à Luneville, après avoir representé les raisons qu'elle avoit de souhaiter une parfaite Neutralité pour son Païs. Cette démarche de la France fut regardée comme un attentat aux droits d'un Souverain, que la loi du plus fort obligeoit de se soumettre, & rompit les mesures que l'Empereur auroit pû prendre dans la suite.

En Italie le Prince Eugene eut à soûtenir les plus grands éforts des deux Couronnes, quoi que les secours suffisans lui eussent manqué par divers contre-tems, à cause de la guerre du Nord; mais sa tête & son bras y supléerent. Environné de tous côtez par des Armées nombreuses, & reduit ou à quitter la partie, ou à hasarder une décision, il prit le dernier parti, & l'executa avec toute la vigilance & l'habilité d'un Grand Capitaine. Le succez lui fut favorable, comme nous le verrons, à la journée de *Luzzara*, quoi que les François ayent prétendu le contraire, & qu'ils ayent voulu mettre l'honneur de la victoire de leur côté; mais la réalité fut pour lui, en demeurant posté sur le champ de bataille, jusqu'à la retraite de l'Armée des deux Rois.

Situation des affaires en Italie.

Philippe V. avoit renforcé la sienne jusqu'à plus de cinquante mille hommes, & en avoit donné le Commandement au Duc de Vendôme à la place du Maréchal de Villeroi, Prisonnier en Allemagne. A l'aproche de ces Troupes nombreuses, le Prince Eugene leva le blocus de Mantouë, qu'il avoit tenuë serrée pendant tout l'Hiver & le Printems, & ayant rassemblé toutes ses Forces, il se mit en état de traverser les deux Rois dans l'execution de leurs desseins, autant que l'inferiorité de ses Troupes pouvoit le lui permettre. Il ne put empêcher qu'ils ne se saisissent d'abord de Caneto, de Castelguifré, & de Castiglion delle Stivere, dont les Garnisons demeurerent Prisonnieres. La perte de ces Postes auroit pourtant été de peu d'importance dans la suite, par les mouvemens que ce Prince se donna pour la reparer, si l'imprudence

Progrès du Roi Philippe.

1702.

Côbat être ses Troupes & celles des Impériaux.

du Général Annibal Visconti n'eût donné lieu à un échec considerable, que reçût un Corps de trois mille Impériaux sous ses ordres.

Le Prince Eugene étant allé camper près du Croftolo, fit un Détachement de trois Régimens de Cavalerie, & d'un de Dragons, sous les ordres de ce Général, pour aller au delà de cette Riviere : ce que le Duc de Vendôme ayant sû peu après son arrivée à Castelnovo, avec l'Armée commandée par le Roi Philippe en personne, il partit * du Camp avec vingt-cinq Escadrons, & quatorze Compagnies de Grenadiers qu'il divisa en trois colonnes ; il conduisoit celle de la droite, le Sr Albergotti la gauche, & le Marquis de Crequi celle du milieu. Pendant qu'il marchoit dans cet ordre, un Détachement de vingt Gendarmes poussa la Garde des Impériaux qui fut soûtenuë par leur piquet ; mais le Duc de Vendôme s'étant aproché, ils furent poussez jusqu'à une Cassine qui étoit devant leur gauche, sur le chemin de Reggio à Guastalle. Leur droite étoit à Santa Vittoria, & ils avoient derriere eux la Riviere de Tassone, sur laquelle il y avoit deux Ponts de bois. Le General Visconti qui avoit été averti de la marche des François, sans pourtant y ajoûter foi, les voyant aprocher jetta des Troupes dans la Cassine, pour arrêter leur Cavalerie ; mais elles en furent chassées par le Marquis de Crequi, après un combat dans lequel les François perdirent beaucoup de monde. Les Impériaux avoient au delà huit Escadrons, faisant face à cette Cassine, un autre sur le grand chemin, & deux sur la droite, disposez pour prendre en flanc ce qui s'avanceroit ; & pour s'oposer aux François qui marchoient à la gauche.

Les derniers

Le Marquis de Crequi aussi-tôt après

* Le 16. Juillet.

avoir combatu les Troupes de la Cassine, fit couler le long d'une digue quelques Compagnies de Grenadiers, qui firent un feu si violent sur les huit Escadrons, qu'ils les obligerent à s'éloigner ; ce qui donna moyen au Duc de Vendôme de s'avancer, & de les resserrer dans leur terrain. Cependant le Marquis de Crequi continuant avec les Grenadiers à suivre le grand chemin, donna facilité au Sr d'Albergotti de s'avancer avec la gauche à Santa Vittoria, où l'ayant joint, ils chasserent ensemble des maisons voisines quelques Troupes qui s'y étoient postées. Alors la terreur s'étant mise parmi les Impériaux, ils prirent la fuite, & quiterent la Tassone en desordre. Ils se rallierent pourtant au delà par deux fois, ce qui obligea les François à cesser de les poursuivre. Le Roi d'Espagne, que le Duc de Vendôme avoit fait avertir de la disposition des choses, arriva dans ce tems-là, plein de satisfaction, de voir comme elles s'étoient passées. Les Impériaux perdirent dans cette ocasion sept à huit cens hommes tuez ou faits Prisonniers : du nombre de ceux-ci fut le Comte de Staremberg, Lieutenant Colonel. Après cet avantage le Roi Philippe se rendit Maître des Villes de Reggio & de Modene, qui ayant ouvert leurs portes au Sr d'Albergotti, reçurent Garnison Françoise : le Duc & la Duchesse s'étoient retirées peu auparavant à Bologne.

Ce contre-tems obligea le Prince Eugene à quiter les environs de Mantoüe, & de la Fossa Maestra, & lui fit prendre la route de Borgoforte & de Governolo, abandonnant le Seraglio. Il s'avança ensuite près de Luzzara, & ayant passé le Zero, il mit son Armée en bataille le 15. d'Août sur une Chaussée le long du Pô, entre le Croftolo & le Zero. Son dessein étoit d'ataquer l'Armée Françoise, qui ayant passé le même jour la Parmegiana & la Tagliata, s'étoit

1702.

sont batus & prénent la fuite.

Bataille de Luzzara, quelque-tés douteuse, & enfin gagnée par le Prince Eugene

1702. avancée devant *Luzzara*, que le Roi d'Espagne fit fommer de fe rendre. Les Impériaux s'étant alors aprochez des François, commencerent à les charger par leur gauche, qui ayant d'abord fait quelque refiftance, plia enfuite, quoique foûtenuë par des Troupes fraîches que le Sr de Bezons fit avancer, & perdit beaucoup de terrain. La droite fut attaquée avec la même vigueur, prefque dans le même-tems, & avec un feu fi extraordinaire, que les Troupes des deux Couronnes en furent ébranlées, & obligées de plier deux fois. Il y avoit aparence d'une déroute generale, fans la valeur des principaux Officiers François qui les arrêterent par leur exemple. Ce fut dans cette conjončture que fut tué dans l'Armée Françoife le Marquis de Crequi, avec un grand nombre d'Officiers, dont les principaux furent le Marquis de Montendre, le Comte de Renel, les Sieurs d'Arenes & de Vandeuil. Le Prince Eugene s'y fit admirer par fa conduite, qui fit connoître que les François n'avoient arrêté fa victoire, & ne l'avoient renduë douteufe, que par la grande fuperiorité de leurs forces. La nuit ayant terminé l'action, l'Armée des deux Couronnes abandonna au Prince Eugene le champ de bataille, jonché de fix à fept mille hommes tant d'une part que de l'autre. Les Impériaux perdirent le Prince de Commerci, & le Prince Philippe de Dietrichftein.

Suivie de la prife de Luzzara, par les Impériaux

Le lendemain les Impériaux canonérent l'Armée Françoife avec 50. pieces de Canon, & le Prince Eugene ayant détaché plufieurs Partis, un d'eux batit un Efcadron des Gendarmes François, commandé par le Marquis de Flamareins qui fut tué : le Marquis de Ganges fut bleffé dans cette ocafion. La Ville de LUZZARA ne pouvant être fecouruë à caufe de la difpofition des Impériaux, campez au delà des François, la Garnifon fut obligée de fe rendre à difcretion. Quand l'événement de la bataille auroit été douteux, ces deux exploits qui la fuivirent, fuffiroient pour faire connoître à qui on doit en attribuer le fuccez.

Peu de jours après le Prince de Vaudemont détacha le Marquis de Vaubecourt avec douze Bataillons, & vingt fix Efcadrons, pour former le fiege de Guaftalle par ordre du Roi d'Efpagne. Le Comte de Solari qui y commandoit, fe voyant hors d'efperance d'être fecouru fe rendit, après dix jours de défenfe, par une Capitulation honorable.

Guaftalle pris par les Efpagn.

Le Duc de Vendôme qui fe regardoit comme victorieux, crut que les Impériaux à caufe de leur inferiorité feroient obligez de quitter leur Pofte, & qu'en ce cas il pourroit profiter de leurs mouvemens, & les ataquer. Dans cette vuë il refolut de ne point décamper ; mais le Prince Eugene ayant penetré fon deffein, continua de refter dans fon même Camp durant près de deux mois, quoique dans une faifon incommode, & manquant d'ailleurs de beaucoup de chofes neceffaires. Le Roi Philippe quitta alors l'Armée des deux Couronnes, & s'en retourna à Madrid.

Le Pr. Eugene rompt les mefures des Fr. en demeurât dans fô Camp.

Dans les événemens fur Mer, les Alliez n'eurent qu'un feul contre-tems, tout le refte leur ayant réuffi même au-delà de leur attente. L'Efcadre de Dunkerque fut bloquée pendant tout l'été ; & les Armateurs François n'oferent prefque paroître fans être pris. Jamais on ne vit tant de prifes faites fur eux, & fur les Vaiffeaux Marchands de leur Nation ; au lieu que toutes les Flotes Angloifes & Hollandoifes, tant des Indes que des autres Païs du Nord, arriverent heureufement dans leurs Ports.

Avantages des Alliez fur mer.

En Amerique les François virent enlever fur eux l'Ile de St Chriftophle, & détruire plufieurs autres établiffemens confidérables. Ils éprouverent en cette ocafion combien difficile & onereufe

Ils forment une entreprife fur Cadix qui

1702.
ne réussit pas.

seroit la garde d'une aussi vaste étenduë que celle de la Monarchie d'Espagne. Il est vrai que l'expédition de *Cadix*, sur laquelle les Alliez avoient lieu de compter, manqua ; mais celle de *Vigo* sur laquelle ils ne comptoient pas, réussit au delà de toute espérance. Leur dessein dans la premiere étoit de mettre les Peuples d'Espagne dans la necessité de quitter les engagemens qu'ils avoient pris, la plûpart malgré eux, en faveur du nouveau Roi. La chose ne paroissoit pas impossible, puisque les Anglois seuls l'avoient executée au commencement du siecle precedent avec de moindres Forces, sous la conduite du Comte d'Essex, par les ordres de la Reine Elizabeth ; & elle n'auroit peutêtre pas moins réussi cette année, sans le secours du Roi Très-Chrétien qui y envoya ses Galeres & plusieurs Vaisseaux, outre les précautions qu'il fit prendre d'en fortifier les environs du Port. Quoi qu'il en soit, voici comme la chose arriva.

Ce que l'on publia d'abord de cette expédition. *Mémoires MSS.*

L'Armée Navale d'Angleterre & de Hollande composée de soixante & dix Vaisseaux de guerre des deux Nations, & d'autres Bâtimens de toute grandeur, au nombre de deux cens voiles, partit sur la fin de Juillet pour cette expédition, & arriva le 23. d'Août à la vûë du Port de Cadix. Cette Flote portoit douze mille hommes de débarquement sous les ordres du Duc d'Ormond, & du General Spar, & étoit commandée par le Chevalier George Roock, & le Vice Amiral Alemonde. On crut d'abord, & on fit courir le bruit qu'elle venoit faire une invasion dans le Royaume, avec une Armée de vingt mille hommes, & que l'Archiduc étoit à leur tête pour les commander. Sur cela les Habitans de Seville se retirerent plus avant dans le Païs. Les Moines & les Prêtres reçûrent ordre du Cardinal Porto Carrero de monter en Chaire & de prêcher au Peuple : ,, qu'une Armée ,, d'Heretiques, pires que les Maures ,, qui avoient autrefois inondé l'Espag- ,, ne, étoit prête d'entrer dans le Ro- ,, yaume, & de mettre tout à feu & à ,, sang ; que si on ne prenoit prompte- ,, ment les armes pour s'oposer à leur ,, invasion, c'en étoit fait. Que les Egli- ,, ses seroient exposées à la profana- ,, tion, les Vases Sacrez souillez, les ,, Autels renversez, les Monasteres dé- ,, truits, la Religion Catholique ban- ,, nie de la Monarchie à perpetuité, la ,, Nation menée en esclavage, & tout ,, le Païs exposé à la misere & à la dé- ,, solation. Que les Espagnols ayant ,, toûjours été le Rempart de la Reli- ,, gion Catholique & Romaine, il ,, étoit tems de les faire paroître : que ,, tous devoient se signaler, hommes, ,, femmes & enfans, depuis le plus ,, grand jusqu'au plus petit, contre des ,, heretiques plus à craindre que les ,, Maures & les Barbares, dont Dieu ,, par sa clemence les avoit délivrez.

1702.

Par où les Alliez la commencerent.

Tandis qu'on allarmoit ainsi les Peuples & qu'on leur inspiroit des terreurs paniques, les Alliez ayant sondé la Côte depuis Cadix jusqu'à San Pedro se disposoient au débarquement. Ils avoient premierement envoyé un Officier dans une Chaloupe portant Banniere blanche, avec une Lettre du Duc d'Ormond, adressée à Don Scipion Brancacio, Gouverneur de la Place : ,, par la- ,, quelle le General Anglois lui faisoit ,, savoir, qu'ayant servi en Flandre en- ,, semble contre les François, il espe- ,, roit qu'avec le secours de la Flote An- ,, gloise & Hollandoise, il se declare- ,, roit en faveur de la Maison d'Autri- ,, che, pour laquelle il avoit paru au- ,, trefois si bien intentionné. Le Gou- ,, verneur répondit au Duc d'Ormond : ,, que s'il l'avoit vû servir le feu Roi ,, d'Espagne avec honneur, il esperoit ,, de lui faire voir le même courage & ,, la même fidelité pour Philippe V. ,, qu'il connoissoit comme seul & legi-

1702. „time Héritier de la Couronne. Après cette réponse, à laquelle on devoit s'atendre de la part d'un homme d'honneur, quand même il n'auroit pas été si ataché aux interêts du nouveau Roi, le Duc d'Ormond resolut d'employer la force. Il fit d'abord relâcher un Batteau de Pêcheur, qu'il chargea de plusieurs Placars en forme de Manifeste, par lesquels les Peuples d'Espagne étoient invitez de se déclarer en faveur de l'Empereur & de sa Maison, de laquelle on leur promettoit toute sorte de protection. Le lendemain il fit faire descente dans la Baïe des Taureaux, entre Rotta & Ste Catherine, proche le Port Ste Marie. Douze cens Grenadiers commandez par le Lord Comte de Donegall, & par le Baron de Pallant mirent les premiers pied à terre. Un Corps de Cavalerie Espagnole se présenta en même tems sur les hauteurs ; mais il n'osa s'avancer à cause du Canon de quelques Fregates legeres. Don Felix Vallaro, Officier Espagnol de distinction, voulut ensuite donner des marques de sa bravoure à la tête de quatre Escadrons Espagnols ; il se détacha avec trente Cavaliers & alla attaquer cinquante Anglois qui firent sur lui leur décharge, & le mirent par terre. Les autres se voyant si bien reçûs ne penserent qu'à se retirer.

Ils publient les motifs de leur entreprise.

Les Troupes débarquées marcherent peu après vers la Ville de Rotta, dont elles s'emparerent après une médiocre résistance, de même que du Fort Ste Catherine. La Ville du Port Ste Marie eut le même sort ; elle fut d'abord mise au pillage, avec beaucoup de violences contre les Habitans, nonobstant les défenses des Generaux. Le Duc d'Ormond fit ensuite publier une Déclaration au nom de la Reine d'Angleterre, portant, „Qu'elle avoit joint ses forces „avec celles des Etats Generaux pour „la conservation des droits de la Mai- „son d'Autriche, en execution des „Traitez faits avec l'Empereur ; que „le Duc d'Ormond, avant que d'em- „ployer la force, avoit jugé à propos „de déclarer, qu'il ne venoit pas à „dessein de s'emparer d'aucune Place „au nom des Anglois & des Hollan- „dois, ni pour y entrer par voye de „conquête, ou y porter les malheurs „ordinaires de la guerre ; mais pour „défendre les fideles Sujets de la Mo- „narchie d'Espagne, & les délivrer „de la servitude insuportable de la „France, à laquelle ils avoient été li- „vrez & vendus ; qu'ainsi il déclaroit „que tous ceux qui ne s'oposeroient „point aux Anglois ni aux Hollandois, „trouveroient toute la protection qu'ils „pouvoient desirer pour leurs person- „nes, leurs Privileges, & leur Reli- „gion ; que s'ils resistoient, il prenoit „Dieu à témoin qu'ils ne devoient se „prendre qu'à eux mêmes des hostili- „tez aux quelles ils se trouveroient ex- „posez, en perdant une si belle oca- „sion de montrer leur fidélité, & d'agir „conformément à leur interêt. Quelles que fussent les raisons portées par cette Déclaration, elles ne trouverent point de créance dans des Esprits naturellement superstitieux, & prévenus de pensées bien differentes ; c'est pourquoi les Alliez recommencerent le pillage de la Ville, où ils firent de grands désordres jusques dans les Eglises même.

Quelques jours après ils s'avancerent vers le Fort de Matagorda, borné d'un côté par la Rade, & de l'autre par le canal de la Trocadera, par où il faloit s'ouvrir l'entrée du Port pour faire le siege de Cadix. Le Duc d'Ormond commanda pour cet éfet quatre mille hommes, avec lesquels le Prince de Darmstad débarqua, & fit dresser des batteries. Cependant comme le terrain se trouva extrêmément marécageux, on ne pût y placer que deux Pieces de campagne, & deux Mortiers ; qui même ne purent agir avec succez ; par le peu

Comment elle échoua.

de solidité qu'ils avoient. Les Espagnols profitant de ce désavantage, firent un si terrible feu de leur Canon tant de la Ville & de leurs Vaisseaux, commandez par le Comte d'Hernannunez, Capitaine General, que des Galeres qui étoient dans le Port, sous les ordres du Sr de Montelieu & du Chevalier des Penes, & de toute leur mousqueterie, que les Anglois & les Hollandois furent obligez de se retirer avec perte, après avoir été sept jours devant ce Port. Le Sr de Colombine, General Major, & le Chevalier Smits, furent du nombre des morts. Leurs Generaux voyant l'impossibilité de continuer le siege de Cadix, tinrent Conseil de guerre, où ils resolurent de rembarquer les Troupes ; ce qu'ils firent sans aucun obstacle le 16. Septembre, après avoir retiré tout le Canon & les Mortiers la nuit precedente. Le Marquis de Villadarias étoit pourtant aux environs avec 5. à 6. mille hommes, & ils avoient lieu de craindre que les Espagnols, encouragez par le mauvais succez de l'entreprise, ne les chargeassent dans leur retraite.

Ils s'en consolent par les prises qu'ils font sur les Espagnols à Vigo.

Les Alliez mécontens de n'avoir pû mettre leur dessein à execution, quoiqu'il leur eût d'abord paru moins difficile, s'en consolerent peu après par la prise de la plus grande partie de la Flote Espagnole, venue de la Nouvelle Espagne, qui étoit des plus riches qui fût arrivée depuis long-tems de ce nouveau Monde. L'Amiral Roock avoit eu avis par le Capitaine Hardi, détaché de la Flote avec son Vaisseau, que le Comte de Chateau Renaud, Vice Amiral de France dans les Mers du Levant qui avoit escorté la Flote d'Espagne avec vingt-trois Vaisseaux de guerre François, l'avoit fait entrer dans le Port de Vigo en Galice. Il forma le dessein de l'ataquer de concert avec l'Amiral Hollandois. Il tint pour cela un Conseil de guerre, où tous les Officiers portant pavillon furent apelez : il leur representa les grands avantages que l'Angleterre & la Hollande tireroient de l'execution de ce projet, qui outre la ruine de la Flote de France, leur procureroit des Tresors immenses, & que cette expedition étant une des plus glorieuses qu'on eût entreprise, il ne faloit pas la differer. Toute l'Armée y consentit par l'esperance du butin, & de la gloire qu'on alloit aquerir. La flote des Alliez doubla le Cap St Vincent, après avoir quitté les environs de Cadix, & arriva à *Vigo* le 22. Octobre à la faveur d'un brouillard. Elle s'avança à trois ou quatre milles de Redondello, où celle de France avec les Galions s'étoit postée dans un passage étroit, ayant d'un côté le Château, & des Plate-formes à droite & à gauche de la Riviere, sur lesquelles on avoit mis du Canon pour en défendre l'entrée, qui étoit d'ailleurs fermée par une forte Estacade faite de Mats, de Vergues, de Cables, de Chaînes, & de Tonneaux. Dès que l'Armée Navale des Alliez eut mouillé, on tint Conseil de guerre, où les Officiers de Marine & ceux des Troupes de débarquement furent apelez. Il y fut résolu que puisqu'on ne pouvoit attaquer avec toute la flote les Galions dans l'endroit où ils étoient, on feroit un Détachement de quinze Vaisseaux, soutenu par tous les Brulots pour former l'attaque : que les Fregates & les Galiotes à Bombe composeroient l'Arriere-garde, & les grands Navires suivroient après, & qu'on débarqueroit les Troupes de terre le lendemain matin, pour attaquer le Fort au midi de Redondello.

Les Troupes de débarquement occupét le Fort.

Suivant ce projet le Duc d'Ormond mit d'abord pied à terre au midi de la Riviere, avec deux mille hommes, & ordonna au Vicomte de Shannon de se mettre à la tête des Grenadiers, & de marcher droit au Fort, qui défendoit l'entrée du Port où étoit l'Estacade : ce qui fut executé avec beaucoup de réso-

1702. lution, & de bravoure, malgré la défense de sept à huit cens Soldats François & Espagnols, sous les ordres du Sieur de Sorel, Inspecteur des Troupes de la Marine, & de Don Ferdinand Chacon, Commandant des Vaisseaux du *Vif-argent*. Sur ces entrefaites huit mille Espagnols, commandez par le Prince de Barbanson, parurent entre le Fort & les Montagnes; mais ils lâcherent le pied aux premieres décharges des Grenadiers Anglois, qui pousserent un autre Parti Espagnol jusqu'au Fort, & se rendirent Maîtres de la batterie d'en bas. Le Régiment du Lieutenant General Churchil, Frere du Comte de Marlborough, voyant cet heureux succez, vint ensuite pour soûtenir les Grenadiers. D'abord que les Alliez furent Maîtres des batteries, les François & les Espagnols se retirerent dans le vieux Château, où ils se défendirent quelque-tems; mais ayant ouvert la porte pour faire une sortie, les Grenadiers des Alliez y entrerent & s'en rendirent Maîtres. Il y avoit dedans trois cens Matelots & cinquante Soldats Espagnols, qui furent faits Prisonniers, & l'on prit quarante pieces de Canon.

La flote ataque celle des Rois & prend les Galions.

Pendant que les Troupes débarquées agissoient avec tant de succez, la Flote s'étant disposée à faire son ataque, & ayant levé l'ancre se fit passage pour aller aux Galions. L'Avant-garde s'étoit déja avancée à la portée du Canon des batteries, lors qu'il survint un calme, qui obligea encore une fois de jetter l'ancre. Mais sur les deux heures après midi un vent frais s'étant levé, les Navires qui étoient les plus proches des François couperent leurs cables, & les autres leverent l'ancre, essuyant le feu de l'Artillerie de toute la Flote des deux Couronnes, jusqu'à leur aproche de l'Estacade. Le Vice-Amiral Hopson fut le premier qui la força, & la franchit tout d'un coup, malgré le feu de deux Vaisseaux François, commandez par les Marquis de la Galissoniere & de Monbault. Les autres Navires de la division Angloise, & l'Escadre Hollandoise du Vice-Amiral Vander Goes allant de front pour attaquer l'Estacade avec plus de poids, trouverent une plus grande resistance, & furent obligez de la couper; ce qui fut suivi d'une décharge generale de l'Artillerie de part & d'autre. Celle des Alliez fut si vive, que le Comte de Château-Renaud voyant ses Vaisseaux hors d'état de la soûtenir, fit mettre le feu à une partie, pendant que les Alliez s'emparerent des autres, les coulerent à fond, ou les firent échouer. Cette perte fut également considerable pour les deux Couronnes, qui outre les Vaisseaux, perdirent une grande partie de l'argent aporté de la Nouvelle Espagne, & presque toutes les Marchandises de grand prix; comme la Cochenille, l'Indigo, sans le Cacao, la Vanille, le Sucre, & le Tabac. Les Alliez en ayant chargé leurs Navires, aussi bien que de tout le Canon des Vaisseaux brûlez ou échouez, mirent à la Voile pour retourner dans la Manche, emmenant le reste des Bâtimens qui n'avoient pas été endommagez. C'est ainsi qu'une Flote amenée du Mexique après tant de fatigues, de pertes & de dépenses, n'arriva au Port que pour y perir malheureusement; & que l'Armée Navale des Alliez, pour fruit d'une entreprise sans succez, revint chargée de riches dépouilles qu'elle ne s'attendoit pas de remporter. L'éloignement de cette Armée ne rendit pas à l'Espagne le calme dont elle l'avoit privée en arrivant sur ses côtes; il ne fut pas possible aux Peuples de ce Royaume, de revenir sitôt de la consternation où les avoit jettez la perte qu'ils venoient de souffrir. Leur mécontentement, dont on avoit tout à craindre, causa de l'inquiétude à la Cour, sur tout depuis la retraite de l'Amirante de Castille, en

Por

LOUIS XIV. Liv. XIV.

1703.

Autre feinte de l'Electeur pour tromper le Comte de Stirum.

Cet avantage qui fit beaucoup de bruit ne fut pourtant suivi pour les Bavarois, que de la prise de la petite Ville de Neubourg sur l'Inn, pendant que le Comte de Stirum s'empara de Nieuvmarck, de Freidstadt, & de Neustassel; & qu'il fit avancer son Armée vers Amberg, Capitale du Haut Palatinat de Baviere, dans le dessein d'en faire le siege. L'Electeur attentif aux progrès du Comte de Stirum, fit faire un mouvement à son Armée, comme s'il eût voulu empêcher le siege d'Amberg, quoi que son but fût de s'assurer de Ratisbonne. Le Comte de Stirum alla sur cela camper entre Nieuvmarck & Amberg, d'où il s'avança pour se saisir des passages de la Riviere de Wils. Le Duc de Baviere voulant le prévenir, donna ordre au General Wexel de jetter des Troupes dans Schmidmul, à l'embouchure du Lauterbach dans le Wils, & dans Kalmuntz à l'embouchure de Wils dans le Nab. Les Impériaux trouvant ces deux Postes ocupez, s'emparèrent du Village d'Emhorf, situé à une demi lieuë au dessus de Schmidmuld, & divisé en deux par la Riviere de Uvils, après avoir chassé les Bavarois des environs, & prirent poste dedans & alentour.

Action être ces deux Generaux.

Le Duc de Baviere informé de la disposition où ils se trouvoient, rassembla toutes ses Troupes, & marcha à eux toute la nuit. Il arriva le 28. Mars au matin à la vuë des Impériaux, où il trouva que le Comte d'Arco, son Maréchal de Camp General, qui étoit allé joindre le General Uvexel, s'étoit oposé à leur dessein, autant que le peu de Troupes qu'il avoit le lui pouvoit permettre. Il mit en même-tems son Armée en bataille, & fit placer six pieces de Canon sur une hauteur qui dominoit l'endroit où la Cavalerie Impériale étoit postée, ce qui l'obligea de se retirer après quelque perte. Le Bavarois ayant fait ataquer peu après le Village d'Emhorf par cinq cens hommes de pied, conduits par le Comte d'Arco, qui les fit soûtenir par quatre Bataillons, & par le reste de l'Infanterie, le força en moins d'un quart d'heure; les Impériaux y perdirent deux à trois cens hommes, tuez ou faits Prisonniers. Le Prince de Bareith eut son cheval tué, & son Ecuyer qui étoit auprès de lui le fut aussi. Le Prince de Brandebourg d'Anspach reçut un coup de Mousquet au travers du Corps, dont il mourut le lendemain. Il avoit combattu avec beaucoup de valeur. Les Bavarois y firent aussi une perte considérable.

1703.

Le Duc de Baviere se retira à son quartier general de Brugenfeld après cette action, dans laquelle il avoit eu un médiocre avantage; mais aprenant alors que la Ville de Ratisbonne étoit disposée à donner passage sur son Pont au Comte de Stirum, qui avoit projetté de passer en Baviere; il envoya ordre à son Député à la Diete de l'Empire, qui étoit assemblée dans cette Ville-là, de demander des assurances qu'on ne se serviroit point contre lui de ce passage. Cependant pour n'être pas surpris, il laissa dans le Haut Palatinat le General Uvexel avec 8. à 9. mille hommes de Troupes reglées outre les Milices, & marcha avec sept mille hommes, dont il fit mettre les plus fatiguez sur des chariots pour faire plus de diligence. Lors qu'il fut arrivé devant Ratisbonne, & qu'il y eut fait camper son Armée, il fit travailler aux aproches, & dresser des batteries de Canons & de Mortiers. Et sur ce qu'il aprit que la Diete & les Magistrats n'avoient fait aucune diligence, pour lui donner satisfaction, il leur fit déclarer, que pour n'être plus exposé à la crainte de quelque surprise, il étoit necessaire que le Pont lui fût livré. La Diéte y consentit: on lui céda le Pont, & les deux portes voisines du Danube, avec

L'Electeurs'avance versRatisbône & s'en saisit.

O iij

1703.

permission de les faire ocuper par deux bataillons Bavarois.

Campagne du Bas-Rhin & du Païs-Bas.

Tandis que ce Prince en ufoit avec tant de hauteur avec l'Empereur & les Cercles de fon voifinage, les autres Alliez agiffoient dans le Païs-Bas & fur le Bas-Rhin avec plus d'utilité pour la Caufe Commune. Le Comte de Lottum après la prife de Rhimberg bloqua la Ville de Gueldre. La diligence du General Anglois fit augurer favorablement pour le fuccez des armes des Alliez fous fa conduite ; auffi la Campagne fut elle heureufe pour eux en ce Païs-là, malgré les Détachemens qu'il falut faire pour l'Allemagne. La Reine d'Angleterre avoit donné au Comte de Marlborough le titre de Duc à fon retour à Londres, pour marque de la fatisfaction qu'elle avoit de fes fervices dans le Commandement de fes Troupes, qui lui avoient auffi procuré la confiance des Hollandois.

Siege de Bonn par le Duc de Marlb.

Le nouveau Duc étant donc refté quelques jours à la Haye, où il arriva le 17. de Mars, affifta pendant ce temslà aux Conferences que tenoient les Etats Generaux fur les projets de la Campagne, pour laquelle il fe difpofoit. Il alla enfuite dans le Brabant faire la revûë des Troupes Angloifes, & ayant formé un Camp entre Tongres & Liege, où toutes les Troupes s'affemblerent peu de jours après, il entra dans l'Electorat de Cologne pour former le fiege de Bonn. Il fit d'abord inveftir cette Place par le General Bulau, pendant que le Comte d'Hompefch s'avança autour du Fort de Bourgogne de l'autre côté du Rhin. Il arriva lui-même le lendemain devant la Ville, avec le Baron d'Obdam & le refte des Troupes qui devoient être employées au fiege ; fon premier foin fut de faire travailler aux Lignes. Le Marquis d'Alégre, Gouverneur de la Place, fit en même tems deux forties, mais fans aucun fuccez. La tranchée ayant été ouverte la nuit du 2. au 3. de Mai, le General Coehorn, fuivant fa nouvelle méthode, battit la Place avec un fi terrible feu par cent pieces de Canon & 50. Mortiers, que le Fort de Bourgogne fut en peu de tems entierement ruiné, & enfuite emporté d'affaut. On y fit prifonniers deux cens hommes du refte de la Garnifon qui s'étoit retirée à Bonn. Mylord Duc attaqua deux jours après la Contrefcarpe du côté de la porte de Cologne, & nonobftant la réfiftance des affiegez, il fit loger fes gens au bas du Glacis. Il fe préparoit à donner le lendemain un affaut general à la Contrefcarpe, & au Corps de la Place, où il y avoit de grandes brêches ; mais le Marquis d'Alegre fit batre la chamade pour le prevenir.

1703.

Les Fr. furprênent 2. Bataillons dès Tôgres.

Le Roi fe flatoit d'une Campagne pleine de profperitez. Il avoit pour cela fait des preparatifs prodigieux ; & pour profiter du tems que la plûpart des Troupes des Alliez étoient occupées au fiege de Bonn, il ordonna au Maréchal de Villeroi, qui avoit été racheté & qui étoit de retour d'Allemagne, de fe mettre à la tête de fon Armée du Païsbas, qui s'affembloit entre Mons & Namur. La difpofition des forces des Alliez lui fit changer le deffein qu'il avoit eu d'abord d'en donner le Commandement au Duc de Bourgogne. Le Maréchal de Villeroi ayant donc affemblé une partie de l'Armée à Montenaken, au deffus de Landen, fur la Riviere de Becke, marcha le 9. de Mai vers Tongres, où il fut informé que cinq à fix milles hommes des Alliez étoient en quartier. Ceux-ci fe retirerent à fon aproche, laiffant feulement deux Bataillons dans la Place, & marcherent vers Maeftricht. Les François étant arrivez peu après midi devant Tongres, commencerent à battre la Ville dès le même jour, & continuerent le lendemain. Comme elle n'étoit pas en état de défenfe, les deux Bataillons qu'on y avoit laiffez fe

1703. rendirent à discrétion ; mais les François furent obligez ensuite de les rendre.

Leurs projets déconcertez par les Alliez.

Le Comte d'Auverkerque avoit été fait Velt-Maréchal des Troupes Hollandoises à la place du Comte d'Athlone, mort depuis peu de tems à Utrecht, après avoir succedé dans le même emploi au Prince de Nassau-Sarbruck, mort aussi à Hilenaver près de Rüremonde l'année precedente. Au bruit de la marche des François, ce nouveau General assembla ses Troupes, pour s'opofer aux desseins du Maréchal de Villeroi, qui selon les ordres de la Cour devoit commencer la Campagne par le siege de Liege. Mais ce projet ne pouvant se mettre à execution à cause du peu de durée du siege de Bonn, que le Marquis d'Alégre avoit déclaré ne pouvoir défendre que jusqu'au 12. de Mai, parce qu'après cela les Alliez étoient en état de former, en joignant leurs forces, une Armée de beaucoup superieure à celle de France ; le Maréchal de Villeroi se contenta de faire un mouvement vers Maestricht, où il croyoit surprendre les Alliez qui commençoient à s'y assembler. Mais le Velt-Maréchal d'Auverkerque s'étant retranché sous la Contrescarpe de cette Ville, & à Petersen, ayant devant lui un marais impraticable, & des bateries aux deux Aîles & au Centre, les François retournerent sur leurs pas au Camp de Tongres sans rien entreprendre. Cependant le Duc de Marlborough ayant marché dans le Païs-Bas, y donna une nouvelle face aux affaires des Alliez, & renversa entierement les projets des François.

Le D. de Marlb. tâche en vain d'atirer le M. de Villeroi à une action.

Ce General fit diverses tentatives pour engager le Maréchal de Villeroi à une action ; mais celui-ci l'évita en reculant toûjours, & alla camper auprès de Lattemenge & de Hiers, pendant que l'Armée des Alliez se posta près de Uvihogne. Les deux Armées firent ensuite plusieurs mouvemens sans aucune action d'éclat. Celle de France étant campée à St Servais-Lens, le Duc de Marlborough envoya de ce côté-là deux Escadrons, & cent Hussars qui tomberent sur un Parti François, le battirent & firent quelques Prisonniers. Quelques jours après le Duc de Guiche, & le Sr de Bai, Lieutenant General dans les Troupes Espagnoles, ayant été commandez avec un Gros de Troupes, pour enlever les grandes Gardes des Alliez, s'avancerent avec beaucoup de hardiesse & de précaution pour ce dessein; mais ceux-ci les ayant découverts, chargerent deux Troupes Françoises avec tant de vigueur, qu'ils les remenerent jusqu'à leur gros. Le Sr de Plantier, Exemt des Gardes du Corps, eut le bras cassé dans ce choc ; le Fils du Marquis de Bellabre, Capitaine de Cavalerie, y reçut une blessure, & le Sr le Camus d'Ivour, Aide de Camp du Maréchal de Villeroi, fut tué.

Lignes du Païs Waes forcées par les Alliez.

Pendant que les Armées principales étoient dans cette situation au Païs-Bas, le General Coehorn, qui commandoit un Corps de Troupes dans la Flandre Hollandoise, débarqua près du Fort de Lillo trois à quatre mille hommes, qui s'avancerent vers Stabroek & Putten, laissant derriere eux San-Vliet. Le General Spar avec un Détachement étoit campé aux environs de l'Ecluse. Ces deux Generaux resolurent de concert d'ataquer les Lignes de la Flandre Espagnole défendües par le Marquis de Bedmar, campé près de Haesdoneck dans le Païs de Uvaes, & par le Comte de la Motte, posté près de Bruges. Pour cet éfet le premier s'étant avancé à la tête des Lignes du côté de Calloo, les força avec très-peu de perte. L'attaque étant finie, il fit mettre le feu à plusieurs maisons, pour donner au Baron Spar le signal dont ils étoient convenus. Celui-ci se mit aussi-tôt en état d'executer de son côté le projet formé ; mais pour

1703. donner le change au Comte de la Motte, il fit semblant de marcher vers Bruges. Alors revenant tout d'un coup sur ses pas, il s'avança droit aux Lignes qu'il ataqua à Stexen, où il les força l'épée à la main après un combat de trois heures, le plus opiniâtré & le plus sanglant qu'on eût encore vû. Le Sieur de Vaffi, Commandant du Sas de Gand, y fut tué.

Le D. de Marlb se dispose à quelque entreprise.

Le Duc de Marlborough de son côté étant demeuré quelque-tems dans l'inaction, après avoir cherché inutilement l'ocasion d'attirer les François à une bataille, voulut employer le reste de la Campagne à quelque expédition avantageuse à la Cause Commune. Dans cette vûe il alla à Breda pour y prendre les mesures necessaires, dans un Conseil que les Etats Generaux avoient proposé d'y tenir, où trois de leurs Députez assisterent avec le Baron d'Obdam, & plusieurs Officiers Generaux; laissant le Commandement de l'Armée au Velt-Maréchal d'Auverkerque. On verra dans la suite le resultat des résolutions qu'on y prit, par les Conquêtes que fit ce General, quoi que traversé par des incidens imprévus, où il n'eut d'autre part que celle de les tourner ensuite à sa gloire.

Le Maréch. de Villars veut ataquer les Lignes de Stolhoffen. Memoires du Tems.

Tandis que les Alliez étoient dans cette situation aux Païs-Bas, le Maréchal de Villars voulut peu après la prise du Fort de Kehl faire une tentative sur les Lignes de Stolhoffen, défenduës par le Prince de Bade; mais les difficultez presqu'insurmontables qu'il y trouva, le détournerent de l'execution de ce dessein. Ce General s'étant emparé de la Ville de Kentzingen, située sur l'Eltz, demeura ensuite durant plusieurs jours sans faire aucun mouvement. Il vouloit donner quelque relâche à ses Troupes, & prendre ses mesures pour aller joindre le Duc de Baviere, & donner le tems au Maréchal de Tallard de s'avancer pour l'apuyer dans cette entreprise.

Son Armée après avoir agi durant une partie de l'hiver le long de la Sare, étoit cantonnée depuis Sarbourg jusqu'à Vic. Celui-ci étant donc venu s'aboucher le 7. Avril à Kokersberg avec le Maréchal de Villars, il fut resolu que ce dernier tenteroit de forcer les Lignes de Stolhoffen, ce qui lui auroit donné le moyen de penetrer ensuite sans aucun obstacle au cœur de l'Allemagne, si la chose eût réussi; ou s'il trouvoit l'entreprise trop dangereuse, il devoit marcher aux passages de la Forêt-noire, pendant que le Maréchal de Tallard feroit diversion du côté de Stolhoffen. Ce Maréchal reprit le même jour la route de Sarbourg pour faire avancer les Troupes qui étoient sous ses ordres.

Il échoué dâs cette entreprise.

Le Maréchal de Villars passa le Rhin cinq jours après sur le Pont de Rhinauv, avec quelques Troupes, & ayant été joint près de Betzingen par celles qui l'avoient devancé peu de jours auparavant, sous les ordres du Marquis de Rozel, & près de Wilfted par celles qui étoient aux environs de Strasbourg, il marcha vers les Lignes de Stolhoffen, défenduës par l'Armée Impériale sous les ordres du Prince de Bade, & arriva aux environs le 17. Avril. Etant allé les reconnoître, il les trouva inaccessibles par la force de leurs Retranchemens, & le peu de terrain qu'ils avoient à défendre, ayant un bois fort épais à la gauche, un marais à la droite, & le front couvert par la Riviere de Stolhoffen, où étoient les Retranchemens. Il voulut pourtant essayer de les ataquer par leur droite, à la faveur de quelques montagnes qu'il ocupoit; mais le Marquis de Blainville, qu'il avoit détaché pour cet éfet avec vingt cinq Bataillons; le Marquis de Chamarante, & le Sieur de Lée, Maréchaux de Camp; aussi bien que le Chevalier de Tressemanes, Major General, ayant trouvé que ces montagnes étoient separées de celles où étoient les Impériaux, par de des fonds impraticables qui rendoient cette entreprise impossible, le Maréchal de Villars y alla lui-même pour en examiner la disposition, & quita ce dessein par la difficulté d'y réüssir.

Jonction de l'Armée Fr. & Bavaroise.

Le Maréchal de Tallard qui avoit passé le Rhin dans ce tems là, & s'étoit avancé vers Lichtenauv pour faire diversion du côté de Stolhoffen, décampa là-dessus, & repassa ce fleuve à Kehl; pendant que le Maréchal de Villars marcha vers la Kintsche, pour s'ouvrir un passage par la Vallée de ce nom, & entrer dans la Suabe. Le Marquis de Blainville ayant été détaché avec vingt Bataillons, & trente Escadrons, attaqua le Poste de Bibrach, qu'il força: cent hommes qui le défendoient furent passez au fil de l'épée. Il prit ensuite le Château d'Haslach, où il y avoit 180. hommes qui furent faits Prisonniers. Les Retranchemens près de Wolsach furent aussi forcez, de même que ceux de la Vallée de Hornberg; ainsi l'Armée Françoise arriva sans beaucoup de difficulté à Donau-Eschingen, où est la source du Danube; & enfin dans la plaine de Willingen où le Duc de Baviere avoit fait avancer un Détachement de son Armée. Il le suivit lui-même peu après, & vint camper le 6. Mai à Riedlingen, pendant que les François prirent poste à Fridlinghen & à Meskirken. Ce Prince s'étant avancé ensuite à Dutlingen, le Maréchal de Villars fut le voir dans son Camp; & le lendemain il fut visité par l'Electeur.

Dures propositions de Mr le Villars à l'Elect.

Les premiers jours de cette entrevûë, & de la jonction des Troupes des deux Nations, se passerent dans la joye & dans une satisfaction réciproque. Mais le Maréchal de Villars ne fut pas longtems sans donner des marques de la domination Françoise: il demanda à l'Electeur de la part de la Cour de France, les Villes d'Ulm, Ingolstad & Brunau, pour Places de sureté, & qu'il eût à lui ceder le Commandement en chef, & à consentir que les sommes que l'on tireroit des Contributions fussent aportées dans la caisse de l'Armée Françoise. Le Duc de Baviere, également surpris & outré d'une pareille proposition, dit hautement que si le Roi prétendoit lui faire payer si cherement le secours qu'il lui avoit envoyé, il pouvoit rapeller ses Troupes. Cependant le General François, qui avoit les ordres secrets de la Cour, fit semblant d'envoyer des Couriers à Versailles. Ces Courriers ne passoient point Strasbourg, & revenoient à peu près dans le tems qu'il falloit, pour faire croire qu'ils arrivoient de la Cour de France. Au bout de quelque-tems le Maréchal de Villars dit à l'Electeur, que le Roi avoit trouvé un temperament qui lui donneroit lieu d'être content; & qu'on feroit entrer dans toutes les Places des Garnisons composées de Troupes Françoises & Bavaroises. On commença par Ulm, qui manqua d'être surprise à la faveur des intelligences que le Comte de Stirum y avoit.

La joye qu'eut la Cour de France de la jonction de ses Troupes à celles du Duc de Baviere fut renouvellée quelques-tems après par la victoire qu'elle attribua au Maréchal de Boufflers, commandant un Détachement de l'Armée des Païs-Bas, sur un Corps de Troupes des Alliez près d'Eckeren, dans le Marquisat d'Anvers. L'avantage que ceux-ci avoient eu à l'ataque des Lignes de la Flandre Espagnole, sur les limites de la Flandre Hollandoise au Païs de Vaes, les avoit mis à portée de faire quelqu'entreprise sur les Terres de la domination du Roi d'Espagne. Le Baron d'Obdam, qui étoit en Brabant avec un Corps de Troupes, décampa la nuit d'après l'affaire des Lignes, & alla se poster entre Ordren & Eckeren, à une lieuë au delà d'Anvers, dans la pensée de tenir en haleine les Troupes

Combat donné près d'Eckeren.

des deux Couronnes dans les Lignes d'Anvers, & de les empêcher par là de faire un Détachement pour la Flandre. Le Maréchal de Villeroi ayant eu avis de ce mouvement, & jugeant du dessein des Alliez, fit un détachement sous les ordres du Maréchal de Boufflers de trente Escadrons de Cavalerie & de Dragons, & de quinze cens Grenadiers, qui joints par les Troupes qui étoient dans les Lignes d'Anvers firent un Corps de trente-deux Escadrons, & de trente-trois Bataillons, supérieur par conséquent à celui des Alliez qui n'étoit que de treize Bataillons, & de vingt-six Escadrons. Le Maréchal de Boufflers s'étant aproché d'eux, jugea par sa supériorité autant que par le Poste qu'ils ocupoient, qui étoit fort découvert, qu'il ne devoit pas balancer à les attaquer ; ce qu'il fit. Mais comme le détail de cette action est conté si différemment par les deux Partis, qu'il seroit difficile d'en composer une narration sûre, j'aime mieux raporter ce qui s'en est écrit de part & d'autre ; pour laisser ensuite au Lecteur, une entière liberté d'en juger. Voici premierement ce qu'on en publia de la part des François.

Du Camp du Marquis de Bedmar à Deuren près d'Anvers le premier Juillet.

Relatio de cette affaire par les François.

,, Les Alliez après avoir forcé quelques avenuës des Lignes du Païs de Vaes, avoient formé le dessein de venir forcer les Lignes d'Anvers, & d'ataquer nôtre Armée, en s'avançant de Stabroeck entre Eckeren & Capelle, au nombre d'environ 16000. Combattans, sous les Generaux d'Obdam & de Tilli.

,, Le Marquis de Bedmar en fit avertir aussi-tôt les Maréchaux de Villeroi & de Boufflers, qui ayant apris en même-tems que la grande Armée, sous le Duc de Marlborough, étoit en mouvement pour s'aprocher d'Anvers, firent aussi marcher celle des deux Couronnes vers Diest.

,, Le Maréchal de Boufflers s'étant mis à la tête de 30. Escadrons & de 30. Compagnies de Grenadiers, marcha avec tant de diligence, qu'il arriva le 30. au matin dans ce Camp, où il concerta toutes choses avec le Marquis de Bedmar, pour attaquer les Ennemis dans le leur.

,, Les Troupes marcherent par diverses routes aux Ennemis qui ne s'atendoient pas à une visite si inopinée. Elles commencerent l'attaque à 4. heures après midi, entre Eckeren & Capelle. On les chargea de tous côtez avec grande furie ; le Marquis de Bedmar avec son Armée, & le Maréchal de Boufflers en flanc. Jamais on ne vit de plus rude combat. La victoire *balança plus d'une fois* ; mais enfin on les poussa de tous côtez, & après les avoir chassez de leur Camp, & pris leur *Artillerie, Munitions, Bagages, & Tentes*, on les poussa sur leurs Digues vers l'Escaut jusqu'à 11. heures de nuit.

,, Le carnage fut horrible. La nuit favorisa la retraite des Ennemis, qui se sauverent dans des Bâteaux & Chaloupes qu'ils avoient le long de l'Escaut. Les Victorieux resterent toute la nuit sur le Champ de bataille, d'où le Marquis de Bedmar est revenu ce matin dans nôtre Camp. Si le terrain eût permis de faire agir la Cavalerie dans les marais, ravins & défilez, il seroit échapé fort peu d'Ennemis.

,, Cette victoire & la marche du Comte de la Motte avec un Corps dans le Païs de Vaes, ont contraint le General Cochorn à quitter ledit Païs avec grande précipitation.

,, Les Ennemis ont perdu dans ce

,, combat plusieurs Officiers, entre
,, autres le Marquis de Westerlo, le
,, Marquis de Risbourg, le Comte de
,, Briac, & le Colonel Zuniga: les Co-
,, lonels Valenzar, & Jacob, & quel-
,, ques autres ont été blessez. Les Ré-
,, gimens de Valenzar, de Risbourg,
,, de Deinse, de Jacob, & les Gardes
,, du Marquis de Bedmar ont été entié-
,, rement délabrez, &c.

Voici presentement de quelle maniere les Alliez parlerent de cette affaire,
dont les François s'attribuoient tout le
succez.

LETTRE

De Mr le Tresorier General Hop aux Etats Generaux, sur le combat donné près d'Eckeren le 30. Juin 1703.

Hauts & Puissans Seigneurs,

Relatiō du même cō- bat par les Al- liez.

,, COmme j'arrivois avant-hier à
,, l'Armée près d'Eckeren, il y
,, arriva en même-tems un Exprès avec
,, des Lettres du Duc de Marlborough
,, & de Mr d'Auverkerque, nous don-
,, nant avis de leur marche, & de celle
,, qu'avoit fait l'ennemi qui s'étoit en
,, même-tems aproché de la Demer,
,, d'où ces mêmes Generaux concluoient
,, qu'il lui seroit facile d'envoyer du
,, secours vers les Lignes d'Anvers, &
,, qu'ainsi il nous faloit tenir sur nos
,, gardes; mais qu'ils observeroient ce-
,, pendant l'Ennemi d'aussi près qu'ils
,, pourroient, & ne manqueroient pas,
,, en cas qu'il fît quelque Détachement,
,, de faire aussi la même chose. Cet avis
,, nous étant venu dans le tems qu'un
,, de nos Espions nous raporta qu'un
,, gros Corps de la Cavalerie ennemie

,, s'étoit avancé vers Diest, le Conseil
,, de guerre tenu l'après-midi jugea una-
,, nimement que nôtre Camp d'Ecke-
,, ren n'étant composé que de 13. Ba-
,, taillons & de 20. Escadrons, & pres-
,, que point couvert à la gauche, &
,, l'Ennemi pouvant, avec des forces
,, superieures, non-seulement nous
,, couper la communication de Berg-
,, op-Zoom & de Breda, mais même
,, de Lillo: le meilleur parti étoit
,, d'envoyer, comme on fit hier la nuit,
,, le gros Bagage à Berg-op-Zoom, de
,, changer de Camp, & de se retirer
,, plus de ce côté-ci, au premier avis
,, qu'on auroit des mouvemens de l'En-
,, nemi. Sur cela on aprit hier vers le
,, midi, que l'Ennemi étoit sorti de ses
,, Lignes avec une grande quantité de
,, Troupes; & la Garde avancée de
,, nôtre Aîle gauche ne fut pas long-
,, tems sans s'en apercevoir. Mrs les
,, Generaux s'étant avancez de ce côté-
,, là, remarquerent bien-tôt que l'En-
,, nemi avec un gros Corps défiloit du
,, côté de Houvuen & de Stabroeck,
,, & qu'ainsi on voyoit clairement que
,, son intention étoit de nous couper.
,, On résolut donc au même instant de
,, s'oposer, s'il étoit possible, à son des-
,, sein, en retirant l'Armée; mais com-
,, me cela ne se put faire si prompte-
,, ment, que l'Ennemi ne se fît voir
,, aussi bien derriere nous comme de-
,, vant, & aussi à côté, on commença
,, à en venir aux mains, & le combat fut
,, fort rude en plusieurs endroits, ayant
,, duré depuis trois heures après midi
,, jusqu'à la nuit, le succez en ayant
,, été plusieurs fois douteux; jusqu'à ce
,, qu'enfin, par la valeur infatigable,
,, & qu'on ne peut assez louer, des
,, Troupes de la Nation, & de celles
,, des Princes Etrangers que V. H. P.
,, ont à leur service, un des principaux
,, Postes par lequel nous devions nous
,, raprocher, savoir le Village d'Ote-
,, ren fut forcé & conservé. La Cava-

,, lerie étoit conduite par le Major Ge-
,, neral Hompefch, lequel, fuivant
,, le témoignage de Mrs les Generaux
,, en chef, s'eft fignalé d'une maniere
,, extraordinaire , & s'eft comporté
,, glorieufement dans cette action, étant
,, non-feulement demeuré ferme, expo-
,, fé pendant trois heures entieres au feu
,, des Ennemis qui étoit fort grand ;
,, mais les ayant même obligez à fe re-
,, tirer. Mr le Lieutenant General Fa-
,, gel a été bleffé en cette ocafion à la
,, tête & au pied ; mais fans danger. Le
,, Colonel Palland qui commandoit le
,, Régiment de Mr d'Obdam , & le
,, Colonel Baudits d'un des Régimens
,, de Dragons de Holftein , y ont été
,, bleffez. Mr le Colonel Kanemberg y
,, a été tué. Les Ennemis nous avoient
,, pris au commencement 4. pieces de
,, Canon, mais ils furent bien-tôt obli-
,, gez de les abandonner. Les nôtres
,, ont pris un de leurs Canons avec
,, quelques Munitions de guerre , plu-
,, fieurs paires de Timbales , deux E-
,, tendars des Gendarmes , & quelques
,, Drapeaux. Ils ont fait auffi Prifon-
,, niers le Colonel du Régiment du
,, Maine , avec le Lieutenant Colonel,
,, plufieurs moindres Officiers, & quan-
,, tité de fimples Soldats. Il eft de plus
,, demeuré beaucoup de leur monde fur
,, le champ de bataille, & il y en avoit,
,, felon le raport des Deferteurs, plus
,, de 400. bleffez à Eckeren, outre un
,, grand nombre qu'on a portez à Sta-
,, broeck, & ailleurs : il m'eft encore
,, impoffible de dire ce que nous avons
,, eu de monde de tué ou bleffé dans un
,, combat fi rude. Mr d'Obdam qui
,, s'eft trouvé pendant long-tems par
,, tout, ne fe trouve plus depuis ce
,, tems-là, & a été conduit à Anvers,
,, felon le raport d'un Lieutenant qu'on
,, a fait prifonnier. Le refte de Mrs les
,, Generaux, à la referve de Mr Fagel,
,, font en bonne fanté ; mais les Régi-
,, mens de Friesheim, Naffau-Walon,

,, & un de ceux de Munfter y ont le
,, plus fouffert. Ces Meffieurs les Ge-
,, neraux fe font diftinguez, chacun
,, à leur Pofte, & c'eft à leur bra-
,, voure, & à la valeur infatigable
,, des Troupes, après la vifible bene-
,, diction de Dieu tout puiffant, qu'on
,, doit attribuer, que les Ennemis, qui
,, felon le témoignage unanime des Pri-
,, fonniers, étoient forts de 33. Batail-
,, lons, de 70. Compagnies de Grena-
,, diers, & de 32. Efcadrons, com-
,, mandez par le Maréchal de Boufiers,
,, & le Prince Tferclaes de Tilli, n'ayent
,, pas coupé & entierement ruiné une
,, Armée qui n'étoit , comme j'ai déja
,, dit, que de 13. Bataillons & de 26.
,, Efcadrons. L'Armée, après avoir de-
,, meuré toute la nuit en armes, a
,, marché à la pointe du jour d'Oteren
,, ici, où nous fommes arrivez vers les
,, fept heures fans autre rencontre.
,, Nous fommes campez la gauche du
,, côté de Berendrecht, & la droite au
,, delà du Fort de la Croix. Mr le Ge-
,, neral Cochorn ayant remarqué le
,, combat de l'autre côté de l'Efcaut,
,, nous a envoyé hier & cette nuit plu-
,, fieurs Bataillons, qui campent pré-
,, fentement avec nous. J'ai crû qu'il
,, étoit de mon devoir, fi-tôt que l'Ar-
,, mée a été arrivée ici ce matin, après
,, avoir été hier fauvée deux fois comme
,, par miracle, de donner avis de tout
,, ceci à V. H. P. par un Exprès. Mr de
,, Slangenbourg devant à la premiere
,, ocafion, lors que les Troupes, dont
,, les hommes & les chevaux font fort
,, fatiguez, auront pris un peu de repos,
,, fe donner l'honneur de leur faire une
,, ample Rélation des particularitez de
,, combat, avec quoi je fuis, Hauts
,, & Puiffans Seigneurs, &c. A Lillo
,, le 1. Juillet 1703.

Signé J. Hop.

,, P. S. Le General Baron d'Obdam
,, ne fut pas fait Prifonnier, comme on
,, le croyoit ; mais ayant été coupé dans

1703. „ la mêlée, il sodégagea des Ennemis & „ se retira à Breda, d'où il se rendit le „ lendemain au Camp.

Les Fr. refusét de s'engager dás une action décisive.

Outre cette Lettre de Mr Hop, L. H. P. en reçurent encore une de Mr le General de Slangenbourg, & une Rélation de Mr le Lieutenant General Fagel, qui s'acordent toutes avec ce qu'on vient de lire ; c'est pourquoi je ne les raporterai point. Cependant les François ne laisserent pas de chanter victoire, & prirent la resolution de ne plus rien risquer. Cela parut lors que le Duc de Marlborough voulut ensuite les engager à une action décisive. Le Maréchal de Villeroi, qui étoit campé à St Job, fit croire d'abord qu'il n'enéviteroit pas l'ocasion, & dit même hautement qu'il vouloit attendre Mylord Duc de pied ferme. Sur cette confiance ce General fit marcher ses Troupes vers Hoogstrate, à demi-lieuë de l'Armée, après avoir détaché la nuit d'auparavant le General de Slangenbourg de Lillo, pour s'avancer entre Eckeren & Capelle, où il arriva de grand matin, avec ordre d'ataquer les François de ce côté-là. Le Duc de Marlboroug de son côté s'avança dans une grande plaine, vis à vis le poste qu'ocupoient les François, & fit tirer en même-tems quatre coups de Canon pour avertir le General de Slangenbourg de se disposer à l'ataque ; mais le Maréchal de Villeroi ne jugeant pas à propos de risquer un combat, ou plûtôt se reglant sur les ordres de la Cour, fit mettre le feu à son Camp, & se retira. Je ne sai si cette démarche est fort propre à persuader que le gain de la bataille d'Eckeren ait été du côté des François. Ce qu'il y a de certain, c'est que le Duc de Marlborough ne pouvant les engager de nouveau au combat, quitta le Brabant, & entra dans le Païs de Liege ; où ayant fait passer la Meuse la nuit du 14. au 15. Août à un Corps d'Infanterie, avec de la Cavalerie & des Dragons, il fit investir Hui.

LeD.de Marlb. prend Hui.

A l'aproche de ces Troupes, le Sr Milon, Gouverneur de la Place, fit abandonner la partie de la Ville au deçà de la Meuse, & rompre le Pont. Deux jours après le General des Alliez fit ataquer les deux Forts, situez sur les hauteurs voisines du Château, qui furent emportez avec beaucoup de vigueur. Le Château fut ensuite attaqué de même, & battu durant trois jours avec l'Artillerie ; la Garnison, composée de huit à neuf cens hommes, qui avoit d'abord témoigné vouloir se défendre jusqu'à l'extremité, se rendit prisonniere de guerre.

Il assiege Limbourg.

Comme le Maréchal de Villeroi n'avoit fait aucun mouvement pour empêcher la prise de Hui, le Duc de Marlborough quitta les environs de cette Place, & alla le 5. Septembre camper à Hannuïe. Ce mouvement faisant craindre aux François qu'il n'eût dessein d'ataquer les Lignes qu'ils faisoient vers la Mehaigne & la Meuse, le Marquis de Pracontal y marcha aussi-tôt avec un gros Détachement. Mais le General des Alliez avoit d'autres vûës : il fit marcher le lendemain ses Troupes vers St Tron, d'où il envoya deux jours après investir la Ville de Limbourg, Capitale de la Province de ce nom, une des huit qui restoient encore à la Couronne d'Espagne dans le Païs Bas. Le Comte de Reinac qui y commandoit, fit l'onziéme Septembre une sortie ; mais il fut repoussé avec beaucoup de vigueur par la Garde de la Cavalerie qu'il avoit voulu ataquer : le jeune Comte de la Lippe fut blessé en cette ocasion, du côté des Alliez.

Vigoureuse défense des Assiegez qui se rendent

Le Duc de Marlborough voulant examiner lui-même la disposition de la Place, s'y rendit en personne 3. jours après, avec douze pieces de Canon ; mais ayant connu par les retranchemens que le Sr de Reinac y avoit fait faire,

1703.
enfin prisonniers de guerre.

& par la résolution que la Garnison avoit témoignée en quelques sorties, qu'il étoit necessaire de la battre avec une plus forte Artillerie, pour l'obliger de se rendre en peu de tems, il en écrivit son sentiment aux Seigneurs Députez des Etats Generaux, & au Comte de Sinzendorf, Envoyé extraordinaire de l'Empereur, qui étoient à Liege. Il en reçut le 24 quarante cinq pieces de gros Canon & quatorze Mortiers. A l'arrivée de ces préparatifs, le Sr de Reinac demanda à capituler, ne voulant pas atendre qu'on s'en servit contre lui; quoi qu'il se fût défendu jusqu'alors avec beaucoup de vigueur. Mais le General des Alliez n'ayant voulu le recevoir qu'à discretion, il resolut de se défendre jusqu'à l'extremité. Mylord Duc fit là-dessus battre la Place par huit bateries differentes, qui firent un feu si terrible, qu'en moins de six heures la Ville fut bouleversée par les bombes, les murailles renversées par le Canon, & les Troupes Françoises obligées de se retirer derriere les bréches, avec des fascines, & des pieces de bois faute de terre, la Ville étant bâtie presque toute sur le roc. Le Comte de Reinac voyant ensuite que le General des Alliez se préparoit à donner l'assaut, & ne se croyant pas en état de le soûtenir, fit battre la chamade. Mylord Duc fit en même-tems cesser de tirer, mais comme il persistoit à ne vouloir recevoir la Garnison qu'à discrétion, & que le Gouverneur ne voulut pas y consentir, le feu recommença de part & d'autre, avec tant de violence de la part des Assiegeans, que Mylord Duc apréhendant que la Ville ne fût entierement détruite, envoya demander à parler au Comte de Reinac. Il lui témoigna que par l'estime qu'il avoit pour lui, il consentoit à le recevoir Prisonnier de guerre avec sa Garnison, & qu'on laisseroit aux Officiers & aux Soldats leurs équipages: ce qui fut executé le même jour.

1703.
Progrès du D. de Baviere en Italie sans succez.

Les succez des armes de France & de Baviere en Allemagne furent beaucoup plus considérables que ceux des Alliez dans le Païs-Bas. L'entrée des Troupes Françoises dans la Suabe & la Baviere avoit d'abord paru ne répondre pas aux esperances que l'Electeur en avoit conçûës, à cause des mouvemens infructueux qu'y fit durant quelquetems le Maréchal de Villars; elle donna pourtant jour aux projets formez par la Cour de France d'empêcher aux Impériaux l'entrée de l'Italie, & de s'emparer de Brisach & de Landau. Le Duc de Baviere fut chargé d'executer le premier, qui paroissoit lui convenir par raport à la situation de ses Etats. Il entra donc avec un grand nombre de Troupes dans le Tirol, où il s'empara du Fort de Scarnitz, de Kufstein, du Château de Ratenberg, des Salines de Hall d'un grand revenu pour l'Empereur, & d'Inspruck même, après avoir battu aux environs de cette Ville les Troupes Impériales commandées par le General Geschuvind. Il s'avança ensuite jusqu'aux limites des Grisons, & dans le Trentin, où le Duc de Vendôme penetra de l'Italie. Mais ces deux Princes furent obligez peu après de reprendre chacun la route par laquelle ils étoient venus, & d'abandonner des Conquêtes, qui non-seulement n'avoient rien produit d'avantageux pour leur Parti, mais dont la continuation paroissoit remplie de mille difficultez. C'est ainsi que de simples Païsans & Chasseurs, aidez d'une poignée d'Impériaux, chasserent l'Electeur de cette Province en aussi peu de tems qu'il l'avoit conquise, & d'une maniere si vive, que ses meilleures Troupes y perirent, & que sa personne même y fut en danger & comme éclipsée pendant quelquetems: ce qui donna lieu à tant de doutes & de bruits differens sur l'état de ce Prince. Le Duc de Vendôme de son côté, après avoir atendu long-tems de

1703.

Siege de Brisach par le Duc de Bourgogne.

ses nouvelles dans le Trentin, voyant sa jonction échouée, fut contraint de s'en retourner aussi, mais avec moins de Troupes qu'il n'en avoit mené.

L'éloignement du Prince de Bade des Lignes de Stolhoffen, où il n'avoit laissé que 15. Bataillons Hollandois avec quelques Milices, facilita aux François le moyen d'entreprendre le siege de Brisach. Le Roi douta si peu du succez, qu'il donna le Commandement de l'Armée, conduite sur les bords du Rhin par le Maréchal de Tallard, au Duc de Bourgogne. Quoi que ce Prince fût arrivé en Alsace au commencement de Juin, il n'attaqua cette Place que sur la fin d'Août. Il étoit demeuré jusqu'alors dans l'inaction, tant à cause de la presence du Prince de Bade, que parce que la Cour de France méditoit en ce tems-là une entreprise sur Landau, à la faveur de quelques intelligences qu'elle avoit ménagées dans la Place; mais qui s'évanouit par la découverte qui en fut faite. On soupçonna même qu'on avoit fait de pareilles démarches auprès de ceux qui commandoient dans Brisach, par le peu de resistances qu'ils firent, ayant capitulé après 13. jours de tranchée ouverte ; aussi le Comte d'Arco, Gouverneur de la Place, eut-il pour cela le coup coupé, & le Comte de Marsilli fut dégradé & cassé de tous ses emplois. Le Duc de Bourgogne quitta peu après les bords du Rhin, & s'en retourna en France, les choses n'étant pas disposées à lui faire executer de nouvelles entreprises. Le Prince de Bade entra dans la Suabe peu avant la prise de Brisach, & s'aprocha de l'Armée du Maréchal de Villars, sans rien entreprendre. Ces deux Generaux firent divers mouvemens incapables de rien décider. Le General François s'avança plusieurs fois vers les Suisses pour les allarmer, ou pour attirer de ce côté-là les Impériaux, comme s'il avoit eu dessein de les engager au combat ; mais le Prince de Bade s'étant aussi presenté aux François, le Maréchal de Villars se retrancha pour l'éviter.

Le General des Impériaux voyant qu'il ne pouvoit l'engager à une affaire generale, décampa ; pour marcher dans la Baviere, & fit les preparatifs necessaires pour la construction d'un Pont sur le Danube. Le Maréchal de Villars qui en fut averti, détacha dix-huit Escadrons, & une Brigade d'Infanterie sous les ordres du Sr de Legal, qui ayant laissé le Marquis du Heron avec six Escadrons & l'Infanterie à Elchingen, deux liëues au dessous d'Ulm, s'avança avec le reste vers cette Ville, sous pretexte d'arrêter les courses des Ennemis aux environs. Dans ce tems-là le Prince de Bade détacha le Comte de la Tour, à la tête de six mille Chevaux, avec ordre de faire un Pont à Munderkingen six lieuës au dessous d'Ulm : ce que le Sr de Legal ayant sû, il marcha à eux, après s'être renforcé de quelques autres Troupes. A son aproche les Impériaux se rangerent en bataille à la tête de leur Camp. Il y mit aussi peu après les siennes ; & les deux Partis s'avancerent en même-tems avec beaucoup de hardiesse. Les Impériaux firent d'abord une grande décharge ; mais les François les ayant chargez l'épée à la main, les firent plier. Néanmoins étant soûtenus par des Troupes fraîches, ils firent à leur tour plier l'Aîle gauche des François, commandée par le Marquis du Heron ; ils étoient même sur le point de l'enveloper, lors que l'Infanterie Françoise s'étant avancée en bataille dans la plaine, la bayonette au bout du fusil, les arrêta, & donna le tems à cette Aîle de se rallier. Celle-ci étant revenuë à la charge en même-tems que la droite, les Impériaux furent renversez, & prirent la fuite vers Munderkingen. Le Prince Christian de Brunsuvick Hanover, Frere de l'Electeur de ce nom, se noya en passant le

Combat entre les François & les Impériaux.

1703. Danube. Du côté des François, le Marquis du Heron & le Comte d'Aubuſſon furent bleſſez, & les Srs de Serre & de la Perouſe, Lieutenans Colonels, tuez.

Les Bavarois veulent s'éparer d'Augsbourg & ſont battus.

Le Prince de Bade après ce contretems, laiſſa dans ſon Camp d'Hausheim le Comte de Stirum, avec les Troupes Hollandoiſes, celles de Pruſſe, & une partie de celles des Cercles, & marcha avec vingt-ſix mille hommes vers Echingen, où il paſſa le Danube. Sur le bruit de ſa marche, le Duc de Baviere partit de Munich, où il étoit depuis ſa vaine expedition du Tirol, & ayant joint le Maréchal de Villars, il fit avancer le Comte d'Arco avec cinq mille hommes auprès d'Augsbourg, dans le deſſein de ſe faire remettre deux portes de cette Ville, comme il l'avoit déja demandé. Le Prince de Bade, qui en fut averti par les Habitans, fit en diligence avancer ſon Avant-garde, dont une partie entra dans la Ville, & fit tirer le Canon ſur les Bavarois, qui après avoir paſſé une petite Riviere en ſe retirant, furent batus & obligez de prendre la fuite. Le Prince de Bade s'étant aproché enſuite de Fridberg, s'en empara ſans opoſition. Dans le mêmetems le General Autfas, Commandant des Troupes du Cercle de Franconie, prit la Ville de Roteroberg dans le Haut-Palatinat, malgré les éforts que fit le Duc de Baviere pour l'empêcher.

Défaite du C. de Stirum.

Le Maréchal de Villars aprenant les mouvemens du Prince de Bade, fit marcher ſon Armée de concert avec le Duc de Baviere vers Norendorf, à trois lieuës de l'embouchure du Lech, pendant que les Bavarois s'aſſemblerent à Rain, au delà de cette Riviere, comme pour la paſſer & marcher avec toutes leurs forces contre les Impériaux. Le Comte de Stirum, qui en fut averti, quitta auſſi-tôt ſon Camp retranché, & s'avança vers le Village de Gremmer, à une lieuë au deſſus de Donauvert, pour y dreſſer un Pont ſur le Danube, & marcher vers Ausbourg, le long de la rive gauche du Lech, dans la vuë d'aller joindre le Prince de Bade. Sur cela le Duc de Baviere, qui n'attendoit que cette ocaſion, fit marcher toutes ſes Troupes vers le Pont de Donauvert, & envoya ordre au Marquis d'Uſſon qui étoit reſté dans le Camp de Dilingen & de Lauvingen avec 20. Bataillons & 14. Eſcadrons, de s'avancer à portée des Impériaux pour les charger de ſon côté, au ſignal de trois coups de Canon qu'on lui feroit, pendant qu'on les attaqueroit de l'autre. Le Comte de Stirum étant venu enſuite à Schuveningen aux environs d'Hochſtet, y reſta les jours ſuivans, pour donner le tems à l'Artillerie de le joindre; & ayant eu avis le 29. Septembre à quatre heures du matin du paſſage des François & des Bavarois, il rangea auſſi-tôt en bataille ſon Corps d'Armée, compoſé de 45. Eſcadrons, & de 26. Bataillons. Alors ayant entendu tirer trois coups de Canon du côté de Donauvert, auxquels le Marquis d'Uſſon répondit par ſix autres, il jugea qu'il alloit être acablé par le grand nombre, & donna ordre au Comte Palfi d'aller avec ſon Détachement attaquer ce General François, avant qu'il eût joint l'Electeur & le Maréchal de Villars. Le Marquis ayant été chargé par les Impériaux, commençoit déja à plier, lors que le Duc de Baviere étant ſurvenu avec 30. Bataillons & 55. Eſcadrons, ataqua le Comte de Stirum, dont la Cavalerie fut obligée de ſe retirer derriere la ſeconde Ligne, qui ſoûtint le combat avec beaucoup de valeur. Mais l'inférioritè des Impériaux les mettant hors d'état de reſiſter plus long-tems, ils ſe retirerent enfin ſous le Canon de Nordlingen.

Siege de Landau par les François.

La défaite du Comte de Stirum rompit les meſures qu'avoit pris le Prince de Bade pour penetrer dans la Baviere, en même-tems qu'elle favoriſa le deſſein

LOUIS XIV. Liv. XIV.

1703. sein que le Roi avoit pris depuis long-tems de faire le siege de Landau. La Place fut donc investie par le Comte de Marsin le 14. Octobre ; & le Maréchal de Tallard fit ouvrir la tranchée trois jours après. Le feu que le Comte de Friezen, Gouverneur de la Place, fit faire ce jour là & le lendemain, coûta beaucoup de monde aux Assiegeans ; le Sieur de Roche-Plate, Capitaine de Cavalerie, fut de ce nombre. La nuit du 22. au 23. les Assiegez sortirent au nombre de quatre cens hommes, poussèrent les Travailleurs, & renverserent plusieurs Gabions. Les Assiegeans perdirent le Sr des Roches, Capitaine de Grenadiers, & le Sr de St Lars, Brigadier d'Ingénieurs.

Vigoureuse résistance des Assiegez.

Les François ayant poussé leurs travaux les jours suivans avec beaucoup de succez, se rendirent Maîtres d'une partie du Chemin couvert, & de trois Angles saillans. Ils attaquerent ensuite la Demi Lune le 4. Novembre, & l'emportèrent, les Assiegez l'ayant abandonnée après une legere résistance. Ils avoient pourtant fait jouer trois Fourneaux qui firent sauter deux Compagnies. Le Maréchal de Tallard fit attaquer deux jours après les deux Contre-Gardes par les Marquis de Gramont & d'Hautefort. A l'aproche des François les Assiegez firent un si grand feu sur les Grenadiers, que le Sr de la Fite, premier Capitaine, fut tué avec les premiers rangs de sa Compagnie, & tous les autres mis hors de combat. Le desordre se mit alors dans les Troupes des Assiegeans, qui se retirerent avec beaucoup de précipitation, sans que les Officiers Generaux pussent les arrêter ; il y eut en cette ocasion 4. à 5. cens hommes tuez ou blessez ; les Marquis de Gramont & d'Hautefort furent du nombre des derniers. Ce mauvais succes fut reparé six jours après par la prise de ces Ouvrages, qui coûterent

Tome III.

des éforts extraordinaires, & une perte considérable aux Assiegeans.

Dans ce tems-là le Prince de Hesse quitta les frontieres du Païs de Luxembourg avec l'Armée qui avoit été sous ses ordres pendant la Campagne, & qui étoit composée de 26. Escadrons, & de 12. Bataillons, & s'avança près de Spire le 13. Novembre, chargé par l'Empereur & les Alliez de tenter le secours de Landau. Il se joignit aux environs au Comte de Nassau-Weilbourg, qui s'étoit détaché des lignes de Stolhoffen avec 7. à 8. mille hommes. Ces deux Princes resolurent d'ataquer le lendemain le Maréchal de Tallard ; mais la lenteur de la marche de dix Bataillons, qu'ils crurent devoir atendre, les ayant fait differer de s'avancer ce jour-là vers Landau, leur fit perdre non seulement l'avantage dont la supériorité de leurs Troupes sembloit les flater ; mais fut cause de leur entiere défaite. Le Marquis de Pracontal qui étoit parti des environs de la Meuse avec un détachement considérable, eut le tems par ce moyen de joindre le 15. au matin le Maréchal de Tallard. Celui-ci encouragé par ce renfort qui étoit de 24. Escadrons partit d'auprès d'Essingen à demi-lieuë de Landau, où il s'étoit avancé le jour precedent, avec vingt-sept Bataillons, quarante Escadrons, mille Chevaux détachez, & vingt pieces de Canon, après avoir laissé au Sr de Laubanie, Lieutenant General, le soin du siege & la garde du Camp, & marcha contre les Alliez. Ceux-ci surpris de son aproche, autant que de la diligence du Marquis de Pracontal, se mirent en bataille, la gauche à la petite Hollande, & la droite tirant vers Spire. Le Comte de Weilbourg engagea le premier le combat ; il ataqua d'abord avec la gauche une partie de la Cavalerie Françoise, & la renversa ; mais celle-ci s'étant ralliée

Les Impériaux veulent secourir Landau, & sont défaits.

Q

auprès de son Infanterie, revint à la charge, & fit plier celle des Alliez, après avoir essuyé une furieuse décharge de leur Infanterie. Celle des François profitant de ce mouvement, attaqua en même tems celle-ci avec la Bayonette au bout du Fusil, & l'enfonça après une grande tuerie. Le Prince de Hesse de son côté poussa les François dès le commencement de l'action avec beaucoup de vigueur; il tailla en pieces plusieurs Régimens avec ses Grenadiers; mais la déroute du Comte de Weilbourg lui ayant atiré sur le Corps toute l'Armée Françoise, arrêta tout d'un coup la victoire qui alloit se déclarer en sa faveur. Cependant il ne se déconcerta point; ses Troupes animées par son exemple soutinrent le combat avec tant de fermeté, que les François furent repoussez plusieurs fois. Comme ce Prince s'exposoit beaucoup, & qu'il se trouvoit aux endroits les plus dangereux, un Officier lui porta un coup d'épée sur la tête qui lui fit tomber son chapeau; le Prince sans s'étonner le tua de sa propre main. Mais la supériorité des forces Françoises ne pouvant lui permettre de résister plus long-tems, il se retira en combattant à travers le champ de bataille vers Dudenhausen, où ses Troupes repasserent le Spirbach affoiblies par la perte de 5. à 6. mille hommes tuez. De ce nombre furent le Prince de Hesse-Hombourg, le General Tettau, commandant les Troupes de Hesse-Cassel, le General Hofskirken, le Prince de Saxe-Meiningen, le jeune Comte de Nassau-Weilbourg, & le Colonel Loo.

Cette défaite est suivie de la Capitulation de Landau.

Il y eut deux à trois mille hommes tuez dans l'Armée Françoise & un grand nombre d'Officiers, dont les principaux furent le Sr de Pracontal, Lieutenant General, le Sr d'Auriac, Brigadier, commandant la Cavalerie, le Comte de Calvo, le Sr Gaetano, Brigadier des Troupes d'Espagne, le Marquis de Beaumanoir, Fils du Marquis de Lavardin, le Prince de Crouï, & le Marquis de Meuse, Colonels, le Sr de Barat, Lieutenant Colonel, & le Marquis de Puiguion. Le Gouverneur de Landau, consterné par la défaite du secours qu'il attendoit, battit la chamade le soir du même jour, & capitula le lendemain.

Ainsi fut prise une Place très glorieusement défendue, & qui avoit donné tout le tems de la secourir. Mais ce secours, pour s'être trouvé incomplet par le retardement de quelques Troupes, & pour n'avoir pas agi de concert, perdit tout le fruit de sa diligence. Ce fut ce défaut de concert, & d'execution qui donna prise de tous côtez à l'invasion dans l'Empire. Il vit le mal qui lui arriva par un de ses membres, pour ne l'avoir pas prévenu assez-tôt, & pour ne lui avoir resisté qu'à demi. Ce Prince, tout fier d'avoir introduit des armes étrangeres dans le sein de sa Patrie pour déchirer ses entrailles, joignit encore la dérision à l'insulte, en se jouant de la Majesté de l'Empire, dans la personne de ceux qui le representoient à Ratisbonne, & en violant un azile qui lui devoit être sacré, sur tout après tant de promesses rendues par lui illusoires. Il poussa même la dérision jusqu'à vouloir conserver son droit de séance, & avoir part aux déliberations, pour se moquer en pleine Diete de celles qui avoient été prises contre lui.

Récapitulation des affaires d'Allemagne.

Mais si les Impériaux souffrirent tant de pertes sur le Rhin & sur le Danube, ils soutinrent mieux la gloire des Campagnes precedentes en Italie, sous la conduite du General Comte de Staremberg, malgré leur foiblesse & l'absence du Prince Eugene de Savoye. Le Duc de Vendôme pour s'en prévaloir, fit plusieurs mouvemens peu après être sorti de ses quartiers, pour les combat-

Campagne d'Italie.

1703. tre dans les Postes retranchez qu'ils occupoient ; mais la conduite du Comte Gui de Staremberg ayant rompu ses mesures, il s'apliqua à les serrer par le moyen de divers détachemens sous les ordres du Prince de Vaudemont, du Grand Prieur de France, & des Comtes d'Estaing & Albergotti, & à leur ôter la communication avec l'Allemagne & les Etats de Venise. La prise du Poste de Bondanella à l'embouchure de la Parmegiana dans la Secchia, qui fut forcé par le Comte de Vaubecourt au commencement de l'année, fut suivie du bombardement de Berseilo, qui ayant été ensuite ataqué dans les formes, se rendit au bout de quelques mois. Carpi & Zelo sur le Tartaro eurent le même sort ; le General François les ayant fait ataquer par le Comte d'Aguilar, Lieutenant Général des Troupes Espagnoles, s'en rendit Maître sans aucun obstacle. Néantmoins le Comte de Staremberg ayant eu avis que le Comte Albergotti s'étoit avancé avec un gros détachement vers la Mirandole, où il avoit été renforcé par le Comte de Murcé, à la tête de huit cens chevaux & mille hommes de pied, assembla 7. à 8. mille hommes, & marcha en diligence contre lui, dans le tems que le Comte de Murcé, ayant reçu ordre du Prince de Vaudemont de le rejoindre, se separoît du premier détachement. Il fit ensuite avancer un corps considerable de Troupes entre ceux des Generaux François pour les empêcher d'unir leurs forces, d'autant mieux que la disposition du terrain coupé rendoit leur jonction encore plus difficile. Les Impériaux ataquerent peu après la Cavalerie du Comte Albergotti, l'envelopèrent & la renverserent, de sorte qu'elle auroit été entierement défaite, sans la resistance de quelques Troupes de Dragons, qui lui donnerent le tems de faire leur retraite avec moins de confusion & de désordre. Le Comte de Murcé revint là-dessus sur ses pas ; mais voyant qu'il ne pouvoit joindre le Comte Albergotti, il ataqua de son côté les Impériaux, dont le feu se trouvant supérieur à celui de ses Troupes, l'obligea de les faire retirer avec précipitation après avoir été fort maltraitées. Il eut en cette ocasion six cens hommes tuez, sans les prisonniers & les blessez. Le Marquis d'Espinchal, Colonel de Cavalerie, fut du nombre des premiers. Le Duc de Vendôme pour se venger de cet échec, partit de son Camp de Castagnara dans le dessein d'ataquer le Baron de Vaubone, commandant un Corps de Troupes Impériales, & marcha à Nogara sur le haut Tartaro ; mais ce fut inutilement, par la précaution que prirent les Impériaux de se retirer.

Ils firent divers Détachemens vers le Trentin, pour observer les François qui y étoient entrez, dans la vûë de seconder le Duc de Baviere, qui après être entré dans le Tirol s'étoit emparé, comme j'ai dit, de toutes les Places de cette Province ; mais la difficulté qu'il trouva à les conserver, fit évanouir ses desseins & ceux de la France, qui vouloit envahir les Païs Hereditaires de la Maison d'Autriche & lui fermer les passages de l'Italie. Tel étoit le projet dont le Duc de Vendôme avoit été chargé, & pour lequel on avoit pris des mesures qui sembloient promettre les plus belles esperances. Le General François, pour les faire réüssir, s'avança à Dezenzano, precedé d'un détachement commandé par le Comte de Medavi, après avoir fait prendre à son Armée du pain pour six jours. Il força le Corps de Troupes du Baron de Vaubone retranché à Aqua-Negra près de Montebaldo, & se rendit Maître des Châteaux de Torbole & de Nago, des Villes de Riva & d'Arco, avec son Château, situé sur la pente d'une montagne au pied de laquelle passe la Riviere de Sarca, après quelques jours de

Démarches infructueuses des Fr. dans le Trétia.

Q ij

1703.

fiege. Ceux de Madruzzo & de Toblino eurent le même fort ; mais la Ville de Trente fut le terme de fes Conquêtes infructueufes ; car l'ayant bombardée fur le refus qu'elle fit de lui payer des Contributions , il reprit la route d'Italie, abandonnant toutes les Places dont il s'étoit rendu Maître peu auparavant. L'éloignement du Duc de Baviere, qui avoit été obligé d'abandonner le Tirol pour acourir à la défenfe de fes Etats attaquez par le Prince de Bade , & les engagemens que le Duc de Savoye prit avec l'Empereur & fes Alliez , donnerent également lieu à un changement fi fubit , qui déconcerta la Cour de France.

Mauvais traitement qu'ils fit aux Troupes du Duc de Savoie.

Le Roi irrité du procedé de S. A. R. qui après avoir rompu fes mefures étoit fur le point de lui caufer de nouveaux embarras, refolut de s'en venger ; & croyant mettre ce Prince hors d'état de lui nuire , il donna ordre au Duc de Vendôme de défarmer fes Troupes qui étoient au fervice de France, au nombre de 5. à 6. mille hommes , & de les faire prifonnieres. Le General François fit pofter pour cet éfet la nuit du 28. au 29. Septembre des Troupes Françoifes entre les Retranchemens élevez le long de la Seccia, & les Troupes du Duc de Savoye, de peur que venant à favoir le traitement qu'on leur preparoit , elles ne fe retiraffent par là vers l'Armée Impériale , qui étoit de l'autre côté de cette Riviere. Il fe rendit le lendemain au matin chez le Marquis Palavicini, qui commandoit les Troupes de Savoye , & le fit arrêter. On traita de même les Officiers , & on défarma les Soldats dont la plûpart furent dépouillez , & le Bagage des premiers, pillé. Leurs chevaux & ceux des Cavaliers & des Dragons furent pris , & l'on difperfa ces Troupes par toute la France, dans la vûë de les diffiper. Le Roi fit publier un Manifefte pour juftifier fa conduite à l'égard du Duc , & nt voir que cette démarche , toute violente qu'elle étoit , lui étoit devenuë necelfaire dans les conjonctures où il fe trouvoit.

Le Duc de Savoye, ne pouvant diffimuler fon reffentiment , ufa de reprefailles fur tous les François qui fe trouverent dans fes Etats, & fe mit en Campagne avec un Corps de Troupes après avoir déclaré la guerre à Louis XIV. Cette Déclaration fut precedée d'un Traité de Ligue offenfive & défenfive fait avec l'Empereur & les Alliez , par le Miniftere du Comte d'Averfberg, Envoyé de S. M. I. Le Duc de Vendôme s'avança en même-tems avec vingt mille hommes vers le Piemont , autant dans la vûë de couvrir le Monferrat, que pour faire repentir ce nouvel Ennemi de la France du pas qu'il avoit fait, en fe déclarant contre elle. Le Comte de Staremberg fe trouvant moins ferré dans les Poftes qu'il avoit ocupé jufqu'alors , par l'éloignement de ces Troupes, fit un détachement de trois mille chevaux , fous les ordres du General Annibal Vifconti , pour aller joindre le Duc de Savoye , malgré les obftacles prefque infurmontables qui paroiffoient s'opofer à un deffein fi hardi. Le Duc de Vendôme , qui jugea par la route que prenoient les Impériaux vers le Plaifantin , du deffein qu'ils avoient de paffer en Piémont , fe mit en marche pour les fuivre , après avoir envoyé des Troupes dans tous les lieux de leur paffage. Les ayant joints le 25. d'Octobre près du Village de Sanbaftiano , il attaqua d'abord trois de leurs Efcadrons , qui faifoient l'Arriere-garde , & les mit en confufion ; mais le refte du Détachement ayant gagné une montagne voifine, continua fa marche malgré les éforts des François , & vint s'affembler à St Pierre d'Arenes près de Genes. Comme il trouva les paffages de la Tofcane fermez par les derniers , il s'arrêta à Cavari fur la Côte de Genes,

1703.

Ce Pr. déclare la guerre à la France, & reçoit du fecours des Impériaux

& pénétra ensuite dans le Piémont par Caito, après une marche de cent milles d'Italie en trois jours. Il est vrai qu'il se trouva presque diminué de la moitié, & qu'il avoit perdu la plus grande partie de son bagage. Le General François qui avoit suivi les Impériaux jusqu'à Genes, voyant alors qu'il ne pouvoit plus les empêcher de continuer leur marche, retourna à Alexandrie; d'où il marcha vers Ast, Capitale du Comté de ce nom, apartenant au Duc de Savoye. Il s'en rendit Maître, sans aucune resistance, de même que de Ville-neuve d'Ast, à quatre lieuës de Turin.

Le Roi lui déclare la guerre à son tour.

Ce ne fut que le 5. Decembre que le Roi fit à son tour publier sa Déclaration de guerre contre le Duc de Savoye. On s'étonna,* après ce que nous venons de raporter : ,, d'y voir un fait capable de ,, ne donner pas beaucoup de créance ,, aux autres ; savoir, que les deux mille ,, chevaux commandez par le General ,, Visconti avoient été entierement dé- ,, faits, avant d'avoir pû joindre Son ,, Altesse Royale. On vit aussi confir- ,, mer le fait avancé par Mr l'Envoyé ,, de Savoye, touchant les Places de ,, sureté demandées au Duc son Maître; ,, ce qui faisoit voir qu'il ne s'agissoit ,, plus que de la force ; car la France, ,, qui vouloit imposer cette condition, ,, n'auroit pas voulu qu'on l'exigeât ,, d'elle pour sureté de ses Traitez. On ,, ne prit pas garde non plus, qu'en ,, alléguant pour motif de la Déclara- ,, tion de guerre, la violation d'un Trai- ,, té, c'étoit reconnoître la justice de ,, la guerre des Alliez, à moins qu'on ,, ne voulût fonder sa disparité sur le ,, droit du plus fort, auquel cas tous ,, avoient raison de s'y oposer. Sa Majesté Très Chrétienne avoit déja fait marcher des Troupes dans la Savoye sous les ordres du Maréchal de Tessé,

* *Lettre écrite de Suisse le 16. Decemb. 1703.*

& du Duc de la Feuillade. Ils la réduisirent toute entiere sous son obéissance, & obligerent le Marquis de Sales de passer les Monts, n'ayant pas de forces suffisantes pour leur resister.

La rupture du Roi de Portugal avec l'Espagne ne causa pas moins d'embarras au Roi Philippe, que celle du Duc de Savoye donna d'inquietude à la France. Elle fut le fruit des Négociations du Sr Methuvin, Ambassadeur de la Reine d'Angleterre, apuyées des intrigues de l'Amirante de Castille, qui s'étoit retiré depuis l'année precedente dans ce Royaume, comme on l'a déja remarqué.

Le Roi de Portugal se jointau reste des Alliez.

L'Empereur profita de la disposition où étoit la Cour de Lisbone ; & suivant les solicitations de l'Amirante, qui lui avoit écrit plusieurs fois d'envoyer l'Archiduc en Portugal, aussi-bien que les instances de la Reine d'Angleterre & des Etats Generaux, il fit couronner ce Prince en qualité de Roi d'Espagne le 12 Septembre sous le nom de Charles III. Le nouveau Roi fut reconnu & salué en cette qualité par les Ambassadeurs de la Reine d'Angleterre, du Roi de Prusse, des Etats Generaux & de l'Electeur de Hanover, ensuite de quoi il partit de Vienne pour se rendre à la Haye où il arriva le 3. d'Octobre. Il y fit quelque séjour en attendant le vent favorable pour passer en Angleterre & de là en Portugal. Ce voyage avoit été precedé d'un *Manifeste* contenant *les Droits de Charles III. Roi d'Espagne, & les justes motifs de son expédition.*

L'Archiduc est couronné R. d'Espagne sous le nom de Charles III.

Il s'agissoit de savoir si les deux Monarchies de France & d'Espagne demeureroient unies, où si celle d'Espagne retourneroit à la Maison d'Autriche, dans la personne du nouveau Roi. C'étoit la grande affaire qui interessoit tous les Princes Liguez & dont un avenir impenetrable voiloit le dénouement à tous les esprits. Il n'y avoit personne

Q iij

1703. qui ne craignît que si la France venoit à bout de son dessein, ce ne fut fait de la liberté de l'Europe ; & comme on ne pouvoit détourner ce coup, que par une prompte & puissante union, chacun se mit en état d'augmenter ses éforts à proportion du danger dont on se voyoit menacé. Mais la France, qui n'étoit pas assez forte pour resister seule à tous ceux qui s'unissoient contre elle, mit tout en œuvre pour les diviser afin de regner seule sur tous. Les troubles de Hongrie en sont un exemple.

Soulevement dans les Cevennes. Pendant qu'elle les fomentoit, elle en éprouva dans son propre sein, qui auroient eu des suites très considérables, si les Sujets du Roi qui prirent les armes, au lieu d'exercer des hostilitez cruelles contre leurs Compatriotes, les eussent excitez à se joindre à eux pour défendre tous ensemble leur liberté. Je veux parler du soulèvement des Cevennes, causé par les cruautez exercées contre ceux de la Religion Reformée, qu'on avoit contraints par la force de renoncer à leurs opinions. Poussez à bout & reduits au desespoir par ces violences, plusieurs s'armerent dans la Province de Languedoc, premierement au nombre de 3. à 4. cens, ensuite de six mille, & firent de grands désordres aux environs des Villes d'Alais, de Nîmes ; & d'Usez, exerçant des cruautez sur les Prêtres & les Religieux, & generalement sur tous les Catholiques, sans penser, dans la chaleur de leur mécontentement, que ces derniers n'étoient point coupables des mauvais traitemens que la Cour leur avoit fait souffrir, & qu'ils avoient tous au contraire un égal sujet de s'en plaindre : on donna à ces gens-là le nom de *Fanatiques* & de *Camisars*. * Le Roi

* Le premier, parce que plusieurs d'entre eux publioient qu'ils avoient le don de Prophetie, & qu'ils étoient Illuminez, du mot Grec θαίνω ou ... luceo, dont on a fait Fanatique. Le second, parce qu'ils portoient leurs Chemises ou Camisoles, en langage du Païs par dessus leurs autres habits : on en a fait Camisard.

craignant les suites d'un soulévement dans lequel plusieurs de ses Sujets Catholiques pouvoient entrer, envoya en Languedoc le Maréchal de Montrevel, avec un grand nombre de Troupes réglées, sans qu'il pût venir à bout par la force, d'arrêter le cours de ce mal. Au contraire les avantages qu'il remporta contre les Mécontens, & les punitions rigoureuses de ceux qui tomberent entre ses mains, ne firent qu'irriter les autres plûtôt que de les intimider. Ils continuerent leurs désordres durant quelque tems avec divers succez. Tel fut le fruit de tant de violences exercées par le faux zéle de ceux qui comptoient pour rien les droits sacrez de la Conscience & la justice qu'on doit aux Peuples : qui sous pretexte de servir le Roi, commettoient mal à propos sa puissance contre ses propres Sujets : & qui au lieu de prévenir ou d'adoucir le mal, prirent à tâche de le rendre incurable, en poussant la patience à bout & la changeant en fureur. Il en coûta cette année la désolation d'une Province ; & nous verrons dans la suite les mesures que l'on prit pour y remedier.

Soulévement en Hongrie. Une rebellion semblable étoit, comme on a dit, fomentée en Hongrie par les intrigues de la Cour de France, qui continuant d'exciter Ragotski à entrer dans ce Royaume, pour y causer de nouveaux troubles à l'Empereur, y rallumerent une guerre qu'il ne fut pas facile de terminer. L'Empereur l'avoit craint, après l'évasion de Ragotski ; neanmoins la Hongrie étoit demeurée tranquille, & l'on n'avoit point entendu parler de ce Prince, ni de ses Adherans ; soit que le progrès des armes de l'Empereur & de ses Alliez leur eût paru un contre-tems pour executer leurs desseins, soit que de leur côté les choses ne fussent pas encore disposées de la maniere qu'ils souhaitoient pour y réüssir. On ne douta point après la retraite

1703. de Ragotski en Pologne, où il demeura caché quelque tems, qu'il ne fît un voyage à la Cour de France pour y prendre des mesures sur le projet formé, pour y convenir des moyens, & recevoir les secours necessaires dans la situation où il se trouvoit. L'embarras où étoit l'Empereur par les troubles que lui suscitoit le Duc de Baviere, parut à Ragotski une conjoncture propre à ses desseins: & il commença de faire agir ses Partisans. Le feu de la rebellion se renouvella sur la fin de Mai aux environs de Zatmar en la Haute Hongrie, où plusieurs gens armez firent de grands desordres. On ne douta point que Ragotski ne les y eût poussez, & l'on sut qu'il devoit les soûtenir avec quelques Troupes Valaques. Ce Prince parut deux mois après avec un Corps considérable près de Pinsie à quelques lieuës de Mongats, où il entra ensuite. Cette Place avoit apartenu à ses Ancêtres, mais il ne laissa point d'en être chassé par le Comte de Montecuculi. Le Comte Berezini penetra dans ce tems-là par la Pologne dans la Haute Hongrie, où il fut joint par trois à quatre mille hommes. Les Mécontents s'emparerent ensuite du Petit-Varadin, de Calo, du Fort de Huft sur les limites de la Transilvanie, & de quantité d'autres Places: ce qui fut suivi du soûlévement presque entier du Royaume.

Invasió des Suédois en Pologne.

Celui de Pologne, agité des mêmes divisions dès l'année precedente, se vit exposé à une invasion generale des Suedois, qui après avoir battu, sous les ordres de leur Roi près de Pultausk sur le Nareuv, sept mille hommes du Roi de Pologne, commandez par le Comte de Steinau, prirent après un siege de quelques mois la Ville de Thorn à discrétion, nonobstant la résistance du Sr Robel, Gouverneur de la Place, & du Baron de Canitz, Commandant des Troupes Saxonnes. Elbing fut ensuite obligé de leur ouvrir ses portes, aussi bien que Posnanie qui fut prise par le General Renschild. Ces avantages mirent les Moscovites hors d'état d'agir avec succez, & leurs progrès se terminerent à la prise de Neuschans dans la Finlande. Un de leur Corps s'étant avancé dans la Livonie, fut defait près de Pitzar par le Colonel Gustave Skiren, Commandant de Derpt.

Le feu de la guerre allumé par la France ou par ses intrigues dans toute l'Europe s'étendit aussi sur la Mer, jusques dans l'autre Hemisphere. L'Escadre Françoise de Dunkerque, commandée par le Chevalier de St Pol, étoit sortie du Port de cette Ville le 20. Avril; ayant découvert le lendemain une Flote Angloise, venant de la Meuse, escortée par quatre Vaisseaux de guerre, elle alla d'abord ataquer le Commandant; mais celui-ci l'ayant évité, obligea le Chevalier de St Pol à tourner sur un autre Vaisseau qu'il força de se rendre, après avoir essuyé deux Bordées. Dans le même-tems le Commandant Anglois s'aprocha pour le secourir, mais ayant été attaqué de nouveau, il fut pris après une heure & demie de combat. Les deux autres Vaisseaux se sauverent en faisant vent arriere, avec le reste de la Flote, qui ne perdit que 3. à 4. Bâtimens enlevez par les Armateurs.

Evénemens maritimes.

Avantage réporté par une Escadre Franç. sur une Flote Angloise.

Le Chevalier de St Pol ne fut pas moins heureux peu de mois après dans une ocasion semblable. S'étant mis en Mer avec quatre Vaisseaux, il rencontra au Nord de l'Ecosse, près des Orcades, une Flote de deux cens Barques de Pêcheurs de Harangs, escortées par quatre Vaisseaux de guerre Hollandois; il leur donna la chasse, & s'en étant aproché à neuf heures du matin, le vent étant au Sud, il se mit en état de les attaquer. Le Commandant Hollandois fit en même-tems mettre ses Vaisseaux en Ligne, se tint au vent de la Flotte, afin de lui donner le tems d'échaper, & fit plusieurs manœuvres pour éviter l'a-

Autre avátag. réporté sur quelq. Fregates Hollandoises.

1703. bordage; néanmoins il fut acroché par le Chevalier de St Pol, pendant que les trois autres Navires François, commandez par les Sieurs de Seve, de Roquefeuille & de Marillac, aborderent les trois autres Hollandois. Le Sr de St Pol s'empara du Commandant après un combat fort opiniâtré, & le Sr de Seve étoit sur le point de se rendre Maître du Vaisseau qu'il avoit attaqué, quand le feu prit aux poudres de celui-ci, qui sauta en l'air & endommagea de telle sorte le Vaisseau du Sr de Seve, qu'il coula à fonds un moment après; aussi-tôt le Sr de St Pol fit signal aux deux autres d'aller secourir l'équipage. Le Sr de Roquefeuille ayant en ce tems-là pris le Vaisseau qui lui étoit oposé, y envoya sa Chaloupe & son Canot, & le Sr de Marillac, après avoir abandonné le Vaisseau qu'il combatoit, s'avança du même côté, en même-tems que la Chaloupe & le Canot du Sr de St Pol aprochoient; mais ce fut un peu trop tard pour le Sr de Seve, pour le Sr de Foissi, son premier Lieutenant, & pour la plus grande partie de l'équipage, qui furent noyez. On sauva seulement le Sr de la Boulaïe, Lieutenant, le Sr de Vandermeck, Capitaine de Flûte, avec 50. Matelots ou Soldats. La Flote s'étant égarée durant le combat, le Capitaine François jugea qu'elle ne pouvoit pas être fort éloignée; c'est pourquoi il prit sa route pour l'aller chercher, & ayant fait voile vers les Iles de Schetland, il la trouva à la partie Orientale de l'Ile de Mainland. Il en brûla une partie, & écarta le reste. Il aprit ensuite qu'il y avoit encore 20. Barques dans le Port de Bressei fond, & y étant entré il les brûla sous le Fort de Leervic, dont les Hollandois s'étoient saisis.

Rencontre de quelques Vaiss.
Peu de tems après le Sr de St Pol fit éprouver le même sort à une autre Flote sur les Côtes d'Aberdeen en Ecosse, après avoir pris trois Vaisseaux qui l'escortoient. La rencontre qu'eut le Marquis de Coetlogon sur sa route pour la Mediterranée avec 5. Vaisseaux ne fut pas moins funeste aux Hollandois. Une de leurs Flotes Marchandes venant de Lisbone, composée de cent Voiles & escortée par cinq Vaisseaux de guerre, ayant trouvé ces Vaisseaux François par le travers du Cap Spichel, entre l'embouchure du Tage & Setubal, en fut ataquée & perdit son escorte, dont un Vaisseau fut coulé à fonds, & les autres quatre pris. On trouva dans l'un le Comte de Walestein, Envoyé de l'Empereur auprès du Roi de Portugal; les Vaisseaux Marchands se disperserent, & prirent la fuite pendant le combat.

1703. Vaisseaux Franç. & Hollandois.

Ces avantages furent balancez par un échec considerable que souffrirent à leur tour les François. Le Contre-Amiral Dilkes ayant fait voile le 2. d'Août de Spithead avec l'Escadre Angloise qu'il commandoit, aprit qu'une Flote Françoise faisoit voile vers Granville, sur quoi ayant tenu Conseil de guerre, il resolut de les aller attaquer. Le 6. au matin, il aperçut les François à l'ancre, à une lieuë de Granville, & ceux-ci le voyant aprocher, mirent à la voile pour gagner la terre; mais il les poursuivit d'aussi près qu'il pût, & voyant qu'il manquoit 4. pied d'eau pour les joindre, il arma toutes ses Chaloupes avec les petits Bâtimens. Les François étoient au nombre de 43. Navires Marchands, & trois Vaisseaux de guerre. A midi il avoit pris 15. Navires, en avoit brûlé six, & coulé trois à fond. Le reste s'étoit retiré dans la Baïe entre Avranche & le Mont St Michel, où les Pilotes jugerent qu'on ne pouvoit les ataquer; cependant les Ennemis resolurent le 7. dans un Conseil de guerre, d'entrer dans la Baïe avec les Vaisseaux le *Hector*, la *Sereine*, un Brigantin, un Bâtiment de six pieces de Canon, pris le jour precedent sur les François, une Ketche équipée en Brûlot, & toutes les

Prise faite sur les François. *Lettres de Londres.*

1703. les Chaloupes de l'Escadre ; ce qui fut exécuté entre 10. & 11. heures du matin, le Contre-Amiral y étant en personne, acompagné des Capitaines Fairfax, Legg, Mighels, Lampier & Pipon. Il y eut trois Vaisseaux de guerre des François, l'un de 18. pieces de Canon, qu'ils brûlerent : un autre de 14. auquel Mr Paul, premier Lieutenant de *Kent*, fit mettre le feu, & le trois étoit de huit pieces de Canon. Dix-sept autres Navires Marchands furent brûlez & détruits, de sorte que de toute cette Flote, il ne s'en sauva que quatre, qui se retirerent sous le Fort de Granville. Les François durant ce combat, firent sortir plusieurs grandes Chaloupes de Granville, mais sans aucun succez, parce que le Contre-Amiral Lake avoit armé un Brigantin de 80. hommes, & un autre Bâtiment de 40. qui couvroient toutes les Chaloupes des Anglois. Le dernier échoua, ce qui obligea le Contre-Amiral de le brûler. Il y avoit plus de 5000. hommes sur la Côte. Le soir l'Escadre Angloise revint mouiller à la hauteur de Granville, où étoient les autres Vaisseaux & les Prises.

Secours envoyé en Portugal par l'Angl. & les E. G.

La Reine d'Angleterre & les Etats Generaux vouloient soutenir le Roi de Portugal depuis les engagemens qu'il avoit pris avec eux & leurs Alliez. Pour faire diversion en sa faveur, ils mirent en Mer une Flote de 45. à 50. Voiles, sous les ordres du Chevalier Shouvel, & du Vice-Amiral Allemonde. Le secours qu'elle porta à Lisbone, & l'allarme qu'elle causa sur les Côtes d'Espagne, aussi bien qu'au Royaume de Naples, produisirent plus d'éfet qu'on ne s'y étoit d'abord attendu. Elle donna en même tems une idée avantageuse de la puissance de ces deux Etats, & disposa les esprits à favoriser la Cause Commune à la première ocasion favorable.

Tome III.

Le Roi étoit si content du succez de ses armes & particulierement de celles de l'Electeur de Baviere en Allemagne, qu'il lui écrivit à la fin de la campagne, pour le féliciter sur les avantages qu'il avoit remportez. Et pour l'encourager à de nouvelles entreprises, il lui promit de lui envoyer un puissant renfort au Printems suivant, l'exhortant à continuer d'agir pendant l'hiver, pour profiter de l'absence des Troupes Impériales & Allemandes, qui laisseroient, disoit-il, le champ libre à ses desseins, n'étant pas d'humeur à quitter leurs quartiers. L'Electeur, suivant cet avis, se remit en campagne dans le tems qu'on croyoit tout fini sur le Danube, & attaqua la Ville de Kempten, dont il se rendit Maître. Il forma ensuite le siege d'Augsbourg, qu'il batit avec cent trente pieces de canon & quarante-cinq mortiers : ce qui obligea les Habitans à presser le General Bibra, qui commandoit les Troupes de l'Empereur & des Alliez, de se rendre après s'être défendu durant huit jours. Le Duc de Baviere y fit entrer dix Escadrons, & seize Bataillons de Troupes Françoises, qui furent logez chez les Bourgeois. Outre les mauvais traitemens que leur fit le Prince, il leur demanda cent mille écus pour les frais du siege, & dix mille pour le rachat des cloches : ne pensant pas qu'il feroit un jour une ample restitution de ses rapines.

Suite des progrès du D. de B. sur le Danube. Il prend Kempten & Augsbourg.

C'est ainsi que cet Electeur servoit d'instrument à élever lui-même une Puissance formidable, qui n'avoit presque plus qu'un pas à faire pour arriver à la Monarchie Universelle. Pour y parvenir, elle avoit semé l'esprit de division dans les Etats où elle ne pouvoit entrer par la force, & le Duc de Baviere, de concert avec elle, travailloit à faire regner cet esprit, & à recueillir le fruit des semences jettées par l'Article IV. du Traité de Rysuvick. Ce fut ce

Combien le Duc servoit utilemét la France.

R

1703. même esprit, dit le judicieux Auteur * de qui j'emprunte ces Remarques, qui pendant qu'il se couvroit du voile de la Religion, se servit *de deux pieds & de deux mesures* : qui trouva bon que la France employât des forces Protestantes contre la Maison d'Autriche ; mais qui ne put souffrir que celle-ci s'en servît pour sa juste défense : qui de cette guerre, purement Politique, prétendit faire une guerre de Religion : & qui (s'il en faut croire ce qu'on en disoit en France) travailla sous main à mettre l'Electeur de Baviere à la tête d'une *Ligue Catholique* ; comme si l'Empereur, le Roi des Romains & les Electeurs Ecclesiastiques qui lui étoient oposez avec l'Electeur Palatin, étoient moins Catholiques que l'Electeur de Baviere ; eux qui n'agissoient que pour la défense de l'Empire & de la Liberté Commune, au lieu que ce Prince ne cherchoit qu'à s'agrandir sur les ruines de l'un & de l'autre.

Il fait passer cette guerre pour une guerre de Religion.

Que n'eût-il pas fait dès l'année précedente ; si le dessein de sa jonction avec le Duc de Vendôme lui eût réussi ? N'avoit-il pas déja insinué par tout que c'étoit une guerre de Religion, en sorte qu'il falut que l'Empereur & l'Empire donnassent des Déclarations publiques contre ces fausses ; mais artificieuses impressions ? Cependant ce fut dans cette vûe que laissant en proye son Haut-Palatinat, il prit à tâche de s'emparer de plusieurs Villes Libres & Protestantes, de Ratisbonne, d'Ulm, & tout fraichement de Kempten & d'Augsbourg. Voilà par où ce Prince prétendoit s'ériger en *dernier Défenseur de la Liberté Germanique* : pour laquelle il étoit en éfet bien à souhaiter, que ce Prince fût véritablement le *dernier* qui troublât ainsi l'Allemagne & qu'elle n'eût plus de tels *Défenseurs*.

* *Mr Tronchin du Breuil dans ses Reflexions sur les événemens de cette année.*

La plus grande partie du Corps Germanique unie à son Chef, fit à la vérité des éforts pour s'y oposer, mais non tels qu'ils eussent été, si l'autre partie ne se fût laissée entamer par cet *Esprit de division*, qui tantôt sous pretexte de divers interêts particuliers, tantôt sous pretexte de Religion, ne tendoit au fond qu'à bouleverser l'Empire. Les Etats Neutres qui se contenterent d'en être les Spectateurs, étoient dans le même danger que les Acteurs. Les uns & les autres ne pouvoient donc se tenir plus long-tems à l'écart, sans courir tous le même risque. On avoit vû de quelle maniere la France venoit de traiter le Duc de Savoye, arrêtant ses Troupes sur de simples soupçons, & ne gardant aucunes mesures avec un Prince qu'elle avoit tant d'interêt de ménager. On savoit que la Neutralité du Duc de Lorraine n'avoit pû l'exempter de la necessité de ceder sa Capitale. La République de Venise, si circonspecte dans toutes ses mesures, n'avoit pû éviter en temporisant, de subir la dure condition qui lui fut imposée, à peu près comme autrefois à celle de Génes. Il falut qu'elle donnât par son Ambassadeur une satisfaction publique à Versailles pour avoir puni deux Particuliers, * qui n'étoient ni les Sujets ni au service de Sa Majesté T. C. & cela sur la premiere sommation, & dans un tems de guerre, où elle avoit une Armée de l'Empereur à ses portes. Que restoit-il à attendre dans un autre tems, si tout eût continué de rire à cette Couronne, sinon de subir le sort d'Orange ?

Quel interêt les Alliez avoient à s'y oposer.

Le Prince de Conti s'étant emparé de cette Ville & de la Principauté depuis la mort du Roi d'Angleterre, les Ha-

Le Roi s'empare d'Orange.

* *C'étoient deux Bandits, que les Venitiens firent étrangler de nuit, parce qu'ils étoient revenus à Venise après avoir déja été condamnez. Le Roi les réclama sous pretexte qu'ils avoient des commissions du Roi Philippe.*

1703. bitans s'étoient flaté de vivre du moins en repos sous la domination d'un Prince débonnaire, qui s'étoit engagé de les maintenir dans leurs Libertez & leurs Privileges. Mais le Roi l'ayant obligé l'année precedente de lui en faire cession, y envoya le Comte de Grignan, son Lieutenant General en Provence ; qui ayant pris possession le 28. de Mars de cette année de la Ville & de la Principauté, au nom de sa Majesté, fit fermer les Temples des Reformez à Orange & à Courteson. Le dessein de la Cour étoit de tirer de cette Principauté de grosses Contributions, & de forcer une seconde fois les Protestans d'Orange d'aller à la Messe. On vouloit d'autant moins épargner ce Païs, que par une paix on seroit obligé de le rendre. La ruine inévitable à laquelle il se vit exposé, fit encore plus regretter le Prince de Conti de qui l'on esperoit un traitement plus favorable. Toute l'Europe fut surprise de ce zéle Catholique de la France si à contre-tems. On s'étoit aperçu depuis long-tems à la Cour que la persécution pour cause de Religion étoit une faute capitale : on le sentoit encore dans l'affaire des Camisars d'une maniere mortifiante. Cependant le Conseil ne changea point de maxime. Les Catholiques Romains qui étoient dans le voisinage en furent fort allarmez, dans la crainte que cela ne reveillât les nouveaux Réünis dans le Daufiné & dans le Vivarets, & qu'il n'entrât dans ce procedé de la Cour quelque chose de plus qu'un zele de Religion.

1704.
Suite des expeditiõs du D.de B. Memoires du Tems.
Quoi qu'il en soit on ne vit que troubles & qu'agitations de tous côtez, & il sembloit que les maux & les désordres fussent arrivez à leur comble, & qu'on touchât de près à ces dernieres extrêmitez, qui enfantent les grandes révolutions. Aussi en arriva-t-il une très-considérable pour la France à la fin de cette année 1704. que nous commencerons par la continuation des progrés du Duc de Baviere en Allemagne.

Ce Prince ayant fini l'année precedente par la prise d'Augsbourg, commença celle-ci par l'ataque de Passauv, Ville Impériale sur lé Danube, devant laquelle il se presenta le 5. Janvier, avec des forces considérables & toutes les choses necessaires pour un siege. S'étant mis en état d'en faire les aproches, il fit dire aux Habitans que s'ils ne sa rendoient sans atendre qu'il les ataquât, il feroit réduire leur Ville en cendres. Ses menaces produisirent l'éfet qu'il en attendoit ; car après une déliberation de quelques heures, le Cardinal de Lambert, Evêque & Prince de la Ville, députa auprès de lui quatre Comtes qui signerent la Capitulation. L'Electeur y entra trois jours après, & mit ensuite Garnison au Château d'Oberhausen servant de Citadelle à la Ville.

Les Fr. se rendent Maîtres de plusieurs Places.
Pendant que les Bavarois étoient devant Passauv, le Maréchal de Marsin, qui avoit succedé au Maréchal de Villars, parce qu'il s'étoit rendu désagréable à l'Electeur, s'avança au nord du Danube pour faire diversion, & empêcher que les Impériaux ne secourussent cette Ville. Il prit la Ville Impériale de Weissembourg en Franconie à six lieuës de Nuremberg, vers la source de Rednitz, força les Lignes que les Impériaux avoient fait près de là & les Postes de Pleinfeld, d'Ellingen, de Wedinghen, & de Harbourgh, où il mit Garnison ; & le Marquis de Blainville étant sorti d'Ulm, s'empara de la petite Ville Impériale de Giengen à six lieuës de là, la Garnison composée de 4. à 5. cens hommes fut faite prisonniere, sans que les Impériaux se missent en état de venir à son secours.

Capagne de Piémõt Le C.
Celui que le Comte de Staremberg avoit envoyé au Duc de Savoye sur la fin de l'année precedente, ne parois-

1704.

de Sta-
rébg
va au
secours
du D de
Savoie.

sant pas suffisant à ce Prince, pour le mettre en état de s'oposer aux progrès des François, le General des Impériaux se mit en marche pour passer lui-même en Piémont avec la plus grande partie des Troupes de son Camp de la Secchia, où il étoit resté durant toute la Campagne. Pour cet éfet il passa cette Riviere sur la fin de Decembre, & traversa le Modenois. Le Duc de Vendôme, averti de la marche des Impériaux, & jugeant de leur dessein, se rendit à Reggio du Camp de San-Benedetto, où il étoit revenu depuis qu'il eut établi ses quartiers en Piémont. Il y assembla les Troupes cantonnées dans les lieux des environs, & se mit en marche avec tant de diligence, qu'il joignit l'Arriere-garde des Impériaux le 4. Janvier près de Stradella à l'entrée du Milanez, à une lieuë du Pô. L'ayant d'abord ataquée il la mit en désordre, & lui enleva quelques bagages; mais cet échec & un autre qu'il leur fit souffrir au passage de la Riviere de Scrivia près de Tortone, ne les ayant pas détourné de leur route, il ne se rebuta pas non plus; il fit jetter un Pont sur l'Orba le 10. du mois, & ayant découvert près de Castelnovo sur la Bormia un Corps de Troupes, composé de six Bataillons & de quelques Escadrons sous les ordres du Comte de Solari, il détacha les Sieurs de St Fremont & de Bezons avec la Cavalerie, & le Sieur Albergotti avec les Grenadiers, pour l'ataquer. L'inferiorité de la Cavalerie Impériale l'obligea de passer la Bormia avec précipitation sans faire resistance; mais le Comte Solari, & le Prince de Lichtenstein s'étant mis à la tête de l'Infanterie, qui étoit au delà de la Riviere, firent faire un si grand feu, que les François furent repoussez plusieurs fois. Cependant la trop grande ardeur de ces deux Seigneurs les ayant fait exposer jusqu'à s'avancer dans la Bormia contre les François, ils y furent

tuez avec plusieurs de leurs gens, pendant que les autres marcherent en diligence vers Strevi & Acqui. Les François perdirent dans ce choc deux à trois cens Hommes & quarante Officiers; le Marquis de Goësbriant y fut blessé avec les Sieurs de Goaz, de St Pater, & de Morangiez. Le Comte de Staremberg continua sa route sans oposition, parce que le Duc de Vendôme se trouva hors d'état de le suivre. Il arriva donc dans le Piémont avec autant de gloire pour lui, que de joye pour le Duc de Savoye qui l'atendoit avec impatience.

Dans le tems que le Comte de Staremberg alloit au secours de ce Souverain, le Roi Charles III. (car c'est ainsi que nous nommerons déformais l'Archiduc) se disposoit à aller joindre le Roi de Portugal, qui pour le favoriser dans ses prétentions sur la Couronne d'Espagne, avoit embrassé le Parti des Alliez contre le Roi Philippe & la France. Ce Prince étant donc parti de la Haye le 3. de Janvier, arriva le 6. en Angleterre, & fut trois jours après à Windsor, où la Reine l'atendoit. En étant revenu le 12. il fit voile au bout de quatre jours; mais les vents contraires obligerent la Flote qui le conduisoit de relâcher à Torbai, d'où il ne put repartir que le 24. du mois suivant. Sa navigation fut ensuite très-heureuse: il arriva le 6. Mars à Lisbone avec 40. Vaisseaux de guerre Anglois & Hollandois, & deux cens autres Bâtimens chargez de quantité de provisions, & portant dix mille hommes de débarquement. Ce secours, quoi que considerable, & la presence de ce Prince, ne purent néanmoins empécher que le Roi Philippe, après avoir fait publier sa Déclaration de guerre contre le Roi de Portugal qu'il ne traita que de Duc de Bragance, ne se mît à la tête de ses Troupes, & de celles de France, commandées par le Duc de Beruvick, & ne marchât contre lui. Il entra dans

1704.

Le Roi
Charles
va en
Portugal. A-
vantages de
Philippe V.
contre
lui.

le Portugal, où il se rendit d'abord Maître de Salvatierra, de Secura, de Portalégre, & de quantité d'autres Places, qui bien que peu considérables, furent pourtant un sujet de triomphe pour ce Prince auprès de ses Peuples, & une ocasion d'allarme aux Portugais.

Eforts des Portugais pours'y oposer.

Ceux-ci s'étant mis ensuite en campagne sous les ordres du Duc de Schomberg, du Marquis das Minas, & du General Fagel, arrêterent tout d'un coup des progrès si rapides, & reprirent quelques Places après avoir fait prendre la fuite à un Corps de Troupes Espagnoles, commandé par Don Francisco Ronquillo, & par le Marquis de Geoffreville. Cependant la disposition des affaires se trouva bien éloignée de l'idée avantageuse que les Alliez s'étoient faite de l'Alliance du Portugal, & des esperances dont l'Amirante de Castille les avoit flatez.

Dessein des Alliez sur Barcelone sans succez.

Celle que le Prince de Hesse-Darmstad avoit conçûë du côté de la Catalogne ne fut pas plus solide. Ce Prince s'étant embarqué à Lisbone sur une flote composée de 45. Vaisseaux, sous les ordres du Chevalier Roock, arriva le 28. Mai devant Barcelone. Il envoya aussi-tôt une Chaloupe à terre, avec un drapeau blanc, pour faire savoir au Gouverneur qu'il vouloit lui parler au nom de l'Empereur. Mais n'en ayant point eu de réponse satisfaisante, non plus qu'aux Lettres qu'il avoit adressées aux principaux membres de la Députation de Bacelone, il fit mettre à terre deux mille cinq cens hommes qui se formérent à quelque distance de la Ville. Tout cela fut inutile, personne ne parut se déclarer en sa faveur, quelque bien intentionnez que fussent la plûpart des habitans, à cause des précautions prises par Don Francisco Velasco, Gouverneur de la Ville. Ce contre-tems ayant fait prendre d'autres mesures aux Alliez, ils bombardérent Barcelone deux jours après; mais cette violence ne produisit aucun éfet conforme à ce qu'ils s'étoient proposé, & comme ils ne reçurent aucune nouvelle qui pût leur faire esperer un heureux succez de l'intelligence qu'ils avoient dans cette Place, il remirent à la voile. Dans ce tems-là le Comte de Toulouse, Amiral de France, entra dans la Méditerranée venant de Brest avec 23. Vaisseaux. Il rencontra la flote des Alliez peu de jours après leur départ de devant Barcelone, à vingt lieuës de Minorque vers le Levant, & il couroit risque d'en être accablé, si le vent qu'il avoit sur eux, & la manœuvre qu'il fit après que le vent eut changé en leur faveur, ne l'eussent tiré d'affaire. Le Chevalier Roock fut blâmé à son retour de n'avoir pas profité de l'ocasion, & quelques raisons qu'il pût alléguer dans la suite pour justifier sa conduite, la Reine d'Angleterre lui ôta le commandement, & l'obligea de se défaire de ses Charges.

Afaires d'Italie. Les Fr. y remportent divers avantages.

La jonction du Duc de Savoye au Parti des Alliez ne rapela pas en Italie la Fortune qui y avoit abandonné les Impériaux, & les secours qu'ils fournirent à ce Prince ne peurent le garantir de la perte de plusieurs de ses Places. Le Grand Prieur de France, General des Troupes laissées par le Duc de Vendôme son Frere au Camp de San-Benedetto, chassa les Impériaux de la Ville de Concordia, & les obligea d'abandonner Rovere, Place bien fortifiée. Il marcha ensuite dans le Ferrarois qu'ils ne vouloient pas quitter, il fit sortir avec précipitation de Figarolo, & bloqua la Mirandole, sans que le Comte de Linange, qui avoit succedé dans le commandement de l'Armée au Prince Thomas de Vaudemont (mort à Ostiglia) pût s'y oposer. Ce General ne se croyant pas même en sureté à cause de l'infériorité de ses Troupes, fit sauter les Fortifications d'Ostiglia, & les Tours de Serravalle, & repaſſa l'Adige pour ſe mettre à couvert du Trentin. Les François allerent pendant ce tems-là camper à l'Iſola della Scalla dans le Veronois.

Suze priſe par le D. de la Feuillade.

D'un autre côté le Duc de la Feuillade, qui avoit ſoûmis toute la Savoye l'année precedente, à la reſerve de Montmellian, penetra dans les Alpes avec dix à douze mille hommes, & s'avança vers Suze: s'étant enſuite emparé de pluſieurs hauteurs, & d'autres Poſtes avantageux, malgré la reſiſtance de deux à trois mille hommes qui les défendoient, il attaqua le Fort de Catinat, qui ne réſiſta qu'un jour, & enſuite la Citadelle de Suze qui capitula au bout de quatre.

Suite des progrès du Duc de Vendôme en Piémont Priſe de Verceil

Les avantages que le Duc de Vendôme remporta en Piémont furent plus conſiderables encore. Ce Prince paſſa le Pô le 6. de Mai, pour aller chercher les Alliez; mais leur Armée, qui depuis quelque-tems étoit retranchée près de Balzola, & de Villanova, ſe retira à ſon aproche vers Trin. Cependant le General François fit tant de diligence pour la ſuivre, qu'ayant joint l'Arriere-garde compoſée de deux mille hommes, il l'ataqua & la mit en déſordre. Elle couroit même riſque d'être défaite, ſi les Generaux des Impériaux n'euſſent eu la précaution de mettre de l'infanterie dans le Village de Treno, & dans des lieux où la Cavalerie Françoiſe ne pouvoit les attaquer. Ces meſures facilitant à l'Arriere-garde le moyen de gagner un bois, elle continua ſa marche ſans obſtacle, après avoir perdu deux à trois cens hommes tuez, ou faits priſonniers: le General Vaubone fut du nombre de ceux-ci. Le Duc de Savoye ſe retira enſuite ſous le Canon de Verruë, ce qui mit les François en état d'agir ſans obſtacle. Le Duc de Vendôme fit donc inveſtir Verceil le 5. de Juin, & ayant ouvert la tranchée neuf jours après, il pouſſa les travaux avec tant de vigueur, que s'étant rendu maître du chemin couvert & de la Contreſcarpe en peu de jours, il obligea le Sr des Hayes, qui commandoit dans la Place, à ſe rendre priſonnier avec ſa Garniſon. Elle fut peu après démolie, & ſes dehors raſez juſqu'aux fondemens. On enviſagea ce procedé de la Cour de France, non-ſeulement comme contraire aux regles de la bienſeance; mais de la Politique même, à laquelle elle avoit renoncé pour ſatisfaire ſa paſſion, & ſe venger du Duc de Savoye. Auſſi eut-elle dans la ſuite tout le tems de s'en repentir par plus d'une raiſon.

Priſe d'Yvrée &c.

Le Duc de Vendôme, après être reſté aux environs de Verceil une partie du mois d'Août, marcha vers Yvrée, & s'empara en arrivant de toutes les hauteurs qui dominoient la Place de fort près; il fit ouvrir la tranchée le 2. Septembre, & battit la Place avec tant de violence les huit jours ſuivans, que le Comte de la Trinité qui y commandoit, voyant un logement fait ſur la Contreſcarpe, deux Brêches au Corps de la Place, & le Mineur attaché au Baſtion de la gauche, demanda à capituler le 12. Le Duc de Vendôme lui offrit les mêmes conditions qu'avoit obtenuës la Garniſon de Verceil; mais le Comte n'ayant pas crû devoir les accepter, d'autant plus que le Château n'avoit pas encore été attaqué, les François continuerent de batre la Place, de travailler aux Mines, & de s'étendre le long de la Contreſcarpe. Le 17. au ſoir tout étant diſpoſé pour donner l'aſſaut, les Aſſiegez l'abandonnerent, & ſe retirerent dans le Château, & dans un Réduit, où ils ſe défendirent juſqu'à la fin du mois, qu'ils ſe rendirent priſonniers de guerre. Le Duc de Vendôme ſurprit dans le même-tems la petite Ville de Bard, qui ferme l'entrée de la Val d'Aoſte du côté d'Yvrée; il en fit enſuite ataquer le Château, où il n'y

1704. avoit que 150. hommes qui se rendirent prisonniers. Le Colonel Reding, qui y commandoit, fut soupçonné de l'avoir vendu. Les François s'approcherent quelque-tems après de Verruë, qu'ils assiegerent, comme nous le dirons ci après.

Mesures des Alliez pour s'opposer aux progrès des Fr.

Tant de conquêtes auroient infailliblement rendu le Roi l'Arbitre, & peut être le Maître absolu de l'Europe, si la fortune eût continué de le favoriser également par tout; mais la Providence, qui dirige tous les événemens, voulut mettre des bornes à la puissance d'un Prince qui cherchoit à la rendre trop vaste, & lui aprendre que l'abus d'une longue prosperité attire enfin les plus grands revers. Louis XIV. commença à les éprouver dans l'endroit même qui jusqu'alors avoit été le principe de tous les heureux succez de ses armes. Le Duc de Marlborough en remporta la gloire, tant par ses conseils que par sa conduite & sa valeur, secondé par le Prince Eugene de Savoye. Mylord Duc avoit representé à la Reine d'Angleterre & à son Conseil, à son retour à Londres sur la fin de l'année precedente: ,, que si les ,, Alliez ne couroient au secours de ,, l'Allemagne, elle alloit devenir la ,, proye des François, que l'Empereur, ,, hors d'état de résister à l'éfort de leurs ,, armes, se verroit obligé de quitter sa ,, Capitale, & peut-être même de descendre du Trône: que les Alliez seroient exposez au contre-coup des ,, malheurs dont les Etats de l'Empire ,, étoient menacez: qu'il faloit un ,, prompt remede pour prevenir les suites d'un mal, qui par les progrès ,, qu'il avoit déja fait, deviendroit en ,, peu de tems incurable; qu'une augmentation de forces, de la part de ,, l'Angleterre & des Etats Generaux, ,, & une suspension des progrès de leurs ,, armes dans le Païs-Bas, où l'on se ,, tiendroit sur la défensive durant une ,, partie de la campagne, mettroient

,, les Alliez en état d'éteindre en Allemagne ce feu qui y avoit causé jusqu'alors tant de désordres, & qui étoit ,, sur le point de la consumer, & qu'il ,, s'offroit lui même à cette expédition, ,, si on vouloit l'en charger. Ces raisons avoient été fortement apuyées par de nouvelles instances faites à la Reine d'Angleterre par l'Ambassadeur de l'Empereur. de sorte que cette Princesse & les Etats Generaux en étant touchez, n'oublierent rien pour prendre des mesures capables d'arrêter les entreprises du Duc de Baviere. Leurs Hautes Puissances écrivirent aux Princes de l'Empire, & firent des instances auprès de tous les Etats d'Allemagne pour les porter à armer puissamment; ce qui donna lieu à la tenuë d'un Conseil de guerre, où les Députez des Electeurs & de plusieurs autres Princes se trouverent; on fit travailler aux fortifications des Places les plus exposées, & l'on fit par tout de nouvelles Levées.

1704.

Le Duc de Baviere, & les François travaillerent de leur côté à de nouveaux preparatifs. Ils firent fortifier l'Ile vis à vis de Kehl, Huningue & Nieubourg, & dresser de grands magazins à Landau & à Fort-Louis. Le Maréchal de Tallard, qui devoit passer en Baviere avec un Corps de Troupes, les ayant assemblées, leur fit faire plusieurs mouvemens pour donner le change aux Generaux de l'Empereur, marchant tantôt vers Strasbourg, & quelquefois vers Huningue: comme s'il eût voulu tenter par là un passage. Durant ces feintes du General François, le Duc de Baviere & le Maréchal de Marsin s'étant avancez vers les sources du Danube, pousserent jusqu'aux Lignes des Impériaux abandonnées par le General Thungen, qui s'étoit retiré près de Rothuveil; & les ayant passées, ils allérent camper entre Tutlingen & Willingen, avec dessein de lui donner bataille, dans la pensée qu'il ne seroit pas en état de leur

Préparatifs de ceux-ci pour en empêcher l'éfet.

1704. résister. Cependant ce General, qui avoit reçu un renfort de Troupes du Duc de Wirtemberg & du Comte de Stirum, étoit résolu de marcher à eux & de les attaquer, pour empêcher la jonction des Troupes Françoises, qui étoient en marche, sous les ordres du Maréchal de Tallard vers la Forêt & les Montagnes noires. Mais dans le tems qu'il se disposoit à executer ce dessein, il reçut ordre du Prince de Bade, qui étoit absent, de differer jusqu'à son arrivée : ce qui fit manquer un coup important pour l'Empereur, & donna lieu à de nouveaux soupçons contre le Prince de Bade, qui ne devoit pas ignorer que le tems n'est pas toûjouts favorable pour des entreprises de cette nature. En éfet pendant cet intervalle le Maréchal de Tallard se joignit aux Bavarois, après avoir fait passer ses Troupes sur un Pont au dessus de Strasbourg, & pris sa route par le Holengraben & le Kalterberg, & les mit hors de crainte après le danger qu'ils avoient couru d'être attaquez.

Le Prince de Bade ayant aussi joint le Comte de Thungen sur ces entrefaites, fit marcher l'Armée contre les Bavarois qui avoient investi Willingen ; mais la conjoncture qu'il avoit fait perdre à ce Comte n'etoit plus la même. Le Duc de Baviere & les Generaux François décampérent en hâte à son aproche, & allérent se poster près d'Ulm, dans la crainte qu'il n'eût formé quelque entreprise pour s'en emparer.

Le D. de Marlb. marche vers l'Allemagne. Dans ce tems-là le Duc de Marlborough étant arrivé d'Angleterre à la Haye le 21. Avril, y resta jusqu'au 5. du mois suivant, pour conferer avec les Etats Generaux sur les projets de la Campagne, qui regardoient principalement la Baviere. Comme la Reine d'Angleterre & leurs Hautes Puissances l'avoient chargé de l'execution du dessein qu'il leur avoit proposé sur l'Allemagne, il se rendit à l'Armée des Alliez avec le Velt-Maréchal d'Auverkerque, & marcha contre l'Armée Françoise campée à Heilesem sur la Gheete, près des Lignes, sous les ordres des Maréchaux de Villeroi & de Bouflers, dans le dessein de l'engager à une action ; mais n'ayant pû l'atirer hors de ses retranchemens, & voyant que tous les mouvemens des Generaux de l'Empereur n'avoient pû empêcher la jonction des François & des Bavarois, qui par là étoient en état de continuer leurs progrez, il partit des environs de Maestricht, après avoir laissé quinze mille hommes près de cette Ville, sous les ordres du Velt-Maréchal d'Auverkerque, dans un Camp situé sur les hauteurs de St Pierre, entre la Meuse & le Jeker, fortifié par l'art & par la nature, & comme innaccessible de toutes parts ; & s'avança vers la Moselle avec 50. mille hommes pour entrer en Allemagne. Ce dessein fut ménagé avec tant de secret & d'adresse de la part de ce General, que la Cour de France n'en fut informée que lors qu'il fut en marche. Le Roi s'étoit flaté que les Maréchaux de Villeroi & de Bouflers amuseroient toutes les forces des Alliez dans le Païs Bas, comme ils avoient fait l'année precedente, & il leur avoit prescrit dans cette vûe les mêmes ordres & la même conduite. Mais le Duc de Marlborough renversa bien-tôt tous leurs projets, & fit prendre une nouvelle face aux affaires. Ce General voulant donner le change aux François, fit publier peu après s'être mis en campagne, que les Alliez auroient une Armée vers la Moselle. Pour cet éfet une partie de leurs Troupes s'assembla d'abord auprès de Ruremonde & de Venloo, & l'autre vint camper entre Liege & Maestricht. Les premieres s'étant ensuite mises en marche, comme j'ai dit, prirent la route de Cologne sous les ordres de Mylord Duc, qui passa le Nekre à Hail

1704. Hailbron, & vint camper avec son Armée à Erpack, où les Princes Eugene & de Bade, le Duc de Wirtemberg & les autres Generaux de l'Empereur vinrent le trouver, pour conferer avec lui sur les opérations de la campagne. Le Prince Eugene y vint des Lignes de Stolhoffen, dont il commandoit les Troupes, & le Prince de Bade de la Suabe, où son Armée étoit campée aux environs du Danube. L'entrevûë du Prince Eugene & du Duc de Marlborough, causa une joye reciproque à ces deux Generaux, qui lièrent dès lors une amitié que l'estime avoit déja formée, & qui par la bonne intelligence qu'ils conservèrent toûjours, ne contribua pas peu dans la suite aux heureux succez des armes des Alliez. Mylord Duc étant convenu avec les deux Generaux Impériaux de l'union de leurs forces, & des autres mesures necessaires pour l'execution de leurs desseins, le Prince de Bade rejoignit son Armée pour la faire marcher vers celle des Alliez, & le Prince Eugene retourna à Stolhoffen.

Le M. de Villeroi quite le Païsbas pour le suivre.

Le Roi Très-Chrétien ayant apris la marche du Duc de Marlborough donna aussi-tôt ordre au Maréchal de Villeroi, de quiter le Païs-Bas, & de s'avancer en Allemagne avec vingt mille hommes, pour aller au secours du Duc de Baviere & faire une puissante diversion en sa faveur. Ce General arriva peu après à Landau, où il joignit le Maréchal de Tallard, qui étoit revenu de Baviere commander l'Armée aux environs du Rhin. Ces deux Generaux, fortifiez par de nouveaux Détachemens qui composoient une Armée de soixante mille hommes, se flatoient de forcer le Prince Eugene, ou de lui faire quiter les Lignes; mais l'état où il les avoit mises leur ayant fait changer de dessein, le Maréchal de Tallard passa le Rhin à Brisach, pour marcher une seconde fois au secours du Duc de Baviere dans la conjoncture où il se trouvoit, & continua sa route vers la Suabe par la Forêt-noire, pendant que le Maréchal de Villeroi empêchoit le Prince Eugene de faire aucun mouvement pour s'y oposer.

L'Electeur de Baviere & le Maréchal de Marsin, qui avoient conçu d'abord de grandes esperances de leurs forces, allarmez de l'aproche du Duc de Marlborough avec un si puissant secours, firent marcher leur Armée entre Lavinghen, & Dilinghen où ils prirent poste, & se fortifierent dans le dessein d'éviter une affaire generale, après avoir envoyé deux mille hommes à Gunsbourg pour disputer le passage du Danube aux Alliez. Le Maréchal de Marsin fut d'avis d'ataquer le Prince de Bade avant sa jonction avec le Duc de Marlborough; mais l'Electeur qui sembloit être déja intimidé s'éloigna de ce sentiment, & voulut attendre l'arrivée du Maréchal de Tallard, dont il savoit la marche pour venir à son secours. Le Duc de Marlborough se joignit peu de jours après au Prince de Bade, & s'aprocha des Bavarois; mais le poste qu'ils ocupoient ne pouvant lui permettre de les ataquer avec avantage, il fit marcher l'Armée vers Donauvert dans le dessein de penetrer en Baviere.

Le D. de Marlb. force les retranchemés des Troupes de l'Electeur.

Sur l'avis qu'il eut à son arrivée à Onderinghen, que l'Electeur avoit détaché la meilleure partie de son Infanterie, au nombre de douze mille hommes, sous les ordres du Comte d'Arco, General de ses Troupes, & du Sieur de Lée, Commandant de celles de France, qui avoient pris poste près de Schellemberg, il marcha pour les forcer à la tête d'un détachement de six mille hommes de pied, de 30. Escadrons de ses Troupes, & de quelques Grenadiers Impériaux avec quelques pieces de Canon. Après qu'il eut passé la Riviere de Wernitz sur des Ponts qu'il y fit dresser, il s'aprocha des retranchemens des Bava-

Combat de Schelléberg le 2. de Juin.

1704. rois, après les avoir été reconnoître de fort près à la tête de la Cavalerie, avec le Prince de Hesse, les Sieurs Lûmlei, Vood, & Bonafato, le Prince de Hombourg, & les Comtes de Schulembourg & d'Erbach, & suivi de l'Infanterie sous les ordres du Lieutenant General Goor, qui devoit être soutenuë par le Lieutenant General Horn, & par les Generaux Majors Witen, Luieck, de Paliand & de Benheim. A l'aproche des Alliez, les Bavarois firent un grand feu de leur Artillerie, à laquelle Mylord Duc ayant oposé la sienne, l'Infanterie des Alliez qui s'étoit postée devant la Cavalerie, attaqua les retranchemens des Bavarois, qui les défendirent avec beaucoup de vigueur, & qui nonobstant l'arrivée des Impériaux, la repoussèrent plusieurs fois, & rendirent le succez du combat douteux durant une heure & demie. Mais trois Bataillons Anglois animez par la presence de leur General ayant enfin forcé, par une hardiesse incroyable, les obstacles qui avoient jusques-là arrêté leurs éforts, renversèrent les premiers Bataillons des Bavarois qui osèrent leur faire tête, & perçant jusqu'au centre de leur Camp, ouvrirent au reste des Troupes des Alliez le chemin pour les chasser entièrement de leurs retranchemens. En éfet les Bavarois furent aussi-tôt mis en désordre, taillez en pieces ou dissipez, laissant les Alliez Maîtres du Canon, du Bagage, & sept à huit mille morts, parmi lesquels se trouva le Fils du Comte d'Arco. Ce General se sauva à la nage avec quelques Officiers. Cette victoire, toute glorieuse qu'elle fut pour Mylord Duc, coûta du monde aux Alliez, qui perdirent le Duc de Holstein-Ploen, le Prince de Beveren, le Comte de Stirum, le Lieutenant General Goor, & le General Major Benheim. Le nombre des blessez fut encore plus grand. De ce nombre furent le Prince de Bade, le Prince de Hesse, les Comtes de Thungen & de Horn, les Sieurs Vood, & de Palland.

Les Alliez ayant passé le Danube & le Leck sans obstacle après cet avantage, entrèrent dans la Baviere, où ils s'emparèrent de la Ville de Rain, sans que le Duc de Baviere se mit en état de s'oposer à leurs progrès. Ils prirent poste par tout où ils voulurent, & établirent des magazins à la Ville d'Aicha, & à Scrobenhausen. L'Electeur quitta pour lors les environs de Lauvinghen, & fut se poster devant Augsbourg, pour les observer, en attendant l'arrivée du Maréchal de Tallard, qui s'aprochoit. Les Alliez marchèrent peu après à Friedberg, & campèrent en presence des François & des Bavarois, qui n'osant sortir de leur Camp leur laissèrent la liberté de porter la désolation dans toute la Baviere. Car Mylord Duc & le Prince de Bade ne pouvant les attaquer, détachèrent quatre mille Cavaliers, qui ravagèrent & mirent le feu par tout jusqu'à Munick. La Ville de Pruick fut réduite en cendres avec les Villages d'alentour.

Mylord Duc croyant après cela que l'Electeur de Baviere, touché des malheurs dont il étoit la cause, rentreroit en lui-même, & quitteroit le parti où il se trouvoit engagé, en voyant le peril dont le reste de ses Etats étoit menacé, lui envoya le Comte de Wratislau pour lui faire des propositions d'acommodement. On lui offrit toute sorte de satisfaction sur ses prétentions, dont la Reine d'Angleterre & les Etats Generaux dévoient être garands; en ne lui donnant pourtant que vingt-quatre heures pour s'y rendre, au delà desquelles il n'y seroit plus à tems. On avoit lieu de croire, qu'après la défaite de Schellemberg, qui avoit été suivie de la conquête de Donauvert, de Nieubourg & de Rain, & qui avoit donné aux Armées des Alliez une libre entrée dans la Baviere, Son Altesse Electorale

LOUIS XIV. Liv. XIV.

auroit profité des dispositions que les Generaux des Alliez lui faisoient paroître, ne se servant de tous leurs avantages, que pour lui offrir des conditions d'acommodement plus favorables, que l'état de ses affaires ne lui devoit faire esperer. Cependant quoique ce Prince eût agreé les Articles dont le Comte de Wratislau étoit convenu avec Mr de Prilmeier, & qu'il eût promis de venir lui même les signer, il retira sa parole, sur l'avis que le Maréchal de Tallard avoit passé la Forêt-noire pour venir le joindre, & renvoya son Ministre déclarer au Comte de Wratislau, que puisque la France le soûtenoit si puissamment, il se croyoit obligé de demeurer dans son alliance.

Les Alliez ravagent ses Etats.

Ce manque de parole de l'Electeur donna lieu à la désolation d'une partie de ses Etats, qui fut abandonnée au ravage de la Cavalerie des Alliez, pour tâcher de ramener ce Prince, par un reste de pitié pour ses sujets. Mais les Generaux des Alliez voyant qu'il étoit inflexible à tout, que d'ailleurs il n'étoit pas possible de l'ataquer dans son Camp d'Augsbourg, & que le Maréchal de Tallard s'aprochoit, ils resolurent d'ataquer les Places fortes de la Baviere, & de commencer par Ingolstadt : de sorte que l'Armée commandée par le Prince de Bade & par le Duc de Marlborough marcha le 4. d'Août du Camp de Friedberg, à Aicha, & le lendemain à Hochuvaert, où elle séjourna le 6. & le 7.

Mouvemens de l'Electeur & du Pr. Eugene.

D'un autre côté l'Armée de l'Electeur s'étant jointe à celle du Maréchal de Tallard, après avoir laissé Mr de Chamarante dans Augsbourg avec 8. Bataillons & 4. Escadrons des Troupes Françoises, s'avança à Bieberbach sur le Lech, faisant mine de vouloir passer cette Riviere pour ataquer l'Armée ennemie, ce qui n'avoit pour but que de donner le change aux Alliez & de cacher le véritable dessein, qui étoit de passer le Danube à Lavinghen & de tomber sur l'Armée, que le Prince Eugene de Savoye avoit amené des Lignes de Biehl (& qui campoit alors à Hochstet) avant qu'elle pût être renforcée. Le 5. le Prince de Bade alla à Nieubourg, pour y voir l'Artillerie & les autres preparatifs destinez au siege d'Ingolstadt. Le 6. le Prince Eugne, ayant laissé son Armée à Hochstet se rendit à l'autre Armée, pour s'y aboucher avec le Prince de Bade & Mylord Duc. Il reconnut en chemin faisant, un terrain propre pour un Camp, sçavoir sur une hauteur depuis les Villages de Munster & d'Erlingen, jusques au bois qui est auprès d'Appershoven, ayant devant soi le Ruisseau nommé Kessel. Il envoya aussi-tôt à son Armée ordre de venir ocuper ce poste, ce qui fut exécuté ce même jour-là.

Ingolstadt est investi par les Alliez.

Le 7. on détacha 800. Chevaux des Troupes Impériales sous le Comte de Merci, General Major, pour resserrer la Ville d'Ingolstadt, en sorte qu'on n'y pût faire entrer ni Troupes, ni vivres. Le Brigadier Balduvin, qui avoit été détaché du côté de Rain avec 500. Chevaux depuis le 14. de Juillet, eut ordre d'investir Ingolstadt du côté du Nord. Le Prince de Bade revint au Camp, & il tint Conseil de guerre avec le Prince Eugene & Mylord Duc. Le 8. l'Armée marcha d'Hochuvaert à San dit Zell. Le 9. elle s'avança jusqu'à Axheim, à deux heures de Rain ; le Prince de Bade prit une autre route, & marcha droit à Nieubourg, pour se rendre de là devant Ingolstadt. Il prit avec lui les 22. Bataillons qu'il avoit sous ses ordres, les Régimens de Cavalerie de Gronsfeld & de Hohen-Zollern, les Cuirassiers de Merci, & les Dragons de Castelli. Il laissa à l'Armée de Mylord Marlborough, sous les ordres du Duc Régent de Wirtemberg, General de la Cavalerie, les Cuirassiers

S ij

de Zantheu & de Cufani, les Dragons de Stirum, ceux d'Aufffatz (Troupes de Franconie) deux Efcadrons de Wirtemberg de Grenadiers à cheval, & 3. autres Efcadrons. Le même jour 9. Mylord Marlborough fut informé que les François marchoient de Bieberbach vers Lavinghen pour y paffer le Danube. Le Prince Eugene, qui avoit pris congé de Mylord Duc pour retourner à fon Armée, revint fur fes pas au bout de quelques heures, pour lui dire, qu'il venoit de recevoir le même avis : fur quoi ayant délibéré enfemble près de deux heures, le Prince fe remit en chemin, & arriva à fon Armée le 10. à la pointe du jour. Mylord Marlborough fit prendre le devant à deux heures après minuit, au Duc Régent de Wirtemberg; & à 28. Efcadrons qu'il commandoit, le faifant fuivre quelques heures après par 20. Bataillons, fous les ordres de Mr Churchil, & leur ordonna de faire toute la diligence poffible pour joindre le Prince Eugene, avec promeffe de les fuivre de près. En éfet l'Armée vint camper le 10. à Schonenfeld, où on avoit fait par avance des Ponts fur le Danube.

Les Tr. paffent le Danube pour ataquer ce Pr. avant l'arrivée du Duc de Marlb.

Lors que le Prince Eugene arriva le dix de grand matin à fon Armée, il la trouva prête à marcher pour venir ocuper les retranchemens de Schellemberg; où ceux qui commandoient en fon abfence avoient déja envoyé des Travailleurs, pour les remettre en état de défenfe, n'ayant pas jugé à propos d'attendre les François dans le Camp de Munfter, avec une Armée qui ne paffoit pas 18000. hommes; mais le Prince fit auffi tôt redreffer les tentes, fe contentant d'envoyer les bagages fous Donauvert, dans la penfée que les François qui paffoient ce jour-là le Danube à Lavinghen, ne pourroient pas s'aprocher de fon Armée ce même foir, & qu'il ne feroit pas impoffible de maintenir le pofte important de Munfter,

jufqu'à ce que Mylord Marlborough l'eût joint. Cependant pour être bien informé des mouvemens des François, il fit avancer cinq Efcadrons vers Hocfter. Il aprit par leur raport, que les François, après avoir paffé le Danube, n'avoient pas repris leur vieux Camp entre Lavinghen & Dilinghen, mais que leur droite s'étendoit jufqu'à Steinheim, & que leur gauche étoit à Lavinghen. Le Prince dépécha auffi-tôt un Exprès à Mylord Duc pour l'en informer, & pour le prier de hâter fa marche. Et comme il étoit très-aparent, que les François, qui étoient bien inftruits de la foibleffe de l'Armée du Prince, ne s'étoient fi fort avancez ce jour-là, que pour l'ataquer le jour fuivant, le Prince fit marcher toute fon Infanterie & une partie de fa Cavalerie au Camp de Schellemberg, ne fe refervant que 22. Efcadrons de Dragons de fon Armée, avec les 28. Efcadrons que le Duc Régent de Uvirtemberg lui avoit amenez. Il paffa la nuit avec ce peu de Troupes au Camp de Munfter, (tenant toûjours les chevaux fellez) dans la réfolution de maintenir ce pofte, s'il étoit poffible, fans pourtant engager aucune action jufqu'à ce que Mylord Marlborough l'eût joint.

Le 11. l'Exprès dépêché à Mylord Duc revint & raporta au Prince que Mylord Duc étoit en marche depuis deux heures du matin, à deffein de le joindre le foir même au Camp de Munfter. Il ajoûta que les vingt Bataillons fous Mr Churchil étoient déja proche, fur quoi le Prince, (qui étoit d'ailleurs informé par fes Partis, que les François ne faifoient ce jour là aucun mouvement) fit revenir au Camp de Munfter toutes les Troupes qu'il avoit fait marcher la veille à Schellemberg. Mr Churchil s'y rendit de fort bonne heure avec fes vingt Bataillons, & le foir Mylord Duc y arriva avec toute fon Armée, dont la premiere Ligne avoit paffé le Lech auprès de Rain, le Danube à

Ce Generalva joindre le Prince.

1704.

Disposition du Camp des Fr. avant la bataille de Hochstet.

Donauvert, & le Uvernitz auprès de cette Place ; & la seconde Ligne avoit passé le Danube à Schonenfeld, & le Uvernitz à Oppersmotgen. Toutes les Troupes ainsi réunies se camperent entre les Villages de Munster & d'Erlingen, & celui d'Appershoven.

Le 12. à la pointe du jour les Generaux des Alliez allerent reconnoître l'Armée Françoise, ayant avec eux le piquet, consistant en 28. Escadrons. Ils auroient voulu faire avancer l'Armée jusqu'à Gremen & Uvolberstedt ; mais vingt Escadrons des François se firent voir dans la plaine d'Oberklau ; & de la hauteur qui est au coin du bois auprès de Uvolberstedt, on aperçut par le moyen des Lunettes d'aproche, que toute l'Armée Françoise étoit en marche, & on vit défiler leur Cavalerie en avant. Le Prince & Mylord Duc monterent sur la Tour de Dapfheim pour la mieux voir, & ils remarquerent que les Escadrons avancez des François s'arreterent tout court, après avoir aperçu ceux des Alliez. A une heure après midi on vit les Quartiers-Maîtres de l'Armée Françoise planter leurs Banderoles & tracer le Camp depuis Bleinheim jusqu'à Lutzingen. Quelques Escadrons François s'avancerent jusqu'à la hauteur de Schuveiningen, & repousserent les Travailleurs qui y faisoient des ouvertures : ce qui ayant donné l'allarme au Camp, on fit avancer toute la premiere Ligne, mais les François se retirerent. A 4. heures après midi on discerna tout à plein de la Tour de Dapfheim, le Camp des François : leurs Tentes étant dressées, on vit qu'ils ocupoient un poste très-avantageux sur une hauteur, que leur flanc droit étoit couvert du Danube & du Village de Lutzingen, & qu'ils avoient devant eux un ruisseau, dont les bords étoient hauts, & le fond marécageux, de sorte qu'on en jugea d'abord le passage impraticable : comme en éfet on trouva depuis, qu'il l'étoit en plusieurs endroits, & sur tout à la gauche des Alliez, depuis Niederklau jusques vers Bleinheim, & a leur droite depuis Schombach jusques vers Litzgeim.

Combien il étoit dangereux de les y ataquer, & ce qui détermina les Alliez à le faire.

Il paroissoit fort hazardeux, dans ces circonstances, d'ataquer une Armée si nombreuse, dans un poste si avantageux, dont on ne pouvoit s'aprocher qu'en défilant, & en passant sous les yeux des François un Ruisseau marécageux, ce qui ne se pouvoit pas faire en bon ordre ; mais d'un autre côté dans le dessein où étoient les Alliez de les ataquer, il sembloit qu'ils le devoient faire pendant que les François étoient dans ce poste, & avant qu'ils eussent le tems de s'y bien fortifier ; car outre que l'Armée des Alliez auroit manqué de fourage, beaucoup plûtôt qu'on n'eût pû prendre Ingolstadt, les Generaux des Alliez étoient bien informez, que le Maréchal de Villeroi, laissant Mr de Coigni au Camp d'Offenbourg avec un Corps de Troupes capable de retenir dans les Lignes de Biehl celles qu'ils y avoient, étoit prêt de faire une irruption dans le Uvirtemberg, avec un autre Corps, qui auroit pû agir de concert avec l'Electeur, & être renforcé par des Détachemens de l'Armée de France, pour prendre ensuite à dos les Lignes de Biehl ; en sorte que les Armées Françoises se feroient établies une libre communication du Rhin au Danube, & que tout se feroit soûmis jusques au Mein, pendant que l'Electeur auroit pû de son Camp de Hochstet ruiner une grande partie du Cercle de Franconie, & mettre les choses en tel état, que le secours amené par Mylord Marlborough n'auroit pû trouver ni subsistance, ni quartiers d'hiver au Danube & dans la Haute-Allemagne ; quoi que ce secours n'eût pû quiter l'Empire l'hiver sans le mettre sur le penchant de sa ruine, & sans y laisser aux François une entiere superiorité.

Dispositions pour l'attaque.

Des raisons si fortes déterminerent les Alliez à combattre. On fit dès le soir toutes les dispositions pour l'ataque; & on fit ocuper le Village de Dasheim par deux Brigades d'Infanterie des Troupes de Hesse. Les Alliez avoient une Artillerie de 52. pieces de Canon, leur Armée étoit composée de 66. Bataillons & de 178. Escadrons, ce qui pouvoit faire 50. à 52. mille hommes; celle des François aprochoit de 60. mille, consistant en 82. bataillons & 160. Escadrons avec une Artillerie de 60. pieces de Canon, parmi lesquels il y en avoit 8. de 24. livres. Les François avoient formé le dessein d'aller attaquer les Alliez, en cas que ceux-ci ne les eussent pas prévenus. Leur aîle droite étoit commandée par le Maréchal de Tallard, & composée de l'Armée qu'il avoit amenée au secours de l'Electeur, consistant en 60. Escadrons & 41. Bataillons des meilleures Troupes de France; à la gauche étoit l'Electeur avec ses Bavarois, & le Maréchal de Marsin avec ses Troupes.

Les Alliez se préparent à ataquer

Le 13. à la petite pointe du jour l'Aîle droite de l'Armée des Alliez passa le Ruisseau nommé Kessel sur divers Ponts, qu'on avoit fait la veille. Elle défila en huit colones, dont deux d'Infanterie marcherent tout à fait à la droite vers la hauteur, le long du bois, ayant deux colonnes de Cavalerie à leur gauche. L'Aîle gauche qui étoit composée de l'Armée de Mylord Marlborough marcha dans le même ordre, s'étendant dans une plaine vers le Danube, jusqu'au Village de Gremen, où elle fut jointe par les deux Brigades d'Infanterie des Troupes de Hesse, qui étoient dans le Village de Dapsheim. Tout fut mis en ordre de bataille. Cette Aîle gauche consistoit en 48. Bataillons & 86. Escadrons, dont il y avoit 14. Bataillons & 13. Escadrons de Troupes Angloises, 22. Escadrons Danois, 14. Bataillons & 19. Escadrons Hollandois, 13. Bataillons & 25. Escadrons de Troupes de Lunebourg, sept Escadrons des Troupes de Hesse, & quelques Troupes de Uvirtemberg. Sur les sept heures, avant que l'Armée fût tout à fait rangée en bataille, les François, à l'aproche de l'Avant-garde des Alliez, donnérent un signal de deux coups de Canon pour faire rentrer leurs Fourageurs. Ils mirent le feu aux Villages de Niederklau & de Schombach. On vit tout leur Camp en mouvement, & les Generaux avec leurs Aides de Camp, galoper de côté & d'autre; pour mettre tout en ordre. Du côté des Alliez on fit avancer à la gauche deux Brigades d'Infanterie, & 15. Escadrons, pour s'emparer de deux Moulins auprès de Blheinheim, mais les François y mirent aussi-tôt le feu. Cependant leur Armée s'avança jusqu'à un Marais, dont on trouva le passage impraticable. Le Prince Eugene fit marcher l'Aîle droite le long du bois, deriere le Village de Lutzingen, pour prendre en flanc les François qui firent en même-tems avancer la gauche à proportion, pour empêcher qu'on ne leur gagnât le flanc, pour faire front.

Les Fr. commencent les prem. à canoner les Alliez.

Les François craignant de l'autre côté qu'on ne gagnât le flanc de leur droite, en s'emparant du Village de Bleinheim, y envoyerent divers Détachemens d'Infanterie, & y mirent 27. Bataillons & 12. Escadrons de Dragons. Ils mirent aussi de l'Infanterie dans les Villages d'Oberklau & de Lutzingen, ce qui affoiblit extrêmement leur Corps de bataille, & fut une des principales causes de leur défaite. Ils commencérent à huit heures & demie à canonner les Alliez d'une baterie de six pieces, dressée sur une hauteur auprès de Bleinheim, & peu après ceux-ci leur répondirent par une des leurs. Pour faciliter le passage de leur Aîle gauche, les Alliez firent passer deux Brigades d'Infanterie, qui se postérent dans un fond,

1704.

proche du Village de Bleinheim. On fit quelques Ponts pour le passage de l'Infanterie, sur lesquels les Canons des François tirérent avec beaucoup de furie. A midi tout fut prêt pour l'attaque, & comme il se trouva qu'en divers endroits la Cavalerie avoit besoin de fascines pour passer le Marais, on ordonna que celle de la seconde Ligne en fit 20. par Escadron. Ce fut alors qu'une bonne partie de l'Infanterie du Corps de bataille des Alliez se posta dedans & aux environs du Village de Niederklau, & que le Prince de Holstein-Beeck ocupa celui de Schombach, & fit dresser la contre-baterie contre la baterie des François.

L'attaque cómece à la gauche des Alliez.

A midi & trois quarts, l'ataque commença à la gauche des Alliez pour laquelle on détacha, sous les ordres de Mylord Cutz Lieutenant General, & des Geñeraux St Pol & Uvilexens, 20. Bataillons, qui étoient destinez à l'ataque du Village de Bleinheim ; mais comme l'aproche de ce Village étoit défenduë par le Ruisseau & par des hayes & des défilez, & que d'ailleurs les François y avoient mis un fort grand nombre de Troupes, on jugea bien tôt qu'il n'étoit pas possible de les y forcer dès l'abord, sans ruiner entierement l'Infanterie des Alliez. Cependant elle passa le Ruisseau, malgré le grand feu que les François firent de ce Village, & une partie les chargea dans le Village, & même avec beaucoup de vigueur, (quoi qu'exposée au feu continuel de la baterie) pendant que l'autre partie s'étendit sur la droite. L'Infanterie Angloise ayant ainsi engagé l'action à la gauche, la Cavalerie de cette même Aîle passa le Ruisseau pêle mêle vis à vis le Corps de bataille des François ; la Cavalerie de la droite passa aussi le Ruisseau, s'étant fait plusieurs passages avec diverses pieces de bois, qui se trouvérent à la main. En un mot tout

passa & se mit en bataille, le mieux qu'il fut possible, de l'autre côté du Ruisseau. Les François en donnérent tout le tems, se tenant tranquillement sur la hauteur qu'ils ocupoient, sans descendre dans la prairie vers le ruisseau, de sorte que même la 2. Ligne de la Cavalerie des Alliez eut le tems de se former; & c'est à cette faute capitale des François, que les autres doivent principalement attribuer leur victoire.

La Cavalerie de la gauche des Alliez montant donc vers la hauteur, celle des François s'ébranla enfin, & vint la charger avec beaucoup de furie. L'Infanterie Françoise qui étoit dans le Village de Bleinheim fit en même tems de derriere les hayes de ce Village un terrible feu sur le flanc de la Cavalerie, qui s'en étoit trop aprochée, de sorte que la premiere Ligne de la Cavalerie de la gauche des Alliez, depuis l'extrémité de la Ligne, jusques aux trois Régimens des Troupes de Hanover, à savoir le Régiment Electoral, celui de Vogt, & celui de Noïelles, fut mise dans un tel désordre, qu'une partie se retira jusqu'au delà du Ruisseau. Ce fut alors que le Lieutenant General Bulauv, commandant en chef les Troupes de Lunebourg, fit avancer de la 2. Ligne de son propre Régiment de Dragons, & deux des Troupes de Zell, savoir celui du General Major Villers, & celui du Brigadier Bothmar, qui chargerent la Cavalerie Françoise avec tant de vigueur qu'ils la rompirent, la poussérent & la poursuivirent assez loin : ce qui donna moyen à ceux des Alliez, qui avoient plié, de repasser le Ruisseau, & de former une seconde Ligne derriere ces Régimens de Dragons, & quelques autres, qui s'étoient joints à eux: de sorte que ces Dragons demeurérent à la premiere Ligne pendant tout le reste de l'action. La Cavalerie de la gauche des Alliez ayant gagné par ce succez l'avantage de

La Cavalerie des Alliez, d'abord repoussée, pousse à son tour celle des Fr.

1704.

1704. pouvoir se mettre entierement en bataille, chargea à diverses fois celle des François, qui fut toûjours poussée, mais qui pourtant se rallia à chaque fois, & fit enfin venir dix Bataillons, qui se mirent dans ses intervalles. Celle des Alliez, qui n'avoit aucune Infanterie, fit aprocher trois bataillons des Troupes de Zell. Alors on retourna à la charge tout de nouveau; mais le grand feu de l'Infanterie Françoise mit la premiere Ligne ennemie en quelque désordre, de sorte qu'elle se retira, & demeura pendant quelque tems environ à soixante pas de celle des François, sans qu'aucun avançat contre l'autre. Enfin les Alliez retournerent à la charge, & ils le firent avec tant de vigueur & de succez, qu'ayant renversé la Cavalerie Françoise, les dix Bataillons, qui s'en trouvérent abandonnez, furent entiérement taillez en pieces, sans qu'il pût s'en sauver qu'un fort petit nombre de Soldats, qui se jetterent par terre comme morts, pour sauver leur vie.

La Cavalerie Franç. se rallie & est ensuite mise en déroute.

La Cavalerie Françoise se rallia dans son Camp sur la hauteur, si serrée qu'il ne resta aucun intervale entre les Escadrons; mais celle des Alliez l'ayant chargée, elle fut aussi tôt mise en fuite, & la déroute fut entiere. Une partie tâcha de gagner le Pont qu'ils avoient sur le Danube entre Bleinheim & Hochstet: l'autre partie, parmi laquelle étoient les Gendarmes, fut poursuivie de fort près par les Dragons de Bothmar, & tout ce qui ne fut pas tué, fut précipité dans le Danube, où presque tous furent noyez. Ceux qui fuyoient par Hochstet se rallierent comme pour secourir les autres; mais le Régiment de Bothmar leur fit tête assez long-tems, & ayant été joint enfin par quelques autres Régimens, les François s'enfuirent à toute bride vers Hochster. On leur prit dans cet endroit huit pieces de Canon, qu'ils furent forcez d'abandonner. Le Maréchal de Tallard qui étoit blessé, y fut pris aussi sur le bord du Danube, par Mr de Boinebourg, Lieutenant Colonel des Troupes de Hesse, & le Duc de Marlborough ordonna à ses Troupes de faire alte au défilé de Hocstet. La Cavalerie Angloise fit paroître dans ces diverses actions beaucoup de vigueur & d'intrépidité, aussi bien que l'Infanterie, qui fut employée à l'ataque du Village de Bleinheim. Mylord Duc se trouva par tout, & donna ses ordres avec beaucoup de sang froid & de prudence, s'exposant sans aucun ménagement dans les endroits où sa presence étoit necessaire. On ne peut pas se signaler davantage que firent dans toute cette action les deux Régimens de Dragons du General Major Villers & du Brigadier Bothmar, comme aussi un Escadron de Dragons de Bulauv, puisque non-seulement ils redressérent le désordre où la premiere Ligne des Alliez fut mise au commencement de la bataille, mais que depuis ils poussérent les François toutes les fois qu'ils les chargerent, & que quelques-uns des Escadrons de ces Régimens chargerent 8. à 9. fois d'autres 5. Le Régiment de Bothmar en particulier eut affaire aux Gendarmes, qu'il poussa toûjours & qu'il renversa enfin dans le Danube; il leur prit leurs Timbales, 5. Etendars, & 7. Drapeaux; il fit prisonniers Messieurs de Mauperoux & de la Valliere, gagna le Pont du Danube, & coupa une partie de la Cavalerie Françoise. Ce fut aussi ce Régiment, qui avec celui de Villers, commença la défaite des dix Bataillons dont nous avons parlé.

L'Infanterie Fr. capitule & se réd prisonniere.

La Cavalerie Françoise ayant ainsi été défaite, & les Alliez étant maîtres de tout le terrain qui étoit entre la gauche des François & le Village de Bleinheim, les 27. Bataillons & les 12. Escadrons qui étoient dans ce Village se trouvérent tout à fait coupez du reste de leur Armée, & dans l'impossibilité de se

1704. se sauver; de sorte que sur les 8. heures ils capitulerent avec Mr de Herbeville General Major des Troupes de Hanover, & ayant mis bas les armes, ils se rendirent prisonniers de guerre, à condition que les Officiers ne seroient pas fouillez. On voit par ce recit combien peu il resta des 40. Bataillons que le Maréchal de Tallard avoit amenez à l'Electeur de Baviere, qui étoient tous de vieux Corps, & l'élite de l'Infanterie de France, puisque 27. furent faits prisonniers, & 10. absolument taillez en pieces.

Ataque de l'Aîle droite des Alliez. Il est tems de voir comment les choses se passerent à la droite des Alliez sous les ordres du Prince Eugene, qui avoit en tête l'Electeur de Baviere & le Maréchal de Marsin. L'Infanterie de cette Aîle ne consistoit qu'en 7. Bataillons Danois & 11. Prussiens, & la Cavalerie en 92. Escadrons de Troupes Impériales, Prussiennes, de Suabe, de Wirtemberg & d'autres Princes & Etats de l'Empire. Les François avoient à leur Aîle gauche 30. Bataillons & une nombreuse Cavalerie. Ils avoient mis 14. Bataillons dans le Village d'Oberklau, lequel Village Mylord Duc de Marlborough s'étoit chargé de faire attaquer par son Infanterie, & en atendant il avoit posté la Brigade de Bernstorff pour observer ces 14. Bataillons. La Cavalerie de la droite des Alliez fut presque entierement postée vis à vis d'Oberklau & de Lutzingen. Mais les 18. Bataillons qui étoient à la droite de tout, eurent beaucoup de chemin à faire, avant que de pouvoir gagner la hauteur: & comme d'ailleurs le passage du Ruisseau entre Schombach & Litzgeim se trouva fort difficile, l'ataque ne put pas commencer de ce côté-là aussi-tôt qu'on auroit souhaité, & les Troupes de cette Aîle droite qui prirent poste dans un fond auprès de Lutzingen, furent obligées d'essuyer pendant trois heures la canonnade des François, sans qu'on pût se servir de l'Artillerie, si ce n'est qu'enfin on dressa une baterie.

L'Aîle droite des Alliez ne put venir à l'attaque que demi-heure après que la gauche l'eût commencée. Ce fut d'abord avec assez de succez, puisque l'Infanterie, quoique très-inférieure en nombre à celle des François, se soûtint contre elle avec beaucoup de fermeté,& que la Cavalerie Ennemie poussa celle de leur premiere Ligne; mais elle fut tellement repoussée par leur seconde ligne, qu'une partie fut chassée en grand désordre jusqu'au delà du Ruisseau du côté de Lutzingen; & l'Infanterie des Alliez n'ayant plus de Cavalerie pour la soûtenir, fut obligée de se retirer trois à quatre cens pas jusqu'auprès du bois, avec grande perte, sur tout pour les deux Bataillons qui étoient aux flancs: de sorte que les affaires étoient alors en fort mauvais état à cette Aîle. L'Infanterie fit ferme auprès du bois & fut remise en état de retourner à la charge; on y ramena la Cavalerie après l'avoir ralliée; mais elle fut repoussée pour la seconde fois. On la rallia encore, & pendant près de trois quarts d'heure les Alliez demeurerent environ à soixante pas des François, sans qu'il se fît de part ni d'autre aucun mouvement; on employa ce tems à bien poster les Troupes & à les mettre en ordre; après quoi on chargea pour la troisiéme fois. La Cavalerie Ennemie eut d'abord quelque avantage sur celle des François, mais elle en fut ensuite repoussée, au lieu que l'Infanterie des premiers batit & renversa celle qu'elle avoit en tête, quoi que fort superieure, & quoi qu'on ne pût marcher à elle que par un terrain fort difficile, où un petit nombre de Troupes suffisoit pour en arrêter un grand.

Ce fut alors que le Prince Eugene quitta la Cavalerie, voyant peu d'aparence de la pouvoir rallier, & vint

La victoire y est quelque tés douteuse.

Le Pr. Eugene se met à la tê-

te de l'Infanterie & bat entierement les Fr.

se mettre à la tête de l'Infanterie, qui profitant du désordre où elle avoit mis celle des François, la poursuivit au travers des colines, des vallées, des rochers & des bois, & l'ayant de nouveau chargée, la mit tout a fait en déroute, & continua à la poursuivre plus d'une heure de chemin jusqu'au Village de Lutzingen, qui est situé au coin du bois, & aux pieds des montagnes. On s'arrêta là pour donner le tems à la Cavalerie, qui s'étoit ralliée fort loin, de rejoindre l'Infanterie.

Il est fort remarquable qu'à cette derniere charge, lors que l'Infanterie des Alliez renversa avec tant de vigueur celle des François, il n'étoit resté auprès d'elle que deux Escadrons des premiers. Cependant sans s'en étonner, elle poursuivit son avantage, & ne donna pas aux François le tems de se reconnoître. La Cavalerie Françoise, intimidée de ce succez, se retira pas à pas, & celle des Alliez la suivit de même, jusqu'à ce qu'ayant rejoint leur Infanterie, toute l'Aîle continua sa poursuite encore près d'une heure de chemin, jusqu'au delà des Villages de Morslingen & de Teissenhoven, où les François firent mine de vouloir faire ferme pour avoir le tems de passer un grand Marais, & de gagner Dillinghen & Lavinghen. Mais les premiers s'étant avancés pour les charger, ils prirent la fuite avec autant de précipitation que de désordre.

Le D. de Baviere se sauve vers Ulm avec le débris de son Armée.

Aussi-tôt que les affaires furent décidées à la gauche des Alliez, Mylord Marlborough se disposa à marcher avec une partie de cette Aîle vers le Village d'Oberklau, pour prendre en flanc la gauche des François, & secourir la droite de son Armée; mais on lui vint dire que cela n'étoit plus necessaire, que tout étoit redressé de ce côté-là, que les François avoient abandonné le Village d'Oberklau, après y avoir mis le feu, & qu'ils l'avoient mis aussi au Village de Lutzingen. Il ne faut pas oublier que le Lieutenant General Hompesch, s'étant avancé avec une extrême diligence à la tête de quatre Escadrons, avoit déja coupé aux François le passage auprès du Village de Morslingen; lors que l'Electeur de Baviere, se sauvant vers le passage avec un gros Corps de Cavalerie, obligea les quatre Escadrons Ennemis de se retirer, & de laisser aux François le passage libre. Le General Major Lus, des Troupes de Zell, eut ordre d'investir le Château d'Hochstet, dont la Garnison, consistant en 50. hommes, se rendit le lendemain prisonniere de guerre; on y trouva 200. Officiers blessez. L'Electeur & le Maréchal de Marsin sans s'arrêter à Lavinghen, passerent le Danube la même nuit, & ayant brûlé leur Pont, se sauverent sous le Canon d'Ulm avec le débris de leur Armée.

Quelle fut la perte des 2. Partis.

Une victoire si grande & si complette ne pouvoit être achetée à bon marché. Il en coûta aux Alliez 4485. morts, 7523. blessez, & 273. perdus ou prisonniers, ce qui monte au nombre de 12081. Les listes qui furent faites de la perte de diverses Troupes, qui composoient les deux Aîles, montérent en total à ce nombre. La perte des François, selon leur propre aveu, approcha de 40000. hommes. C'est ce qu'on aprit par des Lettres interceptées. Ils comprirent dans ce nombre quatre à cinq mille hommes qu'ils perdirent dans leur retraite vers la Forêt-noire, soit par désertion, soit par la poursuite des Hussars & des Païsans, qui firent un grand carnage des traîneurs. Et si l'on considere, après un calcul exact, que le nombre des prisonniers faits par les Alliez passoit 13000. hommes, dont il y eut près de 1200. Officiers: qu'on tailla en pieces 10. Bataillons François à leur droite, & qu'on renversa dans le Danube près de 30. Escadrons: que l'Aîle gauche des François, sur tout l'Infanterie, souffrit aussi beaucoup: que le nombre des blessez qu'on amena d'Ulm passoit 7000. hommes, dont plus de mille étoient Officiers (pour le brancart desquels on se servit des chevaux de 1200. chariots que l'Electeur fit brûler) on conviendra que ces Lettres interceptées n'ont rien exageré.

Plus de 3000. Allemans ou Suisses des Régimens de Greder & de Surlaube prirent parti dans les Troupes des Alliez: leur Aîle gauche prit 92. Drapeaux, 25. Etendars & 34. Canons. Nous ignorons ce que la droite en prit.

Morts & blessez Fr. Il ne nous est pas possible de joindre ici une liste exacte des morts & des blessez François. Nous savons seulement que le Comte de Verruë, General de la Cavalerie, fut tué; Mr de Busca & le Comte de Clerambault, Lieutenans Generaux, noyez dans le Danube; que Messieurs de Blainville & de Surlaube, Lieutenans Generaux, moururent de leurs blessures; que Mr de Marillac, Brigadier, Fils unique du Conseiller d'Etat de ce nom, le Duc d'Humiere, Frere du Duc d'Aumont, les Marquis d'Arpajou, de Hautefort, & de Beringham furent tuez ou noyez, & que le Marquis de la Baulme, Fils unique du Maréchal de Tallard, fut dangereusement blessé.

Pour confirmer par des pieces authentiques le recit de cet événement, le plus funeste que la France eût éprouvé depuis long-tems, voici quelques Lettres des Generaux des Alliez, que la fidélité de l'Histoire m'oblige de raporter.

LETTRE

De Mylord Marlborough au sujet de la precedente victoire, avec un raport verbal de Mr le Colonel Parcke, Aide de Camp de Son Excellence, & du Commissaire Fleertman, du 13. Aoust.

JE n'ai le tems que de vous dire, Monsieur, que je vous prie de vouloir présenter mes respects à la Reine, & de lui faire savoir que son Armée a remporté une glorieuse victoire. Mr de Tallard & deux autres Generaux sont dans mon carosse, & je suis occupé à poursuivre le reste. Au surplus je me refere à mon Aide de Camp le Colonel Parcke, qui vous fera le recit de tout ce qui s'est passé. Dans un jour ou deux je vous dépêcherai un autre Exprès, avec une plus ample Relation. *Lettre du D. de Marlb. sur ce sujet.*

Etoit signé
 MARLBOROUGH.

,, Aujourd'hui 18. Août 1704. le Co-
,, lonel Parcke, Aide de Camp de Mr
,, le Duc de Marlborough, & dépêché
,, par lui-même, pour porter à Sa Ma-
,, jesté la Reine de la Grande Bretagne
,, les nouvelles de la victoire rempor-
,, tée sur les Ennemis auprès de *Hochstet*,
,, est arrivé à la Haye sur les sept heures
,, du matin, étant parti de l'Armée le
,, Mecredi 13. de ce mois, environ à
,, sept heures du soir, après avoir été
,, retenu à Nordlingen, faute de che-
,, vaux, jusqu'à une heure après mi-
,, nuit. Guillaume Fleertman, Com-
,, missaire des Aproches, est aussi arrivé

T ij

„ après lui. Il étoit parti de la même
„ Armée deux heures audessus de *Dil-*
„ *lingen* le Jeudi 14. à dix heures du
„ matin, & tous deux ont raporté ce
„ qui suit.
„ Que l'Armée sous Mr le Duc de
„ Malborough, s'étant séparée de l'Ar-
„ mée qui alloit assieger *Ingolstadt* sous
„ Mr le Prince de Bade, se joignit le 11.
„ environ à une heure de *Donauvert*,
„ avec l'Armée qui étoit sous le Com-
„ mandement de Mr le Prince Eugene,
„ & que le soir même Mr le Duc de
„ Marlborough & le Prince Eugene
„ furent reconnoître les Ennemis, qui
„ étoient campez auprès de Hochster.
„ Que le 12. Mr l'Electeur de Ba-
„ viere & Mr de Tallard vinrent recon-
„ noître les Alliez avec quelque Cava-
„ lerie; mais que le piquet s'étant
„ avancé ils se retirerent, & que le soir
„ Mr le Duc de Marlborough envoya le
„ bagage à Donauvert, & donna les
„ ordres pour marcher le lendemain a-
„ vec toute l'Armée.
„ Que le 13. à 2. ou 3. heures du
„ matin l'Armée se mit en marche vers
„ l'Ennemi, qui étoit campé auprès de
„ *Hochstet* sur une hauteur, ayant de-
„ vant lui une espece de Marais & qu'el-
„ le arriva à 6. heures auprès dudit
„ Ruisseau, à la faveur d'un brouillard,
„ sans avoir été aperçûë. Qu'alors l'En-
„ nemi fit tirer deux coups de Canon,
„ aparamment pour rapeler les Foura-
„ geurs & les Partis, & qu'il fit mettre
„ le feu à quelques Villages, Maisons
„ & Moulins, de crainte que les Alliez
„ ne les ocupassent. Que là-dessus l'Ar-
„ mée des Alliez se rangea en bataille, &
„ qu'à neuf heures du matin l'on com-
„ mença du côté des Ennemis à canon-
„ ner, sur quoi on leur répondit de la
„ même maniere du côté des Alliez.
„ Que cela ayant duré une heure, Mr le
„ Duc de Marlborough fit reconnoître
„ le Ruisseau qui étoit entre deux, &
„ qu'ayant trouvé que l'on pouvoit y

„ jetter des Ponts çà & là, il y fit apor-
„ ter les Pontons, & les fit placer
„ en presence de l'Ennemi. Qu'alors
„ l'Armée marcha au combat, & que
„ la Cavalerie ayant passé le Ruisseau
„ fut deux fois attaquée par l'Ennemi,
„ mais qu'elle le repoussa. Qu'ensuite
„ toute l'Armée passa aussi, & attaqua
„ avec tant de vigueur, qu'après un
„ rude combat, l'Aîle droite de l'En-
„ nemi fut obligée de se retirer environ
„ à cinq heures du soir; que Mr le Duc
„ de Marlborough penetra avec le Corps
„ de bataille jusques dans le Camp, où
„ étoient plantées les tentes des Enne-
„ mis, & avoit séparé les deux Ailes
„ de leur Armée l'une de l'autre; que
„ sur cela les Ennemis avoient posté
„ trois Brigades d'Infanterie de leur
„ Aile gauche dans le Village apelé
„ *Bleinheim*, où ils s'étoient défendus
„ pendant deux heures, jusques à ce
„ qu'enfin ils avoient été obligez de se
„ rendre, & qu'ils avoient été tous
„ tuez ou faits prisonniers lors que le
„ Colonel Parcke partit de l'Armée.
„ Que Mr l'Electeur de Baviere s'étoit
„ retiré avec la Cavalerie Ennemie;
„ mais que de toute l'Infanterie, il
„ n'en pouvoit être échapé que peu ou
„ point, toutes les Tentes, Bagages &
„ Canon ayant été pris, & le Maréchal
„ de Tallard fait prisonnier avec deux
„ autres Generaux.

La Princesse de Bade avoit aussi fait
savoir par un Exprès au Commissaire
Fleertman, qu'elle avoit reçu avis du
Prince de Bade, qu'*Ingolstadt* commençoit à capituler. Le Colonel Parcke
allant en Angleterre n'avoit pour toute
Lettre que le Billet qui est ci-dessus,
lequel avoit été écrit en hâte par Mr le
Duc de Marlborough sur un petit morceau de papier.

Ce General écrivit le lendemain la
Lettre suivante aux Etats Generaux.

LOUIS XIV. Liv. XIV.

Lettre du D. de Marlb. à Leurs H. P.

Hauts & Puissans Seigneurs,

„ JE me suis donné l'honneur d'é-
„ crire à Vos Hautes Puissances Di-
„ manche passé, pour les informer
„ de la résolution que nous avions prise
„ d'assieger Ingolstadt & de la situation
„ des Ennemis ; le même soir sur les
„ onze heures nous aprîmes qu'ils a-
„ voient passé le Danube à Lavingen,
„ sur quoi je fis avancer à minuit le
„ General Churchil, avec les vingt
„ Bataillons, qui avoient passé le Da-
„ nube ce même jour, pour renforcer
„ le Prince Eugene, & à trois heures
„ du matin je me mis en marche avec
„ le reste de l'Armée, dont une partie,
„ pour faire d'autant plus de diligence,
„ prit la marche du General Churchil,
„ & la Cavalerie avec la premiere Lig-
„ ne de l'Infanterie passa le Lech à Rain,
„ & le Danube à Donauvert. Nous
„ joignîmes ce même soir le Prince Eu-
„ gene, & campâmes avec la droite à
„ Apperzhofen, & la gauche à Muns-
„ ter, avec dessein de prendre le len-
„ demain ce Camp de Hochstet ; mais
„ quand Mr le Prince Eugene & moi
„ vînmes le reconnoître avec quarante
„ Escadrons, nous trouvâmes que l'En-
„ nemi l'avoit déja ocupé, sur quoi
„ nous prîmes la résolution de mar-
„ cher à eux, comme nous fîmes hier.
„ L'Armée étant en mouvement dès
„ les deux heures du matin, à quoi ils
„ ne s'étoient pas attendus, nous nous
„ vîmes en presence sur les six heures ;
„ entre huit & neuf on commença à se
„ canonner, mais comme les Ennemis
„ avoient deux Ruisseaux devant eux,
„ avec une espece de Marais, de sorte
„ que la Cavalerie se trouva obligée de
„ défiler, & que Mr le Prince Eu-
„ gene avoit un grand détour à faire,
„ il étoit bien une heure après midi,
„ avant qu'on en pût venir aux mains.
„ Les Ennemis se formérent en deux

„ Corps, l'Electeur & Mr de Marsin à
„ leur gauche, & Mr de Tallard avec
„ toutes ses Troupes à la droite ; ce
„ dernier tomba à mon partage ; enfin
„ l'action s'échauffa, & continua jus-
„ qu'au Soleil couchant, quand il a
„ plû au bon Dieu de donner aux Hauts
„ Alliez une victoire des plus complet-
„ tes. Il est impossible d'exprimer la
„ bravoure des Troupes, tant Gene-
„ raux & Officiers, que Soldats, qui
„ méritent toutes les louanges qu'on
„ peut leur donner ; la Cavalerie ayant
„ été obligée de retourner à la charge
„ quatre ou cinq fois : mais le tems ne
„ ne me permet pas d'entrer en détail ;
„ toute leur Armée a été mise en dérou-
„ te ; nous en avons fait un grand car-
„ nage, & avons pris leur Camp avec
„ leur Canon & Munitions. De mon
„ côté, nous avons poussé plus de
„ trente Escadrons dans le Danube, où
„ nous en avons vû périr la plus grande
„ partie, & fait Mr de Tallard avec
„ beaucoup de ses Officiers Generaux
„ prisonniers. Dans le Village de Blein-
„ heim, que les Ennemis avoient for-
„ tifié, j'ai fait vingt-six Bataillons
„ avec douze Escadrons tous prison-
„ niers à discretion : outre cela nous
„ avons pris un grand nombre d'Eten-
„ darts, & de Drapeaux.
„ Je ne fais pas encore le détail de
„ tout ce qui s'est passé à la droite, mais
„ la bonne conduite de Mr le Prince
„ Eugene, & la bravoure de ses Trou-
„ pes, a particulierement éclaté
„ dans cette glorieuse journée, dont
„ je ne veux pas tarder à feliciter Vos
„ Hautes Puissances, les remettant
„ pour le reste au Colonel Panton, un
„ de mes Adjudans Generaux, qui
„ ayant été dans l'action pourra leur en
„ dire les particularitez de bouche.

Je suis, de Vos HAUTES PUISSANCES, &c.
Au Camp de Hochstet ce 14. Août 1704.
   Sign.

LE DUC DE MARLBOROUGH.

LETTRE

Du Prince de Hesse-Cassel à Leurs Hautes Puissances le 13. Août 1704.

Hauts & Puissans Seigneurs,

COmme Vos Hautes Puissances m'ont confié leur Cavalerie, je crois qu'il est de mon devoir de les avertir, que nous avons eu le bonheur de battre l'Armée Ennemie auprès de Hochstet à platte couture ; & pour les particularitez j'aurois de la peine à en faire un détail, car l'affaire s'est finie avec la nuit. Mais toujours nous avons ruiné toute l'Aîle de la Cavalerie Françoise & aussi quelques Bataillons, que nous avons taillez en pieces ; l'Infanterie se rendit Maître d'un Village, où ils ont pris ou tué vingt Bataillons. Je puis assurer Vos Hautes Puissances que leur Cavalerie a fait des merveilles, & tous leurs Officiers Generaux, & aussi le General Hompesch, qui s'est fort distingué. Je suis avec un attachement bien respectueux,

Hauts & Puissans Seigneurs, &c.

Le 13. Août 1704.

Signé, FREDRICH HESSEN.

P. S. Vos Hautes Puissances me pardonneront que ma Rélation n'est pas plus exacte, mais c'est la nuit à 11. heures que je l'écris, & je suis un peu fatigué de la bonne journée.

Mon Aide de Camp a pris en ma presence le Maréchal de Tallard.

L'Empereur lui-même, dans la joye qu'il eut de cet heureux succez, écrivit la Lettre suivante aux Etats Generaux, & au Duc de Marlborough celle qui vient après.

LEOPOLD,

„ LA joye que l'heureux succez de la sanglante Bataille donnée depuis peu à Hochstet a répandu dans les esprits de tous les Confederez, est universelle. Nous qui estimons la vôtre au delà de ce qui regarde nos propres interêts, n'avons pas été peu satisfaits de cet incident ; dans un tems où nos affaires & celles de l'Empire étant reduites à un état chancelant par les mouvemens des Bavarois, & d'autres, avoient un extrême besoin de vôtre secours. Vous devez vous réjouir de l'avoir donné à vôtre gloire, & avec utilité. Vous le pouvez faire avec d'autant plus de justice, que les Generaux de nos Troupes ont raporté que la fidélité, la bravoure & l'intrepidité de vos Officiers & de vos Soldats, ont merveilleusement éclaté dans ce combat, & qu'ils n'ont pas peu contribué à la victoire. Comme cela donc nous donne matiere de vous féliciter & de vous remercier, nous nous en aquitons avec plaisir, & avec une affection qui surpasse les paroles. Nous nous engageons de répondre en tout tems à vos éclatans témoignages de bonne volonté, & à vos bienfaits par une fidéle amitié, & par une véritable reconnoissance. Au reste nous prions le Tout-Puissant de vouloir conserver vôtre République, & de la rendre de plus en plus florissante, en benissant ses desseins & ses conseils. Donné en nôtre Ville de Vienne le 30. Août 1704.

LETTRE

De l'Empereur à Mylord Duc de Marlborough.

Très-Noble cher Cousin, & Prince,

„ Nous vous saluons de tout nôtre
„ cœur par la presente. En consi-
„ dération de vôtre haute Naissance,
„ & des signalez services que vous avez
„ rendus à nôtre Maison & à tout l'Em-
„ pire Romain ; Nous vous agrégeons
„ au nombre de nos Princes & du Saint
„ Empire. Nous avons voulu en vous
„ élevant, suivant nôtre droit & vos
„ mérites, à cette haute dignité, don-
„ ner une marque publique de la re-
„ connoissance que nous & tout l'Em-
„ pire devons à la Reine de la Grande
„ Bretagne & à vous, de ce que Sa
„ Majesté a bien voulu envoyer, sous
„ vôtre conduite, un secours si consi-
„ dérable en Baviere & en Suabe, dans
„ un tems que nos affaires & celles de
„ l'Empire étoient réduites en un fort
„ méchant état, par la revolte scan-
„ daleuse de l'Electeur de Baviere. Cet-
„ te entreprise a été conduite avec au-
„ tant de valeur que de sagesse ; & les
„ témoignages publics, de même que
„ le raport de mes Troupes, qui ont
„ été les fidéles Alliez & Compagnons
„ de vos victoires, en atribuent tout
„ le succez, après Dieu, à vôtre sage
„ conduite, & à la valeur intrépide des
„ troupes Angloises & des autres Al-
„ liez, qui ont combatu sous vôtre
„ Commandement. Ces victoires, &
„ particulierement celle de Hochstet,
„ remportées sur les François & Bava-
„ rois, nonobstant leur supériorité &
„ l'avantage de leur poste, sont si écla-
„ tantes, qu'on n'a pas connoissance
„ que depuis cent ans la France ait re-
„ çû un tel échec : de sorte que nous
„ sommes persuadez, que moyennant
„ la benediction de Dieu les pernicieux
„ desseins que nos Ennemis avoient
„ formez cette Campagne sont anéan-
„ tis ; que l'Allemagne, qui étoit sur
„ le point de sa ruïne, est rafermie, de
„ mêmes que les affaires generales de
„ l'Europe ; d'où nous esperons que
„ la liberté de la Chrétienté sera bien-
„ tôt assurée, contre la violence & la
„ tirannie des François. Et comme
„ nous sommes pleinement assurez que
„ vous mettrez tout en usage pour par-
„ venir à ces fins, nous n'avons rien à
„ ajoûter, sinon de vous souhaiter
„ toutes sortes d'heureux succez, &
„ vous assurer que dans toutes les oc-
„ casions nous tâcherons de vous don-
„ ner toutes les marques possibles de
„ nôtre reconnoissance. *Donné à Vienne*
„ *le 28. Août 1704.*

Quoi que les François ne désavoüent point la perte de cette bataille, il est pourtant juste de voir de quelle maniere ils en parlent. Voici une Rélation qui m'est tombée entre les mains écrite par un de leurs Generaux, à Strasbourg le 31. Août.

„ L'Armée partit le 12. de Dillinghen *Rélatió*
„ & de Lavinghen, pour aller camper *de la*
„ à Bleinheim le long d'un petit Ruis- *même*
„ seau, qui bordoit le front de nôtre *bataille*
„ Camp, qu'on avoit donné pour ma- *par un*
„ récageux, & qui ne l'étoit pas, nôtre *Oficier*
„ droite apuyée au Danube & nôtre *de l'Ar-*
„ gauche à la montagne couverte d'un *mée Fr.*
„ bois fort clair. L'Electeur ayant pres-
„ sé d'aller en avant, sur ce qu'il cro-
„ yoit que les Ennemis n'étoient pas
„ joints, Mr de Tallard y consentit,
„ & se raporta à des gens, qui servoient
„ depuis dix-huit mois en ces quartiers-
„ là, pour se poster, comme je viens

,, de vous dire. On marquoit à peine ce Camp, qu'on avertit Mr le Maréchal, que les Ennemis paroissoient de l'autre côté du Ruisseau, qui bordoit le front de nôtre Camp. Il s'y porta d'abord ; & faisant passer quelques Troupes, les Ennemis se retirerent à leur Camp. Plusieurs personnes presserent l'Electeur de marcher à eux, l'assûrant qu'ils n'étoient pas joints. Messieurs les Generaux l'en dissuadérent, en lui faisant connoître, qu'il faloit auparavant être éclaircis à fond. On fit pour ce sujet un gros Détachement pour les aprocher de plus près, & l'on fit des prisonniers, qui assurérent qu'ils étoient joints. On se retira, & on ne songea plus qu'à se camper. Sur les six heures du soir les Ennemis marcherent à leur tour, pour nous reconnoître, avec de gros piquets qu'ils avancerent jusqu'à Schuveiningen, & se retirérent. Le lendemain à deux heures après minuit les Ennemis battirent la generale & marcherent à nous, pour nous attaquer. On ignoroit ancore leur dessein à six heures du matin, mais aprochant de nous sur quatre grosses colonnes, on commença à croire qu'ils vouloient nous combattre. On battit la generale dans nôtre Camp, & on sonna à cheval peu de tems après. Dans cet intervalle on se détermina à prendre une situation, & pour vous l'expliquer, il faut que je reprenne la situation de nôtre Camp. Nôtre droite étoit apuyée au Danube, ayant le Village de Bleinheim à nôtre tête, où étoit le quartier de Mr de Tallard, & le Village de Sondern à la gauche de nôtre Camp, où étoit le quartier de Mr l'Electeur. La premiere Ligne d'Infanterie de Mr de Tallard avoit la droite au Danube, pour être à portée d'être jettée dans le Village de Bleinheim qui étoit devant elle. Cette premiere Ligne étoit de 19. Bataillons, à la gauche desquels on avoit placé toute nôtre premiere Ligne de Cavalerie ; de sorte qu'elle joignoit la Cavalerie de Mr de Marsin. Ensuite regnoit le reste de l'Armée de Mr de Marsin jusqu'à la montagne, dont je ne vous décrirai point les particularitez, parce que je ne m'y suis pas trouvé, ayant eu assez d'affaire à nôtre droite. La deuxiéme Ligne étoit campée à l'ordinaire, c'est à dire, l'Infanterie dans le centre, les deux Armées se joignant & faisant ensemble 80. Bataillons & 140. Escadrons. Dans le centre de nos deux Armées il y avoit une hauteur, qui commandoit à toute la plaine, & dont la pente étoit douce jusqu'au Ruisseau qui regnoit le long du front de nôtre Camp. Il y avoit vis à vis de cette hauteur un Village nommé Oberklau, qu'on fit brûler aussi bien que deux Moulins qui étoient sur le Ruisseau en descendant sur Bleinheim, de sorte qu'on borna la défense au passage du Ruisseau ou Marais, ordonnant aux Generaux de charger les Ennemis en passant, & de veiller à n'en laisser pas trop passer. Cette résolution prise, on établit dans le Village de Bleinheim les 19. Bataillons de nôtre premiere Ligne, & sept de la seconde. On mit aussi quatre Régimens de Dragons à pied à la droite, tout le long du Danube sur la gauche du Village ; & depuis ce Village jusqu'à celui d'Obergklau, on posta sur deux lignes 48. Escadrons de l'Armée de Mr de Tallard, & 32. de celle de Mr de Marsin, & 9. Bataillons dans le centre, & les Brigades de Champagne &, de Bourbonnois, à la droite du Village de Mr le Maréchal de Marsin, pour être à portée de soûtenir ce Village, & la droite de sa Cavalerie. On plaça des batteries dans tout le fond, & on se canonna jusqu'à 11. heures du matin,

,, que

,, que la premiere attaque commença. ,, Pendant la canonnade on avertit Mr ,, le Maréchal, que les Ennemis fai- ,, foient couler beaucoup d'Infanterie ,, fur nôtre droite ; mais que leur def- ,, fein étoit d'ataquer la gauche de Mr ,, de Marfin, comme la plus foible, à ,, caufe du bois clair, où elle étoit ,, apuyée. Mr de Tallard fe porta avec ,, viteffe à la droite, que les Ennemis ,, vouloient véritablement ataquer, fe ,, préparant à paffer le Ruiffeau dans ,, tout le front de la montagne, dont ,, je vous ai parlé, où étoit poftée tou- ,, te leur Cavalerie vis à vis la droite de ,, Mr de Marfin. Mr de Silli & un de ,, fes Amis étoient fur cette hauteur, & ,, voyant les Anglois fe préparer à ata- ,, quer le Village de Bleinheim, ils fe ,, déterminérent à faire marcher la pre- ,, miere & feconde Ligne de Cavalerie, ,, comme fi Mr le Maréchal eût été pre- ,, fent : il y revint à toute bride, & les fit ,, veritablement marcher, mais malheu- ,, reufement il n'y eut que les Brigades ,, des deux droites qui marcherent, & la ,, Gendarmerie ne marcha pas, ce qui ,, donna le tems aux Ennemis de for- ,, mer fans aucun obftacle plufieurs ,, Lignes de Cavalerie dans toute l'é- ,, tenduë, où les Troupes ne marché- ,, rent que plus de trois quarts d'heure ,, après cette premjere charge. Tout ce ,, qui étoit au fond de la Vallée fut ,, pouffé auffi bien que tout ce qui fe ,, trouva devant la Gendarmerie, la- ,, quelle marcha enfin, enyvrée de ce ,, petit avantage. On fe prépara à rece- ,, voir les Ennemis une feconde fois, ,, & on négligea les groffes Lignes réï- ,, terées qui fe formoient au bas de cet- ,, te fatale montagne. Mr de Silli eut ,, fon cheval tué fous lui, & fongeoit ,, à en avoir un autre, lors que fon ,, Ami voyant Mr de Tallard, le rejoig- ,, nit, & lui rendit compte de l'ataque ,, du Village. Mr de Tallard voulut y ,, aller, & la montagne fut négligée ;

,, car on ne pouvoit pas s'apercevoir de ,, ce qui fe paffoit à fon pied ; on entra ,, donc dans le Village, & Mr de Tal- ,, lard redoubla fon attention à mettre ,, ce pofte en fureté. Enfin il fortit ,, du Village & fe porta à fa Ca- ,, valerie : il trouva en arrivant à la ,, droite, que les Ennemis recommen- ,, çoient une ataque nouvelle. On les ,, reçut au Village de Bleinheim, la ,, bourre dans le ventre, & on les cul- ,, buta. Les Gendarmes, qui l'épée à la ,, main voulurent culbuter les Ennemis, ,, qu'ils avoient devant eux, trouvé- ,, rent un feu d'Infanterie établi, & des ,, Efcadrons Anglois, qui les firent ,, plier eux mêmes, & les pousférent ,, jufques par delà un petit Ruiffeau ,, qu'ils avoient derriere eux. Dans ,, cette charge Meffieurs de Surlaube & ,, d'Imecourt eurent leurs chevaux tuez ,, fous eux, & ce premier fut bleffé de ,, fix ou fept coups. La Brigade de Silli, ,, dans les intervalles de laquelle la ,, Gendarmerie paffa pour fe rallier, ,, chargea les Anglois & leur fit repaffer ,, le Ruiffeau avec précipitation. Pen- ,, dant cette nive ataque les Generaux ,, de nôtre gauche & de la droite de ,, Mr de Marfin fe reveillerent de leur ,, fatal affoupiffement, & firent mar- ,, cher quelques Brigades aux Ennemis ,, qu'ils aperçurent quafi au haut de la ,, montagne. Toutes nos Brigades char- ,, gerent avec vivacité, & firent plier ,, tous les Efcadrons auxquels ils mar- ,, cherent ; mais ces Efcadrons étant ,, foûtenus de plufieurs Lignes de Ca- ,, valerie & d'Infanterie, les nôtres ,, furent forcez de plier fur nôtre fecon- ,, de Ligne, qui étant éloignée, don- ,, noit aux Ennemis le tems de gagner ,, du terrain, qu'ils foûtenoient par ,, leur nombre, & par leur démarche ,, lente & ferrée. On rallia les Efca- ,, drons de nôtre premiere Ligne, & ,, ils chargerent de nouveau avec le

„ même succez ; mais ils furent toûjours forcez de plier par le nombre, comme aussi lesdites Brigades, & enfin la seconde Ligne. Enfin Mr le Maréchal de Tallard entrelassa nos Bataillons dans nôtre Cavalerie, & voulut par un dernier éfort culbuter les Lignes redoublées des Ennemis. On y marcha de bonne grace, & leur premiere Ligne plia sur la seconde, on gagna du terrain, & on voulut charger leur seconde Ligne ; mais se trouvant soûtenuë d'une troisiéme & d'une quatriéme, nos Cavaliers fuirent, & nos pauvres Bataillons furent taillez en piece. Les choses en cet état, Mr le Maréchal de Tallard vit bien qu'il faloit se presser de retirer les Dragons, & l'Infanterie du Village de Bleinheim, & il s'y détermina, en exhortant sa Cavalerie de faire ferme. Il envoya un homme de confiance à Mr de Marsin, pour le prier de presenter quelques Troupes aux Ennemis sur la droite de son Village, afin de les ocuper pour favoriser la retraite de nôtre Infanterie. Mais Mr de Marsin represenra à cet homme de confiance, qu'il étoit trop ocupé dans le front de son Village, & dans tout le reste de sa Ligne, pour se dégarnir, n'étant point victorieux ; mais se soûtenant seulement. Pendant cet entretien nôtre Cavalerie étoit restée en presence ; mais tout d'un coup elle fit un demi tour à droite par ordre, ce qui fut executé avec tout le désordre que vous sauriez vous imaginer. Enfin ce fut une fuite si précipitée, que plusieurs se jettérent dans le Danube, & les Ennemis débandérent trois Régimens de Dragons après eux. Mr de Tallard fut envelopé & pris dans cette déroute. Mrs de Mauperoux, de la Valliere, Silli, Seppeville, Messellieres, St Pouange, Ligonde & plusieurs autres furent aussi faits prisonniers. C'est un grand malheur pour le Roi, que la prise de Mr de Tallard, car il est certain, qu'il auroit pû faire avec son Infanterie une retraite honorable, au lieu qu'elle est la risée des Nations & inutile au Roi pour long-tems dans une guerre aussi vive que celle-ci. Enfin pour vous instruire jusqu'à la fin, de tout ce qui est arrivé dans cette journée, une partie de notre Cavalerie & toute la Gendarmerie s'étant jettée du côté du Danube dans une espéce de cul de sac, qui forme une Ile, elle se trouva coupée, ce qui contraignit plusieurs honnêtes gens de se jetter dans le Danube pour se sauver. Cette nouvelle étant parvenuë à la Brigade de Grignan, qui s'étoit retirée plus avant sur la droite pour passer le Marais de Hochstet, elle se rallia, marcha aux Ennemis, leur fit abandonner le défilé qu'ils tenoient, & dégagea ainsi tout ce qui n'étoit pas pris ou noïé ; & se formant ensuite sur la hauteur de Hochstet, elle cotoya les Ennemis, & donna le tems de retirer nos blessez dudit lieu. Voilà le triste sort d'une Cavalerie brillante & bonne, dont on pouvoit mieux se servir ; mais qu'on cesse de plaindre, dès qu'on retourne à examiner la malheureuse destinée de nos vieux Corps d'Infanterie. C'étoient Messieurs de Clerambault & de Blansac, qui commandoient les Dragons, & l'Infanterie dans le Village de Bleinheim. Et voici ce que les Officiers prisonniers, qui sont venus au Camp, en on dit. Mr de Clerambault, sans prendre une résolution digne de son nom, avec un si puissant Corps qui étoit encore dans son entier, quand il vit la déroute de nôtre Cavalerie, fit sonder le Danube par son Postillon, & s'y jettant lui-même, se noya. Les Ennemis, après avoir envelopé le Village de Bleinheim par plusieurs,

,, Lignes, le voulurent ſerrer de près ,, par le flanc gauche, où nôtre droite ,, de Cavalerie étoit cidevant [apuyée. ,, L'Infanterie qui étoit de ce côté-là ,, du Village ſe retira en déſordre, & ,, rentra dans le centre du Village avec ,, confuſion. Mr de Siviere s'aperce- ,, vant du déſordre apela Provence & ,, Artois; & tout ce qu'il y avoit de ,, Soldats de bonne volonté, l'épée ,, haute, culbuta l'Infanterie des Enne- ,, mis, juſqu'à la tête de leur Cavale- ,, rie, & rentra dans le Village au pas. ,, Mr de Siviere eut le poignet caſſé. ,, Mylord Marlborough jugeant bien, ,, qu'il y avoit là de vieilles Bandes, ,, qui lui coûteroient cher à vaincre, ſe ,, ſervit de Mr Desnouvilles ſon priſon- ,, nier, pour les exhorter à accepter la ,, vie. Mr de Blanſac y conſentit, & ,, fit de ſon mieux pour y faire conſen- ,, tir Navarre, qui enterra ſes Drapeaux. ,, Tout céda, Mr de Blanſac ſigna les ,, Articles; mais Sivière & Jouri n'en ,, voulurent rien faire. On les déſarma, ,, on prit leurs Drapaux. La douleur ne ,, permet pas qu'on pouſſe le récit plus ,, loin. Vous jugez bien, quel eſt le ,, ſpectacle de 26. Bataillons & de 4. ,, Régimens de Dragons priſonniers. ,, Je quitte cette noire idée: retour- ,, nons au Village d'Oberklau, quar- ,, tier de Mr de Marſin. Lorſqu'il eut ,, vû la Cavalerie de ſa droite & la nô- ,, tre en déroute, il ſongea à ſe retirer ,, avec ſa gauche, qui par les ſoins de ,, Mr le Comte du Bourg avoit toûjours ,, pouſſé les Ennemis au delà du Ruiſ- ,, ſeau, les ayant chargez à demi paſ- ,, ſez. Il replia toute ſon Infanterie & ,, marcha au pas juſqu'au Marais de ,, Hochſtet, qu'il repaſſa en bon ordre ,, & vint à Dillinghen, où on prit le ,, parti d'envoyer toute la Cavalerie à ,, Ulm par Gondelfingen, & de faire ,, paſſer le Danube au Bagage toute la ,, nuit. Le jour ſuivant on retira toute ,, l'Infanterie, & on vint camper à

,, Lipent, laiſſant à Lavinghen mille ,, hommes, avec ordre de ſe retirer, ,, dès que les Ennemis s'aprocheroient, ,, & de brûler le pont en ſe retirant; ce ,, qui fut fait. En marchant depuis avec ,, précipitation, nous menons au Roi ,, le débris d'une Armée afligée juſqu'à ,, la mort, & qui n'eſt coupable que ,, par l'inexecution formelle des ordres ,, qu'on avoit donnez, de ne pas laiſ- ,, ſer paſſer le Ruiſſeau & de charger en ,, paſſant tous enſemble & non pas par ,, brigades, comme on fit, contre un ,, Corps formidable, qui enfin a pene- ,, tré nôtre centre & envelopé nôtre ,, Infanterie.

Quelque ſoin que l'on prit en France d'extenuer cette défaite, on n'en fut que trop tôt informé; & deux Officiers François qui étoient entrez dans Ulm après la bataille, écrivirent d'abord ce qui ſuit:

Je vous dirai que Mecredi 13. *Août il s'eſt donné la plus ſanglante bataille qu'on ait vû de mémoire d'homme, & dans laquelle nous avons été entierement défaits. Mr de Tallard eſt bleſſé & fait priſonnier, avec beaucoup d'autres Generaux: Meſſieurs de Surlaube & Blainville morts; toute l'Infanterie abimée, ou faite priſonniere: Mr de Tavanes, Colonel, le Comte de Vérué, General de la Cavalerie, & le Marquis de Bellefonds tuez ſur la place: Mr de Montperou, autre General de la Cavalerie, bleſſé. Nous courons depuis deux jours, & nous ne ſommes arrivez à Ulm (rendez-vous du débris de l'Armée) qu'à tout à l'heure, y ayant neuf bonnes heures de là au champ de bataille. Nous étions derriere la Gendarmerie qui a été repouſſée ſix fois; & nous l'avons toûjours ſoutenüe; elle eſt entierement défaite, tous les Officiers tuez ou bleſſez; hors Mr de Prechac, qui ſe porte auſſi bien que moi, qui ai fait comme beaucoup d'autres; les*

1704. Generaux nous donnant exemple. Ce matin Messieurs de Courtebonne, du Bourg & d'Humieres sont échapez, s'étant sauvez sur le chemin d'Ulm. Enfin toute l'Armée est dans une Consternation terrible, nous avons perdu nos Timbales, Etendarts, &c.

Autre Lettre.

Vous aurez sans doute appris la triste destinée de notre Armée. On n'a jamais vû une déroute pareille. Vous en serez surpris par les Relations qu'on vous en verra. La Ville d'Ulm est si remplie d'Officiers blessez qu'on ne sait où les mettre : jugez des Soldats. On avoit douze heures de chemin à faire pour être en quelque maniere en sureté. J'ai été trouver Mr de Cheladet pour me faire avoir un bon logement. Nous ne sommes pas mal, pourvû qu'on nous y laisse jusqu'à ce qu'on soit en état de faire la route de Strasbourg, car on dit qu'on va repartir; on fait déja force Ponts dessus l'Iler. Il est impossible qu'on puisse rester en ce Païs : les Ennemis sont Maîtres de la Campagne. Si jamais ils nous bouchent le passage, il ne se sauvera pas un François, car les Païsans sont déja rage. Je m'en vais faire partir les équipages pour le Camp, car ils mourroient de faim ici. Il y a trois jours qu'ils n'ont presque pas mangé; enfin tout est sur les dents. Il est à souhaiter que nous sortions bien-tôt de ce malheur; tout est perdu sans cela, les fourages manquent aussi bien que les vivres; & tout est au prix de l'or. Du moins quand on aura passé le Rhin; on vous representera nos besoins. Il ne faut pas compter sur la bourse de son prochain, ni il ne faut plus compter sur sur la Campagne. Cette action a bien fait vaquer des charges; presque tous les Officiers sont ou tuez ou blessez, & si on en vouloit mettre tous les noms, il faudroit un Voulume. Les détails qu'on en verra à Paris de la bataille, vous feront assez comprendre combien le Roi y perd. Adieu mon cher & très-honoré, &c.

Soit que le Roi fût mécontent de la Gendarmerie en particulier, soit que la perte de cette bataille eût prévenu ce Prince, peu acoûtumé aux disgraces, contre tous les Officiers en general, il y en eut plusieurs de cassez; & cette conduite donna lieu à divers Ecrits Satiriques. Mais quelque chose que ces Officiers pussent dire pour leur justification, leurs raisons ne contentoient point la Cour. *Il faloit battre l'Armée des Alliez*, dit un Ministre, *on avoit pour cela plus de Troupes qu'il ne faloit, & si le Roi n'étoit pas aussi clement qu'il est, il feroit ce qu'on fait à la Porte Ottomane.* Ils ne laissérent pas d'écrire à Monsieur de Chamillard la Lettre suivante.

Le Roi est mécontent de la Gendarmerie.

LETTRE

D'un Officier de la Gendarmerie à Mr de Chamillard, Ministre d'Etat.

Monseigneur,

„ Comme vous m'avez ordonné par „ vôtre Lettre du 15. Septembre 1704. „ de vous informer de tout ce qui s'est „ passé dans la Gendarmerie, je croi „ être obligé, en l'absence du Major, „ de vous faire savoir le desespoir où „ sont tous les Officiers, des avis qu'ils „ reçoivent de Paris, sur les bruits que „ fait courir Mr de Silli, Officier dans „ les Troupes, (envoyé au Roi par „ Mr de Tallard qui est prisonnier de „ guerre,) contre le Corps. Seroit-il

Lettre par laquelle elle se justifie auprès de Mr de Chamillard.

,, possible, Monseigneur, que sa répu-
,, tation si bien établie par tant d'ac-
,, tions differentes, qui lui ont attiré
,, tant d'envieux, dépendit du caprice
,, d'un particulier sans expérience ? Se-
,, ra-t-il crû, lors qu'il voudra de ho-
,, norer de si braves gens, qui ont fait
,, tout ce qu'ils ont pû pour se faire tuer
,, pour le service du Roi en cette mal-
,, heureuse journée ? Cependant, il
,, n'est que trop vrai qu'il a persuadé
,, tout ce qu'il a voulu contre nous. Et
,, l'on nous mande, qu'il a avancé que
,, la fuite de la Gendarmerie avoit atiré
,, celle de la Cavalerie. Toute l'Armée
,, sait, que nous avons chargé deux
,, fois avant que la Cavalerie eût apro-
,, ché des Ennemis ; que nous sommes
,, restez en presence des Ennemis jus-
,, qu'à six heures & demie du soir ; &
,, que c'est par le centre, où nous n'é-
,, tions pas, qu'ils ont percé & com-
,, mencé la déroute. C'est une chose
,, de fait, que personne ne peut con-
,, tredire. Ne refusez donc pas, Mon-
,, seigneur, en cette ocasion si délicate,
,, le privilege qu'on acorde aux crimi-
,, nels mêmes, qui est de ne nous pas
,, juger sur le raport d'un homme seul,
,, mais de plusieurs irreprochables,
,, acoûtumez aux actions, & qui vi-
,, rent clair en ce jour-là ; que la verité
,, seule, & non l'envie fera parler.

,, Vous savez qu'il y en a une grande
,, contre nous ; jusqu'à la bataille de
,, Spire, où la Gendarmerie seule avoit
,, percé les Ennemis, & par là donné
,, le tems à nôtre Infanterie d'arriver,
,, on osa d'abord parler mal d'elle :
,, mais vous fûtes bien tôt informé de la
,, verité. Faites nous la grace, Mon-
,, seigneur, de la vouloir développer
,, dans cette derniere affaire ; & vous
,, saurez que le Corps ne pouvoit faire
,, autre chose dans la situation où il étoit,
,, que de se faire tuer comme il a fait
,, sans réussir dans les charges ; ayant
,, toûjours essuyé un feu d'Infanterie

,, postée dans un chemin creux, avec
,, des palissades devant elle, qui n'a été
,, vûë que par ceux qui ont aproché des
,, Ennemis aussi près que nous. Je dois
,, vous dire aussi, Monseigneur, que
,, nous nous sommes aperçus que Mr le
,, Maréchal de Tallard ne nous aimoit
,, pas, & nous ne savons par quel en-
,, droit nous avons eu le malheur de lui
,, déplaire : cependant, nous le croyons
,, trop juste pour avoir chargé Mr de
,, Silli de jetter sur nous les fautes de
,, cette malheureuse journée : il n'a
,, point vû les deux premieres décharges
,, que nous avons faites, n'étant reve-
,, nu qu'apres, de la gauche de l'Armée
,, de Mr le Maréchal de Marsin, où il
,, étoit allé ; & il n'a pû voir à son re-
,, tour, que les Ennemis avoient eu le
,, tems de former devant nous quatre
,, Lignes l'une sur l'autre : ce qui ren-
,, doit tous les éforts inutiles, renver-
,, sant bien la première, mais étant ra-
,, nimée par les trois autres.

,, Enfin si nous eussions pris la fuite,
,, aurions nous 51. Officiers tuez ou
,, blessez, quoi qu'il y en eût 53. d'ab-
,, sens ? Et presque tous ceux qui restent,
,, ont eu deux chevaux tuez sous eux,
,, avec le grand nombre de Gendarmes
,, dont j'ai eu l'honneur de vous infor-
,, mer. Mrs de Lanion, Hautefort, &
,, Magnac pourront vous dire, que nous
,, avons resté avec eux sur les hauteurs
,, d'*Hochstet* jusqu'à 10. heures du soir,
,, que c'est nous qui avons retiré du Châ-
,, teau Mrs de Surlaube & de la Baume,
,, & fait l'Arriere garde de tout jusqu'à
,, Ulm.

,, Oserions-nous esperer que vous au-
,, rez la bonté d'informer le Roi des vé-
,, ritez que j'ai l'honneur de vous man-
,, der, & de donner par là quelque con-
,, solation à des Officiers, à qui on a mis
,, le poignard dans le cœur, & qui sacri-
,, fient tous les jours leurs vies & leurs
,, biens pour son service ? Nous atten-
,, dons cette grace de vous, &c.

Fin du XIV. Livre.

HISTOIRE
DE
LOUIS XIV.
ROI DE FRANCE ET DE NAVARRE.

LIVRE QUINZIE'ME.

Qui commence au Changement arrivé dans les affaires après la bataille d'Hochstet, & finit à la surprise de Gand & de Bruges par les François en 1708.

1704.
Cette Guerre est la seule que les Alliez ayent été obligez de déclarer les premiers. Memoires de l'Aut. des Let-

DE toutes les guerres que les Puissances de l'Europe eurent à soûtenir contre la France sous ce Regne, celle-ci fut l'unique que les Alliez eussent été contraints de déclarer les premiers, quoi qu'en effet la France l'eût commencée en rompant les Barrieres établies par les Traitez. Pendant qu'elle convoitoit l'Espagne ce fut elle qui commença toûjours à déclarer la guerre sous divers pretextes, comme chacun sait. Aucun Traité ne put lui lier les mains ; non pas même le Traité de Partage ; qu'elle avoit proposé & conclu en 1700. *pour prévenir,* disoit-elle, *les malheurs que le triste événement de la mort du Roi Catholique, sans Enfans, pourroit produire, soit par les differens qui pourroient naître au sujet de la Succession, ou par l'ombrage de tant d'Etats réünis sous un même Prince.* Mais quand elle eut trouvé le moyen d'avoir la Monarchie toute entiere, ce fut alors qu'elle ne voulut plus de partage, & que sans se mettre en peine des *differens* qui en pourroient naître, ni de *l'ombrage* qu'elle alloit donner, elle parla & agit comme se croyant au dessus de tout. Il lui sembloit que chacun dût demeurer en repos, pendant qu'elle

1704. tres du Tems.

1704. s'y tiendroit. Elle déclara qu'elle vouloit la paix, mais une paix telle que celle d'Auguste, quand il tenoit tout. Elle voulut même persuader aux Alliez, qu'ils avoient tout ce qu'ils souhaitoient, puis qu'ils étoient parvenus *au but & à l'esprit du Traité de Partage, qui étoit d'avoir la paix.* C'étoit la raison du plus Fort; il faloit plier, ou y répondre par les armes. Le premier eût imposé le joug qu'on avoit évité jusqu'alors par tant de guerres & de traitez. Il n'y avoit donc que le dernier parti à prendre pour s'en garentir, avant que la France eût le tems de s'affermir dans cette grande Succession. Ainsi le salut commun ayant été la suprême Loi, fut ce qui engagea les Alliez à leur commune défense.

Motifs qui les y portèrent. Ce fut aussi le grand motif d'encouragement qui les soûtint parmi tant de traverses & d'obstacles, qui paroissoient comme insurmontables. Il s'agissoit pour les uns du recouvrement ou de la défense de leurs Etats: d'autres y étoient interessez en particulier pour leur Religion, & tous pour leur Liberté. C'est le cas où l'on doit tout risquer & ne rien négliger, en se confiant sur le secours de la Providence pour une si juste Cause. Aussi les Alliez en éprouvérent-ils les éfets dans tout le cours de cette guerre. On vit leur union s'acroître & se fortifier malgré tous les contretems survenus; pendant que la France, pour avoir voulu tout embrasser & ne rien ménager, vit dissiper ses Alliances, ruiner ses Alliez, augmenter le nombre de ses Ennemis, & afoiblir ses forces.

Situation de leurs affaires durant les années precedentes. On ne peut sans étonnement repasser une partie des difficultez que les Alliez eurent à surmonter avant & après la partie liée en 1702. Tout avoit plié en Espagne, en Italie, & dans le Pais-Bas. L'Electeur de Baviere s'étoit jetté du côté du plus fort, pour s'élever sur les ruines des Oprimez. L'Electeur de Cologne avoit donné les mains à introduire les François sur le Rhin, sous le nom de *Troupes du Cercle de Bourgogne*. L'Allemagne étoit divisée: le Duc de Mantoue gagné: le Duc de Savoye engagé par le double mariage des Princesses ses Filles, & le Roi de Portugal par de specieuses promesses; pendant que les Etats Generaux se voyoient entourez de tous côtez par cette Puissance formidable prête à engloutir les premiers qui oseroient lui résister. Et pour surcroît d'acablement, ils se virent privez du puissant secours du Roi Guillaume III. ce grand Lien & Soûtien de l'Union, qui venoit de former un nouveau plan, que sa mort l'empêcha d'executer. C'en étoit assez & même trop pour faire croire aux François que tout étoit déconcerté.

Mais on ne peut aussi, sans admiration, contempler comment cet orage s'éloigna peu à peu des Etats menacez, pour fondre tout à coup sur ceux qui se croyoient dans un plein repos. Un Prince Eugene, dont la France n'avoit pas connu le prix, fut celui qui le premier tint tête en Italie aux forces des François par des prodiges de valeur & de conduite, & qui donna le tems de former l'Union. Une Reine que la France avoit voulu suplanter par un Competiteur, fut celle qui rassura l'Angleterre, qui essuya les larmes d'une République afligée qui serra les nœuds de l'Union, & qui auroit été à jamais regretée, si elle eût toûjours continué d'achever le grand Ouvrage que le Roi Guillaume avoit commencé. Tout reprit courage puis que la guerre fut déclarée en 1702. L'Empire divisé se réunit pour la défense commune: le François se vit repoussé des frontieres de ses Voisins: & l'année qui avoit commencé par tant de sujets d'allarmes pour les Alliez, finit par des succez glorieux & inesperez.

Chágement arrivé à leur avantage.

L'année suivante 1703. ne leur fut

1704. pas si favorable, à cause de la diversion que l'Electeur de Baviere fit en Suabe, en Franconie & dans le Tirol. Ce Prince mit l'Allemagne en peril, & la France en état d'éloigner la guerre de ses frontieres, par la perte que les Alliez firent de plusieurs Places sur le Danube & sur le Rhin, même de Landau, qu'ils lui avoient pris l'année precedente. Mais d'un autre côté l'Electeur de Baviere échoua dans le dessein de sa jonction avec le Duc de Vendôme. L'Electeur de Cologne, son Frere, se vit dépouillé du reste de ses Places : on acheva de nettoyer le Bas-Rhin, & de dégager la Meuse jusqu'à Namur. Le Roi de Portugal & le Duc de Savoye connurent ce qu'ils avoient à craindre de la France, & se détacherent de ses interêts. Ce fut une importante aquisition pour la cause commune, puis qu'elle détermina l'Empereur à faire passer en Portugal l'Archiduc son Fils, avec le Titre de Charles III. Roi d'Espagne.

Revers inopiné pour la France.

L'année 1704. dont nous avons déja parcouru une partie, fut une année de crise, si heureuse pour les Alliez, qu'elle surpassa leurs esperances ; & si fâcheuse pour Louis XIV. qu'elle le mit hors d'état de pouvoir reparer si tôt les pertes qu'il avoit faites. Il fut obligé à de grands éforts en Espagne, pour y prévenir une révolution, sans que la crainte en fût encore passée. Les Alliez, qui n'y avoient rien de prêt au commencement de la Campagne, se trouvérent dans la suite en état de concourir à ce qu'ils apeloient la délivrance de la Nation, avec les Espagnols bien intentionnez pour la Maison d'Autriche. Ces efforts du Roi en Espagne & ailleurs, auroient affoibli ses forces dans le Païs-Bas, où il ne se trouva point en état de faire aucun progrès sur les Alliez, qui de leur côté se contentérent de le tenir en inquiétude, pendant que leurs grandes forces étoient employées en Allemagne. C'est là que le fruit des intrigues de Louis XIV. de ses dépenses excessives, & de ses progrès depuis trois ans, fut fauché tout d'un coup par un revers acablant aussi bien qu'imprévu. Il n'y eut qu'une journée entre de vastes projets prêts à être executez, & échouez : entre une Armée florissante qui étoit, & qui cessa d'être. 1704.

Au lieu que la Conquête de la Baviere & la délivrance des Villes Impériales, qui avoient été obligées par la force de se soûmettre à l'Electeur, furent tout d'un coup pour les Alliez le fruit de cette grande Victoire, qui délivra l'Allemagne d'une guerre intestine & de l'invasion d'un Roi puissant. Ainsi le même Roi qui avoit porté la guerre dans les Etats des Alliez, afin de l'éloigner de ses frontieres & de celles de l'Espagne, se vit tout à coup reduit à la necessité de les défendre. Et l'Empire, dont les forces divisées & ocupées au dedans étoient devenuës inutiles à la Cause commune, se vit en état de les réunir & de les faire agir au dehors, pour se procurer une heureuse fin de cette guerre.

Epuisement general du Royaume.

Les Peuples de France ne recueilloient d'autre fruit de tant de guerres & de conquêtes, que l'acablement & l'épuisement general. Ce Royaume si fécond n'avoit pas besoin d'agrandissement pour rendre ses Habitans heureux. Que lui revenoit-il de tant de prodigieux efforts qui ne servirent qu'à dissiper sa substance & ses forces en Espagne, en Italie, en Allemagne, en Hongrie, & ailleurs, sinon une augmentation de charges par des Edits onereux, & une diminution d'hommes & d'argent ? A quoi se terminérent tous ces vastes projets que le Roi avoit formez? A une Armée de moins & des Edits de plus : à des levées qu'il falut faire par force, sans même en excepter *la peine des Galeres* ; il falut donner la torture

au

au Commerce, toucher au Reſſort, c'eſt à dire, aux Monnoyes, donner des Billets pour de l'argent, leſquels néanmoins ne furent pas reçus en payement pour les Droits Royaux.

Naiſſance du Duc de Bretagne. Réjouiſſances à ce ſujet.

Cependant pleins de ſecurité au milieu de leurs juſtes ſujets d'allarmes, les François ſe moquèrent des premiers bruits qui coururent de la journée d'Hochſtet. Ils les prirent pour un badinage de la Fortune qui vouloit cauſer un peu de crainte au commencement, afin de faire mieux goûter la grandeur de ſon bienfait. Cela n'étoit pas ſurprenant, eu égard au penchant que les François ont naturellement à ſe flater. On étoit d'ailleurs occupé par tout à celebrer la naiſſance d'un nouveau Prince, qui rendoit le Roi Biſayeul. Ce fut le Duc de Bretagne, dont Madame la Ducheſſe de Bourgogne étoit acouchée dès le 25. de Juin. Le Monarque remarquant dans cet événement la continuation d'un bonheur qui ne ſe démentoit en rien, fut penetré de joye, & la peignit vivement dans une Lettre* qu'il écrivit à Mr le Cardinal de Noailles, ſur ce ſujet. Il y fut d'autant plus ſenſible que cette faveur extraordinaire du Ciel étoit ſans exemple dans aucun des Rois ſes Predeceſſeurs; & qu'elle perpetuoit, diſoit-il, le bonheur de ſes Etats par cette longue ſuite & ſucceſſion de Rois qu'elle leur aſſuroit. Ce furent à la Cour des fêtes continuelles pour délaſſer la Ducheſſe Mere, des fatigues d'une premiere couche, & pour la récompenſer d'avoir fait un ſi riche preſent à la Nation. Il y en eut entre autres une très-magnifique celebrée à Paris le 28. d'Août. Le ſujet du feu d'Artifice, tiré le même jour à cette ocaſion, étoit *le Triomphe de la Seine & du Tage ſur les autres Fleuves de l'Europe.* Il étoit repreſenté par un Arc Triomphal, à quatre faces égales, élevé ſur un Roc aplani. Au milieu de la Platte-forme s'élevoit une Piramide, au bas de laquelle étoient deux Figures, qui repreſentoient la *Seine* couronnée de Lis, & le *Tage* couronné de Tours. Plus bas étoient couchez le *Pô*, le *Danube*, la *Meuſe*, & la *Tamiſe*, qui portoient des Torcheres * & ſervoient d'ornemens à ce Triomphe. Dans la décoration des galeries du Louvre, on liſoit à la gloire du Monarque ces Inſcriptions de *Vainqueur en tous lieux*, d'*Arbitre de la Mer*, de *Gardant la foi à ſes Alliez*.

Contretés fâcheux pour ces divertiſſemens.

Mais le malheur fut que dans le tems que l'on dreſſoit les preparatifs de ce Triomphe & qu'on le celebroit, le fondement en fut tout d'un coup renverſé par la fameuſe bataille d'Hochſtet. Quelque ſoin que prit Madame de Maintenon d'en cacher la nouvelle au Roi, il falut enfin qu'il en fût informé; & ce Monarque, à qui les revers furent pour le moins auſſi glorieux dans la ſuite, que l'avoit été juſques-là la proſperité la plus déclarée, témoigna une fermeté extraordinaire en cette ocaſion. Non qu'il n'y fût auſſi ſenſible qu'il devoit l'être; mais parce que prenant ſon parti ſur le champ, il ſongea d'abord aux moyens de remedier à un ſi grand mal. Pour calmer en quelque ſorte les frayeurs d'une Cour, auſſi allarmée à la confirmation de cet événement, qu'elle avoit parû s'en mettre peu en peine à la premiere nouvelle, il défendit à tout le monde d'en parler. Il envoya ordre au Maréchal de Villeroi de voler au ſecours de l'Electeur de Baviere; & il écrivit à ce Prince une Lettre pleine de remercimens & des promeſſes les plus capables de le conſoler dans ſa diſgrace. Il en avoit beſoin ſans doute, puiſque ſa défaite l'avoit renvoyé ſans Etats à Bruxelles, d'où il

* Du 25. Juin.

* C'eſt une eſpece de Gueridon fort élevé, ſur lequel on met un Flambeau ou Torche.

Tome III.　　　　　　　　　　　　　X

1704. étoit parti pour envahir les Etats d'autrui ; & que Souverain fans Sujets, il avoit été obligé de chercher fon falut dans fa fuite. Ce qu'il y a d'admirable, c'est que le Roi, qui aimoit le merveilleux, trouva, dit-on, du Heroïfme dans la grandeur d'ame de ce Prince, & dans *la réfolution qu'il prit de fe voir plûtôt dépouillé de tout, que d'abandonner les deux Couronnes.* Comme s'il lui eût été libre de choifir un autre parti, après avoir été mis au Ban de l'Empire !

Landau affiegé par le Roi des Rom. Les Alliez de leur côté quitterent les environs de Bleinheim, près d'Hochftet, le lendemain de la bataille, & fe rendirent deux jours après aux environs d'Ulm ; après avoir été joints par le Prince de Bade qui avoit quitté le fiege d'Ingolftad. Ils chargerent le Comte de Thungen de faire celui d'Ulm qui fe rendit au bout de fept jours Ils continuerent leur marche pendant ce tems-là vers le Rhin, & ayant paffé ce Fleuve, le Prince de Bade fe détacha avec vingt mille hommes pour affieger Landau ; tandis que le Prince Eugene & le Duc de Marlborough campérent près de Lauterbourg & de Weiffenbourg. Le Roi des Romains arriva peu de jours après pour faire une feconde fois la Conquête de cette Place, que le Sieur de Laubanie défendit pendant fix femaines.

Progrès du D. de Marlb. Durant ce tems-là le Duc de Marlborough quitta le Camp de Weiffenbourg avec les Troupes auxiliaires à la folde de l'Angleterre, & prit la route de la Mofelle par le Duché de Deux-Ponts ; il fe rendit Maître de Trêves, & ayant fait ataquer Traerbach par le Prince de Heffe, cette Place capitula au bout de quelques jours, de même que Sarbruck.

L'Emp. le fait Prince del'Empire, & Les mouvemens des deux Armées avoient tenu la Cour de Vienne dans l'inquiétude ; mais la journée d'Hochftet l'en ayant délivrée, l'Empereur en marqua fa reconnoiffance au Duc de Marlborough, à qui il en avoit la principale obligation, d'une maniere qui fit connoître combien il y étoit fenfible. Il lui écrivit une Lettre fort obligeante, comme nous l'avons vû, * le fit Prince de l'Empire, en lui donnant la Principauté de Mindelheim en Suabe, & fit dreffer quelque tems après une Piramide en la Plaine de Bleinheim, en mémoire de la victoire remportée fur les François & fur le Duc de Baviere, avec une Infcription fort honorable. **1704. fait ériger une Piramide à fon hôneur.**

Réduction entiere de la Baviere par les Impériaux. La Ducheffe de Baviere ne doutant point, après la déroute de l'Armée Françoife, & des Troupes du Duc fon Mari, que fes Etats ne devinffent bientôt la proye des Victorieux, envoya faire fes foûmiffions au Roi des Romains, avec offre de lui remettre toutes les Places de l'Electorat. Le Comte d'Herbeville, qui s'étoit feparé des Alliez avec un Détachement à leur départ d'Hochftet, chaffa dans ce tems-là les Bavarois de Ratisbonne, & affiegea enfuite Straubingen, Ville de Baviere. Mais le Secretaire d'Etat de la Ducheffe lui ayant remis cette Place par le Traité qu'il conclut avec lui, il s'avança vers Paffauv d'où les Troupes de l'Electeur fortirent, auffi bien que du Château d'Oberhaufen. Néanmoins ce General s'étant prefenté devant Ingolftad, le Sieur de Lutzelbourg qui y commandoit, refufa de lui en ouvrir les portes, ce qui obligea le prèmier d'y mettre le fiege. Celui de Landau étant fini, le Prince Eugene fut envoyé en Baviere par le Roi des Romains, pour la réduire entiérement ; & ayant joint le Comte d'Herbeville devant Ingolftad, il fit dire à la Garnifon d'en fortir fous peine d'être traitée avec la derniere rigueur, & ne lui donna que deux jours pour s'y réfoudre. Ces menaces l'obligerent de lui en ouvrir les portes

* page 151.

le lendemain, & le Prince y ayant fait entrer quelques Troupes s'avança ensuite vers Landshut avec le Comte d'Herbeville. A son aproche les Troupes Bavaroises en sortirent, & par là toute la Baviere fut soûmise aux Impériaux.

Les affaires d'Allemagne suspendirent en quelque maniere les mouvemens des Troupes envoyées dans le Païs-Bas, où l'on ne s'atacha qu'à couvrir le Païs. Cependant comme le départ du Maréchal de Villeroi avec la plus grande partie de ses forces, laissoit aux Alliez la liberté d'agir; le Maréchal d'Auverkerque tenta de forcer les Lignes des François du côté de Meerdorp & de Vaseiges: entreprise qui auroit eu d'heureuses suites pour les Alliez, si elle avoit été soûtenuë. Mais le Marquis de Bedmar rompit leurs mesures, s'étant avancé près du Jexer, sur l'avis que l'Armée des Alliez étoit de l'autre côté de la Riviere. Il marcha aussi-tôt avec ses Troupes vers les hauteurs de Borchuvorm, & de là près du Village de Cortis pour les empêcher de gagner les devans vers les Lignes. A quoi pourtant il n'auroit pû réüssir, si les autres eussent fait la diligence necessaire pour soûtenir la tête des Troupes qu'ils avoient fait avancer. Le Marquis de Bedmar ayant été obligé pour les prévenir de rentrer dans les Lignes par Orp-le-Grand & Orp-le-Petit, trouva que la tête des Troupes des Alliez étoit entrée par la Barriere de Meerdorp, & qu'ils travailloient à faire des ouvertures. Il fit aussi-tôt mettre l'Armée en bataille & marcher les Troupes les plus avancées pour charger les Alliez. Mais ceux-ci se retirérent avec précipitation au gros de leur Armée. Le Baron de Trognée, Gouverneur de Hui, forma le dessein d'une pareille entreprise sur les Lignes de Vaseiges avec quatre mille hommes. L'Armée des Alliez avoit passé le Demer à Hasselt pour s'y rendre; mais la diligence du Comte de Gassé, obligea le Baron de se retirer: & celle du Marquis de Bedmar, qui alla camper aux environs, fit échouer son projet.

Le Baron Spar ne réüssit pas mieux au bombardement de Bruges, s'étant retiré à l'aproche du Comte de la Mothe, dix à douze heures après l'avoir commencé. Celui que le Maréchal d'Auverkerque entreprit * sur la Ville de Namur, eut beaucoup plus de succez. Il continua sept jours avec beaucoup de violence, & y ruina plusieurs magazins, & un grand nombre de maisons.

Le Baron Spar ayant assemblé les Troupes de toute la Flandre Hollandoise & des Places voisines, peu après avoir quitté les environs de Bruges, assiegea le Fort Isabelle, situé au delà de l'Ecluse, vis à vis l'Ile de Cadsant, & l'ayant battu durant deux jours avec trente pieces de Canon, & plusieurs Mortiers, il obligea la Garnison de se rendre.

L'Electeur de Baviere, consterné, comme on peut se l'imaginer, de la perte de ses Etats & du mauvais succez de ses entreprises, se retira, comme j'ai dit, à Bruxelles, demeure ordinaire des Gouverneurs des Païs-Bas Espagnols. Le Roi Catholique lui en avoit donné le Gouvernement lors qu'il étoit entré dans son Alliance. Il y fut visité à son arrivée par l'Archevêque de Cologne son frere, qui avoit avant lui éprouvé le même sort. Ces deux Princes auroient été à plaindre, s'ils n'eussent pas eux-mêmes contribué à leur malheur, en embrassant les interêts du Roi de France, contre la fidélité qu'ils devoient à l'Empereur & à l'Empire.

Le Maréchal de Villeroi retourna presque dans le même-tems aux Païs-Bas, avec une partie des Troupes qu'il

* Le 13. Juillet.

1704. avoit menées en Allemagne. Pour consoler en quelque maniere le Roi de France de la perte qu'il venoit d'y faire, il forma le dessein de surprendre le Maréchal d'Auverkerque, & de se prévaloir pour cela de l'absence du Duc de Marlborough, dont les Troupes étoient encore aux environs du Rhin, & de la Moselle. Mais son projet échoua par les précautions du General Hollandois.

Prise de Gibraltar par le Pr. de Darmstad.

Celles que le Roi Philippe avoit prises pour empêcher la Flote des Alliez d'entreprendre quelque expédition avec succez sur les Places Maritimes de l'Espagne, ne furent pas si justes qu'on se l'étoit imaginé, depuis la retraite du Prince de Darmstad de devant Barcelone ; car la Flote des Alliez s'étant presentée au commencement d'Août devant Gibraltar, & ayant mouillé au Port de Guadamarque, mit deux mille hommes à terre à la tête desquels étoit le Prince de Darmstad. Celui-ci envoya peu après un Trompéte à Dom Diego de Salinas, Gouverneur de la Place, pour le sommer de se rendre ; à quoi n'ayant pas fait la moindre attention, les Alliez batirent la Place de tout le Canon de leurs Vaisseaux, & y jetterent des Bombes le 4. du mois. Ces Bâtimens ayant mis le côté en travers, la canonnérent jusqu'à Midi, après quoi ils débarquérent sur le Mole neuf mille hommes, qui après en avoir chassé deux à trois cens, passérent la Montagne & s'emparérent de l'Eglise de Nôtre Dame d'Europe. De là ils s'avancérent vers la Ville, dans laquelle ils entrérent par un endroit qui étoit comme hors de défense, ce qui obligea le Gouverneur de capituler.

Cóbat Naval entre les deux Flotes.

La prise de cette Place causa autant d'inquiétude aux deux Rois, que joye & d'avantage aux Alliez, auxquels elle favorisoit le passage d'une mer à l'autre. Elle fut suivie peu de jours après d'un combat sanglant, mais indécis, entre les deux Flotes ennemies.

Le Comte de Toulouse étoit allé de 1704. Brest à Toulon avec 23. Vaisseaux pour les joindre à ceux qu'on avoit armez au Port de cette derniere Place, afin d'empêcher les entreprises des Alliez sur les Côtes d'Espagne dans la Méditerranée. Il arriva à Velez Malaga avec cinquante Vaisseaux, suivi des Galeres de France, & d'Espagne ; les premieres étoient commandées par le Marquis de Roye, & les autres par le Duc de Tursis. Les Alliez, sur l'avis de son aproche, après avoir quitté les environs de Gibraltar, s'avancérent de ce côté-là avec un vent favorable, & ayant paru devant la flote de France, celle-ci se disposa au combat. Elle n'avoit point d'autre parti à prendre, quoi que le calme survenu l'eût empêché d'être prête aussi-tôt qu'il étoit necessaire, si les Galéres n'eussent mis promptement les Vaisseaux au large en les remorquant. A la pointe du jour les François levérent l'ancre, & s'avancérent vers les Alliez que les courans avoient emportez. Le jour d'après les deux flotes se trouvérent en presence. L'avant-Garde de l'Armée des deux Couronnes étoit sous les ordres du Marquis de Villette, Lieutenant General, ayant en seconde Ligne le Duc de Tursis avec les sept Galeres de son Escadre, & cinq d'Espagne. Le Comte de Toulouse étoit au Corps de bataille ayant derriere lui le Marquis de Roye avec quatre Galéres, & le Marquis de Langeron étoit à l'Arriére-Garde, avec huit Galéres de France, sous les ordres du Marquis de Forville.

On ne peut mieux savoir le détail de cette action, que par la Lettre suivante.

LETTRE

Du Lieutenant General Callembourg à Leurs Hautes Puissances, touchant le Combat Naval entre les Flotes combinées d'Angleterre & de Hollande, & celle de France, écrite à bord du Vaisseau le Catuvick, hors de l'embouchure du Détroit, le 5. Septembre 1704.

Hauts & Puissans Seigneurs,

„ MA derniere Lettre à Vos Hautes Puissances étoit du 7. Août
„ dernier à laquelle je me refere avec
„ tout le respect imaginable. Depuis
„ l'Amiral Sholvel & le Vice-Amiral
„ Wassenaer revinrent à l'ancre le mê-
„ me jour à la Baye de Gibraltar avec
„ leurs Vaisseaux. La résolution que le
„ Conseil de guerre avoit prise deux
„ jours auparavant fut changée, & l'on
„ convint au lieu d'aller faire aiguade
„ par Escadres separées sur la Côte de
„ Barbarie à l'Est de Tetuan, de pour-
„ voir en une fois la Flote d'eau fraîche
„ au premier bon vent. Pour lequel éfet
„ nous rangeâmes cette Côte le 12. lais-
„ sant à Gibraltar une Garnison de
„ 1800. Mariniers Anglois, & à la
„ priere du Prince de Darmstad on y
„ laissa dans la Baye les Galiotes à bom-
„ bes de Vos Hautes Puissances, avec
„ ordre aux Bombardiers & aux Artifi-
„ ciaires de se rendre dans la Ville pen-
„ dant nôtre absence, & d'obéir à ce
„ que ce Prince ordonneroit pour les
„ dispositions necessaires. Le 14. la
„ flote mouilla sous le Cap Tetuan, &
„ le 19. s'étant pourvûë d'eau & de ra-
„ fraîchissemens, elle remit à la voile.

„ Le 21. nôtre Avant-Garde étant en-
„ tre Gibraltar & Malaga, fit signal
„ qu'elle apercevoit la flote ennemie.
„ Là-dessus l'Amiral Roock assembla
„ le Conseil de guerre, où se trouvé-
„ rent les Officiers des deux Nations,
„ & sur le raport des Capitaines de
„ l'Avant-Garde, que la Flotte Fran-
„ çoise étoit de 66. Voiles, & de 34.
„ Galeres, il fut résolu qu'ayant le
„ vent sur nous, on l'atendroit devant
„ le Détroit, en cas que le vent d'Est
„ continuât, & que cependant on tire-
„ roit la moitié de la Garnison de Gi-
„ braltar pour les Vaisseaux Anglois.
„ Le lendemain les Anglois firent é-
„ chouer un Vaisseau François sous
„ Marrabelle, dont l'Equipage se sau-
„ va à terre, après y avoir mis le feu.
„ C'étoit un Vaisseau chargé de vivres
„ ou servant d'Hôpital. Le 23. nous
„ aperçumes la Flote ennemie au des-
„ sous du vent. Nous revirâmes sur
„ elle; mais nous ne pûmes la joindre
„ ce jour-là. On la poursuivit toute la
„ nuit, & à l'aube du jour le vent étant
„ à l'Est, nous vîmes à côté de nous
„ l'Ennemi qui nous attendoit, fort
„ de cinquante-quatre Vaisseaux de
„ Ligne & de vingt-quatre Galeres, à
„ ce que nous pûmes compter. Nous
„ avançâmes sur eux & les primes de
„ côté, en sorte que l'Amiral Shovel
„ eut l'Avant-Garde. De cette maniere
„ toute la Flote entra en engagement
„ sur les dix heures du matin, & le
„ combat fut très-violent, à cause du
„ calme. Les Vaisseaux dont les mâts,
„ cordages & autres agrets furent en-
„ dommagez, consumérent une très-
„ grande quantité de poudre, en telle
„ sorte que pendant l'action on fut
„ obligé de remplir les cartouches. On
„ continua de la sorte à se canonner
„ jusqu'à la nuit. Le Capitaine Her-
„ man Linslager, commandant le Ni-
„ mégue, Vaisseau de Vos Hautes
„ Puissances, a été tué, & le Secre-

„ taire Vander Schuur a eu le talon
„ droit emporté. Vos Hautes Puiſſan-
„ ces verront ci-deſſous le nombre des
„ autres morts & bleſſez. La nuit on
„ fit toutes les diſpoſitions neceſſaires,
„ & le lendemain matin le vent étant
„ Oueſt, ce qui donnoit l'avantage aux
„ Ennemis, nous nous laiſſâmes déri-
„ ver pour les attendre, & l'on travail-
„ la à réparer nôtre dommage autant
„ que le tems pouvoit le permettre, &
„ à faire une répartition des munitions
„ de guerre & d'autres choſes tirées des
„ Vaiſſeaux de charge, afin que cha-
„ cun ſe trouvât en état: mais l'Enne-
„ mi reſta là, ne témoignant point
„ d'envie de recommancer le combat
„ ce jour-là. Peu après midi l'Amiral
„ Roock, qui étoit rentré en grace,
„ aſſembla le Conſeil de guerre, où
„ l'Amiral Shovel raporta que l'Avant-
„ Garde Françoiſe s'étoit continuelle-
„ ment éloignée de lui, en ſorte qu'il
„ n'avoit pû l'engager comme il l'au-
„ roit ſouhaité. Que l'Amiral Rook
„ avec le Corps de bataille, & nous
„ avec l'Arriére Garde avions été en-
„ gagez dans un très-furieux combat.
„ Que les Vaiſſeaux de Sa Majeſté ſous
„ cet Amiral avoient conſumé auſſi la
„ plus grande partie de leur poudre &
„ de leurs boulets, tellement qu'il ne
„ reſtoit plus que dix coups pour cha-
„ que piece, avec quoi l'on n'auroit
„ pû ſe batre qu'une heure. Là deſſus
„ on reſolut de faire voile avec la Flore
„ vers Gibraltar, & de s'y pourvoir de
„ tout le neceſſaire, tant pour les Vaiſ-
„ ſeaux que pour cette Place, en cas
„ pourtant que nous ne viſſions plus les
„ Ennemis.
„ Je paſſai ſur le Catuvick, Vaiſ-
„ ſeau de Vos Hautes Puiſſances, com-
„ mandé par le Capitaine Schreiver,
„ parce que l'Albemarle, que j'avois
„ laiſſé ſous le commandement du Ca-
„ pitaine Viſſer, étoit hors d'état de
„ porter Pavillon. Toute la nuit nous

„ dérivâmes vers l'Eſt. Le 26. à l'aube
„ du jour nous vîmes de nouveau la
„ flote Françoiſe entre nous & le Dé-
„ troit, qui portoit le Cap au Nord.
„ Nous nous laiſſâmes dériver, afin
„ qu'elle nous pût joindre le lendemain.
„ Mais le 27. nous ne vîmes plus d'En-
„ nemis, & nous pourſuivîmes nôtre
„ route vers la Baye de Gibraltar, ſui-
„ vant la reſolution qui en avoit été
„ priſe. A trois heures après midi le
„ feu ayant malheureuſement pris aux
„ poudres de l'Albemarle, Vaiſſeau de
„ Vos Hautes Puiſſances, il ſauta en
„ l'air. Le Commandeur Rombours, à
„ qui j'avois ordonné de veiller ſur ce
„ Vaiſſeau, ſauva neuf hommes, mais
„ ils ne purent point dire de quelle ma-
„ niere étoit arrivé cet accident. Le 4.
„ du mois ſuivant nous mouillâmes
„ dans la Baye de Gibraltar ſans aucune
„ autre rencontre. Dans un Conſeil de
„ guerre qui ſe tint le même jour, il
„ fut reſolu que la ſaiſon étant fort a-
„ vancée, nos vivres preſque conſu-
„ mez, les Vaiſſeaux endommagez re-
„ mis en état, & Gibraltar pourvû par
„ l'Amiral Roock d'une Garniſon de
„ 2000. Mariniers Anglois, & muni
„ de tout ce qui lui étoit neceſſaire
„ pour ſa défenſe, nous repaſſerions
„ le Détroit au premier bon vent, pour
„ retourner dans nos Ports: mais que
„ les vents étant à l'Oueſt, nous ferions
„ encore aiguade ſur la côte de Barba-
„ rie, & y prendrions les rafraîchiſſe-
„ mens pour nos malades & pour nos
„ bleſſez. En conſéquence de cette ré-
„ ſolution, nous avons ce matin levé
„ l'ancre pour nous en retourner avec
„ un vent frais d'Eſt. Je ſuis, Hauts &
„ Puiſſans Seigneurs, &c. ſigné G.
„ Callembourg.
„ Suivant la liſte il y a eu en tout
„ dans le combat 92. hommes tuez ſur
„ les Vaiſſeaux de Vos Hautes Puiſſan-
„ ces, & 268. des Alliez.

LOUIS XIV. Liv. XV.

La Cour de France fait chanter un Te Deum pour cette prétenduë victoire.

On ne manqua point à Paris de faire chanter un *Te Deum* en action de graces de l'avantage que la France prétendit avoir remporté en cette rencontre. Mais ce fut en partie la perte de la bataille d'Hochstet, qui obligea la Cour à faire celebrer cette victoire chimerique pour tâcher de faire oublier l'échec réel qu'elle venoit d'essuyer. *La Cour a eu de bonnes raisons pour en user de cette maniere*, dit en propres termes une Lettre envoyée de Paris, *nos Peuples étoient consternez, nous venions de perdre coup sur coup deux batailles sur le Danube, & la derniere victoire des Alliez étoit des plus éclatantes pour eux & des plus acablantes pour nous. Etoit-il bien de la Politique d'avouer que le Comte de Toulouse venoit encore d'être assez maltraité sur mer? On n'en use pas ainsi à la Cour des Princes. On balança longtems néanmoins si on chanteroit le Te Deum, mais comme toutes les nouvelles des Païs Etrangers portoient que notre Flote avoit été battuë, & que pour marque de cela la Cour n'ordonnoit aucunes réjoüissances, pour une victoire qu'on publioit néanmoins à la Cour & à la Ville que nous avions remportée, le Conseil fut d'avis qu'on fît chanter un Te Deum, dût-on aprêter à rire à toute l'Europe; le Peuple veut être trompé.* Certaines satires qu'on faisoit courir contribuerent aussi beaucoup à nous porter à faire ce pas, & entre autres, une *Priere à la Sainte Vierge*, dont on ne sera peut-être pas fâché de voir ici la fin. *

Reflexions des Pr. sur la Lettre du Roi à Mr de Noailles.

On pourroit faire beaucoup d'observations sur la Lettre au Cardinal de Noailles, & sur la Rélation qui fut publiée le lendemain que le *Te Deum* eut été chanté, mais celles qu'on va voir suffiront, d'autant plus qu'elles mettent l'état de la question dans tout son jour. ,, Cette *Lettre* (on parloit ,, de celle du *Te Deum*) dit simplement ,, *que l'Armée Navale que le Roi a as-* ,, *semblée dans la Méditerranée, a non* ,, *seulement rendu inutiles les entreprises* ,, *que les Flotes Angloise & Hollandoise* ,, *s'étoient proposé de faire sur les Côtes* ,, *de Catalogne, mais qu'elle vient encore* ,, *de terminer glorieusement la Campagne* ,, *par un combat general dont tout l'avan-* ,, *tage est demeuré à S. M.* A l'égard du ,, premier point, le fait est, qu'en ,, dernier lieu l'Armée Navale des Al- ,, liez a pris *Gibraltar*, que Mr le Com- ,, te de *Toulouse* s'étoit avancé vers ,, *Malaga* pour la combattre, & pour ,, tâcher de reprendre cette Place. Or ,, on ne voit pas jusqu'ici que *l'entre-* ,, *prise des Alliez ait été renduë inutile*, ,, ni qu'à cet égard *la Campagne se soit* ,, *terminée glorieusement* pour cet Ami- ,, ral. Quant à *l'avantage du combat*, ,, la Lettre dit simplement, que les ,, Ennemis étoient considerablement plus ,, *forts en nombre*, qu'ils ont eu *le vent* ,, *favorable*, que ce sont eux qui ont ,, fait *les premiers éforts*, que le com- ,, bat a duré *dix heures* (c'est à dire ,, bien avant dans la nuit qu'ils ont ,, *évité l'abordage plusieurs fois tenté par* ,, *les Vaisseaux du Roi*, & qu'ensuite ,, *ils ont fait retraite*. Or sur le pied de ,, ce récit, il ne paroît rien que d'a- ,, vantageux pour l'Armée Navale des ,, Alliez; on vouloit l'attaquer, & ,, elle a attaqué *avec un vent favorable*; ,, les François, qui étoient plus forts ,, en Equipages, ont voulu plusieurs ,, fois *tenter l'abordage*, & elle l'a toû- ,, jours évité; donc elle n'a point eu ,, de Vaisseaux hors d'état de faire leur ,, manœuvre; donc elle a conservé l'a- ,, vantage du vent: si elle s'est retirée, ,, ce n'a été qu'après le combat fini. On

* ,, *Faut-il toûjours, Reine des Anges,*
,, *Qu'au lieu de chants de joye & de chants*
,,   *de louanges,*
,, *Louis jadis Vainqueur, à present aterré,*
,, *Ordonne au Cardinal, son Cousin de*
,,   *Noailles,*
,, *Comme en un jour de funerailles,*
,, *De chanter le Miserere;*

1704.
„ ne dit point qu'elle ait perdu aucun
„ Vaiſſeau, ni qu'elle ſe ſoit retirée en
„ déſordre & maltraitée. La Lettre
„ garde un profond ſilence ſur cela,
, afin de ne rien dire de la perte que
„ les François y ont faite; elle ajoûte
„ ſeulement , que *durant les deux jours*
„ *ſuivans le Comte de Toulouſe a tout*
„ *mis en uſage pour rejoindre les Enne-*
„ *mis , ſans avoir pû les engager à un*
„ *ſecond combat.* Voilà donc à quoi ſe
„ reduit *tout l'avantage* que les Fran-
„ çois s'attribuent ; leur Armée Navale
„ eſt demeurée dans les mers de Mala-
„ ga, & celle des Alliez, qui n'a point
„ de Port de ce côté-là , ſera retournée
„ à Gibraltar. Supoſé que la choſe ſe
„ ſoit ainſi paſſée , il ne paroît pas que
„ les François ayent ſujet de s'en glo-
„ rifier , comme d'une victoire, ni d'en
„ faire chanter le *Te Deum*, ſinon dans
„ un ſens general & commun à tous,
, pour rendre graces à Dieu de tous les
„ événemens bons & mauvais. Auſſi
„ dans le corps de la Lettre, dont tous
„ les termes ſont extrêmement ména-
„ gez , le mot de *Victoire* n'y eſt point
„ du tout exprimé; il ne ſe trouve que
„ dans le titre de la premiere page (qui
„ eſt ce qu'on publie d'ordinaire pour
„ le Peuple) *Lettre du Roi à Mr le*
„ *Cardinal de Noailles, &c. pour faire*
„ *chanter le* Te Deum *, &c. en action*
„ *de graces de la* Victoire *remportée par*
„ *l'Armée Navale de Sa Majeſté ſous*
„ *le Commandement de Monſieur le*
„ *Comte de Touloufe, Amiral de France.*
„ Voilà pour ce qui regarde la Let-
„ tre. Pour ce qui regarde la Rélation,
„ il faut demeurer d'acord , qu'on ne
„ ſauroit parler plus modeſtement d'un
„ avantage pour lequel on a fait chan-
„ ter le *Te Deum* ; car on peut dire que
„ cet avantage eſt comme impercepti-
„ ble du côté des François , & qu'il
„ paroît au contraire avoir été du côté
„ des Alliez. On y convient que ceux-
„ ci ont commencé le combat *avec un*

„ *vent favorable* , & que la *fumée* tom-
„ boit ſur la flote de France : ils ſe ſont
„ *ſervis utilement* de leurs Galiotes à
„ bombes ; le feu a été *extraordinaire*,
„ & le combat a duré *juſqu'à* la nuit,
„ les François ont eu pluſieurs Vaiſ-
„ ſeaux maltraitez , & mis *hors de la*
„ *Ligne* La Rélation avouë 1500. hom-
„ mes tuez ou bleſſez , elle ne dit rien
„ de l'état des autres Vaiſſeaux & des
„ Galéres , & elle convient qu'on ne
„ ſait rien de la perte des *Alliez*. En
„ voilà bien aſſez pour conclure que ce
„ n'étoit pas la peine de faire chanter le
„ *Te Deum.*

1704.

Quoi qu'il en ſoit , les deux Flotes furent encore le lendemain en vûë l'une de l'autre ; mais la journée precedente les ayant affoiblies, elles ne firent aucun mouvement pour rentrer en action. Celle de France prit la route du Levant, pendant que les Alliez s'avancerent vers le Détroit ; demeurant toûjours Maîtres de la Ville de Gibraltar, où ils laiſſerent dix à douze Vaiſſeaux. Les Eſpagnols aſſiſtez de quelques Vaiſſeaux de France , ſous les ordres du Sieur de Pointis , attaquérent deux mois après cette Place , dans l'eſperance de la reprendre facilement depuis l'éloignement de la Flote des Alliez. Le Marquis de Villadarias fit ouvrir la tranchée le 21. Octobre par le Comte d'Aguilar , Lieutenant General , ayant ſous lui Dom Bernardo Renau d'Elizagarai, Maréchal de Camp , & le Comte de Villars, Brigadier ; mais la reſiſtance du Prince de Darmſtat, qui y commandoit , ayant rendu tous ſes éforts inutiles , il fut obligé de lever le ſiége après avoir ſouffert des pertes conſidérables.

Les Eſpagnol tentent de reprédre Gibraltar & en levent le ſiege.

Les Portugais agirent de leur côté avec ſuccez contre les Eſpagnols , ſur leſquels ils firent des Conquêtes, après avoir repris toutes les Places qui leur avoient été enlevées l'année precedente.

Avantages des Portugais.

Ce

1704.

Extrémitez auxquelles la France est réduite.

Cependant le mécontentement étoit général en France, à cause des Impôts extraordinaires dont les Peuples étoient chargez. Jamais les Sujets du Roi n'avoient senti plus vivement ce que coûte l'ambition d'un Monarque. Quelque dévouez qu'ils fussent à ses volontez, ils reconnoissoient combien cette ambition leur étoit onereuse; & quoique la guerre, à laquelle elle donna la naissance, ne fit encore que commencer, les Peuples en étoient pourtant acablez. La misere qu'ils souffroient par tout, les porta dans quelques Provinces à faire cette année des coups de desespoir, que la Cour devoit regarder comme de très-funestes presages. Tout le Royaume se trouvoit dans un épuisement universel. Les affaires étoient, pour ainsi dire, desesperées. Le Roi ne l'ignoroit pas; & comme s'il eût suffi de cacher le mal pour le guerir, ou pour le rendre plus suportable, il défendit sous des peines rigoureuses à tous ceux qui à la suite de parler des affaires d'Etat. C'est ainsi qu'il se dissimuloit à lui-même ce qu'il vouloit & ne pouvoit ignorer. La disette d'argent lui fit inventer des remedes nouveaux jusqu'alors, & comme si c'étoit multiplier les especes que d'en rehausser à son gré la valeur, il y fit une augmentation considerable, sans songer que cette valeur imaginaire, bien loin d'aporter de véritable profit, ne faisoit que multiplier réellement les besoins. En un mot la monnoye, ce puissant ressort, fut sujette à des changemens continuels. Tantôt on la réforma, & tantôt cette réforme n'eût plus lieu. Tantôt on la fit valoir au delà de son veritable prix, & tantôt on en diminua la valeur. On ne voyoit aucune fin à ces variations, qui en même-tems qu'elles ruinoient le Commerce, faisoient voir combien le Conseil du Roi étoit embarrassé à trouver les moyens de faire sortir des coffres l'argent des particuliers.

Tome III.

Cependant tout cela n'étoit rien, en comparaison des violences que la Cour employoit pour avoir des Soldats. L'argent se pouvoit dérober à l'avidité du Prince, & à la subtilité de ses recherches. Mais il n'en étoit pas de même des personnes. Rien ne pouvoit dispenser d'obéir ceux qui avoient été nómez pour porter les armes. Il faloit marcher, ou se resoudre à ramer toute sa vie sur les Galeres. On vit enlever aux Familles leur soûtien, en arrachant le Mari des bras de sa Femme, & le Fils d'auprès de sa Mere. On ôta le Pere aux Enfans, & aux Peres l'apui de leur vieillesse, en les privant de ceux qui leur gagnoient le pain; tout cela sans autre fruit que de dépouiller les Villages d'Habitans & les terres de Laboureurs. Dure extrémité, qui augmentoit le nombre des gens portant les armes, sans grossir les Troupes de bons Soldats! L'Ordonnance publiée pour ce sujet à Paris, le 30. Octobre de cette année, nous fourniroit plusieurs considerations; mais je me contenterai de celles qui parurent en même-tems que l'Ordonnance. *Elle fait voir, disoit-on, que l'exemption de Tailles pendant cinq ans, qu'on acorde en France aux Soldats enrôlez pour les Recruës, après trois ans de service, n'est pas un moyen suffisant pour trouver du monde, puis qu'il y faut employer les voyes les plus odieuses de la contrainte; c'est à dire, la peine des Galeres, même contre ceux qui s'absenteront de leurs Paroisses, après la publication de l'Ordonnance, & sans qu'il leur soit permis de mettre d'autres gens en leur place en payant. Voilà l'extrémité, où le Droit de Conquête reduit les Sujets en France, & quel est le fruit des Te Deum qu'on leur fait chanter, à mesure qu'on travaille à leur donner des compagnons de leur misere. Rien ne prouve mieux la justice des armes des Hauts Alliez, & la necessité qu'il y a de faire les derniers*

1704.

Violences exercées pour avoir des soldats. Ordonnance du Roi sur ce sujet.

Y

1704.

eforts pour se garantir de tomber dans cette triste & dure condition, qui change la liberté en crime, & fait que les innocens deviennent coupables pour vouloir jouir des droits naturels.

Le M. de Villars est envoyé dans les Sevenes à la place du M. de Montrevel.

Ces voyes odieuses, auxquelles on fut obligé d'avoir recours, pour s'opposer aux Ennemis du dehors, étoient au moins des marques de l'autorité absoluë du Roi sur une partie de ses Sujets naturellement devouez à l'obéissance ; mais l'impuissance de cette même autorité à reduire au dedans d'autres Sujets lezez dans leurs droits naturels, chagrina la Cour, & lui fit éprouver combien la rigueur est inutile & même dangereuse en ces ocasions. Les Mécontens des Sevennes augmentoient tous les jours, & plus on exerçoit contre eux de cruautez & de violences, plus ils commettoient eux mêmes de désordres pour se venger. Enfin le Maréchal de Montrevel, qui avoit été chargé du soin d'empêcher les suites de cet embrasement, fut rapelé : soit qu'on fut mécontent de lui ; soit que la rigueur qu'il avoit exercée fut un obstacle à l'acommodement qu'on meditoit. En éfet ses cruautez avoient tellement aigri les esprits, qu'il les avoit portez à la rebellion au lieu de les en détourner. Il avoit entre autres choses fait mettre le feu à un moulin où quantité de personnes s'étoient réfugiées, & où les flâmes n'épargnerent ni age, ni sexe, ni condition. Le Maréchal de Villars fut envoyé à sa place ; il s'y prit d'abord d'une toute autre maniere, & faisant succeder la douceur à la barbarie, il éprouva que cette voye étoit beaucoup plus propre à ramener les esprits, que celle qu'on avoit employée auparavant. Il laissa délasser les Bourreaux des fatigues que son Predecesseur leur avoit données ; il promit grace à tous ceux qui se mettroient en état de la mériter ; & sachant qu'il n'y a qu'à mettre la division dans un Parti, pour le ruiner entierement, il tâcha de gagner quelques-uns des Chefs.

Il s'adressa vainement à un nommé *Roland*, qui commandoit une Troupe dans les Hautes Sevennes ; il n'y eut pas moyen de l'ébranler. *Cavalier* fut plus traitable, il prêta l'oreille aux propositions qu'on lui fit, & accepta avec l'Amnistie les récompenses qui lui furent offertes. On lui avoit donné le Commandement d'un certain nombre de Camisars qui faisoient leurs courses aux environs de Nîmes, & quoi qu'il fut très-jeune & très peu expérimenté, * on lui deferoit neanmoins extrêmement, parce qu'il se vantoit du don de Prophetie, & qu'il donnoit tous les ordres de la part de Dieu. Il étoit regardé des siens comme un autre Moïse, & on en parloit comme d'un Heros. Cependant ceux qui l'ont vû disent qu'il n'avoit rien moins que l'air guerrier : que c'étoit un jeune garçon, blanc & blond, d'une petite phisionomie, à la verité assez gracieuse, mais dont la tête ni le bras ne paroissoient pas promettre beaucoup. Il avoit pourtant fait parler de lui ; ses Partisans le comparoient au jeune David, plus redoutable avec sa fronde & son bâton, que Goliath avec son épée & son armure. On le regardoit si bien sur ce pied-là, qu'on crut avoir tout gagné en le gagnant, & qu'il fut traité en homme de la derniere importance. Cela paroît par des Lettres écrites de Nîmes en ce tems-là, † où l'on se félicitoit fort de l'acommodement fait avec ce Chef des Camisars.

1704.

Conferences entre lesdeux Parties suivies d'un acômodement

Cavalier se laisse gagner aux promesses de la Cour. Caractere de

,, Mr de la Lande, Maréchal de ,, camp, dit l'une de ces Lettres, ayant ,, été envoyé par le Maréchal de Villars ,, pour s'aboucher avec Cavalier, le ,, trouva près de Vesenobre avec sa

* *Il étoit d'Anduze, Boulanger de son métier, & ne paroissoit pas avoir plus de dix-huit ans, quoiqu'il en eût vingt-quatre.*

† *Datée du 14. & 16. de Mai.*

1704. „ Troupe rangée en bataille, au nom-
ce Chef „ bre de 800. hommes. Monsieur de
des Ca- „ la Lande fit auſſi mettre les ſiens dans
miſars. „ la même poſture, enſuite les Chefs
„ ſe détacherent de leurs Troupes, &
„ s'étant joints eurent une Conference
„ d'environ deux heures, où ils con-
„ vinrent de quelques Articles dont
„ voici la ſubſtance. I. *Une Amniſtie*
„ *generale*. II. *La liberté à Cavalier de*
„ *ſortir du Royaume avec 400. hommes*
„ *de ſa Troupe*. III. *La délivrance des*
„ *exilez & des priſonniers qu'on avoit*
„ *fait depuis le commencement de la guer-*
„ *re*. IV. *La reſtitution des biens con-*
„ *fiſquez*, &c. A quoi Cavalier vouloit qu'on ajoutât *la liberté de Conſcien-*
ce. Il fut donné des ôtages de part &
d'autre, & ces Conferences furent ſui-
vies d'un Traité conclu à Nîmes en
conformité de ces Articles, à l'exception du dernier que Cavalier demandoit.
Il s'étoit chargé d'engager ſes camara-
des à ſouſcrire au Traité. Mais il fut
bien éloigné d'y réüſſir; tellement que
quand il les alla trouver pour cela, il
en fut reçu à grands coups de fuſils; il
fut traité de déſerteur par ceux de ſon
Parti, & on lui imputa le ſang de quelques-uns des Chefs qui furent brulez &
rouez; & entre autres celui de Roland,
qui aima mieux ſe faire tuer que de ſe
laiſſer prendre. Car le Maréchal de
Villars, voyant que les autres ne vouloient pas imiter l'exemple de Cavalier,
reprit les manieres du Maréchal de
Montrevel & exerça les mêmes violences. Il s'étoit flatté d'avoir réüſſi dans
l'acomodement, comme il paroît par
la Lettre * qu'on prétend qu'il en écrivit au Roi. Cependant le ſuccez a fait
voir qu'il s'étoit trompé. Il en fut ſi
convaincu lui-même, que pour ſe venger de Ravanel, † qui l'avoit fait mentir, il réſolut de l'avoir mort ou vif.

* *Datée de Nîmes du 20. Sept.*
† *Un des Chefs des Camiſars.*

Cet exemple fait connoître combien il 1704.
en coûte à vouloir réduire par la force,
des Sujets qui ne combattent pas en
mercenaires, mais pour leur propre
liberté. Une poignée de gens, deſtituez
de ſecours, occupa ſucceſſivement deux
Maréchaux de France avec un grand
nombre de Troupes reglées, ſans que
les maſſacres, ni les plus rigoureux ſu-
plices en ayent pû venir à bout. C'eſt
un prodige que des pelotons d'habitans, qui n'avoient pour s'armer, que
leur courage & leur induſtrie, envelopez de tous côtez & ſans aucune communication avec les Etats voiſins, ayent
pû tenir auſſi long-tems qu'ils firent;
& que pour en détacher une partie il ait
falu employer la douceur & les promeſſes, qui gagnerent plus de Chefs en peu
de jours, qu'on n'en avoit pû batre en
deux ans. Encore falut-il accorder à ceux
qui ſe ſoumirent des conditions que les
autres Sujets ne purent jamais obtenir
par leur fidélité & leur obéïſſance.
Quoi qu'on publiât en France que tout
étoit fini, on ne devoit pas s'en flater
tant que la cauſe du mal ſubſiſteroit.
On en devoit plûtôt croire le témoignage du Maréchal du Montrevel, qui
dans ſa Lettre au Roi du 14. Février,
refutant le ſentiment de ceux qui di-
ſoient *que c'étoit un feu de paille*, dit au
contraire, *que la conjonĉture du ſoulê-*
vement étoit plus dangereuſe que la ré-
volte, & qu'il faudroit au moins autant
de Troupes pour empêcher les Mécontens
de ſe déclarer, que pour réduire ceux qui
avoient déja pris les armes.

Cependant Cavalier jouiſſoit d'une Cava-
penſion de 500. écus & d'un Brevet de lier ſe
Lieutenant Colonel. Le Maréchal de prome-
Villars & tous ceux de ſa Cour lui fai- le Ro-
ſoient mille honnêtetez pour faire va- yaume,
loir leur aquiſition & élever leur tro- & ſe
phée. Il ſe promena dans quelques ſauve
Provinces du Royaume & fut régalé dans les
par la Nobleſſe. Il fut reçu à Lyon avec Païs E-
de grands honneurs, allant par tout trangers.

1704. suivi de sa Garde & entrant jusques chez le Gouverneur acompagné de quatre de ses gens le mousquet sur l'épaule. Il demanda ensuite permission d'aller en Cour, disant qu'il avoit des avis à donner de la dernière importance, & dont il ne pouvoit confier le secret à personne. Il y fut éfectivement, & demeura trois jours à Versailles, où il eut quelques conferences avec Mr de Chamillart. Le Roi même eut envie de le voir & on le fit trouver sur son passage; mais on dit qu'il ne lui parla point; * & que Sa Majesté le regarda & plia les épaules. Le peuple couroit en foule après lui : & la Garde, encore plus utile qu'honorable en ces ocasions, le garantit souvent des insultes d'une multitude qui n'étoit pas fort bien intentionnée. Enfin on le conduisoit aux Vieux Brisac, où la Maréchaussée eut ordre de l'escorter pour le mettre, disoit-on, à l'abri des entreprises qu'on pourroit former contre lui en chemin; lors qu'il trouva moyen de s'échaper avec quatre-vingt de ses gens. Ils étoient alors dans le voisinage de Montbelliard ; ils se dérobèrent à la faveur de la nuit à ceux qui les escortoient, & firent tant de diligence, qu'il ne fut pas possible aux autres de les atteindre. Cavalier passa dans les terres de Neuchâtel, de là à Lauzane, en Piémont, & ensuite en Angleterre où il est encore. Dès qu'il fut arrivé en Suisse, il écrivit à Mr de Chamillart, pour justifier son évasion; & ce Ministre lui fit peu de jours après la réponse suivante.

Lettre que Mr de Chamillart luiécrivit à ce sujet.

Je reçois vôtre Lettre du 4. de ce mois, par laquelle vous prétendez justifier vôtre évasion. Les pretextes dont vous vous servez, pourront être reçus parmi les Ennemis du Roi. Mais moi qui ai connu dans toute leur étenduë les bons traitemens qui vous ont été faits, je n'ai qu'à

* Cavalier a pourtant dit à une personne digne de foi, qu'il avoit parlé au Roi.

vous plaindre de vôtre aveuglement, & 1704. demander à Dieu, comme Chrétien, qu'il ne vous fasse pas porter la peine de vôtre pe fidie. Car comme homme, je sai que vous ne la méritez que trop. Vous m'avez porté vos plaintes telles que vous les avez faites en Suisse. Vous deviez du moins attendre ma réponse, si vous aviez été de bonne foi. Je sai que vous avez dépêché un Courier à Mr de Savoye, depuis que vous êtes à Lauzane, & que vous assembliez tout ce qu'il y a de Religionnaires fugitifs, pour en faire un Régiment, avec lequel vous lui offrez vos services. On m'a même assuré que Mr l'Abbé de la Bourlie, qui se fait apeler le Comte de Guiscard, qui est a'Eglise depuis plus de quarante ans, jouissant d'une très-grosse Abbaye, après avoir mené durant plusieurs années une conduite désordonnée, abandonné de Dieu & méprisé des hommes, a pris le parti de se faire Renegat, & de travailler contre son Roi, son devoir & son honneur, à détruire sa propre Patrie. Si ce sont là les sentimens dont vous composez le Parti que vous formez contre le Roi, il faut espérer qu'il en sera vengé par une main plus puissante que la sienne. Il est encore tems d'avoir recours à la clemence de Sa Majesté ; & un homme d'une condition aussi basse que la vôtre, chargé de tant de crimes, s'il n'est pas possedé d'un esprit démoniaque, sauroit profiter de la grace que Sa Majesté lui avoit faite, en se retirant dans un lieu où il pourroit vivre doucement, prier pour son Bienfaiteur, sans apréhender les événemens d'une malheureuse destinée. Si vous êtes capable de pareils sentimens, & de fidelité envers vôtre Roi, principe inséparable de la véritable Religion, je vous offre tous les bons offices que je puis vous rendre ; si au contraire vous voulez vivre en Sujet révolté, il ne me convient pas d'avoir davantage de commerce avec vous.

Signé CHAMILLART.

A Fontainebleau le 13. Septembre 1704.

Cette Lettre pourroit fournir une ample matiere à la reflexion, tant sur la maniere dont elle est conçûë, que sur ce que l'on peut présumer des motifs qui l'ont fait écrire. La Cour croyoit s'assurer de Cavalier, en le faisant conduire au Vieux Brisac, comme dans une honnête prison : Elle fut surprise & fâchée qu'il lui eût échapé au moment qu'elle croyoit le tenir. Il s'ensuit delà qu'on le regardoit comme un homme assez important, pour se faire craindre au dehors, aussi bien qu'au dedans du Royaume. Les avances qu'on lui fait pour le rapeler, sous pretexte *d'avoir recours à la clemence du Roi*, en sont des preuves certaines. Et si cela est, comme on n'en peut douter, les siecles à venir n'auront-ils pas lieu d'admirer, *qu'un homme d'une condition aussi basse*, avec de si médiocres talens, ait pourtant suscité tant d'affaires à un si grand Roi, & traité avec lui presque comme d'égal à égal ? Ce morceau d'Histoire, s'il étoit bien dévelopé, seroit peut-être un des plus curieux de ce Regne ; & si l'on me fournit là-dessus les Mémoires que l'on me fait esperer, il y a aparence qu'on pourra le mettre dans tout son jour. Quant aux termes que le Ministre employe, & principalement à celui de *Renegat* dont il lui plaît de qualifier l'Abbé de la Bourlie, pour avoir embrassé la Religion des Protestans, ils marquent ou une profonde ignorance de cette Religion, ou une malice encore plus grande, de la comparer à celle des Infidéles. Qu'on dise en Italie, en parlant des Protestans, qu'ils ne sont pas Chrétiens, *non sono Cristiani*, l'on n'en est pas surpris : la crainte de l'Inquisition est une raison de ne pas examiner leur Doctrine. Mais qu'on parle de même en France, où l'on en est si éclairé, c'est ce qu'on ne peut attribuer qu'à une extrême animosité. Faut-il s'étonner après cela qu'on ait si cruellement persecuté une Religion contre laquelle on est prevenu d'une maniere si injuste & si étrange ? Quoi qu'il en soit, on ne peut douter que Cavalier ne prît le bon parti en s'évadant.

Le Roi lui avoit promis de relâcher les Galeriens & les prisonniers Protestans ; cependant il ne tint point parole. Cavalier n'étoit donc pas obligé non plus de garder le Traité qu'il avoit signé à Nîmes sur ce pied-là, & il fit bien de mettre sa personne en sureté. On avoit beau le combler de biens & d'honneurs ; tôt ou tard il eût payé de sa tête la gloire d'avoir reduit le Monarque François à traiter. Les offenses que les Sujets font aux Souverains sont irréparables ; non pas tant parce que le souvenir ne s'en éface jamais de leur esprit, que parce qu'ils en atribuent les réparations à la seule crainte que l'on a d'eux, & jamais au repentir, bien qu'il soit quelquefois véritable. C'est ce qu'a reconnu, il y a long-tems, un grand Politique. Quand un Prince, dit il, entre en Traité avec son Sujet, c'est signe qu'il couve quelque cruelle vengeance. J'en pourrois alleguer plusieurs exemples, je n'alleguerai pourtant que ce que fit Louis XI. Roi de France, à l'égard du Comte de St Paul, qui étoit son Connétable. Ce Ministre entra en Traité avec lui, l'entrevûë se fit entre Noyon & la Fére, & le Connétable parut armé. Louis eût pû le faire arrêter, & même le faire mourir sur le champ, s'il eût voulu. *Mais*, dit un Auteur qui cite cette Histoire, *il voulut laisser meurir cette apostume, dans la resolution de se vanger de son Sujet par les voyes de la Justice, pour le flétrir d'ignominie*, ce qui arriva un an après.

C'est ainsi que la France se vit travaillée du même mal qu'elle fomentoit ailleurs, & qu'elle éprouva dans son sein une Rebellion semblable à celle qu'elle entretenoit en Hongrie. Non que la cause n'en fût la même qu'en France, & que la Maison d'Autriche

Suite des troubles de Hongrie.

1704. fut plus difposée que celle de Bourbon à laiffer vivre fes Sujets dans la liberté naturelle à tous les hommes fur leur Créance. Le même efprit animoit à cet égard ces deux Puiffances ; & il me feroit aifé de faire voir par des faits Hiftoriques, que la perfécution pour caufe de Religion ne fut pas moindre en differens tems en Hongrie, que dans les Terres foûmifes à la Domination de la France. Tant il eft vrai que les Souverains de la Communion du Pape, ont prefque tous puifé dans les principes de fon Gouvernement les maximes qui en affermiffent l'autorité ; comme s'ils vouloient fe dédommager de la dépendance où les tient le Souverain Pontife, par le droit de dominer à leur tour fur les Confciences. Il eft vrai, par raport aux affaires de Hongrie, que le remede eût été facile dans les commencemens, fi on eût laiffé agir la clemence & l'équité de l'Empereur. Mais on éprouva ce que c'étoit que d'avoir violenté des cœurs ulcerez, & traité en Rebelles des Sujets qui vouloient demeurer paifibles & fidéles. Mais enfin il fembla que cet efprit de divifion qui avoit fu prévaloir jufques-là par fes artifices, commençoit à décheoir de fes projets, puis que le Prince Eugene avoit été chargé de la commiffion de traiter cette grande playe. Comme les caufes qui concourent à fomenter les divifions, n'ont pas toûjours le même crédit ni la même union entre elles, on étoit enfin parvenu à jetter des femences d'un acommodement. La Négociation avoit été entamée par la Médiation de la Reine d'Angleterre, des Rois de Pologne & de Suede, & des Holandois. Mais elle n'eut aucun fruit : les Mécontens demeurérent obftinez, même après les avantages remportez par les Alliez fur les Armées du Roi de France & du Duc de Baviere, qui avoient, comme j'ai dit, fomenté jufqu'alors leur rebellion. On vit par une Lettre du Maréchal de Marfin, qui fut trouvée fur un Officier arrêté à Vienne, qu'il donnoit avis au Prince Ragotzki de la prife de Paffauv, & que *pour peu que l'Armée du Roi, celle de l'Electeur de Baviere, & la fienne agiffent de concert, elles feroient en état de reduire l'Empereur à la derniere extrémité.* En éfet les Mécontens, après s'être emparez de plufieurs Places en Hongrie & en Tranfilvanie, s'étoient avancez jufqu'aux portes de Vienne, pendant que les Bavarois pouffoient leurs courfes dans les Pais Hereditaires. Si ce concert n'eût pas été troublé par un coup du Ciel, à quel peril l'Empereur & l'Empire ne fe feroient-ils pas vus expofez ? Mais outre la grande révolution qui arrêta tout d'un coup leurs progrès, ils reçurent encore trois échecs confiderables.

Le General Heifter les défit en deux rencontres. Dans le premier auprès d'Altenbourg, les Comtes Forgatz & Caroli, qui avoient un Corps de dixhuit mille hommes, furent batus, & en perdirent quatre mille avec leur Bagage & leur Canon. Le General des Impériaux ayant joint près de Tirnau, quelque-tems après, trente mille Hongrois, commandez par le Prince Ragotzki, & les Generaux Berezini, Efterhafi & Ofkrai, les mit en déroute, quoi qu'ils cruffent avoir trouvé l'ocafion favorable de le défaire ; ils l'ataquerent tout d'un coup avec beaucoup de furie, & ayant mis fon Infanterie en défordre, firent plier fa gauche : mais la Cavalerie Impériale ayant dans ce tems-là fait un éfort contre la Hongroife, & l'ayant feparée de l'Infanterie, celle-ci fut envelopée, & taillée en pieces, Ragotzki l'ayant abandonnée pour fuivre fa Cavalerie. Les Impériaux prirent plufieurs pieces d'Artillerie, & firent un grand nombre de prifonniers, parmi lefquels fe trouva le Sr de Verville, Envoyé de France

Avantages remportez fur les Mécontens.

1704.

auprès de Ragotzki; l'Agent du Duc de Baviere fut tué dans la mêlée.

Le Marquis de Rabutin remporta le troisiéme avantage près de Clausembourg en Transilvanie, sur le Sr Tovuskai, qui tenoit cette place bloquée. Il l'ataqua avec tant de violence, que quoique les Hongrois lui fussent supérieurs par le nombre, il les mit en fuite après leur avoir tué deux mille hommes, & se rendit maître de leur Bagage & d'une partie du Canon.

Stanislas Leczinski est déclaré Roi de Pologne par le moyen du Roi de Suede.

Les bons offices de la Reine d'Angleterre auprès du Roi de Suede, & du Primat de Pologne & de ceux de son Parti, pour les porter à un acomodement, furent inutiles. La Cour de France y réüssit mieux selon ses vûës, en faisant porter les choses à une telle extrémité, que dans une Assemblée tenuë à Varsovie à l'instance du Roi de Suede, le Trône de Pologne fut déclaré vacant, & Stanislas Leczinski, Palatin de Posnanie, declaré Roi. Le Roi Auguste irrité de cette entreprise, marcha peu de tems après vers Varsovie, défenduë par le Comte de Horn, avec une Garnison de mille Suedois qu'il fit prisonniers avec l'Evêque de Posnanie, après une défense de peu de jours.

Dans le même-tems le Roi de Suede prit par escalade la Ville de Leopol, Capitale de la Russie noire, y ayant surpris de nuit le Palatin de Kalisch qui y commandoit. Le Czar se rendit de son côté Maître de Derpt & de Nerva par des sieges formez, & le Prince Wiesnouviski défit près de Pologen en Samogitie les Troupes de la Maison Sapieha, au nombre de 7. à 8. mille, commandées par le Comte Sapieha, Staroste de Dobrouvicz, & par le Sr Zaviska, Staroste de Minski; mais le Roi de Suede répara, peu de tems après, ces mauvais succez, par les avantages qu'il eut près de Reussen vers l'extrémité du Palatinat de Posnanie & de la Silesie, contre l'Armée Saxone commandée par le General Schuilembourg, qu'il mit en deroute après lui avoir tué deux mille hommes.

L'année 1704. s'étoit écoulée sans qu'on eût pû voir la fin des fameux sieges de Gibraltar & de Verruë. Le premier étoit d'autant plus capital pour la France, qu'il s'agissoit de maintenir en Espagne son crédit & la réputation de ses armes tant par mer que par terre, sur tout après avoir publié que *tout l'avantage du Combat Naval lui étoit demeuré.* Il lui importoit de regagner cette Place à quelque prix que ce fût, pour couvrir au moins en quelque maniere l'échec qu'elle avoit reçu par mer. Le Roi Philippe avoit écrit au Comte de Toulouse, qu'il lui devoit la conservation des Cotes d'Espagne, dont on pouvoit l'apeler le Liberateur; & qu'il attendoit encore de plus grands éforts de ses services par la réduction de Gibraltar, qu'on devroit uniquement à son secours. Mais l'événement en disposa d'une autre maniere. Les Alliez demeurez Maîtres de la Mer, furent toûjours en état de secourir cette Place: le Baron de Pointis n'y vint que pour être témoin de la défaite de son Escadre & de la perte de cinq gros Vaisseaux pris ou brûlez. Le Maréchal de Tessé ne réüssit pas mieux par terre que le Marquis de Villadarias. Les Troupes des deux Couronnes, après plus de six mois de fatigue & d'ataques inutiles, furent enfin contraintes de lever le siege, par la glorieuse défense du Prince de Darmstat; & ce mauvais succez par terre & par mer leur fit manquer cette année l'armement pour les Indes Occidentales & le départ des Galions.

1705
Levée du siege de Gibraltar par les Franç. & les Espagnols.

Le siege de Verruë fut plus heureux pour la France. Aussi fit elle ses plus grands éforts en Piémont pour tâcher de reduire le Duc de Savoye à la condition de l'Electeur de Baviere, avant qu'il pût être secouru. Chacun a vû

Redition de Verruë.

1705. l'extrêmité où ce Prince s'eſt trouvé par la priſe de ſes plus fortes Places, par le retardement & l'inferiorité des ſecours d'Allemagne, & par les obſtacles comme inſurmontables qui s'opoſoient au Prince Eugene revenu en Italie après l'affaire d'Hochſtet. Cependant il ſemble que tout cela ne ſoit arrivé que pour mieux relever la gloire de ces deux Princes, en montrant dans l'un une fermeté & une conduite ſans exemple au milieu des plus grandes difficultez, & dans l'autre un génie qui a ſupléé à tout ce qui lui manquoit. La longue & belle défenſe de Verruë commençoit à déconcerter le plan des François; mais enfin cette Place, attaquée comme Gibraltar en Octobre de l'année derniere, ne ſe rendit qu'au mois de Mars de celle-ci: encore falut-il que la communication avec le Camp de Creſcentin fut coupée, & que la Garniſon manquât de vivres. Lors que les Aſſiegez battirent la premiere fois la chamade, ils demandérent à ſortir par la brèche; & n'ayant pû l'obtenir, ils mirent le lendemain le feu à leurs Bombes, à leurs Grenades, à leurs Pots à feu, & demandérent de nouveau à capituler. Mais comme on ne voulut encore les recevoir qu'à diſcretion, ils firent jouer leurs mines qui renverſérent les trois enceintes & tous les ouvrages, à la reſerve du Donjon où ils ſe retirérent, & ſe rendirent le jour ſuivant. Jamais terrain ne fut mieux diſputé & ne coûta plus cher aux Vainqueurs. Le Duc de Vendôme demeura maître d'un Rocher entouré de maſures, qui ne valoit pas à beaucoup près ce qu'il avoit coûté pour le prendre, mais qui valut tout au Duc de Savoye en lui faiſant gagner un tems précieux.

Priſe de la Mirandole par les Franç.

La priſe de Verruë fut ſuivie peu après de l'ataque de la Mirandole par le Sr de Lapara, détaché de l'Armée du Duc de Vendôme. Le Comte de Conigſeck, qui y commandoit les troupes Impériales, ſe rendit après s'être défendu durant trois ſemaines. Le Duc de Savoye perdit dans le même tems la Citadelle de Ville-Franche, & les Châteaux de Saint Soſpir & de Montalban dans la Comté de Nice; auſſi bien que la Ville de ce nom, emportée par le Duc de la Feuillade, qui bloqua enſuite le Château.

Marche imprévuë du Pr. Eugene qui déconcerte leurs projets.

Pendant que les François travailloient à rétablir leur Armée, le Duc de Savoye ſe fit un nouveau rempart à Chivas pour éloigner le ſiege de Turin; juſqu'à ce que l'Armée Impériale fût en état de le dégager par une aſſez forte diverſion. Mais quel moyen d'en venir à bout? Le Prince Eugene étoit environné de tous côtez, reduit à traverſer le Lac de Garda, & à s'ouvrir un paſſage au travers des montagnes du Breſſan. C'eſt ce que les François jugeoient impoſſible, & c'eſt néanmoins ce qu'il fit. Non ſeulement il ſe dégagea de tant d'obſtacles; mais en trompant la vigilance des François, il s'empara des poſtes ſur l'Oglio, & prêt à paſſer l'Adda il fut les engager à la bataille de Caſſano, qui les mit hors d'état de faire le ſiege de Turin. Raportons ces événemens par ordre.

Avantages dont elle fut ſuivie.

Le Duc de Vendôme avoit quitté le Piémont pour aller s'opoſer au General des Impériaux; mais y étant enſuite revenu, il mit le ſiege devant Chivas. Le Prince Eugene, dont le premier deſſein étoit de ſecourir la Mirandole, n'ayant pû paſſer le Mincio à cauſe de l'opoſition d'un grand Corps de Troupes commandées par les Srs de Murcé & de St Pater, prit d'autres meſures après la priſe de cette Place. Ce fut alors qu'il marcha dans le Breſſan, & qu'il paſſa le Lac de Garda. Les François s'avancérent dans le même tems ſous les ordres du Grand Prieur de France, & ſe ſaiſirent de St Ozeto. Mais le Prince, à qui ce poſte étoit important, les en chaſſa avec tant de ſuccez, l'ayant fait ataquer attaquer par le Colonel Zumjungen, que ceux qui le défendoient furent presque tous tuez ou faits prisonniers. Cet avantage, quoique peu considerable, fut suivi de quelques autres, & du passage de l'Oglio : le General Comte Serini se noya dans ce trajet avec quelques Officiers & Cavaliers.

Sur ces entrefaites le Marquis de Toralba, Lieutenant General dans les Troupes Espagnoles, qui étoit posté avec deux à trois mille hommes à Palazzuolo, l'abandonna, laissant deux cens Espagnols dans le Château. Mais quelque diligence qu'il fît pour éviter les Impériaux, il fut attaqué près de Bergame par quatre à cinq mille hommes de leurs Troupes, & obligé de se rendre prisonnier avec sept à huit cens des siens. Le Comte de Louvignies se retira avec le reste des Troupes près du Lac de Côme. Le Prince Eugene attaqua ensuite Pont-Oglio, où il fit deux cens Prisonniers. Palazzuolo, & deux cens Espagnols qui le gardoient eurent le même sort. Il s'avança après jusqu'à Soncino qu'il prit aussi en peu de jours, avec huit cens hommes qui le défendoient.

Bataille de Cassano, au passage de l'Adda.

Le Duc de Vendôme apréhendant d'autres suites de la marche des Impériaux, quita l'Armée qui faisoit le siege de Chivas, dont il laissa le soin au Duc de la Fueillade, & se rendit en poste à l'Armée qui étoit campée à Ombriano. Ses précautions ne purent empêcher la prise d'Ustiano, de Caneto, & de Marcaria par le Prince Eugene, qui encouragé par ces nouveaux avantages, résolut de passer la riviere d'Adda, nonobstant la presence du Duc de Vendôme & du Grand Prieur, qui étoient tous deux aux environs, chacun avec un Corps de Troupes, pour l'observer. La premiere tentative qu'il fit pour ce dessein fut auprès de Treso ; mais y ayant trouvé des obstacles insurmontables, plus par la rapidité & la profondeur du fleuve, que par l'oposition du Duc de Vendôme qui se presenta de l'autre côté, il marcha vers Treviglio & Cassano, precedé par un détachement sous les ordres du Baron de Ried, dans la pensée de prévenir l'Armée Françoise. Cependant le Duc de Vendôme ayant fait une marche forcée, se trouva encore à l'autre bord, ce qui ne détourna point le Prince Eugene du dessein qu'il avoit formé. Il attaqua sans balancer l'Armée Françoise avec tant de violence, que ses Troupes gagnérent le Pont sur le Canal Ritorta, & poussérent les François dans l'eau. Ceux-ci étant revenus à la charge obligerent les Impériaux de le repasser ; mais les François furent repoussez de nouveau avec perte, pendant une heure, par la droite de l'Armée Impériale au delà de l'Adda, malgré les éforts du Duc de Vendôme qui se mit deux fois à la tête des Troupes pour les ramener au combat. L'ataque ne fut pas moins rude d'abord à la gauche des Impériaux contre la droite des François, dont plusieurs Bataillons furent renversez. Mais ceux-là n'ayant pû soûtenir leur premiere ataque après avoir passé un canal, où leurs Armes à feu s'étoient mouillées, furent repoussez par les François des bords d'un autre canal, qu'ils ne purent traverser à cause de sa profondeur; il s'y noya même un grand nombre de Soldats pour s'être jettez dans l'eau par une bravoure excessive. Le Prince Eugene, qui se trouva durant l'action au plus fort du feu pour animer les Troupes, leur ordonna alors de s'arrêter, & resta le champ de bataille durant plus de trois heures, quoique les François fissent de la tête de leur pont, & du Château de Cassano, un feu extraordinaire de Canon & de Mousqueterie.

Les deux Partis firent une perte égale & considérable: elle fut de trois à quatre mille hommes, sans les blessez.

Les 2 Partis y fit une perte égale.

1705. Parmi les François furent tuez le Marquis de Pralin, Lieutenant General, les Sieurs de Guerchois, de Chaumont, & de Vaudrei; le Duc de Vendôme fut blessé avec le Marquis de Mirabeau, Colonel. Les Impériaux perdirent le Comte de Linange, Lieutenant General de la Cavalerie, & le Prince Joseph, Frere du Duc de Lorraine. Le Prince Eugene fut blessé, aussi bien que le Prince Alexandre de Wirtemberg, le Comte de Reventlau, & le General Harsch.

Les Fr. néanmoins s'atribuent la victoire.

Les François tournérent d'abord cette action à leur avantage; mais la suite démentit leur prétendue victoire, puisque le Duc de Savoye se trouva en état non-seulement de se soûtenir, mais encore de les repousser à Asti: & par les grandes choses qu'il fit cette année, on peut juger de ce qu'il auroit fait s'il eût été plus fortement secouru. Il ne faloit, à la verité, ni plus de retardement à l'heureux succez du Prince Eugène, ni une moins longue défense que celle de Son Altesse Royale pour faire échouer le dessein des François. Il est vrai qu'ils se rendirent Maîtres de Chivas, que le Duc de Savoye fit abandonner la nuit du 29. au 30. Juillet, pour se mettre en état de défendre sa Capitale; parce que les rivieres étoient si basses en divers endroits, qu'il étoit impossible d'empêcher le passage du Pô; mais il avoit fait auparavant sortir de la Place assiegée toute l'Artillerie, les Munitions & la Garnison: avoit fait mettre la mèche aux mines & le feu aux ponts; après quoi l'Armé s'étoit retirée à Maur. Son Altesse Royale se rendit à Turin le même jour pour donner tous les ordres necessaires contre les entreprises des François, qui marcherent d'abord du côté de Cirié & de St. Maurice, commettant par tout où ils passerent, toutes sortes d'excez & de désordres; sans épargner même les Eglises, où ils tuérent des Prêtres & des Enfans, & violérent des Femmes & des Filles qui s'y étoient réfugiées.

Pendant que le Prince Eugene & le Duc de Vendôme étoient aux mains en Italie, le Roi Charles fit des progrès considerables en Espagne. Ce Prince étoit parti de Lisbone sur les Flotes d'Angleterre & de Hollande, commandées par le Chevalier Leake & par le Vice-Amiral Wassenaer. Lors qu'il eut abordé sur les côtes de Catalogne avec les Troupes de débarquement, commandées par les Princes de Darmstat & de Lichtenstein, & par le Comte de Peterborough, il assiegea Barcelone; & nonobstant la défense de Don Pedro Velasco il s'en rendit Maître en moins de trois semaines, après avoir emporté d'assaut le Fort de Montjoui où le Prince de Darmstat fut tué. La conquête de cette capitale fut suivie du soûlévement general de la Catalogne en faveur de Charles, & de la réduction du Royaume de Valence; ce qui fut un nouveau sujet d'embarras pour le Roi de France, dont les affaires allerent depuis toûjours en empirant.

Prise de Barcelone par le Roi Charles.

Celles de son Petit-Fils ne furent pas dans un meilleur état sur les limites du Portugal; car quoi que le Marquis das Minas, General des Troupes de ce Royaume, eût attaqué Albuquerque sans succez, au commencement de la Campagne, neanmoins ayant partagé ensuite son Armée en deux Corps, il forma en même-tems le siége de Salvatierra & de Valence d'Alcantara. Don Antonio Lopez Gallardo, Gouverneur de la premiere Place, fut obligé de se rendre prisonnier avec sa Garnison. L'autre fut défenduë avec plus d'obstination: Don Alonso de Mariaga soûtint avec beaucoup de fermeté cinq assauts, qui n'empéchérent pas pourtant qu'il ne fût obligé de se rendre aux mêmes conditions. Marvan eut aussi le même sort après un siége de

Avantages des Portugais sur les Espagnols.

quelques jours, mais celui de Badajox ne fut pas si heureux. L'Armée des Alliez, l'ayant battue en vain plusieurs jours, fut obligée de se retirer à l'aproche du Maréchal de Tessé. Le Comte de Gallouvai, General des Troupes Angloises, eut un bras emporté par un boulet de canon devant cette Place.

Mort de l'Amirante de Castille.

Dans le même tems l'Amirante de Castille mourut à Portalegre, regretté du Roi Charles & des Alliez, auxquels il auroit facilité dans la suite l'execution de leurs desseins. Le Roi Philippe se vit par là délivré de l'inquietude que lui avoit causé jusqu'alors l'évasion de ce Seigneur, n'ayant point douté qu'il n'eût été en état, par le crédit qu'il avoit en Espagne & par le moyen de ses Créatures, d'y causer des troubles au préjudice de ses interêts.

Le M. de Leganez arrêté & conduit à Vincennes.

La crainte du Roi Philippe ne fut pas entierement dissipée par la mort de l'Amirante; le Marquis de Leganez fut soupçonné de tramer à son désavantage; ce qui obligea ce Prince à le faire arrêter. La consideration où il étoit en Espagne faisant craindre quelques mouvemens en sa faveur, on le conduisit en France au Château de Vincennes, où il mourut quelques années après.

Reflexions sur la reduction de la Catalogne au pouvoir du Roi Charles.

La réduction de la Catalogne sous l'obéissance du Roi Charles III. étoit l'entreprise la plus importante que l'on pût former pour la Cause Commune, mais qui paroissoit en même-tems la plus difficile à executer. Le succez en fut d'autant plus glorieux pour les Alliez, qu'il dépendoit du concours de plusieurs circonstances qui étoient au dessus de la prudence humaine. Le long trajet des Troupes de débarquement, avec tout l'atirail d'un siege si éloigné de l'Angleterre & de la Hollande, étoit sujet à divers inconveniens, outre ceux des vents & de la mer. Les François avoient fait préparer un grand Armement à Toulon, dont le trajet eût été beaucoup plus facile. L'Armée Navale des Alliez ne put arriver devant Barcelone qu'après les secours que le Duc de Popoli & le Marquis d'Aitone y avoient conduits de Naples. La Garnison n'étoit guere moins forte que les Assiegeans, qui n'avoient pas assez de monde pour la circonvallation de la Place; sa résistance fut des plus vigoureuses. Les Troupes des Alliez avoient été repoussées à l'ataque de Montjoui, & le Prince de Darmstat tué, comme nous avons dit. La perte de ce General eût pû faire échouer ce projet, sans la fermeté du Roi Charles, & l'intrepidité du Comte de Peterborough, secondé par le zele des Amiraux, par la valeur des Officiers & des Troupes, & par les soins affectionnez des Milices du Païs. Mais les Rois liguez bien informez de la perte de ce Prince, & promts à la publier, paroissoient ignorer le reste. Ils ne parloient que des Troupes des Alliez rebutées & prêtes à se rembarquer. Il sembloit même qu'ils en fussent persuadez, en désarmant leurs Vaisseaux à Toulon, & en bornant leurs soins à pourvoir à la sureté de leurs côtes. En éfet que n'avoit-on pas à craindre dans une saison avancée si sujette aux Orages? Qui auroit pû croire que dans le tems de cette incertitude une Bombe eût amené la prise de Montjoui, suivie de celle de Barcelone & des hommages de toute la Principauté?

Ce qu'il en pensoit en France.

Il est à présumer que des deux Rois auroient preferé de se désister de leur entreprise sur Turin, qui leur manqua, pour veiller à la conservation de la Catalogne qu'ils perdirent, s'ils n'avoient regardé la Conquête de cette Principauté comme impossible, & qu'ils n'eussent crû les Peuples trop soumis pour oser remuer. On en parla du moins à Paris & à Madrid avec cette confiance, & s'il éclata en divers lieux du mécontentement, on l'imputa à quelques Factieux, à des Bandits ou à des Conjurez; & l'on exalta la soumission des

Z ij

Peuples, leurs empreſſemens à marquer leur zéle, & à offrir des ſecours. Que ne laiſſa-t-on pas apercevoir du crédit des Miniſtres de France à la Cour d'Eſpagne, où ils étoient l'Ame des Conſeils, de la direction des Finances, des Taxes & de la diſtribution des Charges; Il faloit bien qu'on crût que les Eſpagnols verroient, ou du moins ſeroient obligez de voir tranquillement toutes ces choſes; & qu'ils ſouffriroient en patience l'interruption de leur commerce avec les Etrangers: celui des Indes entre les mains des François, & les Comptoirs de ceux-ci établis en Amerique: les Grands obſervez, & le peu d'égard pour leurs Remontrances: l'innovation ſur le rang du Capitaine des Gardes dans la Chapelle: l'empriſonnement du Marquis de Leganez ſur une prétenduë conſpiration: les Garniſons Françoiſes miſes dans Pampelune, St Sebaſtien, Fontarabie, &c. Cependant ces griefs & divers autres non-ſeulement reveillerent l'ancienne jalouſie de la Nation, mais ils fomenterent ſon mécontentement juſqu'au point de maturité que l'on vit enfin éclater.

S'il y eut véritablement une Conſpiration contre le Roi Mémoires de l'Auteur des Lettres ſur les Matieres du Tems.

On fit dire les paroles ſuivantes au Roi Philippe, lorſqu'on lui parla d'une Conſpiration: *ſi ce ſont des Etrangers qui en veulent à ma vie, mes Peuples me défendront: & ſi ce ſont eux qui la ſouhaitent, elle eſt entre leurs mains, à la volonté de Dieu ſoit faite.* Paroles dignes d'un Prince; mais qui marquoient une extrémité, à laquelle on ne voit pas qu'il ait éte reduit: & cela pourroit donner lieu de préſumer, qu'aparemment on lui avoit dit ce qui n'étoit pas, & qu'on ne lui avoit pas dit tout ce qui étoit. En éfet il parut, que tout ce grand bruit de Conſpiration, où la Cour avoit voulu impliquer le Marquis de Leganez comme Chef, n'avoit éte qu'un pretexte pour le transferer en France; puis qu'on lui refuſa d'inſtruire ſon procez, & d'avoir égard

à ſon droit de Grand d'Eſpagne; au lieu que la Cour reconnut que le mécontentement de la Nation & des Grands ne s'étoit que trop manifeſté en divers lieux, & ſur tout en Catalogne, où le Roi Charles ne trouva à combatre que des murailles & les Troupes de ſon ennemi, & eut pour lui le cœur des Habitans & des Peuples, tout diſpoſez à le reconnoître dès qu'il parut pour les ſecourir.

Cet avantage paroiſſoit décisif pour le Roi Charles, dans la fameuſe diſpute qui faiſoit le ſujet de cette guerre. La France, après avoir reconnu le droit de la Maiſon d'Autriche dans le *Traité de Partage*, prétendit, comme on l'a déja remarqué, que ce droit avoit été annulé par un Teſtament: & pour apuyer cette diſpoſition, dont la validité lui étoit conteſtée, elle allégua le conſentement des Peuples, comme un titre qui couvroit tout. Mais la ſuite a fait voir, que ſi un Parti avoit eu pour un tems l'adreſſe de ſe ſervir de ce Traité comme d'une *Pomme de diſcorde*, & le crédit d'endormir la Nation en l'aſſurant d'un plein repos, il n'eut pas le pouvoir de l'empêcher de ſe reveiller (quoique tard) au bruit de la guerre où il l'avoit plongée, & à la vûë d'un Gouvernement François; de ſorte que la Nation ne manqua pas de faire éclater ſon mécontentement, à la premiere eſperance d'un remede à ſes maux. Il n'y a qu'à voir de quelle maniere le Conſeil Militaire de Catalogne & la Ville de Vich s'en expliquerent, pour juger que toute la Nation Eſpagnole eût tenu le même langage, ſi elle eût eu la même liberté de parler, & qu'il ne s'agiſſoit que de lui tendre la main avec des forces ſuffiſantes, pour lui donner lieu de rentrer dans ſes véritables intérêts.

Si la France eut raiſon de ſe prévaloir du conſentement des Eſpagnols en ſa faveur.

C'eſt ce que les Alliez entreprirent d'une maniere capable de leur en faire eſperer des ſuccez d'autant plus heureux.

Deſſein du D. de Marlb. aux Païs-B.

reux, qu'ils avoient eu des commencemens très favorables. Mais ce qui redoubla encore l'embarras de la France, ce furent les progrès des Alliez dans le Païs Bas & aux environs de la Moselle, sous la conduite de Milord Marlborough. Ce General poursuivit le grand projet qui avoit été concerté de ce côté-là, pour tâcher de fraper un coup qui auroit pû ôter aux François les moyens de rien entreprendre ailleurs, par la nécessité de défendre leur propre Païs. Il avoit pour cela fait hiverner une grande partie des Troupes destinées à ce dessein dans l'Electorat de Tréves, & le long de la Saare. Les principales forces des Alliez devoient agir, sous ses ordres, dans cette contrée, de concert avec l'Armée de l'Empire, comme il en étoit convenu avec le Prince de Bade, ce que l'Empereur & son Conseil avoient fort aprouvé; mais la Cour de France, qui fut aussi-tôt informée de ce projet, prévoyant le danger où se trouveroit le Royaume d'être en proye aux Troupes des Alliez, que le gain d'une bataille eût pû mettre en état de percer jusqu'à la capitale, mit tout en usage pour parer ce coup. Elle en vint à bout, moins par la force, qu'elle employa pourtant autant qu'il fut possible, que par ses Intrigues auprès de plusieurs Princes & de quelques Generaux des Troupes de l'Empire, qui n'ayant pas secondé à tems le General Anglois, firent évanouir les justes esperances dont il s'étoit flaté.

Le Maréchal de Villats y comman- de l'Armée Fr.

Le Maréchal de Villars, qui étoit de retour des Sevennes, fut chargé du Commandement des Troupes qui devoient s'oposer à Milord Prince, & voulant prendre toute sorte de précaution pour le faire sans désavantage, il se rendit à la fin de l'Hiver sur les Frontieres de la Lorraine, pour reconnoître & examiner le terrain par lequel on jugeoit que ce General avoit formé le dessein de s'avancer. Il assembla l'Ar-

mée dès que la saison put le permettre, & alla camper près de Sirck, après avoir été renforcé par les détachemens que le Maréchal de Marsin lui envoya. Il y attendit l'Armée des Alliez, qui dès le 15. du mois de Mai avoit commencé à s'assembler hors des Lignes de Tréves. Milord Marlborough l'ayant jointe peu de jours après, fit la visite du Terrain au dessus de Conts sur la Saare, & ordonna aux Troupes de se tenir prêtes à entrer en action, dès que les Anglois auroient passé cette Riviere pour le venir joindre. Il fit marcher alors toute l'Armée entre la Saare & la Moselle, & alla camper à Ecssi à demi heure de Sirck.

Mouvemens des 2. Generaux.

Ce mouvement, que le Maréchal de Villars n'avoit pas prévû, lui fit juger que le General Anglois vouloit l'engager à une bataille; il quitta son Camp de Sirck, & alla se poster dans un endroit avantageux, où le Front de son Armée étoit couvert par des défilez impraticables, sa droite par un Bois, sa gauche par la Moselle, & le derriere par un Ruisseau. Milord Marlborough s'empara d'abord de Sirck, & de tous les Postes des environs; & cotoya les François.

Le Roi extrêmement inquiet du train que prendroient les affaires de ce côté-là, & craignant pour le Maréchal de Villars un sort pareil à ceux des Maréchaux de Tallard & de Marsin en Baviere, donna ordre au Maréchal de Villeroi de faire un détachement de six Escadrons & de dix Bâtaillons, pour aller renforcer l'Armée de la Moselle: le chargeant en même-tems de faire semer le bruit, dans le Païs-Bas, qu'il vouloit faire le siege de Maestricht. Le grand amas de toute sorte de munitions, fait à Namur pendant l'hiver, en avoit jetté quelque soupçon, quoi qu'il n'eût pourtant été fait que pour donner le change aux Alliez, rompre leurs mesures, & complaire d'ailleurs aux deux

184   HISTOIRE DE

1705.

Princes de Baviere qui fouhaitoient de voir le fort de la guerre dans le Païs-Bas.

Le Maréchal de Villeroi fait affieger Hui & Liege.

Sur ce bruit les Troupes des Alliez qui devoient agir fous le Maréchal d'Auverkerque, s'affemblérent fur le Mont St Piere, fans pourtant déconcerter Milord Prince ; mais comme ce Corps d'Armée n'étoit pas nombreux, la plûpart des Troupes ayant marché vers la Mofelle, le Maréchal Hollandois alla camper près de Maeftricht où il fe retrancha fi bien, que le Duc de Baviere & le Maréchal de Villeroi ne pouvoient l'ataquer fans rifque. Le premier mouvement de l'Armée Françoife fut vers la Plaine de Vignan, où ayant campé, le Maréchal de Villeroi fit jetter un Pont de Batteaux fur la Meufe la nuit d'après, & envoya inveftir Hui par un Détachement fous les ordres du Comte de Gaffé. Celui-ci l'ayant affiegé auffi-tôt, fe rendit Maître du Château au bout de treize jours, & fit la Garnifon prifonniere. Après la prife de cette Place, l'Armée Françoife s'avança vers Liege, dont elle entreprit le fiege. Il n'eut pas le même fuccez que le precedent ; mais il rompit les mefures du Duc de Maflborough, fur les entreprifes qu'il auroit pû faire du côté de la Lorraine.

Les E. G. écrivent au Duc de Marlb. fur cette conjoncture & l'engagent à revenir au Païs-Bas.

Les Etats Generaux, craignant les fuites que pourroit avoir la Conquête de cette Ville, écrivirent au General Anglois ; & lui firent le Plan de l'état où les affaires fe trouvoient dans le Païs-Bas. ,, Ils lui repréfentérent la ,, perte de Hui, le fiege de Liege, com- ,, mencé, les menaces que faifoient le ,, Duc de Baviere & le Maréchal de ,, Villeroi de reprendre les Conquêtes ,, que les Armes des Alliez avoient fai- ,, tes jufqu'alors ; la neceffité qu'il y ,, avoit de faire une puiffante diverfion ,, pour rompre leurs entreprifes ; & fi ,, cela ne pouvoit pas s'executer fur la ,, Mofelle, ils le prioient de revenir

,, avec fon Armée vers la Meufe. Ce 1705. General ayant reflechi fur le contenu de cette Lettre, capable de jetter dans l'embarras tout autre génie que le fien, & confiderant les obftacles prefque infurmontables qui s'opofoient à fes deffeins dans le Païs où il fe trouvoit : la difficulté d'y faire fubfifter une puiffante Armée, dans un Terroir ingrat & prefque defert, & qui d'ailleurs avoit été ruiné à deffein : l'impoffibilité d'ataquer l'Armée Françoife dans un Camp inacceffible, & jugeant par la lenteur du Prince de Bade à s'avancer fur les Frontieres de l'Alface & du Palatinat, qu'il y avoit peu à compter fur un renfort qu'il avoit attendu inutilement depuis un mois, il quitta les environs de la Saare, & fit marcher fon Armée du côté des Païs-Bas, outré juftement contre ceux qui lui avoient fait manquer un coup qu'il avoit envifagé comme immanquable. Il envoya en partant un Officier à l'Empereur pour lui expliquer les raifons qui l'avoient obligé de prendre ce parti, & pour faire fes plaintes contre le Prince de Bade, qui n'avoit donné que trop de fujets de mécontentement par fa conduite.

Mort de l'Empereur Leop.

Sa Majefté Impériale, qui étoit tombée malade peu auparavant, fe trouva à l'extrêmité le 24. d'Avril, & mourut enfin le 5. de Mai entre les 3. & 4. heures après midi. Ce Prince étoit fils de Ferdinand III. & de Marie d'Autriche, Sœur de Phillippe IV. Roi d'Efpagne. Il étoit né le 9. de Juin de l'année 1640. & avoit été fait Roi de Boheme en 1654. & Roi de Hongrie en 1655. Il fut élu Empereur à Françort le 18. Juillet 1658. auffi tôt qu'il eut atteint l'âge competant de dix-huit ans. On le nomma au Batême Leopold-Ignace - François - Balthafar- Jofeph-Felician, & c'eft fous le nom de Leopold I. qu'il eft connu dans l'Hiftoire. La crainte que fa perte caufa aux Alliez fut bien-tôt diffipée par l'uniformité de conduite du Roi des Romains, son Succeſſeur ſous le nom de Joſeph.

En quel état il laiſſa les afaires de l'Empire.

Le Roi de France, toûjours atentif à tirer avantage de toutes les conjonctures, n'eût aucun lieu de ſe prévaloir de celle-ci; puiſque l'Empereur après s'être vû deux fois pouſſé ſur le bord du précipice, & en danger d'être renverſé du Trône par les intrigues de la France, finit pourtant ſes jours dans la gloire & au milieu des Lauriers. Ce Prince, dans le long cours de ſon Regne, n'avoit eu que trop d'ocaſions de ſentir le poids de la Couronne qu'il portoit, s'étant vû araqué en même-tems par deux Puiſſances formidables en Orient & en Occident, & dans l'embarras des conjonctures les plus difficiles & les plus périleuſes. Mais il eut le bonheur de ſoutenir, & de repouſſer glorieuſement les éforts de ces deux Puiſſances; & s'il ne put avant ſa mort voir la fin de cette guerre, il eut au moins la conſolation de voir l'Empire délivré d'une invaſion prête à l'inonder, & de laiſſer en mourant ſes Etats à un Succeſſeur revêtu de toutes les qualitez neceſſaires pour pouſſer la guerre avec vigueur, à l'avantage de l'Empire & de la Cauſe Commune.

Mort du Duc de Bretagne.

Il n'en fut pas de même d'un des Princes de France, dont la naiſſance avoit été acompagnée & ſuivie de tant d'aplaudiſſemens. La Cour en recevoit encore les félicitations, lorsqu'il lui fut ravi dans le berceau. Le Duc de Bretagne perdit le jour peu de tems après l'avoir reçû, * & avant que d'avoir pû ſentir ni les plaiſirs ni les épines de la Grandeur. Cette mort, qui cauſa une grande affliction à la Cour de France, mit fin à un embarras qui ocupoit celle de Rome depuis long-tems. C'étoit celui d'envoyer au Prince défunt les Langes benits. Ils avoient été prônez durant pluſieurs mois, & l'on affectoit aparemment une lenteur extraordinaire à les préparer, pour les rendre plus venerables. Enfin on avoit fixé le tems de leur départ, & pour régaler les Principaux de Rome de la vûë de ce magnifique preſent, il fut expoſé dans une ſale pendant pluſieurs jours. Il n'y eut pas juſqu'à l'Ambaſſadeur d'Eſpagne qui ne fut curieux de voir ces Drapeaux ſacrez; & pour le récompenſer de ſa dévotion, il fut traité ſplendidement dans l'apartement des Princes. Quant aux Langes benits, le St Pere ordonna qu'ils ſeroient employez dans la ſuite à l'uſage du Culte. La raiſon qu'on en allégua fut, qu'ayant été déja deſtinez ſucceſſivement & inutilement à trois Princes, ſavoir celui de Portugal, d'Autriche & de Bourbon, on craignoit de les riſquer une quatriéme fois.

Le Roi eſt ataqué de la Goute.

Le Roi étoit depuis quelque-tems fort incommodé de la Goute. Il ſoufroit de grandes douleurs & avoit les jambes fort enflées. Mais comme ce mal, quelque aigu qu'il ſoit, ne conduit pas ordinairement à la mort, il ſervit plûtôt à faire juger que Sa Majeſté en vivroit plus long-tems. Madame de Maintenon prenoit ſoin de le fortifier dans ſes douleurs; & quand le mal lui donnoit quelque relâche, il s'en dédommageoit par les plaiſirs particuliers que l'entretien de cette Dame lui procuroit.

Les Fr. lévent le ſiege de Liege.

Cependant le Duc de Baviere & le Maréchal de Villeroi aprenant la marche du Duc de Marlborough vers le Païs-Bas, leverent le ſiege de Liege; & ayant rapelé le Détachement que conduiſoit le Marquis d'Alégre vers la Moſelle, ils ſe retirérent vers leurs Lignes. La levée du ſiege fut ſuivie, peu après l'arrivée du General Anglois, de l'ataque de la Ville d'Huï, & du Fort Picard que ce Prince prit en quatre jours, quoique défendu par une Garniſon de 800. hommes. Son éloignement donna pourtant ocaſion aux François de compenſer cette perte par la priſe de la Ville de

* Il n'a vécu âgé de 9 mois & 19 jours.

1705.

Tréves, où ils trouvérent quatre pieces de Canon, du reste des Magazins qui n'avoient pas été brûlez, après que la Ville eût été abandonnée par les Troupes Palatines; & par la prise de Hombourg qui n'étoit pas en état de défense.

Le Pr. de Bade force les Lignes des Fr. en Alsace.

Les avantages de la France de ce côté-là n'eurent pas d'autres suites, par l'arrivée des Troupes de l'Empire. Le Prince de Bade, qui en commandoit le principal Corps, avoit donné lieu aux Alliez de douter de ses bonnes intentions pour la Cause Commune; il se mit enfin en état d'éfacer les mauvaises impressions qu'on en avoit conçuës, en s'avançant dans l'Alsace où il força les Lignes de l'Armée Françoise commandée par le Maréchal de Villars, qui depuis le départ du Prince de Marlborough, avoit quitté la Moselle. Il se rendit Maître d'Haguenau après quelques jours de siege. Il penetra ensuite jusqu'en Lorraine sans oposition; mais les démarches qu'il fit après cela ne répondant pas à la situation où il se trouvoit, capable de le faire agir avec succez; confirmérent le Public dans les sentimens désavantageux qu'il avoit depuis quelque-tems de sa conduite.

Le D. de Marlb. en fait autant au Païs-Bas, & réporte un plus grand avantage.

Celle du Duc de Marlborough, toûjours uniforme, n'ayant pû le faire parvenir à atirer à une bataille l'Armée Françoise, qui s'étoit toûjours tenuë à couvert de ses Lignes depuis son retour d'Allemagne; il prit le parti de les attaquer après avoir fait plusieurs Ponts sur la Méhaigne. Le Comte d'Hompesch & le Baron de Welderen s'avancérent pour cet éfet la nuit du 17. au 18. Juillet de Vignamont en Brabant, où l'Armée étoit campée: l'un avec douze Escadrons, & l'autre avec autant de Bataillons, par la Plaine jusqu'à Ste Gertrude, à quelque distance d'Hespen, & vers le Château de Wang, tous les Grenadiers étant à la tête des Bataillons conduits par le General Major Cadogan.

Ils arrivérent sur les quatre heures du matin devant les Lignes; & ayant aussi-tôt fait un Détachement de soixante Grenadiers, sous la conduite de deux Lieutenans, qui prirent leur marche par un chemin creux au delà d'un pont proche de Wang, les attaquérent & obligérent ceux qui les défendoient de prendre la fuite. Le Baron de Welderen y entra en même-tems avec quelques Bataillons & y prit poste. Les Generaux François, avertis de cette irruption, firent marcher leur Aîle gauche; mais le feu que fit faire le Comte de Noyelles par des Bataillons qu'il posta dans un chemin creux & dans un Village voisin, les arrêtérent tout d'un coup & les mirent en désordre. Pendant ce tems-là, le Comte d'Hompesch entra dans les Lignes avec sa Cavalerie, & ayant passé le chemin creux attaqua celle de France avec tant de vigueur, que l'ayant mise en désordre, il l'obligea de prendre la fuite. On prit dans cette ocasion plusieurs Etendars, & quelques pieces de Canon. Le Marquis d'Alégre, le Comte de Horn, & Don André de Margue, Mestre de Camp Espagnol, furent faits prisonniers avec 105. Officiers & 1800. Soldats. L'Infanterie Françoise abandonnée par la Cavalerie se retira avec précipitation. Milord Prince étant arrivé dans les Lignes quelques heures après avec l'Armée, la mit d'abord en bataille, dans la pensée que celle des François viendroit à lui; mais ceux-ci n'ayant fait aucun mouvement, il s'avança à Tirlemont dont il se rendit Maître, & y fit un Régiment prisonnier.

Autres succez du General Angl.

L'Armée Françoise marcha durant toute la nuit en trois Colonnes du côté de Louvain, & se posta derriére cette Ville. Le General Anglois ayant fait décamper la sienne sur les six heures du matin pour la suivre, prit sur sa route la Ville de Diest qu'ils avoient abandonnée, & attaqua Leuvue dont il se rendit

1705. rendit Maître après cinq jours de tranchée ouverte. Le Duc de Baviere fut par là bien éloigné de l'esperance dont il s'etoit flaté de plusieurs Conquêtes, puisqu'il étoit à peine en état de s'oposer à celles du Duc de Marlborough. Peu de tems après il profita de l'absence de ce General, pour attaquer Diest, qu'il reprit après une legere resistance. Les Alliez compenserent cette perte par la prise de Saint-Vliet.

Troubles en Baviere. Memoir. MSS.

La Cour de France, pour se tirer d'embarras, voulut en susciter de nouveaux à l'Empereur. Pour cet éfet elle souleva sous main une partie de la Noblesse Bavaroise qui fit prendre les armes à quelques Païsans. Ils commencerent d'abord des hostilitez du côté d'Amberg, & se servirent de quelques pieces de Canon, qui avoient été enterrées. Comme on voulut s'opofer à ce tumulte, ces Païsans tuèrent quelques personnes de la Magistrature & quelques Bourgeois. On arrêta les plus coupables, & en attendant qu'on les fît châtier, on renforça la Garnison d'Amberg de trois ou quatre cens hommes de Recruës Impériales. On envoya encore d'autres Troupes en quartier d'hiver dans cet Electorat, afin de mettre les Mécontens à la raison. Elles n'y furent pas plûtôt arrivées qu'elles mirent les Païsans en fuite. Mais cela ne les empêcha pas de se rassembler & de commettre encore beaucoup de désordres. Le mauvais succès de leurs premiers mouvemens ne servit qu'à les animer de plus en plus. Ils s'emparérent des Villes de Burghausen, de Wilshosta, de Vasserbourg, de Braunau & de Schardingen. Un Bourgeois de Kelheim ayant trouvé le moyen d'entrer dans cette derniere Place, avec quelques personnes de son parti, s'en fit reconnoître Gouverneur ; mais son Gouvernement fut de peu de durée, car les Troupes de Suabe étant entrées dans la Baviere peu de tems après, il fut assiegé & forcé par assaut, & lui & ceux qu'il commandoit passez au fil de l'épée.

Comme l'Empereur ne souhaitoit pas qu'on en vînt aux dernieres rigueurs avec ces gens-là, on leur demanda quels étoient leurs griefs, avec promesse de satisfaire à leurs demandes, s'il paroissoit qu'elles fussent raisonnables ; mais les Députez qu'ils envoyerent à Amsingen à deux lieuës de Munich firent des demandes si outrées, qu'on n'y fit pas la moindre attention. Ils ne paroissoient rien moins que des Païsans, ils avoient chacun un carosse à six chevaux, & étoient escortez par trois cens hommes. Après qu'ils se furent retirez, les hostilitez recommencerent. Les Bavarois s'étant assemblez au nombre de cinq mille se presenterent devant Munich & s'emparerent du Pont de l'Iler. Mais le General Kirchbaum s'étant avancé près de cette Place avec les Troupes Impériales, & ayant fait passer la Riviere à sa Cavalerie pour ataquer les Mécontens, en même tems que son Infanterie ataquoit ceux qui gardoient le pont, ils l'abandonnerent & se retirerent dans le Village de Sedlingen à demi-lieuë de là. Ils y furent envelopez peu après par l'Infanterie Impériale & taillez en piéces avec leur Chef nommé Gautier, François de Nation.

Propositions d'accomodement sâs éfet.

Après cette défaite le reste des Mécontens qui s'étoient flattez de recevoir un secours de Troupes & d'argent par le Duc de Baviere, comme il l'avoit fait esperer, se voyant chassez de leurs meilleurs Postes, mirent bas les armes, & rendirent aux Impériaux la Forteresse de Braunau, avec la Ville de Schardingen, dans le tems que le Colonel Arnaud se rendit Maître de celle de Cham. Quelque-tems après, six mille Païsans, qui s'étoient retirez dans la Forêt de Burghausen, retournerent dans leurs demeures, voyant que la Ville de ce

Les Rebelles mettent bas les armes.

Tome III. Aa

1705.

nom s'étoit renduë aux Impériaux. On punit ensuite ceux qui avoient le plus contribué au soulévement.

Afaires de Hongrie.

Celui des Hongrois continuoit, mais avec peu de succez pour eux. Le General Gloxelsberg, commandant un Corps des Troupes Impériales, mit en fuite celles d'Adam Vaï près du Fort de Pax, qu'il prit après une médiocre résistance. Le Comte Annibal Heister défit près d'Oedembourg les Troupes de Berezini & d'Oskai, après que ces deux Chefs eurent abandonné l'ataque du Château de Bibersbourg & le blocus du Grand-Varadin.

Victoire remportée contre les Mécontens par les Impériaux.

Ces avantages des armes Impériales furent suivis d'une victoire considerable que le Comte d'Herbeville remporta près de Scibo sur les limites de la Transilvanie, où il força dans ses retranchemens l'Armée des Mécontens commandée par Ragotzki, Forgatz & Esterhasi, & la mit en déroute. Leur Infanterie fut entierement défaite & ils perdirent six mille hommes sans les Prisonniers. Du nombre de ceux-ci fut le Marquis de Bellegarde, François: le Bagage, le Canon, & les Munitions tombérent aussi au pouvoir des Vainqueurs. La réduction de la Transilvanie fut le fruit de ce succez.

Afaires de Pologne. Avantages qu'y réportent les Suédois.

Les troubles de Pologne devinrent toûjours plus grands depuis l'élection du nouveau Roi, & cet Etat se vit en proye aux Suedois, qui se rendirent Maîtres de Varsovie pour la seconde fois, sous les ordres du Comte Piper, malgré les éforts des Generaux Schulembourg & Patkul qui commandoient les Troupes de Saxe. Ceux-ci s'avancérent vers cette Ville, après avoir passé la Vistule avec deux mille Saxons, & quatre mille Polonois sous la conduite du Prince Wiesnovuiski, & du Sieur Smiegiski. A leur aproche le General Nicroth assembla trois mille Suedois près de Varsovie, où il les mit en bataille sur une hauteur. Les Saxons l'ataquérent peu après, mais les Suédois se défendirent avec tant de vigueur, nonobstant l'inégalité du nombre, qu'après avoir défait les Saxons, ils tombérent sur les Polonois & les Lithuaniens qu'ils mirent en désordre. Il les poursuivirent long-tems, en taillérent en pieces une partie, & obligérent le reste à se jetter dans la Vistule. Le General Patkul fut fait prisonnier en cette ocasion.

1705.

Progrès des mêmes côtre les Moscovites.

Les Suedois remportérent dans le même tems un avantage beaucoup plus considerable, sous les ordres du Sr de Leuvenhaupt à trois lieuës de Mittau en Curlande, sur les Moscovites au nombre de vingt mille, commandez par le General Czeremetof, qui fut blessé avec les Lieutenans Generaux Chambre & Roock, & perdit 4. à 5. mille hommes. Cet échec fut réparé peu après par le Czar, qui se rendit Maître de Mittau après un siége de quelques jours formé par le General Renne, & du Château de Bausk sur la frontiere de la Samogitie, & par là de tout le Duché de Curlande. Le Cardinal Radzejovuski, Archevêque de Gnesne, le Boute-feu de la guerre, qui avoit presque consumé sa Patrie en y attirant les Suedois, & prenant le parti des François, mourut environ dans le même-tems.

Afaires du Jansenisme renouvellée.

Pendant que ces choses se passoient, une autre guerre mal assoupie se renouvella en France entre les Theologiens; & les Foudres du Vatican furent les armes dont la Cour de Rome se servit pour abatre les Partisans d'une Doctrine déja proscrite par plusieurs Papes. Chacun voit que je parle de ceux qu'on apele Jansenistes. Il ne leur servit de rien d'être les Disciples de St Augustin; leurs Ennemis étoient trop puissans pour respecter ce titre. Ils reveillérent contre eux le zéle de Clement XI. qui expédia

1705. au mois d'Août un nouveau Bref pour confirmer & renouveller les Constitution des Papes Innocent X. & Alexandre VII. contre les V. Propositions de *Janſénius*. Sa Majeſté Très-Chrétienne ne l'eut pas plûtôt reçu, qu'elle écrivit à l'Aſſemblée du Clergé de France en le lui envoyant, & lui témoigna ,, qu'elle ,, ſouhaitoit qu'il eût ſon éfet, en ob- ,, ſervant néanmoins les formes établies ,, par l'uſage de l'Egliſe Gallicane. Elle ,, exhorta les Prélats de le recevoir avec ,, le reſpect dû au Saint Siege, & de dé- ,, liberer inceſſamment ſur l'accepta- ,, tion de ce nouveau Bref, & ſur la ,, voye la plus convenable pour le faire ,, recevoir d'une maniere uniforme dans ,, tous les Dioceſes de ſon Royaume; ,, leur enjoignant d'en informer Sa Ma- ,, jeſté, afin qu'elle fît expédier ſes Let- ,, tres Patentes pour le publier & le faire ,, exécuter dans toutes les Terres & ,, Païs de ſon obéïſſance. Le Bref fut aprouvé par l'Aſſemblée le 22. d'Août; & le Parlement de Paris enregîtra le 4. Septembre les Lettres Patentes du Roi expédiées * en conſéquence.

Ce qu'on en diſoit en France.

Cette affaire fit beaucoup de bruit. Les Moliniſtes triomphoient, & ils croyoient leurs Adverſaires terraſſez pour jamais par ce nouveau coup. Car enfin qu'auroient pû faire ces derniers contre l'Autorité du Pape & celle d'un Roi qui avoit une méthode ſi efficace pour convertir les Heretiques? *Les Gens de bien les plaignoient, & apréhendoient que leur chûte ne fût un coup fatal à la pureté de la Morale Chrétienne, dans tous les lieux ſoûmis à l'autorité du Saint Siege.* C'eſt ainſi qu'on parloit à Paris. † *Les Railleurs*, ajoûtoit-on, diſent qu'il faudra ſe réſoudre à ſe diſpenſer d'aimer Dieu, & qu'à l'égard de pluſieurs, cela ne leur ſera pas ſi difficile, que ſi on vouloit les obliger à ne point aimer les Créatures. D'autres ajoûtoient avec beaucoup de raiſon, qu'en comparant ce qui ſe paſſoit alors avec ce qui s'étoit fait ſous le Pontificat de Clement IX. on reconnoiſſoit que les tems étoient bien changez. En éfet au lieu que ſous ce Pontife il fut jugé à propos d'impoſer ſilence ſur cette queſtion, tout concourut au tems dont je parle maintenant, à l'opreſſion de ceux dont la Morale fait un ſi grand honneur à l'Egliſe Romaine. Que peut-on inférer de là, ſinon que c'eſt la Politique, plûtôt que l'interêt de la verité, qui décide de ces affaires ſelon les conjonctures? Quand la Cour de France & celle de Rome ſont bien enſemble, elles ſe donnent la main pour apuyer leurs réſolutions mutuelles; mais dès que le moindre interêt les diviſe, il n'eſt plus queſtion alors ni du reſpect dû au Chef de l'Egliſe, ni de la conſideration que mérite celui qui s'en dit le Fils Aîné. Les Droits de l'Egliſe Gallicane ne doivent ſouffrir aucune atteinte, & les Bulles du Pape qui les impugnent, ſont déclarées nulles & abuſives, comme il eſt arrivé au commencement de l'affaire de la Conſtitution *Unigenitus*, à moins que les interêts ne changent & que l'on ne ſe ſente avoir beſoin du Parti Eccléſiaſtique. Alors on le ménage aux dépens de toutes choſes: on cherche des tempéramens, & l'on en vient enfin au point de retracter preſque ce qu'on a fait avec tant de fermeté & de raiſon.

Si le Jáſeniſme étoit quelque choſe de réel.

Ce qu'il y eut de ſingulier dans l'affaire qui a donné lieu à ces réflexions, c'eſt qu'on prétendit alors qu'il n'y avoit point de Janſeniſtes, & que le Pape & le Roi Très-Chrétien ſe battoient contre une chimère. Il eſt vrai que ceux qu'on acuſe de l'être, s'en défendent; mais il faut avouer auſſi ou qu'ils biaiſent en cela ou qu'ils ſe font illuſion. Je n'ai garde d'entrer dans cette Queſtion délicate qui eſt du reſſort des Theo-

* *A Verſailles le 31. d'Août.*
† *Nouvelles de la Rép. des Lettres du Mois d'Octobre. Ext. de Lettres.*

A a ij

logiens ; mais je raporterai ce qu'en dit un * Savant qui sait à fond cette matiere. Voici comme il s'exprime : *La verité est, que comme les Jesuites sont très embarrassez à montrer qu'ils ne sont ni Pelagiens, ni Demi-Pelagiens, ceux qui suivent de bonne foi les sentimens de St Augustin, se fatiguent vainement à prouver qu'ils ne sont ni Calvinistes sur la matiere, ni Iansenistes. Les uns & les autres sont obligez de paroître condamner ceux dont ils suivent les sentimens, & aprouver ceux qu'ils condamnent. C'est ce qui arrive presque toûjours, quand on ne cherche pas ce qui est vrai en soi-même, mais ce qui est conforme aux Décisions des Docteurs sujets à se contredire eux-mêmes, parce qu'ils ont cherché aussi, non la verité, mais l'avantage du Parti où ils étoient.* Le P. Daniel Jesuite dans un Livre qu'il fit alors contre le Pere Serri, premier Professeur en Theologie dans l'Université de Padouë, lui dit, qu'il pourroit faire une Comedie très-plaisante intitulée, *Le Janseniste malgré lui.* N'auroit-on pas pû dire que le Professeur de Padouë en pouvoit faire à son tour une aussi plaisante contre les Jesuites, en prenant à l'imitation du Titre fourni par Moliére, celui *du Pelagien malgré lui ?* Enfin, pour revenir au *Fantôme du Iansenisme,* on le combatoit sans savoir précisément ce que c'étoit : ceux-mêmes qui entendoient le mieux la matiere s'embarrassoient dans la fameuse Distinction du *Fait & du Droit.* La crainte de passer pour Heretique d'un côté, & de l'autre l'entêtement pour un Parti qu'on ne pouvoit se resoudre d'abandonner, & de condamner, produisirent un celebre *Cas de Conscience,* où l'on tâchoit de sauver l'un & l'autre par le moyen d'une *Foi Divine* ou *Humaine intérieure,* ou extérieure, sur la seule Autorité du Pape ou

* *Bibliotheque Choisie de Mr le Clerc, Tom. I. pag. 37.*

sur d'autres motifs, selon que chacun étoit persuadé de la *Faillibilité* ou de l'*Infaillibilité* des Pontifes Romains. Nouveau sujet d'embarras pour la Cour de Rome, qui examina ce *Cas* important avec soin, & où après de meures déliberations, il fut décidé, qu'il ne faloit rien innover, mais seulement confirmer par une nouvelle Constitution ce qui avoit été établi par les Papes Clement IX. & Innocent XII. après un Iugement contradictoire, & se contenter d'un silence respectueux. Cette affaire avoit été jugée d'une si grande importance à la Cour de Rome, que le St Pere avoit ordonné des Prieres extraordinaires pour implorer en cette ocasion la Benediction d'enhaut. On avoit lieu de croire qu'il avoit formé quelque grand Projet pour le soûlagement de l'Europe embrasée, & qu'il ne s'agissoit de rien moins que de calmer cette fureur qui divisoit presque toutes les Nations de la Chrétienté. Mais il étoit question de quelque chose de bien plus grave ; c'étoit de fraper un nouveau coup de massuë sur un Monstre écrasé déja plusieurs fois ; il faloit faire tomber le tonnerre sur un Fantôme déja terrassé par les foudres du Vatican ; en un mot il s'agissoit de fulminer encore une fois contre le Iansenisme.

Personne ne douta que les Jesuites ne fussent les principaux Auteurs de cette Bulle foudroyante. On sait avec quel acharnement les Disciples de Iansenius & les Enfans d'Ignace se font la guerre dans le sein d'une même Communion. L'Eglise de France fut longtems agitée par ces troubles. Il falut que le Monarque fit intervenir son Autorité pour les apaiser. Sa Majesté Très-Chrétienne imposa silence aux deux Partis. Elle leur ordonna la paix ; ils l'observérent avec la charité & la patience ordinaires aux Théologiens, c'est à dire, en ne cessant de se harceler, d'escarmoucher, & de faire souvent des irrup-

A qui l'on attribua cette nouvelle querelle.

tions de Contröverse & de Satire sur les terres l'un de l'autre, pour parler comme un Ecrivain de ce tems. Il est vrai que la balance n'étoit point égale. Le Prince, à qui ses adroits Confesseurs prirent grand soin de peindre le Jansenisme comme une des plus dangereuses pestes de l'Ame & comme une nouveauté capable de bouleverser l'Etat, mortifia le même Jansenisme en toute ocasion; & cette Chimère lui fit plus de peur que toute la Ligue. Ainsi a-t-on vû en France durant tout ce long Regne le Jesuite victorieux sur le Trône, & le Janseniste humilié dans la poussière & dans la persécution.

Pourquoi le Roi se déclare contre les Jansenistes.

Au fond Sa Majesté Très-Chrétienne n'avoit peut-être pas tout le tort en se déclarant contre les Jansenistes; ces Messieurs: ,, dit le dernier Auteur que ,, je viens de citer, ont de leur côté la ,, solidité du Genie, la profondeur du ,, Savoir: ils ont le témoignage des an- ,, ciens Peres, & l'on peut dire même ,, l'autorité des Livres Sacrez: mais ,, avec tout cela ils sont grands Dam- ,, neurs, & si leur sentiment est vrai, ,, l'Assemblée d'en-haut est infiniment ,, petite en comparaison de l'Assemblée ,, d'en-bas. D'ailleurs ce sont des gens ,, austeres & mal acommodans, que ,, ces Jansenistes; leur Morale est rude, ,, & s'ils faisoient ce qu'ils disent ils ,, marcheroient à grands pas dans la ,, voye étroite: ce seroient de vrais ,, Apôtres. Mais pour les Jesuites, oh! ,, c'est l'Escadron le plus obligeant & le ,, plus humain qu'il y ait parmi toutes ,, les Troupes bigarées de l'Eglise Mi- ,, litante: s'il ne tenoit qu'à eux, Satan ,, n'auroit pas une seule ame à tour- ,, menter; à grands coups de *distinguo* ,, ils ont élargi la route des Cieux, ils ,, en ont fait un chemin à carosse, on y ,, va fort à son aise entre les fleurs & les ,, fruits; enfin si les Jesuites n'ont pas ,, chassé honteusement les Diables du ,, Sistême de la Religion, comme ont

,, fait vaillamment quelques Docteurs ,, Modernes, au moins ont-ils trouvé ,, le secret de tirer tout le venin du pe- ,, ché, & de le réduire aux termes d'une ,, action louable ou indifférente. Or ,, vous jugez bien que Louis XIV. n'a- ,, voit garde de ne pas apuyer une si ,, bonne race de gens; Sa Majesté Très- ,, Chrétienne, grande & puissante com- ,, me elle est, a un peu besoin que la ,, porte du Paradis soit spacieuse; & ,, de plus, comme le principal de ses ,, soins paternels pour son Peuple a tou- ,, jours été d'éloigner de lui ces perissa- ,, bles & malheureuses richesses qui sont ,, la plus dangereuse ocasion, le plus ,, fatal instrument du crime, que dis-je? ,, un obstacle humainement insurmon- ,, table au Royaume des Cieux, il n'est ,, pas étonnant que ce pieux Monarque ,, s'acorde si bien avec les Reverends ,, Peres Jesuites, puis qu'ils concou- ,, rent si bien avec lui à faciliter le ,, Salut.

Raisons qu'il eut de le faire.

Quelque Satirique que paroisse ce morceau qui part d'une Plume enjouée & libre; il fait voir que Louis XIV. avoit ses raisons pour tenir une telle conduite. En éfet comment calmer autrement une Conscience allarmée par le souvenir du passé, les remors du present, & les craintes de l'avenir? Quel autre moyen d'allier la Dévotion, dont il se para durant ces derniers tems, avec des Passions toûjours vivantes? Faloit-il damner impitoyablement un Roi Très-Chrétien, un Fils Aîné de l'Eglise, un Destructeur de l'Heresie? A quoi auroient servi les *Escobars*, les *Tambourins*, & tant d'autres, qui avoient pris tant de peine à fabriquer une Morale à part pour les Têtes Couronnées? Et n'étoit-il pas juste qu'un Roi dévoué aux Jesuites, & peut-être Jesuite lui-même, eût part au Privilege * d'une

* *Voyez le Livre intitulé:* Question Curieuse, *si Mr Arnaud, Docteur de Sorbone, est Heretique. Où il est dit, pag.* 55. Que qui dit Jesuite,

1705. Compagnie Sainte, dont le nom porte en lui-même l'assurance du Salut?

Le Roi crû Jesuite, aussi-bien que l'Empereur Leopold.

Mais à propos du Roi crû *Iesuite*, ne pourroit on pas lui apliquer ce qu'un Auteur dit au sujet de l'Empereur Leopold, soupçonné d'avoir eu avec les Jesuites des engagemens intimes & secrets? Cet Ecrivain Anonime fit imprimer en 1682. un petit Ouvrage intitulé, *l'Empereur & l'Empire trahis, & par qui & comment*. Il soûtient comme Grotius, *qu'un homme marié peut être Iesuite*: il avance le même Fait que Pasquier & soupçonne l'Empereur d'avoir été Jesuite de la seconde Classe. „ Mon ombrage, dit cet Anonime, sur „ Sa Majesté Impériale se redouble d'au-„ tant plus, qu'il est publié que dans la „ Société Jesuitique, il y a plusieurs sor-„ tes de Religieux, * y en ayant qui „ sont dispensez, non-seulement de „ porter l'habit, mais qui peuvent se „ marier, & être revêtus de toutes for-„ tes de Charges & Dignitez; que si Sa „ Majesté Impériale, par un trop grand „ zele pour sa Religion, s'étoit dans „ ses jeunes ans engagé malheureuse-„ ment dans cet Ordre sous les Dispen-„ ses que je supose, il ne faudroit plus „ se surprendre d'aucune de ses démar-„ ches contre le Parti Protestant; car „ encore qu'il ne fût que du Petit Ordre, „ qui est celui où il est permis de se ma-„ rier, & de pouvoir être revêtu de tou-„ tes sortes de Charges & de Dignitez: „ il est pourtant vrai que pour tout le „ surplus, particulierement au point „ de Religion, il seroit sous l'Obédien-„ ce du General des Jesuites, & par „ conséquent obligé de faire la paix & „ la guerre tout ainsi que le General de „ la Société le jugeroit convenable pour „ l'interêt de la Cour Papale & de la „ Société. La guerre qu'il fait perpé-„ tuellement contre les Protestans de la „ Haute Hongrie...... les dons immen-„ ses que ce Prince a fait à la Société, „ tout cela sent fort une Obédience qui „ ne connoît point d'autre devoir ni „ d'autres régles de justice & de pieté „ que le commandement absolu de son „ Supérieur, & je ne vois rien de la part „ de ce Prince, soit en sa maniere de „ vivre, & ses aplications perpétuelles „ en Comédies Jesuitiques, Musique ou „ Pelerinages, tantôt en une Relique, „ tantôt en une autre, avec tout ce qui „ nous peut marquer ses inclinations „ naturelles ou d'habitude, qui démen-„ te cette opinion.

Fortes présoptiós sur ce sujet.

Il semble qu'il n'y auroit qu'à substituer *Sa Majesté Très-Chrétienne* dans ce récit par tout où on a mis *Sa Majesté Impériale*, pour avoir une idée de ce qu'étoit le Roi, du moins suivant les fortes présomptions que l'on en eut; car ce Fait est demeuré jusqu'ici sans autres preuves que celles qui font connoître la Cause par les éfets. Une de ces présomptions, qui paroîtra un Argument démonstratif à ceux qui savent ce que c'est que *la Société* est prise de l'engagement déclaré que Madame de Maintenon y eut en qualité de Fille de cette Compagnie; qui joint à ce que cette Dame étoit au Roi & à tout ce que le Roi a fait lui-même, ne permet pas de douter qu'elle n'ait fait contracter à ce Monarque le même engagement. Mais ne poussons pas plus loin cette matiere, que nous aurons encore ocasion de reprendre dans la suite.

1706. *Changemés avantageux*

Depuis que la guerre étoit commencée, deux ans s'étoient écoulez durant lesquels tous les éforts des Rois de France & d'Espagne n'avoient pû empêcher

---

dit un Predestiné, la Révélation en est dans l'Image du I. Siecle) que J.C. vient au devant de tout Jesuite mourant, pour le recevoir : & enfin que c'est un si beau Nom, selon le P. Nouet *dans une de ses Méditations imprimées*, que l'Eternité ne conservera que deux Noms, celui de *Jesus*, c'est à dire *Sauveur*, & celui de *Jesuite*, c'est à dire *Sauvé*.

* Voyez encore là dessus la Question Curieuse.

1706.
dans les affaires de France au comencement de cette année.

les Alliez d'agir par tout avec avantage. Leurs succez ne découragérent pourtant pas les deux Rois, & ils eurent lieu certe année de se flater à leur tour d'une nouvelle prosperité. L'ouverture de la Campagne eut des commencemens aussi-heureux pour la France, que les suites & la fin lui en furent contraires. Tout le monde étoit surpris des puissans éforts qu'elle avoit faits & de la diligence avec laquelle elle avoit rétabli ses pertes passées : en sorte qu'à la reserve des vieilles Troupes qu'elle n'avoit pû remplacer que par le nombre, elle se trouvoit par tout en état de supériorité. En Italie, outre la prise du Château de Nice pendant l'Hiver, elle fit des preparatifs formidables au Printems pour le Siége de Turin ; & le Duc de Vendôme prévint en Avril les Impériaux par un combat, avant que leur Armée pût être formée & que le Prince Eugene fût arrivé. En Allemagne, où elle se voyoit favorisée par les troubles de Hongrie, par la guerre du Nord, & par quelques mouvemens en Baviere, elle assembla une Armée très-considerable qui menaçoit l'Empire d'une nouvelle invasion. Dans le Païs-Bas, où elle s'étoit reservée l'Elite de ses Troupes, elle y forma de bonne heure la plus belle Armée qu'on y eût vûë depuis long-tems. Enfin elle prit de telles mesures en Espagne pour ataquer le Roi Charles par Terre & par Mer, avant qu'il pût être secouru, qu'il y eut tout à craindre & peu à esperer.

Ils durét peu, & comencér par l'Espagne à décliner, à la levée du siége de Barcelone.

Cependant ce fut par l'Espagne que la France, contre toute aparence, vit le commencement de ses disgraces & le renversement de ses Projets. Le Roi Philippe étoit parti de Madrid au mois de Fevrier, pour commencer la Campagne par le siége de Valence qui avoit reconnu le Roi Charles, & par celui de Gironne, afin d'attaquer ensuite Barcelone. Du moins ce fut le bruit commun, & la suite a justifié ceux qui é-

toient de ce sentiment. Le Maréchal de Tessé devoit être employé au premier, & le Marquis de Legal au second. Mais ce Plan fut changé à l'arrivée d'un Courier de France, & on résolut d'ataquer le centre sans s'arrêter aux extremitez. L'Armée qui étoit de 37. Bataillons & 31. Escadrons avoit ouvert la tranchée devant Montjoui le 6. Avril. On n'en fut Maître que le 25. par la lenteur des ataques où Mr de Lapara avoit été tué dès le 15. Bien-tôt après la Ville de Barcelone se trouva aux abois, & le Roi Charles en grand peril, quoi que toûjours ferme à défendre cette Place jusqu'à l'extrêmité. La Flote des Alliez, retardée par les vents contraires, aprit en chemin le fâcheux état des Assiegez sans les pouvoir secourir ; & ce Prince ne recevoit aucun avis de la Flote. Le Comte de Toulouse, qui commandoit celle de France, avoit débarqué quantité de Canons & de Munitions : les Assiegez étoient obligez de se défendre par des coupures, & malgré toute leur valeur, & le grand zéle des Habitans, la vûë du péril excitoit plusieurs murmures. Enfin tout se disposoit pour l'assaut, lors que dans cette dure extrêmité un vent favorable se léve & conduit la Flote au Port, où elle arrive le 8. Mai, sans y trouver celle du Comte de Toulouse qui s'étoit retirée la nuit precedente. Ce secours inesperé mit tout le Camp des Assiégeans en confusion : il n'y eut aucun ordre bien executé, ni pour faire sauter Montjoui, & crever les Canons & Mortiers : ni pour mettre le feu aux poudres & aux farines : ni pour la marche des bagages ; tant on étoit frapé d'un esprit d'étourdissement ! Enfin on peut dire qu'il n'y eut rien de bien executé, que le soin qu'on prit de recommander 1500. malades & blessez à *l'Humanité* & à la *Generosité* du Comte de Peterborough. Il falut tout abandonner, Camp, Munitions, Canons, &c. se voir harce-

194 HISTOIRE DE

1706. lez de tous côtez par des milliers d'Habitans jufqu'au paffage du Ter ; & qui pis eft, contraint de fortir du Royaume, parce qu'on ne pouvoit plus fe retirer par le même chemin qu'on étoit venu ; de forte que pour rentrer en Efpagne, on fe vit reduit à une marche des plus fatigantes, en effuyant toutes les incommoditez d'un long & pénible détour.

Eclipfe de Soleil arrivée dans cette conjoncture.

Cette retraite arriva le 12. Mai, précifément dans la circonftance remarquable d'une Eclipfe de Soleil qui arriva auffi ce jour-là. Cette Eclipfe dura deux heures. La terre fut couverte de ténébres, & l'on aperçut plufieurs Etoiles durant un quart d'heure ; les Troupes qui avoient levé le fiege de Barcelone étoient en marche & furent d'autant plus épouvantées, qu'elles fe trouvoient dans un Païs où l'on eft extrêmement fuperftitieux fur les Eclipfes. Celle-ci ne manqua point de donner lieu à plufieurs raifonnemens & à diverfes allufions bien-fondées. Mais pour ne m'arrêter qu'aux Faits, l'événement fit connoître qu'on pouvoit marquer là l'Epoque de la Décadence de l'Union des deux Couronnes, dont en éfet la grande force fut comme éclipfée par tout. Il eft vrai que le chemin fembloit aplani pour les Alliez en Efpagne, par la retraite de l'Armée des deux Couronnes, la diligence pour en profiter ne put être auffi prompte que l'occafion. Le Marquis Das Minas & Mylord Gallouvai, qui s'étoient mis en marche au mois d'Avril, avoient foûmis en peu de tems Alcantara, Placentia & d'autres Places, fans que le Duc de Beruvick (fait depuis Maréchal de France) pût les empêcher d'aller droit à Madrid, où la Cour étoit en allarme. Mais un contretems fufpendit fes craintes.

Câpagne du Païs-B. La France croit y fur-

Cependant la Cour de France avoit apris dès le 15. Mai, le retour inopiné du Comte de Touloufe en Provence, & par conféquent le mauvais état du fiege de Barcelone. On a lieu auffi de préfumer qu'elle aprit peu de jours après que l'Armée des Alliez dans le Païs-Bas n'étoit pas encore complette, au lieu que la fienne l'étoit. Ce qui retarda celle des Alliez, fut que les Danois, qui étoient à la Solde des Etats Generaux, refuférent d'abord de marcher, fur ce qu'il leur étoit dû quelques arrérages dont ils demandoient le payement. Le Duc de Marlborough, chagrin de ce contretems, en ayant fû la raifon du D. de Wirtemberg General des Troupes Danoifes, le preffa par toute forte de moyens de ne pas abandonner la Caufe Commune, & offrit de le faire payer par la Reine fa Maîtreffe, au défaut des Etats Generaux. Le General Danois, qui ne voulut pas s'en tenir à une promeffe fi incertaine, demanda à Mylord Duc s'il en vouloit faire fon affaire & s'obliger de payer les Troupes de fes deniers ; de quoi le General Anglois lui ayant genereufement donné fa parole de Gentilhomme, obligea par là les Danois à fe joindre au refte de l'Armée. Mais pour donner le change aux François, ces deux Generaux convinrent que les Danois feindroient quelque tems de perfifter dans leur premier refus, & ne donneroient qu'au moment qu'ils en recevroient l'ordre. Ce qui fit croire aux François, que ce fecours manquant aux Alliez, leur Armée fe trouveroit beaucoup inférieure.

1706. *prédre les Alliez & pourquoi.*

Cela eft fi vrai, qu'ayant vû, contre leur attente, que les Danois chargérent à leur tour, dans la bataille que nous allons décrire, la Cour de France foupçonna Mr Meïerkroon, Envoyé Extraordinaire de Dannemarck à Paris, d'avoir été d'intelligence avec les Ennemis, & lui en témoigna fon reffentiment. Tellement que ce Miniftre s'étant retiré pour revenir à la Haye, tomba en chemin dans une embufcade, dont on ne douta point que la France n'eût donné l'ordre exprès. Du moins le crut on ainfi fur les aparences ; puis qu'étant

L'Envoyé Extr. de Dannemarck à Paris ataqué à fon retour par un Parti Franç.

parti

1706. parti * d'Aix-la-Chapelle avec une Escorte de trente-cinq hommes, ayant Passeport de France pour cinquante, le papier blanc au chapeau, & les autres marques necessaires pour se faire connoître, il fut attaqué à une demi-lieuë de la Ville par un Parti François d'environ trois cens hommes, que commandoit le Partisan Makenei. Ce Parti fondit sur l'Escorte, en criant, *Armes bas*, & incontinent après on ouit tirer deux coups de Mousquet à une distance fort éloignée de l'Escorte, sur laquelle le Parti fit d'abord feu, & continua quelque tems, avant que l'Escorte y repondit. Quelques gens du Parti descendirent ensuite dans le defilé, & s'atachérent à la poursuite d'un beau Carosse où étoit le Neveu de Mr Meïerkroon, Secretaire de l'Ambassade, sur lequel on fit grand feu; en sorte qu'ayant été tué de plusieurs coups de fusil, le bruit se répandit que c'étoit l'Envoyé qui étoit mort. On cessa alors de tirer. L'Envoyé fut retenu près de trois heures, & le Partisan le conduisit jusqu'à Aix, après qu'un nommé *Sauvage* eût dépouillé son Neveu.

Quelle fut l'ocasion qui y donna lieu.

Cet attentat, commis contre la Foi publique & contre le Droit des gens, est un de ces faits crians, qui quoi que destituez de preuves convainquantes, ne laissent pas de donner d'étranges impressions de ceux qu'on croit capables de se porter à de telles extrêmitez. On en soupçonna la Cour de France avec d'autant plus de fondement, qu'elle s'étoit flatée d'une ocasion favorable, pour rétablir par un coup d'éclat la réputation de ses armes. Elle avoit envoyé ordre de livrer combat; & l'Electeur de Baviere n'eût que le tems de partir en poste de Bruxelles pour joindre le Maréchal de Villeroi. Du côté des Alliez on cherchoit bien aussi l'ocasion d'en venir aux mains; mais on ne l'attendoit pas si-tôt; & même dans la pensée que les François pourroient se retirer derriere la Dile, comme l'année derniere, Mylord Duc de Marlborough avoit crû devoir songer d'avance à d'autres mesures. Tout fut bien-tôt éclairci par la marche des Armées qui se trouvérent en presence le 23. Mai, jour de la Pentecôte.

Disposition des Armées à la Bataille de Ramelies. Premiere action.

Celle des François s'étoit campée avantageusement, la droite vers Taviers près de la Méhaigne, la gauche vers Judoigne, & le centre à Ramelies. Celle des Alliez fut à peine rangée en bataille, qu'on disposa l'attaque contre l'Aîle droite des François, parce que leur gauche étoit à couvert par un marais qui la separoit de l'autre Armée. Le Velt-Maréchal d'Auverkerque, ordonna un Détachement pour déloger les François des avenuës de Taviers, & alors l'action s'engagea de part & d'autre avec une extrême vigueur. Le General des Alliez fit commencer l'ataque par quatre Bataillons sur les Dragons à pied, que le Maréchal de Villeroi avoit postez dans des hayes à cent pas devant le front de leur droite près de Taviers. Les Dragons furent mis en désordre après avoir fait plusieurs décharges. Là-dessus les Generaux François qui étoient à Taviers détachérent de l'Infanterie pour prendre les Alliez en flanc; mais le Colonel Wertmuller, Suisse, qui commandoit les quatre Bataillons des Alliez, en ayant fait tourner deux contre les Troupes Françoises, ils les chargérent si à propos, qu'ils les rompirent, les obligérent de prendre la fuite vers leurs gros, de même que les Dragons, & emportérent le Poste de Taviers. Sur ce premier échec la Cavalerie des deux Partis s'avança, & le Duc de Marlborough donna en même-tems ordre au Duc de Wirtemberg, General des Troupes Danoises, de faire le tour par la gauche des Alliez avec sa Cavalerie, pour prendre les François en flanc & à

* Ceci arriva le 1. Octobre.
Tome III.

dos, pendant qu'il seroit aux mains avec celle des Etats. Ce mouvement paroissoit également facile & avantageux, mais le Duc de Wirtemberg, après avoir défilé par Escadrons entre la gauche des Alliez & le Village de Taviers, où il y avoit plusieurs Bataillons François, fut arrêté par un marais qui couvroit la droite de ceux ci ; de sorte qu'il fut obligé de se former à l'extrémité de la premiere ligne. Il n'y fut pas long-tems sans ocupation ; car les deux Armées ayant le champ libre pour agir de ce côté-là, se choquérent avec une égale vigueur, Cavalerie contre Cavalerie. Les Gendarmes & les Mousquetaires du Roi, firent d'abord plier quelques Escadrons de la premiere & de la seconde Ligne des Alliez ; mais deux autres Lignes que Mylord Prince détacha de sa droite, sous les ordres du Prince de Hesse-Cassel, s'étant aprochées par une marche sur huit colomnes, & ayant chargé en même-tems, renversérent entiérement la Cavalerie Françoise. Les Gardes du Corps du Roi, ses Gendarmes, les Chevaux-Legers de sa Garde, & les Mousquetaires furent totalement rompus ; les Dragons pousférent sept Escadrons des premiers dans un marais, où ils les taillérent en piéces. Les Gardes Hollandoises à cheval commandées par le Chevalier Seer, & plusieurs Escadrons de Dragons des Alliez, se trouvant oposez à ces Troupes d'élite qui les chargérent, furent poussez par trois fois, & trois fois retournérent à la charge.

Défaite entiére de la Droite des Fr. Mylord Marlborough ayant défait la Cavalerie Françoise, & l'ayant obligée de prendre la fuite, fit attaquer l'Infanterie. Celle qui se trouva en pleine Campagne fut taillée en piéces après une legere résistance. Celle des Troupes qui étoient dans Taviers, contre lesquelles les Alliez marchérent, ne fut pas plus grande ; car les Dragons qui y étoient s'enfuirent d'abord, sans avoir le tems de reprendre leurs chevaux, & l'Infanterie qui se mettoit en état de les suivre fut coupée par les Danois, & entiérement défaite. Le General Anglois détacha en même-tems neuf Bataillons, sous les ordres du General Schotten, pour marcher contre Ramelies défendu par trois à quatre mille hommes. Il l'ataqua avec tant d'ordre & de succez par le front, qu'ayant franchi le fossé il tua ou fit Prisonniers la plûpart de ceux qui défendoient ce Poste, & se rendit Maître de tout le Canon. Tandis que cela se passoit devant Ramelies, la Cavalerie des Alliez qui avoit la Campagne libre, après avoir chassé les François, se jetta sur ceux qui fuyoient après avoir abandonné ce Poste & celui de Taviers. Elle en fit une si grande tuërie, qu'il n'en échapa que ceux qui mirent bas les armes. Le Régiment du Roi, composé d'Officiers de qualité, prit ce parti, & livra ses Drapeaux à un Régiment Anglois.

Déroute generale de l'Armée. Le Maréchal de Villeroi voyant la défaite de son Aîle droite, détacha des Troupes de sa gauche pour retourner au combat. Mais Mylord Marlborough ayant fait faire un mouvement aux Troupes de sa droite, rompit encore ses mesures. Le General François ne sachant plus que faire pour remedier au desordre de son Armée, prit enfin le parti de suivre les Troupes qu'il ne pouvoit arrêter. Celles des Alliez le poursuivirent jusqu'à minuit sur le chemin de Louvain, & firent dix mille Prisonniers. L'Artillerie, le Bagage, & les Munitions des Vaincus tombérent en la puissance des Vainqueurs ; le champ de bataille fut couvert de vingt mille morts. Il y eut un si grand nombre d'Officiers,& de Chevaliers de l'Ordre de St Louis parmi les uns & les autres, que les Croix qu'on leur ôta auroient été seules suffisantes pour faire conoître la grandeur de la Victoire, comme autrefois les Anneaux d'or des Chevaliers

LOUIS XIV. Liv. XV.

1706. Romains après la bataille de Cannes. Parmi les Prisonniers distinguez se trouvérent le Comte de Horn, Lieutenant General, les Marquis Palavicini, de Bar, de Nonan, & de la Baume-Tallard; le Sr de Montmorenci, le Comte de Clare, Anglois, & le Sieur de Meziéres.

Perte des Alliez. Eloge de Mylord Marlb.

Les Alliez de leur côté perdirent trois à quatre mille hommes; de ce nombre furent le Prince Louis de Hesse, & le Sr Benting, Fils de Mylord Portland, trois Colonels, & neuf Capitaines. Le General Anglois s'atira durant cette action, qui ne dura que 3. à 4. heures, l'admiration des François, autant que des Troupes qui combatoient sous ses ordres, par son activité, sa valeur & sa prévoyance. Il étoit au Corps de bataille au commencement de l'action; mais ayant été obligé de passer à l'Aîle gauche, il y demeura jusqu'à la fin. Il se trouva souvent engagé au plus fort de la mêlée, où il courut risque d'être tué ou fait Prisonnier par des Cavaliers François, qui l'ayant reconnu l'aprocherent de fort près. Son cheval s'étant alors abatu sous lui, il n'auroit pas manqué de tomber entre leurs mains, sans des Soldats Anglois, qui s'avancérent & le tirérent de ce danger. Ce Prince en fut à peine délivré, qu'il en courut un plus grand par un boulet de Canon qui emporta la tête au Colonel Brings-Field, qui l'aidoit à remonter à cheval. L'Armée Françoise fut tellement dissipée, par cette défaite, qu'elle ne parut plus en Campagne durant trois mois, les débris en furent mis dans les Places de la Flandre & du Hainaut François, & le Commandement en fut ôté au Maréchal de Villeroi, pour satisfaire en quelque maniere le Public, qui atribuoit la perte de la bataille à sa mauvaise conduite.

Suites de sa Victoire.

La réduction du Brabant, d'Anvers, de Malines, & de la Flandre, furent d'abord le fruit de la Victoire des Alliez, qui ayant marché à Judoigne le jour d'après, pour suivre l'Armée Françoise, qu'ils ne purent pourtant joindre, parce qu'elle avoit continué de se retirer durant toute la nuit avec beaucoup de précipitation, passérent la Riviére de Dile près de Louvain, & la trouvérent abandonnée. Mylord Prince s'étant aproché de Bruxelles le lendemain, fut complimenté par les Etats de Brabant.

1706.

Les François qui étoient campez sous Dendermonde se retirérent alors, quoique cette Place les mît hors d'insulte. Ils abandonnérent aussi Gand peu après, & se mirent en marche vers leurs Lignes de Flandre; laissant en proye aux Alliez toutes les Places de la Domination d'Espagne. Ceux-ci ayant passé l'Escaut en continuant de les suivre, se rendirent Maîtres de Bruges, de Damme, & d'Oudenarde: pendant qu'un Détachement, envoyé par Milord Duc devant Anvers, reçut la Capitulation de cette Place des mains du Marquis de Terracena.

Les Fr. abādōnéttoutes les Places Espagnoles.

Pour profiter d'une conjoncture si favorable, le Velt-Maréchal d'Auverkerque, qui depuis quelques jours s'étoit séparé de Mylord Marlborough avec un Corps de Troupes, s'avança à Nieuport qu'il investit le 17. Juin. Il ataqua le soir du même jour la redoute de Nieuvendam & l'emporta d'assaut. Mais le dessein de faire le siége de cette Place ayant été changé, & celui d'Ostende ayant paru plus important, le Velt-Maréchal alla investir celle ci, pendant que le Vice-Amiral Faiborne la serra du côté de la mer avec dix-huit Vaisseaux, & que Mylord Marlborough se posta avec son Armée pour en couvrir le siége. Il fut commencé le 28. les ataques en furent poussées avec tant de succez & d'ordre, que huit jours après qu'on eut commencé à batre la Place, elle fut obligée de capituler. C'est ainsi que le Marquis de Couvaroubias qui y

Siege d'Ostende par les Alliez.

B b ij

1706. commandoit pour les Espagnols, & le Comte de la Mothe, n'étant plus en état de se défendre avec sûreté, laissérent les Alliez Maîtres d'une Ville, qui au commencement du siécle passé avoit soûtenu un siége de près de trois ans contre le Marquis de Spinola. *

Siege de Menin.
Le Velt-Maréchal d'Auverxerque quitta alors les environs d'Ostende, & joignit Mylord Marlborough avec les Troupes qui avoient fait le siege de cette Place. Après quoi le General Anglois ayant fait raser les Lignes que les François avoient faites dans le Païs-Bas conquis, & ayant été joint par les Troupes de Prusse & des Princes de la Basse-Saxe, au nombre de vingt mille hommes, il forma le siege de Menin. Le Sr Salis, Lieutenant General, fut chargé de l'execution de cette entreprise, avec cinquante trois Bataillons. Il investit la Place le 23. Juillet, & s'étant rendu Maître des Ecluses de Comines, où il fit faire des coupures pour détourner les eaux de la Lis, & mettre à sec les fossez de la Ville assiegée, il fit travailler aux Lignes de Circonvallation & prendre poste aux Faux-bourgs d'Halluin. Mais avant que de raporter la suite de ce siege, voyons premierement ce qui se passa au Printems en Italie, d'où nous reviendrons ensuite, avec le General qui y commandoit, achever la Campagne des Païs-Bas.

Bataille de Calcinato en Italie.
Ce fut, comme on sait, le Duc de Vendôme ; qui s'étant rendu sur les frontieres du Milanez & du Bressan, dès le commencement d'Avril, y assembla dix-huit mille hommes de pied & deux mille chevaux, avec lesquels il marcha contre les Impériaux, campez au nombre de douze mille entre Montechiari & Calcinato, sous les ordres du Comte de Reventlau. Le General François ayant passé la Fossa Seriola, où le Canal de Lonato, s'avança le 18. Avril vers le Pont de Saint Marc sur la Chiese, d'où il détacha deux cens Chevaux pour occuper une hauteur près du Village de Calcinato. A son aproche le General des Impériaux, qui n'avoit rien sû de sa marche, fit défiler sa Cavalerie sur la même hauteur, & l'ayant rangée en bataille obligea les deux cens Cavaliers François de se retirer. Le Duc de Vendôme, à qui ce mouvent ne fit point changer de dessein, ataqua aussi-tôt les Impériaux sur la hauteur, pour ne pas donner le tems à leur Infanterie, qui étoit à trois lieües de là du côté de Montechiari, de les venir joindre. Cependant il arriva huit de leurs Bataillons qui se postèrent à côté de leur Cavalerie. Les Dragons François & deux Brigades d'Infanterie ataquèrent les premiers, & après quelque resistance mirent l'Aîle droite des Impériaux en désordre.

Le D. de Vendôme reporta la Victoire.
La gauche se défendit avec plus de vigueur, ayant poussé plusieurs fois avec perte & envelopé les Escadrons François ; mais ceux-ci la rompirent enfin, soûtenus par des Troupes fraîches, en sorte que les Impériaux ne pouvant, à cause de leur inferiorité, revenir à la charge, se retirérent à Gavardo, laissant six piéces de Canon, & deux à trois mille hommes tuez ou faits prisonniers. Le Comte de Reventlau & le Colonel Rocavion furent du nombre des premiers. Les Generaux Visconti & Grimaldi furent blessez, & les Comtes de Falkestein, & de Vehelem, & le Baron Deihenfeld faits prisonniers. Les François y firent une perte considerable, le Marquis du Héron fut tué, & les Marquis de Saint Germain, & de Bellabre blessez.

Lettre obligeante que le Roi lui écrit.
Cette Victoire attira au Duc de Vendôme de grands éloges de la part du Roi, & une Lettre fort obligeante que je raporterai, parce qu'elle n'est pas longue.

* *Ambroise Spinola.*

Lettre du Roi T.C. au Duc de Vendôme.

JE ne fai qui eft plus aife de vous ou de moi de nos heureux fuccez. Rien n'eft fi brillant ni fi avantageux que le commencement de cette Campagne. Je ne doute pas que vous ne la foûteniez avec la même fageffe & avec la même valeur. Perfonne n'en eft fi perfuadé que moi, ni ne le fouhaite davantage, pour des raifons qui nous font communes, penfant l'un pour l'autre, & pour la France, comme nous faifons. Vous devez être perfuadé qu'en toutes ocafions, je vous ferai connoître mon amitié, & la confiance que j'ai en vous. De Verfailles, le 2. Mai 1706.

S. M. le rapelle d'Italie pour l'envoyer en Flâdre & envoye le D. d'Orléans en fa place.

Ce commencement de Campagne étoit en éfet affez heureux; mais la fuite n'y répondit pas, comme nous le verrons bien-tôt. La joye en fut même traverfée par la nouvelle que le Duc de Vendôme aprit alors de la réduction d'Oftende en huit jours de tranchée ouverte; en forte que Louis XIV. ne croyant pas pouvoir opofer de plus grand obftacle au progrès des Alliez au Païs-Bas, que d'y faire paffer ce General, le rapela d'Italie pour le mettre, à la Place du Maréchal de Villeroi, à la tête de l'Armée de Flandre. Il croyoit fans doute que les Lauriers que ce General venoit de cueillir à Calcinato ne manqueroient pas de reverdir & de croître fur les bords de la Lis. Mais la fuite fit connoître qu'ils ne croiffent pas par tout également, & qu'il fuffit quelquefois de les tranfplanter pour les flétrir. Cependant pour faire voir que ce Monarque ne s'atendoit à rien moins qu'à ce changement, raportons les Lettres Patentes qu'il fit expedier au Duc de Vendôme & au Duc d'Orleans, pour donner au premier le Commandement de fon Armée de Flandre, & celui des Troupes d'Italie au fecond.

Lettre Patente du Roi pour le Duc de Vendôme.

LOUIS, &c. Quoi que les progrès continuels que nos Armées ont faits en Italie fous la conduite de nôtre très-bien amé Coufin le Duc de Vendôme, depuis l'ouverture de la Campagne de 1701. que nous lui avons confié le Commandement des Troupes, femblaffent nous inviter à lui laiffer le foin d'y terminer la guerre, néanmoins la neceffité de mettre inceffamment à la tête de nos Armées de Flandre un Chef qui s'attire la confiance des Officiers & des Soldats, & redonne aux Troupes cet efprit de force & d'audace fi naturel à la Nation Françoife; & la connoiffance que nous avons que nul autre n'eft plus capable de remplir fur cela nôtre attente que mon dit Coufin, nous ont déterminé à le rapeller d'Italie pour lui donner le commandement de nos Armées dans les Païs-Bas, perfuadé que fes fervices nous feront plus utiles, & qu'en quelque Païs qu'il faffe la guerre, il ne la fera pas moins glorieufement qu'il l'a faite en Italie. Savoir faifons, &c.

Lettre Patente du Roi à Mr le Duc d'Orleans.

LOUIS, &c. Ayant jugé à propos de donner à nôtre cher & bien amé Coufin, le Duc de Vendôme, le Commandement general de nos Armées de Flandre, & étant neceffaire de choifir un Chef pour prendre en fa place le Commandement general de nos Armées d'Italie; nous avons refolu d'envoyer nôtre très amé Neveu, le Duc d'Orléans, tant pour répondre à l'ardent defir qu'il témoigne depuis long-tems de fe voir à la tête de nos Troupes, & de pouvoir, en fig-

nalant sa valeur, se rendre utile à nôtre gloire, & au bien general de l'Etat, que parce que nous reconnoissons, qu'outre l'élévation d'esprit & les sentimens qu'il a, dignes de la grandeur de sa Naissance, il a par ses soins & son aplication aquis de bonne heure l'expérience & les talens necessaires pour le Commandement des Troupes, ainsi qu'il l'a fait assez paroître dans celui de nôtre Cavalerie, qu'.l a exercé avec toute l'habileté d'un grand Capitaine; nous avons de plus consideré, que le respect que les Gens de guerre auront pour sa personne, la joye de servir sous ses ordres, l'envie de s'en faire connoître, de lui plaire & de se distinguer à ses yeux, excitant en eux de l'émulation, & animant leur courage & leur zéle, un chacun se portera avec plus d'ardeur à remplir son devoir; ce qui ne peut que beaucoup contribuer au succez de ce que nos Armées entreprendront sous sa conduite. A ces Causes, &c.

On voit par la premiere de ces Lettres avec quelle confiance le Roi envoya le Duc de Vendôme en Flandre, pour redonner aux François *cet esprit de force & d'audace qui leur étoit si naturel.* Ils l'avoient donc perdu, & l'on n'en peut douter après cet aveu si sincere que le Roi en fit. Car de croire qu'il n'ait pas senti la force de son propre raisonnement, & qu'il n'ait pensé qu'à relever la gloire de son Cousin, sans voir les conséquences qui en naissent necessairement pour le chef des Alliez qui avoient fait ce changement important: ce seroit faire trop d'injure à l'esprit & au jugement de ce Monarque. Il vaut mieux avouer qu'il a été sincere en cette ocasion, & qu'il a cru éfectivement qu'il ne faloit que changer de General pour faire changer aussi la face des afaires. Mais il se trompa fort, comme je l'ai déja insinué; & le Duc de Vendôme n'arriva en Flandre, que pour être témoin de la prise de Menin, la clef du Païs Conquis, & de celle de Dendermonde & d'Ath, avec leurs Garnisons Prisonnieres de guerre. En éfet, bien loin de rompre les mesures du General des Alliez, il se vit obligé d'abandonner Courtrai, que le Duc de Marlborough fit aussi-tôt ocuper par le Major General Cadogan.

Cependant le General Salis ayant fait toutes les dispositions necessaires pour le siege de Menin, fit ouvrir la Téanchée la nuit du 4. au 5. Août en deux endroits, à la droite & à la gauche de la Porte d'Ypres, sous les ordres du Sr Schotten, & de Mylord Orknei. Les Assiegeans firent une perte peu considerable en cette premiere ocasion, nonobstant le grand feu des Assiegez, qui causa d'abord quelque désordre; mais il fut aussi-tôt reparé par la conduite du Colonel Chambrier. Le Sr Van-Loon, Ingenieur, y fut blessé. Le lendemain les Assiegez firent une sortie sur chaque ataque; mais les Assiegeans étant sortis des retranchemens les repoussérent avec une grande perte: ce qui les obligea de demander une suspension d'armes pour enterrer leurs morts. Il ne se passa rien de remarquable jusqu'au huit que le Sieur Salis ayant apris que les François avoient posté des Troupes dans les deux Forts de Comines, les en chassa, & fit démolir ces Forts. Deux jours après la Tranchée fut relevée à la droite par le General Major Erbevelt & le Sr Amama, & à la gauche par le Comte de Rantzau & par un Colonel, à la place du Sr Capol qui étoit blessé & qui mourut au bout de deux jours. On continua de batre la Place avec 70. pieces de Canon, & quarante-deux Mortiers. Le 11. le Comte de Nassau-Voudembourg visitant la Tranchée, y fut blessé, & les batteries achevérent de brûler entierement la Ville, & de détruire la plus grande partie des murs. Le Duc de Marlborough, qui couvroit le siege, alla le 12. visiter les Tranchées avec le

Suite du siege de Menin.

LOUIS XIV. Liv. XV.

1706. Prince Royal de Prusse. A l'entrée de la nuit les Assiegez firent une sortie avec quatre cens Grenadiers qui renversérent quelques Gabions des Assiégeans ; mais ceux-ci les obligérent de se retirer avec précipitation. Le Sieur de la Motte, Capitaine dans les Troupes de Hanover, qui alloit voir les Tranchées par curiosité, fut tué. Le Sieur Ginkel, Fils du Comte d'Athlone, eut la même destinée la nuit du 14. Les ataques qu'on fit ce jour-là coûtérent cinq cens hommes aux Assiégeans. Le General Major d'Erbevelt & le Comte de Valdeck y furent blessez.

Reddition de la Place après un premier assaut. Le Sieur Salis fit au bout de quelques jours donner l'assaut à la Contrescarpe, après avoir fait jouer deux Mines aux deux Angles saillans du Chemin couvert. Six cens Grenadiers s'avancérent avec beaucoup de hardiesse jusqu'à la Palissade, soûtenus par autant de Fuseliers partagez aux deux attaques, & par treize Régimens. La droite étoit commandée par le Lieutenant General Schultz, par les Sieurs de Pallant & Suvartzel ; la gauche par Mylord Orknei, par le Sieur Villates, & le Duc d'Argile. Les Assiegez ne pouvant soûtenir l'éfort des premieres Troupes des Assiégeans, abandonnérent le Chemin couvert après un quart d'heure de résistance. Ils continuérent pourtant de faire un grand feu des Remparts, & des autres Ouvrages ; mais le feu des Alliez ayant été supérieur, ceux-ci montérent à l'assaut avec une ardeur si extraordinaire, que s'étant logez en peu de tems sur quatre Angles de la Contrescarpe, ils étoient sur le point de pousser plus loin, si les Officiers ne les eussent arrêtez. Cette attaque coûta aux Alliez six à sept cens hommes tuez, outre les blessez. Le General Salis ayant la nuit suivante fait la descente du Chemin couvert, & fait dresser les batteries, le Comte de Carman, Gouverneur de la Place, craignant de ne pouvoir résister à un second assaut, capitula trois jours après.

Cette conquête, qui donnoit entrée aux Alliez dans les Terres de la Domination de France, fut suivie de la réduction de Dendermonde, que Mylord Marlborough fit ataquer par un Détachement sous les ordres du General Churchil, son Frere. Les François, qui craignoient de la perdre, y avoient jetté un renfort de huit cens hommes, & le General Verboom y étoit entré avec du Canon & des Munitions ; mais le General Anglois l'avoit depuis bloquée avec un Corps de Troupes, commandé par le Sieur Meredith, qui l'avoit bombardée durant plusieurs jours. Le General Churchil y fit ouvrir la Tranchée le 1. Septembre à deux cens pas de la Palissade, & ayant poussé les travaux jusqu'auprès d'une Redoute, qu'il battit les trois jours suivans par plusieurs piéces d'Artillerie, il fit donner l'assaut à la Redoute qui fut d'abord abandonnée. Ceux qui la défendoient furent poursuivis vigoureusement jusqu'à la Contrescarpe, ce qui obligea le Marquis del Valle de demander à capituler ; mais comme les conditions qu'il proposa parurent trop avantageuses pour des gens qui ne pouvoient esperer aucun secours, le General Churchil fit commencer l'attaque, menaçant de traiter la Garnison avec la derniere rigueur, si elle ne se rendoit aussi-tôt Prisonniére : ce qui ayant intimidé les Assiégez les obligea de se rendre le même jour.

Réduction de Dédermonde.

Milord Prince étant décampé d'Helchin peu de jours après repassa l'Escaut ; & s'étant avancé à Velaine fit assiéger Ath par le Velt-Maréchal d'Auverkerque, avec quarante Bataillons & trente Escadrons. Le General Hollandois l'ayant investie le 19. Septembre fit ouvrir la Tranchée la nuit du 21. au 22. Ces attaques furent continuées les jours suivans avec 64. piéces de Canon, & 42.

Prise d'Ath.

1706. Mortiers, jusqu'au 1. Octobre, que les Assiégez demandérent à capituler. Tant de désastres ne laissérent point de ressource plus promte aux François, que celle de faire venir en diligence la plus grande partie de leur Armée d'Allemagne, pour remplacer leurs pertes dans le Païs-Bas, ce qui délivra l'Empire de l'invasion dont il étoit menacé. La Cour se flata que ce changement, aussi bien que celui des Generaux, pourroit faire aussi changer la Fortune. Mais elle favorisoit trop ouvertement les Alliez, pour croire qu'ils fussent menacez de s'en voir si-tôt abandonnez.

Etat des affaires en Espagne. La levée du siége de Barcelone, qui suivit de près leurs derniers avantages, les mettoit en état de tout entreprendre & d'aller même jusqu'à Madrid, comme je l'ai dit il n'y a pas long-tems; mais leur Armée n'ayant aucun avis de Barcelone, & divers faux bruits la tenant en inquietude sur le sort de cette Place & sur le Roi Charles; elle prit le parti de rebrousser chemin, pour s'assûrer de Ciudad-Rodrigo. Dans cet intervale, le Roi Philippe se rendit en poste à Madrid, & tout sembloit relever les esperances de son Parti, lorsqu'il aprit avec étonnement, que l'Armée des Alliez avoit repris sa marche par *Salamanque* & *Valadolid*. Sur cet avis, il abandonne aussi-tôt cette Capitale avec toute sa Cour, non sans y laisser des marques qui firent connoître qu'il ne comptoit plus d'y revenir. A l'aproche de l'Armée, Madrid reconnut le Roi Charles le 24. Juin, & d'autres Villes suivirent son exemple. La Flote lui soumit aussi *Cartagene*, & ensuite *Alicante*. Tout dépendoit alors de profiter d'un tems si précieux. On dépêcha divers Exprès au nouveau Roi pour le presser de venir à sa Capitale, avec autant de Troupes qu'il seroit possible, afin de prévenir celles du Roi Philippe qui s'avançoient par la Navarre. On languit long-tems sans réponse;

& ce délai causa divers raports & faux bruits (même de la mort du Roi Charles) qui refroidirent l'affection des uns, découragérent les autres, & donnérent ocasion au Parti oposé de remuer. On aprit enfin que S. M. avoit été apellée & proclamée à Saragosse, & qu'elle se mettoit en marche pour joindre l'Armée, où en éfet elle arriva le 8. Août. Mais le Parti du Roi Philippe, qui avoit eu le tems de se reconnoître & de se renforcer, se trouva alors aux portes de Madrid, supérieur de 25. Escadrons, & de 13. Bataillons. De sorte qu'après avoir long tems disputé le terrain de part & d'autre, & l'Armée des Alliez ayant consumé ses provisions, elle prit le parti de marcher vers les Frontiéres de Valence, en disposant ses Quartiers de telle manière, qu'elle pût couvrir ce Royaume, l'Arragon, & la Catalogne; assûrer son entrée en Castille, & conserver la communication avec les Côtes de la mer: ce qu'elle executa malgré l'oposition des François. Et si dans la suite ils reprirent *Cartagéne*, ils perdirent les Isles de *Majorque* & d'*Ivica*; & le Roi Charles eut la satisfaction d'aprendre de toutes parts les grands progrès des Armes des Alliez, en Italie aussi bien qu'en Flandre. Car à l'égard du Duc d'Orléans qui y fut envoyé, & du Maréchal de Marsin dont nous avons parlé, on va voir que l'un avec toute sa valeur ne pût éviter un revers des plus sensibles; & que l'autre, digne d'être regreté, y trouva son tombeau.

Situation de celles d'Italie. Memoires du Tems. Le Prince Eugene étoit parti au mois de Janvier pour Vienne, d'où il n'avoit pû revenir à *Gavardo* qu'au mois d'Avril; mais pourtant assez-tôt pour prévenir les suites du combat de *Calcinato*; & pour arrêter les François, en attendant que son Armée pût être prête dans le Veronois; ce qui ne fut qu'au mois de Juillet. Il avoit sous lui le Marquis de Langallerie, * qui ayant quitté le

* *Philippe de Gentil.*

servi

1706, service de France pour quelques mécontentemens particuliers, étoit allé offrir ses services à l'Empereur. Sa Majesté Impériale le fit General de sa Cavalerie, & c'est en cette qualité que nous le verrons bien tôt se distinguer dans l'Action qui suivit la levée du siege de Turin, à laquelle il eut bonne part. Le Duc de Vendôme de son côté avant que de quitter l'Italie avoit fait travailler, pendant trois mois, à border l'*Adige* d'une longue chaîne de Retranchemens, afin d'en fermer le passage aux Impériaux; pendant que le Duc de la Feuillade étoit ocupé à former le siége de Turin, pour lequel il avoit assemblé des préparatifs si extraordinaires, qu'on voyoit bien qu'à cette fois la France ne vouloit pas manquer son coup. Le Duc de Savoye n'oublioit rien aussi pour la défense de sa Capitale, en la munissant d'ouvrages sur ouvrages, de Troupes reglées, & de bons Commandans à toute épreuve; outre les ressources qu'il trouvoit dans le cœur de ses Sujets.

Dificulté de secourir la Ville de Turin assiegée par les François.

Cependant tout cela ne suffisoit pas, si la Place n'étoit secouruë à tems: mais ce fut ici où l'on trouva des montagnes de difficultez. Comment se flater qu'un secours, aussi éloigné qu'étoit alors celui du Prince Eugéne, pût percer au travers d'une infinité d'obstacles, qui paroissoient comme insurmontables? Et supposé que le Prince en vint à bout, pouvoit-on esperer que la Place tiendroit assez long-tems pour attendre ce secours & qu'outre cela on seroit assez heureux pour vaincre l'Armée superieure qu'on avoit à combatre? C'est pourtant ce que l'on vit arriver contre toutes les aparences & ce qui fut executé par ces deux Princes avec autant de justesse, de conduite & de bonheur, que s'ils eussent pû lire dans les événemens. La Ville de Turin, ataquée dès le mois de Juin, se défendit avec tant de vigueur & de succez, qu'elle tint bon jusqu'au

Tome III.

moment du secours, qui n'arriva qu'en 1706. Septembre. Le Duc de Savoye, qui en étoit sorti pour être en liberté de donner ses ordres par tout, sut se démêler si heureusement de toutes les poursuites de ses Ennemis, quoi que vives, qu'il se conserva en état d'atendre la jonction du Prince Eugene, qui de son côté prit si bien ses mesures, qu'il arriva au tems qu'il faloit. Voici la Rélation du Passage de l'Adige par l'Armée Impériale sous la conduite de ce Prince, telle qu'elle fut écrite de Vienne.

,, La nuit du 4. Juillet, le Prince Eu-
,, géne de Savoye ayant reglé toutes les
,, dispositions pour le passage de ' *Adige*,
,, le Colonel Paté sortit sans Bagage de
,, son Camp près de *Melara*, & descen-
,, dit le long de ce Fleuve: la même
,, nuit S. A. sortit secretement de son
,, Camp de S*t Martin*, & arriva le 5.
,, à *Melara* sur les dix heures du matin,
,, mais sans s'y arrêter beaucoup, ayant
,, continué sa route vers *Castel-Baldo*,
,, où elle trouva les Troupes Palatines
,, & de Saxe-Gotha, avec le Régiment
,, de Bagni: sur quoi elle posta les pre-
,, mieres vers *Masi*, lieu bien fortifié
,, par les François, & à leur gauche le
,, Régiment de Bagni, avec les Trou-
,, pes de Saxe-Gotha. L'Ennemi en fut
,, si allarmé, qu'ayant fait avancer des
,, Troupes de la *Badia*, il fit en moins
,, de deux heures une vigoureuse sortie
,, avec 1200. Fantassins, & attaqua les
,, Troupes Palatines, qui ayant été se-
,, condées par les autres, repoussérent
,, l'Ennemi avec tant de bravoure, qu'il
,, fut obligé de se retirer avec beaucoup
,, de perte. Du côté des Palatins il n'y
,, eut que 17. morts ou blessez. Le soir,
,, le Prince Eugene ordonna de dresser
,, une Baterie sur le bord de *l'Adige*
,, contre *Masi*.

,, Le 6. on eut avis que la nuit le Co-
,, lonel Paté avoit fait passer 500. hom-
,, mes sur des Barques près de *Ruotanova*,
,, & qu'il avoit pris Poste sans la moin-

Relatiō du Passage de l'Adige par l'Armée Impériale, écrite de Vienne.

1706.
„ dre perte ; fur quoi il reçut ordre de
„ faire conſtruire un Pont en diligence
„ pour y faire paſſer le reſte des Trou-
„ pes, afin de ſe poſter enſuite en un
„ lieu convenable ; & afin d'obſerver
„ l'Ennemi, S. A. S. fit poſter le Com-
„ te de Beaufort entre *Maſi* & le Co-
„ lonel Paté, pour donner avis de tous
„ les mouvemens qu'il apercevroit.
„ L'ordre fut auſſi donné à toutes les
„ Troupes poſtées le long de l'*Adige*,
„ de ſe tenir prêtes à marcher au pre-
„ mier commandement.
„ Le 7. on aprit que le Colonel Paté
„ avoit paſſé l'*Adige* avec toutes ſes
„ Troupes ; & que ſur cela l'Ennemi
„ avoit abandonné tous ſes Poſtes juſ-
„ qu'à la *Badia*, & s'étoit retiré à Can-
„ da : ſur quoi le Prince Eugene or-
„ donna à ce Colonel ce qu'il avoit à
„ faire, parce qu'on avoit eu avis que
„ l'Ennemi faiſoit marcher un Corps
„ de 3. à 4000. hommes vers *Legnago*.
„ Le Comte de Beaufort retourna avec
„ ſon Détachement, & confirma qu'il
„ avoit vû ſur le bord au delà de l'*Adige*,
„ une marche de Cavalerie Ennemie ;
„ ſur quoi il avoit fait tirer deſſus par
„ ſes Dragons, au travers de la Riviére,
„ dont on avoit vû tomber pluſieurs
„ des Ennemis. Le ſoir, on eut avis
„ que le Colonel Paté avoit mis ſon
„ Infanterie à *Boara*, & la Cavalerie
„ à *Lucia* ; & que le Lieutenant Colo-
„ nel Meſſina avoit batu un Parti Fran-
„ çois de 150. Chevaux, taillé en pié-
„ ces 40. à 50. hommes, fait Priſon-
„ niers un Capitaine, un Lieutenant,
„ & 18. Soldats, pris 30. chevaux, &
„ pourſuivi le reſte juſqu'à un mille de
„ la *Cadia* : ſur quoi divers ordres fu-
„ rent dépêchez pour envoyer d'autres
„ Partis vers le Pô, & en d'autres lieux,
„ afin d'obſerver les mouvemens des
„ François. Il fut auſſi ordonné aux
„ Troupes poſtées ſur l'Adige ſous le
„ Commandement du Comte de Rei-
„ ſing, de même qu'aux Régimens

„ d'Erbeville & de Guttenſtein, de 1706.
„ marcher vers *Caſtel-Baldo* ; & aux
„ Régimens de Reventlau, Kirchbaum
„ & Zumjungen, d'aller ocuper les lieux
„ où étoient les premieres Troupes. Le
„ ſoir, le Prince Eugene fit conduire
„ deux Canons de 24. livres de bale ſur
„ la Baterie formée près de *Maſi*.
„ Le huit quoi que cette Batterie
„ n'eût pas encore tiré, on aprit que
„ les François avoient entierement
„ abandonné le Poſte de *Maſi*, dont
„ on prit auſſi-tôt poſſeſſion, & on fut
„ ſurpris de ce qu'ils avoient abandon-
„ né un Poſte auſſi avantageux. Comme
„ l'on jugea que peut-être ils feroient
„ la même choſe à la *Badia*, le Baron
„ Hofman qui commandoit le Régi-
„ ment de Bagni, eut ordre en ce cas
„ de paſſer la Riviére, & de s'y jetter.
„ Le Prince ayant eu avis que ce Poſte
„ étoit auſſi abandonné, y envoya le
„ Comte Jerger avec 200. chevaux
„ pour s'en aſſurer, & enſuite il s'y
„ rendit en perſonne, & trouva qu'en
„ éfet les François avoient abandonné
„ la *Badia*, mais que les Venitiens s'en
„ étoient emparez ; & que le Colonel
„ Hofman étoit devant la porte avec
„ un Bataillon de Bagni, ſans avoir pû
„ y entrer. Le Prince repreſenta au Com-
„ mandant Venitien, que cette Place
„ n'étant pas une Foterereſſe, mais ſim-
„ plement un Poſte fortifié, & évacué
„ tout fraîchement par les François, il
„ ne pouvoit pas dans les régles d'une
„ exacte Neutralité en refuſer l'entrée.
„ Mais le Commandant perſiſtant dans
„ ſon refus, & ayant fait prendre les
„ armes à ſes Gens, le Prince Eugene
„ donna ordre au Bataillon de Bagni de
„ s'avancer avec des haches, pour rom-
„ pre les portes ; après avoir proteſté
„ contre le Commandant de toutes les
„ ſuites, dont il ſeroit reſponſable, en
„ cas que cette affaire vînt à rompre
„ l'harmonie qui avoit été juſqu'alors
„ entre les deux Puiſſances. Le Corps

1706.
"du Comte de Reifing paffa le même jour à *Melara* pour fe rendre à *Caftel-Baldo*, & fut fuivi des Bateaux de cuir dont on devoit conftruire un Pont au deffous de *Mafi*, pour y faire paffer le refte de l'Armée.

"Le 9. les Régimens de Herberftein & de Guttenftein marchérent à *Caftel-Baldo*, où l'on eût avis que les François avoient abandonné *Malopera*, & s'étoient retirez en défordre à *Caftagnaro*, faifant des marches & contremarches continuelles. Ils avoient eu deffein de rompre les Digues à *Mafi* & à *Anguilara*, pour inonder le Païs, mais l'arrivée des Troupes des Alliez les en empêcha, en les chaffant de ces deux Poftes; de forte que les Impériaux furent alors en fureté des deux côtez de ce Fleuve; mais on ne comprend pas comment les François abandonnérent avec une telle précipitation tant de travaux & de Poftes fi confidérables, qu'il leur étoit fi facile de défendre.

Suite de ce paffage.

Depuis le Paffage de l'Adige, il y eut encore plufieurs petits chocs au défavantage des François; en forte que c'eft une chofe admirable de voir avec quelle rapidité le Prince Eugene fit difparoître les obftacles qu'on lui avoit opofez le long de ce Fleuve, dès qu'il l'eut paffé à une extrêmité où on ne l'atendoit pas: comment enfuite on le vit traverfer un Païs tout entrecoupé de Canaux: paffer le Pô: penetrer dans le Ferrarois & le Modenois; prendre *Final*, *Carpi*, *Reggio*, & autres Places; & de quelle maniere, ayant marché aux François vers *Guaftalla*, & obfervé qu'ils repaffoient le Pô, il tourna fi à propos dans le Parmefan & le Plaifantin, qu'il traverfa tout ce Païs fans opofition, & même le paffage important de la *Stradella*, où il eût été fi facile de l'arrêter: de forte qu'en 34. marches, il joignit le Duc de Savoye, & par là il donna lieu à la fameufe bataille du 7. Septembre. Cette journée décida de la fortune de Turin, qui depuis le 26. de Mai, que la Tranchée avoit été fouverte devant elle, fe foûtint jufqu'à ce jour d'une maniere non moins heureufe que furprenante.

Cette Capitale étoit reduite à la derniere extrêmité & dans l'incertitude de ce qui arriveroit de fon fort, lors qu'on entendit tirer tout à coup trois volées de Canon des Forts de la montagne, & fraper des coups de Cloches du haut de la grande Tour. Ce fignal annonçoit les aproches de l'Armée qui venoit la fecourir. Le Comte de Thaun, & le Marquis de Carail, qui en donnérent avis, étoient fur le Baftion de la Confola, d'où ils avoient remarqué par le grand feu & par le bruit du Canon, de quel côté l'Armée des Alliez avoit ataqué les François. On fit d'abord fortir le Détachement commandé depuis plufieurs jours, & il fut mis en bataille, hors de la porte du Palais. Tout le monde fortit des maifons pour chercher les lieux les plus élevez, d'où l'on pût voir cette grande action, qui délivrant la Ville de Turin, rendit la liberté à l'Italie, & donna tout l'avantage aux armes de la Ligue fur celles des deux Couronnes.

Délivrance de Turin.

L'Armée des Alliez s'étant avancée, on commença à l'Aîle gauche de canonner celle des deux Rois; les Alliez étoient dans une grande Plaine tout à découvert, au lieu que les François fe canonnoient étant à couvert derriére leur retranchement, ce qui dura depuis huit heures & demie du matin jufqu'à près de 11. heures. Enfin tout étant prêt, & les ordres donnez pour l'ataque, tous les Grenadiers Impériaux & Alliez, fous le Commandement du Colonel Salmut, de même que l'Infanterie Pruffienne, comme plus proche des François, donnérent les premiers, commandez par le Prince d'Anhalt & par les Sergens Generaux de Stillen &

Commencemét de l'Actió qui dóna lieu à cette délivrance. Memoires du Tems, Rélatiós diverfes.

& Haghen ; Son Altesse les conduisit en personne avec une bravoure & une valeur extraordinaire. Le feu fut vif, tant de la Mousquetterie que des Cartouches ; & pendant que ce Prince étoit en pleine attaque, le Prince de Wirtemberg & le Sergent General Zumjungen avec leurs Brigades entrérent aussi peu après dans le feu, de même que le Lieutenant Maréchal General de Camp Rhebinder avec les Palatins ; pendant que le Prince de Saxe-Gotha & le Sergent General Comte de Konigseck commencérent de leur côté à attaquer avec leurs Brigades. Le feu devint alors general, mais fort douteux de part & d'autre ; jusqu'à ce qu'enfin à la gauche, tous les Grenadiers avec l'Infanterie Prussienne, & la Brigade de Wirtemberg, qui consistoit en cinq Régimens Impériaux, surmontérent la vigoureuse résistance des François, forcérent le retranchement, & en même-tems l'aplanirent pour donner ouverture à la Cavalerie. Mais ne s'y étant pas arrêtez, ni formez, suivant la disposition qui en avoit été faite, & plusieurs Cavaliers, qui s'étoient jettez dedans avec précipitation, ayant au contraire poursuivi & poussé les François, le General Iselbach qui étoit dans la seconde Ligne, & qui devoit soûtenir la Brigade de Wirtemberg, détacha de la sienne le Régiment de Staremberg sous le Colonel Haindi, & lui fit prendre Poste sur le Retranchement, avec ordre de tourner contre ceux des deux Couronnes son propre Canon, & de ne point abandonner ce Poste, quelque chose qui pût arriver. Cet ordre fut exécuté fort à propos, puis qu'à peine ce Régiment fut posté, que les François qui fuyoient firent volte face, repoussérent une partie de la Cavalerie des Alliez, & penetrérent au travers de l'Infanterie Prussienne, parce que l'Impériale avoit fait un mouvement à la droite pour s'y faire ouverture ; mais le Régiment de Staremberg la soûtint avec tant de bravoure, qu'ils furent contraints de reculer, & par ce moyen elle eut le tems de se remettre en ordre. Cependant toute la Cavalerie de l'Aîle gauche s'avança, & tous ensemble mirent les François en fuite pour la seconde fois.

En même tems le Baron de Rhebinder avoit aussi forcé le Retranchement, mais le Prince de Saxe-Gotha rencontra de plus grands obstacles, ayant été obligé pendant une heure & demie d'essuyer un grand feu, parce qu'il avoit fait son ataque du côté de *Lucenta*, où les François étoient proches, & à portée de défendre ce Poste : mais malgré leurs éforts Son Altesse se soûtint avec une extrême bravoure, & repoussa avec valeur la Cavalerie Françoise, qui s'étoit faite une autre ouverture à l'Aîle gauche des Impériaux. Cependant comme les premiers se renforçoient de plus en plus, le Baron de Kirch-baum & le Comte de Harach soûtinrent vigoureusement le Prince de Saxe, pendant que le Baron d'Iselbach, avec le Sergent General de Bonneval, executant ponctuellement leurs ordres, entrérent pareillement en action avec les François. Durant ce combat près de *Lucenta*, on força une Cassine, & l'on fit un Bataillon entier Prisonnier. Les Alliez s'y logérent, & prirent poste à droite & à gauche vers le Retranchement, pour observer *Lucenta*, en cas que les autres fissent avancer des Troupes de l'autre côté de la Doire : mais on envoya ordre en même-tems à l'Infanterie de l'Aîle droite, de ne point ataquer *Lucenta*, afin d'épargner le monde, parce qu'on vit que les François commençoient de nouveau à prendre la fuite.

De l'autre côté, pendant que l'Aîle droite étoit en pleine action, on continua à repousser les Troupes des deux Rois vers la *Stature* avec beaucoup de vigueur ; mais celles-ci s'étant ralliées

Les Fr. sôt bátus à Lucenta & prénét la suite.

Autre déroute de l'armée des 2. Couronnes.

1706. en formant une Ligne, & n'ayant contre elles que la Cavalerie Impériale, & au devant un terrain long & spacieux, on fut obligé d'atendre que l'Infanterie fût arrivée avec le Canon, & jusqu'alors on se contenta d'observer les François. Après quoi on revint à la charge & on les mit de nouveau en telle confusion, que quoi qu'ils eussent derriere leur Ligne un autre Retranchement avec plusieurs Redoutes, & diverses Cassines bien fortifiées, on les chassa de l'une à l'autre jusqu'à leur Pont sur le Pô, & tout se rendit à discretion. On les chassa aussi de *Lucenta*, où ils avoient un gros magazin de farine, de pain & de biscuit, & on les obligea d'abandonner leur Pont sur la Doire. Comme ils avoient mis le feu à *Lucenta*, on n'y trouva que quelques provisions de reste : ce qui avec les autres qui furent trouvées ailleurs dans le Camp, montoit à 3000. sacs de blé & de farine, & 2000. sacs de biscuit. Ainsi les Alliez furent Maîtres de tout le Camp des François entre la *Sture*, le *Pô*, & la *Doire* : mais on ne doit pas oublier, qu'avant qu'ils eussent été entierement batus & mis en fuite, ceux de la Garnison de Turin & leur Cavalerie étoient sortis au devant des Impériaux, avec une joye qu'on ne sauroit exprimer.

Butin que firent les Alliez dans le Camp des Fr.

On prit alors dans le Camp 39. pieces de Campagne, & toutes les Tentes, avec ce qui étoit dedans. Cependant, quoi que les Troupes fussent déja entierement batuës, les François ne laissérent pas de continuer à batre en brêche jusques vers le soir, qu'ils furent enfin contraints d'abandonner avec précipitation leurs aproches, tous les Canons, Mortiers, Munitions & autres Attirails de guerre en grand nombre : mais dans leur fuite ils mirent le feu à plusieurs magazins de Poudre, Bombes & Grenades, qu'ils avoient en divers endroits, & les firent sauter l'un après l'autre. Le Maréchal de Marsin, qui avoit reçu une blessure mortelle, fit prier les Alliez de lui envoyer une Garde pour sa sureté, dans le lieu où il se rencontroit, ce qui lui fut aussi-tôt acordé. Plusieurs lettres écrites d'Italie & d'ailleurs assurent, qu'on trouva sur ce Maréchal un Ordre fermé, qui ne devoit s'ouvrir qu'après la prise de la Place. ,, Suivant cet Ordre on devoit épuiser le ,, Païs par d'excessives Contributions, ,, saccager Turin & le faire raser jus,, qu'aux fondemens. On devoit aussi ,, prendre 10000. Savoyards capables ,, de porter les armes, & les faire em,, barquer à Genes pour les passer en ,, France. On se trouva Maître alors de plus de 100. piéces de Canon gros & petits, avec un grand nombre de Prisonniers, entre lesquels il y avoit 5. à 6. Generaux. Outre cela, on fit conduire au Camp plusieurs Etendarts, Drapeaux, Timbales, & autres Attirails de Campagne, sans compter le butin qu'on fit d'une grande quantité de Bagages, & les Chevaux de 10. à 12. Régimens de Dragons qui avoient mis pied à terre, & qui furent contraints de les abandonner.

Perte des Alliez.

Du côté des Alliez, on perdit dès le commencement de la bataille le Colonel Hofman, le Prince de Beveren, Colonel de Wolfenbutel, & le Lieutenant-Colonel Neistein de Wirtemberg. Le Lieutenant Maréchal General Kirchbaum fut blessé legerement, les Sergens Generaux Stillen & Haghen, avec les Colonels Riedt, Salmut, & un autre de Prusse le furent aussi. Il y eut de plus divers autres Officiers morts ou blessez. Cette grande action dura jusqu'à la nuit, à cause des Retranchemens, Redoutes & Cassines fortifiées, d'où l'on fut obligé de chasser les François successivement, ce qui leur fit gagner la nuit, d'autant plus favorable pour leur fuite, que les Alliez par leur lassitude avoient besoin de repos. Cependant on ne laiſſa pas d'envoyer pluſieurs Détachemens à leur pourſuite, remettant au lendemain à prendre d'autres meſures.

Pour confirmer le recit que je viens de faire, j'y joindrai la Relation ſuivante envoyée aux Etats Generaux des Provinces-Unies, par Son Alteſſe Royale le Duc de Savoye, & portée par Mr de Hohendorf, Aide de Camp General du Prince Eugene.

Confirmation de cette Bataille, par la Relation évoyée aux E. Gener.

Hauts & Puiſſans Seigneurs,

„ JE ſuis aſſez heureux d'être choiſi de S. A. Royale le Duc de Savoye, & par Monſeigneur le Prince Eugene, pour porter à Vos Hautes Puiſſances la nouvelle de la glorieuſe Victoire, qu'ils ont remportée ſur les Ennemis aux environs de Turin le 7. de ce mois. S. A. R. & le Prince Eugene eſperent que vous prendrez autant de part dans leur bonheur, que vous en avez dans la gloire, par le grand ſecours que vous avez envoyé ſi genereuſement au Prince du Monde qui le merite le plus. Enfin après avoir paſſé quatre grandes Rivieres, qui ſervoient de Foſſez aux quatre Retranchemens que les Ennemis avoient fait pour nous empêcher le paſſage, & après 34. marches nôtre Armée arriva aux environs de Turin le 30. du mois paſſé.

„ Le 1. Septembre Son Alteſſe Royale nous vint joindre avec ſa Cavalerie, & toute l'Armée paſſa le Pô le quatre entre Moncalier & Carignan du côté de Quiers, on laiſſa quatre Bataillons & dix mille hommes de la Milice ſous les ordres du Comte Sanrena, avec une quantité de poudre pour la jetter dans Turin, en cas que les Ennemis euſſent quité la Montagne pour s'opoſer avec toutes leurs forces à nôtre Armée.

„ Le cinq on vint camper auprès de la Doire, & comme Son Alteſſe Royale eut la nouvelle qu'un Convoi de 1300. Mulets venoit de Suze, elle fit paſſer le Gué d'Eſpignan au Marquis de Viſconti, avec la Cavalerie de l'Aîle gauche de la premiere Ligne, & avec celle de la ſeconde Ligne de la même Aîle, le Marquis de Langallerie paſſa au deſſous de Pianeſſa, & ainſi le Convoi ſe trouvant alors aux environs de ce Village fut pris entre deux feux. Monſieur de Bonel qui commandoit l'Eſcorte fut battu & le Régiment de Châtillon entierement défait; on prit ce jour là 800. Mulets chargez, & la nuit le Château de Pianeſſa, où le reſte du Convoi & du Régiment de Châtillon avec ſes Etendarts s'étoit ſauvé, ſe rendit à diſcrétion avec ſa Garniſon compoſée de 800. Fantaſſins.

„ Le 6. on paſſa la Doire, & on campa avec la droite au bord de cette Riviere devant Pianeſſa, & avec la gauche à la Sture devant la Venerie: le ſoir on ordonna que tout ſe devoit tenir prêt pour combattre le lendemain, & cet ordre fut reçu avec une joye inexprimable.

„ Le 7. à la pointe du jour on marcha aux Ennemis, qui étoient retranchez juſqu'aux dents, ayant la Sture à leur droite, la Doire à leur gauche, & le Couvent des Capucins de Nôtre-Dame de la Campagne au centre, outre cela Luſcingue, & pluſieurs autres Caſſines fortifiées flanquoient leur Retranchement. Nôtre Infanterie marcha en huit Colonnes, quatre de la premiere, & autant de la ſeconde, tous les Grenadiers de chaque Colonne à la tête. L'Artillerie étoit diviſée à proportion dans l'Infanterie, & nôtre droite côtoyoit toûjours le bord de la Doire, & à la gauche celui de la Sture. Derriere l'Infanterie marchoit la Cavalerie, la premiere Ligne en 6. Colonnes, & la ſeconde par Brigades.

„ Jamais on n'a vû chose plus fiere
„ que cette marche. Les ennemis tire-
„ rent continuellement de 40. pieces
„ de Canons, mais tout ce grand feu
„ ne servit qu'à enflâmer davantage la
„ valeur de nos Guerriers.
„ A la demi portée du Canon on se
„ mit en bataille, tous les Generaux
„ marcherent à leur Poste, nos Canons
„ commencérent à tirer, & tous les
„ Instrumens de guerre à se faire enten-
„ dre. On avoit laissé une juste distance
„ entre les Brigades de nôtre Infanterie
„ pour faire passer la Cavalerie en cas
„ de besoin, & cette précaution nous
„ servit beaucoup par après. On vint
„ avertir que tout étoit en ordre, &
„ dans un moment tout se mit en mou-
„ vement, l'Infanterie le fusil sur l'é-
„ paule jusqu'au pied du Retranche-
„ ment: alors le grand feu de la Mouf-
„ queterie commença, & comme par
„ la situation inégale du terrain nôtre
„ gauche souffrit seule quelque-tems la
„ résistance des Ennemis, cela l'arrêta
„ un peu sans pourtant la faire reculer.
„ Dans ce moment le Prince Eugene
„ survint, il tira son épée & se jettant à
„ la tête des Bataillons de la gauche, il
„ perça dans un instant le Retranche-
„ ment des Ennemis. Son Altesse Ro-
„ yale fit de même au centre, & nôtre
„ droite du côté de Luscingue, enfin
„ on triompha par tout, & en même-
„ tems on fit avancer nôtre Cavalerie
„ par les intervales qu'on avoit laissé
„ pour elle. Alors ce ne fut plus un
„ combat, mais une poursuite des Fu-
„ yards, & nos Cavaliers croyoient
„ faire tort à leur courage de tuer des
„ Gens qui fuyoient avec tant de pré-
„ cipitation, & c'est en éfet la cause
„ qui a sauvé la vie à beaucoup des En-
„ nemis.
„ A Midi la Victoire étoit entiére-
„ ment à nous & en même-tems la Vil-
„ le fut entiérement délivrée, car ils
„ abandonnérent l'ataque; & tout leur
„ Camp se retira avec le débris de leur
„ Armée de l'autre côté du Pô. On em-
„ ploya le reste du jour à prendre diver-
„ ses Cassines & Redoutes ocupées par
„ les Ennemis, qui se rendirent tous
„ Prisonniers de guerre, & Son Al-
„ tesse Royale entra encore le même
„ soir triomphant dans sa Capitale.
„ Hauts & Puissans Seigneurs, voilà un
„ fidéle récit de ce que nôtre Armée a
„ fait en Piémont, je ne touche point
„ aux actions de ces deux grands Prin-
„ ces qui l'ont commandée; car je ne
„ trouve point de paroles pour les pou-
„ voir exprimer. J'ai l'honneur d'être
„ envoyé ici plûtôt pour mettre au grand
„ jour la reconnoissance éternelle qu'ils
„ vous promettent, que la grande va-
„ leur par laquelle ils se sont rendus si
„ dignes de vôtre amitié. Je le fais par
„ ces Lignes, me disant en même-tems,
„ avec un très-profond respect, Hauts
„ & Puissans Seigneurs.

Vôtre très-humble & très-obéïssant
Serviteur, DE HOHENDORF.

Cette Rélation contenoit de plus
les particularitez suivantes.
„ Le 9. les François étoient sur les
„ hauteurs de Pignerol. Le dix une
„ partie de leur Infanterie avoit passé la
„ Perouse prenant la route du Daufiné.
„ Le 11. l'on comptoit environ 5400.
„ Soldats Prisonniers, environ 2000.
„ Deserteurs, entre lesquels étoit Paul
„ Diack avec plusieurs de ses Officiers,
„ & 70. de ses Hussars. On a pris tout
„ leur Bagage & Munitions de guerre
„ & de bouche, 158. pieces de Canon,
„ dont 114. sont pieces de batterie, 55.
„ Mortiers, leurs Pontons, 50. tant
„ Etendarts que Drapeaux, 3. Paires de
„ Timbales, & 13. Régimens de Dra-
„ gons qui avoient mis pied à terre ont
„ perdu leurs chevaux. L'on ne sait pas
„ le nombre de leurs morts, mais l'on

„ croit qu'il est grand ; le nombre des
„ blessez l'est encore plus , parmi les-
„ quels est le Duc d'Orléans qui a reçu
„ deux blessures.

Je joindrai encore à cette Rélation la Lettre de Mr le Prince de Saxe à Leurs Hautes Puissances ; * elle étoit conçuë en ces termes :

Hauts & Puissans Seigneurs,

Lettre du Pr. de Saxe aux E. G. sur le même sujet.

JE me donne l'honneur de faire savoir à V. H. P. la glorieuse journée d'hier, où nôtre Armée a forcé les Lignes des Ennemis devant cette Ville. La bataille commença environ à onze heures, & n'en dura que deux, cependant je puis assurer V. H. P. que nous avons essuyé un grand feu, tant d'Artillerie, que de Mousqueterie des Ennemis. J'ai eu l'honneur de commander la première Brigade d'Infanterie à l'Aîle droite, où les deux Bataillons de mon Frere, qui sont au service de V. H. P. se sont aussi trouvez, & n'ont pas manqué de faire fort bien leur devoir. Il est vrai que j'ai été repoussé par deux fois, à cause que j'ai justement trouvé de la Cavalerie à l'autre côté du Retranchement ; mais je n'ai pas laissé de les mener pour la troisième fois ; & comme la seconde Ligne m'a soutenu depuis, nous sommes entrez en même-tems avec l'Aîle gauche, & les avons tellement poursuivis, qu'ils ont été tous dispersez ; la Cavalerie a poursuivi ensuite, & nous sommes encore après les Fuyards. L'Ennemi a abandonné toutes ses Lignes, & se retire en grande confusion, nous laissant plus de deux mille Prisonniers, & cent vingt Canons, que nous avons trouvez dans leurs Lignes, & devant la Ville, sans compter ceux qu'on trouve encore à toute heure. On compte deux mille cinq cens hommes de perdus ou hors de combat, de nôtre Armée, quoi qu'on ne le puisse encore savoir au juste ; les deux Régimens de mon Frere ont souffert beaucoup, & perdu plusieurs Officiers, dont j'envoyerai à la première ocasion une liste à V. H. P. on a fait plusieurs Generaux Prisonniers, entre autres le Maréchal de Marsin, qui mourra bien-tôt de sa blessure, s'il ne l'est pas déja. Mr le Duc d'Orleans en a reçu deux, & on peut dire que Dieu a beni les Armes Impériales, & celles de ses Alliez, nous ayant donné une victoire aussi glorieuse, que complette. Voilà tout ce que je puis mander en hâte à Vos Hautes Puissances. Mr le Comte de Harach, Maréchal de Camp de Sa Majesté Impériale, part dans ce moment pour Vienne avec cette bonne nouvelle ; & je suis obligé de me servir de cette ocasion, n'en ayant point d'autre. Je suis avec beaucoup de respect, de Vos Hautes Puissances, le très-humble & très-obéissant Serviteur, Signé, J. Guillaume P. de Saxe.

Il est juste d'entendre aussi parler la France, & de voir comment cette triste nouvelle fut reçuë à Versailles. Ce fut le Sr de St Leger premier Valet de Chambre de Mr le Duc d'Orléans qui en fut le Porteur. „ Mr de Savoye, *Lettres de Versailles sur la même affaire.*
„ écrivit-on de cette Cour, * & Mr le
„ Prince Eugene ayant achevé de passer
„ le Pô avec toute leur Armée le six
„ avoient marché par le côté d'Arsines,
„ & le sept au matin ils ataquérent nos
„ lignes entre la Venerie & la Doire, où
„ nous avions huit mille hommes, &
„ où l'on travailloit encore à des Retranchemens ; après un combat fort
„ opiniâtre, nos Troupes ayant repoussé trois fois les Ennemis, ils percérent
„ nos Lignes & entrérent dedans, après
„ avoir perdu trois mille hommes. L'on
„ dit que c'est Mr de Langallerie qui a
„ conduit cette attaque. Le fort de nos
„ Troupes qui étoit sur la hauteur des

* Ecrite de Turin le 8. Septembre 1706.

* Du 14. Septembre.

„ Capu

,, Capucins, n'a pas pû combatre. Mr
,, de la Feuillade s'eſt retiré avec l'Ar-
,, mée ſous Pignerol. Mrs de St Fre-
,, mont & d'Albergotti firent la retraite
,, en très-bon ordre. Nous avons ſauvé
,, une partie de nôtre Canon. Mr le Duc
,, d'Orléans a chargé trois fois comme
,, un Grenadier, & a reçu cinq coups,
,, un au côté, & l'autre au bras gauche
,, qui lui découvre l'os, & trois dans
,, ſes armes. Ce Prince a chargé deux
,, fois tout bleſſé. Il ſe plaint de quel-
,, ques Troupes, & ſur tout d'un nom-
,, mé Mourſi, Commandant du pre-
,, mier Eſcadron d'Anjou, qui refuſa à
,, ce Prince de charger, ce qui l'irrita
,, tellement, qu'il lui donna quatre à
,, cinq coups de Sabre ſur la tête & ſur
,, le viſage. Mr de Marſin a eu la cuiſſe
,, caſſée dans le milieu. Les Ennemis la
,, lui firent couper, & il eſt mort dans
,, l'Opération. Mrs d'Aubetterre & de
,, Senneterre, Lieutenans Generaux,
,, Bonel, Colonel de Cuiraſſiers, Til-
,, ladet, Fimarcon & Villars, ont été
,, tuez, auſſi bien que l'Abbé de Grancé.
,, Mrs de Fatilor Pere & Fils bleſſez. Mr
,, le Duc d'Orleans eſt à Cazal avec
,, quelques Troupes. Mr de Medavi a
,, ordre de le joindre, s'il peut, pour
,, tâcher de couvrir le Milanez.
,, Le Roi & toute la Cour, ſont allé
,, voir Madame, & Madame la Du-
,, cheſſe d'Orléans, qui ſont inconſo
,, lables.

L'Ar-tiére-Garde de l'Ar-mée, Fr. pour-ſuivie & bat-tuë par le M. de Lagal-lerie.

Le lendemain huit au point du jour le Marquis de Langallerie fut détaché du Camp des Impériaux avec mille Chevaux pour aller donner ſur l'Arriére-Garde des François. Il les joignit à la Marſaille & les mena battant juſques auprès de Pignerol. Pluſieurs furent faits priſonniers, & il y en eut près de deux mille tuez & bleſſez. Les armes leur tomboient des mains le long des chemins: ceux qui évitérent les Sabres de la Cavalerie donnérent dans de fre-

quentes embuſcades que les Vaudois & les païſans leur avoient dreſſé dans les Bois. Enfin ceux qui échapérent, arrivérent en plein-minuit à Pignerol; ils y entrérent conſternez, haraſſez par leur courſe, & affoiblis par la faim: ils employerent les menaces & les priéres pour avoir du pain.

Dans quelle ſurpriſe ne fut-on pas en cette Ville, où l'on ne s'atendoit à rien moins qu'à les voir venir en ſi grand deſordre? Mais qui pourroit exprimer la confuſion & la rage des François? On en peut juger par cette particularité que je trouve dans le Journal de cette affaire. ,, Un Officier de diſtinction va trou
,, ver une Dame de ſa connoiſſance:
,, celle-ci ayant entendu un grand va-
,, carme dans les ruës, étonnée de voir
,, cet Officier effaré, hors de lui-même,
,, lui demande ce que veut dire cette ar-
,, rivée imprevuë des Troupes François-
,, ſes qui a tout l'air d'une défaite. Ah!
,, Madame, lui répond-il, donnez-moi,
,, je vous prie, une chambre, & m'y
,, laiſſez tout ſeul digerer le chagrin qui
,, me dévore. Il jette ſon chapeau & ſa
,, perruque contre terre; & comme la
,, Dame vouloit demander des nouvel-
,, les des Generaux, & des autres Of-
,, ficiers: *tout eſt ici*, lui dit-il, le dépit
,, dans le cœur: il n'y a que l'Armée,
,, qu'on ne ſait où elle eſt. En éfet, quand à deux jours de là ils eurent fait une revûë de leurs Troupes ramaſſées, il y eut près de vingt mille hommes à dire que leur Armée ne fût telle qu'elle étoit lors qu'elle fut forcée dans les Lignes. Les François ne pouvant plus ſubſiſter dans les Colines derriére Pignerol, où ils vécurent pendant quelques jours du peu de fruits que leur pouvoient fournir les Vignes, les Noyers, ou les Buiſſons, ils furent contraints de paſſer dans les Montagnes du Daufiné, & vers les Confins de la Savoye.

C'eſt ainſi qu'une ſeule action fit évanouir des Projets concertez depuis

Le débris ſe ſauve à Pignerol dans un état déplorable. Journal au ſiege de Turin

La Fr. n'eût peut-

long-tems, & que les grands desseins des deux Rois disparurent avec toutes leurs forces par une victoire des plus glorieuses pour les Alliez. Victoire néanmoins qui auroit peut être été plus difficile à remporter, si l'Armée des Couronnes, qui avoit joint celle du siége, n'eût pas voulu atendre le combat derriere ses Retranchemens, & si l'on eût deferé au sentiment de Mr le Duc d'Orleans, qui étoit d'atendre les Alliez en rase campagne. Son Altesse Royale, dont l'habileté & la prudence prévoyoit le danger qu'il y avoit de se tenir ainsi à l'écart, voulut rassembler les Troupes divisées, en quoi sa valeur auroit sans doute été mieux secondée par le courage des Soldats. Ce Prince disputa long-tems pour faire suivre son avis, qui sembloit devoir être décisif en cette ocasion ; mais un Ordre du Roi que Mr de Marsin tira de sa poche, fut un Arrêt auquel il n'y avoit rien à oposer: la France le paya bien cher: aussi coûta-t-il la vie à ce Maréchal, & un triste revers à un Prince digne d'une plus grande autorité.

être pas soutenu cet échec si l'on eût suivi l'avis de Mr le Duc d'Orléans.

Autre action près de Castiglione.

Deux jours après la bataille de *Turin*, & avant qu'elle fût sûë, il se passa une action particuliere près de *Castiglione*, entre le Prince Hereditaire de Hesse-Cassel qui commandoit un Corps de Troupes Auxiliaires, & le Comte de Medavi qui commandoit les Troupes de France en ces quartiers-là. Ce Prince avoit ataqué & pris *Goito : Castiglione* alloit subir le même sort, quand le Comte de Medavi, renforcé des Garnisons de plusieurs Places, dont il ne fit d'abord paroître qu'une partie, se presenta, & engagea l'action. Le Prince, combattant avec sa valeur ordinaire, eut d'abord l'avantage, & se rendit Maître du Canon des François, qu'il tourna contre eux : mais ceux-ci étant venus à la charge avec toutes leurs forces pour le prendre en flanc, le contraignirent de se retirer à *Valaggio* : ce

qu'il fit en bon ordre, sans que les François tentassent de l'empêcher. Ainsi cette action n'eut d'autre suite, que de retarder la prise de *Castiglione*, qui tomba bien-tôt après au pouvoir des Alliez, avec un grand nombre d'autres Places plus importantes, par la Révolution du Milanez.

Les François, qui avoient interêt de couvrir la grandeur de leur perte, tant en Italie qu'en Espagne, restérent assez long-tems du côté de *Fenestrelle* & de *Briançon*, comme s'ils avoient eu dessein de retourner avec une Armée dans le Piémont. Toutes leurs Nouvelles le publioient ; & ils firent même des préparatifs, & quelques tentatives inutiles par la Val d'*Aoste*. Mais les deux Princes Victorieux, sans s'arrêter à ces bruits qui se dissipérent d'eux-mêmes, surent profiter du tems, pour ne pas laisser échaper la belle ocasion qu'ils avoient entre les mains. Toutes les Places qui étoient ocupées par les François dans le Piémont, le Montferrat, le Milanez, & les Provinces voisines, furent reduites successivement ; les unes volontairement, comme Milan, les autres de vive force, entre autres *Pavie, Alexandrie, Mortare, Pizzighitone, Tortone*, dont la Garnison fut passée au fil de l'épée ; & *Casal* dont la Garnison fut faite Prisonniere de guerre, comme beaucoup d'autres ; de sorte qu'à la reserve de *Cremone* de *Valence* & du Château de *Milan* qui furent bloquez, tout un Pais qui coûta tant de guerres à la France pour s'en emparer & pour s'y maintenir, lui échapa sur la fin de cette Campagne, par un retour & un changement de scene non moins surprenant que dans le Païs-Bas. Qui auroit crû que le Prince de Vaudemont & le Comte de Medavi eussent été reduits au mois de Septembre à se retirer dans Mantouë ? Que le Duc de Savoye dépouillé de ses Etats, & sur le point de perdre sa Capitale, eût été à son retour revêtu

Réduction entiere du Milanez.

des dépouilles des François, & eût signé la Capitulation de la Ville & Duché de Milan ? Enfin, que le Prince Eugene, qu'on croyoit tenir enfermé le long de *l'Adige*, se fût vû avant la fin de la Campagne Gouverneur du Milanez ?

Voici la Capitulation de la Ville & Duché de ce nom.

Capitulation de la Ville & Duché de Milan.

,, LA Ville & Duché de Milan se ,, trouvant à l'aproche des armes de ,, Sa Majesté Impériale dans la liberté ,, de pouvoir exercer avec une extrême ,, joye l'ancienne & inviolable fidelité ,, que tous les Ordres de cet Etat ont ,, toûjours conservée envers la très- ,, auguste Maison d'Autriche, ont dé- ,, puté par Acte du 23. de ce mois les ,, Seigneurs Comtes J. B. Scotti, & ,, & Uberto Stampa pour lui rendre les ,, hommages de l'obéïssance qui lui est ,, dûë, en rentrant dans le bonheur de ,, sa legitime Domination. Pour cet ,, éfet lesdits Seigneurs Comtes se sont ,, rendus dans ce Camp pour faire la ,, reverence à Son Altesse Royale suprê- ,, me Commandant des armes de Sa ,, Majesté Impériale en Italie, & faire ,, entre les mains de sa personne Roya- ,, le, au nom de la Ville & Duché, cet- ,, te publique & authentique Déclara- ,, tion de leur soûmission envers la très- ,, auguste Maison à laquelle ils protes- ,, tent de vouloir obéïr, servir & s'ata- ,, cher avec la fidélité qu'ils ont toû- ,, jours conservée dans le cœur, & ,, qu'ils professeront ouvertement à l'a- ,, venir comme ses bons & véritables ,, Sujets. Ce qui ayant été entendu de ,, Son Altesse Royale avec une particu- ,, liere satisfaction, elle déclare au nom ,, de Sa Majesté Impériale, & de la part ,, de la très-auguste Maison accepter ,, cet Acte d'obeïssance, & recevoir, ,, comme elle reçoit, ladite Ville & ,, Duché de Milan sous la très-haute ,, Protection de Sa Majesté Impériale ,, & de la très-auguste Maison auprès de ,, laquelle Son Altesse Royale s'emplo- ,, yera avec une particuliere inclina- ,, tion, afin de lui faire éprouver les ,, éfets de la benignité & magnanimité ,, si naturelle à la très-auguste Maison ,, envers cet Etat & les Peuples sujets à ,, sa Domination. Signée, V. Amedée, ,, C. Battista Scotti, C. Uberto Stam- ,, pa.

Du Camp de Corsico du 14. Sept. 1706.

Propositions de Paix faites de la part du Roi, & rejettées par les Alliez.

Louis XIV. allarmé de tant de pertes & des suites qu'elles pouvoient avoir à l'avantage des Alliez, crut ne pouvoir en arrêter le cours que par la paix. Sa mauvaise Fortune la lui fit desirer; mais comme si sa gloire eût été blessée par cette démarche, il ne voulut point la faire ouvertement : il chargea le Duc de Baviere de la proposer comme de son chef. Ce Prince écrivit donc aux Etats Generaux, & au Duc de Marlborough, *que le Roi étoit dans la résolution sincere de terminer la guerre par une paix dont on pourroit traiter à la tête des Armées, pour éviter les longueurs ordinaires des conferences reglées*. Mais soit que cette avance eût été faite de bonne foi, soit que ce fût seulement dans la vûë de suspendre les progrès des Alliez, la Proposition en fut rejettée. Mylord Duc, de la part de la Reine d'Angleterre & les Etats Generaux repondirent au Duc de Baviere, *que la voye proposée, sans des éclaircissemens plus particuliers de la part du Roi, ne sembloit pas propre à parvenir à la fin desirée : qu'il faloit penser à des moyens plus solides ; que les Alliez étoient bien aises de finir la guerre, mais à des conditions qui pussent les metre à couverts de toute crainte & de la necessité de reprendre les armes, comme il étoit arrivé depuis peu de tems.*

prieres Publiques ordonées partout le Royaume.

Malgré le mauvais succez de cette vaine tentative, la Cour de France ne laissa point de leurrer les esprits de l'esperance d'une paix prochaine. On en répandit le bruit dans toutes les Provin-

1706. ces du Royaume dans la vûë de confoler les Peuples confternez, & de leur faire fuporter plus patiemment le joug des Impôts & des Taxes exceffives dont on ne ceffoit de les acabler. On fit même ce qu'on n'avoit point encore fait jufqu'alors. On ordonna des Prieres publiques: on fit par tout le Royaume des Actes folemnels d'humiliation, pour reconnoître la caufe des pertes que les armes du Roi avoient foufferres; comme fi les Peuples euffent dû fe l'imputer, eux qui n'en étoient que les victimes innocentes.

Les Côtes de France menacées d'une defcente par la Flote des Alliez.

Mais le Roi eut bien-tôt de nouveaux fujets d'allarmes par raport à la Flote des Alliez, qu'il favoit être deftinée à faire une defcente fur les Côtes Occidentales du Royaume. Il étoit à craindre que les Peuples des Provinces Maritimes, dont la Cour n'ignoroit pas le mécontentement, non plus que celui de tous les autres Sujets, au lieu de s'opofer aux Alliez ne favorifaffent leur débarquement. C'eft pourquoi on les foulagea d'une partie des charges qu'on leur avoit impofées jufqu'alors: cette Flote étoit compofée de plus de 150. Voiles fous les ordres des Chevaliers Shovel & Faiborne, & portoit vingt mille hommes de Troupes Angloifes & Hollandoifes commandées par le Comte de Rivers, qui avoit pour Officiers Generaux les Srs Earle & Richard, le Comte d'Effex, Mylord Mordant, Fils du Comte de Peterborough, & Mylord Marker, Fils du Comte de Lothian, Colonel, avec 60. jeunes Seigneurs Volontaires. Les grands preparatifs qu'on avoit faits marquoient clairement la grandeur du deffein, fi on avoit pû mettre pied à terre; car on portoit vingt mille felles, vingt mille habits, & autant d'épées, avec un grand nombre d'exemplaires imprimez d'un Manifefte, qui contenoit en fubftance: ,, une exhortation aux François qui ,, avoient encore quelque fentiment de

,, leur Liberté, (dont le nom qu'ils ,, portoient n'étoit qu'une marque vai- 1706. ,, ne.) de fe fervir de l'ocafion favora- ,, ble qui fe prefentoit pour la recou- ,, vrer, en joignant leurs armes à celles ,, des Alliez, qui déploroient leur fort, ,, au lieu de le rendre plus malheureux ,, par leurs hoftilitez. Il étoit fait enfuite un dénombrement des griefs de la Nation Françoife contre leur Roi, qu'il feroit trop long de marquer ici. On apuyoit fort fur *la fupreffion des Etats du Royaume, par laquelle les fondemens des Loix & de la Liberté des Peuples avoient été fapez*; puifque par là le Monarque avoit ufurpée une autorité defpotique fur fes Sujets, en exigeant d'eux ce que bon lui fembloit pour fatisfaire fon ambition, ou l'avidité de fes Miniftres. Ce Manifefte finiffoit par des termes forts, pour animer les François à prendre les armes, afin de fecouer un joug infuportable, qui rendoit leur condition pire que celle des Efclaves: pour obtenir la Convocation des Etats du Royaume, fans le confentement defquels le Roi n'étoit pas en droit de faire aucune levée fur fon Peuple, & afin que tous les Partifans, qui comme des Loups raviffans dévoroient leur fubftance, fuffent chaffez ou facrifiez à leur reffentiment. Mais les vents contraires, qui retinrent long-tems la Flote Angloife dans fes Ports, firent échoüer ce deffein. D'ailleurs le Roi Charles ayant eu befoin d'un puiffant fecours en Efpagne, les Vaiffeaux furent obligez de fe rendre en Portugal, & en Catalogne.

Afaires de Hongrie. Avantages remportez fur les Mécontés.

Les défavantages que les armes du Roi avoient eu jufqu'alors ne purent porter les Hongrois à entrer avec l'Empereur en des temperamens convenables pour la Pacification du Royaume. La Caufe Commune ne tira aucun fruit de la Médiation de la Reine d'Angleterre & des Hollandois pour porter Ragotki à recevoir les Propofitions d'acomodement, & le zéle du Duc de Marlborough, qui alla à Vienne pour y donner ses soins, fut également inutile. Les Conferences qui se tinrent à Tirnau ne produisirent qu'une suspension d'armes: les demandes des Mécontens étoient trop outrées, pour que l'Empereur les leur acordât; aussi ne les faisoient-ils, qu'afin de ne pas quitter leurs engagemens; soit qu'ils crussent la Cour de France en état de les soûtenir, soit qu'ils ne trouvassent aucune sureté à mettre bas les armes. Ils s'en servirent pourtant avec peu de succez; car excepté quelques ravages qu'ils firent dans la Moravie, ils souffrirent de continuels échecs. Les Impériaux leur prirent d'assaut le Fort d'Isac au dessus des Cinq-Eglises sous les ordres du Comte d'Herbestein, & toutes les Troupes qui le défendoient furent tuées ou prises prisonnieres. Les Srs Bothian & Hildebrand qui y commandoient se sauvérent avec peine. Un Corps de ces Mécontens, qui avoient pour Chef le Comte Caroli, ayant passé la Montagne d'Arabantha pour surprendre les Troupes Danoises campées près de Weissenbourg en Transilvanie, fut défait par le Colonel Viard. Le Comte Palfi fit éprouver le même sort au Comte Forgatz, qu'il chassa d'Altenbourg dont il s'étoit rendu Maître. Le Comte Gui de Staremberg, qui avoit été rapelé du Piémont depuis l'année precedente pour commander contre les Hongrois, marcha vers Gran, prit d'assaut le Fort de Neudorf dont il tailla en piéces la Garnison composée de huit cens hommes, & ayant assiegé la Ville, reduisit les Troupes qui la défendoient à capituler.

Suite des troubles de Pologne.

La Pologne continuoit d'être agitée des mouvemens de la guerre qui l'avoit désolée jusqu'alors d'une maniere si déplorable. Le Roi de Suede étant parti de Varsovie avec son Armée, après avoir conclu un Traité d'Alliance avec le Roi Stanislas, la divisa en trois Corps: dont l'un, commandé par le General Nieroth attaqua les Moscovites qui étoient à Pultouva, d'où il les contraignit de se retirer après un combat fort opiniâtré. L'autre sous les ordres de Charles Gustave Reinschildt remporta une grande victoire sur l'Armée Saxone du Roi Auguste, commandée par le Comte de Schulembourg près de Fraustad. Le combat fut furieux, & la décision prompte. Les Suédois ayant essuyé toute la décharge des Saxons, allérent à eux l'épée à la main, mirent en fuite la Cavalerie & défirent entierement l'Infanterie. Les Colonels Sacken, Zadier, & Chogenoler furent tuez du côté des Saxons, & le Lieutenant General Vostromirski, & les Generaux Major Seidler, Lutzember, & Mabrug faits Prisonniers, avec trois cens Officiers. Les Suedois perdirent les Colonels Buchvald, & Liliehoeck. Cette victoire fut suivie de la réduction de plusieurs Places qui furent obligées de reconnoître le Roi Stanislas. Elle n'empêcha pourtant pas qu'un Détachement considerable des Suédois ne fût défait par le Sieur Baver, commandant un Corps de Troupes Moscovites, dans le Païs de Curlande. Le Sieur Duncken, General des Suédois, fut tué dans cette ocasion avec un grand nombre des siens.

Cependant le Roi de Suede ayant le chemin ouvert à des plus grands avantages, par la victoire du General Reinschildt qui s'étoit aproché de la Saxe, fit marcher du même côté les Troupes qui étoient sous sa conduite, après avoir poussé les Moscovites jusqu'à Kiovie. Il profita de la conjoncture où se trouvoient l'Empereur, les Cercles, & Etats de l'Empire, dont les forces étoient ocupées contre la France, & entra dans l'Electorat de Saxe, où il s'empara de la plûpart des Places. Entreprise aussi in-

Avantages répor- tez par le Roi de Sue- de.

Irruption du Roi de Suede dans la Saxe.

1706. juste que temeraire!, qu'on jugea lui avoir été inspirée par la Cour de France, qui se voyant dans de grands embarras après les pertes souffertes de la part des Alliez, cherchoit toute sorte de voye pour s'en tirer, car le Roi de Suede ne pouvoit ignorer qu'en ataquant un membre de l'Empire, il s'exposoit à s'atirer sur les bras tous les Cercles & Etats qui le composent.

Son Armée batuë en Pologne, & sur la Mer Baltique.

Pendant que ce Prince étoit en Allemagne, les Troupes qu'il avoit laissées en Pologne furent batuës en trois rencontres. La premiere action se passa près de Lahovice ; les Suédois y perdirent deux mille cinq cens hommes dans un combat contre les Moscovites, commandez par le General Czeremethof, & l'autre sur la Mer Baltique, où le Czar en personne obligea la Flote Suédoise, sous les ordres du Comte d'Oxenstiern, à prendre la fuite, & à se retirer à la Rade de Revel en Livonie. Le Roi Auguste leur fit souffrir le troisiéme échec entre Calis & Siradie, ayant défait l'Armée du General Marderfeld qui fut blessé, & fait prisonnier.

Démission du Roi Auguste en faveur de Stanislas.

La prise de la Ville de Posnanie fut le fruit de cette victoire ; mais le Roi Auguste, au lieu d'en profiter, renonça peu après à la Couronne de Pologne en faveur de Stanislas, par le Traité qu'il fit avec le Roi de Suede à Alt-Rastad où il ne se reserva que le vain titre de Roi. La circonstance difficile où il se trouva, l'obligea même à abandonner le Czar qui l'avoit jusqu'alors secouru avec tant de generosité ; de remettre au pouvoir du Roi de Suede les Soldats Moscovites qui étoient dans la Saxe, & plusieurs Suedois qui s'étoient retirez auprès de lui ; d'abandonner les Polonois qui lui avoient été le plus affectionnez, & de laisser au Roi Stanislas la liberté de leur ôter ou de leur conserver les Charges dont il les avoit gratifiez. Ces conditions que le Roi de Suede avoit exigées, donnérent des idées desavantageuses des qualitez par lesquelles la Renommée avoit voulu l'élever jusqu'alors ; la generosité dont il s'éloignoit étant le véritable caractere des Heros.

La Paix d'Alt-Rastad ne rendit pas à la Pologne le calme qu'on en avoit esperé. Le Czar justement irrité de n'y avoir point eu de part, continua de soûtenir le Parti des Polonois, oposé à l'Election de Stanislas. Il marqua à la Reine d'Angleterre & aux Etats Generaux son ressentiment d'un procedé aussi injurieux, & la resolution où il étoit de s'en venger.

Evénemens remarquables de cette année.

Les mouvemens que se donnoient les Princes, & l'agitation où étoient les Peuples de l'Europe depuis tant de tems, sembloient se communiquer aux Elemens. Les Rivieres débordérent d'une maniere si extraordinaire au commencement de l'année, en France, en Allemagne, en Hongrie, & en Italie, que les Campagnes en furent inondées. Le tremblement de terre qui se fit sentir à la fin de l'année, causa des ravages encore plus terribles en Italie, sur tout dans l'Abruzze au Royaume de Naples. Il dura près de demi-heure, & bouleversa ou endommagea quantité de Villes, de Bourgs, & de Châteaux, & fit perir quinze à vingt mille personnes. Le Mont Mayolla s'entrouvrit en trois endroits differens, la Ville de Sulmone fut entiérement renversée, comme aussi Lanciano, & Termolo qui furent inondées par les eaux de la Mer ; en sorte qu'aucun des Habitans ne se sauva.

1707. Naissance du Duc de Bretagne.

Le huit Janvier de l'année suivante 1707. la Duchesse de Bourgogne acoucha d'un second Fils, nommé *Duc de Bretagne*. Sa naissance causa d'autant plus de joye à tout le Royaume, que le premier Prince qui avoit déja porté ce nom, étoit mort, comme je l'ai dit, deux ans auparavant. Ce n'étoient par tout que feux de joye, qu'illuminations; & pour consacrer cette Fête par des

1707. monumens plus durables qui puſſent être tranſmis à la Poſterité, l'Univerſité de Paris la celebra par des Harangues qui furent prononcées dans les Colléges ſur ce ſujet. C'étoit avec raiſon que la joye éclatoit alors de toutes parts ; on n'en pouvoit trop témoigner, de voir que la Couronne ne devoit pas manquer ſi-tôt d'Héritiers. Les Jeſuites, qui ne ſont jamais des derniers à ſe diſtinguer dans ces ſortes d'ocaſions, ſignalerent leur zéle pour la Cour par des témoignages publics, non moins éclatans que tous les autres. On tira le ſoir dans leur Colége un magnifique feu d'Artifice, qui avoit été precedé d'une belle Harangue ſur le bonheur du Roi, prononcée le même jour devant une très célébre Aſſemblée. Une partie du Parlement s'y trouva, auſſi bien que quelques Cardinaux & pluſieurs Archevêques & Evêques. Mais il arriva un accident, qui penſa troubler la Ceremonie. Il faut ſavoir que ces Peres, quoi qu'aſſez bien logez dans ce Collége, voulant faire croire qu'ils y ſont encore trop à l'étroit, & empiéter, s'ils peuvent, ſur les maiſons voiſines, n'ont point d'autre ſale d'exercice que leur Chapelle. Toutes les fois donc qu'il s'agit de prononcer quelque Harangue ou de ſoûtenir quelque Theſe, ils ornent la Chapelle de belles tapiſſeries, en mettent une piece devant l'Autel, comme par tout ailleurs, & tranſportant le Saint Sacrement dans un autre endroit : faiſant ainſi ſervir la Maiſon de Dieu & la Chaire de verité à des Eloges flateurs & profanes. Le jour dont je parle, on avoit encheri ſur la magnificence de ce lieu : on avoit placé devant la tapiſſerie qui cachoit l'Autel un grand Tableau du Roi, au deſſus duquel on avoit élevé un dais magnifique : & l'Autel qui ne ſe pouvoit tranſporter, étoit couvert d'un grand tapis qui le faiſoit aſſez bien reſſembler à une table ordinaire. L'Orateur étoit en Chaire,

prêt à commencer ſa Harangue, & tous les Auditeurs atentifs, lors que d'un des coins de la ſale, ſortit tout d'un coup une voix qui prononça hardiment ces Vers, ecrits autrefois ſur la porte de ce même Collége, après qu'on en eût ôté le *nom de Ieſus* & le Titre de *College de Clermont*, pour y mettre celui de *College de Louis le Grand*.

Suſtulit hinc Ieſum, poſuitque Inſignia
Regis Impia Gens . . . . *

La voix n'acheva pas, moins ſans doute par reſpect pour la Société, que pour l'Aſſemblée qu'on craignoit qui n'en fût troublée. Mais bien loin de faire la moindre perquiſition pour ſavoir qui avoit eu cette hardieſſe, il s'éleva ſeulement un murmure d'applaudiſſement, qui ne ceſſa que pour écouter l'Orateur plus ferme & moins déconcerté que les autres.

Le Roi avoit échoué, comme nous l'avons dit, dans la tentative faite auprès de la Reine d'Angleterre & des Hollandois par le Miniſtere du Duc de Baviere pour obtenir la paix. Il crut y pouvoir mieux réüſſir par la Médiation du Pape & des Suiſſes, que le Pontife Romain invita à joindre leurs bons Offices aux ſiens. Il fit offrir à l'Empereur par leur moyen tous les Etats d'Italie avec les Iles adjacentes ; mais ce fut inutilement. Ces deux Puiſſances, étant regardées comme ſuſpectes, & comme plus portées pour les interêts de la France que de la Maiſon d'Autriche, Sa Majeſté Impériale ne fit aucune attention aux propoſitions qu'elles lui firent ;

Nouvelles Tentatives du Roi inutiles pour avoir la paix.

---

* *Le reſte du Diſtique eſt* :
——— alium non habet illa Deum.
C'eſt à dire :
„ Quoi ! le nom de *Jeſus* eſt biffé de ce
„ lieu,
„ Et celui de *Louis* eſt écrit en ſa place :
„ La prophane Troupe d'Ignace
„ Ne reconnoit point d'autre Dieu.

1707. d'autant plus que Louis XIV. n'offroit de céder que des Provinces dont les Alliez avoient déja fait la conquête, ou qui étoient sur le point de tomber en leur pouvoir.

Suite des Conquêtes des Alliez dans le Milanez. Reduction du Château de Milan.

En éfet le Prince Eugene continuant de donner ses soins à la réduction du Milanez, les Impériaux surprirent Ostiglia, & se rendirent Maîtres du Château de Modène, & de Borgoforte, qui furent pris par le Marquis de Langallerie. Le Comte de Médavi n'ayant pû empêcher non plus le blocus de Cremone & de Valence, se retira dans le Serraglio pour avoir moins de terrain à garder, resolu de s'y défendre jusqu'à ce que la Fortune lui fournît quelque ocasion favorable pour le tirer de l'extrémité où il se trouvoit. Mais y voyant peu d'aparence dans la suite, parce que tous les passages étoient ocupez par les Impériaux, il pensa aux moyens de conserver les Troupes qu'il commandoit en ce païs-là. La Cour de France aprouva ce sentiment, suivant lequel le Prince de Vaudemont eut ordre de traiter avec le Prince Eugene pour l'abandonnement du Milanez. Dans le tems qu'on étoit en Traité à ce sujet, la Trêve dont le General des Impériaux étoit convenu avec le Château de Milan, qui n'avoit pas encore voulu se rendre, étant finie, il en fit continuer les ataques. Ce siege fut long; car quoique la Garnison fût peu nombreuse, le Marquis de la Floride soûtenu de l'avantage du lieu se défendit avec obstination par de frequentes sorties, & par un grand feu de son Artillerie. Neanmoins celle des Impériaux fit tant d'éfet, que le Gouverneur ne se croyant plus en état de résister, capitula, & fut conduit à Mantouë avec sa Garnison. Le Prince Eugene avoit déliberé s'il ne le feroit point arrêter Prisonnier, pour avoir tiré contre la Ville, après les défenses qu'on lui en avoit faites; traitement qu'il méritoit sans doute & qu'il auroit subi de la part de tout autre moins genereux que ce Prince.

Traité conclu avec les Alliez pour l'évacuatió de la Lombardie, &c.

Cette Conquête mit la derniere main au Traité * entamé, pour l'abandonnement des Places que les François avoient encore en Lombardie, & pour la sûreté de leurs Troupes. Le Prince de Vaudemont eut la liberté de se retirer en France avec la Duchesse de Mantouë, laissant cette Place aux Impériaux, après que le Duc qui avoit prévû l'orage, se fût retiré à Venise. Il est vrai que les François auroient pû y disputer plus long-tems le terrain, mais ils aimérent mieux conserver leurs Troupes, dont ils avoient besoin & qu'ils ne pouvoient secourir, que de s'exposer à les perdre par une plus longue résistance. Tel fut le motif de la *Capitulation* dont on vient de parler, en vertu de laquelle ils retirérent toutes leurs Troupes du *Château de Milan, de Cremône, Valence, la Mirandole, Mantouë, Sabioneta, Sestola, Final, Modene, &c.* pour les faire repasser à *Suze*. Cette évacuation fut faite assez-tôt pour donner le tems à deux expéditions considerables dont nous parlerons dans la suite: l'une du Duc de Savoye, de concert avec le Prince Eugene & la Flote des Alliez, pour faire une invasion en Provence. L'autre du Comte de Taun, qui à la tête d'un petit Corps de Troupes, mais secondé par l'affection des Peuples, vint à bout de la Conquête entiere du Royaume de Naples par la reddition de la Capitale, de *Capouë*, de *Pescara* & de l'importante Forteresse de *Gaëta*. Tels furent les fruits de la fameuse Victoire de Turin, qui décida tout d'un coup des travaux de six Campagnes.

Réflexions sur la situatió des affaires des 2. Couronnes.

En considerant ce grand évenement & tant d'autres qui feront l'étonnement de la Postérité, on n'y sauroit faire d'aplication plus juste, qu'en rapelant ici les motifs des Lettres Patentes qui furent

* *Conclu à Milan le 13. Mars.*

1707. rent données en faveur du Duc d'Anjou par le Roi son Ayeul au mois de Decembre 1700. *pour conserver à ce Prince les Droits de sa Naissance*: lors qu'après l'acceptation du Testament, qui a fait tant de bruit, il alloit monter sur le Trône d'Espagne. Voici comme ces Lettres parlent. ,, Comme Dieu veut ,, que les Rois qu'il choisit pour con-,, duire ses Peuples, prévoient de ,, loin les événemens capables de pro-,, duire *les désordres & les guerres les ,, plus sanglantes*, & qu'ils se servent, ,, pour y remedier, des lumieres que sa ,, Divine Sagesse répand sur eux; nous ,, acomplissons ses desseins, lors qu'au ,, milieu des réjouissances universel-,, les de nôtre Royaume, nous envisa-,, geons comme une chose possible, *un ,, triste avenir* que nous prions Dieu de ,, détourner à jamais........ *Ses Juge-,, mens impenetrables nous laissent seule-,, ment voir, que nous ne devons établir ,, nôtre confiance, ni dans nos forces, ni ,, dans l'étenduë de nos Etats, ni dans une ,, nombreuse Posterité & que ces avanta-,, ges*, que nous recevons uniquement de ,, *sa bonté, n'ont de solidité que celle qu'il ,, lui plaît de leur donner.*

Cette leçon (selon la judicieuse reflexion d'un Auteur * que je cite souvent) si digne d'être gravée dans le cœur de tous les Princes, est sans doute également de tous les tems. Mais elle se fait tout autrement sentir dans ces grandes Révolutions qui mettent la Politique à bout, & qui, en ébranlant tous les ressorts de la prudence humaine, l'avertissent par là que quand elle fait des fautes, c'est son propre ouvrage; mais que lors qu'elle réüssit, ce n'est qu'en qualité d'instrument, & autant qu'il plaît à la Providence.

C'est ce que la suite des événemens a verifié d'une maniere surprenante.

Côtretés inesperées arrivé à la France.

* *L'Auteur des Lettres sur les Matieres du Tems, dans d'autres Memoires.*
Tome III.

Car pour ne parler que de ceux de l'année derniere, lors qu'on chanta le *Te Deum* à Paris pour le combat de *Calcinato*, la Lettre du Roi du 4. Mai portoit: ,, que cette victoire ne laissant aux ,, Ennemis que les postes qu'ils ocu-,, poient sur l'*Adige*, lors qu'ils entré-,, rent en Italie, elle mettoit le Duc de ,, Vendôme en état *d'y executer avec un ,, pareil succez les autres projets que Sa ,, Majesté avoit formez*. Huit jours après, un vent favorable fit lever le siége de Barcelone, contre toute esperance; & cette expédition fut suivie d'une autre à la bataille de Ramelies, où l'épouvante se mit dans l'Armée de France d'une maniere qui n'avoit point eu d'exemple: ce qui entraîna la Révolution du Païs-Bas. On vit alors de quelle maniere le Marquis de Puisieux en parla à la Diéte de Bade, *en ne dissimulant point ces outrages de la Fortune*. On vit ensuite la Patente qui apeloit le Duc de Vendôme d'Italie, *par la nécessité de mettre à la tête des Armées de Flandre, un Chef qui redonnât aux Troupes cet Esprit de Force & d'Audace si naturel à la Nation Françoise*. Cependant, cet ordre n'est pas plûtôt reçu, que le Duc de Vendôme voit forcer le passage de l'*Adige* par le Prince Eugene, sans le pouvoir empêcher: & quand il arrive en Flandre, il trouve tout le Païs en consternation, & les Côtes de France en allarme sur le bruit d'une descente: il voit prendre *Menin*; & à peine a-t-on commencé le siege d'*Ath*, qu'on aprend la défaite de l'Armée de France en Piémont, la levée du siege de Turin, & la Révolution du Milanez. Tant il semble que cette Campagne n'ait été qu'un tissu de contretems pour les François; pendant que tout réüssit aux Armes des Alliez, au delà de toute esperance.

Mais la Fortune changea cette année en Espagne. Les avantages que les François y remportérent dans cette Campagne les consolérent en quelque sorte

Reparé par les avantages qu'ils rem-

E e

1707.

portérét cette année en Espagne.

des pertes qu'ils avoient faites en Italie. L'ocasion manquée l'année precedente par les Alliez lors que le Roi Philippe fut contraint d'abandonner Madrid, fut la premiere cause des succez qu'il eut en celle-ci ; & le gain de la bataille d'Almanza en fut le premier fruit. Les Generaux de l'Armée des Alliez prirent le parti d'ataquer celle du Duc de Bervvick, par necessité, pour prevenir la jonction des nouvelles forces des deux Rois, & pour ne pas livrer le Païs à une perte inévitable; se confiant d'ailleurs sur le courage & l'ardeur des Troupes.

Bataille d'Almanza.

En éfet, les commencemens en furent heureux, & répondirent aux bonnes dispositions par eux faites pour le combat, & à la valeur des Ataquans. Mais toutes les Troupes n'ayant pas également soûtenu les nouveaux éforts & la supériorité des François, il falut enfin ceder au nombre. Car quoique le Comte de Gallouvai & le Marquis Das Minas, Generaux des Alliez, eussent d'abord détruit, sans presque aucune oposition, les magazins des François, à Caudéte, à Yecla, à Montalégre; quoi qu'ils eussent obligé divers Corps des Troupes Espagnoles à se retirer plus avant en Castille, & fait ensuite le siége de Villena; ces avantages furent renversez peu après par le Duc de Bervvick, qui s'avança avec l'Armée des deux Couronnes dans le dessein de secourir la Place assiegée. Sur l'avis de sa marche, & qu'il devoit être joint par le Duc d'Orleans avec un grand renfort, les Alliez allérent au devant de lui dans le dessein de le combatre. A leur aproche, le Duc de Bervvick, qui étoit campé près de la Ville d'Almanza, ne put prendre d'autre parti que celui de les atendre : il rangea ses Troupes en bataille. Le Comte de Gallouvai, s'étant alors preparé au combat, se mit à la tête des Dragons Anglois, & ataqua l'Aîle droite de la Cavalerie Françoise.

Le General des François fit alors tirer d'une bateria qui étoit sur un terrain élevé; mais ce fut avec peu d'éfet, tant par la promptitude avec laquelle les Troupes des Alliez allérent à la charge, que parce que le Colonel Dormer s'étant avancé avec un Détachement de Dragons, obligea les François de se retirer, & d'emmener leur Canon. Ce fut là comme le signal du combat. La gauche des Alliez & la droite des François se chargérent d'abord avec beaucoup de furie. Les Alliez furent ensuite poussez par les Escadrons François; mais quelques Régimens d'Infanterie, commandez par les Colonels Southuvel & Wade, étant survenus, les repoussérent à travers leur Ligne après les avoir mis en désordre.

1707.

Pendant ce tems-là l'Infanterie Angloise & Hollandoise, commandée par le Sr Earle, & par le Baron de Friesheim, s'étant engagée au Centre, penetra à travers la premiere & la seconde Ligne des Espagnols, & les poussa jusques sous les Remparts d'Almanza; mais ce succez dura peu; car les Escadrons de la seconde Ligne des François étant tombez sur les flancs de l'Infanterie Angloise & Hollandoise, l'obligérent de se retirer avec perte. Le Colonel Hill & Mylord Marker ataquérent en même-tems quelques Régimens Espagnols : ce qui les couvrit dans sa retraite. Le Duc de Bervvick remarquant que la Cavalerie de la droite des Alliez ne s'avançoit pas aussi vîte que celle de leur gauche, fit marcher quelques Escadrons pour ataquer la droite des Portugais, qui fut rompuë : de sorte que toute l'Aîle des Alliez plia, & abandonna son Infanterie qui fut la plûpart passée au fil de l'épée.

L'Aîle droite des Alliez est mise en désordre.

La victoire demeura plus long-tems douteuse entre la droite des François & la gauche des Alliez, malgré les éforts du Duc de Bervvick à la ranger de son côté. Car ayant envoyé de nouveaux

La victoire quelque-tés douteuse

LOUIS XIV. Liv. XV.

1707.

gauche se déclare enfin contre eux.

Escadrons pour charger les Alliez, la Cavalerie Angloise & Portugaise secondée par le feu des Bataillons Anglois, les culbuta, & les obligea de se retirer sur une hauteur derriére leur Ligne. Mais le Duc ne se rebuta point. Il fit avancer neuf bataillons, la plûpart de Troupes Françoises, pour s'oposer à la Brigade de l'Infanterie Angloise, les faisant soûtenir par plusieurs Escadrons frais. A ce nouvel éfort la Cavalerie des Alliez, qui étoit afoiblie par la perte d'un grand nombre d'Officiers, parut ébranlée: neanmoins elle soûtint d'abord les premieres ataques sans désavantage; mais le Comte d'Atalia, qui commandoit la Cavalerie Portugaise, ayant été blessé & emporté hors des rangs, les Troupes qui étoient sous ses ordres & les Dragons Anglois mêlez avec elle commencérent à plier. Alors les neuf Bataillons François lui tombérent sur le flanc, & l'auroient mise en désordre; mais Mylord Tirauli voyant qu'ils s'étoient trop avancez les fit ataquer par le Colonel Roper, avec tant de vigueur qu'il les enfonça, & les obligea de se retirer. Ce succez ne repara point le mauvais état où se trouvoit l'Infanterie des Alliez, qui ayant été rompuë dans la Plaine, & entourée de toutes parts, fut presque toute taillée en piéces. Les François & les Espagnols ne lui firent aucun quartier, bien qu'elle fût hors de défense, & sans espoir de secours, le reste de l'Armée ayant pris la fuite.

Perte que firent les Alliez en cette ocasion.

Dans ce tems-là le Major General Shrimpton, le Brigadier Makartnei & les Colonels Britton & Hill, qui avoient combatu dans le Centre, rassemblérent les Soldats Anglois qui s'étoient écartez, & les ayant joints aux Hollandois & aux Portugais, qui avoient été ralliez par le Comte de Dhona, & par D. Jean Emanuel, en formérent un Corps de deux mille hommes, & se retirérent à deux lieuës du Champ de bataille, d'où ils envoyerent proposer au Duc de Bervvick de les recevoir Prisonniers. Les Alliez eurent sept à huit mille hommes tuez dans cette ocasion. Ils perdirent leur Canon, plusieurs Etendarts, & une partie de leur Bagage. Le Comte de Gallouvai reçut deux coups de sabre au visage, ce qui le mit hors d'état d'agir durant quelque-tems. Le Brigadier Killigrevv, après avoir été d'abord blessé, fut tué avec les Colonels Dormer, Roper, Greene, de Loche, Hamilton, Wollet, & Néal. Parmi les blessez furent Mylord Marker, le Sieur Hara, fils de Mylord Tirauli, & les Colonels Pierce, & Cleiton.

1707.

Perte des Fránçois.

Les François perdirent trois à quatre mille hommes; les Marquis de Polas tron, & de Courville, le Chevalier de Silleri, Colonel, furent de ce nombre. Le Sieur de la Ville-menuë, Colonel, fut fait prisonnier. Le Comte de Gallouvai s'étant retiré de la bataille avec trois à quatre mille chevaux se joignit près de Xativa au Marquis das Minas, d'où il marcha vers la Catalogne.

Priviléges accordez par le R. Philippe à la Ville d'Almanza.

La victoire remportée par les Troupes des deux Couronnes à Almanza répandit autant de tristesse parmi les Peuples des Royaumes de Valence & d'Aragon, qu'elle causa de joye au Roi Philippe. Ce Prince la marqua par les Priviléges qu'il acorda aux Habitans de la Ville d'Almanza. Il l'honora du Titre de *fort noble, de fidéle, & très-heureuse Ville.* Mais celles de Valence & d'Arragon, qui furent obligées de se soumettre à l'Armée victorieuse, furent dépouillées de tous leurs Droits, taxées à payer des sommes excessives, & leurs Habitans traitez avec la derniere rigueur. Ces deux Royaumes furent réünis à celui de Castille, en qualité de Provinces; comme si les Peuples de ces Païs eussent commis quelque grand crime en suivant le parti d'un Prince qui avoit autant de droit à la Couronne d'Espagne, que celui qui en usoit à leur égard avec

E e ij

1707. tant d'aigreur. On ne fit pas refléxion que dans la concurrence de deux personnes sur une affaire litigieuse, le Droit Naturel laisse à chacun la liberté d'entrer dans les interêts de l'un ou de l'autre selon son penchant.

Mr le D. d'Orleans joint l'armée du D. de Bervvick.

Mr le Duc d'Orléans joignit alors l'Armée du Duc de Bervvick, mais trop tard pour avoir la gloire d'un succez dont il étoit digne. Son Altesse Royale marcha vers la Ville de Valence où elle entra sans obstacle : quelques Députez lui vinrent au devant pour lui faire leurs soumissions. Ce Prince retourna ensuite vers l'Arragon où il se rendit Maître de Saragosse avec la même facilité. Ce qui le mettant à portée d'agir contre la Catalogne, il s'avança sur les bords de la Riviére de Cinga avec le Duc de Bervvick ; mais les précautions des Generaux des Alliez lui faisant prévoir de grands obstacles à ses desseins, il y resta durant plusieurs jours sans former aucune entreprise, que l'ataque des Châteaux d'Ainse & de Mirabel, où il n'y avoit que cent hommes de Garnison. La Ville de Mequinensa se rendit aussi à son aproche, & il en prit le Château neuf jours après. Le Marquis de Legal, & le General d'Oneille ayant alors passé le Cinga, le premier s'avança vers Moufon dont il se rendit Maître après sept jours d'ataque ; & l'autre se saisit de Fraga que les Alliez avoient abandonnée après en avoir ruiné les Fortifications.

La Ville de Xativa prise sans quartier & razée.

Dans ce tems-là, le Baron d'Asfeld, qui avoit été détaché pour faire le siege de Xativa, la prit malgré la défense obstinée des Assiegez, qui disputérent le terrain de maison en maison & de ruë en ruë, y ayant fait des Retranchemens de vingt en vingt pas, sans se soucier des menaces des Assiegeans. Les Habitans de cette Ville furent traitez, comme autrefois ceux de Numance & de Sagonte, dont ils avoient imité l'intrepidité : ils furent tous passez au fil de l'épée, sans exception de sexe ni d'âge, hormis ceux qui s'étoient retirez dans le Château, lequel se rendit quelques jours après sous des conditions honorables. Il fut ensuite rasé & la Ville ruinée de fond en comble par ordre du Roi Philippe. Il y fit élever une Piramide avec une Inscription, qui marquoit *que là avoit été une Ville, dite Xativa, rasée en 1707. en punition de sa Rebellion, & de sa Trahison envers son Roi & sa Patrie.*

Le Sr d'Asfeld n'eut pas le même succez à l'ataque de Denia ; car quoi qu'il l'eût prise d'abord à discretion, il trouva tant de resistance au Château qu'après y avoir donné trois assauts, il fut obligé de se retirer.

Echec souffert près de Balaguer par Mr le Duc d'Orleans.

Les avantages des Armes Françoises en Espagne furent interrompus par un échec, que le Duc d'Orléans reçut proche de Belcaire, Village situé près de Balaguer. S. A. R. ayant voulu le faire fourager, le Comte de Gallouvai y marcha avec sa Cavallerie au nombre de 56. Escadrons, qu'il cacha derriere un Rideau, à la reserve d'un petit nombre, avec lequel il ataqua les Fourageurs & leur Escorte commandée par le Marquis de Silli. Le Duc d'Orleans fit là dessus avancer mille Chevaux pour les soûtenir ; mais le reste de la Cavalerie des Alliez étant survenu, dès que le combat eut été engagé, les François furent défaits, & poussez jusqu'à la petite Garde de leur Camp, après avoir perdu sept à huit cens hommes.

Reparé par la prise de Lerida.

Cependant les François se trouvant en état de faire de nouvelles entreprises, à cause de la superiorité de leurs forces, le Duc d'Orleans assiegea Lerida, qu'il emporta d'assaut, après un mois de résistance, qui lui coûta deux à trois mille hommes. De ce nombre furent les Srs d'Oudencourt, Jocourt, & des Aiglons ; le pillage y fut permis durant huit heures. Le Prince François ayant fait ocuper pendant ce tems-là les ave-

1707. nuës du Château, le Prince Philippe de Darmstat, qui le défendoit, se vit obligé de capituler, & fut conduit à Barcelone avec sa Garnison.

Autres Côquétes des Franç. Durant le siege de Lerida, le Duc de Noailles, qui commandoit un Corps de Troupes Françoises dans le Roussillon, entra dans la Comté de Cerdaigne, pour favoriser l'entreprise du Prince, & se rendit Maître de Livia & de Puicerda sans aucune resistance, les Garnisons les ayant abandonnées.

Dom Joseph de Chavez, Brigadier Espagnol, prit en ce tems la Bozairente, mais le siege d'Alcoi, qu'il entreprit, n'eut pas le même succez, les Alliez ayant secouru cette Place.

Succez du Roi Philippe en Portugal. Tandis que le Roi Philippe remportoit des avantages si considerables vers la Partie Méridionale de ses Etats, la Fortune ne lui étoit pas contraire sur les Frontieres du Portugal. Il s'étoit flaté, qu'après la mort du Monarque de ce Royaume, arrivée sur la fin de l'année precedente, le changement de Souverain aporteroit quelque alteration à l'union des Puissances. Dans cette même vuë, la Cour de France avoit tâché de faire élever sur le Trône Dom Francisco, second Fils du Roi défunt, au préjudice du Prince du Bresil son Aîné. Mais celui-ci soûtenu de son bon droit & de la plus saine partie de l'Etat, ayant été déclaré Roi, continua dans les mêmes engagemens, avec un zéle égal à celui de son Prédecesseur. Il n'oublia rien pour pousser la guerre avec vigueur, & ses Troupes eurent d'abord quelque avantage; car le Marquis de Bai, ayant bloqué Olivenza, dans le dessein d'en former le siege, fut obligé de se retirer à l'aproche des Troupes Portugaises commandées par le Marquis de Fronteira, qui par ce moyen trouva la campagne libre pour s'emparer des Places de Moura & de Serpa.

Cependant les Espagnols ayant été fortifiez par des Détachemens de l'Armée du Duc d'Orleans, le Marquis de Bai assiégea Ciudad-Rodrigo, & l'ayant reduite à l'extremité, après l'avoir pressée pendant plusieurs jours, fit sommer le Gouverneur de se rendre, ne lui donnant que trois heures pour prendre sa résolution. Celui-ci assembla le Conseil de guerre, mais le Marq. de Bai, sans atendre sa réponse, commanda 400. hommes pour monter sur la bréche; comme elle étoit sans défense, ils n'eurent pas de peine à entrer dans la Ville. Ils y furent suivis par quelques Détachemens de l'Armée, & firent Prisonniers le Gouverneur & la Garnison.

Naissance du Prince des Asturies. Parmi tant de sujets de joye que recevoit le Roi Philippe, de voir de gré ou de force réunir au Corps de son Etat les Parties qui en avoient été détachées, il lui en survint un plus grand, qui mit le comble à tous les autres. Ce fut la Naissance d'un Prince, dont la Reine, son Epouse, acoucha le 25. Août. On l'apela *le Prince des Asturies*. Mr le Duc d'Orleans & la Princesse des Ursins le tinrent sur les Fonts de Bâtême, au nom du Roi Très Chrétien & de la Duchesse de Bourgogne, & le nommérent *Louis-Philippe*. Sa Majesté Très-Chrétienne en fit chanter le *Te Deum* le 2. de Septembre, dans la Chapelle du Château de Versailles; & la même chose fut faite à Paris le 7. avec les Ceremonies acoûtumées.

Nouvelles inventions pour avoir de l'argent. Billets de Monoye. Les réjouissances qui furent faites tant en Espagne qu'en France à cette ocasion, ne consolérent point les Peuples de tant de calamitez, qui les faisoient gemir depuis long-tems. Ceux de France sur tout en étoient plus acablez que jamais. Les Ministres, non contens des ressources precedentes pour avoir de l'argent, des Impositions extraordinaires qu'ils avoient fait mettre sur le Clergé, des nouvelles Charges inventées; des Créations de Rentes, d'Offices, d'Augmentation de Gages & de Capitation; d'avoir pris l'or & l'argenterie

1707. des Eglises, haussé la monoye, converti & reformé les especes ; introduisirent les Billets de Monoye, pour tenir lieu d'argent comptant dans les payemens. Projet qui fut d'abord suspendu à cause des opositions, & des dangereuses consequences ; mais qui dans la suite eût son éfet, premierement dans Paris, à l'exclusion des Provinces, & ensuite dans tout le Royaume par l'autorité de la Cour nonobstant toutes les remontrances. Mais tous ces mouvemens convulsifs étoient des sincopes d'un malade qui fait les derniers éforts, & qui tend à l'agonie. Si la France avoit été reduite à cette extrêmité, par la necessité de sa propre défense, pour soûtenir une guerre, qui eût été suscitée pour l'envahir ; on se seroit porté de gré à tous les éforts dont on eût été capable. Mais quand on faisoit reflexion que ce Royaume, qui pouvoit jouir du repos, en y laissant ses Voisins, étoit reduit depuis quarante ans à souffrir de cruelles guerres, par l'ambition de son Roi, pour contribuer à des conquêtes, qui n'étoient utiles qu'à lui seul ; qu'il étoit contraint de s'épuiser, pour rendre ce même Roi Maître absolu de deux Monarchies, aux dépens de tout le Peuple de France ; on ne pouvoit s'empêcher de déplorer cet état également triste & violent. Les Peuples voisins n'étoient pas moins à plaindre, de se trouver engagez dans la même guerre, pour défendre leur liberté, & se garentir d'un joug semblable à celui sous lequel les François gemissoient, & qui leur devenoit inévitable par la jonction paisible des deux Monarchies.

Lignes de Stolhoffen forcées par le Maréchal de Villars.

Dans le tems que les Provinces, situées entre l'Ebre & les Pirenées, étoient exposées aux rigueurs d'un Prince fier de ses victoires, les Etats d'Allemagne situez entre le Rhin, le Nexre, & la Forêt Noire, furent allarmez par l'irruption subite de l'Armée Françoise, commandée par le Maréchal de Villars, qui se prévalant de la négligence des Allemans, dont les Troupes n'étoient pas encore entiérement assemblées, passa le Rhin avec 38. mille hommes, & marcha droit aux Lignes de Stolhoffen. Il n'y avoit encore que vingt mille hommes ; & ce nombre eût été suffisant pour les garder, si le Prince de Bareith, qui les commandoit, se fût mis en état de défense : mais ce General se retira avec précipitation à l'aproche des François. Les Troupes de l'Empire, qui s'étoient dispersées en cette retraite, se rassemblérent ensuite à Bretten. Cependant le Maréchal de Villars s'avança à Dourlach qu'il fit piller, pour épouvanter les Peuples du Païs, qui se souvenant des ravages causez par les François l'an 1689. en furent tellement intimidées, que toutes les Villes s'empressérent à lui offrir de payer les Contributions qu'il voudroit exiger.

Sturgard, Capitale du Duché de Wittemberg, fut la premiere exposée à cette dure necessité. Les François marchérent de là vers la Ville de Schondorf, où le Prince de Bareith avoit fait entrer six cens hommes, pour les amuser dans leur marche. Ces Troupes témoignérent d'abord beaucoup de résolution à se défendre ; mais les Habitans intimidez par les menaces du General François, les obligerent à se rendre. Celui-ci ayant apris, que le Prince de Bareith étoit campé près de Gmund, & qu'il avoit posté le General Janus avec trois mille hommes au passage de Loth, se détacha avec une grande partie de son Armée, & ataqua les Impériaux dans ce Poste. Il s'en rendit Maître après un rude combat & une perte considerable ; celle des Impériaux fut de cinq cens Soldats tuez, & d'autant de Prisonniers avec le General Janus & plusieurs Officiers. Le Prince de Bareith marcha peu après vers Jeckingen ; les François l'ayant suivi, chargerent son Arriére-Garde avec peu de succez. Gmund leur

Contributions exigées par les François en Allemagne.

ouvrit ensuite ses portes. Les Impériaux appréhendant d'être à la fin attaqués par les François, se retirérent de Poste en Poste avec beaucoup de diligence, suivis par le Maréchal de Villars, qui s'avança jusqu'à Ulm, & poussa ses Contributions dans la Franconie, & sur les Frontieres de la Suabe & de la Baviere.

Marche de l'Armée Impériale du côté de Philipsbourg, qui rompt les mesures du Maréchal de Villars.

Le General Heister & le Prince d'Hohen-Zollern joignirent en ce tems-là l'Armée Impériale, qui prit sa marche vers Philisbourg, où elle joignit aussi un Corps considérable de Troupes, commandé par le Comte de Thungen. Cette marche, qui fut faite avec une diligence extraordinaire fut un coup concerté avec beaucoup de prudence, qui sauva l'Armée de l'Empire. Elle s'étoit vûë jusqu'alors à la veille d'être ataquée & défaite, & par ce mouvement elle garentit un grand Païs des ravages dont il étoit menacé, en rompant les mesures du Maréchal de Villars. Ce General craignant à son tour pour ses Lignes de Lauterbourg, qui n'étoient gardées que par quatre mille hommes, & que les Impériaux ne lui coupassent la communication avec Strasbourg, quitta le dessein qu'il avoit d'assieger Ulm ou Hailbron, & prit sa marche vers le Rhin, après avoir envoyé un gros Détachement, sous les ordres du Comte du Bourg à Lauterbourg, & à Croonveissembourg, pour être à portée de s'oposer aux entreprises des Impériaux sur l'Alsace, après que le Marquis de Vivans eut abandonné les Lignes de Stolhoffen, pour fortifier celles de Lauterbourg.

L'Armée Fr. & celle des Impériaux se canonent sans en venir à d'autre action.

L'Armée Françoise ayant campé à Bruchsal près de Philisbourg, le Maréchal de Villars détacha le Comte du Bourg, pour aller s'emparer d'Heidelberg & de Manheim, qui ne firent aucune résistance, n'y ayant point de Garnison, & fit marcher en même-tems un Corps de Troupes, sous les ordres du Marquis de Vivans vers la Forêt Noire.

Mais ayant appris les nouveaux secours arrivez aux Impériaux, il rapela le Comte du Bourg, avec ordre d'abandonner les deux Places qu'il avoit ocupées.

L'Armée de l'Empire s'avança sur cela vers Bruchsal, pour observer les François, après que le Duc de Wirtemberg eut été détaché pour couvrir la Suabe. A ce mouvement des Impériaux, le General François en fit faire plusieurs à ses Troupes, & côtoya de si près l'Armée Impériale, qu'on crut qu'il en vouloit venir à une action; ce qui obligea le Prince de Bareith à la ranger en bataille. Mais tout se passa à se canonner de part & d'autre près de la Ville de Dourlach, d'où le Maréchal ayant décampé la nuit, les Impériaux s'avancérent vers Etlingen, qu'ils firent ocuper par quatre cens hommes.

L'Elect. de Hanover prend le commandement de l'armée Impériale, & reporte quelques avantages sur les Fr.

L'Electeur de Hanover, que l'Empereur & les Alliez avoient prié de prendre le Commandement de l'Armée, y arriva dans ce même-tems, après avoir été precedé par un Corps considérable de ses Troupes. L'arrivée de cet Electeur fut suivie d'un avantage considérable, remporté sur les François par un detachement qu'il fit de son Armée. Ce succez qui fut autant l'éfet de sa conduite que de la confiance que les Troupes avoient en son zéle & en son autorité, fit bien augurer pour la suite des progrès que feroient les Armes de l'Empire sous son Commandement.

Ce Prince ayant appris que le Marquis de Vivans, après avoir été repoussé de la Forêt Noire par le Duc de Wirtemberg, campoit avec sept Regimens de Cavalerie & de Dragons à Offenbourg, à neuf lieuës d'un Camp du Maréchal de Villars, détacha le Comte de Merci, le Prince de Lobkouvits, le Sr de Contrecourt Colonel, & le Sr Pilliers, Lieutenant Colonel, avec quatorze cens Chevaux, & cent Grenadiers pour les ataquer. Le Comte de Merci partagea

1707. ses Troupes, & les ayant fait marcher par differentes routes, pour cacher son dessein, il s'aprocha d'Offenbourg le 24. Septembre à la pointe du jour. Les ayant ensuite rassemblées sans être aperçu, à la faveur d'un brouillard, il attaqua les François, les chassa de leur Camp, après leur avoir tué six à sept cens hommes, leur prit douze cens Chevaux, & leur enleva quatre Etendars, & trois paires de Timbales. La resistance du General François ne put empêcher les Impériaux de remporter cet avantage, & quoiqu'il eût d'abord fait ferme, & rallié plusieurs fois ses Troupes, il eut de la peine à se sauver avec le reste en mauvais état. Ce contre-tems ayant fait juger au Maréchal de Villars qu'il y avoit peu à gagner au delà du Rhin, il le repassa quelques jours après.

Irruption du Duc de Savoye & du P. Eugene en Provence.

La joye qu'avoit d'abord causé à la Cour de France le succez de ses Armes dans l'Empire, fut troublée peu après par l'entrée de l'Armée des Alliez en Provence, sous les ordres du Duc de Savoye, & du Prince Eugene. Cette Province, située le long de la Mer Méditerranée, se trouva exposée aux mêmes calamitez, que les Païs d'Allemagne situez le long du Rhin; & cette irruption auroit eu des suites plus funestes pour la France, si les Ministres n'eussent trouvé le secret d'en arrêter le cours. Comme les Alliez n'avoient plus rien à faire en Italie après la reduction du Milanez, & des Païs circonvoisins, ils ne pouvoient employer leurs Armes, que contre les Provinces de France les plus proches du Piémont. C'est ce qui les détermina à entrer en Provence, dont la situation donnoit à la Flote Angloise & Hollandoise la facilité de favoriser leurs desseins. Cette Province se trouvoit d'ailleurs destituée de Troupes, aussi bien que le reste du Païs voisin des Alpes, ce qui leur fit esperer de les conquerir facilement. Le Prince Eugene s'étant donc joint au Duc de Savoye, après avoir laissé le General Kirchbaum avec un Détachement, pour agir dans la Val d'Aoste, s'avança à Coni & de là dans les Alpes, où ayant passé le Col de Tande, il se rendit Maître de Sospello à discretion. Dans le même-tems la Flote des Alliez arriva entre les Côtes de Nice, & l'embouchure du Vaar. Le Duc de Savoye & le Prince Eugene passèrent ensuite avec leurs Troupes près de cette Ville, & s'arrêtèrent dans la Plaine qui s'étend de là jusqu'au Vaar, où ils se mirent en état de passer cette Riviére. Les François étoient de l'autre côté, & avoient fait des Retranchemens depuis le Village de St Laurent jusqu'à la Mer. Le Prince de Saxe-Gotha s'avança avec les Troupes qu'il commandoit, pour jetter un Pont vis à vis St Laurent, dans le dessein de donner l'allarme aux François par une fausse ataque, sans vouloir tenter le passage à moins d'une favorable ocasion. Pendant ce tems-là les Vaisseaux ayant fait feu, mirent quelques Troupes à terre, pour attaquer en flanc & par derriare ceux qui pouvoient défendre les Retranchemens, avant que les Troupes du Prince de Saxe fussent toutes arrivées. Ces Troupes marchérent avec beaucoup de hardiesse, & traversérent la Riviere avec une égale intrepidité. Les François s'en étant aperçus, & se voyant exposez au feu du Canon des Fregates des Alliez, abandonnérent leurs Lignes avec précipitation. Le Prince de Saxe-Gotha prit là-dessus poste à St Laurent, avec les Grenadiers; & le reste de l'Infanterie qui avoit passé l'eau, grimpa sur la montagne prochaine, & s'y posta, tandis que le Comte Breiner, avec la Cavalerie, poursuivit les François, & leur fit quelque prisonniers.

L'Entreprise des Alliez sur

L'Armée des Alliez ayant passé le Vaar poussa ses Contributions jusqu'à la Riviere d'Argens. Mais ce que fit ensui

1707. ensuite le Duc de Savoye, & la lenteur avec laquelle il marcha vers Toulon, dont le siege avoit été resolu par les Alliez, garentit cette Place & rompit leurs mesures. S. A. R. n'y arriva que quinze jours après avoir passé le Vaar, sous pretexte d'atendre les Troupes qui faisoient l'Arriere-Garde de son Armée, ce qui fit douter que ce Prince eût dessein de faire réüssir cette expedition, & donna le tems au Maréchal de Tessé de s'avancer pour couvrir Toulon. En éfet la diligence que firent les Troupes Françoises des Corps détachez, qui étoient en Savoye & en Daufiné, les mit en état d'ocuper les hauteurs des environs de cette Ville, pour en défendre les aproches aux Alliez. Le Duc de Savoye, & le Prince Eugene étant arrivez à la Valette à une lieuë de Toulon, y établirent le quartier general, & ayant fait attaquer peu de jours après la Hauteur Ste Catherine par le General Rhebinder, par le Comte de Conigseck à la tête de trois mille hommes, soutenus par trois mille cinq-cens sous les ordres du Prince de Saxe-Gotha, & du General Zumjungen, les firent abandonner aux Françoi
s après une legere resistance. Le Maréchal de Tessé voulut les reprendre au bout de quelques jours. Il fit marcher pour cet éfet vingt-quatre bataillons en trois Corps, avec trente Compagnies de Grenadiers: le Sr Dillon, le Marquis de Goesbriant, & le Comte de Monsorau qui les commandoient, ayant attaqué d'abord les Postes de la droite avec beaucoup de furie en front, en flanc, & à dos; les Alliez, dont les Gardes avancées avoient été surprises, les abandonnérent, & se retirerent vers une maison & un petit fort, au pied de la Hauteur Ste Catherine, où le Sr Siebelsdorf Colonel des Troupes de Hesse commandoit. Ils s'y défendirent long-tems avec beaucoup de vigueur, mais enfin ils furent obligez de ceder. Le Prince de Saxe-Gotha, qui

Toulon échoué par la lenteur du D. de Savoïe.

commandoit ce jour-là, fut tué de deux boulets de Canon. L'ataque de la gauche n'eut pas le même succez pour les François, le Comte de Monsoreau fût repoussé avec perte. Trois Bataillons Prussiens ayant, par leur résistance, donné le tems au Prince de Hesse, de marcher à leur secours, à la tête de deux Régimens de ses Dragons; les François ne purent soutenir ses éforts. Les Alliez reprirent le lendemain les Postes dont on les avoit chassez, & s'emparérent du Fort Ste Marguerite, dont le Commandant & les Troupes, qui le défendoient, furent faits Prisonniers.

Le Fort St Louis ayant été abandonné dans le même-tems, les Alliez étoient en état d'ataquer les Troupes Françoises, postées devant Toulon, selon le sentiment du Prince Eugene, si le Duc de Savoye eût témoigné moins d'indolence. Ce Prince se contenta de faire tirer des bombes durant quelques jours sur la Ville, pendant que les Vaisseaux faisoient la même chose de leur côté. Ensuite de quoi ayant rembarqué son Artillerie peu de jours après, il décampa & s'en retourna par le même chemin qu'il étoit venu. Il le fit avec tant d'ordre, que le Maréchal de Tessé, & le Comte de Medavi n'eurent aucune prise sur lui dans la marche.

Cette expedition fit voir, que ce qu'on avoit crû jusqu'alors impossible, ne l'étoit pas. Louis XIV. avoit toujours porté le fleau de la guerre chez ses Voisins, pour agrandir ses Etats par des Conquêtes sans fin. Voici la premiere année que les Alliez ont trouvé l'ocasion de lui en faire ressentir les incommoditez en Provence, après en avoir delivré l'Italie. L'entreprise sur Toulon étoit capitale, & des mieux concertées, mais aussi des plus difficiles, & à cause de cela peu attenduë par les François, qui n'avoient pas pris les mesures necessaires pour s'y oposer; & qui s'y seroient pris trop tard, si l'on

Comment cette Expédition manqua.

1707.

eût pû faire autant de diligence en allant qu'en revenant. Mais quoique par divers obstacles & retardemens cette entreprise n'ait pas eu tout le succez que les Alliez desiroient, elle ne laissa pas d'être fort avantageuse à la Cause commune ; non pas tant par les dommages causez à la France, sur tout à ses magazins & à ses Vaisseaux, que par d'autres fruits considerables, qu'on tira de cette diversion, qui afoiblit l'Armée d'Allemagne, retarda les progrès des deux Rois, empêcha le secours de Naples, & affermit les Conquêtes des Alliez en Italie.

Suze assiegée par le Prince Eugene

Leur Armée ayant repassé les Alpes, le Duc de Savoye voulut finir la Campagne par l'entreprise du siege de Suze, pour reparer en quelque maniere le peu de succez qu'il eut en celle de Toulon. Le Prince Eugene se chargea de l'execution de ce projet, quoi qu'il ne doutât point de la resistance du Château, & qu'il y eût lieu de craindre qu'il ne fût secouru. Cependant s'étant mis en état par sa diligence de surmonter tous les obstacles qu'il prévoyoit, il s'aprocha de Suze, precedé par un Détachement que commandoient le Prince d'Anhalt, les Comtes d'Eck & de Conigseck, & les Generaux Saxen & Rocavione. Ils ataquérent premierement les hauteurs des environs de la Place, & en ayant chassé les François, aussi bien que d'une Redoute, dont le General Hohendorf s'empara, la Ville & le vieux Château furent abandonnez. Les Assiegez envoyerent ensuite faire leurs soumissions au Prince, qui y fit aussi tôt marcher les Comtes de Gehelem, & de Kevenhiller, avec quatre cens Grenadiers & deux cens Chevaux; après quoi ayant fait ataquer le Fort Catinat, il l'emporta d'assaut au bout de peu de jours. Il battit ensuite la Citadelle par plusieurs pieces de Canon, qui ayant fait une grande brêche l'exposoient au même sort ; mais la Garnison

ne voulant pas l'éprouver, se rendit à discretion. La perte de cette Place fut d'autant plus grande pour les François, qu'outre l'important passage que recouvroit par là le Duc de Savoye, les Alliez se rendirent Maîtres d'une prodigieuse abondance de munitions de guerre & de bouche que les François y avoient amassées, soit dans la vûë de tenir en haleine les Alliez sur leurs desseins au delà des Alpes, soit pour être prêts à tout événement.

1707.

Entrée des Tr. Impériales dans le Royaume de Naples, Prise de Capouë

Cependant les Troupes Impériales, que le Prince Eugene avoit détachées, sous les ordres du Comte de Taun, pour marcher dans le Royaume de Naples, faisoient voler presque sans oposition l'Aigle de l'Empire jusqu'auprès du Mont Vesuve, & aux extremitez de l'Apennin. Les Impériaux avoient passé par l'Etat Ecclesiastique, avec le consentement du Pape, qui n'avoit pû le leur refuser, quoi qu'il fût dans des interêts oposez à ceux du Roi Charles; & étant entrez dans le Royaume de Naples, le General de Vaubône fut détaché pour marcher vers Capouë. Il y entra sans resistance, & se rendit ensuite Maître du Château.

Entrée des Tr. Impériales das Naples.

Cependant le Comte de Taun ayant continué sa marche du côté d'Aversa, rencontra une foule d'habitans de la Ville de Naples, qui venoient à sa rencontre, pour l'inviter de s'avancer vers leur Ville. Les clefs lui en furent presentées quelques heures après par des Députez, qui lui marquérent l'impatience avec laquelle on l'attendoit. Ce General détacha aussi tôt le Colonel Paté avec seize cens Chevaux, pour aller prendre poste dans le Fauxbourg St Antoine, & défendre les Habitans, au cas que les Troupes, qui étoient dans les Châteaux, voulussent les inquieter; quoique le Viceroi eût abandonné la Ville depuis quelques jours. Il marcha ensuite avec le reste de ses Troupes, au nombre de neuf à dix mille hommes, &

1707. y entra le lendemain au contentement général du Peuple, qui durant les réjouissances faites à ce sujet, renversa & brisa la Statuë du Roi Philippe, que le Duc de Popoli avoit fait ériger huit ou neuf mois auparavant avec beaucoup de ceremonie. L'entrée des Troupes Impériales dans Naples fut suivie de la reduction des Châteaux St Elme, de l'Oeuf & de la Tour des Carmes dans la même Ville, dont les Garnisons, composées de huit à neuf cens hommes & de soixante Officiers, demeurérent Prisonnieres. La Forteresse de Baya, à l'entrée du Golfe de Pouzzoles ou de Naples, & celle d'Ischia dans l'Ille de même nom eurent le même sort. Le Comte de Taun ayant sû presque dans le même-tems, que la Cavalerie Napolitaine, commandée par le Prince de Castiglione au nombre de douze cens Cavaliers, étoit vers les Monts de la Cava, y envoya un Détachement de la sienne, qui l'ayant enfermée l'obligea de se rendre prisonniere. La Ville d'Aquila se déclara en même-tems pour le Roi Charles, & les Impériaux ayant attaqué le Château de cette Ville, s'en rendirent Maîtres, aussi bien que du Fort de Pescara.

Siege de Gaëte par le Côte de Taun

Il ne restoit plus que la Ville de Gaëte capable de défense, parmi les places qui n'avoient point encore suivi le mouvement general du Royaume : le Viceroi * de Naples s'y étoit enfermé avec un renfort de Troupes. Le Comte de Taun resolut de l'assiéger ; il en alla reconnoître la situation, & donna ordre au General Wetzel d'ouvrir la tranchée, en lui laissant la conduite du fiege. Le ravitaillement de la place, la force de sa Garnison, le secours des Galeres que le Duc de Turfis y avoit amenées de Naples, & la presence du Viceroi ne purent empêcher, qu'elle ne tombât au pouvoir des Impériaux au

* Le Duc de Scalona.

bout d'un mois. Le Comte de Taun 1707. étant retourné de Naples au Camp, fit donner l'assaut à la Place le 20. Septembre à deux heures après midi, quoi que la brêche ne fût pas aplanie. Les Impériaux y allérent avec beaucoup d'intrepidité. Ils escaladérent les ouvrages exterieurs, & dans un moment emportérent la brêche, & tout ce qui défendoit la Ville. Ils y entrérent peu après l'épée à la main, & firent main basse sur tous ceux qu'ils rencontrérent dans les ruës. L'Officier qui y commandoit, fut fait Prisonnier avec les Sieurs Pignatelli & Giudici, & la Ville fut donnée au pillage aux Troupes. On ataqua aussi-tôt le Château avec beaucoup de vigueur. Le Viceroi qui s'y étoit enfermé, avec les principaux Officiers & quinze cens hommes, se voyant pressé, & ne pouvant obtenir les conditions qu'il demandoit, se rendit à discretion avec le Duc de Bisaccia, le Prince de Cellamare, Don Horatio Copolla, Don Joseph Caro, & le Sr Pardo, Officiers Generaux, qui furent conduits avec lui à Naples sans épée, & mis dans le Château St Elme. Les assiegeans perdirent deux cens hommes devant cette Place, & eurent quantité de blessez. Les Comtes Zierotin & de Stupenbach, avec le General de Vaubonne, furent de ce nombre.

Le Comte de Taun, non content d'être Maître du Royaume de Naples, voulut chasser du reste de l'Italie les Troupes du Roi Philippe. Il fit pour cela un Détachement des siennes, au nombre de mille hommes sous les ordres du General Wetzel, qui s'étant embarqué fit descente dans la Province, que les Italiens nomment *Stato del Presidi* en Toscane, où il se rendit Maître d'Orbitello sans resistance ; Don Spero, qui y commandoit, lui en ayant ouvert les portes.

Ce General se read Maître d'Orbitello.

Tandis que la Fortune faisoit voir sa bizarrerie aux deux Partis en Espagne &

Campagne du Païs-B.

Ff ij

en Italie, la victoire, qui jusqu'alors avoit suivi comme pas à pas les mouvemens de l'Armée des Alliez dans le Païs-Bas, y suspendit le cours de ses faveurs. Les grandes pertes que les François avoient soufertes l'année precedente par l'habileté du Duc de Marlborough, donnoient lieu à ce General de faire de nouveaux progrès. Cependant les précautions que prit le Duc de Vendôme, General de l'Armée Françoise, pour éviter d'en venir à une Action, & le Détachement que le General des Alliez fut obligé de faire pour l'Allemagne, le mirent hors d'état de rien entreprendre, son Armée étant moins nombreuse que celle des François : il ne put diviser ses forces, mais il les tint réünies pour former quelque dessein sans trop s'exposer. A son retour d'Angleterre, il avoit passé en Allemagne, par ordre de la Reine, pour y voir le Roi de Suede, qui étoit en Saxe, & le détourner du dessein qu'il avoit formé d'y rester. Il rejoignit ensuite l'Armée des Alliez, qui avoit été assemblée par les soins du Velt-Maréchal d'Auverkerque à Anderlech & à Lembek, & la fit marcher vers Soignies, pour s'aprocher des François, qui étoient campez en ordre de bataille derriére la Riviere de Haine. Il alla aussi-tôt la reconnoître à la tête de douze Escadrons de Cavalerie & de Dragons, dans le dessein de la combatre & de passer la Riviére; qui étoit fort basse; mais le Duc de Vendôme ayant décampé sur le bruit de sa marche, Mylord Duc fit retourner son Armée vers Bruxelles, dans le tems que celle de France ayant passé à Fleurus alla camper à Gemblours. Comme le General Anglois souhaitoit avec empressement d'engager le Duc de Vendôme à une bataille, il le suivit pendant un mois, de camp en camp, & de marche en marche, mais sans succez. Le General François prit si bien ses mesures, qu'il se mit toûjours hors d'état d'être ataqué. Le Duc de Marlborough crut pourtant en avoir trouvé l'ocasion près de Nivelle, où il alla camper à une lieuë & demie des François.

Dans cette vûë, il detacha le Comte de Tilli avec cinq mille Grenadiers & quarante Escadrons, qui soûtenus par soixante autres, devoient s'aprocher de l'Armée Françoise le plus qu'il seroit possible, & l'ataquer dans son décampement. Le Comte de Tilli partit pour cet éfet à l'entrée de la nuit avec Mylord d'Albemarle; mais la difficulté des chemins n'ayant pû lui permettre d'arriver plûtôt qu'à minuit, & l'obscurité l'empêchant d'aller reconnoître les François, il se contenta d'observer leur camp, à la faveur des feux qui y étoient allumez. Il s'aperçut alors qu'il n'y avoit plus personne dedans, & que le Duc de Vendôme n'y avoit fait allumer ces feux, que pour cacher sa marche. Les Alliez suivirent encore les François, quoi qu'avec peu d'esperance de les joindre. Ils trouvérent qu'ils avoient déja passé plusieurs défilez qui les couvroient, de sorte que tous leurs mouvemens se réduisirent à quelque legere escarmouche, où il y eut un Capitaine tué du côté des Alliez. Quelques jours après le Duc de Vendôme fit marcher son Armée vers Cambron, après avoir évité, tant par sa diligence, qu'à la faveur des pluyes continuelles, la poursuite des Alliez. Mylord Marlborough, qui étoit toûjours dans le dessein d'en venir à une affaire generale, profita du tems qui s'étoit remis au beau, & s'avança vers la Riviére de Dender, après avoir fait acommoder les chemins du côté d'Ath. Il détacha en même-tems, pour prendre les devans vers l'Armée Françoise, huit Escadrons & quatre Bataillons, commandez par le Comte de Schulembourg, & soûtenus de deux mille Grenadiers & de quatorze Escadrons, sous les ordres du Baron de Fagel; mais les François s'en étant aper-

Le D. de Marlb. suit le Duc de Vendôme, sans pouvoir l'engager à une bataille.

cis, marcherent vers Tournai avec tant de précipitation, que les Alliez ne purent les joindre ; on trouva dans leur Camp beaucoup de vivres & de munitions, & quelque bagage.

Autre tentative inutile du Général Anglois.

Ce coup manqué, le General Anglois fit encore une tentative peu de jours après, à l'ocasion d'un fourage que le Duc de Vendôme avoit resolu de faire à Templeuve, & aux Villages d'alentour. Averti dès le jour precedent du dessein des François, il commanda de son côté un fourage, pour le même endroit sous l'escorte de trente-deux Escadrons, qui avoient à leur tête le Lieutenant General Dorpf, dans le tems que douze Bataillons sous la conduite du Prince d'Holstein-Sonderbourg, & seize sous le Duc d'Argile, eurent ordre d'aller se poster, les premiers entre Pont-à-Chin & Templeuve, & les autres entre Templeuve & Waterlo. Les François, informez des mesures prises par le General Anglois, virent tranquillement fourager Templeuve sans sortir de leurs Lignes, ni faire le moindre mouvement pour s'y opofer, quoi qu'ils ne fussent éloignez de ce Village que d'une lieuë, & qu'ils fussent d'ailleurs sous le Canon de Tournai. Ils firent le lendemain une entreprise sur la petite Ville de Liére par le moyen de trois chariots de foin, sous lequel il y avoit des Soldats cachez. Ce dessein devoit être favorisé par un détachement de quinze cens hommes de la Garnison de Namur. Les chariots étant arrivez à la Barriére sur les sept heures du matin, un Dragon de la Ville qui étoit en sentinelle voulut les arrêter, & tira sur un des charretiers qui étoit un Officier travesti qu'il mit par terre. Là-dessus un Soldat sortit de dessous le foin, & ayant tiré un coup de Pistolet, donna l'allarme à tout le Corps de garde qui acourut au bruit. Les François se virent par là obligez de se retirer, avec perte de quelques Soldats tuez ou faits Prisonniers. Si le Roi ne reçut aucun échec au Pais-Bas par la sage conduite de ses Generaux, il ne put du moins empêcher les Alliez d'y conserver leurs avantages.

Union des 2. Royaumes d'Angleterre & d'Ecosse, & Parlemens.

Celui que le Traité d'Union des Royaumes d'Angleterre & d'Ecosse, nouvellement conclu, devoit leur aporter dans la suite, leur fit esperer de nouveaux succez à leurs armes. Cet ouvrage si difficile & si délicat, que tous les éforts de la Cour d'Angleterre pendant un siécle n'avoient pû conduire à sa fin, & qui étoit d'une si grande importance pour le bien, la puissance, & la sureté de toute l'Ile, fut enfin consommé par les soins & la vigilance du Conseil de la Reine Anne. Les deux Royaumes furent par là réunis en un seul à perpétuité, sous le nom de la *Grande-Bretagne*, & les Parlemens des deux Etats aussi réünis en un, sous le même nom. Il s'assembla pour la premiere fois au mois de Mai de cette année. Il ne tint pas aux Emissaires de la Cour de France, que ce Traité n'eût pas son éfet ; ils n'oublièrent rien pour le traverser.

La Souveraineté de Neuchâtel, adjugée au Roi de Prusse.

Le chagrin qu'en eut le Roi fut peu de tems après suivi d'un autre, au sujet de la Souveraineté de Neuchâtel, vacante par la mort † de la Duchesse de Nemours. Nous avons dit * ci-devant, que lors que cette Princesse en prit possession, elle lui avoit été disputée par le Prince de Conti, qui renouvella encore ses prétentions à sa mort. Il demandoit cette Souveraineté en vertu du Testament de l'Abbé d'Orléans, Frere de la Princesse défunte ; & le Roi voulut l'apuyer. Mais ni les menaces du Monarque, ni la marche de ses Troupes vers les Terres de Neuchâtel, ni l'interdiction du Commerce entre ce Pais & la Comté de Bourgogne, ne purent empêcher les Etats, assemblez au mois de Septembre, de rendre Sentence en fa-

---

† *Arrivée dès le mois de Juin.*
* *pag. 33.*

F f iij

1707. veur du Roi de Prusse, à qui la Souveraineté apartenoit par droit de Reversion. ** Ainsi Louis XIV. fut obligé de se désister d'une poursuite, qu'il n'étoit pas en état de soûtenir.

Afaires de Hongrie. Les mécontens sont batus par tout.

Il ne réussit pas mieux dans le secours qu'il donna aux Hongrois, à qui il fournit au commencement de cette année une somme considerable d'argent, & un renfort de cent cinquante Officiers François, avec mille hommes par la Pologne. Ce secours servit plûtôt à entretenir leur mécontentement qu'à leur procurer de nouveaux avantages. Car le Comte de Staremberg secourut Leopolstadt qu'ils avoient réduit à l'extrémité, & ils furent obligez de se retirer. D'autre part le Colonel Pruckental leur prit le Fort de Carabar: & le Colonel Tolde les battit auprès de Raab, dont ils avoient tenté de brûler les Fauxbourgs; ils furent encore défaits par le Comte de Staremberg près du Vaag, & par le Comte de Rabutin, qui étant entré dans l'Ile de Schut, & ayant rencontré le General Bothiani près de Papa, le mit en déroute.

Le Baron de Tige, qui commandoit en Transilvanie, en l'absence du Comte de Rabutin, tailla en piéces quatre mille des Mécontens, & secourut de vivres les Forteresses de Deva & d'Huniade. Les Mécontens levérent aussi le siege d'Arath & de Szcuta, à l'aproche du Comte de Staremberg. Le Comte de Rabutin, qui arriva ensuite en Transilvanie avec un Corps de six à sept mille hommes, reprit sans presque aucune oposition divers Postes, dont les Mécontens s'étoient emparez, & mit Garnison dans Dobron, Clausenbourg, Bistriz, Maros, Vaschatel, Huniade, & Hermanstadt, ne leur laissant que la seule Place d'Haramseck.

** *Ce Prince, en qualité de Prince d'Orange réünissoit en sa personne les Droits des Princes de ce nom, Héritiers de la Maison de Châlons, anciens Seigneurs du Comté de Neuchâtel.*

Ces heureux succez des armes de l'Empereur n'empêchérent pas Ragotski, de se porter à une démarche aussi temeraire que dangereuse pour lui, & pour ceux de son Parti; car non content de s'être fait déclarer Prince de Transilvanie, il convoqua une Diete à Onoth, où il fit déclarer par un Acte Public le Trône de Hongrie vacant, & dans une Assemblée qu'il tint à Cassovie, il créa le Comte Bérézini Palatin du Royaume. On s'atendoit après cela qu'il feroit proceder à l'Election d'un Roi, mais il en demeura là; ses mesures se trouvant rompuës par le peu de succez de ses Négociations auprès du Czar, qu'il vouloit mettre dans ses interêts. Il comptoit d'ailleurs que l'entrée du Roi de Suede dans la Saxe, d'où il pourroit se porter à quelques hostilitez sur les Païs Héréditaires de l'Empire, causeroit une diversion favorable à ses desseins. Mais le Roi de Suéde, à qui les Hongrois les communiquérent, fut les en dissuader.

Ragotski déclaré Pr. de Transilvanie.

Le sejour que ce Monarque fit en Saxe avec ses Troupes, donna de l'ombrage à l'Empereur & à ses Alliez; mais la Reine d'Angleterre ayant, comme je l'ai dit, envoyé le Duc de Marlborough en ce Païs là, pour lui en representer les conséquences préjudiciables au bien de la Cause Commune, dont la France commençoit déja de se prévaloir: ce Monarque quitta enfin l'Allemagne, quoi que fort tard; ce qui fit juger qu'il avoit eu dessein de brouiller l'Empire, & de faire diversion en faveur du Monarque François. Mais les reflexions que le Duc de Marlborough lui fit faire sur le danger d'être ataqué par l'Angleterre, par les Hollandois & par le Roi de Dannemarck, furent aparemment ce qui lui fit prendre d'autres mesures. Les Protestans de Silesie profitérent de l'entrée des Suedois en Allemagne; car le R. de Suede ayant demandé à l'Empereur qu'ils fussent rétablis

Le Roi de Suede quitte la Saxe.

LOUIS XIV. LIV. XV.

1707. dans leurs Eglises & dans leurs biens, ce Monarque ne put le lui refuser, dans les conjonctures où il se trouvoit, malgré les remontrances du Pape, par la crainte que le Roi de Suede ne prît pretexte de son refus, pour se porter à des hostilitez, qui pouvoient avoir des suites dangereuses.

Dans le tems que les Suédois étoient en Saxe, comme dans le dessein de ruïner les Etats d'un Prince, qu'ils avoient fait descendre du Trône; les Polonois qui avoient été dans les interêts du Roi Auguste, apuyez par le Czar, se mirent en état de faire une nouvelle élection, sans égard à l'abdication du Roi Auguste. Ils s'assemblèrent à Leopol, où le Czar se rendit avec son Fils, & toute sa Cour, & ensuite à Lublin. Là ils déclarèrent le Trône vacant & convoquèrent une Diéte generale pour l'élection; ce qui ayant obligé le Roi Stanislas à presser le Roi de Suede de ne plus demeurer dans l'inaction, celui-ci quita enfin l'Allemagne, cédant ainsi tant à ses sollicitations qu'aux remontrances du Duc de Marlborough. Dans le tems que les Moscovites agissoient avec tant de zéle pour le Parti Polonois oposé aux Suédois, ils souffrirent un échec aux environs du Tanaïs par les Tartares qui défirent leurs Troupes commandées par le General Czeremethof.

1708.
Etat de la France au cõmencement de cette année.

Tout ce qui s'étoit passé dans le cours de l'année precedente, n'avoit pû encore amener la décision de la guerre, qui se faisoit sentir avec la même force depuis le Nord jusqu'au Midi. Il est vrai qu'on avoit vû jusqu'ici des progrès surprenans, qui avoient aplani de grands obstacles, & qui en éfet étoient autant d'acheminemens vers la paix. Mais le tems n'étoit pas encore venu, pour en recueillir le fruit si souhaité. Il n'étoit permis de l'esperer qu'en faisant de nouveaux éforts, pour surmonter les difficultez qui restoient; en

atendant qu'il plût à la Providence d'amener de plus heureuses dispositions, pour rétablir par tout la tranquillité publique sur des fondemens solides & durables. Dans la varieté des Evénemens de cette guerre, que les Alliez soûtenoient pour la défense de la liberté & de la sureté commune, on ne sait ce qu'on doit le plus admirer, ou des grands coups frapez contre la France dans sa plus grande force, c'est à dire depuis son Union avec l'Espagne; ou de sa promtitude à se relever de toutes ses pertes, & à reprendre assez de vigueur pour arrêter les progrès des Alliez, & pour remporter même sur eux divers avantages.

1708.

Il n'y eut personne qui ne crût, après les batailles d'Hochstet & de Ramelies, & la Campagne de 1706. que la France, abatuë par tant de coups surprenans, ne pourroit plus trouver de ressources assez promptes pour s'en relever; & qu'enfin elle seroit obligée de se désister de ses Prétentions sur l'Espagne, pour avoir la paix. On vit, comme je l'ai dit, dans tout le Royaume des Actes solemnels d'humiliation, suivant les Mandemens de ses Prélats entre autres des Cardinaux de Noailles & de Janson, *pour reconnoître la cause de ces justes Châtimens*. Matière délicate, après tant de Panegiriques & d'encensemens sur les victoires du passé! Cet esprit d'humiliation regnoit même encore au commencement de cette année, suivant le recit qu'en firent diverses Nouvelles, en parlant du Sermon prononcé le 21. Mars dernier par l'Evêque d'Angers, à l'ouverture de l'Assemblée du Clergé; où ce Prélat traitant des Afflictions, fit voir:
„ Qu'elles étoient souvent des épreuves
„ de la Justice Divine, pour purifier les
„ Fidéles: Et que les prospéritez, au
„ contraire, étoient quelquefois un
„ signe de l'abandon de Dieu: *Qu'ainsi*
„ *l'on pouvoit regarder les soixante an-*
„ *nées des prospéritez du Roi, comme un*

Abaissement où la campagne precedente l'avoit reduite.

1708.
„ tems de la colére de Dieu : & que les
„ trois dernières au contraire, pouvoient
„ être regardées comme le tems de sa mi-
„ sericorde & de sa bonté.

Comment elle s'é releva.

Cependant après tant de revers, ce fut un autre sujet d'étonnement, non moindre que tous les precedens, que la Cour de France eût trouvé les moyens de se relever aussi promptement, & avec autant de vigueur qu'elle fit l'année dernière : en sorte qu'elle eût pû remettre sur pied dans le Païs Bas une Armée assez forte, pour faire tête à celle des Alliez ; gagner une bataille en Espagne ; soûmettre les Royaumes de Valence & d'Arragon ; mettre une partie de l'Allemagne sous contribution ; & ne pouvant se conserver l'Italie, sauver au moins la Ville de Toulon, qui lui étoit de la dernière consequence à tous égards. Tout cela fit voir, qu'en comparant les avantages remportez de part & d'autre, les Alliez furent en general plus heureux dans leurs desseins, & les François plus diligens à se servir de toutes leurs forces ; que les premiers eurent des succez au delà de toute esperance ; & les derniers, une activité & des ressources au delà de toute attente.

Il est vrai qu'il leur en coûta des éforts prodigieux, & autant onereux au Royaume qu'on le puisse imaginer. C'est l'éfet du Pouvoir absolu, & du Commandement qui dépend d'une seule Tête. Toutes les précedentes ressources d'Impositions extraordinaires, de Créations de Rentes, d'Offices, d'Augmentations de gages, de Capitation &c. ayant été épuisées ; il falut en venir à des Conversions & à des Réformations d'Especes, qui sont autant de mouvemens convulsifs pour le Commerce. Et tout cela ne suffisant pas encore, il falut tenter par ces divers changemens l'Introduction des *Billets de Monoye*, dont j'ai parlé. Ce fut une nouvelle Hipothéque, que le Gouvernement aquit par cette guerre sur tout l'argent comptant du Royaume. Et comme ce moyen, inusité dans tous les siécles precedens, & jugé d'abord impossible, venoit pourtant d'être mis à execution, ce fut un titre pour l'avenir, qui pouvoit être amplifié à proportion des besoins, & selon *le bon plaisir*, du moins autant que la chose seroit possible en elle-même.

L'année dernière vérifia encore mieux ce que je viens de dire que toutes les precedentes, puis qu'elle fit voir que l'épuisement de la France ne servit qu'à ouvrir de nouvelles ressources au Gouvernement, dont la Puissance ne se réglant que sur *son bon plaisir*, tout tourna à son accroissement dans la guerre comme dans la paix. La misere produisit de nouveaux Soldats ; les besoins pressans produisirent de nouveaux moyens, pour disposer de tout l'argent des Sujets ; & la Puissance apliqua tout à ses vûës & à ses desseins, qui ne tendoient qu'à son augmentation. Si ce Royaume, tout épuisé qu'il étoit, put neanmoins fournir à tant d'éforts, parce que tout plioit sous la Puissance absoluë, qu'est-ce que cette Puissance n'auroit pas été capable de faire, si elle eût pû disposer une fois de toutes les forces unies de la Monarchie Espagnole ? Elle avoit déja commencé à introduire les Maximes de son Gouvernement, & à mêler les *Fleurs de Lis* dans les Armes des Villes qu'elle vouloit gratifier, comme elle fit à *Tarracona* : elle avoit tiré des Etats qu'elle y possedoit plus de Soldats & de secours, que tout le Royaume n'en avoit fournis en 30. années du Regne precedent, pour empêcher le démembrement de la Monarchie : elle s'étoit mise en possession de changer les Loix des Royaumes de Valence & d'Arragon, nouvellement assujettis, quoique son Autorité n'y fût pas encore trop bien afermie : Et elle venoit de s'aquerir par un Traité, le pouvoir de disposer du Commerce des Indes Occidentales, en le partageant avec

Quel usage le Roi fit de son autorité dans l'épuisement general de l'Etat.

LOUIS XIV. Liv. XV.

1708. avec la Nation Espagnole; sans avoir égard à sa jalousie & à ses plaintes, & sans atendre même l'événement de cette guerre.

Tel étoit l'usage que le Roi faisoit de son autorité, sans s'apercevoir que son propre Royaume, dont toutes les forces étoient employées pour maintenir l'Union des deux Couronnes, n'en ressentoit pas de moindres incommoditez que l'Espagne. Il commença même à éprouver cette année, que ses frontiéres n'étoient pas inaccessibles aux Armes des Alliez; en sorte qu'on ne pouvoit s'empêcher de reconnoître avec étonnement, que l'Union de ces deux grandes & puissantes Monarchies leur avoit été jusqu'alors plus fatale, que toutes les guerres précedentes, où elles s'étoient ataquées en Ennemis déclarez. La même fatalité suivit les Princes, qui se dévoüérent aux desseins de la France pour faire succomber la Cause commune, comme l'Electeur de Baviére, l'Electeur de Cologne, le Duc de Mantoüe &c. Au lieu que les Alliez eurent au contraire le bonheur de secourir & de rétablir les Princes qui avoient tout risqué pour la même Cause commune, comme le Duc de Savoye, le Duc de Modéne &c.

Armement de la France pour faire passer le Prétendant en Ecosse. Lettres de Paris & d'Angleterre sur ce sujet.

Cependant la France, qui sembloit devoir être instruite par sa propre expérience & par la vicissitude ordinaire des choses humaines, formoit toûjours de plus vastes desseins. On vit éclore cette année un Projet formé, pour fournir au Roi Jaques III. (comme les François apeloient le Prétendant) à la Couronne d'Angleterre) les moyens de remonter sur le Trône de ses Ancêtres en Ecosse. On vit même que le Pape y entra bien avant, puisqu'il ordonna des Priéres de 40. heures, pour le succez de cette Expédition, & qu'il avoit acordées à cette occasion. L'Armement destiné pour cette entreprise fut exécuté avec tant de secret, que quoi qu'on l'eût fait à la

vûë des Troupes des Alliez, qui étoient dans les Villes de la Flandre Espagnole, les Anglois & les Hollandois n'en eurent connoissance que lors que la Flote fut sur le point de mettre à la voile. Pendant qu'on s'y disposoit, le Chevalier de Nangis, Capitaine de Vaisseau, fut envoyé secretement à Edimbourg avec des Lettres de Créance & des Instructions signées par le Chancelier d'Ecosse & huit autres Officiers Ecossois qui étoient en France, & qui non-seulement avoient demandé au Roi, au nom de la Nation, de leur rendre leur Prince; mais qui avoient assuré le jeune Roi, *qu'il pouvoit passer en toute sureté dans son ancien Royaume: que tout y étoit disposé à le recevoir à bras ouverts, & qu'ils offroient de rester en Otage pour répondre sur leur tête du succez de l'entreprise, de la sureté de sa personne & de celle des Troupes qui l'acompagneroient.* En éfet le Chevalier de Nangis fut reçu dans la Capitale d'Ecosse, avec des marques de joye & de distinction, qui lui confirmérent le zéle des Ecossois pour leur Prince. Les Seigneurs avec qui il conféra l'assurérent, (& c'est ce que savoit déja la Cour) que l'Angleterre étoit dénuée de Vaisseaux & de Troupes, & que dès que le jeune Roi seroit débarqué, il pouvoit être certain d'avoir trente mille Ecossois, qui prendroient les armes pour son service; ils lui donnérent deux nouveaux Députez, pour complimenter le jeune Roi au nom de la Nation dès qu'il seroit arrivé à Dunkerque.

Entrevüë du Roi avec ce Prince avant son départ.

Le jour d'avant le départ de ce Prince, le Roi fut à St Germain en Laye lui souhaiter un heureux voyage, & en l'embrassant Sa Majesté l'assura qu'elle ne l'abandonneroit jamais. Il lui fit present en même-tems d'une cassette, dans laquelle il y avoit neuf cens mille livres en or, outre la vaisselle d'or & d'argent, les habits & le linge que Sa Majesté avoit envoyé à Dunkerque pour

1706.

Tome III.   Gg

son usage. Le jeune Prince répondit : Sire, *les Princes de ma Maison ont toûjours éprouvé dans la plus grande infortune l'avantage qu'il y a d'être unis d'amitié avec la Couronne de France, mais ceux qui ont vû le long & glorieux Regne de V. M. comme moi principalement, ont ressenti la force de cette verité avec plus d'efficace. Je promets aussi devant Dieu de ne jamais oublier les obligations que j'ai à V. M. & ce que je dois à tout son Royaume.* La Reine d'Angleterre, sa Mere, qui avoit fait quelques épargnes de la Pension qu'elle recevoit de la Cour, lui donna quarante mille Louis d'or en especes, & pour quatrevingt mille livres de bijoux, qu'elle avoit sauvé lors qu'elle fut contrainte d'abandonner le Trône. Cette Princesse lui dit en lui remettant ces joyaux : *Vous êtes, mon Fils, ce que j'ai pû sauver de plus précieux du Trône infortuné où j'avois été placée, & sur lequel vous avez pris naissance ; voilà encore quelques pierreries, que les Persecuteurs du feu Roi vôtre Pere n'eurent pas le tems de me ravir.* Il vit ensuite la Princesse sa Sœur, & voici les dernieres paroles qu'elle lui dit : *je n'ignore pas, Monsieur, ce que je vous dois comme à mon Roi, cependant me croyant permis de vous parler comme à mon Frere, je me vois obligée de vous dire, que dans cette ocasion vous devez rassembler en vous toutes les vertus de nos Ancêtres, & que vous devez vaincre ou mourir.*

Contretés qui s'oposent à son embarquement.

Le jeune Prince prit ensuite congé du Roi & de toute la Cour. Il partit de St Germain en chaise de poste le 7. Mars, acompagné seulement de Mylord Midleton, de deux Gentilshommes de sa Maison, & de deux Valets de Chambre ; les Maréchaussées avoient été postées sur la route pour l'escorter jusqu'à Dunkerque, où il arriva le 9. On avoit aperçu le même jour à la hauteur du Fort de Mardick un grand nombre de Vaisseaux, comme pour bloquer le Port & s'oposer au passage de la Flote Françoise. Le Chevalier de Fourbin envoya les jours suivans Couriers sur Couriers, pour faire savoir au Roi qu'il avoit été reconnoître de près ces Vaisseaux, qu'il en avoit remarqué le nombre & la force, & qu'il se faisoit fort de passer nonobstant cette oposition. Il arriva en mêmetems divers autres Couriers pour donner avis, que le Medecin du Prince s'oposoit à son embarquement, disant, qu'il ne répondoit pas de sa vie, & déclarant, qu'il avoit la rougeole, & qu'il avoit eu des ressentimens de fièvre. A l'arrivée de chacun de ces Couriers, la Cour les renvoyoit avec des ordres tous differens, & neanmoins conformes aux Nouvelles qu'ils avoient aportées. Mais enfin le Roi déclara le 14. qu'il avoit envoyé sa derniere volonté au Comte de Fourbin, qui étoit de mettre à la voile, en quelque état que ce Prince fût, étant bien informé qu'il n'étoit pas aussi dangereusement malade que le faisoit son Medecin craintif. Depuis, la Cour reçut d'autres Couriers, pour l'assurer que le Prince avoit fort bien dormi, que sa santé étoit en bon état, & que l'embarquement devoit se faire le 16. avec d'autant plus de certitude que la Marée seroit haute. La Flote étoit composée de neuf gros Vaisseaux de guerre, de vingt-quatre Fregates, dont les moindres étoient de trente cinq à quarante piéces de Canon, de vingt-cinq bons Armateurs, & de soixante & dix Barques longues, ou autres Bâtimens de transport.

Départ de la Flote.

La Flote, pour obéir aux ordres du Roi, partit de la Rade de Dunkerque le 17. mais le vent ayant changé, elle fut obligée de mouiller entre les Bancs de la Côte, depuis Nieuport jusqu'à Ostende, où elle demeura jusqu'au 19. auquel jour elle partit avec un bon vent, en sorte qu'elle fut hors de la vuë des Côtes le 20. au matin. Le 23. le Comte de Fourbin arriva sur le soir à l'entrée

1708. de la Riviére ou Baye d'Edimbourg, où il n'entra point. Le lendemain à la pointe du jour, il découvrit la Flôte Angloife compofée de 28. Vaiffeaux de guerre, ce qui l'obligea de remettre à la voile, faifant route au Nord-Eft pour gagner, fuivant fon premier deffein, le Port d'Invernefle qui eft très-fûr. Les Anglois le fuivirent, & l'on vit fur les 6. heures du foir qu'un de leurs Vaiffeaux de foixante Canons, fuivi de huit autres pour le foutenir, aprocha du *Salisburi* & de *l'Augufte*, commandez par les Chevaliers de Nangis & de Tourouvre. Quelque-tems après ce Vaiffeau ayant reviré fur le *Salisburi*, il y eut un rude combat qui finit fur les neuf heures du foir par l'éloignement de l'Anglois qui fe retira fort mal-traité. Le 25. au matin le Chevalier de Rambure, Commandant le *Protée*, qui n'avoit pû encore joindre la Flote, parce qu'il n'étoit parti de Dunkerque que le 20. continua néanmoins fa route Eft-Nord-eft; mais quelque-tems après il découvrit 18. Vaiffeaux Anglois qui lui donnérent la chaffe. Il les vit encore le 26. & comme il n'avoit pas connoiffance des rendez-vous, donnez par le Comte de Fourbin, il prit le pa ti, fe voyant entouré d'ennemis, de revenir à Dunkerque fuivant fes premiers ordres. La Flote Françoife portoit 12. bataillons complets, faifant le nombre de 7000. hommes avec leurs Officiers, outre les Generaux qui les commandoient, il y en avoit 5. Anglois & Ecoffois, favoir, Dorington, Richard, Hamilton, Schelton & Galmoi; & le Trefor étoir de 4. Millions. Cette Flote fe trouva le 27. à la hauteur de l'Ile de Mai, près de la Baye apelée le Firth.

Elle eft obligée de fe retirer. Cependant l'Amiral Bing, qui l'avoit aperçûë le 24. fit favoir à la Reine par un Exprès, qu'il efperoit d'en rendre bon compte, ou du moins d'empêcher la defcente, parce qu'il entrevoyoit qu'elle avoit deffein de fe retirer. En éfet on affembloit un Corps d'environ 12000. hommes de bonnes Troupes réglées qui devoient fe trouver au rendez-vous à Nevvcaftle, outre celles qui étoient en Ecoffe & celles qu'on attendoit d'Oftende. On preparoit à la Tour 20. piéces d'Artillerie pour le fervice de ces Troupes, & l'on avoit lû pour la troifiéme fois le Bil pour lever les Milices. La Flote du Chevalier Bing, compofée de 42. Vaiffeaux de guerre Anglois & de trois Hollandois, avoit outre cela 14. ou 15. Fregates ou Brûlots & 2000. Matelots furnumeraires outre fes Equipages. Il étoit difficile que la Flote Françoife pût réfifter à tant de forces, d'autant plus que les difpofitions des Ecoffois n'étoient pas telles qu'on le publioit en France: car le Magiftrat d'Edimbourg ayant reçu avis de l'aproche des François, offrit aux Seigneurs du Confeil Privé d'Ecoffe, d'entrer avec eux en engagement pour lever & entretenir un certain nombre de Soldats, & fournir pour quarante jours de fubfiftance pour leur défenfe commune, ce que les Seigneurs accepterent. Enfuite le Confeil refolut de renforcer la Garnifon du Château, & prit quelques autres mefures de précaution. Enfin on prefenta à Sa Majefté Britannique diverfes Adreffes de plufieurs endroits d'Ecoffe, contenant des affurances de zéle & de fidélité. La Flote Françoife avoit néanmoins mouillé dans le Firth? mais ayant aperçu l'Amiral Bing, elle leva l'ancre le 24. pour fe retirer. Cet Amiral la pourfuivit ce jour-là & le lendemain, pour tâcher de l'engager au combat; mais il ne put faire autre chofe que de canonner les François, qui firent force de voiles & prirent le large, en forte qu'on les perdit bien tôt de vûë. Il n'y eut que le Vaiffeau le *Salisburi* de 52. piéces de Canon, qui étant refté en arriére fut obligé de fe rendre au *Leopard*, commandé par le Capitaine Gordon. Il y avoit fur ce Vaiffeau plus de 700. hommes, parmi lefquels étoient

Gg ij

plusieurs Officiers & autres Personnes de distinction. On y trouva l'argenterie du Prétendant & une grosse somme, qu'on fit monter à trente mille Livres Sterling, outre plusieurs hardes de ce Prince, entre autres une casaque avec la Croix de l'Ordre de la Jarretière.

Avec quelle confiance on parloit en France de cette expédition.
Pendant que la Flote Françoise étoit en Mer, on parloit en France de la descente du Prétendant avec tant de confiance, que tout persuadé qu'on étoit que le plus grand nombre des Ecossois s'y oposeroit, & que si l'Escadre du Chevalier de Fourbin paroissoit, elle seroit ou dissipée ou mise en fuite; on ne laissoit pas néanmoins d'agir contre sa propre persuasion. La Flote Angloise avoit paru à la vûë de Dunkerque: elle étoit forte, & le Chevalier de Fourbin n'en pouvoit pas douter. De plus le Prétendant étoit malade: son Medecin, comme j'ai dit, avoit déclaré qu'il ne répondoit pas de sa vie, si on lui faisoit faire le trajet; tout cela fut mandé à la Cour de France. Néanmoins le Roi voulut qu'on s'embarquât, & qu'on ne perdît pas un moment: qu'on mît incessamment à la voile, en quelque état que fût le Prince, *qu'il vouloit faire monter sur le Trône de ses Ancêtres.* Le Chevalier de Fourbin obéit. N'étoit-ce pas faire connoître, que quoi qu'on fût convaincu que l'entreprise étoit temeraire & même impraticable, on vouloit pourtant s'en faire honneur, en démentant sa propre conviction: On publia même que la Flote de France étoit entrée dans le Golfe de Taï, & qu'elle avoit heureusement fait son débarquement aux *Ports de Dundée*, où le Prince avoit été reçu des Ecossois avec de grandes aclamations. Cependant l'événement fit voir, que la confiance de la France étoit mal fondée, que les mesures qu'elle avoit prises, n'étoient pas si sûres qu'elle se l'étoit promis, & que l'Angleterre & la Hollande avoient lieu de croire que cette expédition ménagée avec tant de secret, & poussée avec tant de dépenses, ne laisseroit pas d'échouer.

Avantages que l'on s'en promettoit.
Combien d'avantages la France ne se promettoit-elle pas de cette glorieuse révolution? Toute la Grande Bretagne devoit être dérangée, & la Reine Anne chanceler sur son Trône: le Duc de Vendôme devoit reprendre, à la faveur d'une Expédition si inesperée, tout ce que les Alliez avoient pris en Flandre & en Brabant: le Duc de Bavière devoit rentrer dans ses Etats sans la moindre oposition, & aller faire trembler l'Empereur dans sa Capitale: le Roi de Portugal devoit abandonner la grande Alliance. Toute l'Espagne devoit être soûmise au Roi Philippe; les Suisses céder Neuchâtel aux Prétendans François, & les Alliez devoient aller demander à genoux la paix à Versailles. Ne pourroit-on pas dire que c'étoit-là un beau songe, & proprement *la Fable du Pot au lait*?

On fit ce que l'on put en France, pour douter du mauvais succez de l'entreprise d'Ecosse, & du retour de la Flote dans le Port de Dunkerque; mais on en fut enfin pleinement éclairci. Ce fut le Chevalier de Beauharnois, qui en aporta au Roi les premières nouvelles. Voici comme on en parla à la Cour: *il n'a pas tenu au Chevalier de Fourbin, que le débarquement n'ait été fait dans la Rade d'Edimbourg: & comme il avoit sagement prévu toutes les difficultez qui pourroient s'y rencontrer, & les traverses & les opositions qu'il auroit à essuyer de la part des Ennemis, qui le poursuivoient de près, il avoit résolu de faire échouer tous les Vaisseaux, après qu'il auroit débarqué les Troupes, avec les armes, les provisions, les munitions & les agrets, & de se fortifier à terre, avec les Officiers, Matelots, & autres Gens de Marine. Mais les Ecossois, aparemment chancelans & craintifs à la vûë d'une nombreuse Flote Angloise, n'ayant pas répondu aux signaux dont on étoit couve-*

1708.

nn, le Chevalier de Fourbin n'a pas jugé à propos de risquer un débarquement, dont le succès étoit incertain, tant du côté de la terre que du côté de la mer; & profitant d'un coup de vent du Nord, qui le séparoit des Ennemis, & lui étoit très-favorable pour son retour, il a pris le parti de revenir. Cette retraite lui est très-glorieuse, & il a fait voir par cette manœuvre toute la sagesse & l'habileté d'un Officier le plus experimenté. Le pretendu Roi d'Angleterre étoit alors à St. Omer, où il atendoit l'ouverture de la Campagne, qu'il avoit demandé à faire sous le Duc de Vendôme. Le Roi déclara le Comte de Gassé Maréchal de France, Sa Majesté l'ayant destiné à cette Dignité, lors de son embarquement pour l'Ecosse.]

Quel en devoit être le fruit si elle eût réüssi.

L'invasion projettée en ce Royaume devoit être le prélude des expéditions de la France dans le Païs-Bas, où elle avoit tourné ses principales vûës; se promettant avec beaucoup d'aparence, que si elle pouvoit executer ses projets, ce seroit le plus prompt moyen pour reparer avantageusement toutes ses pertes passées. Son dessein étoit d'ocuper des forces de la Grande Bretagne en Ecosse, pendant qu'on agiroit en Flandre, l'Electeur de Baviére avoit pris soin de ménager des intelligences secrétes en plusieurs Places. Les Princes de France en devoient venir recueillir le fruit avec une Armée formidable; & on ne s'y proposoit pas moins que de chasser les Alliez de toutes leurs Conquêtes. Voilà quels furent les Projets que la suite a developer, & qui éclatèrent d'abord par la surprise de Gand & de Bruges, comme nous l'allons raconter.

Gand surpris par les Franç.

Un Détachement de l'Armée Françoise, commandé par le Lieutenant General Grimaldi, & le Baron de Capres, étant parti le 3. Juillet de Lessines à quatre lieuës de Bruxelles, où étoit le gros de l'Armée, arriva le cinq au matin aux environs de Gand, dans le dessein de s'en rendre Maître. Pour cet éfet, ces Generaux envoyèrent 10. Soldats, qui feignant d'être Déserteurs, amusèrent la Garde Bourgeoise qui n'étoit que de cinq ou six hommes, jusqu'à l'arrivée du Brigadier de la Faille, ci-devant Grand Baillif de cette Ville; lequel avec cinquante hommes s'empara de la porte, & fit entrer le reste des Troupes: il se rendit vers les dix heures à l'Hôtel de Ville, où il presenta au Magistrat un Acte de l'Electeur de Baviére, fait à Mons le 11. Mai, portant en substance: que ce Prince esperant que la superiorité des armes du Duc de Bourgogne délivreroit la plûpart des Villes de Flandre du joug des Ennemis, avoit jugé à propos, avant que de partir pour le Rhin, de laisser ses ordres, pour témoigner en ce cas-là au Magistrat de Gand & au Peuple, la satisfaction qu'il avoit de les avoir vû toûjours bien-intentionnez & zélez pour leur véritable Roi, même depuis le changement arrivé, & pour les assurer qu'en cas qu'ils soient remis sous l'obéïssance de leur Roi, non seulement on les confirmera dans tous leurs Priviléges, mais qu'on les augmentera encore, ainsi qu'il sera jugé à propos pour le bien Public. Son Altesse Electorale ajoûte une Amnistie generale pour tous ceux qui ne se seront pas bien comportez, & promet à tous les Magistrats, & à ceux qui possédent des Charges, de les y maintenir pendant deux ans.

Le gouverneur du Château de Gand se rend aprés quelque resistance.

Cet Acte ayant été lû & reçu, & le Commandant du Château voyant la Place entre les mains des François, se mit en état de défense, & refusa d'abord les Propositions d'accommodement qui lui furent faites. Le Comte de Bergeick s'étant rendu le soir dans la Ville, on fit de nouveau sommer ce Commandant par trois fois de se rendre; mais inutilement. Il fit tirer quelques volées de Canon sur la Populace, qui commençoit à insulter les Anglois. Sur cela les François firent des dispositions pour

240 HISTOIRE DE

1708. ataquer le Château : le Commandant ne voyant point d'aparence de secours, se rendit auprès du Lieutenant General Grimaldi, & il fut convenu le 7. à trois heures du matin, qu'une porte du Château seroit livrée ce jour-là ; & que le Commandant & toute la Garnison sortiroient le neuf avec toutes les marques d'honneur, pour être conduits à Dendermonde. Le General Major Murrai, qui avoit averti quelques jours auparavant le Magistrat, que les François avoient un dessein sur cette Ville, afin qu'il prît les mesures necessaires pour s'y oposer, envoya le 8. un Détachement de ses Troupes, pour renforcer la Garnison du Château : mais ce Détachement ayant trouvé la Place déja ocupée par les François, il retourna joindre ce General, qui s'étoit retiré au Sas de Gand, après avoir repoussé quelques Troupes qui vouloient lui disputer le passage. Les Hollandois avoient jetté cent hommes dans le Fort de Damme, qui fut en sureté par ce moyen.

La Ville de Bruges fut aussi obligée de se rendre le six au Comte de la Motte, parce qu'il n'y avoit point de Garnison. On fit publier pendant trois jours consécutifs, à son de trompe, que tous ceux qui avoient des éfets apartenans aux Alliez, eussent à les remettre au Procureur General, sous peine de payer le double.

1708.

Bruges subit le même sort.

Fin du XV. Livre.

HISTOIRE
DE
LOUIS XIV.
ROI DE FRANCE ET DE NAVARRE.

LIVRE SEIZIE'ME.

Contenant ce qui s'est passé de plus remarquable, depuis la surprise de Gand & de Bruges, jusqu'aux Conferences de Gertruydemberg en 1710.

1708.

Suites de la surprise de Gand & de Bruges.

LA surprise de Gand & de Bruges fut d'abord un coup d'éclat, qui sembloit promettre aux François de grandes suites, & qui en éfet incommoda fort l'Armée des Alliez, commandée par Mylord Duc de Marlborough & le Maréchal d'Auverkerque, en lui coupant des communications très-importantes. On y attendoit le renfort d'un Corps d'Armée d'Impériaux, qui venoit d'Allemagne, destiné au commencement pour le Rhin, ensuite pour la Moselle, & enfin pour le Païs-Bas, le tout de concert avec Sa Majesté Impériale. Le Prince Eugene qui le commandoit, ayant pris les devans, joignit l'Armée dans le tems qu'un Détachement des François s'avançoit vers l'*Escaut*. On résolut donc de les prévenir par une marche extraordinaire, qui donna lieu à la bataille d'Oudenarde. Ce ne fut pas une marche, mais une course, tant il falut de diligence pour engager une Action que les François évitoient ; & il ne falut pas moins d'ardeur & de courage à une Armée aussi fatiguée, mais animée par l'exemple des Generaux, pour remporter une victoire signalée, qui changea tout d'un

1708.

1708. coup la face des affaires, & qui eût été plus complette; si la nuit n'eût dérobé les François à la poursuite des Vainqueurs. Voici comme la chose se passa.

Marche des Armées avant la bataille d'Oudenarde. Memoires du Tems.

Le 30. Juin, un Parti des Alliez s'étant avancé vers le Camp des François, tomba sur leurs Fourageurs les plus avancez, & leur enleva 50. Chevaux, avec un Enseigne. Le 1. Juillet, Mylord Duc de Marlborough reçut un Exprès du Prince Eugène, dépêché de Coblentz le 29. avec avis qu'il commençoit à marcher ce matin là avec toute son Armée, pour venir vers la Meuse; que Son Altesse feroit toute la diligence possible avec la Cavalerie, pour arriver le 6. ou le 7. à Maestricht, d'où elle se rendroit au Camp, pour concerter les operations avant l'arrivée des Troupes. Le Prince Electoral de Hanover, qui étoit allé le 30. à Bruxelles, revint le 1. à l'Armée, qui campoit encore ce jour-là à Terbank; mais sur l'avis qu'eut Mylord Duc le 2. & le 3. que les François chargeoient leurs gros bagages, il donna ordre à l'Armée de se tenir prête à décamper. Le 4. à midi, il eut avis qu'un gros Détachement de leurs Troupes marchoit vers Tubise; & sur le soir il aprit que leur Armée avoit suivi sur les 9. heures; de sorte que celle des Alliez eut ordre des marcher: ce qu'elle fit le 5. à 3. heures du matin, & vint camper, la gauche à Anderlech, & la droite à St Quintin-Linnick. Sur le midi, Mylord Duc ayant eu avis que le Détachement des François s'étoit avancé à Alost, & avoit rompu les Ponts sur la Dendre, il commanda le Major General Bothmar avec 2000. Chevaux & Dragons, pour aller passer la Rivière à Dendermonde, afin d'observer les François, & couvrir la Ville de Gand & le Païs de Waes. On aprit par un Exprès l'arrivée du Prince Eugene à Maestricht, & qu'il venoit à l'Armée, acompagné du Major General Cadogan, qui avoit été envoyé au devant de Son Altesse.

L'Armée ne fut pas plûtôt campée à Anderlech, que Mylord Duc eut avis que celle des François marchoit vers la Dendre, pour passer cette Rivière un peu au dessus d'Alost; sur quoi le 6. à une heure du matin, il se rendit à la droite, & fit former l'Armée, dans le dessein d'ataquer les François à la pointe du jour. Mais avant ce tems-là, avoient passé la Rivière avec tant de précipitation, qu'ils enfoncèrent leurs Bâteaux & laissèrent du côté des Alliez une grande quantité de bagages, dont une partie apartenoit au Duc de Bourgogne, qui fut pillée par les Soldats: on fit plus de 300. Prisonniers, & pendant la marche un plus grand nombre de Déserteurs vint se rendre; outre ceux qui allèrent à Bruxelles, & dans les autres Places.

L'Armée des Alliez continua sa marche le 6. & vint camper à Asche, où le Prince Eugene de Savoye arriva de Maestricht Mylord Duc eut avis, que le Détachement fait par les François le 4. & leur passage de la Dendre, étoit pour executer le dessein formé contre Gand & Bruges de la maniere qu'on vient de le raporter. Ils se préparoient aussi à ataquer Oudenarde; mais le Brigadier Chanclos y fut envoyé d'Ath par Mylord Duc, avec un Détachement qui entra dans la Place.

Le 9. à 2. heures du matin, l'Armée des Alliez décampa d'Asche, & arriva sur le midi à Herfelinghen, avec ordre de continuer sa marche vers les 7. heures du soir, pour tâcher de passer la Dendre, dans le dessein d'ataquer les François. Le même jour, le Prince Eugene, qui étoit allé le sept à Bruxelles, retourna au Camp. L'arrière Garde de sa Cavalerie passa la Meuse le 8. & l'Infanterie la devoit traverser le 10. pour marcher droit à Bruxelles.

Suivant les ordres donnez pour continuer

tinuer la marche vers la Dendre, Mylord Duc détacha sur les 4. heures après midi huit Escadrons & autant de Bataillons, pour s'emparer de Lessines, où 800. hommes de ce Détachement entrérent à minuit, & le reste ayant traversé la Ville le dix à quatre heures du matin, se posta en deçà de la Riviere, pendant qu'on faisoit les Ponts, & que toute l'Armée s'avançoit, dont la plus grande partie étoit déja passée. Les Alliez firent une grande diligence, pour empêcher les François de prendre ce Camp; ce qui non-seulement auroit obligé les premiers de faire le tour par Ath, mais auroit pû faciliter aux autres le siege d'Oudenarde, dont ils avoient formé le dessein. La tête de leur Armée s'étoit même avancée le 9. à minuit, jusqu'au Château de Worde près de Ninove, où le Duc de Bourgogne ayant eu avis que les Alliez s'étoient rendus Maîtres de ce Camp, & que toute leur Armée y venoit, fit assembler un Conseil de guerre, ensuite duquel il fit faire un mouvement à la droite; & après deux heures d'alte, il marcha vers Gavre sur l'Escaut. Le même jour le Gouverneur d'Oudenarde fit savoir à Mylord Duc, que les François avoient fait investir cette Place, qu'ils faisoient venir de Tournai un train d'Artillerie & des Munitions pour en faire le siége ; mais la marche des Alliez rompit leurs mesures, & les engagea à un combat qu'ils vouloient éviter.

Bataille d'Oudenarde. En éfet le Mecredi 11. au matin on eut avis que les François qui avoient investi Oudenarde, s'étoient retirez; & que le Brigadier Chanclos avoit chargé leur Arriére-Garde avec les Dragons de Waleff. Le Major General Cadogan fut détaché avec 16. Bataillons & huit Escadrons, pour faire les chemins & les Ponts à Oudenarde. L'Armée des Alliez se mit en marche par la gauche sur quatre colonnes. Sur la nouvelle qu'on eut, que les François passoient toûjours à Gavre, & qu'il y avoit espérance d'en venir à une Action; l'Armée marcha avec tant de diligence, que la Tête arriva à deux heures après midi vers les Ponts, sur lesquels les seize Bataillons de Mr Cadogan passoient alors. Le Major General Rantzau étant posté, avec huit Escadrons, sur une hauteur derriére le Ruisseau qui tombe dans l'Escaut, aperçut un grand nombre d'Escadrons François, rangez en bataille dans la Plaine de l'autre côté du Ruisseau, & que le reste de leur Armée marchoit vers leur droite. Ils avoient jetté sept Bataillons dans Heurne, qui est le grand chemin le long de l'Escaut; ce qui faisoit douter, si leur veritable dessein étoit de disputer aux Alliez le passage de cette Riviere, ou de gagner leurs Lignes entre Lille & Tournai; car il y avoit peu d'aparence, qu'ils s'imaginassent qu'une si grande Armée pût faire cinq lieuës dans un Païs fort coupé, avoir ses chemins faits, passer une grande Riviere, & les harceler le même jour.

Sur les deux heures, la Cavalerie Françoise qui étoit dans la Plaine, commença à disparoître, marchant vers sa droite. Alors, le Major General Cadogan, qui avoit passé le Pont entre trois & quatre heures avec douze de ses 16. Bataillons, ataqua le Village de Heurne avec tant de bravoure, le Brigadier Sabine étant à la tête avec sa Brigade, qu'ils s'en rendirent bien tôt Maîtres, & firent Prisonniers trois Bataillons entiers, & la plûpart des quatre autres. Le Major General Rantzau ayant ensuite passé le Ruisseau à la tête de huit Escadrons, s'avança dans la Plaine, où la Cavalerie Françoise avoit été rangée en bataille, entre les Villages de Rotze & de Mullen ; & un grand nombre d'Escadrons François de l'Arriére Garde traversoit encore la Plaine. Ces huit Escadrons, & les Maréchaux des Logis ataquérent si vigoureusement les Fran-

premiére action désavantageuse aux Fr.

1708. çois, qu'ils les pousserent dans le terrain coupé & le grand chemin qui conduisoit à la marche de leur Armée. Ce fut en cette ocasion que le Prince Electoral de Hanover se distingua extraordinairement, chargeant les François l'épée à la main, à la tête d'un Escadron de Dragons de Bulau: son cheval fut tué sous lui; & le Colonel Luscki, qui commandoit l'Escadron, fut tué en combattant à côté de ce Prince. Le Lieutenant General Schulembourg & plusieurs Volontaires firent paroître beaucoup de courage, en menant les Escadrons au combat. Le Régiment François de la Bretesche & plusieurs autres furent entierement rompus, le Colonel lui-même ayant été dangereusement blessé & fait prisonnier, avec plusieurs autres Officiers. On leur prit douze Etendars & plusieurs Timbales. Cependant les Troupes continuérent à passer sur les Ponts avec beaucoup de diligence. Les Prussiens se formérent sur la droite, dans la même Plaine, où étoit la garde avancée des Alliez; à mesure que le reste de la Cavalerie passoit, elle suivoit les Prussiens à travers le Village de Heurne. L'Infanterie arriva un peu tard à son Pont, tant à cause de la longueur de la marche, que parce que la Cavalerie avoit galopé une grande partie du chemin; de sorte que jusqu'à cinq heures, il n'y avoit d'Infanterie que les seize Bataillons dont on a parlé.

Ils ataquét un Corps de Cavalerie ennemie & sont repoussez.

Le Duc de Marlborough, acompagné du Prince Eugene, étant entré dans la Plaine, se mit à la tête de sa Cavalerie qui se formoit, d'où ayant aperçu le grand besoin qu'on y avoit d'Infanterie, il envoya ordre à celle qui avoit ataqué le Village, de quiter son Poste, & de se jetter dans les hayes de l'autre côté de la Plaine, où les François marchoient à grands pas. Il n'y avoit alors que deux Bataillons des Alliez de ce côté-là, qui étoient ceux du Major General Colliars & du Brigadier Grumken, qui bien que vigoureusement ataquez, défendirent leur Poste avec beaucoup de bravoure, jusqu'à ce qu'il fut venu d'autre Infanterie pour les soutenir, laquelle n'arriva que long-tems après. Mylord Duc envoya des ordres réiterez à l'Infanterie d'avancer sa marche, parce que les François se formoient alors, & étoient prêts à ataquer celle qui étoit devant eux en nombre inégal. Le Duc d'Argile arriva sur ces entrefaites, avec vingt Bataillons, qui étant à peine postez, furent ataquez avec tant de furie par les François, que quelques Prussiens furent d'abord chassez de leurs Postes, mais ceux qui nonobstant l'inégalité du nombre, les reprirent l'épée à la main. Cela se passa environ à six heures du soir; & alors le Comte de Lottum arriva avec le reste de l'Infanterie de la droite, pour soûtenir cette attaque.

Les 2. Armées engagét une affaire generale.

Mylord Duc voyant que les plus grands éforts se devoient faire à la droite, fit avancer vingt Bataillons de la gauche. Cette Aîle, dont la Cavalerie avoit passé à travers Oudenarde, & l'Infanterie sur les Ponts jettez au dessous de la Ville, étant arrivée un peu plus tard que l'Aîle droite, se forma en deux Lignes, ayant derriere elle le Village de Merghem. Dès que l'Infanterie fut arrivée, elle se forma en deux Lignes devant la Cavalerie : & ataqua en bon ordre le Païs couvert & les Villages où les François avoient leur front. Sur les sept heures, le feu devint general tant à la droite qu'à la gauche : les François pliérent presque par tout; mais étant soûtenus par des Troupes fraîches, l'Action continua long-tems avec beaucoup d'opiniâtreté. Il y avoit une espece d'ouverture devant l'Aîle gauche des Alliez par où l'on pouvoit penetrer par la Plaine au haut de la montagne. Le Prince de Nassau-Frise à la tête de l'Infanterie Hollandoise, fit fermer cette ouverture. Mylord Duc envoya prier

1708. Mr d'Auverkerque & le Comte de Tilli d'entreprendre quelque chose, pour occuper les François de ce côté-là; & en même-tems il passa à l'Aîle droite, pour se rendre... côté du bois, les François paroissant plier presque par tout.

La nuit survenuë au plus fort du combat oblige les deux Partis à cesser de tirer.

Mr d'Auverkerque & le Comte de Tilli, qui étoient au haut de la montagne, ayant donc fait passer la Cavalerie Danoise, par un défilé fort étroit, dans un champ où toute la Maison du Roi étoit rangée derriére les hayes, le Prince de Nassau, avec lequel étoit le Comte d'Oxenstiern, amena l'Infanterie autour de ce champ, & l'ayant formée en deux Lignes, il la conduisit au combat avec tant de résolution, qu'il fit reculer par tout les François. Ils avoient été pris en flanc; de sorte que la plûpart de ceux qui se retiroient, étant batus de la droite à la gauche, furent repoussez dans les hayes en grand désordre; tant qu'enfin la nuit survenant, plusieurs Bataillons & un plus grand nombre d'Escadrons sortirent de ce Païs couvert comme en desesperez; & les uns passant sur les autres, furent taillez en piéces; d'autres passérent sans être aperçus, & d'autres enfin demandérent à capituler pour leurs Régimens entiers. Le désordre fut alors si grand, & le feu porté en tant d'endroits differens, qu'il étoit impossible de distinguer les Amis d'avec les Ennemis. C'est pourquoi on donna des ordres exprès de ne plus tirer jusqu'au matin, & de laisser plûtôt échaper les Ennemis, que de courir risque de tout mettre en confusion.

Les Fr. se retirent en confusion du côté de Gand.

Mr le Velt-Maréchal d'Auverkerque fut à cheval, & dans le plus grand feu, à la tête des Troupes, durant presque tout le combat. Le Comte de Tilli étoit à la tête de la Cavalerie, & le Prince de Wirtemberg animoit par tout les Troupes par son exemple, se faisant voir dans tous les lieux où les François paroissoient. Un grand nombre d'Escadrons des Troupes de la Maison du Roi, qui s'étoient avancez pour soûtenir leur Infanterie, furent taillez en piéces. Le Lieutenant General Rantzau se distingua fort en cette ocasion. Pendant que le Duc de Marlborough étoit à la gauche, le Prince Eugene qui étoit à la droite, ayant fait une ouverture avec l'Infanterie, envoya la Cavalerie dans une petite plaine pour ataquer celle des François; mais ses gens les ayant poursuivis trop loin, souffrirent beaucoup par le feu de l'Infanterie, & par la Cavalerie fraîche qui vint sur eux. Les Gendarmes du Roi de Prusse perdirent presque la moitié de leur monde en cette Action. Le Lieutenant General Natsmar, qui fit voir beaucoup de valeur au Commandement de cette ataque, y fut legerement blessé au dessus de l'œil. La nuit étant venuë, les François ne firent presque plus de résistance en aucun endroit, tout paroissant être dans la derniere confusion. Si le combat eût encore duré deux heures, il y a aparence que toute leur Infanterie, & leur Aîle droite de la Cavalerie auroient été entiérement coupées; étant entourées presque de tous côtez. Dès qu'il fut nuit, leurs Troupes se retirérent par le chemin qui va d'Oudenarde à Gand, par le Village de Huisen. Leur Artillerie & leur Bagage n'étoient pas arrivez, de sorte qu'ils ne se servirent dans toute l'Action que de quatre piéces de Canon.

Le 23. dès qu'il fut jour, les Alliez, qui étoient demeurés toute la nuit sous les armes, se trouvérent prêts à recommencer; mais les François étoient partis, n'ayant laissé derriere eux que quelque Infanterie & 25. Escadrons, pour leur Arriére Garde. Mylord Duc les fit ataquer par 40. Escadrons de la droite, commandez par les Lieutenans-Generaux Bulau & Lumlei, & par un Corps considérable d'Infanterie; mais les

Les Alliez poursuivent leur arriére garde & font quelque perte.

Hh ij

1708. François s'étant jettez dans le grand chemin qui va à Gand, ne purent être suivis que par 4. Bataillons & par les 40. Escadrons, les Grenadiers de ces 4. Bataillons pousserent 13. Compagnies de Grenadiers, qui étoient postées le long du grand chemin, pour assurer leur retraite. La tête de la Cavalerie des Alliez étant tombée dans le feu de leurs Grenadiers, eut plusieurs Officiers & Cavaliers tuez & blessez.

Quelle fut celle des Franç. & des Alliez dans toute la bataille.

Du côté des François, il y eut un grand nombre de gens tuez & blessez. Le Régiment de Risbourg, qui fut le dernier qui fit ferme, fut entierement ruiné. On en prit deux Compagnies entiéres. Le Brigadier Pourienne, qui commandoit la derniére Brigade, fut aussi pris avec plusieurs autres Officiers. On poussa leur Arriére Garde jusqu'à près de deux lieües de Gand; mais comme il n'y a qu'un chemin, sans aucun endroit pour se ranger en bataille, on ne put les poursuivre plus loin; ce qui restoit de leur Armée s'étant retiré sous le Canon de Gand.

Il n'est pas possible de donner une liste exacte du nombre des morts, & des blessez de part & d'autre: mais ce qu'il y a de certain, c'est que le feu fut si grand, & dura si long-tems, & il y eur d'ailleurs tant de Troupes engagées, que la perte ne put être que fort considérable, principalement du côté des François. Le nombre des Prisonniers montoit le lendemain de la bataille à 7000. entre lesquels il y avoit . Lieutenans-Generaux, deux Maréchaux de Camp, cinq Brigadiers, environ 30. Colonels, plus de 100. Officiers de l'Etat Major & 400. Subalternes. On prit aussi 70 à 80. Etendars & Drapeaux, &c. La perte des Alliez fut fort petite, eu égard à une si grande victoire. Ils ne perdirent aucun Officier General: ils eurent entre les blessez le Lieutenant-General Narzmar; les Majors Generaux Lauder, Serensdorf & Meredith;

les Brigadiers Bernard & Gaudecker, & 1708. les Colonels Grovers & Penniscather. Les Colonels Aldercas & Luskei, le Comte de Rantzau, le Chevalier Jean Dean furent tuez.

Suites de cette défaite.

Quelque soin que l'on prît en France d'extenuer les avantages de cette Action, ils parurent encore mieux par toutes les suites, que par le grand nombre des Prisonniers que les Alliez firent en cette ocasion. Les François étoient à peine ocupez à rassembler leur Armée, & à se retrancher derriére le Canal de Bruges, qu'ils virent prendre & raser les Lignes du Pais conquis, & ensuite mettre le siége devant la Capitale: entreprise la plus importante qu'on eût encore formée depuis cette guerre; mais, qui leur parut temeraire, & qui en éfet étoit environnée de grandes dificultez. Mais avant que de raporter cette expédition, qui ne commença qu'en Automne, voyons ce qui se passa ailleurs entre les Armées ennemies.

Campagne d'Allemagne.

En Allemagne, où l'on fut des deux côtez sur la defensive; il avoit d'abord paru à l'arrivée de l'Electeur de Baviere sur le Rhin, qu'il n'étoit pas venu commander en Alsace, sans avoir en vûë quelque entreprise, qui pût contribuer au retablissement de ses affaires. Mais le gros Détachement qu'il avoit été obligé de faire vers le Pais Bas, pour suivre le Prince Eugene dans le tems qu'il prenoit cette route avec un Corps de Troupes Impériales, changea ses mesures, & le mit hors d'état d'executer ses projets. Il est vrai que l'Empire n'en profita pas, ainsi qu'on avoit eu lieu de l'esperer, en voyant que l'Electeur de Brunsvvick-Lunebourg, avoit enfin consenti à reprendre le Commandement de l'Armée. En éfet, rien ne manqua du côté de ce Prince; mais on manqua à l'execution de diverses mesures concertées avec lui pour agir ofensivement. Ainsi tout ce que put faire

1708. S. A. Electorale, ce fut d'observer les François; de les empêcher de penetrer dans l'Empire; de les tenir en jaloufie & en inquietude pour leur propre Païs; & de maintenir toutes chofes en état fur les frontiéres de l'Allemagne, pendant occupées dans le Païs-Bas.

Campagne de Piémont. Le D. de Savoye prend diverfes Places & Feneftrelles.

En Piémont, quoique la faifon tardive & mauvaife, n'eût pas permis au Duc de Savoye, d'affembler fon Armée ni de fe mettre en Campagne que vers le mois de Juillet, ce retardement fut bien-tôt reparé par la rapidité de fes Conquêtes, fans que la vigilance du Maréchal de Villars pût les prévoir ni les prévenir. S. A. R. pour couvrir fon deffein, avoit d'abord dirigé fa marche vers la Savoye, en traverfant le Mont Cenis avec beaucoup de fatigues & d'embarras, fur tout pour le tranfport du Canon; comme fi elle avoit intention de penetrer en Dauphiné par le Fort de Barraux. Mais cette feinte n'eut pas plûtôt produit fon éfet, en attirant de ce côté là les Forces des François, que S. A. R. tournant tout d'un coup vers Sezane & Oulx, prévint la diligente marche du Maréchal de Villars, & prit fi bien fes mefures, que depuis le 12. Août jufqu'a la fin du même mois, elle s'empara de l'importante Fortereffe d'Exilles, du Fort de la Perouze, de la Vallée de St Martin, & enfin de Feneftrelles, ce qui étoit fon véritable deffein. Ce dernier Pofte eft muni d'une forte Citadelle, que les François avoient fait conftruire après la démolition de Pignerol, pour couvrir leur Frontiére, & fe conferver une entrée dans le Piémont. Une bombe qui tomba fur un Magazin à poudre, & qui le fit fauter, avança la reddition de cette Place, qui capitula le 31. d'Août, & la Garnifon fortit le même jour Prifonniere de guerre, au nombre de 784. Soldats, 76. Officiers & plufieurs Commiffaires de guerre. On trouva dans la Fortereffe 47.

piéces de Canon, 16. Mortiers & une grande quantité de Munitions. Le Fort-Mutin fe rendit peu après au Duc de Savoye, qui rendit aux Officiers leurs Bagages & Equipages. On ne put emporter Feneftrelles en fi peu de tems, qu'avec des travaux prefque incroyables; on avoit jugé inacceffible. Cette expédition, fi bien concertée & executée de même, non-feulement mit à couvert la Frontiére du Piémont, & ouvrit les paffages du Daufiné; mais elle fit encore une diverfion favorable au Roi Charles III. en attirant du Rouffillon un gros Détachement des Forces Françoifes, pour venir au fecours du Maréchal de Villars.

Afaires d'Efpagne & Portugal. Memoires du Tems.

En Efpagne les deux Couronnes unies mirent en Campagne trois Corps d'Armée, l'un du côté du Rouffillon, un autre en Eftremadure & le plus confidérable en Catalogne. Le Roi Charles s'y trouva plus foible, n'ayant pû recevoir affez-tôt des fecours d'Italie, ni fuffifans pour fe défendre par tout. Cependant Sa Majefté eut des fuccez inefperez. Le Prince de Darmftat avec un Corps de Troupes & de Milices empêcha le Duc de Noailles de faire aucune entreprife confidérable du côté de *Girone*, & l'Armée de ce Duc ayant enfuite été affoiblie par un gros Détachement pour la Provence, ne put faire aucun progrès. L'Armée Portugaife, fous le Marquis de Fronteira, fit tête à celle du Marquis de Bai, qui ne jugea pas à propos d'en venir aux mains, *Moru & Serva*, abandonnez par les Efpagnols, furent mis en état de défenfe; & les Portugais firent une invafion dans l'Andaloufie avec beaucoup de fuccez. Le Duc d'Orleans, nonobftant toute fa diligence, vit retarder fes opérations en Catalogne, par la défaite d'un gros Convoi qui lui portoit des vivres, pris ou difperfé par les Amiraux Leake & Waffenaer. De forte que tout ce que Son Alteffe Royale put faire avant l'ar-

1708.

Siége de Tortose par le Duc d'Orleans.

rivée du secours d'Italie au Roi Charles, ce fut de prendre *Tortose* par Capitulation.

Son Altesse Royale se rendit pour cet éfet le 12. de Juin devant cette Place qu'il fit investir. Le même jour le Chevalier d'Asfeld arriva de l'autre côté de la Riviére, avec onze Bataillons & dix-huit Escadrons. On s'empara d'abord d'un Monastere de Capucins, que les Troupes du Roi Charles avoient un peu fortifié, & qu'elles abandonnérent à l'aproche de celles du Duc d'Orléans. Quelques Partis étant allez en course la nuit d'auparavant, découvrirent six Barques qui remontoient à Tortose, dont quatre furent prises; elles étoient chargées de bled. Ils enlevérent aussi un grand nombre de bestiaux. La nuit du 13. un autre Parti enleva un Corps de Garde de cent vingt hommes. Le 14. le Duc d'Orléans détacha sept Escadrons de Dragons, pour aller renforcer Mr de Fomboisard, qui étoit resté du côté de Balaguer avec trois mille hommes, afin d'ôter aux Alliez les moyens d'entrer en Arragon. Ce Prince avoit laissé à Ginester cinq Bataillons retranchez pour la sureté des Convois. Le 15. il reconnut la Place, & en fit le tour. On avoit déja fait passer ce jour-là quinze piéces de Canon, de seize à vingt quatre livres de bales avec des munitions de guerre, & le reste de l'Artillerie devoit débarquer le jour suivant.

Ouverture de la tranchée.

Le Comte de Bezons, Lieutenant-General, Mr de Bligni, Maréchal de Camp, & Mr de Gline, Brigadier, avec la Brigade des Gardes Espagnoles & Wallonnes, ouvrirent la tranchée la nuit du 21. au 22. à une portée de pistolet de la Place, contre le Fort des Carmes. Mais comme le terrain étoit rempli de pierres & de roches, & qu'on étoit obligé de se couvrir avec des Gabions, le Duc d'Orléans fit faire une fausse ataque du côté de l'Ebre: cette feinte y atira la pûpart de la Garnison, qui y fit un grand feu, cependant on eut le tems de poster les Travailleurs, & de placer les Gabions. Les Assiégez s'en aperçurent bien-tôt; mais comme les Travailleurs étoient à couvert & que le Sr de Labat, Aide de Camp du Comte de Bezons, fut du nombre des premiers: depuis la nuit du 21. jusqu'au 23. il n'y eut qu'environ cent morts, ou blessez. On fit ensuite un très-grand Ouvrage, & une Ligne parallele à cent toises du Chemin couvert. Le travail fut continué le 22. & la nuit sans beaucoup de perte. Cependant les Assiégez faisoient un très-grand feu de leur Artillerie, qui étoit de quarante piéces de Canon & très-bien servie. La Garnison de cette Place étoit de huit Bataillons, outre quelque mille Bourgeois & Miquelets qui avoient pris les armes, dans la resolution de se bien défendre. L'Armée du Duc d'Orléans d'un autre côté étoit alors de vingt-deux mille hommes, compris les Détachemens dont on a parlé, & l'on prétendoit qu'en cas de besoin elle pouvoit être jointe par une partie des Garnisons d'Arragon & de Valence. Je dois ajoûter, que le Comte d'Estain partit le 22. du Camp, pour aller assembler sur la Ségre un Corps de Cavalerie assez considérable, qu'on détacha plusieurs Régimens pour s'y rendre, & qu'on avoit fait ocuper toutes les avenuës, par où les Troupes du Comte de Staremberg pourroient venir pour inquieter les Assiégeans.

Suite du siége. La Ville demande à capituler.

Je reviens au siége. On commença le 25. à tirer de quatre Mortiers contre la Ville. La nuit suivante les Assiégez firent une sortie avec 200. hommes sans beaucoup de succez. Le 27. ils en firent une seconde avec 7. à 800. hommes dans le dessein d'enclouer le Canon des Assiégeans, qui n'avoit commencé à tirer que ce jour-là. Déja environ 200. des premiers avoient sauté dans les tranchées, lors que le Duc d'Orléans étant survenu avec 1200. hommes obligea les Affiégez de fe retirer. Enfin Son Alteffe Royale ayant fait ocuper toutes les avenuës, par où les Troupes du Comte de Staremberg pouvoient jetter du fecours dans la Place, elle demanda à capituler, & y fut reçuë à des conditions fort honorables. Le Marquis de Lambert fut dépêché le 11. de Juillet par le Duc d'Orléans pour en porter la nouvelle à Fontainebleau, & le 22. le Roi fit chanter le *Te Deum* en Action de graces pour la prife de cette Place.

<small>Conquête de la Sardaigne par les Alliez.</small>

Cette perte pour le Roi Charles fut reparée peu de tems après par la Conquête de la Sardaigne, ce Royaume fi abondant en vivres & en chevaux, & d'une fi grande reffource pour la Catalogne. Sept à huit mille hommes y avoient déja pris les armes dans les montagnes en faveur du Roi Charles, ce qui marquoit la difpofition de toute l'Ile à fe ranger à fon obéiffance : auffi n'y trouva-t-il pas beaucoup de difficulté. Car l'Amiral Leake ayant fait voile de Barcelone avec vingt-cinq Vaiffeaux de guerre, fur lefquels le Comte de Cifuentes s'étoit embarqué avec 2000. Miquelets & 600. hommes de Troupes reglées ; & étant arrivé le 14. Août devant Cagliari, Capitale de Sardaigne, on fit d'abord fommer cette Place de reconnoître le Roi Charles, & on ne lui donna que trois heures de tems pour s'y refoudre. Il eft vrai que le Gouverneur n'ayant pas voulu fe rendre, on commença le même jour à bombarder, ce qui fut continué les deux jours fuivans : mais le Gouverneur s'étant enfin retiré, la Ville fe foûmit fans refiftance. La Ville de Saffari & le Château d'Arragona fuivirent bien-tôt l'exemple de la Capitale, auffi bien que toute l'Ile, dont le Comte de Cifuentes fut fait Vice-Roi : on trouva dans la Capitale 2000. chevaux, qui étoient prêts à être tranfportez en Efpagne, pour re-

monter la Cavalerie ; une partie de ces chevaux fut diftribuée aux Dragons démontez, employez à cette Expédition.

L'Amiral Leake, après avoir reduit cette Ile & fait Prifonnier l'ancien Vice-Roi, qui fut obligé de fe rendre à difcrétion avec la Garnifon de Cagliari, partit de cette Place le 30. d'Août pour aller ataquer le Port-Mahon dans l'Ile de Minorque. Le General Stanhope étoit parti prefque en même-tems de Barcelone avec 12. Vaiffeaux de guerre & de tranfport, 4000. Miquelets, plufieurs Grenadiers, Canoniers, & Artificiaires Anglois & des Munitions de guerre pour cette Expédition. Il arriva devant l'Ile le 14. Septembre, & y ayant fait débarquer 2400. hommes, tous les Habitans fe déclarérent d'abord pour le Roi Charles. Il ne reftoit plus que le Port-Mahon & fa Fortereffe. C'eft pourquoi ce General marcha vers ces deux Poftés le 26. & arriva le 27. au matin à la vûë des Lignes que les Efpagnols avoient tirées le long du Château & du Port. Ces Lignes étoient munies de 4. Redoutes, foûtenues de 4. Tours, où l'on avoit planté du Canon.

<small>Reduction de Minorque & de Port-Mahon</small>

Le même jour 27. Mr de Stanhope fit dreffer deux bateries, l'une de fix piéces de Canon, & l'autre de trois piéces, dont on canonna deux de ces Tours avec tant de fuccez, que les Efpagnols les abandonnérent après deux à trois heures de réfiftance. Ce General s'étant ainfi rendu Maître des deux Tours, fit avancer fon monde plus près des Lignes, réfolu d'y paffer la nuit, & de les ataquer le lendemain à la pointe du jour : mais on ne fait par quel hazard 30. Soldats pafférent ces Lignes le même foir. Les Efpagnols, qui venoient de fe retirer des deux Tours, ne voyant qu'une petite Troupe de 30. Soldats, reprirent courage, & revinrent fur leurs pas pour les ataquer. Ceux-ci ayant fait là-deffus des cris de Huzza, un Bri-

<small>Mr de Stanhope conduit l'ataque.</small>

1708. gadier Anglois qui étoit à portée avec 600. hommes s'aperçut de leur engagement, & acourut à leur secours. Mr de Stanhope ayant été averti de tout ce manége, y vint lui-même encore avec 200. hommes ; de sorte que les Espagnols à la vûë de ces Troupes, reprirent la fuite, & abandonnérent même les deux autres Tours & les Lignes sans coup ferir.

Il prend le Château par Capitulation.

Ce General s'étant ainsi rendu Maître des Lignes sans en avoir eu alors le dessein, fit le 28. au matin sommer le Château, où il y avoit 900. hommes, avec toutes les choses necessaires pour six mois, & une Artillerie de 90. pieces de Canon, 32. ayant été employées à garnir les Lignes. La Garnison, après une legere délibération, prit la résolution de capituler, moyennant qu'on lui acordât toutes les marques d'honneur, six piéces de Canon & deux Mortiers. Le General Stanhope ne fit aucune difficulté de leur acorder tout ce qu'ils demandoient, se voyant par là Maître d'un Port si considerable, dans le tems qu'il croyoit de ne pouvoir l'emporter qu'avec un renfort de 1000. hommes, qu'il atendoit de Barcelone, & qu'on devoit lui envoyer incessamment. On trouva dans le Château 400. Barils de Poudre, outre les autres Munitions.

Ce que cette Conquête couta aux Alliez.

Cette Conquête ne coûta aux Alliez que sept hommes, du nombre desquels fut Mr Stanhope, Capitaine, Frere du Lieutenant General. Les Espagnols qui étoient dans cette Ile prirent parti pour le Roi Charles, & les François furent conduits à Toulon par la Flote de l'Amiral Leake, qui fit ensuite voile vers Naples, pour y embarquer des Troupes Impériales, afin de tâcher de soumettre la Sicile.

Afaires d'Italie.

Ces deux Conquêtes de Sardaigne & de Minorque, ne pouvoient être faites plus à propos, pour empêcher l'éfet de la Ligue projettée par la France, pour rallumer la guerre en Italie. L'Armée Navale des Alliez se trouva à portée de prêter la main aux Troupes Impériales & Auxiliaires, qui passérent dans le Ferrarois ; le Bolonois & la Romagne, afin de prévenir de bonne heure les étincelles de cet embrasement, & d'obliger le Pape à se détacher des interêts d'une Couronne, qui ne lui devoit pas être moins redoutable qu'aux Alliez. On a vû ce qui s'est passé à Rome sous les Pontificats d'Alexandre VII. & d'Innocent XI. La Piramide n'y subsistoit plus, mais on n'en avoit pas perdu la mémoire, non plus que de la demande qui fut faite alors de la restitution de l'Etat de *Castro* au Duc de Parme, & des Vallées de *Comacchio* au Duc de Modéne. Demande, qui au fond n'étoit qu'une suite du Traité des Pirenées, par lequel les Rois de France & d'Espagne s'étoient engagez en particulier à interposer leurs offices auprès du Pape, jusques à ce qu'il eût fait terminer sans délai, par acord ou par justice, le differend que le Duc de Modéne avoit depuis si long tems avec la Chambre Apostolique touchant *la Proprieté & la Possession des Vallées de Comacchio*. Ainsi on avoit tout sujet d'espérer que le Pape, voyant bien que le but & la conséquence des Conseils tout oposez, que la France lui donnoit en ce tems-ci pour son propre interêt, ne voudroit pas pour lui complaire s'engager dans une guerre ruineuse ; & qu'il aimeroit mieux preferer le parti d'un acommodement.

Campagne du Païs Bas.

Retournons maintenant au Païs Bas, où la Campagne de cette année fut féconde en grands événemens. Nous avons dit que la France avoit tourné de ce côté-là ses principales vûës, & que l'Armement de Dunkerque pour l'Ecosse en devoit être le prélude. Mais de même que les précautions & la diligence de l'Amiral Bing en firent échouer le projet ; de même la jonction des deux

1708. deux Vainqueurs d'Hochstet, qui avoit déja été suivie de la victoire d'Oudenarde, le fut encore de la prise de la Ville & Citadelle de Lille; du passage de l'Escaut; de la levée du siége de Bruxelles; & enfin du siége de Gand qui termina ces grandes expéditions. Commençons par la premiere.

Situation des deux Armées avant le siége de Lille. L'Armée Françoise, qui grossissoit tous les jours, étoit campée à Melle & en deçà de Gand sur la Chaussée d'Alost: elle étoit alors d'environ 120000. hommes, & le Duc de Bourgogne s'y étoit rendu le 7. d'Août. On en donna d'abord avis au Prince Eugene, qui avoit déja détaché de son Armée un Corps de Cavalerie & d'Infanterie, pour observer les François & pourvoir à la sureté des Places menacées, pendant qu'il faisoit avancer l'Artillerie vers Ath, où elle arriva le 8. au soir. Durant ce tems-là le Duc de Bervvick jetta 7. Bataillons dans Mons & 2. dans Charleroi. Les François n'entreprirent rien contre l'Artillerie des Alliez dans sa marche, quoi qu'ils eussent fait mine de l'inquiéter. Mais un Corps de Cavalerie fut détaché pour se jetter dans Lille, portant des sacs de poudre en croupe, ce qui leur réüssit heureusement. Cependant comme il alloit au grand trot sur la Chaussée, afin d'entrer dans la Place avant qu'elle fût investie, quelques sacs se détachérent; & les fers des chevaux faisant feu sur le pavé, la poudre répanduë fit sauter quelques Cavaliers. Le 11. vers le midi le General-Major Cadogan, qui étoit allé joindre le Prince Eugene, arriva au Camp avec quelques ordres de ce Prince. Sur quoi on commanda trente & un Bataillons & trente quatre Escadrons sous les ordres du Prince de Nassau, Gouverneur Hereditaire de Frise, des Lieutenans-Generaux Spar & Holstein-Beck, des Generaux-Majors Colliar & Zoutland, & des Brigadiers Wassenaer, Keppel, Boisset, Templet & du Troussel. Ce

Tome III.

Détachement se mit en marche l'aprèsmidi par Menin, entre Marquette & cette Place, avec ordre de prendre Poste le 12. au Pont de Marquette, en attendant les ordres du Prince Eugene. La Cavalerie, commandée par le Lieutenant-General Wood, les Generaux-Majors Prince d'Auvergne & du Vesné, & les Brigadiers Slippenbach, Posern, Kellem, & Hackeborn, marcha en même-tems par Menin & Rolleghem, sous les ordres du Prince Eugene. Le même jour on ordonna que tous les gros bagages de l'Armée se rendroient incessamment dans les Contrescarpes de Menin, pour y attendre les ordres.

Le 12. à 5. heures du matin, l'Armée décampa de Warvvick, & se mit en marche. La premiere Ligne passa la Lis à un quart de lieuë sous Menin, & la seconde traversa la Ville. Elle alla camper la droite à l'Escaut près de Pottes, & la gauche à Rolleghem. Les Generaux prirent leurs quartiers à Helschin. Le même jour le Prince de Nassau prit avec son Détachement la route de Lille, pour joindre en chemin le Prince Eugene, qui étoit arrivé le jour d'auparavant près de Menin, de même que la grosse Artillerie, & qui se mit en marche dès le lendemain matin par le Pont d'Espiéres vers Templeuve, où il alla camper le soir. Ce fut-là où ce Prince & le Prince de Nassau se rencontrérent. Ils marchérent jusqu'au Cloître de Marquette, où il y avoit trois Postes gardez qu'il falut forcer; ce qui leur réüssit, après quelque resistance.

Lille est investie. Le 13. au matin, la Ville de Lille fut investie par ces deux Princes, quoi que le Duc de Bervvick fût campé de l'autre côté de la Place. Le Prince Eugene prit son quartier à *Pont à Tressin*, & le Prince de Nassau prit le sien au Cloître de *Marquette*. La Garnison retint les eaux des Ecluses afin de se mieux défendre. Le 14. on commença à travailler aux

1708. Lignes de Circonvalation & aux Fascines, comme aussi à s'assurer de tous les Postes alentour de la Place, ce qu'on perfectionna le quinze & le jour suivant. Le même jour quinze, Monsieur de Ruffi Maréchal de Camp, & Prisonnier à la bataille d'Oudenarde, revint de la Cour de France, où il avoit été pour tâcher de disposer les choses à un échange, ce qui fut enfin conclu. On commanda aussi la nuit du 15. au 16. le Lieutenant-General Whiters, deux Generaux Majors, Welderen & Bothmar, 4. Brigadiers, 3000. Fantassins & 1000. chevaux, pour s'aller poster du côté de Templeuve, afin de couvrir la marche du Convoi d'Artillerie, & de Munitions, qui venoit de Menin à Lille, de crainte que les Troupes qui étoient du côté de Tournai n'y fissent quelque tentative. Le 17. la plûpart de l'Artillerie arriva de Menin au Camp. Les deux jours suivans furent employez à preparer les choses necessaires pour les travaux du siége. Le 20. les Directeurs & Ingenieurs furent avec les Officiers de l'Artillerie le long du chemin de Warwick à Lille, pour reconnoître les endroits propres à élever les bateries; & le Terrain du côté de la Madelaine leur parut le plus avantageux pour cela. Quelques Escadrons de la Ville parurent avec l'Infanterie de ce côté-là, mais ils se retirérent sans rien entreprendre.

La Tranchée est ouverte.

Le 21. les Assiégez firent encore avancer six Escadrons & sept à huit cens Fantassins du même côté au delà de la Deule, mais voyant paroître sept Escadrons & six Bataillons des Alliez, ils se retirérent encore, après avoir mis le feu à deux maisons, & abatu environ deux cens arbres. Le 22. au soir, on fit l'ouverture de la Tranchée; & l'on n'y perdit que trois hommes, quelques autres ayant été blessez. On avoit commandé pour cet éfet le Lieutenant-General Wilkes, avec deux Majors Generaux & dix Bataillons, qui furent soutenus par neuf Escadrons. Mr. de Roques, premier Directeur des Aproches, étoit à l'ataque de la droite du côté de la porte de St. André, où l'on eut la premiere nuit une Ligne paralléle de sept cens pas, avec une Ligne de Communication de quatre cens. L'ataque de la gauche de Mr. du Mée s'étendoit le long de la porte de la Madelaine en allant à celle de St. Maurice. Le 22. on commença à tirer à la même ataque d'une baterie de 7. pieces de douze livres de bale, afin de déloger les François d'une certaine maison, où ils avoient pris poste. Une pareille baterie devoit être prête le 23. au soir ou le lendemain, pour tirer sur une Chapelle, où les François s'étoient retranchez pour incommoder les Travailleurs.

Ataque de la Chapelle de la Madelaine.

Le 24. on ataqua la Chapelle de la Madelaine, dont on vient de parler, qui étoit près de la Contrescarpe & dont les Assiégeans avoient besoin pour continuer leurs Ouvrages. Les Assiégez avoient palissadé ce Poste, & y avoient retranché deux cens hommes avec un Major & deux Capitaines. Ils s'y défendirent environ une demie-heure; après quoi ils se rendirent. On en fit cent Prisonniers de guerre, le reste ayant été tué. Les Alliez eurent trente ou quarante hommes tuez ou blessez dans cette Action. On mit les jours suivans 50. pieces de Canon, 20. Mortiers & six Haubits en baterie; & le 27. on avoit déja démonté une baterie des Assiégez.

En même-tems que le siége de Lille fut resolu, on renforça les Troupes qui étoient campées devant Bruxelles: & pour mettre Ostende en état de défense, on fit perfectionner les Fortifications, on fit raser les Dunes jusqu'à l'Auberge nommée Derme, par où l'on eût pû faire avancer cinq ou six Bataillons près de la Place, sans être exposez au canon. De leur côté les François renforcérent les

Précautiós des deux Partis par raport aux Places voisines.

1708.

Garnisons d'Ypres, du Fort de Knoque, & de Nieuport. Comme chacun étoit sur le qui vive, on renforça la Garnison du Fort des Trois-Trous, proche de Bruxelles & l'on renferma les Ecluses de la Rivière de Senne, afin d'inonder les Prairies.

L'Armée des Alliez veut passer l'Escaut.

Sur l'avis qu'on eut alors que l'Armée du Duc de Bourgogne faisoit quelques mouvemens, pour tâcher de se joindre au Corps que commandoit le Duc de Bervvick, on jugea à propos de faire marcher l'Armée des Alliez le 23. au matin, pour aller passer l'Escaut au delà de Pottes sur quatre Ponts, ensuite de quoi elle campa la droite à Escanasse & la gauche à Aimiéres. Le Duc de Marlborough prit son quartier à Monster, & le Velt Maréchal à Wodripont.

Le Pr. Eugene reçoit une lettre empoisonnée.

Le 26. le Prince Eugene de Savoye ayant ouvert une Lettre qu'il venoit de recevoir par la Poste, trouva dedans un papier graissé, qu'il jetta à terre, & une Personne qui le ramassa s'étant trouvé mal, on en fit l'essai sur un Chien, qui en mourut. Voici quelques circonstances au sujet de cette Lettre. Comme le Bureau de la Poste étoit éloigné d'environ deux heures du Prince Eugene, le Commis écrivit un mot de Lettre au Secretaire du General Dopf, par un Valet que ce Secretaire avoit envoyé le matin, pour prendre ses Lettres, le priant d'en faire rendre deux à Son Altesse le Prince Eugene de Savoye, à cause qu'il n'avoit point de Postillon prêt pour les lui envoyer. Le General Dopf étant allé au quartier de Son Altesse, le Secretaire donna ces deux Lettres à l'Ajudant de ce General, qui les rendit au Prince Eugene. Une de ces Lettres étoit venuë de la Haye, mais le Commis de la Poste ne sut pas bien d'où étoit venuë l'autre. Le Prince Eugene l'ayant ouverte, & ne trouvant qu'un papier graissé, la jetta d'abord sans la moindre alteration, mais le General Dopf s'en

LOUIS XIV. LIV. XVI. 253

trouva tout ému. Sur quoi Son Altesse dit à ce General & aux autres Personnes presentes : *ne vous étonnez pas de cela, Messieurs, j'ai reçu déja plusieurs fois en ma vie de pareilles Lettres.* On prit ensuite les précautions necessaires pour attacher ce papier empoisonné au cou d'un Chien, qui mourut vingt-quatre heures après, quoi qu'on lui eût donné du contre-poison.

1708.

L'Artillerie & les Bagages des Alliez passèt l'Escaut.

La nuit du 28. au 29. l'Artillerie de l'Armée des Alliez & les Bagages passèrent l'Escaut sur les Ponts près de Pottes. On détacha en même-tems du Camp d'Elschin le Lieutenant-General Ross & deux Brigadiers, avec deux mille cinq cens Chevaux, pour aller du côté d'Ath, & observer les mouvemens des François. On envoya aussi un Colonel avec six cens hommes d'Ath. Outre cela on détacha le General-Major de la Lecq, un Brigadier, & mille Chevaux, pour aller se poster sur la hauteur du Moulin de la Forêt, & y attendre le retour du General-Major Ross, pour former ensuite l'Arrière-Garde de l'Armée ; après qu'un gros Convoi de Pain de Munitions & de Boulets, destiné pour le Camp devant Lille, seroit de retour à celui d'Elschin. Le 29. l'Armée du Duc de Bourgogne & celle du Duc de Bervvick se joignirent entre Ninove & Enguien.

Mouvemét du Duc de Bourgogne vers Tournai.

Le premier de Septembre, l'Armée du Duc de Bourgogne jointe à celle du Duc de Bervvick alla camper entre Tournai & Mortagne, & celle des Alliez continua sa marche sur deux Colonnes, & alla camper la droite à Antreule, & la gauche à Pont-à-Tressin : le quartier de Mylord Duc & celui de Mr d'Auverkerque étant à Peronne.

Mouvement de l'armée des Alliez pour atendre les Fr.

Le 2. à huit heures du matin, on commanda huit cens Chevaux avec un Colonel, pour atendre, à la droite de Mylord Duc, le Prince Eugene & les autres Generaux, qui devoient aller à neuf heures reconnoître un terrain, pour mettre leur Armée en bataille, en

1708. cas que les François fussent venus à eux. Ils resolurent de se poster dans la belle Plaine de Lille, leur droite vers la haute Deule, où devoient être les Troupes Impériales, qui devoient venir avec le Prince Eugene & les Prussiens; & la gauche en deçà du Pont de Marque, où devoient être les Troupes Angloises, Danoises, Hollandoises, & de Hanover. Jamais endroit ne fut plus propre pour une bataille.

Marche des 2. Armées. Elles se trouvêrent en preséce sás combatre.

Le 3. du même mois, les François continuérent leur marche jusqu'au delà d'Orchies. Leur Armée coucha sous les armes la nuit du trois au quatre, & le quatre au matin elle se mit en marche; prenant le chemin de Mont en Pevel. Sur cet avis l'Armée des Alliez se mit aussi en marche & vint occuper le Camp, qui avoit été marqué entre le Moulin de Noyelles & le Village de Fretin. Le Prince Eugene de Savoye la joignit avec vingt-six bataillons & 76. Escadrons. L'Armée fut rangée en trois Lignes, dont les deux premieres étoient de Cavalerie, avec vingt Bataillons sur chacune des Aîles, soûtenus d'un pareil nombre d'Escadrons. Elle resta la nuit du quatre au cinq dans la même situation, l'Artillerie ayant été postée à la tête dans les endroits les plus exposez. Cependant les François s'étoient avancez avec leur Avant-Garde jusqu'à Phalanpin à une lieue des Alliez, & ils avoient reçu trente piéces de grosse Artillerie de Douai, outre celles de Campagne qui étoient fort considérables. On ne doutoit pas qu'ils n'ataquassent l'Armée des Confederez le 5. au matin, suivant le bruit qu'ils en avoient fait courir. On étoit si près qu'on entendit toute la nuit leurs Tambours, & ils firent divers mouvemens pour se mettre en ordre. Les Generaux des Alliez, informez de tout, se trouvérent à la pointe du jour à la tête de l'Armée, chacun à son poste. Le General Fagel les joignit le cinq au matin avec environ sept mille hommes.

Enfin tout étoit bien disposé pour recevoir les François, & l'Armée des Alliez resta en ordre de bataille jusqu'à dix heures. Mais comme on vit que le Duc de Vendôme ne faisoit aucun mouvement, on ordonna aux Troupes de remettre leurs Tentes, & on renvoya le Détachement que le Prince Eugene avoit amené, excepté quelques Escadrons qui restérent.

Les Generaux des Alliez retournér au siege.

Les François ayant fait voir que leur dessein n'étoit pas de combatre, mais seulement d'inquieter les Alliez, quoique les premiers fussent plus forts de deux Escadrons & de 14. Bataillons, on ordonna de travailler à un retranchement depuis le Moulin de Noyelles jusqu'à celui de Fretin. L'Armée Françoise demeura campée à Megrignies, ayant Mont en Pevel par derriere, & la source de la Marque par devant. Le Prince Eugene & le Prince de Nassau retournérent le six au siege avec toute leur Infanterie & une partie de leur Cavalerie. Le huit les François s'avancérent avec leurs Fourageurs jusqu'à une petite demi-heure de Fretin, où étoit le quartier de Mylord Duc. On fit aussi-tôt prendre les armes à deux Bataillons Anglois, qui marchérent droit à eux, les repoussérent jusqu'à Ennevelin, où ils se postérent dans le Château, entouré de murailles & de deux Fossez. Les Anglois voulurent les en chasser, & les chargérent durant plus d'une heure, mais les François firent avancer tous les Grenadiers & le Piquet de six Brigades, qui campoient devant leur Armée près de Pont-à-Marque; de sorte qu'ayant vû qu'on ne pouvoit forcer ce poste sans Artillerie, & sans le faire soûtenir par toute l'Infanterie, on fit revenir ces deux Bataillons, qui chargérent continuellement les François, & les obligérent de s'arrêter. Ces deux Bataillons eurent trois ou quatre Officiers tüez & d'autres blessez, avec environ 120. hommes hors de combat.

LOUIS XIV. Liv. XVI.

1708.
Le Pr. Eugene se rend à la grāpe Armée, sur ce qu'il aprit des desseins du D. de Bourgogne.

Depuis le dix jusqu'au 13. on continua à perfectionner les Ouvrages devant Lille, à pousser les Communications le long des Palissades, à dresser des Bateries, & à travailler à des descentes dans le Fossé. Mais sur l'avis que les François s'aprochoient des retranchemens de la grande Armée, le Prince Eugene s'y rendit avec quinze Bataillons & la Cavalerie, suivi du Prince de Nassau & du Prince Electoral de Hanover. Le 13. il arriva au Camp des Alliez un Convoi de 400. Chariots, chargez de Munitions de guerre, & de six pieces de Canon, partis de Bruxelles le huit sous l'escorte de trente-quatre Bataillons, commandez par Mylord d'Albemarle. Un Détachement de l'Armée Françoise, & du Corps du Comte de la Mothe s'étoit avancé pour tâcher d'enlever ce Convoi; mais il se retira, ne jugeant pas que la chose fût possible. Cette Armée * avoit fait la veille un mouvement avec l'Aîle gauche du côté de Seclin, qui avoit fait croire aux Alliez que les François avoient quelque dessein, d'autant plus que les Déserteurs raportèrent, que le Duc de Bourgogne devoit faire distribuer de l'eau de vie aux Soldats, & qu'il alloit de rang en rang, pour animer les Troupes au combat. Les Generaux des Alliez & les Seigneurs Députez de Leurs Hautes Puissances allérent visiter de près l'Armée Françoise, & l'on tint ensuite Conseil de guerre, afin de prendre les mesures necessaires, pour s'oposer par tout à leurs desseins. On ordonna à la Cavalerie d'aller chercher des Fascines, & l'Infanterie travailla pendant la nuit à perfectionner les retranchemens. Le 13. au matin, on s'atendoit que les François continueroient leurs canonades comme le jour precedent, parce qu'ils avoient travaillé toute la nuit à des Bateries, mais ils ne tirérent point de tout le jour, & ils travaillérent avec beaucoup de diligence à se retrancher à Seclin & à retirer leurs Batteries. La raison pour laquelle ils restérent tranquilles, fut que Mr de Chamillard s'étant rendu le neuf au Camp pour faire prendre une résolution unanime entre les Generaux, dont les uns opinoient pour donner bataille, & les autres s'y oposoient: & ce Ministre n'ayant pas jugé à propos de prendre sur lui cette décision, quoi qu'il en eût, dit-on, le pouvoir, partit le 12. en poste pour en aller faire raport au Roi, & ensuite envoyer la résolution de S. M. Cependant on travailloit à fortifier les retranchemens des Alliez, afin de pouvoir se passer du Prince Eugene, qui étoit retourné au Camp devant Lille.

1708.

L'Armée Fr. marche vers Tournai.

Le 16. à trois heures du matin les François batirent la Generale, & se remirent en marche avant le jour sur 4. Colonnes, leur droite par Mouchin & Bachi, droit sur Tournai. Dès qu'on eut avis que leur tête étoit avancée jusqu'à la grande Chaussée de Tournai, on fit faire un mouvement à l'Armée des Alliez; les Troupes Angloises reprirent la droite avec les Prussiens & ceux de Hanover: & les Danois avec les Hollandois, la gauche, dans le même ordre qui fut observé durant toute la Campagne. L'Armée se campa la droite à Fretin, & la gauche à Anappe, ayant la Marque devant elle: Mylord Duc prit son quartier à Sanguin, & Mr le Velt-Maréchal resta à Peronne. On fit en même-tems un Détachement de dix Escadrons de l'Armée de Mylord Duc, & d'un pareil nombre de celle du Prince Eugene, qui marchérent sous les ordres du Brigadier Chanclos à Oudenarde, pour observer les François autant qu'il seroit possible. Ceux-ci campoient avec leur droite au Ruisseau de Chain, & leur gauche au delà de Froimont à Blandin: le Quartier de la Cour étoit marqué, mais les Princes allérent

---

* *Lettre écrite du Camp de Peronne & Fretin le 13. Septembre.*

1708. à Tournai. Le 17. au matin ils firent un Détachement de quelques Régimens de Cavalerie & d'Infanterie vers le Pont d'Espieres, disant qu'ils vouloient aller vers Oudenarde. On envoya aussi un Détachement de l'Armée de Mylord Marlborough vers Courtrai, en cas que les François envoyassent quelques Troupes de ce côté-là.

Ce qu'ils publioiét de leurs desseins

S'il faut croire ce que débitoient les François, ils avoient de grands desseins ; tantôt ils en vouloient à Oudenarde, tantôt à Ath, & tantôt à Bruxelles. C'étoit, ce semble, s'aviser un peu tard d'éxecuter de tels projets. Sur le midi ils commencérent à passer l'Escaut près de Tournai, & marchérent droit vers le Mont Trinité. L'Armée des Alliez eut ordre de batre la Generale le lendemain à sept heures du matin, pour s'aprocher d'eux. Ce mouvement fit juger, que les ordres de la Cour étoient venus conformément aux vûës du Duc de Vendôme, qui n'avoit pas été d'avis d'ataquer l'Armée des Alliez dans leurs Retranchemens. Il parut qu'on avoit dessein de leur couper les vivres qui pouvoient leur venir de Bruxelles & d'Oudenarde. Le 13. le Comte de la Mothe s'avança à Lost avec un Détachement des Garnisons de Gand & de Bruges. Il arriva le 14. à deux heures de Bruxelles : il continua sa marche vers Enguien, où il devoit être joint par un Détachement de l'Armée Françoise, pour empêcher les Convois des Alliez.

L'Armée de France veut couper les vivres aux Alliez.

L'Armée * se mit en marche le 15. & repassa la Marque. Elle alla camper la gauche à Bersée, entre Orchies & Mont en Pevelle, d'où vingt Escadrons & quelques Bataillons furent envoyez à Douai, sept Escadrons & deux Bataillons à Arras, & un pareil nombre à Bethune, pour resserrer les Alliez, & empêcher leurs courses. Le 16. l'Armée alla camper au dessous de Tournai, le dix-sept elle passa l'Escaut, & le dix-huit elle s'étendit depuis Tournai jusqu'à Herine. Les Sieurs de Chemeraur, de Souternon, & de la Châtre étoient à Pottes avec des Corps de Troupes, qui se communiquoient & qui étoient soûtenus par l'Armée. On esperoit par cette disposition couper les Convois des Alliez, & les empêcher de continuer le siege de Lille. On disoit que leur Armée étoit extrêmement fatiguée, & qu'ils avoient perdu plus de douze mille hommes de leurs meilleures Troupes.

On raconte un Fait assez singulier d'un Capitaine de Grenadiers, nommé Du Bois, qu'on disoit être entré dans Lille tout nud, ayant traversé les Riviéres & les Canaux entre deux eaux, & avoir été assez heureux de retourner au Camp de Mr le Duc de Bourgogne, à qui il avoit rendu une Lettre du Maréchal de Boufflers. Ce Maréchal avoit fait des coupures en divers endroits de la Place, & même un troisiéme fossé à la Citadelle. Le Roi donna une récompense à cet Officier. Le Maréchal de Boufflers * ayant fait le 17. la Revûë de sa Garnison, trouva qu'elle étoit encore d'onze mille deux cens Soldats en état de combatre, & de six mille Travailleurs ; & que les Assiegeans n'étoient pas plus avancez que le sept du même mois. La Lettre que ce Maréchal écrivit à Mr le Duc de Bourgogne, portoit, *que le Prince Eugene ayant reçu un renfort de cinq hommes par Compagnie, de l'Armée de Mylord Duc, il avoit fait donner un assaut general aux Contrescarpes des deux ataques, & aux Tenaillons ; que les Alliez avoient été repoussez trois fois, & qu'à la quatriéme ils s'étoient logez sur l'Angle du Tenaillon de la gauche ; que les Assiegez avoient conservé le reste, qui étoit fortifié par un Retranchement fraisé & palissadé ; qu'il n'y avoit eu du côté des Assiegez, que 400. hommes*

Le Maréchal de Boufflers écrit au Duc de Bourgogne.

---

* Lettre de Paris, du 28. Septembre.

* Lettre de ce Maréchal du 17. Septembre.

LOUIS XIV. Liv. XVI.

1708. tuez ou bleſſez, entre autres le Sieur de Ravignan & le Comte d'Angennes, Brigadiers, & le Sr Souri, Colonel Suiſſe; que les Alliez avoient eu 2000. hommes tuez, & un plus grand nombre de bleſſez, entre autres le Prince Eugene, qui l'avoit été dangereuſement d'un coup de fuſil au deſſus de l'œil.

Situation de l'armée du Roi. L'Armée du Roi campoit au delà de l'Eſcaut, la gauche à Saulſoi à une lieuë au deſſous de Tournai, & la droite vers Herine: Mr le Duc de Bourgogne en fit pluſieurs Détachemens, pour ocuper tous les paſſages, par où les Convois de Munitions pouvoient venir aux Alliez. Le Chevalier de Croiſſi étoit à Pottes, avec huit Bataillons & huit Eſcadrons; le Marquis de la Châtre à Eſcanaſſe, avec un pareil nombre de Troupes; le Comte de Souternon au delà à Berkem, avec 19. Bataillons & 20. Eſcadrons; & le Comte de Chemeraut devant Oudenarde, qu'il enferma par un bon Retranchement du haut au bas Eſcaut, ſoûtenu par 25. Bataillons & 34. Eſcadrons.

Les Fr. veulent enlever un convoi aux Alliez. L'unique reſſource des François, pour faire lever le ſiege de Lille, étoit d'ataquer & de prendre un Convoi, qui devoit partir d'Oſtende le 27. Septembre pour l'Armée des Alliez. Ils leur avoient pour cet éfet coupé toute communication avec Bruxelles, & avoient envoyé pluſieurs Détachemens à Bruges, où le Duc de Bervvick, & le Comte de Bergeick s'étoient rendus pour ſe joindre au Comte de la Mothe; mais quoi qu'ils fuſſent des deux tiers plus forts, ils ne laiſſérent pas d'échouer dans leur deſſein. Les Alliez envoyérent un Corps de Troupes à Leffingen ſur le Canal d'Oſtende à Nieuport, où ils ſe fortifiérent pour garder le Pont, par où leur Convoi devoit paſſer. Ils ocupérent outre cela le Château de Chaſtellen & quelques autres Villages, pour favoriſer ce paſſage. Après que les Détachemens, envoyez pour couvrir le Convoi,

1708. ſe furent joints à Tourout, les Generaux Webb & Cadogan eurent avis que le Major Savari du Régiment de Guethem avoit ocupé le Poſte d'Oudenbourg; ſur quoi on y envoya 600. Grenadiers commandez par le Colonel Preſton, avec un Bataillon d'Orknei, commandé par le Colonel Hamilton, & celui de Fuſſe, commandé par le Colonel Wooght, ſous les ordres du Brigadier Lansberg, pour renforcer ce Poſte. Le 28. à huit heures du matin, la Cavalerie fut envoyée à Hooglede, pour y atendre le Convoi, à la reſerve de 150. chevaux, commandez par le Comte Lottum, qu'on avoit envoyez la nuit precedente à Oudenbourg, pour porter un Ordre aux deux Bataillons & aux 600. Grenadiers, d'eſcorter le Convoi juſqu'à Koxlare; & enſuite de rejoindre l'Infanterie à Tourout. A midi le Comte de Lottum revint à Tourout, & raporta, que s'étant avancé vers Jeteghem, il avoit trouvé une Avant-garde de François, qu'il avoit pouſſée juſques ſur la Bruyére, où il avoit découvert 16. Eſcadrons, qui étoient monté à cheval avec beaucoup de précipitation, ſur l'allarme que l'Avant-Garde avoit donnée: de ſorte qu'il avoit trouvé à propos de revenir en diligence, pour en donner avis.

Ils ſont batus à Winendale. Sur cette nouvelle, on fit marcher inceſſamment toute l'Infanterie, au nombre de 22. Bataillons, & le Comte de Lottum, avec 150. chevaux qui faiſoit l'Avant-garde, ayant les Quartiers-Maîtres, & le reſte des Grenadiers qui n'étoient pas commandez, pour tâcher de gagner Jereghem, par le chemin de Winendale. Lors que l'Avant-Garde y arriva, on découvrit les François, à l'entrée de la bruyére; ſur quoi on mit les Quartiers-Maîtres & le reſte des Grenadiers en bataille. Le Major-General Webb, & Mr le Comte de Naſſau-Vvoudenbourg, à la tête de 150. Chevaux, s'avancérent pour re-

1708. connoître les François, donnant ordre en même-tems aux Régimens de s'avancer au plus vîte sur la Plaine, & de se former. On laissa les 150. chevaux sous le Comte de Lottum, à l'entrée de la Bruyere, pour amuser les François; & pour les embarasser davantage, on posta les Quartiers-Maîtres & les Grenadiers dans les Broussailles, qui bordoient le terrain où les premiers devoient passer; à mesure que les Régimens sortoient du défilé, ils furent mis en bataille par le General Webb, & le Comte de Nassau, pour ocuper l'ouverture qui est entre le Bois de Vvinendale & les Broussailles de l'autre côté, qui forment une espece de petit Bois. A peine les Alliez eurent-ils six Bataillons passez, que les François commencérent à canonner avec dix piéces de canon, & neuf autres piéces à trois coups, les 140. chevaux qu'on avoit laissé à ce Poste avancé; lesquels malgré le grand feu des François, ne s'ébranlérent point: ce qui produisit l'éfet que le General en atendoit, qui étoit de lui donner le tems de mettre l'Infanterie en bataille, pour ocuper l'ouverture & y former deux Lignes. L'Aîle gauche s'étendoit loin derriére les Broussailles dont on a fait mention, pour empêcher les François d'y passer, & pour couvrir le flanc. On posta sur le flanc de la droite, dans le Bois de *Vvinendale*, le Régiment de Heukelum, & sur le flanc de la gauche le Régiment du Prince Hereditaire de Prusse, avec ordre de s'y tenir caché, & de ne point tirer: que lors qu'ils pourroient prendre les François en flanc. On avança des Pelotons de Grenadiers quarante pas à la droite & à la gauche, avec le même ordre. Les Quartiers-Maîtres ocupoient à la gauche un chemin, qui passe au travers des Broussailles dont on a parlé. Les François, après avoir canonné les Alliez pendant trois heures, s'avancérent vers eux en bataille dans la Plaine, avec quatre Lignes d'Infanterie & autant de Cavalerie; sur quoi on ordonna au Comte de Lottum de se retirer, & de se poster 300. pas derriére l'Infanterie, ce qu'il fit en très-bon ordre. Les François continuérent de marcher, au nombre de 40. Bataillons & quarante-huit Escadrons.

Le General des Alliez observant, qu'ils défiloient par leur droite dans les Broussailles, y envoya le Comte de Nassau, pour reconnoître leurs mouvemens, sur quoi on y fit marcher le Régiment de Grumbkouvv, commandé par le Colonel Beschefer. Le Brigadier Eltz arriva à la droite avec les Régimens de l'Arriére-Garde, qu'il posta dans le bois de *Vvinendale*. Un demi-quart d'heure avant le combat, les deux Bataillons & les 600. Grenadiers, détachez avec le Brigadier Lansberg, ayant rejoint le reste des Troupes des Alliez, formérent une troisiéme Ligne. Un moment après les François commencérent l'attaque, & avancérent à quinze pas du Bataillon posté au flanc de la droite, qui s'étoit tenu caché selon l'ordre du General, & qui ne fit feu que lors que le flanc des François se trouva vis à vis d'eux. Ce fut avec tant de succez, que leur Aîle gauche tomba tout en désordre sur leur droite, qui reçut du Régiment de Grumbkovv, posté au flanc de la gauche, & environ à même distance, une salve très rude, qui acheva de les rompre entiérement. Ils revinrent pourtant à la charge, & poussérent deux Bataillons Ennemis; mais le Régiment d'Albemarle, Suisse, commandé par Mr Hirtzel, avança sur leur Cavalerie, qui tâchoit de penetrer pour s'engager avec eux; & par sa vigoureuse résistance il donna le tems au General, & au Comte de Nassau, de mener les Régimens de Berndorf & de Lindeboom à la place de ceux qui avoient été poussez, ce qui fut fait en un moment: cependant les

Récit de ce Combat.

LOUIS XIV. Liv. XVI.

1708.

les François, soûtenus par tant de Lignes, firent un second éfort pour penetrer, mais aucun des Bataillons oposez ne branla, que pour avancer quelques pas. Le General les empêcha de poursuivre, afin de ne pas perdre l'avantage des deux flancs : sa prévoyance eut tout le succez qu'on pouvoit souhaiter, car les deux Régimens & les Grenadiers y faisant un feu continuel, obligérent les deux Aîles des François de se renverser sur le Centre, & de se retirer en grande confusion : quelque chose que leurs Officiers fissent pour les faire avancer, ils n'y purent réussir ; ils se contentérent de tirer de loin sur les Lignes des Alliez, qui y répondirent par Pelotons, avec beaucoup d'ordre.

Quelle fut la perte des 2. Partis.

Mylord Cadogan, qui étoit arrivé un moment après que l'Action eut commencé, s'offrit de charger les François dans leur désordre, à la tête de deux Escadrons. On avoit déja envoyé ordre à quatre autres de les venir joindre ; mais comme ils ne pouvoient arriver qu'un peu tard, on ne jugea pas à propos d'exposer un si petit nombre, à charger les François, qui étoient si supérieurs, & qui avoient fait avancer toute leur Cavalerie pour favoriser leur retraite.

Le combat fut très-rude, & dura près de deux heures : les Alliez eurent 912. tant Officiers que Soldats tuez ou blessez : les François, selon le raport des Prisonniers, confirmé par les Déserteurs, perdirent entre trois & quatre cens hommes, & se retirérent en si grande confusion, qu'ils laissérent leur Canon dans le Bois, & ne revinrent le chercher que le lendemain à 11. heures, après avoir apris que les Generaux des Alliez avoient continué leur marche à deux heures après minuit, pour conduire le Convoi qui passoit à Rousselaer, après avoir fait emporter tous leurs blessez, & plusieurs des François. L'avantage que les Alliez remportérent en

cette ocasion fut d'autant plus surprenant, qu'ils n'avoient que six à sept mille hommes, à cause des Détachemens qui avoient été faits, & que les François en avoient 23. à 24000. Les Troupes de l'Armée Françoise qui souffrirent le plus, furent les Espagnols, qui eurent huit ou neuf Colonels hors de combat. Ils se plaignirent fort de n'avoir pas été soutenus comme il faloit par les François, qui avoient la gauche, & les François de leur côté reprochérent aux Espagnols le mauvais succez de cette entreprise.

Situation des deux Armées après la bataille.

Ce même jour 29. l'Armée des Alliez fit le mouvement qu'elle avoit projetté : elle alla camper le long de la Chaussée. La gauche, composée des Troupes Angloises, Prussiennes & de Hanover, s'étendit jusqu'à Laure au delà de Menin ; & la droite composée des Troupes Danoises & Hollandoises, jusqu'au Pont de Marquette. Le General Solick rentra dans la Ligne de Circonvallation. L'Armée des François ocupoit le même Camp, & elle détacha de nouveau quelques Troupes vers Douai, pour tâcher de jetter du secours dans Lille.

Les Fr. veulent jetter du secours dans la Place.

Sur l'avis qu'on en eut au Camp des Alliez, on détacha le 2. d'Octobre huit Bataillons, sous les ordres des Colonels Sturler & Croonstrom, dont la moitié se posta sur la Chaussée d'Arras, & l'autre moitié sur celle de Doüai. Le trois au matin on détacha de la même Armée le Brigadier Gavain, avec deux mille cinq cens Fantassins Anglois, Prussiens & de Hanover, & cinq cens Chevaux pour couvrir les Troupes qui fourageoient du côté de Rousselaer. On envoya aussi six cens Dragons au General Earle, qui étoit à Leffingen, avec les Troupes Angloises nouvellement débarquées, pour le mettre en état de conserver ce Poste.

Mouvement de l'armée

Trois jours après on ordonna que l'Armée décamperoit la nuit, pour mar-

Tome III. K k

1708.
des Alliez.

cher par la gauche, & paſſer la Lis à Menin, que les Troupes d'une même Nation marcheroient enſemble, chaque Nation ſe ſuivant une heure l'une après l'autre; qu'on décamperoit ſans bruit; qu'on laiſſeroit au Camp de Ronx vingt Eſcadrons & autant de Bataillons, commandez par les Generaux-Majors la Leck & Hoendorf, & les Brigadiers Hoenderbeen & Ranx; que ces Troupes recevroient les ordres du Prince Eugene, & ſe rendroient dans la Ligne de Circonvallation; qu'on laiſſeroit auſſi quatre Eſcadrons à Menin, pour eſcorter à l'Armée les chariots vuides, afin d'aller chercher les munitions à Oſtende, & que tous les Bagages de l'Armée reſteroient à Menin. L'Armée s'étant donc miſe en marche dans l'ordre qu'on avoit marqué, elle alla camper le ſept à Rouſſelaer, où l'on eut confirmation, que le Duc de Vendôme étoit à Oudenbourg, avec 65. Bataillons, & 70. Eſcadrons. On reſolut ſur cela de ne point perdre de tems; & de marcher la nuit pour tâcher de joindre les François & les engager à une Action, en cas qu'ils ne vouluſſent pas ceder ce Poſte qui étoit neceſſaire pour les Convois.

Dans le tems que l'Armée des Alliez faiſoit ce mouvement, la Cavalerie Françoiſe qui étoit entrée dans Lille avec de la poudre tenta d'en ſortir, & de ſe faire un paſſage au travers des Retranchemens des Aſſiégeans, mais comme on étoit ſur ſes gardes, elle fut obligée de rentrer dans la Place. Le huit les chariots de munitions partirent de Menin, pour aller chercher un nouveau Convoi à Oſtende.

L'Armée des Alliez ocupe deux Poſtes abandonnez par les Franç.

La nuit ſuivante les Quartiers-Maîtres partirent du Camp de Rouſſelaer, ſous l'eſcorte de huit Bataillons & autant d'Eſcadrons, pour prendre les devans de l'Armée, qui à la petite pointe du jour ſemit en marche par la gauche pour les ſuivre, & ne s'avancer que juſqu'à la Bruyére près de Winendale. On y fit alte quelque-tems pour s'informer des avis qu'on avoit reçûs, que le Duc de Vendôme étoit décampé d'Oudenbourg le matin avant le jour avec beaucoup de précipitation, & qu'il avoit repaſſé le Canal près de Bruges. Cela fut confirmé & on ne jugea pas à propos d'aller plus loin. On aprit en même-tems que les François avoient percé toutes les Digues aux environs d'Oſtende, ce qui empêcha les chariots des Alliez de pouvoir s'y rendre: ainſi il falut prendre d'autres meſures; cependant on ſe rendit Maître d'Oudenbourg. Le neuf à huit heures du matin l'Armée ſe mit en marche de Tourout, & retourna à Rouſſelaer, excepté l'Infanterie de la ſeconde Ligne, qui s'avança vers Morſele, où elle campa ſous les ordres du Comte de Lottum.

Ce même jour mourut à Bruxelles la Comteſſe de Soiſſons, mere du Prince Eugene de Savoye. Quatre mille Cavaliers de l'Armée du Duc de Bourgogne paſſérent auſſi ce jour-là par Gand, ſuivis par vingt-cinq Bataillons, pour aller joindre le Duc de Vendôme. Du côté des Alliez on fit un Détachement pour aller prendre à Leſſingen l'argent deſtiné pour les Armées, qu'on y avoit envoyé d'Oſtende; & en même-tems tous les chariots d'Artillerie, & autres, au nombre de près de neuf cens, montez ſur des roües fort hautes, partirent pour ſe rendre dans cette premiere Place, par un chemin, où il y avoit moins d'eau que dans les autres endroits. On ocupa le même jour les Châteaux de Vvaeſlo & de Vvinendale pour couvrir la marche des Convois, & on envoya des Détachemens en d'autres lieux, pour aſſembler le plus de grains qu'on pourroit. Le Duc de Bourgogne ocupoit toûjours les mêmes Poſtes derriére l'Eſcaut, ſon Armée étant reduite à environ vingt mille hommes.

1708.

L'Armée des Alliez vacher cher un convoi à Leſſingen.

Le 13. le Convoi d'argent atendu *Ce cóvoi ar-*

1708.
rive à leur Camp.

par les Alliez arriva au Camp de Rouſſelaer ſur quatre chariots, avec une partie des munitions. Les Generaux-Majors la Leck & Hoendorp, qui avoient été envoyez au Prince Eugene, revinrent au Camp avec quatorze Eſcadrons & dix bataillons, & ils campérent entre ce Camp, Menin, & Courtrai, afin de rendre les chemins libres. Le Colonel Chambrier, qui avoit été envoyé vers Dixmude avec 800. Fantaſſins, cent Chevaux & tous les Chariots remplis de grains, arriva auſſi ; & comme il ne put faire tranſporter tous les bleds qu'il avoit trouvez, on fit auſſitôt un pareil Détachement pour aller chercher le reſte. Le Duc de Vendôme campoit toûjours derriére le Canal depuis Bellem juſqu'à Bruges, ayant 12. Bataillons dans le Polder de Sarvvoort, & 18. dans le Nord de Bruges.

Cependant le ſiége de Lille avançoit toûjours, & les Alliez ſe diſpoſoient à ſe rendre bien-tôt maîtres de la Place. Les Priſonniers raportérent que la Garniſon étoit fort diminuée, tant par les pertes que par les maladies, en ſorte que les Bataillons étoient reduits à deux cens cinquante hommes en état de ſervice ; ils ajoûtérent que les vivres commençoient à manquer dans la Ville, ſur tout la viande, & qu'on tuoit les chevaux pour les Soldats.

Les Aſſiégeans au contraire avoient toutes choſes en abondance. Il étoit arrivé le 14. au Camp de Rouſſelaer environ 80. chariots chargez de vivres ; & cent chargez de poudre arrivérent d'Oſtende malgré les éforts des François. Le ſeize le Velt-Maréchal d'Auverkerque, qui ne jouïſſoit depuis quelque-tems que d'une ſanté très-foible, mourut ſur le midi, ayant conſervé juſqu'à la fin la preſence d'eſprit & la connoiſſance. Ce General, que ſa grande capacité & une longue expérience avoient rendu recommandable, auſſi bien que ſon zéle envers ſa Patrie & pour la Cauſe commune, fut extrêmement regreté.

Les François voulurent ſurprendre Ath la nuit du 17. au 18. Un Corps * de cinq à ſix cens hommes des leurs, détachez de Mons & de l'Armée du Duc de Bourgogne, s'avança près de cette Place ſous les ordres de Mrs de la Catoive & d'Albergotti, étant conduits par le nommé *le Grand*, auparavant Contrôleur des Fortifications de cette Ville, qui s'étoit ſauvé pour avoir déja voulu y introduire les François. Il croyoit avoir pris de juſtes meſures pour ſurprendre la Place, & en éfet il trouva le moyen de paſſer le Foſſé, & de s'avancer juſqu'au Baſtion près du Jardin du Gouverneur. Mais ayant trouvé qu'on avoit changé les ſerrures de la porte par où il croyoit paſſer, & ayant été découvert par la Sentinelle, qui donna l'allarme, les François ſe retirérent promtement, & abandonnérent les planches, les échelles de cordes, & autres atirails dont ils vouloient ſe ſervir. La Garniſon s'étant miſe ſous les armes, un Sergent avec treize hommes pourſuivit quelques-uns des Fuyards, en tua trois, & ramena 12. Priſonniers. On doubla alors les Gardes de la Ville, après en avoir fait ſortir tous les Parens & Amis du Sr *le Grand*.

Les Alliez durant ce tems-là ayant perfectionné leurs travaux devant Lille, batoient la Place en brêche depuis quelques jours. Ils redoublérent le 21. le feu de toutes leurs bateries, & tout auroit été prêt le lendemain pour donner l'aſſaut le 23. ou le 24. ſi les Aſſiégez ne l'euſſent prévenu en batant la Chamade le même jour 22. ſur les 4. heures après midi. Le Prince Guillaume de Heſſe étoit de tranchée, lorſque la Ville arbora le Drapeau pour capituler ; il avoit été commandé pour faire la galerie de la brêche, avec deux cens hom-

1708.
Les Fr. veulent ſurprédre Ath

Reddition de la Ville de Lille peu de jours après.

* *Lettre écrite d'Ath le 19. Octobre.*

K k ij

1708. mes & quatorze Cuirassiers. Un boulet de Canon frisa ce Prince, & un jeune Volontaire, qui servoit sous Son Altesse, de même qu'un Lieutenant-Colonel qui étoit derriére eux. La Capitulation fut signée pour la Ville le 23. en vertu de laquelle les Alliez furent mis le même jour en possession du Ravelin devant la porte de la Madelaine, & de cette porte même. La Cavalerie qui étoit entrée dans la Ville pendant le siége eut la liberté d'en sortir, & le reste de la Garnison se retira dans la Citadelle.

Les Fr. sont repoussez à Leffingen, & s'en rendent maîtres ensuite.

Le même jour que la Ville de Lille capitula, un Détachement François, sous les ordres du Chevalier de Croisi, Maréchal de Camp, fut repoussé devant Leffingen dont il vouloit s'emparer. Ce Chevalier fut fait prisonnier avec un Capitaine & cinquante Soldats, & le Canon de ce Poste en tua ou blessa près de cinq cens. Il y avoit dans Leffingen deux cens barils de poudre prêts à être envoyez au siége; mais comme les François tiroient à boulets rouges, on jetta par précaution cette poudre dans l'eau.

Cependant les François ayant de nouveau ataqué ce Poste le lendemain, avec sept à huit cens hommes, obligérent les Alliez de l'abandonner.

La nuit du 23. au 24. les Alliez firent un Détachement de l'Armée du siége, au nombre de trois Bataillons de Hesse, trois de Saxe & 30. Escadrons, sous les ordres du Prince Hereditaire de Hesse-Cassel. Ils ne prirent aucun Bagage afin de faire plus de diligence. Leur dessein étoit de surprendre quelques Troupes Bavaroises, arrivées depuis peu d'Allemagne à la Bassée, où elles assembloient tous les grains du Plat-Païs, & les transportoient ensuite à Douai, à Arras & à Bethune. Mais ces Troupes se retirérent du côté de Lens, le même jour que le Détachement se fit, & elles marchérent le jour suivant vers Douai.

Pendant que ces choses se passoient, le Duc de Baviére avoit assiegé Bruxelles. Comme cette Ville ne pouvoit être secourue par les Alliez qu'en passant l'Escaut, les François tentérent de faire une espece de Batardeau dans cette Riviére pour en inonder les bords, entre Avelghem & Tournai; mais leur dessein ne réussit pas, parce que le Courant emporta les Digues qu'ils avoient faites. Ils s'étoient servis pour cela de bâteaux remplis de pierres, qu'ils avoient fait couler à fond, outre plusieurs autres machines: ce qui ne se fit pas sans beaucoup de peine & de dépense, & qui à la fin fut inutile, n'ayant pû rendre impraticable le passage de l'Escaut. Les Generaux des Alliez, qui avoient formé un dessein d'éclat en voulant passer ce Fleuve, ne pensérent qu'à l'executer. Le 24. de Novembre au soir, on dépêcha le Lieutenant-General Dompré, avec vingt Escadrons & dix Bataillons, pour marcher le lendemain à la pointe du jour vers Harlebeck. Quelques heures après, l'Armée se mit en marche de Rousselaer sur deux colonnes pour passer la Lis à Courtrai; & se rendre aussi à Harlebeck. La droite qui avoit l'Avant-Garde, y arriva d'assez bonne heure, & s'étendit jusqu'à Courtrai, mais la gauche n'y arriva que le 26. à six heures du matin, & s'étendit près de Derlich. Quoique la Cavalerie de la gauche ne fût arrivée que le matin au Camp, à cause des mauvais chemins & des défilez, on ordonna pourtant à l'Armée de se tenir prête à marcher le même jour, à trois heures après midi. On détacha encore de la gauche vingt Escadrons & six Bataillons sous le General-Major Bothmar & le Brigadier Smettau, qui joignirent le Lieutenant-General Dompré. Le Comte de Lottum s'y étant rendu pour prendre le Commandement de tout ce Détachement, qui étoit de 40. Escadrons & 16. Bataillons, avec six piéces de Canon & 14.

Bruxelles assiégée par le Duc de Baviére est secourue par les Alliez.

1708.

Pontons, se mit en marche le 26. vers l'Escaut, avec ordre de jetter des Ponts sur ce Fleuve du côté d'Asperen près de Gavre, d'y passer à quelque prix que ce fût, & de se fortifier sur les hauteurs, jusqu'à ce qu'il pût être secouru par le reste de l'Armée.

Ils entreprénent de passer l'Escaut à la vûë des Fr. qui ne peuvét l'empécher.

Le même jour 26. Mylord Duc se mit en marche avec l'Armée sur les 4. heures après midi, pour ataquer les François près de Kerkhoven, & y jetter des Ponts pour passer la Riviere; pendant que le Prince Eugene, qui marchoit de son côté avec environ vingt Bataillons & quarante Escadrons, tâcheroit de passer à Escanaffe. Tout cela fut si bien réglé, que les François n'en eurent point de connoissance, quoi qu'ils n'ignorassent pas que les Alliez avoient passé la Lis. Mais ils ne pouvoient s'imaginer, que ceux-ci osassent entreprendre une Action si hardie. On marcha toute la nuit à la faveur du clair de la Lune. La tête du Détachement du Comte de Lottum étant arrivée le 27. à quatre heures du matin sur le bord de l'Escaut, on jetta d'abord deux Ponts, & l'on fit passer une tête d'Infanterie. Le jour commençant à paroître, on fit passer la Cavalerie. Comme il faisoit du brouillard, une Patrouille de Dragons du Corps du Comte de la Mothe, qui étoit à une demi-lieuë de là, tomba dans quelques Troupes ennemies, & alla d'abord en donner avis à leur General, qui se doutoit déja de quelque chose, à cause de cinq ou six coups de Fusil qu'une Garde d'Infanterie Françoise avoit tirez, lors qu'elle entendit travailler aux Ponts des Alliez. Ceux-ci se mirent d'abord en ordre de bataille sur les hauteurs dans la Plaine de Gavre. Le Comte de Lottum, suivant l'ordre qu'il avoit, se mit en marche vers les hauteurs d'Oudenarde, pour aller joindre Mylord Duc, à qui il avoit donné avis de son passage. Le Comte de la Mothe voyant cela, se retira vers Gand,

étant toûjours resté à la distance d'une demi-lieuë des Alliez.

L'Armée commandée par Mylord Duc & le Comte de Tilli ayant défilé vers Kerkhoven sur deux colonnes, l'Aîle droite en faisant une, & la gauche une autre, eut aussi le bonheur de passer vers les six ou sept heures du matin, sur les Ponts qu'on y avoit jettez. Mylord Duc fit d'abord avancer ses Troupes vers Berchem, où elles surprirent & poursuivirent le Corps des François, commandez par Mr de Souternon, qui se pressoient de se retirer; & quoi qu'ils le fissent en grande diligence, on ne laissa pas de leur tuer environ deux cens hommes & de leur faire cinq ou six cens Prisonniers. La Cavalerie Hollandoise en suivant les François, qui avoient posté de l'Infanterie derriere des hayes & des défilez, fit aussi quelque perte, mais cela ne passa pas cent hommes : le Brigadier Baldwin reçut un coup de Fusil au travers du corps; Mylord d'Albemarle eut un cheval blessé, de même que le Comte Maurice de Nassau.

Passage du D. de Marlb.

Le Prince Eugene n'ayant pû passer à Escanaffe, à cause que le terrain n'y étoit pas propre, se rendit à Kerkhoven, & fit suivre ses Troupes sur les Ponts qu'on y avoit jettez. Celles que les François avoient sur les hauteurs d'Oudenarde sous les ordres de Mr de Hautefort; voyant avancer les Alliez, se presserent aussi de se retirer, avant qu'on les pût joindre. On s'aténdoit à une Action des plus chaudes; & c'est ce qui releve d'autant plus ce hardi passage des Alliez. Il ne s'agissoit pas seulement, comme autrefois à Tolhuis, de traverser un bras d'un Fleuve Guéable en plusieurs endroits, à la faveur de la sécheresse, dans une saison où les eaux étoient fort basses, & sans autre oposition, comme je l'ai fait voir, que celle d'un petit Corps de mauvaises Troupes qui ne s'atendoit à rien moins. Ici c'est une

Passage du Pr. Eugene

1708. Riviére, également large & profonde, qu'on entreprend de pafler à la vûë d'une nombreufe Armée, qui le fait, qui s'y atend, en quelque façon, qui a interêt de l'empêcher, qui du moins peut harceler l'Ennemi dans fon paffage & l'atendre de pied ferme de l'autre côté, pour le batre à mefure qu'il défile. Cependant rien n'arrive de tout cela; cette Armée nombreufe fuit à l'aproche de ceux qui la pourfuivent, & néglige tous les avantages dont elle auroit pû profiter. Qu'étoit donc devenu cet efprit *de force & d'audace* fi naturel à la Nation Françoife ? Et que peut-on dire autre chofe, finon qu'elle eut fes raifons pour en ufer ainfi ? Les Alliez prirent en cette ocafion deux Etendars, une paire de Timbales, & une grande quantité de Provifions & de Bagages. Mylord Duc & le Prince Eugene campérent le foir fur les hauteurs d'Oudenarde, excepté une petite partie des Troupes de ce Prince qui retourna vers Lille.

Ce paffage eft fuivi de la levée du fiége de Bruxelles.

Le 28. au matin le Prince Eugene retourna à l'Armée, avec les 16. Bataillons; & les 40. Efcadrons furent détachez fous le Lieutenant-General Dompré, pour fe pofter entre Aloft & Afche, & marchérent le 29. vers Bruxelles; mais l'Electeur de Baviere ne l'atendit pas. Car quoique les Efpions euffent raporté unanimement que la nuit du 28. les François entreprendroient non-feulement un Affaut general, mais même qu'ils tireroient fur la Ville à boulets rouges, pour exciter les Bourgeois à une fédition; on remarqua * vers le minuit que leur Armée étoit en mouvement, & peu après qu'elle fe retiroit vers Namur avec une telle précipitation, qu'ils laifférent 12. piéces de Canon, 4. Mortiers & trois Chariots de poudre.

* *Lettres des Seigneurs Députez des Etats Generaux à Bruxelles, & de My Pafcal, Gouverneur de la Place.*

On ne comprenoit rien à ce procedé; d'autant plus * qu'il y avoit eu un carnage horrible la nuit du 26. au 27. à l'ataque du Chemin couvert, dans lequel les François étoient entrez deux fois & en furent autant de fois chaffez. La mêlée y fut fi grande, qu'on fe prenoit par les cheveux & qu'on s'affommoit à coups de croffe. L'ataque fut fouvent reprife & dura 14. heures; mais le 27. à dix heures du matin le feu avoit été fort mediocre de part & d'autre. On s'atendoit que l'ataque recommenceroit le foir, & feroit plus vive que la premiere; cependant on fut fort furpris d'entendre un profond filence, jufqu'à ce qu'on aprit que l'Electeur de Baviére avoit demandé une fufpenfion d'armes pour enterrer fes morts & retirer fes bleffez; mais c'étoit une feinte & un ftratagéme pour lever plus commodément le fiége.

Reddition de la Citadelle de Lille.

Cet événement, le plus furprenant qu'il y ait eu dans cette Campagne, fut fuivi de la reddition de la Citadelle de Lille remife ** par le Maréchal de Boufflers au Prince Eugene, fans qu'on eût tiré un feul coup de Canon. Au moment que la Capitulation fut fignée, ce Prince, & le Prince de Naffau Gouverneur Hereditaire de Frife, allérent rendre vifite à Mr le Maréchal dans la Citadelle. Ils l'embrafférent & le complimentérent fur la gloire qu'il s'étoit aquife pendant ce long & pénible fiége. Ce Maréchal ayant répondu à ces Princes avec l'honnêteté que méritoit leur compliment, les invita à fouper dans la Citadelle; les deux Princes après l'avoir raillé fur l'offre qu'il leur faifoit, dans un tems qu'on favoit qu'il étoit dépourvû de toutes chofes, lui dirent: ,,Mr le Maréchal, nous acceptons avec ,,plaifir le régal que vous voulez nous ,,donner; aparemment que vous avez

* *Lettre écrite de Bruxelles le 19. Novembre*
** *Le 9. Decembre.*

1708.

Mr de Boufflers y donne à souper au Prince Eugene & au Prince de Nassau.

„ encore quelque gigot de cheval de
„ reste, * mais il n'importe, tout est
„ bon à la table d'un homme de vôtre
„ merite.

Dès que Mr de Boufflers eut arrêté ses Hôtes, il donna ordre d'aller chercher dans la Ville tout ce qu'on pourroit y trouver de plus délicat; mais ces Princes voulurent absolument qu'on servît le plat dont Mr de Boufflers auroit soupé, si la Capitulation n'avoit pas été signée. Les Cuisiniers donnérent deux assiétes de cette viande peu commune à la table des Princes; ceux-ci en goutérent par débauche, & la trouvérent moins mauvaise qu'ils ne s'étoient imaginé. Le lendemain, qui étoit le dix Decembre, Mr de Boufflers alla rendre visite à ces deux Princes. Le Prince Eugene le retint à dîner à l'abbaye de Loo, où étoit le Quartier general; ce Maréchal y reçut des complimens, & tous les honneurs possibles de la part de tous les Generaux, & autres Personnes de distinction. On remarqua que le Prince Eugene parla toûjours du Roi avec un respect infini, de même que les Députez de Messieurs les Etats Generaux; mais on s'aperçut que le Prince Eugene affecta de n'être jamais seul avec Mr de Boufflers, afin de dissiper les soupçons que les jaloux de sa gloire auroient pû en concevoir; ainsi le Prince de Nassau, les Députez de Hollande, ou quelque Officier-General des Troupes de l'Empereur, ou des Etats Generaux, furent toûjours présens aux conversations qu'il eut avec le Maréchal.

Il va ensuite à Versailles où il est fort bien reçu du Roi.

Le 16. Decembre Mr de Boufflers arriva à Versailles, & après avoir rendu compte au Roi de tout ce qui s'étoit passé dans le fameux siege qu'il venoit de soûtenir, il rendit la justice qui

étoit dûë aux Officiers Generaux; il passa ensuite dans le détail de chaque Officier de la Garnison; & comme il avoit pris une liste de tous les Soldats qui avoient par devers eux quelque action d'éclat, il parla à Sa Majesté de la valeur de chacun en particulier. Ce Monarque en parut très-satisfait, & dans la volonté de les récompenser suivant leur merite. Sa Majesté remit en mains à Mr de Boufflers le Brevet de Pair de France, dont la nomination avoit été faite pendant le siége de la Ville; elle lui donna aussi la Survivance du Gouvernement de Flandre pour son Fils aîné. Ce Maréchal ne resta que dix jours à la Cour; à peine avoit-il reçu les complimens qui lui étoient dûs, & rendu les visites les plus indispensables, qu'il partit de Versailles le 27. Decembre, pour s'en retourner en poste dans son Gouvernement de Flandre, afin d'y donner les ordres necessaires au service du Roi. Cependant l'Armée Françoise abandonna la Campagne, & celle des Alliez entreprit encore le siege de Gand, pour finir avec le même éclat que les autres avoient commencé.

1708.

Mais avant que de parler de ce nouveau siége, faisons diversion dans l'esprit du Lecteur, fatigué des longs & sanglans événemens qui viennent d'être raportez, pour passer à une autre guerre non moins opiniâtre, mais moins sanglante. Je veux parler de celle que les Jesuites continuoient de faire aux Jansenistes, sans épargner même le Sexe dévot qui n'a pas coûtume d'être envelopé dans les Expéditions Militaires. Mais ces bons Peres, ennemis implacables de tout ce qui s'apéle *Anti-Jesuite*, ne respectoient ni habit, ni sexe; ils jugérent les Religieuses de * Port-Royal des Champs dignes d'être aussi les victi-

Religieuses de Port-Royal persecutées à cause du Jansenisme.

* Chacun sait que Mr de Boufflers étoit reduit depuis plus de deux mois à manger de la chair de cheval.

* Abbaye de Bernardines, situé alors proche de Chevreuse, à six lieues de Paris.

1708. mes de leur zéle : & les hautes murailles de leur solitude, inaccessibles aux altercations du siécle, ne pûrent les garantir de l'irruption du noir Escadron, qui porta le trouble & l'horreur dans leur retraite paisible. Elevées & conduites par les maximes de ces pieux Solitaires * qu'on regardoit comme les Chefs du Parti Augustinien, elles goûtoient, dans l'exercice de l'*Adoration perpétuelle*, les douceurs d'une vie contemplative, lors qu'elles se virent frapées des Foudres du Vatican † qui avoient respecté jusqu'alors l'enceinte de leurs murailles. Tout leur crime étoit de n'être pas Filles de la Société, & de servir Jesus-Christ dans un autre esprit que celui de la *Compagnie de Jesus*. Il est vrai que le Pape envoya un Bref en France pour lever toutes les Censures & l'Interdit dont ces Religieuses étoient liées ; mais ce ne fut que pour ordonner en même-tems de proceder à l'extinction de leur Monastere, d'en suprimer tous les Priviléges, d'en faire prendre tous les Titres, & d'en déclarer tous les Immeubles apartenir aux Religieuses de *Port-Royal de Paris* ; en sorte qu'après la mort de dix-sept Religieuses & neuf Converses qui restoient à *Port-Royal des Champs*, il ne devoit plus y avoir dans ce Couvent ni Office ni Clôture ; ce qui fut éxécuté l'année suivante.

Elles sont enlevées & dispersées. Les Jesuites triomphoient, & la vûë d'un Epervier cruel, qui fond inopinément sur de timides Colombes, n'est pas plus terrible que le fut à ces chastes Vierges celle des Emissaires de la Société, lors qu'ils parurent dans ce Monastere pour executer les ordres du Roi. Mr d'Argenson, à la tête d'une Compagnie d'Archers, alla les enlever, avec autant de précaution que si elles eussent été bien redoutables. Ces pauvres Filles furent arrachées à leur Cloître & dispersées dans d'autres Couvents. On vit, * non sans scandale, un Exemt avec une Religieuse dans le même carosse, & un Escadron armé autour de ces foibles Captives, qui n'avoient pour armes que leur simplicité & leur innocence. Leur maison fut détruite en 1709. & ce Monastere, jusqu'alors si celebre, entiérement rasé. Il avoit été fondé en 1204. par Mathilde de Gorlande, Femme de Marli, Cadet de la Maison de Montmorenci, qui étant à la guerre de la Terre Sainte, avoit laissé une grosse somme à son Epouse pour être employée en œuvres de pieté. Celle ci en fonda Port-Royal, de l'avis d'Odon de Sulli, Evêque de Paris, qui étoit proche Parent de Philippe-Auguste.

Cette expédition, qui fit crier tout Paris, avoit été precedée d'un Décret † obtenu du Pape Clement XI. contre le *Nouveau Testament* du Pere Pasquier Quesnel, Prêtre de l'Oratoire, ami de Mr Arnaud, qui se trouvoit alors à la tête du Parti Anti-Jesuitique : lequel Decret condamnoit ce Livre en general, avec des qualifications très dures, sans marquer en particulier aucune Proposition. Il en parut une Réfutation fort vive l'année suivante sous ce Titre : *Entretiens* †* *sur le Decret de Rome contre le Nouveau Testament de Châlons, acompagné de Réflexions Morales.* Ce

Le Nouveau Testament du P. Q. condamné.

---

* *Les premiers qui ayent été habiter Port-Royal des Champs, furent Mrs Antoine le Maître, de Senicourt & de Saci, ses Freres. Le Livre de la Frequente Communion de Mr Arnaud fut ce qui atira le premier orage à ces Religieuses. Voyez l'Histoire Abregée de cette Abbaye depuis sa fondation, &c.*

† *Par une Bulle du 27. Mars de cette année, qui réünit Port-Royal des Champs à Port-Royal de Paris, situé au Faux-bourg St Jaques ; à laquelle les Religieuses de la premiere Abbaye ne voulurent point obéir ; ce qui fut cause de leur dispersion, & l'année suivante de l'entiére extinction de leur Monastere.*

* *Au mois de Novembre 1709.*
† *Du 13. de Juillet de cette année.*
‡* *On a atribué cet Ecrit au Pere Quesnel.*

Décret

LOUIS XIV. Liv. XVI. 267

1708. Décret ne put être ni reçu ni publié en France, n'étant pas conforme aux Usages du Royaume, & il eut très-peu d'éfet : sinon que quelques Evêques, comme ceux de * Luçon, de la Rochelle, de Gap, & d'Apt, condamnérent ce Livre par des Mandemens, sans pourtant faire mention du Decret de Rome. Nous raporterons plus amplement l'origine & la suite de cette affaire, quand nous parlerons de la fameuse Constitution *Unigenitus*, à laquelle elle donna lieu.

Mauvais état du Royaume de France à quoi atribué. Les affaires du Royaume alloient cependant en décadence, & les Dévots l'atribuoient à la négligence qu'on avoit eû d'acomplir un vœu, que Louis XIII. avoit fait, d'élever un nouvel Autel dans le Chœur de l'Eglise de Nôtre-Dame de Paris. *Les gens de bien*, disoit-on alors dans cette Capitale, *se sont enfin aperçus, que la Sainte Vierge, à laquelle cet Autel est consacré, & qui est la Protectrice du Royaume, ne le protége plus comme autrefois, irritée sans doute de ce qu'on a négligé pendant plus d'un demi-siècle, d'achever de construire ce monument de la derniére magnificence, depuis le vœu de Louis le Juste.* On ne sera peut-être pas fâché d'en voir ici l'Histoire.

Histoire d'un Vœu fait par Louis XIII. Ce Prince qui naturellement étoit timide & superstitieux, voyant son Royaume puissamment ataqué l'an 1635. fit vœu de donner une riche lampe pour être mise dans cette Eglise, devant une Image de la Sainte Vierge, qu'on fait passer pour miraculeuse. Le vœu du Monarque fut acompli la même année. La lampe étoit du poids de trois cent vingt Marcs d'argent. Les Espagnols ayant été chassez de la Picardie, de la Guiënne & du Languedoc, Louis XIII.

* *Celui de Luçon se nomme Jean François de Lescures ; celui de la Rochelle, Etienne de Champs-Flours ; celui de Gap, François de Matissilles, & celui d'Apt, Joseph-Ignace de Loresta de Colongue.*

Tome *III.*

s'imagina que la Vierge, contente de son present, lui avoit obtenu en récompense des avantages qu'il n'osoit esperer ; & sur cela, à la persuasion du Pere Joseph, il resolut de mettre sa personne & son Royaume sous la Protection particuliére de sa prétenduë Bien-Faictrice. Les Patentes pour ce vœu furent expediées vers le commencement de l'année 1638. Elles sont curieuses, on en va juger. Voici comme on faisoit parler ce Prince. ,, Prosternez aux pieds ,, de la Divine Majesté que nous ado- ,, rons en trois Personnes, à ceux de la ,, Sainte Vierge, & de la Sacrée Croix, ,, où nous réverons les Mistéres de nôtre ,, Redemption par la vie & la mort du ,, Fils de Dieu en nôtre chair ; nous ,, nous consacrons à la grandeur de Dieu ,, par son Fils rabaissé jusqu'à nous, & ,, à ce Fils par sa Mere élevée jusqu'à lui, ,, en la Protection de laquelle nous mettons ,, tons particuliérement nôtre Etat, ,, nôtre Couronne & tous nos Sujets, ,, pour obtenir par ce moyen celle de la ,, Très-Sainte. Trinité par son Intercession, ,, & de toute la Cour Celeste ,, par son autorité & exemple. Nos ,, mains n'étant pas assez pures pour ,, presenter nos Offrandes à la Pureté ,, même, nous croyons que celles qui ,, ont été dignes de la porter les rendront ,, Hosties agréables. Et c'est chose ,, bien raisonnable, qu'ayant été ,, Médiatrice de ses bienfaits, elle le ,, soit de nos actions de graces. *A ces ,, Causes* nous avons déclaré, & déclarons, ,, que prenant la Très Sainte & ,, Très glorieuse Vierge pour Protectrice ,, speciale de nôtre Royaume, nous ,, lui consacrons particuliérement nôtre ,, Etat, nôtre Couronne, & nos Sujets: ,, la priant de nous vouloir inspirer une ,, sainte conduite, & défendre avec tant ,, de soin ce Royaume contre l'éfort de ,, tous ses ennemis, que soit qu'il soufre ,, le fleau de la guerre, ou jouisse de ,, la douceur de la paix, que nous lui

,, demandons de tout nôtre cœur, il ne
,, sorte point des voyes de la Grace, qui
,, conduisent à celles de la Gloire. Et
,, afin que la Posterité ne puisse manquer
,, à suivre nos volontez en ce sujet, pour
,, monument & marque immortelle de
,, la Consécration presente que nous
,, faisons, nous ferons construire de
,, nouveau le grand Autel de l'Eglise
,, Cathédrale de Paris, avec une Image
,, de la Vierge, qui tienne entre ses
,, bras celle de son précieux Fils des-
,, cendu de la Croix, & nous serons
,, représentez aux pieds & du Fils & de
,, la Mere, comme leur offrant nôtre
,, Couronne & nôtre Sceptre.

Réflexions de Grotius sur ce vœu.

Louis XIII. ne fit pas ériger ce monument si solemnellement promis ; il se contenta, qu'en atendant, on fit tous les ans à la Fête de l'Assomption une Procession solemnelle dans les Eglises Cathédrales de son Royaume, & c'est ce qui a été exécuté jusqu'à present. Grotius railla fort agréablement de la superstition & de la crédulité du Monarque, dans une Lettre qu'il écrivit en ce tems-là au Chancelier de Suede. * *Le Roi*, dit ce Grand Homme, *a consacré & sa Personne & son Royaume à la Sainte Vierge, dès les premiers jours de cette année. Il ne doute point que les prosperitez de la Campagne dernière ne soient un effet de son vœu. Non content d'élever un Autel dans la Cathedrale de cette Ville, qui coûtera quatre cens mille livres, il a résolu de faire celebrer avec plus de solemnité qu'auparavant, la Fête de ce qu'on apèle l'Assomption de la Vierge. Il envoye pour cet éfet des Lettres Patentes au Parlement. Laissons à ces Magistrats le soin d'examiner si la consécration de la Couronne de France à une Sainte s'acorde bien avec la Loi Salique: Je suis seulement en peine d'une chose. S'il arrive, comme il y a beaucoup d'aparence, qu'en vertu de son nouveau droit*

* *Datée du 21. Novembre 1638.*

sur la France, la Vierge nomme le Cardinal de Richelieu son Vicaire General, & lui donne le pouvoir d'agir en son nom, que restera-t-il au Roi ? L'obligation d'obéir dévotement à son Ministre. L'événement a répondu à la pensé de ce grand homme. On sait combien Louis XIII. fut dépendant de son premier Ministre, & Louis XIV. quoi que plus absolu en aparence, n'en étoit pas moins soumis en éfet aux volontez de ceux, à qui il se laissa gouverner. L'ascendant qu'il laissa prendre sur son esprit à une nouvelle Béate, aux pieds de laquelle il mit & sa Couronne & sa Personne, fut encore plus grand que la dévotion de Louis XIII. pour la Sainte Vierge. Cette Reine des Cieux prit le Royaume sous sa Protection, je le veux croire, & si du haut du Ciel elle daigna jetter les yeux sur ce qui s'y passoit, ce ne fut que pour s'interesser à sa conservation. Mais la Régente, dont je parle, raporta tout à ses propres avantages : & plus jalouse de son Autorité que si elle eût été Reine déclarée, elle se fit un point d'honneur de voir executer au dehors ses Arrêts dictez dans le Cabinet ; présente, quoi qu'invisible dans les Conseils, ce fut un secret plaisir pour elle d'y présider par son esprit, & de voir sur le Théatre d'un grand Royaume l'éfet des ressorts dont elle dirigeoit tous les mouvemens derriére le rideau. Plaisir qu'elle achéta au prix de tout ce qui en pouvoit arriver ! Ce qui fit dire des François, *malheureux le Peuple dont le Roi foible est gouverné par une Femme ambitieuse !* De-là les pertes fréquentes qui désolérent la France, qui la réduisirent dans le triste état où on la voit aujourd'hui, & dont toute l'habileté du sage Régent qui la gouverne, aura bien de la peine à la tirer.

On raconte de Charles-Quint qu'aprés la levée du siége de Metz, qui fut une des plus grandes mortifications qu'il eût essuyées en sa vie, il dit,

Louis XIV. mis en parallele avec

1708.
Charles Quint.

voyant l'ascendant que l'Etoile de Henri II. prenoit sur lui, *je vois bien que la fortune ressemble aux Femmes, elle prefere les jeunes Gens aux Vieillards.* L'experience qu'il en fit le découragea, & dès qu'il se vit malheureux, il cessa presque d'être magnanime. Du moins Louis XIV. témoigna-t'il plus de fermeté & de résolution ; il parut inébranlable au milieu des revers dont il se vit assailli de toutes parts. Uniquement renfermé dans l'idée de sa propre grandeur, tout le reste ne le toucha plus. Il la fit consister à paroître Grand dans sa Cour, & à penser aux moyens de se relever de ses pertes, pendant qu'on le croyoit déconcerté pour toûjours. Il est certain que cette grandeur d'ame fut le caractere particulier du Roi durant les dernieres années de sa vie, & que si dans les premiers tems il parut homme par ses foiblesses, il fut dans la suite ce que c'étoit qu'être Roi, par sa grande aplication à l'art de regner. L'expérience des affaires le fortifia contre les revers auxquels il étoit acoûtumé. On ne le vit jamais abatu dans les extrémitez les plus pressantes ; & toûjours Maître de lui-même dans des conjonctures où la tête eût tourné à tout autre, il fut contraint d'aporter des remedes extrêmes à des maux extrêmes aussi. Il est vrai qu'il eût pû éviter ces maux, par un usage plus moderé de sa puissance ; mais où n'entraîne pas une grande ambition soûtenuë par la flaterie ?

On afeste d'informer le Roi des personnes qui meurent dans un âge avancé.

N'auroit-ce pas été pour le confirmer dans ces idées flateuses, & pour éloigner de son esprit celle d'une mort prochaine, qu'on s'avisa en France de tenir regître des personnes, qui mouroient dans un âge fort avancé ? On fut fort exact à en recueillir les noms, & comme si ces exemples eussent tiré à conséquence pour la personne du Monarque ; on ne manqua point de les lui raporter, & de les publier. Cette nouvelle adresse de la flaterie faisoit plaisir

à Madame de Maintenon & à toute la Cour ; & le Roi continuant de vivre dans les douceurs domestiques de son Palais, songeoit en même-tems à aporter des remedes efficaces à l'épuisement de ses Finances.

Il y avoit fait un changement considerable dès le mois de Janvier, en jettant les yeux sur Mr Des Marets, Directeur-General des Finances, & Neveu de feu Mr Colbert, pour remplir la placé de Mr de Chamillard, qui avoit fait la démission volontaire de sa Charge de Contrôleur-General entre les mains de Sa Majesté. Ce Ministre, chargé d'ailleurs du détail de la guerre, avoit suplié le Roi de le décharger d'un fardeau qui devenoit tous les jours plus pesant. La rareté des especes, les sommes considerables dûës aux Tresoriers & aux Entrepreneurs, le défaut de payement des Assignations, le discrédit des Efets du Roi, & l'usure qui se faisoit sur les Billets de Monnoye & sur toute sorte de Papiers, avoient mis les Finances dans un état qui paroissoit sans remede. Ce fut dans cette affreuse situation que Mr Des-Marets fut nommé Contrôleur-General. Elle lui étoit, dit-il, *parfaitement connuë : le peu de possibilité de satisfaire à tant de dépenses avec si peu de fonds, se montra à lui dans toute son étenduë, & il sentit tout le poids d'une pareille Commission. Mais le Roi ne lui laissa pas la liberté de lui representer ce qu'il savoit de l'état de ses Finances : Sa Majesté le prévint & s'expliqua nettement, disant, qu'il connoissoit parfaitement l'état des affaires : qu'il ne lui demandoit pas l'impossible : que s'il réussissoit il lui rendroit un grand service, dont il lui sauroit beaucoup de gré ; & que si le succez n'étoit pas heureux, il ne lui en imputeroit pas les événemens. Tout ce que fit ce Mi-

* *Voyez son Mémoire presenté à Mr le Duc Regent au Mois de Decembre 1716.*

1708.

M. Des-Marêts est fait Contrôleur General des Finances à la place de Mr de Chamillard

L l ij

1708. niſtre, ne fut donc qu'en vertu des ordres du Roi, comme il le dit lui-même; & s'il en a rendu compte, quoi qu'il n'y fût pas obligé, ce fut, dit-il encore dans le Mémoire que je cite ici, par un motif d'honneur & de reſpect pour Son Alteſſe Royale Mr le Duc Regent. Ecoutons le donc parler.

De quelle maniere il comença ſon adminiſtration.

,, Le premier objet auquel je don-
,, nai toute mon atention, fut de re-
,, connoître les dettes de l'Etat, & les
,, Papiers qui étoient diſcréditez & qui
,, avoient fait reſſerrer l'argent à un tel
,, excez, que le payement des Troupes
,, avoit manqué dans preſque tous les
,, départemens. On ne pouvoit ſans
,, imprudence faire publiquement cette
,, reconnoiſſance; il faloit au contraire
,, cacher le mal pour ne pas manquer
,, totalement..... Les fonds de l'année
,, 1708. ayant été preſque entiérement
,, conſommez par avance, il n'en reſ-
,, toit que très-peu de libres, déduction
,, faite des Charges & Aſſignations
,, anticipées..... Il n'avoit été fait au-
,, cune diſpoſition pour les vivres de la
,, Campagne, nul fond pour les remon-
,, tes & les recruës......

,, Je crus devoir commencer cette
,, difficile Adminiſtration par un coup
,, déciſif, & qui marquant au Public
,, que je connoiſſois l'ordre & l'écono-
,, mie d'une bonne Régie, étoit ſeul
,, capable de donner à l'eſpece ſa pre-
,, miere circulation & de ranimer la
,, confiance. Je compris que le Treſor
,, Royal, comme le centre de la finan-
,, ce, devoit recevoir tout le produit
,, des Revenus de Sa Majeſté; & je
,, m'atachai à l'y faire remettre à l'é-
,, chéance de chaque payement. Qua-
,, tre raiſons principales m'y détermi-
,, nérent. I. *Pour engager les Compta-*
,, *bles à payer plus régulièrement qu'ils*
,, *n'avoient fait.* II. *Pour empêcher que*
,, *ceux qui avoient pris des engagemens*
,, *pour le ſervice, ne fuſſent plus long-tems*
,, *expoſez à eſſuyer de longs retardemens,*

,, *ni privez par les mauvaiſes difficultez* 1708.
,, *des Comptables, d'une partie de leur*
,, *interet*, dont le retardement juſqu'a-
,, lors avoit fait un tort conſidérable au
,, crédit du Roi. III. *Parce qu'en fai-*
,, *ſant porter directement à la Caiſſe du*
,, *Treſor Royal le produit des Revenus*
,, *de S. M.* je redonnois à cette Caiſ-
,, ſe un crédit éteint dépuis long-tems; per-
,, ſuadé que le ſeul moyen de diſſiper la
,, ſupériorité uſuraire que l'eſpece avoit
,, priſe ſur le Papier, & de faire ſortir
,, l'eſpece, étoit de faire voir au Public
,, beaucoup d'argent circuler dans la
,, Caiſſe du Roi. IV. Je penſai à établir
,, une Régie certaine, & qui me mit
,, en état de pourvoir aux dépenſes les
,, plus preſſées, par la connoiſſance du
,, fond que j'aurois dans cette Caiſſe,
,, ſuivant les bordereaux qui m'en ſe-
,, roient remis toutes les ſemaines & tous
,, les mois.

,, Cet arangement fut aplaudi, &
,, eut tout l'éfet qu'on en pouvoit at-
,, tendre. Pour parvenir à l'execution
,, de ce Projet, il faloit *rendre libres*
,, *les fonds de l'année* 1708. qui avoient
,, été conſommez entiérement par des
,, Aſſignations anticipées, leſquelles
,, avoient été tirées pour les dépenſes
,, des années precedentes. Le Roi or-
,, donna *qu'elles ſeroient raportées &*
,, *réaſſignées ſur l'année* 1709. ce qui
,, fut executé. *La diminution des eſpeces*
,, qui avoit été annoncée pour le pre-
,, mier Mars 1708. & ſucceſſivement
,, dans les autres mois de la même an-
,, née, détermina tous les Porteurs
,, d'Aſſignation à les raporter ſans pei-
,, ne, pour éviter les diminutions qu'ils
,, auroient ſoufertes, ſi on avoit pû
,, les aquiter exactement.

,, Il faut obſerver que ces fonds n'é-
,, tant pas à beaucoup près ſuffiſans,
,, pour fournir aux dépenſes les plus
,, preſſées & les plus neceſſaires, il fa-
,, lut penſer à augmenter le crédit &
,, faciliter de nouveaux emprunts; &

„ comme il avoit été ordonné par un
„ Arrêt du 29. Octobre 1707. que tous
„ les payemens ne pourroient être faits ni
„ Stipulez que les trois quarts en especes
„ & l'autre quart en Billets de Monnoye,
„ le défaut de liberté dans les Conven-
„ tions qui se pouvoient faire entre le
„ Prêteur & l'Emprunteur, faisoit toû-
„ jours resserrer de plus en plus l'espe-
„ ce. Le Roi permit par Arrêt du 27.
„ Fevrier 1708. la liberté des Stipula-
„ tions : cet Arrêt & les diminutions an-
„ noncées causérent un assez grand mou-
„ vement d'argent, & donnérent les
„ moyens de soûtenir les dépenses de
„ cette année. Il falut encore avoir re-
„ cours à d'autres expédiens ; on créa
„ par quatre Edits 2100000. livres de
„ Rente sur l'Hôtel de Ville, au principal
„ de 33600000. livres ; on créa aussi
„ des augmentations de gages, que les
„ Officiers des Compagnies supérieures,
„ les Officiers de Police & de Finance
„ furent obligez de lever ; ce qui pro-
„ duisit la somme de 11400000. livres.
„ On fit aussi divers Traitez d'affaires
„ extraordinaires, dont le total étoit de
„ trente-six millions. Tous ces expé-
„ diens produisirent avec peine les fonds
„ pour les dépenses de la Campagne ;
„ ce qui étonna les ennemis de la Fran-
„ ce, qui étoient persuadez que les Fi-
„ nances étoient abandonnées, comme
„ insoûtenables. Le mauvais événement
„ de la bataille d'Oudenarde, & la prise
„ de Lille, firent retomber les affaires
„ dans une nouvelle confusion & dans
„ un embarras, dont avec raison on
„ pouvoit desesperer de se tirer.

On ne peut nier que les moyens que Mr Des-Marêts employa pour remedier à ce désordre affreux, ne fissent paroître sa grande habileté, dans une conjoncture si épineuse ; mais ces moyens, violens autant que nécessaires, en faisant honneur au Ministre, n'en firent pas beaucoup au Roi, qui s'étoit plongé volontairement dans cette déplorable necessité. Ne peut-on pas dire même que le remede fut pire que le mal ? puisque ce nouvel arrangement des Finances ne se put faire qu'en acablant les Peuples de nouveau, & que pour avoir quelque argent comptant, il falut contracter de nouvelles dettes. Triste ressource ! qui agrava les maux au lieu de les soûlager, & qui ne tira la France d'un danger present, que pour la jetter dans un autre qui dure encore, & dont on ne peut esperer de la voir sortir si-tôt.

Entre les divers moyens que le nouveau Contrôleur des Finances employa, pour trouver les sommes nécessaires au soûtien de la guerre, il y en eut un assez singulier, qui incommoda fort certains Nobles dont le meilleur Capital étoit l'Epée. Ce fut de les obliger de faire enregitrer leurs Titres en payant vingt livres : moyennant lequel enregitrement, leur Noblesse seroit assurée à toute leur posterité, quand même leurs Titres seroient perdus ou brûlez. Il n'y eut que les Nobles de nouvelle datte qui trouvérent leur compte à ce nouvel enregitrement, puis qu'effectivement ce fut un nouveau Titre pour eux, & pour bien d'autres, dont la Noblesse étoit équivoque, & qu'on ne vouloit pourtant pas exclure, afin que la somme que l'on se proposoit de retirer, fût un peu plus considérable.

Les Alliez, comme j'ai dit, avoient formé le dessein d'assiéger Gand. Tout le Canon qui avoit servi au siége de Lille avoit été embarqué pour cet éfet sur la Lis, & l'on avoit fait partir en même-tems d'Anvers plusieurs Bâtimens chargez de munitions de guerre. Je n'entrerai point ici dans un long détail de ce siége. Je dirai seulement que le seize Decembre les Magistrats de la Ville envoyérent demander la permission de parler au Duc de Marlboroug, qui avoit son Quartier à Melle. Le jour suivant Mylord Duc reçut des Députez

Enregitrement des Titres de Noblesse.

Siége de Gand par les Alliez.

qui le priérent de ne point bombarder la Ville. Il leur fut répondu „que comme ils étoient la cause du mal, ils en „avoient aussi le remede ; que puis „qu'ils avoient apelé les François, ils „devoient aussi aider à les chasser, ou „bien atendre les suites. Le Prince Eugene arriva au Camp devant la Place le 23. Comme on vouloit finir promptement ce siége, on résolut de faire trois ataques, une au Château, une entre les Portes de l'Empereur & de Bruxelles, & la troisiéme entre les Portes de St Pierre & de Courtrai. Le Prince Héréditaire de Hesse-Cassel, le Comte de Lottum, & le Duc de Wirtemberg furent choisis pour commander ces Attaques. En même tems Mr Verhoef fut chargé de faire écouler l'eau du haut Escaut dans le bas Escaut, & il y travailla d'abord avec succez.

Ouverture de la Tráchée suivie 6. jours après de la reddition de la Place.
Le 24. au soir le General Fagel fut commandé avec sept Bataillons soûtenus par deux autres, & six cens Chevaux de reserve, pour ouvrir la tranchée à l'ataque du Comte de Lottum. Le 25. on l'ouvrit à celle du Duc de Wirtemberg, ce fut le General Major Murrai qui fut commandé pour cet éfet; & le même soir le Brigadier Evans l'ouvrit à la troisiéme ataque. Le 26. à midi, les François firent une sortie de deux mille hommes à cette derniere ataque à la faveur d'un brouillard. Ils mirent d'abord en désordre deux Régimens Anglois, & ils firent prisonniers le Brigadier Evans & le Colonel Grove, mais trois Régimens s'étant avancez pour soûtenir les Anglois, les François furent chassez. Le même jour ils tentérent de faire une autre sortie sur les tranchées du côté du Château, mais dès que leur tête parut, ils furent reçus avec tant de vigueur qu'ils se retirérent à l'instant. Le 27. on se rendit maître du Fort de la Maison Rouge à discretion; il y avoit 200. hommes. Les piéces d'Artillerie qui devoient être employées à batre la Place assiégée étoient au nombre de deux cens une, tant Canons, que Mortiers & Haubits, mais les François n'en atendirent pas l'éfet. Le 29. le Comte de la Mothe, qui commandoit dans Gand, envoya le Prince d'Isenghien & deux autres Officiers, pour proposer de se rendre ; le lendemain la Capitulation fut signée.

Suite de cette Côquête des Alliez.
Le même jour que Gand fut évacué, les François qui étoient dans Bruges, Plassendael, & Leffingen, abandonérent ces trois Places & emportérent l'Artillerie de la derniere. Ils ne purent empêcher les Troupes des Alliez de penetrer dans la Flandre Françoise & de mettre sous Contribution la Province d'Artois, le Païs de Dunkerque & la Frontiere de Picardie. Il n'y eut, comme nous l'avons vû, que l'ataque du Village de Leffingen qui réüssit aux François ; mais ce fut après coup ; & lors que la Ville de Lille venoit de capituler le jour precedent.

Afaires de Hongrie.
Cependant la guerre de Hongrie continuoit toûjours avec la même langueur, par la foiblesse des éforts de part & d'autre ; quoi qu'elle n'en fût que plus ruineuse pour ce Royaume, ouvert de tous côtez aux invasions des Troupes. La France qui agissoit en Pologne pour moyenner un acommodement, travailla à l'empêcher en Hongrie, par les subsides qu'elle fournit au Prince Ragotski, lents à la verité, & insuffisans pour le mettre en état de supériorité, mais assez éficaces pour prolonger la guerre, l'unique but qu'elle se proposoit. D'un autre côté, les Impériaux ne purent agir avec assez de force pour reduire les Mécontens, parce que divers secours leur manquérent ; & qu'ils ne reçurent même que tard le renfort des Troupes Danoises. Cependant la vigilance, & l'activité du Maréchal de Heister, supléérent en quelque façon à ces manquemens. Avec un Corps de 7000. hommes de Cavalerie il surprit & batit les

1708. Mécontens près de Trentschin, quoi qu'ils eussent trois fois autant de monde, ce qui lui donna lieu de ravitailler cette Forteresse, de prendre ensuite Neutra après la jonction de son Infanterie; & de rompre les mesures des Hongrois, à qui il enleva même les Villes des montagnes qui étoient leur grande ressource. On voit par-là quel succez l'Empereur pouvoit esperer avec une augmentation de Troupes. Cependant il eût été à souhaiter pour l'avantage de Sa Majesté Impériale, & pour le bien du Royaume, qu'on eût fini cette guerre par un acommodement amiable & équitable, qui seul pouvoit couper la racine de la discorde & rétablir une véritable paix. La Diéte de Presbourg avoit été convoquée dès le mois de Fevrier, pour tâcher de réunir les Esprits; mais le tems de ces heureuses dispositions n'étoit pas venu.

Guerre du Nord.

Quant à la guerre du Nord la fin de la Campagne n'avoit pas avancé les affaires, autant qu'on l'avoit crû dans les commencemens. De quatre Armées qui avoient subsisté en Pologne, celle du Roi Stanislas, & l'Armée Confederée de la Couronne restérent dans l'inaction, soit à cause du mal contagieux répandu en divers lieux, ou parce qu'on attendoit l'éfet des Négociations de l'Envoyé de France pour un acomodement: mais ce succez dépendoit principalement du sort des Armes Suédoises, occupées contre les Moscovites.

Du Roi de Suéde contre les Moscovites.

Le Roi de Suede avoit entrepris d'éloigner ceux-ci de la Pologne, & de penetrer même dans leur Païs; comptant bien que s'il pouvoit venir à bout des Forces du Czar, tout seroit bientôt décidé en faveur du Roi Stanislas. Mais cette entreprise trouva plusieurs difficultez, à cause que dans un si grand éloignement, l'Armée Suedoise eut autant d'icommoditez à essuyer, que les Moscovites eurent de ressources en s'aprochant de leur Païs; outre que leurs Troupes eurent ocasion de s'aguerrir 1708. par le tems & par diverses rencontres. Il y eut entre autres deux Actions remarquables; l'une le 14. Juillet, près de *Holovschin*, à quatre lieuës de *Mohilou*, où le Roi de Suede se trouva en personne, & ataqua avec sa valeur ordinaire une partie de l'Armée Moscovite: l'autre le neuf Octobre, près de *Lezna*, à deux lieuës de Propoisk, où le Czar mena lui-même ses Troupes à la charge contre le General Leuvvenhaupt, qui alloit joindre le Roi de Suede. Les Moscovites diminuérent l'avantage des Suedois dans la premiere Action, dont ceux-ci s'atribuérent la victoire. Les Suédois à leur tour exténuérent aussi la victoire que les Moscovites publiérent avoir remporté complète dans la derniere Action. Comme les Relations de part & d'autre en furent renduës publiques, je ne les raporterai point ici. Il est certain du moins que la décision de la guerre & du sort de la Pologne fut renvoyé à une autre Campagne.

Le Prince George de Dannemarck, Epoux de la Reine de la Grande Bretagne, étoit depuis quelque-tems indisposé d'un Asthme; il se trouva si mal le cinq de Novembre, qu'on desespera de sa vie. En éfet sa maladie ayant augmenté les trois jours suivans, il mourut le huit à Kinsington, âgé d'environ 55. ans. Il avoit épousé au mois de Juillet 1683. la Princesse Anne, seconde fille du Roi Jaques, depuis Reine de la Grande-Bretagne & il avoit été déclaré, par les Articles de ce Mariage, que ce Prince seroit reconnu pour Prince du sang Royal d'Angleterre. Depuis que la Princesse son Epouse étoit montée sur le Trône, il étoit Duc de Cumberland, Grand Amiral de la Grande Bretagne & d'Irlande, & Generalissime des Forces de Sa Majesté Britannique tant par Mer que par Terre.

Mort du Pr. George de Dannemarck. Memoires du Tems.

Entre les événemens remarquables *Evéne-*

1708. de cette année qui furent des suites de la presente guerre, on vit l'Electeur Palatin, remis en possession du Haut Palatinat, avec le titre & rang, dont la Maison de Bavière avoit été revêtuë par le Traité de Westphalie. Le Ban de l'Empire publié le 30. Juin contre le Duc de Mantouë, qui mourut ensuite le cinq Juillet. Le Duc de Savoye, mis en possession du Monferrat Mantouan & d'autres Païs voisins, en vertu de l'investiture à lui acordée par Sa Majesté Impériale. Et l'affaire du neuviéme Electorat entièrement finie à la Diéte de Ratisbonne, à la satisfaction de Son Altesse Electorale de Brunsvvick-Lunebourg.

mens remarquables de cette année.

1709. La Campagne precedente, qui avoit été prolongée dans le Païs-Bas, par une saison des plus favorables pour les Armes des Alliez, ne fut pas plûtôt terminée au mois de Janvier 1709. par la réduction de *Gand* & de *Bruges*, que l'on commença d'essuyer le plus rude Hiver qui se soit jamais fait sentir, & dont les suites furent funestes en une infinité de lieux. Le fleau de la disette, qui suivit de près, désola plusieurs Etats & Provinces; & le mal contagieux regna en d'autres, où il ne fit pas de moindres ravages. Il sembloit que le Printems alloit mettre fin à tant de miseres par une bonne paix; neanmoins ces belles aparences s'évanouirent bien-tôt & ne servirent qu'à ralumer plus que jamais les fureurs de la guerre. Mais avant que d'en décrire les incidens, raportons la mort de quelques personnes qui ont eu part aux évenemens de ce Regne.

Grand Hiver en 1709

Mort du Pere de la Chaise. Memoires du Tems.

Le premier fut le Pere François de la Chaise, Jesuite & Confesseur du Roi Très-Chrétien, qui mourut à Paris le vingt Janvier, âgé de plus de 85. ans. Il avoit rempli cet Emploi délicat durant près de 36. ans. Il étoit fils de Mr de la Chaise, Gentilhomme de Forêt, & de Dame N. de Rochefort; sa Grand-Mere étoit Sœur du fameux Pere Coton, Confesseur du Roi Henri le Grand. Il étoit auparavant Provincial de son Ordre dans la Province de Lyon. Feu Mr de Villeroi, Archevêque de Lyon, le fit rapeler de Grenoble, où il étoit Recteur, pour lui donner le même Emploi dans le Grand Collége de la Ville dont il étoit Archevêque. C'est-là où l'avoit connu feu Mr Spon, qui lui fit voir dans une Lettre, que la Religion Réformée étoit aussi ancienne que le Monde, & qui ensuite, chose assez singuliére, lui dédia son Histoire de Genève. L'Auteur d'une Satire fort sanglante contre le Pere de la Chaise, dit positivement que ce Jesuite suplanta le Pere Annat, qui étoit Confesseur de Louis XIV. en excusant les Amours de ce Monarque sur l'infirmité de la Nature. Mais sans revoquer en doute que le Pere de la Chaise ait été un Confesseur plus commode que le P. Annat, il est certain qu'il ne lui succeda point dans cette Charge, mais au Perre Ferrier Jesuite, mort le 26. d'Octobre 1674. Je ne sai quel homme étoit ce Pere Ferrier, qui ne vécut que trois ou quatre ans dans sa Charge de Confesseur du Roi, mais il y a aparence qu'il ne devoit pas être si scrupuleux ou si méchant Politique que son Prédecesseur. *Le pauvre Pere Annat,* * *Confesseur du Roi, souflé par les Reines, alla trouver ce Prince, & se gnit de vouloir quiter la Cour, faisant entendre finement que c'étoit à cause de son commerce. Le Roi en riant lui acorda tout franc son congé; le Pere se voyant pris voulut racommoder l'affaire, mais le Roi en riant toûjours lui dit, qu'il ne vouloit desormais que de son Curé. L'on ne peut dire le mal que tout son Ordre lui voulut d'avoir été si peu habile.* On peut bien croire que le Pere Ferrier ayant été choisi par son

1709.

* *C'est ce que dit l'Auteur d'un Livre qui parut en 1665.*

Ordre,

LOUIS XIV. Liv. XVI.

1709.

Ordre, ne fut pas un homme fort scrupuleux. Le Pere de la Chaise qui remplit sa place fut aussi du même caractere. Toute la pénitence qu'il imposa au Roi Très-Chrétien fut d'exterminer l'Hérésie dans son Royaume, quoi que peut-être il n'ait pas conseillé de le faire par des voyes aussi rigoureuses que celles qu'on employa.

Quelles sont les Foctiós & Apointemés de Confesseur du Roi.

Quelque délicat que soit pour un Ecclesiastique, qui veut bien faire son devoir, cet Emploi de Confesseur du Roi, il ne laissa pas d'être brigué, parce qu'en éfer il est fort important, & que le pouvoir ataché à ses fonctions, aussi bien que son revenu, est très-considérable. Le Confesseur du Roi joüit de 6854. livres de revenu : il a 1200. liv. de gages, 2654. livres à prendre à la Chambre des deniers, & 3000. livres pour l'entretien de son carosse ; toutes les fois qu'il va à la Cour on lui sert une table de six couverts : aux grandes Fêtes, & lors que le Roi fait ses dévotions, le Confesseur ne manque pas de se trouver à l'Eglise près de Sa Majesté le Bonnet quarré à la main & en Surplis sous le Manteau ; les autres jours il assiste, si bon lui semble, à la Messe du Roi, n'ayant ni Surplis ni Bonnet. Suivant une Ordonnance de Philippe le Long, faite à St Germain en Laïe au mois de Juin 1316. le Confesseur du Roi a pouvoir de commander les Lettres des Beneficès pour être signées & scellées : le même Philippe en 1318. défendit à tous ses Sujets de parler au Roi tout le tems qu'il seroit à la Messe, excepté son Confesseur, qui avoit droit de lui parler seulement des choses qui regardoient sa conscience.

Le Pere le Tellier est choisi pour remplir cette Place.

Pendant environ un mois que cette Charge fut vacante, le Public de son autorité la donna à plusieurs Jesuites ; mais le Roi détermina * enfin son choix en faveur du Pere le Tellier, Provincial des Jesuites de la Province de France. Il est Fils d'un Conseiller au Parlement de Roüen, dont la Famille est fort connuë en Normandie. Il n'y avoit personne qui ne fût persuadé que ce seroit un Jesuite qui en seroit revêtu, mais tout le monde n'en sait peut-être pas la raison. Il faloit qu'il y eût toûjours à la Cour de France un Jesuite en ôtage, pour assûrance que la Société n'entreprendroit rien contre les Rois Très-Chrétiens, & ce Jesuite depuis le Regne de Henri IV. fut toûjours Confesseur de ces Rois. Telle est la fine Politique de ces Peres, qu'ils savent tirer les plus grands avantages de leurs plus grandes disgraces. *Jamais*, dit un Auteur Moderne, *il n'en fut une plus grande que celle de leur bannissement hors de France, par Arrêt du Parlement de Paris, au sujet du Parricide commis par Jean Chastel, instruit par le Jesuite Gueret. Cependant ils firent si bien ; leur crédit fut si puissant, & leur adresse si grande, qu'ils furent rapelez, & que depuis leur Rapel, un de leur Société a eu toûjours la gloire d'être Confesseur du Roi. Le Pere Coton à été le premier ; avant lui aucun Jesuite ne l'avoit été. Mais ils n'ont garde de dire, qu'ils ne furent rapelez qu'à condition, qu'il y auroit à la Cour un Jesuite pour ôtage de leur fidélité, de sorte que si c'est une gloire pour leur Compagnie, qu'un de leurs Peres soit Confesseur du Roi Très-Chrétien, l'origine en est honteuse, puisque le Pere Coton n'aprocha de la Personne sacrée de Henri le Grand, que pour être un garant, & un ôtage public des déportemens de toute la Société. Il est clair comme le jour,* ajoûte l'Auteur, *qu'il n'y auroit aucun Jesuite à la Cour de France, si leur fidélité n'eût été suspecte.* Mais enfin le souhait de bien des gens commence à s'acomplir. A force de tendre au Despotisme, les voilà déchûs de ce grade élevé qui les aprochoit du Trône : leur crédit est tombé avec le Prince dont ils ani-

Pourquoi ç'avoit toûjours été un Jesuite depuis Henri IV.

* *Le 22. Fevrier.*

Tome III.

1709.

moient tous les mouvemens, & au moment que j'écris, non-feulement la Charge de Confesseur du Roi vient d'être donnée, par un choix auſſi judicieux qu'inefperé, à Mr l'Abbé Fleuri, qui n'eſt rien moins que Jeſuite; mais encore le pieux Cardinal qui remplit ſi dignement le Siege Archiepiſcopal de Paris, vient d'interdire à ces Peres la Prédication & la Confeſſion dans toute l'étenduë de ſon Diocéſe. Quel triomphe pour le Parti opoſé !

Mort du Pr. de Conti.
Memoires du Tems.

Une autre perſonne que la France perdit cette année fut François de Bourbon, Prince de Conti, Prince du Sang de France, qui mourut à Paris le 22. Fevrier, après une longue maladie, dans ſa quarante-cinquiéme année, étant né le 30. Avril 1664. Il étoit ſecond Fils d'Armand de Bourbon, Prince de Conti, & d'Anne Marie Martinozzi, & Petit-Fils de Henri de Bourbon, Prince de Condé. En 1672. après la mort de la Princeſſe ſa Mere, le Roi le fit élever avec Louis Armand de Bourbon, Prince de Conti, ſon Frere aîné, auprès de Mr le Prince. Il laiſſa de ſon Mariage avec Marie Thereſe de Bourbon, Fille de Henri Jules de Bourbon, Prince de Condé, Louis de Bourbon, Comte de la Marche & deux Filles. Il avoit fait, comme j'ai dit, la Campagne de Hongrie, en 1683. avec le Prince ſon Frere, & il s'étoit fort diſtingué à la bataille de Gran, comme il avoit fait enſuite en celles de Steenkerque & de Neervvinde, & en pluſieurs autres ocaſions, où il avoit donné des preuves de ſa valeur, & de ſon grand genie pour la guerre. Son eſprit auſſi ſolide que cultivé par toutes ſortes de belles connoiſſances, ſa bonté, ſon affabilité, & pluſieurs autres grandes qualitez le firent generalement regreter. C'eſt le même qui avoit été élu Roi de Pologne en 1697. & dont la moderation, au retour de cette entrepriſe infructueuſe, fut également louée & admirée en France & dans les Païs Etrangers. Mr le Daufin alla viſiter ce Prince peu de tems avant ſa mort, & lui ayant parlé bas dans un aſſez long entretien, il lui fit ſes derniers adieux, & ſortit fondant en larmes. Le Roi aprit ſa mort avec aſſez d'indifference, étant parti pour aller à la chaſſe, dans le moment qu'on la lui annonça. Il prit néanmoins le deuil en noir. Comme le Prince défunt avoit ſouhaité d'être enterré auprès de la Princeſſe ſa Mére, dans l'Egliſe de St André des Arcs ſa Paroiſſe, ſon Corps y fut porté le ſix de Mars avec les ceremonies acoutumées.

Le premier d'Avril, Henri Jules de Bourbon, Prince de Condé, premier Prince du Sang de France, mourut auſſi à Paris : il étoit Fils unique du grand & fameux Prince de Condé Louis de Bourbon, ſecond du nom, & de Claire Clemence de Maillé-Brezé. Il étoit né le 29. Juillet, (d'autres diſent le 27.) 1643. ainſi il n'avoit pas encore 66. ans acomplis : ce Prince étoit revêtu des Charges de Grand-Maître de la Maiſon du Roi, Chevalier des Ordres de Sa Majeſté, Gouverneur de Bourgogne, Breſſe, Bugei, Valromai & Gex. En 1663. il épouſa Anne, Princeſſe Palatine, Fille d'Edouard de Baviere Prince Palatin du Rhin, & d'Anne de Gonzague-Cleves, de laquelle il laiſſa quatre Princeſſes & un Fils. Le Prince dont nous raportons la mort étoit le plus riche de l'Europe, ſi on en excepte les Souverains. Mr le Duc ſon Fils lui ſucceda dans tous ſes grands Emplois, dont il obtint la ſurvivance lors qu'il épouſa Mademoiſelle de Nantes, princeſſe légitimée de France. Le Prince de Condé ordonna avant ſa mort, qu'on rendit à ſa Mémoire tous les honneurs dûs à ſa Dignité, & que ſes Entrailles fuſſent portées à St Sulpice, ſa Paroiſſe, ſon Cœur aux Jeſuites, & ſon Corps à Valleri, où eſt la Sépulture des Princes

Mort du Pr. de Condé.
Memoires du Tems.

LOUIS XIV. Liv. XVI.

1709.

ses Ancêtres. Par cette mort le Duc de Chartres, Fils de Mr le Duc d'Orleans, devint premier Prince du Sang, avec cent mille livres de rente.

Edit du Roi en faveur de ceux qui vouloient s'exemter de la Capitation.

Le Conseil des Finances étoit fort occupé à chercher les fonds necessaires pour les dépenses de la guerre, la Cour ayant résolu de faire cette année les derniers éforts, particulierement en Flandre ; mais les moyens d'y réussir étoient épuisez, & rien ne marquoit mieux la rareté d'argent qui étoit en France, que l'Edit qui avoit été donné par le Roi à la fin de l'année derniere *en faveur de ceux qui voudroient s'exemter de la Capitation.* Ce Prince renonçoit par là à une rente que les Exacteurs faisoient payer fort réguliérement, pour en assigner une annuelle à tous ses Sujets, qui devoient payer tout d'un coup pour six fois le montant de la Taxe d'une année. Moyen violent, qui fit voir qu'on se mettoit peu en peine de l'avenir, pourveu qu'on songeât au present ; & qu'il étoit d'une necessité indispensable de trouver certaines sommes à quelque prix que ce pût être ! Mais en même-tems moyen ruineux pour les Peuples, & qui mettoit les Ministres des Finances dans l'obligation de satisfaire aux ordres du Roi par toutes sortes de voyes ! Rien ne fait mieux voir les consequences pernicieuses de cette conduite, qui ne pouvoit manquer d'entrainer enfin la ruine totale du Royaume, que les Edits & Déclarations de la Chambre de Justice établie par le Roi Louis XV, presentement regnant. Ils contiennent une censure très-vive du Regne dont j'écris l'Histoire ; & en tâchant de remedier aux maux infinis qu'il a causez, ils en dévoilent necessairement les excez.

Etat des Finances du Royaume.

Voyons ce que Mr Des-Marets en dit dans son Mémoire.

,, La necessité de continuer la guerre ,, fit penser aux moyens de rétablir la ,, confiance, & de faciliter la négocia-

1709.

Mémoire de Mr Des-Marêts.

,, tion des Assignations, qu'il faloit don-
,, ner en payement aux Banquiers, Tré-
,, soriers, Entrepreneurs, & autres
,, chargez de fournir les dépenses : on
,, se proposa d'ordonner *que les assigna-*
,, *tions qui avoient été tirées par avance*
,, *sur les revenus de l'année seroient aqui-*
,, *tées à leur échéance.* Ce Réglement
,, fait par un Arrêt du 15. Fevrier 1709.
,, eut d'abord tout le succez auquel on
,, s'étoit atendu : les Porteurs des Assig-
,, nations tirées par avance voyant leur
,, payement assuré, se déterminérent à
,, prêter aux Trésoriers, aux Munition-
,, naires & autres, l'argent qu'ils re-
,, cevoient du payement de leurs Assig-
,, nations ; mais cette disposition chan-
,, gea bien-tôt après. La rigueur de
,, l'Hiver, la disette des grains firent
,, resserrer l'argent plus que jamais :
,, cependant il faloit pourvoir aux dé-
,, penses de la guerre, assurer le prêt
,, des Troupes, & leur subsistance, &
,, remedier promtement à la cherté des
,, grains dans tout le Royaume.

,, Dans cette si triste situation, où
,, n'avoit pas la liberté de choisir des
,, moyens qui pussent surement & prom-
,, tement produire l'argent necessaire
,, pour les dépenses ; il falut prendre
,, ceux dont on s'étoit servi dans les an-
,, nées precedentes, quoi que le succez
,, en fût fort douteux. On créa de *nou-*
,, *velles Rentes sur l'Hôtel de Vile.* On
,, créa pareillement des *Augmentations*
,, *de Gages* ; qui furent atribuées à dif-
,, ferens Officiers ; & on en fit des
,, Traitez particuliers, afin de s'assurer
,, des fonds comptans pour le payement
,, des dépenses.

,, Les expédiens ordinaires de Finan-
,, ce auxquels d'abord on s'atacha, au-
,, roient été une foible ressource, si par
,, un bonheur auquel on ne s'atendoit
,, pas, les Vaisseaux qui avoient été
,, dans la Mer du Sud, n'étoient heu-
,, reusement arrivez dans les Ports de
,, France. Leur chargement étoit très-

Mm ij

1709.
„ riche, & ils avoient dans leurs bords
„ pour plus de trente millions de matie-
„ res d'or & d'argent. On proposa aux
„ Interessez dans leur chargement, *de*
„ *porter aux Hôtels des Monnoyes toutes*
„ *les matiéres, & d'en prêter au Roi la*
„ *moitié*, pour laquelle on leur donna
„ des *Assignations sur les Recettes gene-*
„ *rales, & l'interêt à dix pour cent :*
„ l'autre moitié leur fut payée *comptant*
„ pour le payement des Équipages des
„ Vaisseaux, & de ce qu'ils devoient
„ aux Marchands, & autres qui leur
„ avoient vendu les marchandises, dont
„ ils avoient composé le chargement de
„ leurs Vaisseaux, pour être débitées
„ au *Perou*.

„ Les *Billets de monnoies* subsistoient
„ toûjours, & causoient un grand dé-
„ sordre dans le Commerce ; il faloit
„ travailler à les *éteindre*, ou se resou-
„ dre à voir manquer entierement le
„ payement des Troupes, & toutes les
„ dépenses necessaires de l'Etat.

„ On crut devoir profiter des matié-
„ res qui se trouvoient en abondance
„ dans les Hôtels des Monnoyes, pour
„ faire une *refonte generale, & fabri-*
„ *quer de nouvelles especes* differentes en
„ poids des précedentes ; & il fut or-
„ donné par Édit du mois de Mai de la
„ même année 1709. que les Loüis d'or
„ *fabriquez en vertu de l'Edit du mois*
„ *d'Avril precedent, auroient cours pour*
„ *20. liv. au lieu de 16. liv. 10. sols, & les*
„ *Ecus pour cinq livres, au lieu de 4.*
„ *livres huit sols*.

„ A la faveur de cette augmentation,
„ on se proposa de rémedier au mal que
„ causoient les billets de Monnoie.

„ Pour cet éfet, il fut ordonné *qu'il*
„ *seroit reçû dans les Hôtels des Mon-*
„ *noies cinq sixiémes en especes ou matié-*
„ *res, & une sixiéme en Billets de Mon-*
„ *noies, pour être le tout payé comptant*
„ *en nouvelles espéces*.

„ Quatre raisons principales détermi-
„ nérent à faire la *Refonte generale*.

„ La premiere, *étoit la facilité de*
„ *pourvoir en especes nouvelles au paye-*
„ *ment comptant de celles qui y seroient*
„ *portées; les Matiéres venuës de la*
„ *Mer du Sud ayant fourni aux Hôtels*
„ *des Monnoyes les fonds necessaires.*

„ La seconde, *le retour qui se feroit*
„ *des especes de France qui avoient été*
„ *portées dans les Païs Etrangers.*

„ La troisiéme, *le Benefice qui s'y*
„ *trouveroit pour le Roi.*

„ Et la quatriéme, *l'aplication de ce*
„ *Benefice à l'extinction des Billets de*
„ *Monnoye.*

„ Ces differentes dispositions eurent
„ un succez heureux : elles procurérent
„ des fonds pour le payement des Ar-
„ mées, elles engagérent les Porteurs de
„ Billets de Monnoye à mettre tout en
„ usage pour se procurer cinq fois au-
„ tant d'espéces & de matieres qu'ils
„ avoient de Billets de Monnoye : en-
„ fin la Refonte produisit l'extinction
„ de quatre millions de Billets de Mon-
„ noye & d'autres Papiers, & rétablit
„ la circulation des espéces.

„ On pourvut en même-tems à faire
„ convertir en nouvelles espéces dans
„ la Monnoye de *Strasbourg*, les an-
„ ciennes espéces qui avoient été fabri-
„ quées en exécution de l'Édit du mois
„ d'Octobre 1704. pour avoir cours
„ seulement dans les Provinces d'Alsa-
„ ce & de la Saar : on fit aussi quel-
„ ques Traitez pour le Rachat de la
„ Capitation, & quelques autres afai-
„ res extraordinaires jusqu'à la concur-
„ rence de 30. millions.

„ La plus importante affaire, &
„ celle qui donna plus de peine, fut
„ celle de pourvoir à l'excessive cherté
„ des grains, pour en fournir la quan-
„ tité necessaire pour la subsistance des
„ Armées.

„ On fit sur toutes les Provinces une
„ Imposition de 557900. sacs de grains,
„ qui furent voiturez avec grande pei-
„ ne & beaucoup de risques dans les

1709. ,, dépôts nécessaires pour les Armées : le prix en fut depuis trente jusqu'à quarante livres le sac, qui ont été remboursez en plusieurs années sur les Impositions des Provinces qui les avoient fournis, & la dépense des vivres de cette année a passé 45. millions.

,, Il faloit donner aussi atention à la Ville de Paris & aux Provinces qui se ressentoient de la disette des grains, on fit pour cet éfet des marchez avec plusieurs particuliers pour en faire venir des Païs Etrangers : il y en eut un pour faire venir de *Barbarie*, & des Iles de l'*Archipel*, dans les Ports de *Toulon*, *Marseille & Cette*, 120. mille quintaux de Bled froment : pour être ensuite conduits à *Paris* : on en fit un autre pour tirer des Bleds du Nord par *Dantzig*.

,, Il y eut aussi divers Traitez pour faire venir des Bleds des Païs Etrangers. On peut dire avec confiance, que ces attentions non-seulement empêchérent l'excessive augmentation du prix des grains, mais même qu'elles produisirent diminution du prix auquel les grains avoient été portez aussi-tôt qu'on sut que ces Traitez avoient été faits.

,, Le malheureux état où étoit le Royaume pendant l'année 1709. ne doit pas facilement s'éfacer de la mémoire des hommes ; il faloit bien d'autres atentions pour encourager les Sujets, & pour pourvoir à la subsistance de *Paris*. Le Roi suspendit les Exemptions des Tailles acordées aux Officiers créez depuis le premier Janvier 1689. dont la Finance étoit audessous de dix mille livres.

,, Sa Majesté par Arrêt du mois d'Octobre 1709. acorda à ses Peuples sur le Brevet de la Taille de 1710. une diminution de six millions ; & peu de tems après en fixant les Impositions de chaque Generalité, elle acorda encore une autre diminution de près de deux millions.

,, On a consommé par avance sur les Revenus des années à venir jusques & compris 1717. par des Assignations anticipées, 52. millions 761. mille 404. livres.

,, Pour fournir au surplus des sommes assignées, on demanda plusieurs avances tant aux Fermiers des Postes & du Tabac qu'à d'autres particuliers........... Et on tira le reste des Assignations des Domaines & de la Ferme du Contrôle des Actes, du Rachat des Capitations des particuliers & de celle du Clergé, du Prêt & du Droit annuel, & de divers Traitez........... Le Total de cette année montant à 199. millions 148. mille 926. livres.

,, Une observation très-importante à faire, est que ces derniers fonds de l'aliénation du Contrôle des Actes des Notaires, du Rachat de la Capitation du Clergé, & du prêt & Droit annuel, ne sont entrez que dans le cours des années 1710. & 1711. & pour parler juste, on fit subsister par une espéce de miracle les Armées & l'Etat en l'année 1709. au moyen des avances qui furent faites par les Fermiers, Receveurs, & autres qui prétérent leur argent, ou leur crédit, & qui ont été remboursez à mesure que ces differens fonds sont rentrez.

,, On tira un grand secours du travail des Monnoyes, qui produisirent un fond actuel de 11. millions 570. mille 773. livres, qui furent employez utilement pour le payement des Troupes.

On auroit peine à croire cette afreuse situation des affaires du Royaume, si elle n'étoit atestée par celui-là même qui en dirigeoit les Finances. Aussi la confiance publique étoit elle ébranlée, & le Négoce languissoit par le défaut des moyens necessaires pour le soûtenir.

Ordonnance publiée à Lyon pour le renvoi du paiement.

Je n'en veux alleguer d'autre preuve que l'Ordonnance publiée à Lyon pour le Renvoi du Payement d'une Foire à l'autre ; renvoi qui avoit déja eu lieu une fois, comme il paroît par l'Ordonnance, & qui fut suivi de plusieurs autres.

ORDONNANCE publiée à Lyon pour le Renvoi de l'Ouverture du Payement des Rois au 3. jour d'Avril.

De par le Roi, & Messieurs les Prévôt des Marchands & Echevins de la Ville de Lyon, Présidens, Juges Gardiens, Conservateurs des Privileges Royaux des Foires de ladite Ville.

,, Les mêmes raisons qui donnérent
,, lieu à la seconde Prorogation du
,, Payement des Saints derniers , nous
,, ayant engagé de prendre une parfaite
,, connoissance de l'état de cette Place,
,, & des dispositions où l'on se trouvoit
,, pour le payement des Rois, sur tout
,, par raport aux Traitez & Remises
,, étrangeres ; nous aurions reconnu
,, que la rigueur & la durée de l'Hiver
,, ayant continué le dérangement des
,, Couriers, & rendu les chemins pres-
,, que impraticables, les Négocians
,, auroient de la peine de recevoir à
,, tems les provisions necessaires pour
,, aquiter les Traites qui leur ont été
,, faites, tant par leurs Correspondans
,, originaires que par les Etrangers, &
,, qu'il seroit même difficile qu'ils eus-
,, sent avis de toutes lesdites Traites
,, avant les termes des Acceptations ; ce
,, qui pourroit causer des désordres ex-

Datée du 18. Fevrier, & publiée le 1. Mars.

,, traordinaires sur cette Place, en ce
,, qu'une infinité de Lettres étant pro-
,, testées & renvoyées, non-seulement
,, les Tireurs & Endosseurs seroient ex-
,, posez à des frais de retour considera-
,, bles, mais la Place de Lyon seroit
,, encore par ce moyen privée des ren-
,, contres necessaires pour les Ecritures,
,, qui devroient commencer le 15. Mars
,, prochain. Ces considérations nous
,, ayant paru d'une assez grande impor-
,, tance pour mériter toute nôtre pré-
,, voyance & nôtre atention, nous
,, nous sommes déterminez d'autant
,, plus volontiers à renvoyer le paye-
,, ment prochain, que la conjoncture
,, du tems & des affaires étant jus-
,, qu'à present sans exemple, l'on ne
,, sauroit craindre avec raison les suites
,, d'une nouveauté qui sera sans consé-
,, quence pour l'avenir, & qui n'a pour
,, objet que le bien public.
,, A ces causes, après avoir oui Mr
,, Alexandre Prost de Grange-Blanche,
,, Conseiller & Procureur du Roi de la-
,, dite jurisdiction, & meurement dé-
,, liberé sur une affaire de cette impor-
,, tance : nous avons par ces Presentes
,, renvoyé l'ouverture du Payement des
,, Rois au troisiéme jour d'Avril pro-
,, chain (atendu que les deux premiers
,, sont fériez ;) & en conséquence or-
,, donné que les acceptations des Let-
,, tres payables en Payement des Rois
,, seront faites jusqu'au six dudit mois,
,, & les Ecritures commencées le 15.
,, Défenses à tous Porteurs desdites Let-
,, tres de les renvoyer, ni de faire au-
,, cunes diligences qu'après ledit jour
,, six Avril, à peine de 50. livres d'A-
,, mende, & de nullité ; le tout néan-
,, moins sans tirer à conséquence pour
,, les autres Payemens, qui seront faits
,, à la maniere ordinaire, & conformé-
,, ment aux Réglemens de la Place. Et
,, passé outre à l'execution de nôtre
,, presente Ordonnance, laquelle sera
,, luë, publiée & affichée ; nonobstant

1709. ,, opositions ou apellations quelcon-
,, ques, & sans prejudice d'icelles. Fait
,, au Consulat le Jeudi 28. Fevrier 1709.
,, Signé, &c.

Cherté excessive des gr. cause un soulévement à Paris.

Les grains, comme on l'a dit, n'étoient pas devenus moins rares en France que l'argent, & ils étoient, quoi qu'en dise le Mémoire de Mr Des-Marets, d'une cherté extraordinaire. Il y eut des Provinces où l'on ne fit aucune récolte, à cause de la rigueur excessive de l'Hiver, excepté des grains semez au Pritems. La disette causa des murmures sur tout dans les grandes Villes & particuliérement dans la Capitale du Royaume, où la populace étoit très-disposée à se soulever. On faisoit faire des corvées aux Pauvres du côté de la Porte St Martin, pour les ocuper & leur donner moyen de gagner quelque chose. Il y avoit déja quelques jours qu'on ne les payoit point & ils murmuroient hautement. Enfin ils s'atroupérent un matin & se mirent à piller la boutique d'un Boulanger. Mr d'Argençon, Lieutenant de Police, y acourut aussi-tôt & pensa être écrasé d'une grêle de pierres. Il y eut quelques coups tirez & quelques-uns des seditieux blessez. Mais ce qu'il y eut de plus surprenant, c'est que toutes les boutiques de ce quartier-là venant à se fermer, on voyoit les Passans se sauver chacun chez soi, en se disant l'un à l'autre, *c'est la revolte*, comme si c'eût été effectivement une Révolte préméditée. Preuve que les esprits n'y étoient que trop disposez, & qu'il ne manquoit peut-être qu'un Chef à la sedition. Le mouvement se communiqua jusqu'au quartier de St Honoré. Madame la Duchesse d'Orléans arrivant dans ce moment au Palais Royal, en trouva les portes fermées & eut même assez de peine à se faire ouvrir. Néanmoins le tumulte s'apaisa presque aussi-tôt qu'il eut commencé. On chercha avec toute l'aplication possible les moyens de rétablir l'abondance dans la

On y travaille au soula-

Ville, & de soulager les Pauvres. Le Parlement de Paris s'étant assemblé dans ce dessein au mois de Mai, le Premier Président remontra, qu'il étoit juste & important qu'un aussi auguste Corps se montrât sensible à la calamité publique; & qu'à l'exemple de son illustre Predecesseur, en pareille ocasion, il se taxoit à six cens livres. Les autres Présidens se taxérent à trois cens, & chaque Conseiller à deux cens. Les Magistrats & Intendans des Provinces donnérent de leur côté une atention continuelle à l'exécution des Réglemens contre ceux qui n'avoient pas fait de serieuses déclarations des grains qu'ils avoient, afin de remédier, autant qu'il étoit possible, à la rareté & cherté des bleds, & de prévenir la suite des desordres; & afin qu'ils fussent d'autant plus autorisez à le faire, le Roi Très-Chrétien donna encore le sept du même mois une Déclaration pour la visite generale des grains. Cependant nonobstant toutes ces précautions, comme le pain & generalement tous les vivres étoient toûjours fort chers, cette cherté avoit causé déja quelques seditions non-seulement à Paris, mais aussi à Orleans & en d'autres Villes du Royaume. On vit des lettres qui portoient, que quoi que Sa Majesté Très-Chrétienne eût besoin de toutes ses Troupes en campagne, elle seroit obligée d'en laisser dans les grandes Villes, pour prévenir ou arrêter les émotions des Peuples, & rendre sûrs les chemins, qui ne l'étoient plus, à cause du grand nombre de gens reduits au desespoir, qui détroussoient les passans. Ils étoient la plûpart du nombre de ceux qu'on avoit chassez des Villes, & que l'on chassoit tous les jours, comme des bouches inutiles.

gement des Pauvres.

Il y eut en particulier au mois de Mai une émeute à Paris à l'ocasion de deux Pauvres que les Archers avoient arrêtez, sur quoi la Populace s'étant atroupée, les fit relâcher, & les Archers se sau-

Tumulte à Paris à cette ocasion.

vérent chez le Commissaire du Quartier dans la Paroisse de St Roch. On les suivit & on voulut enfoncer les portes. Mr d'Argençon, Lieutenant-General de Police, y acourut avec le Guet à pied & à cheval : le combat s'échauffa, les Atroupez se défendirent à coups de pierres contre les autres qui étoient armez, & il y eut des gens tuez de part & d'autre. Mr d'Argençon fut obligé de se retirer, & on ne jugea pas à propos de punir les coupables, de crainte des suites.

Ce que firent les Parisiens pour faire cesser les calamitez publiques.

On ne crut pas pouvoir aporter de remedes plus éficaces à tous ces maux que de faire à Paris une Procession generale, où la Chasse de Ste Genevieve fut portée avec les ceremonies acoûtumées, de même que celle de St Marcel. Ce fut dans la vûë d'obtenir une bonne recolte & tous les autres secours dont on avoit besoin, par l'intercession de ce Saint & de cette Sainte : le tout suivant un Arrêt du Parlement, & un Mandement du Cardinal de Noaille, † où il dit que *la main de Dieu étoit apesantie sur son Peuple*, & que l'on avoit commencé de voir l'acomplissement de cette terrible menace que Dieu fit autrefois aux Israëlites : *je ferai que le Ciel sera pour vous comme de fer, & la terre comme d'airain.* Ce Prélat n'ignoroit pas l'abus que les Peuples faisoient de la Dévotion aux Saints & aux Saintes, quelques précautions qu'eussent prises depuis quelque-tems certains Evêques* pour s'y oposer. L'Archevêque de Paris auroit donc mieux fait de representer vivement aux Fidéles de son Diocese, que c'étoit ,, le Monarque François ** ,, qui avoit atiré sur eux & sur tous ses ,, peuples les maux dont Dieu les châ- ,, tioit alors ; pour être la cause de cette ,, guerre longue & violente, qui déso-

† *Du 10. Mai.*
* *Voyez la Doctrine Chrétienne des Evêques d'Angers, de la Rochelle & de Luçon.*
** *Mercure Hist. & Politique de la Haye.*

,, loit une partie de la Chrétienté ; pour ,, avoir violé les Traitez le plus sainte- ,, ment jurez ; pour avoir traité de la ,, maniere la plus indigne, la plus bar- ,, bare, & la plus contraire à l'esprit ,, du Christianisme des centaines de ,, milliers de Compatriotes, qui s'étoient ,, toûjours distinguez dans le Royaume ,, par une fidélité à toute épreuve ; que ,, c'étoit parce qu'il regardoit encore ,, avec une insensibilité, qu'à peine ,, eût on pardonnée à ceux de Tunis & ,, d'Alger, une infinité d'innocens qui ,, étoient dans les Cachots & dans les ,, Galéres, exposez à l'ignominie & aux ,, tourmens, pour ne vouloir pas être ,, de la Religion de leur Roi, &c.

Noble hardiesse de quelques Prédicateurs.

C'est ce que des personnes plus hardies oférent faire en France, où il y en eut qui prirent ocasion de ces tems fâcheux pour remonter jusqu'à la personne du Monarque & toucher délicatement certaines véritez qui d'ordinaire ne trouvent pas auprès des Rois un accez si facile que les Panegiriques. Le Pere de la Ruë, Jesuite, dans un Sermon prononcé * devant le Roi, en s'adressant à Sa Majesté : *le commencement,* dit-il, *de vôtre Regne a été amer & dificile, la fin en est encore plus laborieuse, & l'intervale qui touche ces extrémitez a été semé de Lis & de Roses ; peut-être avez-vous négligé de les renvoyer à Dieu seul, &c. C'est delà que viennent tant d'Ennemis qui sont des instrumens dont la Providence se sert pour achever le grand ouvrage de vôtre sanctification.* Un illustre Prélat ** écrivant aux Fidéles de son Diocese, sur les *malheurs du tems*, toucha une autre corde qui n'est pas moins délicate, mais dont il s'abstint de faire aucune aplication. Il se contenta de remettre devant les yeux, *la famine dont David, sur la fin de son Regne, vit son Peuple affligé pendant trois ans*, & sur

* *Le jour de la Toussaints.*
** *Mr Flechier Evêque de Nîmes.*

laquelle

LOUIS XIV. Liv. XVI.

laquelle Dieu lui fit entendre, *qu'il vangeoit la mort des Gabaonites, que Saül fit mourir contre la parole qui leur avoit été donnée.* Il parla aussi des *Communions Sacriléges, dont l'affreux souvenir sera pour l'Eglise, & pour ses véritables Enfans, une source éternelle d'amertume ;* & dit qu'on pourroit croire que *de tant de meurtres & de sacriléges leur étoit venu ce fleau de la Justice Divine.* Mais, ajoûta-t-il, laissons à Dieu le *secret de ses Jugemens.* Il est certain, dit là-dessus un Ecrivain fort judicieux, * qu'on ne sauroit être trop sobre sur cette matiére : cependant, si ces exemples font voir, combien la parole donnée doit être inviolable, fût-ce à des gens tels que les *Gabaonites*, & combien les *Communions & Conversions* forcées doivent être en horreur, qu'est-ce qu'on doit penser, & quel jugement peut on faire de tant de flateurs de Cour, qui prirent à tâche de faire consister la plus grande gloire du Roi dans ces mêmes choses, qu'on reconnoissoit alors avoir pû atirer ces fleaux de la Justice Divine?

En effet l'état de la France étoit déplorable. Comme cette Couronne, par un éfet tout contraire à ses intentions, avoit plongé l'Espagne dans les malheurs de la guerre, dont elle prétendoit la garantir : l'Espagne de son côté, en croyant d'éviter les maux qui lui arrivérent, avoit plongé la France dans ceux qu'elle souffroit par cette fatale union. Le Commerce de ce Royaume, autrefois si florissant, étoit tombé dans une triste décadence, qui n'est encore aujourd'hui que trop connuë du Public, par le contrecoup qu'en ont ressenti les Païs Etrangers. Les Manufactures n'étoient plus en état de donner la subsistance à une infinité d'Ouvriers. L'augmentation excessive des dépenses de la guerre, & la diminution des Revenus

Triste situatio de la France.

* Mr Tronchin du Breuil, *Reflex. sur les évènemens de cette année.*
Tome III.

avoient causé le désordre des Finances; & l'impuissance des Peuples avoit produit le rabais des Tailles. L'altération de la confiance & du crédit avoit fait tarir les grandes ressources : à force de toucher tant de fois aux monnoyes, on avoit presque fait évanouir ce précieux métal, qui fait l'aliment du Commerce. On avoit bien sû trouver le secret de convertir les monnoyes en papier, mais la difficulté étoit de convertir ce papier, en argent, qui ne circuloit plus que par des ressorts forcez ; & suivant l'expression du Pere de la Ruë, dans le Sermon dont nous avons parlé, *l'or & l'argent paroissoient rentrez dans les entrailles de la terre qui les a produits.* On dit que la misere fait des Soldats ; cela est vrai, mais elle détruit le nerf de la guerre, & oblige à nourrir ceux dont le travail étoit destiné à nourrir les autres; ce qui est un double mal.

La Déclaration du Roi du mois de Mai pour la visite generale des grains, dont nous avons parlé, fut suivie d'une autre au mois de Juin dont l'exécution se fit avec beaucoup d'exactitude. Elles portoient, *que dans la quinzaine de leur Publication, Ecclesiastiques, Gentilshommes, Officiers, Bourgeois, Marchands, Artisans, Laboureurs, Fermiers, & autres particuliers de quelque qualité & condition qu'ils fussent, comme aussi toutes les Communautez Laïques & Ecclesiastiques, Séculieres & Régulieres, seroient tenus de faire une declaration exacte de la quantité de grains de toutes sortes d'espèces qu'ils avoient chez eux ; de marquer de quelle année ils étoient, combien ils en avoient de chaque année ; le tout à peine de trois mille livres d'amende, & en outre de confiscation des grains.* Ces Déclarations ajoûtoient : ,, que ,, ceux qui en auroient fait de fausses ,, ou de défectueuses seroient condam- ,, nez, outre l'amende & la confisca- ,, tion des grains, aux Galéres & mê-

Ordonnance du Roi pour la déclaration des gr.

"me à la mort s'il y écheoit, sans dis-
"tinction d'état, de condition, ni de
"dignité de personne. Depuis la Publication de ces Ordonnances on créa une
Chambre composée de quelques Maîtres des Requêtes, de Conseillers de la
Grand Chambre du Parlement, de Conseillers des autres Chambres des Enquê-
tes & des Requêtes, pour juger en dernier Ressort des differens qui survien-
droient dans la recherche des blez &
dans la visite des magazins. Mr de Maisons, Président à Mortier, y présida.
Soixante personnes choisies pour la recherche & la visite furent distribuées au
mois de Juin dans les Provinces, où
ils executerent fort severement leurs
commissions.

Ouverture de Paix faite par la France. Histoires des Négociations de Gertruidemberg. Memoires du Tems.

Ce qu'il y eut de plus fâcheux dans
ces tristes conjonctures, c'est que la
paix, qui faisoit l'objet des vœux publics, & qui ne fut jamais plus necessaire, pour mettre fin à tant de calamitez, cette aimable paix ne venoit point
encore. Il sembloit au contraire, par
une fatalité qu'on ne comprenoit pas,
& qui confondoit tous les raisonnemens
Politiques, qu'elle s'éloignât de plus en
plus, à chaque pas qu'on faisoit pour
s'en aprocher. Jamais on ne l'avoit crû
si prochaine. Les contre-tems arrivez à
la France l'année precedente, en avoient
reveillé le desir dans l'esprit du Roi; &
dès le commencement de celle-ci Sa
Majesté avoit envoyé Mr le Président
Rouillé à la Haye, où il eut quelques
conferences à ce sujet avec Messieurs
Buis & Vander Dussen, l'un Conseiller
Pensionnaire de la Ville d'Amsterdam,
& l'autre de Gouda, que les Etats Generaux nommérent pour conferer avec
lui. Sur la nouvelle qui fut portée à
Londres: "qu'on commençoit à trai-
"ter de la paix, la Chambre des Seig-
"neurs présenta une Adresse à la Reine,
"pour la suplier d'avoir soin, en finis-
"sant la guerre, d'obliger le Roi de
"France à reconnoître le Titre de Sa
"Majesté & la Succession dans la Ligne
"Protestante: d'engager les Alliez à en
"être les Garans, & à faire en sorte
"que le Prétendant fût obligé de sortir
"du Royaume de France. D'un autre
côté la Chambre des Communes representa à cette Princesse: "que la pour-
"suite de la guerre ayant coûté bien du
"sang & des tresors immenses à la Na-
"tion Angloise, il étoit juste qu'elle
"en retirât quelque fruit à la conclu-
"sion d'une paix; & que la Ville de
"Dunkerque étant un nid de Pirates,
"qui infestoient l'Ocean, & causoient
"un mal infini au Commerce, on de-
"voit insister sur la démolition de ses
"Fortifications & sur la ruine de son
"Port.

Propositions faites par Mrs de Torci & Rouillé. Memoires du Tems. Histoire des Négociations de Gertrudenberg.

L'Empereur de son côté donna aussi
au Prince Eugene un plein pouvoir de
traiter de ses interêts particuliers: & la
Reine d'Angleterre nomma le Vicomte
de Thovvnsend, afin d'assister avec le
Duc de Marlborough aux Conferences
qui se tiendroient à cette fin. Avant
l'arrivée de ce Lord, & du Comte de
Sinzendorf que l'Empereur joignit au
Prince Eugene, celui-ci & le Duc de
Marlborough eurent une longue Conference à la Haye avec Mr le Conseiller
Pensionnaire de Hollande & d'autres
Députez des Etats, dans laquelle on
examina les Propositions que Mr Rouillé avoit faites. Comme elles ne furent
pas trouvées assez étendues, pour servir
de fondement à une Négociation qu'on
pût esperer devoir être courte & facile,
on répondit à ce Président, que ses ouvertures ne suffisoient pas, & qu'il faloit entrer en un plus grand détail. Ce
Ministre envoya sur cela un Gentilhomme au Roi son Maître, & le Duc de
Marlborough repassa de nouveau en Angleterre, pour conferer plus amplement
avec la Reine, sur ce qu'il faudroit proposer à ce Ministre, au cas qu'on com-
mençât des Conferences reglées. Pendant ce tems-là le Marquis de Torci,

Ministre & Secretaire d'Etat arriva aussi à la Haye, & le Duc de Marlborough y vint d'Angleterre avec le Vicomte de Thovvnsend, que la Reine avoit nommé pour lui être ajoint dans la Negociation. A peine furent-ils arrivez, que le Marquis de Torci eut une Conference de deux heures avec eux, & dès le lendemain s'étant encore trouvez au lever du Duc, ils allèrent tous deux visiter le Prince Eugène, & tous trois conférèrent dès ce même jour avec Mr le Conseiller Pensionaire de Hollande. Tous ces Messieurs ayant dès le lendemain * visité Messieurs de Torci & Rouillé, ils furent ce même matin en Conference. Ce fut alors que les Ministres François déclarérent: ,, que le Roi leur Maître ,, consentiroit à la démolition de Dun- ,, kerque, & à faire sortir le Prétendant ,, de ses Etats. Ils déclarérent de plus, ,, que le Roi renonceroit à toute pré- ,, tention sur la Monarchie d'Espagne, ,, & qu'il céderoit les Places qu'on ju- ,, geroit à propos, pour former la Bar- ,, riére que les Etats demandoient pour ,, eux. A l'égard de l'Empire, ils offri- ,, rent de remettre toutes choses sur le ,, pied où elles avoient été mises par le ,, Traité de Ryswick, & de démolir ,, certaines Forteresses qui sembloient ,, donner une plus grande jalousie.

Ils refusent de répondre positivement sur l'Article de l'Espagne.

Tous les Alliez ayant proposé en commun, que le Roi restituât à l'Empereur la Haute & la Basse Alsace, les Ministres François déclarérent que leur pouvoir ne s'étendoit pas jusques-là, & voulurent finir les Conferences. Elles furent cependant reprises dès le lendemain, & les François y offrirent de rendre Strasbourg dans l'état où il étoit: quoi qu'ils eussent déclaré le jour d'auparavant, de n'avoir pas ce pouvoir. Comme cette offre n'étoit pas tout ce qu'on souhaitoit, & qu'on leur fit d'autres instances, ils firent de nouveau

* 20. de Mai.

semblant de vouloir partir, & même ils prirent congé du Prince Eugene, du Duc de Marlborough & de quelques autres Ministres des Puissances Neutres, à la priere desquels ils se trouvèrent encore le 23. à une nouvelle Conference. On coucha par écrit dans celle-ci quelques Articles comme arrêtez, & Mr de Torci promit d'écrire au Roi sur les difficultez qui regardoient l'Alsace. Mais la grande difficulté, sur laquelle on ne put convenir, ni dans cette Conference, ni dans une autre fort longue, qui fut encore tenüe le soir du même jour, fut celle des suretez que le Roi de France donneroit, pour l'exécution des points qui avoient été arrêtez, & sur tout de l'évacuation de toutes les Terres & Païs de la Monarchie d'Espagne.

On tint encore le 24. une nouvelle Conférence, où ce point si important fut debatu de nouveau avec la derniere chaleur: & on convint à la fin, que le Roi délivreroit par forme de Préliminaire quelques-unes des Places qui devoient servir de Barriére aux Provinces Unies, avant qu'on entamât les Négociations pour une paix generale.

Ce Traité fut signé le 28. de Mai par les Ministres des Alliez, mais non pas par le Marquis de Torci, sous pretexte qu'il n'avoit pas des ordres exprès sur quelques Articles, auxquels il avoit consenti, dans la seule esperance, disoit-il, d'en être avoué; ce qu'il faisoit esperer comme infaillible pour le 15. du mois suivant. On se flata que la chose auroit son éfet, & on esperoit bien de la paix. Cependant ce qui se passoit en Espagne, donnoit lieu à beaucoup de personnes, de craindre que la chose ne fût pas exécutée aussi sincérement qu'elle étoit promise. On voyoit les Espagnols & les François faire tous leurs éforts, pour achever de reduire les Provinces qui s'étoient déclarées contre eux, en faveur du Roi Charles; & l'on

Tout leur procedé fait voir qu'ils n'ont pas envie de conclure.

1709. fit reconnoître en même-tems le Fils du Roi Philippe pour Prince des Asturies, c'est à dire pour Héritier présomptif de la Couronne d'Espagne, ce qui étoit directement contraire au dessein d'abandonner cette Couronne, puisque c'étoit y aporter des difficultez, qui faisoient de cette Reconnoissance une nouvelle semence de dissensions & de guerres pour l'avenir, quand même on auroit alors executé la Rénonciation & la Cession de l'Espagne.

On avoit remarqué, que le Président Rouillé n'étoit venu en Hollande, que lors que le Duc de Marlborough en fut parti pour la premiere fois, après la fin de la campagne, & que le Marquis de Torci y étoit venu dès que le Duc fut de nouveau retourné à Londres, pour y donner connoissance à la Reine de ce qui avoit été traité avec le Président. On remarqua aussi que, parmi les Propositions que les Ministres François avoient faites, la division de la Monarchie d'Espagne étoit celle sur laquelle ils insistoient le plus ; ce qui pouvoit produire de la dispute entre les Alliez, au sujet du partage qu'il en faudroit faire. C'est dans cette vûë qu'on peut penser, qu'ils avoient offert aux Puissances Maritimes tout ce qu'elles souhaitoient pour elles-mêmes, & qu'ils avoyent disputé sur tout ce qu'on demandoit pour l'Empereur & pour le Duc de Savoye. Cette conduite étoit propre à tenter les uns de faire leur accommodement particulier, & à rebuter les autres de traiter davantage. Mais l'Article sur lequel il y avoit eu la plus grande difficulté, étoit la qualité des moyens qu'on prendroit, pour obliger le Roi Philippe à quitter l'Espagne, au cas qu'il ne voulût pas aquiescer à ce que le Roi son Grand Pere en ordonneroit. Car on posoit pour fondement du Traité, *que Sa Majesté Très-Chrétienne & les Alliez prendroient de concert les mesures convenables pour en assurer l'entier éfet.*

On étoit convenu que dès que le Roi de France auroit signé, *il y auroit cessation d'armes & d'hostilitez entre les Alliez & lui, & que cette cessation continueroit jusqu'à la paix generale : pourveu qu'il executât de son côté tout ce qu'il promettoit, & jusqu'à ce que toute la Monarchie d'Espagne fût renduë & cedée au Roi Charles.* Sans cette assurance on n'auroit fait qu'une paix particuliere avec le Roi de France, & on se seroit engagé à continuer la guerre avec le Roi Philippe, qui pouvoit toûjours disposer indirectement des Forces de la France, pour se maintenir ; à moins qu'on ne prît de telles mesures, qu'il ne pût tirer aucun secours d'ailleurs que des Espagnols. Il étoit à présumer que ceux-ci l'abandonneroient, dès qu'ils ne le verroient plus soûtenu, & que ce qui causoit leur atachement à ce Prince, après les premieres démarches qui les avoient livrez à sa Domination & à son Pouvoir, c'étoient les Forces de la Couronne de France, qui primoit alors si visiblement dans l'Europe. On auroit pû croire, que le Roi promettant de bonne foi, comme il sembloit faire, d'abandonner son Petit-Fils, cela seul auroit été assez pour assurer les Alliez ; puis que le Roi Philippe n'eût osé demeurer en Espagne, si son Grand Pere, qui l'y avoit mis lui avoit dit serieusement, qu'il faudroit la quitter. Mais la conduite qu'on tenoit alors, en faisant la guerre avec tous les éforts possibles dans ce Royaume, & en y procurant la reconnoissance d'un Héritier necessaire, & les précautions qu'on a coûtume de prendre dans les choses mêmes, qu'on a tout lieu de croire qui arriveront, obligeoient les Alliez en cette rencontre à se prémunir par des promesses expresses, contre la crainte d'un mal qui pou-

Pourquoi l'on ne consentit pas aux Propositions de la France.

voit arriver. Ce fut dans cette vuë qu'on dressa à la Haïe les Articles Préliminaires de la paix générale, qu'on peut lire dans le recueil des Piéces imprimées sur ce sujet.

Raisons que les Ministres de France alléguent pour ne pas s'é tenir aux Préliminaires.

Tout le monde s'attendoit à la Ratification que Sa Majesté Très-Chrétienne donneroit de ce que ses Ministres avoient conclu en son nom; étant bien difficile de se persuader, qu'ils eussent voulu consentir à des choses, qu'ils avoient cru que le Roi n'auroit pas approuvées. Mais on fut trompé dans cette croïance, & le Prince Eugène reçut une Lettre du Marquis de Torci, écrite à Versailles le 2. de Juin, par laquelle il lui marquoit, *que selon les promesses qu'il lui avoit fait, de l'informer de la résolution du Roi à l'égard du Projet de paix; Sa Majesté, après l'avoir examiné avoit trouvé qu'il lui étoit impossible de l'accepter, & qu'elle ordonnoit au Président Rouillé, de faire savoir au plûtôt aux Puissances intéressées dans la guerre, la résolution qu'elle avoit été obligée de prendre.*

En effet le Président demanda & eut une Conférence avec Mr. le Conseiller Pensionnaire & les Députez des Etats Généraux, dans laquelle il leur dit, que le Roi ne pouvoit ratifier quelques-uns des Articles, dont on étoit convenu avec Mr. de Torci; & pour justifier ce refus, il répéta les raisons qu'ils avoient déja proposées, lors qu'on traitoit. Or il y en avoit cinq en particulier, savoir, le X. Article au sujet duquel il consentoit à jouir de „ l'Alsace, au sens literal du Traité de „ Munster: mais il demandoit que Landau fût échangé contre le Vieux Brisach, qu'il rendroit à l'Empereur. Sur „ le XI., il ne vouloit point consentir à la démolition de Huningue, du „ Nouveau Brisach & du Fort-Loüis. „ Il remettoit à de plus exactes recherches ce qui étoit exprimé dans le „ XXI. au sujet des Places qui de„ voient servir de limites entre la France & la Savoïe, & il demandoit de „ plus grans détails touchant l'accommodement des Electeurs de Cologne „ & de Bavière, touché dans le XIXX. „ Enfin il lui paroissoit que le terme de „ deux mois, fixé pour l'évacuation de „ la Monarchie d'Espagne selon le „ XXXVII. Article, étoit trop court „ & même impossible dans l'exécution.

Comme on eut pressé plusieurs fois Mr. le Président Rouillé de dire, s'il avoit dans ses Instructions un ordre d'insister tellement sur les difficultez qu'il proposoit, qu'il n'y eût aucune espérance de la paix, si on ne cédoit au Roi tout ce que portoient ses demandes: il répondit à la fin, *qu'il croïoit que le Roi pourroit se relâcher sur tous les autres points, pourvu qu'on changeât le XXXVII. Article.* Il fut prié de proposer lui même quelque chose qui pût servir de compensation au changement que le Roi vouloit faire à cet égard; & ce Ministre n'aiant rien proposé, on en demeura là. Le Président retourna en France & les Alliez continuèrent dans la résolution de poursuivre la guerre.

Rupture de la Négociation.

C'est ainsi que le Roi Très Chrétien rompit une Négociation dont il avoit fait toutes les avances, & que les Alliez, après s'être prêtez de bonne foi aux ouvertures faites de sa part, eurent lieu de reconnoître qu'on n'avoit eu d'autre dessein que de les amuser ou de les désunir. Il ne tint pas à Sa Majesté Très-Chrétienne de persuader à ses Sujets qu'elle avoit eu les meilleures intentions du monde de leur procurer la paix; mais que les prétensions des Alliez étoient si exorbitantes qu'il n'avoit pas été possible de les accepter. C'est du moins ce qu'elle tâcha de faire par la Lettre suivante qui fut renduë publique.

Lettre Circulaire du Roi Très-Chrétien à tous les Gouverneurs des Provinces, au sujet de la rupture des Négociations de Paix.

MON COUSIN,

Lettre Circulaire du Roi à cette occasion.

„ L'Espérance d'une paix prochaine étoit si généralement répandue dans mon Roïaume, que je
„ crois devoir à la fidélité que mes Peuples m'ont témoignée pendant le
„ cours de mon Règne, la consolation
„ de les informer des raisons qui empê-
„ chent encore qu'ils ne jouissent du
„ repos que j'avois dessein de leur pro-
„ curer.

„ J'aurois accepté, pour le rétablir,
„ des conditions bien opposées à la
„ sureté de mes Provinces frontières;
„ mais plus j'ai témoigné de facilité &
„ d'envie de dissiper les ombrages que
„ mes Ennemis affectent de conserver
„ de ma puissance & de mes desseins,
„ plus ils ont multiplié leurs préten-
„ sions : en sorte qu'ajoûtant par dé-
„ grez de nouvelles demandes aux pre-
„ mières, & se servant ou du nom du
„ Duc de Savoïe, ou du prétexte de
„ l'intérêt des Princes de l'Empire,
„ ils m'ont également fait voir que
„ leur intention étoit seulement d'ac-
„ croître aux dépens de ma Couronne,
„ les Etats voisins de la France, de s'ou-
„ vrir des voïes faciles pour pénétrer
„ dans l'interieur de mon Roïaume,
„ toutes les fois qu'il conviendroit à
„ leurs intérêts de commencer une nou-
„ velle guerre.

„ Celle que je soûtiens, & que je
„ voulois finir, ne seroit pas même
„ cessée quand j'aurois consenti aux
„ propositions qu'ils m'ont faites ; car
„ ils fixoient à deux mois le tems où je
„ devois de ma part exécuter le Trai-
„ té ; pendant cet intervalle ils préten-
„ doient m'obliger à leur délivrer les
„ Places qu'ils me demandoient dans
„ les Pay Bas & dans l'Alsace, & à
„ raser celles dont ils demandoient la
„ démolition. Ils refusoient de pren-
„ dre de leur côté d'autres engagemens,
„ que celui de suspendre tous Actes
„ d'hostilité, jusqu'au premier du mois
„ d'Août, se reservant la liberté d'agir
„ alors par la voye des armes, si le Roi
„ d'Espagne mon Petit-Fils persistoit
„ dans la résolution de défendre la
„ Couronne que Dieu lui a donnée, &
„ de périr plûtôt que d'abandonner des
„ Peuples fideles, qui depuis neuf ans
„ le reconnoissent pour leur Roi lé-
„ gitime.

„ Une telle suspension, plus dange-
„ reuse que la guerre même, éloignoit
„ la paix plûtôt que d'en avancer la
„ conclusion ; car il étoit non seule-
„ ment nécessaire de continuer la mê-
„ me dépense pour l'entretien de mes
„ Armées, mais le terme de la suspen-
„ sion d'armes expiré, mes Ennemis
„ m'auroient attaqué avec les nou-
„ veaux avantages qu'ils auroient tirez
„ des Places où je les aurois moi mê-
„ me introduits, en même tems que
„ j'aurois démoli celles qui servent
„ de remparts à quelques unes de mes
„ Provinces frontières.

„ Je passe sous silence les insinua-
„ tions qu'ils m'ont faites de joindre
„ mes Forces à celles de la Ligue, &
„ de contraindre le Roi mon Petit-
„ Fils à descendre du Trône, s'il ne
„ consentoit pas volontairement à vi-
„ vre desormais sans Etats, & à se ré-
„ duire à la condition d'un simple par-
„ ticulier. Il est contre l'humanité de
„ croire qu'ils ayent seulement eu la
„ pensée de m'engager à former avec
„ eux une pareille Alliance ; mais quoi-
„ que ma tendresse pour mes Peuples
„ ne soit pas moins vive, que celle que

,, j'ai pour mes propres Enfans, quoi ,, que je partage tous les maux que la ,, guerre fait souffrir à des Sujets auſſi ,, fideles, & que j'aïe fait voir à toute ,, l'Europe que je deſirois ſincerement ,, de les faire jouir de la paix, je ſuis ,, perſuadé qu'ils s'opoſeroient eux-,, mêmes à la recevoir à des condi-,, tions contraires à la juſtice & à l'hon-,, neur du Nom François.

,, Mon intention eſt donc que tous ,, ceux qui depuis tant d'années me ,, donnent des marques de leur zéle, ,, en contribuant de leurs peines, de ,, leurs biens & de leur ſang, à ſoû-,, tenir une guerre auſſi peſante, con-,, noiſſent que le ſeul prix que mes En-,, nemis prétendoient mettre aux of-,, fres que j'ai bien voulu leur faire, ,, étoit celui d'une ſuſpenſion d'armes, ,, dont le tems borné à l'eſpace de deux ,, mois, leur procuroit des avantages ,, beaucoup plus conſiderables qu'ils ,, ne peuvent en eſperer de la confian-,, qu'ils ont en leurs Troupes.

,, Comme je mets la mienne en la ,, protection de Dieu, & que j'eſpere ,, que la pureté de mes intentions at-,, tirera la Benediction Divine ſur mes ,, armes, j'écris aux Archevêques & ,, Evêques de mon Royaume, d'exci-,, ter encore la ferveur des prieres dans ,, leurs Dioceſes; & je veux en même ,, tems que mes Peuples dans l'éten-,, duë de vôtre Gouvernement, ſa-,, chent de vous qu'ils joüiroient de la ,, paix, s'il eût dépendu ſeulement de ,, ma volonté de leur procurer un bien ,, qu'ils deſirent avec raiſon, mais ,, qu'il faut aquerir par de nouveaux ef-,, forts, puiſque les conditions im-,, menſes que j'aurois accordées, ſont ,, inutiles pour le rétabliſſement de la ,, tranquillité publique. Je laiſſe donc ,, à vôtre prudence de faire ſavoir mes ,, intentions de la maniere que vous le ,, jugerez à propos. Sur ce je prie Dieu, ,, mon Couſin, qu'il vous ait en ſa ,, ſainte garde, &c.

Outre cette Lettre qui fut envoïée au Duc de Treſmé, Gouverneur de Paris, le Roi Très-Chrêtien en envoya une particuliere ſur le même ſujet au Cardinal de Noailles; elle étoit conçûë en ces termes.

LETTRE

De Sa Majeſté Très-Chrétienne au Cardinal de Noailles, Archevêque de Paris.

Mon Cousin,

,, J'Ai regardé comme un de mes pre-,, miers devoirs, mes ſoins pour pro-,, curer le repos à mes Peuples, dans ,, un tems où les maux de la guerre ne ,, ſont pas les ſeuls, dont il a plû à Dieu ,, d'affliger mon Royaume; mais quel-,, ques offres que j'aïe faites à mes En-,, nemis, pour le rétabliſſement de la ,, tranquillité publique, j'ai vu par ,, leurs réponſes, que ſe confiant en ,, leurs Forces, ils ont encore des vûës ,, opoſées à celles de travailler à la ,, paix de l'Europe. Comme les évene-,, mens de cette campagne doivent en ,, décider, qu'ils ſont abſolument en-,, tre ſes mains, que ſa ſainte Religion ,, eſt attaquée par mes Ennemis, & ,, que ſes interêts ſont abandonnez de ,, ceux même qui devroient les ſoûte-,, nir avec le plus d'ardeur; j'ai lieu ,, d'eſperer qu'il lui plaira de me don-,, ner des nouvelles marques de ſa Pro-,, tection Divine, connoiſſant la pure-,, té de mes intentions, & les ſacrifices ,, que j'avois reſolu de faire pour le re-,, pos de tant de Peuples. Il faut ce-,, pendant implorer avec autant de con-,, fiance, que d'humilité, ſes miſeri-,, cordes, pour en obtenir l'effet. Ain-,, ſi mon intention eſt que vous exci-

1709. "tiez encore la ferveur des Peuples de vôtre Diocese, en indiquant de nouvelles prieres pour une heureuse conclusion de la paix. Et ne doutant pas de vôtre zéle en cette ocasion, sur ce je prie Dieu qu'il vous ait, mon Cousin, en sa sainte & digne garde. Ecrit à Versailles, le 12. Juin 1709. signé LOUIS &c.

Considerations sur la Lettre Circulaire du Roi.

Mais si le Roi tâcha de prévenir les esprits en sa faveur sur la rupture de ces Négociations, il ne donna point le change aux personnes éclairées, qui firent les observations suivantes sur la Lettre Circulaire de ce Prince.

Lettre écrite de la Haïe, le 16. Juin.

"La Cour de France, disoit-on, qui avoit commencé les Négociations de paix, les a rompuës lorsqu'on attendoit de sa part la signature des Préliminaires, aiant jugé plus à propos d'en remettre de nouveau la décision au sort douteux des Armes. Il est vrai que le Roi laisse entendre par sa Lettre aux Gouverneurs de ses Provinces, *qu'il veut que ses Peuples sachent, qu'ils joüiroient de la paix, s'il eût dépendu seulement de sa volonté de leur procurer un bien qu'ils desirent avec raison.* Mais il est encore plus évident que cette rupture ne vient pas de la volonté des Hauts Alliez, puisque les Préliminaires signez de leur part auroient rendu la condition de la Couronne de France beaucoup meilleure & plus avantageuse, qu'elle n'étoit par les Traitez de Munster & des Pirenées. Or si la France, dans l'état qu'elle étoit alors n'a pas laissé de s'élever, aux dépens de tous les Etats voisins, à ce haut dégré de puissance où elle est montée, nonobstant la Renonciation si solemnellement stipulée par la Paix des Pirenées, & malgré toutes les forces qu'on a pu lui oposer; qui ne voit que les Hauts Alliez, en se relâchant sur des restitutions très-considérables, ont eu moins d'égard à leur propre sûreté & conservation, qu'au desir de procurer la paix, & de mettre fin aux calamitez de la guerre, puisqu'ils s'exposoient par là aux mêmes risques que par le passé, pour avoir manqué d'étendre plus loin leurs précautions? Mais s'ils ont le regret de voir que leurs bonnes intentions ont été inutiles, il leur reste au moins la même satisfaction qu'ils ont euë dans la rupture de tous les Traitez précedens: c'est de n'avoir rien oublié pour détourner les malheurs que le fleau de la guerre entraîne après soi: c'est de s'être montrez moins sensibles à leurs propres interêts, qu'à tous les divers fleaux que la colere du Ciel répand sur tant de Peuples: c'est enfin d'avoir voulu sacrifier leurs justes craintes aux devoirs de l'Humanité & de la Religion, pour tendre la main à leurs Ennemis, & se délivrer tous en commun des perils qui les environnent. Après cela, les Hauts Alliez, & en particulier Leurs Hautes Puissances remettent le tout entre les mains de la Providence; se confiant uniquement en la même bonté & protection Divine, qui les a délivrez & soûtenus jusqu'à présent contre toutes les aparences humaines, qui seule donne l'esprit de force & répand la terreur au jour de la bataille, & qui peut ramener une bonne paix par les mêmes voies qui semblent aujourd'hui l'éloigner plus que jamais.

1719.

On voit par ces considerations, que les Alliez étoient en droit de demander de plus grandes sûretez, que celles dont ils se contentoient dans les Articles Préliminaires, arrêtez avec les Ministres de Sa Majesté Très-Chrétienne: la chose est claire, & plusieurs Ecrits qui parurent en ce tems-là, acheverent de la mettre en évidence.

"Le Roi, dit un de ces Ecrits, proteste

Autre sur la

1709.

Lettre au Cardinal de Noailles.

„ proteste qu'il auroit fort souhaité
„ de procurer le repos à ses Peuples,
„ dans un tems où les maux de la guer-
„ re ne sont pas les seuls dont il a plu à
„ Dieu d'affliger son Roïaume. Il se
„ plaint ensuite, que quelques offres
„ qu'il ait faites à ses ennemis, pour
„ le rétablissement de la tranquillité
„ publique, il a vu par leurs réponses,
„ que se confiant en leurs forces, ils ont
„ encore des vûës opposées à celles de
„ travailler à la paix de l'Europe. Cet-
„ te plainte, quelque peu fondée qu'el-
„ le soit, n'a rien qui doive nous sur-
„ prendre. Il est naturel, & même
„ très-nécessaire, qu'on tâche de per-
„ suader aux François, qu'il n'a pas
„ tenu à Sa Majesté Très-Chrétienne,
„ qu'ils n'ayent eu la paix. Mais il est
„ très-surprenant, qu'on veuille leur
„ faire accroire ; que leur Religion est
„ en danger : qu'elle est attaquée par
„ les Ennemis du Roi, & que ses in-
„ térêts sont abandonnez de ceux-mêmes
„ qui devroient les soutenir avec plus
„ d'ardeur. De bonne foi croit-on que
„ cette accusation fasse jamais tort à
„ la Catholicité de l'Auguste Maison
„ d'Autriche & des autres Puissances
„ de la même Religion, qui sont en-
„ trées dans la grande Alliance ? Peut-
„ on s'imaginer que les François mê-
„ mes, quoi qu'accoûtumez à recevoir
„ aveuglément & sans examen tout
„ ce qui vient de la Cour, soient as-
„ sez dupes pour croire que les Prin-
„ ces d'entre les Hauts Alliez qui sont
„ Catholiques, ayent moins de zèle
„ pour leur Religion, que Sa Ma-
„ jesté Très-Chrétienne elle-même?
„ S'est-on jamais plaint, qu'ils ayent
„ jamais fait aucune démarche qui
„ ait tendu directement ou indirecte-
„ ment au desavantage de la Religion
„ Romaine ? En sera-t-elle moins en
„ sûreté, lors que le Roi Très-Chré-
„ tien ne sera plus en état de donner
„ la loi à toute l'Europe ? Quand les

Tome. III.

„ François se sont alliez si étroitement
„ avec les Turcs ; quand ils ont mis
„ tout en usage, pour porter ces en-
„ nemis du Nom Chrétien, à faire une
„ invasion dans l'Empire, on a
„ eu juste sujet de reprocher à la Cour
„ de France, qu'elle mettoit la Re-
„ ligion Chrétienne en danger ; elle
„ n'a pas eu alors ces scrupules, &
„ cette délicatesse de conscience qu'el-
„ affecte aujourd'hui. D'où vient cela?
„ C'est qu'à lors il s'agissoit de son
„ intérêt, qui devoit marcher avant
„ celui de la Religion. Aujourd'hui que
„ la Religion ne court aucun risque,
„ on voudroit nous faire croire qu'elle
„ est en péril, & confondre ses inté-
„ rêts avec ceux du Roi Très-Chré-
„ tien, parce que l'union des Princes
„ Catholiques avec les Puissances Pro-
„ testantes est préjudiciable aux desseins
„ de la Cour de France. Quelque bon
„ Catholique que je sois, on ne me
„ persuadera jamais que ma Religion
„ coure aucun risque ; je ne crois pas
„ même que parmi les François, tout
„ homme qui a tant soit peu de bon
„ sens, ait la moindre inquiétude sur
„ ce sujet.

Quoi-qu'il en soit, la rupture de ces Négociations, arrivée de la part de la France, dans le tems qu'on croyoit tout réglé par les *Préliminaires*, les fit comparer au fameux *Traité de Partage*, qui avoit pour but apparent de prévenir les malheurs qu'on vit arriver ; mais qui en effet ne servit qu'à faire éclore dans la suite la mistérieuse production d'un *Testament*, qui à certains égards, donna en entier à la Frâce ce qu'elle avoit fait semblant de vouloir partager. De même, on étoit convenu des *Préliminaires*, qui devoient servir de base au Traité de Paix : chacun étoit persuadé que la Cour de France la vouloit effectivement, puisqu'elle avoit suffisamment consenti à ces Articles, surtout au Point Fondamental de la *Restitution*

Motif de la Cour de France dans cette rupture

O o

de la Monarchie d'Espagne, & qu'elle avoit laissé engager la Négociation si avant, qu'il ne restoit plus de sa part qu'à signer. Mais quand elle vit les Ministres des Alliez uniformes par leurs signatures, (ouvrage capital, qu'aparemment elle avoit cru de plus longue haleine, & sujet à divers incidens!) son refus manifesta bien-tôt qu'elle n'avoit pas dessein de donner les sûretez promises; sur tout quand on vit par la *Lettre Circulaire aux Gouverneurs des Provinces*, qu'elle se servoit de ces Préliminaires, pour animer les Peuples à la continuation de la guerre, en se récriant sur les demandes des Alliez, & suprimant ou n'expliquant pas ce dont on étoit convenu; afin de rejetter sur eux le blâme d'une rupture, qui venoit uniquement de sa part.

Combien la France étoit éloignée de la vouloir.

Mais si l'on crut la France disposée à la paix, à cause de la démarche qu'elle venoit de faire; l'Ecrit * qui parut peu après à la Haye de sa part, fit bientôt connoître combien elle en étoit éloignée. Ce que cet Ecrit proposoit se réduit à ceci: *Que sans parler davantage des Articles Préliminaires, on pourroit traiter de la paix définitivement; Qu'en suprimant la forme de ces Article Roi en laisseroit le substance: Qu'on traiteroit de la part de Sa Majesté & de celle des Alliez, sur le fondement des conditions, auxquelles elle avoit bien voulu consentir pour la satisfaction de l'Empereur, de l'Angleterre, de la Hollande, & de leurs Alliez &c. & qu'elle étoit prête de reprendre la négociation sur le même pié, &c.* Or il est aisé de voir par ces propositions, combien la France étoit alors plus éloignée de la paix qu'auparavant. Premièrement lorsqu'on traita des Préliminaires, qui devoient servir de base au Traité, on tomba d'acord des conditions principales, qui furent spécifiées, & qui devoient être signées, avant qu'on entrât en négociation pour le reste; au lieu que l'Ecrit dont je parle, ne spécifioit point les Articles, dont la France vouloit traiter de nouveau; mais il les distinguoit seulement en général sous les termes vagues de *substance* & de *forme*, sans rien spécifier en détail, ni même offrir de signer les principales conditions déja règlées auparavant, sur le pié des quelles on parloit de reprendre la négociation. En second lieu, on étoit tombé d'accord par les Préliminaires des sûretez qui devoient être données pour l'exécution des principaux Articles, afin de travailler avec un esprit de confiance au reste de la négociation, & de s'assurer qu'elle ne seroit pas exposée aux mêmes risques & inconveniens que les précédentes; au lieu que cet Ecrit n'offroit aucune sûreté préliminaire, & que tout étoit renvoyé à la fin de la négociation. Il ne faut donc pas s'étonner s'il ne produisit aucun effet, sinon d'augmenter la défiance, de rendre la négociation plus difficile, & d'aporter de nouveaux obstacles, bien loin de diminuer les premiers.

C'est ce qui fit que des deux côtez on se prépara à une vigoureuse campagne, & que le Pays-Bas fut encore le grand théatre de la guerre, après l'avoir été infructueusement des negociations de la paix. Le Roi ayant jugé à propos pour le bien de son service, de faire quelque changement dans le Ministère de la guerre. Sa Majesté nomma *Daniel François Voisin*, Seigneur du Plessis la Noraye, auparavant Conseiller au Parlement de Paris, son Secretaire d'Etat au département de la guerre, à la place de Mr. de Chamillard qui en avoit donné sa démission volontaire. Jamais la France n'avoit fait de plus grans efforts pour se rendre supérieure, & pour arrêter les progrès des Alliez. Cependant elle ne fut

Dispositions des Fr. pour la Campagne du Pais Bas. Monsieur Voisin est fait Secrétaire d'Etat de la guerre.

* *Il fut remis par la Cour de France à Mr. de Pettekum, Ministre de Holstein Gottorp à la Haïe.*

LOUIS XIV. Liv. XVI.

1709.
pas plus heureuse que les campagnes précédentes, ni au commencement en se tenant bien retranchée dans ses lignes; ni dans la suite lorsqu'elle marcha en pleine campagne. Dévelopons ces deux événemens.

Le Maréchal de Villars se retranche entre la Bassée & Lens. Lettre de Lens du 29. Juin.

Sur l'avis d'un mouvement qu'avoit fait l'armée des Alliez, le Maréchal de Villars à qui le Roi avoit donné le commandement de la sienne au Païs-Bas, & qui étoit campé entre la Bassée & Lens, fit raser le Village d'Auchi & couper tous les arbres, les haies & les buissons jusqu'à la Bassée, afin que rien n'embarrassât le champ de bataille: son Quartier general étoit à l'Abbaye d'Anai entre Lens & le Pont-à-Vendin. Il fit faire un retranchement qui commençoit près de là au Marais de Vingle, joignant le Canal de Douai, & qui s'étendoit jusqu'au Marais de Cambrin, flanqué par des Redents, avec une batterie à chacun, un bon Fossé, & un Avant-Fossé de quinze piez de largeur, aiant au devant une Cense fortifiée & soûtenuë par un autre Ouvrage. Ce retranchement étoit bordé par l'Infanterie, à la reserve de trois Brigades postées en seconde ligne, une à chaque aîle, & la 3. derriere le centre; la Cavalerie étoit derriere en divers endroits, pour la commodité des fourages, en sorte qu'elle pouvoit en moins de deux heures être en bataille, pour soûtenir l'Infanterie. Les bords du canal jusqu'à Douai étoient garnis de plusieurs Bataillons bien retranchez. Du côté gauche, le Marechal de Villars avoit fait sonder le Marais de Cambrin, qui se trouva impraticable: néanmoins il y fit faire des coupures avec des redoutes, & pratiquer plusieurs chemins jusqu'à S. Venant, afin de couvrir Aire, où le Marquis de Gœsbriand avoit été envoyé pour y commander.

Siege de Tour-
C'est ainsi que les François attendoient les Alliez, n'aiant pas osé le faire en rase campagne. Ceux-ci de leur côté, qui avoient leurs raisons, pour ne pas les forcer alors, resolurent unaniment dans un grand Conseil de guerre, qui se tint le 26. de Juin, de faire le siege de Tournai; en sorte que leur Armée décampa le même jour de la Plaine de Lille à 9. heures du soir, & le lendemain matin cette Place fut investie d'un côté par les Troupes que commandoit le Duc de Marlborough, depuis Anthoing jusqu'au chemin de Lille; & de l'autre, par celles du Prince Eugene, depuis cet endroit jusqu'à l'Escaut au-dessous de la Ville. Le Lieutenant-General Lumlei fut détaché en même tems avec 30. Escadrons & 12. Bataillons, pour aller investir la Place de l'autre côté de l'Escaut, où il devoit être renforcé par le corps des Troupes du Lieutenant-General Dompré, qui étoit arrivé près d'Oudenarde. Mr des Roques, que les Etats Generaux avoient fait Ingenieur-General, eut la direction du siege. Le 7. Juillet au soir la tranchée fut ouverte en trois endroits, savoir deux à la Ville & une à la Citadelle. Le General Lottum commanda la première attaque, avec les Lieutenans-Generaux Withers, Fing & Heiden, & les Generaux Majors Temple, Denhof & Vegelin; la seconde fut commandée par le General Schulembourg, les Lieutenans-Generaux Duc d'Argile, Wackerbaert & Weck, & les Generaux-Majors Mondorf, Dalbergue & le Comte de Nassau-Woudenbourg; & la troisiéme par le General Fagel, les Lieutenans-Generaux Dedem, le Comte d'Oxenstiern, le Baron de Spar, & les Generaux-Majors Hamilton, Wassenaer, & Keppel. Les travaux furent poussez avec beaucoup de vigueur, & avancez dès le premier jour jusqu'à deux cens pas de la Contrescarpe de l'Ouvrage à Corne, & jusqu'à deux cens cinquante des Palissades. Le 8. les Assiégeans s'emparérent d'un petit Ou-

1709.
nai par les Alliez.

O o ij

vrage près de la Citadelle. Le 10. & le jour suivant la grosse Artillerie, qui venoit de Gand par eau, arriva au Camp. On travailla le 12. à élever les Bateries. On en fit deux de 12. piéces de Canon à l'attaque du Comte de Lottum; & une autre de 22. & de 8. Mortiers au côté droit des terres inondées, pour rompre les Ecluses & faire brêche au mur de communication entre la Ville & la Citadelle. On commença le jour suivant à tirer de ces batteries avec beaucoup de succés ; & tout le Canon de la Citadele, à la reserve de deux piéces, fut demonté dès ce jour-là. On attacha aussi le Mineur à plusieurs endroits, pour chercher les Galleries des Assiegez. Mais il arriva le soir un accident au Parc] de l'Artillerie des Assiégeans, par une Bombe que prit feu, & qui en fit sauter environ deux cens autres : quatorze ou quinze Soldats y furent tuez outre plusieurs blessez.

Sortie des Assiégez. Reddition de la Ville.

Le 14. on jetta une telle quantité de Bombes dans la Citadelle, qu'un des Magazins des Assiégez sauta, avec un fracas qui fit trembler la terre jusques dans le Camp des Alliez. Les premiers firent la nuit suivante une sortie à l'attaque du Comte du Lottum qui fut assez vigoureuse ; mais après un grand feu de part & d'autre, ils furent repoussez jusqu'au Chemin couvert, par quatre Bataillons qui étoient de tranchée, sans avoir pu rien exécuter contre les Travailleurs. La nuit du 15. au 16. on commença à déloger les Assiégez de quelque Ouvrage de la Citadelle ; ce qui fut continué les deux jours suivans. Les Assiégeans se postérent sur une partie de la Contrescarpe, & ne purent pousser plus loin, à cause de la résistance des Assiégez. Il ne se passa rien de considérable jusqu'au 20. que les Assiégez firent une vigoureuse sortie qui mit d'abord les Travailleurs en desordre ; mais ils furent repoussez ensuite jusqu'à la Ville, & toutes choses rétablies dans leur premier état. Ce jour-là les Assiégeans se retrouvérent si avancés à l'attaque du Comte de Lottum entre la Citadelle & la Ville, que le Corps de la Place étoit tout à decouvert ; tellement que les Assiégez craignant d'être coupez de ce côté-là, quand ils voudroient se retirer dans la Citadelle, élevérent un retranchement derriere la brêche ; mais on continua de tirer avec tant de furie contre cet Ouvrage de l'attaque du General Fagel, que les Assiégez y eurent plus de 15. cens hommes hors de service, tant par l'effet du Canon que des Bombes & des Grenades qu'on y avoit jettées. On fut occupé la nuit du 23. à l'attaque du General Schulembourg, à aprofondir & élargir un logement sur le Chemin couvert du Fossé du Bastion des sept Fontaines ; mais dans le tems qu'on étoit prêt à combler le Fossé, pour aller à la brêche de ce Bastion, les Assiégez firent couler six piez d'eau davantage dans le Fossé, ce qui fit différer l'assaut de quelque tems. La nuit du même jour, les Mineurs des Alliez découvrirent une mine à l'attaque de la Citadelle & en tirérent la poudre ; mais les Assiégez en firent sauter une autre. Les premiers perdirent trois ou quatre Mineurs. Le 26. au soir malgré l'eau que les Assiégez avoient augmentée à l'attaque du General Schulemboug, on se disposa à faire un Pont pour donner l'assaut à la brêche de l'Ouvrage à Corne, & une Gallerie pour faire la même chose au Ravelin ; ce qui fut exécuté le lendemain en trois quarts d'heure après une assez foible résistance. Le 28. les Assiégez firent une vigoureuse sortie à la même attaque ; mais ils furent repoussez avec encore plus de vigueur, & portérent avec eux la terreur dans la Ville, d'où l'on avoit déja donné pendant deux nuits plusieurs signaux, en allumant des feux ou en tirant des fusées volantes ; de sorte que vers les six heureux du soir ils arborerent le pavillon blanc, & battirent la Chamade entre sept & huit; sur quoi les Otages furent aussi-tôt échangez. La Capitulation pour la Garnison de la Ville fut signée le soir du 29. par laquelle la porte des 7. Fontaines à l'attaque du General Schulembourg devoit être livrée le 30. & toute la Garnison devoit se retirer le même jour dans la Citadelle.

Changement que M. de Villars fait dans son Armée.

Le Maréchal de Villars changea le 3. de Juillet la disposition de son Armée, qui étoit campée à Haines près de la Bassée. Ceux qui ocupoient le Centre marcherent aux deux Ailes, & ceux-ci ocuperent leur place; il y avoit deux ou trois jours que ce Maréchal avoit reçû un Détachement d'environ douze mille hommes, venu d'Allemagne. Vers le soir les François firent un Détachement de huit à dix mille hommes. Le lendemain ils jetterent trois Ponts sur la Haute-Deule, entre Marchiennes & Pont-à-Vendin, où ce Détachement passa, & alla se rendre Maître de Warneton; dont la Garnison fut faite prisonniere de guerre. Ce Poste fut abandonné peu de tems après à la vûë d'un Détachement des Alliez: la Garnison de Warneton étoit de sept cens hommes qui furent conduits en Picardie. Quelques jours après le Maréchal de Villars changea encore de Camp, aiant seulement laissé quelques Troupes à Lens pour garder les Lignes. Le gros de l'Armée Françoise se posta entre Condé, Valenciennes & Douai, aiant la Scarpe devant soi; & le Maréchal fit travailler jour & nuit à une autre Ligne depuis Condé jusqu'à Douai, pour couvrir aussi le Pais de ce côté-là. Le même Maréchal, après avoir reçû d'Allemagne le renfort dont on vient de parler, s'avança le 23. plus près de la Scarpe entre Douai & Valenciennes, changeant le Quartier general d'Anchain à Anain. Ainsi l'Armée Françoise

Elle abandonne le Poste de Warneton.

çoise n'étoit plus qu'à trois lieuës de celle des Alliez, & à une lieuë de St Amand. Les Lignes du côté de Lens & de la Bassée étoient gardées par un Détachement de 800. hommes campez à Estaire, qui devoit être renforcé des Milices de Picardie & du Boulonnois.

Le 30. les Impériaux ocuperent à Tournai la porte de Lille, & le jour suivant les François livrerent toute la Ville, & se retirerent vers les quatre heures après midi à la Citadelle. Le même jour Mylord d'Albemarle prit possession du Gouvernement de la Ville, dont le General-Major Wertmuller fut fait Major Commandant. La nuit du 31. au premier d'Août, les Assiegeans tirerent une Parallele, & quoi que le feu que firent les François fût fort grand, les Assiegeans n'eurent que cinq morts & quelquez blessez. On jetta aussi cette nuit plus de quatre cens Bombes dans la Citadelle, pour favoriser le travail de deux batteries, qu'on avoit dressées, chacune de douze pieces de Canon de vingt-quatre livres, & de deux autres de vingt Mortiers chacune. Les François, après bien des disputes, convinrent, que l'Ouvrage détaché entre la Citadelle & la porte de St Martin resteroit neutre, de sorte que les Assiegeans résolurent de faire une attaque de ce côté-là, dont le General Schulembourg eut la direction, quoi que le General Lottum dût commander seul le siége de la Citadellele avec trente Bataillons & dix Escadrons. On continua jusqu'au quatre à travailler aux mines & aux batteries. Mr de Ravignan, qui étoit arrivé le 3. de Versailles à l'Armée des Alliez, avoit demandé & obtenu la permission de se rendre à la Citadelle pour parler au Marquis de Surville. Il demanda ensuite quelqu'un de la part des Alliez, pour convenir des conditions sous lesquelles on rendroit cette Forteresse. On nomma le Brigadier de Lalo, avec

La Ville de Tournai est livrée aux Alliez.

1709. lequel Mr de Ravignan signa la convention suivante.

Extrait de la convention signée pour la Citadelle.

„ Que l'on rendra aux Alliez la Citadelle de Tournai le 5. Septembre à midi, mais qu'en cas que l'Armée du Roi oblige les 30. Bataillons & 10. Escadrons (faisant environ 18000. hommes) qui en font le siége, à le lever, alors la Capitulation sera nulle.

„ Que la Garnison de la Citadelle, tant Officiers que Soldats, sortira le 5. Septembre, avec Armes Bagages, & autres marques d'honneur, & sera conduite par le plus court chemin, à la plus prochaine Ville, ou à l'Armée Françoise, au choix de Mr de Surville, ou de celui qui la commandera.

„ Qu'en cas que Monsieur de Ravignan raporte le 8. Août l'approbation de la Cour, on donnera de part & d'autres des Otages & on remettra une porte après que la Capitulation aura été signée le 8. ou le 9. Août.

„ Que la Garde que les Alliez mettront à ladite porte de la Citadelle, n'excedera pas 300. hommes, & qu'il y aura une barriere au milieu, comme de coûtume.

„ Que l'on donnera des Commissaires pour vérifier, si les 30. Bataillons & 10. Escadrons resteront toujours devant la Citadelle jusqu'au 5. Septembre, & que ces Troupes ne pourront être employées qu'à investir la Citadelle, ou garder la Ville de Tournai, jusqu'à l'évacuation & la remise de la Citadelle aux Alliez.

„ Que les Otages donnez de la part des Alliez seront autorisez par le Marquis de Surville, pour visiter les Magazins, l'Artillerie, les Munitions de guerre, Provisions & autres effets, qui doivent rester dans la Citadelle au même état qu'on les trouvera le 8. Août: moyennant

„ qu'on puisse se servir de ce qui est necessaire pour l'entretien journalier de la Garnison, jusqu'au jour de l'évacuation & la remise de la Citadelle aux Alliez & que Mr de Surville promette que le reste des Munitions ne sera point dispersé, ni endommagé, pendant le tems que la Garnison restera dans la Citadelle: que le 8. ou 9. Août, lorsque la porte sera livrée, & la Capitulation ratifiée, il y aura de part & d'autre une suspension d'armes. Fait & arrêté double le 4. Août 1709. signé &c.

Le 8. du même mois le Marquis de Ravignan revint de la Cour de France avec la nouvelle que le Roi Très-Chrêtien ne pouvoit aprouver ni ratifier la Convention pour l'évacuation de la Citadelle de Tournai, à moins qu'il n'y eût une suspension d'armes pour les Armées jusqu'au 5. Septembre. C'est pourquoi on continua depuis ce tems-là à pousser le siége aussi vigoureusement qu'il fut possible, jusqu'à la fin du mois. Alors les Assiegez, après avoir fait jouer plusieurs Fougades, & fait sauter plusieurs Mines, résolurent de se rendre. Il demanderent à capituler le 31. Août; mais on ne voulut leur accorder de Capitulation, qu'à condition qu'ils se rendroient prisonniers de guerre, & ce ne fut que le 3. de Septembre qu'ils subirent la Loi du Vainqueur.

La Cour n'aiant pas aprouvé cette Convention, les Alliez continuent le siége, & obligent la Place à se rendre.

Si la Citadelle de Tournai se fût défenduë quelques jours encore, les François avoient formé le dessein de surprendre Ostende. Ils avoient, quelque tems auparavant, fait passer quelques Détachemens à Ypres, sous prétexte de vouloir en renforcer la Garnison, mais ils les avoient fait ensuite passer par pelotons à Furnes & à Dunkerque. On avoit préparé dans cette derniere Place six Galeres & autant de Demi-Galeres, sur lesquelles on devoit embarquer ces Troupes. Celles qui de-

Dessein des Fr. sur Ostende.

LOUIS XIV. Liv. XVI.

1709.

voient faire l'attaque par Terre auroient passé par Nieuport, où l'on avoit assemblé trente mille fascines pour servir à combler le Fossé d'Ostende.

Situation de l'armée Françoise retranchée près de Mons.

Dans le tems que les François avoient en vuë de surprendre cette Place, les Alliez formerent le dessein de faire le siége de Mons, si on pouvoit, engager le Maréchal de Villars à une bataille. Cette bataille se donna le 11. du méme mois; & elle fut sanglante. Ce ne fut pas même proprement une bataille mais un siége de toute l'Armée Françoise, couverte de retranchemens inaccessibles, qu'on n'avoit point vu encore pratiquez de cette force, & qu'il falut attaquer tout à découvert. Son Aîle gauche étoit postée du côté de Blangies, aiant devant elle le Bois de Blangies & du Sart : le Corps de bataille devant Erquennes & Tainieres : l'Aîle droite apuyée contre le Bois de Jansart, l'ouverture entre les deux Bois, large d'environ 5000. pas, étant retranchée, de même qu'un hameau devant leur Retranchement, couvert de bons fossez & de buissons. Ils avoient aussi retranché les deux côtez du Bois, & garni les avenuës de Canon.

Bataille de Malplaquet. Memoires du Tems.

Telle étoit la disposition de l'Armée de France, lorsqu'on détacha le 3. Septembre de l'Armée des Alliez le Prince Hereditaire de Hesse-Cassel, avec 4000. Grenadiers & 60. Escadrons, pour forcer les Lignes des François près de Mons, & investir la Place. L'un & l'autre fut exécuté, après une marche fort diligente, pendant que l'Armée s'avançoit successivement de ce côté-là.

Les François aiant eu avis de ce mouvement, se mirent aussi en marche, & sortirent entierement de leurs Lignes près de Douai, aiant tiré toutes leurs Garnisons des Places qui étoient derriere leur Armée, laquelle par ce moyen *se trouvoit plus forte de 60. Bataillons que celle des Alliez*; &

ils avoient dessein de renverser le Détachement du Prince de Hesse près de Mons.

1709.

Ce Prince en étant averti, en donna aussi tôt avis au Prince Eugene & au Prince Duc de Marlborough, qui s'étant levez de table, marcherent avec l'Armée le reste de la journée & toute la nuit, & arriverent le lendemain à la pointe du jour près de Mons; ce qui rendit inutile le dessein du Maréchal de Villars, qui sur cela vint camper entre Quevrain & Bossu. Un Parti de 4000. Chevaux qui couvroit sa marche, fut surpris par les Alliez, taillé en pieces la plus grande partie, ou fait prisonnier; avec le Colonel qui le commandoit. Le lendemain le Maréchal de Villars poursuivit sa marche derriere un Bois vers Aunoi, étendant sa droite de ce côté-là, sa gauche vers Bavai, & le centre à Longueville, d'où il se fit voir avec quelques Canons hors du Bois; & ce jour-là on se canonna de part & d'autre.

Le suivant, on ne put encore attaquer les François, parce que le Corps qui avoit fait le Siége de la Citadelle du Tournai, sous les Generaux Lottum & Schulemboug, & qui étoit de plus de 20.mille hommes, *n'étoit pas encore arrivé à la grande Armée* : de sorte que le Maréchal de Villars *eut le tems de deux nuits & un jour*, pour se fortifier dans le Bois (où il avoit posté toute son Infanterie) *par trois Retranchemens*, & même de couvrir par des epaulemens sa Cavalerie.

Nonobstant toutes ces grandes précautions, les Alliez firent toutes les dispositions possibles pour l'attaquer le 11. de ce mois, tant en front qu'en flanc. Toute leur Infanterie fut rangée en trois colonnes.

A huit heures du matin, on commença un sanglant combat, dans lequel les Alliez s'avançant pas-à-pas,

1709. nonobſtant le feu violent des François, emporterent *les trois Retranchemans de même que les Traverſes*, l'action aiant duré juſqu'à trois heures après midi. Les François furent non-ſeulement pouſſez avec un grand carnage, & chaſſez entierement hors de leurs Retranchemens, mais *pourſuivis plus de demi-heure au-delà du champ de bataille*, aiant été contrains de laiſſer aux Alliez *pluſieurs pieces de Canon & grand nombre de priſonniers, avec quantité d'Etendarts, Drapeaux & Timbales*.

Après cette défaite des François, le reſte de leur Armée ſe retira partie vers Maubeuge, partie vers Valenciennes. Le Maréchal de Villars fut bleſſé au genou, & ne laiſſa point de donner pendant plus de deux heures les ordres néceſſaires pour la continuation du combat. Le Prince Eugene reçût auſſi au commencement une legere bleſſure d'un coup de feu au col, qui ne l'empêcha pas néanmoins de continuer le Commandement juſqu'à la fin de la bataille.

Voici quelques Lettres des Generaux des Alliez, qui confirment l'événement de ce combat.

LETTRE

Du General Comte de Tilli à Leurs Hautes Puiſſances.

Lettre du C. de Tilli ſur le même ſujet.

„ JE me donne l'honneur de feliciter
„ Vos Hautes Puiſſances de la gran-
„ de victoire remportée aujourd'hui
„ ſur l'Armée Ennemie, par la bonne
„ conduite & l'intrepidité de Mr le
„ Prince Eugene de Savoye, & de Mr
„ le Duc de Marlborough.

„ Le Maréchal de Villars aiant vu 1709.
„ l'heureux ſuccès de nôtre entrepriſe
„ ſur les Lignes au-deſſus de Mons,
„ aſſembla toute ſon Armée, & vint
„ ſe poſter près de Quevrain, faiſant
„ répandre le bruit parmi ſes Troupes,
„ qu'il étoit abſolument réſolu de nous
„ venir attaquer: il en avoit déja fait
„ mine dès le Samedi & le Dimanche
„ d'auparavant, aiant fait divers tours
„ tantôt à la droite & tantôt à la gau-
„ che de ſon Armée, avec pluſieurs
„ Eſcadrons, qui s'avancerent tant du
„ côté de Boſſut, que vers les ouver-
„ tures qui ſont entre le Bois de Grand
„ Blangies (autrement de Sart) & ce-
„ lui de Langueteres. Cela nous fit
„ prendre le parti de paſſer inconti-
„ nent la Trouille, & d'ocuper les
„ hauteurs & les plaïnes qui ſont entre
„ la Haine & les rivieres de Bougnies,
„ & le grand & petit Quevi. Le Ma-
„ réchal de Villars qui étoit campé
„ depuis la Haïe près de Montreuil,
„ juſqu'à Athis & Montigni ſur Roc,
„ reçut en ce tems-là ſon dernier ren-
„ fort, ſavoir le Corps de Mr d'Artag-
„ nan, qui avoit eu la garde du camp
„ entre Bethune & la Baſſée, & qui
„ avoit raſſemblé toute l'Infanterie
„ qu'il avoit pu tirer des Garniſons
„ d'Ypres, d'Aire & autres Places de
„ ce côté-là; de ſorte qu'il s'eſt trou-
„ vé beaucoup plus fort que nous en
„ nombre de Bataillons & d'Eſcadrons.

„ Avant-hier au matin, ce Maré-
„ chal ſe mit en marche avec ces For-
„ ces, étendant ſa droite par delà le
„ coin du Bois de Lagnieres, qu'il fit
„ auſſi-tôt ocuper, de même que celui
„ de Sart & les Buiſſons qui ſont aux
„ environs, juſqu'au delà du Village
„ d'Aunois. Il fit auſſi ocuper les Buiſ-
„ ſons d'un Hameau, nommé Blac-
„ quet, ſitué entre ces deux Bois; de
„ ſorte qu'il ne reſtoit que très-peu
„ d'ouverture entre ledit Hameau &

„ le

„ le Bois de Lagnieres : les ouvertu-
„ res étoient plus grandes vers le côté
„ du Bois de Sart.

„ Sur l'avis de cette marche, les Ge-
„ neraux s'assemblerent près du Mou-
„ lin de Sart, où il fut résolu de faire
„ avancer l'Armée, afin d'ocuper avec
„ la nôtre la Plaine qui est entre les
„ deux Bois : celle du Prince Eugene
„ fut postée dans les ouvertures du
„ Bois à nôtre droite, ce qui fut exé-
„ cuté avec toute la diligence possible.
„ Cependant le jour se trouva trop
„ court pour attaquer les Ennemis,
„ parce que l'Aîle droite étoit trop
„ éloignée pour arriver à tems à son
„ poste. On auroit bien pu les atta-
„ quer le lendemain, qui étoit hier,
„ avant qu'ils eussent achevé leurs Re-
„ tranchémens devant les ouvertures
„ & fortifié les buissons qu'ils ocu-
„ poient, qui leur ont été d'une plus
„ grande utilité que leurs lignes, mais
„ on jugea plus à propos d'attendre les
„ Troupes du siege de Tournai, qui
„ sont arrivées ce matin, afin qu'elles
„ eussent aussi part à l'action.

„ Le signal de l'attaque aiant été
„ donné ce matin entre 8. & 9. heures
„ par une forte canonnade à l'un &
„ l'autre côté, l'Infanterie de l'Aîle
„ droite à commencé l'attaque des buis-
„ sons & des retranchemens, au coin
„ du bois de Sart, & celle de l'Etat le
„ long du bois de Lagnieres, & aux
„ deux côtez dudit hameau de Blac-
„ quet : le feu y a été d'une très-gran-
„ de violence, & particulierement à
„ l'attaque de l'Infanterie de l'Etat,
„ qui a beaucoup souffert, à cause des
„ triples retranchemens qui étoient de
„ ce côté-là, sans avoir pu les empor-
„ ter, nonobstant toute la bonne con-
„ duite & la bravoure du Prince de
„ Nassau, & la vigueur des Officiers
„ & des Soldats, que l'on peut dire
„ s'être tous distinguez : les derniers
„ Bataillons qui soûtenoient, se sont

„ avancez avec la même bonne con-
„ tenance que ceux qui avoient déja
„ été maltraitez : l'Infanterie de l'Aîle
„ droite a pareillement fait tous les ef-
„ forts imaginables, & s'est d'abord
„ emparée de quelques Postes ; mais
„ elle a été arrêtée par d'autres re-
„ tranchemens, où le feu a été très-
„ violent jusqu'à environ deux heu-
„ res après midi, que le feu de nô-
„ tre Infanterie a commencé de redou-
„ bler.

„ Dans le même tems, l'Armée du
„ Prince de Savoye a eu le bonheur de
„ percer, & de mettre en desordre l'Aî-
„ le droite des Ennemis. Cependant
„ nous avons de nôtre côté fait une
„ ouverture pour introduire la Cava-
„ lerie dans la Plaine, où le Prince
„ Héréditaire de Hesse a conduit, avec
„ une bravoure extraordinaire les pre-
„ miers Escadrons de la Cavalerie de
„ nôtre Aîle gauche. Après que la Ca-
„ valerie a commencé à pénétrer, la
„ victoire s'est bien tôt declarée : les
„ Escadrons Ennemis, qui se sont pré-
„ sentez en grand nombre, ont été
„ chargez dès qu'il y en a eu des nôtres
„ de formez, qui dans le commence-
„ ment ont eu beaucoup de peine à
„ soûtenir contre le grand nombre des
„ Ennemis ; mais aiant été renforcez
„ de tems en tems, secondez à la droi-
„ te par les Escadrons du Prince Eu-
„ gene, les Ennemis n'ont pu soûtenir
„ nôtre effort, ils se sont retirez en nous
„ abandonnant le champ de bataille :
„ ils se sont pourtant ralliez plusieurs
„ fois : mais le reste des Escadrons de
„ l'Aîle gauche aiant joint ceux de la
„ droite, on a achevé de mettre en
„ fuite leur Cavalerie qui s'est retirée
„ par le chemin de Bavai & du Ques-
„ noi : leur Infanterie, qui s'étoit en-
„ core maintenuë dans quelques buis-
„ sons, s'est retirée le long des Bois,
„ partie du côt de Maubeuge, & par-
„ tie par le même chemin que la Ca-

" valerie, abandonnant la plus grande
" partie de leur Artillerie, & autres
" marques d'une victoire complette
" dont on ne peut pas encore dire les
" particularitez.
" Je me donne aussi l'honneur de no-
" tifier à Vos Hautes Puissances, que
" le Lieutenant-General Dedem, avec
" un Corps de 3000. hommes, se ren-
" dit hier Maître de St Guillain. Je
" suis, &c. Du Camp à la Chapelle de
" Montplacquet le 11. Septembre 1709.
" Signé.

Le Comte de Tilli.

LETTRE

De Mylord Duc de Malbo-
rough à Mr Boile, Ministre
& Secretaire d'Etat.

Du Camp à Blaregnies l'onziéme Septembre 1709.

Autre Lettre du D. de Marlb.

" JE n'eus pas plûtôt envoyé la Let-
" tre que je vous écrivis de Havré
" Samedi dernier, que nous eûmes
" l'allarme, que les Ennemis étoient
" en marche, pour aller attaquer le
" Prince de Hesse. Toute l'Armée fut
" là-dessus d'abord mise en mouve-
" ment, mais toutes les Troupes ne pu-
" rent être assemblées que le lendemain
" à midi.
" Le matin, ils envoyerent un Déta-
" chement de 400. Chevaux, pour ob-
" server nôtre marche. La tête des
" Troupes du Prince de Hesse attaqua
" ce Détachement, & fit prisonniers le
" Colonel qui le commandoit, son
" Lieutenant-Colonel & plusieurs au-
" tres Officiers, avec environ 50. Ca-
" valiers. Les Ennemis aiant apris que
" nôtre Armée étoit de ce côté-ci de la

Haine, étendirent leur Ligne depuis
" Quievrain à la droite, ce qu'ils con-
" tinuerent de faire le lendemain ; &
" hier ils s'emparerent du Bois de Dour
" & Blangies, où ils commencerent aus-
" si-tôt à se retrancher.
" Ce mouvement des Ennemis fut
" cause que nôtre Armée a été pendant
" deux nuits sous les armes ; & le soir,
" aussi-tôt que les 21. Bataillons, &
" les 4. Escadrons que nous attendions
" de Tournai, furent venus à portée,
" il fut résolu d'attaquer les François ;
" de sorte que les dispositions étant
" faites, nous avons commencé le
" combat aujourd'hui à 8. heures du
" matin.
" L'engagement a duré presque jus-
" qu'à midi, avec beaucoup d'opiniâ-
" treté, avant que nous pussions for-
" cer leurs retranchemens, & les chas-
" ser du Bois dans la Plaine, où toute
" leur Cavalerie étoit rangée en batail-
" le. La nôtre s'étant avancée sur eux,
" toute l'Armée s'est trouvée enga-
" gée, & s'est battuë jusqu'après 3.
" heures après midi, avec une très-
" grande furie. La Cavalerie Ennemie
" a commencé alors à plier, & à se re-
" tirer vers Maubeuge & Valenciennes,
" & une partie du côté de Condé. Nous
" les avons poursuivis jusqu'au défilé
" qui est proche Bavai, & en avons
" fait un grand carnage, toutes nos
" Troupes s'étant battuës avec un très-
" grand courage. Nous sommes à pré-
" sent campez sur le champ de batail-
" le. Vous pouvez croire que la perte
" doit avoir été grande de part & d'au-
" tre. Nous avons un bon nombre
" d'Officiers prisonniers : mais comme
" j'envoie cette Lettre par le Lieute-
" nant-Colonel Graham qui porte une
" Lettre à la Reine, je vous remets à ma
" premiere, pour de plus grandes par-
" ticularitez. Cependant je vous felici-
" te de tout mon cœur sur ce grand
" succés, & suis véritablement, &c.
Signé MARLBOROUGH.

1709.

Il parut aussi du côté des François une Relation qui fut inférée dans les Nouvelles publiques, c'est pourquoi je ne la rapporterai point ici. Mais je croi devoir donner à la place celle qui fut publiée par ordre de la Cour de France. La voici.

Relatió du même côbat publiée par ordre de la Cour.

„ le Maréchal de Villars aiant apris
„ le 5. de ce mois, que l'Armée Ennemie avoit décampé d'Orchies, qu'elle passoit l'Escaut, & que le dessein
„ du P. Eugène & de Mylord Marlborough étoit d'aller assieger Mons, rassembla son Armée qui étoit étenduë
„ le long de la Deule & de la ligne de
„ Cambrin: il passa l'Escaut auprès de
„ Valenciennes, & alla le 6. camper à
„ Quievrain: le 7. au matin l'Armée
„ passa l'Hôneau, & campa sur 2. lignes, la droite à Attiche, & la gauche s'étendant du côté de la Haine,
„ tout le long de l'Hôneau: la nécessité de donner du pain à l'Armée, l'obligea d'y séjourner le 8. tout entier.
„ Les Ennemis, qui avoient commencé d'investir Mons, étoient campez
„ au Quevi, de l'autre côté des Bois
„ du Sart, de Blangies & de Bossut.
„ Nôtre intention étoit de chercher les
„ Ennemis pour les combattre, & pour
„ cela de gagner la tête des Trouées de
„ Louvière & d'Aunois, afin de leur
„ donner jalousie du côté de la Trouille
„ par où ils pouvoient tirer leurs convois & leur subsistance. Nous aprîmes qu'ils restoient tranquilles dans
„ leur Camp; & comme nous sûmes
„ le 9. au matin, qu'ils étoient dans
„ la même situation, Mr. le Chevalier
„ de Luxembourg fut envoié avec son
„ Corps de reserve, pour occuper les
„ 2. Trouées dès le point du jour. L'Armée se mit en marche sur quatre colonnes dans une petite Plaine, qui,
„ resserrée par l'Hôneau à droite, &
„ par les Bois à gauche, s'étend jusqu'à
„ la Cense de la Louvière, où elle se
„ termine à un chemin creux qui part de

„ cette Cense, & qui va tomber dans
„ l'Hôneau auprès de Tainieres.
„ L'Armée aiant passé ce défilé, se
„ mit en bataille sur les 10. heures du
„ matin dans la Plaine qui tient la tête
„ des 2. Trôuées, aiant à sa droite les
„ Bois de Lagnières & de Jansart: le
„ centre étoit couvert d'un Bois clair,
„ qui joignoit les Bois d'Aunois par
„ son extrémité du côté des Ennemis,
„ & la gauche étoit apuiée à l'extrémité des Bois du Sart. La grande
„ Trouée, qui est celle qui est entre
„ ces deux Bois du Sart & d'Aunois,
„ a une petite demi-lieuë de large:
„ celle qui est entre les Bois de la droite, & celui du centre, ne peut avoir qu'un quart de lieuë: & les 2.
„ Bois de la droite & de la gauche étant reculez à l'égard de celui du
„ centre, l'Armée se trouva faire une
„ portion de cercle. Il y a un fond qui
„ règne du Bois de la droite au Bois de
„ la gauche, à l'entrée des 2. Trouées.
„ Ce fut dans ce fond que l'Infanterie
„ fut postée sur 2. lignes, mais comme
„ le terrain se trouva heureusement fort
„ racourci, il donna le moïen à nos
„ Généraux de replier la première ligne, tant par la droite que par la
„ gauche, dans la lisière des 2. Bois; de
„ sorte que les Trouées se trouvèrent
„ bordées d'Infanterie, prête à prendre en flanc les Troupes qui seroient
„ venuës pour attaquer le centre. La
„ Cavalerie étoit en bataille sur plusieurs lignes derrière celles d'Infanterie, dans la petite Plaine contenuë
„ entre les 2. Trouées, les Bois &
„ l'Hôneau, laquelle dominoit considérablement sur les Trouées. Les Ennemis de leur côté, craignant que
„ nous ne gagnassions le côté de la
„ Trouille, le long des Bois de Lagnières, occupèrent promptement le Village d'Aunois, où aboutit la Trouée
„ de la droite, & par où en ce cas, il
„ nous auroit falu passer: ils s'éten-

„dirent pareillement dans Blaregnies, „qui est à l'entrée de la Trouée de la „gauche, & par là se rendirent Maî- „tre de l'extrémité des 2. Trouées de „leur côté. Dès que nous leur vîmes „faire ce mouvement, nous commen- „çâmes à les canonner à 3. heures après „midi, & leur Canon répondant au „nôtre, nous ne songeâmes de part & „d'autre qu'à nous bien établir cha- „cun dans le Poste que nous occu- „pions.

„Le lendemain 10. se passa encore „tout entier en des dispositions, en une „canonnade, laquelle néanmoins, à „cause du brouillard, ne commença „qu'à 8. heures du matin. Comme „nous nous étions attendus d'être at- „taquez ce jour-là, nous fumes sur- „pris de la manœuvre des Ennemis, „qui ne nous parut tendre qu'à assu- „rer leur Camp, & à nous empêcher „de déboucher sur eux: c'est-pourquoi, „afin de pouvoir camper à leur exem- „ple, M. le Maréchal de Villars or- „donna à l'Infanterie de faire un *re- „tranchement devant elle dans la Plai- „ne, & des abatis dans les Bois*; & la „Cavalerie fut même commandée „pour faire des fascines le soir & pour „les porter le lendemain au matin aux „retranchemens. Ce même jour 10. les „ennemis reçurent un renfort de 35. „Bataillons qu'ils avoient laissez à „Tournai, qu'ils firent marcher avec „une extrême diligence.

„Le 11. au matin, nous sumes que „les Ennemis faisoient une véritable „disposition d'attaque à la faveur d'un „brouillard pareil à celui du jour pré- „cedent. En effet le brouillard s'étant „dissipé à 7. heures 3. quarts du matin, „le canon commença à tirer de part & „d'autre, le feu fut beaucoup plus „grand que les 2. jours précedens, & „nous aperçûmes une colomne de „plusieurs Bataillons de front qui mar- „choit droit au Bois de nôtre gauche,

„& qui l'attaqua avec beaucoup de „vigueur. Les Troupes du Roi soûtin- „rent leur effort avec fermeté, & les „Ennemis furent repoussez avec des- „truction presqu'entière des premiers „Bataillons qui avoient attaqué: mais „le feu continuel de ceux qui sui- „voient, *a ans obligé les nôtres à céder*, „après un combat opiniâtre de plus „de 2. heures, ils se retirèrent peu „à peu, *forcez par le nombre & „par la supériorité du feu*. D'un „autre côté, l'Infanterie Ennemie „aiant formé une nouvelle attaque „par le petit Bois de la droite, fit „d'abord plier quelques Bataillons qui „étoient retranchez de ce côté-là; „mais la Maison du Roi qui les sou- „tenoit, les aiant obligez de retour- „ner à la charge, & la présence de „Mr. le Maréchal de Boufflers, qui „avoit le Commandement de la droi- „te, les excitant, ils reprirent bien- „tôt leurs Postes, & repoussèrent les „Ennemis avec une extrême valeur: „tout le reste de notre Infanterie de la „droite fit plier pareillement toute la „gauche ennemie, & soûtint son a- „vantage jusqu'à la fin de l'action.

„Cependant Mr. le Maréchal de Vil- „lars, qui dès le commencement s'é- „toit porté à la gauche, où il jugea „d'abord qu'étoit la plus forte atta- „que, y fit venir quelques Brigades d'In- „fanterie du centre & de la droite; au „moïen desquelles M. d'Albergotti, „qui commandoit à ce Poste, attaqua „si vigoureusement les ennemis, qu'il „les repoussa fort loin, & presque „jusque hors des bois; mais aiant été „une seconde fois attaqué par des „Troupes fraîches, *nôtre Infanterie „fut obligée de céder, & reperdit encore „peu à peu le terrain qu'elle venoit de „gagner*. Ce fut dans ce tems que Mr. „le Maréchal de Villars, qui avoit „jusques là animé les Soldats par sa „présence, fut obligé de se retirer a-

„ près avoir reçu un coup de feu au
„ dessus du genou, & Mr. d'Albergot-
„ ti en aiant dans le même tems reçu
„ un dans la hanche, *nôtre Infanterie*
„ *se retira hors du Bois*, de l'autre côté
„ du défilé de la Cense de Louvière.
„ Les Ennemis cependant continuoient
„ à faire un grand feu de Canon sur
„ nôtre Cavalerie qui étoit dans la
„ Plaine, & se *trouvant Maîtres des*
„ *Postes de nôtre gauche*, ils avancèrent
„ des batteries croisées qui faisoient
„ *un grand desordre dans nos* Esca-
„ drons, & en même tems *marchèrent*
„ *en bataille à nos retranchemens*, que
„ l'on avoit été obligé de dégarnir, où
„ n'aiant trouvé personne, leur In-
„ fanterie s'y posta ; à la faveur de la-
„ quelle leur Cavalerie se vint mettre
„ en bataille devant la nôtre. Dans le
„ tems qu'ils firent ce mouvement, ils
„ firent encore attaquer nôtre droite
„ par un plus grand nombre de Trou-
„ pes qu'ils n'avoient fait d'abord, &
„ aiant fait plier quelques Bataillons,
„ ils prirent en flanc les Troupes qui
„ étoient le long du retranchement de
„ la droite, & les obligèrent à se reti-
„ rer : ce qui se fit sans aucun desor-
„ dre. Les Troupes du Roi ne se re-
„ butèrent point, & marquèrent à la
„ fin de la bataille, la même ardeur
„ qu'elles avoient fait voir au com-
„ mencement, pour retourner à la
„ charge, & rechasser les Ennemis des
„ bois & des retranchemens qu'ils
„ n'avoient gagnez que par la supério-
„ rité de leur nombre. On ne pouvoit
„ recommencer ces attaques d'Infan-
„ terie qu'avec desavantage ; mais
„ Mr. le Maréchal de Boufflers voïant
„ que la Cavalerie des ennemis s'étoit
„ mise en bataille sur 4. lignes devant
„ leur Infanterie, fit charger cette Ca-
„ valerie qui fut plusieurs fois culbu-
„ tée, & les 4. lignes renversées sur
„ l'Infanterie : comme elles étoient
„ protégées par les retranchemens que

„ l'Infanterie occupoit, elles se ral-
„ lioient avec plus de facilité ; & a-
„ près six charges différentes, où Mr.
„ le Maréchal de Boufflers & le Che-
„ valier de St. George étoient à la tête
„ de la Maison du Roi, *Mr. le Maré-*
„ *chal de Boufflers jugea à propos de*
„ *faire retirer toute l'Armée de Sa Ma-*
„ *jesté*. On a ramené le Canon au nom-
„ bre de 65. pieces, & il y a eu seulemét
„ quelques pieces, qui aiant été dé-
„ montées par celles des Ennemis pen-
„ dant la bataille, n'ont pû être reti-
„ rées. La droite de l'Armée du Roi
„ marcha en bon ordre par Tainières.
„ Quelques Troupes des ennemis vin-
„ rent jusqu'au défilé de ce Village
„ pour observer la marche, sans oser
„ attaquer les Troupes de Sa Majesté
„ dans leur retraite. Mr. le Maréchal
„ de Boufflers alla camper près du
„ Quesnoi, & Mr. le Chevalier de Lu-
„ xembourg, qui conduisoit la Réser-
" ve, fit l'Arriere-garde. Les Troupes
„ de la gauche passèrent l'Hôneau, sans
" être inquiétées dans leur retraite;
" l'Infanterie commandée par Mr. de
" Puisegur, & la Cavalerie par Mr. de
" Legall. Il y eut seulement quelques
" Escadrons ennemis qui s'avancèrent
" du côté du Bois de Sart : ils furent
" aussi tôt repoussez & renversez par
" la Brigade des Carabiniers, & ces
" Troupes de la gauche marchèrent en
" bon ordre sur Valenciennes.
„ „Le lendemain 12. l'Armée cam-
" pa sur la Ronelle, le long de la bran-
" che de cette Riviere, qui commen-
" ce au Quesnoi, la droite à cette Pla-
" ce, & la gauche à Valenciennes ; de sor-
" te que chaque Troupe, tant de la droi-
" te que de la gauche, se trouva vis-à-
" vis de son Camp, & y entra d'abord.
" „*Voilà la Rélation exacte d'une*
" *des plus grandes, des plus sanglantes,*
" *& des plus singulières batailles qui se*
" *soient données dépuis bien long-*
" *tems*. D'un côté, *nous avons perdu le*

1709. ,, le champ de bataille, qui est demeu-
,, ré aux ennemis ; mais *leur perte est*
,, *des deux tiers plus grande que celle*
,, qu'ont faite les Troupes du Roi: cet-
,, te bataille *leur coûte environ 20. mille*
,, *hommes*, & nous n'avons pas plus
,, de 8000. *hommes tuez ou blessez.* Nous
,, leur avons pris 32. tant Drapeaux
,, qu'*Etendars* ; ils n'en peuvent avoir
,, que 9. *des nôtres* : enfin nôtre retrai-
,, te a été si belle, si lente & si bien
,, ordonnée, qu'il n'y a jamais eu la
,, moindre aparence de fuite, ni aucu-
,, ne déroute de nul côté.

,, Les Troupes du Roi & tous
,, les Officiers Généraux & particuliers
,, y ont marqué une valeur & une fer-
,, meté au dessus de tout ce qui se peut
,, exprimer ; il n'est pas possible d'en-
,, trer dans le détail des actions parti-
,, culières, & de nommer ceux qui se
,, sont distinguez dans cette journée si
,, glorieuse pour la Nation, parce qu'il
,, y en auroit trop à dire.

,, Le bruit s'étant répandu le mé-
,, me jour au matin que les Ennemis
,, marchoient à nous, Mr. le Maré-
,, chal de Boufflers ne balança pas un
,, moment à prendre le parti de les at-
,, tendre, *prêt à leur donner une nou-*
,, *velle bataille, dont nous eussions espe-*
,, *ré un succés entièrement heureux*:
,, mais ce bruit se trouva faux.

,, On n'a pas encore publié en
,, France la liste de Soldats François
,, tuez, blessez & faits prisonniers,
,, mais on en a vu deux ; la prémière
,, est celle des hauts & bas Officiers
,, François morts & blessez, montant
,, à cinq cens quarante-deux morts, &
,, à 1068. blessez. La seconde liste est
,, des hauts & bas Officiers de l'Ar-
,, mée Françoise faits prisonniers dans
,, la bataille, au nombre de deux cens
,, quatre vingt onze, outre dix pris
,, dans St. Guillain.

,, Le 21. Septembre on fit la cé-
,, rémonie à Paris, de faire porter par
,, les cent Suisses, à l'Eglise de Nôtre
,, Dame, les 24. Drapeaux & 8. Eten-
,, darts qui avoient été aportez par
,, Mr. de Nangis. Ils furent présentez
,, par Mr. Desgranges, Maître des Cé-
,, rémonies, qui fit un Discours sur ce
,, sujet au Cardinal de Noailles. Cet
,, Archevêque étoit devant l'Autel as-
,, sis dans un fauteuil en habits Ponti-
,, ficaux. Il monta ensuite dans son
,, Trône, & la Musique chanta quel-
,, ques Antiennes, après quoi il don-
,, na sa Bénédiction au Peuple, ce fut
,, ainsi que finit la cérémonie.

,, Le Maréchal de Villars a été fait
,, Pair du Royaume, & le Comte
,, d'Artagnan, Maréchal de France.
,, Le Roi Tres-Chrétien a donné à
,, Mr. du Barail, Colonel du Régiment
,, du Roi, le Gouvernement de Gra-
,, velines, vacant par la mort du Com-
,, te de Chemerault, & la Charge de
,, Colonel de ce Régiment au Marquis
,, de Nangis. Le même Monarque
,, pour récompenser la valeur & la con-
,, duite des principaux Officiers, qui
,, se distinguerent dans l'action qui se
,, passa le mois d'Août dernier dans la
,, haute Alsace, a envoyé au Comte
,, du Bourg le Cordon bleu. Il a donné
,, à Mr. Quad, Maréchal de Camp,
,, une pension de mille écus, à Mr.
,, Danlezi une Commanderie de St.
,, Louis, & trois mille livres; & a fait
,, Brigadier Mr. Fontaine, qui aporta
,, la cassette du Comte de Merci, avec
,, les Drapeaux & Etendars pris dans
,, cette action.

L'avantage que les François avoient D'où
eu au commencement du combat, dont vint le
on vient de lire les circonstances, avoit bruit
donné lieu à un faux bruit de victoire qui se
qui se répandit dans quelques-unes de répan-
leurs Places voisines, & qui obligea dit de
le Prince de Liège à faire chanter le *Te* la vic-
Deum dans la Cathédrale de Valencie- toire
nes. Ce Prince n'avoit pas tant de tort des Fr.
de croire que la victoire étoit du côté

1709. des François; car en effet il étoit incroyable qu'ils puffent perdre la bataille de la manière dont ils étoient poftez, avec le grand nombre de Troupes qu'ils avoient & la force de leur Camp, retranché, & comme inacceffible. S'ils n'avoient perdu que *six mille hommes*, tandis que les Alliez en perdirent *vingt mille*, il est surprenant que le Maréchal de Boufflers, dans la Lettre qu'il écrivit au Roi, ait cru, *qu'il étoit plus à propos de faire une belle retraite, que de s'exposer à une déroute.* Mais il vaut mieux raporter cette même Lettre, & les Réflexions auxquelles elle donna lieu, d'autant plus que la fidelité de l'Histoire m'oblige de laiffer au Lecteur la liberté entière d'en juger.

Lettre du Maréchal de Boufflers au Roi Très Chrétien.

Lettre de Mr. de Boufflers au Roi.

,, Votre Majefté, Sire, aura vu par ma Lettre du 11. de ce mois, *le mal heureux succès* de l'action dudit jour 11. mais combien ce malheur a été accompagné de gloire pour les armes de Vôtre Majefté. Je puis vous affurer, Sire, avec verité, que cette gloire est infiniment au deffus de ce que je pourrois lui en dire: elle le faura par les Rélations des Ennemis, qui ne peuvent affez exalter & vanter *l'audace, la valeur, la fermeté & l'opiniâtreté* des Troupes de Votre Majefté, dont ils ont reffenti bien rudement les effets; & hors d'avoüer qu'ils ont été bien battus, ils conviennent qu'ils ont acheté trop cher le champ de bataille, que le nombre *infiniment superieur* de leurs Troupes nous a forcé de leur céder. Enfin, la suite des malheurs arrivez depuis quelques années aux Armes de Votre Majefté,

,, avoit tellement humilié la Nation 1709. ,, Françoife, que l'on n'ofoit quafi plus ,, s'avouer François: J'ofe vous affu- ,, rer, Sire, que le nom François n'a ,, jamais été plus en estime, ni peut- ,, être plus craint, qu'il est présentement ,, dans toute l'Armée des Alliez.

,, Le Prince Eugène & le Duc de ,, Marlborough conviennent qu'il y a eu ,, de part & d'autre plus de 25. à 26. ,, mille hommes de tuez: il y en a au ,, moins 18. à 20. mille de leur part, & ,, cela m'est confirmé unanimement, ,, non seulement par tous ceux de nos ,, Officiers prisonniers, qu'ils ont renvoyez avec beaucoup d'honnêtetez, ,, mais auffi par plufieurs Exprès que ,, j'ai envoyé dans leur Armée, même ,, par Mr de Scheldon, Brigadier, qui ,, avoit été fait prisonnier pres de *Boffut*, faisant son devoir avec valeur à ,, la tête d'un Détachement de 400. ,, Chevaux: lequel étoit dans leur Armée pendant l'action. Mr le Prince ,, Eugene & Mylord Marlborough le ,, menérent avec eux par tout le champ ,, de bataille: il dit que c'est une chofe affreufe, que la quantité de corps ,, morts, quoi que l'on en eût déja enterré plufieurs: il en fait monter le ,, nombre à plus de 15. ou 16. mille. Ils ,, parlent avec admiration de la beauté ,, de notre retraite, de fa bonne difpofition, & de la fierté avec laquelle elle a été faite: ils difent qu'ils ,, ont reconnu en cette action, les *anciens François*; & qu'ils voyent qu'il ,, n'y avoit qu'à les bien mener, & ,, leur donner une bonne difpofition. ,, Ils avoient à cette action 162. Bataillons, 300. Escadrons, avec 120. ,, pieces de Canon: de forte qu'ils étoient *superieurs de 40. pieces de Canon & de 42. Bataillons*. Mylord ,, Marlborough & les autres Officiers ,, principaux ont dit à M. de Scheldon, ,, qu'ils espéroient que cette action procureroit au plutôt la paix; & il dit

P p iiij

,, avoir entendu de plusieurs Anglois,
,, parlant ensemble en leur langue, &
,, loüant tout à fait la valeur qui avoit
,, paru de nôtre part en cette action,
,, qui disoient : *voilà les François rede-*
,, *venus braves, nous voilà redevenus bons*
,, *Amis.* Comme mondit Sr. de Schel-
,, don doit se rendre incessamment à
,, Versailles, il pourra avoir l'honneur
,, de dire à Vôtre Majesté plusieurs au-
,, tres particularitez, tant de ce qu'il
,, a vu, que de ce que Mylord Marl-
,, borough, dont il est fort ami, lui
,, a dit.
,, Ledit Mylord a offert à Mr de
,, Scheldon tout l'argent qu'il desi-
,, reroit, pour assister nos prisonniers
,, blessez, & il n'a accepté que 50.
,, Louis qu'il a distribuez suivant les
,, besoins.
,, Le Prince Eugène dit que de tou-
,, tes les actions qu'il a vûës, il n'y
,, en a aucune qui ait été *si rude, si*
,, *sanglante,* ni si disputée que celle-là.
,, Ils donnent, sur toutes choses, des
,, louanges infinies aux charges que
,, la Maison de Vôtre Majesté a fai-
,, tes : dans la vérité, elles sont au
,, dessus de l'humanité, & de toutes ex-
,, pressions.
,, L'Armée Ennemie marcha hier
,, après midi, pour se raprocher de
,, *Mons*, dont ils vont faire le siege :
,, ils comptent que cela les menera
,, jusqu'à la fin de ce mois, & qu'ils
,, ne songeront plus à rien entrepren-
,, dre *après cette conquête*, tant par
,, raport à la saison avancée, que par
,, *la ruine de toute leur Infanterie dé-*
,, *faite à cette baiaille.* Je joins ici l'état
,, que Mr. de Scheldon m'a donné de
,, la perte des principaux Officiers des
,, Ennemis, & des Troupes qui ont
,, été les plus maltraitées.
,, Je n'ai pu avoir *l'état des morts*
,, *& blessez de nôtre part* : je sai seule-
,, lement *qu'il est très considérable*, ce
,, qui est très-difficile à éviter dans

,, des actions si terribles, si longues
,, & si disputées. *Il nous en a coûté beau-*
,, *coup.* On ne peut s'empêcher de re-
,, greter infiniment la perte de tant
,, d'honnêtes gens de mérite : Mais
,, c'est un sang bien utilement répan-
,, du, & il faut compter pour une
,, grande victoire d'avoir regagné &
,, rétabli l'honneur de la Nation.
,, Toute l'Armée de Vôtre Majesté
,, s'est rassemblée entre le *Quesnoi* &
,, *Valenciennes*, campée en très-bon
,, ordre, en front de banniere, & dans
,, toute la bonne disposition du mon-
,, de de *recommencer une action*, s'il le
,, faloit, pour le service de Vôtre
,, Majesté. Et bien loin d'avoir *l'air a-*
,, *batu*, je puis assurer Vôtre Majesté
,, qu'elle l'a beaucoup plus *audacieux.*
,, Le Front du Camp tient près de 3.
,, lieües, & est certainement *très-res-*
,, *pectable*. Comme il revient chaque
,, moment des gens qu'on croioit
,, tuez, & qu'ainsi je n'ai pu avoir en-
,, core *l'état juste des tuez, blessez, ou*
,, *prisonniers*, ni par consequent des
,, Emplois vacans, je n'aurai pas l'hon-
,, neur de rien proposer à Votre Ma-
,, jesté, pour personne, ni même de
,, lui rendre compte des actions dis-
,, tinguées, que je ne sois plus instruit
,, du tout : Ce sera le plûtôt qu'il me
,, sera possible, & je n'y perdrai pas
,, de tems.
,, Mr le Maréchal de Villars a jetté
,, les yeux sur le Marquis de Nangis,
,, pour aller porter à Vôtre Majesté les
,, Drapeaux & Etendars des Ennemis
,, que l'on a rassemblez, & qui se trou-
,, vent déja en assez grand nombre. Le
,, dit Sr de Nangis m'a témoigné quel-
,, que répugnance à accepter cette com-
,, mission, par *le malheur que nous avons*
,, *eu de perdre le champ de bataille* ; mais
,, cette bataille & nôtre retraite ont
,, *tant l'air d'une victoire*, & la prodi-
,, gieuse perte des Ennemis *tant l'air*
,, *d'une défaite*, que je l'ai déterminé

„ de faire ce plaisir à Mr de Villars, & personne n'est plus capable de rendre un compte plus exact à Vôtre Majesté que mondit Sr de Nangis. Quoi qu'il n'ait combattu qu'à l'Aîle gauche, il avoit une entiere connoissance de la disposition generale avant l'action, par ses talens, & par son esprit de guerre, qui le met parfaitement au fait, tant par ce qu'il a vu, que par ce qui lui est raporté par des gens sûrs & véritables.

„ Je joins ici l'état des Quartiers que l'on m'a dit que les Ennemis devoient prendre devant *Mons*: dès que je serai assûré de leur nouvelle situation, je pourrai bien me raprocher un peu plus près d'eux, pour les resserrer dans leur subsistance.

„ Je joins encore ici une Lettre de Mr de Grimaldi, Gouverneur de *Mons*, écrite à Mr le Maréchal de Villars, par laquelle Vôtre Majesté verra qu'il lui mande, que l'Aîle gauche des Ennemis, qui avoit à faire à nôtre droite, *a été entierement defaite*.

„ Il est certain que les Ennemis ont été tout à fait maltraitez dans cette *malheureuse mais glorieuse action*.

Reflexions sur cette Lettre.
Mémoires du Tems.

Il est naturel à chaque Parti, dit l'Auteur des Observations que j'ai promises, de faire valoir ses avantages, & de chercher dans ses disgraces tout ce qui peut relever le courage des Troupes, & faire honneur à sa Nation. Il ne faut donc pas s'étonner si Mr de Boufflers, en rendant compte au Roi son Maître du malheureux succés de l'action du 11. tâche d'y trouver un sujet de gloire & d'encouragement pour les armes de Sa Majesté; mais à le bien prendre, sa Lettre contient un aussi bel éloge qu'on puisse faire de la valeur des Troupes des Hauts Alliez, & de la gloire qu'elles ont remportée en cette occasion. Il avoüe que *la suite des malheurs arrivez depuis quelques années aux armes de Sa Majesté, avoit tellement humilié la Nation Françoise, que l'on n'osoit quasi plus s'avoüer François*. C'est beaucoup dire, & un tel aveu mérite bien qu'on ne s'attache pas à relever d'autres expressions. *Mais*, ajoûte-t-il, *j'ose assûrer que le nom François n'a jamais été plus en estime, ni peut-être plus craint, qu'il est presentement dans toute l'Armée des Alliez: & qu'il faut compter pour une grande victoire, d'avoir regagné & rétabli l'honneur de toute la Nation*. Cela veut dire que les François se sont mieux battus cette fois, que dans les precedentes batailles. Comment ne l'auroient-ils pas fait, aiant une Armée de 160. Bataillons & de 300. Escadrons, postez dans une situation inaccessible: les deux flancs & une grande partie de la 1. ligne étant à couvert de deux Bois, rendus presque insurmontables par des abatis d'arbres; le reste du terrain fortifié par trois retranchemens gazonnez, avec un bon Talus, & au devant de leur Parapet une haïe d'épines fort épaisse, où l'on ne pouvoit presque se servir de hache ni de baionette pour la rompre, & où le Canon ne faisoit que passer au travers, sans y faire grand dégât? Voilà les obstacles qui ont long-tems balancé la victoire, & qui ont coûté cher aux Troupes des Alliez exposez à tout le feu des François. Mais aussi dès qu'elles ont pu se faire jour, la Victoire n'a plus balancé, & Mr de Boufflers convient *du malheur qu'ils ont eu de perdre le champ de bataille*. Il est inoüi qu'on ait forcé une Armée si nombreuse dans une pareille situation; & il faut convenir après cela, qu'il n'y a plus de Poste tenable. Le reste de la Lettre n'a pas beaucoup besoin de réponse. On peut seulement remarquer que les François ne pouvoient attribuer leur défaite *au nombre infiniment superieur des Troupes Ennemies*, puisqu'ils avoient au contraire 20. Bataillons & 30 Escadrons,

1709.

plus que les Alliez. Il est remarqué dans les Rélations de ces derniers, que ce fut à cause de leur inferiorité, qu'il leur falut attendre le Détachement qui venoit de Tournai : ce qui empêcha de livrer bataille dès le 10. & donna le tems aux François de se fortifier si avantageusement.

Quant à ce qu'ajoute la Lettre, que toute l'Infanterie de Alliez *a été défaite & ruinée à cette bataille*, il ne paroît pas vrai-semblable qu'une Armée sans Infanterie ait pu gagner le champ de bataille & faire ensuite le siége de Mons, comme nous l'allons raporter. Si cela étoit & que l'Armée Françoise n'eut presque rien perdu en comparaison de celle des Alliez, comment la premiere a-t-elle pu, sans se couvrir de honte, céder le champ de bataille à des Troupes ruinées & délabrées, bien loin *d'avoir rétabli par là l'honneur de toute la Nation*? Il vaut donc mieux dire que ces expressions outrées, assez ordinaires en France, ne doivent pas être prises à la lettre; d'autant plus que Mr de Boufflers ne parle de la perte des Alliez que sur le raport d'autrui, & qu'il avouë *qu'il n'avoit pu encore avoir l'état de leurs morts, blessez ou prisonniers : qu'il savoit seulement que le nombre en étoit très-considérable, & qu'il leur en coûtoit beaucoup; mais qu'il est très-difficile de l'éviter dans des actions si terribles & si long-tems disputées.*

Siege de Mons par les Alliez. Memoires du tems.

Quoi qu'il en soit, on ne peut mieux juger de cette bataille, que par ses suites, puisque les Alliez furent en état d'assieger Mons, sans avoir besoin de lignes pour couvrir le siége. Après les préparatifs nécessaires, ils s'approcherent de la Place le 25. Septembre, s'emparerent d'un moulin à bois qui en est à un quart de lieuë, où il y avoit un Lieutenant & 21. Soldats Espagnols qui se rendirent sans tirer un seul coup. Deux jours auparavant les François avoient trouvé moyen de faire entrer dans la Ville, par la Porte du Parc, trois de leurs Bataillons, si bien que depuis ce renfort, la Garnison de Mons, selon eux, étoit de 8. mille hommes, pourvuë de provisions pour six mois; y aiant de plus dans la Place 74. pieces de gros Canon, quantité de Morriers, quinze mille Bombes avec un très-grand nombre de Grenades & toutes sortes d'outils nécessaires. Mr Grimaldi y commandoit, & le Comte de Bergeick de même que le Baron de Malknegt y étoient restez avec lui. Tout cela n'empêcha point que le siége ne fût commencé & poussé avec vigueur. La tranchée fut ouverte le 25. à 10. heures du soir à la Porte de Bertamont : & l'on tira une Parallele de 550. pas vis-à-vis de l'Ouvrage à corne. On ouvrit en même tems la tranchée à l'attaque de Havré où l'Ingenieur Bouffe tira une Parallele le long du Glacis; mais il ne put, faute de Travailleurs, achever entierement sa communication. Le 26. après midi les Assiegez firent une sortie avec 300. hommes qui mirent en desorde le Régiment de Hil, qui étant promtement soûtenu par celui du Prince d'Albreght, obligea les François de se retirer avec perte. La nuit suivante les Assiegeans commencerent deux batteries sur la montagne pour battre l'Ouvrage à Corne & la Redoute. Il ne se passa rien de considérable jusqu'au 1. Octobre, que les Assiegeans aiant perfectionné leurs travaux, s'emparerent d'un petit Ouvrage à corne & d'une petite Redoute près de la Porte du Parc : ils y firent prisonniers de guerre un Capitaine, un Lieutenant, un Enseigne & 40. Soldats, & prirent deux pieces de Canon. Ils se trouverent Maîtres par là d'une Ecluse qui leur servit beaucoup à faire écouler l'eau des tranchées & des marais. Ils commencerent le même jour à tirer de 26. pieces de Canon. Les jours suivans se passerent à travailler aux sappes, & les deux atta-

LOUIS XIV. Liv. XVI.

1709.

ques aiant été également avancées jusqu'au 20. tout se disposoit à donner l'assaut ce jour-là. Mais les Assiegez ne jugerent pas à propos de l'attendre. Ils battirent la Chamade entre onze heures & midi, & arborerent le Drapeau blanc aux deux attaques: sur quoi les Otages furent envoyez de part & d'autre, & la Capitulation signée le même jour.

Affaires du Nord.

Il est tems de passer aux affaires du Nord, qui ont d'autant plus de rélation avec cette Histoire, que la France payoit un subside de neuf cens mille livres par an au Roi de Suede, depuis l'année 1700. que la guerre commença d'éclater dans le Holstein & en Livonie. Nous avons vu comme ce Prince, parvenu depuis peu à la Couronne, se vit attaquer presque en même tems par trois Puissances & eut d'abord de très grands obstacles à surmonter. Mais sa diligence, avec l'entremise des Alliez à qu'il demanda du secours, lui aiant procuré une promte paix avec le Roi de Dannemarck, il tourna ses forces contre le Czar & le Roi de Pologne avec tant de bonheur, qu'il mit bien-tôt la Victoire de son côté. Non seulement il se trouva en état de faire élire, comme nous l'avons dit, le Roi Stanislas en 1704. & de le faire couronner en 1705. mais encore de forcer le Roi Auguste d'y consentir en 1706. par le dur Traité d'*Alt-Ranstat* pour éviter la ruïne entiere de ses Etats. Aprés quoi ce jeune Vainqueur aiant tout à loisir rafraîchi son Armée florissante, il retourna en Pologne vers la fin de 1707. chargé de Lauriers & de riches dépouilles de la Saxe, dont il tira environ 20. millions d'Ecus d'Allemagne de Contribution; en sorte qu'il ne manquoit plus rien à son bonheur & à sa gloire, sinon d'affermir l'un & l'autre par une bonne paix, qu'il sembloit alors tenir en ses mains. Mais rempli de ses heureux succés, & son grand courage ne lui faisant rien trouver d'impossible, il crut qu'il pourroit aussi aisément triompher du Monarque de la Grande Russie dans ses vastes Etats, comme il avoit triomphé du Roi de Pologne en Saxe; & qu'il donneroit en même tems la loi & la paix à ses Ennemis vaincus. Entreprise grande & hardie, dont les suites ont fait voir qu'il n'avoit pas prévu tous les risques où il s'engageoit dans un Païs si éloigné.

1719.

Il avoit déja commencé à en sentir les difficultez l'année derniere, & il avoit cru les aplanir en attirant dans ses interêts le Chef des Cosaques Mazeppa. Mais il vit cette année par une triste expérience qu'il n'avoit pas assez craint un trop puissant Ennemi, qui, tenant une conduite toute oposée, quoique supérieur en forces, & ne hazardant rien mal à propos, prit si bien ses mesures, qu'après diverses tentatives qui lui réüssirent heureusement, il réduisit enfin le Roi de Suede à ne pouvoir se tirer de ce mauvais pas, que par une bataille décisive, donnée prés de Pultovva le 27. Juin.

Le Roi de Suède est battu à Pultovva.

Le 20. du même mois, l'Armée du Czar aiant passé le Worska, elle vint camper à une lieuë de celle des Suédois. Le 24. elle continua sa marche jusqu'à un quart de lieuë d'eux, & afin de n'en être pas surprise, elle fit un Retranchement devant soi, postant sa Cavalerie à la droite entre les buissons, où l'on fit quelque Redoutes, qui furent garnies de monde & de Canon. Pendant ce tems-là, Sa Majesté Czarienne fit tous les préparatifs pour attaquer; mais le Roi de Suède le prévint, car étant sorti le 27. avant la pointe du jour hors des défilez, où pendant la nuit il avoit rangé son Armée, il fit attaquer la Cavalerie Ennemie par la sienne & son Infanterie, avec une telle furie, que bien qu'il eût été repoussé plusieurs fois des Redoutes, auxquelles il avoit fait donner l'assaut, non sans grande

Relation de cette bataille

Qq ij

perte, la Cavalerie Moſcovite fut à la fin obligée de reculer un peu vers ſon Retranchement, n'aiant pu être ſoûtenuë aſſez tôt par l'Infanterie. Néanmoins s'étant remiſe peu après, elle fondit de nouveau ſur les Suedois, renverſa entierement leur Aîle droite, & fit priſonnier le General Schilppenbach qui la commandoit.

Pendant cet intervalle, Sa Majeſté Czarienne avoit commandé au Prince de Menzikoff, General en chef, & au Lieutenant-General Renzel de marcher vers Pultovva avec quelque Cavalerie & Infanterie, tant pour attaquer le ſecours qui venoit au Roi de Suede, que pour forcer les Troupes qu'il avoit laiſſées dans ſon Retranchement ſous le Major-General Roſc, & par ce moyen delivrer entierement la Ville de ſon blocus. En effet, ce Prince aiant rencontré en chemin le Corps de réſerve des Suedois conſiſtant en 3000. hommes, qu'ils avoient poſté derriere leur Aîle droite vers le Bois, il l'attaqua, le renverſa, & le ruïna entierement après un combat de peu de durée, faiſant priſonniers tous ceux qui ne furent pas tuez.

Après cela ce Prince ſe rendit à la grande Armée, & laiſſa le ſoin au Lieutenant-General Renzel de pourſuivre ſa marche vers Pultovva, où il trouva que le Major-General Roſc s'étoit retiré avec ſes Régimens dans les Retranchemens ou Ouvrages que les Suédois avoient faits devant cette Ville: mais cela n'empêcha pas le Lieutenant-General Renzel de l'y attaquer, & après quelque réſiſtance, il l'obligea de ſe rendre à diſcrétion avec tout ce qu'il avoit de monde auprès de lui.

Cependant, la Cavalerie Suédoiſe qui s'étoit un peu éloignée pour rejoindre l'Infanterie, s'étant enſuite rangée avec toutes les Troupes en ordre de bataille environ à un quart d'heure du Camp des Moſcovites, Sa Majeſté Czarienne fit auſſi ſortir deux Lignes d'Infanterie des Retranchemens, laiſſant la troiſiéme pour les garder; & elle rangea ſon Armée de telle maniere, que l'Infanterie étoit au milieu, & la Cavalerie aux deux flancs: l'Aîle droite étoit commandée par le Lieutenant-Général Baut, parce que le Lieutenant General Renzel avoit été bleſſé au côté dans la premiere action, en donnant beaucoup de marques de valeur: l'Aîle gauche étoit commandée par le Prince de Menzikoff, ſa préſence y étant plus néceſſaire; & Sa Majeſté Czarienne commandoit le Corps de bataille. Le General Velt-Maréchal Czeremetoff, de même que les Generaux d'Infanterie, le Prince Repnin & Hallard, le Lieutenant-General Belling, & divers autres, eurent ordre de ſe tenir chacun à leur poſte, l'Artillerie étant ſous les ordres du Lieutenant-General Bruſſau. Dans cet ordre on avança vers les Suedois qui contre toute attente s'étoient approchez de l'Armée Moſcovite: ce qui fit commencer l'action par un grand feu de part & d'autre à neuf heures du matin. Les Ruſſiens firent leurs décharges avec tant de bravoure, que l'Armée Suédoiſe tant Cavalerie qu'Infanterie, fut entierement renverſée après une demi-heure de combat, quoi-qu'avec une très-petite perte de l'autre côté; de ſorte que l'Infanterie Suédoiſe ne pouvant plus tenir ferme, étoit pourſuivie ſans relâche par les autres l'épée à la main, & avec les baïonnettes & les piques; & ils furent menez battant juſqu'à un Bois près de-là, où l'on fit priſonnier le Major-General Stakelbourg, enſuite le Major-General Hamilton, & puis le General Velt-Maréchal Reinſchild, le Prince Wirtemberg Couſin du Roi, outre pluſieurs Colonels & autres Officiers de diſtinction, avec quelques mille Soldats, qui se rendirent la plûpart avec leurs armes & chevaux, & furent aussi pris par troupes. La Cavalerie Russienne poursuivit les Fuyards à plus d'une demi-lieuë jusqu'à ce que les chevaux n'en purent plus ; de sorte que jusqu'à trois lieuës à la ronde de Pultovva, on ne vit la campagne couverte que de corps morts, dont on tient qu'il resta 8. à 10000. hommes sur la place.

Cette victoire, des plus completes qu'à ait peut être vu, fut remportée avec tres peu de perte, par la sage conduite de Sa Majesté Czarienne, qui donna dans cette occasion des preuves de sa valeur, de son courage intrepide, & de son expérience dans la guerre, au plus haut degré, sans avoir craint aucun danger pour sa personne, aiant eu le chapeau percé d'une bale. Le Prince de Menzikoff eut aussi trois chevaux blessez sous lui. Sur quoi il est à remarquer, qu'il n'y eut qu'une des Lignes de l'Infanterie Moscovite consistant en 10000. hommes, qui ait été engagée dans l'action. On ne savoit pas alors ce qu'étoit devenu le Roi de Suede : la litiere où il se faisoit porter, à cause d'une ancienne blessure qu'il avoit au pié, aiant été trouvée toute en pieces ; de sorte que le Velt-Marechal Reinschil étoit fort en peine pour sa personne.

On commanda ensuite le Prince Galliczin, Lieutenant-General de la Garde, avec les deux Régimens d'Infanterie d'Ingermanlande & d'Astracan, de même que le Lieutenant-General Baur avec 10. Regimens de Cavalerie, pour suivre les Suédois. Le Comte Piper ne voyant aucune aparence de pouvoir échaper, vint de lui-même se rendre à Pultovva, avec quelques Secretaires. Ceux qui avoient été commandez pour enterrer les morts, raporterent qu'ils en avoient compté 8000. sur le champ de bataille & aux environs, outre ceux qui avoient été tuez en fuyant, & qui furent enterrez en plusieurs endroits. Les Moscovites prirent dans cette occasion plus de 3000. chariots de bagages des Suédois qui fuyoient avec le reste de leur Armée : on dit qu'ils tuerent eux-mêmes leurs blessez, & qu'ils les laisserent sur les chemins.

Si l'on ne savoit pas alors ce qu'étoit devenu le Roi de Suede, le tems nous l'aprit & nous confirma ce grand évenement, dont les suites ont fait voir que non seulement ce fut la Victoire la plus complete dont il y eût eu d'exemple ; mais qu'elle ne fit pas moins d'honneur au Czar par sa clemence & son humanité envers les vaincus, qu'elle lui aquit de gloire par sa valeur & par le succés de ses Armes. Il vit en moins d'une heure de combat, l'Armée Suedoise defaite par une partie de la sienne, qu'il commandoit en personne ; le reste de cette Armée, sous le General Leuvvenhaupt, atteint trois jours apres sur les bords du *Boristéne*, & contraint par la nécessité de se rendre ; tous les Bagages pris, avec l'Artillerie, la Caisse Militaire, les principaux Ministres & Officiers du Roi de Suede : ce Prince auparavant si redoutable, reduit à passer ce Fleuve à la nage, tout blessé qu'il étoit, & à chercher un azile chez les Turcs à *Bender*. Et pour surcroît de revers ce Prince vit, dans la même Campagne, le retour du Roi Auguste en Pologne, la retraite du Général Crassau & du Roi Stanislas ne Pomeranie, la descente du Roi de Dannemarck dans la Province de *Schonen*, & le Czar disposant toutes choses pour l'attaque de Riga, avec une Armée formidable. Surprenante catastrophe, s'ils en fut jamais, & bien digne de l'attention des Conquerans !

Il ne paroissoit pas jusqu'alors que la guerre de Hongrie se fût ressentie du

Guerre de Hōgrie.

1709. grand changement arrivé en Pologne: qu'elle fût devenuë plus onereuse & plus difficile pour le Parti des Mécontens: ni qu'il y eût rien de changé dans la disposition des Esprits. La Diete de *Presbourg* fut infructueuse comme les precedentes, & ne put parvenir à une pacification. Les griefs subsistoient, la force n'avoit rien decidé, les Peuples continuoient à souffrir des deux côtez & tout l'avantage de cette guerre n'etoit malheureusement que pour ceux qui trouvoient leur interêt particulier à fomenter les troubles. Les Chefs des Mecontens firent diverses tentatives, pour tâcher de reprendre les Villes des Montagnes; mais ils y échoüerent par la vigilance du Marechal de Heister, qui, avec une Armée peu nombreuse & affoiblie par le rapel des Troupes Danoises, ne laissa pas de leur enlever encore quelques Places, & de remporter sur eux divers avantages.

Affaires d'Allemagne.

Pour revenir aux affaires de la Cause Commune, les Alliez ne firent point en Allemagne autant de progrès qu'ailleurs; parce que les mêmes inconveniens du passé y subsistoient toûjours, sans que les instances & les efforts qu'on voyoit faire à la Grande Bretagne & aux Provinces-Unies eussent pu porter plusieurs membres de l'Empire à les seconder. Ainsi la Campagne commença fort tard sur le Rhin: le projet d'une invasion que le Comte de Merci avoit commencé à executer, en s'emparant du Poste de *Neuvbourg*, échoüa par un malentendu du Comte de Merci, pour n'avoir pas suivi les ordres de Son Altesse Electorale de Brunsvvick-Lunebourg, General de l'Armée de l'Empire, & qui par là fut batu par le Comte du Bourg, & contraint d'abandonner son entreprise; de sorte que les François se voyans libres, ne manquerent pas de profiter du tems, pour faire divers Détachemens vers le Pays-Bas.

En Piémont, les Armes des Alliez eurent divers avantages, mais passagers, par ce que la Campagne commença tard, & finit de bonne heure. Le Duc de Savoïe n'aiant pas commandé en personne, l'Armée fut partagée en deux Corps; l'un sous le General Rhebinder, pour observer les François du côté de *Briançon*, où le Marechal de Bervvick avoit assemblé son Armée: l'autre sous le Maréchal Comte de Thaun, pour passer les Monts & pénétrer en Savoïe, ce qu'il exécuta par deux endroits, en faisant passer ses Troupes par le *Mont-Cenis* & la *Val-d'Aoste*. Après avoir contraint les François d'abandonner divers Postes, & les avoir chassez de leurs Retranchemens, il s'étendit jusqu'à *Anneci*, en s'emparant de la Ville & du Château; & il se maintint & fit subsister ses Troupes dans la Savoye, jusqu'à ce qu'enfin le mauvais tems l'obligea de repasser en Piémont, vers la fin du mois de Septembre.

Campagne de Piémont.

L'Empereur recueillit en particulier le fruit qu'il s'étoit promis du séjour de ses Toupes dans les terres de l'Etat Ecclesiastique. Le Pape voyant que les Cours de France & de Madrid, qui l'avoient engagé à prendre les armes, le laissoient sans secours, se détermina enfin à conclure son accommodement, qui fut suivi de la reconnoissance publique de *Charles III.* pour Roi Catholique des Espagnes. La Cour de Madrid fit éclater son ressentiment contre cette reconnoissance, en renvoyant le Nonce du Pape, en faisant fermer la Cour de la Nonciature, & défendant tout commerce avec la Cour de Rome: procedé qui ne fut pas vu du même œil en Espagne qu'il le seroit en France où l'on se met peu en peine de garder des ménagemens en de pareilles occasions. Mais ce qu'il y eut de plus singulier, c'est que le Roi Philippe, en donnant ainsi atteinte à l'autorité Papale, prétendit néanmoins mettre de son côté

Le Pape reconnoit Charles III. pour Roi d'Espagne.

LOUIS XIV. Liv. XVI.

1709.

les intérêts de la Religion, & en paroître un zelé Défenseur; deux choses qui sont contradictoires en Cour de Rome, & qui ne laissent pas quelquefois d'embarasser les Princes qui reconnoissent cette autorité pour principe de leur Religion.

Opérations des Armées en Espagne.

En Espagne, les avantages furent assez balancez de part & d'autre. D'un côté, le Château d'*Alicante* se rendit au Roi Philippe par Capitulation, dés le mois d'Avril. Il se donna un combat près de *Badajox*, où le Marquis de Bai eut l'avantage sur l'Armée Portugaise, dont la Cavalerie ne seconda pas la vigueur de l'Infanterie. Ce Général s'empara ensuite du Château d'*Alconchel*, & fit sauter le Pont d'Olivença pour faciliter le blocus de cette Place. D'autre côté, l'arrivée du Général Stanhope à *Gibraltar*, avec une Escadre & des Troupes de débarquement, jetta l'allarme dans l'Andalousie, sur tout à Cadix, ce qui produisit une division favorable aux Portugais, qui jetterent du secours dans *Olivença*, dont le blocus fut levé. Les Espagnols, après avoir attaqué pendant deux mois le Château de *Venasque* en Arragon, furent contraints de lever le siège, & de se retirer avec perte. Le Maréchal de Staremberg passa la *Segra*, à la vuë de leur Armée, dont il chargea l'Arriere-garde, & s'empara de *Balaguer*, où il fit trois Bataillons prisonniers de guerre. Le Roi Philippe, qui étoit accouru de Madrid, dans le dessein de lui livrer bataille, le trouva si avantageusement campé, qu'il retourna à Madrid sans rien entreprendre. On prétend qu'il découvrit alors plusieurs menées & secrétes intelligences contre son service, qui hâterent son retour. Ce qu'il y a de certain, c'est que la jalousie des Espagnols contre les François éclata enfin; & que le Roi Philippe fut obligé de renvoyer les Troupes Françoises, & de donner à son Gouvernement une autre forme moins suspecte, & plus agréable à la Nation. Tout cela marquoit une grande altération au dedans du Royaume, dont le Roi Charles esperoit de pouvoir profiter avec les secours qui lui furent envoyez, & ceux qu'il attendoit encore.

L'altération n'étoit pas moindre en France, où les Ministres des Finances chercherent de nouveaux moyens de soûtenir la guerre. Toute leur habileté se termina à fouler inutilement le Peuple, à achever de ruiner le commerce & à faire des Mécontens à la Cour & dans les Provinces. La conversion des Rentes de l'Hôtel de Ville de Paris, fut un des ressorts employez pour faire trouver de l'argent malgré son extrême rareté. Les billets de monnoye qu'on avoit jugé d'une si grande ressource, commencerent d'être amortis; & l'on ne fut plus à quoi avoir recours pour soulager la misere des Peuples qui augmentoit par tout au lieu de diminuer. On fut contraint de suprimer un grand nombre de Commissions & d'Emplois érigez en Charges dans la Regie des cinq grosses Fermes, & de diminuer à d'autres une partie de leurs Apointemens. Pour apaiser les Manufacturiers du Royaume, qui menaçoient de tout quitter si l'on n'empêchoit l'usage & l'entrée des Etofes étrangeres, le Roi donna un Edit au mois d'Octobre, portant défenses sous des peines rigoureuses de porter des Etofes des Indes & de Hollande, & d'en faire venir sous quelque prétexte que ce fût. Cet Edit fut suivi d'une nouvelle Declaration en interpretation d'une autre du 20. Juillet au sujet des grains pour ensemencer les terres, afin d'ôter tout prétexte aux Fermiers & aux Paysans de ne pas semer, comme plusieurs en avoient le dessein; alleguant pour excuse qu'ils n'avoient pas des grains suffisamment, & se proposant néanmoins de vendre ceux qu'ils avoient pour profiter de la cherté & de ne se

Moiens employez en France pour avoir de l'argent. Memoires du Tems.

1709. que de l'orge au Printems prochain. Il parut encore une autre Déclaration du Roi du 22. Octobre pour la subsistance des Pauvres de l'Hôtel-Dieu & de l'Hôpital-General de Paris, contenant en substance, que *tous Propriétaires & Usufruitiers occupant leurs maisons dans la Ville & Fauxbourgs, comme aussi tous principaux Locataires ou Détenteurs seroient obligez de paier le double de la somme pour laquelle les maisons qu'ils occupoient avoient été auparavant employées dans les Rôles des Boües & Lanternes.* Cette contrainte marquoit assez à quel point la disette étoit augmentée dans le Royaume; puisque les offres volontaires qui avoient été faites en conséquence d'une autre Déclaration du 3. Septembre, bien loin d'avoir été jugées suffisantes avoient donné lieu à des Cotisations & enfin à ces Aumônes forcées. Si la Capitale fut réduite à ces extrêmitez, quelle ne devoit pas être la misére des Provinces? Ce qui contribuoit encore à l'augmenter, fut l'obligation de fournir des Recruës pour le retablissement de l'Infanterie, suivant le nombre spéfié dans une liste qui fut envoyée pour cet effet dans toutes les Paroisses & Communautez.

Naturalization des François Refugiez.

Enfin entre les Evénemens remarquables de cette année, on ne doit pas oublier la Naturalization generale accordée aux Protestans François Refugiez, par la Reine de la Grande Bretagne, les Etats Generaux des Provinces-Unies, & le Roi de Prusse; c'est encore une Epoque qui immortalise la generosité de ces trois Puissances, en même tems qu'elle rend incurable la playe mortelle que la France s'est faite par la proscription de tant de milliers de ses plus fidèles Habitans.

1710.
Edits Bursaux.

Tel étoit l'état de ce Royaume au commencement de l'année 1710., où l'on ne vit de tous côtez que de nouveaux préparatifs de guerre qui annonçoient de nouvelles calamitez. Pour trouver les fonds nécessaires, le Roi, dès le mois de Mai dernier, avoit ordonné l'établissement d'une nouvelle Tontine, composée de dix mille actions de 50. livres de Rentes au denier 12. partie perpetuelles & partie viagères; & pour en accelerer les succès par de nouvelles facilitez, Sa Majesté par un Arrêt du Conseil d'Etat du mois de Decembre suivant, avoit accordé de nouveaux avantages aux Aquereurs desdites actions. Cet Arrêt avoit été suivi d'un autre pour proroger le décri des anciennes espèces d'or & d'argent, afin de donner le tems aux particuliers de les porter aux Hôtels des Monnoyes. Le 14. janvier de cette année le Parlement regitra un Edit du Roi, concernant le Rachat & l'Amortissement du Droit Annuel & du Prêt, que les Officiers avoient accoûtumé de payer à Sa Majesté pour leurs Charges. Comme c'étoit un fond destiné pour la continuation de la guerre, l'Edit contenoit plusieurs motifs qui avoient obligé le Roi à se servir de ce moyen: entr'autres „ que les Charges du Royaume étant „ un des principaux biens de ses Sujets, „ le Roi Henri le Grand, son Grand-„ Pére, avoit bien voulu en continuer „ la joüyssance aux Officiers, moyen-„ nant qu'ils payassent un Droit An-„ nuel. Que cette grace avoit été re-„ nouvellée par le feu Roi, & depuis „ de 9. en 9. ans par Sa Majesté: que „ les 9. dernières années accordées en „ 1701. venant à expirer à la fin du „ mois de Decembre 1710. &c. Sa Ma-„ jesté avoit résolu d'exemter les Pro-„ priétaires des Charges de son Royau-„ me du paiement dudit Droit Annuel, „ & de leur accorder la faculté d'en „ pouvoir jouyr à l'avenir avec droit „ de survivance & permission de les „ vendre &c. Sa Majesté déclaroit en-„ suite, qu'elle auroit desiré de leur „ avoir pu faire la grace entière: mais que

1710.
Publiez en France.

1710.
,, que *l'opiniâtreté de ses Ennemis l'obli-*
,, *geant de faire encore des fonds pour*
,, *les forcer de consentir à une paix jus-*
,, *te, solide & inébranlable, dont elle*
,, *pût faire goûter le fruit à ses Sujets,*
,, Elle ne pouvoit qu'à regret se dispen-
,, ser à demander aux Officiers de ses
,, Cours le rachat au denier 16. de l'An-
,, nuel seulement &c.

Espéra-ce d'u-ne paix pro-chaine mal fo-dée. Hist. des Négo-ciations de Ger-truidem-berg.

On peut juger par ces différens Edits donnez coup sur coup, au sujet des monnoyes, & par plusieurs autres qu'il seroit trop long de raporter, combien les Finances étoient dérangées en France. Une des maximes du Cardinal de Richelieu étoit, *qu'il faloit apauvrir le Peuple, pour rendre les Rois de France absolus.* On ne réüssit que trop bien sous ce Règne à observer cette Politique, & l'aplication des Ministres à outrer cette maxime, fit apercevoir trop tard des suites fâcheuses qu'elle entraîna. Malgré l'industrie des Traitans à inventer tous les jours de nouveaux moyens pour trouver de l'argent, on ne put mettre en œuvre d'expédient plus propre à gagner les Peuples, que de les flatter de l'espérance prochaine de la paix. Il est vrai que cette paix si nécessaire pour mettre fin à la misère generale se montra en quelques endroits; mais ce ne fut que pour disparoître presque dans le même tems. On s'étoit flaté d'en voir la conclusion avant l'ouverture de la Campagne; & avec d'autant plus d'aparence que l'on avoit consenti de la part de la France à renoüer les Négociations, à condition que les *Préliminaires* règlez l'année précédente subsisteroient, & qu'il ne s'agiroit plus que de convenir d'un expédient sur l'Article 37; & sur ce fondement, on avoit ouvert les Conférences à *Gertruidemberg*, entre le Maréchal d'Huxelles & l'Abbé de Polignac de la part de la France, & de la part des Alliez, Mrs. Buis & Vander Dussen auparavant députez aux Conférences de la Haye. Comme par cette acceptation le grand obstacle de l'Espagne & des Indes paroissoit levé, il sembloit que le tems d'une heureuse reconciliation étoit enfin venu, & que le calme alloit succéder à l'orage. Mais par malheur ces espérances ne furent pas de durée, ni mieux fondées que la première fois; & quoi que les Conférences commencées en Mars n'ayent été rompuës que vers le 25. Juillet, comme nous le dirons dans la suite, on ne put s'empêcher de douter du succès, dès qu'on vit que la Cour laissoit ouvrir la Campagne sans lever effectivement cet obstacle essentiel, sur quoi tout rouloit & sur lequel on s'étoit suffisamment expliqué.

Fin du XVI. Livre.

HISTOIRE
DE
LOUIS XIV.
ROI DE FRANCE ET DE NAVARRE.

LIVRE DIXSEPTIÉME.

Qui commence aux Conferences de Gertruydemberg, & finit à la prise de Bouchain par les Alliez en 1711.

1710.

Pourquoi le Projet de Paix proposé par la France ne put être accepté.

E nouveau Projet de Paix proposé par la France au commencement de cette année contenoit à la verité une grande partie des choses qu'on avoit demandées au Roi par les Articles Préliminaires, mais il y avoit des changemens essentiels. On ne donnoit qu'une promesse toute simple, de procurer la restitution de l'Espagne, & l'on avoit retranché la Clause du IV. Article des Préliminaires, par laquelle *le Roi s'engageoit à prendre de concert avec les Alliez les mesures propres pour obliger son Petit-Fils à cette restitution.* Outre cela on prétendoit, que l'exécution de tout ce que le Roi promettoit, fût differée jusqu'à ce que le Traité fut conclu & les Ratifications échangées. Cela fut cause, que les Alliez ne purent se résoudre à y donner les mains, & qu'ils insisterent sur l'acceptation des premiers Préliminaires. Mr de Petkum en écrivit à Mr le Marquis de Torci, & lui fit connoître le peu de disposition qu'il trouvoit dans les esprits, à se conformer au Projet qu'il lui avoit envoyé; & il y a apparence qu'on en seroit demeuré là, si ce Ministre n'eût répondu positivement, *que le Roi aprouvoit tous les autres Articles Préliminaires & que si les Alliez vouloient consentir que les*

1710.

LOUIS XIV. Liv. XVII.

1710. Ministres vinssent conférer avec eux sur le 37. il ne doutoit pas que ce qu'on leur proposeroit de sa part là-dessus ne fût capable de les satisfaire. Ajoûtant pour explication, que les Préliminaires subsisteroient dans toute leur étenduë, sans y faire d'autres changemens que ceux que les diverses circonstances du tems l'obligeroient de faire dans le terme de l'exécution.

Conférences de Gertruidéberg.

Après une Déclaration si expresse on ne pouvoit refuser d'en venir à une Négociation. Cependant il venoit d'arriver à la Cour une chose qui renouvella les soupçons que le Roi ne pensoit pas sincerement à rappeler son Petit-Fils d'Espagne. Il étoit né un troisiéme Fils au Duc de Bourgogne le 15. de Février auquel selon la coûtume le Roi donna d'abord le Titre de *Duc d'Anjou*, le premier que le Roi Philippe avoit porté : ce qui marquoit qu'on étoit bien éloigné de le lui rendre, quoi que les protestations * d'abandonner ce Prince fussent du 23. du même Mois. On ne laissa point de nommer de part & d'autre les Plénipotentiaires marquez ci-devant. Ils se rendirent vers le milieu de Mars à Gertruidemberg, petite Ville sur les Frontieres du Brabant Hollandois, que Leurs Hautes Puissances avoient choisi pour le Lieu des Conférences. Le résultat de leur premiere entrevuë, suivant le rapport qu'en firent Mrs Buis & vander Dussen aux Etats Generaux, fut que les Plénipotentiaires du Roi avoient tâché de leur persuader " que l'intérêt des Alliez étoit „ de faire une Paix separée avec la Fran„ ce, à l'exclusion de l'Espagne: que „ le Roi leur Maître étoit prêt d'entrer „ dans tous les engagemens les plus so„ lemnels, & même de leur donner des „ Villes en ôtage pour sûreté de la pro„ messe qu'il feroit de n'assister en au-

Naissance du Duc d'Anjou.

* Dans une Lettre écrite à Monsieur de Petkum.

„ cune maniere son Petit-Fils. Qu'eux „ Députez leur avoient répondu, qu'ils „ ne croyoient pas que les Alliez reçus„ sent de bon cœur cette proposition, „ après l'avoir déja rejettée. Que com„ me il s'agissoit de rétablir la Maison „ d'Autriche dans la possession du Ro„ yaume d'Espagne, où le Roi avoit „ placé Son Petit-Fils, ils s'attendoient „ à quelque chose de plus qu'à des pro„ messes de ne s'y point opposer: tout „ le monde étant persuadé que le Roi „ pouvoit y concourir beaucoup plus ef„ ficacement, s'il vouloit véritable„ ment l'entreprendre, comme il l'a„ voit fait espérer. Que les Ministres „ de France aiant fait semblant d'ig„ norer que le Roi eût promis plus que „ ce qu'ils offroient, avoient enfin pro„ testé, après de grandes assurances „ des sinceres intentions du Roi pour „ la Paix, qu'il seroit impossible d'en„ gager jamais Sa Majesté à déclarer la „ Guerre à son Petit-Fils, ou à prendre „ aucune mesure violente contre lui. „ Que le seul moyen de procurer la „ Monarchie d'Espagne au Roi Char„ les, étoit d'en donner une partie au „ Roi Philippe, & qu'en lui cédant les „ Royaumes de Naples & de Sicile, on „ pourroit le disposer à céder le reste à „ l'Archiduc. Que c'étoit là le seul ex„ pédient qu'il y eût pour prévenir une „ plus grande effusion de sang ; & que „ comme le sort des Armes étoit incer„ tain, il pourroit bien arriver que les „ Alliez seroient obligez de faire la „ Paix à de pires conditions. Qu'eux „ Députez aiant représenté que ce Par„ tage étoit contraire aux Traitez que „ les Alliez avoient faits entre eux, „ aussi bien qu'aux Articles Préliminai„ res dont on étoit convenu à la Haïe, „ & qu'ils n'étoient envoyez que pour „ entendre quel équivalent les Minis„ tres de France avoient à proposer au „ lieu du 37. Article dont le Roi n'é„ toit pas content: n'aiant d'ailleurs au-

R r ij

1710.

,, cun pouvoir d'entrer en discussion
,, d'autres matieres : leur Conférence
,, s'étoit terminée là dessus,

Seconde entrevûë des Plénipotentiaires aussi inutile que la premiere.

Ce Résultat de la premiere Conférence, après laquelle les Plénipotentiaires de France envoyerent de leur côté un Courier à Paris, fut communiqué aux Ministres de tous les Alliez qui étoient à la Haie. Ils furent priez en même tems de s'employer vivement auprès de leurs Maîtres, afin qu'on fût de bonne heure en état d'entrer en Campagne & d'acquerir par la force ce qu'on avoit lieu de douter qu'on pût obtenir par la voïe de la Négociation. Mais le Courier qui avoit été dépêché à Versailles par les Plénipotentiaires François étant revenu le 18. les Députez retournerent à Gertruidemberg le 20. où ils eurent encore quelques Conférences les deux jours suivans. Elles n'aboutirent qu'à répéter les mêmes propositions d'un Traité separé & les assurances que le Roi n'assisteroit point son Petit-Fils; après quoi les Plenipotentiaires François proposerent de nouveaux Plans de partage & demanderent la Sicile & Naples pour le Roi Philippe, ou le Royaume d'Arragon en échange, ou si cela paroissoit trop dur, ils dirent que ce Prince se contenteroit des Royaumes de Sicile & de Sardaigne & des Places Espagnoles qui sont sur les Côtes de Toscane.

Les Députez furent entierement surpris de voir qu'on traitât de toute autre chose que du sujet pour lequel on avoit entrepris la Négociation, savoir de l'Equivalent pour le 37. Articles. Ils en témoignerent leur étonnement avec force, & protesterent qu'ils n'avoient aucun ordre ni pouvoir de traiter de partage. Les Conférences finirent encore là-dessus & les Députez retournerent à la Haie, pendant que les Ministres François depêcherent un Courier à Versailles. Son retour donna lieu à d'autres Conférences qui se tinrent le 7. & le 8. d'Avril. Les Ministres de France parurent se relâcher sur la Cession de la Sicile & de la Sardaigne; mais ils insisterent sur le Royaume d'Arragon. Comme on leur donna encore sur cela la même exclusion, ils demanderent quelle sûreté les Alliez prétendoient donner au Roi pour l'execution qu'ils promettoient eux-mêmes des Préliminaires. C'est ainsi que la France demandoit aux autres des sûretez, sans en vouloir donner aucune de sa part; & que doutant de la bonne foi des autres Puissances, elle vouloit qu'on se reposât uniquement sur la sienne, pour l'exécution des Traitez faits avec elle. Cependant il étoit juste que les Alliez prissent de part & d'autre quelque précaution, pour s'assûrer de la durée de la Paix, aux conditions que la France elle-même avoit stipulées avec chacun d'eux le plus récemment. Aussi cette défaite des Ministres François parut-elle recherchée dans la vûë de brouiller la Négociation, d'autant plus qu'eux-mêmes ne s'étoient jamais voulu expliquer sur la sûreté que l'on demandoit au Roi avec bien plus de fondement. Ce qui fut cause que les Députez des Etats répondirent aux François en termes formels, *que l'on romproit les Conférences s'ils ne donnoient pas une Déclaration pleine & distincte, sur ce qui étoit le principal sujet du Traité, sans passer comme ils faisoient à toute heure à de nouvelles propositions.* Les François se retrancherent sur ce que le Roi attendoit d'Espagne les dernieres résolutions du Roi Philippe, promettant de dépêcher de nouveau un Courier pour avoir les ordres positifs de Sa Majesté.

Sur le raport que les Députez des Etats Generaux firent aux Ministres des Alliez, on jugea que les François n'avoient aucun véritable dessein de conclure. C'est pourquoi le Prince Eugene & le Duc de Marlborough, prirent les dernieres résolutions pour l'ou-

Ouverture de la Campagne. Lignes des Fr. forcées par les Alliez.

verture de la Campagne; & après avoir concerté avec les E.G. quelles en seroient les operations, ils partirent tous deux le 15. du même mois d'Avril, pour se rendre à Tournai, où étoit le Rendezvous des Troupes. Les François avoient repris le Poste de Mortagne, qu'un Détachement des Aliez avoit emporté sur eux; mais un autre Détachement envoié à l'arrivée de ces deux Generaux, s'en empara pour la seconde fois. Ce succés fut suivi d'un autre plus considerable encore: les François qui étoient campez à Pont-à-Vendin furent forcez dans leurs Lignes, sans que les Aliez y perdissent un seul homme, le peu de monde qui les gardoit les aiant abandonnées sans tirer un seul coup. 40. Bataillons qui étoient postez à Lens & à Bethune, se retirèrent en partie à Arras, & en partie à Doüai; de sorte que la gauche des Alliez étoit passée à Courières, & la droite à Pont-à-Vendin. Leur Armée aiant ensuite passé la Scarpe, la Ville de Doüai & le Fort de l'Escarpe, furent investis le 23. du même mois. Cette Armée étoit campée sur deux Lignes, dont l'une fut destinée à faire le Siège, & l'autre à observer les François. Le Duc de Marlborough prit son Quartier au Château de Gouzelin, le Comte de Tilli à Deschi, & le Prince Eugène à Vitri. On travailla depuis aux Lignes de Circonvallation, & l'on donna ordre de faire venir la grosse Artillerie, qui fut tirée en partie de Mons & de Tournai & le reste de Gand. Les François se retirerent durant ce tems là entre Cambrai & Valenciennes, & le Maréchal de Villars arriva le 26. à Cambrai.

On ne peut exprimer la consternation où l'on fut à la Ville & à la Cour quand on aprit que les Alliez étoient entrez dans les Lignes par deux endroits; on ne pouvoit comprendre que ces mêmes Lignes, qui sembloient la Campagne précedente avoir tenu les Ennemis en respect une partie de l'Eté, eussent été insultées sans que ces derniers y eussent fait la moindre perte. Cette Nouvelle renouvella les mécontentemens à la Cour. M. le Daufin vouloit s'aller mettre à la tête de l'Armée: le Duc de Bourgogne vouloit le suivre: le Maréchal de Villars n'étoit pas content, le Maréchal de Boufflers le paroissoit encore moins, aussi bien que le Duc de Vendôme; en un mot tout parut en une grande confusion. On se consola de voir les Alliez s'attacher à Doüai, dans l'esperance que cette Place tiendroit assez pour qu'on eût le tems de se reconnoître. En effet la Garnison se défendit bien & fit une sortie le 7. de Mai au soir, dans laquelle elle remporta quelque avantage. Le Marechal de Villars, sur qui reposoit le reste des esperances de la Cour & du Royaume, eut à son arrivée au Pays-Bas quelques Conférences avec le Maréchal de Montesquiou, & l'Intendant de Bernières, sur l'état des Troupes & des Magazins; mais il aprit bien tôt que les choses n'étoient pas en état de pouvoir battre les Alliez avant l'arrivée d'environ 30000. hommes qu'ils attendoient encore d'Allemagne, ni de faire lever le Siège de Doüai avant le 25. comme il s'en étoit vanté à son départ de Paris. En effet l'Armée Françoise fut à peine formée 8. jours après, & ne commença à se mettre en mouvement que le 24. Cependant, comme il étoit impossible de guarantir la Picardie contre les Partis des Alliez & contre leurs gros Détachemens, le Roi permit à cette Province de s'accorder avec eux pour les Contributions. La plûpart des Generaux de quelque réputation avoient eu ordre de se rendre au Pays Bas. Le Maréchal de Boufflers & le Duc de Bervvick, joignirent l'Armée de Flandre; & le Chevalier de St George s'y rendit aussi pour y faire la Campagne. On publia qu'il y auroit dans peu une Bataille, & l'Armée s'avança en préſence des Alliez entre Vitri & Arleux; mais comme il étoit trop dangereux de les attaquer de ce côté-la, on jugea plus à propos de paſſer la Scarpe à Arras, pour aller chercher les Ennemis dans la Plaine. Le Maréchal de Villars aiant été joint par 18. Bataillons & 29. Eſcadrons que le Maréchal de Beſons lui avoit amenez d'Allemagne, s'avança juſqu'à Lens pour tenter le ſecours de Doüai. Les Armées reſtèrent aſſez long-tems en préſence & fort près l'une de l'autre, ſans que le Maréchal oſât attaquer les Alliez dans leurs Retranchemens.

Suite des Côferences de Gertruidemberg. Mémoires ſur ſes Négociations.

Cependant on attendoit à Gertruidemberg la réponſe des François, & les Députez des Etats s'y étant rendus le 24. d'Avril à la réquiſition expreſſe des premiers, ils leur demandèrent, *ſi avec leur dernier Courier ils avoient reçu de nouvelles Inſtructions ſur la grande affaire, pour laquelle ils étoient venus ?* les François répondirent *qu'ils n'avoient rien à offrir que ce qu'ils avoient offert, & qu'eux mêmes y attendoient la réponſe des Alliez.* On peut croire qu'une telle réponſe ne fut pas reçuë ſans quelque reſſentiment de la part des Députez, qui témoignèrent aux Miniſtres François d'une manière aſſez vive, *qu'ils s'étonnoient de ce qu'après tant de promeſſes & de Déclarations poſitives, que le Roi propoſeroit un expédient au ſujet du 37. Article des Préliminaires, le ſeul dont on n'étoit pas encore d'accord, on n'offroit rien qu'un partage de la Monarchie d'Eſpagne à laquelle néanmoins il vouloit qu'on crût qu'il avoit renoncé.* Le jour ſuivant les Députez prirent congé des Miniſtres François, en leur déclarant que la Campagne étant avancée & les Négociations ſans ſuccès, il étoit inutile de les continuer davantage. Les François répondirent qu'ils avoient fait pluſieurs ouvertures ſuffiſantes (ſelon eux) pour avancer la Paix, & qu'ils étoient ſurpris que les Alliez les aiant toutes deſaprouvées ne propoſaſſent rien de leur part pour parvenir à la même fin. Ils demandèrent enſuite par écrit ce qu'on venoit de leur dire de bouche & le Congé qu'on ſembloit leur donner ; mais les Députez le refusèrent, ne doutant point de l'uſage que les François en vouloient faire, qui étoit ſans doute de perſuader par là aux Peuples qu'il n'avoit pas tenu au Roi de faire la Paix, & qu'on ne devoit attribuer qu'aux Alliez la continuation de la Guerre. On attendit néanmoins encore le retour d'un Courier que les Plénipotentiaires de France dépêchèrent en Cour ſur cet incident. Mais ſon retour n'aiant rien produit de nouveau que des demandes réciproques d'un dernier éclairciſſement, on crut que toute la Negociation étoit rompuë, d'autant plus que les Miniſtres François faiſoient emballer leurs Bagages. Néanmoins un nouveau Courier étant arrivé de Verſailles, vers le milieu de Mai, il ſe tint une nouvelle Conférence le 23. qui roula encore de la part des François, ſur la ſincerité des bonnes intentions du Roi pour la Paix, qui ſe deſiſtoit de ſa prétention ſur Naples & qui ſe contentoit des Roïaumes de Sicile & de Sardaigne, & des Places ſituées ſur la Côte de Toſcane. Mais n'aiant rien répondu de précis & n'aiant fait que biaiſer ſur la ſureté que le Roi devoit donner, en cas qu'on lui accordât ſa demande, pour la Ceſſion de l'Eſpagne & des Indes, Mrs. Buis & vander Duſſen ne purent s'empêcher de leur dire, " qu'on s'apercevoit de ,, plus en plus que la Cour de France ,, n'entretenoit cette Négociation, que ,, pour animer les Peuples à ſuporter ,, plus patiemment le fardeau de la ,, Guerre, & pour amuſer les Alliez; ,, qu'ainſi ils ſeroient à la fin obligez ,, de rompre avec eux toute Conféren- ,, ce, pour ne pas donner lieu aux ja- ,, louſies qui en pouvoient naître ,,.

Sur quoi les François faisant toûjours ferme sur les bonnes intentions du Roi, dirent qu'ils enverroient un autre Exprès en Cour avec la Rélation de ce qui s'étoit passé dans cette nouvelle Conférence.

On attendit encore son retour, & Mrs. les Députez de Leurs Hautes Puissances, qui étoient revenus à la Haye, retournèrent à Gertruidemberg au milieu de Juin. On y tint le 15. & le 16. de nouvelles Conférences, dans lesquelles les Plénipotentiaires François déclarèrent, " que le Roi étoit si bien intentioné pour la Paix, qu'afin de la procurer, il renonçoit aux Places Espagnoles sur la Côte de Toscane, qu'ils avoient demandées dans les dernières Conférences, & qu'il se contenteroit de la Sicile & de la Sardaigne, pour le Roi Philippe. Que Sa Majesté Tres-Chrêtienne employeroit toute sorte de moyens, pour engager son Petit-Fils à recevoir ce partage; mais que cela demandoit du tems, & que si ce Prince ne vouloit pas y consentir, quoi (que le Roi ne pût se resoudre à lui déclarer la Guerre) Sa Majesté fourniroit une somme d'argent, pour contribuer aux fraix de celle qu'on feroit contre lui, pour l'obliger à céder l'Espagne & les Indes à la Maison d'Autriche. Ces propositions, qui ne différoient en rien d'important de celles qu'on avoit tant de fois rejettées, ne furent pas jugées plus recevables que les autres. Les Députez en ayant fait leur raport, on pria Mr. de Petkum, Ministre de Holstein à la Haye, qu'il voulut aller à Gertruidemberg, sous prétexte d'y traiter quelques affaires particulieres avec les Ministres François, de leur donner la réponse suivante: que ,, l'offre du Roi, de contribuer une somme d'argent pour ,, les fraix de la guerre, & pour obliger ,, le Duc d'Anjou, à céder la Monar- ,, chie d'Espagne (en cas qu'il ne vou- ,, lût pas se contenter de la Sicile & ,, de la Sardaigne,) ne pouvoit être ,, accepté par les Alliez : & cela pour, ,, plusieurs raisons, dont l'une étoit , ,, que cela produiroit une Paix séparée ,, & non une Paix Générale, que les ,, Alliez persistoient à demander l'éva- ,, cuation de l'Espagne & des Indes, sui- ,, vant les Articles Préliminaires : & ,, que si ce fondement étoit admis, les ,, Alliez consentiroient volontiers à né- ,, gocier sur les autres Articles.

Comme les François ne répondoient point aux Propositions qu'on leur avoit fait faire par M. de Petkum, Mrs Buis & vander Dussen, eurent ordre d'envoyer un Exprès à Gertruidemberg, pour les solliciter de s'ouvrir au plûtôt là dessus. Leur Réponse fut en propres termes : qu'*en vertu de leur Pouvoir & de leurs instructions, ils étoient toûjours en état d'expliquer les sentimens du Roi leur Maître, & qu'ainsi ils prioient les dits Députez, de s'aboucher encore une fois avec eux.* Il y avoit lieu de croire, qu'aiant tant de fois fait la même promesse, ils ne s'en aquitteroient pas mieux cette fois-ci, que les autres. Cependant on consentit à cette nouvelle Conférence, mais avec des ordres précis aux Députez, d'*insister sur une réponse claire & positive aux Articles, que Mr. de Petkum leur avoit communiquez.* Le 31. Juin fut le jour de cette derniere Conférence qui dura 4 heures & qui eut le même succez que les précedentes. Les Députez Hollandois réconnurent de plus en plus, que la Conduite des Ministres François ne pouvoit être regardée que comme une Négaciation illusoire, pour gagner du tems & pour amuser les Alliez. Ce furent à peu prés les mêmes termes dont ils s'en expliquerent aux Plénipotentiaires François. Mr. l'Abbé de Polignac haussant la voix, commença à accuser les Hollandois d'ingratitude envers la Couronne de France, qui, à ce qu'il dit, avoit été leur véritable apui lors qu'ils avoient secoüé le joug de

derniere entrevûe des Plénipotentiaires suivie de la rupture des Négociatiôns.

1710. l'Espagne, ce qui fit qu'on se separa avec aigreur & avec peu de satisfaction de part & d'autre.

Il plut cependant Aux Ministres François de proposer d'envoyer encore un Courier au Roi, pour lui donner part de cette résolution inflexible des Alliez, à refuser toute sorte de partage & les offres d'argent qu'ils leur avoient faites de la part de S.M. On les pria de le faire & de solliciter les dernières Déclarations du Roi le plûtôt qu'il seroit possible, & l'on sut que le Courier étant arrivé à Versailles, ne s'y étoit arrêté que deux ou trois heures & qu'il avoit été immédiatement renvoyé, ses dépêches n'aiant pas eu besoin d'un plus long tems pour être formées. Après son retour, les Plénipotentiaires de France écrivirent une longue Lettre au Conseiller Pensionnaire de Hollande, datée du 10. de Juillet par laquelle ils lui notifioient leur depart, s'excusant sur la rupture des Conférences. Pour ne rien imposer en cette occasion, je donne ici leur Lettre, telle que les Etats Généraux voulurent bien qu'elle fût renduë publique.

MONSIEUR.

,, Vous savez, que nous avons consenti à tout ce que Mrs. les Deputez nous avoient proposé, sans qu'on puisse dire, que nous ayons varié sur quoi que ce puisse être, encore moins que nous ayons retracté les paroles que nous aurions données par l'ordre du Roi nôtre Maître, dans la vûë de parvenir à la Paix si nécessaire à toute l'Europe.

,, Mrs. les Deputez n'en ont pas jugé de même. Vous n'avez point oublié ce qui s'est passé entr'eux & nous, depuis le commencement de la Négociation. Trouvez bon, Monsr. que nous vous remettions devant les ,, Propositions nouvellement inventées, injustes & impossibles dans leur execution, qué ces Messieurs, pour toute Réponse aux nôtres, nous firent dans nôtre dernière Conférence. Ils nous dirent :

,, Que la Résolution de leurs Maîtres & de leurs Alliez étoit de rejetter absolument toute offre d'argent de la part du Roi, pour les aider à soûtenir la Guerre d'Espagne, de quelque nature qu'elle puisse être, & quelque sûreté que S.M. voulût donner pour le payement.

,, Que la République & ses Alliez prétendoient obliger le Roi nôtre Maître à faire seul la Guerre au Roi son petit-Fils, pour le contraindre de renoncer à la Couronne, & que sans unir leurs forces à celles de S. M. il faloit que ce Monarque fût dépossédé de l'Espagne & des Indes, dans le terme de deux mois.

,, Que ce terme étant expiré, sans que le Roi Catholique fût réellement chassé de son Trône, la Trève dont les Alliez seroient convenus avec le Roi nôtre Maître cesseroit, & qu'ils reprendroient les Armes conte S. M. quoi-qu'elle eût exécuté toutes les autres Conditions, contenuës dans les Articles Préliminaires.

,, Qu'avant que de les signer, ils vouloient bien, moyennant l'engagement ci-dessus, s'expliquer positivement sur le Partage, sur ce qu'ils consentiroient de laisser au Roi d'Espagne, & qu'ils faciliteroient même les moyens de convenir des demandes ulterieures.

,, Qu'enfin ils pourroient permettre comme une Grace, que les Troupes qu'ils ont en Portugal & en Catalogne, concourussent avec celles de France pendant l'espace de deux mois, pour faciliter la Conquête de l'Espagne & des Indes, que S. M.
seroit

,, seroit obligée de faire en faveur de ,, l'Archiduc ; mais qu'aussi-tôt que ce ,, terme seroit expiré, ces mêmes Trou-,, pes des Alliez cesseroient d'agir & ,, que la Tréve seroit rompuë.

,, Nous représentâmes à Mrs les Dé-,, putez, que ces Propositions étoient ,, contradictoires, tant à celles qu'ils ,, avoient toûjours faites, qu'aux Arti-,, cles IV. & V. des Préliminaires, aux ,, quels l'Article XXXVII. qu'il ,, s'agissoit entre nous de regler, étoit ,, relatif.

,, Quant à la maniere d'assûrer aux ,, Alliez l'Espagne & les Indes, ils nous ,, dirent que la concession d'un Parta-,, ge, dont ils s'expliqueroient dans la ,, suite, & qu'ils n'ont point encore ,, déclaré, les mettroit en droit d'exi-,, ger plus à présent, que ne portoient ,, les Articles IV. & V.

,, Nous leur répondîmes par une ,, raison sans replique, en leur deman-,, dant, si dans toutes nos Conféren-,, ces il n'avoit pas été question d'un ,, Partage, & si sur ce fondement ils ,, avoient jamais exigé de nous autre ,, chose, que les mesures de concert & ,, l'union des forces.

,, Messieurs les Députez ne le nie-,, rent pas, car ils ne pouvoient le nier: ,, mais ils nous dirent, que s'ils avoient ,, proposé les mesures de concert & ,, l'union des forces, ils ne le faisoient ,, plus : qu'ils avoient ordre de nous ,, le déclarer au nom des Alliez, & de ,, nous dire, qu'ils prétendoient en un ,, mot (soit que le Partage fût accep-,, té, soit qu'il ne le fût pas) recevoir ,, des mains du Roi nôtre Maître la ,, Monarchie d'Espagne & des Indes, ,, en lui laissant le soin d'employer seul ,, les moyens, ou de persuasion, ou ,, de contrainte, lequel des deux il ,, jugeroit le plus efficace pour mettre ,, actuellement l'Archiduc en posses-,, sion de ses Etats, dans l'espace de ,, deux mois.

Tome III.

,, Un desaveu si formel de toute la ,, conduite passée, & de toutes les dé-,, marches faites de la part des Alliez, ,, aussi bien que le refus de tout ce qui ,, étoit possible de la nôtre, marquent ,, assez, Monsieur, un dessein formé ,, de rompre toute Négociation.

,, Pour avoir la réponse du Roi nô-,, tre Maître à ces nouvelles Deman-,, des, jusqu'à présent inouïes, & dont ,, l'accomplissement est hors de son ,, pouvoir, il étoit inutile de nous don-,, ner le terme de 15. jours. Il y a long-,, tems que S. M. a fait connoître ,, qu'elle accorderoit pour le bien d'u-,, ne Paix definitive & sûre les Condi-,, tions dont l'exécution dépendra d'el-,, le ; mais elle ne promettra jamais ,, ce qu'elle sait lui être impossible d'e-,, xécuter. Si toute espérance de par-,, venir à la Paix lui est ôtée par l'in-,, justice & l'obstination de ses Enne-,, mis, alors se confiant à la protection ,, de Dieu, qui sait humilier quand il ,, lui plaît ceux qu'une Prosperité ines-,, perée éleve, & qui comptent ,, pour rien les malheurs publics & ,, l'effusion du Sang Chrêtien, elle ,, laissera au jugement de toute l'Eu-,, rope, même à celui de l'Angleterre ,, & de la Hollande, à reconnoître les ,, véritables Auteurs de la continuation ,, d'une Guerre aussi sanglante.

,, On verra d'un côté les avantages ,, que le Roi nôtre Maître a faits : le ,, consentement qu'il a donné aux Pro-,, positions les plus dures, & les en-,, gagemens que S. M. consentoit de ,, prendre pour leur ôter toute défian-,, ce & pour avancer la Paix.

,, D'autre part on pourra remarquer ,, une affectation continuelle à s'expli-,, quer obscurément, afin d'avoir lieu ,, de prétendre toûjours au delà des ,, Conditions accordées, en sorte qu'à ,, peine nous avions consenti à une ,, demande, qui devoit être la der-,, niere, qu'on s'en desistoit pour en

S s

1710.
,, substituer une autre plus exorbitan-
,, te.
,, On remarquera aussi une variation
,, réglée seulement ou par les événe-
,, mens de la Guerre, ou par les faci-
,, litez que le Roi nôtre Maître apor-
,, toit à la Paix. Il paroît même par
,, les Lettres que Mrs les Députez nous
,, ont écrites, qu'ils n'en disconvien-
,, nent pas.
,, L'Année derniere les Hollandois &
,, leurs Alliez regardoient comme une
,, injure, qu'on les crût capables d'a-
,, voir demandé au Roi d'unir ses for-
,, ces à celles de la Ligue, pour obli-
,, ger le Roi son Petit-Fils à renoncer
,, à la Couronne. Ils prenoient à té-
,, moins les Préliminaires mêmes, qui
,, ne parlent que de prendre des me-
,, sures de concert. Depuis ils n'ont
,, fait aucune difficulté de l'exiger hau-
,, tement.
,, Aujourd'hui ils prétendent que
,, S. M. s'en charge seule, & ils osent
,, dire que si auparavant ils se conten-
,, toient de moins, leur interêt mieux
,, connu les porte à ne plus s'en con-
,, tenter. Une pareille Déclaration,
,, Monsieur, est une rupture formelle
,, de toute Négociation, & c'est après
,, quoi les Chefs des Alliez soupirent.
,, Quand nous demeurerions plus
,, long-tems à Gertruidemberg, quand
,, même nous passerions des années en-
,, tieres en Hollande, nôtre séjour y
,, seroit inutile ; puisque ceux qui gou-
,, vernent la République sont persua-
,, dez qu'il est de leur interêt de faire
,, dépendre la Paix d'une Condition
,, impossible.
,, Nous ne prétendons pas leur per-
,, suader de continuer une Négocia-
,, tion qu'ils veulent rompre ; & enfin
,, quelque desir qu'eût le Roi nôtre
,, Maître de procurer le repos à ses Peu-
,, ples, il sera moins fâcheux pour eux
,, de soûtenir la Guerre, dont ils sa-
,, vent que S. M. vouloit acheter la

,, fin par de si grands sacrifices, con- 1710.
,, tre les mêmes Ennemis qu'elle a de-
,, puis dix ans à combattre, que d'y
,, ajoûter encore le Roi son Petit-Fils,
,, & d'entreprendre imprudemment de
,, faire en deux mois la Conquête de
,, l'Espagne & des Indes, avec l'assû-
,, rance de retrouver après ce tems ex-
,, piré ses Ennemis fortifiez par les
,, Places qu'elle auroit cédées, & par
,, conséquent en état de tourner con-
,, tr'elle les nouvelles armes qu'elle au-
,, roit mises entre leurs mains.
,, Voilà, Monsieur, la réponse po-
,, sitive que le Roi nous a donné or-
,, dre de vous faire sur les nouvelles Pro-
,, positions de Mrs les Députez. Nous la
,, faisons au bout de six jours au lieu de
,, 15. qu'ils nous avoient accordez com-
,, me une Grace. Cette diligence servira
,, du moins à vous faire connoître que
,, nous ne cherchons point à vous amu-
,, ser, & que si nous avons demandé sou-
,, vent des Conférences, ce n'étoit pas
,, pour les multiplier sans fruit ; mais
,, pour ne rien omettre de tout ce qui
,, pourroit nous conduire à la Paix.
,, Nous passons sous silence les pro-
,, cedez qu'on a tenus envers nous,
,, au mépris de nôtre Caractere ; nous
,, ne vous disons rien des Libelles in-
,, jurieux, remplis de faussetez & de
,, calomnies qu'on a laissé imprimer &
,, distribuer pendant nôtre séjour ; afin
,, de mettre de l'aigreur dans les esprits
,, qu'on travailloit à réconcilier. Nous
,, ne nous plaignons pas mêmes de ce
,, que contre la Foi publique & au pré-
,, judice de nos plaintes, si souvent
,, réiterées, on a ouvert toutes les Let-
,, tres que nous avons ou reçûes ou
,, écrites. L'avantage qui nous en re-
,, vient, c'est que le pretexte dont on
,, couvroit tant d'indignitez s'est trou-
,, vé mal fondé. On ne peut pas nous
,, reprocher d'avoir tenté la moindre
,, pratique contraire au Droit des Gens
,, qu'on violoit à nôtre égard ; & il est

„ senſible qu'en empêchant qu'on ne „ vînt nous rendre viſite dans nôtre eſ- „ pece de Priſon, ce qu'on craignoit „ le plus étoit que nous ne découvri- „ ſions des véritez qu'on vouloit tenir „ cachées.

„ Nous vous prions, Monſieur, „ de vouloir donner à nôtre Exprès la „ Réponſe qu'il a ordre d'attendre. Ou „ ſi vous ne voulez point répondre, de „ lui donner un *Certificat* comme vous „ avez reçû cette Lettre. Nous ſommes „ &c.

Signé HUXELLES.
L'ABBÉ DE POLIGNAC.

But que la Fran-ce ſe propo-ſoit dâs cette Négo-ciation.

Si cette Lettre n'eût pas été renduë publique, il ſeroit difficile de ſe perſuader que les Ambaſſadeurs de France euſſent pu avancer tant de choſes contraires à ce que tout le monde ſavoit, & qu'on eût prétendu les faire accroire à ceux-là mêmes, qui étoient les mieux inſtruits de la verité, par la ſeule hardieſſe avec laquelle on les débitoit.

On ſait en general que cette Guerre étant extremement onéreuſe à la Nation Françoiſe, il falloit de tems en tems la conſoler & l'encourager par des démarches qui ſembloient tendre à la Paix. Mais comme on ne feignoit de la vouloir, qu'autant qu'il falloit pour en perſuader les Peuples, & non pour l'obtenir en effet; quand on jugea que le Leurre avoit réüſſi, on en interrompit la pourſuite & la Négociation, & pour mieux juſtifier cette conduite, on rejetta ſur les autres la haine & la cauſe de la Rupture. La choſe néanmoins étoit bien difficile à perſuader: on n'avoit commencé les Conférences pour la Paix qu'à l'inſtance du Roi de France même, & dans la ſupoſition qu'il accorderoit tous les Préliminaires conclus & arrêtez à la Haïe, excepté, comme on a dit, le ſeul Article XXXVII. ſur lequel il s'agiſſoit de trouver des tempéramens. On étoit convenu de la Reſtitution de l'Eſpagne & des Indes, quelque diſpoſition qu'on pût faire de toutes les autres parties de la Monarchie Eſpagnole. Le Roi l'avoit promis & en avoit fait le fondement du Traité. Où l'on avoit promis une choſe poſſible, & dès là toutes les raiſons d'impoſſibilité qu'on alléguoit étoient des prétextes de rupture; ou ſi la choſe étoit effectivement impoſſible, quelle vûë pouvoit-on avoir euë en faiſant cette promeſſe? Pour l'honneur du Roi, & pour perſuader qu'on avoit propoſé une choſe poſſible, ſes Miniſtres demanderent un Partage, & la Ceſſion de quelques parties de la Monarchie Eſpagnole, comme un expedient ou un accommodement du XXXVII. Article, & une facilité à l'évacuation de l'Eſpagne & des Indes, qui étoit cet Article accordé. Mais en refuſant Caution pour le reſte & pour l'Evacuation effective de l'Eſpagne, alléguant que la choſe ne dépendoit pas du Roi, qu'on ſavoit pourtant être le tout-puiſſant dans cette affaire, & dont le ſeul deſir auroit été la regle des volontez de ſon Petit-Fils: on faiſoit aſſez voir qu'on n'avoit eu en vûë que de ſemer de la jalouſie & de la diviſion entre les Alliez, dont les uns auroient conſenti au démembrement, & les autres auroient refuſé de le faire. Offrir de l'argent aux Alliez, ou des Places de la part du Roi de France pour le tenir quitte de concourir à la Conquête de l'Eſpagne, c'étoit propoſer une Paix particuliere au lieu de la generale qu'on vouloit conclure, & fomenter même la Guerre ſourdement par les moyens ſecrets que le Roi avoit de maintenir ſur le Trône ſon Petit-Fils. Quoiqu'à dire le vrai on eût eu bien de la peine à l'en empêcher, ſi le Roi n'eût pas voulu concourir ſincerement à le dépoſſeder. C'eſt de quoi ſes Miniſtres ſe plaignirent comme d'une contrainte tout-à-fait injuſte; quoique & le concours & la coopération fussent l'unique sujet des Conférences & la Base des Traitez proposez par le Roi même.

Aussi les Etats Generaux publièrent-ils leur aquiescement à la rupture, dès que Mr le Conseiller Pensionnaire leur eut communiqué la Lettre des Ambassadeurs de France, & quatre jours après un ample Ecrit en réponse à la même Lettre, qu'il est juste de raporter aussi.

RÉPONSE.

Des Etats Generaux des Provinces-Unies à la Lettre de Mrs les Ambassadeurs de France.

Réponse des E. G. à la Lettre précédente.

„ LEs Sieurs de Randvyyck & au-
„ tres Députez de Leurs Hautes
„ Puissances pour les Affaires Etrange-
„ res, en conséquence & en conformi-
„ té de la Résolution Commissoriale
„ du 23. de ce Mois, aiant conferé
„ avec les Ministres des Hauts Alliez
„ sur le contenu de la Lettre des Sieurs
„ le Maréchal d'Huxelles & l'Abbé de
„ Polignac, écrite de Gertruidemberg
„ le 20. du courant au Sieur Conseiller
„ Pensionnaire Heinsius: laquelle ser-
„ voit de réponse à ce que les Sieurs
„ Buis & vander Dussen leur avoient
„ proposé dans la dernière Conférence,
„ & qui avoit été le sujet de la Négo-
„ ciation; & aiant examiné & con-
„ certé ensemble les mesures qu'on
„ doit prendre, & ce qu'il convient
„ de faire à l'avenir sur cette affaire,
„ ont fait leur raport à l'Assemblée, &
„ ont dit.

„ Que lesdits Sieurs Ministres & eux
„ Députez avoient témoigné en gene-
„ ral un très-sensible déplaisir de ce que
„ les Ennemis rompant les Négocia-
„ tions qu'on avoit reprises, pour par-
„ venir à une Paix solide & generale,
„ on voyoit par là les éspérances,
„ qu'on avoit conçûës desdites Négo-
„ ciations, s'évanouïr, & cette Paix
„ si ardemment desirée par les Hauts
„ Alliez, éloignée. Mais considérant,
„ qu'on ne peut parvenir à la Paix,
„ que lors que les Ennemis y voudront
„ concourir; & que cette volonté est
„ dans la réalité aussi éloignée de leur
„ intention, qu'elle paroît sincere &
„ effective dans leurs paroles, ils cro-
„ yent qu'il ne reste plus du côté de
„ l'Etat & des Alliez, que d'acquies-
„ cer à la rupture, en se reposant sur
„ l'assurance qu'ils ont eux-mêmes
„ donnée, que comme leurs intentions
„ ont toûjours été droites & n'ont ja-
„ mais eu pour but que d'avancer une
„ bonne & solide Paix, & d'y parve-
„ nir s'il eût été possible, aucune per-
„ sonne impartiale & équitable ne
„ pourra leur imputer la rupture de la
„ Négociation & la continuation de la
„ Guerre. Car quoique ladite Lettre,
„ remplie d'insinuations artificieuses &
„ d'expressions odieuses, ne soit écrite
„ & ne tende à autre but, qu'à rejet-
„ ter sur les Alliez la rupture de la Né-
„ gociation & la continuation de la
„ Guerre, comme s'ils demandoient
„ des choses nouvelles, injustes & im-
„ possibles dans leur exécution: néan-
„ moins tout cela ne change point le
„ fond de la chose en elle-même, & il
„ n'en est pas moins clair, que cette
„ rupture doit beaucoup plûtôt être
„ attribuée aux Ennemis, puis qu'ils se
„ départent des fondemens, sur les-
„ quels la Négociation a été commen-
„ cée, & qu'ils font leurs efforts pour
„ rendre l'Article capital, savoir, la
„ Restitution de l'Espagne & des In-
„ des, illusoire dans son exécution,

„ Que pour démontrer cette verité,
„ il faut considérer, qu'il y a long-tems,

„ lorfque les Ennemis demanderent „ d'entrer en Conférence & de traiter „ de la Paix, on n'a pas voulu ni pu y „ confentir du côté des Alliez, à moins „ qu'avant toutes chofes on ne convînt de certains Articles, qui fuffent le fondement de la Négociation dans laquelle on devoit entrer, „ pour parvenir à une Paix folide & „ generale. Le premier & le principal „ de ces Articles fut la Reftitution de „ l'Efpagne & des Indes au Roi Charles III. & cet Article fut accordé par „ la France, même avant que le Sieur „ Rouillé & le Marquis de Torci vinffent dans le Païs, & ainfi avant qu'on „ fût convenu des Préliminaires, par „ lefquels cette Reftitution eft confirmée avec plus d'étenduë, & de nouveau promife & ftipulée. Par conféquent perfonne ne peut trouver étrange, qu'on infifte de la part des „ Alliez fur un Point capital, comme „ celui ci, pour lequel on a commencé & continué jufqu'à préfent la „ Guerre, ni que les Alliez prétendent „ avoir une entiere fureté à l'égard „ d'une chofe de fi haute importance.

„ Que les Hauts Alliez croyant ne „ trouver cette fureté, que dans l'Article XXXVII. des Préliminaires: „ & le Roi Très-Chrétien n'aiant pas „ jugé à propos d'aprouver les Préliminaires, à caufe de ce XXXVII. „ Article feul, cet Article eft devenu „ le fujet de la Négociation que les „ Ennemis viennent de rompre ; laquelle avoit été propofée pour chercher un moyen équivalent, par lequel les Alliez trouvaffent la même „ fureté qui leur étoit donnée par le „ XXXVII. Article des Préliminaires.

„ Que dans la premiere Conférence tenuë à Gertruidemberg entre les „ Sieurs le Maréchal d'Huxelles & „ l'Abbé de Polignac d'une part, & „ les Sieurs Buis & vander Duffen de „ l'autre, ces derniers avoient fait „ voir, que les Propofitions qu'on „ avoit fait jufqu'alors de donner aux „ Alliez des Villes d'ôtage aux Païs„ Bas, pour, leur tenir lieu de la fureté qu'ils croyoient trouver dans le „ XXXVII. Article des Préliminaires, „ n'étoient point acceptables, parce „ que par là les Alliez fe trouveroient „ engagez dans une Guerre particuliere & incertaine avec l'Efpagne, „ pendant que la France de fon côté „ jouïroit de la Paix : & qu'on ne pouvoit pas avec raifon exiger d'eux, „ qu'ils demeuraffent engagez dans „ une Guerre fujette à toute forte d'incidens, & qui même leur feroit „ courir rifque de ne recouvrer jamais „ l'Efpagne & les Indes, mais que la „ Paix devoit être Generale.

„ Les Sieurs Plénipotentiaires de „ France en parurent fi convaincus, „ que dans cette premiere Conférence „ & dans toutes les autres qui fuivirent, ils propoferent, que *puis qu'ils* „ *voïoient bien que les Alliez ne vouloient qu'une Paix Generale, & qui* „ *procurât la reftitution d'Efpagne &* „ *des Indes, dont le Roi Philippe étoit* „ *encore en poffeffion, il n'y avoit que* „ *deux voyes, pour le porter à s'en défifter, l'une de la contrainte & l'autre* „ *de la perfuafion. Que la premiere, à* „ *leur avis, feroit dure à la France, &* „ *par conféquent que la feconde feroit* „ *feule praticable & pourroit réuffir, fi* „ *on leur remettoit entre les mains quelque portion de la Monarchie d'Efpagne, dont ils puffent difpofer en faveur* „ *du Roi Philippe, & par ce moyen le* „ *porter à renoncer au refte.* Enfuite „ aiant demandé, fi les Alliez, pour „ parvenir à une Paix Generale, ne „ voudroient pas confentir à un Partage, ils ont propofé plufieurs Alternatives, l'une defquelles étant acceptée, le Roi Charles entreroit en „ poffeffion de la Monarchie d'Efpag-

,, ne, à l'exception de cette portion ,, qui feroit affignée au Roi Philippe. ,, Et après qu'on eut tenu plufieurs ,, Conférences, les Sieurs Plénipo- ,, tentiaires de France réduifirent les ,, fufdites Alternatives aux Royaumes ,, de Sicile & de Sardaigne. Les Hauts ,, Alliez n'ont pu par là entendre autre ,, chofe, finon que ces deux Royau- ,, mes étant cédez au Petit-Fils de Sa ,, Majefté Très-Chrétienne. Sadite ,, Majefté s'engageoit par ce moyen de ,, le porter à remettre aux Hauts Al- ,, liez le refte de la Monarchie d'Ef- ,, pagne, dont il eft encore en poffef- ,, fion.

,, Mais les Hauts Alliez comprirent ,, par ce qui fe paffa dans la pénultie- ,, me Conférence, & par le raport ,, qu'en firent les Sieurs Deputez, que ,, quand même ils pourroient fe réfou- ,, dre à accepter la fufdite Propofition ,, d'un Partage, il demeureroit toû- ,, jours incertain, fi par là on pourroit ,, parvenir à une Paix Generale; puif- ,, que les Srs Plénipotentiaires ne s'ex- ,, pliquoient pas clairement fur la Quef- ,, tion, fi en ce cas l'Efpagne & les ,, Indes feroient effectivement remifes ,, au Roi Charles, comme il avoit été ,, reglé par les Plénipotentiaires. Ils ,, fembloient même fupofer le contrai- ,, re, puis que l'un d'eux (quoiqu'il ,, femblât alors ne parler que felon fa ,, penfée particuliere) s'étoit avancé ,, de demander, fi les Alliez ne pou- ,, voient pas fe contenter de ce que le ,, Roi de France leur fournît une cer- ,, taine fomme d'argent, pour les aider ,, à faire la Conquête de l'Efpagne & ,, des Indes.

,, Dans cette incertitude, les Hauts ,, Alliez crûrent qu'avant que de s'ou- ,, vrir fur la propofition d'un Partage, ,, il faloit qu'ils viffent plus clair dans ,, les intentions de la France fur une ,, affaire fi ferieufe & fi effentielle. ,, Pour cet effet ils requirent le Sr de

,, Petkum, (qui avoit été ci-devant, ,, & qui l'étoit encore employé dans la ,, Négociation) d'en parler aux Srs ,, Plénipotentiaires, & de leur faire ,, connoître que les Hauts Alliez ne ,, pouvoient pas accepter la propofi- ,, tion des Subfides, qui avoient été ,, avancés, parce que cela fupofoit ,, qu'on feroit une Paix particuliere ,, avec la France, en continuant une ,, Guerre particuliere avec l'Efpagne; ,, à quoi les Alliez ne pouvoient point ,, entendre, par les raifons alleguées ,, dans la premiere Conférence. On ,, demandoit en même tems un éclair- ,, ciffement fur les intentions de la ,, France, au fujet de l'évacuation de ,, l'Efpagne & des Indes, en faveur du ,, Roi Charles, en conformité des ,, Préliminaires; avant que du côté ,, des Alliez on vînt à s'expliquer fur ,, le Partage : déclarant que l'inten- ,, tion des Hauts Alliez étoit, que le ,, fondement qui avoit été d'abord po- ,, fé, favoir, la reftitution de l'Efpa- ,, gne & des Indes, fuivant les Préli- ,, minaires, devoit demeurer ferme. ,, Que fur ce pié-là la Négociation ,, pourroit fe continuer : mais que fi ,, on venoit à s'en départir, on ne pou- ,, voit attendre aucun fruit des Confé- ,, rences.

,, Lefdits Srs Plénipotentiaires n'a- ,, yant pas jugé à propos de s'expliquer ,, en aucune maniere fur ce que le Sr ,, de Petkum leur avoit propofé, de- ,, manderent peu de jours après une ,, nouvelle Conférence. Les Srs Dé- ,, putez jugeant par la Lettre qu'ils ,, écrivirent, qu'ils étoient alors en ,, état de s'expliquer fur ce que le Sr ,, de Petkhum leur avoit propofé, fe ,, rendirent à Gertruidemberg, où les ,, Srs Plénipotentiaires leur dirent, ,, que quoiqu'ils ne fe cruffent pas obli- ,, gez de recevoir les paroles qui leur ,, étoient portées par le Sr Petkhum, ,, ils n'avoient pas laiffé d'envoyer à la

„ Cour de France la Propofition qui „ leur avoit été faite ; mais qu'ils n'a „ voient pu recevoir aucun ordre fur „ ce fujet, parce qu'elle y avoit été „ trouvée obfcure & ambigue : (ce „ fut la maniere dont il plut à ces Mef „ fieurs de s'exprimer) fur quoi lefdits „ Srs Députez expliquerent & juftifie „ rent ladite Propofition fi clairement, „ qu'il ne pouvoit plus refter à cet é „ gard aucun doute, ni ambiguité. Ils „ repréfenterent en même tems, que „ les Hauts Alliez ne pouvoient accep „ ter l'offre qu'on faifoit d'un Subfi „ de, pour leur aider à recouvrer „ l'Efpagne & les Indes. Ils firent con „ noître les raifons de ce refus, favoir, „ qu'il avoit paru très clairement par „ les difcours qu'on avoit tenus fur ce „ fujet dans la précédente Conféren „ ce, qu'on ne pourroit jamais s'ac „ corder, tant à l'égard des fommes, „ que de la fûreté des Payemens, non „ plus qu'à l'égard de la fûreté que la „ France devroit donner, de n'affifter „ le Duc d'Anjou ni directement, ni „ indirectement. Ceci fait voir, qu'on „ pofe dans la Lettre des Srs Pléni „ potentiaires trop liberalement, & d'u „ ne maniere trop vague, que les Al „ liez ont refufé des fecours d'argent, „ de quelque nature, & avec quelque „ fûreté que ce fût. Et que la vérita „ ble & effentielle raifon qui a fait „ qu'on n'a pu accepter ce te nouvel'e „ Propofition, a été qu'elle fupofoit „ une Guerre particuliere avec l'Ef „ pagne, & qu'elle mettoit les Alliez „ dans la néceffité de conquerir ce Ro „ yaume & les Indes par les Armes ; ce „ qui eft directement contraire aux fon „ demens pofez ci-devant & à l'inten „ tion des Alliez.

„ De plus, pour une plus ample ex „ plication de la Propofition du Sr de „ Petkum, les Srs Députez ajoûterent, „ en apuyant la chofe par des raifons „ convenables, que lefdits Srs Pléni „ potentiaires ayant propofé un Par „ tage, & l'ayant en dernier lieu ré „ duit à la Sicile & à la Sardaigne, on „ avoit toûjours entendu, & on en „ tendoit encore du côté des Alliez, „ qu'en cas qu'ils déclaraffent d'ac „ cepter cette propofition, les Arti „ cles Préliminaires avec cette excep „ tion feule fubfifteroient en leur en „ tier, le XXXVII. auffi bien que „ tous les autres, lefquels ils avoient „ déclaré devoir fubfifter avant qu'on „ reprît cette Négociation ; & qu'en „ conféquence l'Efpagne & les Indes, „ avec leurs Dépendances, devoient „ être reftituées, en conformité des „ Préliminaires, c'eft-à-dire, dans le „ tems qui y eft exprimé, ou dans tel „ autre efpace dont on pourroit con „ venir : ce qui n'étant pas exécuté, „ alors ce qui eft ftipulé dans les Pré „ liminaires auroit lieu, favoir, que „ la Sufpenfion d'armes cefferoit. Que „ cet Article de la Reftitution de l'Ef „ pagne, des Indes, & de leurs Dé „ pendances étant le fondement & le „ point capital de la Négociation, les „ Hauts Alliez ne pouvoient en aucu „ ne maniere demeurer dans l'incerti „ tude à cet égard, ni fe contenter de „ paroles & de promeffes, fans être af „ furez qu'elles feroient fuivies des ef „ fets. C'eft pourquoi ils exigeoient, „ qu'on leur donnât là-deffus une Dé „ claration claire & précife, avant „ qu'eux-mêmes vinffent à s'expliquer „ fur le Partage propofé ; mais qu'après „ qu'ils feroient éclaircis & affûrez à „ cet égard, ils faciliteroient les vo „ yes, pour terminer le refte de la ma „ niere la plus convenable. Qu'entre „ les moyens qui pourroient contri „ buer à faciliter la fin de cette affaire, „ celui-ci pouvoit être employé, fa „ voir, qu'au cas que le Roi de Fran „ ce ne pût pas par voye de perfua „ fion porter fon Petit-Fils à quitter „ l'Efpagne & les Indes, felon les Pré

„ liminaires, mais qu'il fût obligé
„ d'employer les voyes de contrainte,
„ en ce cas-là les Alliez feroient auſſi
„ agir pour cette fin les Troupes qu'ils
„ ont en Eſpagne & en Portugal, pen-
„ dant le tems limité pour la ceſſation
„ d'armes, ou pendant tel autre eſpa-
„ ce, dont on conviendroit; quoi
„ qu'ils n'y fuſſent pas obligez par les
„ Préliminaires, & qu'ils puſſent ſa-
„ tisfaire à leurs engagemens en de-
„ meurant dans l'inaction. Les Alliez
„ aiant cru qu'il étoit néceſſaire de
„ s'expliquer ainſi d'une maniere clai-
„ re & préciſe, & demandant qu'on
„ s'expliquât de la même maniere de
„ la part de la France, les Srs Pléni-
„ potentiaires s'étoient chargez d'écri-
„ re en Cour ce qui venoit de leur être
„ propoſé: ſur quoi on vient de rece-
„ voir pour réponſe la Lettre ci-deſſus
„ mentionnée.

„ Il eſt notoire & inconteſtable, qu'a-
„ vant que d'entrer en aucune Négo-
„ ciation, pendant qu'on a traité des
„ Préliminaires & par les Préliminai-
„ res mêmes, avant qu'on reprît cet-
„ te derniere Négociation, & tant
„ qu'elle a duré, on a toûjours poſé
„ la Reſtitution de l'Eſpagne & des
„ Indes, comme un fondement ferme
„ & inébranlable. Il ne reſte plus au-
„ cune queſtion à cet égard, ſinon que
„ les Hauts Alliez prétendent, qu'on
„ leur donne une pleine ſûreté, ſur la-
„ quelle ils puiſſent ſe repoſer: que ce
„ fondement une fois poſé ne ſera
„ point renverſé, & que ce qui leur a
„ été promis là-deſſus dès le commen-
„ cement ſans aucune difficulté, ſorti-
„ ra ſon effet. Ils prétendent du moins,
„ qu'on leur donne une auſſi grande
„ ſûreté, que celle qu'ils croyent trou-
„ ver dans le XXXVII. Article des
„ Préliminaires; ce point eſſentiel étant
„ de ſi grande importance, qu'il ſeroit
„ contre la prudence & contre la ſaine
„ raiſon, de conſentir qu'il demeurât

„ ſujet au moindre doute & à la moin-
„ dre incertitude.

„ Il eſt également clair & évident,
„ que les Hauts Alliez ont droit de
„ prétendre pour la Maiſon d'Autri-
„ che la reſtitution de l'Eſpagne & des
„ Indes, & de ce qui en dépend: & de
„ former cette prétenſion non ſeule-
„ ment contre le Duc d'Anjou, en
„ qualité de poſſeſſeur, mais principa-
„ lement contre le Roi de France,
„ comme celui qui, au préjudice des
„ Renonciations les plus amples & des
„ Traitez les plus ſolemnels, a occupé
„ leſdits Etats de la maniere que cha-
„ cun ſait, & qui par conſequent eſt
„ dans l'obligation de les reſtituer,
„ ſans que Sa Majeſté s'en puiſſe exem-
„ ter par la raiſon de la prétenduë im-
„ poſſibilité qu'on allegue. Car outre
„ que cette impoſſibilité (de laquelle
„ on ne convient nullement) quand
„ même on la ſupoſeroit réelle, ſeroit
„ du propre fait du Roi Très-Chrétien
„ lui-même, qui auroit mis ſon Petit-
„ Fils en état de ſe maintenir contre ſa
„ volonté dans la poſſeſſion où lui mê-
„ me l'a établi: ce qui ne diminuë rien
„ de l'obligation de Sadite Majeſté;
„ perſonne ne ſe laiſſera facilement
„ perſuader, que le Petit-Fils du Roi
„ Très-Chrétien, qui n'a hors de l'Eſ-
„ pagne aucun apui ni reſſource qu'au-
„ près du Roi ſon Aieul, pût ou oſât
„ refuſer de quitter l'Eſpagne & les In-
„ des, ſi Sa Majeſté lui déclaroit de
„ bonne foi & ſerieuſement ſa volonté
„ ſur ce ſujet, & lui en vouloit faire
„ ſentir les effets en cas de beſoin,
„ ſur tout lorſque les Alliez y concour-
„ roient avec lui pendant le tems de la
„ Treve.

„ Cela paroît ſi évident, qu'il n'eſt
„ pas concevable autrement, que le
„ Roi de France ait pu ſans aucune
„ difficulté promettre la reſtitution de
„ l'Eſpagne & des Indes, & poſer cet-
„ te reſtitution (même avant que d'entrer

,, ttret en Traité) comme le fonde-
,, ment, sur lequel tout le reste devoit
,, être apuïé ; & on ne peut présumer
,, autre chose, sinon que Sa Majesté a
,, bien su, que l'intention de son Pe-
,, tit-Fils étoit de céder l'Espagne &
,, les Indes, & qu'elle a bien connu les
,, moïens qu'elle étoit en pouvoir
,, d'employer, pour le contraindre à
,, cette Cession en cas de besoin. Autre-
,, ment il s'ensuivroit nécessairement,
,, que le Roi de France dès le com-
,, mencement auroit flaté les Alliez
,, d'une vaine asperance, & leur auroit
,, promis une chose essentielle, laquel-
,, le il n'avoit ni la volonté ni le pou-
,, voir d'exécuter; c'est ce qu'on ne peut
,, pas présumer sans marquer qu'on
,, manque de bonne foi. Et on le presu-
,, meroit d'autant moins, que dans une
,, des Conférences tenuës ici l'année
,, dernière avec les Ministres de Fran-
,, ce, l'un d'eux dit, *que le Roi Philippe*
,, *seroit peut-être plutôt à Versailles, que*
,, *lui* : preuve évidente, qu'on ne met-
,, toit pas alors en doute à la Cour de
,, France une chose qu'on nous répré-
,, sente aujourd'hui ,, comme impossi-
,, ble, & qu'on étoit bien persuadé,
,, qu'en tout cas il ne dependroit que de
,, la volonté & du pouvoir du Roi de
,, France, de la faire exécuter prompte-
,, ment. Il suit incontestablement de
,, tout ceci, que les Srs Députez n'ont
,, rien demandé de la part des Hauts
,, Alliez dans la derniére Conférence,
,, que ce qui dés le commencement &
,, toûjours dans la suite a été posé pour
,, fondement : que ce qui peut être de-
,, mandé avec justice, & que ce que la
,, France est en pouvoir d'effectuer. Par
,, conséquent tout ce qui est allegué
,, dans ladite Lettre, & qui y est si
,, souvent repeté, savoir, que les Pro-
,, positions faites par les Sieurs Depu-
,, tez dans la dernière Conférence,
,, *sont nouvellement inventées, inouies,*
,, *injustes & impossibles dans leur exécu-*

Tomme III.

,, *tion*, tout cela tombe entièrement
,, de soi-même, puis que la restitution
,, de l'Espagne & des Indes, avec leurs
,, Dépendances, [excepté la portion
,, dont on devoit convenir] a été de-
,, puis le commencement jusqu'à la fin
,, demandée avec justice : que la Fran-
,, ce ne l'a pu proposer que comme
,, une chose possible dans l'exécution,
,, & qu'elle a été réputée telle par les
,, Alliez, & l'est encore.
,, Ensuite il est très aisé de détruire
,, ce qui est dit en plusieurs endroits de
,, cette Lettre, que les Srs. Députez ont
,, *souvent varié & contredit une propo-*
,, *sition par une autre* ; qu'ils ont fait des
,, *propositions contraires au IV. & au V.*
,, *Articles des Préliminaires*, retracté en
,, *un tems ce qu'ils avoient proposé en*
,, *un autre*, & autres choses de même
,, nature, qui y sont touchées d'une
,, maniere odieuse. Car il paroît
,, clairement par tout ce qui a été dit
,, ci-dessus, que les Srs. Députez ont
,, toujours été dans cette pensée, &
,, n'ont pu en avoir d'autre, savoir
,, que la proposition d'un Partage, fai-
,, te de la part de la France, se faisoit
,, dans le but & dans l'intention, qu'au
,, cas qu'on pût s'accorder là dessus,
,, on leveroit par là toutes les difficul-
,, tez qu'on a faites jusqu'à présent sur
,, l'exécution des Articles Préliminai-
,, res, & qu'en même tems on previen-
,, droit la nécessité de prendre les me-
,, sures, dont il est parlé dans le IV.
,, Article ; lesquelles mesures (quand
,, méme cet Article pourroit être sépa-
,, ré du XXXVII. ce qui ne se peut pas)
,, ne pourroient avoir lieu, qu'en ce
,, que, quand contre les aparences le
,, Duc d'Anjou ne voudroit pas quiter
,, l'Espagne & les Indes, la France, a-
,, près avoir travaillé inutilement pen-
,, dant deux mois à l'y porter, auroit
,, besoin du secours des Alliez, pour
,, lui faire abandonner non seulement
,, l'Espagne & les Indes, mais aussi

T t

„ toute la Monarchie, sans aucun
„ démembrement.
„ Il est vrai que dans la penultiè-
„ me Conférence les Plénipotentiaires
„ de France donnèrent lieu d'exami-
„ ner, si on ne pourroit point trouver
„ des moïens propres pour donner aux
„ Alliez de plus grandes sûretez pour
„ la restitution de l'Espagne & des In-
„ des. Mais cela ne porta en aucune
„ manière les Députez à se departir de
„ leur premier sentiment, qui étoit,
„ que la proposition d'un partage a-
„ voit été faite pour faciliter la resti-
„ tution de l'Espagne & des Indes, &
„ pour [en faveur de ce partage] fai-
„ re exécuter les Préliminaires en tou-
„ tes leurs parties. Les discours qu'on
„ tint sur ce sujet, aiant donné lieu
„ de penser, que les intentions de la
„ France pouvoient bien n'être pas
„ telles qu'on les avoit crûës, donnè-
„ rent en même tems occasion à en
„ demander l'eclaircissement, & à ex-
„ pliquer clairement l'intention des
„ Alliez, qu'on avoit fait connoître
„ dans la precedente Conference. Mais
„ on ne peut pas dire pour cela, que
„ lesdits Srs. Deputez aient varié & se
„ soient contredits & retractez, com-
„ me on les en accuse : puis qu'ils se
„ sont toûjours tenus au point essen-
„ tiel & capital, savoir, les sûretez que
„ les Hauts Alliez doivent avoir à l'é-
„ gard de la Restitution de l'Espagne
„ & des Indes.
„ Tout ce qu'on allègue pareille-
„ ment, pour fonder le reproche qu'on
„ fait aux Alliez, d'une variation, rè-
„ glée seulement par les évenémens de
„ la Guerre, ou par les facilitez que
„ le Roi de France aportoit à la Paix:
„ & toutes les preuves qu'on en apor-
„ te, tout cela est absolument destitué
„ de fondement. On ne convient &
„ on n'avouë point du côté des Alliez,
„ qu'ils eussent l'année dernière re-
„ gardez comme une injure, qu'on
„ les crût capables d'exiger, que le
„ Roi de France unît ses forces aux
„ leurs. On n'a jamais rien dit de tel,
„ cette année ni la précedente, dans
„ aucune Conference : & ce qui pour-
„ roit avoir été dit en d'autres occa-
„ sions, ne peut pas tirer à consequen-
„ ce. Certainement si on avoit été por-
„ té à varier, suivant les évenemens,
„ ce qui s'est passé depuis que les Pré-
„ liminaires furent reglez, la prise de
„ la Ville & Citadelle de Tournai, la
„ Victoire de Malplaquet, la Réduc-
„ tion de Mons, le Passage des Lignes
„ auprès de la Scarpe & la prise de
„ Doüai, en avoient fourni d'assez for-
„ tes raisons.
„ Quant à ce que les Srs. Plénipo-
„ tentiaires en plusieurs endroits de
„ leur Lettre s'étendent fort au long
„ sur la dureté des conditions, en ce
„ qu'on voudroit que le Roi de Fran-
„ ce fît seul la Guerre à son Petit-Fils:
„ & qu'en cas que dans l'espace de
„ deux mois la Cession de l'Espagne
„ & des Indes ne fût pas exécutée, la
„ Trève cesseroit ; il est à remarquer,
„ que ce qui est dit dans cette pe-
„ riode, que le Roi de France seroit
„ obligé à faire seul la guerre à son
„ Petit-Fils, est contredit dans la
„ periode suivante un peu plus bas, où
„ il est dit, que les Troupes que les
„ Alliez ont en Catalogne & en Por-
„ tugal, devoient agir de concert avec
„ celles de France, pendant ces deux
„ mois. Car encore qu'on y ait ajoûté
„ que cela étoit accordé comme une
„ Grace, [c'est ainsi qu'on a trouvé
„ bon de s'exprimer, pour donner un
„ tour odieux à une facilité que les
„ Alliez vouloient aporter [& qu'a-
„ près ce terme expiré ces Troupes
„ cesseroient d'agir : néanmoins il est
„ constant, que ce seroit un secours
„ assez considérable pour ledit espace

,, de deux mois, ou pour tel autre plus
,, long terme, dont on auroit pu con-
,, venir ; & il n'est pas étrange, que
,, ces Troupes ne dussent pas servir a-
,, pres l'expiration du terme, puis
,, qu'alors la Trève seroit finie.

,, Outre cela, lors qu'on se plaint de
,, la dureté qu'il y auroit, que le Roi
,, de France dût prendre sur lui seul,
,, de faire effectuer la restitution de
,, l'Espagne, il paroit qu'on ne fait pas
,, d'attention à la dureté qu'il y a eu,
,, lors que Sa Majesté s'est emparée
,, seule de la Monarchie d'Espagne, &
,, qu'elle a mis le reste de l'Europe en
,, péril d'être envahi de même. Si on
,, considère bien les choses, on trou-
,, vera, qu'il n'y a pas au fond de ce-
,, ci d'autre dureté, que celle qui se
,, rencontre dans tous les Traitez, qui
,, emportent quelque restitution de
,, choses qu'on possede injustement.
,, Cependant on peut assez juger par
,, la situation des affaires d'Espagne,
,, que le Roi Très-Chrétien parvien-
,, droit aisément, soit par la voie de
,, la persuasion, soit par celle de la
,, contrainte, à obliger son Petit-Fils
,, à restituer l'Espagne & les Indes, s'il
,, le vouloit sincèrement & sérieuse-
,, ment, & si son Petit-Fils & la Na-
,, tion Espagnole étoient bien persua-
,, dez de la droiture & de la sincerité
,, de cette intention.

,, On ne voit pas aussi, qu'il y ait d'au-
,, tre dureté que celle qui est attachée
,, à tous les autres Traitez & Conven-
,, tions, en ce qu'on stipule, que la
,, restitution de l'Espagne n'étant pas
,, exécutée dans le tems limité, la Trê-
,, ve cesseroit. Car comme les Alliez
,, auroient raison de prendre pour une
,, infraction du Traité, si on refusoit
,, de leur livrer dans le tems limité
,, quelqu'une des Villes, dont la Ces-
,, sion auroit été stipulée dans les Pré-
,, liminaires, & qu'ils seroient en droit
,, de se faire justice par les Armes : il

,, est encore plus juste & raisonnable,
,, que si un point aussi important, que
,, la restitution de l'Espagne & des In-
,, des, venoit à n'être pas effectué dans
,, le tems limité, ils soient alors en
,, droit de prendre les Armes, pour
,, obtenir l'Article le plus essentiel de
,, tous ceux dont on seroit convenu:
,, & il n'y auroit aucune dureté, qu'ils
,, emploiassent toutes leurs forces pour
,, y parvenir.

,, De plus les Hauts Alliez ont d'au-
,, tant plus de raison d'insister, que la
,, France se charge de procurer dans un
,, espace de tems limité, la restitution de
,, l'Espagne & des Indes, qu'il a paru
,, assez clairement par le discours d'un
,, des Srs. Plénipotentiaires, que si on
,, venoit à joindre ses forces pour y
,, parvenir, on formeroit, ou on pour-
,, roit former tant d'obstacles dans
,, l'exécution, qu'on n'en viendroit
,, jamais à bout; faisant entendre, qu'il
,, faudroit auparavant examiner & rè-
,, gler, avec combien de forces par mer
,, & par terre il faudroit agir, soit con-
,, jointement, soit séparément: combien
,, chacun y contribueroit : de combien
,, de Vaisseaux on auroit besoin & où
,, on les emploïeroit, qui auroit le
,, Commandement des forces de terre
,, & de celles de mer, & à qui il apar-
,, tiendroit de le conférer : quelles Ins-
,, tructions on donneroit aux Gene-
,, raux, & par qui elles seroient for-
,, mées : & plusieurs autres semblables
,, difficultez ; d'où on a pu aisément
,, juger, qu'on les pouvoit multiplier
,, d'une manière à ne jamais produire
,, aucun effet.

,, On avance bien dans ladite Let-
,, tre, que les Srs. Plénipotentiaires
,, ont consenti de la part de la France
,, à tout ce qui leur a été proposé,
,, qu'ils n'ont jamais varié, & qu'ils
,, ne se sont jamais retractez. Mais il
,, est difficile de deviner, en quoi con-
,, siste cette grande facilité dont on

,, veut se faire honneur. Ils n'ont-mê-
,, me jamais consenti à déclarer la guer-
,, re à l'Espague, en cas de refus de
,, la part du Duc d'Anjou: ce qui néan-
,, moins leur a été proposé. Étant ve-
,, nus ici pour traiter d'un équivalent
,, sur le XXXVII. Article des Préli-
,, minaires, (après avoir auparavant
,, promis, que tous les Articles Préli-
,, minaires subsisteroient & seroient
,, acceptez) ils ont proposé eux-mê-
,, me un partage, pour servir d'Equi-
,, valent, ont réduit ce partage à la
,, Sicile, ou à la Sardaigne; & quand
,, à present on leur demande de dé-
,, clarer positivement, si donc en ce
,, cas les Articles Préliminaires seront
,, signez & exécutez en leur entier,
,, afin que de la part des Alliez on
,, puisse s'expliquer sur leurs proposi-
,, tions: ils prennent cette demande,
,, comme un dessein formé de rompre
,, les Conférences. Cela est bien éloi-
,, gné de cette facilité dont on se van-
,, te, & de ce consentement qu'on
,, prétend avoir été général, sans va-
,, riation ni retractation.

,, Certainement tout le monde doit
,, être dans le plus grand étonnement
,, de voir, qu'après que la France a
,, déclaré plusieurs fois, qu'elle acce-
,, pteroit les Préliminaires, excepté le
,, XXXVII. Article, & offert en place
,, de celui-ci pour sûreté de l'execution
,, desdits Articles Préliminaires, trois
,, Places d'ôtage dans les Païs-Bas,
,, lesquelles n'ont pu être acceptées, par-
,, ce que cela n'exemtoit pas les Alliez
,, d'une Guerre particulière avec l'Es-
,, pagne, pendant que la France joüi-
,, roit de la Paix, après avoir ensuite,
,, pour le ver cette difficulté, proposé
,, un partage restraint par la France
,, même à la Sicile & à la Sardaigne,
,, comme un moïen propre à persua-
,, der au Duc d'Anjou, de consentir à
,, restituer l'Espagne & les Indes; qu'a-

,, pres tout cela la France étant som-
,, mée de se déclarer sur l'exécution
,, des Articles Préliminaires, elle
,, prenne cette sommation pour un
,, dessein formé de rompre la Négocia-
,, tion, comme on vient de le dire:
,, & qu'elle prétende, que les Alliez au
,, lieu des Articles Préliminaires dans
,, leur entier (excepté le XXXVII.)
,, & au lieu des Villes d'Otage offer-
,, tes dans les Païs-Bas, se doivent con-
,, tenter aujourd'hui de ces mêmes Ar-
,, ticles Preliminaires, sans le XXXVII.
,, sans les Villes d'Otage; & qu'ils cè-
,, dent de plus la Sicile & la Sardai-
,, gne, en demeurant dans la même in-
,, certitude qu'auparavant, sur la res-
,, titution de l'Espagne & des Indes:
,, & qu'on veuille faire valoir cela, com-
,, me si de son côté on avoit consen-
,, ti à tout, sans variation, ni retracta-
,, tion.

,, On ne doit pas être moins surpris
,, de voir, qu'on accuse les Hauts Al-
,, liez d'injustice & d'obstination, par-
,, ce qu'ils ne veulent pas accepter une
,, si belle proposition: & que sur cela
,, on ose implorer, avec une aparen-
,, ce d'humilité, la Protection Divi-
,, ne, & imputer aux Hauts Alliez les
,, Calamitez publiques & l'effusion du
,, Sang Chrêtien, dont cependant l'in-
,, vasion de la Monarchie d'Espagne,
,, & les refus que fait le Duc d'Anjou
,, de restituer ce qu'il en détient en-
,, core, sont la grande cause: pendant
,, qu'on pourroit faire cesser sur le
,, champ, & ces Calamiez, & cette
,, effusion de sang, en restituant ce
,, qui a été envahi contre la bonne foi
,, des Traitez les plus solemnels.

,, Il paroît clairement par toute la con-
,, duite que la France a tenuë en cette
,, occasion, que la proposition faite de
,, sa part d'un partage, & celle de regler
,, les demandes ulterieures reservées
,, par les Préliminaires, n'ont été au-

,, tre chose que des moïens recher-
,, chez, pour (s'il eût été possible) ex-
,, citer de la jalousie & de la desunion
,, entre les Hauts Alliez, afin de par-
,, venir par là plus aisément à son but,
,, qui paroît jusqu'à present assez clai-
,, rement être, de retenir l'Espagne &
,, les Indes ; quoi que la restitution
,, qui s'en doit faire, ait été le pre-
,, mier fondement de toute la Négo-
,, ciation. Et comme ces Propositions
,, n'ont sans doute tendu, qu'à mettre
,, de la division entre les Hauts Al-
,, liez ; aussi voit-on dans la susdite
,, Lettre plusieurs traits, qu'on pou-
,, voit bien attendre de ses Ennemis,
,, mais non pas de personnes envoïées
,, pour le rétablissement de la Paix &
,, de la bonne Intelligence ; lesquels
,, traits paroissent en quelque manié-
,, re inventez pour donner aux Su-
,, jets de l'Angleterre & de l'Etat de
,, mauvaises impressions contre le Gou-
,, vernement, & pour leur faire enten-
,, dre, que ceux qui sont à la tête des
,, affaires, & les Chefs des Alliez, sont
,, la cause de la continuation de cette
,, sanglante & onereuse guerre. Mais la
,, cause en est trop bien connuë & a
,, été trop bien démontrée ci-dessus,
,, pour qu'ils puissent espérer, que ces
,, insinuations affectées & odieuses
,, soient reçuës & goûtées des Peu-
,, ples qui jouïssent de la liberté, &
,, qui savent qu'ils ne portent les Char-
,, ges de la Guerre, que pour la défen-
,, se de cette liberté. Le jugement de
,, ces Peuples n'est point corrompu par
,, un dur esclavage & par une longue
,, oppression, comme celui de certains
,, autres Peuples, auxquels sans cela
,, les Alliez pouroient en appeller avec
,, beaucoup plus de raison, comme à
,, ceux qui savent & qui sentent, com-
,, bien cher leur coûte l'avidité de do-
,, miner sur leurs Voisins.
,, Enfin le peu de tems que lesdits
,, Srs. Plénipotentiaires ont pris pour

,, faire réponse, la donnant au bout de
,, six jours, bien loin d'être (comme
,, ils le prétendent) une marque de
,, droiture, par laquelle ils ne cher-
,, chent point à s'amuser, peut bien
,, plûtôt servir à montrer, que la réso-
,, lution de rompre les Conferences é-
,, toit déja prise & préparée de loin.
,, Les Srs. Plénipotentiaires ne peuvent
,, pas non plus avec raison insinuer
,, (comme ils le font en plus d'un en-
,, droit) qu'on leur ait prescrit un ter-
,, me de 15. jours. Les Srs. Députez les
,, ont bien priez de vouloir procurer
,, une réponse positive & promte, mais
,, ils ne leur ont prescrit aucun terme.
,, Au contraire, lors que sur cela il leur
,, fut demandé, s'ils en vouloient mar-
,, quer un, ils répondirent civilement,
,, que non, & que les Conferences aiant
,, déja duré si long tems, quelques
,, jours de plus ou de moins, ne se-
,, roient pas une affaire.
,, Pour ce qui est des plaintes que
,, font les Srs. Plénipotentiaires des cho-
,, ses qui les regardent en particulier,
,, savoir, *qu'on a méprisé leur Caracté-*
,, *re, imprimé & publié des Libelles in-*
,, *jurieux contr'eux, ouvert leurs Let-*
,, *tres, empêché qu'on ne leur rendît des*
,, *visites : & qu'on les a tenus dans une*
,, *espèce de prison* ; il faut considérer,
,, que lesdits Srs. étant venus ici pour
,, traiter (comme on en étoit convenu)
,, sans Caractére ni ceremonie, & com-
,, me *Incognitò*, on a évité de part &
,, d'autre toute sorte de Cérémoniel.
,, On a d'ailleurs conservé tous les é-
,, gards qui sont dûs à leur qualité, à
,, leur naissance & à leur mérite, ainsi
,, on ne peut savoir, ni même soupçon-
,, ner, en quoi sont fondées les plain-
,, tes qu'ils font à cet égard. On ne sait
,, pas non plus ce qu'ils veulent dire
,, par ces Libelles injurieux dont ils se
,, plaignent, & on n'en a aucune con-
,, noissance. Il y a des Ordonnances très-
,, severes qui défendent ces sortes de

,, Libelles dans le Païs. Il est bien vrai ,, que cela n'empêche pas qu'il ne s'en ,, répande quelques uns, aussi bien ,, qu'en d'autres lieux. Mais le Gou- ,, vernement les condamne, & lors ,, qu'on en découvre les Auteurs & ,, les Imprimeurs, ils sont punis selon ,, les loix.

,, On n'a point ouï dire & on n'a ,, aucune connoissance, que de ce grand ,, nombre de Couriers que les Srs. ,, Plénipotentiaires ont reçus & dépê- ,, chez, & par lesquels ils ont sans dou- ,, te envoié & reçu leurs depêches les ,, plus importantes, aucun ait été ar- ,, rété, ni qu'on ait intercepté aucu- ,, ne des Lettres qu'ils ont envoiées ,, par la Poste ordinaire. On n'a jamais ,, empêché personne d'aller voir lesdits ,, Sieurs Plénipotentiaires, & on n'a ,, donné aucun ordre particulier d'exa- ,, miner ceux qui les venoient voir. ,, Mais comme c'est la coûtume dans ,, toutes les Places frontieres, que ,, personne n'y entre, sans se faire con- ,, noître à la Garde des Portes & au ,, Commandant cet usage n'a pas été ,, discontinué pendant leur séjour à ,, Gertruidemberg: & on ne voit pas ,, qu'on doive s'en formaliser, ni le ,, prendre en mauvaise part. Que si ,, quelqu'un a été par là retenu de les ,, aller voir, dans la crainte d'être con- ,, nu, on ne peut pas dire pour cela, ,, qu'on ait empêché qu'on ne vînt ,, leur rende visite. On ne pourroit cer- ,, tainement pas être blâmé, si crai- ,, gnant qu'il ne découvrissent des cho- ,, ses qu'on vouloit tenir cachées, on ,, avoit pris des mesures pour les pré- ,, venir. Enfin on ne peut pas appeler ,, une espèce de prison une Ville, où ,, les Srs. Plénipotentiai res eux-mêmes ,, sont convenus de faire leur résiden- ,, ce, & qu'ils ont préférée à Anvers, ,, qui est une belle & grande Ville.

,, Lesdits Srs. Députez de L. H. P. ,, ont ajoûté, que les Ministres des ,, Hauts Alliez & eux avoient cru, qu'il ,, étoit à propos, que pour toutes ,, les raisons ci-dessus mentionnées, les ,, résolutions de L. H. P. du 23. de ce ,, mois fussent communiquées à leurs ,, Maîtres: & ils se sont réciproquement ,, requis & exhortez (puis que les En- ,, nemis avoient de cette manière rom- ,, pu la Négociation qui se faisoit, ,, pour parvenir à une Paix solide & ,, Generale, & qu'il n'y avoit plus ,, d'autre parti à prendre, que celui de ,, pousser la Guerre avec vigueur) d'em- ,, ploïer tous leurs bons offices auprès ,, de leurs Maîtres, pour qu'on ne né- ,, glige rien de ce qui peut y contri- ,, buer.

En effet la Campagne commença de tous côtez avec vigueur; & le Siège de Doüai, où la Tranchée avoit été ouverte la nuit du 4. au 5. de Mai, aiant été poussé pendant 6. Semaines, cette importante Place fut prise par les Alliez, sans que le Maréchal de Villars eût entrepris pendant tout ce tems, là de s'y opposer. La Capitulation fut signée le 27. Juin. Cette prise fut suivie de celles de Bethune, d'Aire & de St-Venants. Neuf Bataillons & six Escadrons furent détachez de l'Armée du Prince Eugene, & 17. Bataillons & 12. Escadrons de celle de Mylord Duc, pour servir au Siege de la premiere. Le Maréchal de Villars, aiant renforcé son Armée des Détachemens commandez par le Chevalier de Luxembourg & le Lieutenant general Broglio, comme aussi des Garnisons de Condé, du Quesnoï, de Valenciennes & de Cambrai, étoit campé dans de nouvelles Lignes qu'il avoit fait faire le long du Crinchon jusqu'à Miraumont derriere Arras; de sorte qu'il étoit impossible de l'attaquer ni de faire le Siege de cette Place: ce qui obligea les Alliez, en attendant quelque autre occasion, de s'occuper à celui de Bethune qui fut investie le 16. Juillet.

Prise de Doüai, par es Alliez.

1710.

Siège de Béthune.

Cette Ville n'est pas grande, mais elle est fortifiée très-regulièrement. Il y a presque par tout un double Chemin couvert & de bonnes Lunettes revêtuës dans les Angles saillans de la première Contrescarpe, & dans les autres endroits le reste de la Place est inondé. La Garnison de cette Place consistoit en 9. Bataillons, outre 200. hommes de l'Armée, 2. Escadrons de Dragons, 50. Dragons de la Brigade du Roi, 100. Chevaux de l'Armée & 100. Canonniers, Bombardiers & Mineurs. La Tranchée fut ouverte la nuit du 23. au 24. à l'attaque gauche où commandoit le General Fagel, vis à vis du Bastion de St. Ignadu côté de la Porte d'Arras ; mais le General Schulembourg, qui commandoit à l'attaque droite vers la porte d'Aire, ne put l'ouvrir de son côté que trois jours après, aiant été obligé d'emporter plusieurs Postes. Les attaques furent poussées de côté & d'autre avec vigueur jusqu'au 28. Le Géneral Schlembourg emploi les 5. nuits suivantes à perfectionner ses ouvrages & à faire toutes les dispositions necessaires pour passer le Fossé, qui étoit fort large & fort profond, & tout paroissoit disposé à donner l'assaut la nuit d'après à un Ravelin, & une Contregarde qui étoient dans le Fossé, lors que les Assiégez battirent la Chamade sur les 5. heures du soir, & aborerent deux Drapeaux, l'un sur la grande Bréche du Château & l'autre sur celle du Ravelin. Tout le monde se rendit en foule sur la Contrescarpe, de même que quelques Officiers François qui vinrent par la Porte St. Prix. Mr. de Vauban, Gouverneur de la Place, y arriva aussi un moment après, & le General Schulembourg s'avança pour le saluer, ce qui se fit avec beaucoup de marques d'estime de part & d'autre. Cependant le feu ne cessoit point à l'attaque du General Fagel, & un Officier vint raporter à Mr. de Vauban, que ce Général menaçoit de tout abîmer, en cas qu'on s'obstinât à lui refuser les mêmes honneurs qu'au Général Schulembourg ; ce qui obligea M. de Vauban à s'expliquer en présence de plusieurs generaux. Il dit, que n'y aiant point de Bréche à l'autre Ataque, il n'y avoit point fait arborer de Drapeau; que cependant pour prévenir le dommage qui en pourroit arriver, il y feroit d'abord arborer un Drapeau en cas que le Général Schulembourg le trouvât bon, ce qui fut d'abord exécuté. Sur ces entrefaites, les Députez de L. H. P. arrivèrent & on convint de l'échange des Otages, remettant au lendemain le Traité de la Capitulation, qui fut conclué le 29. chez le Général Fagel, où le Prince Eugéne, le Duc de Marlborough, & Mrs. les Députez étoient aller diner pour cet effet.

Quelques mois auparavant le Duc de Bourbon, Prince du Sang, & Chef de la Branche de Bourbon-Condé, mourut * dans sa 42. année. Il étoit Grand Maître de la Maison du Roi & gouverneur de Bourgogne ; & ces deux Charges furent conferées au Duc d'Enguien, son Fils aîné. Le Corps de ce Prince fut porté à Valeri, proche de Fontainebleau, Sépulture de ses Ancêtres.

Mort du D. de Bourbon.

Le Roi regla alors le rang entre tous les Princes & Princesses de sa Maison. Mademoiselle, Fille de Mr. le Duc d'Orléans devoit passer après les Princesses de Conti, & immédiatement avant la Duchesse du Maine. Le Duc de Chartres, Fils du Duc d'Orleans eut la Pension de Premier Prince du Sang. Le Duc d'Enguien prit le nom de Duc de Bourbon ; & son Frere celui de Comte de Charolois. Le Duc de Bourbon n'étant pas encore en âge d'exercer les Fonctions de Gouverneur du Duché de Bourgogne & de la Maison du Roi; S. M. nomma le Marquis d'Antin pour Administrateur de ce Gouvernement, &

Le Roi règle le Rang entre les Princes & Princesses de sa Maison.

*Le 3: de Mars

1710. pour Inspecteur de la Maison de S. M. Cependant ce Duc en fit les fonctions publiques & d'honneur, comme il les avoit faites depuis qu'il avoit été reçu en Survivance.

Nouvelle Chapelle à Versailles.

Le Roi, comme je croi l'avoir dit ailleurs, avoit fait bâtir à Versailles une nouvelle Chapelle, dont la beauté efface, pour ainsi dire, tout ce qu'il y a d'Edifices en ce genre. Les Panegyristes * du Monarque, qui ne manquent jamais l'occasion de le louër, jusqu'à mêler même l'encens qu'ils lui prodiguent à celui qu'ils offrent à l'Eternel, dirent alors:

> *Que ce Temple, en prêchant la Majesté de Dieu,*
> *Du plus* GRAND ROY *du monde exalte la Puissance.*

Il est vrai que la richesse & la magnificence y éclatent de toutes parts; & quoi-que la Chapelle ne soit pas exemte de défaut, elle ne laisse pas d'être un Monument illustre de la somptuosité de LOUIS XIV. Je dirois même de sa Pieté, avec ceux qui le comparent en ce point à Salomon, si ce Monarque avoit bâti ce Temple à Dieu avec des mains moins souillées par tant de guerres. Quoi-qu'il en soit, la Chapelle fut benite le 5. de Juin par le Cardinal de Noailles, Archevêque de Paris ; & le premier qui y prêcha devant le Roi apres cette Cérémonie, fut l'Abbé de Conflans, Chanoine & Archidiacre de Soissons.

Mariage de Mr. le Duc de Berri.

Trois jours avant cette Consécration, le Roi étant à Marli avoit déclaré le Mariage de Mr. le Duc de Berri avec Mademoiselle d'Orléans. La Dispense de Rome étant arrivée à la Cour de France, le Roi envoïa Mr. Des Granges Maître des Cerémonies, inviter tous les Princes & Princesses de la Maison Roïale de se trouver à Versailles le 5. Juillet ; le Contrat fut signé ce jour-là dans le Cabinet du Roi, & le lendemain le Mariage fut beni dans la Chapelle du Château par le Cardinal de Janson, Grand Aumônier de France. Le soir il y eut un grand Repas dans le Salon de l'Apartement du Roi, où l'on vit à table 28. Princes ou Princesses de la Famille Roïale. Le Prince de Dombes & le Comte d'Eu, Fils de Mr. le Duc du Maine, étoient de ce nombre, parce que le Roi leur accordoit les mêmes honneurs qu'au Duc leur Pere. Le 7. le Roi, Mr. le Daufin, tous les Princes & Princesses, les orans de la Cour & la Reine d'Angleterre rendirent visite à Mr. le Duc & à la nouvelle Duchesse de Berri. Sa Majesté leur donna le Palais du Luxembourg pour leur Logement à Paris ; & pour Apanage, Mr. le Duc de Berri eut le Berri, le Duché d'Alençon & le Perche. Madame donna la plus grande partie de ses Pierreries à Mad. de Berri, sa Petite-Fille, pour laquelle elle a toûjours eu beaucoup de tendresse.

Le Cardinal de Bouillon étoit relegué depuis 9. ans dans ses Abbaïes de Tournus & de Cluni. Pendant le séjour qu'il fit dans la derniere, il eut de grans differens avec ses Religieux, *parce*, dit-il, *qu'il n'avoit pas voulu souscrire en aveugle à leurs volontez*; & ces Differens produisirent entre l'Abbé & les Moines un grand Procès que le Cardinal perdit au Parlement de Paris & au Grand Conseil. Mais ce Prélat aïant obtenu permission d'aller faire un tour à son Abbaïe d'Arras, il profita du voisinage de la Frontiere pour se sauver hors du Roïaume. Il se rendit au Camp des Alliez devant Doüai *, favorisé par un Détachement de Cavalerie que le Prince d'Auvergne son Neveu

Le Cardinal de Bouillon se sauve hors du Roïaume. Recueil de pieces touchant les affaires de ce Card.

---

* *Le Sr. Maguard, dans un Sonnet qu'il fit à ce sujet, & qui finit par les deux Vers ci-dessus.*

* *Ceci se passa durant le Siege de cette Place.*

avoit

avoit mené à sa rencontre. Il y fut reçu avec beaucoup de marques d'honneur par les Généraux & les Députez de Hollande, ensuite dequoi il alla à Tournai, où on lui avoit préparé le Palais Episcopal. Cette évasion donna lieu à un Arrêt du Parlement de Paris, qui *ordonnoit, entr'autres choses, que par le Lieutenant Criminel d'Abbeville, il seroit informé de l'évasion du Cardinal, pour, la Procedure raportée, être ordonné ce que de raison.*

Il écrit une Lettre au Roi.

Il parut alors une Lettre au Roi, sous le nom de ce Cardinal, dont bien des gens ne pouvoient croire qu'il fût l'Auteur, tant par raport au stile, qu'aux expressions peu convenables à sa Dignité & à son Eloquence. Cependant comme la suite à fait juger qu'elle avoit du moins été publiée par son ordre, je la donnerai ici, parce qu'elle n'est pas longue.

Lettre du Cardinal de Bouillon au Roi

„ J'Envoïe à Vôtre Majesté par cette
„ Lettre, que je me donne l'hon-
„ neur de lui écrire, après plus de dix
„ ans des plus inoüies, des plus injustes,
„ & des moins méritées souffrances, ac-
„ compagnées de ma part durant tout
„ ce tems-là du plus profond silence &
„ de la patience la plus constante, trop
„ outrée, non seulement aux yeux du
„ Monde, mais peut-être même aux
„ yeux de Dieu, par raport à l'honneur
„ & à la gloire de son Eglise. J'envoïe,
„ dis-je, à Vôtre Majesté avec un très-
„ profond respect, la Démission vo-
„ lontaire, qui ne peut plus être re-
„ gardée par personne comme l'aveu
„ d'un crime que je n'ai jamais com-
„ mis, de ma Charge de Grand-Aumô-
„ nier de France, & de ma Dignité d'un
„ des neuf Prélats Commandeurs de l'Or-
„ dre du S. Esprit, qui a l'honneur d'a-
„ voir Vôtre Majesté pour son Chef &

„ Grand Maître, laquelle a juré sur les S.
„ Evangiles le jour de son Sacre, l'e-
„ xacte observation des Statuts dudit
„ Ordre. En conséquence de ces Sta-
„ tus, je joins à cette Lettre le Cor-
„ don & la Croix de l'Ordre du Esprit,
„ que par pur respect & soûmission pour
„ les Ordres de Vôtre Majesté, j'ai toû-
„ jours porté sous mes habits, depuis
„ l'Arrêt que Vôtre Majesté rendit con-
„ tre moi absent & non entendu, dans
„ son Conseil d'enhaut, le 11. Sep-
„ tembre 1700. En conséquence de ces
„ Démissions, que j'envoïe aujourd-
„ d'hui à Vôtre Majesté, je reprens la
„ Liberté que me donnoient ma Nais-
„ sance de Prince Etranger, Fils d'un
„ Souverain, ne dépendant que de Dieu,
„ & ma Dignité de Cardinal de la Sain-
„ te Eglise Romaine, & de Doïen du
„ Sacré Collège, Evêque d'Ostie, Pre-
„ mier Suffragant de l'Eglise Romai-
„ ne. Liberté Séculière & Ecclesiasti-
„ que, dont je ne m'étois privé volon-
„ tairement que par les deux Sermens
„ que je fis entre les mains de Vôtre
„ Majesté en l'année 1671. Le premier
„ pour la Charge de Grand Aumônier
„ de France, la première des quatre
„ grandes Charges de sa Maison & de
„ sa Couronne ; & le second pour la
„ Dignité d'un des neuf Prélats Com-
„ mandeurs de l'Ordre du S. Esprit.
„ Desquels Sermens je me suis toû-
„ jours tres-fidelement & tres-religieu-
„ sement aquitté, tant que j'ai posse-
„ dé ces deux Dignitez dont je me de-
„ pouille aujourd'hui volontairement,
„ & même avec une telle fidélité aux
„ ordres & aux volontez de votre Ma-
„ jesté, en tout ce qui n'étoit pas con-
„ traire au Service de Dieu & de son
„ Eglise, que je desirerois bien en avoir
„ eu une semblable à l'égard des Or-
„ dres de Dieu & de ses Volontez. C'est
„ à quoi je tâcherai de travailler uni-
„ quement le reste de mes jours en ser-
„ vant Dieu & son Eglise dans la Pre-
„ miere Place après la Supreme, où la

„ Divine Providence m'a établi quoi-
„ que tres-indigne, & en cette qualité
„ qui m'attache uniquement au S. Sie-
„ ge, j'assurerai Votre Majesté que je
„ suis & serai jusqu'au dernier soupir
„ de ma vie, avec le profond respect
„ qui est dû à la Majesté Roïale,

SIRE, &c. *A Arras le 22. Mai* 1710.

Le Roi en écrit une autre au Cardinal de la Tremouille sur la même affaire

Le Cardinal aiant envoyé cette Lettre au Roi, dépêcha un Courier à Rome, pour y donner avis de son évasion hors de France. Quelques Lettres d'Italie assurent que le Pape, aprenant cette conduite, en fut surpris & la désaprouva. Mr. le Cardinal de la Tremouille reçut aussi alors un Courier de la Cour de France, avec une Lettre du Roi du 26. Mai, dont voici la Copie.

Lettre du Roi au Cardinal de la Tremouille sur l'évasion du Cardinal de Bouillon.

„ IL y a déja long-tems que j'aurois
„ pardonné au Cardinal de Bouillon
„ sa desobéyssance à mes ordres, s'il
„ m'eût été libre d'agir comme parti-
„ culier dans une affaire où la Majes-
„ té Royale étoit interessée. Mais com-
„ me elle ne me permettoit pas de laif-
„ ser sans châtiment le Crime d'un Su-
„ jet qui manque à son principal de-
„ voir envers son Maître, & je puis
„ joûter envers son Bienfacteur, tout
„ ce que j'ai pu faire a été d'adoucir
„ par degrez les peines qu'il avoit juf-
„ tement méritées. Ainsi non seule-
„ ment je lui ai laissé la jouïssance de
„ ses revenus, lorsqu'il est rentré dans
„ mon Royaume; mais depuis je lui ai
„ permis de changer de séjour, quand
„ il m'a representé les raisons qu'il trou-
„ voit pour sortir des lieux où j'avois
„ fixé sa demeure. Enfin je lui avois
„ accordé, sans même qu'il l'eût de-
„ mandée, la liberté d'aller en telle
„ Province, & en tel endroit de mon
„ Royaume qu'il lui plairoit, pourvu
„ que ce fût à la distance de 30. lieuës
„ de Paris, & lorsque pour abréger sa
„ route, il a passé à l'extrêmité de cel-
„ te Ville, & qu'il a séjourné aux en-
„ virons, je ne m'y suis pas opsé. Il
„ suposoit alors qu'il alloit en Nor-
„ mandie regler quelques affaires,
„ qu'ensuite, il passeroit à Lion; mais
„ il vient enfin de faire connoître le
„ véritable motif & l'unique but de
„ son voyage. Au lieu d'aller à Rouën
„ & de là retourner Lion, comme il
„ l'avoit assuré à sa Famille, il a fait
„ un assez long séjour en Picardie, &
„ passant ensuite à Arras, il s'est rendu
„ à l'Armée de mes Ennemis, suivant
„ les mesures secretes qu'il avoit pri-
„ ses avec celui de ses Neveux qui sert
„ actuellement dans la même Armée,
„ & qui, dés le commencement de la
„ Guerre présente, avoit donné l'exem-
„ ple de desertion que son Oncle vient
„ de suivre. Le Cardinal de Bouillon
„ l'aiant imité dans sa fuite, m'a de-
„ puis écrit une Lettre dont je vous
„ envoye la Copie. Il me suffiroit pour
„ punir son orgueil, d'abandonner cet-
„ te Lettre aux Réflexions du Public;
„ mais il faut des exemples d'une Juf-
„ tice plus exacte, à l'égard d'un Sujet
„ qui joint la desobéyssance à l'oubli
„ de son état, & à l'ingratitude des
„ Bien-faits dont j'ai comblé sa per-
„ sonne & sa Maison. Le Rang où je
„ l'ai élevé ne me dispense pas de m'a-
„ quiter à son égard des principaux de-
„ voirs de la Royauté. J'ordonne à mon
„ Parlement de Paris de procéder con-
„ tre lui selon les Loix. Vous commu-
„ niquerez la Lettre qu'il m'a écrite au
„ Pape, & vous informerez Sa Sain-

1710. ,, teté de la maniere dont il a passé à
,, l'Armée des mes Ennemis ; car il est
,, nécessaire qu'Elle connoisse par des
,, preuves aussi évidentes, le Caractère
,, d'un homme qui se pretend indepen-
,, dant. Dieu veuille que cette Ambition
,, sans bornes, & soûtenuë seulement
,, par la haute idée de Doïen des Car-
,, dinaux, ne cause pas un jour quel-
,, que desordre dans l'Eglise ! On peut
,, tout présumer d'un Sujet prévenu de
,, l'opinion, qu'il dépend de lui de se
,, soustraire à l'obéïssance de son Sou-
,, verain. Il suffira que la Place dont le
,, Cardinal de Bouillon est presente-
,, ment éblouï, lui paroisse inférieure
,, à sa Naissance & à ses talens. Il se
,, croira toutes voïes permises pour
,, parvenir à la première Dignité de
,, l'Eglise, lors qu'il en aura contem-
,, plé la splendeur de plus près. Car il
,, y a lieu de croire que son dessein est
,, de passer à Rome; je doute que ce soit
,, de concert avec Sa Sainteté ; & s'il
,, avoit pris quelques mesures secrètes,
,, avec Elle, je suis persuadé qu'Elle
,, se repentiroit bientôt du consente-
,, ment qu'Elle y auroit donné. Quoi-
,, qu'il en soit, si le Cardinal de Bouil-
,, lon arrive à Rome, mon intention
,, est que vous n'aïez aucun Commer-
,, ce avec lui, & que vous le regardiez
,, comme un homme absolument livré
,, à mes Ennemis, & un Sujet rebelle,
,, & se glorifiant de son Crime. Vous
,, avertirez aussi tous les François qui
,, sont à Rome, aussi bien que les Ita-
,, liens attachez à mes intérêts, de se
,, conformer aux ordres que je vous
,, donne à son égard. Sur ce je prie
,, Dieu. &c.

On fait le Procés au Cardinal de Bouillon. Recueil des Let-

En conséquence des ordres du Roi on instruisit le Procés du Cardinal de Bouillon à la Chambre de la Tournelle, où les Chambres du Parlement s'assemblerent à ce sujet le 10. Le Procureur-General leur communiqua son *Requisitoire* qui contenoit en substance,,, que

,, ce Cardinal étoit coupable de trois
,, Crimes Capitaux : le 1. de *desobeïs-*
,, *sance* envers le Roi pour ne s'être
,, pas tenu dans le Lieu que Sa Majes-
,, té lui avoit marqué pour sa résiden-
,, ce. Le 2. de *Desertion*, pour être sorti
,, du Roïaume & s'être retiré chez les
,, Ennemis de l'Etat. Le 3. de *Felonie*
,, pour avoir nié sa Naissance & son
,, Roi, & avoir prétendu n'être pas
,, son Sujet. ,, Le * Procureur-General conclut ensuite à un Decret de prise de Corps, & il fut rendu le 20. de Juin un Arrêt du Parlement conforme à ces Conclusions. Ensuite, par une Declaration donnée à Versailles le 7. Juillet, & Regîtré au Parlement le 10. du même Mois, le Roi ordonna la maniere dont il vouloit qu'il fut pourvû aux Benefices qui viendroient à vaquer à la Nomination de ce Cardinal.

tres & autres Pièces concernant cette affaire.

Reprenons maintenant la suite des opérations de la Campagne au Païs Bas, où les Alliez étoient occupez à saigner les inondations d'Aire & de St. Venant. Un Détachement de la Garnison d'Ypres voulut tenter de surprendre Warneton au commencement de Septembre ; mais aiant trouvé la Garnison sur ses gardes, il fut obligé de se retirer sans rien faire. Un autre Détachement de l'Armée du Marechal de Villars s'avança le 10. du même Mois vers la Bassée, pour enlever la Garde des Alliez, qui en aiant été informée à tems, se retira sous les Portes de Bethune.

Suite de la Campagne du Païs-Bas.

Le 12. toutes les dispositions étant faites pour attaquer la Ville d'Aire en deux endroits, l'un par le Détachement de l'Armée de Mylord Duc, au côté gauche de l'Ouvrage à la porte de Notre-Dame, vis-à-vis du Bastion de Thine, & l'autre par le Détachement de l'Armée du Prince Eugene de Savoye, vis à vis le vieux Château, du côté du Village de St. Quentin, on ouvrit sur

Siege d'Aire par les Alliez.

* M. Daguesseau.

V v ij

1710. les 10. heures du soir la Tranchée aux deux Attaques avec 2500. Travailleurs à chacune. Il y eut à la premiere 500. hommes pour les couvrir & 400. à la seconde. On tira deux Lignes Paralleles de plus de 100. toises chacune, avec leur Communication & Redoutes à côté, pour se garantir des sorties des Assiegez. Ces derniers ne s'aperçurent du côté de l'Ouvrage à Cornes que le 13. au matin, qu'on avoit ouvert la Tranchée, & il n'y eut que trois hommes blessez à l'autre Attaque.

Siége de St. Venant par les mêmes.

Le Siége de St. Venant fut en même tems résolu & exécuté. Les dispositions nécéssaires pour faire écouler l'inondation de cette Place aiant été achevée avec succés par les Alliez, ils firent ouvrir la Tranchée le 16. Septembre à 150. toises de la Contrescarpe; & il n'y eut point d'exemple pendant cette Guerre qu'on eût aproché de si près d'aucune Place dés la premiere nuit. Aussi les Assiegeans ne tarderent-ils guere à être découverts, & ils eurent 50. hommes tuez ou blessez en cette occasion, & entr'autres 3. Capitaines.

Convoi des Alliez battu par les François.

Durant ce tems-là les François battirent un Convoi des Alliez qui leur venoit de Gand. Il étoit composé d'environ 40. Bateaux, dont il y en avoit 3. chargez de Poudre, de Boulets de Canon & de Bombes vuides, 3. de Foin pour les Magazin de Lille, plusieurs de Vivres, quelques uns de Brandevin, & le reste de Hardes ou Marchandises apartenant à des particuliers. Les François avertis que ce Convoi étant parti de Gand le 17. au soir, sous une Escorte de 12. à 1300. hommes, dont il y en avoit 450. de Cavalerie de diverse Nation, firent un détachement de 4000. hommes la nuit du 17. au 18. & parurent le 19. au matin à la vuë de Courtrai, d'où on tira sur eux le Canon. Cependant aiant continué leur marche le long de la Lis du côté de Gand, ils rencontrerent le Convoi sur le midi à Vives St Eloi, & l'Escorte s'étant rangée en Bataille, il se fit d'abord un rude Combat; mais le François profitant de leur supériorité l'entourerent & en tuerent la plus grande partie: l'autre fut faite prisonniere ou obligée de se jetter dans la Riviere, dans laquelle il y en eut plusieurs de noïez; le reste se sauva à Deinse. On compte qu'il y eut environ 300 hommes de tuez ou de noïez, & 300. Fantassins avec 25. ou 30. Cavaliers prisonniers. Les François tomberent ensuite sur les Bateaux, & mirent le feu à ceux qui étoient chargez de Foin, & à quelques autres. Des 3. Bateaux où il y avoit de la Poudre, un sauta à 5. heures du soir, l'autre à 7. heures, & le dernier vers les deux heures après minuit. Des 40. Bateaux il y en eut 27. brûlez ou coulez à fond; le reste se sauva. Les François se retirerent vers les 4. heures du matin, & furent attaquez à Rousselaer, par le Détachement de Masbach, qui étant trop foible fut obligé de se retirer. Pendant cette petite attaque, Mr. de Ravignan, qui commandoit les François, & qui ne savoit pas où cela pourroit aller, renvoya Mrs. de Ginkel & d'Amerongen, avec les autres Officiers prisonniers, sur leur parole pour un Mois.

Autre affaire où ces derniers ont du désavantage.

Il se passa encore le 22. de Septembre une autre affaire entre quelques Partis des deux Armées. Un Détachement de celle de France voulut enlever quelques Généraux de la Droite des Alliez à Rebeck de l'autre côté de la Lis. Mais ce Détachement fut si bien reçu, qu'il en resta environ 250. hommes sur la place, & l'on ramena au Camp des Alliez 12. Officiers François Prisonniers avec 220. Cavaliers, outre 300. Chevaux à vuide, sans que les Alliez eussent eu plus de 40. hommes tuez ou blessez en cette occasion.

Reddition de St Venant.

Cependant les deux Sièges s'avançoient; quoi-que non pas avec la même diligence. Comme celui d'Aire étoit beaucoup plus considérable que celui de St. Venant, il ne put aller aussi vîte.

1710. Ce dernier fut poussé avec tant de vigueur jusqu'au 25. Septembre, que la nuit du 25. au 26. on passa deux Fossez, larges de 10. piés chacun, pour s'aller loger sur l'Angle saillant: le 26. on fit Brêche à la Contrescarpe, & on passa la nuit suivante le Fossé qui la couvroit. On se prépara la nuit du 17. au 28. à l'Assaut de la Contre-Garde & de l'Angle saillant. On le donna à l'entrée de la nuit suivante. Les Assiègeans y furent repoussez deux fois, & y perdirent beaucoup de monde; mais enfin ils y restèrent, & les Assiegez desesperant de les en chasser, battirent la Chamade le 29. sur les 4. heures apres midi. La Capitulation fut signée le 30.

Suite du Siège d'Aire.

Au Siège d'Aire, on ne donna l'Assaut à la Contrescarpe & à la Flèche du côté de S. Quentin que la nuit du 31. Octobre au 1. Novembre. On en chassa d'abord les François & on y étoit déja retranché, lorsque les Assiégez firent jouer une Mine qui fit sauter 30. hommes des Assiègeans. Ceux-là aiant fait en même tems une vigoureuse sortie, obligèrent les autres d'abandonner leurs Logemens avec perte de 400. hommes. Mais ces pertes aiant été réparées les jours suivans, & les Travaux avancez avec beaucoup de diligence, les Ponts furent si considérablement allongez à l'Attaque gauche, que la nuit du 7. au 8. les Assiègans n'étoient plus qu'à 5. ou 6. toises de la Brêche. Le 8. au soir, comme ils étoient occupez à achever les Ponts aux deux Attaques, pour donner l'Assaut général, le Marquis de Goesbriant, Gouverneur, fit battre la Chamade vers les 6. heures du soir, & demanda à capituler. Il envoïa le même soir pour Otages un Brigadier, un Colonel, & un Lieutenan-Colonel; & du côté des Alliez, on lui envoïa un pareil nombre d'Officiers du même rang. Le 9. le Gouverneur se rendit lui-même au Quartier de Mylord Marlborough, où s'étoit rendu le P. Eugene de Savoïe, & la Capitulation pour la Ville d'Aire & le Fort S. François fut signée vers le soir. Par la Conquête de ces trois Places, les Alliez non seulement couvroient la Ville de Lille & les autres le long de la Lis & de l'Escaut, mais aussi ils eurent un pié considérable dans l'Artois, où elles sont situées, & le moien d'étendre leurs Contributions & le Logement de leurs Troupes, aussi bien que de pénétrer plus facilement sur les terres des François. Tous ces Sièges furent faits à la vuë de leur Armée; qui, au commencement, avoit paru dans le dessein de livrer Bataille, mais qui se contenta de se poster avantageusement, & de se retrancher pour se tenir sur la défensive, ne voulant pas risquer une Décision.

C'étoit pourtant pour le Païs Bas que la France avoit réservé ses plus grandes forces, parce que c'étoit là qu'elle avoit uniquement à craindre & à se garantir d'une invasion. Cela parut par les mesures prises en Espagne, où elles furent si bien concertées, que cette Couronne put se passer du secours de la France. Aussi les affaires y furent elles dans un flux & reflux perpétuel de bonheur & d'infortune pour les deux Partis; chacun y éprouva ce que vaut un secours donné à propos ou manqué par des Contretems. Au commencement tout paroissoit favorable au Roi Philippe: outre les Corps qu'il avoit en Estramadure, dans l'Andalousie & ailleurs, son Armée étoit supérieure à celle des Alliez sur tout en Cavalerie, & le Duc de Noailles étoit à portée avec un autre Corps pour agir de concert. Il se proposoit d'emporter *Balaguer* & *Gironne*, deux Places de la derniere importance pour les Alliez. Le Roi Charles attendoit le secours d'Italie qui n'étoit point encore arrivé & qui dépendoit des Vents. Outre cela il avoit besoin des Troupes Palatines, qui étoient dans le Lampourdan, pour observer le Duc de Noailles. Ainsi tout paroissoit à craindre pour lui; mais d'autres circonstan-

Affaires d'Espagne. Mémoires du Tems.

ces le favorisèrent, & le Roi Philippe eut ses Contretems. L'Emprisonnement du Duc de Medina Celi *, qui surprit tout le monde, obligea d'abord ce Prince à suspendre son départ; & quand il se présenta devant Balaguer, son dessein échoüa par la vigilance du Maréchal de Staremberg, qui rendit ensuite sa tentative inutile, lors que son Armée entreprit de l'attaquer dans son Camp avant l'arrivée du secours d'Italie.

Les Troupes du Roi Philippe reüssirent mieux devant *Estadila* & *Calaf*, de même que le Marquis de Bai dans la Province de *Tra los Montes*, où il emporta *Miranda* par Escalade: mais on trouva un peu étrange, que la petite Ville de *Ciutadilla* qui avoit d'abord refusé de se soûmettre, eût été pillée & brûlée, ce qui irrita plus qu'il n'intimida les Habitans du Païs. L'entreprise du Duc de Tursi sur la *Sardaigne*, (qui eût été de grande conséquence pour le Roi Philippe si elle eût reüssi) échoüa par le secours survenu à propos de l'Escadre des Alliez, avec une grande perte pour les Espagnols. D'un autre côté l'entreprise des Alliez sur le Port de Cete, petite en aparence, mais bien executée sous le General Seissan, produisit la Diversion qu'ils s'étoient proposée, en obligeant le Duc de Noailles d'y accourir en diligence. Voici comme la chose arriva selon les François.

Descête des Alliez au Port de Cete, coment se passa selon les Irançois.

Le 25. de Juillet la Flote des Alliez avoit paru entre le Cap de Cete & celui d'*Agde*, sur les 5. heures du soir ils debarquerent en deux fois environ *trois mille hommes* partagez en deux Corps. L'un s'empara du petit Fort de Cete & l'autre s'étant avancé vers *Agde*, s'empara du

* Pour avoir donné aux Ennemis communication de toutes les Negociations qui se traitoient entre la France & l'Espagne; ce qui avoit beaucoup contribué à éloigner la Paix, C'est du moins ce qu'en déclarerent les Commissaires nommez pour le juger.

Faubourg & du Pont sur l'Eraut. Aussi-tôt le Duc de Roquelaure, qui commandoit en Languedoc, envoya un Courier au Duc de Noailles, Lieutenant-General & Gouverneur de Roussillon, & s'avança à *Frontignan* avec ce qu'il put rassembler de Troupes. Le Duc de Noailles de son côté, fit marcher 1000. Chevaux avec des Grenadiers en croupe & 12. pieces de Canon, dont quatre étoient de 24. livres de bale, & aiant pris les devans, il arriva le 26. près de *Beziers*, & alla à *Montpellier* conferer avec le Duc de Roquelaure. Les Troupes arriverent le 27., le 28. il marcha aux Ennemis, & le 29. il les chargea, pendant que le Duc de Roquelaure s'avançoit aussi. Ils firent peu de résistance, aiant été mis en desordre par le feu du Canon, & ils furent vivement poursuivis: 3. ou 400. furent tuez, 100. pris, & un grand nombre noïez en se rembarquant Ensuite, le Fort de Cete fut emporté *l'épée à la main*, & 70. hommes qui le gardoient faits prisonniers, avec leurs Officiers. Il n'y eut du côté des Troupes du Roi, qu'un Grenadier qui fut tué par accident, avec quelques Chevaux, quoi-que les Alliez fissent un grand feu de leurs Vaisseaux. C'est ainsi que les Nouvelles Publiques de France raconterent cette affaire.

Selon les Alliez. Lettres de la Haie.

On ne comprenoit pas bien coment la Flote des Alliez aiant débarqué 3000. hommes le 25. au soir, le Duc de Noailles, Gouverneur du Roussillon, eût pu faire marcher assez tôt mille Chevaux avec des Grenadiers en croupe & 12. pieces de Canon pour arriver le 27. marcher aux Ennemis le 28. les charger le 29. & emporter le Fort de Cete l'épée à la main, sans qu'il y eût eu du côté des Troupes du Roi qu'un Grenadier tué, encore par accident, quoi-que les Ennemis fissent un grand feu de leurs Vaisseaux. Il est certain que cela avoit besoin d'un détail plus circonstancié, d'autant plus que les Lettres de

LOUIS XIV. LIV. XVII.

1710. Montpellier du 29. ne difoient rien de ces Attaques, & marquoient fimplement que *les Alliez fe rembarquèrent à Cete le 28. apres avoir rempli leurs Barques de toutes fortes de Provifions.* Or s'ils s'étoient rembarquez le 28. les François n'eurent pas beaucoup de peine à les chaffer le 29. & cela étant il ne faut pas s'étonner fi ceux ci n'eurent qu'un Grenadier tué. Il vaut donc mieux s'en raporter aux nouvelles de la Haye, les voici.

,, Le General Seiffan étoit allé à la ,, Cour de Barcelone pour une Com- ,, miffion, & il s'y trouva dans le tems ,, que le Roi Charles III. voulant atta- ,, quer l'Armée Ennemie, avoit befoin ,, de renforcer fon Armée des Trou- ,, pes Palatines, qui faifoient tête à ,, celles du Duc de Noailles. Il y avoit ,, lieu de craindre que ce General pro- ,, fitant du départ de ces Troupes, n'en- ,, trât dans le *Lampourdan*. Mr. de Seif- ,, fan aiant promis de l'en empêcher, & ,, de l'attirer ailleurs, fit embarquer ,, 700. hommes, & alla defcendre à *Cete* ,, & à *Agde* en Languedoc, ou il refta ,, jufqu'à ce que le Duc de Noailles y ,, fût venu avec fes Troupes. Aiant ,, réuffi dans ce deffein, il fe rembar- ,, qua *fans qu'il y ait en un feul homme* ,, *de tué* : le peu de fermeté de quelques ,, Officiers, & fur tout de celui qui e- ,, toit dans le Fort de *Cete*, aiant été ,, la feule caufe qu'il y eut quelques ,, prifonniers. Toutes les Lettres des ,, Amiraux d'Angleterre & de Hollan- ,, de rendent juftice à Mr. de Seiffan, & ,, difent qu'il a fait voir une Conduite ,, digne des plus grandes loüanges. Il ,, n'eft pas vrai qu'il ait exigé la moin- ,, dre contribution : il fit vivre au con- ,, traire fes Troupes dans la plus exac- ,, te Difcipline, fe contentant de ren- ,, dre le fervice qu'il avoit promis, fans ,, vouloir porter aucun préjudice à ce ,, Païs-là d'où il eft originaire. Son ar- ,, rivée à la Haie le 22. d'Août reffufci- ,, ta les 400. hommes que les nouvel- ,, les de France avoient tuez ou noïez, ,, & elle remit dans la Caiffe du Lan- ,, guedoc l'argent qu'on difoit qu'il a- ,, voit exigé.

Quel qu'ait été le fuccès de cette Entreprife, il eft du moins certain qu'elle donna lieu aux Troupes du Lampourdan d'aller joindre le Roi Charles ; & comme le Duc de Noailles s'étoit affoibli par des Détachemens pour le Languedoc ; il ne fe trouva pas en état d'entreprendre le Siège de Gironne.

Sur ces entrefaites le fecours attendu arriva d'Italie & joignit l'Armée des Alliez à point nommé le 26. Juillet, veille du Combat d'Almenara, où par la diligente marche du General Stanhope la Cavalerie des deux Couronnes fut mife en deroute & leur Armée réduite à fe retirer en confufion fous *Lerida* à la faveur de la nuit, qui ne permit pas aux Alliez de la pourfuivre. Comme on ne peut juger fainement de cette Action par les Relations que les François en donnèrent, j'y joindrai auffi celle des Alliez. Voici premierement ce qu'on en écrivit du Camp du Roi Philippe du 28. Juillet, lendemain du Combat.

,, Le Roi aiant réfolu de quitter fon ,, Camp d'Ivars & de Barbens, où il ,, avoit campé pendant 40. jours, fit ,, decamper avant-hier l'Armée, pour ,, paffer la Segra pres de Lerida, & al- ,, ler camper au Comté de Ribagorça. ,, Les Ennemis abandonnèrent en mê- ,, me tems leur Camp retranché de la ,, Huerta & marcherent fur deux Lignes: ,, aiant été joints la veille par 9. Batail- ,, lons & 11. Efcadrons venant du Lam- ,, pourdan, & par les Troupes arrivées ,, en dernier lieu d'Italie. Hier 27. on ,, détacha le Lieutenant-General Don ,, Miguel de Sello, & le Major-Gene- ,, ral Don Pedro Ronquillo, avec les ,, vieux Regimens Efpagnols, 2. de ,, Dragons d'Offune & de Vallejo, 20.

Rélatiō de la Bataille d'Almenara felon les Fr.

,, Compagnies & de Grenadiers, & 2.
,, Brigades de Castille & de Bajeles, afin
,, de s'assurer du passage de la Nogue-
,, ra, du côté d'Alfaraz. Ce Détache-
,, ment se mit en marche le même jour,
,, devant être suivi par le reste de l'Ar-
,, mée; mais lorsqu'il arriva près d'Al-
,, menara, il trouva que les Ennemis a-
,, voient fait occuper les Hauteurs par
,, 27. Escadrons & une partie de leur
,, Infanterie, le General Staremberg
,, aiant deja passé la Noguera, & fait
,, avancer son Armée jusqu'au Pont
,, d'Alfaraz.
,,   Le Roi qui continuoit à s'avan-
,, cer vers Alguaira avec l'Armée, aiant
,, été averti de la situation des Enne-
,, mis, détacha d'abord le Marquis de
,, Villadarias avec la Cavalerie, pour
,, se rendre en diligence de ce côté-là.
,, Ce Marquis monta sur les Hauteurs
,, d'Almenara, & mit ses Troupes en
,, ordre de Bataille sur deux Lignes,
,, environ à une portée de Canon de
,, la Cavalerie Ennemie; aiant envoyé
,, ordre à Don Miguel de Sello de le
,, venir joindre avec son Détachement,
,, afin de former l'Aîle droite.
,,   Les Ennemis en aiant été infor-
,, mez, dresserent une Batterie de cinq
,, pieces de Canon, qui tua d'abord
,, Don Joseph Figueora, Colonel du
,, Régiment d'Infanterie de Medina-
,, Sidonia. Ils formerent ensuite deux
,, Lignes de 27. Escadrons, & tombe-
,, rent à l'improviste sur nôtre Cavale-
,, rie, qui faisoit quelque mouvement:
,, Cependant elle les reçut avec tant
,, de vigueur, que leur premiere Ligne
,, commençoit à reculer un peu en de-
,, sordre: mais aiant été soûtenuë par
,, leur seconde Ligne, ils penetrerent
,, avec tant de furie dans notre secon-
,, de Ligne, qui étoit fort mal campée,
,, qu'ils la mirent entierement en de-
,, sordre & en fuite, sans que les Of-
,, ficiers, dont un grand nombre fut
,, tué ou blessé dans cette occasion,

,, pussent la rallier; bien loin de là, el-
,, le descendit la Montagne avec une
,, telle confusion, qu'elle mit en de-
,, sordre l'Infanterie, qui se retira vers
,, Lerida avec les Bagages, qui furent
,, même pillez par ces Fuyards, sans
,, que la presence du Roi les en pût
,, empêcher. Sa Majesté jugea à propos
,, de se retirer à Lerida, où elle arriva
,, sur le minuit. On croit que le Duc
,, de Sarno & Mr. Verboom, Lieute-
,, nans generaux, sont pris & blessez.
,,   Nonobstant cette déroute de nô-
,, tre Cavalerie & le desordre general
,, de l'Armée, l'Infanterie du Détache-
,, ment du General de Sello, monta
,, sur les Hauteurs, & se forma en or-
,, dre de Bataille à une portée de mous-
,, quet des Escadrons Ennemis : elle
,, resta une demi-heure dans cette si-
,, tuation & fit ensuite quelque mou-
,, vement. Six Escadrons de ce General
,, marcherent sur ces entrefaites dans
,, la Plaîne, où ils arrêterent celui de
,, Vallejo & un d'Ossune, qui étoient
,, du nombre des Fuïards : & les obli-
,, gerent de rebrousser chemin, & d'al-
,, ler soûtenir cette Infanterie sur les
,, Hauteurs. Les Dragons se posterent
,, à l'Aîle gauche de cette Infanterie,
,, vis-à-vis de 17. Escadrons Ennemis.
,, Don Joseph Vallejo résolut alors de
,, sacrifier son Régiment de Dragons,
,, pour favoriser la retraite de l'Infan-
,, terie, sur quoi aiant divisé ses Trou-
,, pes en cinq Pelotons, il attaqua les
,, 17. Escadrons Ennemis l'épée à la
,, main, & les obligea de se retirer
,, vers leur Armée. Il les poursuivit jus-
,, qu'à la derniere Ligne de la Cavale-
,, rie, qui fut aussi un peu en desordre;
,, mais il y avoit derriere une Ligne
,, d'Infanterie, dont deux Bataillons fi-
,, rent feu sur nos gens, & en tuerent
,, quelques-uns. On se battit aussi en
,, retraite contre la Cavalerie Ennemie
,, qui avoit battu & chassé la nôtre,
,, mais à cause de la nuit elle ne jugea
pas

LOUIS XIV. LIv. XVI.

1710. " pas à propos de nous poursuivre.
" Tous les Officiers & Soldats de ce
" Détachement se sont fort distinguez
" dans cette derniere occasion : on n'y
" a perdu qu'un Etendart : le Lieute-
" nant-Colonel, un Capitaine & 4.
" Dragons ont été tuez : & 3. Lieute-
" nans, trois Enseignes & 18. Soldats
" blessez.

Pendant cette Action, l'Infante-
" rie s'est retirée à la faveur de la nuit à
" Lerida, avec notre Artillerie. Le Ré-
" giment de Vallejo n'a décampé d'Al-
" guaira qu'à la pointe du jour, & est
" venu joindre le Camp pres de Leri-
" da, où l'on est occupé à former l'Ar-
" mée. La bravoure du Marquis de
" Vallejo a en partie empeché la rui-
" ne de nôtre Armée, la consternation
" aiant été si grande qu'on ne pouvoit
" tenir les Troupes en ordre Nôtre
" perte n'est pas fort considerable, à
" cause que nôtre Cavalerie prit d'a-
" bord la fuite au commencement de
" l'Action. Le Roi est venu cet après
" midi de Lerida au Camp, pour visi-
" ter l'Armée, & reconnoître celle des
" Ennemis

Voici maintenant une autre Rélation de ce même combat, adressée
par Mr. de Belcastel, Commandant des
Troupes Hollandoises, aux Etats Géneraux; & conforme à celle que Mr.
Stanhope, qui commandoit la Cavalerie des Alliez, avoit envoyée à la Reine
d'Angleterre.

Hauts & Puissans Seigneurs,

Rélatio. " SA Majesté Catholique aiant eu
du mê-
me Cô- " avis le 25. que le Baron de We-
bat se- " tzel, Lieutenant General de Sa Ma-
lon les " jesté Impériale, étoit arrivé à Ca-
Alliez. " maraça, Place située à trois heures
" de Balaguer, avec le renfort de Trou-
" pes tiré du Lampourdan & venu d'I-
" talie, elle lui ordonna de poursuivre
" sa marche le lendemain avant la poin-

Tome, III.

" te du jour, pour se joindre à l'Ar- 1710.
" mée.

" Le 26. quelques-unes de nos Pa-
" trouilles & Partis vinrent donner
" avis avant la pointe du jour, qu'on
" appercevoit un grand feu au Camp des
" Ennemis ; & l'on fut informé avant
" le lever du Soleil, par un raport una-
" nime, que l'Ennemi étoit en pleine
" marche, prenant sa route vers Lerida
" sur trois Colonnes, sur quoi on en-
" voya des Partis de nos Hussars, &
" autres Détachemens, pour les obser-
" ver & suivre leur marche. A la poin-
" te du jour nous changeames nôtre
" Camp : on passa la Riviere de Scio,
" & on posta le Camp devant Balaguer
" près du Pont de pierre, suivant le
" nouvel ordre de Bataille qu'on avoit
" formé. Le Corps du General Werzel
" joignit l'Armée avant midi, de mê-
" me que tous les Détachemens qui
" avoient été dehors.

" Sa Majesté Catholique aiant en-
" suite été avertie tant par les Partis,
" que par les Prisonniers, Deserteurs &
" Espions, que l'Armée Ennemie étoit
" déja arrivée dans les Jardins de Leri-
" da, & qu'ils y avoient établi leur
" Corps, elle tint d'abord conseil de
" Guerre ; & après avoir entendu les
" sentimens des Generaux des Alliez,
" elle ordonna que toute l'Armée plie-
" roit les Tentes au Soleil couchant &
" se tiendroit prête à la marche. En con-
" sequence, l'Armée passa sur le Pont
" de Balaguer, & prit la route d'Alfa-
" raz, à cinq lieües de Balaguer, au
" delà de la Noguera. Le Lieutenant-
" General Stanhope fut détaché pour
" cette exécution & avec lui sous ses
" ordres deux Majors Generaux, un de
" la Cavalerie & un de l'Infanterie ; sa-
" voir le Major-General Pepper, avec
" 4. Regimens de Dragons, dont deux
" Anglois de la Reine & de Pepper, &
" 2. Hollandois de Mattha & de Slip-
" penbach, étoient tous de l'Aile gau-

„ che, & les plus proches du Pont de
„ Balaguer ; & le Major-Général Eck,
„ Impérial, avec 26. Compagnies de
„ Grenadiers, six pieces de Canon &
„ les Pontons, pour prevenir en toute
„ diligence les Ennemis, & se rendre
„ Maitre du Poste & passage d'Alfaraz,
„ en jettant le Pont sur la Noguera.
„ Toute l'Armée suivit successivement
„ ce Detachement, dans la disposition
„ suivante.
„ L'Infanterie formoit la tête : la
„ premiere Ligne marchoit à la gau-
„ che, étant suivie par l'Aile gauche
„ de la seconde ; ensuite l'Aile droite
„ de la premiere ligne, & apres celle
„ de la seconde : derriere l'infanterie
„ marchoit le reste de la Cavalerie de
„ l'Aile gauche, ensuite l'Artillerie
„ suivie de toute la Cavalerie de l'Aile
„ droite. Le tout passa sur le Pont de
„ Balaguer, à cause que la Riviere de
„ de Segra n'étoit guéable en aucun
„ endroit, & que les Pontons avoient
„ été envoiez d'avance.
„ Il est à remarquer que le jour sui-
„ vant 27. environ les 8. heures du
„ matin, toute l'Armée avoit passé le
„ Pont, à quoi a contribué la grande
„ activité des Généraux, & le zele &
„ l'empressement des Troupes. & com-
„ me l'on devoit prendre la marche
„ par le Village de Farfanna, & de
„ nouveau défiler sur un Pont de pier-
„ re, l'Infanterie passa successivement
„ par Brigades, de la même maniere
„ & dans le même ordre qu'elle étoit
„ arrivée. De l'autre côté du Pont, on
„ fit une Alte de deux heures, tant
„ pour prendre haleine, que pour se
„ servir de la commodité de l'eau, &
„ donner le tems à la Cavalerie d'a-
„ vancer & de gagner les devans de
„ toute l'Armée ; & aiant alors passé
„ sur le Pont de la Farfanna, elle con-
„ tinua sa marche vers Alfaraz sur di-
„ verses Colonnes l'infanterie & l'Ar-
„ tillerie la suivant sur deux autres. Lors-

„ qu'on fut arrivé d'Alguaira, à une
„ heure en deçà d'Alfara, on reçut avis
„ du Lieutenant-General Stanhope,
„ que non seulement il avoit passé la
„ Riviere à gué avec les Troupes de
„ son Commandement, & pris poste
„ au Village d'Alfaraz; mais aussi qu'on
„ avoit dejà jetté le Pont sur la No-
„ guera, quoique l'eau fût si basse, que
„ la Cavalerie & l'Artillerie auroient
„ pû la passer & même l'Infanterie en
„ cas de besoin ; ajoûtant, qu'il n'a-
„ voit encore rien rencontré, ni rien
„ apris des Ennemis. Mais une demi-
„ heure après, il donna avis par un
„ Officier, que ses Postes avancez vo-
„ yoient marcher vers Almenara 19.
„ Escadrons avec quelque Infanterie,
„ ayant une grande poussiere derriere
„ eux ; sur quoi il avoit fait occuper
„ les Hauteurs par son Détachement,
„ pour s'y poster. La tête de nôtre Ca-
„ valerie arriva en même tems, & pas-
„ sa la Noguera. Les Ennemis com-
„ mencerent à prendre poste pres d'Al-
„ menara, & à se former, savoir avec
„ deux Brigades d'Infanterie & les 19.
„ Escadrons ci-dessus, lesquels, suivant
„ le raport des Prisonniers, avoient
„ été detachez la nuit précédente, pour
„ se rendre Maîtres de ce passage, &
„ nous le disputer ; mais étant arrivez
„ trop tard pour l'empêcher, leur des-
„ sein étoit de se maintenir dans le Pos-
„ te d'Almenara, en attendant leur Ar-
„ mée, laquelle on voyoit en pleine
„ marche. On fit de part & d'autre tou-
„ te la diligence possible pour se for-
„ mer : & comme toute nôtre Armée
„ avoit presque passé la Noguera en-
„ viron à six heures du soir, on a eu
„ l'avantage de prévenir les Ennemis ;
„ car quoi qu'ils eussent formé toute
„ leur Cavalerie en deux Lignes, avec
„ un Corps de huit à 10. Bataillons,
„ le reste de leur Infanterie marchoit
„ encore sur deux Colonnes. Voyant
„ ces circonstances, & que le Terrain

1710. ,, ne laiſſoit pas aſſez de place pour
,, nous étendre, nous fûmes obligez de
,, partager les deux Lignes de la Ca-
,, valerie, & d'en former quatre. l'une
,, derrière l'autre, dont l'Aîle gauche qui
,, étoit arrivée la premiere formoit l'A-
,, vant - Garde ; & l'Infanterie ne put
,, pareillement ſe former qu'en quatre
,, Lignes, les unes derrière les autres,
,, dans le même ordre, & derrière la
,, Cavalerie.

,, Sa Majeſté Catholique prit en mê-
,, me tems la réſolution d'attaquer les
,, Ennemis pour deux raiſons impor-
,, tantes; la premiere, parce qu'il étoit
,, déja ſept heures du ſoir, & qu'on re-
,, marquoit par la contenance des En-
,, nemis, ou que la nuit ils ſe poſte-
,, roient mieux & plus avantageuſe-
,, ment, ou qu'ils ſe retireroient ; l'au-
,, tre, parce qu'on voioit l'Ennemi dans
,, une mauvaiſe ſituation & contenan-
,, ce: De ſorte que, pour profiter de
,, cette conjoncture favorable, Sa Ma-
,, jeſté fit d'abord venir 14. pièces de
,, Canon ſur une certaine Hauteur qui
,, dominoit le Terrain occupé par les
,, Ennemis : & ſous la bonne & ſage
,, conduite des Lieutenans Generaux
,, Stanhope & Carpenter, & les deux
,, Majors Generaux Franckenberg &
,, Pepper, on commença l'Attaque au
,, nom de Dieu, avec tant de réſolu-
,, tion, de valeur & de fermeté, qu'on
,, mit toute la Cavalerie des Ennemis
,, en déroute, avant même que toute
,, notre Aile droite, qui étoit encore
,, en arriere, eût pu les joindre pour
,, avoir part à la gloire, & témoigner
,, en effet ſa bonne volonté & ſon
,, ardeur à combattre, excepté quel-
,, ques Régimens conduits par le Ge-
,, neral Comte d'Artalaia, qui eurent
,, encore le tems de ſe trouver au Com-
,, bat. La premiere Ligne des Ennemis
,, ne témoigna pas une bonne conte-
,, nance, mais quelques Regimens, &
,, deux entr'autres, montrerent beau-

,, coup de bravoure, nonobſtant que
,, notre Infanterie ſe hâta, même plus
,, que les Generaux ne le ſouhaitoient,
,, il fut impoſſible de joindre les Enne-
,, mis, quoi qu'on les pourſuivit deux
,, heures de nuit, qui étoit ſi obſcure,
,, qu'on ne pouvoit ſe voir.

,, Quoi qu'on ne puiſſe véritable-
,, ment nommer cette Action qu'un
,, gros Choc de Cavalerie, elle a néan-
,, moins été ſi rude & ſi hardie, que
,, non ſeulement toute la Cavalerie
,, des Ennemis a été culbutée, renver-
,, ſée & miſe dans la derniere confu-
,, ſion, mais auſſi toute leur Infante-
,, rie, & enſuite toute l'Armée, qui
,, prit la fuite, ne s'étant ſauvée qu'à
,, la faveur de la nuit juſques ſous le
,, Canon de Lerida ſans ordre ni com-
,, mandement, l'Infanterie & la Ca-
,, valerie pêle mêle, pluſieurs jettant
,, les Armes en confuſion, laiſſant en
,, arriere quelques Canons & Muni-
,, tions, abandonnant leurs Equipages
,, à la merci des Païſans & de nos Sol-
,, dats : toutes ces circonſtances font
,, comparer ce Choc à une Déroute
,, Generale, & ſans l'obſcurité de la
,, nuit, qui ne nous permit pas de les
,, pourſuivre plus avant, l'affaire en ſe-
,, roit venuë infailliblement à une De-
,, faite.

,, Notre perte, tant morts que bleſ-
,, ſez, monte environ à 400. hommes:
,, le Regiment du Comte Jorger a eu
,, 15. hommes morts ou bleſſez : des
,, Anglois, ceux des Dragons de la
,, Reine, de Harvai, Pepper, Roche-
,, fort & Naſſau chacun 15. des Hol-
,, landois, Mattha 15. Stlippenbach 25,
,, Drimborn 39. Spec, & deux autres
,, Regimens Palatins 100. hommes. Les
,, Officiers de diſtinction qui ſont de-
,, meurez, ſont les deux Brigadiers My-
,, lord Rochefort & le Comte de Naſ-
,, ſau, qui ſont generalement regret-
,, tez, comme Officiers de grand mé-
,, rite, & extremement eſtimez dans

,, notre Armée ; le Major de Rochefort, & quelques autres Officiers dont voici le nombre : 8. Officiers morts & blessez, 74. Soldats morts & 90. blessez.
,, Jusqu'à présent on n'a pu encore savoir au juste la perte des Officiers Ennemis, laquelle cependant ne peut pas être petite, leur déroute aiant été generale: le Corps du Duc de Sarno, Lieutenant General, a été trouvé parmi les morts; & parmi les prisonniers & les blessez, le Lieutenant General Verboom, le Colonel des Gardes du Corps, Don Victor Parisio, le Lieutenant-Colonel de Valere, 4 Capitaines, & 15. Lieutenans & Cornettes, avec 300. hommes, le nombre des Prisonniers auroit été plus grand, si nos Gens eussent voulu s'en charger dans la chaleur du Combat : celui des morts & des blessez monte à 1000. hommes & plus. Ils ont aussi perdu du Canon, des Etendars, & Timbales, avec une grande partie des Equipages, parmi lesquels il se trouve quelque Argenterie du Duc d'Ajou.
,, Les Régimens qui se sont particulierement trouvez dans la mêlée, sont les six Anglois, 3. Hollandois & 3. Palatins, celui de Kelli, Pourtugais, & 3. Escadrons de Jorger, commandez par le Lieutenant-Colonel d'Attilli, lesquels se sont tous également distinguez. S. M. le Roi Catholique en personne, suivi de l'Ambassadeur de Portugal & de l'Envoïé de S. A. Royale de Savoye, a animé tous les Soldats par sa présence, & chacun a témoigné un empressement extraordinaire pour joindre les Ennemis, & pour se distinguer à la vûë de S. M.; de même que tous les Generaux, qui ont marqué avec grande de satisfaction la joye qu'ils avoient d'exécuter ses ordres.
,, Je puis assûrer V. H. P. que leur

,, Cavalerie, les deux Régimens de Dragons de Mattha & Slippenbach, & celui de Drimborn, commandez par les Capitaines Lassaux & la Ferté, & le Lieutenant-Capitaine S. Pierre de Julien: le Major la Vigne aiant été commandé avec un Détachement qui étoit demeuré en arriére à Balaguer, ont battu avec beaucoup de valeur cinq Escadrons des Ennemis, fait prisonnier le Lieutenant General Verboom, & pris un Etendart : celui de Mattha, conduit par le Comte de Collins, a mis en fuite six Escadrons, & celui de Slippenbach, commandé par un Major, s'est battu contre deux, les a mis en fuite, & enlevé un Etendart.

Le Roi Philippe n'avoit pas jugé à propos d'abandonner si-tôt le voisinage de Lerida où il s'étoit retiré, comme on a vû, après la Bataille dont on vient de lire la Rélation. Cependant comme il y manqua bien-tôt de vivres & qu'il reçut de Valence & d'ailleurs environ cinq mille hommes de renfort, il fit mine d'aller chercher les Ennemis. Mais la veritable raison qu'il eut de décamper, outre le manque de vivres, furent les progrès que faisoient les Alliez dans l'Arragon depuis Fraga jusqu'à la Huesca, dont ils s'étoient rendus Maîtres; de sorte qu'il étoit à craindre qu'ils n'empêchassent le retour des Espagnols pour cette Province. Leur Armée passa donc la Cinca sous le Canon de Fraga, & prit sa route vers Saragosse. Le Roi Charles ne fut pas plûtôt averti de leur marche, qu'il fit aussi marcher son Armée. Un de ses Détachemens de Cavalerie de 8. Escadrons manqua de s'emparer d'un Poste à Penalva; mais le Roi Philippe y en aiant envoïé un plus fort, les Alliez se retirent après la premiére décharge, n'aiant perdu que 8. chevaux. Cependant on

Situation des deux Armées après cette Bataille.

1710. fit grand bruit à Madrid de cette Action, jufqu'à chanter le *Te Deum* & faire des réjouiffances de trois jours, au moins felon les nouvelles de Paris. Ce fut fans doute pour affoupir la nouvelle de la Defaite d'Almenara, qu'on publia des Lettres de Madrid dattées du 19. & 20. de Septembre, qui portoient qu'il y avoit eu un Combat le 15. vers Penalva, & l'on en débita les circonftances fuivantes.

Affaire de Penalva.

„ Les Ennemis détacherent 28. Efca-
„ drons pour en attaquer 13. des Trou-
„ pes Efpagnoles, qui faifoient l'ar-
„ riere-Garde, & qui effuierent leur
„ feu. Le Combat fut fort opiniâtré, &
„ fort fanglant, parce que les Ennemis
„ aiant été rompus, s'étoient ralliez
„ 4. à 5. fois derriere des defilez, &
„ qu'on les avoit pourfuivis jufqu'à la
„ vûë de leur Infanterie, qui étoit é-
„ loignée de demi-lieuë.

„ Alors le Roi d'Efpagne fit ran-
„ ger fon Armée en Bataille, & fit re-
„ venir une partie de fa Cavalerie, qui
„ étoit au fourage ; mais aiant vû que
„ les Ennemis, au lieu d'avancer fe re-
„ tiroient vers Candafnos, il fit
„ marcher l'Armée vers Penalva. La
„ Defaite de la Cavalerie a été entie-
„ re. Les Ennemis ont eu plus de mil-
„ le hommes tuez, un plus grand
„ nombre de bleffez & beaucoup de
„ prifonniers parmi lefquels il y a 56.
„ Officiers de diftinction. On leur a
„ pris 7. Etendarts & 2. paires de Tim-
„ bales: le Régiment Allemand d'Her-
„ beville, qui avoit fix Efcadrons, a été
„ entierement défait. Le Marquis de
„ Villadarias mande que les Ennemis
„ fe retiroient encore plus loin.

„ L'Avis de cette Victoire fut aporté
„ le 17. au foir à Madrid. Auffi-tôt la
„ Reine alla en rendre graces à Notre-
„ Dame d'Atocha, & les peuples ont
„ fait des feux de joie pendant trois
„ nuits.

Cette nouvelle fut reçûë à Paris comme on reçoit toutes les chofes qu'on fouhaite, c'eft-à-dire qu'on y ajoûta foi fort aifément ; cependant ceux qui faifoient réflexion aux dattes, & qui favoient que les Lettres de Madrid du 20. ne pouvoient pas parler de ce qui s'étoit paffé le même jour à Saragoffe, ne laifferent pas de craindre que le bruit qui commençoit à fe répandre d'une défaite du Roy Philippe près de cette Ville, ne fût trop veritable, & on commença à foupçonner que cet avantage du 15. n'avoit été publié que pour faire prendre le change fur l'affaire du 20. En effet, quoique l'Armée Efpagnole aiant gagné une marche fût arrivée la premiere à Saragoffe, & qu'elle eût encore reçû un Détachement de 1400. Chevaux, le Roi Charles aiant paffé l'Ebro le 19.; le Roi Philippe vit bien qu'il n'y avoit plus moyen de reculer, qu'il en faloit venir à une Bataille, elle fe donna effectivement, & le fuccès ne lui en fut point avantageux. Ce qui le fit croire, fut le foin qu'on prit de publier les nouvelles d'Efpagne tout autrement qu'elles n'étoient. Voici de quelle manieres on en fut premierement informé.

Il arriva à Paris le 27. d'Août un Courier d'Efpagne, adreffé au Duc d'Albe. Le Duc n'étoit pas au Logis; mais fur ceque le Courier dit qu'il apportoit des nouvelles de confequence & qui demandoient une prompte expedition, on le fit incontinent appeler. A fon arrivée fes Domeftiques & beaucoup de monde s'affemblerent croiant aprendre quelque nouvelle. Il partit fans rien dire une heure après pour fe rendre à Verfailles & ne fut pas jufques-là, aiant apris en chemin que le Marquis de Torci avoit reçu une ample information du contenu de fes Depêches dont on lui avoit adreffé un double. On ne publia rien de la nouvelle

Comment on fut premierement informé de la Bataille de Saragoffe.

1710. ce jour-là ; mais il courut un bruit le lendemain que le Roi Philippe avoit été entierement battu le 20. Août, & quelques particuliers eurent Copie d'une Lettre que le Courier avoit aportée de la part du Duc de St. Jean, Gouverneur de Navarre. Elle lui étoit adressée par le Comte de Mirabelle Gouverneur de Saragosse ; & dattée du 21. En voici le contenu.

MONSIEUR,

Je me crois obligé de vous faire savoir que hier non loin des Portes de Saragosse, le Roi nostre Maître a eu la disgrace de perdre la Bataille ; de laquelle, à cause de la confusion qu'il y a encore, je ne puis pas vous donner un plein détail. Mais ce qu'on m'a dit, quoi que non pas avec une certitude entiere, est que les Bataillons venus de Flandre n'ont pas voulu se battre, & ont mis bas les Armes. La Cavalerie, à ce qu'on dit, n'a pas fait si bien qu'on s'attendoit. Les Regimens des Gardes ont fait des miracles. Le Duc d'Havré a été tué d'un coup de Canon, & on ne sait pas encore où est le Marquis de Bai. On m'a dit que le Roi est allé à Madrid, quoi que je n'en sois pas sû. Je suis venu à Tudela pour y attendre les ordres du Roi nostre Maître. J'ai cru être obligé de vous donner part de ce que je sai, afin que vous puissiez prendre vos mesures. Si j'aprens quelque chose de contraire, je vous le ferai savoir. Adieu &c.

Signé, MIRABELLA.

Ce ne fut qu'apres la réception de cette Lettre qu'on publia l'affaire de Penalva telle que je l'ai raportée en son lieu ; comme pour faire oublier une perte réelle par un avantage imaginaire. Mais toute l'adresse qu'on employa pour dissimuler cette derniere disgrace, ne put empêcher que les Nouvelles Publiques ne l'avouassent enfin.

Cette Victoire du Roi Charles fut si complette, qu'il sembloit que toute l'Espagne alloit lui être soûmise en peu de tems. Ce Prince se vit tout d'un coup Maître de l'*Arragon*, Possesseur de la *Castille*, de *Madrid* & de *Tolede* : il s'étoit ouvert la communication avec le Portugal, où le bruit de sa Victoire avoit deja fait lever le Blocus de *Bragante* ; & où les Troupes Portugaises s'emparerent de *Xeres de Los Cavalleros*, de *Barcarota*, d'*Alcanisa*, & de *Puebla*. Le Roi Philippe, qui avoit envoié sa Cour à *Vittoria*, ne rassembla qu'avec peine les débris de son Armée, en attendant des renforts pour la rétablir, & le Duc de Vendôme ne la put joindre qu'après sa défaite. On peut juger de son état par la Lettre qu'on fit écrire alors par les Grans de son Parti pour implorer le secours de la France; & il est certain que ce Prince avoit tout à craindre des Troupes Portugaises qui étoient en marche, si elles eussent pu joindre à tems l'Armée du Roi Charles pour agir sans délai contre son Concurrent. Mais cette jonction ne s'étant pas faite, & divers autres contre-tems étant survenus, le Roi Philippe eut non seulement le tems de se reconnoître, & de recevoir des Troupes de tous côtez ; mais aussi de revenir avec une Armée sur le Tage, en attendant l'arrivée des autres secours de France, qui étoient partis du Daufiné après la separation des deux Armées, & qui s'avançoient en toute diligence.

Quant à la Guerre du Nord, elle ne pouvoit manquer d'avoir des suites considerables apres le grand évenement de la Bataille de *Pultowa*, & il s'en étoit peu fallu qu'elle n'eût envelopé la Turquie. Le Czar se voïant les mains libres ne perdit point de tems, apres son Entrée triomphante dans sa Capitale, à profiter de ses avantages, & à

Suites de cete Victoire du Roi Charles

Affaires du Nord.

1710. pousser ses Conquêtes, ce qu'il fit avec une diligence extraordinaire. Il s'assura premierement de la confirmation du Traité qu'il avoit renouvellé avec la Porte, & ayant laissé un Corps d'Armée vers les Frontiéres de Turquie, & un autre en Pologne, il fit ataquer & prendre d'assaut la Ville d'*Elbing* en Prusse, où il y avoit garnison Suedoise: ensuite dans le cours de la Campagne, il s'empara de *Vuibourg*, Capitale de la Carelie, de l'importante Place de *Riga*, du Fort de *Dunamunder*, de *Pernau*, de *Revel*, en un mot de toute la Livonie: de *Kexholm* en Finlande, & de la Forteresse d'*Arensbourg* dans l'Ile d'*Oesel*. Pendant tous ces mouvemens, la Pologne demeura tranquile, si on en excepte le passage & le sejour des Troupes, & la Peste, dont le Royaume fut longtems affligé en divers endroits, & dont la Suede ne fut pas moins travaillée en quelques lieux, même dans sa Capitale. Le Roi de Pologne, délivré de son Competiteur, fit terminer les affaires à sa satisfaction dans le Conseil de Varsovie, où la résolution fut prise d'augmenter jusqu'à 40. mille hommes l'Armée de la Couronne, sous le grand General, Comte de Sieniavvski, qui prit soin d'assurer les Frontieres. Le Corps du general Crassau demeura aussi tranquille dans la Pomeranie Suedoise: & pour éviter tout ombrage de ce côtélà, on convint entre les Princes Voisins, leurs Alliez, & la Régence de Suede, d'une Neutralité pour les Provinces d'Allemagne, & autres, pendant la Guerre du Nord.

Les succez ne furent pas si heureux pour le Roi de Dannemarck que pour les Moscovites. Ses Troupes s'étoient d'abord emparées de Christianstad & de quelques autres Places; mais le Combat d'Helsingbourg lui fit perdre ces avantages, & obligea ses Troupes d'abandonner la Scanie, où il avoit penetré l'année derniere.

Le Royaume de Hongrie, outre les calamitez de la Guerre, fut affligé en divers endroits du mal contagieux, ce qui donna l'allarme jusqu'à Vienne; mais cette crainte cessa, après que Bude, Arat, Albe-Royale, & plusieurs autres lieux en furent délivrez. Il parut que les Mécontens avoient commencé à se ressentir du changement arrivé en Pologne, qui les avoit privez de plusieurs ressources. On ne vit de leur part que des Courses dans le Païs & quelques tentatives inutiles, sans qu'ils eussent pû s'oposer aux progrès des Troupes Impériales, quoique peu nombreuses. Ils furent battus en deux rencontres par les Generaux Hochberg & Sickingen, qui leur étoient fort inférieurs. Ils perdirent aussi la Forteresse de Leitschau, & ils tentérent en vain de secourir l'importante Place de Neuhausel assiégée par le Maréchal de Heister; elle tomba au pouvoir des Impériaux, de même que Zolnock, Erlau avec son Château, & quelques autres; sans que les Mécontens pussent reprendre aucune Ville des Montagnes.

L'enlévement du Grand Prieur de France, qui arriva au mois de Novembre de cette année, a fait trop de bruit, pour n'avoir pas de place ici. Il fut executé par Mr Masner de Coire au Païs des Grisons, dont le Fils avoit été arrêté en Savoye par les François sur le pretexte de quelque préjudice qu'ils prétendoient que son Pere leur avoit causé en Italie. Le Sieur Masner avoit déja fait arrêter à Coire par represailles Mr Merveilleux de Neufchâtel, qui y faisoit les affaires de la Cour de France, avec menace de faire à cet Agent le même traitement que l'on feroit à son Fils. Mr le Comte du Luc, Ambassadeur pour le Roi à Soleure, ne manqua point de demander réparation de cette injure, & l'on convint par l'entremise du Magistrat, 1. *Que le Sieur Merveilleux seroit incessamment remis en*

Afair de Hongrie.

Enlévemét du Grand-Prieur de Fr.

liberté. 2. Que Mr Masner & un autre membre du Conseil de Coire iroient à Soleure faire des excuses à l'Ambassadeur ; & en troisiéme lieu, que le Fils du Sieur Masner lui seroit rendu. Les deux premiers Articles furent executez de bonne foi de la part du Sr Masner, qui après avoir relâché le Secretaire Merveilleux fut à Soleure avec un de ses Collégues ; mais le Comte du Luc s'excusa d'acomplir le troisi me, sous pretexte, qu'il n'avoit point encore d'ordres de la Cour sur ce sujet là. En vain Mr Masner pressa ce Ministre de tenir sa parole. On se moqua de lui dès qu'on vit qu'il avoit tenu la sienne. Cela lui fit prendre la résolution de chercher quelque ocasion de represailles qui pût obliger la France de lui rendre son Fils. Le passage du Grand Prieur à son retour de Venise en France lui en fournit une. Il fut averti qu'il devoit passer sur les Terres de l'Empire, il entreprit de l'enlever ; il avoit pour cela un Brevet de Colonel au service de Sa Majesté Impériale, & voici de quelle maniere la chose se passa.

par qui il fut executé.

Le Capitaine des Gardes de Mr le Grand Prieur, marchant environ mille pas devant lui, rencontra un homme armé, qui lui demanda son nom : à quoi ayant refusé de répondre, il vit sortir de divers endroits plusieurs Pelotons de gens armez. Mr de Vendôme arrivant sur ces entrefaites, Mr Masner (qui étoit l'homme armé) quitta le Capitaine des Gardes, & s'adressa à ce Prince lui demandant son nom. Le Prince lui répondit ; *pourquoi me faites-vous cette question ? je veux savoir*, repliqua Mr Masner, *si vous êtes François. Je le suis*, repartit Mr de Vendôme, *& de plus je suis le Grand Prieur de France*. Eh bien ! reprit Mr Masner, *je vous arrête, parce qu'on retient mon Fils en France, & que Mr l'Ambassadeur ne l'a pas fait relâcher, comme il l'avoit promis, &c*. Mr de Vendôme fut ensuite conduit avec ses Gens au Château de Balzer, apartenant à l'Empereur, & il fut consigné à un Officier de S. M. I. Ce Prince dépêcha son Capitaine des Gardes à Mr l'Ambassadeur à Soleure, & envoya un Courier à la Cour de France, pour l'informer de cette affaire & demander ses ordres.

Le Comte du Luc dépêcha aussi au plûtôt un Courier à Versailles pour le même sujet, & en atendant les ordres qu'il en devoit recevoir il écrivit le dix Novembre aux Ligues Grises une Lettre fort menaçante. On ne pouvoit comprendre ce que l'Ambassadeur de France prétendoit des Grisons par cette Lettre, & par tout le bruit qu'il fit en Suisse de cette entreprise d'un particulier, dont les Ligues Grises ne pouvoient pas répondre ; d'autant plus qu'on avoit lieu de presumer que cette affaire ne s'étoit faite que de concert avec les Impériaux. Nous verrons dans la suite comment elle fut terminée.

Il en étoit arrivé une autre quelquetems auparavant qui interessa davantage la Cour de France. Ce fut au sujet du Droit de Régale que les Rois Très-Chrétiens cherchent à étendre de tems en tems. Comme c'est un des pricipaux moyens dont ils se servent pour chagriner la Cour de Rome ; cette derniere ne perd point d'ocasion de censurer impitoyablement tout ce qui s'écrit à l'avantage de la France sur cette matiére. On avoit publié à Rome au commencement de cette année un Decret du Pape en forme de Bref contre un Livre François * qui avoit pour Titre, *Traité de l'origine de la Régale & des causes de son établissement, &c*. Ce Livre y étoit censuré & condamné au feu, comme *contenant beaucoup de choses manifestement fausses, & injurieuses, contrai-*

Nouveau diferé être les Cours de Rome & de France au sujet de la Regale.

* Fait par Mr Gaspar Audoul, Avocat au Parlement & aux Conseils du Roi & de Mr le Duc d'Orléans, à Paris 1708.

res à l'immunité Ecclesiastique, établie par la disposition Divine, & par les Constitutions Canoniques; impies, temeraires, erronées, & tenant même respectivement de l'Heresie. Ce Bref avoit été precedé d'un † autre qui prononçoit une Censure définitive contre un Mandement & trois Lettres de Mr l'Evêque de Saint Pons, dans la Province de Narbonne, Pieces imprimées en France avec permission. Le jugement donné par le Pape de son propre mouvement n'alloit pas moins *qu'à prononcer des Excommunications qui ne pouvoient être levées que par lui-même : il commit des Evêques & des Inquisiteurs pour l'execution de ce Decret, pour faire brûler les Exemplaires de ce Livre, & prétendoit proceder par les voyes de Droit contre la personne de cet Evêque.*

Arrêt du Parlement de Paris sur cette affaire. Le Parlement de Paris rendit un Arrêt contre ces deux Brefs, après que Mr Joli de Fleuri, Avocat du Roi, portant la parole au nom de S. M. eût remarqué : que la maniere dont le premier Bref étoit conçû, pouvoit faire douter de la verité de ce Decret. Que bien qu'il ne fût pas exprimé, qu'il eût été rendu *du propre mouvement du Pape,* il n'avoit pas laissé de porter son Jugement sans qu'il en eût été requis, sans que la connoissance de cette affaire eût été dévoluë au St S. par la voye d'Apel, sans qu'elle lui eût été deferée ni par le Roi ni par les Evêques. Que si de cette premiere vûë on entroit dans l'examen de cette Censure, on entroit dans l'exate condamnation prononcée contre la Doctrine d'un Evêque sans qu'il eût été entendu, sans qu'on lui eût fait connoître que ses Ouvrages étoient attaquez; & qu'on ne pouvoit condamner un acusé sans l'avoir mis en état de se défendre. Qu'il étoit inutile de dire *que la condamnation ne tomboit pas sur la personne de l'Evêque, mais sur sa Doctrine qui doit porter avec elle ou sa défense ou sa condamnation*, puis que le Bref ne condamnoit pas seulement la Doctrine en general, mais en particulier la Doctrine de Mr l'Evêque de Saint Pons ; cette condamnation étant faite sur un Exemplaire de ses Ecrits sujet à desaveu, & qui n'avoit point été reconnu par l'Auteur dans le Tribunal où il avoit été condamné.

Raisons aléguées contre le Bref du Pape. Si ce Bref prétendu, (continuoit le même Avocat du Roi) avoit lieu dans le Royaume & que l'on y reconnût la Jurisdiction immediate que le Pape veut y exercer, les Evêques, Juges naturels de la Doctrine aussi bien que de la personne de leur Collégue, n'auroient plus d'autres fonctions à exercer que celle de condamner la Personne de celui dont le Pape auroit condamné la Doctrine. Le nom de Libelles que l'on affecte de donner aux Ecrits d'un Evêque, & sur tout à un Mandement qu'il adresse aux Fidéles de son Diocese, marque assez que ce Bref ne reconnoît point le Mandement d'un Evêque, sur une matiere de Doctrine, comme l'Ouvrage legitime de l'Autorité & de la Jurisdiction Episcopale. Ces affectations ne sont pas nouvelles à la Cour de Rome, & les diverses Clauses contenuës dans ce Bref, qui enferme une Condamnation qui est du rang de celles qui se rendent sans aucune forme, qui attaquent souvent les plus solides Ouvrages sur les pretextes les plus frivoles, que l'on a tout au plus regardées comme des Ioix de Police de la Ville de Rome, sans qu'on puisse les considerer comme les Décisions régulieres d'une jurisdiction légitime, ne peuvent être regardées que comme une suite de ces Maximes des Docteurs Ultramontains ; *que le Pape est l'Ordinaire des Ordinaires, qu'il est Juge Souverain & immediat de l'interieur de tous les Dioceses, qu'il est l'Evêque Universel de tous les Fidéles, &c.* Maximes si justement condamnées par

† *Du 28. Janvier de cette année.*
Tome III.

1710. St Gregoire, & si souvent reprouvées par les Arrêts du Parlement de Paris, outre que la Jurisdiction Ecclesiastique n'a jamais eû dans le Royaume le droit de faire brûler des Livres, quelque scandaleux qu'ils eussent été, ce soin ayant toûjours été reservé aux Juges Séculiers. A l'égard du second Bref contre le Traité de la Régale, c'est un jugement du Saint Siege sur une matiere purement temporelle, sur un Droit ataché à la Couronne des Rois de France, sur laquelle nulle Puissance Ecclesiastique ou Seculiere n'a de pouvoir. Ce jugement, qui semble ne laisser aucune partie du Livre exempte de Censure, condamnera donc, & la Régale en elle-même, que les Conciles & les Papes ont si souvent reconnuë, & l'Universalité de ce droit, que la Cour a maintenuë par ses Décisions, que le Roi a confirmée par ses Loix, & que l'Eglise de France a mise, pour ainsi dire, au nombre de ses Canons.

Conformité de cette affaire avec celle de la Constitution Unigenitus.

Après la lecture desdits Brefs & les Conclusions du Procureur General du Roi, la Cour ordonna, que sans aprouver les Ecrits dudit Evêque de St Pons, ni le Traité de la Régale par ledit Audoul, il seroit informé contre ceux qui auroient vendu ou distribué des Copies manuscrites ou imprim es desdits Brefs. Ordonné à ceux qui en avoient des Exemplaires de les raporter au Greffe de la Cour & défenses furent faites à tous Libraires, &c. d'imprimer ou vendre aucunes Bulles ou Brefs de la Cour de Rome, sans Lettres Patentes du Roi, à peine de trois mille livres d'amende, & même de punition corporelle s'il y échet. C'est ainsi que le Parlement de Paris, par sa vigueur à s'oposer aux entreprises de la Cour de Rome, se disposoit insensiblement à soûtenir la grande affaire de la Constitution *Unigenitus*, avec la fermeté que nous voyons aujourd'hui. Fermeté que l'on ne peut assez louer tant de la part

de cette Cour Souveraine, que de Son Altesse Royale Mr le Duc Régent, dont la Sagesse & la Prudence furent employer dans les commencemens les temperamens convenables pour preparer la matiere & l'amener à ce point de maturité & d'éclat, dont on atend aujourd'hui de si grands succez. Qui auroit crû que ces voyes d'adoucissemens, d'explications, de silence même imposé aux Parties, eussent conduit les choses à ce noble refus de recevoir & de lire les nouvelles Bulles de Rome : à ce renvoi vigoureux des Couriers qui les aportoient : à cette injonction faite aux Prélats de France de s'en tenir aux Libertez & Usages de ce Royaume, & à cet ordre absolu trois fois repeté *de vouloir être obéi* ? * Tant il est vrai qu'il ne faut point juger temerairement des démarches d'un Prince éclairé, qui avoit ses vûës en temporisant, & qui avoit déja trop fait, pour faire aprehender qu'il ne fît pas encore davantage. Cependant gardons-nous d'anticiper, par un Jugement précipité, sur un avenir incertain, & qui peut encore être sujet à des revolutions inesperées.

Tout se preparoit à la fin de cette année à la continuation de la Guerre. La Rupture des Conferences de Gertruidemberg, qui avoit eloigné la Paix, ne laissoit entrevoir aux Peuples que de nouvelles calamitez. Avec cette difference que l'interêt des Alliez étoit le même que celui de leurs Sujets, pour qui ils combatoient afin de maintenir leur repos & leur liberté ; au lieu qu'en France l'interêt du Souverain n'é-

Etat du Royaume de France dans la continuatió de la Guerre.

---

* *Le 9. Decembre 1715. dans le tems que ceci fut écrit, Mr le Duc d'Orléans manda l'Abbé de Maupeou, Agent du Clergé, & lui ordonna de dire aux Evêques qui étoient à Paris & de faire savoir aux absens, qu'il ne vouloit point qu'ils reçussent le Bref du Pape, qui leur avoit été adressé depuis peu, & j'entens dit Son Altesse Royale, d'être obéi, ce qu'elle repéta trois fois.*

1710. toit plus le même que celui de ses Peuples, depuis l'acroissement prodigieux de sa Puissance. Toutes les Guerres qu'il avoit suscitées depuis plus d'un demi Siecle n'avoient servi d'un côté qu'à étendre ses Frontieres aux dépens de ses Voisins, & de l'autre qu'à le rendre Maître absolu (comme il l'étoit alors) de tous les biens & de tout l'argent de ses Sujets; de sorte que l'épuisement des Peuples, l'abaissement des Grands, des Parlemens, &c. tout avoit tourné à l'augmentation & l'élévation d'un pouvoir sans bornes. Le Royaume n'avoit donc point d'autre interêt dans cette Guerre que celui de la voir finir. Il étoit florissant sans l'Espagne, & il n'avoit pas besoin de cette jonction pour assurer son repos & sa prospérité. Mais ce qu'on apeloit mal à propos *la Gloire du Souverain*, vouloit que sa Puissance allât toûjours en augmentant; & comme elle étoit venuë à son comble par l'Union des deux Monarchies dans la Maison de Bourbon, il s'agissoit de s'affermir dans cette possession aux dépens des Sujets, qui n'en pouvoient recevoir aucun fruit. Ce fut dans cette vuë que la France imagina de nouveaux moyens d'avoir de l'argent; & comme il faloit les concilier avec le désir ardent que tout le Royaume témoignoit pour la Paix, on ne manqua point d'insinuer aux Peuples qu'on avoit employé tous les eforts possibles pour y arriver, quoiqu'on n'eût fait de ce côté-là aucune démarche sincere. Les préambules de la plûpart des Edits Bursaux rouloient tous là-dessus; cependant les Gens d'esprit ne s'en contentoient pas, comme on le peut voir par les discours suivans qu'on tenoit ouvertement à Paris.

Ce qu'ō en disoit à Paris.

On s'étoit flaté que cette Campagne nous ameneroit la Paix tant souhaitée, & que la Paix produiroit le remboursement de tant d'avances faites pour les besoins de la Guerre. Mais les nouveaux préparatifs qu'on fait pour soûtenir l'Espagne, nous annoncent que la Paix n'est pas si prochaine qu'on l'avoit crû, & les Edits qu'on vient de publier, déclarent une nouvelle guerre à toutes les Bourses, dont on ne voit pas bien encore quelle pourra être l'issuë, parce qu'il est presque impossible de developer avant l'exécution, les suites & les conséquences d'un projet de si grande étenduë. Le Roi a resolu de dégager pour le present une partie de ses Revenus; de reduire les rentes & les augmentations de gages au denier vingt; de retirer les Billets de Monnoye, ceux des Tresoriers de l'extraordinaire des guerres, & ceux des Fermiers Generaux; aussi bien que les Assignations données sur les Contracts des Notaires, &c. sans qu'il en coûte rien à Sa Majesté ou du moins fort peu de chose. C'est pour cela que Sa Majesté a acordé aux Villes & Communautez le doublement de leurs Octrois, afin que la Finance qui en proviendra, puisse servir à retirer une partie de ces Billets, que Sa Majesté prendra en payement des Dons gratuits. Sa Majesté a aussi créé 1259. mille livres d'augmentations de gages en faveur des Interessez aux Fermes; & cette Création est proprement une taxe de vingt-cinq millions, à repartir entre tous ceux qui ont eu part aux affaires du Roi, ou qui ont profité, laquelle ils seront tenus de payer à la premiere sommation, sous peine d'y être contrains. Et cette Finance en principal servira à retirer des Billets de l'Extraordinaire des Guerres, que Sa Majesté recevra en payement. A l'égard des billets de monoye & autres, ils pourront aussi être reçûs, ou par les Villes, en payement de leurs emprunts (ce qui ne peut aller bien loin) ou à la Monnoye, en y portant en même-tems les vieilles especes ou des Matieres d'or & d'argent, pour cinq fois autant que la valeur du total en

1710.

sera payée en nouvelles especes, qui étant augmentées de plus que la valeur desdits Billets, il arrivera par ce moyen, que Sa Majesté retirera les Billets sans qu'il lui en coûte rien & même avec quelque avantage. Mais la grande difficulté sera de trouver autant de matiere d'Or & d'Argent qu'il en faut sur cette proportion, pour faire prendre les billets à la Monnoye, outre que le crédit & les moyens manqueront à la plûpart; de sorte qu'on ne voit pas encore bien clair en tout cela, & il y a aparence qu'on donnera bien-tôt de nouveaux Arrêts en explication.

Levée du Diziéme denier.

Il paroît par ces discours qu'on étoit fort peu content en France de la continuation de la Guerre & des moyens dont on prétendoit se servir pour la prolonger. La Déclaration de la levée du dixiéme denier, donnée à Marli le 14. Octobre, ne manqua point de produire l'éfet qu'on devoit atendre d'une charge aussi pesante que celle-là. Voici comme on en parloit encore. *Feu Mr le Maréchal de Vauban avoit ci devant travaillé à ce projet, sous le nom de Dixme Royale, dans la vûë d'abolir tant d'Impôts établis à la ruine du Public, & son Livre est assez connu. Mais on a trouvé le secret, en conservant tous ces Impôts, d'ajoûter encore celui-ci par dessus tous les autres, & même d'en ordonner l'execution dans le cours de cette Guerre, & parmi tous les embarras du Commerce, qui ne peuvent qu'augmenter. Cela fait qu'on en raisonne diversement, & que cet expedient paroît admirable aux uns, pendant que d'autres en jugent tout autrement. Voila (disent les premiers) le fruit qu'on a au moins recueilli de nos Négociations de Gertruidemberg, d'avoir par là disposé les Peuples à souffrir la continuation d'une guerre si onereuse: mais les autres y oposent le passé, & l'état où l'on se trouve aujourd'hui, malgré tant de belles aparences, qui ont toûjours été trompeuses. C'est*

ce que le tems ne tardera pas d'éclaircir, & on verra par la suite, si cette Epoque nous sera plus heureuse que celle de la Capitation.

1710.

Supression des Billets de Monnoye.

Il étoit inconcevable que dans la misere où se trouvoit le Peuple depuis si long-tems, & avec la rareté d'argent qu'on éprouvoit par tout, les Financiers pussent néanmoins trouver les moyens de tirer toutes ces sommes, de payer au Roi ce dont ils étoient convenus, & par dessus tout s'enrichir encore eux-mêmes. Il falut pour cela toute l'adresse de Mr Des-Marêts, adresse néanmoins pernicieuse autant que necessaire! qui a perdu l'Etat pour le sauver, & qui n'a pû fournir au Roi de quoi soûtenir le Royaume sur le penchant de sa ruïne, qu'en achevant de ruïner les particuliers. Entre tous les Edits qui suprimérent de petits Impôts pour en établir d'exorbitans, un des plus considerables fut celui qui ordonna la supression des billets de Monnoye. Il est daté du 7. Octobre & fut regîtré au Parlement le 14. du même mois, non sans causer une grande consternation dans le Royaume, & une alteration plus grande encore dans le Commerce. L'établissement de ces billets fit crier, parce qu'on ne se voyoit entre les mains que du papier au lieu d'argent, quoique pourtant avec quelque esperance d'en recevoir. Leur supression dans le Commerce fit crier encore plus parce que ce papier devenoit inutile à ceux qui s'en trouvoient chargez. Mais la plus terrible de toutes les Déclarations fut *la levée du dixiéme denier* dont nous venons de parler. Elle avoit fait esperer quelque soulagement pour les autres impositions. Sa Majesté s'étoit expliquée que celle ci lui donneroit les moyens d'acorder à ses Peuples un Cinquiéme de diminution de la Taille de l'année suivante; mais cette esperance ne fut pas de durée, puisque la

LOUIS XIV. Liv. XVII.

1710.

Rehauffement des tailles.

Commiſſion des Tailles pour l'année 1711. contenoit ce qui ſuit.

L'atention de Sa Majeſté pour le bien & le ſoulagement de ſes Peuples, l'ayant porté à leur acorder une diminution conſidérable ſur les impoſitions de la preſente année 1710. en conſidération des pertes que la rigueur de l'h.ver de 1709. leur avoit cauſées ; ſon intention étoit de leur procurer encore des avantages plus eſſentiels l'année prochaine par la concluſion de la Paix ; mais la dureté & l'injuſtice des conditions que les Ennemis ont propoſées, ayant viſiblement fait connoitre l'éloignement où ils ſont d'y conſentir, Sa Majeſté s'eſt trouvée obligée, pour ſubvenir aux dépenſes exceſſives, auxquelles la continuation de la Guerre l'engage, de mettre les Tailles de l'année prochaine 1711. ſur le même pied qu'elles étoient l'année derniere 1709. eſperant que l'abondance de la recolte de cette année, dont il a plû à Dieu de les favoriſer, les mettra en état par le déor de leurs fruits de contribuer aux dépenſes qu'il eſt indiſpenſable de faire pour parvenir à une Paix avantageuſe. Par ces conſiderations, &c.

Agioteurs punis.

Quoi que le Commerce fût extrêmement dérangé depuis les changemens faits par les nouveaux Arrêts & Edits dont on a parlé, il ne laiſſa point de ſe trouver certains Uſuriers, nommez *Agioteurs*, qui négocièrent quantité de billets de monnoye & d'aſſignations, les premiers à 57. & les autres à 65. par cent de perte. Mais la Cour ayant été avertie de ce Commerce, par lequel des Gens de néant s'enrichiſſoient tout à coup de l'indigence publique, en fit arrêter un nombre conſiderable des plus puiſſans, qui furent conduits à la Baſtille, & fit rechercher les autres avec ſoin.

Situation des affaires d'Eſpagne.

Tous ces moyens violens de continuer la Guerre faiſoient trouver d'autant plus de Soldats qu'il y avoit plus de miſerables. On en fit paſſer un grand nombre en Eſpagne ; mais le mauvais état où une ſi longue marche les réduiſit dans une ſaiſon ſi fâcheuſe ne permettoit pas d'en eſperer de grands ſuccez. Le Roi Philippe ne laiſſa point de reprendre courage à la vûë de ce nouveau ſecours. Il avoit déclaré le Duc de Vendôme ſon Vicaire en Eſpagne, & le Maréchal de Noailles ſon Plénipotentiaire en Catalogne, & pendant que ce dernier étoit prêt à paſſer le Ter avec des Troupes fraîches pour aller vers Gironne, le Roi Philippe & le Duc de Vendôme, avec une Armée ſupérieure s'aprochoient de Madrid, pour incommoder de plus en plus les Alliez. Ceux-ci apres avoir conſumé dans un mois & demi tout ce qu'il y avoit de vivres au tour de Madrid & de Tolede, reſolurent de faire reprendre au Roi Charles & à ſa Cour la route de Barcelone, pendant que leur Armée ſe mettroit en marche pour ſe raprocher de l'Arragon. Le Roi Philippe la fit ſuivre par le Duc de Vendôme, & ſe rendit à Madrid le trois de Decembre. Les Relations nous aprendront le reſte. Mais comme celles des François ſont fort opoſées à celles qui furent publiées de la part des Alliez, je raporterai les unes & les autres pour en laiſſer le jugement au Lecteur. Voici celle qui fût aportée par Don Pedro de Zuniga & publiée à Paris par ordre de la Cour.

Rélation de la bataille de Villaviciosa.

,, Le Roi d'Eſpagne ayant été averti
,, le 7. au ſoir à Guadalaxara, que
,, les Ennemis avoient un Corps conſi-
,, dérable de Troupes dans Brihuega,
,, Sa Majeſté fit partir à minuit les
,, Grenadiers de l'Armée avec les Pi-
,, quets, ſous les ordres du Marquis
,, de Thouï, & deux Brigades de Ca-
,, valerie, avec ſix Régimens de Dra-
,, gons, conduits par le Marquis de
,, Valdecanas. Sa Majeſté Catholique
,, ſe mit en marche le 8. au matin avec
,, toute la Cavelerie ; après avoir en-

Y y iij

,, voyé ordre au Marquis de la Vere, ,, qui étoit demeuré entre Alcala & ,, Guadalaxara, d'avancer en toute di- ,, ligence. Les Troupes arriverent le ,, même jour 8. apres midi devant Bri- ,, huega. Aussi tôt le Roi fit reconnoî- ,, tre & investir la Place, & aiantfait- ,, tirer quelques coups de Canon con- ,, tre les murailles, il fit sommer la ,, Garnison de se rendre. Sur le re- ,, fus qu'en firent les Ennemis, on ,, travailla toute la nuit à élever des Bat- ,, teries, mais il fut impossible d'atta- ,, cher le Mineur. Les Batteries com- ,, mencèrent à tirer le 8. au matin, elles ,, firent en peu de tems une Brêche, ,, mais ce fut inutilement, la muraille ,, étant terrassée. Le Duc de Vendôme ,, reconnoissant les abords de la Place, ,, avoit remarqué à la gauche de l'atta- ,, que plusieurs Maisons contiguës ou ,, attachées à l'enceinte des murailles ,, par dehors; il les fit occuper, à des- ,, sein d'attacher le Mineur, & il fit ,, en même tems placer des Batteries ,, pour ouvrir la muraille de ce côté-là, ,, & rompre une Porte voisine. Les dis- ,, positions étoient faites pour com- ,, mencer l'Attaque, avec le Détache- ,, ment que le Roi d'Espagne avoit a- ,, mené: il étoit composé de tous les ,, Grenadiers, de 100. hommes choi- ,, sis de chacun des 8. Bataillons des ,, Gardes, & de 50. hommes tirez de ,, 22. autres Bataillons. Alors l'Infante- ,, rie qui suivoit plus lentement, arri- ,, va, & en même tems le reste de la ,, Cavalerie. Sa Majesté Catholique ,, forma deux Attaques, & aiant ,, donné ses ordres pour soûtenir cel- ,, le de la gauche, qui étoit la vérita- ,, ble, la Brêche étant imparfaite à la ,, droite, elle aprit que le Comte de ,, Staremberg s'avançoit, pour secou- ,, rir Brihuega.

,, Sur ces nouvelles le Roi d'Espa- ,, gne aiant pris l'avis du Duc de Ven- ,, dôme, fit marcher la Cavalerie, que ,, le Duc de Vendôme conduisit & pos- ,, ta lui-même sur les Hauteurs vers le ,, côté par où les Ennemis s'aprochoiët, ,, & il revint ensuite auprés de S.M.C. ,, L'Infanterie donna l'assaut à la Ville; ,, l'action fut longue & disputée, par- ,, ce que les Troupes Ennemies, aguer- ,, ries & nombreuses, avoient encore ,, de bons Retranchemens dans les ,, ruës. Toutefois leur résistance fut ,, inutile contre la valeur des Troupes ,, Espagnoles par la présence de leur ,, Roi. L'effet de la Mine avoit ouvert ,, une Brêche assez grande, outre que ,, la Porte avoit été renversée à l'atta- ,, que de la gauche. On entra, & les ,, Ennemis forcez mirent le feu à leur ,, premier Retranchement formé de ,, Bois sec, aussi bien qu'aux Maisons ,, voisines; ce qui arrêta les Troupes; ,, mais le feu s'éteignant, les Ennemis ,, furent poussez de Maison en Maison, ,, & réduits enfin au dernier Ret- ,, ranchement qu'ils avoient dans la ,, Place.

,, Pendant que ces choses se pas- ,, soient à l'attaque de la gauche, les ,, Troupes commandées à celle de la ,, droite, exécutoient l'ordre que le ,, Duc de Vendôme leur avoit donné ,, d'attaquer la brêche & de s'y main- ,, tenir, à dessein de faire diversion des ,, forces des Ennemis; qui se voïant ré- ,, duits à l'extrêmité, & manquer ab- ,, solument de provisions, battirent la ,, Chamade vers les 6. heures du soir. ,, Les Otages étant donnez reciproque- ,, ment, la Capitulation fut reglée ,, avec le Duc de Vendôme, suivant ,, laquelle la Garnison fut faite prison- ,, niere de Guerre: elle étoit composée ,, de 7. Bataillons Anglois, d'un Bataillon ,, Portugais, & de 8. Escadrons Anglois. ,, Il fut arrêté qu'on laisseroit aux Of- ,, ficiers, Cavalieres, Dragons & Sol- ,, dats, leurs Hardes & Bagages, les ,, obligeant en même tems à rendre ,, toutes leurs Armes, à sortir le len-

,, demain 10. au matin, & à livrer ce-
,, pendant la Porte près du Château, &
,, on accorda d'ailleurs des Conditions
,, favorables aux prisonniers, sur tout
,, aux malades & aux blessez. Les prin-
,, cipaux des Prisonniers sont les Lieu-
,, tenants Generaux Stanhope, Car-
,, penter & Wils, deux Marechaux
,, de Camp, & deux Brigadiers. L'At-
,, taque duroit encore lorsque le Roi
,, d'Espagne aprit que le Comte de Sta-
,, remberg continuoit de s'avancer di-
,, ligemment.

,, Sur ces nouvelles, S. M. C. mar-
,, cha le 10. au matin avec son Infan-
,, terie, pour occuper les Hauteurs où
,, le Duc de Vendôme avoit posté la
,, Cavalerie dès la veille; il rangea
,, l'Armée en Bataille, & apres quel-
,, ques volées de Canon, les deux Li-
,, gnes de l'Armée d'Espagne s'ébran-
,, lerent pour attaquer celles des Enne-
,, mis. Le Roi d'Espagne se mit à la
,, tête de l'Aîle droite, & le Marquis
,, de Valdecanas Capitaine-General,
,, eut l'honneur d'être sous ses ordres. Le
,, Poste du Duc de Vendôme fut à la
,, gauche aiant sous lui le Comte d'A-
,, guilar, Capitaine General. Le Com-
,, te de Las Torres, Capitaine Gene-
,, ral, étoit au Centre. Le Marquis de
,, Thouï aussi Capitaine General, quoi
,, que blessé la veille du Combat, s'y
,, distingua pendant toute l'Action. Il
,, étoit plus de trois heures après mi-
,, di, lors que le Roi d'Espagne don-
,, na l'ordre de commencer le Combat.
,, Il fallut marcher aux Ennemis par
,, un Terrain pierreux coupé de Ra-
,, vins, & de quelques murailles à pier-
,, res seches. Le Terrain où ils étoient
,, postez étoit plus commode: néan-
,, moins la Cavalerie de la droite, où
,, le Roi d'Espagne avoit pris son Pos-
,, te, culbuta leur gauche, & renversa
,, les Bataillons qui soûtenoient une
,, Batterie, dont les Espagnols se rendi-
,, rent les Maîtres. La droite des Enne-

,, mis, que le Duc de Vendôme fit at-
,, taquer en même tems, résista bien
,, davantage, les charges de part & d'au-
,, tre furent vives & fréquentes, & le
,, succés fort balancé. Enfin, le Duc
,, de Vendôme vint à bout de déborder
,, leur flanc: & alors il gagna les der-
,, rieres de leur Infanterie, où le Roi
,, avec la Cavalerie Espagnole de la
,, droite avoit penetré, apres avoir bat-
,, tu l'Aîle gauche qui lui étoit oposée,

,, Toutefois l'Infanterie Ennemie de
,, la droite ainsi envelopée combattoit
,, encore avec courage, elle gagnoit
,, même du Terrain, hors à l'endroit
,, où les Gardes Walonnes lui étoient
,, oposées; car ce Regiment perça les
,, deux Lignes & la reserve des Enne-
,, mis, & poussa loin du Champ de
,, Bataille les Troupes qu'il avoit en
,, tête. Les Gardes Espagnoles se distin-
,, guerent aussi dans cette journée. En-
,, fin la nuit favorisa la retraite de cet-
,, te partie de l'Infanterie Ennemie,
,, qui jusqu'alors avoit combattu avec
,, courage; mais ce fut avec beaucoup
,, de précipitation qu'elle se retira, pre-
,, nant le chemin de Siguença. Les
,, blessez furent abandonnez, & avec
,, eux demeurerent sur le Champ de
,, Bataille 10 pièces de Canon, 2. Mor-
,, tiers, les Voitures à l'usage du Païs
,, nommées Galeres, tous les Equipa-
,, ges d'Artillerie, les Bagages de l'Ar-
,, mée & environ 8000. fuzils. Le nom-
,, bre des morts demeurez sur le Champ
,, de Bataille est à peu près de 4000. hô-
,, mes, dont plus des trois quarts sont
,, des Troupes Ennemies. Celui des Pri-
,, sonniers que le Roi d'Espagne a faits
,, dans cette journée est de 3000. hom-
,, mes; parmi eux sont les Lieutenans-
,, Generaux Belcastel, qui commandoit
,, les Troupes Auxiliaires de Holande:
,, Mr. de St. Amant, & plusieurs autres
, Officiers. Don Joseph Valleio, qui
,, étoit posté de maniere à couper la
,, communication entre l'Arragon &

„ l'Armée Ennemie, a fait de son côté
„ 2300. Prisonniers, presque tous
„ Cavaliers, en sorte qu'en comptant
„ les Bataillons & les Escadrons pris
„ à Brihuega & les Prisonniers faits à
„ la Bataille, le nombre de ceux que
„ le Roi Catholique a présentement en
„ son pouvoir, est de 9000. hommes.
„ On ne savoit pas encore au juste le
„ nombre des Drapeaux, Etendars &
„ Timbales pris aux Ennemis en cet-
„ te Bataille, quoi qu'il y en eût déja
„ beaucoup de rassemblez, ceux qu'on
„ aportoit à tous momens en rendoient
„ la quantité incertaine.
„ Suivant les avis que le Roi d'Es-
„ pagne a reçus depuis le Combat il ne
„ restoit au Comte de Staremberg que
„ 3000. hommes d'Infanterie, & 8.
„ Troupes de Cavalerie. Sa retraite pa-
„ roissoit si difficile avec ce petit nom-
„ bre de Troupes battuës & sans subsi-
„ stance, que le Comte Mahoni, Lieu-
„ tenant General, l'aiant fait sommer
„ de se rendre, le plus grand nombre
„ des Officiers de ce reste d'Armée
„ consentoit à la proposition; mais le
„ Comte de Staremberg ne l'avoit pas
„ encore acceptée. Les principaux Of-
„ ficiers que le Roi d'Espagne a per-
„ dus, sont le Maréchal de Camp Don
„ Pedro de Ronquillo, tué dans la Ba-
„ taille; & le Comte de Rupelmonde,
„ Brigadier d'Infanterie mort des bles-
„ sures qu'il avoit reçuës, à l'attaque
„ de Brihuega.

On ne sauroit s'imaginer combien de fausses nouvelles suivirent cette Rélation; on faisoit chaque jour les Alliez Prisonniers par milliers. Il n'y avoit si petit Partisan dont on ne publiât une Rélation, & le General Mahoni entr'autres avoit réduit les restes malheureux du Comte de Staremberg à capituler; du moins les Officiers y avoient déja consenti, & le Comte ne songeoit qu'à se sauver par Monts & par Vaux avec une Troupe choisie. Cependant tous les soins qu'on s'étoit donnez pour rendre cette affaire la plus avantageuse & la plus vraisemblable qu'on eût pû, n'empêcherent pas les Lettres particulieres d'aprocher plus de la verité. Voici ce qu'en disoit l'Extrait d'une Lettre de France de tres bonne main, dattée du 5. Janvier, 1711.

La Bataille de Villa-viciosa ne s'est pas donnée à trois lieuës de Brihuega, comme on l'avoit dit, mais fort près de cette Place, & peu d'heures après la Capitulation de Mr. de Stanhope. C'est Mr. de Staremberg qui a attaqué le premier. Le Roi Philippe étoit a la droite de son Armée, qui abordoit celle des Alliez: Mr. de Vendôme commandoit la gauche. Mr. de Staremberg qui commandoit la droite de son Armée, enfonça par trois fois l'Aile gauche des Espagnols: Mr. de Vendôme voiant le desordre de ses Troupes, se mit à pié l'épée à la main à la tête de l'Infanterie, pour tacher de la rallier: mais voiant qu'il n'en pouvoit pas venir à bout, il remonta à cheval, & il mena la Cavalerie avec beaucoup de vigueur & de bravoure. Dans le même tems, Mr. de Valleio, qui étoit à la droite, passa avec un gros Corps par les derrieres de l'Armée Ennemie, & attaqua à dos leur gauche, pendant que Mr de Vendôme faisoit ses plus grans efforts. Mais M. de Staremberg sôutint ces deux Chocs en même tems, sans pouvoir être enfoncé, & sans perdre un pouce de terrain. En sorte que la nuit fit cesser le Combat, sans que la Victoire se fût declarée. On s'attendoit que le Combat recommenceroit le lendemain. Mais Mr. de Staremberg ayant apris que Mr. de Stanhope avoit capitulé, voyant la grande superiorité de nôtre Armée, prit le parti de se retirer, après avoir resté presque toute la nuit sur le Champ de Bataille. Les Ennemis nous ont pris le Marquis de Thoui, (qui voulut

Lettres particulieres sur le même sujet.

voulut être à cette Action, nonobstant la blessure qu'il avoit euë à Brihuega) & deux autres Officiers-Generaux Espagnols. On a fait courir le bruit que ce Marquis a été repris, mais cela n'est pas sûr. Tout le monde parle ici de Mr. de Staremberg comme du plus grand General qu'il y ait eu : & on dit qu'il a perdu le Bataille sans être battu, & cela est vrai dans un sens, puisqu'il a été impossible de lui gagner un pouce de terre, & qu'au contraire, il en a gagné sur nous. On dit qu'il est resté 6000. hommes sur le Champ de Bataille, dont on donne la moitié aux Ennemis. Toute ces circonstances font beaucoup rabattre de la joïe qu'on a eu d'abord.

Ces LETTRES particulieres avoüerent outre cela, que le *Comte de Staremberg* s'étoit retiré avec un Corps de 5000. hommes, qu'il n'avoit point perdu la Bataille ; & qu'au contraire il s'étoit maintenu sur le *Champ de Bataille* : Mais que voyant son Corps affoibli par la Prise des Troupes qui étoient à *Brihuega*; & considerant que quoi que celles du Roi *Philippe* eussent plus souffert, elles restoient beaucoup plus nombreuses, il prit le parti de se retirer plusieurs heures après le combat fini : il laissa son *Canon* qu'il ne put emmener ; mais on ne lui en prit pas une piece pendant le Combat. On ne savoit pas encore alors qu'on eût reçu la RELATION qu'on va lire ; cependant, de l'aveu même des François c'étoit déja rabattre beaucoup de la Victoire du Roi *Philippe*, & du Duc de Vendôme. Voyons présentement la Lettre que le Maréchal Comte de Staremberg en écrivit au Roi *Charles* à Barcelone, que Sa Majesté Catholique envoia aussi-tôt à l'Empereur, & dont le Fils du Gouverneur de Milan aporta la Copie à la Haye, le 11. de Janvier 1711.

Tome. III.

SIRE,

« VOtre Majesté aura sû, par le
» Capitaine de la Garde Catalane, le
» détail de ce qui s'est passé à l'Armée
» depuis que Votre Majesté l'a quittée,
» & que la disette des Vivres nous a-
» voit obligé de nous aprocher des
» Magasins qui sont en Arragon. Sur
» quoi nous avions jugé à propos de
» nous retirer entre le Tage & la Ta-
» juna, ce qui fut heureusement exé-
» cuté jusques au voisinage de Cifuen-
» tes, quoi que les Ennemis eussent
» tenté plusieurs fois de tomber sur
» notre Arriére-Garde & que les Pay-
» sans de Castille eussent pris les armes
» pour se jetter sur nos Troupes, &
» pour piller notre Bagage ; ce que
» nous avons empêché de tous côtez,
» avec toute la précaution possible.

» La Saison déja fort avancée, &
» la nécessité de trouver des Vivres &
» des Fourages pour les Troupes, nous
» obligea de marcher par colomnes,
» & par differentes routes. Les Trou-
» pes Angloises croyant de trouver
» quelque provision dans Brihuega, &
» qu'elles pourroient mieux subsister,
» prirent ce chemin, & y firent alte le
» 8. Le même jour l'Ennemi y arri-
» va avec toute son Armée, les y en-
» ferma, & en fit battre les murailles.

» Avant d'être informé de cet acci-
» dent, j'avois donné ordre à tous les
» autres Corps separez de me venir
» joindre, jugeant qu'il y avoit beau-
» coup de risque à les faire marcher
» par Colomnes. Dès que je fus averti
» de l'état & du danger où se trou-
» voient les Anglois, je fis marcher
» l'Armée toute la nuit du 8. & tout le
» jour suivant, pour les pouvoir dé-
» gager.

» Nous arrivâmes à l'entrée de la nuit
» à une lieuë de la Ville, & je fis à
» l'instant tirer quelques coups de Ca-

Relatiō de la même Bataille par le Comte de Staremberg

1710. ,,non, pour avertir les Assiegez, que nous venions à leur secours; & nous y trouvâmes les Ennemis rangez en Bataille. Nos Troupes renfermées dans Brihuega consistoient en 8. Bataillons & 8. Escadrons. Je ne crus pas devoir abandonner un Corps si considérable, & cette raison m'obligea à risquer le combat, quoi que l'Armée Ennemie fût fort supérieure en nombre à la mienne, sur tout en Cavalerie, outre que le terrain nous étoit moins avantageux qu'aux Ennemis, que nous étions dans une Plaine, & qu'il étoit mal-aisé de nous former dans un terrain tout ouvert, mais il n'étoit plus tems de se retirer. Je postai l'Aîle gauche dans un lieu de difficile accès, & je couvris la droite du côté de la Plaine par quelque Bataillons. Je mis aussi la Cavalerie derriere la premiere & seconde Ligne, & je formai ainsi quatre Lignes. J'attendis dans cette situation les Ennemis qui s'aprochèrent, me laissant à peine le tems nécessaire pour achever cette disposition. Cependant, l'Artillerie joüoit sans cesse, & causoit une perte considérable de part & dautre. L'Ennemi commença son attaque en bon ordre, & avec beaucoup de vigueur, prennant en quelques endroits l'Aîle droite par le flanc, qui néanmoins se remit à l'instant; mais ayant entièrement mis en déroute toute notre Aîle gauche, il nous prit à dos. Làdessus le General Major Contrecour avec ses trois Escadrons Portugais, auxquels s'étoient joints trois Bataillons de la seconde Ligne, un des Grisons, un de Babilon & un de Report, avança si à propos, & en si bon ordre, qu'il repoussa les Ennemis. Pendant ce tems-là notre Aîle gauche se railla, & les Ennemis furent mis en déroute des deux côtez, par leur droite & par leur gauche.

,,Nous les poussames plus d'une demi lieuë, les poursuivant, & les renversant entierement, & nous nous rendimes Maîtres de tout leur train d'Artillerie, & de beaucoup de Drapeaux & d'Etendars. Le Carnage fut grand, & plus de 6000. hommes des Ennemis restèrent morts sur le Champ de Bataille.

,,Nos Troupes ne s'arreterent point à faire des Prisonniers. Elles firent main basse sur tout ce qu'elles rencontrerent, & il n'y eut d'épargné que le Général Marquis de Thoüi, quelques Brigadiers, quelques moindres Officiers, & un fort petit nombre de Soldats.

,,L'Armée des Ennemis s'étoit trouvée forte de 32. Bataillons & 80. Escadrons: savoir 20. Bataillons formez du débris des 44. qu'ils avoient eus à la Bataille de Saragosse, avec 12. autres qu'ils avoient tirez d'Estramadure; & 44. Escadrons formez pareillement du débris des 70 qu'ils avoient eu à la même Bataille, avec 36 autres aussi tirez d'Estramadure

,,La nôtre étoit composée de 29. Escadrons Impériaux, deux Espagnols, un Anglois, dix Portugais, six Hollandois, & six Palatins. L'Infanterie consistoit en 14. Bataillons Impériaux, cinq Espagnols, deux Portugais, deux Anglois, deux Hollandois & deux Palatins. La plûpart de ces Corps étoient fort affoiblis, & cela ne pouvoit être autrement apres une Campagne si rude, & au mois de Decembre. Au reste notre Cavalerie de l'aîle gauche disparut au premier choc des Ennemis, aussi bien que sept Bataillons, de sorte que je me trouvai réduit à combatre avec 20. Bataillons & 16. Escadrons, c'est-à-dire un contre trois. Dieu donna tant de valeur & de conduite aux Officiers & aux Soldats, que sans s'étonner de cette grande

,, fuperiorité des Ennemis, ils les re-
,, pousserent, & firent des Actions
,, qui peuvent passer pour surnaturel-
,, les. Tous se sont distinguez, mais
,, principalement les Lieutenans-Ge-
,, neraux Baron de Wetsel, Comte
,, d'Atalaia, Don Antonio de Villa-
,, rael, les Maréchaux de Camp Com-
,, tes d'Eck & d'Hamilton, & D. Pe-
,, dro d'Almaida. Ces Mrs. ont donné
,, des marques signalées de leur bra-
,, voure, prudence & bonne condui-
,, te. Ce sont les seuls qui purent agir
,, pendant toute l'action, parce que
,, nous perdîmes les Generaux Belcas-
,, tel, Frankenberg, Copi, & St. Amant
,, des la premiere Attaque.
,, Le Combat a été si sanglant qu'en
,, differentes fois les Bataillons & les
,, Escadrons se sont battus d'eux-mê-
,, me, leurs Commandans aiant été
,, obligez de faire les fonctions de ge-
,, neraux, en repoussant les Ennemis
,, de tous côtez à mesure qu'ils les at-
,, taquoient.
,, Je ne crois pas d'exagerer, en di-
,, sant qu'il est resté plus de six mille
,, morts du côté des Ennemis, qui, a-
,, près une Action qui dura depuis trois
,, heures de l'apres midi jusques bien
,, avant dans la nuit, furent mis dans
,, une fuite generale.
,, Aiant gagné leur Artillerie, nous
,, la tournâmes contre eux, & restâ-
,, mes le lendemain dans l'endroit jus-
,, ques où nous les avions poursuivis.
,, Aiant depuis apris par les Prison-
,, niers & par les Deserteurs, que le
,, Corps des Anglois qui étoit à Bri-
,, huega, en étoit sorti prisonnier de
,, guerre le matin une heure avant
,, nôtre Armée & une partie de nôtre
,, Aîle gauche s'étant tellement éga-
,, rée que je n'en ai pu encore avoir
,, d'avis certain, sinon que sans s'ar-
,, rêter elle a pris la route d'Arragon,
,, les Troupes étant aussi d'ailleurs
,, sans paie, & depourvuës de toutes
,, sortes de vivres, dans un tems si ri-
,, goureux; j'ai été obligé de me reti-
,, rer le même jour 11., pour m'apro-
,, cher des Magasins d'Arragon. Une
,, partie de nôtre Bagage, sur lequel
,, quelques Escadrons Ennemis se jet-
,, terent, lors que nôtre Aîle gauche
,, étoit en désordre, a été pillée par eux,
,, & par les Païsans.
,, Outre toutes ces circonstances qui
,, se rencontrerent dans cette occa-
,, sion, il s'en trouva une autre; c'est
,, que tous les gens d'Artillerie s'étant
,, sauvez avec leur train, il n'y a pas
,, eu moïen d'emmener les Canons
,, des Ennemis, ni les nôtres, ainsi j'ai
,, été obligé de faire brûler les affuts
,, & les rouës.
,, Ceci, Sire, est le véritable & exact
,, raport, que la brieveté du tems me
,, permet de faire à Vôtre Majes-
,, té, &c.

Malgré l'avantage considérable que le Roi Philippe remporta dans cette ocasion, on ne peut s'empêcher d'exalter la belle retraite du General Staremberg dont les forces étant reduites au tiers de celles qu'avoit le Duc de Vendôme, mit pourtant le Roi Philippe hors d'état de le poursuivre & de rien entreprendre. En éfet il ne fut plus parlé du Siege de Barcelone ni de celui de Tarragone: son Armée ne pût se mettre en Campagne que fort tard l'année suivante; & elle fut prevenuë à *Prats del Rei* par celle du Comte de Staremberg qui avoit reçû quelques renforts. Les deux Armées furent en presence & se canonnerent; sans que le Duc de Vendôme jugeât à propos d'engager une Action; de sorte qu'à la reserve de quelques Postes dont les détachemens de son Armée s'emparerent, il ne se passa rien de considérable en ce Païs là. Le Roi Philippe, qui étoit resté en Arragon où il craignoit ces remuemens,

Suite des Afaires d'Espagne.

ne retourna à Madrid que le 15. de Novembre; & le Roi Charles se trouva en état à la fin de Septembre de passer en Allemagne pour les raisons que nous dirons en leur lieu.

Idée generale des affaires en 1711.

Cette année 1711. doit servir d'Epoque à des Evénemens mémorables, & doit être marquée dans l'Histoire comme une année de crise pour toute l'Europe. Les affaires generales parurent d'abord plus embrouillées que jamais, tant par les suites fâcheuses de la Guerre du Nord & par l'engagement de la Porte Ottomane dans cette querelle, que par les Révolutions dont nous avons parlé, arrivées en Espagne l'année derniere, & par d'autres changemens dont la Grande Alliance se vit menacée. Un voile impenetrable en couvroit les suites pour l'avenir: & outre les calamitez de la Guerre, on sentit presque par tout les coups redoublez d'une main apesantie par les Fleaux de la Peste, de la Mortalité des Bestiaux, des tremblemens de Terre, des inondations & débordemens de Fleuves. On vit un deuil general dans les Cours & plusieurs des premieres têtes emportées par des fiévres malignes, ou par de tristes accidens.

Mort de Monseigneur.

La France en particulier se vit privée de l'heritier présomptif de sa Couronne, par la mort de Louis Daufin, Fils unique du Roi, arrivée le 14. d'Avril. Ce Prince étoit tombé malade la nuit du 6. au 7. du même mois au Château de Meudon. Sa Maladie parut d'abord peu dangereuse, & ne l'empêcha point de souper encore le 9. en compagnie. Mais la nuit suivante les Medecins le trouvérent plus mal, & on en donna avis au Roi. On crut le dix tout le jour que c'étoit une fievre pourprée; mais on s'aperçut le 11. au matin que c'étoit la petite verole. Le mal ne parut point dangereux jusqu'au quatorze vers le midi qu'il empira de plus en plus. Enfin le Malade tomba sur les dix heures du soir en Apoplexie, & mourut à onze, universellement regretté. Mr Louis Daufin étoit âgé de 49. ans cinq mois & quatorze jours, étant né à Fontainebleau le premier Novembre 1661. Il avoit épousé en 1680. Marie Anne de Baviere, & il eut de ce Mariage Mr le Duc de Bourgogne, le Roi d'Espagne, & Mr le Duc de Berri. Il fit, comme nous l'avons dit, sa premiere Campagne en Allemagne en 1688. où il commanda l'Armée du Roi à la prise de Philipsbourg & de quelques autres Villes. En 1694. il commanda en Flandre. Ce Prince étoit sur tout recommandable par son atachement plein d'amour & de respect pour la personne du Roi son Pere, par sa bonté & son affabilité, qui le firent principalement regretter des Peuples, & par son humeur paisible qui leur auroit fait trouver en lui un bon Roi.

Ses Obseques.

Les circonstances de sa maladie ne permirent pas de lui rendre en son Château de Meudon les honneurs funebres convenables aux personnes de son rang. Ainsi la nuit du 16. on porta son Corps sans Ceremonie à St Denis dans un Carosse du Roi entouré des Gardes du Corps. L'Evêque de Mets, Premier Aumônier du Roi, le Duc de la Tremouille, Premier Gentilhomme de la Chambre, le Marquis de Dreux, Grand Maître des Ceremonies, l'Abbé de Brancas, Aumônier du Roi, & le Curé de Meudon suivoient dans un autre. L'Evêque de Mets presenta le Corps, & fit un beau discours, auquel répondit le Prieur de l'Abbaye; & après les Prieres acoûtumées, le Corps fut mis dans le Caveau de la Maison Royale sans autres Ceremonies; le Roi s'étant reservé de faire celebrer dans la suite les Services ordinaires suivant la coûtume.

Le Duc & la Duchesse de

Le Roi fit donner avis le 15. au Roi Philippe de la mort de Mr le Daufin & déclara un peu après le Duc & la Ducheffe de Bourgogne Daufin & Daufine. Sa Majefté tâcha alors de divertir la douleur que lui caufoit la perte de fon Fils. Elle fit le 18. la Revûë des Gendarmes & des Chevaux-Legers, & fut deux ou trois jours après prendre le divertiffement de la Chaffe. Sa Majefté écrivit enfuite au Cardinal de Noailles, Archevêque de Paris, la Lettre fuivante.

LETTRE
Du Roi au Cardinal de Noailles fur la mort de Monfeigneur.

MON COUSIN,

La mort de mon Fils le Daufin, arrivée dans le tems que j'avois lieu de me flater qu'il furmonteroit la maladie dangereufe dont il étoit ataqué, m'a caufé toute la douleur dont un Pere puiffe être penetré en perdant un Fils, qui par toutes les grandes qualitez qu'il poffedoit, méritoit avec tant de raifon toute ma tendreffe & toute mon eftime. Je fuis perfuadé que cette perte n'eft pas moins fenfible à mes Sujets ; & comme c'eft par mes Prieres & par les leurs, que je dois demander à Dieu le repos de fon ame, & la confolation dans ma douleur, je vous écris cette Lettre, pour vous dire que je defire que vous faffiez faire à cette intention des Prieres publiques dans vôtre Diocefe ce que me promettant de vôtre Pieté ordinaire, je prie Dieu qu'il vous ait, Mon Coufin, en fa fainte & digne garde. Ecrit à Marli le 22. Avril. 1711.
Signé LOUIS.
Et plus bas,
PHELIPEAUX.

Le Cardinal de Noailles, en execution de cette Lettre, fit publier le lendemain un Mandement pour la Celebration d'un Service Solemnel dans l'Eglife Metropolitaine de Paris & dans toutes les autres, tant de la même Ville, que des autres Villes de fon Diocefe, & le 18. de Juin il en fut celebré un autre dans l'Eglife de l'Abbaye Royale de St Denis, où l'Archevêque de Reims Officia & l'Evêque d'Angers prononça l'Oraifon funebre.

Le Roi ayant marqué le 27. d'Avril pour recevoir les Complimens de Condoléance fur la mort de Mr le Daufin, Sa Majefté fe rendit ce jour-là de Marli à Verfailles où les Miniftres Etrangers, les Cours Superieures, & autres Compagnies s'aquitérent de ce devoir, chacun dans une Audience particuliere. Les Miniftres furent conduits par le Baron de Breteuil, Introducteur des Ambaffadeurs, qui étoit en grand Manteau de Deuil, auffi bien que le Maréchal d'Harcourt, Capitaine des Gardes du Corps, qui reçût Mr Cufani, Nonce du Pape, à l'entrée de la Sale des Gardes, qui étoient fous les Armes. Les Princes du Sang & autres, les Seigneurs & Grands Officiers qui font auprès de Sa Majefté en pareille ocafion, étoient auffi en manteau de Deuil. L'Envoyé Extraordinaire de Suede, ceux de Lorraine, de Tofcane, de Parme, furent introduits de la même maniere. Meffieurs du Parlement eurent Audience après midi, Mr le Pelletier, Premier Préfident, portant la parole : & Meffieurs de la Chambre des Comptes, des Cours des Aides & de la Monnoye, furent admis après eux. Le Roi fe retira quelque peu de tems dans fon Cabinet, & donna auffi enfuite Audience à Meffieurs du Grand Confeil, de l'Univerfité & de l'Academie Françoife, qui furent tous introduits par Mr de Pontchartrain. Le Nonce du Pape, en fortant de l'Audience du Roi, alla faire des Complimens de Condoléance au Nouveau Daufin & à Madame la Daufine, qui le reçurent dans une Sale tenduë de noir, ensuite de quoi il se rendit chez les autres Princes & Princesses du Sang.

Comme Monseigneur le Daufin étoit mort sans faire de Testament, le Roi jugea à propos de partager sa Succession, qui pouvoit aller à trois millions de livres, aux trois Princes ses Enfans. Ainsi Sa Majesté donna au nouveau Daufin le Palais de Meudon avec toutes les Terres qui en dépendent, & au Roi Philippe & au Duc de Berri, chacun un million de livres.

L'Edit que Sa Majesté donna peu après pour regler le rang des Duchez & Pairies en general, fit voir jusques où alloit sa prévoyance ; puis que réglant particuliérement le Rang & les Séances aux Sacres de ses Successeurs, il paroissoit de mauvais augure pour sa propre personne : Voici l'Extrait des Articles de cette Ordonnance.

Edit du R. pour regler le rang des Duchez & Pairies.

„ I. Les Princes du Sang Royal representeront les Anciens Pairs de France aux Sacres des Rois, & auront Séance & voix déliberative dans nos Cours de Parlement à l'âge de 15. ans, tant aux Audiences qu'au Conseil, sans aucune formalité, encore qu'ils ne possédent aucunes Pairies.

„ II. Nos Enfans légitimez, & leurs Enfans Descendans Mâles qui posséderont des Pairies, representeront pareillement les Anciens Pairs aux Sacres des Rois, apres & au défaut des Princes du Sang, & auront voix déliberative dans nos Cours de Parlement, tant aux Audiences qu'au Conseil, à l'âge de vingt ans, avec Séance immédiate après lesdits Princes du Sang, & ils y precederont tous les Ducs & Pairs, quand même leurs Duchez & Pairies seroient moins anciennes : & en cas qu'ils ayent plusieurs Enfans Mâles, leur permettons (en se reservant une Pairie pour eux) d'en donner à chacun de leurs Enfans, pour en joüir avec les mêmes Prérogatives, du vivant mêmes de leurs Peres.

„ III. Les Ducs & Pairs representeront aux Sacres les Anciens Pairs, lors qu'ils y seront apelez au défaut des Princes du Sang, & des Princes legitimez qui auront des Pairies ; ils auront Rang & Séance du jour de la premiere reception, & seront reçûs au Parlement à l'âge de 25. ans.

„ IV. Par les termes d'*Hoirs* & *Successeurs* & par ceux d'*Ayans Cause*, tant inserez qu'à inserer dans les Lettres d'Erection, ne pourront être entendus que les Enfans Mâles descendus de celui en faveur de qui l'érection aura été faite & que les Mâles qui en seront descendus de mâles en mâles.

„ V. Les Clauses generales inserées ou à inserer dans quelques Lettres d'Erection de Duchez & de Pairies en faveur des Femelles, n'auront aucun éfet qu'à l'égard de celle qui descendra & sera de la Maison & du Nom de celui en faveur duquel les Lettres auront été acordées, & à la charge qu'elle n'épousera qu'une personne que nous jugerons digne de posseder cet honneur, lequel n'aura Séance au Parlement que du jour de sa reception.

„ VI. Permettons à ceux qui ont des Duchez & Pairies d'en substituer à perpétuité le Chef-Lieu avec une certaine partie de leur revenu, jusqu'à quinze mille livres de Rente, auquel le Titre & Dignité desdits Duchez & Pairies demeurera annexé, sans pouvoir être sujet à aucune dettes ni distractions.

„ VII. Permettons à l'Aîné des Mâles descendans en Ligne directe de celui en faveur duquel l'Erection des Duchez & Pairies aura été faite, ou à son défaut ou refus, à celui qui le

LOUIS XIV. Liv. XVII.

„ suivra immédiatement, & ensuite à tout autre Mâle de degré en degré de les retirer des Filles qui se trouveront en être Propriétaires, en leur en remboursant le prix dans six mois sur le pied du denier vingt-cinq du revenu actuel.

„ VIII. Ordonnons que ceux qui voudront former quelque contestation sur les sujets desdits Duchez & Pairies, & des Rangs, &c. acordez auxdits Ducs & Pairs, Princes & Seigneurs, seront tenus de nous representer chacun en particulier l'interêt qu'ils prétendent y avoir, afin d'obtenir de nous la Permission de le poursuivre.

„ IX. Voulons que nôtre Cousin le Duc de Luxembourg & de Pinei ait rang tant en nôtre Cour de Parlement de Paris, qu'en tous autres lieux, & à l'égard du Marquis d'Antin, voulons pareillement qu'il n'ait Rang & Séance que du jour de sa Reception, sur les nouvelles Lettres que nous lui acorderons.

„ X. Ordonnons que ce qui est porté par le présent Edit pour les Ducs & Pairs, ait lieu pareillement pour les Ducs non Pairs en ce qui peut les regarder. *Donné à Marli au mois de Mai 1711.* Signé *Louis* & plus bas, *par le Roi*, Phelipeaux.

Mort de l'Empereur Joseph. La mort de Monseigneur fut suivie de celle de l'Empereur arrivée quatre jours après, savoir le 17. Avril, de la même maladie. Sa Majesté Impériale avoit commencé à se trouver mal le sept, mais la petite vérole ne se déclara que le neuf au grand étonnement de toute sa Cour. Elle parut peu dangereuse jusqu'au seize que tous les Medecins furent mandez, mais n'ayant pû à l'ordinaire s'acorder sur les Remedes, on trouva le 17. que Sa Majesté Impériale avoit une grande inflamation de poitrine & l'on commença à desesperer de sa vie. En éfet elle mourut à dix heures & demie du matin après avoir pris congé des Impératrices avec de grandes marques de tendresse, de même que des Archiduchesses ses Sœurs. Ce Prince étoit né le 26. Juillet 1678. Fils de l'Empereur Leopold & d'Eleonore Magdelaine Therese, Fille du Duc de Neubourg, Philippe Guillaume, depuis Electeur Palatin : il fut couronné à Presbourg Roi de Hongrie le neuf Decembre 1687. & à Ausbourg Roi des Romains le 26. Janvier 1690. Il avoit épousé le 24. Fevrier 1699. Wilhelmine Amelie, Fille de Jean Frederic, Duc de Brunsvvick-Hanover, de laquelle il eut Marie Josephe née le huit Decembre 1699. Leopold Joseph né la nuit du 28. au 29. Octobre 1700. mort le quatre Août 1701. & Marie Amelie née le 22. Octobre de la même année. Le Cœur de ce Prince fut mis dans une Urne d'argent avec une Inscription, & porté dans l'Eglise des Augustins déchaussez à Vienne, & son Corps fut inhumé le vingt avec les ceremonies acoûtumées dans l'Eglise des Capucins, où est le Monument de l'Auguste Maison d'Autriche.

Mouvemens que la France se donne à ce sujet. Sa Majesté Impériale n'ayant point fait de Testament l'Imperatrice Douairiere sa Mere prit soin des affaires du Gouvernement par provision, en atendant les ordres de l'Archiduc Charles, auquel la Succession des Royaumes, Provinces, & Païs Hereditaires du feu Empereur étoit échuë. La Cour de France, toûjours atentive à profiter de toutes les conjonctures, tint plusieurs Conferences sur ce sujet, & nomma Mr de Torci & Mr Voisin pour en avoir de particulieres avec les Electeurs de Baviere & de Cologne, & avec l'Envoyé de Suede. On dépêcha divers Couriers en plusieurs endroits ; & un Courier du Cabinet entre autres eut ordre de partir en diligence pour l'Italie, afin de se rendre par la Dalmatie auprès du Roi de Suede, avec certaines Propositions qui rouloient sur la mort de l'Empereur. Cet incident fit changer toutes les dispositions qui avoient été faites pour la Campagne en Flandre, & les meilleures Troupes furent envoyées du côté de l'Alsace. On y fit le plus de Magasins de Vivres & de Munitions qu'il fut possible, & l'Electeur de Baviere demanda au Roi de l'assister dans le dessein de rentrer dans son Païs à la tête de 60. mille hommes, afin d'être à portée de profiter des brouilleries qui pouvoient arriver en Allemagne au sujet de l'Election du nouvel Empereur. L'Esperance qu'on en avoit conçuë à la Cour de France fut un lénitif au chagrin qu'elle pouvoit avoir ressenti de la mort du Daufin, quoi qu'à dire le vrai tout le Royaume en general ait paru plus sensible à cette mort, que la Maison Royale en particulier. D'où pouvoit venir cette difference, sinon des grandes esperances que le Public avoit conçuës de l'humeur pacifique, de la bonté & de la débonnaireté de ce Prince? Au lieu que la Cour peu touchée de pareilles vûës, ne regarda la mort de ce Prince que comme une perte qui ne faisoit pas un grand vuide, puis que la Couronne ne couroit pas encore risque de manquer si-tôt d'Héritiers. Quoi qu'il en soit, la nouvelle inesperée de la mort de l'Empereur donna de toutes autres idées & remua tous les ressorts de la Politique. Il est si vrai qu'elle servit de fondement à de grands desseins, qu'on en parloit de toutes parts sur ce pied-là. *Nous regardons cette mort*, disoit-on à Paris, *comme un coup du Ciel pour rétablir nos affaires, & l'on prend ici toutes les mesures imaginables pour profiter de cette conjoncture.* Les Alliez convenoient de la perte qu'ils avoient faite par cet accident; mais on ne convenoit pas de tous les avantages que la France en esperoit. Cette Couronne, autrefois si formidable, n'étoit plus ni assez riche

pour corrompre l'Empire, ni assez puissante pour le contraindre à suivre par force ses volontez. Non seulement les Electeurs, mais encore les vœux de tout le Corps Germanique concouroient à élever sur le Trône Impérial les restes précieux de l'Auguste Maison d'Autriche. L'Electeur de Baviere, que ses interets particuliers & ceux de son Frere portoient à n'y pas consentir, étoit beaucoup moins à craindre sur le Rhin, qu'il ne l'avoit été sur le Danube avant la journée de Hochstet, & la France étoit bien moins en état de le soutenir qu'elle ne l'avoit été alors. Les plus grands Etats n'ont qu'une certaine mesure de forces au delà de laquelle tous leurs éforts sont superflus & ne servent au contraire qu'à les affoiblir.

Telle étoit la situation generale où l'on se trouvoit à l'ouverture de la Campagne, lors qu'on vit les affaires se débroüiller peu à peu par des dénoüemens non attendus, les uns heureux, les autres équivoques. La Paix de Hongrie, concluë dans la circonstance de la Rupture des Turcs & de la mort de l'Empereur, mit fin à une puissante diversion. Il fut d'abord facile d'apercevoir qu'elle tendoit à sa fin. Les Impériaux s'étoient emparez d'*Eperies* & de diverses Forteresses occupées par les Mécontens, à qui il ne restoit plus que *Cassovie, Ungvvar*, & *Mongatz*. L'Union entre les Chefs étoit ébranlée: l'épuisement, la lassitude & les besoins augmentoient les desirs de la Paix, pour se rétablir des miseres passées; il ne s'agissoit plus que des Conditions & des Suretez. Le Prince Ragotski & le Comte Bérézini étoient allez dès le mois de Mars faire un tour en Pologne, pour y conferer avec le Czar & le Roi Auguste. Sur ces entrefaites, le Comte Cároli, entre autres, s'étoit déclaré pour l'Empereur, avec 4000. hommes sous ses ordres. Ainsi tout concouroit à une Pacification, & il parut que les choses étoient

Afaires de Hógrie. Mémoires du Tems.

1711. étoient bien avancées & disposées, puis que la mort de Sa Majesté Impériale étant survenuë, ce contretems n'empêcha pas que le Traité fût signé le 29. Avril, par le Comte Palfi & Mr Locher d'une part, & accepté le 1. Mai, de la part de Etats de Hongrie & de Transilvanie, sous le Titre d'*Amnistie* & de *Grace*, avec un Formulaire du Serment prêté en conséquence, au nom desdit États, & en l'absence du Prince, qui jusqu'alors avoit été leur Chef. Il parut entr'autres par ce Formulaire, que vû la Déclaration de Sa Majesté Impériale & Roïale, & sa promesse, tant pour elle que pour ses Successeurs, de maintenir religieusement les Loix, les Droits & les Libertez, tant dans les affaires Politiques, que dans les Ecclésiastiques des Religions reçuës, aprouvées ou tolerées, &c. lesdits États jurerent de lui être toûjours fideles &c. Ce Traité fut suivi de la reddition de *Cassovie* : la Forteresse d'*Ungvar* se soûmit le 15. Mai, & celle de *Mongatz*, qui tint plus long-tems, se rendit enfin le 22. Juin. Ainsi fut terminée cette grande affaire, lors qu'elle sembloit plus éloignée que jamais d'une heureuse Conclusion dans la conjoncture de la Guerre déclarée en Turquie. Il est vrai qu'elle fut bien-tôt suivie de la Paix, mais on étoit bien éloigné de s'en flater, & voici en abrégé le détail de cet Evénement.

Guerre entre le Czar & les Turcs suivie de la Paix.

Le Czar aiant apris les mouvemens des Turcs, fit de son côté publier sa Déclaration de Guerre le 8. Mars, & donna ordre à ses Troupes de marcher. Le Grand Vizir partit le 16. de *Constantinople*. Les Tartares commencerent en Avril une Irruption dans l'*Ukraine*, qui ne leur reüssit pas, non plus que le Siège de *Bialacerkievv*, qu'ils furent contraints de lever avec perte, outre celle qu'ils firent dans leur retraite, par la poursuite du Prince de *Gallicriczin*. La Porte déclaroit qu'elle n'en vouloit qu'aux Moscovites, mais on ne s'y fioit pas en Pologne. Le 2. Juin le Czar eut une entrevuë avec le Roi Auguste à *Jaroslavv*, où la Guerre contre les Turcs fut résoluë par le Conseil, mais defensivement. l'Hospodar de *Valachie* se déclara pour S. M. Czarienne, de même que celui de *Moldavie*, dont les Envoiez se rendirent à *Jassi*, où l'Armée Moscovite étoit arrivée le 4. Juillet. Ces derniers insinuèrent que le Vizir avoit intention de faire sonder le Czar sur la Paix. Le dessein des Moscovites étoit de rester à *Jassi*, & d'y établir de bons Magazins, avant que de passer plusoutre en des Païs ruinez & deserts : mais sur un avis reçu, que les Turcs n'étoient pas encore tous assemblez, & sur l'assûrance donnée qu'on y trouveroit des Vivres, il fut résolu de marcher vers le *Danube*, & de devancer l'Ennemi. Cependant ces avis se trouverent faux, & on fut bien surpris d'aprendre le 18. Juillet, que les Turcs avoient déja passé le *Pruth*, & coupé la Communication de l'Armée avec le Corps de Cavalerie du General Renne, qui avoit pris les devans. Le 19. le Combat fut inévitable entre les deux Armées & il fallut en venir aux mains nonobstant la grande disproportion qu'il y avoit entre les forces de l'une & de l'autre : le Czar se surpassa en cette ocasion, & montra autant de présence d'esprit que de valeur & de conduite, pour se tirer d'un pas si fâcheux. Le 20. les Turcs & les Tartares fondirent avec furie sur son Armée, qui soûtint leur Choc, & ne put être rompuë. Le 21. ils s'avancerent par des Aproches vers les Chevaux de Frise des Moscovites & on soûtint encore leur grand feu. Ce fut sur ces entrefaites qu'on parla de Paix, dont on prétend que le Comte Castriote, Envoié de Moldavie, fit les ouvertures. Quoiqu'il en soit, les Propositions aiant

Tome III.   AA a

été acceptées de part & d'autre, le Traité fut conclu le 23., suivant lequel le Czar convint *de rendre toutes les Conquêtes qu'il avoit faites sur les Turcs*, mais il prétendit que le Sultan de son côté *ne se mêleroit plus des affaires du Roi de Suède*, qui pourroit néanmoins *retourner en sûreté dans ses Etats*, S. M. Cz. y aiant consenti *à la prière du Grand Vizir*. Les Suédois en parlèrent autrement ; & en effet le Roi de Suede ne parut pas content du Traité. Cependant le Czar retourna en Pologne avec son Armée, qui s'étoit mise en marche dés le 24. juillet. Ce Prince commença d'exécuter le Traité par la remise de quelques Places mais la Restitution d'Asoph demeura encore suspenduë, jusqu'à ce qu'il eût appris les résolutions de la Porte sur le depart de S. M. Suédoise qui étoit encore à Bender.

Affaires du Nord. Quant à la Guerre du Nord la décision en fut encore renvoyée à un autre tems. Le Roi de Suéde, toûjours ferme à rejeter le Traité de *Neutralité* conclu pour la conservation du repos de l'Allemagne, s'étoit expliqué par un *Manifeste* du 28. Janvier, „ qu'il ne se „ donneroit point de relâche jusqu'à ce „ qu'il eût rétabli le *Roi Stanislas* que „ pour cet effet, *il étoit entré en enga-* „ *gement avec l'Empereur Ottoman &* „ *le Grand Kan des Tartares ; & qu'il* „ *envoyoit d'avance en Pologne le Pala-* „ *tin de Kiovie avec un gros Corps de* „ *Troupes.* „ Ces mesures se trouvèrent sans effet par la Paix concluë en Turquie. Ce Palatin s'étoit bien avancé avec les Tartares, mais il ne réüssit pas dans son dessein. D'un autre côté le Corps Suédois en Pomeranie ne fit aucun mouvement, du moins considérable. Il est vrai que les préparatifs des Danois & des Saxons eurent aussi leurs contretems. Le Mal contagieux emporta en moins de 3. Mois plus de 15000. personnes à *Coppenhague* & à *Christians-Have*. Les Troupes ne commencèrent à se mettre en marche qu'au Mois d'Août dans le tems du retour du Czar, & les Armées Danoises, Polonoises & Moscovites furent long-tems occupées aux préparatifs pour le Siege de *Stralsund*, & l'attaque de l'Ile de *Rugen*, où le General Steenbock arriva sur la fin de l'année avec un Renfort de quelques Regimens Suédois.

Cependant le Nouveau Daufin de France avoit entrepris de remettre les Finances de ce Royaume, & s'y apliquoit avec beaucoup de soins. Il les distribua en 3. Classes, dont la premiere fut des Domaines, la seconde des Aides, & la troisiéme des Gabelles. Les Fermiers Generaux furent partagez suivant cette division, & il prétendit mettre un Ministre à leur Tête dans chaque Classe. Ce Prince vouloit aussi faire rendre compte aux Gens d'affaires, moyennant quoi il devoit revenir au Roi le quart de ce qu'ils avoient gagné sur leurs entreprises depuis 1688. Ce Projet grand & digne du genie du Prince qui l'avoit formé. Il est certain qu'il avoit de grans talens & que par la route qu'il prenoit pour se démêler d'un Labyrinthe si embarassant, il auroit rendu de grans services à l'Etat, si la mort ne l'eut enlevé dans le tems qu'on s'y attendoit le moins. Toûjours étoit-il beau à un Prince encore si jeune de tenter une telle entreprise. On peut juger de sa grandeur par les difficultez que Mr le Duc Regent y trouva, & du dérangement affreux des Finances, par ce que nous en aprend le Memoire de Mr des Marêts.

Aplication du Nouveau Daufin aux affaires, & particuliérement à regler les Finances.

L'explication des Fonds qui ont servi aux dépenses des années 1708., 1709, & 1710. fait connoître sensi„ blement, dit ce Ministre, quelle „ étoit la difficulté de trouver des res„ sources suffisantes pour continuer „ d'aussi grandes dépenses que celles

En quel état elles étoient cette année. Memoire de Mr Des Marêts.

,, qui ont été faites pendant ces trois
,, années. L'Etabliſſement du Dixiéme
,, donnoit de grandes eſpérances ; mais
,, l'événement a juſtifié que le recou-
,, vrement des plus fortes années n'a
,, pas monté à 24000000. liv. Le Di-
,, xiéme des Penſions & des autres dé-
,, penſes qui ſe païoit au Tréſor Roïal
,, ſujettes à la retenuë du dixiéme ope-
,, roit une diminution des dépenſes;
,, mais ne produiſoit pas un fond pré-
,, ſent pour celles qu'il faloit païer
,, actuellement. Il faloit donc penſer à
,, aſſûrer des fonds qui puſſent entrer
,, ſucceſſivement dans les Caiſſes.
,, C'eſt le motif qui fit ordonner par
,, la Déclaration du Mois d'Octobre
,, 1710. la Converſion de toutes les
,, Aſſignations tirées par avance ſur les
,, revenus de 1711. 1712. & 1713. &
,, pour ôter tous les Papiers qui empê-
,, choient la circulation de l'argent. On
,, ordonna auſſi par la même Décla-
,, ration la Converſion des Rentes,
,, tant des Billets de Monnoïe qui ſub-
,, ſiſtoient encore, & des promeſſes à
,, 5. ans, faites au lieu des Billets de
,, Monoïe annulez, que des Billets
,, d'Emprunts faits par les Tréſoriers
,, de l'Extrordinaire des Guerres, & les
,, Ajoints qui leur avoient été donnez
,, pour ſoûtenir leur Crédit, & des Bil-
,, lets de ſubſiſtance donnez aux Offi-
,, ciers des Troupes, & généralement
,, des autres Papiers qui exiſtoient alors.
,, La Refonte des eſpeces ordonnée en
,, 1709. avoit déja procuré l'extinction
,, de plus de 40000000. des Billets de
,, Monnoye, & d'autres Papiers.

,, On rendit libres par ce moïen les
,, fonds qui avoient été conſommez
,, d'avance ſur les années 1711. 1712.
,, & 1713. On compta avec les Rece-
,, veurs Generaux des Finances, & on
,, viſa leurs Aſſignations pour connoî-
,, tre ce qu'ils devoient de ces 3. années.

,, Ces diſpoſitions, quoi que bonnes
,, & néceſſaires, cauſerent un diſcredit
,, total aux Aſſignations, de ſorte que
,, pour avancer les dépenſes de 1711.
,, & même de 1712. on fut obligé de
,, faire remettre à la Caiſſe des Rece-
,, veurs-Generaux, tenuë par le Sr. le
,, Gendre, laquelle s'étoit accreditée
,, par les fonds qui y entroient journel-
,, lement, les Aſſignations ſur les Re-
,, ceveurs Généraux pour les fonds reſ-
,, tans libres de la Taille & de la Ca-
,, pitatió & pour l'avance de 18000000.
,, liv. qu'on engagea les Receveurs Ge-
,, néraux de faire ſur le produit du di-
,, xieme des biens fonds, tant du quar-
,, tier d'Octobre 1710. que de l'an-
,, née entiere 1711. Ce produit étoit a-
,, lors-tres incertain, & ne put mon-
,, ter dans les dix-neuf Generalitez
,, taillables à 14000000. liv. Les Gar-
,, des du Tréſor Roïal remirent en
,, execution de ce Projet, les Aſſigna-
,, tions au Sr. le Gendre ſur ſes Re-
,, cepiſſez, portant promeſſes de leur
,, en payer la valeur en argent ou en
,, quittances à leur décharge, ce qui
,, fut regulierement executé entre les
,, Caiſſiers du Tréſor-Roïal & le Sieur
,, le Gendre.

,, Il eſt néceſſaire d'obſerver qu'au
,, commencement de cette année 1711.
,, le Roi aiant réſolu d'aſſembler l'Ar-
,, mée avant qu'il y eût de l'herbe pour
,, fourager, il donna ſes ordres pour
,, faire des Magazins de Fourages ſecs
,, qui puſſent faire ſubſiſter les Che-
,, vaux de la Cavalerie pendant ſix Se-
,, maines; & cette depenſe extraordi-
,, naire qu'il falut païer comptant, ou-
,, tre le courant des autres depenſes,
,, monta à 30500000. liv. ſuivant
,, l'Ordonnance qui en avoit été
,, ſignée par le Roi. Pour procurer
,, avec ſolidité des Fonds actuels
,, à la Caiſſe de Regie, tant pour cer-
,, te dépenſe de Fourage que pour les
,, autres, on obligea les Receveurs-
,, Generaux de païer en argent à la
,, Caiſſe de Regie, le montant des Aſ-

,, fignations des premiers Mois de
,, leurs Exercices & de faire leurs Bil-
,, lets pour les derniers Mois ; ce qui
,, fut regulièrement exécuté. Les Billets
,, des Receveurs Généraux étant faits
,, pour des termes peu éloignez , fu-
,, rent négociez à un intérêt mé-
,, diocre , & on évita par ces arran
,, gemens les efcomptes qu'il au-
,, roit fallu paffer aux Banquiers & aux
,, Fourniffeurs , fi on leur avoit donné
,, les Affignations à négocier , comme
,, on avoit fait eu d'autres années.
,, On fit de plus entrer dans cette
,, Caiffe , fuivant le premier Projet,
,, fans Traitans ni remifes , & fans frais
,, que ceux de la Regie , les Dons gra-
,, tuits des Villes , & le doublement
,, des Infpecteurs das Boiffons & des
,, Octrois , qui ont produit de net
,, 3068095. livres. Pour augmenter
,, les fonds néceffaires à fournir aux dé-
,, penfes toûjours preffantes; on accepta
,, fuivant l'ordre du Roi [quelques
,, avances propofées par divers parti-
,, culiers en argent avec une partie en
,, Papiers ; ce qui procura un Fond ac-
,, tuel de cinq millions 260000. livres,
,, Le Papier accepté ne monta qu'à
,, 813000. livres , qui furent rembour-
,, fées en Affignations fans intérêts.
,, Le Roi aiant convoqué une Affem-
,, blée du Clergé dans cette même an-
,, née 1711. pour l'établiffement du
,, Dixième , le Clergé propofa de don-
,, ner au Roi 8000000. liv. , pour en
,, être déchargé , & cette offre fut ac-
,, ceptée. Tous les fonds produifirent
,, pres de 10000000. liv. , qui fervi-
,, rent aux dépenfes des années 1711.
,, & 1712. L'Ordre de *Malte* & le
, Clergé des Evêchez de *Mets verdun*
,, & *Perpignan* , donnerent 142000.
,, liv. pour être déchargez de l'établif-
, fement du Dixième: La Province
,, d'Alface & la Ville de *Strafbourg*
,, 2000973. liv. pour en être pareil-
,, lement déchargées Voilà ce qui fut
,, fait pour l'établiffement & pour la
,, décharge du Dixième.
,, L'etabliffement de ce Dixième ne
,, permettoit plus de faire des Trai-
,, tez , ni autres affaires extraordinai-
,, res , il faloit néanmoins d'autres
,, Expédiens pour avoir de l'argent. On
,, créa par un Edit du mois de Janvier
,, 1712. , des Charges d'Infpecteurs
,, des Finances , auxquelles on avoit
,, atribué des gages & des frais d'exer-
,, cice. Pour en affûrer le païement,
,, on avoit ordonné par Arrêt du 26.
,, Janvier, une impofition de 3. deniers
,, pour livre , pour augmentation fur
,, le Total de la Taille , qui devoit
,, produire 480000. livre par an. Les
,, Charges n'aiant pas été levées, on
,, propofa de faire ufage du produit de
,, ces taxations, & de créer des *Remi-*
,, *fes fur les Tailles au denier* 12. pour
,, le remboursement desquelles on af-
,, fecta 300000. livres par an, & ce
,, remboursement devoit être fait de 6.
,, mois. en 6. mois. Ces rentes ne de-
,, voient point être perpetuées, elles de-
,, voient s'éteindre dans le cours de 13.
,, années. D'ailleurs pour leur donner
,, plus de crédit , on jugea qu'il ne fal-
,, loit point les confondre avec les au-
,, tres Rentes de l'Hôtel de Ville.
,, Ces motifs déterminerent à propo-
,, fer un homme de bonne réputation
,, & connu du Public pour faire la
,, Recette du Principal , païer les ar-
,, rérages d'année en année , & faire
,, dans les tems prefcrits les rembour-
,, femens. Le Sr. Belangir , Tréforier
,, du Sceau, fut choifi pour cette fonc-
,, tion. L'Edit du mois de Juin 1712.,
,, portant création de 500000. liv. de
,, Rentes , à prendre par préférence
,, fur tous les deniers des Tailles, com-
,, mit le Sr. Belangir pour faire des prin-
,, cipaux de la Conftitution celles des
,, fonds deftinez pour païer les Arréra-
,, ges & pour faire les remboursemens.
,, Par le même Edit , le Sr. Belangir
,, fut chargé de remettre aux Gardes
,, du Tréfor Roial , les fonds de la

LOUIS XIV. Liv. XVII.

1711. ,, Conſtitution, les quitances du paye-
,, ment des Arrêrages & des rembour-
,, ſemens, pour en compter par eux à
,, la Chambre des Comptes. Il reſtoit
,, encore des Billets de Monnoye &
,, des Billets à cinq ans: il avoit été
,, ordonné par Arrêt du 30. Novembre
,, 1711. qu'ils demeureroient éteints
,, & de nulle valeur au premier Mars
,, 1712.
,, Par Arrêt du 6. Fevrier de la même
,, année 1712. il fut permis pendant le
,, reſte de ce mois de les porter en Ren-
,, tes à la Tontine, en fourniſſant moi-
,, tié en argent. Pluſieurs Négocians
,, ayant eu avis de l'arrivée d'une quan-
,, tité de matiere d'argent qu'ils n'a-
,, voient pû faire porter aux Monnoyes
,, avant la diminution réſoluë pour le
,, premier Fevrier, on leur acorda par
,, cinq Arrêts le même prix qui avoit
,, été fixé avant le premier Fevrier, &
,, leurs matieres furent reçûes avec
,, profit pour eux juſqu'au premier Jan-
,, vier 1713 Enfin au mois de Decem-
,, bre 1712. le Roi pour avancer la
,, converſion des eſpeces & matiéres
,, qui reſtoient à porter aux Hôtels des
,, Monnoyes, abandonna le profit de la
,, converſion, & ordonna par un Ar-
,, rêt du ſix Decembre 1712. que les
,, anciennes eſpeces & matieres y ſe-
,, roient payées ſur le pied de toute leur
,, valeur. Les Ordonnances pour les
,, dépenſes de l'année 1711. monté-
,, rent à 264. millions 12. mille 881.
,, livres.

Interdiction du Commerce avec les Hollandois.

J'ai mis enſemble ce qui regarde l'arrangement des Finances de cette année & de la ſuivante pour n'en point faire à deux fois. Dans cette ſituation, où il ſemble que le Roi ne devoit rien négliger pour faire fleurir le Commerce, il ne laiſſa pas de l'interdire avec les Hollandois; ce qui donna lieu à pluſieurs Marchands de ſe plaindre, de ce qu'en même-tems qu'on les acabloit d'Impôts, on leur retranchoit encore le moyen de gagner par d'autres voyes. Il fut rendu * ſur cela un Arrêt du Conſeil d'Etat du Roi publié à Paris vers le milieu de Janvier. Mais pendant qu'on en uſoit ainſi avec les Hollandois, la Cour donna permiſſion aux Anglois d'aporter dans le Royaume toutes ſortes de Marchandiſes, ſans être obligez d'en raporter le retour en Marchandiſes de France: ce qui marquoit la bonne intelligence des deux Cours, dont nous verrons encore des éfets plus ſenſibles au commencement du Livre ſuivant.

Le Pr. de Côti & autres faits Chevaliers du St Eſprit.

Le Roi avoit tenu Chapelle de l'Ordre du Saint-Eſprit le premier Decembre de l'Année derniere & on avoit propoſé d'y recevoir le Prince de Conti, le Comte d'Albergotti & le Marquis de Goesbriant. Cela fut executé le premier Janvier de celle-ci dans la Chapelle de Verſailles, où le Prince de Conti fut conduit au Trône de Sa Majeſté par Monſeigneur le Daufin & par Mr le Duc de Berri: les autres Chevaliers, ſavoir, les Comtes de Medavi, du Bourg, d'Albergotti, & le Marquis de Goesbriant, y furent conduits par le Marquis de la Sale & le Maréchal de Chamilli. Les Officiers qui avoient défendu Aire furent auſſi récompenſez. Le même Prince de Conti, le Duc de la Tremouille, & le Duc de Saint Agnan furent reçus à diverſes fois Ducs & Pairs au Parlement de Paris. Cette Cour Souveraine rendit peu après un Arrêt fort extraordinaire portant *qu'on démoliroit inceſſamment le Tombeau que le Cardinal de Bouillon avoit fait conſtruire dans ſon Abbaye de Clugni pour les Princes de ſa Maiſon.*

Suite des afaires de la Conſtitution. Les Evêques de Luçon &

Cependant les Jeſuites continuoient leurs intrigues & ſe donnoient beaucoup de mouvemens pour engager le plus qu'ils pouvoient d'Evêques à condamner le Livre du Pere Queſnel, dont nous avons parlé, & à écrire au Roi

* Le 30. Decembre 1710.

contre le Cardinal de Noailles. Les Evêques du Luçon & de la Rochelle, dévoüez depuis long-tems à la Société, le firent par une Lettre envoyée à Sa Majesté au mois d'avril, pour lui dénoncer que le Cardinal Archevêque de Paris, & l'Evêque de Châlons son Frere, étoient Fauteurs des sentimens condamnez de Jansenius ; & pour exhorter Sa Majesté d'employer son autorité, afin de soûtenir la Doctrine de l'Eglise contre ces deux Prélats. Les premiers avoient fait publier un Mandement, pour défendre le Nouveau Testament aprouvé par le Cardinal de Noailles ; & comme ils avoient chacun un Neveu dans le Seminaire de St Sulpice, ceux-ci s'étoient chargez de faire afficher ce Mandement à tous les coins des rues & même à la Porte de l'Archevêché. Cet atentat contre les droits & l'autorité de Son Eminence, de qui ce Seminaire dépend, le porta à en faire sortir les Neveux des deux Evêques, qui outrez de cet affront, écrivirent au Roi la Lettre dont on a parlé. On ne sait pas positivement de quelle maniere Sa Majesté la reçut ; mais elle permit au Cardinal de se justifier. Le Chapitre de Paris, toutes les Communautez de cette grande Ville & plusieurs Membres du Parlement, indignez du procedé des deux Evêques, auxquels celui de Gap se joignit aussi, sollicitérent son Eminence de pousser vigoureusement cette affaire ; ce qui donna lieu au celebre Mandement du 28. Avril. Il n'y eut pas jusqu'à la Communauté des Libraires de cette Ville qui ne se plaignit des Ordonnances & Mandemens des Evêques de Luçon, de la Rochelle, & de Gap : ils presentérent une Requête au Chancelier de France, pour lui demander : ,, qu'il lui plût d'ordonner ,, par un Réglement general, en vertu ,, des Priviléges acordez aux Sieurs Ar- ,, chevêques & Evêques du Royaume, ,, qu'ils ne pourroient faire imprimer ,, aucuns Mandemens, Ordonnances ,, ou Instructions Pastorales portans ,, Censure & condamnation des Livres ,, de Privilege du Grand Seau, qu'après ,, avoir fait examiner par les Aproba- ,, teurs Royaux leurs Mandemens de ,, Censure, &c.

Il est si vrai que ce furent les Jesuites qui suscitérent cette affaire à l'Archevêque de Paris, que le Pere le Tellier avoit fait voir au Roi un modelle de celle des Evêques dont on a parlé avant qu'ils l'eussent signée, pour lui demander si Sa Majesté trouveroit bon que ces Prélats la lui écrivissent. Le Roi répondit *que cette Lettre étoit bien dure & bien forte*, sans autre explication ; ce que le Pere Confesseur ne laissa pas de prendre pour un consentement. On douta si peu que la Lettre ne vînt des Jesuites mêmes, qu'on l'atribua au Pere Doucin piqué personnellement contre Mr le Cardinal. Ce Prélat fit publier au Prône le troisiéme de Juillet, son Ordonnance contre l'Instruction Pastorale des Evêques, après l'avoir fait imprimer avec beaucoup de secret. Cette précaution ne lui fut pas inutile, puis que le Pere le Tellier dit depuis qu'il l'auroit empêché, s'il eût sû à minuit qu'elle eût dû être publiée le lendemain.

Ce Jesuite alla à Marli, où étoit la Cour, le jour même que l'Ordonnance fut publiée & n'oublia rien de ce qui pouvoit aigrir le Roi contre Mr le Cardinal. Il lui representa : ,, Que ce Pré- ,, lat avoit manqué de respect à Sa Ma- ,, jesté, en n'atendant point la justice ,, qu'elle lui avoit promise, & en se la ,, rendant à lui-même par son Ordon- ,, nance. Deux jours après Mr de Pontchartrain écrivit à Mr le Cardinal, *que le Roi étoit mécontent de son Ordonnance, & que puis qu'il s'étoit rendu justice, il ne devoit point en atendre d'autre de Sa Majesté.* Il ajoûtoit par Apostille à la marge de sa Lettre *que dans l'é-*

1711.

Fermeté du Prélat.

tat où étoient les choses, il croyoit qu'il feroit bien de ne point venir à la Cour.

Mr le Cardinal ne se laissa point abatre par une Lettre si dure, qui donna lieu au bruit qui se répandit alors de sa disgrace. Dès le lendemain il écrivit directement au Roi une Lettre digne de sa fermeté & de son zéle. Il marquoit: ,, que dans cette affaire il y ,, avoit deux choses à considerer, la ,, Lettre des deux Evêques & son Or- ,, donnance; qu'il ne s'étoit point ren- ,, du justice de la Lettre outrageante ,, contre lui, qu'il n'en avoit pas dit ,, un seul mot dans son Ordonnance, ,, mais qu'il ne cesseroit point de de- ,, mander réparation de cette injure ; ,, que son Ordonnance regardoit la ,, Doctrine, qu'il en étoit juge dans ,, son Diocese, qu'il tenoit cette auto- ,, rité de Jesus-Christ même, & qu'au ,, reste il avoit épargné ces Prélats, au- ,, tant qu'il avoit pû, pour l'honneur ,, de leur Caractere. Le Roi fut touché de cette Lettre, & la donna à lire à Madame de Maintenon, qui lui dit, *que Mr le Cardinal avoit raison, qu'elle avoit vû son Ordonnance, & que ce qu'il disoit étoit très-vrai.* Le même jour, les Dames étant chez Madame de Maintenon avec le Roi, cette affaire fut mise sur le tapis ; toute l'Assemblée prit parti pour son Eminence, & dit hautement, *que c'étoient les Jesuites ses ennemis qui lui suscitoient ces affaires, qu'ils vouloient se rendre Maîtres de tout & reduire toute l'Eglise à leurs sentimens.* Le Roi en parla à Mr le Chancelier, qui representa à Sa Majesté qu'on devoit à Mr le Cardinal & à sa Dignité la justice qu'il demandoit. On assure même qu'il ajoûta que cette Lettre méritoit d'être condamnée au feu & que c'étoit avoir manqué au respect dû à Sa Majesté que d'avoir rendu publique une Lettre qu'elle avoit suprimée avec tant de bonté & de sagesse.

Le Roi envoya quelques jours après Mr Voisin à Mr le Cardinal, à qui il dit qu'il pouvoit venir à la Cour, & que Sa Majesté avoit été surprise de cette affaire. Mr le Cardinal n'étant point venu à Marli à son ordinaire, Mr de Torci le vint trouver pour lui dire, *que le Roi étoit fâché de ce qui s'étoit passé, qu'il lui acordoit toute sa protection & son amitié : Qu'il lui rendroit justice & lui feroit faire satisfaction par les deux Evêques ; qu'il n'avoit qu'à la dresser lui-même : qu'il seroit bien reçu.* Mr le Cardinal reçut ce compliment avec respect, mais comme il ne dit point qu'il iroit à la Cour, on jugea qu'ayant reçû par écrit l'avis de n'y point aller, il souhaitoit aussi par écrit une invitation pour s'y rendre. C'est pourquoi Madame de Maintenon lui écrivit *qu'il seroit très-bien reçû & que le Roi lui rendroit justice*: ajoûtant que tous les honnêtes Gens étoient pour lui.

1711.

On le prie de revenir en Cour.

Mr le Cardinal alla donc à Marli où il fut reçû avec tout l'agrément possible. Les Jesuites voyant le train que prenoit cette affaire, se mirent à crier plus que personne contre la Lettre, dont ils étoient plus les Auteurs que les Prélats peu prévoyans qui l'avoient signée. On assure que le Roi écrivit de sa main à ces Prélats d'une maniere très-forte, pour les obliger à donner satisfaction à Mr le Cardinal.

Comment il y fut reçu.

Ce differend demeura quelque-tems assoupi plûtôt que terminé ; & les Jesuites ne cesserent de remuer, pour le faire decider en faveur des deux Prélats. Le Pere le Tellier entre autres mit tout en usage pour engager un grand nombre d'Evêques à écrire au Roi en faveur de ces derniers contre le Cardinal. Une Lettre interceptée au mois de Juillet, que Mr l'Abbé Bochard de Saron, qui a été Jesuite, écrivoit à Mr l'Evêque de Clermont son Oncle, revela une partie de ces Misteres. Comme elle n'est

1711. pas longue, on ne sera peut-être pas fâché de la trouver ici.

Lettre interceptée de Mr l'Abbé Bochard à Mr l'Evêque de Clermont son Oncle sur cette affaire.

J'Ai eu de longues Conferences avec le Reverend Pere, touchant l'affaire des deux Evêques & de son Eminence. Voici, mon très-honoré Seigneur & Oncle, où les choses en sont. Mr le Dauphin, Mrs l'Archevêque de Bordeaux, l'Evêque de Meaux, de Beauvilliers, Voisin & Desmarets travaillent par l'ordre du Roi à examiner le fond de l'affaire ; & quand ils auront trouvé les biais necessaires pour finir la Contestation, ils en feront le raport à S. M.

Pour les Procedez personnels, on est dans la résolution de donner quelque satisfaction à son Eminence ; mais sur le fond, les deux Evêques gagneront leur procez. Le Livre du Pere Quesnel sera proscrit, & l'on fera justice aux Evêques que le Mandement de son Eminence ataque.

J'ai vû entre les mains du Pere le Tellier plus de trente Lettres des meilleures têtes du Clergé, qui demandent justice au Roi du procedé de son Eminence. Le P. le Tellier m'a dit, qu'avant huit jours il en auroit encore autant. Le secret est promis à tous ceux qui en écriront, & jamais son Eminence ni le Public n'en auront aucune connoissance.

J'ai l'honneur de vous envoyer la Lettre Au Roi, que le P. le Tellier vous prie de signer. Il en a gardé une Copie, pour l'envoyer sans signature, à plusieurs Prélats qui lui demandent un modéle. Il faut, s'il vous plaît, que vous y mettiez une envelope & un Cachet volant. J'ai ordre du P. le Tellier de la lui envoyer à Fontainebleau en cet état. Il part aujourd'hui pour s'y rendre, & le Roi va coucher à Petitbourg chez Mr le Duc d'Antin.

Je vous envoye la Relation de ce qui s'est passé en Flandre. C'est Mr l'Abbé de St Pierre qui nous l'aporta hier de Versailles. J'assistai lundi au Service de la Sainte Chapelle de Paris pour Monseigneur. La Ceremonie fut magnifique, & le P. Massillon fit un beau discours. Vous le verrez imprimé. La piéce de Mr l'Evêque d'Angers paroît imprimée, elle est sisée de tout le monde.

Le P. le Tellier n'a point vû le Préambule du Mandement que vous devez signer avec Mr de St Flour, il trouve vôtre précaution sage, de souhaiter qu'il soit vû ici avant que de paroître, vous pouvez me l'adresser, si vous le souhaitez. Je le donnerai à de bons Reviseurs, qui l'éplucheront exactement. J'ai l'honneur d'être, &c.

L'Abbé BOCHARD.

À Vincennes le 15. Juillet 1711.

Voici maintenant le modele de la Lettre au Roi, que le Pere le Tellier tâcha de faire souscrire à tous les Evêques de son Parti.

SIRE,

„ Je ne prendrois pas la liberté de
„ faire mes très-humbles remontrances
„ à Vôtre Majesté, sur le procedé de
„ Mr le Cardinal de Noailles, à l'égard
„ des Evêques de Luçon & de la Ro-
„ chelle, si le devoir Episcopal & ma
„ Conscience pouvoient me permettre
„ de demeurer dans le silence.
„ Il ne me convient point d'entrer
„ dans le détail de tout ce qui s'est passé
„ entre son Eminence & les deux Evê-
„ ques. Ils ont eu l'honneur d'écrire à
„ Vôtre Majesté, dont nous respectons
les

Modéle de la Lettre au Roi contre le C. de Noailles.

,, les lumieres & la sagesse, & dont nous
,, admirons le zèle pour la Religion &
,, pour la bonne Doctrine.

,, Nous ne nous plaignons, SIRE, que
,, de l'Entreprise de Mr le Cardinal
,, contre l'Autôrité Episcopale, & con-
,, tre les Règles inviolables de la Dis-
,, cipline Ecclesiastique. La Pourpre
,, Romaine, dont il est honoré, ne lui
,, donne ni Autorité, ni Jurisdiction
,, sur les Evêques ses Confrères. Il ne
,, lui est point permis de condamner
,, leurs opinions, ni de flétrir leur Man-
,, demens par des Censures publi-
,, ques. Les Assemblées Provinciales,
,, les Conciles Generaux peuvent ré-
,, former les jugemens des Sièges par-
,, ticuliers ; chaque Evêque dans son
,, Diocese n'a aucune Puissance legiti-
,, me pour le faire. Tel est l'ordre pre-
,, scrit par les Canons. Tels sont les
,, Privileges de l'Eglise de France, dont
,, vous êtes, SIRE, le glorieux Pro-
,, tecteur. M. le Cardinal l'avoit jugé
,, ainsi, lors que l'on vit paroître le
,, Mandement de l'Evêque de St. Pons
,, sur le *Cas de Conscience*.

,, Le Mandement des Evêques de
,, Luçon & de la Rochelle contre un
,, Livre condamné par un Bref Apos-
,, tolique, & censuré par un grand
,, nombre d'Evêques de Vôtre Roiau-
,, me, méritoit du moins les mêmes
,, égards. Cepèndant, SIRE, les Fi-
,, deles sont scandalisez ; les Nova-
,, teurs, dont tout l'espoir & toute la
,, ressource sont dans le trouble & la
,, division, profitent de la mesintelli-
,, gence qui se trouve dans le Corps
,, même des Pasteurs. Le Zele devient
,, timide par la crainte des Contradic-
,, tions ; les Peuples perdent la con-
,, fiance & la soûmission qu'ils doivent
,, à ceux qui sont établis de Dieu pour
,, les conduire, & la liberté du St. Mi-
,, nistère est affoiblie.

,, J'ai cru, SIRE, que le Caracté-

,, re dont il vous a plu de m'honorer,
,, l'amour de la Vérité & de la Paix,
,, l'experience que j'ai aquise dans le
,, long gouvernement d'un grand Dio-
,, cèse, l'attention que j'ai toûjours
,, aportée à établir la saine Doctrine,
,, & à préserver le Troupeau qui m'a
,, été confié, de la contagion des nou-
,, velles Erreurs : J'ai cru, SIRE, que
,, toutes ces raisons pouvoient au-
,, tôriser la liberté que je prens au-
,, jourd'hui d'implorer la Protection de
,, Vôtre Majesté, & d'avoir recours à
,, la sagesse de ses Conseils, dans une
,, occasion où la Religion, la Charité
,, Chrêtienne, l'unité de l'Episcopat,
,, la Hierarchie Apostolique & l'édi-
,, fication publique sont également
,, intéressées. J'ai l'honneur d'être a-
,, vec la plus sincere veneration & le
,, plus profond respect &c.

La Lettre interceptée de l'Abbé Bochard de Saron mortifia extrêmement
les Jesuites & le P. le Tellier en particulier, parce qu'elle avoit découvert
tout le complor. Cet Abbé en fut au
desespoir, & pour disculper la Société
à la quelle il tenoit encore par des liens
très-intimes, il ne balança point à prendre la meilleure partie de cette affaire
sur lui, comme on le verra par la Lettre suivante, qu'on eut grand soin de
rendre publique.

Mon Très-Reverend Père

,, JE reçois avec une extrême surpri-
,, se, un Paquet de Mr le Comte de
,, Pontchartrain de Fontainebleau, dans
,, lequel je trouve une Lettre que j'é-
,, crivois à Mr l'Evêque de Clermont
,, mon Oncle, avec un Projet que je
,, lui envoyois d'une Lettre au Roi, le
,, tout imprimé sous un titre qui assû-
,, re que les Originaux sont entre les
,, mains de Mr le Cardinal de Noailles.

Effet que produisit la Lettre interceptée de l'Abbé Bochard.

Lettre qu'il écrit pour justifier les Jesuites.

,, Les précautions que j'avois prises ,, pour que mon Paquet fût fûrement ,, mis à la Poste ne me permettent pas ,, de douter qu'on n'ait violé la ,, foi publique. Je vais aprofondir ce ,, point, pour en informer Mr. de Cler- ,, mont, à qui ces Lettres font adref- ,, fées. Mais quant à l'induction que ,, j'aprens qu'on en tire contre vous, ,, M. T. R. P. ma conscience & mon ,, honneur m'obligent à vous décla- ,, rer que je fuis prêt à rendre le té- ,, moignage fuivant:

,, 1. Ce qui m'a donné lieu à former le ,, deffein d'une Lettre de mon Oncle ,, au Roi, eft ce qu'il m'écrivit fitôt qu'il ,, eut vû l'Ordonnance de Mr le Cardi- ,, nal. Cette Ordonnance l'avoit extrê- ,, mement furpris & il me chargeoit de ,, l'inftruire des mefures que prenoient ,, les Evêques fur cette affaire, afin de ,, s'y conformer.

,, 2. Sur cette Lettre de Mr. de Cler- ,, mont, j'allai trouver le P......; fon ,, Ami particulier & le mien; & ce ,, fut moi qui de mon chef lui propo- ,, fai le deffein d'une Lettre au Roi, ,, dont je me chargeai de dreffer le ,, Projet.

,, 3. Ce Projet dreffé, je l'envoyai ,, au P....., le priant de l'examiner; ce ,, qu'il fit.

,, 4. Avant que de l'envoïer à Cler- ,, mont il nous parut au P..... & à ,, moi qu'il feroit bon de favoir vôtre ,, fentiment.

,, 5. Je vous demandai une Audien- ,, ce particulière, dans laquelle vous ,, aiant expofé tout ce que mon Oncle ,, m'avoit écrit, je vous priai de me ,, dire, s'il pouvoit écrire avec fûreté ,, la Lettre dont je vous préfentai le ,, Projet, & s'il n'avoit pas lieu d'a- ,, prehender qu'elle fût renvoïée à Mr ,, le Cardinal.

,, 6. Ce fut en cette occafion que vous ,, me dites deux chofes, l'une qu'un ,, grand nombre de Prélats avoient dé- ,, ja écrit, l'autre que leurs Lettres n'a- ,, voient été & ne feroient vûës de per- ,, fonne. Alors vous me tirâtes une ,, groffe liaffe de papiers enfermez ,, dans un Bureau, mais qui ne fut ,, point deliée, m'affurant qu'elle con- ,, tenoit les Lettres des Evêques qui ,, avoient écrit fur ce fujet.

,, 7. Sur cette affurance, je crus ne ,, rien rifquer de faire partir le Paquet ,, pour Clermont.

,, Voilà la verité dans la dernière ,, exactitude, que j'attefte devant Dieu ,, & devant les hommes, croïant être ,, obligé en confcience d'en faire la ,, déclaration. Ainfi il eft faux:

,, 1 Que ce foit vous qui aïez fait ,, le Projet de la Lettre, ni qu'aucun ,, Jéfuite s'en foit mêlé, fi ce n'eft le ,, P..... pour l'examiner.

,, 2. Il eft faux que ce foit vous, ni ,, aucun Jéfuite, qui m'aïez porté à ,, prier mon Oncle de la figner & à ,, l'écrire.

,, 3. Je l'avoüe & foûtiens toute en- ,, tière de moi. Pourquoi en rougirois- ,, je? C'eft pour la défense de la Véri- ,, té & de la faine Doctrine. Je protef- ,, te que j'en ferois encore autant, fi ,, l'occafion fe prefentoit de recom- ,, mencer.

,, 4. Pour ce qu'il peut y avoir au- ,, de là dans ma Lettre à mon Oncle, ,, j'ai crû que vous ne me défavoüe- ,, riez pas, quand je lui témoignerois ,, beaucoup d'empreffement de vôtre ,, part pour l'exciter à ufer de diligence, ,, dans la crainte où j'étois que fa Let- ,, tre vint trop tard.

,, Au refte fi dans ma Lettre à mon ,, Oncle; il y a quelque terme qui ne ,, foit pas affez mefuré; je ne pouvois ,, pas prévoir qu'une Lettre fecrette & ,, écrite avec confiance & fcrupuleufe ,, attention dût jamais être intercep- ,, tée à la Pofte, renduë publique, &

L'Abbé BOCHARD DE SARON.

Cette Lettre ne desabusa personne, la finesse étoit trop grossiére ; aussi ne tarda-t-on guère à y faire la Réponse suivante, sous le nom d'un particulier à Mr l'Abbé Bochard de Saron, &c. la voici.

,, Vous auriez mieux fait, Mr, de
,, laisser les choses comme elles étoient,
,, lors que vous avez reçu le Paquet de
,, Fontainebleau. Votre lettre au P. le
,, Tellier gâte entiérement vos affaires.
,, D'abord vous n'étiez que le simple
,, instrument de ce Père, & vous sacri-
,, fiez pour lui ce que vous avez de plus
,, cher, vôtre conscience, votre hon-
,, neur ; & vous ne craignez pas d'in-
,, former le Public, que vous êtes dou-
,, ble, & que par complaisance pour ce
,, Pere, vous avez menti & imposé à
,, un Evêque & Mr Vôtre Oncle.

,, DE Bonne foi, croïez-vous pou-
,, voir nous persuader, que le tout ne
,, s'est pas passé de la maniere que vous
,, lui écriviez ? Vôtre Lettre est toute
,, simple & naturelle, venant d'un hom-
,, me qui ne se défie de rien, portant un
,, Caractère de naïveté qui saute aux
,, yeux de tout le monde ; & nous croi-
,, rions faire tort à Vôtre sincerité & à
,, nos lumieres, si nous vous y soupçon-
,, nions seulement de ne pas dire vrai.

,, On sait les relations extraordinai-
,, res que vous avez eu avec le P. le Tel-
,, lier, depuis la Lettre desdeux Evê-
,, ques au Roi. Vos voisins sont té-
,, moins des frequentes visites que vous
,, lui avez rendues, & de vos Lettres
,, presque journaliéres, actives & passi-
,, ves avec lui. Tout cela vous aïant
,, rendu suspect au sujet des affaires
,, présentes, a donné lieu à l'ouvertu-
,, re de Vôtre Lettre, avant qu'elle ait
,, été mise à la Poste. On a cru que vous
,, écriviez pour grossir la liasse du Pé-
,, re le Tellier, on ne s'est point trom-
,, pé ; car il y a long-tems que l'on
,, parle du dessein qu'ont les Jesuites,
,, de faire écrire au Roi tous les Evê-
,, ques de France contre Mr le Cardi-
,, nal. Ce que vous écrivez est confor-
,, me à l'idée que le Public s'est formée
,, de la conduite des Jesuites, & au
,, soupçon, je pourrois même dire à la
,, conviction où chacun est, que la
,, Lettre de MM. de Luçon & de la
,, Rochelle est de la façon de ces Pè-
,, res. S'ils ont fourni un modèle à ces
,, Prelats, ne sont ils pas capables d'en
,, fournir aussi un à Mr. l'Evêque de
,, Clermont vôtre Oncle ?

,, Pouvez-vous refuser cet honneur
,, au Pere le Tellier ? Ce Pere se croit,
,, sans doute, plus habile que vous à
,, dresser des modeles de Lettres au
,, Roi. Ces pieces lui paroissent trop
,, de conséquence, pour n'y pas tra-
,, vailler lui-même. Il en a dans son
,, Bureau des liasses, qui lui servent de
,, regles pour l'uniformité ; & il auroit
,, été bien imprudent de vous laisser é-
,, crire, vous à qui ces liasses ont été
,, fermées, & qui par consequent pou-
,, viez ne pas écrire d'une maniere uni-
,, forme, pendant que lui, à qui tout
,, est ouvert, & qui trouve moïen par
,, vôtre Canal de faire tenir à Vôtre
,, Oncle tout ce qui lui plaît, n'auroit
,, pas lui même dressé ce modele. Vous
,, ne vous êtes pas assez rendu recom-
,, mandable dans la Société, lors que
,, vous y avez été pour y avoir acquis la
,, réputation d'habile homme; d'ailleurs
,, vous en étiez sorti. Ainsi vous n'avez
,, plus chez-eux aucun talent pour la
,, plume ; vous n'en avez que pour les
,, voyes de fait soûterraine, qui leur
,, sont utiles.

,, Mais je veux croire tout ce que
,, vous écrivez au P. le Tellier. Il est
,, donc vrai que le modéle de la Let-

"tre au Roi est tout entier de vous. Il
"est vrai aussi que reconnoissant les
"Jésuites comme vos anciens Maîtres,
"vous vous êtes adressé à un d'eux,
"que vous ne nommez pas, pour ê-
"tre le Reviseur & l'Examinateur de
"Vôtre Piece, & qu'ensuite vous a-
"vez presenté Vôtre Thême à corri-
"ger au P. le Tellier, que vous lui a-
"vez demandé son sentiment dans
"une Audiance particuliere, & qu'en-
"suite de cette Aprobation, sur la pa-
"role qu'il vous a donnée du secret,
"vous l'avez envoyé à Mr Vôtre On
"cle. Ces deux Jesuites pourroient
"bien n'en faire qu'un : mais n'im-
"porte. Quelle difference entre parler
"ainsi, & dire que le Pere le Tellier
"est l'Auteur de ce modele ? C'est la
"même différence qui se trouve en-
"tre un Thême composé par un Eco-
"lier, & ce même Thême corrigé &
"revû par le Régent, auquel le Ré-
"gent a souvent plus de part que l'E-
"colier.
"Vous voulez nous faire accroire
"que le P. le Telier aiant aprouvé Vo-
"tre Lettre, & été d'avis que vous
"l'envoyassiez, n'a rien dit ni fait pour
"qu'elle fût écrite & signée par Mr
"Votre Oncle, & renvoyée au plû-
"tôt. En verité, vous vous moquez
"bien du Public. Dites-nous donc
"quelle a été sur cela l'intention de
"ce Pere ? pourra-t-il avoir été d'avis
"que vous l'envoyassiez ? Autrement,
"je suis tenté de vous dire une im-
"pertinence. Tout de bon, il ne vous
"a pas marqué d'impatience à rece-
"voir cette Lettre signée ? Vous êtes
"donc bien facile à mentir, & ce P.
"s'est fait une extreme violence.
"Quoi ! pour la défense de la Véri-
"té & de la saine Doctrine, vous
"êtes prêt, dites-vous, même avec
"serment, d'en faire encore autant;
"c'est-à-dire, de mentir, d'user de
"duplicité, de déguisement, & d'im-
"poser à un Evêque ? On voit bien
"que vous avez étudié en Theologie
"chez des gens qui ne reçoivent pas
"cet Axiome, reçu pourtant en tou-
"te bonne Théologie : *Il ne faut point
"faire de mal afin qu'il en arrive du
"bien.*
"Puisque vous suivez une Morale
"si contraire à la saine Doctrine, je
"ne suis pas surpris que vous ayez é-
"té si facile à croire ce que l'on vous
"a dit sur le secret de votre Lettre; &
"que l'on se soit mis fort peu en peine
"de vous donner une parole sans savoir
"si on pourroit vous la tenir, pourvu
"que l'on eût de vous ce que l'on de-
"mandoit; on vous a traité selon la
"Morale que vous suivez.
"Croyez-moi, Monsieur, ne vous
"fiez pas à toutes sortes de personnes,
"vous êtes trop facile. Tenez-vous-en
"à vôtre premiere Lettre. Laissez au
"P. le Tellier le soin de sortir de ce
"mauvais pas : il est plus habile que
"vous, & il saura bien s'en tirer. Tout
"ce que vous pouvez dire pour le jus-
"tifier, est inutile pour nous qui voyons
"la vérité; & ne servira qu'à achever
"de vous ruyner de reputation dans
"le monde. Je doute qu'en vous sa-
"crifiant pour la Société; vous en
"fassiez une plus grosse Fortune. Je
"suis, &c.

Ce 2. Août 1711.

Cependant les choses s'aigrissoient tous les jours de plus en plus entre le Cardinal de Noailles & les Jesuites; de sorte que le Prélat se crut obligé d'ôter les pouvoirs de Confesser & de Prêcher à plusieurs de ces Peres. Le Pere le Tellier même ne fut continué dans ses fonctions de Confesseur qu'avec quelque reserve; il eut encore peu après une autre mortification de la part de Mr le Daufin. Comme il avoit été Con-

Pouvoirs. de Confesser & de Prêcher ôtez aux Jesuites.

1711. sesseur de Monseigneur, il tâcha d'avoir le même Emploi auprès de Mr le Duc de Bourgogne, devenu Daufin par la mort de son Pere : mais ce Prince ayant refusé de se défaire du Pere Martinet, le Pere le Tellier s'adressa au General des Jesuites à Rome, lui representant que le Pere Martinet n'avoit pas assez de capacité pour remplir cet Emploi, quand le Daufin seroit parvenu à la Couronne. Il est vrai que le Pere Martinet étoit un homme aussi paisible que prudent, qui ne se mêloit que de sa Charge, sans entrer dans les Cabales de la Société, & que le Daufin ne se servoit de lui que pour la Confession. Le Pere General lui ordonna donc de se rendre à Rome sous pretexte de lui donner de l'Emploi. Le Pere Martinet communiqua cet Ordre au Daufin, lui demandant en même tems son Congé pour y obéir. Le Daufin surpris de cet artifice répondit au Pere, qu'il faudroit qu'il eût peu de crédit à Rome pour ne pas faire revoquer un tel ordre; mais que si on ne vouloit pas lui laisser son Confesseur, il prendroit à sa place un Prêtre de sa Paroisse. Cette réponse ne mortifia pas peu le Pere le Tellier, à qui la Société ne manqua point d'en témoigner son ressentiment, par la crainte que les Jesuites avoient de perdre ce Poste, d'où dependoit le maintien de leur crédit.

Le Roi ne peut obtenir qu'on leur rende ces Pouvoirs.

Le Roi fit diverses instances auprès de Mr le Cardinal pour obtenir que ces Peres fussent rétablis dans leurs Pouvoirs de Prêcher & de Confesser; mais ne l'ayant pû obtenir, parce que son Eminence témoignoit toûjours avec beaucoup de respect que sa Conscience ne lui permettoit pas de leur rendre ces Pouvoirs, Sa Majesté révoqua le Privilege acordé pour l'Impression & le débit du Livre qui faisoit le sujet de la querelle : & demanda au Pape une Constitution en forme, qui le condamnât, en marquant distinctement les Proposions dignes de Censure. Sa Majesté étoit alors à Fontainebleau, où elle avoit été un peu indisposée vers la Fête de St Louis. Elle en partit au commencement d'Octobre & arriva à Versailles vers le milieu de ce mois.

Etat des affaires des Alliez.

Les Armes des Alliez avoient été traversées dès le mois d'Avril, comme nous l'avons dit, par la mort imprévûë de l'Empereur Joseph. Cet accident avoit changé la face des affaires, & les dispositions de la Campagne. Il étoit capital pour la Cause commune d'assurer l'Election paisible d'un nouvel Empereur, & pour cet éfet de prévenir les desseins contraires de la France en lui faisant tête partout. C'est sur cela que les Alliez redoublérent leurs soins, & en particulier les Puissances Maritimes. La Reine de la Grande Bretagne, qui à l'ouverture du Parlement, avoit recommandé *la continuation de la Guerre dans toutes ses parties, mais particulierement en Espagne, avec la derniere vigueur, comme le moyen le plus aparent d'obtenir une Paix sure & honorable pour Sa Majesté & pour ses Alliez*, déclara, en aprenant la nouvelle de la mort de l'Empereur, qu'elle avoit résolu *d'apuyer les interets de la Maison d'Autriche dans cette conjonéture, & d'employer tous ses éforts pour faire élire Empereur le Roi d'Espagne, & conduire ce grand ouvrage à une bonne fin.*

Afaires d'Esp. de Portugal & de Savoye.

Ce qui pressoit le plus étoit de pourvoir à la Catalogne, où la journée de Brihuega du 9. Decembre de l'année derniere avoit afoibli l'Armée du Roi Charles, & n'avoit pas permis au Maréchal de Staremberg de secourir Gironne, qui avoit été investie le 17. par le Duc de Noailles, & rendue par Capitulation le 23. Janvier de cette année. Les mesures des deux Couronnes ne réüssirent pas si bien ailleurs. Le Marquis de Bai ne put rien entreprendre contre les Portugais, qui à l'entrée de la Campagne avoient repris *Miranda*

1711. *da Duero*. Le Maréchal de Berwick ne put empêcher son Altesse Royale de penetrer en Savoye, d'y remporter divers avantages, & de porter l'allarme jusques dans le Lionnois ; ce qui atira des détachemens du Roussillon & d'Alsace pour renforcer ce Maréchal, & affoiblit d'autant les Armées en Espagne & en Allemagne.

Afaires d'Allemagne.

L'Electeur de Baviere, fait Comte de *Namur* & Duc de *Luxembourg*, avoit été déclaré Generalissime en Allemagne, & destiné à commander l'Armée du Rhin, qui ne menaçoit pas moins que de troubler l'Election de l'Empereur & de ravager l'Empire ; mais tous ces Projets s'évanouirent à l'arrivée du Prince Eugene de Savoye, qui mit l'Empire à couvert de toute insulte & assura le Congrès des Electeurs à *Francfort*, où l'Election du nouvel Empereur fut faite, comme nous le verrons bien-tôt, avec une entiere tranquillité.

Etat des Armées au Païs-Bas.

Il est vrai qu'il falut pour cela affoiblir l'Armée du Païs-Bas afin de renforcer le Prince Eugene, ce qui sembloit reduire les Alliez dans l'inaction pour le reste de la Campagne. Et en éfet quelle aparence qu'on pût entreprendre quelque chose à la vûe d'une Armée supérieure, couverte par des Lignes inaccessibles ? Cependant c'est ce qui trompa les François ; la feinte que fit Mylord Duc de les ataquer de vive force le 5. Août persuada aux deux Armées que ce seroit une journée pour le moins aussi meurtriére que celle de Malplaquet. Le Maréchal de Villars en étoit lui-même si persuadé, qu'il crut devoir se renforcer d'une partie des Garnisons des Places voisines. Avant qu'il eût fait quelques détachemens pour l'Allemagne, ses forces étoient de 158 Bataillons & de 245 Escadrons, sans compter 17 Bataillons qui avoient ordre de sortir d'Ipres & de St Omer au premier avis. Celles des Alliez sous le Duc de Marlborough étoient de 130. Bataillons & de 220. Escadrons, sans compter le Détachement du Prince Eugene, qui étoit de 13. Bataillons & de 30. Escadrons. L'Armée Françoise étoit campée sur la fin de Juin la droite devant Arras & la gauche vers Pont-Ugi ; elle passa ensuite au travers de la Ville, & vint camper entre Montchipreux & Hamblain. Le Poste d'Arleux qu'elle ocupoit incommodoit fort les Alliez, parce que les François se rendoient maîtres par le moyen d'une Digue des eaux de la Scarpe & empêchoient par là les Moulins de Doüai de moudre. C'est pourquoi les Alliez avoient essayé deux fois de s'en emparer. Ils resolurent donc, sur les moyens proposez par le Lieutenant-General Hompesch, d'ataquer ce Poste pour la troisiéme fois.

Pour cet éfet 300. Chevaux marchérent à Doüai le 5. de Juillet, & le soir on commanda le piquet de l'Armée tant Cavalerie qu'Infanterie au nombre de 2500. Chevaux & de 5500. Fantassins. Ces Troupes allérent se poster du côté de Sailli, pendant que 300. Fantassins & 300. Chevaux de Doüai allérent droit à Arleux avec 4. piéces de Canon, ataquer un petit Château nommé Chantraine & la Redoute du Moulin à eau d'Arleux. Après quelques canonades les Grenadiers passérent dans l'eau & ataquérent ces Postes. Les François voyant qu'ils alloient être emportez l'épée à la main se rendirent prisonniers de Guerre au nombre de deux Capitaines, des Officiers à proportion & 80. Soldats. Les Alliez n'y perdirent que trois ou 4. hommes tuez ou blessez. Pendant cette ataque l'Armée Françoise prit les Armes : sur quoi la Cavalerie ennemie monta à cheval devant le Camp ; mais les François n'ayant pas paru, les autres rentrérent. Les Alliez laissérent à Arleux 600. Chevaux & 300. Fantassins. La conservation de ce Poste leur étoit d'autant plus importante, qu'on pou-

Arleux pris par les Alliez.

1711. voit par ce moyen tenir la Scarpe navigable jusqu'à Tournai & le Canal de la Deule jusqu'à Lille. L'Ingenieur General des Roques employa 600. hommes à le faire fortifier ; & comme ce Poste étoit fort proche de l'Armée Françoise, qui pouvoit aisément entreprendre de l'ataquer, on détacha le 7. de l'Armée des Alliez dix Bataillons & 12. Escadrons sous les ordres du Lieutenant-General Hompesch, de deux Majors Generaux, & de trois Brigadiers, pour aller camper la droite à Ferin sur le Canal qui va à Arleux, & la gauche au Glacis de Doüai, jusqu'à ce que ce Poste fût en état de défense. Mais la nuit du 11. au 12. ce Détachement fut ataqué par un Corps de 32. Escadrons commandé par le Chevalier de Luxembourg & le Comte de Coigni.

Les Fr. veulent surprendre un Corps de Tr. vers ce Poste. Rélation d'un Aide de Camp du General Hompesch.

Ils marchérent toute la nuit avec tant de diligence par Bouchain, qu'ils arrivérent un peu auparavant l'Aube du jour sur le Détachement, sans avoir été aperçus. Ils tombérent à l'improviste sur la Cavalerie de l'Aîle droite & coupérent les licols des Chevaux qui étoient au Piquet, lesquels mirent incontinent tout en désordre. Sur quoi les Cavaliers, armez seulement de leurs sabres, sortirent d'abord de leurs Tentes les uns en chemise, les autres à demi habillez : ils firent main basse sur ceux qu'ils trouvérent parmi les chevaux, mais ceux-ci étant soûtenus de quelque Cavalerie, les Alliez furent obligez de se retirer, & sauvérent leurs Etendarts & Timbales. Pendant ce vacarme, l'Infanterie & le reste de la Cavalerie, qui étoient campées à peu de distance de là, eurent le tems de prendre les Armes, & de se mettre en état de défense : ils firent quelques décharges avec succès, & obligerent les François de se retirer à la hâte, sans avoir pû profiter de cette surprise. Ils ruinérent seulement une partie des Chevaux de quatre escadrons, qui s'étant d'abord sauvez de tous côtez revinrent ensuite, & furent ratrapez. On compte que la perte fut égale dans cette action, & qu'il y eut 200. hommes tuez ou blessez du côté des Alliez. Le Maréchal de Villars, qui s'étoit avancé sur la hauteur avec une partie de l'Armée pour soûtenir les 32. Escadrons, en cas que les Alliez eussent détaché quelques Troupes de leur Armée, fit sommer le Colonel Savari, Commandant le Poste d'Arleux, de se rendre ; & lui fit dire en même tems que le Détachement avoit été défait ; mais cet Officier répondit qu'il avoit du monde & des munitions pour se défendre jusqu'à l'extrêmité. Les François se contentérent de cette réponse & ne jugérent pas à propos de l'ataquer.

Les Alliez croyant ainsi Arleux en état de défense quitérent la Plaine de Lens où ils manquoient de Fourage, & vinrent camper dans celle de Lilliers le 21. d'Août. Les François profitérent de ce mouvement pour s'aprocher d'Arleux avec 28. ou 30. Bataillons & de la Cavalerie à proportion. Ils commencérent le 23. sur le midi à batre ce Poste de trois batteries, & y firent une brêche considérable. Le Colonel Savari se voyant dangereusement blessé & sans espérance de secours, fut obligé de se rendre le même jour : sa Garnison qui étoit de 400. hommes fut faite prisonniére. Le 25. & les jours suivans les François firent divers Détachemens qui firent croire qu'ils en vouloient tantôt à Marchiennes & à St Amand, & tantôt à Bruxelles ; mais la prévoyance du Duc de Marlborough ayant mis toutes ces Places hors d'insulte, il fit observer les Détachemens des François, & alla lui-même le 27. acompagné de la plûpart des Generaux, reconnoître leurs Lignes entre Villiers-Brulin & Aubigni.

Ils le reprennent à leur tour.

Toute l'Armée des Alliez décampa

de Lilliers le 2. d'Août, se mit en marche sur huit Colonnes à quatre heures du matin & arriva sur le midi à Rebreuve où elle passa le reste du jour, & le suivant. Ce fut alors que les François crurent qu'on les alloit attaquer, & que marchant en même-tems que les Alliez derriere leurs Lignes, ils firent sortir une partie de leur Cavalerie qui se mit sur la hauteur d'Aubigni; mais il la retirérent voyant les Alliez campez. Ceux-ci firent un second mouvement le trois de fort grand matin, & allérent ocuper le Camp de Villiers Brulin & de Betonsard, si près des François qu'on pouvoit aisément découvrir leur Armée. Le 4. à dix heures du soir, la retraite ayant été batuë à l'ordinaire, toute l'Armée des Alliez défila par la gauche, & en dix heures d'une marche extrordinaire & non interrompuë elle se rendit au Bac à Bacheul, dont, par les ordres de Mylord Duc, les Lieutenans Generaux Cadogan, Hompesch & Murrai s'étoient déja emparez; & par là, sans éfusion de sang, on passa ces redoutables Lignes qu'on croyoit impénétrables. La Lettre des Députez de l'Armée à Leurs Hautes Puissances du Camp d'Enlangle du six nous aprendra le détail de cette affaire; en voici la traduction.

Hauts & Puissans Seigneurs,

Lettre des Députez des E. G. à ce sujet.

,, Hier à quatre heures du matin, le ,, Lieutenant General Comte de Hom- ,, pesch prit poste à Palué & Bac à Ba- ,, cheul, avec environ 8000. hommes ,, d'Infanterie & 2000. de Cavalerie, ,, venus en partie de Doüai, Lille & ,, St Amand, & en partie du Détache- ,, ment qui couvroit les Bagages près ,, de Bethune. Peu de tems auparavant ,, les Ennemis avoient retiré leurs Dé- ,, tachemens de ces Postes vers leur Ar- ,, mée, & par là le Corps ci-dessus ,, n'a trouvé aucune resistance. Dans ,, l'attente que cette entreprise au- ,, roit un heureux succez, on donna ,, ordre à l'Armée avant hier au soir ,, sur les six heures, de se tenir prête à ,, marcher: sur quoi la marche com- ,, mença vers les dix heures sur qua- ,, tre Colonnes, par le Bois de Villers ,, au Bois, le long de Neuville & de ,, Télu, droit sur Vitri; & de là, elle ,, passa la Scarpe vers Arleux & Bac à ,, Bacheul, où les têtes des Colonnes ,, arrivérent sur les dix heures du ma- ,, tin.

,, La marche s'est faite avec une di- ,, ligence incroyable, & à peine voit- ,, on d'exemple que l'Infanterie ait fait ,, vingt heures de chemin sans faire alte, ,, & sur tout en si peu de tems; à quoi ,, le clair de la Lune, & le beau tems ,, que Dieu nous donna pendant la nuit, ,, n'ont pas peu contribué.

,, Vers les 11. heures le Maréchal de ,, Villars fut averti de nôtre marche; ,, mais il étoit tellement persuadé, par ,, les mouvemens que nous avions faits ,, depuis quelques jours, que nôtre ,, dessein étoit d'attaquer ses Lignes ,, près d'Avênes-le-Comte, qu'il ne ,, fut éclairci du contraire qu'à deux ,, heures du matin. Sur quoi il ordon- ,, na d'abord la marche de son Armée, ,, qui commença à se mettre en mouve- ,, ment vers les quatre heures. Mais ,, voyant que la nôtre étoit trop avan- ,, cée, pour la pouvoir atteindre avec ,, toute la sienne, il prit les devans avec ,, la Maison du Roi, dans le dessein ,, d'empêcher le passage du Sanset à ,, nôtre Avant-Garde. Il étoit environ ,, onze heures, & alors il y avoit déja ,, de ce côté-ci 50. à 60. de nos Esca- ,, drons, y compris ceux du Lieute- ,, nant-General Hompesch. Le Maré- ,, chal de Villars l'ayant aperçu, se ,, retira vers le gros de son Armée, qui ,, se trouvoit sur le grand chemin d'Ar- ,, ras à Cambrai. Cependant nos Trou- ,, pes avancérent autant qu'il fut possi- ,, ble;

„ ble ; mais la difficulté des passages, qu'on ne put s'ouvrir qu'à Bac à Bacheul & Palué, fut cause que l'Arriére-Garde n'arriva que vers le minuit.
„ Le Camp fut tracé depuis Oisi jusqu'à Etrun, près de l'Escaut.
„ Ce matin vers les 8. heures, on a vu avancer l'Armée Ennemie du côté de l'Escaut, sur 4. Colonnes, soit pour passer cette Riviere, ou pour se retrancher entr'elle & le Marais pres de Marquion. Les Chefs n'ont pas jugé à propos de les attaquer dans leur marche, mais ils ont résolu de passer ce soir l'Escaut, pour investir Bouchain. Nous sommes, &c.

A. V. Capelle, M. Hooft, S. V. Goslinga P. F. Vegelin van Claerbergne,

Le Maréchal de Villars ne manqua pas, comme on vient de voir, de suivre l'Armée des Alliez dès qu'il fut averti de sa marche ; mais comme elle avoit 7. heures d'avance sur lui, il la trouva, quoi-que lasse & recruë, en état de le recevoir s'il eût voulu l'attaquer ; mais ne l'aiant pas fait, elle passa l'Escaut dans la résolution d'attaquer Bouchain.

Sur ces entrefaites mourut à Fontainebleau le 22. Septembre Messire Louys François de Boufflers Pair, & Maréchal de France, Chevalier des Ordres du Roi & de la Toison d'or, Capitaine d'une des Compagnies des Gardes du Corps de Sa Majesté, Gouverneur de Flandre & de Hainaut, ci devant Colonel General des Dragons, & Colonel du Régiment des Gardes Françoises. Comme ce Maréchal en mourant laissa ses affaires en mauvais état, le Duc de Bethune, à qui le Roi donna sa Compagnie des Gardes du Corps, s'obligea de payer aux Héritiers du defunt la somme de 500. mille livres.

Election du nouv. Cependant le tems fixé pour l'Election du nouvel Empereur étant venu,

le Magistrat & la Bourgeoisie de Francfort se rendirent le 2. Septembre à la Maison de Ville pour faire le Serment. Les Electeurs présens & les premiers Plenipotentiaires des absens étant assis chacun dans un Fauteuil sous un Dais, le Magistrat & les Hauts Officiers prêtérent le Serment ordinaire, promettant toute sorte de fidélité & d'assistance aux Electeurs, ensuite de quoi chaque Membre de la Magistrature ou des Hauts Officiers donna la main à l'Electeur de Mayence. La Bourgeoisie, divisée en 14. Quartiers, étoit durant ce tems-là assemblée en manteau & sans armes dans la Place du Romer * au milieu de laquelle étoit un Theatre couvert de noir ; les Chanceliers des Electeurs de Mayence & de Treves y étant montez leur firent prêter le Serment aussi bien qu'à la Garnison, en presence des Electeurs & des Plênipotentiaires qui étoient aux fenêtres de la Maison de Ville. L'ouverture des Conférences pour cette nouvelle Election s'étoit faite dés le 15. d'Août & l'on y étoit convenu de tenir quatre Seances par Semaine. Les premières furent employées à examiner les Pouvoirs des Ministres qui représentoient les Electeurs absens : à regler le Cérémoniel & à discuter plusieurs difficultez qui s'étoient présentées, tant sur l'attention qu'on devoit faire aux Protestations des Electeurs de Baviere & de Cologne, que sur les Plaintes de plusieurs autres Membres de l'Empire à l'égard de l'inexécution des Capitulations Impériales sous les précedens Regnes. On y examina aussi les Remontrances faites par la Diete de Ratisbonne sur la nécessité de dresser une Capitulation perpétuelle capable de mettre les Loix, les Libertez & les

---

* C'est ainsi que s'appelle la Maison de Ville de Francfort du nom d'un Gentilhomme qui l'a fait bâtir.

nouvel Emperrur Charles VI. Memoires du Tems.

1711.

Privileges du Corps germanique à couvert de toute injustice de la part de ceux qui à l'avenir monteroient sur le Trône Imperial. Toutes ces difficultez & plusieurs autres avoient fait differer l'Election, qui avoit d'abord été fixée au 6. d'Octobre ; mais la Capitulation perpetuelle dont on vient de parler n'aiant pu être achevée que le 9. sans qu'on eût terminé la difficulté survenuë au sujet du 4. Article de la Paix de Ryswick qui regarde la Religion, on mit fin aux Conferences, & l'Election fut fixée au 12. On fit publier aussi tôt, que tous les Etrangers, à l'exception des Domestiques des Electeurs ou de leurs Ambassadeurs, eussent à sortir de la Ville le 11. avant le coucher du Soleil ; cependant le Prince Royal de Saxe y resta *incognito* sous le nom de Domestique des Ambassadeurs Saxons.

Description de cette Ceremonie.

Le lendemain tout étant prêt pour le Ceremonie & le signal aiant été donné à 7. heures du matin par la Cloche ordinaire du Tocsin, toute la Bourgeoisie, trois Compagnies de Cavalerie & le reste des Soldats de la Garnison se mirent sous les Armes dans la Place du Romer, & se rangerent ensuite en deux Lignes, l'une de Bourgeois & l'autre de Soldats, depuis le Romer jusqu'à l'Eglise de S. Barthelemi, la Cavalerie étant restée dans la grande Place. Sur les 10. heures les Electeurs & les Ambassadeurs des absens s'étant rendus à cheval au Romer, chacun entra dans l'Apartement qui lui avoit été préparé pour s'y revêtir de ses habits de Céremonie. Cela étant fait tous rémontèrent à cheval & marchèrent vers la grande Eglise dans l'ordre qui suit.

Premierement les Valets de pié des Electeurs & des Ambassadeurs, couverts de riches livrées, à la réserve de ceux des Ambassadeurs de Boheme qui étoient encore en deuil, commençoient la marche à pié. Ceux-ci étoient suivis des trois Compagnies de Cavalerie ; & les Maréchaux Hereditaires des trois Electeurs présens venoient ensuite à cheval, portant chacun l'épée Electorale de son Maître dans le Fourreau. Leurs Altesses Electorales marchoient après eux, l'Electeur de Maïence au milieu, aiant l'Electeur de Trèves à sa droite, & l'Electeur Palatin à sa gauche. Ces trois Princes étoient revêtus chacun de l'Habit Electoral, avec le Bonnet de même doublé d'Hermine, étant montez sur de très-beaux Chevaux. Les Ambassadeurs des autres Electeurs, savoir ceux de Bohème, de Saxe, de Brandebourg & de Hanover, marchoient ensuite très superbement montez & habillez, aiant leurs Manteaux de velours doublez de Damas, couverts de galons d'or & d'argent & garnis de pierreries : celui de Hanover fit en cette occasion la fonction d'Electeur pour la premiere fois.

Après l'espace d'environ trois heures qu'ils furent dans le Conclave, le Roi Charles qui étoit depuis peu arrivé de Barcelone fut déclaré *Rois des Romains* d'une commune voix par tous les Electeurs ; ce qui fut aussi-tôt annoncé au Peuple au son des Timbales, & de toutes les Cloches, & au bruit de trois décharges de tout le Canon des Remparts de la Ville. L'Assemblée des Electeurs & des Ambassadeurs reprit après cela le chemin du Romer dans le même ordre, & fut magnifiquement régalée par le Comte de Windisgrats, Premier Ambassadeur de Boheme. Le College Electoral tint encore une Conférence au Romer le 14. sur le point de la Religion, pour regler entierement le differend dont on a parlé au sujet du Traité de Ryswick ; ensuite dequoi chacun prit congé jusqu'au tems du Couronnement, que le College souhaita qui se fit dans la même Ville.

Remarques sur cette

Cette Election me donne lieu de remarquer ici que dans la conjoncture où étoient alors les affaires, on crut pouvoir paſſer ſur diverſes choſes reglées par les Loix de l'Empire & en particulier par la Bulle d'or: ce qui dona lieu aux Proteſtations faites par les Electeurs de Baviere & de Cologne. Ce n'eſt point à moi à decider ſi elles étoient bien ou mal fondées, & s'il y eut quelque défectuoſité dans l'Election. Je dirai ſeulement qu'ils formerent leurs plaintes ſur la diſpoſition de la Bulle d'or, qui en fixe le terme au 25. Septembre & dont le premier Article §. 18. eſt conçu en ces termes: „ Ordonnons que „ l'Archevêque de Maïence qui tien- „ dra alors le Siege, envoïe ſes Lettres „ Patentes par Couriers exprès à cha- „ cun des Princes Electeurs Eccleſiaſti- „ ques & Seculiers ſes Collegues, pour „ leur intimer l'Election & les inviter „ d'y comparoître en perſonne ou par „ Ambaſſadeurs pour y donner leurs „ voix,,. Là deſſus les deux Electeurs ſe plaignirent * que non ſeulement l'Archevêque de Maïence n'avoit pas rempli cette obligation, mais qu'il n'avoit pas même répondu aux Lettres qui lui avoient été écrites à ce ſujet, ni fait toute l'attention qu'il convenoit aux Proteſtations de ſes deux Collegues. Et ſur ce qu'on pouvoit leur objecter qu'étant en Alliance avec la France, alors en guerre avec la Maiſon d'Autriche & les autres Membres de l'Empire, ils étoient déchus du Droit attaché à la Dignité d'Electeur, par la violation qu'ils avoient faite eux-même de leur Serment de fidelité, on ne manqua point d'alleguer en leur faveur le même Article 1. de la Bulle d'or §. 4. & 6. en ces termes: „ Que „ ſi l'Archevêque de Maïence omet- „ toit ou négligeoit de convoquer quel- „ qu'un des Princes Electeurs au tems „ de l'Election, iceux pourront de leur „ propre mouvement, & ſans être ap- „ pelez, ſe rendre à Francfort pour „ proceder à l'Election: que ſi quel- „ que Electeur, quelque autre Prince „ ou Membre de l'Empire avoit inimi- „ tié, differend, procès ou même guer- „ re avec un ou pluſieurs Electeurs, ce- „ la ne pourra pas les diſpenſer de l'o- „ bligation, où tous les Membres de „ l'Empire ſont, de donner libre Paſſa- „ ge, Sauf-Conduit, & même Eſcorte à „ l'Electeur ou à ſes Ambaſſadeurs, en „ allant & en revenant de Francfort „ pour l'Election; faiſant défenſe à „ tous Electeurs, Princes & autres „ perſonnes, Nobles ou Roturiers, de „ les offenſer, eux, leurs Domeſti- „ ques, Equipages ou Gens de leur „ ſuite, ſous les peines du Parjure, & „ autres plus au long expliquées au „ même lieu.„ Mais on ne faiſoit pas réflexion qu'il y a bien de la difference entre avoir *inimitié, differend, Procès, ou même Guerre ouverte avec un ou pluſieurs Electeurs*, & être en Guerre ouverte avec l'Empereur & l'Empire entier; ſans parler du *Ban*, que ces deux Princes avoient encouru, & par lequel, s'ils n'étoient pas déchus de leurs Droits & Privileges, du moins les fonctions en étoient-elles ſuſpenduës, juſqu'au tems de leur Rétabliſſement.

Quoi qu'il en ſoit, le Public aplaudit au choix que les Electeurs avoient fait de la Perſonne du Sereniſſime Prince Charles François Joſeph, Archiduc d'Autriche Roi de Boheme. &c. pour le placer ſur le Trône Impérial, que ſes Predeceſſeurs avoient poſſedé depuis quelques Siecles ſans interruption. Et cet aplaudiſſement general fut comme l'Apologie de ſon Election, malgré les prétenduës inobſervations de la Bulle d'or. En effet ce Prince qui regne à preſent ſi glorieuſement ſous le nom de Charles VI. étoit digne de la Couronne par ſes Vertus autant que par ſa Naiſſance. Il é-

* *Voïez leurs Proteſtations du 4. & du 7. Juillet.*

1711. toit alors dans sa 27.année commencée au 1. Octobre 1711. Tous ceux qui ont eu l'honneur de pratiquer Sa Majesté Imperiale, assurent qu'elle a toutes les qualitez qui font aimer les Princes: une humeur douce & pacifique, une grande droiture & beaucoup d'équité en toutes choses. De si belles parties flatoient avec raison toute l'Europe & principalement l'Allemagne, qu'on trouveroit plus de facilité auprès de ce nouvel Empereur pour faire cesser les plaintes des Membres de l'Empire, qu'on n'en avoit trouvé auprès de l'Empereur Joseph. Sa debonaireté fit juger qu'il tiendroit une route oposée à celle que des Conseils trop violens avoient fait prendre aux deux derniers Empereurs, qui avoient causé tant de troubles en Hongrie.

Raisons qui la confirment.

Mais quand la Naissance & les Vertus de ce prince l'auroient rendu moins recommandable, il semble qu'il y avoit des raisons de Politique qui auroient engagé le College Electoral à le preferer à tous les autres Pretendans. D'un côté il convenoit à l'intérêt de l'Allemagne de placer sur le Trône Imperial un Prince dont les Etats servissent de Barrieres entre les Empires d'Orient & d'Occident. De l'autre il faloit au Corps Germanique un Chef qui fût assez riche par lui-même pour donner à la Dignité Imperiale tout l'éclat qu'elle doit avoir. D'ailleurs ce Prince n'étant point destiné, comme l'événement l'a fait voir, pour le Trône d'Espagne, le Ciel lui mit sur la Tête, lors qu'il y pensoit le moins, non seulement les Couronnes acquises par le droit d'Hérédité à ses Ancêtres depuis plusieurs Siecles, mais encore celles de Boheme & de Hongrie qui ne sont pas si anciennes dans sa Famille. Comme il ne convient ni à l'Allemagne en particulier ni à la tranquillité de l'Europe en general de voir sur le Trône Impérial un nouveau Charles-Quint, je veux dire un Empereur dont la trop grande Puissance puisse oprimer la Liberté Germanique & perpétuer la Guerre dans l'Europe, les Electeurs jugerent sagement que pour établir l'Equilibre, il faloit ajoûter la Couronne Impériale aux vastes Etats que ce Prince venoit d'hériter de son Pere & de son Frere. La France ne pouvoit qu'être bien-aise de cette conjoncture, qui fournissoit un pretexte plausible de rappeler d'Espagne un aussi redoutable Concurrent de Philippe V; ce qui ne contribua pas peu à laisser la possession de cette Couronne au dernier, de la maniere que nous en dirons en parlant de la Paix d'Utrecht.

Le Grād Prieur de France relâché.

Le Grand-Prieur de France, enlevé, comme nous l'avons dit, au Mois d'Octobre dernier, avoit été transferé en Allemagne; & le Sieur Masener s'étoit engagé de ne le relâcher que lors qu'on lui rendroit son Fils; cependant étant allé lui-même en Allemagne, où il eut diverses Conférences avec ce Prince, il consenti à lui rendre sa liberté sur sa parole d'honneur, à condition qu'il s'engageroit de faire relâcher aussi le Fils du Sr. Masener dans trois Mois, à faute de quoi il seroit tenu de se remettre Prisonnier au bout de ce terme. Ce fut au commencement de Juillet que se fit cette Convention, dans laquelle on ne pouvoit pas douter des bonnes intentions de Monsieur le Grand-Prieur, quoi-que rien ne fut moins sûr que l'accomplissement de ce qu'il promettoit de la part de la Cour de France.

Siège de Venasque en Arragon.

Le Duc de Vendôme, Frere de ce Prince, & Général de l'Armée des deux Couronnes en Espagne, avoit résolu d'y commencer la Campagne, par le Siège du Château de Venasque, au Roïaume d'Arragon, vers les confins du Roussillon & du Comté de Foix. Il alla pour cet effet à Agramunt, afin

1711. de faire travailler à une communication avec Calaf, & de couper par là le Général Taf qui marchoit avec deux Bataillons, pour tâcher de se jetter dans la Place, ou du moins d'en traverser le Siége. Le Marquis d'Arpajou étoit arrivé dès le 7. Septembre devant Venasque avec 5000. hommes, tant François qu'Espagnols, & en avoit mis d'abord deux dans la Ville; après s'être emparé du Poste de Sarler, & avoir chassé les Ennemis des Hauteurs qu'ils occupoient. La Tranchée fut ouverte le 11. & poussée jusqu'à une Hauteur où l'on dressa une Batterie, qui commença à tirer le 13. Elle continua jusqu'au 15 & fit une Breche d'environ cinq Toises. Mais comme elle étoit encore trop escarpée pour donner l'Assaut, & que les Assiegez avoient pratiqué un Retranchement derriere, le Marquis d'Arpajou fit tirer le 15. au soir à boulets rouges, ce qui causa un tel embrasement dans le Château, que le Gouverneur fit battre la Chamade le 16. au matin. La Capitulation fut reglée le même jour, & la Garnison, qui n'étoit que de 70. Allemans & de quelques Miquelets & Volontaires, se rendit Prisonniere de Guerre. Les Allemans furent conduits en France, & les Miquelets & Volontaires à Jacca en Arragon. Ces derniers furent escortez par des François, pour les garantir des Espagnols qui vouloient faire main basse sur eux, à cause des desordres qu'ils avoient commis en ces quartiers-là.

Comment finit cette Campagne.

Le Duc de Vendôme aiant eu avis de la reddition de Venasque partit le 16. de Cervera avec son Armée, pour aller occuper le Camp avantageux de *Prats del Rei.* Mais le Comte de Staremberg aiant eu avis de son dessein, marcha lui-même en diligence vers ce Poste où il arriva le premier. Le Duc de Vendôme se voyant prevenu, fit canoner l'Armée des Alliez deux jours de suite, sans les incommoder beaucoup, parce que ceux-ci avoient fait un Retranchement fort élevé, qui les mit à couvert du Canon. La situation de l'Armée des deux Couronnes étoit fort incommode, ne pouvant avoir d'eau que d'un Ruisseau qui passoit à la tête de l'Armée des Alliez. Le Duc de Vendôme fit attaquer un Moulin qui défendoit le Passage de ce Ruisseau, mais ses troupes y furent vigoureusement repoussées. Là dessus ce Duc prit le parti de continuer à tirer sur les Troupes du general Staremberg pendant près de huit jours, & à bombarder même le Bourg de *Prats del Rei*, sans pouvoir faire décamper les Alliez : ce qui l'empêcha de rien entreprendre le reste de la Campagne.

1711.

Suite de celle du Pays-Bas. Bouchain est investi par les Alliez. *Mémoire du Tems.*

Celle du Pays-Bas continua par le Siege de Bouchain que les Alliez entreprirent le 10. Août avec 30. Bataillons & 12. Escadrons que le Baron de Fagel commandoit en chef. S'il faut en general beaucoup de precautions pour investir les Places, il en falut encore davantage pour celle-ci, dont l'Armée Françoise se trouva d'abord aussi près pour la défendre, que les Troupes des Alliez pour l'attaquer. Huit jours entiers furent employez pour enfermer la Place aux endroits des 4. attaques qu'on y avoit preparées, & ne put commencer à ouvrir les Tranchées que le 18.; encore restoit-il aux François une Communication par le Marais qui est entre *Vavrechin & la Basse-Ville*, où ils avoient fait quelques redoutes pour s'y maintenir. Ce voisinage fut d'autant plus incommode pour les Alliez que le Canon des François portoit jusques dans la Ville, & leurs Bombes jusques dans les Tranchées de la droite des Assiègeans. Cela fit croire aux premiers que ce Siége seroit de très-longue durée, parce qu'ils se voyoient en état de harceler sans ces-

C cc iij

1711. se les Alliez. En effet il se passa alors deux choses, dont nous aurons occasion de marquer les suites.

Généraux des Alliez enlevez par les François en deux rencontres.

La premiere fut un Fourage que l'Aîle gauche de la grande Armée des Alliez fit le 31. d'Août du côté de Landrecies. Comme le Comte de Coigni y étoit avec 5. Régimens de Dragons, on envoia d'abord le reconoître : il laissa fourager assez tranquillement, mais lorsque le Major Wassenaer voulut se retirer avec 3. petites Troupes qu'il commandoit, les François firent une décharge sur celles qui devoient le soûtenir & les mirent en desordre. Alors les 3. Troupes du Major Wassenaer, qui avoient aussi reçu quelques coups de fusil à dos, se retirerent en confusion, sans que le Major General d'Erbach pût les rallier : de sorte qu'il fut fait Prisonnier avec Mr de Wassenaer. Le Comte de Coigni qui étoit là avec ses Dragons, n'osa néanmoins poursuivre les Alliez, de crainte de trouver de l'infanterie dans les Villages.

La seconde arriva le même soir au Quartier de Hourdain. Le Comte de Finckenstein, Lieutenant-Général des Alliez, aiant été averti que les François avoient quelque dessein ordonna à ses Bataillons de se tenir sur leurs gardes, & envoya un Officier au Pont d'Etrun & un autre à Juvi. Etant à son Quartier avec le Général-Major Bork, l'Officier qu'il avoit envoyé à Etrun raporta qu'il avoit rencontré de l'Infanterie qui marchoit vers le Village. Il posta donc le Régiment de Hesse du côté que les François s'avançoient, & quand on fut à portée on fit feu de part & d'autre ; mais quoique les François fussent superieurs, le Lieutenant-Général Finckenstein fit encore avancer un Régiment de Hanovre, ce qui les obligea de se retirer. Ce Général les voyant plier, alla les reconnoître vers le Village pour les couper ; mais ayant aperçu un gros de Ca-

valerie, il se retira lui même pour joindre son monde. Les François l'aiant entouré alors enlevèrent le General major Bork, à côté du Général, qui eut bien de la peine à rejoindre sa Troupe; ils se retirèrent ensuite, voyant leur dessein de surprendre ce Poste sans succès.

Suite du Siege de Bouchain.

La nuit du 1. au 2. de Septembre, les travaux du Siege furent poussez avec tant de vigueur & d'habileté, par les soins du General qui y commandoit, que les Assiegeans s'emparerent du Chemin couvert & de deux Contrescarpes ; & la Brêche étoit dès lors assez grande. La nuit du 7. au 8. le marechal de Villars s'etoit mis en tête d'escalader Doüai, & avoit détaché dix mille hommes, la plûpart grenadiers, avec des Pontons, des Echelles & toutes les choses nécessaires, sous Mr d'Albergoti : il jugea même à propos de s'y trouver en personne. Ils se presentèrent donc avant la pointe du jour à la Porte de St. Eloi pour escalader le Rempart, & du côté de l'Inondation pour entrer avec des Batteaux plats : mais aiant été découverts quelques heures auparavant par une Patroüille, qui en avoit averti le Gouverneur, on les reçut à coups de Canon & de Mousquet, ce qui les obligea de se retirer avec précipitation.

Difficultez survenuës pour la Capitulation.

Les Alliez étoient enfin parvenus à tirer, au travers du Marais dont on a parlé, une Ligne soûtenuë de toutes les Redoutes nécessaires pour ôter aux François toute communication avec Bouchain; ce qui joint à la vigueur des Attaques faites à la Haute Ville, dont les Brêches étoient assez grandes pour donner l'Assaut, obligea les Assiégez de battre la Chamade le 10. pour demander à capituler. Pendant qu'on échangeoit les Otages de part & d'autre, le Duc de Marlborough & les Députez de Leurs Hautes Puissances s'étoient rendus au Quartier du Géneral Fagel. Les Otages leur presente-

LOUIS XVI. Liv. XVII.

1711. rent la Capitulation ; mais on leur répondit que comme ils avoient trop attendu, on ne les recevroit que Prisonniers de guerre. Ils demanderent làdessus à rentrer dans la Place, ce qui leur fut accordé ; & les Otages des Assiègeans étant de retour un peu après, on recommença à tirer. On travailla toute la nuit à combler le Fossé, & on se disposoit à donner l'assaut général le 13. lors que les Assiégez battirent derechef la Chamade. Le Chevalier d'Artagnan, un de leurs Otages, vint quelque tems après dire à Mylord Duc, que le Gouverneur consentoit à se rendre Prisonnier de Guerre, à condition que la Garnison sortiroit avec les marques d'honneur, pour se retirer en France, où elle ne serviroit point avant d'avoir été échangée ; mais on le renvoia dire au Gouverneur qu'il faloit qu'il reçut les conditions qu'on lui prescrivoit. Le Gouverneur voiant donc qu'il en faloit passer par-là, livra le 13. une des Portes de la Ville, avant même qu'il y eût aucun Article signé. On lui envoia le soir les Articles qu'il avoit envoyez, avec les réponses signées du Duc de Malborough & de Mrs. les Députez ; mais il refusa de les signer, aimant mieux se remettre à la générosité de Mylord Duc. On lui fit savoir làdessus qu'il devoit donc se disposer à sortir le lendemain 14. avec sa Garnison, qui étoit encore de 3100. hommes en comptant les blessez ; c'étoit le reste de 8. Bataillons complets & d'un Détachement de 900. Suisses.

La Cour en est formément contente.

La Cour qui étoit arrivée depuis peu de Fontainebleau, fut très mortifiée d'aprendre à son retour que la Garnison de Bouchain étoit Prisonniere de Guerre. Elle ne fut presque plus contente du dégat qu'avoit fait Mr. de Villars dans le Hainaut, & l'on prétend que le Roi lui fit écrire par Mr Voisin qu'il y avoit d'autres moyens d'ôter le Fourage aux Ennemis, en le mettant dans les Places, sans tout abandonner au feu & à l'insolence du Soldat. Mais quoique le Roi fût bien informé de la maniere dont Bouchain s'étoit rendu, on ne jugea pas à propos d'en instruire le Public. Les Conditions n'en étoient pas assez glorieuses pour les Armes de Sa Majesté. Voici donc de quelle maniere on en parla à Paris.

De quelle maniere on en parla à Paris.

Les Assiégez avoient battu la Chamade le 12., & envoié des Otages avec des Articles de Capitulation ; mais on leur déclara qu'ils n'en auroient point d'autre que d'être Prisonniers de Guerre : ainsi ils recommencerent à tirer. A minuit, les Assiégeans qui avoient continué leurs Travaux, nonobstant la suspension d'Armes, promirent de laisser sortir la Garnison en liberté : sur quoi on livra un côté d'une Porte ; mais les Ennemis forcerent la Barriere, & s'emparèrent de la Place. Ils accorderent seulement, que les Officiers auroient leurs épées & leurs équipages ; que les malades & blessez seroient conduits à Cambrai, & le reste au nombre de 3400. à Tournai.

On impute au Duc de Marlborough de n'en avoir pas gardé les conditions.

Cependant, comme je trouve dans mes Memoires que la chose s'est passée autrement, la fidelité de l'Histoire demande que je raporte les Pièces qui furent produites de part & d'autre sur ce sujet. Ce qui y donna lieu fut la détention du Comte d'Erbach & de Mr de Wassenaer, dont nous avons parlé il n'y a pas long-tems, pour lesquels Mylord Duc de Marlborough écrivit au Maréchal de Villars, afin qu'on leur permît de revenir sur leur parole en attendant leur échange. Ce Maréchal réponddit à son Altesse en termes fort honnêtes qu'il en avoit donné part à la Cour & qu'il attendoit réponse. Mais cette reponse aiant été long tems à venir & la Prise de Bouchain étant arrivée avant sa reception, le Marechal fit entendre à ces deux Mrs. qu'on les

1711. retenoit à cause d'une infraction faite à la Garnison de Bouchain. Le Duc de Marlborough informé de cette réponse, écrivit le 19. Septembre, au Maréchal de Villars, pour le desabuser & lui faire connoître qu'on n'avoit manqué en rien à la Garnison de Bouchain, qui n'avoit point été reçue autrement que Prisonniere de guerre. Ce Duc par la même Lettre demandoit derechef au Maréchal le Congé de ces deux Mrs., comme aussi celui de M. Bork, Général Major, du Comte de Denhof & de Mr. Savari: ajoûtant que ce refus de Congé n'étoit point conforme aux manières des Alliez envers les Prisonniers François; & que si on traînoit davantage à les accorder, Mylord Duc, par ordre de la Reine & des Etats Généraux, rappèleroit tous les Officiers qui étoient en France avec des Congez. Cette Lettre ne manqua pas de faire son effet, & le Comte d'Erbach, Mr. de Wassenaer, Mr. Bork & le Comte de Denhof, revinrent au Camp des Alliez.

Le Duc de Marlborough pour se disculper dans le Public de ce qu'on lui imputoit par raport à la Garnison de Bouchain, écrivit aux Etats generaux, & leur envoïa en même tems les Pieces suivantes, par lesquelles on pourra juger de la vérité du raport que les François firent de cette affaire.

Lettre du Prince & Duc de Marlborough à Leurs Hautes Puissances les Etats Generaux des Provinces-Unies.

Hauts & Puissans Seigneurs,

Lettre de ce General aux E. G.

JE me donne l'honneur d'envoïer à Vos Hautes Puissances, Copie d'une Lettre & Mémoire, que je viens de recevoir de M. de Villars, où il se plaint de l'infraction de la Capitulation de Bouchain, & prétend que nous aurions violé la bonnefoi envers la Garnison; je n'ai pas voulu manquer de leur en faire part d'abord, comme aussi de ma reponse, & des Déclarations de M. le General Fagel & du Colonel Pagnies, sur les faits dont les Ennemis se plaignent, afin qu'elles puissent voir le peu de fondement qu'il y a en tout ce qu'ils allegent & que nous avons agi en cette occasion avec honneur, & selon les Regles de la Guerre; Vos Hautes Puissances observeront de même que tout s'est passé de concert avec Mrs. les Deputez, & avec leurs Generaux, & je me flate qu'elles aprouveront aussi le dernier Article de ma Lettre à M. le Maréchal, & qu'elles voudront bien instruire Mrs. les Députez à l'avenant. Je suis, &c.

1711. pour sa justification.

DE VOS HAUTES PUISSANCES, &c.

Signé, Le P. & Duc de MARLBOROUGH.
Au Camp sous Bouchain, ce 20. Septembre 1711.

Lettre du Maréchal Duc de Villars au Prince & Duc de Marlborough.

Au Camp de Palliencourt le 18. Septembre 1711.

MONSIEUR,

,, J'Ay voulu être parfaitement éclair-
,, ci par Mr. le Comte de Ravi-
,, gnan, & les autres principaux Of-
,, ficiers de la Garnison de Bouchain,
,, des justes plaintes qu'elle fait de la
,, parolle & la foi violée dans la Capi-
,, tulation qui leur a été accordée par
,, M. de Pagnies, Colonel, Comman-
,, dant les Gardes de Hollande, par
,, l'ordre de Mr. de Fagel. Vous ver-
,, rez,

Lettre du Maréchal de Villars au Duc de Marlborough sur le même sujet.

,, rez, Mr. par la Copie ci-jointe de ,, tout ce qui s'est passé sur cela, & dont ,, ces braves Gens envoient l'Original ,, au Roi, pour se justifier de n'avoir ,, pas préferé tous les périls & la mort ,, même, à la honte de se rendre Pri- ,, sonniers de Guerre, que l'on leur a ,, manqué de parole formellement. La ,, Place n'étoit pas en état d'être em- ,, portée, puis que vous ne teniez pas ,, les demi-Lunes, & que le passage du ,, Fossé n'étoit pas commencé. Permet- ,, tez moi de vous dire que le manque ,, de vôtre aveu n'empêche pas que la ,, bonne foi ne soit violée, quand le ,, Général qui commande au Siege fait ,, porter sa parole par un Colonel, ,, que sur cette parole on cesse le feu, ,, qui avoit été recommencé, que l'on ,, redonne des Otages & que même ,, on livre une Porte.

,, Je ne doute pas, Mr., qu'après y ,, avoir bien songé vôtre propre gloi- ,, re ne vous engage, à renvoier toute ,, cette Garnison, aux conditions qui ,, ont été offertes pour se rendre.

,, Qu'y-a-t-il de plus authentique ,, sur cela que la Protestation haute ,, & publique que Mr. de Pagnies en ,, a fait, en homme de probité & d'hon- ,, neur, à la vûe & en présence de toute ,, vôtre Armée, & de la même Garni- ,, son, à laquelle il déclara, qu'il ne ,, connoît point les maximes sur les- ,, quelles on viole la parole, qu'il a eu ,, ordre & pouvoir d'engager.

,, J'attens de vous Monsieur, une ré- ,, ponse conforme à l'équité. Le Roi ,, m'ordonne de vous porter des plaintes ,, sur un fait sans exemple à la Garnison.

,, Mr. le Comte de Borck pourra ,, être échangé contre Mr. de Ravi- ,, gnan, moiennant que ce dernier soit ,, libre sur la foi de la dernière Capi- ,, tulation. Je suis,
    Monsieur &c,
  Signé, LE DUC DE VILARS,
    Maréchal de France.

Memoire de ce qui s'est passé concernant la Réduction de Bouchain depuis le 11. Septembre 1711.

LEs Assiègez voiant les Ennemis prêts à se rendre Maîtres des Demi-Lunes de Bouchain, & le Corps de la Place battu en Brêche, le 12. Septembre à 2. heures après midi, battirent la Chamade, & l'on donna des Otages de part & d'autre. Mylord Duc de Marlborough aiant lû les Propositions, répondit qu'il vouloit toute la Garnison prisonnière de Guerre. Cette dure soûmission n'aiant pas été goûtée, on rendit les Otages réciproquement, après quoi l'on recommença à tirer, un quart d'heure après l'on fit avertir que Mr. de Pagnies, Colonel, Commandant un Bataillon Hollandois, demandoit à parler à Mr. de Favars, Brigadier, & Ingenieur principal, qui étant près de la Porte Haute, monta sur le Parapet de la demi-Lune, & reconnu que ce Mr. de Pagnies, étoit un des Otages qui avoit été dans la Place, dans le tems du Pourparler. Il lui demanda ce qu'il souhaitoit. Mr. de Pagnies répondit qu'il avoit quelque chose à communiquer, sur quoi. Mr. de Favars lui représenta de faire cesser le feu, afin de pouvoir l'écouter sans supercherie; dans le moment il envoia demander à Mr. de Ravignan, s'il agréeroit que l'on prêtât attention à Mr. de Pagnies. Mr. de Ravignan y aiant consenti, Mr. le Chevalier d'Artagnan, Colonel, se joignit à Mr. de Favars; on baissa les Ponts, & ils se rendirent sur le Glacis auprès de Mr. de Pagnies. Ce dernier exprima en termes exprès, & non changez, qu'il revenoit de la part de Mr. le Général de Fagel, Commandant le Siè-

Mémoire instructif sur cette affaire donné par la France.

ge, pour témoigner ses bonnes dispositions à faire plaisir à la Garnison de Bouchain ; qu'il avoit réflechi que la condition de Prisonniers de Guerre aiant été rejettée par les Assiègez, il étoit à propos d'imaginer un tempérament, & un milieu convenable aux deux Parties.

Après plusieurs répliques, on comprit un Expedient qui fut, que toute la Garnison seroit sujette simplement à un échange, qu'elle sortiroit avec Armes & Bagages, Enseignes déployées, pour être conduite à Cambrai, avec l'entière liberté de continuer sans interruption ses services dans les Armées & Places du Roi ; Mrs. de Favars & d'Artagnan (qui avoient mis ce moyen au jour) aiant assuré qu'il n'y avoit à ajouter ni retrancher quoi que ce soit. M. de Pagnies sur le champ pria ces Messieurs d'y rester, & de l'attendre, pour lui donner le tems d'aller en rendre compte diligemment à Mr. de Fagel, Mr. de Pagnies revint promtement, donna sa parole que Mr. de Fagel consentoit au tempérament proposé, en conséquence il insista pour ramener Mr. le Chevalier d'Artagnan pour Otage ; offrant en sa place un Major qu'il avoit eu la précaution d'amener avec lui. Mr. de Favars qui n'avoit été chargé d'aucun ordre, & qui n'avoit parlé que par lui-même, de concert avec Mr. le Chevalier d'Artagnan, demanda à son tour un tems pour informer Mr. de Ravignan de ce qui avoit été agité. Mr. de Ravignan, apres avoir tout consideré, accepta la Convention, avec les Conditions ci-dessus énoncées : que Mr. le Chevalier d'Artagnan pouvoit aller au Camp des Alliez avec Mr. de Pagnies pour y servir d'Otage, retenant en échange le Major proposé, lequel Mr. de Favars a enmené dans la Place & présenté à Mr. de Ravignan. Ce qui a été executé regulierement.

Cette Convention aiant été regardée comme stable, & non sujette à aucun changement detour ni interprétation, il n'étoit plus question que d'y donner la forme, afin de parvenir à l'execution par un sincére arrangement. Les Otages donnez de part & d'autre, selon l'usage de la Guerre, en faisoient la sûreté. Le reste de la nuit du 12. au 13. Septembre & partie de la nuit du 13. au 14. se sont passez dans cette confiance ; cependant elle a été troublée la nuit du 13. au 14. à deux heures aprés minuit, par un Aide de Camp de Mr. le Baron de Fagel, Porteur d'une Lettre de ce General & de deux Copies de Capitulation, signées de Mylord Duc de Marlborough & de Mrs. les Députez des Etats generaux, avec leurs Cachets. Par la Lettre de Mr. de Fagel, il exigeoit de Mr. de Ravignan de signer ces deux Copies, d'en renvoier l'une & de garder l'autre. Mr. de Ravignan les aiant lûës n'y trouva que des Apostilles qui concluoient à des conditions de Prisonniers de Guerre ; mais la Convention du dernier Pourparler, sur laquelle on avoit droit de compter, y étant absolument contraire, M. de Ravignan refusa de signer, & renvoia l'Aide de Camp avec une Lettre pour Mylord Duc de Marlborough, & une autre pour M. le Baron de Fagel, leur marquant ses justes plaintes. Le 14. au matin, il fut inspiré & conseillé à M. de Ravignant de demander à s'expliquer avec Mylord Duc de Marlborough & le Baron de Fagel ; ce dernier entra dans la Place, & témoigna à Mr. de Ravignan que Mylord Duc l'écouteroit volontiers. M. de Ravignant y alla, accompagné de Mrs. de la Chaux & Favars ; Mylord Duc de Marlborough prononça qu'il n'avoit jamais eu d'autre intention que de reduire la Garnison de Bouchain à être prisonniere de Guerre, parce qu'elle avoit différé à batre la Chamade jusqu'à la derniere extrêmité: qu'à la vérité il avoüoit que la Garnison avoit rempli son devoir, mais qu'il avoit par devers lui des raisons particulieres de menager ses Avantages; qu'il regardoit comme nul l'Entretien & la Negociation de Mr de Pagnies, qu'il n'y avoit point de part personnellement, & qu'enfin elle n'auroit pas son effet. Dans ce moment Mylord Duc de Marlborough, fit prier Mrs. les Deputez des Etats Generaux d'entrer, qui trop d'acord avec lui parlerent de la même façon. Dans cette conjoncture si violente, où la loi du plus Fort étoit la seule Regle, Mr. de Ravignan revint dans la Place, d'où il est sorti avec la Garnison le 14. Septembre à deux heures apres midi, pour être conduite par Marchiennes à Tournai.

Comme on défiloit sous les yeux de l'Armée Ennemie, Mr. de Pagnies, plein d'honneur & de bonne foi, affecta de paroître, & dit à haute voix, devant plus de deux cens Officiers des Troupes des Alliez, & en présence d'un ,, Prince de Holstein, Mr. de Ravignan ,, Mrs de la Garnison de Bouchain, je ,, vous prie de ne me point accuser ni ,, me soupçonner, j'ai porté, donné & ,, reçu des paroles, j'en avois l'ordre ,, & le pouvoir, je suis au desespoir ,, qu'on les ait revoquées, & que l'on ,, m'ait dedit par des maximes que je ,, ne connois point. Vous êtes mal-,, traitez, j'en suis offensé, mais re-,, gardez moi comme un homme qui ,, n'a jamais pensé à vous surprendre ,, ni à vous tromper; j'aurois remer-,, cié de la Commission, si j'en eusse ,, prévu les suites.

On laisse au Public à juger sur les circonstances d'un événement qui n'a point d'exemple, qui mérite réparation, & où tous les Gens de Guerre sont interessez mutuellement.

Nous soussignez certifions le présent Memoire contenir, fidélement la verité. A Tournai ce 16. Septembre 1711.

Signé, *De Ravignan*, *De Selve*, *d'Asri*, *Favars*, *le Cavalier de la Chaux*, *Montauban*, *Thomé*, *de Brun*, *le Chevalier de Ravignan*, *Beaulieu*.

Quand le Duc de Marlborough eut reçu ce Memoire & la Lettre dont il étoit accompagné, il y fit la réponse suivante.

MONSIEUR,

,, J'ai reçu la Lettre que vous m'a-,, vez fait l'honneur de m'écrire hier, ,, par ordre du Roi, pour accompagner ,, le Memoire de Mr. de Ravignan, & ,, des principaux Officiers de la Garni-,, son de Bouchain, au sujet de la Capitulation; & quoi-qu'il paroisse par ,, ce Mémoire même que ces Messieurs ,, avoüent que tout ce qu'ils prétendent ,, leur avoir été dit par Mr de Pagnies, ,, étoit sans mon aveu ou celui de Mrs. ,, les Députez de Leurs Hautes Puissan-,, ces, je ne laisse pas d'être également ,, surpris & sensible, qu'on puisse croire ,, que j'aurois permis aucune infraction ,, de choses promises, ou la moindre ,, violation de la bonne foi. Les ma-,, nières avec lesquelles j'en ai agi en ,, tant d'occasions de cette nature & ,, celles dont j'ai usé envers plusieurs ,, de Vos Officiers Generaux, doivent ,, être autant de témoignages auprès de ,, du Roi, & auprès de tout le monde, ,, de ma droiture; & je me flatte qu'on ,, me rendra assez de justice pour croi-,, re qu'il ne s'est rien fait dans le trai-,, tement de cette Garnison, qui soit ,, contraire à la Capitulation qui leur a ,, été accordée. Vous trouverez par la ,, Rélation ci jointe de Mr le Baron de ,, Fagel, & de Mr de Pagnies, que les ,, choses se sont passées si différemment

Lettre du Duc de Marlborough à Mr de Villars.

"dece qu'on les a représenté dans le
"Mémoire, qu'il n'y a point le moin-
"dre fondement ni ombre pour les
"plaintes qui y sont faites ; & Mr le
"Général de Fagel, bien loin d'avoir pris
"sur lui de leur donner la Capitulation
"que ces Mrs. reclament leur a fait di-
"re par l'Otage qu'il a renvoïé, qu'il
"esperoit qu'ils n'accepteroient point
"celle que je leur avois offerte, de con-
"cert avec les Députez, à savoir d'ê-
"tre Prisonniers de Guerre, afin qu'il
"eût l'honneur d'emporter la place l'é-
"pée à la main ; ce que ces Mrs. con-
"viendront eux-mêmes qui n'auroit pas
"manqué d'arriver en moins de 24.
"heures ; les Brêches dans le Corps de
"la Place, aussi bien que dans les Ra-
"velins, étant déja en état, & nos Gens
"logez sur le bord du Fossé, d'une ma-
"niere à pouvoir aller à l'Assaut le len-
"demain. Et c'étoit quelques heures a-
"près qu'on leur avoit fait ce message,
"& que les hostilitez avoient recom-
"mencé, que ces Messieurs ont trouvé
"à propos d'arborer un Drapeau blanc
"pour la seconde fois, & de nous re-
"mettre une Porte. Et quant à ce que
"ces Mrs alleguent, que nous avons
"travaillé pendant ces entrefaites, j'au-
"rai l'honneur, Monsieur, de vous di-
"re, que lors que le Chevalier d'Arta-
"gnan est sorti avec les autres Otages,
"en presence de Messieurs les Députez,
"on leur a declaré qu'on ne se laisseroit
"pas amuser, mais qu'ils devoient s'at-
"tendre qu'on continueroit le travail
"pendant qu'on traitoit. C'est une cir-
"constance dont ces Messieurs tombent
"d'accord ; & je suis si persuadé, Mon-
"sieur, de vôtre équité, que quand vous
"voudrez réflechir serieusemét à ces Faits,
"vous me rendrez la justice que mon
"procedé merite, & s'il est nécessaire,
"informerez le Roi, que les plaintes de
"ces Messieurs sont sans fondement, &
"qu'on leur a tenu au pié de la lettre
"tout ce qui leur a été promis. Vous

"me permetrez, Monsieur, d'ajoûter
"que le refus qu'on fait, de laisser reve-
"nir sur leur parole Mr le Comte d'Er-
"bach, le Major-Général Bork, le Com-
"te de Denhoff, le Colonel Savari &
"le Major de Wassenaer, en attendant
"qu'on puisse convenir de leur échange,
"est si oposé à la manière avec laquelle
"nous en avons toûjours usé envers vos
"Officiers, que les Generaux de cette
"Armée s'en plaignent haütement, &
"qu'à moins qu'on adoucisse leur sort,
"je serai obligé en justice, & par ordre
"de la Reine conjointement avec Mes-
"sieurs les Etats, de rappeler tous ceux
"qu'on a laissé si long-tems sur leur pa-
"role en France. Je serois fâché que
"les choses en vinssent à cette extrêmi-
"té & il ne dependra que des Aisances
"qu'on donnera de vôtre côté de le pre-
"venir. Je suis,

"Monsieur, &c.
Signé, Le P. & Duc de MARLBOROUGH.
Au Camp sous Bouchain le 19. Septembre.

Voici maintenant le Mémoire du Géneral de Fagel, dont il est parlé dans cette Lettre.

Ce fut le 12. Septembre sur le midi que la Garnison de la Ville de Bouchain battit la Chamade, & envoïa des Otages dehors, aux trois Attaques : savoir le Marquis de Brun, & le Chevalier d'Artagnan, Colonels, Mrs de Rive & Thomé Lieutenans-Colonels, & Mr. la Cousure, Major, qui furent tous menez au Quartier du Géneral de Fagel, à Mastain. Les Otages de la Basse Ville n'étoient pas encore arrivez au Quartier dudit Général, quand Son Altesse le Prince & Duc de Marlborough s'y rendit avec leurs Nobles Puissances Messieurs les Députez des Etats & les Premiers Géneraux, ce qui fut environ les quatre heures après-midi, quand on fit entrer jusqu'à deux fois les Otages, qui y furent présens : la première fois, pour savoir leur demande, qui étoit, de rendre la Place, à condition que la Garnison

Autre Mémoire du Géneral de Fagel.

LOUIS XIV. Liv. XVII.

sortit avec tous les honneurs de la Guerre, &c. Sur quoi Mylord Duc aiant déliberé, l'on fit pour la seconde fois entrer les Otages, & Son Altesse le Duc de Marlborough leur déclara que puisque nous étions avancez dans deux Attaques sur le bord du Fossé, contre la Brêche qui étoit considérable, on ne pouvoit leur accorder leur demande; mais qu'ils dévoient se rendre Prisonniers de Guerre; à quoi les Otages ne voulurent point du tout consentir; résolvant d'abord de retourner en Vile. Mylord Duc leur dit, qu'il leur donnoit le tems pour y songer, jusques au lendemain à 7. heures du matin, à condition pourtant, que leurs délibérations n'empêcheroient pas nôtre Travail, & que nous pousserions toûjours nos Ouvrages. Ces Otages retournèrent avec cette réponse; & les Otages de la Basse Ville, qui arriverent en même tems, furent aussi renvoïez par le Général de Fagel, par le même chemin qu'ils étoient venus, pour la susdite raison.

Son Altesse le Duc de Marlborough & Messieurs les Députez s'en retournerent chez eux, & le Général de Fagel montant à cheval pour aller à la Tranchée s'informer de l'état de ce qu'on faisoit, & pour donner les derniers ordres pour ce soir rencontra en son chemin le Colonel Pagniès, qui avoit été Otage dans la Ville, dont il revenoit pour faire son raport; il dit entre autres choses au Général, que les François plaignoient beaucoup leur malheur, qu'on les vouloit prisonniers de Guerre, qu'on l'avoit prié vouloir parler au Général de Fagel, afin que l'Article de Prisonniers de Guerre pût être modéré. Le Colonel Pagniès ajoûta, soit qu'on lui eût dit dans la Ville, ou bien qu'il le dit lui-même par compassion, que ces gens étoient misérables, qu'ils n'avoient point d'argent pour vivre hors de leur Païs; & que selon lui il se persuadoit qu'en faisant la Garnison Prisonnière de Guerre & laissant retourner les Officiers sur leur parole, & changeant les Soldats tous les

jours entre les deux Armées, cela les contenteroit; à quoi le Général Fagel répondit après avoir demandé si les François attendoient quelque réponse là-dessus, qu'il pouvoit aller à la Ville, & dire qu'en cas que la Garnison eût quelque chose à dire ou à proposer, il s'offrit à s'employer pour eux, sans qu'il leur promît rien, ni qu'il répondît de ce que Mylord Duc leur pourroit accorder; recommandant plusieurs fois, en présence de tout le monde, audit Colonel Pagniès, de ne s'engager à rien; & comme le Colonel étoit allé & venu jusques à deux fois, le Général de Fagel lui reïtera: Je n'entens rien à tout ceci, si les François ont quelque chose à dire je permets qu'ils me le fassent dire par quelque Officier. Apres quoi le Général de Fagel s'en retourna chez lui; & Mr. de Pagnies étant de retour de la Ville, pour la troisieme fois, amena le Chevalier d'Artagnan avec lui chez Mr. de Fagel, qui en attendant avoit déja écrit à Mylord Duc, pour savoir, si l'on pouvoit faire espérer à la Garnison, pour les raisons ci devant mentionnées, qu'on laisseroit retourner les Officiers sur leur parole, & qu'on feroit échanger les Soldats.

La Lettre fut portée par le Major de Brigade au Camp, lors qu'entre les 10. & 11. heures du soir, le Marquis de Brun & le Major Cousure arriverent de la Ville au Quartier du General, qui prétendoient qu'on avoit donné des Otages, & que non obstant on travailloit dans les Tranchées, contre les Maximes & Coûtumes de Guerre; le Général leur dit qu'il ne savoit rien d'aucun Otage, qu'il avoit permis à un Officier de la Garnison de sortir, pour lui venir dire ce que la Garnison souhaitoit, & ce qu'il n'avoit pû comprendre par Mr. de Pagnies, & qu'il avoit écrit en leur faveur à Mylord Duc, dont il attendoit la réponse. Qu'il étoit fort surpris de les voir là, qu'ils n'avoient qu'à s'en retourner à la Ville, n'aiant rien à leur dire, & en cas qu'on fît dans la Tranchée quelque chose qui leur déplût, qu'ils pouvoient tirer des-

D d d iij

fus. Que Mylord Duc lui-même les avoit avertis, qu'on ne vouloit pas cesser de travailler ni perdre du tems: ainsi, qu'ils ne devoient pas être surpris qu'on travaillât dans la Tranchée. Et comme le Marquis vouloit encore repliquer, le Général de Fagel lui protesta sous serment, qu'il aimeroit mieux qu'ils persistassent à se défendre, que de les voir se rendre par Capitulation, afin qu'il pût avoir l'honneur de les prendre l'épée à la main. Dans ce tems-là, on commença à tirer de nouveau de part & d'autre, & le Marquis de Brun avec le Major s'en retournèrent à la Ville. Tout ceci s'étant passé en présence du Chevalier d'Artagnan, celui-ci resta cependant, & coucha chez le Général de Fagel, pour attendre la réponse de Mylord Duc, dont je coucherai le contenu en son entier, afin qu'on voye que j'ai tâché de faire plaisir à la Garnison de Bouchain, & que le Duc de Marlborough a toûjours protesté, sur ce qu'il avoit déclaré aux Otages, savoir, que la Garnison devoit être Prisonnière de Guerre.

Copie de la Lettre de Son Altesse Mylord Duc écrite au Général de Fagel le 13. Septembre à deux heures du matin.

MONSIEUR.

„ EN réponse de l'honneur de Vôtre let-
„ tre, il me semble que par la Capitu-
„ lation, on ne doit rien promettre à la Gar-
„ nison; mais exiger qu'elle se rende priso-
„ niere de Guerre; j'aurai l'honneur de
„ passer demain chez vous. Je suis très-sin-
„ cerement,

Monsieur, *Vôtre-très-humble & très-
obeyssant Serviteur.*
Signé, LE P. & Duc de MARLBOROUGH.

Le matin du 13. à 6. heures, le Général de Fagel mena le Chevalier d'Artagnan en Caleche à la Communication des deux Attaques; lui déclarant en chemin, qu'il s'étoit emploïé pour la Garnison, pour lui procurer quelque modération, à l'égard de ce qu'on les demandoit prisonniers de Guerre; mais qu'il n'y avoit pû réüssir: ainsi, qu'il le prioit de rentrer dans la Ville, pour demander la résolution de la Garnison, pour se rendre Prisonniers de Guerre, sans aucune Condition? & comme le Chevalier protesta, que la Garnison ne se rendroit jamais à de telles Conditions, qu'ils aimeroient mieux se sacrifier tous, & périr sur la Bréche, prononçant cela avec beaucoup d'émotion & de feu, le Général lui repondit, que c'étoit leur affaire, qu'ils n'avoient qu'à prendre leur parti: que la Garnison lui feroit beaucoup de plaisir, de prendre la résolution de se défendre, affin qu'il eût l'honneur de les emporter l'épée à la main, comme il leur avoit déja dit; pressant le Chevalier d'entrer en Ville, & obligeant tous ceux de la Tranchée de rentrer dans les Aproches. En même tems le Chevallier d'Artagnan, peu content d'être emploïé pour faire un tel message, demanda combien de tems on lui accordoit pour aporter la réponse; & comme on lui répondit, une seule heure, & qu'on demandoit une Porte avant ce tems-là; qu'on ne vouloit point perdre la journée, étant tems de faire les dispositions pour ce jour-là; le Chevalier fut de retour, avant que l'heure fut expirée; n'aportant aucune résolution finale, sur la proposition dont il étoit chargé, à savoir, que la Garnison se rendit Prisonniere de Guerre, sans condition, & remit une Porte dans l'instant. Le Chevalier là-dessus demanda pour aller parler à Son Altesse le Duc de Marlborough, sur ce que ledit Chevalier prétendoit, que nonobstant que le Duc de Marlborough voulût la Garnison prisonniere de Guerre, il leur avoit fait espérer, qu'il lui permettroit de sortir avec les honneurs: ce que le Général de Fagel refusa; disant pour raison, qu'il avoit des ordres expres & positifs de Son Altesse le Duc de Marlborough par écrit, pour ne leur accorder autre Capitulation que celle d'être prisonniere de Guerre, sans condition; & qu'ainsi, il étoit inutile de penser à d'autres explications; mais en cas que Sadite Altesse leur eût fait esperer quelque adoucissement, qu'il ne doutoit pas qu'il n'en usât avec sa bonté accoûtumée.

Sur quel fait, Moi le soussigné, me trouve obligé de dire, qu'étant présent lors que S. A. le Duc de Marlborough, accompagné de Mrs. les Deputez de L. H. P. répondit aux Otages sur leurs demandes, il leur déclara nettement qu'ils ne doivent s'attendre à une autre Capitulation, que celle de Prisonniers de Guerre; mais qu'on laisseroit aux Officiers leurs Epées, & leurs Bagages; lesquelles Conditions ont été ponctuellement exécutées. Ledit Chevalier étant renvoié en Ville avec ce Message, auquel on demanda une Réponse categorique, retourna peu de tems après, avec cette réponse, que la Garnison acceptoit ladite Proposition & qu'on alloit livrer une Porte; demandant seulement le tems pour retirer leurs Troupes. Le Général de Fagel ordonna alors au Général Major Boissé, qui commandoit dans la Tranchée, d'envoier 200. hommes avec un Lieutenant-Colonel pour occuper la Porte, que les Ennemis avoient promis de remettre dans une demie heure; ainsi qu'il fut exécuté dans le tems susdit.

Signé, F. N. Baron de FAGEL.

Fait au Camp sous Bouchain ce 20. Septembre 1711.

Memoire de Mr. le Colonel Pagnies, commandant un Bataillon des Gardes Hollandoises.

,, Moi soussigné aiant lû la Réla-
,, tion ci-jointe de Mr. le Baron
,, de Fagel, Général de l'Infanterie de
,, Leurs Hautes Puissances les Seigneurs
,, Etats Généraux, concernant ce qui
,, s'est passé à la Reddition de la Ville
,, de Bouchain, où j'ai été envoié pour
,, Otage, déclare que les faits avancez
,, dans ladite Rélation sont très-vérita-
,, bles dans chaque circonstance, & je
,, m'y raporte pour éviter la répeti-
,, tion des choses si bien & si claire-
,, ment détaillées, protestant en mê-
,, me tems que je n'ai pas été auto-
,, risé ni de Mr. le Baron de Fagel ni
,, d'aucun autre Général, pour ac-
,, corder une Capitulation à la Garni-
,, son de Bouchain, ni ne me suis en-
,, gagé, ou ledit Général de Fagel, à rien
,, d'autre que d'emploier simplement
,, de bons Offices, pour obtenir pour
,, ces Messieurs quelque adoucissement
,, aux termes dont ils se plaignoient si
,, amèrement: mais son Altesse le Duc
,, de Marlborough n'aiant pas trouvé
,, à propos de rien relâcher de la Ca-
,, pitulation, qu'il leur avoit voulu ac-
,, corder en premier lieu, cette ré-
,, ponse a été signifiée à ces Messieurs
,, par Mr. de Fagel, en termes nets, &
,, & non sujets à aucun mesentendu,
,, & ç'a été après qu'ils en ont été bien
,, informez, qu'ils se sont rendus; &
,, qu'ils nous ont livré une Porte.

,, C'est pour cette raison que je n'ai
,, pû lire sans étonnement la Copie
,, d'un Mémoire, envoyé par ces Mes-
,, sieurs en France, dans lequel ils
,, me chargent de leur avoir promis une
,, autre Capitulation de la part dudit

,, Général de Fagel, que celle qu'ils
,, ont euë, & alleguent plusieurs faits
,, si éloignez de la vrai-semblance
,, même, que j'aurois crû ledit Mé-
,, moire supofé, s'il étoit venu d'au-
,, tre part que de Mr. le Maréchal
,, de Villars. Il est bien dur que ces
,, Messieurs, pour me récompenser de
,, mes honnêtetez & des bons Offices
,, que je tâchai de leur rendre, m'ac-
,, cusent de choses auxquelles je n'ai
,, jamais pensé, & où il alloit de mon
,, honneur, de ma fortune, & de ma
,, vie même. Peut-on croire que je
,, me fusse avisé d'accorder une Ca-
,, pitulation sans être autôrisé de per-
,, sonne, & que j'eusse songé à promet-
,, tre des moderations aux Articles où
,, Mr. le Baron de Fagel n'a pû rien
,, obtenir? Et quant à ce qui est dit à
,, la fin dudit Mémoire, que j'ai dé-
,, claré à ces Messieurs à leur sortie de
,, Bouchain, en presence de deux cens
,, Officiers de nôtre Armé, & du Prin-
,, ce de Holstein, que j'étois au des-
,, espoir du traitement qu'on leur fai-
,, soit, & qu'on ne leur tenoit point
,, les Articles que j'avois été autôrisé
,, de leur prometre ; Je proteste que
,, je n'ai parlé qu'à quatre de ces Mes-
,, sieurs lors qu'ils alloient monter
,, en Carosse, qu'il n'y avoit personne
,, des nôtres présens, & que je n'ai dit
,, autre chose qu'une honnêteté, &
,, que j'étois fâché qu'ils n'avoient pû
,, obtenir ce qu'ils souhaitoient, mais
,, que le refus ne venoit que d'un bon
,, endroit pour eux, puis qu'ils se l'é-
,, toient attiré par leur vigoureuse &
,, opiniâtre défense.

Signé, PAGNIES,
Fait au Camp sous Bouchain ce 20.
Septembre 1711.

Les Armées se separent.

L'Armée des François & celle des Alliez étoient si proches l'une de l'autre lors qu'elles campoient près de Bouchain, que l'on publioit que Mr de Villars ne s'obstinoit à demeurer si long-tems à Palliencourt où il étoit, que pour éviter le danger qu'il y auroit à décamper si proche des Ennemis. Les Alliez franchirent les premiers ce danger, sans que l'Armée Françoise se mît en état d'en profiter en donnant tout au moins sur leur Arrière-Garde. Mr. de Villars se contenta de s'avancer à la tête de plusieurs Escadrons jusqu'à l'Escaut, pour reconnoître leur marche qui se fit en plein jour, Tambour battant, & Trompette sonnante dans le meilleur ordre du monde. Les Troupes du Siège se joignirent au delà de ce Fleuve à l'Armée du Duc de Marlborough, qui alla camper à Beaurepaire entre Denain & Marchiennes. Ensuite ce General fit un tour à Bouchain pour en visiter les Fortifications qu'on avoit ordonné de reparer; il fit entrer dans cette Place les 3 Bataillons destinez pour y demeurer en Garnison; ensuite dequoi il retourna à l'Armée des Alliez & & fit les dispositions nécessaires pour la séparer entierement. Ainsi fut terminée la derniere Campagne de ce General, qui ajoûta à la Gloire qu'il s'étoit acquise par tant d'exploits une Conquête des plus importantes que les Alliez pussent faire. Sa sage conduite durant tout le cours de cette Guerre, soûtenuë d'une valeur égale à son expérience, & les grans services qu'il avoit rendus à la Cause commune meritoient sans doute une autre récompense que celle qui l'attendoit à Londres à son retour; mais tel est le sort des Qualitez Heroïques qu'elles sont souvent plus d'Envieux que d'Imitateurs. Toutefois la modestie de ce Prince dans une disgrace si peu mérité fit encore mieux son éloge que tout l'éclat de sa bonne fortune. Aussi surmonta-t-il ensuite ces revers, & le Roi George, glorieusement Regnant aujourd'hui, & juste estimateur des choses, rendit justice à ce General dont il connoît tout le prix.

Le

LOUIS XIV. Liv. XVII. 433

1711.

Comment le Maréchal de Villars fut reçu du Roi.

Le Maréchal de Villars de son côté conduisit l'Armée Françoise dans ses Quartiers. Il envoya ses gros Bagages à Bapaume & à Peronne, & de là vers la Sambre; & apres avoir fait partir la Maison du Roi, il partit lui-même & se rendit en Poste à Versailles. Il fut tres bien reçu de Sa Majesté, qui lui dit en presence de la Cour : *Je suis plus content de vous cette année, que je ne le suis des autres. Il y a bien des Frondeurs ; méprisez-les comme je fais : & jouissez d'une tranquillité parfaite, puisque vous avez suivi mes ordres en tout ce que vous avez fait.*

1711.

FIN DU XVII. LIVRE.

LIVRE DIXHUITIÉME.

Contenant les Intrigues de la Cour de France avec celle d'Angleterre jusqu'à la Suspension d'armes générale conclue au mois d'Août 1712.

Intrigues de la France à la Cour d'Angleterre pour la détacher des Alliez. Hist. du Congrès d'Utrecht. Raport du Comité Secret.

Tout le monde desiroit la Paix, mais une Paix solide, qui pût veritablement mettre fin aux miseres & aux calamitez de la Guerre, & non qui jettât des fondemens pour la recommencer avec plus de fureur, comme il étoit arrivé tant de fois. Dans cette disposition, on peut juger combien les esprits furent réjouis en France & alarmez par tout ailleurs, des qu'il parut que les principes de l'Union des Hauts Alliez, après avoir été suivis pour eux de tant de glorieux succés, étoient en danger d'être ébranlez & de tout ébranler avec eux, par les mesures prises pour les diviser. Comme les grandes Révolutions arrivées dans la suite à cet égard, & qui ont les plus influé sur l'état présent de l'Europe, prirent leur origine en Angleterre ; il ne sera pas hors de propos d'en raporter ici en abregé la naissance & les progrès.

Sermon seditieux

Il y a par tout des gens qui aiment à se distinguer par la singularité de leurs opinions ; un Ecclesiastique

préchant les derniers jours de l'année 1709. en présence du Lord Maire & du Magistrat de Londres, sonna le tocsin, pour ainsi dire, comme si l'Eglise & l'Etat eussent été dans un danger éminent par les Faux Freres. Son Discours séditieux fit grand bruit & fut déféré au Parlement, qui se fit une affaire des sentimens de cet homme, par raport au grand nombre & à la qualité de ceux qui prirent parti pour & contre. La chose devint serieuse d'autant plus que la Doctrine préchée par cet Ecclesiastique influoit & regloit les devoirs de Sujet à l'égard de l'Obéïssance qu'ils doivent à leur Souverain. Ce Docteur prétendoit accréditer, comme une obligation indispensable, une Soûmission sans reserve à toutes les dispositions des Souverains, & venoit insensiblement à taxer d'injustice la derniere Révolution, par laquelle le Roi Jaques s'étoit vû dépossedé de la Couronne ; & par une suite necessaire à conclure que celui qui

du D. Sacheverel jette dans Londres des semences de Division.

* *Le Docteur Sacheverel.*

Tome. III.   E e e

lui avoit succedé au Trône, avoit été possesseur d'un bien qui ne lui appartenoit pas. Mais pour ne paroître pas reprocher la jouïssance de la première Usurpation à la Reine qui étoit alors sur le Trône, ce Docteur crut se décharger de la haine qu'un semblable reproche pouvoit lui attirer, en faisant semblant de soûtenir en faveur de cette Princesse, le Devoir indispensable de l'Obéïssance aveugle qu'il exigeoit des Sujets. Il crut donner par là l'idée d'un grand zéle pour sa personne à ceux qui ne réfléchissoient pas sur la contradiction de deux Principes tout à fait oposez ; sçavoir qu'on doit obéïr sans réserve aux Souverains, quoi qu'ils puissent faire ou commander, & qu'on devoit cete même obéyssance à une Princesse, qui, selon sa supposition, n'étoit montée sur le Trône, que parce qu'on avoit manqué à ce premier Devoir.

Quelle fut la cause du mecontentement de la Reine de la G. B.

L'occasion éloignée qu'on avoit prise d'accréditer ce Devoir de l'Obéïssance aveugle, (car tout le monde ne crut pas que le Docteur se fût avancé de lui-même à le prêcher) fut je ne sai quel déplaisir que la Reine avoit conçu au sujet de la Promotion d'un certain Officier, où elle avoit trouvé de l'opofition. Une Intrigue maniée sourdement par des Femmes aigrit l'esprit de S. M. B. contre le Duc de Marlborough, son Général qu'elle avoit si souvent loüé, & des grans Services duquel les deux Chambres du Parlement l'avoient si souvent remercié. La Gloire la mieux méritée & la plus legitimement aquise a cela de fâcheux qu'elle soûlève quelquefois l'envie de ceux qui n'y peuvent point avoir part, quoi-qu'ils en profitent, autant & plus que les autres. Des qu'on eut réüssi à semer du mécontentement dans l'esprit de la Reine, il ne fut pas difficile de lui persuader, que tous ceux qui tenoient à la personne & qui dépendoient du crédit de ce General, étoient à peu près dans les mêmes sentimens & aussi disposez que lui à abuser de la confiance qu'on avoit en eux. Ces soupçons produisirent bientôt leur effet; Mylord Sunderland, Premier Secretaire d'Etat, Mylord Godolfin, Grand Thrésorier, furent démis de leurs Charges. Le Grand-Chancelier, le Grand Maître de la Maison de la Reine, le Second Secretaire d'Etat, & le Viceroi d'Irlande, prevoïant qu'ils ne pourroient éviter de ressentir aussi les effets de cette Disgrace, & de la nouvelle Faveur des Ennemis d'éclarez du General, renoncèrent d'eux mêmes à leurs Emplois. Ce changement enfla le cœur de ceux à qui on donnoit les Charges des Disgraciez. Et comme le penchant naturel des hommes à la Nouveauté les entraîne à se diftinguer par la part qu'ils y prennent, quand ce ne feroit que par leur seule aprobation ; on n'entendit de tous côtez que des Déclamations & l'on ne vit que des Libelles pour décrier ceux qu'on voyoit dans la Disgrace. La persecution alla jusqu'aux moindres persones qu'on savoit avoir encore quelques sentimens d'estime pour le General & pour sa Famille. La Nation entiere, selon son humeur, prit hautement parti, & les uns & les autres voulurent bien prendre differens noms, selon leurs attachemens differens. Ceux qui paroissoient tenir pour l'Obéyssance sans réserve aux Volontez du Souverain furent appelez *Rigides*; & le nom de *Moderez* demeura à ceux qui ne portoient pas si loin cette Maxime, qui devient souvent incommode à ceux là mêmes qui la soûtiennent plus vivement, dès qu'elle commence à choquer leurs Passions & leurs Préventions.

Comme ces noms ne firent que succeder à ceux de *Whigs* & de *Toris*, qui doivent leur naissance aux Divisions arrivées à la fin du Régne de Charles

Origine des Whigs & des Toris

II. & qu'ils sont moins connus dans les autres Païs que ceux d'*Episcopaux* & de *Presbyteriens*, sous lesquels on a coûtume de comprendre les deux Partis oposez qui sont en Angleterre; on ne sera peut-être pas fâché de voir ici un Mèmoire,* dans lequel cette Histoire des *VVhigs* & des *Toris* est écrite d'un manière nette, judicieuse, & très-succinte.

Sur la fin du Règne de Charles II. on découvrit en Angleterre, (comme je l'ai dit) en 1678. & 1679. une grande Conspiration des Catholiques Romains contre l'Etat. ,,La chose aiant été portée au Parlement, on ,, proceda d'une manière si unanime ,, dans la recherche d'une affaire qui ,, sembloit intéresser tout le parti Pro- ,, testant, que plusieurs Seigneurs ,, Catholiques, & beaucoup de Jé- ,, suites, de Moines & de personnes ,, d'un rang inferieur furent mis en ,, prison & quelques-uns exécutez à ,, mort. Le Parlement étoit composé ,, d'Episcopaux pour la plûpart, qui ,, étant touchez de l'énormité des ,, Faits, & de l'évidence des Dépo- ,, sitions, concoururent à l'Enquête ,, & à la Punition avec beaucoup de ,, zéle, comme étant persuadez que ,, la personne du Roi étoit en dan- ,, ger.

,, Mais le Duc d'Yorc aiant trou- ,, vé le moïen de faire comprendre ,, au Roi qu'une bonne partie de la ,, Conspiration étoit suposée, & que ,, les desseins de ceux qui en poussoient ,, la recherche, ne tendoient qu'à ,, mettre son Gouvernement en dan- ,, ger, aussi bien que sa personne, ,, en le taxant tacitement d'être de ,, la partie avec ceux qui vouloient ,, établir le Papisme: il fut résolu ,, dans un Conseil secret que le Duc

* *Ce Mémoire, pour le fond de la matière, est conforme à la Dissertation qu'à donnée depuis peu sur ce sujet Mr.* THOYRAS RAPIN.

,, d'Yorc, comme Chef du Parti Ca- ,, tholique, quoique déguisé, s'éloi- ,, gneroit, & que le Roi se charge- ,, roit du soin de tirer d'affaire tout ,, le Parti.

,, Pour mieux réussir dans ce pro- ,, jet, il changea tout d'un coup tout ,, le Conseil & même il donna tou- ,, tes les Charges lucratives & Hono- ,, raires au Parti qu'il vouloit ruiner; ,, si bien qu'il sembloit s'être mis en- ,, tièrement entre leurs mains.

,, Il en arriva aussi-tôt ce qu'il a- ,, voit prévû. Le Parti Presbyterien ,, se voïant caressé vint à se flatter ,, qu'il pourroit gagner le dessus, & ,, sur cela on publia quantité de Li- ,, belles contre les Evques & leur ,, Parti, comme Gens à demi Papistes, ,, & qui au fond ne se soucioient pas ,, d'aprofondir la Conspiration.

,, Ceux ci se voïant poussez, & crai- ,, gnant qu'en effet le Peuple ne les ,, prît en aversion, résolurent de s'at- ,, tacher à la Cour; & comme ils ,, pouvoient beaucoup dans les Pro- ,, vinces, ils commencèrent à faire des ,, Adresses au Roi, sur la découverte ,, de la Conspiration, dans lesquel- ,, les ils l'assuroient de leur attache- ,, ment nonseulement contre les Papis- ,, tes, mais aussi contre tous les autres ,, Partis qui voudroient brouiller.

,, La Cour alors ravie de voir réus- ,, sir son projet après avoir éludé les ,, efforts d'un Parlement assemblé en ,, 1680. qui vouloit exclure le Duc ,, d'Yorc de la Couronne, abandonna ,, aux Episcopaux tous les non-Con- ,, formistes du Roïaume, & leur per- ,, mit de les persecuter; ce qu'ils fi- ,, rent d'une manière terrible par le ,, moïen d'un Acte de Parlement passé ,, sous la Reine Elizabeth, qui por- ,, toit coup également & contre les ,, Papistes & contre les non-Confor- ,, mistes. Mais les premiers eurent la ,, faveur tacite pour eux, & n'en souf-

„ frirent point.

„ Cette conduite ne choqua pas
„ seulement les non-Conformistes,
„ mais généralement toutes les per-
„ sonnes bien intentionnées du Parti
„ Protestant, & sur tout une bonne
„ partie de la Noblesse des Provin-
„ ces, qui étant persuadée de la vé-
„ rité d'une Conspiration qui tendoit
„ à remettre le Papisme dans le Roi-
„ aume (ce qui auroit été suivi d'une
„ restitution générale de tous les biens
„ d'Eglise) se trouva intéressée
„ & dans le Temporel & dans le
„ Spirituel. Ainsi l'on recommença,
„ dans trois Parlemens consecutifs,
„ la résolution d'exclure le Duc
„ d'Yorc, comme le seul moien d'as-
„ surer la Religion & l'Etat.

D'où viennent ces noms & ce qu'ils signifient.

„ Ce fut dans la chaleur de ces
„ contestations, que naquirent les
„ noms odieux de *Toris* & de *VVhigs*,
„ tirez, l'un d'Irlande, & l'autre
„ d'*Ecosse*. Un *Tori* en Irlande, dans
„ le sens naturel, est un Bandit qui
„ vole sur les grans chemins. On
„ nomma en Angleterre ceux qu'on
„ soupçonnoit de vouloir favoriser
„ le Papisme *Toris*, c'est à dire, Gens
„ de sac & de corde, qui pour leur
„ intérêt particulier sacrifioient les
„ Loix & le bien de l'Etat. Un *VVhig*
„ est un nom d'opprobre en Ecosse,
„ donné aux non-Conformistes qui
„ prêchoient en Campagne, & qui, la
„ force à la main, vouloient une Li-
„ berté de Conscience à leur mode,
„ & l'on appela de ce nom-là en An-
„ gleterre ceux qui paroissoient les
„ plus mécontens du procedé de la
„ Cour.

„ Mais il y avoit un troisième Par-
„ ti, qu'on nommoit *Trimmers*, c'est
„ à dire, Gens qui tiennent la Balan-
„ ce égale, lequel faisoit plus de pei-
„ ne à la Cour que les Whigs; car en
„ se joignant à eux dans les affaires es-
„ sentielles & les abandonnant après

„ dans leurs emportemens, ils don-
„ noient la Loi aux deux Partis, &
„ la Cour n'y trouvoit pas son compte
„ Le Roi Charles ne les pouvoit souf-
„ frir & ne cessoit d'en parler com-
„ me de Gens plus dangereux que les
„ Whigs; si bien qu'à force de les
„ décrier, il les obligea de se joindre
„ aux derniers, & par ce moien la
„ division s'augmenta presque sans
„ remède. Le Duc d'Yorc avoit ce-
„ pendant été en Ecosse, où il avoit si
„ fort obligé le Parti Episcopal, qu'il
„ en fut extrêmement aimé en Ecosse
„ & en Angleterre: en sorte que les
„ Parlemens qui le vouloient exclure,
„ aiant été dissous sans en pouvoir
„ venir à bout, il revint tout glo-
„ rieux en Angleterre, où le Roi
„ pour un tems s'abandonna à sa con-
„ duite.

„ Sur ces entrefaites le Duc de
„ Monmouth se déclara Chef des
„ VVhigs; & comme beaucoup de per-
„ sonnes de qualité s'attachoient à
„ lui, & que le Roi ne pouvoit se
„ résoudre à le perdre, à cause qu'il
„ étoit celui de tous ses Enfans na-
„ turels pour lequel il avoit le plus
„ de tendresse; la Cour qui desormais
„ ne se gouvernoit que par le Duc
„ d'Yorc, prit le parti d'attaquer le
„ Comte de Shaftsburi; qu'on croioit
„ le plus habile homme du côté des
„ Mécontens, & le grand Conseiller
„ du Duc de Monmouth.

„ Cette poursuite ne réüssit point
„ parce que les VVhigs se trou-
„ vant alors dans les Magistratu-
„ res, donnèrent au Comte un nom-
„ bre de Jurez, qui ne trouva pas
„ qu'il y eût lieu de le poursuivre en
„ Justice; de sorte qu'il fut relâché &
„ absous pour un tems.

„ La Cour vit bien par cette é-
„ preuve, qu'elle ne pourroit pas ve-
„ nir à bout de ses desseins, sans a-
„ voir les Jurez de son parti; Et
„ com-

LOUIS XIV. Liv. XVIII.

,,comme leur Nomination dépend ,, des Scherifs de Londres, elle fit en ,, forte que dans l'Election des der- ,, niers, Elle l'emporta pour fes Créa- ,, tures par l'Autorité du Maire de ,, Londres, qui étant homme foi- ,, ble, fe laiffa emporter dans cette ,, occafion à décider contre la plurali- ,, té des voix. Cela contribua extrê- ,, mement à animer les Partis, qui ,, étant déja diftinguez par des noms ,, differens, ne tardèrent pas beau- ,, coup à paffer de la diftinction à la ,, haine ouverte; dont le Comte de ,, Shaftsburi prévoiant les fuites, il ,, prit le parti en habile homme, ,, de fe retirer en Hollande. La Cour ,, auffi tôt fupofa une Confpiration ,, aux *VVhigs*, parmi lefquels il fe ,, trouva quelque faux Fréres, qui ,, pour fe fauver, ou peut-être ga- ,, gnez par la Cour, portèrent té- ,, moignage contre leur Parti; & il en ,, coûta la vie à plufieurs perfonnes ,, de qualité d'entreux. Le Duc de ,, Monmouth fut même réduit à fe ,, cacher long tems, & enfin à fe ,, retirer hors du Roiaume. Les Toris ,, triomphèrent alors, & fe donnerent ,, carrière par tout contre les *VVhigs*, ,, les traittant de Rebelles & de mal- ,, intentionnez pour l'Etat, ce que ,, ceux-ci furent contraints de fouf- ,, frir.

,, La Cour étoit en ce tems-là fi ,, abfolument gouvernée par le Duc ,, d'Yorc, que toutes les Charges é- ,, toient remplies de fes Créatures, ,, tant à Londres que dans les Pro- ,, vinces. Dans les Adreffes qui ve- ,, noient en foule de tous côtez, on ,, le mettoit prefque au même rang ,, avec fon Frère; Et tout ce que la ,, flaterie & la baffeffe pouvoient in- ,, venter, étoit mis en ufage pour les ,, remercier tous deux de la protection ,, qu'ils donnoient aux *VVhigs*. Mais ,, le Roi Charles II. qui avoit toute

,, fa vie apprehendé d'être la proie ,, d'un Parti, commença à ouvrir les ,, yeux, & à remarquer que fon Frè- ,, re s'étoit infenfiblement emparé de ,, fon Autorité: qu'il n'ofoit rien re- ,, fufer ni à lui ni à fes Créatures, ,, & qu'en un mot la Faction domi- ,, nante commençoit à le compter ,, pour rien. Comme il étoit habile ,, à paffer d'un Parti dans un autre ,, *qui eft la chofe la plus délicate dans* ,, *toute la Politique des Rois*, il com- ,, mença fous main à donner quel- ,, que foulagement aux *VVhigs*: il ,, faifoit paroître du chagrin, quand ,, on le preffoit fur certaines chofes; ,, & il y a de l'apparence qu'il alloit ,, encore une fois éloigner fon Frère ,, fous prétexte de mieux affoupir les ,, differens des Partis, lorfque tout ,, d'un coup il fut emporté d'une mort ,, fubite.

,, Les *Toris* furent ravis de fa mort, ,, & fans faire la moindre oppofition ,, à un Prince que trois Parlemens ,, avoient jugé indigne de la Couron- ,, ne, ils fouffrirent qu'il s'en mît ,, hautement en poffeffion, & il lui fi- ,, rent toutes les promeffes imagina- ,, bles de fidelité & de foûmiffion. ,, Huit jours après fon avenement à ,, la Couronne, il leva le mafque, & ,, fe déclara Catholique-Romain. ,, Mais l'affurance qu'il donna de pro- ,, teger la Religion établie, lui atti- ,, rèrent de nouvelles foûmiffions; & ,, lorfque, peu de tems après, il af- ,, fembla un Parlement tout compo- ,, fé de *Toris*, on ne voulut point ,, d'autre affurance de fa parole, que ,, fa parole même. Et fans faire au- ,, cune réflexion fur l'avenir, on ne ,, lui refufa aucune de fes demandes; ,, on lui confirma tout le revenu; on ,, y ajoûta un don de plus de deux ,, Millions de liv. fterl. & enfin on ,, agit tout de même que fi le Ciel ,, eût envoié un Protecteur au Parti ,, Pro-

,, Proteſtant, & non un Prince zèlé ,, Catholique-Romain, & dévoüé aux ,, Directeurs qui le gouvernoient.

,, Le Duc de Monmouth, qui é- ,, toit hors du Roïaume, croïant les ,, VVhigs au deſeſpoir & s'impatien- ,, tant dans ſon éxil, ſe détermina à ,, l'une des plus téméraires entrepriſes ,, qu'il étoit poſſible d'imaginer. Car ,, avec un ſeul Vaiſſeau & quelques ,, 60. Volontaires, il vint deſcendre ,, en Angleterre, le Parlement ſéant, ,, & il attaqua un Prince fortifié de ,, tout ce qui le pouvoit ſoûtenir, ,, avec une poignée de Païſans. Les ,, VVhigs ne branlèrent point en ſa fa- ,, veur, parce que les plus conſidéra- ,, bles d'entr'eux ne l'avoient jamais ,, jugé digne de la Couronne. Ainſi ,, la Cour vint aiſément à bout de le ,, défaire, & il païa ſa témérité de ,, ſa tête. La mort de ce Chef de ,, Parti mit la Cour tout à fait en li- ,, berté, ce qui fit qu'elle ſe preſſa dans ,, la ſeconde Séance du Parlement de ,, faire une tentative pour obliger ce ,, Corps à ſe relâcher de la rigueur ,, des Loix en faveur des Catholiques- ,, Romains. Mais elle y rencontra tant ,, d'opoſitions qu'il falut ſéparer l'Aſ- ,, ſemblée, & peu de tems après la ,, diſſoudre entièrement.

,, Les VVhigs moderez de l'Egliſe ,, Anglicane reprirent courage alors, ,, & profitèrent ſi bien de la faute que la ,, Cour avoit faite, que dans les Provin- ,, ces elle fut contrainte de changer ,, tous les Magiſtrats, & d'y introduire ,, autant qu'elle pouvoit des Papiſtes; ,, & quand on en manquoit, on ,, prenoit des gens de peu, violens, ,, dévoüez au Toriſme, & l'on en fai- ,, ſoit des Juge de Paix. Mais cela ne ,, ſuffiſant pas, & la Cour étant ou- ,, trée de voir qu'un Parti qu'elle a- ,, voit tant dupé, & pour lequel el- ,, le n'avoit que du mépris, ſe fût o- ,, poſé ſi vigoureuſement à ſes deſ-

,, ſeins, elle crut qu'une Liberté de ,, Conſcience pourroit reconcilier les ,, VVhigs avec elle, & qu'elle s'en ſer- ,, viroit pour ruïner les Toris, ne ſe ,, faiſant pas une affaire après cela de ,, venir à bout des VVhigs. On décou- ,, vrit bien-tôt la fineſſe, & l'on ne ,, vit donner là dedans que quelques ,, Fanatiques, comme les Quakers & ,, les Anabaptiſtes, ce qui n'affoibliſ- ,, ſoit point du tout l'Egliſe Anglica- ,, ne; mais au contraire en lui faiſant ,, voir le péril, l'obligea à faire quel- ,, que ſorte de réparation par écrit ,, aux VVhigs, & à leur promettre un ,, meilleur traitement, du moins ſi ,, jamais on aſſembloit un Parlement. ,, C'étoit l'effet des intrigues des ,, Whigs Epiſcopaux, qui ont tou- ,, jours été les plus conſidérables dans ,, l'Etat, & ſur leſquels ce peu de ,, Presbyteriens qui reſtoit (car ce Par- ,, ti étoit fort affoibli) s'apuïoit le plus.

,, On ſait aſſez les ſuites des Conſeils ,, violens de Jâques II. & de quelle ,, manière enfin ſe voïant deſtitué ,, d'amis & abandonné par ſes Trou- ,, pes, il fut réduit à quitter le Roï- ,, aume & la Couronne, dont peu ,, de tems après on le déclara déchu, ,, pour en revêtir le Roi Guillaume ,, & la Reine Marie. Ce mouvement ,, fut ſi rapide, & le changement ſi ,, promt, que les Partis n'eurent pas ,, le loiſir de ſe reconnoitre. Il ſem- ,, bloit même qu'ils avoient donné ,, leur animoſité mutuelle au bien de ,, la Nation. Mais cela ne dura pas ,, long tems; car ſi-tôt que les affai- ,, res générales furent règlées & qu'on ,, eut un peu reconnu la force des ,, Partis dans la Convention, leurs hai- ,, nes ſe réveillèrent. Les Whigs ,, Epiſcopaux ſe voïant favoriſez & ,, en poſſeſſion des charges, & ſe ſou- ,, venant d'avoir été mal traitez par ,, les Toris, réſolurent de s'en faire ,, réparation & par des Actes de Par-

,, lement de punir d'une maniere ou ,, d'autre tout le Parti des *Toris*, en ,, publiant divers chefs d'accusation, ,, sur chacun desquels ils prétendoient ,, faire des exemples. Cela s'étendoit ,, bien loin, car en voulant augmen- ,, ter le nombre des Coupables, on ,, les rendoit en même tems plus con- ,, siderables; en obligeant les *Toris* à ,, se liguer fortement ensemble. De ,, sorte que pendant que les VVhigs ,, ne vouloient pardonner à personne, ,, & que les *Toris* vouloient proteger ,, jusqu'aux plus scandaleux Malfai- ,, teurs de leur Parti, les Animositez ,, crurent à un tel point, que les affai- ,, res générales en furent négligées; & ,, quoi que l'on eût sur les bras une ,, Guerre avec la France, on s'oublia ,, jusqu'à traverser tout ce qui pouvoit ,, la pousser. Le Roi, quoique Prince ,, d'une très grande experience & doué ,, de tous les talens propres à pacifier les ,, esprits, ne trouva pas de petits obsta- ,, cles à gouverner un Peuple qui sem- ,, bloit avoir oublié le soin de sa défése, ,, pour se doner tout entier à des mou- ,, vemens de haine & de vengeance.

,, Cependant l'Irlande se perdit, & ,, la France reconnoissant l'importance ,, de la Conjoncture, caballa secrete- ,, ment avec les *Toris*, qui regrettoient ,, la perte des Charges dont ils jouïs- ,, soient du tems du Roi Jâques; & ,, même il s'en falut peu qu'elle ne vînt ,, à bout de faire soûlever une partie ,, de l'Armée de ce Prince qui avoit é- ,, té dispersée dans les Provinces. Dans ,, ces Divisions l'année 1689. s'écoula ,, & l'on se trouva au commencement ,, de 1690. sans avoir pu recueillir ,, d'autre fruit de tous les Préparatifs ,, & dépenses que de sauver London- ,, derri & donner une grande diver- ,, sion aux armes de France. Le Roi ,, voulut encore essayer alors de cal- ,, mer & réunir les esprits, les regar- ,, dant tous comme ses Sujets, & pré-

,, voïant qu'il seroit difficile de faire ,, les efforts nécessaires pour la reduc- ,, tion de l'Irlande, sans cette réunion ,, des sentimens & des Conseils de la ,, Nation. Mais il trouva tant de ré- ,, sistance dans les esprits irritez des ,, VVhigs & tant de fierté dans le Parti ,, des *Toris*, qu'il se vit obligé par un ,, grand coup de prudence de dissou- ,, dre le Parlement, dans l'espérance ,, que par le choix d'un Nouveau, les ,, affaires seroient moins balancées en- ,, tre les deux Partis & par conséquent ,, moins retardées. En comparant ces ,, deux Partis ensemble, on peut dire que ,, le tort étoit du côté des VVhigs parce ,, que les *Toris* ne s'efforçoient qu'à se ,, défendre d'un péril où les autres les ,, vouloiét jetter; au lieu que les VVhigs ,, ne vouloiét pas doner au Public à leur ,, Patrie, & à un Prince Protestant & ,, bien intentioné des ressentimens qu'il ,, n'est pas nécessaire de faire éclater, ,, quand on ne peut en venir à l'exécutió.

Ce Récit Historique finit par cette conclusion que l'on peut recueillir de ce qui vient d'être dit: Que la Divi- sion commença sous Charles II. & fondée sur les Disputes du Bil de l'Ex- clusion: Que la Cour tâcha d'y faire entrer un intérêt d'Eglise, mais qu'el- le fut contrainte d'avoir recours à la Politique séculiere pour abatre le Par- ti, en l'accusant de Conspiration con- tre l'Etat: que les éxecutions qu'on fit sur ce prétexte furent la cause des Ani- mositez qu'on vit depuis. Quoi qu'il en soit, ces deux Partis, toûjours é- galement opposez l'un à l'autre, pré- sentoient tous les jours de nouvelles Adresses à la Reine, de félicitation ou de plainte, selon les divers sujets qu'ils croyoient en avoir; jusqu'à-ce que le Parlement (dans lequel le Parti des *Moderez* l'emportoit) fut dissous, & que par la voye des Eléctions, qui se firent fort tumultuairement dans plu- sieurs Quartiers & dans les Fauxbourgs

1711.

Changemét dans le Mi- nistére d'An- gleter- re. Histoire du Cong- rès d'Utre- cht Ra- port du Comité secret.

même de Londres, le Nouveau fut composé pour la plûpart de ceux qui aplaudissoient aux changemens.

Le Nouveau Ministre se déclare pour la Paix.

Chacun fait combien la Passion répand de ténèbres fur les esprits, & que quand elle s'empare d'un cœur, non seulement on ne voit plus ce que l'on voyoit auparavant, mais que pour justifier ses nouveaux sentimens on blâme ce qu'on avoit le plus loüé. Rien n'avoit été plus universellement aprouvé, que de continuer la Guerre, tant que le Roi T. C. refuseroit de faire raison aux Alliez sur le sujet principal qui leur avoit mis les armes à la main. savoir *la Restitution de L'Espagne*, qu'il avoit lui-même offerte, comme on a vû, par la bouche du Marquis de Torci & du Président Rouillé. La France n'étoit pas loin de se voir obligée à cette Restitution, qu'elle ne pouvoit faire que par force, si l'on eût continué la Guerre avec autant de bonheur pour les Alliez, que l'on avoit fait jusqu'alors, & si l'Angleterre continuant d'agir de concert eût persisté comme eux dans la même résolution. On ne pouvoit pas douter que l'Europe ne courût toûjours le même danger, puisque le Roi disposeroit toûjours absolument de deux grans Royaumes tant que la Couronne d'Espagne resteroit sur la tête d'un Prince de sa Maison. Cependant, premierement le nouveau Ministere de la Reine, & ensuite tous ceux qu'il gagna, commencerent à ne plus apercevoir ce danger, &, à vouloir la Paix sans cette restitution.

Quelles furent les premières marque de ce changement.

Les Préludes de Rupture parurent dans les premieres Adresses présentées à la Reine dès le mois de Decembre 1710. par l'instance de faire rendre compte à ceux qui avoient manié les Deniers publics, & *de décourager ceux qui avoient des principes contraires au grand respect dû à S. M. B.* La Chambre des Communes avoit formé des Chefs d'accusation contre le Docteur Sacheverel, dès le tems que ce Prédicateur avoit fait bruit par son Sermon ; mais Mr. Harlei, le Chancelier, & quelques autres s'oposerent à cette accusation. Ils la trouvèrent trop violente, & voulurent qu'on en rayât les termes qui traitoient la Prédication de séditieuse. Mr Harlei avoit été fait Grand Trésorier dans le tems qu'on a avoit ôté le Tresor à Mylord Godolfin & dépouillé plusieurs autres de leurs Emplois. Le Chancelier avoit aussi été Secretaire l'Etat ; mais il s'étoit démis lui-même de cette Charge au commencement de l'année 1706. quand le Roi de France avoit envoyé une Flote, avec laquelle le Chevalier de S. George espéroit de faire descente en Ecosse, comme nous l'avons raporté. Cette Démission volontaire, aussi bien que celle que quelques autres firent ou furent obligez de faire à cette occasion, laissa une impression peu favorable à la Réputation de ces Messieurs, par raport au grand respect dû à S M. B. puisque la tentative du Chevalier des George n'avoit pour but que de se faire recevoir en Angleterre. Cependant, soit que cette Princesse ne se fût point encore entièrement rendüe aux sentimens du nouveau Ministère, ou que celui-ci voulut encore ménager les apparences dans la vuë de de se mieux établir, le Duc de Marlborough étant arrivé à Londres dès le mois de Janvier de cette année, la Reine lui fit des caresses extrordinaires, lui témoignant beaucoup de satisfaction de sa conduite, & lui confirmant le Generalat pour l'année suivante : en quoi elle fut secondée par ses Ennemis secrets & par Mr. Harlei même. Mais ces aplaudissemens étoient des démonstrations sans effet, & non des marques réelles d'une faveur constante. Le Parlement, animé par ceux qui vouloient absolument changer la face des affaires, reprit

LOUIS XVI LIV. XVIII.

prit ou continua la persécution contre ceux qui avoient été en crédit sous l'Ancien Ministère. On proposa de revoquer toutes les Graces faites par le Roi Guillaume, & la chose auroit passé, si quelques-uns n'eussent proposé avec la même vigueur de pousser cette recherche jusqu'au commencement du Regne du Roi Jâques II., puis qu'alors on auroit renversé les Créatures de ce Prince, aussi bien que celles du Roi Guillaume qu'on avoit en vuë de déplacer. On mit sur le Tapis les affaires d'Espagne, dont on cherchoit à faire attribuer les mauvais succès à la conduite du précédent Ministère. L'attentat commis au mois de Mars par le Marquis de Guiscard * contre la personne de Mr Harlei, sembla accroître la haine conçuë contre les VVhigs, comme si ceux-ci avoient envoyé cet Assassin pour se délivrer d'un homme, qui étant dans la première faveur, aussi bien que dans le premier Emploi, pouvoit être cru Auteur de toutes les dispositions qu'on faisoit contr'eux. Dès lors, toutes les Charges qu'on n'avoit que suspenduës & données en Commission, furent conferées à des Sujets dévoüez au Parti des *Rigides*. Mr. Harlei, fait Comte d'Oxford, vint au Parlement, dès qu'il fut guéri de sa blessure, & fut complimenté par les Chambres sur cette guérison; & le Docteur Atterburi qui avoit défendu la Cause de Sacheverel, fut fait Doyen du *Collège de Christ* à Oxford.

Mais ce qu'il y eut de plus concluant pour faire croire que le Nouveau Ministère avoit toute autre vuë que celle de continuer la Guerre, fut le voyage secret de Mr. Prior en France, au mois de Juillet, avec un Pouvoir de la Reine. Il est vrai qu'il eut aussi ordre de revenir au cas qu'on fit des difficultez, & d'examiner si la Cour avoit des Pleinpouvoirs de l'Espagne. Cette première démarche de l'Angleterre fut suspecte en France même; on la regarda d'abord comme un piège, & ce ne fut qu'avec circonspection qu'on y prit quelque confiance dans la suite. Le Pouvoir particulier de M. Prior, qui étoit signé *Anne R.* au dessus, & *A R.* au dessous, sans contreseing & sans date, ne contenoit que ces mots *Mr Prior est pleinement autorisé à communiquer à la France nos demandes Préliminaires & à nous en raporter la réponse.* Sa Négociation avoit été précédée d'une autre dont on ignore les circonstances. Tout ce qu'en a découvert le Comité secret est un Papier intitulé, *Premieres Propositions de la France* signées par Mr. de Torci dès le 22. Avril de cette année, sans qu'on sache ni à qui elles furent adressées, ni quelles démarches la France avoit faites auparavant, ni quel encouragement l'Angleterre y avoit donné de son côté. Chacun peut voir en les lisant, qu'elles sont conçues en termes tres-géneraux & tres-vagues.

L'Angleterre en fait les avances. Raport du Comité secret.

Premieres Propositions de la France, du 22. Avril, 1711.

Premières propositiôs de la France.

,, Comme on ne sauroit douter,
,, que le Roi ne soit en état de
,, continuer la guerre avec honneur, on
,, ne sauroit aussi envisager comme
,, une marque de foiblesse la démar-
,, che que fait S.M. de rompre le silen-

---

* Connu en France sous le nom de l'Abbé de la Bourlie. Chacun sait la part qu'il eut aux affaires des Cevennes, ensuite desquelles il passa en Angleterre. Il y obtint une Pension de 500. livres sterling qui fut ensuite diminuée. Le chagrin qu'il en conçut contre le Nouveau Ministère le porta à faire sa Paix avec la Cour de France. Il entretint long tems des intelligences qui furent enfin découvertes: & ce fut lors qu'on l'arrêta pour ce sujet qu'il prit un Canif sur la Table d'une des Chambres de l'Office de Mr de St. Jean où on l'avoit mené, & en frapa Mr Harlei.

Tome III.   F ff

,, ce, qu'il a gardé depuis la sépara-
,, tion des Conférences tenuës à *Ger-*
,, *truidenberg*, & qu'il donne de nou-
,, velles marques, avant l'ouverture de
,, la Campagne, du defir qu'il a toû-
,, jours confervé de procurer le réta-
,, bliffement du repos de *l'Europe*. Mais
,, après l'experience qu'il a faite des
,, fentimens de ceux qui gouvernent
,, aujourd'hui la République de *Hol-*
,, *lande*, & des artifices dont ils fe font
fervis pour rendre les Négociations
infructueufes, il a jugé à propos, pour
le Bien public, d'adreffer à l'*Angle-*
,, *terre* les Propofitions qu'il croit pro-
,, pres à finir la guerre, & à affurer for-
,, tement la tranquillité univerfelle
,, de la Chrétienté.
,, C'eft en cette vuë, que le Roi offre
,, à traiter de la Paix fur la Bafe des
,, Conditions fuivantes,
,, I. Qu'on donnera aux *Anglois* des
,, fûretez réelles pour l'exercice futur
,, de leur Commerce en *Efpagne*, aux
,, *Indes* & dans les Ports de la Medi-
,, terranée.
,, II. Le Roi accordera aux *Pays-Bas*
,, une Barriere fuffifante pour la fûreté
,, de la République de *Hollande*; &
,, cette Barriere fera agreable à l'*An-*
,, *gleterre*, & à la fatisfaction des *An-*
,, *glois*: S. M. promet en même tems
,, une entiere liberté & fûreté de Com-
,, merce aux *Hollandois*.
,, III. On conviendra fincerement &
,, de bonne foi des voyes plus raifon-
,, nables pour fatisfaire tous les Al-
,, liez de l'*Angleterre & de la Hol-*
,, *lande*.
,, IV. Comme le bon état où fe trou-
,, vent les affaires du Roi d'*Efpagne*
,, fournit de nouveaux Expediens pour
,, terminer les differens qui regardent
,, cette Monarchie, & pour les regler à
,, la fatisfaction des Parties intéreffées,
,, on tâchera de furmonter les diffi-
,, cultez qui fe trouvent à cet égard,
,, & à affurer les Etats, le Commerce,
,, & generalement les interêts de tou-
,, tes les Parties engagées dans la pré-
,, fente Guerre.
,, V. On ouvrira immédiatement
,, les Conferences pour traiter de la
,, Paix fur la Bafe de ces Conditions,
,, & les Plénipotentiaires que le Roi
,, nommera pour y affifter, traiteront
,, avec ceux d'*Angleterre* & de *Hol-*
,, *lande* feuls, ou conjointement avec
,, ceux de leurs Alliez, au choix de
,, l'*Angleterre*.
,, VI. S. M. propofe les Villes d'*Aix*
,, *la Chapelle* & de *Liege* pour le Lieu
,, où les Plenipotentiaires s'affemble-
,, ront, & laiffe à l'*Angleterre* le choix
,, d'une de ces deux Places pour y trai-
,, ter de la Paix generale. Donné à
,, *Marli* le 22. Avril 1711.
figné DE TORCI.

Il eft aifé de reconnoître que le but de la France fut dés le commencement d'affurer l'Efpagne & les Indes Occidentales au Roi Philippe; de femer la difcorde & la divifion parmi les Alliez; & enfin qu'elle offrit de traiter feparement avec l'Angleterre & la Hollande, ou conjointement avec le refte des Alliez, comme il plairoit à l'Angleterre. D'où il paroît que la France n'aiant pu réüffir les années precedentes à détacher les Etats Generaux de l'Alliance, elle tourna fes Batteries du côté de l'Angleterre, où elle fe ménagea un Parti confiderable par le moyen des fommes immenfes qu'elle y fit paffer; à quoi le fejour du Comte de Tallard, en ce Pays-là ne fut pas inutile, comme nous le verrons dans la fuite.

Quoi-qu'il en foit, ces Propofitions furent communiquées le 27. Avril V. S. par Mr de S. Jean, Secretaire d'Etat, à Mylord Rabi, Ambaffadeur de la Reine à la Haye, avec ordre de les communiquer à Mr. le Confeiller Penfionnaire de Hollande. Mais quoi-

On fait myftere de ces Negociations aux Etats Géneraux.

que les Deputez des Etats Generaux eussent temoigné expressément qu'ils ne vouloient rien faire que de concert avec S. M. B. selon les assurances mutuelles que s'en étoient données l'Angleterre & la Hollande, on fut bien surpris de voir qu'on n'avoit rien communiqué aux Etats, des Negociations faites entre l'Angleterre & la France pendant plus de six mois, jusqu'après la signature des Preliminaires particuliers, ni même jusqu'à ce qu'on eût conclu & qu'on leur eût envoyé les VII. Préliminaires Generaux dont nous parlerons bien-tôt. On ne pouvoit concevoir sous quel pretexte on s'étoit dispensé de tenir des promesses si solemnelles, aussi-tôt qu'elles avoient été faites ; & pourquoi on avoit sacrifié l'honneur & le nom de la Reine aux vuës particulieres de ses Ministres. Tout ce qui se passa entre cette Cour & celle de France depuis ce tems-là, fut entierement suprimé, quoique les Instructions de Mylord Rabi, fait Comte de Strafford, du 1. Octobre de cette année, portent que cela s'étoit fait par des Papiers envoyez de part & d'autre qui avoient pris beaucoup de tems. Le premier que l'on trouva furent les *Propositions suivantes envoyées d'Angleterre par Mr Prior*, en datte du 1. Juillet, & le second fut son *Pouvoir*, dont on a déja parlé.

Propositions secretes envoyées d'Angleterre par Mr Prior, dattées du Samedi premier jour de Juillet 1711.

Propositions secretes de l'Angleterre.

,, Qu'on envoyeroit l'homme le lendemain pour avoir une Réponse finale.
,, Qu'on ne feroit la Paix qu'à la satisfaction de tous les Alliez : Que les *Hollandois*, l'Empereur & le Duc de *Savoye* auroient chacun une Barriere pour leur sûreté, Que ce dernier rendroit les Etats dont ,, l'Empereur l'avoit mis en possession;
,, que les François lui rendroient ce
,, qu'ils lui avoient pris, & qu'on y
,, ajoûteroit ce qu'on jugeroit à propos : Qu'on auroit soin d'entretenir l'Equilibre en Italie : & qu'on
,, auroit des assurances positives que
,, les Couronnes de *France* & d'*Espagne* ne seroient jamais unies.
,, Qu'on satisferoit tous nos Alliez
,, selon leurs accords & leurs Traitez
,, avec nous.
,, Qu'on assureroit le Commerce de
,, la *Hollande*.

Par raport à la Grande Bretagne en particulier.

,, Que nôtre Négoce & nôtre Commerce seroit reglé à la satisfaction
,, des Sujets de la *Grande Bretagne*.
,, Que le Gouvernement seroit reconnu en *France* sur le pié qu'il est
,, établi aujourd'hui dans la *Grande Bretagne*.
,, Que *Gibraltar* & le *Port Mahon*
,, resteroient entre les mains de ceux
,, qui en sont en possession.
,, Que *Dunkerque* seroit démoli.
,, Que l'*Assiento*, où le Negoce des
,, Negres seroit remis entierement entre les mains de la *Grande Bretagne*,
,, sans que la *France* ni aucune autre
,, Nation puisse s'en mêler ; & que la
,, Grande Bretagne en joüiroit après
,, la Conclusion de la Paix, de la maniere que la *France* en joüit à présent.
,, Que l'Isle de *Terre-Neuve* seroit
,, entierement cedée à l'*Angleterre*, &
,, que le Commerce de la Baïe de *Hudson* resteroit aux *François* & aux
,, *Anglois*, sur le pié où il est à present
,, Que les choses resteroient en *Amerique* en la possession de ceux qui en
,, seront les maîtres au tems de la Conclusion de la paix.
,, Que tous les avantages, ou la li-

,, berté du Commerce qui a été ou
,, qui fera accordée aux *François* par
,, les *Espagnols*,fera également accor-
,, dée aux Sujets de la *Grande Bretagne*.
,, Qu'on garderoit inviolablement
,, le fecret jufqu'à ce qu'il fut permis
,, de le rompre du confentement mu-
,, tuel des deux parties.

Les Alliez n'y ont point de part.

Ce qui paroît de ces Propofitions, c'eft qu'ayant été formées en Angleterre, elles ne permettent pas de douter du peu de foin que les Miniftres prirent d'effectuer les affurances réiterées qu'on avoit données aux Alliez, au nom de la Reine, d'obliger la France à en fournir de plus claires & de plus particulières; puifqu'en tout ce qui concerne les Alliez, les Propofitions de l'Angleterre étoient auffi obfcures & auffi generales que les autres. Et quand même on auroit pu jufques là le revoquer en doute, la chofe parut évidemment par un troifieme Papier, qui avoit pour titre: *Plan des Réponfes fur la Conference tenuë avec Mr. Menager*, dans lequel le Miniftre d'Angleterre fut fort furpris de trouver: que,
,, Mr Menager, Miniftre de France, qui
,, accompagna Mr Prior à fon retour,
,, avoit ordre d'infifter que la Reine
,, entrât en des engagemens particu-
,, liers fur divers Articles qui ne dé-
,, pendoient pas d'Elle, & qui regar-
,, doient les Intérêts des Alliez. Ils en
,, appelerent aux Papiers envoyez de
,, part & d'autre pendant le cours de
,, cette Négociation, & à celui dont
,, Mr Prior avoit été chargé; & décla-
,, rerent que le Principe fur lequel ils
,, avoient traité dès le commence-
,, ment, étoit que la France confen-
,, tiroit à ajufter en premier lieu les
,, intérêts de la Grande Bretagne. Que
,, c'étoit un Principe dont la Reine
,, ne pouvoit fe départir, & qu'il étoit
,, abfolument néceffaire de remettre la

,, difcuffion des intérêts particuliers
,, des Alliez à des Conferences gene-
,, rales. On voit par-là que le Miniftre
,, François avoit des Inftructions pour
,, traiter des Intérêts des Alliez, à quoi
,, les Miniftres Anglois n'avoient pas
,, voulu confentir.

Avantage que l'Angleterre procura en cela à la France.

Par les Propofitions de Mr. de Torci, la France offroit de traiter avec l'Angleterre & la Hollande, féparément, ou conjointement avec le refte des alliez, ne concevant pas que la Hollande pût être exclué des Négociations. Mais les Miniftres Anglois vouloient traitter féparément avec la France, à l'exclufion de leurs Alliez, & en avoient inféré un Article exprès dans leurs Propofitions parti-
,, culieres, pour garder un fecret in-
,, violable jufqu'à ce qu'il fût permis
,, de le divulguer du confentement
,, des deux parties. Et par ce moïen l'Angleterre donnoit à la France une voïe de Négociation plus avantageufe que la France ne l'avoit propofée, ou qu'elle n'eut pu l'efperer. Il étoit ftipulé par le VIII. Article de la Grande Alliance: *Que la Guerre une fois commencée, il ne feroit permis à aucune des Parties de traiter de Paix, que conjointement & de concert avec les autres Alliez.* Ce qui fait voir qu'on ne peut affez réflechir fur les motifs de cette première démarche des Anglois & des Préliminaires fecrets, fignez entre l'Angleterre & la France, avant que d'avoir rien traité ou conclu définitivement pour la fûreté de la Grande Bretagne même, ni fur l'avantage que la France en a tiré. Avant que de quitter ces Propofitions, il faut obferver qu'à l'ouverture de ces Négociations, les Miniftres d'Angleterre abandonnérent à la Maifon de Bourbon le Négoce du monde entier, & toute la Monarchie d'Efpagne, qui avoit coûté tant de mil-

LOUIS XIV. Liv. XVIII.

1711.

Mr. Ménager est envoyé à Londres & pourquoi

lions, & l'effusion de tant de sang; & cela sur de simples assurances verbales que les Couronnes de France & d'Espagne ne seroient jamais unies.

Il ne se trouve aucune Rélation de la Corespondance entretenuë avec Mr. Prior pendant son séjour en France, & l'on ne découvre pas même avec certitude le tems qu'il y resta. Il fut, comme j'ai dit, accompagné à son retour, par Mr. Ménager, muni de Plein-Pouvoirs en duë forme en datte du 3. Août 1711. pour traiter, négocier, conclure & signer avec les Ministres qui seroient autorisez en duë forme à cette fin, non seulement par la Grande Bretagne, mais par quelques uns des Princes ou Etats, qui étoient alors en Guerre contre la France. On reconut par diverses instances, que le Sr. Menager avoit eu, à son arrivée à Londres, de fréquentes Conférences avec les Ministres de la Reine; mais on ne put découvrir le sujet de ces Conférences non plus que le tems, le lieu, & les personnes particulières avec lesquelles il avoit traitté, ni par quelle autorité, jusqu'au 20. Septembre. On trouve seulement par une Lettre de Mr. de St. Jean à la Reine, dattée de ce jour-là, que le Grand Trésorier, le Grand Chambellan, Mylord Dartmouth, & ledit Sr. de Saint Jean s'étoient assemblez le même soir avec Mr. Ménager, chez Mr. Prior, par ordre des Seigneurs du Comité du Conseil; mais à l'insu de la Reine, qui n'en fut informée que par cette Lettre.

Les Ministres Anglois font signer

Ce fut dans cette Assemblée que Mr. Ménager délivra aux Ministres de la Grande Bretagne la Réponse signée du Roi, aux derniéres Demandes envoyées d'Angleterre; ce qui servit d'Articles secrets Préliminaires entre la Grande Bretagne & la France, & furent signez comme tels le 27. Septembre, par le Sieur Ménager, de la part de la France, & leur acceptation par Mylord Dartmouth & le Sieur de St. Jean de la part de la Grande Bretagne. Comme ils furent suivis d'autres Préliminaires pour la Paix Générale, je ne raporterai point ici ces Articles particuliers. Mr. de St. Jean représentoit à la Reine par cette Lettre ,, que c'étoit le sen- ,, timent unanime de ses Serviteurs, ,, alors présens, qu'on dressât cette ,, même nuit un ordre & des Plein- ,, pouvoirs, qu'on envoieroit à S. M. ,, pour les signer, afin d'y aposer le ,, grand Sceau le lendemain, & en ,, vertu desquels le Comte d'Oxford, ,, le Duc de Buckingham, l'Evêque de ,, Bristol, le Duc de Shrewsbury, les ,, Comtes de Povvlet & de Dart- ,, mouth, Henri de St. Jean, & Ma- ,, thieu Prior, Ecuïers, devoient ê- ,, tre constituez Plenipotentiaires pour ,, s'assembler & traiter avec le Sieur Ménager. Cet Ordre scellé du petit Sceau, parut signé de la Reine, ordonnant au Lord Garde des Sceaux d'aposer le Grand Sceau à un Instrument annexé à celui là, contenant une Commission de S. M. adressée à lui & aux autres qui y étoient nommez, pour s'assembler & traiter avec le Sieur Menager. Mais il ne parut pas que cet Instrument eût passé au Grand Sceau: l'ordre n'aiant pas même été contresigné & n'étant qu'endossé: chose non encore usitée.

à la Reine les Plein-pouvoirs dont ils ont besoin.

Cet ordre étoit daté du 17. Septembre, quoi-qu'il fût évident par la Lettre de Mr. de St. Jean qu'il ne fut préparé & qu'on n'y songea que le 20. Cette anti-date parut faite à dessein, pour justifier le procedé des Ministres qui s'étoient assemblez, & qui avoient eu des Conférences avec le

Quelle vuë ils avoient en agissant ainsi.

1711.

Ministre de France, avant que d'avoir reçu cet ordre : lequel n'ayant même jamais été confirmé par une Autôrité legitime, il s'ensuit que ces Négociations secrètes entre la France & les Ministres d'Angleterre à Londres furent commencées & continuées, jusqu'au jour que l'ordre adressé à Mylord Dartmouth & à Mr. de St. Jean fut signé, sans aucun pouvoir, & sans avoir été autôrisez par un Ecrit de la Reine. Il faut même observer que la Reine ne prit ces mesures-là, que sur ce que le Secretaire d'Etat lui représenta que c'étoit le sentiment unanime de tous ses Ministres à quoi l'on doit uniquement attribuer le consentement de cette Princesse. Mais ce qu'il y a de plus étrange, c'est qu'après que Mr. de Saint Jean eut représenté à la Reine, comme le sentiment unanime de ses Ministres, qu'il étoit nécessaire de faire passer incessamment sous le Grand Sceau des Plein-pouvoirs pour les autoriser à s'assembler & à traiter avec Mr. Menager, on ait néanmoins négligé ces Pouvoirs, & qu'on ait accepté les Préliminaires signez par Mylord Dartmouth & Mr. de St. Jean, en vertu d'un ordre adressé à eux deux seulement, signé au haut & au bas par la Reine, sans être contre-signé par qui que ce fût.

On ne sait pas au vrai à quoi il tint que ces Plein-pouvoirs n'eussent été passez ; mais il semble que les Ministres Anglois ayent prévu les suites de cette affaire, puisqu'après avoir consenti si librement à s'assembler en secret, à conferer & à traiter avec les Ministres de France jusques à ce que cette Négociation séparée eût été perfectionnée, ils évitèrent ensuite de s'en rendre Garants, lorsqu'il fut question de signer & d'exécuter ce Traité. Ce grand soin & cette précaution par rapport à leurs propres personnes, & le peu d'égard qu'ils eurent pour l'intérêt de leur Reine & de leur Patrie, parut dans tout le cours de cette Negociation séparée. D'autant plus qu'il n'y eut pas un seul Instrument de leurs Pouvoirs ni de leurs Instructions, qui eût été contre-signé par un seul des Ministres. Le seul nom de la Reine fut exposé pour côuvrir tout ; comme s'ils s'étoient flatez que cette omission fût suffisante pour les mettre à couvert des poursuites de la Justice, en cas qu'on vînt à examiner un jour leur procedé.

Après un tel Sacrifice, auquel la France fut engager les Anglois, en les portant à traiter & à conclure avec elle ces Preliminaires particuliers, qui n'auroit pas crû du moins qu'on les en eût recompensez par quelques Avantages & quelques Concessions en faveur de la Grande-Bretagne ? Mais tout le profit en fut en particulier pour les Ministres ; & l'on ne peut voir sans étonnement l'inutilité de toutes les Demandes faites de la part de l'Angleterre, aussi bien que la manière dont elles furent eludées & renduës inefficaces depuis. Cependant quelque peu importantes qu'elles fussent en elles mêmes, on pressa la France de les ajuster les premières, afin, disoit-on, que les Ministres Anglois pussent être en état d'engager la Reine à rendre la conclusion de la Paix generale favorable à la France. C'étoit un prétexte pour differer la discution des interêts de tous les Alliez jusques aux Conférences genérales. Mais comme le Ministère d'Angleterre s'étoit efforcé d'exalter & d'exagerer par tout les avâtages accordez à la Grande Bretagne : la France ne manqua point d'en faire un bon usage, en declarant que ces Articles n'etoient qu'un Traité conditionel, & que le Roi ne s'engageoit à les accomplir, qu'au cas que la Paix gene-

Combien la France accorda peu de chose à l'Angleterre, pour prix de sa complaisance.

rale se fit. Ce fut avec cette restriction que le Sieur Menager les signa, & qu'ils furent acceptez de la part des Anglois. Surprenante disposition! que l'Angleterre, autrefois si contraire & alors si devoüée à la France, n'ait pu obtenir des Concessions de cette nature, sans obliger ses Alliez à recevoir la Paix aux conditions qu'il plairoit à la France de leur imposer.

Le jour même de la Signature des Préliminaires particuliers dont on vient de parler, & dont on avoit posé pour Condition fondamentale, de garder un secret inviolable, Mr. Menager signa d'autres Préliminaires generaux, que Mr. de St. Jean dit dans une Lettre à la Reine qu'on devoit envoyer en Hollande, pour servir de fondement à la Paix generale, & auxquels le Grand Trésorier avoit fait quelques changemens pour les faire mieux digerer. Le même jour on signa aussi un Article separé en faveur du Duc de Savoye, qu'on trouvera à la fin de ces Articles.

ARTICLES PRÉLIMINAIRES *de la part de la* FRANCE, *pour parvenir à une Paix generale.*

Préliminaires de la Paix Générale proposez par les François.

,, LE Roi voulant contribuer autant qu'il lui sera possible au ,, rétablissement de la Paix generale, ,, Sa Majesté declare,

,, I. Qu'Elle reconnoîtra la Reine ,, de la Grande Bretagne en cette ,, qualité, comme aussi la Succession ,, à cette Couronne, selon l'Etablissement présent.

,, II. Qu'Elle consentira volontiers ,, & de bonne foi, qu'on prenne ,, toutes les mesures justes & raisonnables, pour empêcher que les Couronnes de France & d'Espagne ne ,, soient jamais réünies en la personne d'un même Prince, S. M. étant ,, persuadée, qu'une Puissance si excessive seroit contraire au bien & au ,, repos de l'Europe.

,, III. Que l'intention du Roi est ,, que tous les Princes & Etats enga,, gez dans cette Guerre, (sans aucune exception) trouvent une satisfaction raisonnable dans le Traité de ,, Paix qui se fera; & que le Com,, merce soit rétabli & maintenu à l'a,, venir à l'avantage de la G. B. de la ,, Hollande & des autres Nations qui ,, ont accoûtumé de trafiquer.

,, IV. Que comme le Roi veut aussi ,, maintenir exactement l'observation ,, de la Paix, lors qu'elle aura été conclue: & l'objet que le Roi se pro,, pose, étant d'assurer les Frontières ,, de son Royaume, sans inquiéter, ,, en quoi que ce soit, les Etats de ,, ses Voisins. S. M. promet de con,, sentir par le Traité qui sera conclu, ,, à ce que les Hollandois soient mis ,, en possession des Places fortes (qui ,, y seront specifiées) dans les Païs,, Bas, lesquelles serviront à l'avenir ,, de Barrière, pour assurer le repos ,, de la Hollande contre toutes sortes d'entreprises du côté de la ,, France.

,, V. Le Roi consent aussi, qu'on ,, forme une Barriére sûre & convenable pour l'Empire & pour la Maison d'Autriche.

,, VI. Quoique Dunkerque ait coûté ,, au Roi de très-grosses sommes, tant ,, pour l'aquerir que pour le fortifier, & ,, qu'il soit nécessaire de faire encore ,, une dépense considerable, pour en ,, raser les Ouvrages, S. M. veut bien ,, cependant s'engager à les faire démolir immediatement après la conclusion de la Paix, à condition, ,, qu'on lui donnera un Equivalent ,, pour les Fortifications, à sa satisfaction; & que comme l'Angleterre ne peut pas fournir cet Equivalent, la discussion en sera remise ,, aux Conférences qui se tiendront

1711.

„ pour les Négociations de la Paix.
„ VII. Lorsque les Conférences
„ pour les Négociations de la Paix
„ seront formées, on y discutera de
„ bonne foi & à l'amiable toutes les
„ prétensions des Princes & Etats en-
„ gagez dans cette Guerre, & on ne
„ négligera rien, pour les régler &
„ terminer à la satisfaction des Par-
„ ties interessées.
„ En vertu &c: Signé MENAGER.
„ A Londres le 27. Septembre.

Article Separé.

„ Le Roi promet de rendre au
„ Duc de Savoie les Etats & Terri-
„ toires qui appartenoient à ce Prin-
„ ce au commencement de cette
„ Guerre & dont Sa Majesté est en
„ possession. Le Roi consentira de
„ plus qu'on cède au dit Duc de Sa-
„ voie en Italie les autres Places
„ qu'on jugera convenables au sens
„ des Traitez faits entre ce Prince &
„ ses Alliez.

„ Fait & signé comme dessus &c.

Intelligence parfaite des deux Cours. Rapport du Comité secret.

On établit dès lors une confiance entière entre les Ministres de la Cour Britanique & ceux de France. On s'engagea de part & d'autre à entretenir une Union parfaite, & à agir avec une sincérité mutuelle pour achever l'ouvrage commencé. On prépara aussi en ce tems-là les Instructions nécessaires pour le retour du Comte de Strafford en Hollande; & pour marquer la bonne opinion que Mr. de St. Jean avoit du Ministre François, il fit savoir à Mr. de Torci par une Lettre du 2. Octobre V. S. que le Comte de Strafford s'en retournoit en Hollande; *Votre Ministre*; ajoûtoit-il en parlant de Mr. Menager qui étoit aussi sur son départ pour retourner en France, *est pleinement informé de ce que ledit Comte de Strafford doit proposer à Messieurs les Etats*.

Conduite del'Angleterre à l'égard des Etats Généraux.

Cette Intelligence des Conseils de la Reine d'Angleterre, que Mr. de St. Jean avoüoit qu'il avoit donnée aux Ministres de France paroissoit d'autant plus extraordinaire, que Mylord Strafford avoit ordre de presser l'ouverture des Conférences générales & d'assurer les Etats de l'amitié constante de la Reine, & de son attachement pour leurs interêts: & qu'elle ne manqueroit pas de procurer par son Autôrité une juste satisfaction de la part de la France pour tous les Alliez. Il étoit même chargé par ses Instructions de proposer aux Etats un nouveau Plan pour la continuation de la Guerre, & de leur aprendre les résolutions que la Reine avoit prises à cet égard. On lui recommandoit sur toutes choses & comme un principe constant, d'entretenir l'Union parmi les Confédérez, & cela immédiatement après avoir signé un Traité particulier. Et au cas que les Ministres de Hollande marquassent la moindre inquiétude de quelque engagement particulier de la part des Anglois, il devoit éviter de les satisfaire à cet égard, & leur faire des réponses ambigues. Mais sur tout on lui ordonnoit de remettre entre les mains des Etats les Propositions signées par Mr. Menager, comme le fondement & la Base de la Paix generale & comme le total de ce qui s'étoit passé. Et enfin de leur dire que la France avoit proposé *Utrecht*, *Nimègue*, *Aix la Chapelle* & *Liège*, pour le Lieu de l'ouverture des Conférences; de prier les Etats de fixer une de ces Places, & d'accorder immédiatement des Passeports aux Plénipotentiaires de *France*, pour s'y rendre, & ouvrir les Conférences generales.

Ces propositions si vagues & si incertaines allarmèrent fort les Etats, qui

1711.

Remontrances inutiles de L.H.P. à la Reine.

qui trouvoient que ce n'étoit pas un fondement suffisant pour hazarder d'entrer en Négociation: ils craignoient les suites de l'ouverture des Conférences generales, avant que l'on eût expliqué & rendu spécifiques les Articles offerts par la *France*; & sur tout avant qu'ils fussent ce qu'on voudroit leur accorder pour leur propre Barriere & pour leur Commerce. Ces considérations leur firent differer l'envoi des Passeports; & afin de porter la Reine à avoir quelque égard pour ses fidèles Alliez, & sur tout par raport aux deux grands Articles de leur Barriere & de leur Commerce, ils envoyèrent Mr. Buys prier S. M. B. de changer de résolution. Mais elle en étoit si éloignée, & elle avoit au contraire tellement fixé ses mesures, dit

Lettre du 9. Octobre.

Mr. de S. Jean * au Comte de Strafford *que ceux qui croioient les pouvoir rompre, par des délais ou par des artifices, se trompoient assurément.* La Reine d'Angleterre † ne vouloit pas concerter avec les Etats Generaux un Plan pour la continuation de la Guerre, jusqu'à ce qu'ils fussent convenus avec elle d'ouvrir les Conférences de la Paix; & elle avoit ordonné au Comte de Strafford † de leur dire, qu'elle estimeroit les délais de leur part comme un refus tacite d'accepter ses Propositions.

† *Lettre du 2. Nov.*

† *Lettre de ce Seigneur à Mr. de S. Jean, du 15. Novembre*

Voiage de Mr. de Tallard en France de quoi suivi.

Cette Princesse pouvoit-elle en user autrement, après les engagemens qu'elle avoit pris avec la Cour de France? Engagemens dont on ne douta plus, dès qu'on eut vû le Comte de Tallard y retourner sur sa parole avec Passeport de S. M. B. Il est vrai que ce Voyage fut si secret qu'on l'ignora pendant quelque tems, & qu'on s'étonna même à la Cour que ce Seigneur eût pû y demeurer quelques Semaines, sans qu'on en eût rien sû. Les personnes bien informées, qui osé-

Tome III.

rent en parler dans les Nouvelles publiques, en eurent des reproches, comme d'un Fait inventé à plaisir. Il étoit pourtant réel*, comme la suite l'a fait voir, aussi bien que les Présens qu'on envoya peu après à la Reine. A quoi bon tant de mysteres, si ce Voiage ne cachoit rien de secret? Il servit à rassurer la Cour sur l'esperance d'une Paix prochaine, & à confirmer au Roi les bonnes intentions de S. M. Britannique, dont on avoit été en quelque inquiétude jusqu'alors. Aussi ce Marechal reçut-il toutes les félicitations qu'il meritoit, sur le bon succès des soins qu'il avoit pris de son côté pour disposer les choses au point où on venoit de les conduire. On lui fit les plus grandes caresses, & comme il avoit su disposer les esprits à écouter favorablement tout ce que l'on proposeroit de la part de la France, le Roi de son côté commença à donner pour la première fois le Titre de *Sœur* & de *Reine* à la Reine Anne, à qui il envoïa 1500. Bouteilles de Vin de Bourgogne, de Champagne & de l'Hermitage, & six Habits complets d'une magnificence achevée, que la Marquise de Gouvernet fut chargée de choisir pour cette Princesse, & dont on fit faire l'Etoffe tout exprès. La Nation Angloise fut aussi traitée avec toute sorte de faveurs; Le Roi accorda des Passeports à tous leurs Vaisseaux pour venir négocier en France, & diminua deux sols de la Taxe sur les Vins qu'ils y alloient acheter; pendant qu'on refusoit aux Hollandois toute liberté de particper à ce Commerce.

* *Le Comte de Tallard partit le 3. d'Octobre, pour aller s'embarquer à Douvres, & arriva le 12 Novembre à Paris, avec 24. beaux Chevaux Anglois & une Meute de Chiens de Chasse. Il se rendit d'abord chez Mr. de Torci & ensuite auprès du Roi,* Mem. MSS.

1711.

La Ville d'Utreche est nommée pour le Lieu du Congrés.

Les Etats Généraux envoyerent inutilement Mr Buys en Angleterre pour y faire des representations à la Reine. Cette Princesse ou plûtôt ses Ministres déclarerent qu'ils vouloient entrer en Conference sur les Préliminaires proposez ; & nommerent la Ville d'Utrecht pour le Lieu du Congrés. Elle fit en même tems savoir cette resolution aux autres Alliez, dont les Ministres furent appellez pour cet effet au Bureau du Secretaire d'Etat. Les Remontrances que l'Empereur fit faire à la Reine d'Angleterre pour la détourner de ce dessein ne produisirent pas plus d'effet ; en sorte que cette Princesse ayant enfin assemblé son Parlement le 18. Decembre, elle y déclara d'avoir fixé au 12. Janvier suivant le tems & le lieu d'un Congrés, où l'on traiteroit de la Paix générale, *nonobstant les Artifices de ceux qui se plaisoient dans la Guerre*. Ces expressions marquoient un dessein formé & une resolution prise de longue main de faire cette Paix, quelle qu'elle fût ; puisqu'on traitoit d'*Artifices* tout ce qu'on pouvoit representer au contraire. La France en étoit si sûre, qu'elle n'avoit pas même encore communiqué aux Ministres Anglois ses intentions à l'égard des autres Alliez. Cela paroît par un Mémoire* de M. de St. Jean à Mr l'Abbé Gautier, où l'on déclare, que si
,, la Reine d'Angleterre souhaite que
,, le Roi T. C. explique ses intentions
,, à cet égard, il peut s'assurer que la
,, Reine ne se servira de la confiance
,, qu'il aura en elle que pour avancer
,, la Négociation, en cherchant les
,, voyes les plus courtes & les plus ef-
,, ficaces pour parvenir à la Paix si ar-
,, demment désirée. Le même Mr. de
,, St. Jean, dans une Lettre à Mr de
,, Torci, ajoûte que ces Explications
,, dissiperont tous les nuages, & qu'il

* Du 29. Octobre 1711.

,, ne doit pas douter que l'on ne s'en
,, serve en Angleterre avec beaucoup
,, de reserve, l'assurant que si le Roi
,, vouloit bien offrir un Plan des pré-
,, liminaires spécifiques, la Reine ne
,, le communiqueroit jamais à ses Al-
,, liez. Il conclut que si le Sr. Gautier
,, (envoyé en France avec des Ins-
,, tructions de la Reine) revient avec
,, ces marques de confiance, on trou-
,, vera le Parlement de la G. B. aussi
,, porté pour la Paix, qu'il l'avoit été
,, pour la Guerre ,,. On ne pouvoit guere refuser de donner à la Reine cette satisfaction, apres les assurances qu'on avoit de son dévoüement aux intentions du Roi. Le Sr. Gautier fut chargé de la Réponse qu'on demandoit ; & ce Mémoire fut accompagné d'une Lettre* de Mr. de Torci au Sr. de St. Jean, qui marque la parfaite intelligence des deux Cours. ,, S. M.,
,, dit-il, se fie entierement à vôtre
,, discretion, & au bon usage que vous
,, ferez de la grande confiance qu'il a
,, la Reine de la G. B. Le Roi loüe la
,, fermeté de cette Princesse, & voit
,, avec beaucoup de plaisir les nouvel-
,, les marques de résolution qu'elle
,, donne. " Voici de quelle maniere ce Mémoire étoit conçu.

Réponse au Mémoire aporté par le Sieur Gautier, le 18. Novembre 1711.

,, Le Roi voit avec plaisir, que la
,, Reine de la *Grande Bretagne* persis-
,, te avec une fermeté si digne d'élle,
,, dans l'ardeur qu'elle a fait paroître,
,, pour procurer promptement, & par
,, les voyes les plus efficaces, une Paix
,, honorable à la *France* & à la *Gran-
,, de Bretagne*, & qui soit en même tems
,, sûre & équitable à l'égard des autres
,, puissances engagées dans la présente
,, guerre. S. M. voulant pareillement

Du 18. Novembre.

Intentions secrétes du Roi par raport aux Alliez dans son Memoire en Reponse à celui de la Reine.

" confirmer par des effets, les assuran-
" ces qu'elle a données de la confiance
" qu'elle a en cette Princesse, croit ne
" pouvoir mieux exprimer ses sentimens
" à cet égard, qu'en s'expliquant sur
" les points contenus dans ce Memoi-
" re, avec autant de franchise, que
" si la Paix étoit faite, & qu'il y eût
" déja une Alliance étroite entre lui &
" la Reine de la *Grande Bretagne*.
" Ainsi, sans considérer qu'on n'a-
" voit fait mention jusques à present
" que d'Articles Préliminaires, & que
" la Reine de la G.B. desire à présent
" des Explications sur des Conditions
" particulières par raport au Traité de
" Paix, le Roi veut bien se fier à elle,
" comme à une Princesse Alliée, & lui
" déclarer ses pensées en détail sur les
" principales Conditions de la Paix.
" Il consent, comme il a déja décla-
" ré, que les Hollandois ayent une
" Barriére suffisante pour assurer la
" tranquillité de leur République.
" Il veut bien aussi qu'on rétablisse &
" qu'on entretienne le Commerce à
" leur avantage à l'avenir, pourvu
" qu'ils veuillent concourir de bonne
" foi au rétablissement de la Paix.
" Quant à la Barriere, il seroit né-
" cessaire avant de la fixer, de con-
" venir de la destination des *Pays-Bas*,
" parce que comme le Roi d'*Espagne*
" les a cédé à l'Electeur de *Baviere*, &
" que le Roi en a signé le Traité, s'il
" ne s'accomplissoit pas, l'Electeur
" auroit recours à S M. pour en être
" indemnisé. Il faudroit donc prier les
" *Hollandois*, de remettre entre les
" mains de l'Electeur de Baviere, les
" Villes & Provinces dont leurs Alliez
" & eux sont en possession, aux *Pays-*
" *Bas Espagnols*, afin que ce Prince
" les possede en Souveraineté après la
" Paix, comme il possede à présent les
" Villes & Provinces de *Luxembourg*
" & de *Namur*, & les Forteresses de
" *Charleroi* & de *Nieuport*. Le Roi s'en-
" gagera de son côté, à condition qu'on
" fasse cette cession, que les *Hollandois*
" mettront Garnison dans les Places
" fortes des Pais-Bas, lesquelles seront
" entretenuës & païées aux depens du
" Pays; de sorte que ces Provinces é-
" tant possedées par un Prince indé-
" pendant, & les *Hollandois* y mettant
" des Garnisons, formeroient une Bar-
" riere, seule suffisante pour assurer
" la République de *Hollande* contre
" les apréhensions raisonnables qu'el-
" le pourroit concevoir des desseins de
" la *France*.
" Mais pour assurer encore mieux les
" Etats Généraux contre ces craintes
" frivoles, le Roi consent à engager
" sa parole à la Reine de la G.B. de
" fortifier encore cette Barriere, en
" cédant aux *Hollandois* la Ville, &
" la Verge de *Menin*; *Ipres* & sa
" Châtellenie; mais comme il faut
" observer que *Cassel*, *Poperingue* &
" *Bailleul* n'en sont pas des depen-
" dances, le Roi s'en reserve la pro-
" prieté.
" Enfin S. M. cédera de plus, eu
" égard à cette Barriere, *Furnes* & *Fur-*
" *nes-Ambacht*. Voilà ce que le Roi
" peut accorder pour le bien de la
" Paix; mais c'est aussi tout ce qu'il
" peut faire, à moins que S. M. ne
" voulût exposer la Frontiere de son
" Roiaume.
" Comme le Roi est persuadé que
" ce n'est ni l'intention ni l'intérêt de
" la Reine de la G.B. de laisser la *Fran-*
" *ce* nuë, exposée aux desseins & aux
" entreprises de ses Ennemis, S.M. se
" flatte d'être fortement secondée par
" l' *Angleterre* dans la demande qu'el-
" le fait qu'on lui rende *Aire*, *Bethu-*
" *ne*, *St. Venant*, *Doüai*, *Bouchain* &
" leurs dépendances, qu'elle prétend
" obtenir en échange pour les Places
" qu'on cede, pour former la Barrié-
" re demandée par les *Hollandois*.
" Le Roi réitere encore la promesse

,, de la Démolition de toutes le Fortifications de *Dunkerque*, immédiatement après la Conclusion de la Paix, tant du côté de la terre, que du côté de la mer, sans exception: Et comme on est convenu entre le Roi & la Reine de la G.B, de donner un Equivalent suffisant pour cette Démolition, S. M. demande *Lille* & *Tournai*, avec toutes leurs dépendances & Châtellenies pour former ledit Equivalent promis.

,, *Tournai* est l'ancien Domaine du Roïaume de *France*, & en fait la Frontiere, & par consequent on doit le regarder comme une Place de sûreté pour la *France*, plûtôt que comme une entrée dans les Païs circonvoisins. La Reine de la G. B, ne sauroit aussi obliger le Roi plus sensiblement, qu'en contribuant à la restitution d'une Place si nécessaire pour assurer la Frontiere de son Roïaume. De l'autre côté il doit être indifferent à l'*Angleterre*, que cette Place retourne comme autrefois sous la Domination du Roi, ou qu'elle reste entre les mains d'une Puissance Etrangere, Et l'interposition de la Reine de la G.B, par ses bons offices en cette occasion, sera le Ciment futur d'une Union durable entre les Couronnes de *France* & d'*Angleterre*.

,, Au reste, si la Reine ne peut obtenir par ses bons offices, & en faisant tous ses efforts, la restitution de *Lille* & de *Tournai*, comme un Equivalent pour les Fortifications de *Dunkerque*, S. M. déclare dès à present, mais uniquement à la Reine de la G.B, qu'elle se contentera, pour le bien de la Paix, de la restitution de la Ville & Citadelle de *Lille*, avec sa Châtellenie & ses Dépendances, sans insister sur *Tournai*, aimant mieux se contenter de ce dernier Equivalent, que de retarder par des prétentions plus étendues, quoique justes, le retablissement de la tranquillité de l'*Europe*.

,, La Cession des *Pays-Bas Catholiques* à l'Electeur de *Baviere*, ne s'est faite par le Roi Cath. que pour indemniser ce Prince des pertes qu'il a faites pendant le cours de la présente Guerre. Mais S. M. & le Roi son petit-Fils sont engagez de plus par des Traitez faits avec cet Electeur, de le faire retablir par la Paix, dans la possession des Etats, du rang & des Dignitez, dont il a été privé par la Guerre. Ainsi S. M. demandera que ce Prince soit rétabli dans le premier Rang qu'il tenoit au College Electoral, & qui a été transferé à l'Electeur Palatin: Que le *Haut Palatinat*, donné au même Electeur *Palatin*, soit rendu à l'Electeur de *Baviere*, & enfin les Dons qu'on a faits des principales parties demembrées dudit Electorat, soient révoquez, & les choses remises sur leur ancien pié.

,, Ces Demandes-là ne répugnent pas même aux intérêts des *Hollandois*, suposé qu'ils voulussent laisser les *Pays-Bas* à l'Electeur de *Baviere*; puisque selon leurs propres Maximes, il seroit à souhaiter que ces Provinces fussent possédées par un Prince assez puissant pour assurer leur Barriere.

,, Cependant au cas qu'ils aïent d'autres sentimens à l'égard de l'Electeur de Baviere & qu'oubliant les premiers engagemens de ce Prince avec la Maison d'*Autriche*, ils soient persuadez que ceux qu'il a pris avec la *France* sont inebranlables, si sur ce fondement, ils craignent que sa Puissance pourroit avec le tems devenir dangereuse à leur Etat, & par consequent qu'il faudroit la diminuer, on pourroit avoir égard à cet-

„ te crainte, quoique mal fondée, en
„ proposant pour le bien de la Paix,
„ d'engager l'Electeur de *Baviere*, à
„ céder la *Baviere* & la Dignité Elec-
„ torale au Prince son Fils aîné, dont
„ il seroit à propos en même tems de
„ conclure le Mariage avec l'Archidu-
„ chesse, Fille aînée du défunt Em-
„ pereur *Joseph*. En ce cas, on stipu-
„ leroit, que l'Electeur se contenteroit
„ des *Pays Bas* au lieu de la *Baviere*, à
„ condition, comme on a déja dit, que
„ les *Hollandois* auroient des garnisons
„ dans les Places, & que ces Garni-
„ sons seroient entretenuës aux dépens
„ du Païs.
„ Mais au cas que le contraire arri-
„ vât, & que les Propositions faites en
„ faveur de l'Electeur de *Baviere* fus-
„ sent rejettées; que ce Prince fut obli-
„ gé de se contenter de la seule resti-
„ tution de la *Baviere*, peut être mê-
„ me demembrée du *Haut-Palatinat*,
„ & qu'il fût privé du premier Rang
„ dans le Collège Electoral; en ce cas, le
„ Roi n'accorderoit aux Hollandois que
„ le Tarif signé au mois de Mai 1699.
„ On pourroit encore faire une au-
„ tre indemnisation plus honorable,
„ mais moins avantageuse pour ce
„ Prince, & que S. M. ne laisseroit pas
„ d'acheter de même au prix du reta-
„ blissement du Tarif de 1664 avec
„ les exceptions, dont il a été parlé.
„ Les *Hollandois*, & leurs Alliez en
„ refusant les *Pays-Bas* à l'Electeur de
„ *Baviere* voudroient aparemment
„ qu'on les cédât à l'Archiduc. Le
„ Roi y consentira, & disposera mê-
„ me l'Electeur à céder tout l'Ectorat
„ de *Baviere* à la Maison d'*Autriche*,
„ pourvu qu'on donne le Royaume de
„ *Naples* à ce Prince.
„ La Proportion n'est pas égale en-
„ tre ce Royaume d'une part, & les
„ *Pays-Bas Espagnols* de l'autre, avec
„ un Païs comme la *Baviere*, & telle-
„ ment à la bien séance de la Maison
„ d'*Autriche*. Mais le Roi s'engage
„ de supléer à la perte, que feroit l'E-
„ lecteur de *Baviere*, & de faire cette
„ indemnisation d'une maniere fort
„ avantageuse à l'*Angleterre*.
„ Le moïen que le Roi propose pour
„ cela, est d'engager le Roi d'*Espagne*
„ à céder la *Sicile* à l'Electeur, afin que
„ possedant ces Royaumes il fût inde-
„ mnisé de ce qu'il abandonneroit, &
„ les Anglois trouveroient leur avan-
„ tage particulier dans les Conventions
„ que l'*Angleterre* pourroit faire avec
„ lui pour le Commerce de la Medi-
„ terranée. Ce n'est pas une chose in-
„ différente à la Nation que de s'assu-
„ rer du Prince qui sera Maître de
„ *Messine*, & les Hollandois pour-
„ roient facilement prevenir l'Angle-
„ terre, si la Sicile tomboit jamais en
„ partage à l'Archiduc. Cette reflexion
„ n'aura pas échapé aux lumières de la
„ Reine de la G. B. laquelle marque
„ qu'elle s'interesse aux affaires d'*Ita-
„ lie*, dans l'Article qui concerne le
„ Duc de *Savoye*.
„ L'intention du Roi est d'accomplir
„ à la lettre la Convention signée en
„ son nom, par le Sr. de Menager, par
„ raport à ce Prince & S. M. le lui fera
„ savoir directement, puis que la Rei-
„ ne de la G. B. l'é souhaité. Le silen-
„ ce que le Roi a gardé à cet égard n'a
„ été fondé que sur ce que S. M. n'a-
„ voit aucun commerce, direct, avec
„ le Duc de *Savoye*, s'étant reposée
„ sur cette Princesse du soin de lui ap-
„ prendre ce qu'on a stipulé en sa faveur
„ Quant au reste, le Roi est si éloigné
„ de s'oposer à l'agrandissement du
„ Duc de *Savoie*, du côté de l'*Italie*,
„ qu'il est persuadé qu'il seroit avan-
„ tageux à cette partie de l'*Europe*,
„ qu'on joignît le reste du Milanois, à
„ la partie dont ce Prince est déja en
„ possession : il consentiroit même a-
„ vec plaisir en ce cas, à le traiter en
„ qualité de Roi de *Lombardie*.

1711. ,, Les sentimens du Roi étant confor-
,, mes, en cette occasion, à ceux de
,, la Reine de la G.B., il n'y a aucun
,, lieu de douter, que cette Princesse
,, ne convienne, qu'il est juste que le
,, Duc de *Savoie* se contente de sa vieil-
,, le Barrière du côté de la *France*, &
,, qu'il rende les Places d'*Exilles* & de
,, *Fenestrelles*, qui sont l'une & l'autre
,, dans le *Daufiné* ; S.M. confirmant la
,, promesse qu'elle a faite de lui ren-
,, dre le Duché de *Savoie* & le Comté
,, de *Nice*, qui sont plus importans
,, que ces deux Places, à l'égard de la
,, Frontiere du Roïaume.
,, Outre ces explications, le Roi don-
,, nera encore avec une entiere con-
,, fiance à la Reine de la G. B. toutes
,, celles qu'il lui plaira de souhaiter de
,, lui pour le bien de la Paix, & puis
,, qu'elle voudroit savoir les disposi-
,, tions de S. M. à l'égard de l'Elec-
,, teur de *Brandebourg*, & du Duc de
,, *Hanover*, le Roi l'assure, qu'il ne
,, fera aucune difficulté de reconnoî-
,, tre le premier, en qualité de Roi
,, de *Prusse*, & le second en celle d'E-
,, lecteur, lors qu'on signera la Paix. La
,, Reine de la G.B. pourra même se servir
,, de cette confidence comme elle le
,, jugera à propos pour le bien de la
,, Paix, sans craindre d'être desavoüée.
,, Enfin le désir que marque cette Prin-
,, cesse, de rétablir au plûtôt la tran-
,, quillité universelle de l'*Europe*, pa-
,, roît si sincère, que le Roi veut bien
,, encore lui communiquer ses inten-
,, tions à l'égard de la Paix avec l'Em-
,, pire, qui sont.
,, De reconnoître l'Archiduc en qua-
,, lité d'Empereur.
,, De rendre à ce Prince & à l'Em-
,, pire le Fort de *Kehl*, en l'état où il
,, est à présent.
,, De faire démolir les Forts du
,, *Rhin*, dépendans de *Strasbourg*.
,, De faire raser les Fortifications
,, faites vi-à-vis de *Hunningen* à droi-

,, te, & dans l'Ile du *Rhin*.
,, D'en faire autant du Fort bâti au
,, delà du *Rhin*, vis-à-vis du *Fort-Lou-
,, is*, de même que de la partie du
,, Pont qui conduit de l'Ile au rivage,
,, qui est à la droite du *Rhin*.
,, De démolir en général toutes les
,, Fortifications bâties ou élevées au
,, delà de cette Rivière.
,, Enfin, de rendre à l'Empereur la
,, Ville de *Brisach*, à la reserve toute fois
,, du Fort nommé le *Mortier*, à gauche
,, & en deça du *Rhin*.
,, A ces conditions, qui font suffi-
,, samment connoître que le Roi ne
,, songe pas à interrompre le repos de
,, l'Empire, S. M. souhaite seulement
,, pour soi qu'on lui rende la Ville de
,, *Landau*, & pour ses Alliez le reta-
,, blissement de l'Electeur de *Cologne*
,, dans ses Etats, ses Benefices & ses
,, Dignitez, se raportant à l'égard de
,, l'Electeur de *Baviere*, à ce qui a été
,, dit en parlant de ce Prince.
,, Le Roi attend avec impatience
,, les heureux effets de l'aplication de
,, la Reine de la G. B. pour contribuer
,, au retablissement de la Paix, & S.
,, M. ne souhaite pas avec moins d'ar-
,, deur l'occasion de faire paroître pu-
,, bliquement les sentimens qu'elle a
,, pour cette Princesse.

On n'avoit jusqu'alors rien deman- *Les An-*
dé à la France touchant la maniere *glois*
dont on devoit disposer des Païs Bas; *s'enga-*
la Reine d'Angleterre avoit seulement *gent de*
déclaré par son Memoire, que si elle *les a-*
pouvoit, sans crainte d'être desavoüée, *puïer.*
spécifier quelque chose qui aprochât de
la Barriere que la France voudroit bien
consentir d'accorder aux Hollandois,
& les assûrer du Tarif de 1664., on
ne doutoit pas que les Etats Généraux
n'entrassent sans hesiter davantage dans
la Négociation, de la maniere dont
elle avoit été concertée. On leur accorda donc le Tarif de 1664, avec
plusieurs exceptions, à condition qu'ils

LOUIS XIV. Liv. XVIII.

1711.

consentiroient à ce Plan-là, sans quoi ils seroient punis par la perte de leur Négoce, & reduits au Tarif de 1699. Quant au point principal qui avoit fait le sujet de la Guerre, le Roi, non content d'assûrer l'Espagne & les Indes Occidentales à son petit Fils, proposoit encore de dépouiller l'Empereur de tous ses Etats en Italie. Voilà quel fut le projet que les Ministres Anglois reçurent sans surprise & sans ressentiment. Mr. de St. Jean remercia * au contraire Mr. de Torci de l'avoir bien voulu communiquer, promettant d'en user avec discretion & d'en garder le contenu avec un secret inviolable. Il l'assûra que l'Angleterre feroit tous ses efforts pour fixer les Pretentiós des Alliez. On ne doit pas s'étonner qu'un tel Plan ne leur ait pas été communiqué, puisqu'il n'auroit pas manqué de rompre tout à coup les Conférences & qu'ils auroient mieux aimé s'exposer à tous les hasards, que de traiter sur un pareil fondement.

Si toute la Nation Angloise étoit dans les mêmes sentimens.

Sur les instances pressantes de la Reine d'Angleterre, les Hollandois consentirent enfin à ouvrir les Conférences au tems fixé par cette Princesse, & accordèrent les passeports qu'on souhaitoit pour les Plénipotentiaires de France. Le Comte de Strafford en donna aussitôt avis à Mr. de Torci ; mais il lui manda en même tems que l'Empereur refusoit d'y donner son consentement, & que les Etats Généraux faisoient difficulté d'entrer en Négociation sans le concours des Ministres de la Maison d'Autriche : que cependant on alloit travailler à lever ces difficultez. Le Marquis de Torci dépêcha aussi par ordre du Roi un Courier à Madrid, avec les Papiers qu'il avoit reçus du Comte de Strafford, priant la Cour d'Espagne de faire incessamment partir ses Plénipotentiaires. Quoi que l'Angleterre eût ainsi disposé les

* Par une Lettre du 15. Novembre.

choses à la satisfaction du Roi, il ne faut pas croire que la Nation entière fût dans de semblables dispositions. La Reine avoit si bien prévu le contraire, qu'elle avoit eu la précaution de fortifier son Parti par la Creation de dixhuit nouveaux Pairs * dans la Chambre Haute, & par plusieurs Créatures dans celle des Communes, qui firent conclure les autres Membres du Parlement à remercier cette Princesse de la Harangue qu'elle y avoit faite, sans rien specifier, sinon *le desir qu'elle avoit de terminer la Guerre par une Paix avantageuse pour ses Sujets, juste & honorable pour tous ses Alliez*.

Debat dans les Chambres du Parlement à ce sujet.

Il y avoit pourtant eu un Débat de quatre heures dans la Chambre Haute sur la maniere de faire ce remercîment. Plusieurs vouloient qu'on demandât la restitution de la Monarchie d'Espagne pour la Maison d'Autriche, c'est à dire qu'on priât la Reine de ne faire aucune Paix sans cette restitution. La Reine avoit oui tout ce Débat, qui fut très-vif, d'une Loge qui regardoit dans la Chambre, derrière un Voile qui cachoit S. M. B. aux yeux de l'Assemblée. Elle eut dequoi se convaincre par-là que ses sentimens ou ceux de ses Ministres n'étoient point des sentimens universels ; que si la chose passoit de la manière qu'elle souhaitoit ce ne seroit que par l'effet des moïens extraordinaires qu'on avoit emploïez pour gagner la pluralité des suffrages ; & qu'il resteroit dans les esprits d'un grand nombre des Sujets très-considérables des semences de division & d'aigreur qui pourroient avec le tems avoir de fâcheuses suites. Cependant la Contestation fut terminée au gré de la Reine ou de ses Conseillers, qui, pour suspendre les ressentimens de ceux qui n'y avoient consenti que par force, ou qui n'avoient point voulu y consentir, firent inserer

* Ils furent appellés les Pairs Occasionnels

dans la Réponse que la Reine donna au Remerciment, *Qu'elle seroit bien fâchée, qu'il y eût quelqu'un qui pût penser, qu'elle ne feroit pas les derniers efforts, pour retirer l'Espagne & les Indes de la Maison de Bourbon.*

Il n'y eut pas de moindres difficultez à surmonter dans la Chambre Basse, où (quoique le Parti de la Cour fut le plus nombreux) on fit de vives *Remontrances sur l'importance & le danger auquel on s'exposeroit, en concluant la Paix, sans obliger la France de rendre l'Espagne à la Maison d'Autriche : & de se contenter des Propositions ou Préliminaires vagues, insufisans & captieux,* (ce furent les termes de l'Adresse) *pour en faire le fondement des Traittez : sans que pour tout cela on eût le consentement ou l'aprobation d'aucun des Alliez.* Néanmoins la Chambre fit aussi présenter son Adresse, par laquelle elle déclara, qu'elle *avoit une entière confiance en la sagesse & la bonté de S. M., en son honneur, en sa justice envers ses Alliez : & en son soin tout particulier pour le bien de ses Sujets.*

Disgrace du Duc de Marlborough.

Telle étoit la disposition generale des affaires lors que le Duc de Marlborough retourna à Londres, couronné de gloire par l'Expedition de Bouchain, qui n'étant éloignée que de quelques lieuës de Cambrai, ouvroit par conséquent l'entrée du Roiaume de France aux Alliez. Mais comme les Esprits étoient déja aigris en Angleterre, on fit peu de cas de cette Expedition ; & bien loin d'en remercier le Duc, comme on avoit fait les Années précedentes on ne fit qu'extenuer sa Conquête, qu'on apela par derision la *prise d'un Colombier*. On n'en demeura pas là : le Duc fut obligé de se justifier devant le Parlement pour avoir temoigné de ne pas aprouver les Préliminaires proposez. On l'attaqua personnellement par des reproches de chercher la continuation de la guerre pour son profit particulier. Il déduisit les raisons qu'il avoit de n'y pouvoir souscrire : & ce fut après cette Déclaration qu'il fut remercié de ses services par une Lettre de la Reine qui lui témoignoit n'en avoir plus besoin.

Expédition du Sr. du Gué-Trouïn sur les Côtes du Brezil.

Pendant que ces choses se passoient, le Sr. Gué Trouïn fit sur les Côtes du Brezil une Expédition dont la France tira moins d'avantage qu'on ne l'avoit cru d'abord. Son Escadre, composée de 16. Vaisseaux de Guerre & de plusieurs Bâtimens de Transport, entra le 12. Septembre dans le Port de Rio-Janeiro à la faveur d'un Brouillard. L'Amiral Portugais qui n'étoit pas en état de tenir, fit, après quelque résistance mettre le feu à quatre Vaisseaux de Guerre & à quelques Vaisseaux Marchands qui étoient dans le Port, afin qu'ils ne tombassent pas au pouvoir des François. Ensuite il se retira à la Ville de St. Sebastien qui se défendit jusqu'au 21. du même mois. Ce jour-là les Habitans abandonnèrent la Place, & le Sr. du Gué-Trouïn l'occupa, aussi-bien que les Forts de St. Jago & de la Misericorde. Le Fort de Ste. Croix se rendit aussi par Capitulation le 23., de même que ceux de Villegagnon & de St. Jean. Tout le Butin qu'on en tira fut seulement deux Millions en or & environ la moitié en Marchandises, que les Habitans de Rio-Janeiro donnèrent aux François pour se racheter du pillage ; aiant emporté dans les Montagnes une bien plus grande quantité d'or & leur meilleurs effets. Le Lecteur jugera par les deux Lettres suivantes des motifs de cette Expedition.

LET-

LETTRE

De Mr. du Gué-Troüin au Gouverneur de Rio-Janeiro le 19. Septembre 1711.

Sa Lettre au Gouverneur de Rio Janeiro.

„ LE Roi mon Maître voulant ti-
„ rer raison de la cruauté exercée
„ envers les Officiers & les Troupes
„ Françoises que vous fites Prisonnieres
„ l'Année derniére, & S.M.T.C. étant
„ bien informée, qu'apres avoir laissé
„ massacrer les Chirurgiens à qui vous
„ aviez permis de descendre pour panser
„ les blessez, vous avez encore laissé pé-
„ rir de faim & de misére ce qui restoit
„ de ses Troupes, faute de leur don-
„ ner aucune subsistance, les retenant
„ Captifs, contre le Cartel d'échange
„ entre les Couronnes de France &
„ de Portugal; Elle m'a ordonné d'em-
„ ployer ses Vaisseaux & ses troupes
„ pour venir vous contraindre par la
„ voïe des Armes à vous rendre vous
„ & vôtre Ville, à me rendre tous les
„ Prisonniers François, & à faire païer
„ à tous les Habitans de ce Païs des
„ Contributions suffisantes pour les
„ punir de leur temerité, & dédoma-
„ ger entièrement S. M. T. C. de
„ la dépense qu'elle a faite pour un
„ Armement aussi considérable.

„ Je n'ai point voulu vous sommer
„ de vous rendre, que je ne me sois vû
„ en état de vous y forcer, & de re-
„ duire en cendre vôtre Ville & vôtre
„ Païs, si vous ne vous rendez à la dis-
„ cretion du Roi mon Maître, qui
„ m'a commandé de ne point détruire
„ ceux qui se soûmettront de bon gré,
„ & se repentiront de l'avoir offensé
„ en la personne de ses Officiers & de
„ ses Soldats.

„ J'aprens aussi Monsieur, que vous
„ avez laissé assassiner M. le Clerc qui
„ les commandoit. Je n'ai point voulu
„ user de Represailles sur les Portu-
„ gais qui sont tombez en mon pou-
„ voir, l'intention de S. M. T. C. n'é-
„ tant pas de faire la Guerre d'une fa-
„ çon indigne d'un Roi Très-Chrétien.
„ Je suis même persuadé que vous a-
„ vez trop d'honneur pour avoir par-
„ ticipé à ce honteux Massacre; mais
„ ce n'est pas assez, elle veut que
„ vous en fassiez connoître les Au-
„ teurs, pour en faire un exemple. De
„ manière que si vous différez de vous
„ rendre, tous vos Canons, vos Barri-
„ cades, & vôtre multitude de Peuples
„ n'empecheront pas que je n'exécute
„ ses ordres. J'attens, Monsieur, vôtre
„ réponse sur cela; & je serai bien fâché
„ d'étre forcé à des cruautez indignes
„ d'un Chrétien. Faites-la promte &
„ décisive, autrement vous connoîtrez
„ que si je vous ai épargné jusqu'à pre-
„ sent, ç'a été pour m'épargner à moi
„ même, l'horreur d'enveloper les In-
„ nocens avec les Coupables, &c.

Signé DU GUE'-TROUIN.

Réponse du Gouverneur de Rio-Janeiro à Mr. du Gué-Troüin, le même jour.

Réponse du Gouverneur.

„ J'Ai vû Monsieur, les motifs qui
„ vous ont engagé à venir de France
„ en ce Païs-ci. Quant aux Prisonniers
„ François, ils ont été traitez sui-
„ vant l'usage de la Guerre: il ne leur
„ a manqué ni Pain de Munition, ni
„ les autres secours que la pieté des
„ gens du Païs a engagé de leur four-
„ nir, quoi qu'ils ne le méritassent
„ point, vû la manière dont ils ont
„ attaqué le Païs du Roi mon Maître,
„ sans avoir de Commission du Roi
„ Très Chrétien. Cependant je leur ai
„ accordé la vie au nombre de 600.
„ comme ils le pourront certifier eux-
„ mêmes. Je les ai garantis de la fureur
„ des Negres, qui les vouloient tous
„ passer au fil de l'Epée. Enfin je n'ai

,, en rien manqué à tout ce qui les re-
,, garde, les aiant traittez suivant les
,, intentions du Roi mon Maître. A
,, l'égard de la mort de Mr. le Clerc,
,, je l'avois fait mettre, à sa sollicita-
,, tion, dans la meilleure Maison du
,, Païs, où il a été tué. Qui l'a tué, c'est
,, ce qu'on n'a encore pu certifier; mais
,, je vous assure, que si l'Assassin se trou-
,, ve, il sera châtié comme il le méri-
,, te. En tout ceci, il ne s'est rien pas-
,, sé qui ne soit de la pure vérité, telle
,, que je vous l'expose.
,, Pour ce qui est de vous remettre
,, ma Place, quelque menace que vous
,, me fassiez, le Roi mon Maître me
,, l'aiant confié, je n'ai point d'autre
,, réponse à vous faire, sinon que je
,, suis prêt de la défendre jusqu'à la der-
,, nière goute de mon sang : dans l'es-
,, pérance que le Dieu des Armées ne
,, m'abandonnera pas dans une Cause
,, aussi juste que celle de la Défense de
,, cette Place, dont vous voulez vous
,, emparer sur des prétextes frivoles &
,, hors de saison, &c.

Signé Don Francisco de Castro
Morais.

Couronnement de l'Empereur Charles VI. Memoires du Tems.

Cependant tout se disposoit à Francfort pour le Couronnement du nouvel Empereur. Le jour marqué pour
cette Ceremonie aiant été fixé au 22.
Decembre, toute la Bourgeoisie &
trois Compagnies de Cavalerie se rendirent ce jour-là aux Postes qui leur
avoient été assignez sur la Place du
Palais de S. M. I., d'où on avoit fait un
Pont de Bois couvert de Bandes de
Drap jaune & noir qui alloit jusqu'à
l'Eglise de St. Barthelemi. Dix Conseillers se rendirent sur les 9. heures
avec un Dais fort riche devant l'A-
partement de S. M. I., & un peu a-
près le Comte de Papenheim, Stathouder de l'Electorat de Maïence, arriva dans une Carosse, accompagné des
Gardés de son Altesse Electorale, avec
la Couronne Impériale posée sur un
Carreau de Velours. L'Electeur Palatin & les Plénipotentiaires des Electeurs absens, s'assembloient cependant à la Maison de Ville, pendant que
les deux Electeurs Ecclesiastiques é-
toient allez attendre S. M. I. à l'Eglise. L'Electeur Palatin vêtu de l'Habit
Electoral, portant le Globe Impérial,
& les Plénipotentiaires tous à Cheval
& suivis de leurs Domestiques, se rendirent au Palais de l'Empereur sur les
10. heures, où aprés avoir resté une
petite demiheure, la Marche commença dans cet ordre. Les Valets de
pié, & les autres Domestiques des E-
lecteurs ou des Plénipotentiaires alloient devant, & ensuite quantité de
Cavaliers, parmi lesquels se trouvèrent beaucoup de Ministres & de Comtes de l'Empire à cheval. Six Herauts
d'Armes venoient après. Le premier
tenoit un Aigle simple, le second une
Croix double, le troisième un Lion, &
les autres chacun un double Aigle.
Aprés les Herauts suivoient les Ambassadeurs, savoir celui de Hanover,
celui de Brandebourg qui portoit le
Sceptre, ceux de Saxe & de Bohême,
& l'Electeur Palatin, portant, comme
on a déja dit, le Globe Imperial. Le
Comte de Papenheim, Maréchal Héreditaire de l'Empire, marchoit ensuite, portant le Sabre Imperial nud, &
étant suivi du Comte de Zinzendorf
Grand Tresorier d'Autriche qui portoit la Couronne Imperiale sur un
Carreau de Velours. L'Empereur paroissoit tout seul ensuite sous le
Dais, monté sur un très-beau Cheval
d'Espagne, & aiant la Couronne de sa
Maison en tête. La Garde Palatine, &
une Compagnie de Bourgeois fermoi-
ent la Marche, qui se fit au son des Cloches & au bruit des decharges reïterées
du Canon des Remparts. Sa Majesté

1711. Imperiale fut reçuë à l'entrée de l'Eglise par les Electeurs de Maïence & de Trèves, en Habits Ecclesiastiques; après quoi le Couronnement se fit, selon les Ceremonies ordinaires, & fut suivi du *Te Deum* en Musique, à la fin duquel la marche recommença dans le même ordre pour se rendre à la Maison de Ville, avec cette seule difference, que l'Empereur qui avoit alors la Couronne Imperiale sur la Tête, marchoit à pié sous le Dais, entre les Electeurs de Maïence & de Trèves, revêtus de l'Habit Electoral. Sa Majesté, les Electeurs & les Ambassadeurs des absens, dînèrent tous dans la même Salle; mais chacun à une Table separée, & après que chaque Electeur eut fait la fonction de sa Charge, on distribua le Bœuf rôti, du Pain & de l'Avoine, suivant la Coûtume, & on jetta de l'argent au Peuple, pendant qu'on faisoit couler des Fontaines de vin en abondance; & ce qui parut suprenant, tout cela se passa sans aucun desordre. L'Empereur monta sur les 7. heures dans un magnifique Carosse, fait exprès pour cette Ceremonie, & fut conduit chez lui par les Electeurs, étant tous trois dans le Carosse de S. A. E. de Maïence, & par les Ambassadeurs de Saxe; ensuite dequoi le Pont & le Drap dont il étoit couvert fut abandonné à la Populace, & ce fut ainsi que finit cette journée.

S. M. I. reçoit les Hommages des Magistrats de Franfort.

Le 9. de Janvier 1712. vers les 10. heures du matin l'Empereur, précedé par les Seigneurs de sa Cour, se rendit en Carosse à six Chevaux à l'Hôtel de Ville, pour recevoir l'Hommage des Magistrats. S. M. I. se plaça sur le Trône, qui avoit été elevé sous un Dais dans la Grande Salle: le Comte de Zinzendorf étoit à sa droite; & le Comte de Papenheim à sa gauche; plus bas étoit le Comte de Schonborn, de même que deux Herauts d'Armes. Peu de tems après ce dernier Comte

vint recevoir à genoux les ordres de l'Empereur, & fit un très-beau Discours au Magistrat, auquel les Syndics répondirent par un autre fort pathétique, donnant à entendre que les Magistrats & la Bourgeoisie étoient prets à faire leur hommage. Sur quoi le Chancelier remit le Formulaire du Serment à un Secretaire, qui en fit la lecture; & les Magistrats à genoux autour du Trône, prêtèrent ce Serment après quoi ils furent admis à baiser la main de S. M. I. qui se rendit ensuite à la grande Place, & monta sur le Trone qu'on y avoit aussi preparé. La Bourgeoisie se tenant debout prêta le Serment qui lui fut lû & cette Ceremonie fut terminée par les Acclamations de *Vive l'Empereur Charles VI*. S. M. I. partit ensuite pour Vienne, & se rendit au Mois de Mai à Presbourg pour s'y faire couronner Roi de Hongrie.

Pendant que l'Empire étoit en joïe par cet évenement, la France étoit plongée dans le deuil & dans la tristesse, par la mort imprévuë de deux Daufins & d'une Daufine emportez cette année, qui ne laissant qu'un Daufin Mineur, faucha les grandes espérances qui reposoient sur ces Têtes précieuses. La première qui fut enlevée à la fleur de son âge, fut Madame la Daufine, qui étant tombée malade à Versailles le 7. Fevrier, de la Rougeole, se trouva plus mal le 11. après avoir pris l'Emetique le jour d'auparavant. Son mal aiant augmenté de plus en plus, elle mourut le 12. entre 7. & 8. heures du soir dans sa 26. Année. Comme cette Princesse étoit la joïe aussi bien que l'ornement de la Cour, sa mort y causa une tristesse inconcevable. Mr. le Daufin son Epoux en fut le plus vivement frapé, & eut en même tems un accés de fievre. Cependant le Roi étant allé à Marli ce même jour, ce Prince voulut le

Mort de le Daufin & de Mad. la Daufine.

suivre & s'y rendit le 13. On s'aperçut les jours suivans qu'il étoit aussi attaqué de la Rougeole; & comme la Saignée n'avoit point soulagé la Princesse son Epouse, on le fit suer; mais ce remède ne contribua qu'à l'affoiblir, & la Rougeole ne sortit qu'à demi. Enfin ce Prince s'étant trouvé le 17. à l'extremité, mourut le lendemain 18. sur les 8. heures du matin, dans sa 29. Année, étant né le 26. Août, 1682., & son Corps fut porté à Versailles. Le Roi resta à Marli dans un grand abattement & fut lui même fort en danger tant de tristesse que de Maladie. Sa Majesté exprima une partie de sa douleur dans la Lettre qu'elle envoia le jour suivant au Cardinal de Noailles, Archevêque de Paris: la voici.

MON COUSIN.

Je viens de perdre en moins de six jours mon petit-Fils le Daufin, & ma petite fille la Daufine. Un coup si accablant & si imprévu me cause une affliction d'autant plus grande, que ce Prince joignoit à une Pieté exemplaire toutes les autres Vertus dignes de son Rang, & que la Princesse sa femme avoit justement aquis & partageoit avec lui ma tendresse & mon estime. Comme une perte si irreparable est generale pour tout mon Peuple, je dois joindre mes Prières aux siennes: pour demander à Dieu le repos de leurs Ames, & la consolation dont j'ai besoin dans ma douleur. Ainsi je vous écris cette Lettre, pour vous dire qu'ausi-tôt que vous l'aurez reçüe, vous fassiez faire des Prières publiques dans l'étenduë de vôtre Diocese. &c. Ecrit à Marli le 19. Fevrier 1712.

signé, LOUIS,
Et plus bas
PHELIPEAUX.

Le Roi étoit toujours à Marli, & S. M. se trouvant mieux, prenoit de tems en tems le divertissement de la Chasse & de le Promenade. Cependant, Madame, M. le Duc d'Orléans Madame la Princesse, Mademoiselle de Conti, Mademoiselle de la Roche sur-Yon, le Duc du Maine, le Comte de Toulouse, allerent à Versailles jetter de l'eau benite sur le Corps de Madame la Daufine, & ils furent reçus par la Duchesse du Lude, Dame d'honneur, & par le Marquis de Dangeau, Chevallier d'honneur, aiant à leur suite tous les Officiers de la Princesse défunte. Le 19. on porta au Val de Grace le cœur de Mr. le Daufin & celui de Madame la Daufine en même tems. Le Cardinal de Janson, Grand Aumônier de France, ne s'étant pas trouvé en état de faire cette fonction, pria l'Evêque de Senlis de la faire; l'Evêque de Mets, premier Aumônier, étant absent. La Princesse de Condé, la Duchesse de Vendôme & Mademoiselle de Conti le Duc du Maine & la Duchesse du Lude, étoient dans le même Carosse. Le 20. le Corps de M. le Daufin, qui avoit été porté de Marli à Versailles, fut transporté de son Apartement en celui de Madame la Daufine, & depuis ce jour-là, on leur rendit tous les honneurs funebres, les Officiers de l'un & de l'autre étant continuellement dans la Chambre, aussi bien qu'un grand nombre de Dames de la premiere qualité. Il y avoit aussi 4. Evêques, outre les Officiers de la Chapelle, ceux qui servoient auprès de M. le Daufin, ceux de Madame la Daufine & plusieurs Ecclesiastiques qui psalmodioient jour & nuit, & on célebra des Messes sur des Autels dressez dans la Chambre. Le 22. M. le Duc d'Orléans & le Comte de Toulouse vinrent encore jetter de l'eau benite sur le Corps de Mr. le Daufin.

Honneurs funebres rendus à leurs Corps.

1712. Ils furent reçus par le Duc d'Aumont, Premier Gentil-homme de la Chambre, à la tête des Officiers du Roy qui servoient près du Prince défunt. Le 23. les Coprs furent mis sur un grand Chariot funèbre, attelé de 8. Chevaux caparaçonnez de noir. La marche commença par un grand nombre de Pauvres, suivis par les Garçons d'Office portant des flambeaux, les Officiers de Madame la Daufine à cheval, les Carosses des principaux Officiers, & des Ecuïers, ceux de Mr. le Duc d'Orleans & des Princesses faisant le deuil, une Brigade de chaque Compagnie des Mousquetaires, 50. Chevaux Legers de la Garde, 9. Carosses du Roi ou de Madame la Dauphine, dans lesquels étoient M. le Duc d'Orléans, la Duchesse de Vendôme, Mademoiselle de Conti & Mademoiselle de la Roche sur-Yon, avec la Duchesse du Lude, Dame d'Honneur : la Marquise de Mailli, Dame d'Atour, les Dames du Palais, & les Dames titrées, que les Princesses du Sang avoient amenées avec elles. Ces Carosses étoient suivis de celui du Roi, où étoit l'Evêque de Senlis, accompagné des Evêques de Tournai, de St. Omer & d'Autun, l'Abbé Morel, Aumônier, & le Curé de Versailles. Puis marchoit le Chariot, précédé des Herauts d'Armes du Marquis de Dreux, Grand Maître des Cérémonies, entouré des Valets de pié de M. le Daufin & de Madame la Daufine, des Pages du Roi, des Suisses de la Garde, & suivi de 100 Gardes du Corps, & de 50. Gendarmes de la Garde. Le Convoi arriva à Paris le 24. sur les 3. heures du matin, par la Porte St. Honoré, & il sortit par la Porte St. Denis. Il arriva à 7. heures du matin à St. Denis, où l'Evêque de Senlis présenta les Corps au Pere de Ste. Marthe, Grand Prieur de l'Abbaïe. On les porta ensuite dans l'Eglise, & la Messe fut célébrée Pontificalement par le même Prélat. Les Corps y demeurerent en dépôt jusqu'au jour du Service solemnel ; & jusqu'alors les Officiers du Roi & ceux de Madame la Daufine y firent leurs fonctions, & assisterent aux prières qui s'y faisoient continuellement.

Le Roi, qui ne vouloit pas être temoin de cette Pompe funebre, trop capable de renouveller sa douleur, ne revint à Versailles que le 27., jour auquel on célébra à Nôtre-Dame de Paris le Service pour M. le Daufin & Madame la Daufine. Sa Majesté déclara ce jour-là *le Duc de Bretagne Daufin de France*. Le même jour que le Roi fut de retour à Versailles, les Seigneurs & Dames de la Cour, se rendirent au Château pour lui faire les complimens de condoléance. Les Princes étoient dans le Cabinet de S. M., les Duchesses dans la Chambre, & les Seigneurs dans l'Antichambre, & dans les Salles, rangez en deux lignes, jusqu'à l'Apartement de Madame de Maintenon, ayant des manteaux longs & de grans crêpes ; & le Roi passa au milieu, depuis son Cabinet, jusques chez Mad. de Maintenon, saluant à droit & à gauche durant une heure de tems. S. M. déclara *Madame*, Premiere Dame de la Cour, & les autres Dames eurent ordre de rester à Versailles comme auparavant. Les Ministres Etrangers qui étoient à Paris saluèrent aussi le Roi, à la réserve de celui de Venise qui étoit fort mal en Cour, à cause d'une Ordonnance que sa République avoit fait exécuter contre la Famille Ottoboni, parce que le Cardinal de ce nom avoit entrepris à Rome, malgré sa défense, la protection des affaires de France. Le Roi donna aussi Audience au Parlement, au Grand Conseil, à l'Université & à l'Academie Françoise, pour recevoir leurs Complimens de condoléance sur la mort

Le Duc de Bretagne est declaré Daufin

1712.

Mort du nouveau Daufin.

de Mr. le Daufin & de Madame la Daufine.

S. M. étoit occupée à recevoir aussi ceux de l'Envoyé de Lorraine sur le même sujet, lors qu'elle aprit que le nouveau Daufin, auparavant Duc de Bretagne, étoit aussi mort * de la Rougeole après quatre jours de maladie, âgé de 5. ans & deux jours. Ce jeune Prince avoit été attaqué de fièvre le 4. & l'on s'aperçut les jours suivans que la Rougeole ne sortoit pas bien, ce qui fit apréhender pour sa vie. Comme il n'avoit pas encore reçu les Céremonies du Batême, on resolut de les lui administrer dans ce pressant danger de mort. Ce fut l'Evêque de Mets, premier Aumônier, qui fit cette fonction le même matin du jour que le jeune Prince mourut, & il fut nommé *Louis* par le Comte de la Motte & par la Duchesse de Ventadour, Gouvernante des Enfans de France. Le Corps fut porté le 10. à S. Denis, & le Cœur au Val de Grace. Le Convoi étoit composé de trois Carosses du Roi, dans l'un desquels étoit le Corps, l'Evêque de Mets qui portoit le Cœur, la Duchesse de Ventadour, le Duc de Mortemar, Premier Gentilhomme de la Chambre, l'Abbé du Cambour, Aumônier du Roi, le Curé de Versailles, & la Dame de la Lande, sous-gouvernante. Dans le second étoient 8. Gentilshommes Ordinaires, qui avoient porté le Cercueil, & dans le 3. étoient les Dames qui servoient ce Prince; suivis de 24. Pages, & 24. Gardes. L'Evêque de Mets présenta le Corps au Prieur de l'Abbaïe, & fit un très-beau Discours, après-quoi il fit l'Inhumation: ensuite le Cœur fut porté au Val de Grace, & présenté par le même Prélat. La Duchesse de Ventadour & le Duc de Mortemar étoient présens à cette Cérémonie.

* *Le 8. Mars.*

Constance du Roi au milieu de toutes ces pertes.

Le Roi avoit besoin de toute sa constance pour soûtenir ces coups redoublez d'une mort imprevuë, qui enlevoit toute sa Famille à ses yeux. Il fut aussi touché de ces pertes Domestiques, qu'il parut l'être peu des disgraces de la Fortune dans les évenemens de la Guerre. Mais sensible sans abattement au milieu de tous ces revers, la tendresse de Père ne fit point tort en lui à la Grandeur d'Ame de Roi. Toûjours ferme dans ces épreuves accablantes, il supporta les unes comme des Arrêts irrévocables de la Volonté du Très-Haut, & songea à remedier aux autres, pour se rendre toûjours superieur à sa mauvaise Fortune. On lui cacha à la verité la plûpart des mauvaises Nouvelles qui dans ces tristes conjonctures pouvoient renouveller son déplaisir, & les Courtisans flateurs paroissant se défier de la constance d'un Prince qui en avoit tant fait paroître jusqu'alors, ne songèrent qu'à le fortifier contre les apréhensions d'une mort prochaine. Ils recommencèrent à lui faire rendre un compte éxact de toutes les Personnes qui mouroient dans un âge fort avancé *; comme on avoit remarqué que ceux qui avoient le plus long tems vêcu étoient des gens de travail, on conseilla au Roi de faire aussi quelque exercice. Ses beaux Jardins lui en fournissoient l'occasion: il prit un singulier plaisir à s'y promener la serpete au côté, & à s'apliquer à la culture de ses Arbres qu'il tailloit de sa propre main. Ce qui donna lieu à Messieurs de l'Academie des Médailles & Inscriptions, d'en faire fraper une où S. M. sous l'Emblême de Minerve est représentée avec une Equerre à la main & quelques Instru-

* *La Gazette de Paris du 4 Mars en remarqua six en particulier qui avoient vécu au delà de cent ans.*

LOUIS XIV. LIV. XVIII.

1712.

mens de Jardinage †. C'est ainsi qu'on cherchoit à amuser le Roi, depuis la mort de son petit-Fils & de sa petite-Fille, pour le consoler de cette perte par l'espérance d'une vie encore fort longue.

Batême du Duc d'Anjou devenu Roi sous le nom de Louis XV.

Cependant le Duc d'Anjou, Frère du dernier Daufin, & aujourd'hui Régnant sous le Nom de LOUIS XV, fut à l'extrêmité, environ dans le même tems que son Frère. On lui administra aussi les Ceremonies du Batême en lui imposant le même nom de Louis; mais quoi qu'il fût d'une complexion très-foible, il ne laissa pas d'en réchaper & il continua à se rétablir de jour en jour. Cependant on comptoit si peu sur sa vie languissante, que le Roi ne jugea point à propos de lui donner publiquement la qualité de Daufin, quoi que tout le monde le nommât ainsi. S. M. nomma pour être auprès de lui les mêmes Dames qui étoient auprès du défunt, & voulut que sa Cour fût plus nombreuse que jamais. Pour cet effet, Elle ordonna à tous ceux qui avoient des Apartemens à Versailles qu'ils n'occupoient pas, d'y revenir incessamment ou d'en rendre les Clefs, voulant aussi que Marli fût remis sur le même pié qu'auparavant.

Le Roi se porte bien & en donne des marques.

Le Roi jouissoit d'une santé parfaite & affectoit d'en donner des marques par plusieurs Parties de divertissement. Sa Cour étoit toûjours fort grosse soit à Versailles, soit a Marli: il y avoit régulièrement 60. Dames, dont 48. des plus jeunes & des plus belles mangeoient tous les jours à la Table de S. M. Les autres mangeoient à celles des Princes & des Ministres. La Table de la Duchesse de Berri fut mise sur le même pié qu'étoit celle de feüe Madame la Daufine. Cette princesse qui est fort enjoüée tint le Cercle comme elle ; & S. M. nomma des Dames pour être auprès de sa personne. L'Opera & la Comédie recommencèrent deux jours apres les Fêtes de Pâques, de sorte que la Cour paroissoit avoir déja oublié les pertes récentes qu'avoit faites la Famille Roïale.

Mort de la Princesse d'Angleterre, Fille du Roi Jaques.

Cependant une autre mort arriva à S. Germain le 18. de Mai. Ce fut celle de la Princesse Louïse Marie Stuart, Fille de Jâques II. vivant Roi de la Grande Bretagne, qui mourut de la petite Verole âgée de 19. ans & onze mois, étant née le 28. Mai 1692. Son Corps fut porté le 20. au Monastere des Benedictins Anglois, pour y demeurer en dépôt auprès de celui du feu Roi son Pere, & son Cœur aux Filles de Ste. Marie à Chaillot. Pour ce qui est du Chevalier de St. George, il échapa de la petite Verole, mais sa Santé ne laissa point d'être foible durant quelque tems. Le Roi lui alla rendre visite à St Germain, & S. M. prit cette occasion pour lui annoncer la mort de la Princesse sa Sœur, qu'on avoit jugé à propos de cacher à ce Prince jusqu'alors. Le jour même de la mort de cette Princesse le Service solemnel pour feu Mr. le Daufin & Madame la Daufine fut célébré dans l'Eglise de l'Abbaye de St. Denis, qui étoit ornée d'une magnifique decoration funebre; l'Evêque de Mets officia, & l'Oraison funebre fut prononcée par l'Evêque d'Alet. M. le Duc de Berri, le Duc d'Orléans & le Comte de Charolois, étoient les Princes du Deuil pour M. le Daufin; Madame la Duchesse de Bourbon & Mademoiselle de Bourbon, étoient les Princesses du Deuil pour Madame la Daufine. Les Princes étoient en Robes de Deuil, & les Princesses en Mantes. Après le Service les Corps furent descendus dans le Caveau de la Maison Royale. Le Parlement & les

---

† *Cette Medaille avoit pour Devise:*
— *Gravibus solatia curis:*
C'est à dire:
, Les grands soins du Gouvernement
,, Ont quelquefois besoin d'un peu d'Amusement.

Plénipotentiaires envoyez au Congrès d'Utrecht.

autres Cours assistèrent à cette Cérémonie.

On pensoit cependant à la Paix que la Reine de la Grande Bretagne méditoit. Cette Princesse qui avoit, comme j'ai dit, nommé la Ville d'Utrecht pour le lieu des Conférences, y envoya ses Plénipotentiaires, & força, pour ainsi dire, la plûpart des Alliez d'y envoyer aussi les leurs. Les premiers qui y arriverent furent ceux de France & d'Angleterre: Savoir de la part du Roi T. C., M. le Maréchal d'Huxelles, M. l'Abbé de Polignac & M. Menager; & de la part de la Reine, M. l'Evêque de Bristol & M. le Comte de Strafford. Les Plénipotentiaires de S. M. I. furent M. le Comte de Zinzendorf, M. le Comte de Corsana, & M. de Consbruck, mais celui-ci étant mort à Utrecht pendant le tems des Conférences, fut remplacé par M. le Baron de Kirchner. Ceux des Etats Généraux furent M. de Randvvyk pour la Province de Gueldres: Mrs. Buys & vander Dussen pour celle de Hollande, M. de Moermont pour celle de Zelande; le Baron de Rensvvoude pour celle d'Utrecht: M. de Goslinga pour celle de Frise: le Côte de Rechteren pour celle d'Over-Yssel; & les Comtes de Tu & Kniphuysen pour celle de Groningue. Ils arriverent tous à Utrecht en differens tems sans aucunes Cérémonies, & sans qu'il leur fût rendu aucuns honneurs de la part de la Ville.

Ouverture des Conférences. Hist. du Congrès d'Utrecht, Raport du Comité secret.

Il se tint avant la premiere Assemblée publique plusieurs Conférences particulieres entre les Ministres François & Hollandois, dans lesquelles ceux-ci secondez (du moins en aparence) par les Anglois, tâcherent de disposer les François à offrir des Conditions plus convenables pour l'Empereur, que celles qui étoient exprimées dans le Plan de M. Menager, afin de porter les Ministres de ce Prince à entrer en Négociation. Mais ces Mrs. en étant demeurez à protester que chacun pourroit dire ce qu'il jugeroit à propos dans les Conférences, on les ouvrit enfin dans une Salle de la Maison de Ville, à laquelle on avoit pratiqué une deuxième entrée, afin que la rencontre des Ambassadeurs de France avec ceux des Alliez à une même porte ne causât point d'embarras ni de confusion. Cette premiere entrevûe se fit le 29. Janvier. Ceux qui s'y trouverent furent les trois Plénipotentiaires de France, les deux d'Angleterre, quatre de Hollande, & deux de Savoye. Après qu'ils se furent mutuellement communiqué leurs pleins-Pouvoirs, l'Evêque de Bristol ouvrit les Conférences par un Discours qui rouloit sur la Paix, comme le sujet de l'Assemblée, à laquelle il suposoit que tous les Ministres étoient disposez par les considérations que chacun avoit faites, puis qu'ils avoiét bié voulu y venir. Sur quoi l'Abbé de Polignac répondit des bonnes intentions de S. M. T. C. pour la même fin. Cependant comme les Plénipotentiaires de la Grande Bretagne étoiét arrivez à Utrecht avec ordre dans leurs Instructions générales de concerter leurs mesures avec les Ministres des Alliez, & qu'ils se conformèrent au commencement à ces Ordres, Mr de Torci écrivit à Mr. de St. Jean: ,, Qu'il trouvoit ,, qu'il n'y avoit pas une intelligence ,, aussi parfaite entre les Plénipotétiai- ,, res de Fr. & de la Grande Bretagne ,, qu'il seroit à souhaiter. Q'il seroit à ,, propos qu'on envoyât des Instructions ,, plus précises à l'Evêque de Bristol & ,, au Comte de Strafford, touchant la ,, maniere dont ils devroient concerter ,, leur procedé avec les Plénipotentiaires du Roi. D'autant plus que dans la Reponse au Mémoire envoyé par Mr. Gautier, dont nous parlerons ci après, *le principal ordre que le Roi avoit donné à ses Plénipotentiaires à leur depart pour se rendre à Utrecht, étoit d'établir*
une

1712. une intelligence parfaite entr'eux & les Ministres de la Reine de la Grande Bretagne.

Le Comte de Strafford déclara dans cette première Conférence, que la Reine avoit reçu les Propositions générales, comme le fondement des Négociations de Paix; mais qu'elles n'engageoient que la France & non les Alliez; à quoi les Ministres François consentirent sans hésiter. Ce qui ne doit s'entendre dans tout le cours de ces Négociations, que des Propositions signées par Mr Menager seul, le Congrès n'ayant eu aucune connoissance de ce qui avoit été signé de la part de la France & de l'Angleterre : Chose qu'on avoit cachée, & désavoüée publiquement dans toutes les occasions. Le lendemain de cette Conférence générale, il s'en tint une autre dans le même lieu, mais seulement entre les Ministres des Alliez, où il fut résolu de continuer ainsi durant tout le Congrès. Pour cet effet, on avoit pratiqué deux autres Chambres à côté de la Salle commune, où les Ministres des Alliez & ceux de France pouvoient se retirer & consulter séparément sur ce qui se présenteroit, sans s'éloigner du lieu des Négociations générales.

Seconde Conférence, dans laquelle les Offres de la France furêt proposées.

Le 3. de Fevrier on tint à la Maison de Ville la 2. Assemblée, qui dura 3. heures. Là les Plenipotentiaires de France firent quelques Propositions qui ne parurent pas pouvoir être acceptées par les Alliez. Telle fut une Suspension d'armes, que l'on demanda qu'il y eût de part & d'autre durant le Congrès: & qu'on admît les Plenipotentiaires du Roi Philippe, & ceux des Electeurs de la Maison de Baviere pour qu'ils pussent y traiter & soûtenir les interêts de leurs Maîtres. Je n'entrerai point dans le detail de toutes les Conférences particulieres des Alliez, où l'on tâcha de disposer les Ministres de l'Empereur à entrer en une Négociation pour laquelle S. M. I. avoit beaucoup de répugnance. Pour les y engager, on conclut de s'en tenir à la Déclaration verbale donnée par les Ministres de France, que les Préliminaires portez à Londres ne pouvoient ni ne devoient être considerez que comme de simples Propositions, qui n'obligeoient personne à y déferer. Ce fut donc le 6. de Fevrier, jour auquel les Plénipotentiaires du Roi de Prusse assisterent pour la premiere fois à la Conférence, que Mr. le Maréchal d'Huxelles & l'Abbé de Polignac présenterent les Propositions suivantes & en donnèrent Copie aux Ministres des Alliez. Il faut observer que le Roi fit en cela, comme dans les Préliminaires particuliers, ses premieres Offres au nom & en vertu des Pouvoirs de son petit-Fils, comme Roi d'Espagne, ce qui ne peut se concilier avec les Instructions des Ministres de la Grande Bretagne, que par ce qu'on a dit ci-devant de l'intelligence parfaite qui étoit entre les deux Cours.

Explication Spécifique des Offres de la France pour la Paix générale, à la satisfaction de toutes les Puissances intéressées dans la Guerre présente.

Explication Spécifique de ces Offres.

„ LE Roi reconnoîtra, en signant la
„ Paix la Reine de la *Grande Breta-*
„ *gne* en cette qualité, aussi bien que
„ la Succession à cette Couronne, sui-
„ vant l'Etablissement présent, & de
„ la maniere qu'il plaira à S. M. Bri-
„ tannique.

„ S. M. fera démolir toutes les For-
„ tifications de *Dunkerque* immediate-
„ ment après la Paix, moyennant un
„ Equivalent à sa satisfaction.

„ L'Isle de *St. Chrissofle*, la Baïe &

,, le Détroit de *Hudson* seront cedez
,, entierement à la *Grande Bretagne*,
,, respectivement l'*Acadie* avec le Fort,
,, & le *Port-Royal* seront restituez en
,, entier à Sa Majesté.

,, Quant à l'île de *Terre-Neuve*,
,, le Roi offre de la céder encore à la
,, *Grande Bretagne* en se reservant seu-
,, lement le Fort de *Plaisance*, & le
,, droit de pêcher & de secher la Mo-
,, ruë comme avant la Guerre.

,, On conviendra de faire un Traité
,, de Commerce avant ou apres la Paix
,, de l'*Angleterre*, dont on rendra les
,, Conditions égales entre les deux
,, Nations le plus qu'il sera possible.
,, Le Roi consentira, en signant la
,, Paix, que les *Pays-Bas Espagnols*
,, cedez à l'Electeur de Baviere par le
,, Roi d'*Espagne*, servent de Barriere
,, aux *Provinces-Unies*, & pour l'aug-
,, menter, il y joindra *Furnes*, *Furnes-
,, Ambacht*, le Fort de *Knocke*, *Ipres*,
,, sa Châtellenie, *Menin* avec sa *Verge*.
,, En échange Sa Majesté demande
,, pour former la Barriere de la *France*,
,, *Aire*, *St. Venant*, *Bethune*, *Douai*,
,, *Bouchain* & leurs Dépendances.

,, Si les Etats Généraux veulent te-
,, nir des Garnisons dans les Places
,, fortes de la Barriere, ainsi formée
,, des Etats cédez à Son Altesse Electo-
,, rale, & de ceux que la *France* y joint
,, du sien, S. M. consent qu'ils y mét-
,, tent leurs Troupes en aussi grand
,, nombre qu'il leur plaira, & de plus
,, qu'elles soient entretenuës aux dépens
,, du Païs.

,, Au moïen de cette Cession & de
,, Consentement, le Roi, de son côté,
,, demande pour l'Equivalent de la
,, Démolition de *Dunkerque*, les Vil-
,, les & Citadelles de *Lille* & de *Tour-
,, nai*, avec leurs Châtellenies & Dé-
,, pendances.

,, La Barriére ainsi reglée entre la
,, *France* & les Etats Generaux, le
,, Roi accordera pour regler le Com-
,, merce de leurs Sujets, ce qui est sti-
,, pulé par le traité de *Ryswick* & le
,, Tarif avantageux de 1664., à l'ex-
,, ception seulement de six genres de
,, Marchandises, dont on conviendra,
,, & qui demeureront chargées des
,, mêmes droits qui se payent aujour-
,, dhui, ensemble de l'exemption de
,, 50. Sols par Tonneau sur les Vais-
,, seaux *Hollandois* venant de *France*,
,, des *Provinces-Unies*, & des Païs E-
,, trangers.

,, A l'égard du Commerce d'*Espa-
,, gne* & des *Indes Espagnoles*, le Roi
,, s'engagera non seulement aux Etats
,, Generaux, mais encore à la G. B.
,, & à toutes les autres Puissances, en
,, vertu du pouvoir qu'il en a que ces
,, Commerces se feront précisément &
,, en tout, de la même maniére qu'ils
,, se faisoient sous le Regne & jusques
,, à la mort de *Charles* II. & promet-
,, tra que les *François* s'assujettiront,
,, comme toutes les autres Nations,
,, aux anciennes Loix & Réglemens
,, faits par les Rois Prédecesseurs de Sa
,, Majesté Catholique, au sujet du
,, Commerce & de la Navigation des
,, *Indes Espagnoles*.

,, S. M. consent de plus, que tou-
,, tes les Puissances de l'*Europe* entrent
,, en Garantie de cette promesse.

,, S. M. promet que le Roi son Pe-
,, tit-Fils renoncera pour le bien de
,, la Paix, à toutes pretentions sur les
,, Roïaumes de *Naples* & de *Sardai-
,, gne*, aussi bien que sur le Duché de
,, *Milan*, dont elle consentira, audit
,, nom, que la Partie cedée au Duc
,, de Savoye demeure à Son Altesse
,, Royale; bien entendu, que moïen-
,, nant cette Cession, la Maison d'Au-
,, triche se desistera pareillement de
,, toutes pretentions sur les autres par-
,, ties de la Monarchie d'*Espagne*, d'où
,, elle retirera ses Troupes immédia-
,, tement après la Paix.

,, Les Frontieres, de part & d'au-

",, tre, sur le *Rhin* seront remises au
,, même état qu'elles étoient avant
,, cette présente Guerre.

,, Moïennant toutes ces Conditions
,, ci-dessus, le Roi demande que les
,, Electeurs de *Cologne* & de *Baviére*
,, soient rétablis dans la pleine & en-
,, tiére possession de leurs Etats, Di-
,, gnitez, Prérogatives, Biens Meu-
,, bles, & Immeubles, dont ils jou-
,, issoient avant la présente Guer-
,, re; & réciproquement Sa Majesté
,, reconnoitra dans l'*Alemagne* & dans
,, la *Prusse* tous les Titres que jusqu'à
,, présent elle n'a pas reconnus.

,, Le Roi restituera au Duc de *Sa-
,, voie* ce qu'il lui a pris pendant cette
,, Guerre; comme pareillement Son
,, Altesse Royale lui rendra ce qu'elle
,, a pris sur la *France*; de sorte que les
,, limites de part & d'autre seront les
,, mêmes qu'ils étoient avant la Dé-
,, claration de la Guerre.

,, Les choses, pour le *Portugal*, se-
,, ront rétablies & demeureront sur le
,, même pié en *Europe*, qu'elles é-
,, toient avant la présente Guerre, tant
,, à l'égard de la *France* que de l'*Es-
,, pagne*, & quant aux Domaines
,, qui sont dans l'*Amerique* s'il y a
,, quelque differend à regler, on tâche-
,, ra d'en convenir à l'amiable.

,, Le Roi consentira volontaire-
,, ment & de bonne foi, à prendre de
,, concert avec les Alliez toutes les
,, mesures les plus justes, pour em-
,, pêcher que les Couronnes de *France*
,, & d'*Espagne* ne soient jamais réü-
,, nies sur une même Tête; c'est-à-dire
,, qu'un même Prince puisse être tout
,, ensemble Roi de l'une & de l'autre.

,, Tous les précedens Traitez, sa-
,, voir celui de *Munster* & les suivans,
,, seront rapellez & confirmez pour
,, demeurer dans leur force & vigueur,
,, à l'exception seulement des Articles
,, auxquels le Traité de Paix à faire
,, présentement aura derogé, ou chan-
,, gé quelque chose.

,, Signé Huxelles.

Cette Explication fut reçuë de tous les Alliez avec la derniére indignation & un ressentiment inexprimable. Elle produisit même un si mauvais effet, que le Comte de *Strafford* écrivit * ,, que les Ministres de France étoient ,, mortifiez du mécontentement gene-,, ral que ces Offres avoient causé, & ,, auroient souhaité qu'on eût ajouté ,, *Tournai* pour les Hollandois, & la ,, Démolition de *St. Venant*, pour ,, adoucir un peu la chose au com-,, mencement. ,, Les Plénipotentiaires Anglois ne furent pas aussi moins embarrassez. Ils avoient fait ce qui leur avoit été possible, à ce que dit le Comte de Strafford, pour persuader aux François de faire leur Explication aussi ample qu'ils pourroient, *parce que cela ne manqueroit pas de produire un bon effet, en éblouïssant ceux qui n'aprofondissent pas les choses, & en donnant lieu aux Réflexions de ceux de la Faction*, &c. Mais Mr. de St. Jean les consola en leur disant, que Mr. Harlei devoit partir dans peu, pleinement instruit des vuës & des intentions de la Reine: ,, Qu'il avoit ,, été trop utile en Angleterre, avant ,, que la Chambre Basse eût été par-,, faitement mise dans les interêts de ,, cette Princesse, & fût entrée dans ,, les mesures de la Paix. Mais * qu'à ,, présent qu'on avoit mis le Peuple ,, dans les dispositions nécessaires & ,, que la Reine avoit pris l'unique ré-,, solution, qui pouvoit procurer en ,, peu de tems une bonne & solide ,, Paix, Mr. Harlei devoit partir in-

* *Le 16. Fevrier.*

* *Lettre de Mr. de St. Jean à Mr. de Torci du 4. Mars.*

Comment elle fut reçuë par les Alliez. Raport du Comité secret.

,, cessamment pour porter les derniè-
,, res Instructions de Sa Majesté Bri-
,, tanique à ses Plénipotentiaires, &c.
On ne trouve point ces Instructions
de Mr. Harlei dont le sujet n'étoit
apparemment pas de nature à être
confié au Papier; mais on en peut juger par le Mémoire ou l'Exposition de
l'Abbé Gautier, dont nous parlerons
en son lieu. Quant à ce qu'on entendoit par *les dispositions nécessaires
du Peuple d'Angleterre*, il est assez
expliqué par MR. de Torci dans un
Mémoire en réponse de celui que lui
avoit porté ledit Sr. Gautier; dans
lequel il loué la prudence & la conduite de la Cour Britanique, par raport à la Chambre des Communes,
*& particulierement son adresse à per-
suader à cette Chambre, que la Nation avoit été abusée par ses Alliez*. Il
ajoûte, *que le Roi de France est persuadé que ceux qui manient avec tant d'a-
dresse les affaires de la Reine de la Grande Bretagne n'en auront pas moins pour
reprimer l'emportement du Parti tur-
bulent de l'autre Chambre*. La suite ne
laissa en effet aucun lieu de douter
que la Reine d'Angleterre n'eut pris
la résolution de laisser tout à la disposition du Roi Tres-Chretien & de
ne point inquiéter le Roi Philippe dans
la possession du Roiaume d'Espagne.

Comme l'arrivée des Plénipoten-
aires qui venoient successivement à
Utrecht obligea à des honnêtetez réciproques, elle fut cause que les Assemblées ne furent pas aussi fréquentes qu'elles sembloient devoir l'être
dans ces commencemens. Cependant
il n'y eut que l'arrivée de l'Evêque
de Bristol qui se fit avec quelque éclat,
puisqu'il entra avec deux Carosses à
six Chevaux & un Chariot de Bagage,
accompagné de plusieurs personnes à
cheval. Cet Evêque avoit avec lui
Madame son Epouse, & une Niece
de celle-ci. Cette Ambassadrice fut la

L'Evê-
que de
Bristol
se si-
gnale à
Utre-
cht par
sa ma-
gnifi-
cence.

première qui donna le Bal, cinq jours
apres la première Conférence, comme pour ouvrir en même tems la
Carriére aux Divertissemens, qui continuérent pendant tout le Congrès.
Ce ne furent que Festins, qu'Assemblées de jeu, & de conversation, qui
se donnèrent presque tous les soirs
chez l'un ou l'autre des Ministres qui
avoient leurs Epouses, où l'on passoit
une partie des longues nuits de cette
Saison. Le reste du mois de Fevrier
s'écoula donc ainsi sans qu'il fût parlé de rien d'important, quoi qu'il fût
tenu trois autres Conférences dans
lesquelles ils ne se passa rien qui mérite d'être raporté.

sa ma-
gnifi-
cence.

Ce ne fut que le 5. de Mars que les
Ministres des Alliez, selon les ordres
de leurs Maîtres, au lieu des Réponses
que les François demandoient à leur
Explication Spécifique, leur présenterent des *Demandes* réciproques conformes aux Prétensions d'un chacun.
Comme elles ont toutes paru dans les
Nouvelles publiques, & qu'elles sont
trop longues pour être inférées ici,
je ne les raporterai point; d'autant
plus que par les Traitez de Paix qui
se trouvent recueillis en un Livre,
il est aisé de voir ce que la France a
accordé à chacun des Alliez. Je dirai
seulement; qu'elles furent aussi amples, que les Offres de la France l'é-
toient peu; qu'à la verité ils se les
communiquerent, comme cela avoit
été concerté, & convinrent d'y aoûter
une Clause, pour faire obtenir une
satisfaction juste & raisonnab'e à tous
les autres; mais par leur maniere d'y
proceder chacun en particulier, au
lieu de ne faire qu'un corps de toutes
leurs Demandes, ils donnerent à la
France le moyen de travailler à leur
désunion, en traitant séparement a-
vec chacun d'eux. C'est ce qui parut
par l'événement; puisque chacun
ayant ajusté ses prétensions particu-

Deman-
des fai-
tes par
les Al-
liez.

lieres, l'Empereur demeura seul. Le Comte de Sinzendorf insista pourtant, que l'on fît mention en termes exprès de la restitution de toute la Monarchie d'Espagne; & les Hollandois déclarerent qu'ils étoient résolus d'accomplir les engagemens des Traites où ils étoient entrez à l'occasion de cette Guerre, tant par raport à l'Espagne & aux Indes que ceux qu'il avoient faits avec le Portugal. Il n'y eut que les Anglois qui ne firent aucune mention de l'Espagne & des Indes, & comme ils n'ignoroient pas les suites que cela pourroit avoir, ils tâchérent de les prévvenir * & crurent dire quelque chose pour sauver les apparences, en faisant une Déclaration générale, concernant la juste & raisonnable satisfaction qu'on devoit donner à la Reine conformément à ses Alliances; à quoi ils ajoûterent, qu'ils espéroient qu'on ne trouveroit pas cela contraire aux Déclarations faites jusqu'alors.

Les François refusent de répondre par écrit & pourquoi. Rapport du Comité secret.

Le 30. les François déclarerent qu'ils étoient prêts d'entrer en Négociation de vive voix avec chacun des Alliez; mais ils refuserent de répondre par écrit. Tout le monde en fut surpris, à la réserve des Anglois avec qui ils en étoient convenus par avance. Le Comte de Strafford dit là-dessus son sentiment à Mr de St. Jean dans une Lettre du 29. Mars, où il s'explique ainsi, Je ne ,, saurois m'empêcher de dire, qu'il ,, me semble que les François ont pris ,, le bon parti en refusant de répon- ,, dre par écrit, bien que je n'ignore ,, pas que cela surprendra la plûpart ,, des Alliez, qui s'attendent qu'ils le ,, fassent. Il me semble aussi qu'il vaut ,, mieux qu'ils commencent à raison- ,, ner en plein Congrés sur quelques- ,, unes des Demandes des Alliez; parce ,, que cela pourra faire naître des dif- ,, ficultez qui obligeront les Ministres ,, des Confederez à proposer que l'on ,, traite séparément, ce qui vaudroit ,, mieux venant de leur part, que d'au- ,, cune autre. " Aussi les Ministres François persisterent-ils dans leur refus, sur quoi les Etats Généraux prirent la résolution de ne point traiter, que l'on ne répondît par écrit. Et sur ce que les François s'obstinoient de n'en rien faire, le Comte de Strafford écrivit qu'on étoit resolu à la Haye de pousser les choses à l'extremité: Mr. de St. Jean répondit: *Qu'il esperoit que cette Résolution étoit le dernier effort d'une Faction expirante.* On trouve la cause de la continuation de ce refus des François dans quelques Lettres du même Comte de Strafford * dans lesquelles il marque, qu'ils éviteront de répondre par écrit, *jusqu'à ce qu'ils sachent le succès de la Négociation du Sieur Gautier à Londres & que tout soit reglé entre leur Cour & celle d'Angleterre.* Les François étoient si satisfaits du train que prenoient leurs affaires, & si peu persuadez de la nécessité de se hâter, que lors qu'on parloit de rompre les Conférences, ils recevoient cela avec une indifférence, qui faisoit assez connoître que ce n'étoit pas à Utrecht, mais à Versailles & à Londres, qu'on devoit conclure les Négociations.

De tout cela il paroit que l'unique but des Négociations d'Utrecht n'étoit que de sauver les apparences. Il étoit nécessaire d'avoir un Congrès pour tenir des Conférences générales, afin que les Alliez eussent un moyen apparent de traiter & de regler leurs differentes prétensions, selon les engagemens de la Grande Alliance. Les Ministres Anglois, selon leurs Instructions comme on l'a déja dit devoient agir de concert avec ceux des Alliez; cependant ils n'agirent que de

Quel étoit le but des Négociation d'Utrecht.

Voyez leur Lettre du 6. Mars.

Lettres du 27 & 30. Avril.

1712.

concert avec les Plénipotétiaires de France. On ne pouvoit empêcher les Aliez de donner leurs Demades Spécifiques; mais les François qui ne cherchoient qu'à gagner du tems par des délais inutiles, prétextèrent tantôt la réponse du Roi leur Maître qu'ils attendoient; & tantôt insistérent sur une méthode, pour répondre à ces Demandes, à laquelle ils savoient bien que les Alliez ne consentiroient pas.

La France & l'Angleterre continuent les leurs secretemens.

Cependant les Négociations alloient leur train entre la France & l'Angleterre, ou plûtôt toute les Conditions en étoient dictées & préscrites par la France, pendant qu'on amusoit les Aliez d'une dispute sur la manière de répondre, dont la France ne vouloit & peut-être ne pouvoit pas se départir, & dans laquelle l'Angleterre sembloit s'accorder avec le reste des Alliez. Tout néanmoins se traitoit, jusqu'aux interêts particuliers de ceux-ci, entre les Ministres d'Angleterre & de France, sous l'engagement mutuel d'un inviolable secret. On pressoit les Hollandois d'entrer dans les mesures de la Reine, sans qu'ils sussent qu'elles étoient ces mesures; & parce qu'ils ne pouvoient consentir à une chose qui leur étoit inconnuë, on rompit l'Alliance contractée avec eux: mais il faut dire auparavant de quelle manière on en vint à cette rupture.

Les Propositions de la France, faites au Congrès d'Utrecht avoient extrèmement surpris le Parlement d'Angleterre, & la Chambre Haute en particulier avoit présenté une Adresse à la Reine, par laquelle *Elle témoignoit son indignation contre le Traitement fait à S. M. en proposant qu'on ne reconnoîtroit son Titre aux Roïaumes qu'elle possédoit, qu'après la Signature de la Paix, aussi bien que son ressentiment contre les Conditions offertes à Elle & à ses Alliez.*

Cependant la Chambre des Communes n'étoit point entrée dans ces sentimens: cela parut par les Procedures violentes qu'elle exerça contre les Créatures de l'ancien Ministère. Non seulement le Duc de Marlborough fut remercié par la Reine, & le Duc d'Ormond choisi en sa place pour commander l'Armée; mais aussi tous ceux qui étoient liez de Parenté avec lui, ou qui avoient été amploïez par son crédit, furent dépossedez de leurs Emplois, On forma des Accusations contre ces derniers, pour faire croire qu'ils étoient coupables, & pour autoriser par là leur Déposition. Pour mieux disposer de la Chambre Haute, que la Reine croïoit n'entrer pas dans toutes ses vuës, elle y introduisit, comme j'ai dit, de nouveaux Païrs qu'elle créa pour cet effet; & comme tous ces changemens ne pouvoient manquer de fortes alterations dans les Esprits, on prit plaisir à les aigrir par d'autres recherches & des démarches encore plus hardies.

On accusa tous les Alliez de n'avoir pas satisfait aux Engagemens de l'Alliance commune, & cela par une Déliberation passée à la pluralité des voix. Les Etats Generaux en particulier furent blâmez dans leur conduite. Ils ne tardèrent pas à publier pour leur décharge une Spécification de tout ce qu'ils avoient fait pendant le cours de la Guerre. Mais quelque interessante & solide que fût cette Pièce, présentée à la Reine par leur Ambassadeur, on la traita de *Libelle faux, scandaleux, malicieux, réfléchissant sur les Résolutions de la Chambre & sur l'Adresse présentée a S. M.* Néanmoins comme la Défense des Etats Generaux ne fut concertée en Hollande que le 1. d'Avril, & renduë publique en Angleterre que vers la fin du même mois; le

Ce que fit la Chambre des Communes gagnée par la Reine. Hist. du Congrès d'Utrecht. Raport du Comité secret.

1712.

1712. Comte de Strafford, suivant les ordres qu'il avoit reçus, fit raport aux Etats de la part de la Reine, qu'en réponse à la Lettre * qu'ils lui avoient écrite, pour la prier *de faire tous les efforts possibles pour continuer la Guerre avec vigueur.* S. M. lui avoit ordonné de délivrer un memoire à Leurs H. P. dont la substance étoit: qu'elle avoit „ déja fait expédier pour l'effet qu'ils „ désiroient, tous les ordres nécessaires: „ qu'elle avoit fait les remises, envoyé „ la plus grande partie des recrües, „ & que le reste suivroit avec le Duc „ d'Ormond, General de ses Forces en „ Flandres, au premier bon tems: que „ S. M. jugeoit que dans la situation „ où étoient alors les affaires; il n'y „ avoit rien de plus nécessaire qu'une „ bonne harmonie & un parfait con- „ cert pour faire voir à l'Ennemi qu'on „ étoit en état de continuer la Guerre; „ Mais que pour ne se point abuser „ en promettant ce qu'on ne pouvoit „ pas tenir, il étoit absolument né- „ cessaire de convenir de ce que cha- „ cun pourroit fournir pour sa Cote- „ part; & qu'afin de prendre de jus- „ tes mesures pour cela, S. M. deman- „ doit un détail de tout ce qui regar- „ doit la Guerre en Flandre, en Es- „ pagne, en Portugal, & touchant la „ Marine. "

Soupçons que les Alliez coçoivent de cette Intelligence.

Cette restriction, qui soûmettoit la continuation de la Guerre à un nouveau concert & Réglement de la Cote-part que chacun devoit fournir pour la continuation de la Guerre, ne fit qu'accroitre les soupçons qu'on avoit que le Conseil de la Reine avoit pris la résolution de la terminer. On garda pourtant encore quelques mesures, de la part de cette Princesse, avant que d'en venir à cette Déclaration. Le Duc d'Ormond arriva en Hollande,

* *Du 19. Mars.*

comme la Reine l'avoit promis; il entra en matière avec les Etats Generaux & parut donner les mains à tout ce qu'on voulut. Il se rendit ensuite à l'Armée, & fit la même chose avec le Prince Eugéne, & les autres Generaux, jusques là qu'en un Conseil de Guerre tenu le 21. Mai, il se montra tout à fait disposé à seconder les opérations de la Campagne; mais les effets ne répondirent point aux paroles, quand il fut question d'agir. Les deux Cours de France & d'Angleterre étant donc entièrement d'accord, les Prisonniers de Guerre furent réciproquement relâchez, sans qu'il parut pour cela aucun Traité. Le Maréchal de Tallard, retourné en France, comme nous l'avons dit, fut fait Duc par le Roi, tant pour le récompenser de ses Services Militaires en Allemagne, que de ses Négociations secrètes en Angleterre pendant sa Prison. Les Ministres des deux Cours traitoient ensemble à Utrecht avec la dernière familiarité; & pendant les Disputes qu'on y avoit si industrieusement entretenuës, les deux grans Points de la Renonciation d'Espagne & de la Suspension d'Armes, furent mis sur le Tapis.

La premiere mention de la Renonciation par raport au Traité qui s'en devoit faire, se trouve dans un Mémoire du 28. Mars de cette année, qui a pour titre: *Réponse au Mémoire aporté par Mr. Gautier le 23.* Ce Mémoire est suprimé; mais on peut à peu pres juger du contenu par la réponse. Il paroît que quoique la Proposition générale de ne point souffrir l'Union des Couronnes de France & d'Espagne fût venuë d'Angleterre, comme nous l'avons dit, & qu'elle fît un Article des Propositions secretes envoiées par le Sr. Prior, la France fit si bien, qu'on ne trouva plus depuis ce tems-là la

Renonciation du Roi Philippe proposée cóme un moïen d'émpécher l'Unió des deux Monarchies.

moindre trace de la methode dont on devoit se servir pour prévenir cette Union. On ignora les sentimens de la France & de l'Espagne sur cet important Article & même on ne les demanda pas; quoi que la France eût assez fait conoître par toutes ses démarches que la Couronne d'Espagne devoit demeurer au Roi Philippe. Il est évident par cette Réponse que l'Expedient qu'on cherchoit, n'étoit autre qu'une Renonciation : d'autant plus que Mr de Torci déclare dans ce Mémoire ,, que la Renonciation qu'on ,, souhaite seroit nulle & invalide, par ,, les Loix fondamentales de la Fran- ,, ce, selon lesquelles, le Prince qui ,, est le plus proche de la Couronne, ,, en est Héritier de toute nécessité. ,, Que c'est un Héritage qu'il ne reçoit ,, ni du Roi son Prédécesseur, ni du ,, Peuple, mais en vertu de la Loi; de ,, sorte que lorsqu'un Roi vient à mourir, l'autre lui succède immédiatement, sans demander le consentement de personne; qu'il succede, non ,, comme Héritier, mais comme le ,, Maître du Royaume, dont la Seigneurie lui apartient, non par choix, ,, mais seulement par le Droit de sa ,, Naissance. Qu'il n'est obligé de sa ,, Couronne ni à la volonté de son ,, Prédécesseur, ni à aucun Edit, ni à ,, aucun Decret, ni à la liberalité de ,, qui que ce soit, mais simplement ,, à la Loi. Qu'on regarde cette Loi ,, comme l'Ouvrage de celui qui a étabii toutes les Monarchies, & qu'on ,, tient en France qu'il n'y a que Dieu ,, qui puisse l'abolir. Par conséquent ,, qu'il n'y a aucune Renonciation qui ,, puisse la détruire, & que quand le ,, Roi d'Espagne renonceroit pour l'amour de la Paix, & pour obéyr au ,, Roi son Grand Pere, on se tromperoit en recevant cette Renonciation ,, côme un Expédient suffisant pour prévenir le mal qu'o se proposoit d'éviter. ,, Mr. de S. Jean répondit ainsi aux Raisonnemens de Mr. de Torci, sur la nullité de la Renonciation. ,, Nous ,, voulons croire, dit-il, que vous êtes persuadez en France, qu'il n'y ,, a que Dieu qui puise abolir cette ,, Loi, sur laquelle vôtre Droit de Succession est fondé; mais vous nous ,, permettrez aussi de croire dans la ,, Gande Bretagne, qu'un Prince peut ,, renoncer à ses Droits par une Cession ,, volontaire, & que celui en faveur ,, duquel cette Renonciation se fait, ,, peut être soûtenu avec justice dans ,, ses Prétentions par les Puissances ,, qui ont accepté la Garantie du Traité. Enfin, Mr., la Reine m'ordonne de vous dire que cet Article est ,, d'une si grande conséquence, tant ,, à son propre égard qu'à celui de toute l'Europe, par raport au Siecle présent, & à ceux qui sont à venir, ,, qu'elle ne consentira jamais à continuer les Négociations de Paix, à ,, moins qu'on n'accepte l'Expédient ,, qu'elle a proposé, ou qu'elqu'autre ,, qui soit aussi solide.

Mr de Torci, comme il paroit par sa Réponse à cette Lettre, commença à croire qu'il ne seroit pas impossible de trouver un Expédient pour ajuster cette grande affaire: & proposa, que lorsque le Roi d'Espagne seroit devenu Successeur immédiat ou Heritier presomtif de la Couronne de France, il pourroit déclarer le choix qu'il voudroit faire; soit pour maintenir son droit à la Couronne de France, ou garder celle d'Espagne: demandant que le Roi Philippe fût reçu comme Partie dans le Traité a faire, dans lequel la Succession aux deux Couronnes seroit aussi fixée, & que toutes les Puissances de l'Europe fissent un engagement avec la France pour le garantir: M. de St. Jean fournit des raisons

Difficultez qu'on y trouve.

M. de Torci y aporte des aportes des Téperamens Raport de Co- Cité Secret.

1712. raisons contre cette proposition & les differens projets contenus dans la derniere Lettre de Mr. de Torci, disant: qu'il n'y avoit point d'expedient qui pût assûrer l'Europe contre les dangers dont elle étoit menacée par l'Union des deux Monarchies, à moins que le Prince qui étoit en possession de l'Espagne ne fît immédiatement son choix & cette déclaration pendant le cours du Congrès d'Utrecht. Mr de Torci, qui parut toûjours s'accommoder à ce que l'on souhaitoit, convint qu'il falloit que le Roi Catholique calmât les inquiétudes de l'Europe, en déclarant des lors le Parti qu'il prendroit au cas que la Succession de France lui tombât en partage ,, Ainsi, Monsieur, é-
,, crivit * le Marquis de Torci au Sr.
,, de St. Jean, le Roi apres avoir a-
,, prouvé vôtre proposition, a dépé-
,, ché un Courier en Espagne & a écrit
,, au Roi son petit-Fils & pour lui
,, aprendre la necessité de se resoudre
,, au choix qu'il voudra faire & de lé
,, déclarer, afin qu'on l'insere dans le
,, Traité de la Paix generale, & qu'on
,, en fasse une Condition qui sera ga-
,, rantie par toute l'Europe. Il promet
,, même de se servir de toutes sortes de
,, voyes, & même de la force, s'il est
,, nécessaire, pour obliger le Roi d'Es-
,, pagne à y consentir. Il se flate que
,, cette proposition levera en partie les
,, plus grandes difficultez. Cependant,
,, comme on prévoit de nouvelles opo-
,, sitions de la part de ceux qui vou-
,, droient bien rompre, les Conféren-
,, ces, il croit qu'il seroit à propos,
,, pour faire avorter leurs desseins, que
,, la Reine de la Grande Bretagne pro-
,, posât immédiatement un Armistice,
,, parce qu'ils fondent leurs espéran-
,, ces sur les événemens de la Cam-
,, pagne.

Alter- Après une autre Réponse de Mr. de
native

* Le 16. Avril.
Tome III.

St. Jean, qui faisoit voir que cette Pro-1712. position étoit sujette à toutes les objections de la précédente, Mr de Proposée Torci fit connoître qu'il étoit bien pour le rude au Roi d'Espagne d'être obligé Roi de sacrifier ses propres intérêts & ceux d'Espagne. de sa Famille, pour l'établissement de la Paix générale. Cependant que le Roi enverroit savoir ses sentimens sur les deux Alternatives; & qu'il s'engageroit en attendant de faire la Paix sur le pié d'une de ces deux propositions, sa voir, ou *que le Roi d'Espagne renonceroit à ses droits sur la Couronne de France, & retiendroit l'Espagne & les Indes: ou qu'au cas qu'il préférât ses prétentions sur la France, il céderoit l'Espagne & les Indes au Duc de Savoye & recevroit en échange les Etats de ce Prince, &c.* comme l'avoit proposé Mr de St. Jean: qu'il espéroit que cette promesse du Roi leveroit toutes les difficultez, & qu'il soûmettroit à la prudence de la Reine les voyes les plus propres pour parvenir à la Paix géné-
,, rale. Qu'au reste il seroit bien fa-
,, cheux que quelque événement im-
,, prévû, pendant le cours de la Cam-
,, pagne, renversât les bonnes dispo-
,, sitions où l'on se trouvoit pour éta-
,, blir la tranquillité publique.

Cette correspondance, qui avoit Il choi-
duré depuis le milieu de Mars jusqu'au sit la Re-
18. Mai 1712. entre les deux Secre- nonciation.
taires, pour prévenir l'Union des
deux Royaumes, finit justement où
on l'avoit commencée; le Roi Philippe aiant choisi la Renonciation * ainsi que la Marquis de Torci le fit savoir à Mr. de St. Jean. Cependant la franchise avec laquelle le Ministre de France déclara dès le commencement, que ce que l'on demandoit ne serviroit de rien & seroit estimé nul & invalide par les Loix immuables de France,

* L'Acte de cette Renonciation est daté du 7. Novembre.

K k k

1712. mérite qu'on y fasse attention. Son adresse dans le maniment de cette affaire, en faisant toûjours semblant de céder, & en s'aprochant toûjours, autant qu'il étoit possible, des propositions qu'on lui faisoit : enfin sa soûmission à ce qu'on souhaitoit & à la Renonciation sur laquelle on insistoit si fortement, ne sont pas moins remarquables. Mais ce qui parut surprenant à quelques uns, fut que les Anglois eussent accepté cette Renonciation, quoiqu'on leur eût dit *qu'on se tromperoit infailliblement, si on la regardoit comme un Expédient propre à prévenir l'Union des deux Monarchies*. D'où il s'ensuit que pour entrer dans l'esprit de cette Négociation, il faut nécessairement suposer, que la France en accordant cette demande aux Anglois crut faire une Démarche qui ne l'engageoit en rien ; & que les Anglois en la recevant, toute insuffisante qu'elle paroissoit, savoient pourtant bien quel usage on en pourroit faire un jour. Il est vrai que pour donner quelque degré d'assurance à cette Renonciation, on proposa de la faire accepter solemnellement par les Etats de France, & puis de la faire confirmer par la garantie universelle de toutes les Puissances de l'Europe engagées dans la présente Guerre. Mais la France s'étoit oposée au premier point, lors qu'il fut demandé, & les Ministres Anglois n'y insistèrent plus ; & pour le second, il n'étoit guère praticable, vû la maniere de négocier de l'Angleterre & le traitement qu'elle faisoit aux Alliez ; aussi la France n'avoit-elle pas manqué de le prevoir.

Mort du Duc de Vendôme. Sur ces entrefaites, mourut à Vinaroles en Espagne Loüis-Joseph, Duc de Vendôme, Pair de France, Général des Armées du Roi en Italie, & de celles de S.M.C., âgé de 58.ans & 19. jours. Il étoit fils de Loüis, Duc de Vendôme, ensuite Cardinal ; & de Laure Mancini. Il commença à servir dans les Guerres de Hollande en 1672. à la tête d'un Régiment qui portoit son nom, & après avoir passé par tous les degrez, il fut fait Général de l'Armée du Roi en Catalogne, où il prit Barcelone en 1697. Il alla en la même qualité en 1702. commander l'Armée de France en Italie, aiant marqué toutes les années de son Commandement par differens Exploits, qu'on a pû voir dans le cours de cette Histoire. En 1710. il fut demandé en Espagne par le Roi Philippe, & rétablit les affaires de ce Prince. Il avoit épousé le 15. Mai de la même année Marie-Anne de Bourbon, Fille de Henri-Jules de Bourbon, Prince de Condé, Premier Prince du Sang, & d'Anne Palatine, de laquelle il n'a point laissé d'enfans.

La Reine d'Angleterre rompt tout engagement avec ses Alliez. Peu de jours après que Mr. de S. Jean eût reçu du Marquis de Torci la Réponse dont j'ai parlé il n'y a pas long-tems *, il donna ordre aux Plénipotentiaires de S.M.B. de communiquer aux Etats Généraux les Resolutions par écrit prises dans le Parlement d'agir sur un autre pié, à cause des manquemens dont on suposoit les Alliez coupables dans la poursuite de la Guerre, & de leur déclarer que la Reine s'estimoit exempte de tous ses engagemens à leur égard, bien qu'ils dûssent être Garants de ce Traité avec le reste des Alliez. Ce qui parut digne d'une attention particulière dans l'Ecrit dont on vient de parler, fut la protestation qu'on y fait sur la fin, que la Reine *regardoit l'Union entr'elle & les Etats Généraux comme le plus ferme apui de la Cause commune*, dans le tems même qu'on se départoit de cette Union ; & cela sur le reproche qu'on faisoit à des esprits prétendus factieux

* Ci-devant page. 304.

qu'ils travailloient à la rompre : sous le nom desquels on n'avoit garde d'entendre ceux qui travailloient à trouver des Griefs dans la vûë de colorer cette séparation. Ce que je fais remarquer, pour montrer d'autant plus l'adresse de la France à mettre tout en usage pour faire reüssir ses desseins.

Declaration faite sur ce sujet par le Duc d'Ormond à l'Armée.

Mais ce qui acheva de dévoiler toutes ces protestations équivoques & contraires, fut celles que firent enfin le Duc d'Ormond à l'Armée & l'Evêque de Bristol à Utrecht. Le Duc aiant assisté le 26. de Mai à un Conseil de Guerre, dans lequel le Prince Eugène & tous les autres Généraux concluoient de donner Bataille au Maréchal de Villars attendu la superiorité des forces des Alliez : ce Général Anglois refusa d'en venir à aucune hostilité. En effet, sur la simple promesse que le Roi avoit faite d'obliger son petit Fils d'accepter l'alternative des deux Royaumes, & sans attendre le retour du Courier de Madrid, Mr de St Jean envoïa ordre au Duc d'Ormond d'éviter de s'engager dans un Siège ou de hazarder une Bataille jusques à nouvel ordre ; & de prendre garde de ne point faire connoître qu'il eût reçu cet ordre ; il ajoûta que la Reine étoit persuadée qu'il ne manqueroit pas de prétexte, pour faire ce qu'elle souhaitoit, sans le faire paroître, parce que c'étoit une chose, qui pouroit produire un mauvais effet si elle étoit publiquement connuë. Le Duc d'Ormond voulut qu'on crût qu'il venoit de recevoir cet ordre par un Officier Anglois arrivé de Londres & qui effectivement s'étoit fait voir dans son Camp le jour précedent. Mais la confiance avec laquelle le Maréchal de Vilars en agissoit, tenant la Campagne d'un visage assuré, quoiqu'il sentit son Armée inférieure à celle des Alliez, donna lieu de croire que le Général François avoit eu communication de l'ordre envoïé au Duc d'Ormond & qu'il se tenoit sûr de n'être point attaqué. Je trouve effectivement que cet ordre fut communiqué le même jour aux Ministres de France. *L'Abbé Gautier vous rendra compte*, dit, M. de St. Jean au Marquis de Torci, *des ordres que je viens d'envoyer au Duc d'Ormond.* Le même Mr. de S. Jean, dans une Lettre du 19. Septembre à M. Prior, lui marqua ce qu'il pensoit de l'importance de cet ordre, „ Au moment que j'ai lu à la „ Reine la Lettre de Mr. de Torci, par „ laquelle il marque quel Roi de Fran- „ ce obligera son petit-Fils à accepter „ l'alternative de renoncer à une des „ deux Monarchies, ses ordres ont été „ envoïez au Duc pour l'obliger à ne „ s'engager ni à un Siege ni dans une „ Bataille ; de sorte que S. M. a préve- „ nu les François jusques dans la re- „ quête qu'ils en auroient pû faire. Je „ ne dirai pas que cet ordre a sauvé „ leur Armée ; mais en conscience je „ le croi.

Ses Correspondances avec la Franc.

Le Duc d'Ormond lui-même par une Lettre du 28. Mai, marqua au Secretaire qu'il avoit reçu une Lettre du Maréchal de Villars, & la Réponse qu'il lui avoit faite. Cette Correspondance qu'on étoit convenu de tenir fort secrète, étoit fondée sur une Apostille d'une Lettre de Mr. de St. Jean au Duc d'Ormond du 10. Mai, dans laquelle il lui marque, *qu'on a communiqué l'ordre qu'il lui envoye à la Cour de France, de sorte*, dit il, *qu'en cas que le Maréchal de Villars en fasse mention en secret à Votre Grandeur, elle aura à lui répondre de même*. En effet le General François fit savoir au „ Duc le 25. qu'il avoit reçu ordre du „ Roi, & la permission de la Reine „ d'Angleterre de lui écrire, aussi tôt „ qu'il auroit reçu le Courier ; & que „ nonobstant la gloire qu'on pourroit „ aquerir contre un Général, dont la „ valeur étoit si renommée parmi eux.

1712. il le prioit de croire qu'il n'avoit jamais reçu une plus agréable Nouvelle, que celle de savoir qu'ils ne seroient plus Ennemis ". Le Duc d'Ormond " répondit, " qu'il avoit aussi reçu " des ordres de la Reine, sur le même " sujet, & qu'il ne manqueroit pas de " s'y conformer exactement. " Cependant comme le Duc avoit besoin d'un prétexte pour colorer son refus de combatre les François dans un Terrain très-avantageux, où l'on pouvoit les attaquer en flanc & en queuë, voici comme il s'en excusa & ce qu'il en écrivit à Mr de St. Jean. " Le Prince " Eugène * & les Députez des Etats " me prièrent hier de consentir à en- " voïer des Maréchaux des Logis re- " connoître le Camp des François;ce " que je ne pus refuser, sans faire soup- " çonner ce que j'ai ordre de cacher. " Le Détachement qu'on envoia avec " eux consistoit en 40. Escadrons, & " tous les Grenadiers de mon Armée " pour les soûtenir & favoriser leur " retraite, au cas que les Ennemis " entreprissent de les attaquer. Ils al- " lèrent, c'est-à-dire la Cavalerie, jus- " ques au Catelet où la Droite de " l'Armée Françoise est postée & sont " revenus sans voir aucun François en " deçà de l'Escaut. La distance qui " est entre la source de la Somme & " celle de l'Escaut n'a pas plus d'une " lieuë & demi; & c'est une Plaine " où les Ennemis n'ont encore fait au- " cun retranchement. ..... Vous † " n'aurez pas de peine à vous répré- " senter l'embarras où je me trouvai " pour excuser le delai d'une chose, " qui par les informations que je re- " çus des Quartiers-Maîtres Généraux, " & de plusieurs autres Officiers qui " avoient accompagné le Détache-

* Lettre du 18.
† Lettre du 29.

" ment, sembloit très-pratiquable. La 1712.
" meilleure excuse dont je me pus
" aviser, fut le voïage du Comte de
" Strafford en Angleterre, lequel me
" donnoit lieu de croire qu'on y agi-
" toit quelque affaire de grande con-
" séquence, qu'un délai de 5. ou 6.
" jours pourroit nous aprendre; & par
" cette raison, je les priai de diffe-
" rer cette entreprise & toutes les
" autres qu'on pourroit faire, jus-
" qu'à ce que j'eusse des Lettres d'An-
" gleterre.

Quant à l'Evêque de Bristol, deux jours après la Déclaration du Duc d'Ormond & avant qu'il pût avoir reçu la Nouvelle de ce qui s'étoit passé à l'Armée, il se rendit au Congrès des Alliez, auquel il n'assistoit plus depuis quelque tems, à cause d'une indisposition pretenduë qui le retenoit au Logis; & passant à l'Assemblée particulière des Députez des Etats Généraux, il leur dit sans façon, que *puis que les Etats répondoient si mal aux Avances que la Reine avoit faites, & qu'ils ne vouloient pas concerter avec ses Ministres au sujet de la Paix, elle feroit ses affaires à part, & qu'elle estimoit de n'être plus dans aucune obligation, quelle qu'elle pût être, à leur égard.* Cette Déclaration aiant été portée à la Haie, les Etats Généraux formèrent une Lettre des plus touchantes, qu'ils firent présenter à la Reine le 9. de Juin par leur Ambassadeur. Quelque longue qu'elle soit, je me flate qu'on ne sera pas fâché de la trouver ici, par raport à la manière interessante dont elle est écrite.

LETTRE

De Leurs Hautes Puissances à la Reine de la Grande Bretagne.

MADAME,

"Après toutes les preuves que V. M. a données pendant le cours de son glorieux Règne, de son grand zéle pour le bien public & de son attachement à la Cause Commune des Hauts Alliez; Après tant de marques, qu'elle a eu la bonté de donner de sa précieuse affection & de son amitié pour notre République, & apres les assurances reiterées qu'elle nous a donnée & fait donner tout récemment de ses intentions de faire agir ses Troupes contre l'Ennemi commun, aussi longtems que la guerre ne sera pas terminée par une Paix generale: il est impossible, que nous ne soions surpris & touchez des deux Déclarations, que nous venons de recevoir, la premiere par le Duc d'Ormond, son General, qui dit *ne pouvoir rien entreprendre sans les nouveaux Ordres de V. M.* l'autre, donnée par l'Evêque de Bristol son Plénipotentiaire au Congrès d'Utrecht, *de ce que V. M. voiant, que nous répondions si mal aux avances, qu'elle nous auroit faites, & que nous ne voulions point concerter avec ses Ministres au sujet de la Paix, elle feroit ses affaires à part, & qu'elle estimoit n'être plus dans aucune obligation, quelle qu'elle puisse être, à nôtre égard.*

"Dés que nous avons été avertis de ces Déclarations, nous avons envoié nos ordres à nôtre Ministre, qui a l'honneur de résider auprès de V. M. afin de lui representer les raisons de notre surprise & les consequences de ces Déclarations: la priant en même tems avec tout le respect que nous avons toûjours eu, & que nous conserverons toûjours pour sa Personne Roiale, de vouloir donner d'autres ordres au Duc d'Ormond, afin qu'il puisse agir avec toute vigueur, suivant la raison de guerre, & d'avoir la bonté d'entrer à nôtre egard dans d'autres sentimens que ceux que l'Evêque de Bristol a déclarez à nos Plénipotentiaires à Utrecht.

"Mais plus nous faisons d'attention à ces Déclarations, plus nous les trouvons importantes, & plus nous en aprehendons les suites. C'est pourquoi nous avons crû ne pouvoir nous dispenser de nous adresser directement à V. M. par cette missive, esperant qu'elle y voudra bien donner l'attention que nous nous promettons, tant de sa grande prudence & sagesse, de son zéle si renommé pour le bien public, & particulierement de son amitié & affection accoutumées, pour nous & pour notre République.

"Nous protestons avant toutes choses qu'aiant toûjours eu pour V. M. une veritable amitié; aussi bien qu'un tres-grand attachement sincère à tous ses intérêts, avec un desir ardent de vivre avec V. M. dans une parfaitement bonne intelligence & union, nous avons encore les mêmes sentimens & nous les conserverons toûjours, ne souhaitant rien plus, que d'en pouvoir donner à V. M. les preuves les plus convaincantes.

"Apres quoi nous prions V. M. de vouloir réflechir, suivant ses grandes lumieres, si nous n'avons pas juste sujet d'être surpris, de voir arrêter par un ordre de la part de V.

,, M. donné à nôtre infû, les operations ,, de l'Armée des Alliez, la plus belle ,, & la plus forte qui peut-être foit ,, entrée en Campagne pendant tout ,, le cours de la Guerre & pourvûë de ,, tout le neceffaire, pour agir avec ,, vigueur : & cela apres qu'elle avoit ,, marché fuivant la réfolution prife ,, de concert avec le General de V. M. ,, comme en préfence de celle des ,, Ennemis, avec une grande fuperio- ,, rité, tant en nombre qu'en qualité ,, de Troupes, animées d'un noble ,, courage & ardeur de bien faire; de ,, forte que fuivant toutes les apâ- ,, rences humaines, & avec l'Affiftan- ,, ce Divine que nous avons reffentie ,, fi clairement en tant d'autres occa- ,, fions, on auroit (foit par une Ba- ,, taille, foit par des Sièges) pu rem- ,, porter de grans avantages fur l'En- ,, nemi, rendre la Caufe des Alliez ,, meilleure, & faciliter les Négocia- ,, tions de la paix.

,, Nous nous flations bien de l'ef- ,, pérance, que le Duc d'Ormond a ,, donnée, que dans peu de jours il ,, attendoit d'autres ordres; mais nous ,, voïons cependant avec douleur une ,, occafion des plus belles paffée, dans ,, l'incertitude, fi elle fera bien auffi ,, favorable ci aprés; puis qu'on laiffe ,, aux Ennemis le tems de fe fortifier ,, & de fe précautioner, pendant que ,, l'Armée des Alliez refte dans l'inac- ,, tion & confumant les fourages ,, tout à l'entour, s'ôte à foi-même ,, les moïens de fubfifter à l'avenir ,, dans les Lieux, où fuivant les pro- ,, jets, les operations devroient fe ,, faire; ce qui pourroit rendre ci-a- ,, pres impoffibles les entreprifes, qui ,, feroient fort praticables préfente- ,, ment, par où toute la Campagne ,, peut être renduë infructueufe, au ,, préjudice ineftimable de la Caufe ,, Commune de tous les Hauts Al- ,, liez.

,, Certainement quand nous con- ,, fiderons d'un côté l'Armée telle ,, qu'elle eft compofée des Troupes ,, de V. M. & des autres Alliez, join- ,, tes enfemble d'un commun concert, ,, pour agir au plus grand avantage & ,, avancement de la Caufe Commune, ,, & de l'autre côté les affurances que ,, V. M. nous a données par Lettres, ,, par fes Miniftres, & dernierement ,, par fon General le Duc d'Ormond ,, de fes intentions de faire agir fes ,, Troupes avec leur vigueur ordinai- ,, re comme auffi les engagemens, ,, dans lefquels V. M. eft entrée, non ,, feulement à nôtre égard, mais auffi ,, (tant feparément que conjointement ,, avec nous) à l'égard des autres Al- ,, liez il nous eft bien difficile de con- ,, jecturer & de comprendre, comment ,, un ordre fi prejudiciable à la Caufe ,, Commune donné fi fubitement à ,, nôtre infû, & fans doute auffi à ,, l'infu des Autres Alliez, peut con- ,, venir & fubfifter avec la nature de ,, la Societé, avec ces affurances, & ,, avec ces engagemens, dont nous ,, venons de parler. Car quoi que fui- ,, vant la Déclaration de l'Evêque de ,, Briftol, V. M. fe tienne pour dè- ,, gagée de toute obligation à nôtre é- ,, gard, il eft évident qu'il ne s'agit ,, point ici de nôtre interets ou avan- ,, tage particulier, mais de celui de ,, tous les Alliez, qui souffriront par ,, le préjudice que cet ordre fi peu at- ,, tendu portera à toute la Caufe Com- ,, mune.

,, Mais, Madame, nous ne pou- ,, vons pas nous difpenfer de dire à ,, V. M. que la Declaration faite par ,, l'Evêque de Briftol à Utrecht, ne ,, nous a pas moins furpris que celle ,, du Duc d'Ormond à l'Armée. Elles ,, nous paroiffent fi extraordinaires, ,, que nous ne favons pas comment ,, les concilier avec cette grande bon- ,, té & bienveillance, dont V. M.

,, nous a toûjours honorez: ne pouvant ,, concevoir comment elles peuvent ,, avoir changé si subitement à notre ,, égard. Nous n'en sommes pas seu-,, lement surpris, mais nous en som-,, mes affligez. Nous avons examiné ,, avec soin toute nôtre conduite, & ,, nous n'y trouvons rien qui puisse ,, avoir donné lieu au mécontente-,, ment, que V. M. nous fait paroitre ,, par cette Déclaration.

,, Dés le premier jour que V. M. est ,, montée sur le Trône, nous avons eu ,, pour elle toute la déference qu'elle ,, pouvoit desirer d'un Etat Ami & Al-,, lié, nous avons recherché avec soin ,, son amitié & affection ? & conside-,, rant les bons effets que pouvoient ,, produire & qu'ont produits réelle-,, ment la bonne intelligence, harmo-,, nie & union entre V. M. & nous, ,, & entre les deux Nations, de même ,, que l'avantage qui en resultoit pour ,, l'une & pour l'autre, aussi bien que ,, pour la Cause Commune de tous les ,, Alliez: nous avons pris à tâche & à ,, cœur de les cultiver & de gagner de ,, plus la confiance de V. M. & de nous ,, conformer à ses sentimens, autant ,, qu'il nous a été possible.

,, Nous croions en avoir donné une ,, preuve éclatante, particulierement ,, à l'égard de la Négociation de la ,, Paix; puis que non seulement après ,, que nous fûmes informez des pour-,, parlers qui se sont tenus ci-devant ,, en Angleterre sur ce sujet, nous a-,, vons attendu que V. M. nous en don-,, neroit connoissance & ouverture, ,, aiant cette ferme confiance en son ,, Amitié pour nôtre République & ,, en son zéle pour le bien de la Cause ,, Commune, que rien ne seroit fait ,, qui pût porter préjudice à nous, ni ,, aux autres Alliez. Mais aussi quand ,, V. M. nous a fait communiquer les ,, Points Préliminaires signez par M. ,, de Ménager en Angleterre, & quand

,, elle nous a fait proposer la Convo-,, cation & la Tenuë d'un Congrés ,, pour la Paix generale, nous reque-,, rant de donner à cet effet les Pas-,, seports necessaires aux Ministres de ,, l'Ennemi, nous y avons consenti, ,, quoi que nous eussions plusieurs ,, raisons (à notre avis) très-bien fon-,, dées de n'entrer point dans une tel-,, le Négociation, sans plus de fon-,, dement, du moins sans la concur-,, rence des autres Alliez. Mais nous ,, avons postposé nos sentimens à ceux ,, de V. M. pour lui donner une nou-,, velle preuve de nôtre déference à ,, son égard.

,, Nous n'avons pas moins fait par ,, raport aux difficultez qu'on a fait ,, naitre au sujet du Traité de Garan-,, tie mutuelle de la Succession dans ,, la Ligne Protestante aux Roïaumes ,, de V. M. & de nôtre Barrière: Trai-,, té si important pour les deux Nations ,, que nous le considérons, comme le ,, lien le plus fort, qu'on pourroit trou-,, ver, pour unir à jamais les cœurs & ,, les interêts des deux Nations; con-,, clu après la plus meure déliberation, & ,, ratifié de part & d'autre dans la for-,, me la plus authentique. Car quoi ,, que nous eussions pu nous tenir sim-,, plement à ce Traité: cependant nous ,, sommes entrez en Négociation sur ,, ces difficultez, & particulierement ,, sur le point de l'*Assiento*, sur quoi ,, nous avons tellement instruit nos ,, Plénipotentiaires, que nous ne dou-,, tions plus que toutes les difficultez ,, seroient aplanies, au contentement ,, reciproque, & que par-là nous auri-,, ons regagné entierement la confian-,, ce de V. M. d'autant plus qu'en pre-,, mier lieu, lors qu'il s'agissoit de l'As-,, semblée d'un Congrés pour la Paix ,, generale V. M. nous a fait déclarer ,, par son Ambassadeur, qu'elle ne de-,, siroit que nôtre concurrence en ce ,, seul point, & cette unique marque

,, de nôtre confiance: qu'après cela el-
,, le nous donneroit des preuves for-
,, tes & réelles de son affection envers
,, nous, & de ses droites intentions à
,, l'égard de la Cause Commune de
,, tous les Alliez ; & qu'ensuite, quand
,, on a fait intervenir des difficultez
,, sur le Traité de Succession & de
,, Barriére, V. M. nous a fait assurer
,, de même, que si nous nous relâchi-
,, ons sur les points les plus essentiels, &
,, particulierement sur l'affaire de l'*Assiento*, ce seroit le vrai moïen de
,, rétablir la confiance mutuelle &
,, nécessaire ; laquelle étant rétablie,
,, V. M. prendroit particulièrement à
,, cœur les intérêts de l'Etat, & iroit
,, de concert avec nous dans toute la
,, Négociation, pour parvenir à une
,, Paix honorable, bonne & assurée.

,, Mais nous nous trouvons bien é-
,, loignez de nôtre attente, puis que
,, dans le tems même, que nous som-
,, mes le plus aprochez de V.M. & que
,, nous croïons, que nous tomberions
,, d'accord sur les points qui étoient
,, en différend, nous voïons partir le
,, Comte de Strafford, sans avoir fini
,, l'affaire: nous voïons arrêter l'Ar-
,, mée dans le commencement de sa
,, Carrière, & nous entendons une Dé-
,, claration, par laquelle V. M. se tient
,, dégagée de toutes ses obligations à
,, nôtre égard, dont on allègue pour
,, raison, que nous aurions mal ré-
,, pondu aux avances qu'elle nous a
,, faites, & que nous ne voulions point
,, concerter avec ses Ministres sur la
,, Paix.

,, Si V. M. veut avoir la bonté de
,, regarder d'un œil un peu favorable
,, nôtre conduite, nous nous flattons
,, & nous avons une ferme confiance
,, qu'elle n'y trouvera rien qui lui puis-
,, se donner une idée de pensées si de-
,, savantageuses à nôtre égard, mais
,, qu'elle trouvera plûtôt, que nous
,, avons satisfait & satisfaisons encore

,, à tous les devoirs de bons & fidèles
,, Alliez, particuliérement envers V.M.

,, Ce que nous avons déja dit, pour-
,, roit peut-être suffire pour l'en per-
,, suader, mais nous devons y ajoûter
,, qu'aiant toûjours regardé l'affection
,, de V. M. & la bonne harmonie en-
,, tre les deux Nations, comme un des
,, plus fermes apuis de nôtre Etat &
,, comme un des moïens les plus ef-
,, ficaces, pour le soûtien & l'avan-
,, cement de nos intérêts communs &
,, de ceux de toute l'Alliance. Ce sen-
,, timent sincére étant imprimé forte-
,, ment dans nos cœurs, nous n'avons
,, jamais été éloignez de communi-
,, quer & de concerter en toute con-
,, fiance sur les affaires de la Paix a-
,, vec V. M. & avec ses Ministres, sui-
,, vant les fondemens portez par la
,, Grande & autres Alliances. Nous
,, déclarons, que nous y avons toû-
,, jours été portez & prêts, & que
,, nous le sommes encore, autant
,, que nous le pouvons faire sans pré-
,, judicier aux autres Alliez, & sans
,, contrevenir aux Engagemens, Trai-
,, tez, & Alliances que nous avons
,, contractez.

,, Mais Madame, toutes les Propo-
,, sitions qui nous ont été faites jus-
,, qu'à present sur ce sujet, sont de-
,, meurées en des termes fort gene-
,, raux, sans que le résultat des Né-
,, gociations entre les Ministres de V.
,, M. & ceux de la France, ni même
,, les pensées de V. M. sur le sujet sur
,, lequel nous devrions concerter en-
,, semble, nous aient été communi-
,, quez. Il est vrai, que dans quelques-
,, unes des dernieres Conférences, les
,, Ministres de V. M. ont demandé, si
,, les nôtres étoient munis d'un Plein-
,, Pouvoir & autórisez à faire un plan
,, pour la Paix. Mais il auroit été bien
,, juste, qu'avant que d'exiger cela de
,, nous, on nous eût communiqué le
,, résultat des Négociations traitées

depuis

„ depuis long-tems entre les Ministres
„ de V. M. & ceux de l'Ennemi, ou
„ du moins les pensées de V. M.

„ Si ce plan regardoit seulement les
„ interêts de V. M. & les nôtres, nous
„ aurions peut-être tort, de n'y avoir
„ point donné les mains incessamment,
„ quoi que même alors l'affaire ne soit
„ point sans difficulté; puis que la
„ moindre connoissance qui en par-
„ viendroit à l'Ennemi, ne pourroit
„ être que fort préjudiciable. Mais
„ comme le plan, dont il s'agit, doit
„ regarder les interêts de tous les Al-
„ liez, & presque de toute l'Europe,
„ nous avons eu de fortes apréhen-
„ sions, que comme les Negocia-
„ tions particulieres entre les Minis-
„ tres de V. M. & ceux de France,
„ & la facilité avec laquelle nous a-
„ vons consenti au Congrès d'U-
„ trecht, & donné nos Passeports
„ aux Ministres de l'Ennemi, ont de-
„ ja donné beaucoup de soupçons &
„ d'inquiétudes à S.M.I. & aux autres
„ Alliez, nous avons aprehendé, di-
„ sons-nous que S.M.I. & les autres
„ Alliez venant à aprendre (ce qui
„ seroit bien difficile de leur cacher)
„ le concert qui se feroit entre les Mi-
„ nistres de V. M. & les nôtres, pour
„ un Plan de Paix, avant même que
„ les Ministres de France aïent répon-
„ du specifiquement aux Ministres des
„ Alliez, leur soupçon & leur inquié-
„ tude pourroit s'augmenter, &
„ ce procedé pourroit leur donner su-
„ jet à des pensées prejudiciables, com-
„ me si l'intention de V. M. & la nô-
„ tre étoit d'abandonner la Grande
„ Alliance & la Cause Commune, ou
„ pour le moins de regler seuls avec
„ la France le sort de tous les autres
„ Alliez : par où S.M.I. & les autres
„ Alliez pourroient être poussez à
„ prendre leurs mesures à part & à
„ faire des démarches qui ne con-
„ viendroient nullement avec les inte-
„ rêt de V. M.

„ Nous croïons ces raisons assez bien
„ fondées, pour justifier auprès de V.
„ M. notre conduite à cet égard, & si
„ nous ne sommes pas entrez avec
„ tout l'empressement qu'elle peut a-
„ voir souhaité, dans le concert pro-
„ posé, nous espérons, que tout au
„ plus V. M. ne regardera nôtre dif-
„ ficulté, que comme un *excés de*
„ *prudence*, ou de scrupule, & nul-
„ ment comme un défaut de confian-
„ ce en V. M. pendant que les Alliez
„ pourroient le regarder, comme u-
„ ne Contravention aux Traitez, &
„ particulierement à l'Art. VIII. de la
„ Grande Alliance. Nous espérons
„ aussi, que V. M. par les raisons
„ que nous venons d'alleguer, revien-
„ dra d'une pensée si desavantageuse
„ pour nous, savoir, que nous aurions
„ mal répondu aux avances qu'elle
„ nous a faites, & que nous ne vou-
„ drions point concerter avec ses Mi-
„ nistres au sujet de la Paix. Mais Ma-
„ dâme. quand V. M. n'aquiesceroit
„ pas à nos raisons (de quoi pourtant
„ nous ne pouvons pas douter) nous
„ prions vôtre M. de considerer, si
„ cela suffiroit, pour que V. M. put
„ se tenir degagée de toutes ses obli-
„ gations à notre égard.

„ Si nous avions contrevenu aux
„ engagemens & aux Traitez, que
„ nous avons l'honneur d'avoir con-
„ clus avec V. M. nous attendrions
„ de sa bonté & de sa justice, qu'elle
„ nous fit représenter ces Contraven-
„ tions & qu'elle ne se tînt point
„ quitte de ses engagemens, qu'après
„ que nous aurions refusé d'y aporter
„ les remedes necessaires. Mais comme
„ nous ne nous sommes engagez nulle
„ part d'entrer avec V. M. dans un con-
„ cert pour faire un Plan de Paix, sans
„ la participation des autres Membres
„ de la Grande-Alliance: le peu de fa-
„ cilité & d'empressement que nous

„aurions montré en ce cas, ne peut
„être regardé comme une Contra-
„vention à nos engagemens, & ainsi
„cela ne peut pas servir à dégager V.
„M. des siens à notre égard; puis que
„nous sommes fortement persuadez
„d'avoir pleinement satisfait à tous
„nos Traitez & à toutes nos Allian-
„ces, tant avec V. M. qu'avec les
„Hauts-Alliez en general, d'avoir
„fait en la présente guerre plus qu'on
„n'auroit pu attendre de notre part
„avec justice & équité. Toute la dif-
„ference entre V. M. & nous en ceci,
„ne consiste tout au plus, (à la con-
„siderer sainement) que dans une
„disparité de sentimens.

„En vérité, Madame, si pour un tel
„sujet entre des Puissances Alliées,
„& Unies ensemble par les liens &
„les nœuds les plus forts & les plus
„étroits d'Alliance, d'Interêts & de
„Religion, une seule de ces puissan-
„ces pouvoit se dégager de toutes ses
„obligations, il n'y a point de liai-
„son qui ne puisse être rompuë à
„tout moment: & nous ne voions
„point sur quels engagemens on pour-
„roit compter à l'avenir.

„Nous nous assurons, que V. M.
„en voiant ces consequences, ne vou-
„dra pas se tenir à la Déclaration, que
„l'Evêque de Bristol nous a faite.
„Nous l'en suplions avec tout le res-
„pect & tout l'empressement, dont
„nous sommes capables, comme aussi,
„qu'elle veuille révoquer l'ordre don-
„né au Duc d'Ormond, s'il ne l'est pas
„encore, & de l'autôriser d'agir se-
„lon les occurrences, ainsi que la
„raison de Guerre & l'avancement
„de la Cause Commune le deman-
„dera.

„Nous Vous prions aussi, Mada-
„me, de vouloir encore nous commu-
„niquer le résultat des Conferences,
„tenuës par vos Ministres avec ceux
„des ennemis, ou du moins vos

„pensées sur la Paix : & nous tâche-
„rons de donner à Vôtre Majesté
„toutes les marques imaginables de
„notre déference, pour ses sentimens,
„& de notre desir sincere, de conser-
„ver sa precieuse amitié, autant que
„nous le pourrons faire, sans blesser
„la bonne foi des engagemens, dans
„lesquels nous sommes entrez par des
„Traitez & Alliances, tant avec V.M.
„qu'avec d'autres Puissances.

„Nous sommes fortement persua-
„dez, que ce n'est nullement l'in-
„tention de V.M. de les rompre en
„aucune maniere, puis qu'elle a toû-
„jours été avec nous de ce sentiment,
„& avec les autres Alliez, savoir, que
„la bonne Union entre les Alliez, non
„seulement dans la présente Guerre,
„mais aussi après que la Paix sera fai-
„te, est & sera toûjours le moïen le
„plus solide, & même l'unique, de
„conserver la liberté & l'indépendan-
„ce de tous ensemble, & de chacun
„en particulier, contre la grande
„Puisance de la France.

„Nous attendons aussi, qu'après
„avoir donné des preuves si grandes
„& si éclatantes de sa Sagesse, de sa
„Fermeté & de son Zèle pour le soû-
„tien de la Cause Commune, V.M.
„ne voudra pas prendre présentement
„des resolutions, qui pourroient être
„très - préjudiciables à nous & aux
„autres Alliez; mais que pour parve-
„nir à une Paix honorable, sûre & gé-
„nerale, elle poursuivra les mêmes
„voies, & se tiendra aux mêmes Ma-
„ximes, qu'Elle a tenuës ci-devant,
„& que le bon Dieu a beni d'une ma-
„niere si sensible, par des Victoires &
„par de grands évenemens, qui ren-
„dront la Gloire de V.M. immortelle.

„Nous renouvellons encore à V.
„M. les assurances de nôtre haute &
„parfaite estime pour sa personne,
„& pour son amitié comme aussi
„de nos intentions & de nos desirs

,, sincères d'entretenir avec V. M. la
,, même bonne correspondance, har-
,, monie & union, que ci-devant, &
,, de les cultiver entre les deux Nations
,, par tout ce qui dépendra de nous,
,, priant V. M. de conserver aussi pour
,, nous & pour nôtre République sa
,, premiere affection. Nous nous re-
,, mettons au reste à ce que le Sr. de
,, Borsele, nôtre envoïé Extraodinaire,
,, pourra dire de plus à V.M. sur ce su-
,, jet. Après quoi nous prions le Tout-
,, Puissant &c.

à la Haie le 5. Juin 1712.

Cette Lettre, comme on a pu le remarquer, contient une preuve authentique de l'adresse de la Cour de France à disposer celle de Londres en sa faveur, dès avant que l'on eût commencé le Traité de Paix, puis que les Ministres de la Reine, gagnez pour se servir de son nom, n'emploïerent les Protestations & les Remontrances qu'on faisoit faire à cette Princesse, que pour mieux engager les Alliez à souscrire aux Conditions qu'il plairoit à la France de leur imposer. Cependant cette même Lettre, devenuë publique en Angleterre, y produisit parmi le Peuple l'effet qu'on en devoit attendre naturellement ; & pour en prévenir les suites, le Conseil de la Reine jugea à propos de calmer la crainte d'une Paix desavantageuse, qui paroissoit répanduë dans le Public, par la Réponse suivante.

Hauts & Puissans Seigneurs, nos bons Amis, Alliez & Confederez.

,, IL n'y a rien qui nous soit plus
,, cher que la conservation d'une bon-
,, ne intelligence & d'une parfaite Union
,, avec Votre Etat. Elles ont été l'o-
,, bjet de nos principaux soins, &
,, bien loin de nous pouvoir accuser
,, d'avoir contribué en aucune façon

,, à leur diminution, nous réflechissons
,, avec plaisir sur toutes les peines que
,, nous avons prises & sur toutes les
,, instances que nous avons faites, afin
,, que les Disputes survenuës au sujet
,, des intérêts des deux Nations, fus-
,, sent terminées à l'amiable, & afin
,, que nous pussions nous mener sans
,, reserve sur ceux du Public. Car dans
,, des Conjonctures telles que celles
,, où nous nous trouvons, il faut que
,, l'ouverture soit égale de part &
,, d'autre, de même que la confiance
,, réciproque.

,, Nous croïons que l'allarme que
,, vous avez prise au sujet des Décla-
,, rations, tant du Duc d'Ormond que
,, de l'Evêque de Bristol, aura cessé,
,, & nous vous répétons ce que nous
,, avons tant de fois déclaré, qu'il ne
,, tiendra qu'à vous (comme il s'est
,, fait par le passé) que toutes nos
,, mesures touchant la Guerre, ou
,, touchant la Paix, soient prises de
,, concert avec Vôtre Etat.

,, Le Comte de Strafford retournera
,, en peu de jours auprès de vous, plei-
,, nement instruit de nos intentions.
,, Nos Ministres seront disposez & au-
,, torisez de faire tout ce qui peut dé-
,, pendre de Nous, pour renouveller
,, une entiere confianc avec Vous, &
,, pour prévenir à l'avenir les mesintel-
,, ligences, qui ont été fomentées a-
,, vec tant d'artifice & avec si peu de
,, fondement. Mais nous ne pouvons
,, pas passer sous silence, que nous a-
,, vons été extrêmement surpris de
,, voir, que Vôtre Lettre du 5. de ce
,, mois a été imprimée & publiée pres-
,, que aussi-tôt que nous l'avons re-
,, çuë des mains de Votre Envoïé. Un
,, tel procédé est également contraire
,, à la bonne Politique & à la Bienséan-
,, ce. C'est faire une Remontrance, au
,, lieu d'une Réprésentation, & ap-
,, peler au Peuple, au lieu de s'adres-
,, ser au Souverain. Nous espérons, que
,, Vous ne voudrez plus souffrir que

,, pareille chose arrive à l'avenir ; car
,, nôtre honneur nous engageroit à
,, prendre la résolution de ne donner
,, aucune Réponse à des Lettres ou à
,, des Mémoires qui seroient publiez
,, de la sorte. Au reste nous prions
,, Dieu &c.

A Kensington le 9. Juin 1712.

Vôtre bien bonne Amie

ANNE REINE.

Cependant le Marquis de Torci fit savoir, comme on l'a dit *, aux Ministres d'Angleterre, que le Roi d'Espagne avoit choisi l'alternative de garder l'*Espagne* & les *Indes*, & de renoncer pour lui & pour ses Descendans à la Couronne de *France*. Que ce principal obstacle de la Paix étant levé, le Roi s'attendoit que la Reine leveroit aussi de son côté les autres difficultez qui retardoient l'effet de ce grand Ouvrage ; en faisant les Déclarations requises pour cela, & promises au retour du Courier de Madrid. Que le Roi croïoit que la premiere & la plus pressante étoit d'établir la Suspension d'Armes, ou générale ou au moins entre les deux Armées des Païs-Bas, jusqu'à la Conclusion de la Paix. Ce Ministre envoïa en même tems le Mémoire suivant, contenant la Réponse du Roi aux dernieres Demandes qui lui avoient été envoyées de la part de la Reine d'Angleterre.

Réponse du Roi au Mémoire envoyé de Londres le 5. Juin 1712. N. S.

Répon-
se du
Roi à
un Mé-
moire

,, I. SA Majesté consent de céder à
,, la Reine de la *Grande Breta-*
,, *gne* l'Ile de *Terre-Neuve* avec la Vil-

* *Par les Lettres du 8. & 10 Juin.*

,, le de *Plaisance*, comme elle est fortifiée à present ; mais on en tirera l'Artillerie & les Munitions, qui ne seront pas comprises dans la Cession qu'on fera de cette Place, & de l'Ile, puis qu'on ne sauroit prétendre qu'elles appartiennent à l'une ou à l'autre. Et pour se servir d'une Comparaison ordinaire, on doit regarder l'Artillerie & les Munitions d'une Place, comme les Meubles d'une Maison, qu'un Particulier emporte, lors qu'il la cède par un Contrat volontaire.

envoyé
de Lon-
dres.
Raport
du Comi-
té se-
cret.

,, Les Iles voisines de celle de *Terre-Neuve*, n'ont été ni demandées ni promises par les Articles signez à *Londres* au mois d'Octobre dernier ; Et comme ces Articles ont servi de Règle au commencement, & pendant le cours des Négociations, l'intention du Roi est de suivre exactement cette Regle, qu'il estime la plus sûre, pour parvenir à la Conclusion du Traité ; & S. M. est persuadée que la Reine de la G. B., fidéle à sa parole, n'insistera pas sur une demande qui ne se trouve pas dans la Convention, signée au nom de cette Princesse.

,, Le Roi veut bien cependant ajoûter à cette Convention l'*Acadie*, avec ses anciennes Limites, comme le demande la Reine de la G B.
,, II. Les Articles signez à *Londres* conservent aux Sujets du Roi le Droit de pêcher & sécher leur Moruë sur l'Ile de *Terre-Neuve*. Une disposition faite & concluë ne sauroit être restrainte, ni recevoir d'autres changemens, que ceux qu'on peut juger de part & d'autre conformes au bien public.

,, Le Roi offre, sur ce fondement, de laisser à l'*Angleterre* l'Artillerie & les Munitions de *Plaisance*, les Iles voisines de *Terre-Neuve* ; de défen-

"dre aux *François* la liberté de la Pê-
"che & de fécher leur Poiſſon ſur la
"Côte de cette Iſle , & même ſur
"celle de la partie de cette Ile qu'on
"nomme *Petit-Nord*, d'ajoûter à ces
"conditions, la Ceſſion des Iles *St.*
"*Martin* & de *St. Barthelemi*, voiſines
"de celle de *St. Chriſtofle*, pourvu qu'en
"vertu de cette nouvelle Offre , la
"Reine de la G. B. conſente à rendre
"l'*Acadie*, à laquelle la Riviere de *St.*
"*Georges* ſervira de borne , comme
"les Anglois l'ont prétendu autre-
"fois.

"On laiſſe ainſi au choix de la Rei-
"ne de la G. B. de s'en tenir aux Ar-
"ticles ſignez à Londres , ou d'accep-
"ter l'Echange que le Roi propoſe.
"En ce dernier cas S. M. tâchera de
"faciliter, autant qu'il lui ſera poſſi-
"ble, la Concluſion de l'affaire de la
"rançon de l'Ile de *Nevit* , à la ſatis-
"faction de l'*Angleterre*.

"III. Comme la Correſpondance
"parfaite , que le Roi propoſe d'éta-
"blir entre ſes Sujets & ceux de la
"Reine de la *Grande Bretagne* , doit
"faire , moïennant la Grace de Dieu ,
"un des principaux avantages de la
"Paix, il faut éloigner toutes les Pro-
"poſitions capables d'interrompre
"cette heureuſe Vnion. L'Experien-
"ce a ſuffiſamment fait connoître
"qu'il eſt impoſſible de la conſer-
"ver dans les Lieux poſſedez en com-
"mun par les *François* & les *Anglois*.
"Auſſi cette raiſon ſeule ſuffiroit pour
"empêcher S. M. de conſentir à la
"Propoſition de laiſſer poſſeder le *Cap*
"*Breton* par les *Anglois* , conjointe-
"ment avec les *François*. Mais il s'en
"trouve une autre plus forte encore
"contre cette Propoſition; c'eſt que co-
"me on voit ſouvent les Nations les
"plus unies devenir Ennemies, il eſt de
"la prudence du Roi de conſerver la
"poſſeſſion de la ſeule Ile , capable
"de lui procurer , à l'avenir , l'entrée

"de la Riviere de *St. Laurent*, laquel-
"le ſeroit abſolument bouchée aux
"Vaiſſeaux de S. M , ſi les *Anglois*,
"Maîtres de l'*Acadie* & de *Terre-Neu-*
"*ve*, poſſédoient outre cela l'Ile du *Cap*
"*Breton* en commun avec les *Fran-*
"*çois* ; & même le *Canada* ſeroit per-
"du pour la *France* s'il arrivoit , que
"la Guerre vînt à ſe rallumer entre
"les deux Nations , ce qu'à Dieu ne
"plaiſe ; mais le moyen le plus ſûr
"pour l'empêcher , eſt de penſer ſou-
"vent que cela pourroit arriver.

"IV. On ne diſſimulera pas , que le
"Roi ſouhaite , par la même raiſon,
"de conſerver le Droit Naturel & la
"Liberté Commune à tous les Sou-
"verains pour faire dans les Iles du
"Golfe , & à l'embouchûre de la Ri-
"viere de *St. Laurent* , auſſi bien que
"dans l'Ile du *Cap Breton* , les Forti-
"fications que S. M. y jugera néceſſai-
"res : Ces Ouvrages qu'on ne fait
"que pour la ſureté du païs , ne ſau-
"roient jamais être préjudiciables aux
"Iles & aux Provinces voiſines.

"Il eſt juſte que la Reine de la Gr.
"B. ait la même liberté de faire des
"Fortifications , ſelon qu'elle le ju-
"gera à propos , ſoit en *Acadie* ou
"dans l'Ile de *Terre-Neuve* : Et par
"cet Article le Roi ne prétend pas exi-
"ger une choſe contraire aux droits ,
"que la Proprieté & poſſeſſion don-
"nent naturellement à cette Prin-
"ceſſe.

"V. Le Roi conſent par la conſi-
"deration particuliere qu'il a pour
"la Reine de la Grande Bretagne, de
"lui laiſſer le Canon & les Munitions
"qui ſe trouveront dans les Forts
"& les Places de la Baye de *Hudſon*;
"nonobſtant les raiſons que le Roi
"pourroit avoir de les en retirer , &
"de les tranſporter ailleurs.

Article du Commerce.

"Comme le Roi souhaite sincèrement qu'on lève au plûtôt tout ce qui pourroit causer de la division entre S. M. & la Reine de la G. B, il lui seroit très-agréable de voir regler à *Utrecht* toutes les difficultez qui regardent le Négoce, par ses Plénipotentiaires & ceux d'*Angleterre*. Mais au cas qu'on ne puisse le faire avant la conclusion de la Paix, S. M. consent aux deux Demandes faites au nom de cette Princesse, plûtôt que de la différer.

"I. De nommer des Commissaires qui s'assembleront à Londres pour examiner & regler les Droits & les Impositions qu'il conviendra de Païer dans chaque Roïaume.

"II. Que la *France* & l'*Angleterre*, s'engagent réciproquement à accorder aux Sujets des deux Couronnes les mêmes Privilèges, & tous les avantages dont jouissent ou pourroient jouir les Nations les plus favorisées.

Article d'une Suspension d'Armes.

"UN terme de si peu de durée que deux Mois, n'ôtera pas aux Ennemis de la Paix l'espérance d'interrompre les Conférences avant la fin de la Campagne. Le Roi, persuadé des bonnes intentions de la Reine de la Gr. B., juge qu'il est nécessaire pour le bien public, de l'étendre jusqu'à celui de quatre mois.

"I. Il doit suffire, pour achever de surmonter toutes les difficultez du Traité, les principales ayant déja été levées par la ferme résolution que le Roi d'Espagne a prise de renoncer pour lui & pour ses Descendans à la Couronne de *France*, de garder l'*Espagne* & les *Indes*, & de consentir que cette Renonciation soit inférée dans le Traité de Paix.

"II. Après avoir établi le commencement & le cours des Négociations sur la bonne foi, & la confiance mutuelle, dont on a déja ressenti les heureux effets, il faut bannir jusques aux aparences de la méfiance, lors qu'on aproche de part & d'autre, dans ses Propositions, de la fin qu'on s'est proposée. Le Roi laisse à juger à l'équité de la Reine de la G. B. s'il n'y a pas quelque chose de désobligeant pour lui, dans la demande qu'elle fait, de mettre une Garnison *Angloise* dans *Dunkerque*, pendant la Suspension d'Armes, & si le Public n'aura point lieu de regarder cela, comme si l'on doutoit de l'exactitude de Sa Majesté à s'acquitter de ses promesses. Le Roi est persuadé que la Reine d'*Angleterre* est bien éloignée d'avoir cette pensée, ayant reçu trop de preuves de son estime pour le suposer. Et comme il y a deja long-tems qu'il fait fonds sur l'amitié de la Reine, non obstant la continuation de la Guerre, il est aussi persuadé qu'elle n'insistera pas sur cette demande, parce qu'elle est inutile, & qu'elle pourroit produire un effet contraire aux intentions de cette Princesse.

"Car il est certain que le but de la Reine n'est que d'obliger les *Hollandois* à donner volontairement au Roi un Equivalent pour les Fortifications de *Dunkerque*, que S. M. a promis de faire démolir.

"Il faut vaincre leur obstination, & leur faire voir qu'ils ne sauroient persister dans les sentimens où ils

„ſont, ſans que le mal en retombe ſur
„ eux. Mais ce n'eſt pas les menacer
„ que leur declarer que les Troupes de
„ la Reine garderont les Villes, Cita-
„ delles & Forts de *Dunkerque*, juſques
„ à ce que les Etats Generaux ayent
„ donné au Roi un Equivalent à la
„ ſatisfaction de S. M. Le Roi ſouf-
„ friroit ſeul par les nouveaux obſta-
„ cles qu'ils apporteroient à la Paix; &
„ il faut des voyes oppoſées pour ren-
„ dre cette République plus flexi-
„ ble.
„ La condition de combler le Port,
„ & de ruïner les Ecluſes de cette Pla-
„ ce dépend, comme le Roi s'en eſt
„ expliqué, de la reſtitution que S. M.
„ a demandée de *Tournai*. Il réitère la
„ promeſſe qu'il en a faite: mais la
„ ruïne des Ecluſes de *Dunkerque*,
„ cauſera celle des Païs d'alentour, les
„ Amis & les Ennemis en ſouffriront
„ également. Le Roi ſeroit bien aiſe
„ de prévenir cette deſtruction inutile
„ à laquelle la Reine de la Grande
„ Bretagne n'a peut-être pas fait aſſez
„ d'attention. Sa Majeſté ſouhaite
„ qu'on la repréſente encore une fois
„ à cette Princeſſe, qui fera enſuite,
„ ſur cet Article, ce qu'elle jugera
„ à propos, moyenant la Reſti-
„ tution de Tournai & de ſes Dépen-
„ dances.
„ III. La paix eſt néceſſaire à l'*Eu-*
„ *rope*; le Roi la ſouhaite comme un
„ Bien general & Sa Majeſté regarde
„ la Suſpenſion d'Armes, comme le
„ meilleur moyen pour y parvenir;
„ mais il refuſeroit cette Suſpenſion,
„ & romproit même les Négociations
„ de la Paix, ſi l'on ne pouvoit obte-
„ nir cette Suſpenſion ou cette Paix,
„ ſans admettre une Garniſon *Hol-*
„ *landoiſe* dans *Cambrai*, pendant tel
„ tems que ce puiſſe être. Il ne con-
„ ſentira jamais à une propoſition ſi
„ contraire à ſon honneur, à ſes inté-
„ rêts, & au bien de ſon Royaume.

Fait à Marli le 10 Juin 1712.
DE TORCI.

Le Miniſtre de France marquoit en même tems à celui d'Angleterre que les Lettres de l'Armée parloient du deſſein qu'avoient les Alliez d'inveſtir le Queſnoi pour en faire le Siège: mais que le Roi ne pouvoit croire que la Reine aprouvât cette entrepriſe, & beaucoup moins qu'elle permît à ſes Troupes d'y aſſiſter. Il ajoûtoit que ſi la Suſpenſion d'Armes ne ſe faiſoit au plûtôt, on pourroit ſe trouver indiſpenſablement engagé en quelque grand Evenement, qu'il eſperoit que la prudence & les ſoins de Mr. de St. Jean ſauroient prévenir. Celui-ci lui fit réponſe & lui manda qu'il n'avoit qu'à ſigner la Suſpenſion d'Armes & à l'envoyer au Duc d'Ormond; lequel au moment qu'il prendroit poſſeſſion de Dunkerque, déclareroit aux Alliez qu'il avoit ordre de ne plus agir contre la France.

Ces meſures, & la Déclaration qu'avoit déja faite le *Duc d'Ormond* aux Géneraux des Alliez, n'aportèrent néanmoins aucun retardement au Siège du Queſnoi qui avoit été inveſti dés le 8. Juin. La Tranchée y fut ouverte le 18. en deux endroits & l'on fit une troiſiéme attaque entre les deux autres; de ſorte que le Siège fut pouſſé vigoureuſement. Les Alliez avoient auparavant détaché 1400. Chevaux de leur Armée avec quantité d'Officiers & de Volontaires pour faire une irruption en Champagne: ſurquoi les François détachèrent 60. Eſcadrons pour les ſuivre. Mais ces derniers revinrent peu de tems après au Camp de M. de Villars, ſoit parce que ce Maréchal craignoit d'être attaqué, ſoit parce que le Détachement des Alliez étoit déja trop avancé. En effet il pénétra en pluſieurs Troupes par delà Reims juſques dans le Soiſſo-

Siège du Queſnoi par les Alliez Courſes de leurs Partis en Champagne & en Lorraine.

1712. nois, d'où il revint par Châlons marchant vers la Lorraine, après avoir enlevé grand nombre d'Otages pour les Contributions & s'être chargé de Butin. Ces Troupes passèrent ensuite la Moselle, d'où elles allèrent demander des Contributions au Gouverneur de M*ts; & sur le refus qu'il en fit accompagné de menaces insultantes, elles brûlèrent plus de trente Villages dans le Païs Messin, & emmenèrent plusieurs Otages. Quant au Siége du Quesnoi les Travaux en furent avancez avec succès jusqu'au 23. du même mois de Juin; & toutes les Batteries ayant été pr tes le lendemain, les Assiégeans se mirent en état de donner un Assaut à la Contrescarpe le 1. Juillet. Les Assiégez furent chassez du Chemin couvert le même jour, & les Brêches ayant été élargies le jour suivant, on se préparoit à donner l'Assaut le 3. au soir; lors que les François battirent la Chamade & demandèrent à capituler. Le General Fagel qui commandoit le Siège vouloit que la Garnison fût Prisonnière de Guerre; mais le Commandaut de la Place * refusant de se rendre à cette Condition, on recommença à tirer à l'entrée de la nuit. Les Assiégez battirent une seconde fois la Chamade à la pointe du jour, & demandèrent que la Garnison fût envoyée en France, à condition de ne pas servir; ce qui aiant aussi été rejetté, les Batteries tirèrent de nouveau, jusqu'à ce qu'enfin la Garnison se rendit à discretion sur les neuf heures. Elle sortit le 6. au matin, au nombre de 1665. hommes, qui furent embarquez sur l'Escaut, pour être conduits vers la Hollande.

Suites des Intrigues de la France avec

Dans la Réponse du Roi aux Demandes de la Reine d'Angleterre, il n'avoit encore été convenu de rien touchant l'évacuation de Dunkerque & la Garnison Angloise qu'on devoit y recevoir; & l'on refusoit absolument d'admettre une Garnison Hollandoise dansCambrai, quoi que ces choses eussent été proposées comme les Conditiõs de la Suspension d'Armes. Cependant Mr. de Torci ne laissoit point d'espérer que ce refus ne cauferoit aucune mesintelligence, d'autant que comme „ le commencement & le cours de la „ Négociation s'étoit fait de *bonne* „ *foi* & avec une confiance mutuelle, „ il étoit dit-il *, nécessaire, de bannir „ toute la méfiance,& que la Reine de- „ voir se fier entièrement au Roi, sans „ insister sur des Demandes qui pouvoi- „ ent donner de l'ombrage. Aussi Mr. „ de St. Jean, pleinement convaincu de „ cette *bonne foi* & de la disposition de „ la Reine sa maîtresse, à s'y confier lui „ répondit que quoi-que le Roi n'eut „ pas satisfait aux Demandes de la „ Reine, Sa Majesté ne laisseroit pas „ de se rendre au Parlement, & d'y „ faire toutes les Déclarations necef- „ saires pour porter la Nation unani- „ mement à la Paix; qu'à la verité „ elle ne feroit pas mention de la Sus- „ pension d'Armes à son Parlement; „ mais qu'il avoit ordre de lui apren- „ dre la résolution que Sa Majesté „ avoit prise à cet égard...... que „ le Comte de Strafford étoit sur le „ point de retourner à Utrecht, & „ que les Instructions qu'il y portoit „ mettroient les Plénipotentiaires de „ la Reine, comme les François le „ souhaitoient, en état de ne plus „ garder les mesures auxquelles ils „ avoient été obligez de se soûmettre „ jusqu'alors; mais qu'à l'avenir ils „ pourroient se joindre ouvertement „ avec ceux de France & donner des „ loix à ceux qui ne voudroient pas „ se soûmettre à des conditions justes

l'Angleterre.

Raport du Comité secret.

* Mr. Labadie.

* Lettre du 10. Juin.

LOUIS XVI. LIV. XVIII.

1712

Suspension d'Armes déclarée par le Duc d'Ormond.

,, & raisonnables: ajoûtant, comme je ,, l'ai déja dit, qu'il n'avoit qu'à signer ,, la Suspension d'Armes, & à l'envoyer ,, au Duc d'Ormond, qui ne manque- ,, roit pas aussi-tôt de se déclarer.

En effet le Duc d'Ormond ayant demandé quelques jours † après une Conférence au Prince Eugene & aux Députez des Etats Generaux, leur dé- ,, clara, qu'il avoit ordre de la Rei- ,, ne de faire publier dans 3. jours une ,, Suspension d'Armes de deux mois ,, dans son Armée, & d'envoyer dix Ba- ,, taillons Anglois à Dunkerque, aux- ,, quels les François livreroient cette ,, Place, pour sureté de leurs bonnes ,, intentions pour la Paix. " Ce General proposa au Prince Eugène & aux Députez une pareille Suspension, surquoi ceux-ci ayant demandé du tems le Duc ne voulut accorder que cinq jours. Il proposa aussi aux Generaux des Troupes Etrangeres à la solde d'Angleterre de le suivre, sur peine d'être privez de leurs subsistances, de leur Solde & des arrérages, sur quoi ils demandérent aussi du tems. Pendant cet intervale l'Armée du General Anglois fouragea du côté de Cambrai; & en prit non seulement occasion de piller; mais ayant mis le feu au Village de Marcois, & les Habitans s'étant refugiez dans l'Eglise, les Anglois les empêchérent d'en sortir & y mirent le feu : de sorte que plus de 300. personnes, Hommes, Femmes ou Enfans, y furent impitoiablement brûlez.

Conditions de cet Armistice.

Il faut remarquer que l'ordre que le Duc d'Ormond avoit reçu de ne faire aucun Siège & d'éviter de s'engager dans une Bataille, avoit été jusques-là un secret entre les Cours de France & d'Angleterre, & leurs deux Generaux. On amusoit cependant le Prince Eugene & tous les Confederez de l'esperance qu'on permettroit au Duc de suivre en quelque manière ses instructions & les assurances solemnelles & réïterées qu'on leur avoit donné d'agir de concert avec le reste des Alliez. Mais le tems étoit venu auquel les soins & la prudence du Secretaire devoient tirer le Roi des peines & des craintes que Mr. de Torci avoit si souvent déclaré qu'il avoit eues des Evènemens de la Campagne. Cependant, quoi-que la France insistât fortement sur la Conclusion de la Suspension d'Armes qu'on ne consentoit d'accorder que pour la conservation de l'Armée Françoise, ce qui devoit naturellement porter la Cour à souscrire aux Demandes de l'Angleterre: les Ministres Anglois eurent la complaisance, nonobstant que la France eût refusé les Conditions auxquelles on avoit d'abord proposé de faire cette Suspension, de faire moderer les termes auxquels ils devoient accepter une chose qui ne pouvoit être avantageuse à l'Angleterre, & qui étoit de la derniere importance pour la France.

Ce fut par le moyen de deux changemens contenus dans la Réponse de Mr. de Torci, aux dernières Propositions qui lui avoient été envoyées: le premier, qu'au lieu qu'on demandoit que la Renonciation fût ratifiée de la maniere la plus solemnelle par les Etats de France, sur quoi l'on s'étoit expliqué auparavant comme sur la sureté la plus essentielle, *on ne voulut simplement que la faire enregitrer dans tous les Parlemens*. Et quât à l'Article de Dunkerque, on y ajoûta *que tous les Officiers du Roi, tant de Terre que de Mer, auroient la liberté d'y rester & d'y exercer leurs Charges*. Mr. de Torci écrivit en même tems deux Lettres à Mr. de St. Jean, l'une publique pour expliquer amplement les raisons des changemens dont on vient de parler,

† *Le 25. Juin.*
Tome III.

M m m

1712. & l'autre particuliere pour le porter à y consentir. Correspondance qui n'étoit pas nouvelle entre ces deux Secretaires. On fit tenir aussi la Copie de ce Memoire, & la Réponse au Maréchal de Villars, qui l'envoya avec une Lettre du 24. Juin au Duc d'Ormond, auquel il dit qu'on en avoit envoyé les Originaux en Angleterre, & qu'il ne doutoit pas que la Suspension d'Armes ne suivît immediatement.

Les Copies sur lesquelles on l'accepte ne sont points signées.

Au reste il paroît par la Lettre du Duc d'Ormond au Maréchal de Villars, que ces Copies n'étoient pas signées; puisque ce Seigneur dit, qu'il auroit souhaité que le Marquis de Torci les eût signées ; comme cela étoit porté dans ses Instructions. Cependant qu'il n'insistoit pas sur des formalitez, de crainte d'interrompre un Ouvrage de cette conséquence, par des scrupules & des difficultez. Qu'il ne laisseroit pas aussi d'aller immediatement trouver le Prince Eugène & les Deputez des Etats, pour leur persuader d'abandonner l'Entreprise du Quesnoi, (dont on faisoit en ce tems-là le Siege) & leur déclarer qu'au cas qu'ils persistassent dans ce dessein, il seroit obligé de se retirer, comme il fit. Il en écrivit aussi-tôt à Mr. de St. Jean, & fit savoir en même tems au Maréchal de Villars que les Généraux des Troupes Auxiliaires à la solde de l'Angleterre refusoient de se retirer de l'Armée du Prince Eugène, sans un ordre particulier de leurs Maîtres.

Les Troupes étrangères refusét d'obeir au Duc d'Ormond.

Cette Nouvelle ayant été portée à la Cour de France, Mr. de Torci écrivit par un Exprès le 17. Juin, qu'au cas que les Troupes Etrangères à la solde d'Angleterre, ne quittassent pas l'Armée du Prince Eugène, les Conditions auxquelles Dunkerque devoit être évacué, n'étant point accomplies, les Anglois ne pouvoient insister avec raison qu'on remît cette Forteresse entre leurs mains, se fondant sur le titre du même Acte, qui portoit une Suspension d'armes *entre les deux Armées des Pays-Bas* : il insista qu'il fût envoyé un ordre positif au Duc d'Ormond de faire retirer toutes les Troupes qui étoient à la solde de l'Angleterre, déclarant qu'aussitôt qu'elles auroient obéi à cet ordre, le Roi feroit évacuer Dunkerque selon sa promesse. La Résolution imprévuë que ces Troupes prirent de ne point abandonner leurs Alliez, déconcerta pendant quelque tems toutes les mesures des Anglois. Mr. de St. Jean écrivit * au Marquis de Torci que les Lettres du Duc d'Ormond étoient conformes à celles qu'il avoit reçuës de sa part, dont la Reine avoit un sensible déplaisir : Cependant, que comme Sa Majesté avoit résolu de ne se point laisser rebuter par les difficultez, il ne doutoit pas qu'on n'en vint encore à bout, & qu'il étoit persuadé que lui, Marquis de Torci, seroit convaincu de cette vérité, en lisant sa Lettre ; puis qu'il venoit de déclarer aux Ministres des Princes, qui avoient des Troupes à la solde de la Reine, qu'à moins qu'elles n'obéissent au Duc d'Ormond, S. M. estimeroit leur procedé, comme une Déclaration contr'elle, & ne les payeroit plus dès ce moment. Qu'au cas que le Roi de France voulût évacuer Dunkerque, le Duc d'Ormond se retireroit avec les Troupes Angloises, & tous les Etrangers qui voudroient obéir à ses ordres, & déclareroit que la Reine ne vouloit plus agir contre la France, ni payer ceux qui le feroient; qu'elle ne feroit aucune difficulté de faire une Paix séparée avec Sa Majesté Très-Chrétienne, & qu'on fixeroit aux Alliez un tems pen-

* L 20. Juin V.S.

1712. dant lequel ils pourroient encore se soûmettre aux conditions, dont on conviendroit entre la Reine & Sa Majesté. Vous voyez, Monsieur, dit-il, que la Paix est entre les mains du Roi; si toute l'Armée du Duc d'Ormond consent à la Suspension d'Armes *, nôtre premier projet subsiste, & si les Etrangers n'y veulent pas consentir, les Troupes Angloises se retireront, & les laisseront chercher leurs subsistances chez les Etats Généraux, qui sont si éloignez de pouvoir se charger de nouvelles dépenses qu'ils ont de la peine à subvenir à celles qu'ils ont déja sur les bras. Enfin, la Grande Bretagne se retirant du Théatre de la Guerre, & y laissant ceux qui sont en état de faire tête à la France, la Paix pourra être concluë en peu de semaines entre les deux Couronnes. Voilà, Monsieur, les propositions que la Reine m'ordonne de faire, & croit que le Roi y trouvera aussi bien son compte que de l'autre manière. Il le prioit encore une fois de dépêcher au Duc d'Ormond un Expres, sur lequel il pût régler sa conduite, & l'assûroit qu'au cas qu'il lui marquât que le Roi avoit donné ordre au Gouverneur de DunKerque d'admettre les Anglois, ce Seigneur feroit immédiatement de son côté ce qui avoit été dit. Il lui marquoit de plus que la Reine avoit résolu d'envoyer incessamment le Comte de Strafford à l'Armée.

Le Côte de Strafort va à l'Armée & pourquoi.

Ce Seigneur y alla en effet, chargé des Instructions de la Reine pour le Duc d'Ormond, telles que Sa Majesté Britannique ne pouvoit les confier qu'à ce Ministre. On l'envoya exprès pour cela à l'Armée. Le Sr. de St. Jean lui fit rendre en même tems une

* Ceci & tout ce qui suit, s'entend de la Suspension d'Armes par Mer & par Terre, celle du Duc d'Ormond n'ayant pas été generale.

Copie de la Lettre qu'il avoit écrite à Mr. de Torci, lui mandant qu'il ne seroit pas à propos qu'elle fût vûë par d'autres yeux que les siens, Il lui ordonna de plus d'aprendre au Maréchal de Villars la peine que la Reine s'étoit donnée pour vaincre l'obstination de ceux qui refusoient d'obéir, & qu'il attendoit un Exprès de France par ses soins. Ce Seigneur reçut encore un second ordre, portant qu'au cas qu'on lui aprît de la Cour de France qu'on eût accepté les dernières Propositions de la Reine, & qu'on envoyât des ordres pour l'évacuation de DunKerque, il eût immédiatement à déclarer la Suspension d'Armes entre la Grande Bretagne & la France : à tenir en Corps toutes les Troupes qui obéïroient à ses ordres & à se retirer le mieux qu'il lui seroit possible.

Cette offre ne fut pas plûtôt arrivée en France, qu'on l'accepta sans balancer & sans perdre un seul moment, comme Mr. de Torci l'écrivit * au Sr. de St Jean. Il n'oublia pas cependant de faire une mention très-particuliere de toutes les raisons & de tous les engagemens proposez, d'une maniere si claire & si distincte ; & dit, qu'à condition que la Reine fît immédiatement une Paix séparée ; qu'elle ne gardât plus de mesures avec ses Alliez, & qu'on leur limitât un tems pour se soûmettre aux conditions dont il seroit convenu pour eux, entre la France & l'Angleterre, le Roi avoit résolu d'envoyer ordre qu'on remît Dunkerque entre les mains des Troupes Angloises. On dépêcha en même tems un Courier au Maréchal de Villars pour lui porter ces ordres. Et comme l'Angleterre avoit proposé une Suspension de toutes les hostilitez par Mer & par Terre entre les deux Nations, jusques à la Conclusion des Traitez,

Conditions de la Suspension d'Armes. générale ou de la Paix séparée de l'Angleterre. Raport du Comité secret.

* Le 8. Juillet.

le Roi T.C. y consentit avec la même promtitude.

Aussi-tôt qu'on eut reçu cette Nouvelle en Angleterre, on envoya de nouveaux ordres au Duc d'Ormond de déclarer la Suspension d'Armes, sans délai, dès qu'il auroit apris que le Gouverneur de Dunkerque auroit reçu ordre d'évacuer cette Place, & d'y admettre les Troupes de la Reine; & de se retirer avec les Troupes Angloises & les autres qui voudroient obéir à ses ordres. Et de crainte qu'il n'arrivât quelque accident capable d'empêcher l'effet de ce Projet, Mr. de St. Jean lui recommandoit d'observer que l'ordre étoit positif, & qu'il ne pouvoit rien arriver qui fût capable de faire changer de mesures à Sa Majesté. Mr. de St. Jean marquoit en même tems le chagrin qu'il avoit de ce que le Comte de Strafford arriveroit plus tard à l'Armée qu'il ne seroit à souhaiter, parce que le Duc devoit recevoir de lui des lumières & informations pour se conduire dans une conjoncture si délicate, le Comte ayant d'amples Instructions sur lesquelles il devoit se régler. Le 12. Juillet. le Comte de Strafford arriva au Camp; & le 14. le Prince Eugene fit savoir au Duc d'Ormond par un Aide de Camp, qu'il devoit marcher le lendemain à dessein, à ce qu'on suposoit, d'attaquer Landrecies. Le Duc en fut fort surpris, refusa de marcher avec lui, ou de l'assister des Troupes de la Reine, & fit dire à ce Prince, que lors que S. A. marcheroit, il pourvoiroit de son côté le mieux qu'il lui seroit possible à la sûreté des Troupes de la Reine, & changeroit de Camp pour cela.

Correspondance du M. de Villars avec le Le même jour le Maréchal de Villars apprit au Duc d'Ormond, qu'il avoit envoyé les ordres nécessaires pour l'évacuation de Dunkerque par le Colonel Lloyd, ,, Permettez moi, ,, Monsieur, dit il, d'avoir l'honneur ,, de vous dire, que quoi que ce soit un ,, grand avantage de n'être pas obligé ,, de combattre contre les plus braves ,, & les plus fiers de nos Ennemis, il ,, ne laisse pas d'être important de sa- ,, voir qui sont ceux qui nous restent, ,, & que je prenne la liberté de vous ,, prier de me faire l'honneur de m'a- ,, prendre, quelles sont les Troupes & ,, les Généraux qui obéiront à vos or- ,, dres, parce que je suis résolu d'at- ,, taquer les Ennemis, à la premiere ,, entreprise qu'ils feront. Le Roi m'a ,, permis de combatre, & rien ne m'a ,, empêché de le faire jusqu'à present ,, que les Négociations; l'Armée que ,, je commande le souhaitant ardem- ,, ment. Je suis cependant persuadé ,, qu'il ne se fera rien, si l'Armée qui ,, est sous vos ordres vous obéyt. Ainsi ,, j'espere que ce ne sera pas une curio- ,, sité indiscrete, de vous prier de me ,, donner quelques lumieres sur le ,, doute où je suis. Je vous serai infi- ,, niment obligé, Monsieur, si vous ,, voulez bien m'honorer d'un mot de ,, réponse par ce Trompette, & me ,, donner les lumieres que je souhaite. ,, Vous me permettrez de joindre à ,, ce Paquet une Lettre du Comte de ,, Strafford.

Lettres qu'ils s'écrivent. Le 15. Juillet le Duc d'Ormond répondit à cette Lettre, qu'il seroit bien aise de pouvoir lui donner les lumieres qu'il souhaitoit : mais que cela ne lui étoit pas encore possible; Qu'il n'avoit cependant pas voulu retenir son Trompette, quoi qu'il fût persuadé qu'il pourroit lui aprendre le lendemain avec certitude quelles Troupes resteroient sous son Commandement. Quant à la Suspension d'Armes, dit-il, vous savez déja, Monsieur, que suivant mes ordres, je ne saurois la déclarer dans les formes, jusqu'à ce que j'aïe apris que le Gouverneur de Dunkerque ait exécuté les

Duc d'Ormond

ordres du Roi, en évacuant cette Place. Le Duc ajoûtoit, Vous conviendrez cependant, avec moi, Monsieur, que cette Suspension a déja son effet à mon égard, puis que je viens d'informer le Prince Eugène & les Députez des Etats, qu'au cas qu'ils entreprennent quelque nouvelle Operation, je ne pourrai les assister avec l'Armée de la Reine.

Le 16. le Duc d'Ormond écrivit encore une fois au Maréchal de Villars & lui dit : Vôtre Trompette vient de remettre entre mes mains la Lettre que vous m'avez fait l'honneur de m'écrire le 15. & je vais m'aquiter de la promesse que je vous fis hier. Le Prince Eugène s'est mis en marche ce matin, & toutes les Troupes Etrangères nous ont quitté à la réserve d'un Bataillon, de 4. Escadrons de Holstein, & de deux de Walef. Il ajoûta. Les choses s'étant passées comme j'ai l'honneur de vous le dire, j'ai crû devoir vous l'aprendre au plûtôt, & comme je vous marquai hier, la Suspension a déja son effet à mon égard, puisque j'ai séparé les Troupes de la Reine, & toute son Artillerie, de celles du Prince Eugene, & lui ai déclaré, que je ne pouvois lui donner aucune assistance. Outre cela, on a arrêté le payement des Troupes Etrangères, & par conséquent ce sera un nouveau fardeau pour l'Empereur & la Hollande, qu'ils ne seront pas long-tems en état de soûtenir. Je me repose sur vôtre bonne foi, Monsieur, & ferai demain un mouvement pour me mettre dans une autre situation, où j'espere que j'aurai des nouvelles de Dunkerque, qui m'autôriseront à déclarer la Suspension d'Armes. Le Maréchal de Villars fit savoir le même jour au Duc d'Ormond, que le Gouverneur de Dunkerque faisoit les Preparatifs nécessaires pour l'évacuation de la Place: il ajoûta, Quant à moi, Monsieur, comme je vous estime déja un de nos Alliez, je n'ai aucune impatience que vous vous éloigniez de nous. Vous êtes en pleine liberté d'aprocher & de vous camper sur les Terres du Roi, & par tout où il vous plaira. Le lendemain le Duc d'Ormond fit proclamer la Suspension d'Armes au son des Trompettes.

Si le premier dessein de la France eût réüssi, qui étoit d'engager tous les Etrangers à la solde de la Reine d'Angleterre, qui composoient l'Armée du Duc d'Ormond, à se séparer & à abandonner le reste des Alliez, il est certain que toute l'Armée du Prince Eugene eût été obligée de se soûmettre à ce qu'on eût voulu éxiger d'elle ou qu'elle eût été exposée à la merci des François. Cependant ces mêmes Troupes qui n'avoient pu se résoudre à abandonner leurs Conféderez & à les sacrifier à la France, en furent punies en Angleterre par la perte de leur paie & de leurs subsides. Les Troupes de Hanover entr'autres furent celles qui aimerent mieux s'exposer au ressentiment des Anglois, que de manquer à ce qu'elles devoient à leurs Alliez.

Traitement fait aux Troupes Etrangères à la solde d'Angleterre.

On ne peut nier que la Suspension d'Armes n'ait été très-avantageuse aux François, & même le plus grand service que l'Angleterre ait pu leur rendre, sans en tirer pour elle-même aucun avantage réel. Car quoi que la Démolition de Dunkerque eût toûjours été regardée comme un point très-important, à la faveur duquel les Anglois esperoient de justifier leur conduite envers la France, n'a-t-on pas vû la Démolition de cette Place supléée par un nouveau Canal plus avantageux à la France & plus formidable pour la Navigation de la G.B., que ne le fut jamais Dunkerque ; On peut donc dire que cet Article ne fut ajoûté à la Suspension d'Armes que pour la justifier dans l'esprit du Peuple, & lu

Avantages que la France tira de la Suspension d'Armes des Anglois.

1712. faire aprouver les desseins d'une Paix séparée par cette démarche faite à propos. Quant à l'Article de la Renonciation, au moïen de laquelle la Reine d'Angleterre avoit déclaré du Trône que la France & l'Espagne seroient plus divisées que jamais, la France l'accorda d'autant plus facilement, qu'elle voïoit qu'on la regardoit comme un expédient propre à prévenir l'union des deux Monarchies; quoi qu'elle eût déclaré ouvertement qu'il seroit nul & invalide par les Loix fondamentales du Roiaume. Il est pourtant vrai de dire, malgré cette déclation, que cet Article n'étoit pas si peu important qu'on le croïoit en France, & que les mêmes raisons par lesquelles on a fait valoir la validité de la Renonciation de la Reine Marie Therese, faite au Traité des Pirenées, peuvent avoir lieu à l'égard de celle du Roi Philipe : sauf le Droit du plus Fort, qui seroit à la verité le meilleur, si l'on venoit à le disputer les Armes à la main,

Dunkerque leur est livrée. Quoi qu'il en soit, Dunkerque fut remise aux Troupes Angloises, qui en prirent possession le 10. Juillet, & l'on ne fut pas longtems à s'apercevoir des suites de l'Armistice. La Cour étoit à Fontainebleau, lors que le Roi aprit l'agreable nouvelle de la Suspension d'Armes des Anglois, suivie de la séparation de leur Armée & du succès des desseins que le Maréchal de Villars fondoit sur cette séparation. Le Marquis de Nangis arriva en effet le 26. au matin à Fontainebleau, avec la nouvelle que le Corps d'Armée, que le Comte d'Albemarle commandoit à Denain avoit été entierement défait. Voici, suivant les Relations les plus exactes, comment la chose se passa.

Disposition des Armées avant l'affaire. L'Armée des Alliez étoit campée la droite à Noyelles & la gauche à Solemne, aiant l'Escaut devant, & la Selle derriere elle. Le Comte d'Albemar-

le fut détaché le 26. de Mai avec 13. Bataillons & 30. Escadrons pour prendre poste à Denain sur l'Escaut & pour assûrer la Communication avec Marchiennes, d'où les Aliez tiroient les munitions & les vivres. Ce Général fit travailler le même jour à un Retranchement pour mettre ses Troupes en sûreté : la droite s'apuyoit contre la vieille Ligne que les François avoient faite depuis l'Escarpe jusqu'à l'Escaut après la Bataille de Malplaquet, & la gauche contre l'Escaut. Il fit aussi travailler en toute diligence à une double Ligne de Communication qui s'étendoit au travers de la Plaine de Beaurepaire. Ces Lignes étoient de 2. lieuës de longueur & défenduës de distance en distance par des Redoutes & des Gardes. Le Siège du Quesnoi étant fini les Alliez résolurent d'entreprendre celui de Landrecies; mais comme leur Armée devoit alors passer l'Escaillon, ils commencérent le 8. de Juillet à travailler à un Retranchement pour couvrir les Ponts à Denain contre les insultes des François. Ce retranchement fut gardé par le Régiment du Prince Héreditaire de Wolfenbutel qu'on y fit camper en trois pelotons. On fit travailler en même tems à une nouvelle Ligne de Communication de Denain, vers Thian, pour assûrer le passage des Convois pour le Siège de Landrecies, & pour couvrir le Pont de Communication à Thian. Le 14 on défit un des Ponts de Pontons à Denain, qui fut envoyé par ordre exprès à la grande Armée, pour s'en servir le 17. à faire la Communication sur la Sambre & l'inondation au dessus & au dessous de Landrecies, afin d'investir la Ville. Le 16. le Prince Eugène de Savoye passa l'Escaillon avec son Armée & toutes les Troupes Etrangères, & les fit camper l'Aîle droite à Thian, & la gauche à Fontaine au Bois auprès de Lan-

1711.

Relation diverse de cette affaire.
de Denain.

1712. drec·es, la premiére Ligne faifant front vers l'Efcaillon, & la feconde vers Velenciennes & le Quefnoi. Le 17. on fit occuper la nouvelle Ligne de communication entre Denain & Thian, par 6. Bataillons Impériaux & Palatins fous le commandement du Lieutenant General Secquin, & les Majors Generaux le Prince de Holftein & Zobel. pour garder cette Ligne, & pour empêcher que les François ne puffent couper le Corps qui étoit à Denain de la Grande Armé. Le même jour on détacha le Prince d'Anhalt avec 30. Bataillons & 40. Efcadrons, pour faire le Siége de Landrecies: & comme parmi ce nombre il y en avoit quelquesuns du Corps de Mylord d'Albemarle qui marchoient de ce côté-là, ils furent d'abord remplacez; de forte que le Corps de Denain confiftoit alors en 10. Bataillons & 23. Efcadrons, qui étoient campez le long du Retranchement, depuis la gauche jufqu'à la droite, la Cavalerie & l'Infanterie entre-mêlée.

Les Alliez fe préparent à recevoir les François en cas d'attaque.

Le 19. l'Armée Françoife paffa l'Efcaut, au deffous de Cambrai, après avoir tiré enfemble toutes leurs Troupes de Monchipreux, & des Poftes du long de la Sencette: elle fe campa l'Aile droite au Câtelet, faifant courir le bruit qu'elle vouloit en venir, à une Bataille. Là-deffus le Prince Eugene de Savoïe fit mettre fon Armée fous les Armes & ordonna à Mylord d'Albemarle, de fe tenir avec fes Troupes prêt à marcher, en cas qu'il en fut befoin. Et comme les François continuoient leurs mouvemens le 20. du côté de la Sambre, il fit ferrer la grande Armée vers la gauche, & ordonna derechef à Mylord d'Albemarle de fe tenir prêt à marcher au premier ordre, comme il le fit en effet. Les François s'étant campez alors derriére la Selle, la gauche à Vielles Coachi, & l'Aile droite à St. Martin contre le bois de Bohain, le Prince Eugene fit faire une Ligne depuis la Source de l'Ecaillon jufques à la Sambre, pour couvrir l'Aile gauche, & pour conferver la communication avec les Troupes du Siége: il fit occuper cette Ligne par 12. Bataillons, & fit revenir fes Troupes à leur vieux Camp, ordonnant à Mylord d'Albemarle d'en faire de même. Ce qui aiant été executé, & Mylord d'Albemarle voïant qu'on ne renvoïoit point, fuivant la promeffe qu'on lui avoit faite, les Pontons du fecond Pont qu'on avoit levez le 14., & qui avoient été emploiez le 17. à Landrecies, il fit travailler, immédiatement apres ces mouvemens, à un Pont de Bois: & on fit commander pour cet effet tous les Charpentiers, une quantité de Travailleurs, & 5. à 600. hommes pour chercher le bois neceffaire dans les Bois voifins. Ce travail dura jufqu'au 24., que le Pont auroit été achevé, fi les François n'euffent commencé à attaquer. Il ne pouvoit être achevé, plutôt à caufe de la largeur de la Riviére qui éxigeoit en cet endroit-là 8. Pontons, ce qui fait voir combien il faloit de peine & de travail pour conftruire un tel Pont. Le 23. il arriva à Marchiennes un Convoi pour les Alliez, efcorté par 2. Bataillons, aufquels on donna ordre de refter à Beaurepaire, aupres du Brigadier Berkhoffer, qui y eut de cette maniere fous fes ordres fix Bataillons & 3. Efcadrons. Le Comte d'Albemarle lui ordonna qu'en cas que les François euffent l'œil fur Marchiennes, & vinffent à lui avec une force fuperieure, il eût à fe rendre à Marchiennes avec fes Troupes, & fe camper entre l'Efcarpe & le grand Marais, où il n'y avoit qu'un feul paffage, pour venir aux Bâteaux, le Prieuré de Hamager fur la gauche & le Fort ce Riolet à la droite, étant bien pourvus.

1712.

Feinte des François pour surprendre les Ennemis occupez au Siége de Ladrecies.

Le 21. 22. & 23. les François furent continuellement en mouvement du côté de la Sambre, pour faire croire aux Alliez qu'ils vouloient faire lever le Siége de Landrecies. Ils firent conſtruire des Ponts ſur la Sambre, & faire des ouvertures dans les Troüées de Femi, comme s'ils y euſſent voulu paſſer, & ſe donnérent tous les mouvemens qui pouvoient ſervir à perſuader que leur deſſein étoit d'attaquer les Lignes des Alliez devant la Place aſſiégée. Mais leur veritable but étoit de tomber premiérement ſur le Corps poſté à Denain, & de prendre enſuite Marchiennes. Pour cet effet, le Maréchal de Villars avoit déja ordonné à la Garniſon de Valenciennes de ſe tenir prête à marcher, & le 23. à midi il fit ſortir tous ſes Huſſars pour battre l'eſtrade entre Cambrai, Bouchain, & la Grande Armée; il envoïa une quantité de Partis à pié & à cheval ſur tous les paſſages de la Selle & de l'Eſcaut, pour empêcher que les Alliez n'euſſent vent de ſon deſſein. A 7. heures du ſoir il fit avancer le Comte de Coigni avec 30. Eſcadrons de Dragons, vers leurs Lignes de Circonvallation devant Landrecies, comme s'il eût voulu les attaquer la même nuit; mais en même tems il détacha le Marquis de Vieuxpont avec 30. Bataillons, tous les Pontons & une Brigade de Cavalerie, auſſi bien que le Lieutenant General d'Albergotti, avec 20. Bataillons & 40. Eſcadrons, pour ſoûtenir. Toute l'Armée ſuivit là-deſſus; & le gros Bagage fut envoïé à St. Quentin, & à Ham. Le Comte de Broglio couvroit la marche de l'Infanterie, avec 49. Eſcadrons du Corps de Réſerve, aiant ordre en même tems d'avoir ſoin que perſonne ne pût paſſer la petite Rivière de Selle, pour avertir les Ennemis de leur marche. Ces meſures ainſi priſes, les François décampérent en grande diligence de leur Camp de Câteau-Cambreſis, le 23. au ſoir, aprés qu'on eut battu la retraite, & marchérent toute la nuit par les Plaines entre la Selle & l'Eſcaut juſques à Neuf-ville ſur l'Eſcaut, au deſſous de Bouchain, où la tête étant arrivée à la pointe du jour, on fit conſtruire d'abord les Ponts pour paſſer cette Riviere.

1712.

Quoi que Mylord d'Albermale eût continuellement pluſieurs Eſpions en Campagne pour veiller ſur les mouvemens des François contre ces Riviéres, il ne reçut aucun avis de cette marche; ſoit qu'ils euſſent été arrêtez ou pris, ou qu'ils n'euſſent pu paſſer à cauſe de la quantité de Partis François qui battoient la Campagne de ce côté-là. Il ne reçut non plus aucune nouvelle de Bouchain, quoi que les Ponts ſe fiſent à Neufville qui n'eſt pas loin de là, & que juſques alors il y eût établi & entretenu une correſpondance reguliére, dont il recevoit des nouvelles journellement, aiant de plus ordonné expreſſement aux Habitans de la dépendance de Bouchain, ſur le moindre mouvement des François dans ce voiſinage, d'en donner d'abord connoiſſance au Commandant de cette Place. Et comme le Prince Eugène n'aprit auſſi la nouvelle de cette marche que le 24. à 7. heures du matin Mylord d'Albemarle n'en put recevoir aucun avis de la Grande Armée: ainſi ce ne fut qu'entre 7. & 8. heures du matin que le General Major Bothmar qui étoit de jour, & qui viſitoit le Camp, lui fit ſavoir que l'Armée Françoiſe ſe faiſoit voir à Aveſne-le-Sec. Mylord d'Albemarle en donna d'abord connoiſſance au Prince Eugène qui lui fit dire qu'il viendroit inceſſamment en perſonne auprés de lui comme il fit auſſi enſuite; & en même tems il donna le ſignal concerté de ſix coups de Canon, tant pour avertir les Poſtes

Les Alliez n'aprennent la marche des François, que quand ils ne peuvent plus les éviter.

tes à Bouchain, Marchiennes & St. Amand, que pour faire revenir les chevaux de la Cavalerie, qui étoient en pâture, aussi bien que ceux de la grande Armée. Ces chevaux étant revenus aussi-tôt, Mylord d'Albemarle fit d'abord monter la Cavalerie à cheval, fit poster le General Major Comte de Croix avec 7. Escadrons Impériaux devant l'Aile droite du Retranchement sur le grand chemin de Valenciennes pour observer la Garnison de cette Place laquelle étant aussi sortie, commença à se faire voir sur la Hauteur de Hurtebize, & avec les autres 16. Escadrons il sortoit sur la Plaine par la gauche dans l'intention de disputer aux François le passage de Neufville. Il ignoroit que leurs Ponts étoient faits, & que leurs Troupes y passoient déja, parce qu'ils étoient dans un fonds d'où il ne pouvoit les voir à cause d'une grande Hauteur qui étoit entre deux. Mais si-tôt qu'il fut avancé avec la tête de la Cavalerie jusques sur la Hauteur, il trouva qu'une grande partie de la Cavalerie & de l'Infanterie Françoise, entremêlée l'une parmi l'autre, avoit déja passé l'Escaut, & s'étendoit dans la Plaine vers Escaudain : & comme par conséquent il n'étoit pas possible de les attaquer, Mylord d'Albemarle fit ranger ses 16. Escadrons devant le Retranchement avec leur droite contre la Ligne de Communication, entre Denain & Marchiennes & la gauche vers les Prairies le long de l'Escaut, jusques à ce qu'on vit les mouvemens que les François feroient ensuite. Alors ceux ci commencèrent aussi tôt à faire leur disposition pour attaquer la Cavalerie Ennemie avec la leur qui étoit fort nombreuse. Mylord d'Albemarle fit rentrer la sienne fort à propos dans le Retranchement, sans quoi elle auroit bien-tôt été renversée par la grande superiorité des François. Et

comme il vit ensuite qu'ils continuoient leur marche pour passer la Ligne de Communication, pour se joindre à la Garnison de Valenciennes, il fit avancer quelques Escadrons hors du Retranchement, entre les deux Lignes défendues de distance en distance par des Redoutes & des Gardes,& qui ne pouvoient être occupées, ni assurées autremrnt à cause qu'elles avoient deux lieuës & demie de longueur. Les François s'en apercurent, & en étant beaucoup plus prés, ils les occupérent avec leur Infanterie, pour faciliter le passage de la Cavalerie; de sorte qu'il ne fut pas possible de le leur disputer à cause de leur superiorité; ainsi ils poursuivirent leur marche jusques à leur vieille Ligne.

Mylord d'Albemarle avoit fait poster le long du Retranchement son Infanterie consistant en 10. Bataillons, fort affoiblis par des Détachemens, sous les ordres du Lieutenant General Comte de Dhona & de quelques autres, & environ sur les 10. heures arriva le Prince Eugéne de Savoïe, avec plusieurs de ses Generaux. Il fut reconnoître en personne la marche & les mouvemens des François : visita le Retranchement & la disposition de l'Infanterie, & ordonna ensuite à la Cavalerie de repasser l'Escaut. Elle ne pouvoit plus être d'aucune utilité, parce que les François étant passez avec toute leur Armée, avoient investi le Retranchement de fort prés de tous côtez. Comme les 10. Bataillons des Alliez rangez à trois hommes de hauteur n'en occupoient qu'un grand tiers vers l'Aîle gauche & le Centre & que l'Aile droite étoit tout-à fait dégarnie & sans monde, le Prince Eugéne fit passer les 6. Bataillons Impériaux & Palatins, qui étoient le plus à portée, étant campez dans la nouvelle Ligne de communication, entre Thian & Denain, & les plaça à l'Aîle droite

Disposition des Alliez avant l'attaque.

1712.

du Retranchement, sous le Commandement du Lieutenant General Secquin, & des Généraux-Majors, le Prince de Holstein & Zobel.

Ordre de l'Armée Françoise.

L'Armée Françoise se rangea durant ce tems-là en Bataille avec grande diligence pour attaquer le Retranchement des Alliez, l'Infanterie devant & la Cavalerie derriére. La Garnison de Valenciennes se rangea de même, & investit la droite du Retranchement; voici quelle étoit leur disposition. On avoit commandé 30. Bataillons, 80. Compagnies de Grenadiers, & le Piquet de l'Armée, de même que tous les Dragons à qui on avoit fait mettre pié à terre; ces Dragons formoient la premiere Colomne sur leur droite, & marchoient par les Prairies le long de la Riviére, vers l'Aile gauche du Retranchement; les 30. Bataillons, les Grenadiers & le Piquet formoient deux autres Colomnes, entre celle des Dragons, & les Lignes de Communication. Ces deux Colomnes étoient soûtenuës par 30. Bataillons, suivis de tout le reste de la Cavalerie & de l'Infanterie; & dans cet ordre l'Armée Françoise s'avança vers le Retranchement avec tant de diligence, qu'il fut impossible aux Alliez d'avoir aucun secours de la grande Armée qui pût venir à tems.

On cômence de part & d'autre à se canonner.

Ceux-ci cannonérent les François aussi fortement qu'il fut possible, avec six pièces de Canon qui étoient rangées sur deux Batteries au Centre, & les François leur répondirent avec quelques autres qu'ils avoient devant leur Aile droite sur la Hauteur. Mylord d'Albemarle donnoit avis de tems en tems de toutes les manœuvres des François au Prince Eugéne, qui demeura jusques à la fin de l'Action de l'autre côté de l'Escaut sur la Redoute dans le Retranchement qui couvroit le Pont, le faisant aussi prier de lui envoier ses ordres. Le Prince lui aiant fait dire plus d'une fois, qu'on devoit défendre ce Poste le plus longtems qu'il seroit possible, qu'il faisoit avancer de l'Infanterie de la grande Armée pour le secourir, le Comte d'Albemarle fit tous les préparatifs qu'il pût pour bien recevoir les François. Il fit boucher les trois ouvertures qui étoient au Retranchement pour entrer & sortir, & pour avoir la Communication avec Bouchain & Marchiennes; & voiant que la plus grande force des François vouloit pénétrer au Centre, il envoia ordre au Comte de Dhona, qui commandoit à la gauche, de se jetter en cas de besoin de ce côté-là vers le Centre avec son Infanterie, pour les attaquer en flanc, & tâcher de les repousser. Le Comte de Dhona exécuta cet ordre fort à propos, mais sans que ce mouvement pût produire l'effet qu'on souhaitoit; parce-que les François s'étant aprochez du Retranchement avec beaucoup de vitesse, & en bon ordre, jusques sous la mousqueterie, ils l'attaquérent vigoureusement à une heure après midi.

1712.

Les Alliez sont battus & leur Retranchement forcé.

La premiére Colomne de leur Infanterie se jetta sur la Redoute, dans laquelle le Régiment de Welderen étoit posté, & sur l'ouverture d'à côté qui étoit bouchée; ils y furent reçus avec un grand feu par pelotons; mais les derniers de leur Colomne aiant poussé les premiers jusques sur le Parapet du Retranchement, qui n'étoit de ce côté-là que de pierres & de sable, il s'éboula & remplit le Fossé. Les François y pénétrerent d'abord, & poussérent les Alliez fort vivement, la baïonnette au bout du fuzil : surquoi ceux-ci abandonnérent le Retranchement de tous côtez prenant la fuite, partie vers le Pont de Pontons, & partie vers le Moulin à eau, Mylord d'Albemarle, aussi bien que tous les autres Generaux, fit ce qu'il pût pour rallier ceux du Centre, l'aile gauche où étoient le Comte de Dhona & le Comte de Nassau-Woudenbourg, étant coupée par les François, & separée des autres Troupes; mais ce fut inutilement. Ce General tâcha alors de mener quelques Régimens de la droite au Village de Denain, pour les poster, entre les Maisons & dans l'Abbaïe, afin d'arrêter les François; mais lors qu'il se croïoit suivi, il se trouva presque tout seul entre les Troupes Françoises, & dans le tems qu'il faisoit un dernier effort pour rallier les débris de sa Troupe devant le Pont, il fut pris prisonnier l'épée à la main; & mené peu après à Valenciennes. Partie de l'Infanterie se précipita dans la Rîvière, partie fut tuée par les François; 2080 furent faits prisonniers, & le reste au nombre de 4080. s'étant sauvé, retournérent ensuite à la Grande Armée. Parmi ceux qui se noïerent, furent le Lieutenant General Comte de Dhona & le General Major Comte de Nassau-Woudenbourg, tous deux fort regrettez de leur Parti; Et parmi les prisonniers, le Lieutenant General Secquin, les Generaux Majors, Prince de Holstein, Darberg & Zobel: les Colonels Comte de la Lippe, Jengnagel, Cuvanac Spaen, & Greck: les Lieutenans Colonels Donnelli Herbshausen, Heuske, Braxel, Munnik, & Els; & les Majors Winckel, Fabritz, Buloras, Till, & Moors: 44. Capitaines, 109. Lieutenans & Enseignes, comme aussi 58. Cavalieres de la Garde du Camp, & le Commis de l'Artillerie Taurinus.

Le Prince Eugéne avoit fait avancer 14. Bataillons jusques sur le bord de l'Escaut, où ils étoient rangez, prêts à passer; mais ils ne purent le faire à tems, parce que le Pont qui étoit resté, se trouva embarrassé par la Cavalerie & le Bagage, & qu'il se rompit même ensuite; le Pont de Bois n'étoit pas encore achevé, ainsi ces Troupes ne pouvoient servir que pour favoriser la retraite des débris qui s'étoient attroupez au Pont.

Voici de quelle maniére les Députez des Etats Generaux avoüérent cette défaite dans la Lettre qu'il en écrivirent à Leurs H. P.

Hauts & Puissans Seigneurs,

„ LE Maréchal de Villars décam-
„ pa hier au soir au coucher du
„ soleil de Cateau Cambresis, & mar-
„ cha avec tant de diligence, qu'au-
„ jourd'hui de grand matin, il a passé
„ l'Escaut sur 8. Colomnes à Sourche
„ & Neufville. D'abord que le Prince
„ Eugéne de Savoye eut reçu avis de
„ la marche des Ennemis, il se rendit
„ à Denain, y fit passer 6. Bataillons
„ pour renforcer le Corps du Comte
„ d'Albemarle, visita en personne son
„ Retranchement, & l'Infanterie qui
„ y étoit postée, fit venir la Cavale-
„ rie & les Bagages en deçà de l'Es-
„ caut, afin qu'ils ne causassent aucun
„ embarras, & revint sur les 10. heu-
„ res en deçà du Pont, pour faire les
„ dispositions nécessaires pour soûtenir
„ ce Corps-là, avec toute l'Infanterie
„ de l'Armée qui étoit déja en marche
„ Cependant, les Ennemis s'étant avan-
„ cez jusqu'auprès du Retranchement
„ en une Colomne fort resserrée de
„ leur aile gauche, & de leur Corps
„ de Bataille, ont défilé pour l'atta-
„ quer en front; ils ont ensuite fait
„ mine diverses fois de se retirer, à
„ cause du grand feu que nos gens fai-
„ soient sur eux de leur Canon; mais
„ ils se sont enfin rüez avec tant de
„ furie sur les Régimens qui étoient
„ postez, qu'après une décharge ils ont
„ abandonné le Retranchement. Les
„ Ennemis aiant ensuite penetré dans
„ ce Retranchement, ont chargé nos
„ gens à droit & à gauche, les ont cul-

Lettre des Députez des E. G. sur cette défaite.

1712. ,, butez, & les ont obligez après une
,, vigoureuse, mais inutile resistance
,, de se retirer vers le pont sur l'Escaut,
,, mais il avoit été malheureusement
,, rompu, par le poids des Bagages qui
,, venoient de le passer; de sorte que
,, la plus grande partie de ceux qui
,, vouloient le passer ont été noïez;
,, une autre partie est venuë en deça
,, de l'Escaut; & le reste de 17. Batail-
,, lons qui étoient dans le Retranche-
,, ment ont été tuez ou faits prison-
,, niers. Le General Comte d'Albemar-
,, le & le Major General Zobel sont
,, parmi les derniers. Le Comte de
,, Dhona, Lieutenant general, & le
,, Prince de Holstein, Major General,
,, au Service de l'Empereur, ont été
,, noïez. On n'a encore aucunes nou-
,, velles certaines du Comte de Nassau-
,, Woudenbourg. Parmi les 17. Ba-
,, taillons dont on vient de parler, il
,, y en avoit 8. Impériaux ou Palatins,
,, & 3. de l'Etat, savoir ceux d'Albe-
,, marle, de Welderen, & de Douglas,
,, le reste étant des troupes Auxiliaires.
,, Nous sommes obligez de remettre à
,, une autre occasion à envoïer à Vos
,, Hautes-Puissances un plus exact dé-
,, tail de la perte que nous avons fai-
,, te; Elle est petite, eu égard au grand
,, feu; & sans l'accident survenu au
,, Pont, elle auroit été encore moin-
,, dre; car l'Ennemi n'a pas osé péné-
,, trer jusqu'à l'Escaut, pour éviter le
,, feu de nôtre Infanterie qui étoit
,, postée en deça de cette Rivière. Le
,, Brigadier Berkhofer est à Marchien-
,, nes avec 6. Bataillons; & comme
,, cette Place est située sur la Scar-
,, pe dans un endroit presque inac-
,, cessible, nous espérons qu'il se re-
,, tirera ailleurs, en cas que les Enne-
,, mis viennent à passer cette Rivière.
,, comme toute communication nous
,, est coupée avec Marchiennes, on a
,, d'abord donné ordre de cuire du
,, pain pour l'Armée ici & à Mons; &
,, l'on a fait revenir l'Infanterie à l'Ar- 1712.
,, mée, qui est dans la precedente si-
,, tuation.
,, On concertera demain avec M. le
,, Prince Eugène de Savoïe & le Com-
,, te de Tilli; ce que nous ferons; &
,, nous en informerons d'abord Vos
,, Hautes Puissances. Nous espérons
,, qu'on préviendra entièrement par là
,, les mauvaises suites de cette perte.
,, Nous sommes,

Hauts & Puissans Seigneurs, &c.

Au Quesnoi le 24. Juillet 1712.

L'Armée Françoise consistoit en 133. Bataillons & 250. Escadrons, & se campa après cette Action avec l'Aîle gauche sur la hauteur de Hurtebize le Centre à Escaudin, & l'Aîle droite plus loin que Bouchain à Marque, la premiere Ligne faisant front vers l'Escaut, & la seconde vers la Scarpe. La nouvelle de cette Victoire fut reçuë à la Cour avec toute la joïe que l'on peut s'imaginer; & le Comte de Villars y arriva le 13. avec les drapeaux pris dans le Camp de Denain. M. de Torci ne manqua point d'en faire aussi-tôt part à Mr. de St. Jean & de lui dire ,, que le Roi étoit persuadé que l'A-
,, vantage que ses Troupes venoient
,, de remporter feroit plaisir à la Rei-
,, ne, parce que ce seroit un motif
,, pour surmonter l'obstination des
,, Ennemis de la Paix,, Le Marechal de Villars de son côté ne perdit pas un moment à l'aprendre au Duc d'Ormond: attribuant cette Victoire à la separation des braves Anglois, & insultant aux Alliez comme à des Ennemis communs qui voïoient alors les fausses mesures qu'ils avoient prises. Il le pria d'en envoïer la Relation aux Plenipotentiaires de France à Utrecht, & de faire mille complimens de sa part au Comte de Strafford. Les Fran-

Comment cette Nouvelle fut reçuë & à quoi attribuée.

1712. çois se tenoient tellement assurez des Ministres de la G. B., qu'ils se flatoient de leur assistance pour profiter de cet avantage contre les Conférences; puisque M. de Torci dans sa Lettre au Secretaire Anglois, dit qu'il espere que la Reine les reduira enfin à la raison, & leur fera accepter les dernieres Offres du Roi pour finir ce grand ouvrage. Elle est en état de le faire, dit-il, pourvû qu'elle veuille se servir de Gand & de Bruges dont ses Troupes sont en possession, & particulièrement de Gand: puisqu'il dépend de ceux qui en sont Maîtres de faire avorter tous les desseins des Généraux des Ennemis & d'imposer des Loix aux Hollandois.

Ce que font les Anglois en faveur des François.

En effet, le Duc d'Ormond après la séparation de son Armée, ne s'étoit pas contenté de ne point agir contre les François, mais pour les favoriser encore davantage, il s'étoit emparé de Gand & de Bruges, dont il augmenta les Garnisons des Troupes de sa Nation. Et afin qu'il n'y eût aucun lieu où les Ministres d'Angleterre n'assistassent les François leurs nouveaux Amis, M. de Torci proposa que la Reine arrêtât les projets du Comte de Staremberg en Catalogne en envoyant ordre à ses Troupes à Tarragone, de n'y pas laisser entrer les Impériaux. Non content de cette assistance par terre, il souhaita qu'on envoyât des ordres exprès par la France aux Vaisseaux de Guerre Anglois, qui croisoient alors dans la Mediterranée, de permettre aux Vaisseaux François revenant du Levant de passer librement, ce qui fut immediatement accordé. L'Amiral Jennings arbora aussi l'Etendart d'Angleterre dans l'Ile de Minorque & au Port-Mahon, quoi que les Anglois ne fussent en possession de cette Ile, que comme Alliez de l'Empereur qui étoit Maître de la Catalogne.

L'Evêque de

Ces complaisances constantes des Ministres d'Angleterre firent croire à M. de Torci que rien ne les arrêteroit desormais. Il les pressa de conclure une Paix séparée, qui étoit ce que la France souhaitoit le plus: ne doutant point que ce ne fût la voye la plus courte pour obliger le reste des Alliez à conclure une Paix Générale. Ce Ministre souhaita que les Troupes qui étoient en Flandre, sous les ordres du Duc d'Ormond, y restassent pour faire un bon usage des Places qu'il y occupoit. Il ne se passa pas grand' chose à Utrecht durant ce tems là. La nouvelle qu'on y reçut des ordres donnez au Duc d'Ormond allarma extrêmement tout le monde. Les Ministres des Etats Généraux prierent les Anglois de leur donner quelques lumieres sur une affaire dans laquelle ils jugeoient leur Religion, leur Liberté & tout ce qu'ils avoient de plus cher fort interessé; cependant ils ne reçurent que des réponses générales; & sur ce qu'ils témoignèrent leur mécontentement de ce qu'on ne leur donnoit aucune connoissance de ce qui se passoit, l'Evêque de Bristol prit cette occasion de leur déclarer que la Reine jugeoit une suspension d'Armes absolument nécessaire. Il seroit difficile d'exprimer quelle fut alors la consternation générale des Alliez. On voit par toutes les Lettres que l'Evêque écrivit en ce tems-là, qu'il craignoit la rage effrénée du Peuple & qu'il ne savoit à quoi elle aboutiroit: que les Hollandois ne pouvoient digérer l'incertitude de leur sort, d'ignorer ce qu'on leur destinoit, quelles exceptions on devoit faire au Tarif de 1664, & quelles Villes on devoit retrancher de la Barriere; l'Evêque leur aiant déclaré, comme une vérité constante, qu'il ne savoit ni l'un ni l'autre.

Bristol déclare à Utrecht la Suspension d'armes.

La Reine avoit communiqué à son Parlement les Propositions que les François avoient faites pour parvenir à une

Demandes du Roi en faveur

1712.

Raport du Duc de Bavière. Raport du Comité secret.

Paix g'nérale. L'Evêque de Bristol eut ordre de sonder les Ministres de tous les Alliez sur le Plan contenu dans la Harangue de S. M. Mais Mr. de St. Jean lui aïant conseillé de consulter premièrement les Plénipotentiaires de France, pour savoir s'ils voudroient bien avouër en pleine Conférence que les particularitez que la Reine venoit de déclarer à son Parlement étoient les Offres du Roi aux Alliez, dont il ne se désisteroit pas dans les Négociations : les François refusèrent de le faire, jusqu'à ce que l'Angleterre eût conclu une Paix séparée, & que l'on eût consenti aux demandes du Roi en faveur de l'Electeur de Bavière. Ces demandes étoient qu'on donnât le Païs-Bas à ce Prince avec son Electorat : ce que le Marquis de Torci jugeoit d'autant plus facile, que la Reine avoit, disoit il une bonne Armée en Flandre sous les ordres du Duc d'Ormond. Il ajoûtoit, *que S. M. B. aïant tant fait pour ses Alliez ingrats, sa Gloire étoit intéressée à faire quelque chose pour un Prince du mérite de l'Electeur de Bavière, dont la reconnoissance répondroit au bienfait qu'il en recevroit.* Cette proposition ne fut pas goûtée par les Ministres de la G. B., étant non seulement contraire à toutes les propositions faites pour la Paix entre l'Angleterre & la France, mais encore une nouvelle semence de Guerre pour obliger les Impériaux & les Hollandois à y consentir.

Demandes de la Reine d'Angl. pour le Duc de Savoie.

La Reine de son côté demandoit la Sicile pour le Duc de Savoye, qui étoit, dit Mr. de S. Jean, celui de tous les Alliez dont les intérêts lui étoient le plus à cœur. Elle vouloit faire entrer ce Prince dans toutes les mesures de la Paix particulière que l'on méditoit, afin de le mettre à couvert des insultes qu'il pouvoit avoir à craindre de la part des Impériaux. Dans cette vûë on posoit pour principe, ,, que ,, ce n'étoit l'intérêt ni de la G. B. ,, ni de la France de donner le Roïau- ,, me de Sicile à la Maison d'Autri- ,, che, & la demande qu'on en faisoit ,, pour le Duc de Savoie étoit une ,, chose dont la Reine ne pouvoit se ,, désister. ,, On ne pouvoit comprendre la raison de ce procédé, d'autant plus que la France venoit d'offrir la Sicile à l'Empereur, comme il paroît par une Lettre * de l'Evêque de Bristol à Mr. de St. Jean. Le Duc de Savoye même n'aprouva pas d'abord la proposition qu'on lui en fit, comme il paroît par une autre Lettre † de Mylord Peterborough au même Mr. de St. Jean, dans laquelle il dit que le Duc de Savoye avoit répondu : ,, Qu'il n'étoit pas si avide du vain ,, Titre de Roi, qu'il voulût per- ,, dre ou hazarder pour cela des in- ,, térêts réels; & qu'il ne trouvoit rien ,, de plus extraordinaire, que de lais- ,, ser à un Prince, battu dix années ,, de suite par ses Ennemis, le prix qu'il ,, avoit si long-tems disputé, & que ,, le Parlement avoit si souvent décla- ,, ré le juste & principal motif de la ,, Guerre. Le même Comte de Peterborough marqua dans une autre Lettre du 16. Novembre à Mr. de St. Jean qu'il lui étoit impossible d'exprimer les agitations d'esprit où s'étoit trouvé le Duc de Savoye, lors qu'on lui avoit fait ces Offres.

Agitation de ce Prince, lorsqu'on lui proposa le Roïaume de Sicile.

Pour calmer cette agitation, & fixer son Altesse Royale dans les mesures du Ministère, on jugea à propos de lui représenter, dans un Mémoire écrit par le Comte de Peterborough, qu'en refusant les Offres qu'on lui faisoit, il ne pourroit manquer de se brouiller avec la Reine & avec les Ministres d'Angleterre, que ce Comte tâchoit d'excuser, à l'égard du reproche tacite qu'on leur faisoit d'être dévoüez à la

* *Du 16. Avril.*
† *Du 24. Septembre.*

France: Que l'Angleterre ou la France, ou l'une & l'autre conjointement, lui fourniroient une Flote suffisante, pour l'exécution de ce qu'on lui proposoit, & qu'on feroit une Garantie pour protéger Son Altesse Royale, contre les Puissances, qui pourroient s'opposer à ce Projet; ou qui voudroient l'insulter pour l'avoir accepté. Les argumens des Anglois prévalurent à la fin sur l'esprit de S. A. R.; & si leur but étoit effectivement de mettre l'Empereur hors d'état de se soûtenir contre la France, après la séparation de l'Angleterre, en forçant un Allié aussi considérable que le Duc de Savoye, à se mettre dans les intérêts de la France, il faut avoüer qu'ils avoient parfaitement bien pris les mesures pour cela. Mais comment l'Angleterre pouvoit elle avoir tant d'intérêt dans cette affaire, pour garantir la Sicile, puis que cela devoit naturellement l'engager dans une Guerre contre l'Empereur? Cette promptitude à offrir la Garantie de l'Angleterre pour des Conditions qui n'étoient avantageuses qu'à la France, parut d'autant plus extraordinaire, que dans tout le cours de cette Négociation on ne vit pas que l'on eût fait aucune démarche, pour procurer la Garantie des Alliez en faveur de la Succession Protestante, comme l'avoient souhaité les deux Chambres du Parlement par leur Adresse à la Reine. On ne trouve pas même qu'on ait demandé celle du Roi de Sicile, pour cette Succession, quoiqu'on s'intéressât si fort pour lui. Quoi qu'il en soit, on continua la Négociation sur la supposition que la Reine devoit se désister de plusieurs choses qu'elle étoit obligée en justice de procurer à ses Confédérez; mais le Roi ne s'estima nullement engagé à en faire de même, Son honneur, disoit-on, ne lui permettoit pas de négliger un Allié, dont la fidelité étoit sans reproche, & par cette raison il ne pouvoit se départir de ses engagemens envers lui, & vouloit même encore lui faire avoir la Sicile. Cependant pour faire paroître les bonnes intentions de S. M. T. C. pour la Paix, Elle consentit à la fin que le Duc de Savoye auroit la Sicile à de certaines conditions, dans lesquelles on n'oublia pas d'insérer une ample Satisfaction pour l'Electeur de Bavière, & l'on déclara expressément que la Paix se feroit entre l'Angleterre, la France, l'Espagne & la Savoye après qu'on auroit réglé une Suspension d'Armes par Mer aussi bien que par Terre.

On jugea alors à propos d'envoyer Mr. de St. Jean, fait Vicomte de Bolingbroke, en France, pour mettre la dernière main à cette importante Négociation, avant même qu'il en fût parlé à Utrecht; & ce Ministre écrivant à Mr. de Torci lui manda qu'il espéroit d'avoir l'honneur de le saluer dans peu à Marli, où il devoit passer par ordre de la Reine, sous les Auspices de l'Abbé Gautier. Ses instructions portoient en substance, qu'il devoit travailler à lever toutes les difficultez qui pourroient arrêter le cours de la Suspension d'Armes générale entre la G. B. & la France, ou à mettre le Traité de Paix sur un pié, qu'on pût bien-tôt parvenir à une heureuse conclusion. Qu'il déclareroit, qu'il ne croyoit pas qu'il fût possible de porter la Reine à signer la Paix avec la France & l'Espagne, à moins qu'on ne donnât pleine satisfaction à Son Altesse Royale le Duc de Savoye; & qu'on pût l'engager à y entrer aussi; Qu'il prendroit un soin tout particulier de régler sa Barrière, & lui procurer la Sicile: De régler la Renonciation de manière, qu'elle ne fût sujette ni à des disputes ni à des délais: Qu'on accordât la Sardaigne à l'Electeur de Bavière, avec les Etats qu'il avoit dans l'Empi-

Mr. de St. Jean va en France pour travailler à la Paix de l'Angleterre.

re, à la reserve du Haut Palatinat, & du Titre de premier Electeur: qu'aprés avoir obtenu satisfaction sur ce point-là, il eut à proceder sur les Articles qui regardoient particuliérement l'intérêt de la Grande Bretagne, & qu'il tâchât de faire expliquer à son avantage ceux à l'égard desquels il sembloit y avoir quelques doutes ; Qu'il fît, ensuite, tous ses efforts pour découvrir les derniéres résolutions de la France à l'égard de toutes les Parties du Plan general de la Paix, & que quand on signeroit la Paix entre l'Angleterre & la France, il seroit à propos de fixer un tems aux Alliez pour se résoudre, & pendant lequel la Reine put interposer ses bons Offices en leur faveur: Et enfin qu'elle ne vouloit nullement s'engager à leur imposer le Plan offert par la France, ni les empêcher d'obtenir les meilleures conditions qu'ils pourroient stipuler eux-mêmes.

Telles étoient les Instructions avec lesquelles Mylord Bolingbroke passa en France. Quant à ce que ce Seigneur fit en cette Cour, on ne peut mieux en être instruit que par la Lettre suivante qu'il écrivit au Comte de Dartmouth le 21. Août.

MYLORD,

Lettre de Mr. de Bolingbroke au Côte e Dartmouth. Rapo rt du Comité secret.

,, JE partis de *Calais* Lundi dernier,
,, comme j'ai eu l'honneur de vous
,, l'écrire & j'arrivai à *Paris* Mecredi
,, sur les 6. heures du soir. J'ai fait
,, inutilement tout ce qui m'a été pos-
,, sible pour n'être pas connu sur la
,, route, & éviter les Cérémonies, en
,, ne m'arrêtant en aucun lieu, qu'au-
,, tant qu'il étoit absolument néces-
,, saire pour me rafraîchir, & évitant
,, les grandes Villes : Mais cela n'a
,, de rien servi; on n'a rien oublié,
,, par tout où j'ai passé, pour marquer
,, la consideration qu'on a pour la
,, Reine, de sorte que je suis arrivé
,, ici aussi fatigué des complimens
,, qu'on m'a faits que de mon voyage.

,, Je ne fus pas plûtôt descendu de
,, ma Chaise, qu'un Gentilhomme
,, me vint trouver de la part de Ma-
,, dame de *Croissi*; laquelle m'envoya
,, son Carosse, & m'invita à souper a-
,, vec elle : elle me dit que Mr.
,, de *Torci* devoit me venir trouver
,, en Poste de *Fontainebleau*, & il arri-
,, va en effet un peu aprés moi à l'Ho-
,, tel de *Croissi*. Je n'ai pu résister à ses
,, importunitez, ni à celles de Mada-
,, me sa Mére ; il a fallu rester chez
,, eux pendant le séjour que j'ai fait à
,, *Paris*. Je n'y ai perdu aucun tems,
,, & me suis acquité en deux jours
,, des ordres de la Reine, avec toute
,, l'application dont je suis capable
,, & je me flatte même d'avoir eu
,, le bonheur de le faire à sa satisfa-
,, ction.

,, Nous avons commencé par les in-
,, terêts du Duc de *Savoye*, qui faisoit
,, le principal obstacle à la conclusion
,, de la Suspension d'Armes par Mer
,, & par Terre, & aprés quelques con-
,, testations nous les avons reglez de
,, la manière suivante.

,, Le Droit de ce Prince & de sa
,, Famille à la Couronne d'*Espagne* &
,, des *Indes*, aprés Phillipe & sés Des-
,, cendans, doit être substitué dans
,, les mêmes Actes & au même tems,
,, qu'on doit faire declarer & confir-
,, mer les Renonciations & les Ré-
,, glemens necessaires à l'accomplisse-
,, ment de l'Article dressé pour preve-
,, nir la Reünion des deux Monar-
,, chies.

,, Mr. de *Torci* auroit bien voulu
,, laisser ce point là plus indécis, &
,, differer de régler la Succession de
,, la Maison de *Savoye*, ou au moins
,, ne le pas faire dans les mêmes Actes
,, qu'on doit passer à l'autre egard,

Mais

,, Mais comme j'ai jugé cette maniere ,, la plus sûre & la plus authentique, j'ai ,, inſiſté deſſus, & il en eſt convenu. ,, Quant à la Ceſſion de la *Sicile*, ,, il vouloit s'en tenir aux termes de ſa ,, derniére Depêche, inſiſtant toûjours ,, ſur l'abſurdité de donner ce Roiau- ,, me avant d'être aſſuré que la Savoye ,, feroit la Paix. Mais je lui ai fait con- ,, noître, qu'il avoit deja ceſſé d'in- ,, ſiſter ſur cet Argument, & qu'on ne ,, pouvoit s'oppoſer avec raiſon à la ,, Ceſſion de la *Sicile* en faveur du Duc ,, de *Savoye*, aprés avoir conſenti à ,, lui aſſurer la Succeſſion de l'*Eſpagne* ,, & des *Indes*; d'autant plus, qu'au ,, cas que la Paix ne ſe fit pas, tout cela ,, ſeroit invalide & n'auroit aucun ,, effet, & que ſi elle ſe concluoit, on ,, parviendroit au but, pour lequel on ,, cedoit cette Ile. Ce point là étant ,, reglé, nous ſommes convenus aſſez ,, facilement du tems auquel on doit re- ,, mettre ce Royaume entre les mains ,, de S. A. R. Nous l'avons fixé à celui de ,, la Ratification de la Paix generale, ,, ou de la Paix de la Reine & de la ,, *Savoye*, avec la *France* & l'*Eſpagne*.

,, Le Comte de *Maffei* ne ſera peut- ,, être pas ſatisfait de cela, puis qu'il ,, me ſouvient bien, qu'il ſouhaitoit ,, dans ſon Mèmoire, que ſon Maître ,, put prendre poſſeſſion de ce Royau- ,, me lors qu'il le jugeroit à propos. ,, Mais il me ſemble que le Duc de ,, *Savoye* n'a pas lieu de ſe plaindre, ,, & qu'il doit ſe contenter de recevoir ,, les avantages qu'on lui procure, au ,, même tems que la Reine recevra ,, ceux qu'on a ſtipulez pour elle.

,, Je ſouhaiterois avoir pû réüſſir ,, auſſi bien à l'égard de ſa Barrière, ,, mais cela n'a pas été poſſible. Mr. de ,, *Torci* a declaré que le Roi ne con- ,, ſentiroit jamais, & n'avoit jamais ,, même conſenti, à rien accorder au ,, delà d'*Exilles*, de *Feneſtrelles* & de la ,, Vallée de *Pragelas*, avec la Reſti-

,, tution des Païs dont la France eſt en ,, poſſeſſion: Que lors que les Mini- ,, ſtres de *Savoye* avoient fait les mê- ,, mes demandes ulterieures en *Hollan-* ,, *de*, le Grand Penſionaire s'en étoit ,, moqué & n'avoit pas preſſé la Fran- ,, ce d'y ſouſcrire: Que ſous prétexte ,, d'aſſurer ſes Etats, Son Alteſſe ,, Royale ne cherchoit qu'à s'agrandir ,, aux dépens de la *France*, & des Do- ,, maines de la Couronne: Que bien ,, qu'un Roi de *France* fut beaucoup ,, plus puiſſant qu'un Duc de *Savoye* ,, celui-ci ne laiſſoit pas d'être un En- ,, nemi redoutable lors qu'il étoit ſoû- ,, tenu par une Confederation, ſans ,, laquelle il n'oſeroit rien entrepren- ,, dre; Qu'on avoit une Minorité en ,, vuë en *France*, & par conſéquent ,, qu'on devoit avoir ſoin de ne pas ,, laiſſer les Frontières du Royaume ,, expoſées: Enfin que la Sicile étoit ,, une récompenſe ſuffiſante pour les ,, ſervices que Son Alteſſe Royale a- ,, voit rendu à la Reine, & que pour- ,, vû que S. M. fut ſatisfaite, le Duc ,, ſe ſoûmetroit à la raiſon: Il conclut ,, en réiterant que le Roi ne lui ac- ,, corderoit pas une plus grande Bar- ,, riere; & que S. M. inſiſtoit d'autant ,, plus à preſent ſur ce refus, qu'elle ,, étoit réſoluë de le faire juſqu'à la ,, fin, & de ne laiſſer aucune eſpéran- ,, ce à ce Prince à cet égard, de crain- ,, te qu'en ſe flattant il ne tirât le ,, Traité en longueur, & ne différât à ,, conclure la Paix: Enfin que le Roi ,, prioit la Reine, d'apuyer ce refus ,, par la même raiſon.

,, Il ſeroit inutile d'aprendre à Vo- ,, tre Grandeur les réponſes que j'ai ,, faites à ces repréſentations: je m'en ,, ſuis acquité le mieux qu'il m'a été ,, poſſible, & lui ai déclaré ſelon mes ,, Inſtructions que la Reine ne conſen- ,, tiroit jamais à empêcher Son Alteſſe ,, Royale de tâcher d'obtenir des cho- ,, ſes, qui lui étoient peut-être neceſ-

1712. ,, faires & par conséquent qu'il ne fal-
,, loit rien conclure sur ce point-là
,, qu'on laisseroit débattre aux Mini-
,, ftres de ce Prince : Qu'au reste je
,, ne croyois pas que la Reine songeât
,, à agrandir les Etats de Sadite Altef-
,, se aux dèpens de la *France* : mais
,, que j'étois assuré qu'elle ne signeroit
,, pas la Paix, à moins qu'on ne pour-
,, vût réellement à la sûreté de ce
,, Prince ; chose que la *France* ne
,, pouvoit refuser en particulier
,, au Duc de *Savoye*, apres l'avoir
,, promise en général à tous les Al-
,, liez.

,, Nous avons passé ensuite aux Re-
,, nonciations & aux Reglemens né-
,, cessaires pour prévenir l'Union des
,, deux Couronnes, à quoi je n'ai
,, trouvé aucune difficulté. Je lui ai auf-
,, si declaré qu'on n'accepteroit aucun
,, expedient, pour signer la Paix avant
,, l'entier accomplissement de cet Ar-
,, ticle, quoi qu'il eut insisté qu'on ne
,, laissât pas d'y proceder, & qu'il suf-
,, firoit de suspendre jusques alors les
,, Ratifications. Il a consulté là-dessus
,, Mr. de *Berghekih*, & ils croyent
,, qu'un Mois ou six Semaines suffiront
,, pour passer par toutes les formes
,, nécessaires. Sur quoi il m'a prié de
,, presser le départ de Mylord *Lexington*
,, ou du Ministre qu'il plaira à la Rei-
,, ne d'envoyer en *Espagne*. Il me
,, semble que cela se doit, puis qu'il
,, seroit fâcheux qu'on fût prêt à finir
,, cet important Article en *France* &
,, en *Espagne* sans que nous y eussions
,, des Ministres pour en voir l'exécu-
,, tion ; puisque nous pressons la con-
,, clusion de la Paix, & refusons de la
,, signer avant qu'on ait accompli ces
,, formaliiez là.

,, Le Projet de l'Acte de la Renon-
,, ciation de *Philippe*, & les Minutes
,, que j'ai dressées avec Mr. de *Torci* ;
,, lesquelles j'envoie à Votre Grandeur
,, avec cet Acte, serviront de fonde-

,, ment pour dresser les Instructions de 1711.
,, ceux qu'il plaira à la Reine d'envo-
,, yer ici & à *Madrid*.

,, Le dernier point, & celui sur le-
,, quel nous avons eu le plus de cha-
,, leur, a été au sujet de l'Electeur de
,, *Baviere*. J'apris à mon arrivée à
,, *Paris*, qu'il étoit à *Chaillot* proche
,, de cette Ville. Mr. de *Torci* me parut
,, embarrassé, ou feignoit de l'être, à
,, l'égard des reproches qu'il dit que
,, ce Prince feroit avec raison à moins
,, qu'on ne fit plus pour lui que ce que
,, la Reine avoit voulu accorder jus-
,, qu'alors.

,, Il a tourné cette affaire de tous
,, les côtez & a fait plusieurs Propo-
,, sitions, qui m'ont paru etudièes, quoi
,, qu'il ait tâché de les faire passer pour
,, des expédiens qui lui venoient
,, dans l'esprit en traitant. Enfin il
,, s'est arrêté sur celui-ci, que la Rei-
,, ne s'engageât à procurer à cet Ele-
,, cteur le Duché & l'Electorat de *Ba-
,, viere*, à l'exclusion du Haut *Palati-
,, nat*, & du premier Rang au Collège
,, Electoral, & qu'elle promit de plus
,, de le maintenir dans la possession
,, des Duchez & Villes de *Luxem-
,, bourg* & de *Namur*, & dans celles
,, de *Charleroi* & de *Nieuport*, en at-
,, tendant qu'on lui en donne un E-
,, quivalent à sa satisfaction. J'ai re-
,, jetté absolument cette Proposition
,, en déclarant nettement à Mr. de
,, *Torci*, que si on laissoit ces Païs &
,, ces Places là entre les mains de l'E-
,, lecteur, jusqu'à ce qu'on lui donnât
,, un Equivalent à sa satisfaction, ce
,, seroit lui en accorder la proprieté,
,, chose que je savois bien que la Rei-
,, ne ne pouvoit & ne voudroit pas
,, admettre. De plus que S. M. ne vou-
,, loit nullement s'engager à procurer
,, quoi que ce fût pour l'Electeur, ni
,, même d'employer ses bons offices
,, en sa faveur ; que les Villes & les
,, Places, dont ce Prince étoit en pof-

,, session, pourroient porter les Alliez ,, à consentir à quelque Echange, que ,, S. M. ne s'oposeroit pas à la réso- ,, lution qu'on pourroit prendre de lui ,, donner la *Sardaigne*, Equivalent pro- ,, posé ici. Je conclus enfin, en lui ,, disant que c'étoit tout ce qu'on de- ,, vroit attendre de la Reine, & Vô- ,, tre Grandeur trouvera que les Minu- ,, tes sont dressées sur ce pié-là.

,, Ayant trouvé en cette occasion, & ,, en plusieurs autres, que Mr. de *Tor- ,, ci* affectoit par ses expressions d'en- ,, gager la Reine à agir de concert a- ,, vec le Roi son Maitre, j'ai jugé à pro- ,, pos de lui dire clairement, & dans ,, les termes les plus forts dont j'ai pu ,, me servir, que S. M. vouloit bien ,, entrer dans une Garantie commune ,, pour la défense du Réglement qu'on ,, devoit faire par la Paix, pour la sû- ,, reté de l'*Europe*; mais qu'elle ne ,, vouloit nullement entrer dans des ,, Stipulations particuliéres pour pro- ,, curer ce Réglement : Que la *France* ,, devoit se contenter que S. M. fit la ,, Paix avant ses Alliez, au cas que ,, leur conduite rendit cette démarche ,, juste & nécessaire; & qu'ensuite elle ,, employeroit ses bons Offices comme ,, Amie de toutes ses parties.

,, Je réitére si souvent cela aux Mi- ,, nistres de *France*, que je crois qu'ils ,, l'envisageront comme une Régle ,, dont la Reine ne se départira ja- ,, mais.

,, J'arrivai Samedi au soir à *Fontai- ,, nebleau*, où l'on me reçut avec une ,, civilité extraordinaire. Dimanche ,, sur les 9. heures du matin, j'eus Au- ,, dience du Roi, auquel je présentai ,, la Lettre de la Reine.

,, Il me reçut trés obligeament, & ,, me parla assez long tems. La sub- ,, stance de ce qu'il m'a dit fut ce me ,, semble, car il parle fort vîte, qu'il ,, avoit toûjours eu une estime toute ,, particuliére pour la Reine, qu'il es-

,, peroit qu'elle ne doutoit pas qu'il ,, n'eût fait tout ce qu'il avoit pu de ,, son côté pour faciliter la Paix : Qu'il ,, étoit bien-aise qu'elle aprochoit de ,, sa Conclusion ; Qu'il y avoit des ,, gens qui faisoient tous leurs efforts, ,, pour s'y oposer, mais que graces à ,, Dieu, ils ne seroient pas long-tems ,, en état de le faire : Que Dieu ne ,, permettroit pas qu'ils donnassent les ,, Loix qu'ils prétendoient. Que le suc- ,, cés de ses Armes n'aporteroit aucun ,, changement à son égard: Et qu'il ,, tiendroit tout ce qu'il avoit pro- ,, mis.

Au sortir * de l'Audience du Roi le Vicomte de Bolingbroke alla avec Mr. de Torci faire l'examen des Minutes qu'ils avoient dressées & le Projet de la Convention pour la Suspension d'Armes, qu'ils signérent le soir du 22. Elle demeura neanmoins datée du Vendredi 19. jour auquel on ,, en avoit préparé le premier Brouil- ,, lon Voici la Copie de ce Traité.

Il y négocie le Traité de Suspension d'armes générale.

Traité de la Suspension d'Armes entre la Grande Bretagne & *la* France.

ANNE par la Grace de Dieu, Reine de la *Grande Bretagne*, ,, *France* & *Irlande*, Défenseur de la ,, foi, &c. A tous ceux qui ces Présen- ,, tes verront, Salut. D'autant que ,, notre très fidéle & bien Aimé Cou- ,, sin *Henri* Vicomte de *Bolingbroke*, ,, Lord *St. Jean*, Baron de *Lidiard ,, Tregoze*, Membre de notre Conseil ,, privé, & un de nos premiers Secre- ,, taires d'Etat, en vertu du Plein- ,, Pouvoir que nous lui avons donné ,, & *Jean Baptiste Colbert*, Chevalier ,, Marquis de *Torci, Croissi, Sablé, ,, Bois-Daufin* & autres Places, Conseil-

Copie de ce Traité.

* *Lettre du même, du* 22.

Ooo ij

„ler de notre trés cher Frére le Roi Trés-Chrétien, Miniſtre & Secretaire d'Etat, Commandeur, Chancelier & Garde des Sceaux des Chevalliers de ſon Ordre; Grand Maître des Poſtes de *France*, auſſi en vertu du plein Pouvoir qui lui a été donné, ont ſigné un Traité de Suſpenſion d'Armes du 8. de ce mois d'Août, V. S, 1712. de la maniere ſuivante.

„Comme il y a lieu d'eſperer un heureux ſuccès des Conférences établies à *Utrecht* par les ſoins de leurs Majeſtez *Britannique* & *Trés-Chrétienne*, pour le rétabliſſement de la Paix Générale, & qu'elles ont jugé néceſſaire de prevenir tous les évenemens de Guerre capables de troubler l'état où la Negociation ſe trouve preſentement: Leurs dites Majeſtez attentives au bonheur de la Chretienté ſont convenües d'une ſuſpenſion d'armes, comme du moien le plus ſur pour parvenir au bien General qu'elles ſe propoſent: Et quoique juſqu'à preſent Sa Majeſté Britanique n'ait pu perſuader ſes Alliez d'entrer dans ces mêmes ſentimens, le refus qu'ils font de les ſuivre, n'étant pas une raiſon ſuffiſante pour empêcher S. M. T. C. de marquer par des preuves effectives, le deſir qu'elle a de retablir au plutôt une parfaite amitié & une ſincere correſpondance entre elle & la Reine de la G. B. les Roïaumes, Etats & ſujets & leurs Majeſtez; ſadite M. T. C. apres avoir confié aux Troupes Angloiſes la garde des Ville, Citadelle & fort de Dunkerque, pour marque de ſa bonne foi, conſent & promet, comme la Reine promet de ſa part.

I. Qu'il y aura une Suſpenſion generale de toutes entrepriſes & actions militaires, & generalement de toutes hoſtilitez entre les Armées, Troupes, Flotes. Eſcadres & Vaiſſeaux de leurs Majeſtez B. & T. C. pendant l'eſpace de quatre mois, à commencer de ce preſent mois d'Août, juſqu'au 22. Decembre prochain.

„II. La même ſuſpenſion ſera établie entre les Garniſons & Troupes, que leurs Majeſtez ont pour la defenſe & la garde de leurs Villes, dans tous les lieux où leurs armes agiſſent ou pourroient agir, par mer ou par terre, ou autres eaux, de ſorte que s'il arrivoit, pendant le tems de cette ſuſpenſion qu'elle fut violée par une des parties, par la priſe d'une ou de pluſieurs places, ſoit par attaque, ſurpriſe ou intelligence privée, dans quelque partie du Monde que ce fut; qu'on fit des priſonniers, ou qu'on commit d'autres hoſtilitez, par quelque accident imprevû qu'on ne pourroit prevenir, contre la preſente Suſpenſion d'Armes: cette Contravention ſera fidelement reparée de part & d'autre, ſans delai ou difficulté; on rendra ſans la moindre diſſimulation ce qui aura été pris; & on mettra les priſonniers en liberté ſans rien exiger pour leur rançon ou depenſe.

„III. Pour prevenir auſſi toutes les plaintes & diſputes qui pourroient n'aître au ſujet des Vaiſſeaux, Marchandiſes ou Effets pris en Mer pendant le cours de cette Suſpenſion, on eſt convenu reſpectivement, que leſdits Vaiſſeaux, Marchandiſes & Effets qui ſeront pris dans le Canal, ou dans les Mers du Nord apres l'eſpace de 12 jours, à compter de la ſuſpenſion, ſeront reciproquement rendus de part & d'autre. Qu'il y aura ſix ſemaines pour les priſes faites depuis le Canal de la Mer *Britanique* & L'Ocean Septentrional juſqu'au Cap. de *St. Vincent*. Et pareillement ſix ſemai-

„ nes de ce Cap & au delà jusqu'à la
„ ligne, soit dans l'Ocean ou Medi-
„ terrannée,

Enfin six mois audelà de la ligne
„ & dans toutes les autres parties du
„ monde sans exception & sans faire
„ une mention particuliere de tems ou
„ de lieux.

IV. Comme la même Suspension
„ s'observera entre la G. B. & l'Espa-
„ gne S. M. B. promet qu'aucuns de
„ ses Vaisseaux, apartenans à sadite
„ M. ou à ses sujets ne seront employez
„ à l'avenir à transporter ou à con-
„ voïer en *Portugal* ou en *Catalogne*,
„ ou autres lieux presentement en
„ Guerre, aucunes Troupes, Chevaux
„ armes, habits, ni provisions ou mu-
„ nitions en general.

V. Mais il sera permis a S. M. B.
„ de faire transporter des provisions
„ & autres choses necessaires à *Gi-*
„ *braltar* & à *Port-Mahon*, places
„ dont elle est actuellement en posses-
„ sion, & qu'elle doit garder par le
„ traité de paix à faire, aussi bien que
„ de tirer d'*Espagne* les Troupes *An-*
„ *gloises* & generalement tous les ef-
„ fets qu'elle a dans ce Royaume, soit
„ pour les transporter en l'Ile de *Mi-*
„ *norque* ou dans la G. B. sans que ce
„ transport soit estimé contraire à la
„ suspension.

„ VI. La Reine de la G. B. pourra
„ aussi sans violer la Suspension prêter
„ ses Vaisseaux pour transporter en
„ *Portugal*, les Troupes de cette na-
„ tion qui sont presentement, en *Ca-*
„ *talogne*, & pour conduire en *Italie*
„ les Troupes Allemandes, qui sont
„ dans la même Principauté.

„ VII. Immediatement après que cet-
„ te suspension aura été déclarée en
„ *Espagne*, le Roi s'engage de faire
„ lever le Blocus de *Gibraltar*, & que
„ la Garnison *Angloise* & les Mar-
„ chands qui seront dans cette Place,
„ pourront vivre librement & nego-
„ cier avec les *Espagnols*.

„ Les Ratifications du present traité
„ seront échangées de part & d'autre
„ dans l'espace de quinze jours, ou
„ plutôt s'il est possible.

„ En foi dequoi & en vertu des or-
„ dres & Pouvoirs, que nous sous-
„ gnez avons receûs de la Reine de la
„ G. B. & de S. M. T. C. notre Maî-
„ tresse, & notre Maître, nous avons
„ signé ces presentes, & avons apo-
„ sé les Cachets de nos armes, Fait
„ à Paris le 19 Août 1712.

(L.S.) BOLINGBROKE.
(L.S.) COLBERT DE TORCI.

„ Aiant vû & considéré le Traité
„ sus écrit, nous l'avons ap-
„ prouvé, ratifié & confirmé; & par
„ les presentes nous l'aprouvons, le
„ ratifions & le confirmons, promet-
„ tant & engageant notre parole roïa-
„ le d'accomplir & d'observer fidelle-
„ ment & inviolablement tout ce qui
„ y est contenu, & que nous ne le vio-
„ lerons jamais directement ni indire-
„ ctement. En temoignage dequoi &
„ pour lui donner plus de force, nous
„ avons fait aposer le grand Sceau de
„ la *Grande Bretagne* à ces presentes
„ que nous avons signées de nôtre
„ main royale.

Donné à notre Château de Windsor *le* 18 Août *l'an* 1712. *& le onzieme de nôtre Regne*

Anne Reine

Fin du XVIII. Livre

HISTOIRE
DE
LOUIS XIV.
ROI DE FRANCE ET DE NAVARRE.

LIVRE DIX-NEUVIEME

Contenant ce qui est arrivé depuis la suspension d'armes générale concluë entre la France & l'Angleterre, jusqu'à la conclusion de la paix de Rastadt en 1714.

1712. Quel fut l'effet de la suspension d'armes

LE Traité de Suspension d'armes générale entre la Grande Bretagne & la France aiant été signé, fut publié à Paris le 24. Août de la maniere qu'on a coûtume de publier les Traitez de paix, à la réserve qu'il n'y eut point de réjouïssances publiques. Le Roi fit à Mylord Bolingbroke un présent en pierreries de la valeur de 15. mille écus, & donna à Mr. Prior, qui l'accompagnoit, son portrait enrichi de diamans; ensuite de quoi le Ministre Anglois envoya selon ses Instructions les ordres de la Reine au Chevalier Jean Jen- nings, au Sr. Chetwind, & à l'Officier qui commandoit les Troupes de S. M. B. en Catalogne, à ce qu'il n'y fût transporté ni munitions ni provisions, non plus que dans aucun des lieux où la guerre duroit encore. On établit aussi des Paquets-Bots entre Douvres & Calais, pour faciliter la correspondance; & l'on publia la Suspension d'armes en Portugal & en Catalogne, sans attendre qu'elle fût reglée à Utrecht. On y entretenoit pourtant toûjours les aparences d'une Négociation; mais avant que d'en raporter les suites, il faut reprendre les évenemens

1712.

1712. militaires que nous avons été obligez d'interrompre jusqu'à présent.

Suite de la Campagne de Flandre. Prise de Marchiennes.

Après la bataille de Denain, les François s'emparèrent sans peine des postes de Mortagne, de St. Amand & de Hasnon; mais ils ne purent faire la même chose de Marchiennes qui est dans un marais, & où le Brigadier de Berkhoffer se défendit très-vaillamment avec 6. Bataillons. Ils y firent trois attaques l'une sur l'autre dans la pensée de l'emporter de hauteur, & firent sommer autant de fois inutilement le Commandant de se rendre; de sorte qu'après avoir perdu plus de 1000. hommes, ils furent obligez de faire venir de Valenciennes 16. pièces de gros Canon & 4. Mortiers, avec lesquels ils battirent ce poste jusqu'au 31. au soir. Le Brigadier de Berkhoffer après une si belle résistance, fut enfin obligé de se rendre prisonnier avec sa Garnison. Les François trouvèrent dans cette Place beaucoup d'Artillerie, une grande quantité de poudres & d'autres Munitions de guerre.

Levée du Siège de Landrecies par les Alliez.

Cet avantage fut suivi de la levée du siège de Landrecies que les Alliez, comme nous l'avons dit ci-devant, avoient formé après celui du Quesnoi; mais le changement que la défaite de Denain avoit aporté dans leurs affaires, les obligea d'abandonner cette entreprise, pour tâcher de s'oposer aux progrés des François.

Siège de Douai.

Le Maréchal de Villars fit avancer le même jour le Maréchal de Montesquiou avec un gros Détachement à Pont-à-Rache & à Pont Obi, pour investir la Ville de Douai. Le gros de son Armée étoit dans la Plaine de Lens où elle se retranchoit, mais avant que de prendre ce Camp, le Maréchal avoit fait tirer une ligne depuis Pont-à-Rache jusqu'à Pont Obi, enfermant le Fort de l'Escarpe & le Château de Belleforière d'un double fossé rempli d'eau de la Deule, qu'il fit boucher à cet effet au dessus d'Obi; & cette ligne étoit soûtenuë de 15. Bataillons qui pouvoient toûjours être secourus de toute l'Armée. Outre cela il fit entrer le 10. dans la ligne de circonvallation qu'avoient faite autrefois les Alliez, après l'avoir rétablie, 40. Bataillons pour faire le siège. La tranchée fut ouverte le 14. au soir, en trois endroits. L'Armée du prince Eugene étoit campée à Seclin & Fretin où l'on avoit fait venir du gros Canon de Lille & de Menin, pour tâcher de forcer les Retranchemens des François & de secourir la Place assiegée. Mais ces Retranchemens se trouverent si forts dans la suite que l'attaque en fut jugée impraticable. Ainsi le siège fut continué sans oposition. Les Assiegeans, après avoir été fort incommodez plusieurs jours par la hauteur de l'eau qui étoit dans leurs tranchées à toutes leurs attaques, s'attacherent particulierement à celle du Fort d'Escarpe, qu'ils avancerent tellement le 19. & les jours suivans, qu'ils prirent poste sur la Contrescarpe le 22. Ils éleverent ensuite une nouvelle batterie plus proche, qui tira le 25. toute la journée sur le Fort, pendant qu'on battoit la Ville de 3. autres Batteries. Enfin le 27. les Assiegeans aiant donné l'assaut à la demi-Lune devant le Fort d'Escarpe, la garnison battit la chamade, & fut conduite le jour suivant prisonniere de guerre à Amiens. Le siege de la Ville continua jusqu'au 7. Septembre, malgré la foiblesse de la Garnison qui n'étoit que de 4. Bataillons & demi; mais les François aiant attaqué ce jour-là les Ouvrages exterieurs, s'emparerent, apres avoir été repoussez une fois, des deux demi-Lunes à la Porte Nôtre Dame, de même que du Chemin couvert à la Porte St. Eloi; & quoi que le Comte de Hompesch, qui s'étoit jetté dans la Place avec le Bataillon de Wirtemberg, eût obligé les Assiegeans d'aban-

1712. donner ce Chemin couvert, le Gouverneur résolut de se rendre le lendemain. Outre la foiblesse de sa Garnison, il manquoit d'armes & des autres choses nécessaires ; ce qui fit que du consentement unanime des Officiers qui étoient avec lui, il fit battre la chamade le 8. à 10. heures du matin.

On envoïa pour Otages le Prince de Hesse-Hombourg, le Colonel Hildebrand, & le Major Otto, lesquels aiant proposé à M.d'Albergotti le plan d'une Capitulation telle qu'on croïoit l'avoir méritée, raporterent pour réponse au Gouverneur, *que les Assiegeans n'en vouloient point accorder d'autre, que celle que les Alliez avoient accordée à la Garnison du Quesnoi, exceptez deux Articles de plus, savoir que l'on ne compteroit pas parmi les prisonniers de guerre, ceux qui aiant été à Denain, & sous les ordres de Mr. de St. Amour, pourroient se trouver à Douai.* Le Gouverneur tint là-dessus un Conseil de guerre ; & voïant qu'il ne pouvoit pas résister encore longtems, d'autant plus qu'un Batardeau crevé avoit seché le Fossé à l'attaque de la Porte St. Eloi, fut obligé d'accepter les conditions que les Assiegeans voulurent lui imposer.

Siege du Quesnoi.

A mesure que les Alliez s'avançoient vers Mons. les François faisoient filer leurs Troupes du côté du Quesnoi, dans le dessein d'en faire aussi le siége. Le Comte de Coigni s'en aprocha d'abord, & fut suivi le 9. & le 10 par toute l'Armée du Maréchal de Villars, qui s'avança derriere le Hôneau, la droite vers Bavai & la gauche proche de Quievrain, en sorte qu'ils couvroient entierement le Quesnoi. Avant que de travailler aux lignes de circonvallation, ils tirerent un Retranchement devant eux depuis Mormole jusqu'à la Riviere du Hôneau, leur Armée étant alors campée entre le Bois de Gomenie où étoit leur droite, & le Village appelé le Bourg où étoit leur gauche. La tranchée fut ouverte devant la Place la nuit du 16. au 17. Septembre, aux mêmes attaques qu'y avoient fait les Alliez lors qu'ils la prirent. On perdit beaucoup de monde à ce siege qui dura jusqu'au 4 d'Octobre, jour auquel le Gouverneur * voïant le Fossé comblé & le Pont achevé pour monter à l'assaut, fit battre la chamade & demanda à capituler. Mais n'aiant pu l'obtenir, la Garnison se rendit prisonniere de guerre sans aucune condition. Elle sortit le 6. & fut conduite en France. Les Officiers Majors furent les seuls qui garderent leurs équipages : les autres n'emporterent que leurs hardes & l'épée. Les François prirent encore dans cette Ville un grand train d'Artillerie.

1712.

L'Armée du Maréchal de Villars demeura proche du Quesnoi, pendant que le Marquis d'Allegre fit le siege de Bouchain avec 40. Bataillons. Comme on avoit tiré de longue-main plusieurs lignes pour couvrir ce siege, la tranchée y fut ouverte dès le 9. Octobre en trois endroits. Les travaux & les attaques furent continuees jusqu'au 18., que les François s'étant rendus Maîtres du Chemin couvert, le Gouverneur * fit battre la chamade le 20. & se rendit aux mêmes conditions que la Garnison du Quesnoi.

Siege de Bouchain.

* Durant qu'on étoit occupé à ce siége, un Détachement des Alliez surprit le Fort de Knoque, poste important qui commande la communication des eaux entre Furnes, Dixmude, Nieuport, Dunkerque & Ipres. Voici une courte Relation de cette affaire.

Surprise du Fort de Knoque par les Alliez.

„ Monsieur de Caris, Commandant
„ d'Ostende, & Mr. Bruël, Rece-

* Le Brigadier Ivoi.
* Le Brigadier Grouvestein.

veur

„ veur d'Artois, aiant été informez „ du mauvais état où se trouvoit la „ Garnison du Fort de Knoque, déta„ chèrent le 4. le Capitaine-Lieute„ nant, & Partisan de Ruë, avec trois „ autres Officiers, six Sergens, & en„ viron 180. Soldats, pour tâcher de „ s'emparer de ce poste important. Ils „ marchèrent par plusieurs détours; & „ la nuit du 5. une partie trouva le „ moïen de se cacher dans trois peti„ tes maisons, entre les quatre Ponts„ Levis du Fort, où ils restèrent jus„ qu'au 6. au matin, qu'ils s'empa„ rèrent à porte ouvrante, par le mo„ ïen des Guides, des deux Ponts après „ avoir tué les sentinelles. Ces Trou„ pes aiant été partagées en quatre „ Pelotons, le premier commandé par „ le Partisan de Ruë, s'avança en di„ ligence, & s'assura d'une porte. Les „ deux autres Pelotons, s'emparèrent „ aussi des deux autres portes, pen„ dant que le quatrième étoit du côté „ des Casernes, pour obliger la Gar„ nison de se rendre ; ce qui leur „ réussit à souhait. Le Gouverneur qui „ étoit Brigadier, & qui sur le bruit „ s'étoit levé, demanda quartier par „ la fenêtre, & fut fait prisonnier avec „ la Garnison, sans autre perte du cô„ té des Alliez que de deux morts & „ un blessé. Le Partisan de Ruë se vo„ yant maître du Fort, envoia le 6. „ matin, la Garnison Françoise à Ipres, „ & fit partir ensuite le Gouverneur, „ après lui avoir fait signer un Ecrit „ par lequel il se reconnoissoit prison„ nier de guerre avec sa Garnison. „ L'après midi le Gouverneur d'Ipres „ s'avança avec 2000. hommes, & fit „ sommer le Partisan de Ruë de se „ rendre, lui offrant une grande ré„ compense. Il lui envoia même un „ Capitaine pour lui offrir un présent „ de 10000. écus & 5000. livres de pen„ sion avec un Régiment de Dragons, „ ce qu'il refusa, en leur déclarant

„ qu'il n'étoit pas un Traître, & que „ ses Maîtres étoient assez puissans „ pour faire sa fortune. Le Brigadier „ Caris, aiant été informé de cet heu„ reux succès, envoia d'abord le Ca„ pitaine & Ingenieur Bernonville, avec „ deux Officiers & 50. hommes, pour „ renforcer ce poste, & le mettre en „ état de pouvoir être conservé ; & „ l'on y mit le Lieutenant Colonel „ Carpenter pour y commander par „ provision,

La surprise du Fort de Knoque, qu'on Fin de aprit à la Cour presque aussi tôt que la la Camreddition du Quesnoi, diminua un peu pagne. la joie de cette nouvelle conquête. Mais la prise de Bouchain dont on reçut la nouvelle peu après fit oublier cet échec. On chanta des *Te Deum* dans l'Eglise Metropolitaine de Paris pour la reddition de ces deux Places ; ensuite de quoi l'Armée de Flandre se sépara, après qu'on eut mis de fortes Garnisons dans les trois Places qu'on avoit reconquises cette Campagne. Le Roi se trouva un peu indisposé en ce tems-là *; mais les Médecins lui aiant ordonné une saignée, ce Prince se trouva aussi-tôt soulagé. Le Maréchal de Villars arriva de Flandre le lendemain, & alla saluer S. M. qui le reçut trèsfavorablement. On lui avoit donné depuis peu le Gouvernement de Provence qui vaut 58. mille livres par an ; S. M. lui fit encore présent de 6. pièces de Canon de bronze prises sur les Ennemis, avec permission d'y faire mettre ses armes & de les faire conduire à son Château de Vaux-le Vicomte,

Jamais la Cour de France n'avoit Son heufait paroître plus de joye, que depuis reux que ses Armes avoient repris de nou- succès veaux avantages par la séparation des beau-Anglois. On n'y parloit que de parties coup de de chasse, de jeu & de divertissement. joie à On y paroissoit même si enflé des bons la Cour.

* Le 27. Octobre au soir.

1712.

succés de la Campagne & de celui des Négociations, qu'on ne penſoit preſque plus à la paix générale, & l'on ſe contentoit d'en avoir une particuliére avec l'Angleterre. Le Roi & toute la Cour ſe rendirent le 4. Octobre à Rambouillet, maiſon de plaiſance du Comte de Toulouſe, qui avoit fait de grans préparatifs pour recevoir S.M. Le Roi conclut dans ce voyage le mariage du Duc de Bourbon avec Mademoiſelle de Conti : celui du Prince de Conti, ſon Frere, avec Mademoiſelle de Charolois, Sœur cadette du Duc de Bourbon ; & celui du Comte de Toulouſe même avec Mademoiſelle de Bourbon. Apres quatre jours de divertiſſemens, la Cour retourna à Verſailles, tres-ſatisfaite de la réception du Comte de Toulouſe, dont le Roi érigea la Terre en Duché.

Expedition du Capitaine Caſſard au Cap-Verd.

Il me reſte maintenant à parler de deux Expéditions Maritimes de l'Eſcadre Françoiſe, commandée par le Capitaine Caſſard, l'une aux Iles du Cap-Verd apartenant au Roi de Portugal, & l'autre à celle de Montſerrat de la Domination Angloiſe. Ce fut le 4. de Mai, que cette Eſcadre, compoſée de ſept Vaiſſeaux de guerre & de deux Fregates, mouilla devant le Fort de la Praie, à 3. lieuës de la Ville de St. Jago, capitale de l'Ile du même nom, & de toutes les Iles du Cap-Verd, qui apartiennent au Roi de Portugal. Il débarqua avec 1000. hommes, & il attaqua le Fort, dont la Garniſon ſe rendit ſans réſiſtance. Il marcha enſuite pour aſſieger la Ville de St. Jago & le Château, qui ſe rendirent à diſcretion. Il traita pour racheter la Ville du pillage, avec le Gouverneur Général, qui lui demanda trois jours pour payer 60. mille Piaſtres dont on étoit convenu ; ce qui lui fut accordé ; mais au lieu d'y ſatisfaire, il s'enfuit dans les montagnes, avec l'Evêque & les principaux Habitans, ainſi le Sr. Caſ-

1712.

ſard aiant attendu ſix jours ſans en recevoir aucune nouvelle, fit ſauter toutes les Fortifications & piller la Ville : il fit enlever 14. pieces de Canon, les cloches des Egliſes, plus de 400. Negres, beaucoup de marchandiſes & d'autre butin ; & tout étant embarqué, il fit mettre le feu à la Ville, & partit le 14. Mai pour quelque autre entrepriſe.

Quant à l'Expédition de Montſerrat, le même Capitaine s'y rendit le 16 Juillet avec 12. Vaiſſeaux de guerre & 30. Chaloupes, & débarqua dans la Baye de Corne environ 3500. hommes qui ſe rendirent Maîtres de l'Ile, excepté du Fort de Dan, ſitué ſur une montagne preſque inacceſſible, où la plûpart des Habitans ſe retirerent. Les Capitaines de quelques Vaiſſeaux Marchands qui en étoient partis le 30. ſur l'allarme que cette deſcente leur cauſa, raporterent que les François avoient enſuite entierement ruyné cette Ile, & brûlé tous les Vaiſſeaux qui s'y étoient trouvez, excepté le Speedivel, Vaiſſeau de S. M. B., commandé par le Capitaine Moulton, qui à la vuë des François coupa ſon cable, & eut le bonheur de ſe ſauver à Nevis. Ils ajouterent, que les François étoient reſtez dix jours Maîtres de l'Ile de Montſerrat, apres quoi ils avoient fait voile avec leur butin, prenant leur route vers le Nord de l'Ile ; ce qui donnoit beaucoup d'inquiétude aux Habitans des trois autres Iles Antilles, ſavoir Antegoa, Nevis, & St. Chriſtophle, où l'on travailloit à mettre les meilleurs effets en ſûreté & à ſe tenir en état de repouſſer les François en cas d'attaque. Cette précaution ne leur fut pas inutile, puiſqu'en effet le Sr. Caſſard fit auſſi une deſcente dans l'Ile de St. Chriſtophle dont les habitations ne furent pas plus ménagées. On fut ſurpris de ces hoſtilitez commiſes contre les nouveaux Amis de la France,

1712. au milieu d'une Suspension d'armes si long-tems préméditée ; mais comme elle ne fût publiée qu'au mois d'Août, on n'avoit pas pris soin de la faire observer par avance sur mer, comme on avoit eu la précaution de le faire sur terre aux Païs-Bas.

Guerre des Suisses. Qelle en fut la cause. Mémoire particulier sur cette affaire.

Une autre guerre entre des Peuples belliqueux, mais qui ne la faisoient d'ordinaire que chez leurs Voisins, surprit encore davantage ; ce fut celle que les Suisses se firent entr'eux cette année. Chose si rare de voir les Cantons ainsi divisez, eux dont la force ne consiste que dans leur union & leur bonne intelligence, qu'on ne pouvoit en attribuer la cause qu'à quelque démêlé important. Il y avoit 56. ans que l'on n'avoit vu de guerre entre les membres du Corps Helvetique, lors que l'Abbé de St. Gal, nommé *Leodigarius Burgisser* ★, en excita une des plus sanglantes qu'on eût vu depuis 213. ans. La tirannie exercée par cet Abbé sur ses Sujets du Tockembourg en fut la cause.

★ *Mort le 2. Dec 1717.*

Privilèges de ceux du Tockembourg violez par l'Abbé de St. Gal.

Ces Peuples jaloux de la liberté qu'ils avoient aquise 400. ans auparavant par leur valeur, ne purent sans indignation voir impunément violer leurs Privileges, dont les principaux sont : ,, de convoquer des Assemblées générales pour faire les Ordonnances & ,, les Règlemens nécessaires : d'avoir ,, une Régence ou Conseil composé ,, de personnes choisies du Pais : de ,, juger definitivement & sans appel ,, toutes sortes de causes selon leur ,, Droit Coûtumier : De ne souffrir à ,, l'Abbé de St. Gal que des Officiers ,, & principalement un Baillif du Pays : ,, D'avoir une Alliance étroite & par- ,, ticulière de Combourgeoisie avec les ,, deux Cantons de Schvvitz & de ,, Glaris, en vertu de laquelle ils peu- ,, vent donner du secours à ces deux ,, Cantons & en recevoir sans consul- ,, ter leur Seigneur. D'avoir à eux des ,, Compagnies entières au service é- ,, tranger. D'avoir droit de commerce : ,, Enfin (pour les Réformez en parti- ,, culier) d'avoir pleine & entière li- ,, berté de Conscience & l'usage des ,, Temples en commun avec leurs ,, Combourgeois Catholiques Ro- ,, mains ". Je ne dirai rien des Traitez faits depuis l'an 1531. avec les Abbez de St. Gal pour la confirmation de ces Privileges, ni des violations qu'en ont fait ces derniers, malgré tous ces Traitez, durant plus de 100. ans ; je passe au Prélat alors règnant, qui a poussé le plus loin son ambition & ses violences : comme on en trouve le détail dans le Mémoire que je cite ici, je ne m'y étendrai pas non plus, de peur d'être trop long. Je dirai seulement que les Tockembourgeois les souffrirent long-tems avec patience, & qu'ils ne se mirent enfin en état de les repousser, que quand ils virent que le mal alloit toûjours en croissant. Depuis l'élection de cet Abbé, arrivée au mois de janvier 1696. huit ou neuf ans s'étoient écoulez sans qu'on eût vu aucuns mouvemens dans le païs ; & depuis qu'il s'y fût excité quelque trouble, il s'étoit encore passé 8 ou 9. autres années sans qu'on en fût venu à la force ouverte contre l'Abbé. C'étoit souffrir long-tems le joug d'une Domination tirannique & injuste ; ainsi ces Peuples se voiant poussez à bout implorèrent enfin l'assistance de leurs Alliez.

Quelles raisons eurent les autres Cantons pour se mêler de cette affaire.

Pour répondre maintenant à la Question qui fut faite en ce tems-là, de savoir de quel droit les Cantons de part & d'autre se mêlèrent d'une affaire qui sembloit ne les point regarder : il faut savoir que l'Alliance des Tokembourgeois avec les deux Cantons de Schvvits & de Glaris avoit été traitée & concluë du vivant & avec le consentement des Comtes leurs anciens Seigneurs : qu'elle avoit été con-

1712. firmée & ratifiée folemnellement par le premier Abbé * qui acheta le Tockembourg du dernier de ces Comtes † mort fans Enfans : & que l'Abbé même dont il s'agit dans les premieres années de cette querelle avoit auffi reconnu le droit de ces Cantons, lors qu'il les avoit cru favorables à fes prétenfions. Outre cela les Abbez de St. Gal ont deux anciens Traitez avec Zurich, Lucerne, Schvvits & Glaris par lefquels ils fe font mis fous la protection de ces Cantons, eux & leurs Succeffeurs à perpetuité pour la confervation de l'Abbaïe, de fes biens & de fes droits. Par le premier, conclu en 1451., il fut ftipulé que ce Traité feroit renouvellé à l'avenement de chaque nouvel Abbé; & celui dont je parle s'eft engagé par ferment, pour lui & fes Succeffeurs, de ne jamais le revoquer & de ne demander ni rechercher aucune autre protection. Il faut ajoûter à tout cela que par la Paix de Weftphalie concluë à Munfter en 1648. les Cantons Suiffes & leurs Alliez faifant partie du Corps Helvetique furent pour jamais affranchis de toutes dépendances de l'Empire & entiérement féparez de fon Corps. Cependant malgré tous ces Traitez folemnels, ce Prélat prétendit n'avoir rien à démêler avec le Corps Helvetique, difant qu'il n'en étoit point Membre, mais qu'il étoit Vaffal de l'Empire en qualité de Prince, & qu'il tenoit le Tockembourg en Fief de l'Empereur.

On peut juger quelle fut la furprife des Députez des Cantons à la Diéte de 1706. lors que l'Agent de l'Abbé y avança cette Propofition. Ils en furent frapez d'étonnement, avec d'autant plus de raifon que ce même Abbé qui faifoit alors fonner fi haut fon Titre de Prince de l'Empire, n'avoit pas voulu le reconnoître lors qu'il avoit été queftion de contribuer en cette qualité pour les befoins de ce grand Corps ; & qu'il l'avoit refufé en fe difant Membre de la Suiffe. Il eft aifé de voir qu'il ne cherchoit qu'à engager l'Empereur dans fa querelle. On fut long tems à negocier pour terminer cette affaire par un accommodement. Sept années confecutives furent emploiées à y travailler, & ce ne fut qu'après des fraix * immenfes & beaucoup de peines inutiles, qu'on fut obligé de recourir à la voïe des armes comme au feul moïen décifif. Il fembloit au commencement que les Cantons Catholiques penfoient tout de bon à foutenir les Tockembourgeois contre l'opreffion de leur Seigneur, & peut-être étoit-ce alors véritablement leur deffein ; mais s'étant enfuite laiffé gagner par l'Abbé & par leurs Ecclefiaftiques, ils ne purent réfifter aux efforts que l'on fit pour leur perfuader que cette guerre étoit une guerre de Religion. Les Cantons de Lucerne & d'Uri furent les premiers qui prêterent l'oreille à la feduction. Ils travaillérent enfuite fecrétement à gagner auffi le Canton de Schvvits. Enfin ceux d'Undervvald & de Zug fe joignirent pour foûtenir les prétenfions de l'Abbé. Zurich en fut allarmé; & pour prévenir la ruïne des libertez fpirituelles & temporelles des Tockembourgeois, on y refolut nonfeulement de ne les point abandonner, mais encore d'envoyer une Députation à Berne pour engager cet Etat, le plus puiffant de la

Le procedé de l'Abbé oblige les Cantons à s'armer pour réprimer fes violences.

* Il fe nommoit Ulric, & acheta le Tockembourg pour le prix de 14500. Gouldes l'an 1469.
† Il fe nommoit Frederic, il mourut en 1436. & ce fut Peterman fon Frére, Baron de Raven en Vallais, qui vendit cette Terre à Ulric.

* Il en a couté, dit-on, cent mille écus au feul Canton de Fribourg pour ces Négociations.

1712.

Préparatifs pour en venir aux mains.

Suiſe, à les prendre auſſi ſous ſa protection.

Juſques là les Bernois n'avoient eu aucune liaiſō avec le Tockembourg: ils n'étoient entrez dans cette affaire que comme les autres Cantons desintereſſez, & par la pitié qu'ils avoient de l'opreſſion ſous laquelle ce Païs gemiſſoit. Ils avoient toûjours differé d'entrer dans les engagemens qu'on leur avoit propoſez pour la protection du Tockembourg, afin de donner le tems à l'Abbé de faire juſtice à ſes Sujets. Mais alors ils réſolurent de concourir entierement avec ceux de Zurich pour rétablir ces Peuples dans la poſſeſſion de leurs libertez, & les maintenir contre quiconque voudroit les y troubler. Les Cantons Catholiques de leur côté négocierent ſecrettement entr'eux, & ſe munirent d'armes, de vivres & de munitions, comme pour en venir à une guerre ouverte. Ce fut en 1707. que cela ſe paſſa, & les 4. années ſuivantes s'écoulèrent en Négociations inutiles pour éteindre ce feu qui menaçoit la Suiſſe d'un terrible embraſement. L'Empereur entra dans la querelle, & ſaiſit cette occaſion de faire revivre ſes anciennes prétenſions. La France au contraire, par le moyen de ſon Ambaſſadeur * interpoſa ſes bons offices pour porter les Cantons à la paix. Mais le Prélat indocile aïant enfin le premier donné le ſignal de la guerre, chacun ſe diſpoſa cette année à la ſoûtenir. Voiant qu'il faiſoit agir l'Armée qu'il avoit ramaſſée, Zurich arma de ſon côté, & demanda aux Bernois 4000. hommes qui leur furent accordez. Les 5. Cantons Catholiques armerent en même tems pour l'Abbé & s'emparerent du Comté de Bade & des Provinces libres, pour fermer le paſſage aux Bernois & les empêcher de ſe joindre aux Troupes de Zurich.

* Mr. le Comte du Luc.

C'étoit un acte d'hoſtilité de la part de ces Cantons & une infraction de leurs Alliances; puiſqu'ils n'avoient pas plus de droit au Comté de Bade que Zurich & Berne. Ils mirent Garniſon dans Bade, Bremgarten & Mellingen, & dans les divers paſſages de la Ruſs & de l'Aar; mais ce fut inutilement. Ceux de Zurich & de Berne avoient envoïé divers Députez dans tous les Cantons Catholiques, pour leur déclarer * qu'en faiſant cet armement, ils n'avoient d'autre vûë que de calmer les troubles du Tockembourg. Mais ſoit que l'on n'ait pas ajoûté foi à leurs proteſtations, ſoit crainte & jalouſie de la part des petits Cantons ſoit zèle de Religion ou peut-être tout cela enſemble, ils firent de grans armemens: ce qui obligea le Canton de Berne de groſſir auſſi les ſiens & de mettre des Troupes dans tous les lieux du Canton expoſez à l'ennemi. Ils demanderent du ſecours à Geneve ſelon les conditions de leur Alliance; & cette République, toûjours prête à marquer ſon zéle à ſes fideles Alliez, fit en cette occaſion des efforts proportionnez à ſon pouvoir. Elle leur envoya en deux fois 600 hommes choiſis habillez d'une maniere uniforme, qui ſe diſtinguérent dans tous les lieux de leur paſſage; tant par leur belle ordonnance, que par l'exacte diſcipline qu'ils obſervérent par tout. Le premier ſecours arriva à tems pour ſe trouver à l'action du 20. Juillet dōt nous allons parler; mais le ſecond qui n'avoit pas moins envie de ſe ſignaler, aprit dās ſa marche la concluſion de la paix. Le Pape entra auſſi dans cette querelle & travailla puiſſamment à exciter le zéle des Cantons Catholiques pour l'Abbé & leur jalouſie contre Zurich & Berne. Auſſi les Soldats des premiers

1712.

Les Cantōs Catholiques commencent les premiers les hoſtilitez.

* *Voiez leur Maniſeſte du 13. Avril, & celui du Tockembourg du 12.*

allèrent à la guerre avec d'autant plus de courage, qu'ils avoient reçu de leurs Curez des assûrances que la Ste. Vierge les assisteroit & leur donneroit la victoire. Le Nonce du Pape à Lucerne leur avoit aussi déclaré que la Sainte Vierge lui étoit aparuë, & qu'elle lui avoit promis sa protection pour les Catholiques. Enfin les Capucins leur distribuérent des billets, * en Latin, imprimez & aprouvez par le Pape Urbain VIII. qui devoient garantir de tout mal ceux qui les portoient.

Quels en furent les premiers effets.

Il se commit plusieurs hostilitez entre les Troupes des deux Partis, avant que d'en venir à aucune action d'éclat. Les Catholiques brûlerent & pillerent diverses maisons des Protestans, & ceux-ci userent de represailles. Les Troupes de Zurich & de Berne firent le siege de Weil, où l'Abbé de St. Gal fait sa residence ordinaire & où il avoit laissé 5. à 6000. hommes de Garnison en se retirant à Roschach. La ville fut investie le 1 - Mai, & battuë vigoureusement jusqu'au 22. que les Habitans se rendirent à composition. La Ville de Mellingen eut le même sort après une petite action, dans laquelle le General Tscharner défit 4. à 500. Lucernois retranchez sur une colline avec 2 piéces de Canon. Environ mille hommes des mêmes Troupes furent battus le 26. dans une Forêt près de Vilmergen par les Troupes de Zurich & de Berne, après quoi les Bernois s'emparérent de Bremgarten. Les deux Armées alliées marchérent ensuite vers Bade qu'elles investirent le 29. du même mois; & le premier de Juin la Ville & le Château se rendirent à discretion, quoi qu'il y eut une Garnison de 1000. ou 2000. hommes.

Tout cela n'étoit que le prelude d'une action plus décisive qui se passa quelque tems aprés. Les choses sembloient s'accommoder, & les deux Parties avoient envoïé leurs Députez à Arau pour entrer en négociation. Mais pendant que quelques uns * des Cantons Catholiques signérent & ratifiérent un Traité de paix pour mieux surprendre les Protestans, les autres se preparérent à attaquer un poste que ceux de Berne avoient à Seisse dans le Frei-Ampt. Ils s'aprochérent donc le 10. Juillet d'un Détachement qui gardoit le Pont de Seisse sous les ordres du Colonel Melunen, le défirent & prirent quelques pièces de Canon. Le même jour elles attaquérent encore un autre Détachement de Genevois & de Neuchâtellois, commandez par Mr. de Petit-Pierre, qui se défendirent très-bien, quoi qu'ils ne fussent que 1800. hommes contre 5. ou 6000. Catholiques. Ces premiers se retirérent en bon ordre, n'aiant perdu que 40. hommes & deux piéces de campagne; & les Lucernois pillerent le Village de Fravvange.

Evenement qui dô. ne lieu à la bataille de Vilmerge.

Il est aisé de s'imaginer à quelle animosité cette action porta des esprits déja échauffez. Les Cantons de Zurich & de Berne crièrent d'abord à la trahison & ne songérent plus qu'à la vengeance. On ne voulut rien entendre pour lors de la part des Députez des Cantons neutres qui tâcherent de renouër les négociations. L'Ambassadeur de France écrivit en vain au Canton de Zurich pour ce sujet. Celui de Berne publia un Manifeste *; & tous les deux ensemble firent avancer leurs Troupes pour avoir raison de l'échéc qu'ils avoient souffert. L'Armée de Berne, forte seulement de 8. à

---

* Rien n'est plus extraordinaire que de voir la maniere dont ces billets sont conçus. On en trouva sur plusieurs des Lucernois qui furent tuez à la bataille de Vilmerguen, & l'Auteur des Delices de la Suisse Tom. IV. pag: 867. en raporte une copie.

* Lucerne & Uri.
* Du 24. Juillet.

9000. hommes marcha le 25. jusqu'au de-là du Village de Vilmergen où elle se mit en bataille sur deux lignes. Les Lucernois la suivirent au nombre de 18. ou 19000. hommes. La Relation suivante nous aprendra le reste.

Relation de la Bataille de Vilmergen écrite par ceux de Zurich & de Berne

Relation de cette bataille.

„ Aprés que les Ennemis eurent surpris nos gens à Seisse le 20. du passé (Juillet) nôtre Armée alla camper de Muri à Wohle. Les Ennemis aiant rassemblé toutes leurs forces, se mirent aussi en marche, pour nous chasser des Bailliages libres, nous donnant de continuelles allarmes dans le Camp; mais ils n'oserent jamais descendre des hauteurs qu'ils occupoient. Enfin reconnoissant qu'ils nous vouloient couper les vivres que nous tirions de Lentzbourg, nous fîmes partir le 25. du Camp de Wohle les gros Bagages & l'Artillerie sous une bonne escorte, qui les conduisit à Mejengruen. L'Armée suivit en ordre de bataille, jusqu'au prés de Vilmergen où il falut passer un mauvais défilé devant l'Armée Ennemie. Notre Avant garde & le Corps de Bataille l'avoient passé, lorsque les Ennemis commencérent à nous cannoner avec 2. pieces de Canon, qui ne nous firent pas grand mal, quoi que nous fussions tout à découvert sur une colline qui forme le défilé d'un côté. A la faveur de cette batterie, ils se formèrent sur deux colomnes, & descendirent dans cet ordre vers le Village de Vilmergen, qui est dans un fond. Cependant, nos Generaux mirent un Bataillon aux avenuës, par où les Ennemis devoient passer pour nous attaquer. Ce Bataillon favorisa la marche de l'Artillerie & des Dragons, qui passèrent le Village, & le Bataillon les suivit en bon ordre. Des que nous fûmes dans la Plaine, qui est fort belle, on mit l'Armée en bataille, la faisant marcher au petit pas vers Mejengruen; & elle n'eut pas fait 5. à 600. pas, qu'on remarqua que la Plaine s'élargissoit beaucoup. Les Ennemis, qui nous suivoient de près, nous cannonérent encore avec 4. pièces de Canon, qui nous tuérent 5. ou 6. hommes. L'Armée se tourna alors vers eux, & nous les fîmes saluer avec 8. pièces de Canon, qui dérangèrent un peu leur ordre de bataille. Le Corps des Ennemis qui nous suivoit de si pres pouvoit être de 6. à 7000. hommes & nôtre Armée de 8. à 9000. Aprés qu'on se fut canoné de part & d'autre, les Ennemis vinrent à nous avec une bonne contenance, & nous allâmes à eux de même. Dés que nous fûmes à 8. pas deux, nos gens firent une belle décharge, qui leur tua beaucoup de monde. Il y répondirent, mais ils ne nous tuérent ni blessérent personne, parce qu'ils tiroient trop haut: cependant, nos gens firent un mouvement qu'il falut redresser; & on les ramena à la charge. Alors l'Ennemi commença à tourner le dos. Nous le poursuivîmes & poussames chaudement dans un Bois, où il y a un Etang extrèmement grand & profond. Les Ennemis s'y jettèrent en grand nombre, de même que dans une Rivière, qui est un peu éloignée, & il s'en noia une grande quantité par desespoir.
„ Tout cela se passoit à la gauche de l'Armée, dont la droite étoit occupée à recevoir un Corps des Troupes Ennemies, aussi nombreux que le premier. Comme la gauche étoit à la poursuite des fuiards, elle reçut un Exprés de Mr. de Saccounai,

„ Lieutenant General, qui lui demandoit du secours, parce que ses gens étoient fort pressez par l'Ennemi descendu de la montagne. Mais on ne put y arriver assez-tôt, pour empêcher cette Aîle de s'ébranler: elle donna dans le secours & y mit quelque desordre, dont les Ennemis ne purent néanmoins profiter, faute de Cavalerie. Nos gens se laisserent enfin ramener à la charge par les Officiers, qui firent, depuis le premier jusqu'au dernier, des efforts prodigieux de conduite & de valeur pour rétablir ce desordre.

„ L'Ennemi qui se trouva dans la plaine, privé de l'avantage des hauteurs, ne put soutenir nôtre feu. Il regagna la montagne, pour y joindre un troisième Corps aussi fort qu'un des premiers, que nous voïions d'assez loin d'escendre des montagnes, du côté de Samirsdorf, pour venir à nous. Mais deux Bataillons que nous avions sur les hauteurs les plus proches, le reçurent si bien, qu'il fut obligé de faire le tour du Bois, pour descendre & venir à nous. Il ne fut pas moins bien reçu de ce côté-là que de l'autre; ce qui l'obligea à se jetter dans le Bois, d'où il fit un grand feu sur nous. Ce fut là que se passa la quatriéme action, plus sanglante que les autres. La valeur de nos Troupes y triompha de l'opiniatreté de l'Ennemi, qui resista extraordinairement. Deux Compagnies franchirét la haie du Bois, en chasserent les Ennemis avec beaucoup de valeur, & les poursuivirent. Etant entièrement défaits, on les poussa l'épée aux reins pendant plus d'une demi lieuë.

„ A la premiere action, on leur prit 4. pièces de Canon, & ensuite 3. outre 8. Drapeaux, 2. Cornes de Bœuf d'Uri, garnies d'argent, dont ce Canton se sert pour assembler ses Troupes, sonner l'allarme, & publier la guerre: on leur prit aussi environ 100. hommes. Suivant le raport d'un Tambour, envoié par Mr. l'Avoyer & General Schvvitzer de Lucerne, pour demander la permission d'enterrer ses morts, l'Armée Ennemie étoit de 18000. hommes avant la bataille, dont il y en eut plus de 2000. tuez sans compter les noïez. Notre Armée n'étoit que de 8. à 9000. hommes, & nôtre perte ne monte qu'à 1000. tuez & environ 400. blessez.

De quoi elle fut suivie.

Quelque desavantage qu'eussent eu les Lucernois dans cette bataille, la Populace ne fut pas si sensible à la perte de ses Soldats, qu'à celle du grand Cord d'Uri qui avoit, dit-on, été beni par un Pape & qui étoit en si grande veneration parmi eux, qu'ils croïoient ne pouvoir être vaincus tant que ce précieux Instrument seroit en leur puissance. Le grand Etendart de Lucerne, dont les Histoires de Suisse font souvent mention, tomba aussi entre les mains des Bernois. Cette victoire ne put calmer le ressentiment que ceux de Zurich & de Berne conservoient, de ce que ceux de Lucerne & d'Uri en sortant d'Arau, après la signature du Traité, avoient aidé les autres à tomber sur leurs Troupes. Ainsi celles de Berne firent une irruption dans les Terres de Lucerne du côté de Willisan, s'emparérent du Couvent de St. Urban, & s'avancérent jusqu'à celui de Munster, qui est fort riche, pendant que celles de Zurich pillerent & brûlerent en partie les Villages de Steinhausen, Rumlikken, & Nidervvil, dans le Canton de Zug, & prirent le Couvent de Traven-Brun. Ces mêmes Troupes s'avancérent le 27. dans le Territoire de Zug où elles investirent Raperschvveil, qui se rendit le 1. du mois suivant, par capitulation. Ce Canton avoit promis dés le 28.

1712. 28. en demandant avec instance une cessation d'armes qui lui fut accordée, que ses Troupes ne serviroient plus contre les Cantons de Zurich & de Berne &c. Les 4. autres Cantons Catholiques suivirent cet exemple & ceux de Zurich & de Berne leur accordèrent aussi l'armistice à condition qu'ils tiendroient mieux leur parole. Les Députez des uns & des autres se rendirent ensuite à Arau pour travailler à regler leurs differens, qui furent enfin terminez par la paix conclue le 9. Août & ratifiée le 11.

Que cette guerre, terminée par un Traité peut aisément se rallumer.

Ainsi finit une guerre qui auroit été fatale à la Suisse, si la journée de Vilmergen n'eût mis les Cantons Catholiques hors d'état de la continuer. On ne peut pas dire néanmoins qu'elle soit entièrement éteinte, tant que les semences de division, qui peuvent la renouveller, seront entretenuës par des esprits inquiets qui ne cherchent qu'à troubler l'harmonie du Corps Helvetique. Harmonie qui leur doit être d'autant plus précieuse que d'elle seule dépend leur conservation. Plusieurs Ecrivains ont fait voir que la différence de Religion n'étoit pas ce qui pouvoit troubler la paix des Suisses, tant qu'on ne la feroit pas servir de prétexte à des interêts Politiques de Partis; mais quand une fois les Esprits déja irritez d'ailleurs s'arment de zele aparent pour soûtenir leurs querelles, il n'est rien qu'on ne doive craindre d'un motif si spécieux.

Suite de l'afaire de la Constitution. Mémoires du tems.

C'est ce qu'on vit en France dans l'afaire de la Constitution, où sous prétexte de l'interêt de Dieu, chaque Parti travailla pour le sien propre, & couvrit ses animositez particulières du zèle de la Vérité. Le credit des Jesuites devenoit tous les jours plus puissant à la Cour, & le Cardinal Archevêque de Paris malgré sa fermeté avoit peine à s'empêcher d'y succomber. Le Roi lui remit un Mémoire contenant trois principaux points, sur lesquels il lui demanda une prompte satisfaction. LE I. *étoit de rendre aux Jesuites, interdits les pouvoirs qu'il leur avoit ôtez*. LE II. *que son Eminence fît un Mandement pour condamner les Réflexions Morales du Pere Quesnel sur le N. T.* LE III. *qu'il permit dans son Diocese la lecture de l'Ordonnance des Evêques de Luçon & de la Rochelle, & qu'il revoquât la censure qu'il en avoit faite.* Ce Mémoire avoit été précedé de diverses instances faites à Mr. le Cardinal de la part de Madame de Maintenon qui lui envoïa le Curé de Saint Sulpice, son Confesseur, pour tâcher de le fléchir. Le Roi même lui dit un jour à Versailles, *Eh bien, Mr., vous voilà donc à la tête d'un Parti?* à quoi Son Eminence répondit avec modestie, qu'il n'en avoit point d'autre que celui de Dieu & de Sa Majesté.

C'est ainsi qu'on vouloit rendre ce Prélat suspect par l'imputation odieuse dont on le chargeoit, comme si l'on ne pouvoit pas se trouver à la tête d'un Parti attaqué injustement, sans encourir le blâme que ce titre emporte d'ordinaire. Plusieurs s'en défendent à qui il ne laisse pas d'être dû; tout dépend, pour justifier ce nom, de la justice de la cause qu'on soûtient. Le P. Quesnel, par exemple, que la défense de son Livre attaqué par de puissans Adversaires, met nécessairement & peut être malgré lui à la tête du Parti oposé, doit il être confondu avec tous ceux qu'on appèle indifferemment *Chefs de Parti?* Une persecution qui ne lui a peut-être été suscitée qu'à cause des liaisons d'amitié qu'il eut avec Mr. Arnaud, doit-elle le faire passer pour *Héretique*, parce que les Jesuites accusoient ce Docteur de l'être? Chacun sait quelle étoit l'Hérésie qui le noircissoit le plus dans leur esprit. Il étoit Fils d'Antoine Arnaud, si célebre dans le Barreau & connu dans l'Histoi-

En quel sens le Cardinal de Noailles & le P. Quesnel sont Chefs de Parti, & pourquoi le dernier est si odieux aux Jesuites.

1712. re des Jesuites par le fameux Plaidoié qu'il fit contr'eux pour l'Université de Paris en 1594. Et par cette raison Mr. Arnaud nâquit avec un second péché originel que nul Sacrement ne pouvoit éfacer. * Le crime du Plaidoyé aiant rendu le Pere Calviniste & Ministre de l'Antechrist, dans l'esprit des Jesuites, quoique toûjours bon Catholique & bon Chrétien partout ailleurs, le Fils ne pouvoit manquer de naître à leur égard Enfant de colére, & d'être Hérétique & pis encore avant d'être Chrétien. Et si le Fils étoit tel à leurs yeux, quel ne doit pas être le P. Quesnel, lié autrefois avec lui de l'amitié la plus étroite? Mais faudra-t-il pour cela soupçonner celui-ci *d'être presque par tout d'accord avec les Calvinistes*, parce que les * Jesuites en ont accusé l'autre, *hormis en ce qui touche l'Eucharistie*? Il en est de même de Mr. le Cardinal; il avoit autrefois aprouvé le Livre du P. Quesnel avant qu'on y en trouvât des Hérésies; maintenant qu'on y en trouve & qu'il refuse de le condamner, il passe pour Hérétique lui-même, ou du moins pour Chef de Parti, mais les personnes éclairées savent bien à quoi s'en tenir.

Aussi le Prélat, sans s'ébranler à toutes ces attaques, répondit au Mémoire de S. M. d'une manière digne de la place qu'il remplit. Il protesta sur le I. point *de n'avoir interdit les Jesuites que par des motifs de conscience*,

* *Voiez le Livre intitulé*: Apologie pour Jean Chastel parisien, exécuté à mort, & pour les Peres & Ecoliers de la Société de Jesus, bannis du Royaume de France, contre l'Arrêt du Parlement donné contr'eux à Paris le 29. Dec. 1594. *Et au bas de la page, comme pour attribuer à Dieu ce detestable Parricide, par lequel ce Miserable avoit rompu une dent au Roi Henri IV. d'un coup de cousteau, on ajoûte ces mots*: Deus conteret dentes eorum in ore ipsorum, molas Leonum confringet Dominus. Psal. 57.

* *Le Pere de Reulx, Jesuite de Louvain, dans son Janseniste Denonciateur.*

qui subsistant toûjours, ne lui permettoient pas de rendre à ces Peres les pouvoirs qu'il leur avoit ôtez. Sur le II. *Qu'il étoit prêt de condamner le Livre du Pere Quesnel, aussi-tôt qu'on lui en auroit fait voir les erreurs, mais qu'il ne le condamneroit pas tant qu'il seroit persuadé, comme il l'étoit, que c'étoit un bon Livre*. Et sur le III. *Que l'Ordonnance des Evêques de Luçon & de la Rochelle, outre qu'elle lui étoit injurieuse, contenoit plusieurs erreurs: qu'ainsi il ne pouvoit permettre qu'elle eût cours dans son Diocese.*

Il faut remarquer que ce fut 15. jours avant Pâques que ce Mémoire fut remis à M. le Cardinal; circonstance qui fait voir combien les Jesuites sont habiles à profiter des conjonctures qui peuvent favoriser leurs desseins. Le Roi fut toûjours un Prince Religieux, qui, aux aproches des grandes Fêtes, se préparoit soigneusement à faire ses dévotions. Son Confesseur se servit sans doute de la circonstance du tems pour persuader à S. M. de faire rendre aux Jesuites interdits les pouvoirs que Mr. l'Archevêque de Paris leur avoit ôtez, & cela par des motifs de conscience très-propres à faire impression sur l'esprit du Roi. Il lui représenta, que s'agissant dans cette affaire de la cause de Dieu & de l'intérêt de la Religion, il ne pouvoit aprocher des saints Misteres, sans faire auparavant tout ce qui dependoit de lui, pour reconcilier les Prélats brouillez, & faire cesser le scandale que l'Interdit prononcé contre les Jesuites excitoit infailliblement parmi leurs Devots. Tel fut l'usage qu'ils firent du crédit qu'ils avoient aquis auprés du Prince, dont ils savoient tourner à leur fin les bonnes intentions.

C'eût été peu pour eux, s'ils n'y avoient pas aussi tourné sa personne, en l'attachant, comme on le croit, à leur Compagnie par les liens les plus

Grand credit de ces Peres à la Cour

Comment ils attacherent la person-

1712.

Réponse du Roi à leur Compagnie.

Réponse à un Prélat sur le refus de Mr. le Cardinal à continuer ses pouvoirs aux Jesuites.

Question curieuse si Mr. Arnauld &c.

intimes & les plus étroits. Ils ont parmi eux de certaines Regles secrétes, dont ils s'autôrisent pour avoir des Jesuites seculiers, qui sans changer de rang ni d'habits, sont vraiment les sujets de la Société, sujets & Souverains en même tems. Tel fut St. François de Borgia, qui fut depuis leur Général. Il avoit été Jesuite à Vœux solemnels sans avoir fait de Noviciat, durant 3. ou 4 ans avant que d'en prendre l'habit, en demeurant Duc de Gandie & en rendant le Général de la Société Maître & Dispensateur absolu de sa Famille & de ses biens. *Il fut reçu Jesuite, dit* Ribadeneira, *en* 1547. *aiant fait ses Vœux solemnels à l'insu de tout le monde, excepté peu de personnes, de peur que cela ne se divulguât avant qu'il fût en état d'entrer dans la Société*: ce qu'il ne fit qu'en 1551. Le Cardinal Alexandre Ursini, Fils du Duc de Bracciano, fut aussi Jesuite * sans en porter jamais l'habit: en fit les Vœux sans avoir fait aucun Noviciat, mais avec cette restriction, † *autant que sa Dignité le permettoit*: mourut Jesuite sans avoir jamais demeuré parmi eux: a eu part durant sa vie & apres sa mort aux mérites & aux prières de toute la Société, comme s'il avoit vécu & étoit mort avec son habit & dans son sein. Pour ne point parler de Mr. Dès Noyers Secretaire d'Etat en France sous le dernier Regne, que le bruit public mettoit au nombre des Jesuites de Robe courte: ne pourroit-on pas croire la même chose du Roi Louys XIV. apres les fortes presomptions que l'on en a, & tout ce qu'il a fait pour procurer le bien de la Société? ,, Or si on pouvoit jamais avoir la ,, preuve complette que le Roi eût fait ,, depuis long-tems les premiers Vœux

* *Voyez le Catalogue des Ecrivains de la Société de* Sotvvel.
† *Quo ad dignitatis ratio patiebatur.*

,, & qu'il y ait ajoûté sur la fin de sa ,, vie celui que font chez les Jesuites ,, ceux qu'ils appèlent les Profès du ,, 4ᵉⁿᵉ Vœu, jugez, dit l'Auteur de la ,, Lettre que je cite ici, ce qu'on pour,, roit dire & penser. N'est-ce pas un ,, chemin qui les mèneroit droit à fai,, re regner la Compagnie sur les Peu,, ples en la Personne des Rois? Quel,, que incroyable que paroisse cette ,, idée, ajoûte mon Auteur, elle n'est ,, pourtant pas sans réalité ".

En attendant cette preuve complette que peut-être la suite des tems nous fournira, n'en trouveroit-on pas une forte présomption dans le Fait que voici, attesté par une personne d'un grand mérite & d'une piété égale à sa reputation, savoir, qu'un jour que le Roi communia (& vraisemblablement à la Fête de Pâques dont je parle (le Pere le Tellier lui mit adroitement entre les mains un Papier, que S. M. lut avant que de recevoir la Communion. Les personnes qui s'en sont aperçûes ne doutent pas que ce ne fussent les Vœux de la Société, que S. M. prononça tout bas au pié des Autels, en présence du Révérend Pere Confesseur. Ces sortes de choses, que l'on ne peut pas donner pour des argumens démonstratifs, passeront pourtant pour plus que des conjectures, si l'on y joint tout ce que le Roi a fait, sans se démentir jamais, pour l'avantage de la Société. Il l'a soûtenuë en toutes occasions aux dépens de tout ce qui pouvoit en arriver. La connoissance certaine qui lui venoit de tems en tems, que les Jesuites tenoient des maximes tout oposées à ses intérêts, aux usages de son Royaume, à la sûreté de sa personne, & aux Libertez de l'Eglise Gallicane, ne l'empêcha jamais de déferer à tous leurs desirs. Aussi ces Peres, voyant que rien n'etoit capable de diminuer la créance que leur Maître avoit en eux poussèrent ils leur

1712.

Fait qui semble établir que le Roi fait les Vœux de la Société.
Lettre d'un Ecclésiastique de Paris à un de ses Amis.

Q q q ij

1712. crédit auſſi loin qu'il pouvoit aller. Tout cela ſe pouvoit-il faire ſans des engagemens plus qu'ordinaires de la part du Roi?

Les Ieſuites avoient auſſi gagné feu Mr. le Duc de Bourgogne. Memoire en leur faveur trouvé dans les Papiers de ce Prince.

Ils ne ſe contenterent pas de mettre le Monarque regnant dans leurs intérêts, ils y engagerent auſſi l'Heritier préſomptif de la Couronne, qui leur avoit été ſi contraire d'abord. Cela ne parut qu'apres ſa mort; & l'on fut ſurpris de voir un Mémoire du Daufin adreſſé au Pape en faveur des Jeſuites, trouvé, dit-on, parmi les papiers de ce Prince, & imprimé par ordre exprés du Roi. Ce Mémoire étoit précédé d'un avertiſſement pour expliquer à quelle fin il avoit été écrit. On y lit qu'il avoit été *trouvé parmi les papiers de ſa caſſette, tout de la propre main du Prince avec des renvois & des ratures, qui font voir à l'œil que c'eſt ſon ouvrage. Et que ce que ſa mort l'a empêché de faire, il a plu au Roi de l'exécuter lui-même, en envoyant une copie authentique de l'Ecrit à M. le Cardinal de la Trémouille, pour être remiſe au Pape & enſuite renduë publique à Rome:* l'Autographe du Mémoire demeurant entre les mains du Roi. Le Prince à qui on l'attribuë s'y défend formellement du Janſeniſme; dans lequel on le ſoupçonnoit d'être engagé; & quant au different d'entre le Cardinal de Noailles & les Evêques de Luçon & de la Rochelle, il déclare qu'il ne peut être terminé qu'en révoquant de la part de ceux-ci le mandement qui faiſoit le ſujet de la querelle, contre le Nouveau Teſtament du Pere Queſnel; moyennant quoi S. E. recevroit des Prelats opoſans la ſatisfaction que le Roi lui avoit promiſe. Je n'ai garde de décider de l'authenticité de ce Mémoire, que bien des gens ont cru ſupoſé par les Jeſuites. Je ſai trop quel fut le ſort des *Réflexions* d'un Anonime, qui entreprit d'en détruire toute l'autorité. Son Ecrit, auſſi-bien qu'une Déclaration du Pere Queſnel ſur ce Mémoire, fut condamné par Arrêt du Parlement du 17. Juin, à être laceré & brûlé en la Cour du Palais, par l'Exécuteur de la Haute Juſtice. Quand même ce Mémoire ſeroit effectivement du Prince dont il porte le nom, comme il ſemble qu'on n'en peut douter, aiant été reconnu pour tel par l'autôrité du Roi, il ſuffiroit encore à faire voir le grand crédit des Jeſuites, puiſqu'ils auroient trouvé moyen d'attirer à eux un Prince éclairé & ferme, & d'autant plus redoutable à leur Parti, qu'il y avoit paru plus contraire au commencement. Quoi qu'il en ſoit, ils ne ſe relâcherent point dans le deſſein formé de perdre le Cardinal de Noailles, à qui ils avoient réſolu *de faire boire le calice juſqu'à la lie*, diſant *que c'étoit un homme à écraſer*; ſans ſe ſouvenir de ce qu'une grande Princeſſe * leur avoit dit, *qu'il leur auroit été bien plus facile de le gagner que de le perdre*. Telle étoit, cette année, la ſituation de cette affaire, qui préparoit de grandes ſuites pour la ſuivante.

Il eſt tems de retourner au Congrès d'Utrecht, où j'ai dit qu'on entretenoit des aparences de Négociations. On les y avoit renoüées ſur le pié du Plan marqué dans la Harangue de la Reine d'Angleterre, pour y être concluës ou rompuës ſelon qu'on le jugeroit à propos. La France ſe trouva ainſi maîtreſſe abſoluë de toutes les Négociations & ne manqua pas de ſe prévaloir du pouvoir qui lui fut mis entre les mains. On en vit bien tôt une preuve dans le prétexte qu'elle prit pour les tenir en ſuſpens, à l'occaſion de la diſpute ſurvenuë entre le Comte de Rechteren & Mr. Menager. Ce Comte qui étoit un des Députez de la Province d'Over Iſſel, paſſant en caroſſe

Suite des Négociations d'Utrecht. Une querelle entre les Domeſtiques de deux Plenipotentiaires arrête ſe cours. Raport du Comité Secret.

* *Madame la Ducheſſe de Bourgogne.*

devant l'Hôtel du Ministre François le 27. Juillet, jour auquel on avoit reçu la nouvelle de l'affaire de Denain, il arriva que quelques laquais de Mr. Menager, qui étoient sur la porte, firent quelques signes de la main à ceux qui étoient derriere le carosse du Comte, comme pour les insulter. La même chose étant encore arrivée quelques jours après, lors que ce Comte passa dans le même endroit, aiant avec lui dans son carosse Mr. de Moermont, Plénipotentiaire de la Province de Zelande, les laquais insultez en firent des plaintes à leurs Maîtres qui envoyerent le lendemain Mr. Rumpf, un des Secretaires de la Députation de l'Etat, à M. Menager, pour lui en demander satisfaction. Mr. Menager s'en excusa sur l'incertitude du fait, dont il falloit premierement établir la vérité. On proposa pour cet effet la confrontation des Domestiques de part & d'autre: à quoi Mr. Menager aiant toûjours aporté des délais, le Comte de Rechteren dit, que puis qu'il n'y avoit pas moyen de l'obtenir il faloit souffrir que les Domestiques vuidassent eux mêmes leur querelle. A peine les laquais du Comte eurent-ils entendu ces mots, qu'ils s'aprocherent de ceux de M. Menager dont l'un reçut d'abord deux soufflets. Grand tumulte aussi-tôt entre les Domestiques des deux Partis, qui s'en plaignirent hautement à leurs Maîtres. Le Comte de Rechteren, bien loin de desaprouver l'action de son laquis, dit qu'il étoit prêt de l'en récompenser, & qu'il l'auroit chassé de son service s'il avoit agi autrement. Les Plénipotentiaires de France donnerent aussi-tôt part de cette affaire au Roi, qui leur envoia ordre *de suspendre toute Négociation de paix, jusqu'à ce qu'ils eussent eu satisfaction de cette insulte faite par Mr. de Rechteren à l'un d'eux.* Il sembla même qu'on voulut y impliquer les Etats Généraux; puisqu'en leur communiquant cet ordre, on demanda qu'ils eussent à déclarer s'ils n'avoient point autorisé cette conduite de leur Député & s'ils la desaprouvoient. On demanda de plus que le Comte de Rechteren fût rappellé & qu'on envoyât un autre Plénipotentiaire à sa place.

Comme il importoit au Public d'être informé de la vérité d'un fait qui paroissoit de quelque conséquence Mr. Menager dressa un *Factum* qu'il délivra aux Ministres Anglois, & Mr. de Rechteren en fit un autre qu'il présenta aux Etats Généraux en demandant en même tems sa demission. Les Plénipotentiaires d'Angleterre apuyerent les demandes de la France: presserent les Etats Généraux de desavouër publiquement le procedé du Comte de Rechteren, dont ils demanderent l'éloignement, & insisterent à ce qu'on donnât même cette satisfaction au Roi, avant qu'on renouât les Négociations. C'étoit concourir au dessein qu'avoit la France de les tenir long-tems en suspens; car comme les déliberations ne se précipitent point en Hollande, ce ne fut que le 20. de Septembre que L. H. P. prirent la resolution de faire au Roi la Déclaration qu'il demandoit pour ne donner de leur part aucun lieu à la rupture du Congrès.

Il fut donc renoué dans la suite, & les Ministres de France eurent ordre de déclarer à ceux de la G. B. ,, Que ,, le Roi consentoit à traiter de la paix ,, sur le Plan marqué dans la Harangue ,, de la Reine à son Parlement; mais ,, que comme les Hollandois avoient ,, refusé de se conformer au sentiment ,, de cette Princesse: qu'ils avoient re- ,, jetté la suspension d'armes, & avoi- ,, ent donné lieu au grand chan-

On veut impliquer les E G. dans cette affaire.

Les Coferences sont renoüées; nouvelles Dificultez de la part de la France.

1712. „ gement qui étoit arrivé dans les af-
„ faires, il étoit juste qu'on tînt comp-
„ te à S. M. de la dépense qu'elle avoit
„ été obligée de faire pendant le cours
„ de cette Campagne: Que S. M. avoit
„ donné ordre par cette raison à ses
„ Plénipotentiaires de ne signer la
„ paix, qu'à condition que Tournai fût
„ remis entre ses mains, outre les au-
„ tres places qu'elle avoit lieu de croire
„ que la Reine de la G. B. avoit eu dessein
„ de comprendre dans sa Harangue.
Cette dispute par raport à Tournai
s'éleva au Congrès d'Utrecht, sur ce
que les Ministres de France insistèrent
qu'il étoit nécessaire de s'expliquer
clairement touchant la restitution de
cette place qu'ils pretendoient: & sur
le refus que ceux de la G. B., qui croioient cela contraire à la déclaration
de la Reine, firent d'ouvrir les Conférences, jusqu'à ce qu'ils eussent reçu
de nouveaux ordres à cet égard.

En effet la Harangue de la Reine
marquoit qu'on devoit accorder aux
Hollandois toute la Barrière qu'ils a-
voient demandée en 1709. à la reserve de 2. ou 3. places au plus. Mais
les Ministres de France insistèrent
qu'ils devoient avoir Lille comme un
équivalent pour Dunkerque: qu'on
ne devoit pas comprendre cette place
au nombre des trois mentionnées
dans la Harangue de la Reine, & par
conséquent, ils devoient avoir quatre
des places marquées dans les demandes de 1709. Ils montrèrent même
leurs ordres, qui les obligeoit positivement à insister sur la restitution
de Tournai, aussi-bien que de Lille,
& à ne point consentir à ceder Maubeuge ou Condé. Le résultat de ce
debat fut de ne proceder à aucune
Conférence, jusqu'à ce que ce point eût
été terminé. Les Hollandois de leur
côté étoient fortement résolus de garder Tournai & d'avoir Condé, ou de

suivre cette alternative, d'accepter
toutes les conditions que la France
voudroit leur offrir, ou de continuer
la guerre quoi qu'il en pût arriver. On fit savoir ces difficultez à
Mylord Bolingbroke, & il est si vrai
que tout se traitoit à la Cour de France de concert avec celle d'Angleterre,
que ce Seigneur en écrivit * de la
manière suivante à Mr. Prior. „ Il me
„ semble, dit-il, & je crois même
„ que c'est le sentiment de la Reine,
„ que les François ne sauroient mieux
„ faire pendant le cours du Traité que
„ de déclarer, que bien qu'ils eussent
„ eu dessein d'accorder aux Hollan-
„ dois les choses marquées dans la
„ Harangue de la Reine, leur condui-
„ te a été si mauvaise depuis, & la
„ situation des affaires est tellement
„ changée, que le Roi veut qu'on lui
„ rende Tournai. Je dis, qu'il me
„ semble que cela vaut mieux, que de
„ nous obliger à donner aux paroles
„ de la Reine un sens conforme aux
„ intentions de la France, en décla-
„ rant qu'elle entendoit qu'on ren-
„ dît cet place à la France. Qu'on ou-
„ vre les Conférences aussi-tôt qu'on
„ voudra, je suis persuadé que les cho-
„ ses y traîneront en longueur. Nous
„ avancerons cependant toûjours nos
„ affaires, pour en venir à une con-
„ clusion entre nous & la Savoie la
„ France & l'Espagne; & c'est là le vé-
„ ritable point de vûë que les François
„ doivent avoir devant les yeux".

Pendant que les Ministres Anglois
rendoient ces bons offices à la France,
& qu'ils épousoient ses intérêts dans
toutes les occasions publiques, & particulieres, Mr. Prior fut envoyé en
Angleterre vers la fin d'Octobre de la
part du Roi pour porter S. M. B. à
obtenir par son crédit ce que le Roi
demandoit pour l'Electeur de Bavière.

* Le 10. Septembre V. S.

Mr. Prior est envoyé en Angleterre pour traiter des intérêts de l'El. ce Bavière.

Voici la Lettre de Créance dont il fut muni.

LETTRE

Du Roi de France à la Reine de la Grande Bretagne.

A Versailles le 28. Octobre 1712.

MADAME MA SOEUR.

Lettre de créance de ce Ministre.

„ Comme Vous m'avez marqué
„ que Vous aviez une entiere
„ confiance en Mr. *Prior*, j'ai cru
„ qu'il seroit plus propre que personne
„ à vous informer des nouvelles preu-
„ ves que je suis prêt à Vous donner,
„ des égards particuliers que j'ai pour
„ Vous aussi-bien que du desir que j'ai
„ de terminer sans aucun retardement,
„ de concert avec Vous, les Négocia-
„ tions de la paix. Il va en *Angleterre*
„ Vous rendre compte des nouvelles
„ avances que j'ai voulu faire pour fa-
„ cilliter la conclusion de cet Ouvra-
„ ge. Je souhaite aussi que Vous en-
„ visagiez ce que je fais dans cette
„ conjoncture décisive, comme de
„ nouvelles & de certains marques de
„ mon amitié envers Vous. Faites moi
„ le plaisir de les reconnoitre en Vous
„ intéressant avec moi, en faveur de
„ l'Electeur de *Baviére*. Je ne Vous
„ dirai rien des liens du Sang, qui
„ Vous unissent aussi-bien que moi,
„ & ne ferai aucune mention des au-
„ tres motifs qui doivent Vous rendre
„ sensible à l'état où il se trouve: il suf-
„ fit que vous sachiez l'intérêt que je
„ prens à ce qui le touche, pour me
„ persuader que ce sera le principal
„ motif, qui Vous portera à agir en sa
„ faveur. J'attens avec impatience le
„ retour de Mr. *Prior*, dont la con-
„ duite m'est trés-agréable. Et comme
„ il vous aprendra mes sentimens,
„ j'ajouterai seulement que je ne sau-
„ rois assez exprimer la parfaite estime,
„ & l'amitié sincére que j'ai pour Vous.
„ Je suis,

Madame ma Sœur,

VOTRE BON FRERE

LOUIS.

Il retourne en France avec une Lettre de la Reine.

' Mr. Prior repassa en France au milieu de Novembre avec de nouvelles Instructions dont le principal article regardoit la Neutralité d'Italie. Et afin qu'il eut une connoissance parfaite des résolutions & des Conseils de la Reine par raport au Traité de paix, on lui donna la copie des derniéres Instructions envoiées aux Plénipotentiaires à Utrecht, afin de s'en servir dans les occasions & de pouvoir agir en toute chose conformément aux intentions de la Reine qui y étoient contenuës. Il fut aussi chargé de la Réponse de cette Princesse à la Lettre de S. M. T. C. elle étoit conçuë en ces termes;

LETTRE

De la Reine à Sa Majesté Trés Chrétienne.

A Windsor le 14. Novembre 1712.

MONSIEUR MON FRERE,

„ J'Ai reçu avec un plaisir sincére,
„ l'agréable Lettre que Mr. *Prior*
„ m'a aporté de Votre part. Com-
„ me Votre sagesse consommée a pris
„ la resolution la plus propre pour fi-
„ xer les conditions de la paix, Vous
„ devez être persuadé que je ne per-
„ drai pas un moment de mon côté

1712. ,, pour en hater la conclufion. Je vous
,, affûre que la grande facilité que
,, Vous voulez bien y aporter à mon
,, égard, ne fervira qu'à me faire ap-
,, pliquer fans relache à rétablir la
,, tranquilité publique, comme nous
,, le fouhaitons mutuellement. Il pa-
,, roitra par les ordres que j'ai donnez
,, à mes Miniftres à *Utrecht*, que je
,, fais tout ce que je puis dans la con-
,, jonéture préfente, en faveur d'un
,, Prince dont les intérêts font foûte-
,, nus par Votre générofité.

,, Je ne doute pas qu'il n'en foit
,, pleinement convaincu, & que tout
,, le monde n'en convienne. Je repete
,, encore une fois, Monfieur, mon
,, Frére, que la confideration de l'a-
,, mitié que Vous avez pour lui, fera
,, un puiffant motif pour m'engager
,, de nouveau dans fes intérêts & dans
,, ceux de fa Famille, lors que l'oc-
,, cafion s'en préfentera à l'avenir. Au
,, refte, je renvoie Mr. *Prior* à *Verfail-*
,, *les*, lequel, en continuant de fe
,, comporter d'une maniere qui vous
,, foit trés agréable, ne fera qu'exé-
,, cuter à la letre les ordres que je lui
,, ai donnez; puis qu'il ne me fauroit
,, donner une marque plus particuliere
,, de fon attachement & de fon zéle
,, pour mon fervice, qu'en ne négli-
,, geant aucune occafion de reïterer
,, l'eftime parfaite & la confideration
,, que j'ai pour Vous, & que je fou-
,, haite ardemment de vivre avec Vous
,, dans une amitié fincere & perpetu-
,, elle.

Les deux Cours conviennent d'une paix féparée & s'envoïent

Quoi que cette Princeffe parût a-
voir abandonné les Hollandois, la
repugnance que les Etats Generaux
témoignoient à accepter la paix, telle
qu'on l'avoit propofée, ne laiffa pas
de lui caufer quelque inquiétude. Elle
craignit que le commerce de fes Sujets ne fût jamais libre & affûré, tant
que ces Peuples, qui en font les plus
fermes apuis, feroient en guerre avec

la France. C'eft pourquoi elle chargea
le Vicomte de Bolingbroke de ménager une Trêve entre eux & les Anglois, ou du moins de faire accorder
aux premiers des conditions plus douces, afin de les détacher de la Ligue,
dont ils étoient alors les plus grans
foûtiens. Mais le France voïant que
l'Angleterre, en l'état, où elle étoit,
en avoit trop fait, pour pouvoir emploïer autre chofe que de fimples paroles en faveur des Hollandois, fit
ferme fur l'entiére exécution de fes
projets, & ne voulut rien relâcher de
ce qu'elle avoit propofé. On fe contenta de faire de grans honneurs au
Vicomte à Fontainebleau, où étoit
le Roi, mais il n'obtint rien; au contraire on le fit aboucher avec la Veuve du Roi Jâques & fon Fils, (quoi
qu'il n'eut pas un ordre exprés de le
faire) & il promit à cette Princeffe,
qu'on lui paieroit la penfion qui lui
étoit dûe, comme Reine Douairiere
d'Angleterrre: & le Prince, qu'on a-
voit jufqu'alors nommé en France le
Roi d'Angletere, prit le tître de Duc
de Glocefter, tître qu'avoit porté un
Fils de la Reine Anne, qui fembloit
par là l'adopter. Pour ce qui eft de
l'Empereur, on ne garda plus aucune
mefure avec lui & fa caufe fut entierement abandonnée. On prit même
occafion des plaintes du Comte de Gal-
las, Ambaffadeur de S. M. I. à Londres, de lui défendre de paroitre à la
Cour, fur ce qu'il avoit publié qu'on
favoit & pouvoit vérifier par de bonnes preuves les voïes irrégulieres, par
lefquelles les Anglois s'étoient laiffez
gagner pour faire la paix au gré de la
France. Cette Couronne ne manqua
point de s'en prévaloir. Elle commença dés lors à parler de faire de nouveaux démembremens de ce qu'on a-
voit publié qui feroit laiffé à S. M. I,
Et pour entretenir la bonne intelligence des deux Cours, le Roi nomma le
Duc

1712. récipro- quement des Ambaf- fadeurs.

1712. Duc d'Aumont, Ambassadeur, pour aller de sa part résider à Londres; & la Reine nomma de son côté le Lord Lexington pour aller en Espagne, & le Duc de Shrewsburi en France. Le premier se rendit à Madrid, pour y recevoir la Renonciation du Roi Philipe à la Couronne de France, & l'autre à Paris, pour assister à celle des Princes François à la Succession d'Espagne. Cette démarche fit connoître l'état des Traitez déja conclus entre la France, l'Espagne & l'Angleterre: quoi qu'on affectât de les tenir encore secrets. Les ordres furent donc expédiez pour assembler les Etats Généraux, qu'on appelle *Cortes* en Espagne, auxquels le Roi Phillipe fit sa déclaration sur cette affaire. Les Cortes ratifiérent ces Renonciations *, en présence de l'Ambassadeur Anglois qui assista à cette Cérémonie pour l'autoriser.

But de l'Angleterre en acceptantces Renóciations.

De quelques solemnitez que ces actes fussent revêtus, on ne pouvoit assez s'étonner que l'Angleterrre les regardât comme des sûretez qui établissoient pour jamais le repos de l'Europe; puis qu'après tout ils n'étoient pas plus authentiques que la Renonciation de Louis XIV. même, à la Succession d'Espagne, pour l'insuffisance de laquelle les François avoient écrit tant de Livres, dès qu'on avoit jugé à propos de n'y plus deferer. Aussi ne put-on croire autre chose de tout ce qu'on venoit de faire en cette rencontre avec tant d'apareil, sinon que l'Angleterre n'aiant rien de meilleur, s'en servoit comme d'un pretexte plausible pour colorer son désistement de la Cause Commune & de l'Alliance dans laquelle elle avoit été jusqu'alors. Quoi qu'il en soit, ce fondement aiant été ainsi jetté, toutes les Négociations entre l'Angleterre & la France ne roulèrent plus que sur ce Préliminaire, que le Roi Philippe demeureroit sur le Trône d'Espagne à l'exclusion de l'Empereur & de sa Maison, lors même que toute la Race de France seroit éteinte. S'il y eut à Utrecht quelques Conférences communes entre les Anglois & les Hollandois, elles ne regardoient que leur Commerce, dont les François offroient tout l'avantage aux premiers, pour les attacher inséparablement à eux. Mais les Anglois qui prévoioient que ce Commerce, accordé à eux seuls, seroit la source de mille disputes avec les Hollandois, voulurent bien les y admettre. Pour ce qui est des Conférences génerales, elles alloient si lentement, que rien ne pouvoit s'y conclure; les Ministres des Alliez ne purent même obtenir d'en avoir avec ceux de France, jusqu'à ce que tout fût réglé entre l'Angleterre & cette Couronne. Ainsi les François & les Hollandois ne se rassemblèrent qu'au mois de Fevrier 1713.

Le Duc d'Aumont, Ambassadeur du Roi T. C. en Angleterre étoit arrivé à Londres le 13. Janvier & fut reçû selon le genie de ce Peuple, assez sujet à passer d'une extrémité à l'autre. Les largesses qu'il fit ce jour là & le lendemain à la Populace lui en attirèrent un grand nombre, qui accompagnèrent par tout son carosse en faisant des acclamations; mais une autre Troupe qui s'assembla quelques jours après devant son Palais, aiant commis des insolences, excita un tumulte qui ne se termina point sans quelques coups donnez & reçus. Tout cela n'étoit rien en comparaison d'un accident plus fâcheux qui arriva quelque tems après à son Hôtel. Ce Ministre don-

1713.
Incenie de l'Hotel de l'Ambassadeur de France encette Cour à quoi attribué. *Mémoire du Tems.*

---

* Celle du Roi Phillippe est du 7. Novembre. Celle du Duc d'Orléans du 19. & celle du Duc de Berri du 24.

* Le 6. Fevrier.

Tome III

R r r

1713. noit à dîner à l'Ambassadeur de Venise aux Envoiez de Suède & de Florence, au Lord Waldegrave, & à quelques autres Personnes de considération, lorsque le repas fut troublé tout-à-coup par un incendie, qui commença par une chambre haute & se communiqua avec tant de violence aux apartemens d'en bas, que toute la maison fut consumée en moins d'une heure & demie. On avoit cru d'abord que cet accident étoit arrivé par un pur effet du hazard, ou par l'imprudence de quelques Domestiques; mais on entra peu apres en soupçon, que le feu pouvoit avoir commencé par une chambre haute où étoient renfermez des meubles apartenans au Duc de Povvits; d'où l'on conclut que le feu y avoit été mis par des gens apostez. Ce soupçon augmenta deux jours après par une lettre adressée au Duc d'Aumont, signée *Alpha*, dans laquelle on offroit de lui découvrir de quelle maniere le feu avoit été mis à son Hôtel. Le Duc fit inferer là-dessus un Avertissement dans le Dely-Courant, †, où l'on offroit à l'Auteur de la lettre de remplir les conditions qu'il demandoit, pourvu qu'il donnât des preuves de ce qu'il avanceroit. Le Vicomte de Bolingbroxe fit aussi publier un Ordre, pour tâcher de découvrir les auteurs de l'incendie. Mais tout ne produisit aucun effet, & l'on demeura seulement persuadé en general, que c'etoit une suite du mécontentement que le peuple avoit de la paix particuliere de l'Angleterre avec la France, dont on ne parloit pourtant encore qu'en termes generaux.

Paix particuliere entre la France & l'Angleterre, déclarée à

En effet dans les Conférences que les Ministres Anglois eurent en ce tems-là avec ceux de Hollande à Utrecht, les premiers menacèrent les au-

† *C'est une espéce de Gazette ou Journal qui se publie à Londres.*

tres de se séparer d'eux entièrement, s'ils ne donnoient les mains à cette paix, sur laquelle on n'entroit en aucune specification à leur égard. Mais enfin le Duc de Shrevvsburi aiant tout reglé en France pour en venir à la conclusion, Mr. de St. Jean, Frére de Mylord Bolingbroxe, aporta aux Plénipotentiaires à Utrecht l'ordre de la terminer sans aucun retardement. Ces Ministres déclarérent alors aux Alliez, que la Reine jugeoit qu'il étoit nécessaire de conclure sa propre paix, & & qu'on donneroit du tems à ceux qui n'étoient pas encore prêts. Ils en differerent même la signature jusqu'à ce que les autres Alliez, dont les Traitez étoient assez avancez, fussent en état de signer avec eux, & pour justifier leur conduite à cet égard, ils écrivirent au Duc de Shrevvsburi, qu'outre d'autres considerations, leur principale objection étoit, que nonobstant qu'on leur eût ordonné de signer une paix particulière, leurs Pleins pouvoirs sous le grand Seau ne les autorisoient qu'à negocier, accorder & conclure les conditions d'une bonne paix generale, conforme aux intérêts de tous les Alliez, & d'un chacun en particulier. La grande importunité des François pour les obliger à signer séparement, leur donnoit aussi beaucoup de repugnance à le faire. ,,Nous sommes ,,surpris, disoient-ils, de l'ardeur avec ,,laquelle les François nous pressent de ,,conclure seul avec eux, dans un tems ,,où plusieurs des Alliez sont en train ,,de se joindre à nous; outre que nous ,,craignons, à notre retour, les conséquences de ce procedè". Mylord Bolingbroxe pour les satisfaire leur envoia une nouvelle Commission, & reïtera les ordres qu'il leur avoit donnez & de signer & de conclure avec la France. ,,Cette nouvelle Commis- ,,sion leur dit-il, autórise Vos Ex- ,,cellences comme auparavant à traiter

Utrecht. *Raport du Comité secret.*

LOUIS XIV. Liv. XIX.

Effet qu'elle y produisit.

„ & régler les conditions d'une bonne paix generale ; c'est-à-dire, que
„ vous offriez conjointement avec les
„ Ministres de France un plan general
„ aux Alliez „.

Ces difficultez proposées par les Plénipotentiaires, firent croire au grand Tresorier, qui ne manquoit jamais de se donner du mouvement lors qu'il le jugeoit absolument necessaire, qu'il étoit tems d'interposer son autorité. Dans cette vûë il écrivit le 31. Mars à Mylord Strafford en ces termes. „ Il faut que je félicite Vo-
„ tre Excellence sur le succès de vo-
„ tre zéle, & la véritable affection que
„ vous marquez à la Reine, à votre
„ Partie, & pour le repos de l'Europe.
„ Il est cependant à craindre que nous
„ ne fassions naufrage à la vûë du port.
„ Ceux qui souhaitent la paix ici, sont
„ cinq cens contre un. Les Guerriers
„ sont chassez de leurs dehors ; leur
„ dernier retranchement est le delai ;
„ & j'avoue qu'il opére fort ici. La fer-
„ mentation commence à agir, & il
„ seroit impossible de répondre du
„ tour que prendront les affaires dans
„ la Chambre Basse, au cas que ces
„ délais la poussent à bout. Tous les
„ Membres qui la composent, sentent
„ combien de cent mille livres sterling
„ cette longueur inutile leur doit
„ coûter. Nous entretenons à present
„ quarante neuf mille hommes effe-
„ ctifs par terre, & prés de trente
„ mille par mer. En attendant, les
„ Marchans se tiennent à l'écart & ne
„ veulent pas entrer dans le Port ; l'a-
„ musement des contes inventez par
„ la Faction ; la correspondance que
„ ce Parti entretient ; & l'encourage-
„ ment qu'il donne à ses Amis, pour
„ les empêcher de se rendre, & leur
„ persuader d'attendre quelque acci-
„ dent fatal, pourroient encore ren-
„ verser tout ce qu'on a fait. Ajoutez
„ à cela la mauvaise humeur qui pour-
„ ra se glisser parmi les Membres, en
„ les retenant si long-tems ici à rien
„ faire. En un mot, tout ce qu'on a
„ différé de conclure pendant tant de
„ jours, ne vaut pas la dépense extra-
„ ordinaire qu'il en coûte à l'Angleter-
„ re pour un seul jour de retardement.
„ Je trouve que c'est l'opinion uni-
„ verselle ici, la France s'est aquitée de
„ ses promesses ; Utrecht arrete tout.

„ Mais cela ne dura plus long tems,
„ Mylord Strafford leva bientôt toutes
„ les difficultez qui restoient à sur-
„ monter à Utrecht. Après que ce
„ Ministre eut raporté aux Députez
„ des Etats Generaux la Réponse de la
„ Reine d'Angleterre à la Lettre que
„ L. H. P. lui avoient écrite, il leur fit
„ un ample discours contenant en substance ; „ Que la Reine demandoit
„ une prompte résolution, si l'Etat
„ étoit porté, ou non, à signer immé-
„ diatement la paix sans plus de délai.
„ Que S. M. seroit obligée de signer
„ la sienne sans l'Etat, s'il attendoit
„ plus long-tems que deux ou trois se-
„ maines. Que S. M. étant assurée,
„ que l'Etat ne tarderoit pas de signer
„ la paix avec elle, promettoit de pro-
„ curer à l'Etat la Ville de Tournai,
„ laquelle, avec beaucoup d'autres
„ Places, ne seroit plus à esperer du
„ côté de la France, en cas que la
„ Reine signât la paix séparément.
„ Que le plan de paix que le Comte
„ venoit de proposer, étoit à peu près
„ celui qui est compris dans la Haran-
„ gue de S. M. ajoûtant que S. M. a-
„ voit jugé necessaire pour plus grande
„ sureté de la Barrière, que l'Etat eût
„ Garnison à Mons, comme aussi dans
„ les autres Places de la Barrière.

„ Que S. M. avoit tâché de dispo-
„ ser la France à ceder Condé, mais
„ que ses efforts avoient été infructu-
„ eux. Qu'à l'égard de l'Empire, il n'y
„ auroit aucun changement en ce qui
„ étoit compris dans la Harangue de

Instances faites aux Hollandois pour s'y joindre

1713. ,, la Reine, ni à l'égard de l'Empereur, ,, sinon que la Sardaigne devoit être ,, donnée à l'Electeur de Bavierre: que ,, le Duc de Savoie devoit avoir la Si- ,, cile, & que S. M. requeroit la con- ,, currence de l'Etat en tout ce qui ,, regarde l'Electeur de Baviere, & à ,, obliger l'Empereur à consentir à la ,, Neutralité pour l'Italie, & à retirer ,, ses Troupes de Catalogne.
,, Qu'il demandoit de plus, que les ,, Plenipotentiaires de l'Etat à Utre- ,, cht fussent pourvus de Plein-pouvoirs, ,, pour pouvoir d'abord conclure le ,, nouveau Traité de Barriere: & que ,, S. M. demandoit sur tout une prom- ,, te & positive resolution & réponse de ,, Leurs Hautes Puissances, pour pou- ,, voir terminer cette grande Négocia- ,, tion.

Ils l'acceptent & se conforment au desir de la Reine.

Le Comte délivra ensuite au Greffier Fagel la copie du Projet du nouveau Traité de garantie pour la Succession & pour la Barriere, déclarant, quant aux Articles * séparez dudit Traité, qu'on avoit entierement ôté le premier, parce que les Etats mêmes s'en étoient désisté par une declaration donnée du tems que le Roi de Prusse étoit en Hollande: & que, quant au second, la Reine vouloit qu'il passât tel qu'il étoit. Jusqu'à cette déclaration du Comte de Strafford, on n'avoit pas cru la paix aussi avancée qu'elle l'étoit en effet: la plûpart des pratiques qui s'étoient faites pour l'amener à ce point, aiant été secretes, & si secretes, que très-peu de Personnes en avoient connoissance. L'on gardoit le silence particulierement sur les Renonciations du Roi Philipe & des Ducs de Berri & d'Orleans, sur lesquelles le Conseil de la Reine pensoit apuier le fondement le plus solide de la paix: comme si ces Renonciations eussent

*Voiez les dans les Actes & Mémoires de la Paix d'Utrect.

été d'autre nature que celle des Pirenées, que le Roi de France avoit compté pour rien, dès qu'il vit jour à pouvoir tirer le Roïaume d'Espagne dans sa Maison. Les Etats en particulier, par la réponse qu'ils donnerent à la Reine, sur cette déclaration du Comte de Strafford, parurent eux-mêmes disposez à tout ce que le Conseil de la Reine souhaitoit. Puis qu'encore qu'ils fissent faire quelques propositions à cette Princesse, touchant des choses qu'ils croioient pouvoir être changées, ils s'en remirent néanmoins entierement à son jugement, témoignant d'accepter le Plan de paix, tel que le Comte l'avoit proposé, non seulement pour les conditions de leur paix particulière, mais encore pour la Barriere: sans même vouloir s'informer en quoi consisteroit le changement qu'on prétendoit y faire.

1713.

Ce changement ne concernoit pas tant le nombre ou la qualité des Places qui leur devoient demeurer, que la qualité des moïens qui devoient être emploiez pour assurer la Succession à la Couronne de la Grande Bretagne; les deux seuls sujets de la matiere de ce fameux Traité. Jusqu'alors on avoit publié, que cette Succession regardoit la Maison de Hanover & les interêts de la Religion Protestante. La Reine & ses Ministres en parloient, comme du seul but pour l'exécution duquel les Anglois demandoient le concours des Provinces Unies. Mais on n'en lieu d'en douter, lors qu'on vit les termes du nouveau Traité * & certaines expressions qui lioient & déterminoient ce concours à des conjonctures qui le rendoient inutile, & qui même empêchoient les Hollandois de s'en mêler. Quoi qu'il en soit dès que ce Traité fut signé, les autres le furent aussi bientôt, & la France ne tarda

Changement fait dans leur Traité de Barriere suivi de la signature des autres.

* Signé le 29. Janvier 1713.

1713.

guerre à déclarer sa paix particuliére avec l'Angleterre. Elle fut suivie des Traitez conclus avec les Etats Generaux, le Roi de Portugal, le Roi de Prusse, & le Duc de Savoïe, tous en date du 11. Avril de cette année.

La paix est publiée à Paris.

Les Ratifications de ces Traitez aiant été aportées à la Cour le 15. & 16. de Mai suivans, la publication de la paix se fit à Paris dans les principales Places de la ville par le Roi d'armes & les Herauts. Le Lieutenant de Police marchoit à la tête, accompagné des Officiers du Châtelet & du Corps de Ville ; & l'on fit plusieurs décharges du Canon de la Bastille & de la Grêve. Le 15. on chanta le *Te Deum* dans l'Eglise Métropolitaine, où le Cardinal de Noaïles officia, & le soir on tira devant l'Hôtel de Ville un beau feu d'artifice, en même tems qu'on alluma des feux de joïe dans toutes les ruës. Il y eut ensuite un souper à la Maison de Ville pour l'Electeur de Baviere le Prince Ragotski, qui étoit venu depuis peu en France, & plusieurs autres personnes de la premiere qualité ; & ce souper fut suivi d'un bal & d'une collation magnifique. L'Electeur avoit donné à Surenne le Dimanche précedent une fête des plus galantes aux Dames de la Cour. Il y eut grand jeu & table ouverte pendant tout le jour, avec toutes sortes de rafraîchissement, & dix muids de vin furent défoncez & abandonnez au Peuple. On joüa le soir la Comédie sur un théâtre fait exprés, ensuite de quoi on commença le bal qui dura toute la nuit. C'est ainsi qu'à la Cour & à la Ville on commençoit à goûter les douceurs de la paix, quoi-qu'elle ne fût pas generale.

Suite du Congrès d'Utrecht.

Les Ministres du Roi Philipe & de la Maison de Baviere ne furent admis au Congrès, qu'après la signature des autres Traitez. On disputa long tems sur la forme des Passeports qu'on devoit leur envoyer, parce que les Etats Generaux prétendoient qu'on devoit donner à Philippe simplement le titre de *Roi*, sans y spécifier *d'Espagne*, pour ne paroître pas abandonner entierement l'Empereur qu'ils en avoient reconnu pour legitime Roi. Mais comme on étoit convenu du principal, ces disputes ne furent point soûtenuës, & les Passeports furent expediez tels qu'on les souhaittoit. Non seulement les Ministres de l'Empereur avoient fait ce qu'ils avoient pû pour soûtenir les prétensions de leur Maître ; mais aussi les Députez des quatre Cercles Associez de l'Empire avoient fait leurs représentations particulieres aux Ministre de la Reine de la G. B. au sujet de leurs propres interêts tout-à-fait abandonnez dans le Projet de paix qu'on alloit signer. En effet le Roi pretendoit par ce Projet que ce qui seroit rendu à l'Empire au delà du Rhin demeurât sans aucune fortification pendant que toutes les Places qu'il y gardoit demeureroient fortifiées. Mais toutes les représentations des Cercles furent inutiles, & leur satisfaction particuliere fut remise au Traité à faire avec l'Empereur & l'Empire. On faisoit sans doute grand fond sur la révolution arrivée dés le commencement de l'année dans les affaires du Nord, où le Roi de Dannemarck & ses Alliez, profitant de l'absence du Roi de Suede, lui avoient déclaré la guerre. D'un autre côté les Turcs paroissoient remuër en faveur de ce Prince contre les Moscovites & les Polonois ; ce qui fit penser que l'Empereur, dans l'embarras où ces nouveaux troubles l'alloient jetter, passeroit aisément sur plusieurs considerations qui l'avoient empêché jusques-là de faire son accommodement avec la France. Il est vrai que S. M. I. voulut bien céder au tems & faire sa paix, comme je

1713.

pour ce qui regardoit les Imperiaux

1713.
le dirai bientôt, mais sans renoncer expressément à ses droits & à ses prétentions sur la Monarchie d'Espagne; quoique la France s'oposât fort à cette cession conditionelle.

Comment les interêts des Catalans furent abandonnez

On avoit cru faire grace à l'Empereur de lui permettre de retirer ses Troupes de Catalogne, où la France & l'Espagne les auroient infailliblement fait prisonnieres, si S. M. I. eût continué la guerre en ce Païs-là sans le secours des Puissances Maritimes. On avoit fait présenter plusieurs Mémoires au Roi Philippe, par l'Ambassadeur d'Angleterre, pour obtenir une Amnistie en faveur de ces Peuples; & le motif dont on s'étoit servi pour porter ce Prince à l'accorder, fût son interêt propre, afin d'éloigner les Allemands, sans faire mention de l'honneur de la Reine de la G.B. qui étoit interessé dans cette affaire. Le Roi Philippe répondit; ,, que les Catalans n'avoient rien me- ,, rité à son égard; qu'ils étoient réduits ,, à une petite étenduë de terrain, depuis ,, le depart des Troupes Angloises & ,, Portugaises; que ses Troupes & celles ,, du Roi son Grand-Pere, étoient ,, prêtes à entrer dans leur Païs, par ,, trois endroits differens: qu'ainsi c'é- ,, toit par pure complaisance pour la ,, Reine, & non pour aucune des rai- ,, sons qu'on avoit alleguées, qu'il ,, vouloit bien pardonner aux Cata- ,, lans, qui auroient recours à sa cle- ,, mence, qui se repentiroient de leurs ,, erreurs, & se soûmettroient à sa do- ,, mination & à son vassélage, dans un tems limité. Le Comte de Sinzendorf insista dans le Projet dressé pour l'évacuation de la Catalogne, qu'on conservât les privileges du Peuple; mais le Roi d'Espagne le refusa, & ne voulut leur accorder qu'une amnistie & un pardon.

La premiere démarche qui contribua beaucoup à la ruine des Catalans, fut l'ordre qu'on envoïa à Mylord Lexington, contre ses premieres Instructions, & de reconnoître à son arrivée à Madrid, Philippe en qualité de Roi d'Espagne, dans une Audience privée, avant qu'on eût reglé un seul article avec lui par raport à la paix & au commerce. Cette démarche une fois faite, les Ministres Anglois ne firent point paroître à l'égard des Catalans le zéle qu'ils sembloient devoir marquer pour l'honneur de leur Reine. Ils abandonnerent cette affaire. Mylord Bolingbroke marqua dans la lettre qu'il écrivit aux Plenipotentiaires de S. M.B. à Utrecht sur ce sujet, ,, que ce n'étoit pas l'interet de l'An- ,, gleterre de conserver la liberté des ,, Catalans: Qu'il me soit permis de ,, vous dire, ajoûte-t-il, que les privi- ,, léges des Catalans consistent dans ,, la puissance de la bourse & de l'épée; ,, & que ceux de Castille que le Roi ,, d'Espagne leur donnera en échange ,, sont la liberté de négocier, & d'al- ,, ler aux Indes Occidentales, & celle ,, de jouïr des Emplois avantageux ,, dont le Roi dispose en Amerique, ,, choses, dit ce Seigneur, beaucoup ,, plus considerable pour ceux qui veu- ,, lent se soûmettre à une autorité le- ,, gitime.

Convention pour l'évacuation de la Catalogne.

Enfin lors que l'Empereur fut forcé à faire la convention de l'évacuation de la Catalogne, les Ministres ,, Imperiaux qui étoient à Utrecht, in- ,, sistérent qu'on eût soin de conser- ,, ver par ce Traité les privileges de la ,, Catalogne, Majorque & d'Ivica; mais ,, la France & ses Confederez aiant ,, insisté que cette affaire fût renvoïée ,, au Traité de paix; les Imperiaux y ,, consentirent à la fin sur la déclara- ,, tion réiterée de la Reine de la G.B., ,, Qu'elle interposeroit ses bons offices ,, de la maniere la plus efficace pour ,, obtenir les privileges de la Catalo- ,, gne, de Majorque & d'Ivica: Et le Roi de France s'engagea en même tems

1713. d'y joindre les siens. Voici quelle étoit cette convention.

EXTRAIT

De la Convention faite pour l'Evacuation de la Catalogne, &c. le 14. Mars 1713.

Extrait du Traité.

" I. TOutes les Troupes de l'Empereur & des Alliez sortiront de la Principauté de Catalogne, & des Iles de Majorque & d'Ivica......
" VIII. On accordera de plus, une Amnistie générale & un oubli perpetuel, qu'on fera publier incessamment en bonne forme, du tems qu'on commencera l'évacuation, pour tous les Sujets & Habitans de Catalogne, & desdites Iles, tant Séculiers qu'Ecclesiastiques.
" IX. Et d'autant que les Plénipotentiaires de S. M. I. ont toûjours insisté sur la joüissance des privilèges des Catalans, & des Sujets & Habitans de Majorque & d'Ivica, avant l'Evacuation; & que de la part de la France & de ses Alliez on a renvoyé ce qui regarde cette affaire jusqu'à la conclusion de la paix future, la Royale Majesté de la G. B. déclare encore qu'elle fera interposer ses bons offices de la maniere la plus efficace, lors que l'occasion s'en présentera pour qu'à l'avenir, les Habitans de Catalogne, de Majorque & d'Ivica puissent joüir de leurs Privilèges à quoi lesdits Ministres Plénipotentiaires de l'Empereur ont enfin aquiescé, d'autant plus que le Roi T. C. a ordonné à ses Ministres Plenipotentiaires de déclarer qu'il joindroit son intercession pour cet effet.
Les Négociations furent ensuite suspendues en Espagne, jusqu'à ce que le Traité de l'Angleterre avec cette Couronne, dans lequel on abandonna les Privilèges des Catalans, fût conduit à sa perfection. Mylord Lexington le signa & se contenta de protester contre cet Article en le signant, afin, dit il, que la Reine pût refuser de le ratifier si elle jugeoit à propos. Mais quand il fut envoïé en Angleterre, il ne laissa point d'être ratifié par la Reine. Les conditions de ce Traité pour les Catalans, furent *que ces Peuples auroient les mêmes Privilèges, dont jouissoient les Castillans, Sujets bien-aimez du Roi.*

Le Roi d'Espagne se prepare à faire la guerre aux Catalans.

Lors que le Roi d'Espagne eut reçû cette preuve convainquante de l'attachement des Ministres Anglois à ses intérêts, il passa outre & proposa * directement à Mylord Lexington que la Reine voulût l'assister de ses Vaisseaux pour bloquer Barcelone. Ce Seigneur répondit, qu'il craignoit que cette proposition ne trouvât des difficultez; que la Reine ne pourroit se résoudre à prêter ses Vaisseaux pour exterminer un Peuple, qui avoit pris les armes à l'instigation de ses Ministres; & qu'elle croiroit avoir assez fait pour obliger le Roi, en n'insistant pas sur la conservation de leurs anciens privilèges, sans aider à les détruire. Cependant on trouvera dans la suite les égards que le Ministere eut pour cette Requête du Roi Philippe. L'Ambassadeur de France & la Princesse des Ursins proposerent à Mylord Lexington (& le Roi le fit lui-même la veille du depart de ce Seigneur) d'écrire une Lettre * concertée & aprouvée par ce Prince à la Regence de Barcelone, pour lui conseiller de se soûmettre à son Roi. Le Ministre Anglois le fit & les as-

* Lettre de Mylord Lexington à Mylord Dartmouth du 7. Août.
* Elle est dattée du 28. Novembre..

1713. sûra de la continuation de ses soins pour leurs interêts; qu'il étoit bien fâché, que Dieu ne lui eût pas permis d'en faire davantage : qu'au cas qu'ils voulussent prendre une promte résolution, avant qu'il sortît d'Espagne, il écriroit encore en leur faveur, de la manière qu'ils le souhaiteroient, & concluit sa Lettre par de nouvelles protestations de l'interêt qu'il prenoit à ce qui les regardoit.

L'Ambassadeur d'Angl. leur écritune Lettre. Raport du Comité secret.

Pour donner à cette conduite un air de sincerité, il leur marqua †, qu'il s'étoit confié au Consul d'*Alicante* pour leur faire tenir cette Lettre sous quelque prétexte plausible; bien qu'il en eût envoïé en même tems un double au Comte de *Lecheraine*, l'un des Généraux du Roi d'*Espagne*, pour l'envoyer dans la Ville par un Déserteur, comme s'il n'en eût rien su. Mr. Burch, Secretaire de Mylord Lexington, allegua cette raison † entre plusieurs autres pour excuser l'envoi de cette Lettre, qu'au cas que les Catalans voulussent s'accommoder, la Reine en auroit la médiation, & que s'ils ne le vouloient pas faire, la Cour d'Espagne verroit que cette Princesse étoit toûjours prête à faire ses efforts pour son service. Mais cet artifice, pour porter les Catalans à se soûmettre, & à se fier aux bons offices du Ministre Anglois, ne produisit aucun effet sur des gens résolus à perir pour la défense de la Liberté de leur Patrie.

Motifs qui empêchèrent l'Empereur de consentir si tôt à la paix.

Pour ce qui est de l'Empereur, on lui avoit fait esperer, que quoi que parmi les conditions de l'Armistice d'Italie, il fût expressément stipulé, que toutes choses seroient remises en ce Païs-là dans l'état où elles avoient été avant la guerre c'est-à-dire, que l'Empereur seroit obligé de restituer Mantoüe & Commachio, on conviendroit à l'amiable & de gré à gré de ces Restitutions, après que la paix en général auroit été concluë, & que Si S. M. I. y consentoit, on avoit envie de conclure une paix générale. Mais elle tint ferme dans l'esperance que quelcune des Puissances prêtes à signer se retracteroit de son engagement, & qu'il y surviendroit des incidens, qui changeroient la face des affaires. En effet le Traité de Barriére, de même que l'engagement qu'on y avoit pris (du moins en aparence) de maintenir la Succession Protestante dans la Maison de Hanover, fit grand bruit : quoi que cet engagement fût conçu en des termes assez équivoques : ce qui fit croire que dès que ce Traité seroit rendu public, il fourniroit une grande matiere de division parmi les Anglois. D'ailleurs l'Empereur consideroit que les Finances de la France étant extrêmement dérangées, peut-être ne témoignoit on un si grand empressement pour la paix, que parce qu'on n'étoit plus en état de continuer la guerre, & que comme Louys XIV., le premier mobile de tous les Traitez, étoit sur le déclin de l'âge, peut-être craignoit on que sa mort n'aportât de grans changemens. Mais ces considérations furent infructueuses. Les choses étoient venus trop avant, pour croire que ceux qui les y avoient portées voulussent se retracter. Aussi le même jour que le Traité avec les Impériaux fut signé, le Roi T. C. declara la suspension d'armes avec le Duc de Savoye; comme dans une pleine assurance que la paix generale devoit bien tôt suivre, S. M. fit aussi publier la Renonciation du Roi d'Espagne à la Couronne de France, & celles du Duc de Berri & du Duc d'Orléans à la Couronne d'Espagne, en conséquence des Lettres Patentes que voici.

† *Letre de Mylord Lexington à Mr. Orri du 30. Nov.*
† *Lettre du Sr. Burch au Sr. Tilson du 4. Decembre.*

LET

LETTRES Patentes

Du Roi qui admettent la Renonciation du Roi d'Espagne à la Couronne de France, & celles de Mr. le Duc de Berri & de Mr. le Duc d'Orleans à la Couronne d'Espagne.

Données à Versailles au mois de Mars 1713.

Regitrées en Parlement le 15. Mars 1713.

" Louïs par la grace de Dieu, Roi
" de France & de Navarre, à tous
" presens & à venir, Salut. Dans les
" differentes révolutions d'une guerre,
" où nous n'avons combattu que pour
" soûtenir la Justice des droits du Roi
" nôtre très-Cher & très-Amé Frere
" & Petit-Fils sur la Monarchie d'Es-
" pagne, Nous n'avons jamais cessé de
" désirer la Paix. Les succès les plus
" heureux ne nous ont point éblouïs,
" & les evenemens contraires dont la
" main de Dieu s'est servie pour nous
" éprouver, plûtôt que pour nous
" perdre, ont trouvé ce désir en nous
" & ne l'y ont pas fait naître : mais
" les tems marquez par la Providence
" Divine pour le repos de l'Europe,
" n'étoient pas encore arrivez. La
" crainte éloignée de voir un jour nô-
" tre Couronne & celle d'Espagne
" portée par un même Prince, faisoit
" toûjours une égale impression sur les
" Puissances qui s'étoient unies contre
" nous ; & cette crainte, qui avoit
" été la principale cause de la guerre,
" sembloit mettre aussi un obstacle in-
" surmontable à la Paix. Enfin apres
" plusieurs Négociations inutiles,
" Dieu touché des maux & des gémis-
" semens de tant de Peuples, a daigné
" ouvrir un chemin plus sûr pour par-
" venir à une Paix si difficile; mais les
" mêmes allarmes subsistant toûjours,
" la première & la principale condi-
" tion qui nous a été proposée par nô-
" tre très-Chère Sœur la Reine de la
" Grande Bretagne, comme le fonde-
" ment essentiel & nécessaire des Trai-
" tez, a été que le Roi d'Espagne no-
" tredit, Frère & Petit-Fils, conser-
" vant la Monarchie d'Espagne & des
" Indes, renonçât pour lui & pour ses
" Descendans à perpetuité, aux droits
" que sa Naissance pouroit jamais
" donner à lui & à eux sur nôtre Cou-
" ronne, que réciproquement nôtre
" très-Cher & très-Amé Petit-Fils le
" Duc de Berri & nôtre très-Cher &
" très-Amé Neveu le Duc d'Orleans
" renonçassent aussi pour eux & pour
" leurs Descendans Mâles & Femelles
" à perpetuité, à leurs droits sur la
" Monarchie d'Espagne & des Indes.
" Notredite Sœur nous a fait represen-
" ter que sans une assurance formelle
" & positive sur ce point, qui seul
" pouvoit être le lien de la Paix, l'Eu-
" rope ne seroit jamais en repos, tou-
" tes les Puissances qui la partagent
" étant également persuadées qu'il
" étoit de leur intérêt général &
" de leur sûreté commune, de conti-
" nuer une guerre dont personne ne
" pouvoit prévoir la fin, plûtôt que
" d'être exposées à voir le même
" Prince de venir un jour le Maître de
" deux Monarchies aussi puissantes
" que celles de France & d'Espagne.
" Mais comme cette Princesse, dont
" nous ne pouvons assez loüer le zéle
" infatigable pour le rétablissement de
" la tranquilité generale, sentit toute
" la repugnance que nous avions à
" consentir qu'un de nos Enfans, si

"digne de recueillir la Succession de "nos Péres, en fût nécessairement "exclu, si les malheurs dont il a plû à "Dieu de nous affliger dans nôtre Fa- "mille, nous enlevoient encore dans "la personne du Daufin, nôtre très- "Cher & très-Amé Arriére-Petit-Fils, "le seul reste des Princes que nôtre "Royaume a si justement pleurez avec "nous; elle entra dans nôtre peine; "& apres avoir cherché de concert "des moiens plus doux pour assurer "la paix, nous convinmes avec no- "tredite Sœur de proposer au Roi "d'Espagne d'autres Etats, inferieurs "à la verité à ceux qu'il possede "mais dont la consideration s'accroi- "troit d'autant plus sous son Règne, "que conservant ses droits en ce cas, il "uniroit à nôtre Couronne une par- "tie de ces mêmes Etats, s'il parve- "noit un jour à nôtre Succession. Nous "emploïames donc les raisons les plus "fortes pour lui persuader d'accepter "cette alternative; nous lui fimes "connoître que le devoir de sa Nais- "sance étoit le premier qu'il dût con- "sulter; qu'il le devoit à sa Maison "& à sa Patrie, avant que d'être re- "devable à l'Espagne; que s'il man- "quoit à ses premiers engagemens, "il regretteroit peut-être un jour inuti- "lement d'avoir abandonné des droits "qu'il ne seroit plus en état de sou- "tenir. Nous ajoûtames à ces raisons "les motifs personnels d'amitié & "de tendresse, que nous crûmes capa- "bles de le toucher; le plaisir que "nous aurions de le voir de tems "en tems auprès de nous, & de passer "avec lui une partie de nos jours, "comme nous pouvions nous le pro- "mettre du voisinage des Etats qu'on "lui offroit; la satisfaction de l'in- "struire nous mêmes de l'état de "nos affaires, & de nous reposer sur "lui pour l'avenir, en sorte que si "Dieu nous conservoit le Daufin,

"nous pourrions donner à nôtre "Roïaume, en la personne du Roi "notre Frére & Petit-Fils, un Ré- "gent instruit dans l'Art de regner; "& que si cet Enfant si précieux à "Nous & à nos Sujets, nous étoit en- "core enlevé, nous aurions au moins "la consolation de laisser à nos Peu- "ples, un Roi vertueux, propre à "les gouverner, & qui réüniroit en- "core à nôtre Couronne des Etats "trés-considerables. Nos instances "réiterées avec toute la force & tou- "te la tendresse necessaire pour per- "suader un Fils qui merite si juste- "ment les efforts que nous avons "faits pour le conserver à la France, "n'ont produit que des refus reiterez "de sa part, d'abandonner jamais "des Sujets braves & fideles, dont "le zéle pour lui s'étoit distingué "dans les conjonctures où son Trô- "ne avoit paru le plus ébranlé; en- "sorte que persistant avec une ferme- "té invincible dans sa premiere re- "solution, soûtenant même qu'elle "étoit plus glorieuse & plus avanta- "geuse à nôtre Roiaume que celle "que nous le pressions de prendre, "il a déclaré dans l'Assemblée des "Etats du Roiaume d'Espagne, con- "voquée pour cet effet à Madrid, que "pour parvenir à la Paix generale, "& assurer la tranquilité de l'Europe "par l'équilibre des Puissances, il re- "nonçoit de son propre mouvement, "de sa volonté libre & sans aucune "contrainte, pour lui, pour ses Hé- "ritiers & Successeurs, pour tou- "jours & à jamais, à toutes Préten- "sions, Droits & Titres, que lui "ou aucun de ses Descendans ai- "ent dés à present ou puissent avoir, "en quelque tems que ce soit à l'ave- "nir à la Succession de nôtre Cou- "ronne; qu'il s'en tenoit pour exclu, "lui, ses Enfans Héritiers & Descen- "dans à perpetuité; qu'il consentoit

„ pour lui & pour eux que des apre-
„ sent comme alors, son droit & ce-
„ lui de ses Descendans passât & fut
„ transferé à celui des Princes que
„ la Loi de Succession & l'ordre de
„ la Naissance appele ou appellera, à
„ hériter de notre Couronne, au dé-
„ faut de notre dit Frere & Petit-Fils
„ le Roi d'Espagne & de ses descen-
„ dans, ainsi qu'il est plus ample-
„ ment specifié par l'Acte de Renon-
„ ciation admis par les Etats de son
„ Roiaume: Et en conséquence il a dé-
„ claré qu'il se desistoit specialement du
„ droit qui a pû être ajouté à celui de sa
„ Naissance par nos Lettres Patentes
„ du mois de Decembre 1700. par
„ lesquelles nous avons déclaré que
„ notre Volonté étoit que le Roi
„ d'Espagne & ses descendans con-
„ servassent toujours les droits de
„ leur Naissance ou de leur Origine,
„ de la même maniere que s'ils fai-
„ soient leur résidence actuelle dans
„ notre Roïaume, & de l'inregître-
„ ment qui a été fait de nos dites
„ Lettres Patentes, tant dans notre
„ Cour de Parlement, que dans no-
„ tre Chambre des Comptes à Paris.
„ Nous sentons comme Roi & com-
„ me Pere, combien il eut été à dési-
„ rer que la Paix generale eût se
„ conclure sans une Renonciation
„ qui fasse un si grand changement
„ dans notre maison Roiale & dans
„ l'ordre ancien de succeder à notre
„ Couronne; mais nous sentons en-
„ core plus combien il est de notre
„ devoir d'assûrer promptement à nos
„ Sujets une Paix qui leur est si neces-
„ saire. Nous n'oublierons jamais les
„ efforts qu'ils ont fait pour nous dans
„ la longue durée d'une guerre que
„ nous n'aurions pu soutenir, si leur
„ zéle n'avoit en encore plus d'éten-
„ duë que leurs forces. Le salut d'un
„ Peuple si fidelle est pour nous une
„ Loi suprême, qui doit l'emporter
„ sur toute autre consideration. C'est
„ à cette Loi que nous sacrifions au-
„ jourd'hui le droit d'un Petit-Fils qui
„ nous est si cher; & par le prix que
„ la Paix generale coutera à notre
„ tendresse, nous aurons au moins la
„ consolation de témoigner à nos Su-
„ jets qu'aux dépens de notre sang
„ même, ils tiendront toujours le
„ premier rang dans notre cœur. POUR
„ ces causes & autres grandes consi-
„ derations à ce nous mouvans, a-
„ pres avoir vu en notre Conseil
„ le dit Acte de Renonciation du
„ Roi d'Espagne, notre très-Cher
„ & très Amé Frére & Petit-Fils,
„ du 5. Novembre dernier; com-
„ me aussi les actes de Renoncia-
„ tion que notredit Petit-Fils le
„ Duc de Berri & notredit Neveu
„ le Duc d'Orléans ont faits reci-
„ proquement de leurs droits à la
„ Couronne d'Espagne, tant pour eux
„ que pour leurs Descendans Mâles
„ & Femelles, en consequence de la
„ Renonciation de notredit Frére &
„ Petit-Fils le Roi d'Espagne, le tout
„ ci-attaché avec copie collationnée
„ desdites Lettres Patentes du mois
„ de Decembre 1700. sous le Con-
„ trescel de notre Chancellerie, de
„ notre Grace speciale, pleine Puis-
„ sance & Autorité Roïale, nous a-
„ vons dit, statué & ordonné, & par
„ ces Présentes signées de notre main,
„ disons; statuons & ordonnons, vou-
„ lons & nous plait, que ledit Acte
„ de Renonciation de notredit Frére
„ & Petit-Fils le Roi d'Espagne &
„ ceux de notredit Petit-Fils le Duc
„ de Berri & notredit Neveu le Duc
„ d'Orléans, que nous avons admis
„ & admettons, soient enregîtrez
„ dans toutes nos Cours de Parlement
„ & Chambres des Comptes de notre
„ Roïaume & autres lieux ou besoin
„ sera pour être exécutez selon leur
„ forme & teneur; & en conséquence

,, voulons & entendons que nosdites
,, Lettres Patentes du mois de Decem-
,, bre 1700. soient & demeurent nulles
,, & comme non avenues ; qu'elles
,, nous soient raportées, & qu'à la
,, marge des Regitres de notredite
,, Cour de Parlement & de notredite
,, Chambre des Comptes, où est l'en-
,, regitrement desdites Lettres Paten-
,, tes, l'Extrait des présentes y soit
,, mis & inseré, pour mieux marquer
,, nos intentions sur la revocation
,, & nullité desdites Lettres. Voulons
,, que conformément audit Acte de
,, Renonciation de notredit Frère &
,, Petit Fils le Roi d'Espagne, il soit
,, desormais regardé & consideré com-
,, me exclu de notre Succession ;
,, que ses Heritiers, Successeurs &
,, Descendans en soient aussi exclus à
,, perpetuité & regardez comme in-
,, habiles à la recueillir. Entendons
,, qu'à leur defaut, tous droits qui
,, pourroient en quelque tems que ce
,, soit leur competer & apartenir sur
,, notre-dite Couronne & Succession
,, de nos Etats, soient & demeurent
,, transferez à notre très-Cher & très-
,, Amé Petit-Fils le Duc de Berri &
,, ses Enfans & Descendans Mâles nez
,, en loïal Mariage, & successivement
,, à leur defaut à ceux des Princes de
,, notre Maison Roiale & leurs Des-
,, cendans, qui par le droit de leur
,, Naissance & par l'ordre établi de-
,, puis la Fondation de notre Monar-
,, chie, devront succeder à notre Cou-
,, ronne. Si donnons en Mandement
,, à nos Amez & Feaux Conseillers
,, les Gens tenans notre Cour de Par-
,, lement à Paris, que ces Presentes
,, avec les Actes de Renonciation faits
,, par notre-dit Petit-Fils le Roi d'Es-
,, pagne, par notre-dit Petit-Fils le
,, Duc de Berri, & par notredit Ne-
,, veu le Duc d'Orleans, ils aient à
,, faire lire, publier & regitrer ; & le
,, contenu en iceux garder, & obser-
,, ver & faire exécuter selon leur for-
,, me & teneur, pleinement, paisible-
,, ment & perpetuellement, cessant
,, & faisant cesser tous troubles &
,, empêchement, nonobstant toutes
,, Loix, Statuts, Us, Coûtumes, Ar-
,, rets, Règlemens & autres choses à
,, ce contraires, auxquels & aux Déro-
,, gatoires des Dérogatoires y conte-
,, nuës, Nous avons derogé & dero-
,, geons par ces Présentes pour ce re-
,, gard seulement & sans tirer à con-
,, sequence : Car tel est notre Plaisir.
,, Et afin que ce soit chose ferme &
,, stable à toujours, nous avons fait
,, mettre notre Scel à cesdites Présen-
,, tes. Donné à Versailles au mois de
,, Mars, l'an de Grace mille sept cent
,, treize, & de notre Règne le Soi-
,, xante-dixième. Signé LOUIS. Et
,, plus bas : Par le Roi PHELIPEAUX.
,, Visa, PHELIPEAUX. Et Scellé du
,, grand Sceau en Cire verte sur lacs
,, de soie rouge & verte.

Peu de tems après la Publication de ces Lettres, Sa Majesté Très-Chrétienne, pour faire voir le penchant qu'elle avoit de faire aussi la paix avec l'Empereur, en fit proposer un plan aux Ministres de S. M. I. par l'entremise des Plénipotentiaires d'Angleterre, avec Déclaration qu'on leur donnoit jusqu'au premier de Juin pour l'examiner, & pour savoir là dessus les sentimens de la Cour de Vienne; il contenoit en substance ce qui suit.

,, Le Roi promet & s'engage à fai-
,, re la Paix avec la Maison d'Autri-
,, che, aux conditions specifiées ci-a-
,, prés pourvu qu'elles soient acceptées
,, avant le premier de Juin prochain, a-
,, prés lequel tems S. M. ne sera plus
,, tenuë à aucun engagement.
,, Le Roi reconnoîtra dans l'Empi-
,, re, après la signature de la Paix,
,, tous les Titres qu'il n'y a pas encore
,, reconnus. nommément le Duc de

,, Hanover en qualité d'Electeur avec
,, les Droits & Prérogatives atta-
,, chez à cette Dignité.
,, Le Traité conclu à Ryswick au
,, mois d'Octobre 1697. fera retabli;
,, & le Rhin fervira de Barriere en-
,, tre la France; & l'Empire. Ain-
,, fi le Roi gardera tout ce qu'il
,, poffede actuellement en deça de
,, ce Fleuve, & rendra ou fera dé-
,, molir les Places qui lui apartiennent
,, au delà, ou dans le cours du Rhin.
,, S. M. remettra à la Maifon d'Au-
,, triche la ville du Vieux Brifac avec
,, toutes fes Dépendances fituées à la
,, droite du Rhin: confervant celles
,, qui font à la gauche, entr'autres le
,, Fort appelé le Mortier, le tout con-
,, formément à la difpofition faite
,, par le Traité de Ryswick.
,, S. M. remettra pareillement à la
,, Maifon d'Autriche & à l'Empire le
,, Fort de Kehl.
,, Quant aux autres Forterefles conf-
,, truites au delà du Rhin, le Roi fera
,, démolir l'Ouvrage à corne bâti vis
,, à vis de Huningue fur la Rive droi-
,, te de ce Fleuve; de même qu'un
,, autre Ouvrage à corne conftruit
,, dans une Ile devant Huningue.
,, S. M. fera pareillement démolir
,, fous Strasbourg le Fort du Rhin fi-
,, tué dans une Ile à la droite du Pont
,, de Strasbourg, en allant au Fort de
,, Kehl, & le Fort de Tell fur le Pont,
,, entre le Fort du Rhin & le Fort de
,, Kehl.
,, Le Fort-Louis qui eft dans l'Ile
,, du Rhin fera rafé auffi bien que
,, l'Ouvrage à Corne fait dans l'Ile
,, appelée Marquifat, vis à vis ledit
,, Fort, de même que quelques Re-
,, doutes & quelques Retranchemens
,, dans la même Ile.
,, Le Fort de Sellingen fur la Ri-
,, vière de Stolhoven fitué au delà du
,, Rhin vis à vis du Fort Louis, fera
,, démoli. Les Fortifications faites à

,, Hombourg & à Bitfch feront pareil-
,, lement rafées fuivant & conformé-
,, ment à l'Article XXX. du Traité de
,, Ryswick.
,, Landau demeurera à la Maifon
,, d'Autriche, dans l'état où cette pla-
,, ce eft prefentement.
,, Ladite Maifon d'Autriche aura
,, de plus le Roïaume de Naples, le
,, Duché de Milan, à l'exception de
,, tout ce qui a été cédé dudit Duché
,, au Duc de Savoie par le Traité con-
,, clu entre l'Empereur Leopold & le-
,, dit Duc en 1703. nommément la
,, Ville & le pais de Vigevano: à
,, moins que l'Equivalent n'ait été
,, remis avant la Conclufion de la
,, Paix.
,, Les Etats & Places d'Italie qui ne
,, dépendent point du Roïaume de
,, Naples, ni du Duché de Milan fe-
,, ront remis, à qui ils apartiennent
,, légitimement.
,, Les quatre Places apartenantes à
,, l'Efpagne fur la Côte de Tofcane,
,, du nombre defquelles eft Portolon-
,, gone, feront données à la Maifon
,, d'Autriche.
,, Les Pais Bas Efpagnols (à l'ex-
,, ception de ce qui fera fpecifié ci-
,, deffous) apartiendront à la Maifon
,, d'Autriche: comme les Places &
,, Pais, que le Roi cede, & le tout
,, fera remis à ladite Maifon aux con-
,, ditions dont elle conviendra avec
,, les Etats Generaux des Provinces
,, Unies.
,, Tout ce que la Pruffe poffede dans
,, la Province de Gueldres, & les Bail-
,, liages de Keffel & de Keeskenberg,
,, avec leurs dépendances, lui feront
,, cédez.
,, Comme le Roi d'Efpagne en cé-
,, dant les Pais-Bas à l'Electeur de Ba-
,, viere, s'eft refervé le Droit de choi-
,, fir dans l'une des Provinces qui les
,, compofent une Terre produifant
,, trente mille écus de Revenu, pour

Sff iij

,, l'eriger en principauté en faveur de
,, la Princesse des Ursins, cette mê-
,, me reserve aura lieu:

,, L'Electeur de Cologne sera réta-
,, tabli dans tous ses Etats, Benefi-
,, ces, Dignîtez, Séances, Revenus,
,, Meubles, Pierreries & generale-
,, ment dans tous les Biens & Préro-
,, gatives, dont ce Prince a été pri-
,, vé pendant le cours de cette Guerre.

,, Le même rétablissement se fera
,, en faveur de ses Officiers ou Dome-
,, stiques proscrits, & dont les biens
,, ont été confisquez, pour avoir sui-
,, vi leur Maitre.

,, Il pourra y avoir Garnison Hol-
,, landoise dans la Citadelle de Liége
,, & dans la Ville & Château de Hui.

,, Les Fortifications de Bonn seront
,, rasées.

,, Le Diocese & le Chapitre de Hil-
,, des-heim seront rétablis dans l'état
,, où ils doivent être conformément
,, à la teneur des Traitez de West-
,, phalie.

,, L'Electeur de Bavière sera réta-
,, bli generalement dans tous les Etats
,, qu'il possedoit avant la guerre pré-
,, sente, à l'exception du *Haut Pala-*
,, *tinat*, qui doit être laissé à l'Electeur
,, Palatin, avec le Rang dans le Col-
,, lege Electoral, qui y est attaché pour
,, en jouir lui & le Prince Charles de
,, Neubourg seulement pendant leur
,, vie; & le *Haut Palatinat* avec le
,, Rang dans le Collége Electoral, que
,, l'Electeur de Bavière avoit avant la
,, guerre, reviendront à leur defaut
,, audit Electeur de Bavière, ou à ses
,, Descendans. Cependant il sera créé
,, en sa faveur un Neuvieme Electo-
,, rat.

,, Le Roiaume de Sardaigne sera
,, donné à l'Electeur de Bavière, avec
,, le Titre de Roi.

,, Ce Prince jouira en toute Sou-
,, veraineté du Duché & de la Ville
,, de *Luxembourg*, de la Ville & Com-

,, té de *Namur*, de la Ville de *Char-*
,, *leroi*, & de toutes leurs Dépendan-
,, ces, jusqu'à ce qu'il soit rétabli dans
,, tous ses Etats (à l'exception du
,, *Haut Palatinat*) & mis en possession
,, du Roiaume de *Sardaigné* & du
,, Titre de Roi.

,, De plus l'Electeur de Baviere de-
,, meurera en possession de la Souve-
,, raineté de la ville & du Duché de
,, Luxembourg & de leurs dependan-
,, ces, jusqu'à ce qu'il ait été dédo-
,, magé des pertes, qu'il a faites au
,, Traité d'Ilbersheim, & ce dédoma-
,, gement sera réglé par des Arbitres
,, desinteressez, dont la Reine de la
,, G. B. accepte d'être une.

,, Cependant les Etats Generaux
,, mettront Garnison immédiatement
,, après leur Paix faite avec le Roi
,, dans la Ville de *Luxembourg* & dans
,, la Ville & Château de *Namur*, com-
,, me aussi dans la Ville de *Charleroi*.

,, Les Princes Enfans de l'Electeur
,, de Bavière lui seront rendus, com-
,, me aussi l'Artillerie, les Meubles,
,, Pierreries, & generalement tous les
,, effets enlevez à ce Prince.

,, Tous les Officiers & Domestiques
,, de l'Electeur de Baviere, proscrits
,, pour avoir suivi leur Maitre, seront
,, rétablis comme ceux de l'Electeur
,, de Cologne. Aussi tôt que l'Electeur
,, de Baviere aura été mis en possession
,, du Roiaume de Sardaigne & du
,, Titre de Roi, & que tous ses Etats
,, generalement, à l'exception du *Haut*
,, *Palatinat*) lui auront été restituez,
,, il cedera la Souveraineté de *Namur*
,, & de *Charleroi*, & de leurs dépen-
,, dances, & lors qu'il aura été dedo-
,, magé des pertes qu'il a souffert par
,, les infractions faites au Traité d'Il-
,, bersheim, il cedera aussi la Souve-
,, raineté du Duché de *Luxembourg*.

,, Il y aura une Amnistie generale
,, pour tous les Espagnols, Italiens ou
,, autres qui ont suivi l'un ou l'autre

1713. ,, Parti, & leurs biens leurs seront re-
,, stituez tant en Espagne qu'en Italie.
,, Il sera donné une entiere satisfa-
,, ction au Duc de St. Pierre par le
,, paiement de toutes les avances
,, qu'il a faites pour *Sabionettes*, & des
,, interêts desdites avances ; & tous
,, ceux de ses biens qui ont été con-
,, fisquez ou retenus, lui seront gene-
,, ralement rendus, comme aussi les
,, revenus des mêmes biens confisquez
,, sans cause légitime. Fait à Utrecht
,, le 11. d'Avril 1713.

Signé D'HUXELLES. MENAGER.

Ces Articles n'étoient pas tout à fait les mêmes que ceux que les Pléni-potentiaires Anglois avoient proposez aux Ministres de l'Empereur; on y avoit fait quelques changemens qui les rendoient plus durs que les premiers. Cependant les Ministres de S. M. B., persuadez qu'ils n'étoient pas differens des autres, les souscrivirent en les com-muniquant au Comte de Sinzendorf & à son Collegue. Mais ceux ci ne trouvant pas que leurs Plein-pouvoirs les autórisassent à les accepter, refu-serent d'y donner leur consentement. Cela n'empêcha point que les Ministres des Puissances : qui étoient convenus de leurs Traitez particuliers, ne les signassent le même jour; & c'est ici qu'il faut raporter ceux dont on a par-lé à la fin du Livre précédent.

Protestatiós diverses contre les Traitez conclus à Utrecht.

Entre les diverses protestations qui furent faites contre cette Paix, par la-quelle les Principautez d'Orange de Neufchâtel & Valengin furent cédées au Roi de Prusse, je me contenterai d'indiquer celles du Duc de Luines & de Chevreuse du 14. Avril 1713. du Comte de Matignon, de la Duchesse de Lesdiguiéres & du Duc de Villeroi du 15. des Marquis d'Alegre & de Vi-teaux, & du Comte de Barbanson tou-chant la même Principauté de Neuf-châtel & Valengin du 16., celle du Duc de la Tremouille touchant le Roi-aume de Naples du 19. : de la Prin-cesse & du jeune Prince de Condé sur le Duché de Montferrat du 18. & celle du Duc de Luxembourg sur le Duché de ce nom du 14. du même mois: celle du Prince de Conti sur la même Prin-cipauté de Neufchâtel: celles des Prin-ces de Nassau-Dillinbourg & de Nas-sau-Siegen sur la Principauté d'Oran-ge, & Biens situez en Franche Comté &c. du 18. : celle de S. A. R. le Duc de Lorraine au sujet du Montferrat, d'Arches & Charleville du 3. Juin: Et enfin celle des Pupilles du Prince d'O-range & de Nassau, Jean-Guillaume Friso, comme Héritier du Roi de la G. B. du 22. Mai, dont les piéces se trouvent tout au long dans les Actes & Mémoires de la Paix d'Utrecht. Le Chevalier de St. George en particu-lier n'oublia point de faire aussi la sienne d'avance; elle étoit en Latin, & comme elle est courte j'en donnerai ici la traduction.

IAQUES III.

Par la Grace de Dieu, Roi de la Grande-Bretagne, de France & d'Irlande, Defenseur de la Foi, à tous Rois, Princes, Re-publiques, &c.

,, Comme après une guerre si lon-
,, gue & si fatale à toute la Chré-
,, tienté tout paroît disposé de part &
,, d'autre à traiter de la Paix & à la
,, conclure incessamment, sans avoir
,, aucun égard à nos intérêts : nous a-
,, vons jugé convenable & nécessaire,
,, de pourvoir par cette solemnelle
,, Protestation, à la sureté de notre
,, Droit indubitable, contre tout ce
,, qui pourroit generalement être fait

Protestation particu-liere du Preten-dant à la Cou-ronne d'An-gleter-re.

„ à sa diminution, & à notre préju-
„ dice.

„ Nôtre intention n'est pas de faire
„ un ample détail de la suite des in-
„ justices ci devant commises contre
„ nous, parce que s'étant passées à la
„ vûë de tout le monde, elles sont
„ trop connuës pour avoir besoin d'être
„ rappelées. D'ailleurs, nous ne pou-
„ vons croire qu'il y ait des gens qui
„ doutent de la justice de notre Cause.

„ Et certes, nous ne sommes pas
„ seulement touchez de l'état de nos
„ affaires; l'amour que nous avons
„ pour les Citoïens nos Sujets étant
„ incapable de changer, fait encore
„ que nous ne pouvons voir sans une
„ très-vive douleur, que jusqu'à pré-
„ sent on n'a épargné ni leur sang ni
„ leurs biens, pour soutenir l'extrême
„ injure qui nous a été faite; & qu'ils
„ sont enfin reduits à ce point, que si
„ la Paix se conclut sans nous, il faut
„ de nécessité qu'ils deviennent la proïe
„ des Etrangers, & qu'enfin ils soient
„ assujettis à leur Domination.

„ Et comme nous aprenons que les
„ Princes Alliez n'ont aucun égard
„ pour notre Droit, nous nous esti-
„ mons tres-particulierement obligez,
„ tant envers nous mêmes, qu'envers
„ notre Posterité & nos Sujets, d'em-
„ pécher, autant qu'il est en notre
„ pouvoir, que notre silence ne puisse
„ passer pour un consentement tacite
„ à ce qui pourra être conclu au pre-
„ judice de nous & des Héritiers le-
„ gitimes de nos Royaumes.

„ C'est pourquoi nous protestons
„ solemnellement & en la meilleure
„ forme que faire se peut, contre tout
„ ce qui pourra être generalement
„ statué ou stipulé à notre préjudice,
„ comme étant nul de plein droit
„ par le défaut d'Autôrité legitime.

„ Nous protestons & aussi déclarons
„ que les défauts de cette Protesta-
„ tion (s'il s'en rencontre quelques

„ uns dans la forme) ne pourront nui-
„ re ni préjudicier ni à nous ni à nos
„ Héritiers légitimes non plus qu'à
„ nos Roïaumes ou à nos Sujets.
„ Et par ces Présentes scellées de
„ notre grand Sceau, nous nous re-
„ servons tous nos Droits & Actions
„ en leur entier, & nous déclarons
„ qu'elles demeurent & demeureront
„ sauves & entières.

„ Nous protestons enfin devant Dieu
„ que nous serons exemts de toute fau-
„ te ou blâme, & qu'on ne pourra re-
„ jetter sur nous la cause des malheurs,
„ que les injustices qu'on nous a fai-
„ tes, ou qu'on fera après, pourront
„ attirer sur nos Roïaumes & sur tou-
„ te la Chrêtienté. Donné à St. Ger-
„ main le 25. Avril 1712. & de notre
„ Règne le 11.

J. R.

Par le Roi de sa propre main.

On voit par la datte de cette Protestation, qu'elle fut faite long tems
avant la signature des Traitez. Cependant on n'y eut aucun égard dans le
cours des Négociations, & ce Prince
se retira ensuite dans les Etats de S.
A. R. de Lorraine.

On sera peut-être surpris de voir *Ce qui*
que dans le Récit de ce qui s'est passé *fut fait*
au Congrès on n'ait fait aucune men- *au Con-*
tion des affaires des Protestans Fran- *grès en*
çois. Ce n'est pas que leurs intérêts y *faveur*
aient été oubliez; les Puissances Pro- *Religio*
testantes n'agirent pas moins en faveur *Refor-*
des Eglises Réformées de France, que *mée.*
les Princes de la Confession d'Augs- *Actes &*
bourg en faveur de ceux de leur Com- *res de la*
munion établie en Silesie; mais les in- *paix*
térêts politiques inséparables de ceux *d'Utre-*
de la Religion aiant prévalu dans cet- *cht.*
te affaire, il n'est pas surprenant qu'on
n'ait pu l'amener au point que l'on
auroit desiré. Le Roi de Prusse entr'autres temoigna un grand zelé en cette
occasion

LOUIS XIV Liv. XIX.

1713. occasion, & en écrivit dès le mois de Fevrier la Lettre suivante à S. M. B

Lettre du Roi de Prusse à la Reine d'Angleterre sur ce sujet.

MADAME MA SOEUR,

Etant pleinement assuré, que Votre Majesté ne peut manquer d'être très-sensible à la misere inexprimable des pauvres Protestans Réformez en France, qui sont condamnez aux Galeres, enfermez dans les Cachots, & qui gémissent en d'autres endroits sous le joug insuportable du Papisme, & dont la vie est dix fois pire que la mort même ; J'espere que V. M. prendra en bonne part que je la prie & conjure de la maniere la plus serieuse par cette Lettre, qu'il lui plaise encore de faire ses derniers efforts pour obtenir de S. M. T. C. par la Paix prochaine la délivrance de ces pauvres Gens oppressez, aprés laquelle ils soupirent depuis tant d'années.

C'est uniquement, Madame, pour m'aquitter de mon devoir que j'en suplie V. M. étant parfaitement convaincu qu'il est impossible que V. M. qui a l'ame si grande & si genereuse puisse refuser la Grace de sa Protection à des personnes qui souffrent seulement & uniquement pour l'amour de la vérité, ou que V. M. qui porte le Titre glorieux de Défenseur de la Foi, puisse oublier l'intérêt de la Religion dans un tems où elle a tant à attendre de l'honnêteté & de l'estime du Roi T. C.

Il est vrai, Madame, que V. M. rencontrera peut-être quelques obstacles avant que d'obtenir de S. M. T. C. l'entier Rétablissement de sesdits Sujets Protestans ; mais comme il n'y a point de difficultez que V. M. ne puisse surmonter, lors qu'il s'agit de la Gloire de Dieu & du bien de son Eglise, cela me donne esperance que V. M. ne negligera pas de conduire cette affaire, quelque difficile qu'elle paroisse, à la joie & au contentement de tous ceux qui sont veritablement zélez pour la Gloire de Dieu.

Tome III.

Je suis &c. Donné dans mon Château de Cologne sur la Sprée le 21. Fevrier 1713. Signé par ordre du Roi sur son lit de mort,

F. GUILLAUME.

Er plus bas.

ILGEN

Mort de ce Prince.

Ce Prince avoit été attaqué la nuit du 12. au 13. du même mois d'une grande Fluxion de poitrine, accompagnée d'une fièvre violente ; de sorte qu'on desespera de sa vie durant tout le suivant. Cependant la fièvre aiant diminué le lendemain, ce Prince se trouva beaucoup mieux & fit un Formulaire de prières pour en rendre à Dieu ses Actions de graces, Ces esperances ne durèrent que jusqu'au 25. S. M. Prussienne aiant eu ce jour là une rude attaque du même mal, elle n'y put résister & expira entre une & deux-heures apres midi, âgée de 56. ans, aiant conservé son bon sens jusqu'au dernier soupir. On fit aussi-tôt fermer les Portes de la Ville, & on ne laissa partir aucun Courier. Le Prince Royal à qui la Couronne étoit dévoluë etoit alors dans le même apartement.

Le Prince Royal lui succede.

Le 26. au matin le Velt-Maréchal s'étant rendu à la tête du Régiment des Gardes & de celui des Fuseliers devant la cour, le nouveau Roi parut sur un Balcon tendu de noir au-dessus de l'entrée, & toute la Garnison fit le serment à S. M. en levant deux doigts vers le Ciel. Les portes de la ville furent ouvertes alors, & le nouveau Roi fit à ses Ministres un Discours plein de beaux sentimens.

Le feu Roi de Prusse ne fut pas le seul qui s'intéressa pour les Protestans François ; les Plenipotentiaires des Princes de la même Communion au Con-

T tt

1713.

grès d'Utrecht présentérent aussi en leur faveur aux Ministres de France un Mémoire qui étoit conçu en ces termes.

Memoire des Ministres Protestans presenté en faveur des François de la même Religion.

,, Les Alliez, qui sont de la Religion Protestante, faisant réflexion sur les calamitez qu'une grande partie des Sujets de S. M. T. C., qui professent avec eux la même Religion, ont souffert & souffrent encore, uniquement à cause qu'ils servent Dieu selon les lumières de leur Conscience: Liberté dont ces Affligez pouvoient se flater par la Loi Divine, par les Préceptes de la Charité & particulierement par les Loix du Royaume de France confirmées par S. M. T. C. dont ils doivent jouyr en bons & fidèles Sujets, qui se sont toûjours tenus envers leur Souverain dans les régles du devoir & de l'obéyssance.

,, Lesdits Alliez, touchez par ces motifs de justice & de compassion, s'intéressent d'autant plus pour ces pauvres gens, que les maux qu'ils souffrent, continuant après la paix rétablie, pourroient être attribuez à une aversion de S. M. T. C. contre les Protestans en général ; ce qui affligeroit beaucoup les Puissances de cette Religion, qui esperent de rentrer par la paix, & de vivre doresnavant en amitié & bonne intelligence avec S. M. T. C.

,, Pour cet effet, lesdits Alliez ne sauroient s'empêcher de s'intéresser de même pour un grand nombre desdits Sujets de France, qui ont été obligez de quitter leur Patrie, & se sont réfugiez dans les Etats desdits Alliez Protestans, afin de les animer à retourner chez eux après la paix faite.

,, C'est pourquoi les Ministres Plénipotentiaires desdits Alliez, légitimez pour la paix generale, se trouvent obligez, en conformité des ordres exprès de leurs Souverains, de requerir très-instamment Messieurs les Ministres Plénipotentiaires de S. M. C., de vouloir répréfenter au Roi leur Maître, qu'il soit accordé à tous les Protestans François le soulagement après lequel ils soupirent depuis si lon-tems, & qu'ils soient rétablis dans leurs Droits & Priviléges en matiere de Religion, pour jouir d'une entiere liberté de Conscience, & que ceux d'entr'eux qui sont dans les prisons, galères, ou autrement détenus, soient élargis & remis en liberté, afin que ces affligez puissent avoir part à la paix, dont l'Europe selon les aparences va jouir.

Ce Mémoire, comme on voit, contenoit deux demandes importantes, l'une en faveur des Galeriens & autres Protestans François chargez de chaines, & qui souffroient pour cause de Religion, tendant à obtenir leur delivrance: l'autre en faveur des Réfugiez dans les païs étrangers, tendant à leur faire accorder la permission de retourner dans leur Patrie, & d'y vivre dans le libre exercice de leur Religion. La premiere ne souffroit aucune difficulté, puisque rien n'étoit plus juste que de relâcher tant de miserables qui ne souffroient que pour avoir suivi les mouvemens de leur Conscience. La seconde étoit accompagnée de plus d'inconveniens, & d'autant plus difficiles à ménager, que ne s'agissant en cela que des affaires domestiques du Roi, il étoit délicat & peut-être dangereux de s'en mêler trop ouvertement: Aussi la difficulté d'accorder tous les intérêts différens, que les affaires de Religion entrainoient nécessairement avec elles, fit-elle échoüer un projet si juste & si beau.

Difficultez qui firent échoüer ce Projet.

Cependant la Reine de la Grande-Bretagne fit encore diverses instances sur ce sujet ; & le Marquis de Mire-

Autre tentative de la Reine

1713.
d'Angleterre

mont autôrisé par une Commission de S. M. B. en date du 9. Juin 1712., travailla de tout son pouvoir à ce qui concerne la Religion Réformée en France, & en apuïa les intérêts dans le Congrès d'Utrecht. Il présenta aux Ministres assemblez la Déclaration suivante au nom des Protestans François.

DECLARATION

En faveur des Eglises Réformées de France, remise au Venerable Magistrat de la Ville d'Utrecht par tres-Haut & Puissant Seigneur Messire Armand de Bourbon, Marquis de Miremont &c.

Déclaration presentée de sa part à Utrecht par M. de Mirmót

COmme rien ne nous doit être plus cher dans le monde, que la liberté de servir Dieu, selon les mouvemens de nos Consciences, selon les regles de sa parole, les Protestans des Eglises Reformées de France, n'ont jamais rien souhaité avec plus d'ardeur, que de pouvoir jouïr de cette douce liberté laquelle leur a été ravie depuis plus de vingt-sept ans, par l'artifice de leurs Ennemis, qui ont trouvé le moyen d'obtenir du Roi, au mois d'Octobre de l'année 1685. la Revocation de l'Edit de Nantes. Nous esperions que Sa Majesté voudroit bien se radoucir en nôtre faveur, & nous faire goûter par l'endroit le plus sensible, qui est ce lui de la liberté de nos Consciences dans le rétablissement de nos anciennes Prerogatives, la douceur de cette paix tant desirée que Sa Majesté fait aujourd'hui avec les autres Princes & Puissances de l'Europe. Mais nous avons le malheur de nous voir dechus de nos esperances, quelques justes qu'elles ayent été. Nous suplions donc ici tres-humblement Sa Majesté de prendre en pitié ce grand nombre de Familles, qui sollicitent sa Justice & sa Clemence Roïale pour en obtenir la grace la plus précieuse qu'elles puissent jamais recevoir sur la terre. Nous la suplions très-humblement, & par les entrailles de la Misericorde Divine, de nous remettre dans le même état, où nous & nos Pères nous sommes vûs dans toute l'étenduë de son Roïaume, pour y exercer librement notre Religion, & y rendre à Sa Majesté les effets de la plus exacte fidelité, & du zéle le plus sincère. Nous la suplions avec toute l'ardeur & tout le respect imaginables, de permettre que nous lui protestions ici humblement, que nous ne perdrons jamais ni le desir, ni l'espérance d'obtenir de l'équité & de la bonté de Sa Majesté, le retablissement de toutes les concessions, qui nous ont été ici devant faites, pour l'exercice de notre Religion, par les Rois ses glorieux Prédecesseurs, & par elle-même : Que jamais nous ne nous désisterons d'une espérance & d'une prétension si justes & si bien fondées, & ne ferons jamais ce tort à nos Consciences, & à nôtre Posterité, que de nous departir des droits, qu'elle même a bien voulu nous confirmer par tant de Déclarations solemnelles : Et comme par le passé nous avons toûjours fait sur ce sujet les instances, & les suplications nécessaires, nous protestons ici à Sa Majesté, avec le respect le plus profond, dont nous puissions être capables solemnellement & comme devant Dieu, que les omissions qui jusqu'à présent ont été faites de nous, & de nos légitimes intérêts, ou qui se pourroient faire à l'avenir, dans les occasions semblables à celle-ci, comme un abandon, que nous fassions de nos justes demandes, ne pourront nuire ni préjudicier en aucune

1713.

Ttt ij

1713.

maniere à la bonté de nôtre cause, & à la force de nôtre droit, qui nous sera toûjours sacré.

D'autant que dans le Congrès assemblé pour traiter de la paix, il ne se trouve point de Puissance, qui ait l'Office de Médiateur: pour cette cause, & suivant l'usage pratiqué: Nous, soussignez, requerons le Vénérable Magistrat de la Ville d'Utrecht de vouloir recevoir la Déclaration ci-dessus, pour servir de témoignage. A Utrecht le 26. Mai, 1713. signé, &c.

Delivrance es Galeriens, accordée à cette Princesse. Reception qu'on leur fit à Geneve & ailleurs.

Ces Remontrances furent inutiles; & tout ce que put obtenir S. M. B., fut la délivrance de 130. Galériens Reformez que le Roi donna ordre de relâcher. Mais de ce nombre il n'y en eut que 30. qui furent mis en liberté la 17. Juin & qui au lieu d'être conduits droit à Genève par le Rhône, furent obligez de s'embarquer pour aller par Mer à Oneille, d'où ils se rendirent à Genève par Turin, avec des peines & des longueurs excessives. Une partie des autres fut aussi relâchée dans la suite, mais non sans de grandes difficultez, comme pour leur faire acheter chèrement un bienfait qu'il sembloit que S. M. leur accordât malgrè elle. Enfin le Prince Régent, qui gouverne aujourd'hui le Royaume avec tant de sagesse, a rompu les chaines de la plûpart de ces malheureux, que le Roi son Oncle avoit renduës si pesantes. Rien ne fut plus touchant que de voir l'accueil favorable qui leur fut fait à Geneve & dans les autres Villes de la Suisse. Les Magistrats & les Pasteurs leur allerent au devant & les reçurent avec toute l'humanité & la distinction que méritoit leur constance. On leur fournit des logemens commodes avec tout ce qui étoit nécessaire pour leur soulagement; & l'on se chargea d'en entretenir un certain nombre, donnant liberalement aux autres de quoi passer en Hollande & en Angleterre. Tous ceux qui sont demeurez dans les Villes de Hollande, y ont obtenu des pensions proportionnées à leur qualité, dont les moindres sont de deux cens Florins * du Pays. Mais si ces charitables offices des Protestans envers leurs Freres font honneur à ceux de cette Communion, on ne peut assez loüer la modestie des derniers, dans le récit de leurs souffrances, & leur modération à parler de leurs Persécuteurs. On ne leur entend point faire de ces plaintes ameres, qui exagerant le mal, aggravent d'autant plus la dureté de ceux qui en sont les auteurs. Ils racontoient nayvement leur état passé, sans aucune réflexion sur le Prince dont ils avoient subi les Arrêts.

1713.

Etat des autres Protestans du Royaume.

Mais le sort des autres Protestans ne fut point adouci dans les Provinces, malgré toutes les Remontrances faites au Roi & à la Cour en leur faveur. Il parut au contraire de nouveaux ordres je ne dirai pas pour les persecuter, mais pour les obliger à se conformer à la Religion du Souverain. Ceux d'Orange n'en furent pas exemts, & il parut dès le mois de Fevrier de l'année derniere un Mandement de l'Evêque de cette Ville, pour tenir la main à l'execution des Ordonnances renduës au sujet de Nouveaux Convertis. L'Intendant de la Generalité de Montauban écrivit aussi à ses Subdeleguez la Lettre suivante, par laquelle on jugera des intentions du Roi à cet égard.

Lettre d'un Intendant à leur sujet.

Je reçois, Monsieur, présentement une Lettre de Mr. de la Vrilliere, du 26. du mois passé, qui contient des ordres pressans pour tenir la main à l'exécution des Edits & Déclarations, données au sujet des Religionnaires & Nou-

* Ce qui revient environ à 300. liv. de France.

1713.

veaux Convertis; & particulièrement pour ce qui regarde l'éducation & l'instruction des Enfans. Comme S. M. desire qu'elles soient exécutées avec plus d'exactitude que jamais, je vous prie de renouveller sur cela vos soins & votre attention en me donnant des avis certains de ce qui se passera, tant de la part des Peres & Méres, que de celle de leurs Enfans, afin que je puisse sur l'état de leurs noms, que vous me donnerez, donner les ordres nécessaires pour contenir dans leur devoir ceux qui seront d'humeur à s'en écarter. Vous ne pouvez rien faire qui soit plus agréable à S. M. dans cette occasion. Je suis Monsieur, entierement à vous.

Signé

LE GENDRE.

A Montauban le 6. Fevrier 1712.

Rigueur qu'il exerce envers eux.

Ce zélé Executeur des Ordres du Roi son Maitre ne s'en tint pas aux simples exhortations; il fit conduire & emprisonner quelques personnes qui s'étoient assemblez quatre mois auparavant chez un Bourgeois de Milhau en Rouergue pour y faire leurs prières, & après avoir interrogé & examiné ces personnes, il rendit contre elles le Jugement suivant, quoi qu'il ne les eût trouvé coupables que d'avoir prié Dieu: I. Que la ,, maison où l'Assemblée s'étoit tenuë ,, seroit entierement démolie, & que ,, tous les biens de celui à qui elle appar- ,, tenoit, seroient confisquez au pro- ,, fit du Roi: II. Que tous les hom- ,, mes seroient condamnez aux galè- ,, res pour toute leur vie, excepté ,, deux qui s'étant sauvez seroient ,, pendus en effigie. III. Que deux De- ,, moiselles seroient rasées par la main ,, du Boureau, dont l'une iroit ensuite ,, dans un Couvent à Rhodez, & l'autre

,, dans l'Hôtel Dieu à Cahors, pour 1713.
,, y servir les Pauvres: IV. Et que les
,, autres Femmes seroient condamnées
,, à deux années de prison.

Enfin pour faire voir que la paix n'aporteroit aucun changement aux affaires des Reformez, on vit paroitre une Déclaration du Roi, portant défense aux Nouveaux Convertis de sortir du Roiaume, & aux Réfugiez d'y rentrer sans sa permission. Elle étoit conçuë en ces termes.

DE PAR LE ROI.

,, Sa Majesté aiant par l'Edit du
,, mois d'Août 1669., fait défenses
,, generalement à tous ses Sujets de se
,, retirer de son Roiaume, pour al-
,, ler s'établir dans les Païs Etrangers,
,, par mariage, aquisition d'immeu-
,, bles, & transports de leurs familles
,, & biens; Elle a par ses autres Edits,
,, Declarations & Ordonnances des
,, mois d'Octobre 1685. 20. Avril &
,, 7. Mai 1686., 12. Octobre 1687.
,, 11. Fevrier, 13. Septembre & 5. De-
,, cembre 1699. fait des défenses par-
,, ticulieres à ses Sujets Nouveaux Con-
,, vertis de sortir eux, leurs femmes
,, & enfans de son Roiaume, Païs &
,, Terres de son obéïsance sans sa per-
,, mission, & à toutes personnes de
,, favoriser leur évasion; même à tous
,, Capitaines, Maîtres & Commandans
,, de Vaisseaux Francois ou Etrangers,
,, de les embarquer & recevoir dans
,, leurs Bords pour les passer dans les
,, Païs Etrangers, le tout sous les
,, peines y portées: Et quoi que ces
,, Edits & Déclarations aient été suivis
,, d'une exécution continuelle, & de
,, condamnations prononcées par ses
,, Juges & Officiers contre les Contre-
,, venans; Neahmoins S. M. a été in-
,, formée que lesdits Sujets Nouveaux
,, Convertis, tant ceux qui se sont reti-

Ttt iij

1713. ,, rez dans les Pais Etrangers, que ceux ,, les engager à repasser avec eux dans 1713.
,, qui sont encore dans le Roiaume, ,, les Pais Etrangers. Sur toutes les-
,, pretendent par un abus & une mau- ,, quelles choses S. M. aiant jugé à
,, vaise interprétation de la liberté du ,, propos d'expliquer ses intentions,
,, Commerce rétablie entre ses Su- ,, & de prendre en même tems les pré-
,, jets, & ceux des Puissances avec ,, cautions nécessaires pour en assurer
,, lesquelles elle étoit en guerre, par ,, l'exécution. S. M. a ordonné &
,, les derniers Traitez de paix conclus ,, ordonne que sesdits Edits, Décla-
,, à Utrecht, n'être plus soumis aux ,, tions & Ordonnances seront exécu-
,, dispositions portées par lesdits Edits, ,, tez selon leur forme & teneur: &
,, Déclarations & Ordonnances, en- ,, conformément aux dispositions y
,, core que Sa Majesté n'ait jamais en- ,, contenues, a fait très-expresses &
,, tendu y déroger ni y donner aucune ,, iteratives inhibitions & défenses à
,, atteinte, & que l'observation des ,, tous ses Sujets de la Religion Preten-
,, Loix de chaque Etat ait été nommé- ,, duë Reformée ou nouvellement
,, ment reservée par lesdits Traitez. ,, Convertis, leurs Femmes & Enfans
,, Or comme Sa Majesté veut main- ,, de sortir du Roiaume, Païs & Ter-
,, tenir exactement cette liberté de ,, res de son obéïssance, pour aller dans
,, Commerce en la même manière ,, les Pais Etrangers; & d'y transporter
,, qu'elle avoit lieu avant la guerre; en ,, leurs biens & effets, sous quelque
,, sorte que ses Sujets & ceux desdites ,, cause & prétexte que ce puisse être,
,, Puissances puissent reciproquement ,, sans la permission par écrit de S.M.
,, passer & repasser en toute sureté ,, sous les peines portées par lesdits E-
,, d'un Etat à un autre, soit pour voïa- ,, dits, Déclarations & Ordonnances,
,, ger soit pour faire des Travaux & ,, tant contr'eux que contre ceux qui
,, Négoces passagers, sans avoir besoin ,, auroient favorisé leur évasion, ou y
,, de Permission ni de Passeports; aus- ,, auroient contribué directement. Fait
,, si ne veut-elle pas souffrir que ceux ,, pareillement S. M. défenses à tous
,, de ses Sujets, étant dans son Roï- ,, Capitaines, Maitres & Commandans
,, aume, qui ne sont pas encore de- ,, des Navires François & Etrangers,
,, sabusez des erreurs de la Religion ,, de quelque Nation qu'ils soient, de
,, Prétenduë Reformée, ou qui sont ,, transporter & débarquer dans les
,, nouvellement convertis, contrevien- ,, Ports du Roiaume, Pais & Terres
,, nent aux defenses qu'elle leur a fait ,, de l'obeïssance de S. M. ses Sujets de
,, d'en sortir; ni que ceux de ladi- ,, la Religion Prétendue Réformée,
,, te qualité, retirez par une deso- ,, ou Nouveaux Convertis, qui se sont
,, béïssance criminelle à ses ordres ,, retirez dans les Pais Etrangers en-
,, dans les Pais Etrangers, qui n'ont ,, core qu'ils y aient été naturalisez, ni
,, pas voulu profiter des permissions ,, leurs Femmes & Enfans, même nez
,, qu'elle leur a donné par ses Edits ,, esdits Pais Etrangers, comme aussi
,, & Déclarations, des mois d'Octobre ,, d'embarquer & recevoir dans leurs
,, & 15. Novembre 1685.; 10. Fevrier ,, Bords aucuns de ses Sujets Nou-
,, & 29. Decembre 1698., de rentrer ,, veaux Convertis, pour passer dans
,, en France dans les délais & aux con- ,, les Pais Etrangers sans sa permission
,, ditions y portées, y viennent impu- ,, par écrit; le tout sous les peines
,, nément dans le dessein d'entretenir ,, portées par lesdits Edits, Declara-
,, & fortifier les mauvaises dispositions ,, tions & Ordonnances. Fait S. M.
,, de leurs Parens & Amis, & même de ,, défenses aux Pilotes, Lamaneurs

"& à tous autres, de porter aucun "desdits Sujets Nouveaux Convertis "à bord des Vaisseaux François ou "Etrangers, chargez dans les Rades "du Royaume pour lesdits Païs E- "trangers; ni de raporter dans les "Ports de France ceux desdits Sujets "qui seroient venus sur lesdits Vais- "seaux, à peine de punition corporel- "le: n'entend néanmoins S. M. em- "pêcher que lesdits Capitaines Maitres "ou Commandans des Vaisseaux Fran- "çois & Etrangers, ne reçoivent dans "leurs Bords ceux de ses autres Su- "jets, qui voudront aller dans les Païs "Etrangers pour voyager, ou pour "travailler ou negocier pendant quel- "que tems, sans qu'ils aient besoin "de permission ni passeports: pourront "pareillement lesdits Capitaines, Mai- "tres ou Commandans recevoir sur "leurs Bords ceux des Sujets de S. "M. Nouveaux Convertis qui vou- "dront passer par mer d'une province "de nôtre Roaume dans une autre, "pourvu neanmoins que lesdits Sujets "soient munis d'une permission par "écrit de S. M. ou du Commissaire "departi dans la Generalité où ils de- "meurent; laquelle marquera preci- "sement le lieu où ils doivent aller "& la route qu'ils seront obligez "de faire pour y arriver: lesquelles "Permissions seront enregitrées au "Greffe de l'Amirauté du Port où "sera le Vaisseau, & remises auxdits "Capitaines, Maitres & Comman- "dans. Veut au surplus S. M. que le "procès soit fait & parfait, par ses "Juges & Officiers, à ceux de ses Su- "jets Nouveaux convertis qui auront "contrevenu, en quelque manière que "ce soit, auxdits Edits & Déclarations, "& à la présente Ordonnance; & qu'ils "soient condamnez aux peines y por- "tées: S. M. se reservant d'user de sa "Clemence & de sa Bonté envers "ceux de sesdits Sujets retirez dans "les Païs Etrangers, qui se rendant "attentifs & dociles à la verité, & "touchez du repentir de leur mau- "vaise conduite, voudront revenir "dans le Royaume pour y preter un "nouveau serment, faire une nouvel- "le abjuration, & y professer since- "rement & de bonne foi la Religion "Catholique. Mande & ordonne S. "M. à Mr. le Comte de Toulouse, "Amiral de France, aux Vice-Ami- "raux, Lieutenans Generaux, Inten- "dans, Chefs d'Escadre, Capitaines "de Vaisseaux, Commissaires de la "Marine & des Classes, aux Officiers "de l'Amirauté, & autres Officiers "qu'il apartiendra, de tenir la main, "chacun endroit soi, à l'exécution de "la présente Ordonnance, qu'elle "veut être lûë publiée & affichée par "tout où besoin sera, à ce que per- "sonne n'en ignore. Fait à Fontaine- "bleau le 18 Septembre 1713.

La Cour étoit à Fontainebleau lorsque cette Ordonnance fut renduë, Elle y avoit joüi de tous les divertissemens que peut fournir une belle Automne, & n'en partit qu'au commencement d'Octobre pour retourner à Versailles. Elle n'y étoit pas encore de retour, lors que le Pape exécuta enfin le dessein formé depuis longtems de faire passer en *Constitution* la Condamnation du Livre des *Réfléxions Morales* du Pere Quesnel *sur le Nouveau Testament*. Pour préparer les Esprits à cette Condamnation, les Jesuites avoient fait mettre au jour un Livre qui attaquoit ces Réflexions. Ils gagnèrent même un Docteur de Sorbonne qui s'en avoüa l'Auteur, quoi que plusieurs personnes assurassent qu'il étoit du Père l'Allemand. Le Livre parut sous le Titre d'*Eclaircissemens sur quelques Ouvrages de Theologie par M. *** Docteur en Theologie*, l'on peut juger du deplaisir de toute la Faculté à la vuë de ce-

Le Livre des Réfléxions Morales condamné par la Constitution Unigenitus.

1713. to démarche d'un de ſes Membres, qui avoit bien voulu ſe dévoüer au Parti opoſé à Mr. l'Archevêque. Tout le Corps fit auſſi-tôt une Députation à ce Prélat, pour l'aſſûrer qu'il n'avoit aucune part à la compoſition de cet Ecrit. M. Quinot, autre Docteur qui y avoit donné ſon Aprobation pour le faire imprimer, en reçut auſſi de vives reprimandes, & M. le Chancellier, de qui il tenoit ce pouvoir, le lui ôta * comme à un homme indigne de ſa confiance. Après ces preludes qui menaçoient le Parti Auguſtinien de quelque nouvel effet du crédit des Jeſuites, on le vit éclater par la fameuſe Conſtitution *Unigenitus Dei Filius*, qu'ils avoient ſi long-tems ſollicitée & qui parut dattée du 8. Septembre 1713. Elle condamnoit ce Livre & CI. Propoſitions qui en ſont extraites par vingt-quatre ou vingt-cinq qualifications, dont le Pape ne fit l'aplication à aucune Propoſition particulière. La Société avoit un double intérêt à pouſſer cette affaire avec chaleur; Le premier étoit de flétrir un Ouvrage, qui, quoi qu'édifiant, avoit été compoſé par un Janſeniſte declaré; Et le ſecond de ſe venger du Cardinal de Noailles, le premier Prélat du Royaume, pour avoir oſé aprouver un tel Ouvrage & ſe declarer enſuite contre pluſieurs membres de cette même Socieré. Ces Péres, qui n'avoient pu fléchir Son Eminence en leur faveur, étoient bien aſſûrez de la pouſſer à bout par cette voie. Ils n'ignoroient pas qu'après la Cenſure des *Réflexions Morales*, il ne reſtoit point d'autre parti à prendre au Cardinal, que de révoquer ſon Aprobation, comme il fit ou de s'opoſer à la Cenſure. L'un & l'autre aſſûroient également leur vengeance; puis qu'en ſuivant le dernier, 1713. Son Eminence ſe brouïlloit tout à la fois avec la Cour de Rome & celle de France, & qu'en choiſiſſant celui qu'elle prit, elle ne manqueroit pas d'en reſſentir de grandes mortifications, & une diminution conſidérable de ſon crédit. Ainſi on peut dire que la Société eut alors tout l'avantage dans cette affaire, & qu'elle l'a même aſſez bien conſervé juſqu'au tems que j'écris; puiſque malgré les Retractations de tant de Prélats qui avoient accepté la Conſtitution, les choſes paroiſſoient ſe diſpoſer à un accommodement, qui, de quelque manière qu'il tourne, ſera toûjours favorable à la Cour de Rome.

Quoi qu'il en ſoit, le Cardinal de Noailles, qui avoit accordé ſon Aprobation aux *Réflexions ſur le Nouveau Teſtament*, la revoqua en conſequence de la Cenſure de Rome & défendit par un Mandement du 28. Septembre de les lire & de les garder. Il eſt vrai que cette demarche, qui ſembloit d'abord marquer quelque foibleſſe de la part de ce Prélat, a été avantageuſement reparée dans la ſuite par la fermeté qu'il a fait paroître juſqu'à preſent, & qui s'augmente à meſure que ſon Parti ſe fortifie; mais tout depend de voir comment elle ſera ſoûtenuë, & ſi les Parties, laſſées enfin par tant de longueur, ne laiſſeront point à la Cour de Rome l'avantage qu'elle pourroit tirer du ſilence même qu'on voudroit garder. Dans quel labirinthe les Jeſuites n'ont-ils pas engagé le Pape, le Clergé de France, & peut être même toute l'Egliſe, par l'ardeur indomtable qu'ils ont fait paroître à ſolliciter & à pourſuivre cette Conſtitution, qui fut regardée dès-lors, & qui l'eſt encore, comme un ouvrage de paſſion & de Parti? On diſoit hautement qu'il n'avoit jamais paru de Pièces où l'on eû

Le Cardinal de Noailles révoque l'Aprobation qu'il a voit donnée à ce Livre.

* *Lettre de M. le Chancelier à M. l'Abbé Bignon du 6. Janvier 1713.*

1713.

eût gardé si peu de menagement, soit par raport à la sainteté de la Morale, ou à la pureté de la Discipline, soit par raport à l'honneur du St. Siège. On en peut juger par ce petit Extrait de quelques-unes des Propositions qu'elle condamne.

Extrait des Propositions condamnée par la Bulle.

2. *La Grace de J. C. Principe efficace de toute sorte de bien, est nécéssaire pour toute bonne Oeuvre; sans elle, non seulement rien ne se fait, mais ne se peut faire.*

3. *C'est en vain, Seigneur, que vous commandez, si vous-même ne donnez ce que vous commandez.*

4. *Oui, Seigneur, toutes choses sont possibles à celui, à qui vous rendez toutes choses possibles, en les operant en lui.*

18. *La semence de la Parole, que la main de Dieu arrose, aporte toujours son fruit.*

49. *Comme nul péché n'est sans l'amour de nous-mêmes, aussi nulle bonne Oeuvre n'est sans l'amour de Dieu.*

51. *La Foi justifie quand elle opere; mais elle n'opere que par la Charité.*

53. *La seule Charité fait d'une maniere Chrétienne des Actions Chrétiennes, par raport à Dieu & à J. Christ.*

55. *Dieu ne couronne que la Charité, celui la court en vain qui court par un autre mouvement & par un autre motif.*

57. *Tout manque à un Pécheur quand l'Espérance lui manque; & il n'y a point d'esperance en Dieu où il n'y a point d'Amour de Dieu.*

60. *Si la seule Crainte du Suplice anime le repentir, plus il est violent, plus il conduit au desespoir.*

61. *La Crainte n'arrête que la main, mais le cœur demeure attaché au Peché, tant qu'il n'est point conduit par l'Amour de la Justice.*

62. *Qui ne s'abstient du mal que par la crainte de la peine, le commet dans son cœur & en est coupable devant Dieu.*

Tom. III.

69. *La Foi, l'usage, l'augmentation & la récompense de la Foi, tout est un Don de la pure Liberalité de Dieu.*

1713.

73. *Qu'est-ce que l'Eglise, sinon l'Assemblée des Enfans de Dieu, demeurans dans son sein, adoptez en Christ, subsistans en sa personne, rachetez par son Sang, vivans par son Esprit, agissans par sa Grace, & attendans la Grace du Siècle à venir?*

79. *Il est utile & nécéssaire en tout tems en tout lieu, & à toute sorte de personnes, d'étudier & de connoitre l'esprit, la pieté, & les Misteres de l'Ecriture Sainte.*

80. *La lecture de l'Ecriture Sainte, est pour tous.*

81. *L'obscurité Sainte de la Parole de Dieu n'est pas aux Laïques une raison pour se dispenser eux-mêmes de la lire.*

82. *Les Chrétiens doivent sanctifier le Dimanche par des Lectures de Pieté, & sur tout de l'Ecriture Sainte: il est dangereux de les en vouloir sevrer.*

Ce seroit peut-être ici le lieu de faire voir avec un Evêque * de France que la Doctrine de ces Propositions, qualifiées de Fausses, Captieuses, Scandaleuses, Temeraires, Impies, Blasphematoires, sentant l'Heresie & même d'Heretiques, se trouve pourtant dans les Homelies † que le Pape a autrefois préchées au Peuple Romain; en sorte que si ces Propositions sont erronées & si la Constitution qui les condamne est une Pièce que la haine a conçue, que l'Erreur ¶ a enfantée, & qu'une

Elles contiennent la même Doctrine qui se trouve du Pape.

* *Lettre d'un Evêque de France à M le Cardinal Fabroni sur la Constitution Unigenitus 1714.*

† *Homelies de Notre très Saint Seigneur Clement XI. préchées jusqu'à présent au Peuple Romain traduites de Latin en Grec par le R. P. Jean Saguens de l'Ordre des Minimes, à Toulouse 1706. in 8.*

¶ *Lettre des Prêtres de l'Oratoire de Nantes à M. le Cardinal de Noailles, du mois de Janvier 1717.*

V u u

Autorité respectable ; mais malheureusement séduite, a surprise & arrachée au Premier Pasteur de l'Eglise, ce n'est plus une chose à mettre en question, de savoir si le Pape est Heretique ? Et par consequent cette Bulle, contre laquelle * le cri de la Foi est si general & si perseverant, ne peut être reçuë de quelque maniere qu'on le propose, & l'on ne peut employer, pour tâcher de la rendre supportable, une Methode inconnuë à nos Peres & sans exemple dans l'Histoire de l'Eglise: une Methode selon laquelle on pourroit tout aprouver & tout condamner ; Et qui en donnant à l'erreur une couleur de verité, & à la verité, une aparence d'erreur, rendroit tout problematique & incertain, & introduiroit dans l'Eglise la pernicieuse liberté de proscrire aujourd'hui ce qu'on auroit canonisé hier: & d'enveloper dans de sacrileges Censures les Canons des Conciles, les Simboles de la Foi & les paroles même de la Verité Eternelle: une Methode enfin contre laquelle reclameroient toujours la Simplicité de la Foi, la Sincerité Chrétienne, & la Justice duë à un Auteur * qui par des Protestations tant de fois réiterées donne des marques si éclatantes de la pureté de ses sentimens. Par consequent encore un célebre Pasteur † de l'Eglise réformée a raison de faire voir que l'Unité, la Visibilité, l'autorité de l'Eglise & la Verité ; sont renversées par

cette Constitution : que les divisions entre le Pape & les Evêques rendent ces Caracteres de l'Eglise incertains & douteux, & que l'Histoire du Jansenisme, aussi bien que les artifices du Pape & ceux des Evêques vivans, prouvent le Pirrhonisme inévitable de l'Eglise présente, par la difficulté de découvrir la verité dans les Ecrits qui se publient sur la Constitution de Clement XI. Que sera it-ce si l'on étoit dans la nécessité absolue de recevoir cette Constitution, lors même qu'on y reconnoît des erreurs? Ce seroit alors qu'on se verroit obligé d'avoüer que la Chaire de la Vérité, & la visibilité de l'Eglise dépendent de la Hollande & de la Ville d'Amsterdam, par l'azile qu'elle donne aux Docteurs oprimez. Quel Paradoxe ! C'est pourtant ce qui semble devoir arriver, malgré la fermeté de tant de Prélats, qui seront peut-être forcez de consentir à une acceptation modifiée. Mais sans vouloir penétrer dans l'avenir, je me renferme dans les Faits Historiques où ma Narration me ramene. Quarante Evêques de l'Assemblée du Clergé, tenuë à Paris cette année & la suivante, & ensuite un grand nombre d'autres déclarérent qu'ils acceptoient cette Bulle, purement & simplement, quoi qu'en même tems ils y donnassent des Explications par une *Instruction Pastorale*. M. le Cardinal de Noailles & plusieurs autres Evêques voïant les conséquences de cette Bulle, & ne jugeant pas les Explications de l'*Instruction Pastorale* suffisantes, refusérent d'accepter la Constitution, jusqu'à ce que le Pape se fût expliqué d'une maniere capable de mettre entierement à couvert la Doctrine, la Discipline, la Morale, la Liberté des Ecoles, le Droit des Evêques & les Libertez de l'Eglise de France. On verra dans la suite les Rétractations de plusieurs

---

* Lettre du Clergé de St. Etienne du Mont à Paris à M. le Cardinal de St. Hilaire, du mois de Janvier 1717.

* Le Pére Quesnel qui a fait jusqu'à présent IX. Mémoires, pour établir la Conformité de sa Doctrine avec celle de l'Eglise, contenuë dans l'Ecriture Sainte.

† Mr. Basnage dans son Livre intitulé, l'Unité, la Visibilité, l'Autorité de l'Eglise, & la Verité, renversées par la Constitution Unigenitus, à Amst. 1715.

1713. de ces Prélats acceptans, & de quelle maniére cette Bulle fut reçue dans le Roïaume.

Difficultez de terminer cette affaire. Etat de la questiõ Memoires du Tems.

Mais comme cette affaire, la plus épineuse qui soit arrivée depuis longtems, a fait un grand éclat, il ne sera pas inutile de raporter ici en peu de mots le sujet de la Contestation, & de dire quelque chose des Prétentions & des Raisons alleguées de part & d'autre. Toute la difficulté roule sur un *malentendu* qui n'est pas nouveau, c'est à dire sur *la supreme Autôrité* du Pontife Romain, dont on n'a pu convenir jusqu'ici faute de s'entendre. De là vient que ses Défenseurs rigides suposent pour principe ce qui est en question. Le Pape entend que sa Constitution soit reçue en vertu de son Autorité comme une Règle de Foi, sans aucune modification ni restriction, mais avec une soûmission pure & simple, sans laisser même aux Evéques le droit de juger avec lui les questions de Foi; comme s'ils n'étoient que de simples Exécuteurs de ses Decrets. Ses Defenseurs se fondent sur ce qu'étant reconnu pour *Chef de l'Eglise*, à qui la Primauté apartient de Droit divin; & pour *Successeur de St. Pierre*, élevé sur le Siège Apostolique, auquel on doit être attaché comme au Centre de l'Unité Catholique dont il n'est jamais permis de se séparer, c'est en vertu de ces Prérogatives que son Autôrité doit être reçue & réspectée, comme celle de J. C. & qu'on ne peut contredire ses Decrets ni refuser la soûmission qu'il demande sans s'écarter du Centre de l'Unité. Voilà leurs Prétentions. Et il faut convenir que si ces Prérogatives s'étendent jusques là, il n'y a plus à disputer ni à raisonner- il faut obéir aveuglement. Ses Défenseurs ajoutent que la Bulle aiant été reçue en France par la pluralité des Prélats de l'Assemblée du Clergé, il n'est pas permis d'en revenir ni d'en rappeler; encore moins de demander de nouvelles Explications puisque l'affaire est jugée & que d'ailleurs la *Constitution* est si claire qu'elle n'a pas besoin d'*Explication*; qu'ainsi en demander une nouvelle au Pape, c'est s'élever à une curiosité criminelle.

Les Oposans alleguent au contraire, que les Papes n'ont point d'autôrité souveraine sur l'Eglise, & que celle dont ils joüyssent ne leur a pas été conferée à l'exclusion des autres Evéques, ni au préjudice de la verité, contre laquelle il n'y a point d'Autôrité; qu'encore que leur prétention de Superiorité au dessus des Conciles & d'Infaillibilité ne soit pas nouvelle à leur égard, c'est néanmoins un dogme nouveau par raport à la France où il n'a jamais été reçu & où l'on suit les Conciles de Constance & de Bâle; ce qui est un titre suffisant en matiere de Foi pour ne le pas recevoir aujourd'hui. Que le Pape, ni comme Premier Evêque ni comme Successeur de St. Pierre, n'a aucun droit de donner son autôrité pour Principe & sa *Constitution* pour *Regle de Foi*; puisque ce seroit établir une domination dans l'Eglise à laquelle tout Pape & tout Evêque doit renoncer absolument s'ils veulent obéyr à J. Christ & à St. Pierre qui ont interdit expressément cette domination; & ce n'est qu'en leur obeyssant qu'on peut pretendre d'etre obey. Que d'ailleurs la *Constitution* dans les termes qu'elle est conçuë, & dans le sens qu'elle presente, donne manifestement atteinte à plusieurs véritez de Foi, de Morale & de Discipline, aussi bien qu'aux Loix de l'Etat, aux Droits de l'Episcopat, & aux Libertez de l'Eglise gallicane. Ce qui prouve qu'elle a besoin d'être reformée, bien loin qu'elle puisse être reçuë pour Regle de Foi; & qu'enfin le Pape ne peut pas se prévaloir de l'acceptation des 40. Evêques de l'Assemblée du Clergé, pour refu-

1713.

ser l'explication qu'on lui demande, puisque ces Prélats ont eux-mêmes donné leur *Instruction Pastorale* en explication de la Bulle; & ont fait connoître par là qu'ils étoient unis avec les Prélats oposans, sur le Point de la nécessité d'une Explication. Qu'ainsi le Pape ne s'étant point expliqué s'il aprouvoit ou desaprouvoit cette Instruction Pastorale, il falloit attendre qu'il le fît pour terminer tous les differens. Passons maintenant à d'autres choses.

Etat des Finances du Royaume. *Memoires de Mr. des Marêts.*

On a vu par le détail des Expediens de Finances, auxquels on avoit été obligé d'avoir recours pendant les années précédentes, que des moyens forcez pour fournir à des dépens immenses, épuisoient toûjours de plus en plus les ressources de l'Etat. Cependant la guerre continuoit sur le Rhin; il faloit de nécessité faire de nouveaux projets pour les dépenses de la Campagne. On avoit fait différens arrangemens pour donner du crédit aux Assignations, en exécution de la Déclaration du 12. Septembre 1711. dans l'espérance d'une paix prochaine. On se proposoit de mettre les choses dans la règle ordinaire, & de faire payer par les Gardes du Trésor Royal directement les Trésoriers de l'Extrordinaire des Guerres & autres parties en argent, ou en Assignations, tant sur les fonds restans libres des années 1712. & 1713., que par avance sur les années 1714 & 1715. Ce projet ne put être exécuté entierement; on fut obligé d'avoir recours aux Banquiers, pour continuer de faire des remises pour le payement des Troupes: ils prirent occasion de demander des escomptes & des intérêts sur les Assignations qui leur avoient été remises par les Gardes du Trésor Royal. On s'apliqua à rechercher les moyens d'éviter cette perte, & sur un Edit du mois de janvier 1713., portant affranchissement

des Tailles, que dans la suite on ne jugea pas à propos d'exécuter, on engagea les Receveurs Généraux de faire deux avances, montant à neuf millions, six cens huit mille, trois cens vingt livres, dont ils furent remboursez sur leurs recouvremens ordinaires. On fit convertir les Assignations données aux Trésoriers & aux Banquiers, en Billets des Receveurs Generaux, pour les deux tiers au moins, afin d'éviter les escomptes & les gros intérêts. On avoit fait des Traitez pour les Vivres, & on avoit déposé dans les Places Frontières de Flandres pour deux cens trente mille livres de grains; & à proportion en Alsace & en Daufiné. Comme la guerre continuoit avec l'Empereur & l'Empire, & qu'il fallut porter toutes les forces sur le *Rhin*, il fallut faire une nouvelle dépense pour faire passer en Alsace les bleds déposez dans les magazins de la Frontière de Flandre, & en acheter du côté d'Alsace, pour faire subsister plus de cent cinquante mille hommes pendant la Campagne. Il faloit aussi trouver de nouveaux secours d'argent. On aliéna au Prevôt des Marchans & Echevins de *Lion*, le tiers des Droits de la Ferme du Tiers surtaux & quarantiéme de *Lion*; & autres en dépendans, moyennant deux millions cent soixante mille livres qui furent payez en argent. La Création de 50000.liv. de Rente sur les Tailles au denier 12. avoit réussi; & les 9.millions de livres auxquels montoit le principal, avoient été payez en argent. Cette Constitution étoit une espèce d'emprunt: le Capital devoit être remboursé en 13 années. On avoit engagé le Clergé en 1710. & 1711. à faire de pareilles Constitutions pour le rachat de la Subvention, & du dixième: le Public s'étoit porté avec empressement pour en faire l'aquisition. Ces raisons déterminèrent à faire une deuxième aliénation de cinq cens mille livres; & sur les deux sols pour livre de la Taille par un Edit du mois de Juillet 1713; elle fut bientôt remplie. On en fit une troisiéme au mois d'Avril, qui fut remplie avec empressement.

Il est facile de comprendre combien tous ces expédiens étoient encore éloignez de fournir les fonds nécessaires pour les dépenses. On proposa de créer 125000. l. de taxations fixez & héréditaires, à prendre sur les Tailles pour être attribuées aux Officiers des Bureaux des Finances & des Elections, aux Subdeleguez des Intendans, & aux Maires & autres Officiers des Villes, même aux Sindics & aux Greffiers des Rôles des Tailles. Il y eut un Edit au mois d'Octobre 1713. qui en ordonna la Création; & sur cet Edit il se fit des emprunts pour 14. millions de livres à 5. pour cent sur les Billets du S^r le Gendre, endossez des Receveurs-Généraux.

La paix étoit faite avec une partie des Puissances Ennemies; & quoi que la guerre continuât avec l'Empereur, & l'Empire, on esperoit avec raison qu'elle seroit bientôt terminée, & que la paix deviendroit générale. Il faloit penser à deux choses bien différentes, soûtenir la guerre, & travailler aux arrangemens & aux projets nécessaires pour rétablir les Finances, quand la paix seroit concluë. On a vû les principales opérations faites pour soûtenir la guerre: voici celles qui furent commencées dans le cours de cette année, dans la vûë de rétablir les Finances après la paix,

Le Roi fit cesser l'Aliénation des Domaines; la liberté du Commerce fut rétablie avec l'Angleterre & la Hollande, & les Vaisseaux de cette Nation furent déchargez du droit de Fret, qui se payoit à raison de 50. sols par Tonneau du port des Vaisseaux. Le Roi suprima le doublement des droits attribuez aux Inspecteurs des Boucheries, qui montoit à 3. livres par Bœuf, & pour les autres Bestiaux à proportion. Il suprima aussi le doublement des Inspecteurs des Boissons, qui se payoit à raison de 20. sols par muid. On fit des Fermes des premiers droits établis avant le doublement, dont le produit devoit, en un certain nombre d'années, aquiter toutes les Finances qui avoient été païées pour l'engagement des premiers Droits, & du doublement. On suprima le doublement des Péages, qui étoit fort à charge au Commerce; & pour rembourser les Assignations tirées sur deux Traitez, qui avoient été faits pour la jouïssance du doublement des Péages, on fit une Ferme des Droits sur les Huiles, qui avoient été alienez, & le produit en fut destiné pour aquiter les Assignations restant à payer du Traité du doublement des Péages, & la Finance de l'Alienation des Droits sur les Huiles, Le Roi ordonna une diminution de 3. livres sur le prix de chaque Minot de Sel, vendu dans les Gréniers des Gabelles de France & Lionnois, de 40. sols, dans ceux de Provence & de Dauphiné, & ce à commencer du 1. Octobre 1713. Le Controlle des Actes des Notaires, depuis son etablissement avoit été incertain, il avoit reçû divers changemens en 1708.; il avoit été affermé 2200000. livres par an, & il avoit été fait une avance de 2400000. livres en faisant le Bail. Cette Ferme fut alienée en 1710. pour les besoins de l'Etat. En 1713. on proposa de la réunir & d'en faire un Bail de 3. millions par an pour le remboursement des Adjudicataires. On créa sur la nouvelle Ferme 15000. livres de Rente au denier 16. & on destina 900000. livres de produit de la Ferme, pour faire chaque année des remboursemens des Capitaux.

Tous ces arrangemens paroissoient

d'autant plus avantageux, qu'étant faits pendant que la guerre continuoit, ils ne cauſoient néanmoins aucun obſtacle aux affaires qui avoient été faites pour foûtenir la guerre, & qu'en fuprimant & reüniſſant on trouvoit dans la matière même le fond pour rembourfer ce qui étoit dû par le Roi, & pour augmenter confidérablement les Revenus, après l'aquittement des dettes. Les Rentes de l'Hôtel de Ville avoient été beaucoup augmentées, pour faire le fond néceſſaire pour retirer les Billets faits pour le ſervice de l'Etat, qui donnoit lieu à de groſſes uſures & nuiſoient au Commerce. La ſterilté de l'année 1709. & les mauvaiſes années qui l'ont ſuivie, aiant cauſé, comme il a été remarqué précedemment, une grande diminution ſur les Revenus du Roi, on ne put continuer comme auparavant le païement des Arrérages; on ne put même païer que ſix mois en une année, en forte qu'il étoit dû deux années à la fin de 1713. Le Roi jugea à propos pour aſſurer l'état des Rentiers, de diminuer le cours des Arrérages, & d'en rétablir le païement tous les ſix mois comme avant 1709. L'Edit du mois d'Octobre 1713., ordonna que toutes les Rentes de l'Hôtel de Ville ſeroient converties en nouveaux Contrâts de Rente au denier 25., diſtinguant les Rentes aquiſes à prix d'argent avant le 1. Janvier 1702, dont le principal étoit conſervé en entier & les 2. années des Arrérages jointes pour former le Capital des nouveaux Contrâts. A l'égard des Rentes aquiſes depuis le mois d'Avril 1706, comme elles procédoient des Billets de Monnoïe, Billets à 5. ans & autres effets, l'Edit les reduiſit aux 3. cinquièmes auxquels on joignit les deux années d'Arrérages. Cet arrangement cauſa un grand murmure, mais il fut exécuté exactement, & auroit été bien plus difficile, ſi on avoit attendu que la paix eût été generale: il produiſit une diminution de près de 14 millions du fond qu'il auroit falu payer tous les ans à l'Hôtel de Ville; il aſſûra le fort des Rentiers; & par le retranchement des 2. cinquiemes il produiſit une décharge pour l'Etat d'environ 135. millions. Le Reglement des Rentes fut ſuivi de diverſes autres réductions, & ſervit de regle & de baſe à ceux qui furent faits enſuite.

Tel étoit cette année l'état des affaires de France, où l'on s'aplaudiſſoit extremement de la paix que le Roi venoit de conclure avec pluſieurs de ſes Ennemis. S. M. en reçut les complimens de felicitation, non ſeulement des Cours Souveraines & des Magiſtrats de la Ville de Paris, mais auſſi de l'Univerſité & des Academies, dont la plûpart firent des Harangues ſur ce ſujet. Le Recteur * de l'Univerſité entr'autres, fit le 13. de Juin le Panegirique du Roi, dans les Ecoles exterieures de Sorbonne, en preſence du Corps de Ville qui y aſſiſta & des Cardinaux de Noailles, d'Etrées & de Polignac. On remarqua que l'Orateur dans cette action ne complimenta que la premiere de ces Eminences, & qu'en parlant de la paix, il l'attribuà aux prieres de ce pieux Archevêque de Paris. Les Etats Generaux des Provinces-Unies ne furent pas des derniers à feliciter S. M. T. C. ſur la concluſion de la paix: il le firent par une Lettre dont on trouvera ici la copie, & le Roi y repondit par une autre que M. du Theil, Secretaire d'Ambaſſade, leur delivra de ſa part.

* Mr. Dagoumer.

Felicitations faites au Roi ſur la paix.

LETTRE

Des Etats Généraux au Roi Très-Chrétien.

SIRE,

„ NOus aurions temoigné plus promtement à Vôtre Majesté, de même que nous l'avons déja fait éclatter publiquement, la joie que nous ressentons de la paix que nous venons d'avoir l'honneur de conclure avec Elle, si nous n'eussions pas formé le dessein de le faire d'une maniere solemnelle par une Ambassade Extraordinaire. La longueur dans les deliberations, assez ordinaire aux Republiques, & attachée particulierement à la Constitution de nôtre Gouvernement, n'a pas permis que nous aions pu jusqu'à present executer ce dessein: nous esperons pourtant d'être bien-tôt en état de pouvoir l'accomplir. En attendant nous n'avons pas voulu differer plus longtems de donner à V. M. des assurances sinceres de nos sentimens respectueux pour sa Personne Roïale, & du grand contentement que la paix nous donne, lequel sera d'autant plus parfait, s'il plaît à V. M. de nous rendre avec elle sa premiere affection. La haute idée que nous avons Sire, de Vôtre Magnanimité, nous en donne des esperances tresfortes, & nous flate agreablement que le retour de la paix ne nous procurera pas seulement le repos, mais aussi l'honneur de Vôtre Bienveillance. Nous nous en flatons d'autant plus, que la guerre n'a en rien diminué le profond respect que nous avons pour V. M. Au contraire, nous nous trouvons animez d'un véritable desir & d'un nouvel empressement, de regagner cet avantage, & de voir revivre cette bone intelligence qui a fait cidevant la grande partie de nôtre bonheur. S'il ne depend que de nos soins d'y parvenir, nous n'en omettrons aucuns, tant par l'exacte observation des Traitez, que par tout ce qui pourra marquer le plus efficacement le desir ardent que nous avons de vivre avec V. M. dans une parfaite & bonne correspondance. Nous prions V. M. d'agréer ces sentimens jusqu'à ce que nous puissions des lui faire declarer plus amplement par nos Ambassadeurs. Cependant nous faisons bien des vœux pour la prosperité de V. M. & nous prions Dieu, &c.

A la Haïe ce 21. Juillet 1713.

Réponse de Sa Majesté Très-Chrétienne.

TRES-CHERS, GRANS AMIS, ALLIEZ, ET CONFEDEREZ,

VOs sentimens pour nous & pour le maintien de la paix, sont si bien exprimez dans la Lettre que vous nous avez écrite le 21. du mois dernier, que vous n'y pouviez rien ajoûter qui nous fût plus agreable que vôtre empressement à nous en assûrer, sans attendre le depart des Ambassadeurs Extraordinaires que vous avez dessein d'envoier incessament auprés de nous. Nous voulons aussi prévenir le compte qu'ils vous rendront de l'affection que nous avons pour vous. Et dés à présent, nous vous assûrons avec autant de plaisir que de sincérité, que nous reprenons les anciens sentimens que nous avons eus, aussi bien que les Rois nos Predecesseurs, pour vôtre République, que nous contribuerons de tous nôtre pouvoir à son repos & à ses avantages; & que nous prétendons répondre aux souhaits que vous faites pour notre conservation, en entretenant desormais avec nous une union constante, & capable d'effacer le triste souvenir des divisions passées. Sur ce, nous prions Dieu qu'il vous ait, tres-Chers, Grans Amis, Alliez & Confederez, en sa sainte garde. Ecrit à Marli le 3. Août 1713.

LOUÏS.

Et plus bas.
COLBERT.

La Cour étoit revenuë le 2. de Rambouillet, où elle avoit passé quelques jours; le Comte de Toulouse en avoit fait les honneurs avec beaucoup de magnificence. Le Roi nomma alors ses Ministres dans les Cours Etrangeres, savoir le Marquis d'Alegre en Angleterre: M. de Châteauneuf de Castagnieres, Conseiller de la Grand' Chambre du Parlement, en Hollande; le Marquis de Lassé en Prusse; L'Abbé de Mornai-Monchevreuil en Portugal: le Marquis de Villars-Brancas en Espagne: le Marquis de Sarnac en Savoie: Et Mr. de Ronac en Turquie. Les Etats Generaux de leur côté nommèrent pour leur Ambassadeur en France, Mr. Buys, ci-devant Plénipotentiaire au Congrès d'Utrecht.

Double Alliance du Duc de Bourbon avec Mlle. de Conti & du P. de Cōti avec Mlle. de Bourbon.

Le double Mariage du Duc de Bourbon avec Mademoiselle de Conti, & du Prince de Conti avec Mademoiselle de Bourbon aiant été, comme on a dit, conclu & arrêté par le Roi, S. M. ordonna au Grand Maître & au Maître des Ceremonies d'y inviter de sa part les Princes & Princesses de la Maison Roïale, qui se rendirent à l'Apartement du Roi le 8. d'Août, jour destiné pour la Cérémonie des Fiançailles. Les futurs Epoux y furent amenez par le Marquis de Dreux, Grand Maître des Céremonies: les queuës des Mantes des deux Princesses étant portées, l'une par Mademoiselle de la Roche-sur-Yon, & l'autre par Mademoiselle de Charolois. Les Contrats de Mariage, reçus par le Marquis de Torci & par le Comte de Pontchartrain, Secretaires d'Etat, furent signez par le Roi, & par tous les Princes & Princesses. Après quoi les fiançailles furent faites vers les sept heures du soir par le Cardinal de Rohan, Grand Aumônier de France, en Rochet & Camail, assisté du Curé de Versailles, dans le Cabinet du Roi, qui avoit un habit de pluie d'or. M. le Duc de Berri en avoit un de pluie d'argent, & Madame la Duchesse de Berri, à qui le Roi avoit envoïé toutes les Pierreries de la Couronne, en avoit une étoffe d'or, tout couvert de Diamans, de Rubis, & de Brillans, dont sa coëffure étoit toute remplie: elle avoit aussi un Collier & des Pendeloques d'un prix inestimable, & l'on assure qu'elle portoit sur elle pour plus de 17. millions en Pierrerie. Les autres Princes & Princesses du Sang avoient aussi des habits d'une étoffe d'or très riche, particulierement Madame la Duchesse d'Orleans, qui étoit toute brillante de Diamans. Les Princes Epoux futurs avoient des habits, & des manteaux aussi d'étoffe d'or, & leurs futures Epouses des mantes d'une semblable étoffe.

Ceremonie de leur Mariage.

Le 9., la Ceremonie de leur Mariage fut faite en la Chapelle par le Cardinal de Rohan, revêtu de ses habits Pontificaux & assisté du Curé de Versailles. Tous les Princes & Princesses s'étant d'abord placez suivant leur rang, le Cardinal fit une reverence à l'Autel, puis une autre au Roi qui se leva d'abord de son Prié Dieu & alla se mettre debout entre les Princes & Princesses futurs Epoux, qui étoient à genoux sur les marchepiez de l'Autel, Monsieur le Duc étant à la droite avec sa future Epouse, & M. le Prince de

1713. ce de Conti avec sa future Epouse; & s'etant levez tout quatre en même tems, le Roi leur donna son consentement pour la foi du Mariage, qu'ils se donnerent reciproquement; après quoi S. M. retourna sur son Prié-Dieu, & la Messe commença. M. le Duc de Chartres, qui n'avoit pas assisté à cette Ceremonie, se trouva à la Nôce, que le Roi donna le soir sur les 10. heures dans le Sallon; S. M. étant seule au bout de la table, qui étoit de 23. couverts, & aiant à sa droite Mr. le Duc de Berri, & à sa gauche Madame la Duchesse de Berri, ensuite Madame, tous les autres Princes & Princesses du Sang, suivant leur rang. Après le souper, les nouveaux Mariez allèrent coucher dans l'Apartement de Madame. Le Roi fit l'honneur aux deux Princes mariez de leur donner la chemise, ce que Madame la Duchesse de Berri fit pareillement aux deux Princesses mariées. Le lendemain, S. M. leur alla rendre visite à leur Apartement, de même que les Princes & Princesses de la Maison Roiale, les deux Princesses étant couchées sur leur lit habillées. Le 11. ils rendirent leurs visites, & ce jour là on fit aux Hôtels de Condé & de Conti de grandes rejouïssances, par des feux d'artifice & des décharges de plusieurs boëtes. Ces Mariages coutérent au Roi 500. mille livres. Le 12., le Prince de Conti partit pour se rendre à l'Armée du Rhin, & le Duc de Bourbon prit le 14. la même route. S. M. donna 100. mille livres à chacune des deux Princesses nouvelles mariées. Madame la Duchesse donna aussi à la Duchesse sa Belle-Fille une bourse de 20000. livres en or, avec une cassette de toutes sortes de Bijoux, valant 40000. livres: Madame la Princesse de Conti donna pareillement à la Princesse de sa Belle-Fille, une séblable Cassette, valant plus du 30000. livres. 1713.

Quoi que la paix ne fût pas generale, on espéroit de réduire bientôt l'Empereur à y consentir. On avoit envoié pour cet effet le Maréchal de Villars sur le Rhin, & l'on comptoit sur sa parole, de faire en peu de tems de grands progrez en Allemagne. L'Armée Imperiale étoit campée à Mulberg en attendant les Troupes Auxiliaires qui venoient avec beaucoup de lenteur. Le Prince Eugene, qui, faute d'Infanterie, n'étoit pas en état de rien entreprendre contre les François, se contenta d'observer leurs mouvemens, après avoir mis un Corps de Troupes à Germersheim, & un autre à Manheim. Le Maréchal de Villars, dans la vûë d'assieger Landau, s'étoit d'abord rendu Maitre du plat Païs, pour faire subsister plus facilement son Armée. Pour cet effet il s'empara de Spire & de Worms; & fit attaquer Keiserslauter, Wolfstein & Kirn, dont il prit les Garnisons prisonnieres de guerre. Les Impériaux avoient un Pont de Batreaux vis à vis de Manheim, avec un Fort de l'autre côté pour le couvrir. Le Marechal trouvant ce passage trop près de son Armée & voulant rendre ce Pont inutile, fit attaquer ce Fort le 19. Juin avec 8. pièces de Canon & quelques Mortiers. Les François s'étoient flatez d'emporter ce Fort d'emblée avec 4000. hommes; mais il falut en venir aux aproches & les Allemans se defendirent fort bien pendant quelques jours; jusqu'à ce qu'aiant soûtenu plusieurs assauts, la Garnison abandonna enfin ce Fort la nuit du 26. au 27. & se retira à Manheim.

Campagne d'Allemagne.

Le Marechal de Besons avoit cependant investi la Ville de Landau de fort près & faisoit travailler aux Lignes de Circonvallation & de Contrevallation, pendant qu'on disposoit les

Siège de Landau.

choses nécessaires pour le siége, La tranchée fut ouverte le 24. de Juin à 9. heures du soir, & les François ne negligerent rien pour avancer leurs Travaux. Le Prince Alexandre de Wirtemberg, Gouverneur de la Place, fit le 2. de Juillet une sortie avec la meilleure partie de la Garnison, dans laquelle il fut assez heureux pour netto er la tranchée, tuer la plûpart de ceux qui y étoient, raser le Retranchement renverser une Batterie, & enlever quelques Mortiers, sans perdre presque un Soldat. Les Allemans se flattoient de défendre cette Place durant tout le mois d'Août; & en effet les François furent chassez trois fois de la premiere Contrescarpe, sur laquelle ils n'étoient pas encore logez le 6. Mais le Maréchal de Villars, aiant fait changer les Troupes du siége pour la troisiéme fois, les aproches furent poussées avec beaucoup plus de vigueur qu'auparavant, & l'on se logea bientôt sur la seconde Contrescarpe. Les Assiegeans donnérent le 18. un Assaut à une demi-Lune, dont ils se rendirent Maîtres après un combat de 4. heures. Le Prince Alexandre de Wirtemberg, qui commençoit à manquer de Munitions de guerre, demanda à capituler le 19; mais n'aiant pu convenir des conditions, les Batteries recommencèrent à tirer l'après-midi; jusqu'au lendemain 20, que la Capitulation fut signée.

Mouvement du Maréchal de Villars. Il passe le Rhin.

Après la prise de Landau, le Maréchal de Villars fit faire plusieurs petits mouvemens à ses Troupes, comme s'il eut eu dessein tantôt de bombarder Maïence, tantôt d'attaquer le Fort de Philipsbourg sur le bord du Rhin, ou même de vouloir passer ce Fleuve à Fort-Louis; mais son véritable dessein étoit d'entreprendre encore le siége de Fribourg. Le gros de l'Armée Françoise campoit alors depuis Germersheim jusqu'à Lauterbourg, & l'on avoit chargé quantité de Pontons sur des Chariots pour être en état de passer le Rhin en plusieurs endroits en mêmé tems. D'un autre côté le Prince Eugene prenoit ses précautions pour n'être pas surpris. Il avoit fait quiter aux Troupes de Hanover le poste qu'elles occupoient auprès de Maïence, & après avoir mis les Prussiens & quelques autres Troupes en leur place, il les fit marcher le long du Rhin, & les posta près de Germersheim, à la place du Camp volant des Troupes Imperiales qu'il en retira pour grossir son Armée. Le General Vaubonne, par ordre de ce Prince, s'avança aussi, de l'entrée de la Forêt Noire où il étoit avec 20000. hommes, sous le Canon de Fribourg, qu'on avoit pourvû abondamment de toute sorte de provisions de guerre & de bouche. Le Régiment du Comte Maximilien de Staremberg joignit aussi l'Armée du Prince Eugene au commencement de Septembre, & ceux d'Harach & de Wachtendonk se joignirent au General Vaubonne. Le reste des Troupes d'Italie étoit aussi sur le point d'arriver, de sorte qu'il n'y avoit guère d'aparence que les François passassent le Rhin sans qu'on en vint, disoit-on, à une bataille.

Suites de ce passage

Cependant ce passage se fit sans oposition proche de Fort Louis & du Fort de Kehl, le 16. & le 17. du même mois. Le General François étendit d'abord ses Troupes depuis ce dernier Fort jusqu'à Offenbourg, & fit avancer un gros Corps jusqu'à Wilstad. Le Comte du Bourg partit du Camp de Kehl avec 36. ou 40. Bataillons & 50 Escadrons pour aller du côté de Fribourg, Le Maréchal de Vilars l'aiant suivi ensuite avec le reste de l'Armée, à la reserve de 25. Bataillons, & de 90. Escadrons, qui restèrent sous les ordres du Marquis d'A-

1713. lègre, fit attaquer les Lignes de Fribourg, défendues par le General Vaubonne. L'attaque se fit en trois endroits par le Comte du Bourg, le Baron d'Asfelt, & le Marquis d'Estrade, Lieutenans Generaux. Le premier trouva peu de résistance à la sienne, deux Bataillons qui y étoient s'étant jettez dans Fribourg. Le combat fut plus opiniâtré aux deux autres attaques, où les Allemans eurent deux Régimens fort maltraitez. Le General Vaubonne voiant les Lignes forcées jetta encore quelque monde dans Fribourg, & fit sa retraite en assez bon ordre du coté de Rothvveil.

Siège de Fribourg Memoire du tems.

Le Maréchal de Villars étendit ses Contributions dans la Suabe le plus qu'il lui fut possible, ensuite de quoi il raprocha son Armée du coté de Fribourg, où la tranchée fut ouverte en même tems devant la Ville & le Fort de St. Pierre, la nuit du 30. Septembre au premier Octobre. Elle fut poussée dès cette première nuit jusqu'à 18. toises du Chemin couvert, & à 120. du Chateau. La Garnison de Fribourg étoit de 14. Bataillons commandez par le Comte d'Oxenstiern. Ce siège dura plus long-tems qu'on ne s'étoit d'abord imaginé, & les François y perdirent même beaucoup de monde. Enfin aiant donné un assaut à la Demi Lune, située au milieu de la Montagne entre les deux Châteaux, ils s'en rendirent Maîtres après un combat de 4. heures. Le General Harsch, qui commandoit dans la Ville, ne jugea pas à propos après cela d'attendre l'assaut general. Il fit emporter tout ce qu'il put de vivres dans les Châteaux, & après avoir fait remettre les clefs de la Ville au Baron de Sinkingen, Président de la Régence d'Autriche, avec la liberté de capituler le mieux qu'il pourroit, il s'y retira le premier Novembre avec ce qu'il avoit encore de Troupes en état de servir. Le Baron fit alors arborer deux Drapeaux blancs & donna ordre qu'on ouvrît les portes de la Ville. Le Maréchal de Villars en fit aussi-tôt prendre possession par le Régiment des Gardes & par 8. Bataillons, & demanda un Million aux Habitans pour se racheter du pillage. Il fit déclarer ensuite au Gouverneur, qu'il prétendoit qu'il reçût les Femmes & les Valets dans le Château, mais après quelques pourparlers, il demanda de pouvoir envoyer un Officier au P. Eugène : ce qui fut accordé avec une suspension d'armes de 5. jours, à condition qu'on enverroit des vivres du Château pour ceux qui étoient restez dans la Ville. L'Officier étant de retour, la Capitulation fut signée le 16. pour la Ville & pour les Châteaux avec toutes les conditions honorables, sans qu'il fût rien stipulé pour des Contributions.

La Cour étoit encore à Fontainebleau, lors que ce siège fut commencé. La beauté de l'arriere-saison n'avoit pas peu contribué à en rendre le séjour agréable, & l'on y prit plusieurs divertissemens. Le 10. Septembre on fit la Pêche du Cormoran sur le Canal, le long duquel toute la Cour se promena pour en avoir le plaisir. Le Roi & la Duchesse de Berri étoient chacun dans une Calèche qu'ils menoient eux mêmes, suivis de plus de 80. carosses à six chevaux, tant des Princes que des Ministres Etrangers. L'Electeur de Baviere & le Prince Ragotski se trouverent à ce divertissement avec le Prince de Vaudemont, le Duc de Richemont & les Cardinaux de Rohan * & de Polignac. On joüa au retour chez la Duchesse de Berri. Un autre spectacle avoit occupé la Cour ce même jour dans l'Audience donnée par S. M. au Père Michel Ange de Ra-

Divertissemens de la Cour à Fontainebleau.

---

* *Le Prince de Soubize, Evêque de Strasbourg, fait Cardinal en 1712.*

Xxx ij

1713. guze, Général des Capucins, qui étoit venu en France faire la visite de son Ordre. Il fut conduit par l'Introducteur des Ambassadeurs, qui étoit allé le prendre aux Mathurins dans les carosses du Roi & fut reconduit de même. Il fit son discours en Italien, & S. M. lui répondit sans Interprête. Le Roi parut fort content du discours de ce Général ; mais sa suite ne s'accordoit guère avec la magnificence & les divertissemens de la Cour. Elle étoit composée d'une douzaine de ses Religieux à grandes barbes, couverts de leurs habits sales & grossiers marchant nuds piez, & la plûpart d'une figure à faire en cette occasion un Contraste fort bizarre.

Suite de ces divertissemens.

Le lendemain le Roi alla à la Chasse du Cerf & du Sanglier, accompagné des Princes & Princesses & autres personnes de distinction vêtus en habits de chasse; il y eut Comédie au retour. Le 17. il y eut encore Pêche du Cormoran & Promenade Roïale, & ensuite gros Jeu chez la Duchesse de Berri. Le 18. il y eut aussi Chasse du Cerf & Comédie. Le 23. le Roi fit une autre Chasse du Chef, où se trouva l'Electeur de Bavière & le Prince Ragotski. Le 24. Sa Majesté se promena sur le canal, aiant le Duc & la Duchesse de Berri à ses côtez, suivi de plus de cent carosses. Le 25. le Nonce du Pape présenta au Roi la *Constitution* dont nous avons parlé ; & S. M. manda aussi tôt le Premier Président & le Procureur Général pour avoir leur avis sur cette piece. Nous verrons dans la suite quelle résolution prit le Roi. Le 27. toute la Cour se donna encore le divertissement de la Chasse, les Dames étant habillées en Amazones. Le 2. d'Octobre le Roi prit quelques Remedes par précaution, de sorte que le Duc & la Duchesse de Berri furent seuls à la Chasse ce jour-là: Il y eut toujours table ouverte chez le Duc d'Antin à Fontainebleau, à cause de l'Electeur de Bavière qui y logeoit, & chez le Comte de Toulouse pour le Prince Ragotski. Le Roi donna dix mille livres à ce Duc en considération de la dépense qu'il avoit faite en cette occasion.

La paix n'avoit encore aporté en France aucun soulagement. Les Etrangers qui alloient à Fontainebleau ne savoient presque ce qu'ils devoient le plus admirer, ou la grandeur & la magnificence de la Cour ou le mauvais état où ils voioient les Peuples en traversant de si fertiles Provinces. Il est vrai aussi que la France est l'endroit de l'Europe où cette longue guerre avoit été le plus à charge aux Sujets. Mais c'eut été peu que la paix avec la plûpart des Princes Ennemis, & les bons succès des Armes du Roi en Allemagne, causassent tant de joie & de divertissemens à la Cour, si les Provinces continuoient de gémir sous le faix des charges qui leur avoient été imposées pendant la guerre. C'est-pourquoi, en attendant que la paix devint générale, on fit espérer au Peuple quelque diminution dans les Impôts. On parla premierement de celle des Tailles, & ensuite de celle du Vin, du Sel, de la Viande & autres denrées. Le Roi fit publier le 30. Septembre une diminution des Espèces pour l'année suivante. Leur augmentation avoit fait depuis plusieurs années tant de tort aux Particuliers, & aporté un si grand préjudice au Commerce en général, qu'il n'étoit pas surprenant qu'on songeât à remedier à un si grand mal. Mais comme la guerre avec l'Allemagne coutoit réellement au Roi un tiers plus que celle de Flandre, toutes ces diminutions coupant ou affoiblissant les sources qui devoient fournir à tant de dépenses, faisoient envisager cette guerre comme fort proche de sa fin. Mais avant que de parler de

État du Roïaume de France.

1713. la maniere dont elle fut terminée, raportons deux Expeditions du Capitaine Caſſard, la premiere à Surinam, & l'autre à Curaſſau.

Expedition du Capitaine Caſſard à Surinam.

Ce Capitaine, commandant une Escadre de 6. Vaiſſeaux & de deux Fregates du Roi étoit parti de Toulon dès le mois de Mars de l'année derniere, dans le deſſein d'aller attaquer la Colonie Hollandoiſe de Surinam. Il ſe rendit Maître, en paſſant aux Iles du Cap Vert, de la Ville de S. Jago, qu'il brûla, apres en avoir fait ſauter les Fortifications, & enlevé les effets qui s'y trouverent comme je l'ai déja dit. Il continua ſa route à Surinam, où il arriva le 20. Juin. Les contretems qu'il y reçut l'empêcherent de faire ſa deſcente, & l'obligerent de relâcher à la Guadeloupe, Ile Françoiſe de l'Amérique pour y prendre de nouveaux vivres, & faire rafraichir ſes Equipages. Il repartit le 21. Août de cette île, pour retourner à Surinam, & y arriva le 10. Octobre. Il laiſſa ſes Vaiſſeaux au large, s'embarqua le même jour ſur des Chaloupes avec les Troupes du Roi, au nombre de 1100. hommes & entra la nuit dans la Riviere. Mais les Vaiſſeaux qui devoient favoriſer la deſcente, échouerent à deux portées de Canon du Fort: ce qui obligea le Sr. Caſſard, en attendant que les grandes Marées vinſſent les relever de ſe rendre Maître de toute la Riviere. Il faloit pour cela paſſer devant le Fort qui étoit aſſez mal gardé, puiſque la Garniſon n'étoit que d'environ quarante hommes. Il faloit de plus ſe faire un chemin par terre, pour rendre la communication libre des Troupes avec les Vaiſſeaux; le Sr. Caſſard détacha pour cet effet le Sr. Beaudinard ave 100. Grenadiers, pour le chercher à travers des Bois & des Marais, preſque impraticables, où les Habitans de la Colonie s'étoient refugiez. Il ſe ſaiſit de la premiere Habitation de l'autre côté de la Riviere, & le Sr. Caſſard fit ſur le champ marcher le ſecond Bataillon pour le ſoûtenir dans ce poſte. Il paſſa lui même deux jours aprés avec le reſte des Troupes, avec deux Bateaux qui lui portoient des Vivres & des Munitions. Les Ennemis, éclairez par des feux qu'ils avoient allumez de l'un & de l'autre côté de la Riviere pour le voir paſſer, firent une decharge de toute leur Artillerie, qui ne lui tua que cinq hommes & en bleſſa cinq autres dans la Chaloupe du Sr. de Gottville-Belle-Ile. La Meduſe commandée par le Sr. d'Hericourt avec les deux Bâteaux qui la ſuivoient, paſſa malgré le feu du Canon dont elle fut fort maltraitée.

Comment elle ſe termina.

Les Troupes ainſi raſſemblées, M. Caſſard etablit un Camp dans l'Habitation dont le Sr. Beaudinard s'étoit emparé, & laiſſa la moitié des Troupes ſous le Commandement du Sr. de Sorgues. Il detacha enſuite le Sr. d'Eſpinai avec 50. Grenadiers pour ſe ſaiſir d'un poſte avantageux de l'autre côté de la Riviere de Para, & ôter par ce moïen toute ſorte de communication aux Ennemis. Cependant le Gouverneur aiant fait prendre les armes à quelques uns des Habitans, en détacha une partie, pour aller attaquer le Sr. d'Eſpinai dans ſon poſte; mais celui ci qui s'aperçut de leur mouvement, les prévint, marcha à eux la Baionnette au bout du Fuſil, les battit, prit le Commandant avec quatre hommes, en tua & bleſſa quelques autres; & força le reſte de ſe ſauver dans les Bois. Le Sr. d'Eſpinai ne perdit que deux Grenadiers dans cette occaſion. M. Caſſard revint enſuite au Camp, pour profiter des grandes Marées qui aprochoient, & attaquer le Château que le Sr. de Bandeville avoit commencé de bombarder. Le Gouverneur informé de ce deſſein, offrit de convenir d'une Contribution à laquelle

1713. le Sr. Caffard confentit. Cette Contribution fut païée en bons effets, qui produifirent en Europe plus de 300. mille Ecus. Le lendemain de la Capitulation, M. Caffard fit un Detachement de Troupes, avec ordre au Sr. de Moans, qui les commandoit, d'aller infulter Barbiche & Askebe, qui font deux petites Colonies apartenans aux Hollandois peu éloignées de celle de Surinam. La Contribution en fut reglée à 200. mille écus, qui furent enfuite réduits à trés-peu de chofe par l'impuiffance de ces Colonies.

Expedition de Curaffau.

Pour ce qui eft de l'Expedition de Curaffau, ce fut des le mois de Fevrier que le Capitaine Caffard parut à la vuë de cette Ile. Il y débarqua fon monde le 18. & fe retrancha malgré la réfiftance des Habitans. Ses gens ouvrirent enfuite la tranchée devant le Fort, & mirent fix Mortiers en Batterie, dont ils bombardérent quelque tems le Château. Il firent fommer le 26. le Fort & toute l'Ile, menaçant de mettre le feu par tout fi on ne fe rendoit. Enfin après plufieurs autres fommations, les Habitans accordèrent de fe racheter par une fomme de 115000. pièces de huit, à condition que l'argent feroit reftitué, en cas que la paix fût faite alors entre la France & la Hollande, comme le bruit en couroit, ou qu'il y eut quelque fufpenfion d'armes.

Affaires du Nord Combat entre les Suedois & les Danois Letre du Duc de Mecklebourg & du jeune Comte de Lottum au Roi de Pruffe.

Celle qu'avoient faite les Puiffances du Nord fembloit faire efperer une paix prochaine; mais l'Armiftice ne fut pas plutôt fini, que la guerre recommença avec plus de vigueur. Le Czar de la Grande Ruffie, allarmé des Propofitions de paix projettées entre les Miniftres des Rois de Dannemarck & de Pologne, & le Comte de Steenbock, General des Suedois, avoit fait difficulté de les ratifier, d'autant plus qu'on fe perfuadoit que le Roi de Suède ne cherchoit qu'à gagner du tems. La Négociation ainfi rompuë, le Roi de Dannemarck ne fongea plus qu'à mettre fon Armée en campagne. Le General Steenbock avoit fait la même chofe, & fachant que les Mofcovites devoient joindre les Danois, il marcha deux jours * de fuite fans s'arrêter & arriva le 3 près de Gadebufch, où il trouva une partie de l'Armée Danoife en ordre de bataille; fur quoi il fit d'abord les difpofitions néceffaires pour l'attaquer. Il le fit avec tant de vigueur, que l'Aile gauche des Danois fut d'abord rompuë; mais il trouva plus de réfiftance à la droite à caufe qu'elle étoit poftée près d'un Bois. Néanmoins après deux heures de combat, elle fut obligée de plier. Les Suédois prirent toute l'Artillerie des Dannois, après leur avoir tué près de 3000. hommes, & firent environ 3. à 4000. prifonniers. L'Armée du Comte de Steenbock confiftoit en 52. Efcadrons & onze Régimens d'Infanterie; & celle des Dannois en 22. Bataillons & 48. Efcadrons auxquels 32. Efcadrons Saxons s'étoient joints un peu auparavant. Le débris de l'Armée Danoife fe retira en Holftein, & celle du Roi Augufte vers les Mofcovites.

Suite de la Victoire des Suédois, Incendie d'Altena.

Le General Steenbock aiant laiffé repofer fon Armée quelques jours, réfolut de profiter de fa victoire, & marcha vers le Holftein. Il y arriva les premiers jours de Janvier 1713. & envoia des partis de tous cotez pour lever des contributions. Les Deputez de la Ville d'Altena lui offrirent 50000. Ecus pour fe racheter du feu; mais il leur en demanda 200. mille, & les Députez aiant repréfenté qu'ils ne pouvoient trouver cette fomme, il ne fe fit point d'accord. Sur quoi le Comte de Steenbock s'étant rendu à

---

* Le 18. & le 19. Decembre 1712. L'enchainement des Negociations d'Utrecht m'a obligé de différer jufqu'ici le recit de cette affaire.

1714. Hambourg pour conferer avec le Comte de Welling, Gouverneur General du Duché de Brême, il convint avec lui de brûler la Ville d'Altena. En effet quelques Soldats du Régiment de Stromfeld aiant été commandez sur le minuit d'entre le 8. & le 9. de Janvier, mirent le feu en plusieurs endroits de cette Ville, qui fut toute embrasée le lendemain a 4. heures du matin. L'Incendie dura toute la journée. La Maison de Ville, l'Eglise Catholique & toutes les belles maisons qui étoient le long de l'Elbe, furent réduites en cendre. Il ne resta de tous les Batimens que l'Eglise Lutherienne, les deux Reformées & environ une centaine de maisons répandues çà & là. Les Suédois ne pillérent point pendant l'embrasement, & laissérent sauver à chacun ce qu'il pouvoit; mais comme il n'y avoit point de voitures, cela ne put aller loin, Plusieurs personnes périrent dans les flammes & les pauvres gens dont les maisons avoient été brûlées, souffrirent extrêmement par la rigueur du froid qu'il faisoit alors; de sorte qu'il y eut plusieurs Vieillards & Enfans gelez la nuit suivante, parce que les Magistrats de Hambourg n'osèrent laisser entrer personne d'Altena dans leur Ville, de peur du mal contagieux, se contentant de leur envoier quelque secours. Le jour même de l'Incendie, le Comte de Flemming, General des Saxons, & le General Scholten, commandant les Danois, écrivirent au Comte de Steenbock en ces termes.

MONSIEUR,

Lettre des Generaux Saxons & Danois au Comte.

Aiant vu le triste spectacle dont la Ville d'Altena a été le Théatre la nuit passée, spectacle qui n'a pas encore fini, & chose qui de nos jours n'a pas été pratiquée dans les guerres qu'il y a eu parmi les Chrétiens. D'ailleurs, comme il nous a paru jusqu'ici que ces sortes de procedez étoient fort oposez à vos sentimens, & ne pouvant point comprendre un si subit changement de conduite; nous avons cru ne pouvoir nous dispenser de vous en témoigner notre surprise. & nous croions être obligez, nous trouvant ici, de vous écrire sur ce sujet, pour savoir ce qui vous a porté à cela. Nous saurons par votre réponse, comment nous devons regler notre conduite à l'avenir, dans la maniere de faire la guerre entre nous, laquelle nous croions que vous serez persuadé qu'elle n'est pas encore finie, par le succès que vous avez eu dans la derniere action.

1713. de Steenbock sur ce sujet.

Et comme il pourra aisément nous arriver d'avoir occasion d'user de represailles, en exerçant toute sorte de cruautez à votre exemple, quoi que contre nos sentimens & nos inclinations, & même contre celle de nos Maitres & de S. M. Czarienne, Nous avons pourtant jugé à propos de vous écrire auparavant, pour nous éclaircir particulierement sur le sujet que vous avez pu avoir d'exercer les cruautez, que vous avez exercées contre la Ville d'Altena.

Quelques cruautez qui puissent s'ensuivre dans la suite, de quelque genre & de quelque espèce qu'elles puissent être, & parmi les horreurs qu'elles nous causeront, nous aurons au moins la consolation de n'en être pas cause.

C'est à ceux qui y auront donné lieu à sentir tous les remors que de pareils excés doivent causer. Nous sommes, &c.

Le Comte de Steenbock leur fit d'Elms-horn le 10. Janvier la Réponse suivante.

MESSIEURS,

LA Lettre que j'ai reçue aujourd'hui de vous par un Trompette, m'a

Reponse de c. Comte

1713. prend que vous me demandez les raisons du traitement qu'on a fait à la Ville d'Altena. Elles feroient trop longues & trop prolixes, Mesieurs, pour vous les deduire dans une Lettre. Mais vous les aprendrez sans doute au premier jour par un Imprimé, par lequel tout le monde sera informé des motifs d'une chose, qui n'est pas si nouvelle que vous l'exprimez ; les guerres tant passées que modernes en fournissent assez d'exemples. Je suis &c.

Le même jour ce General écrivit la Lettre suivante à M. Weibe, Conseiller du Roi de Dannemarck, du Camp de Pinnemberg.

MONSIEUR,

Autre Lettre du même General.

C'Est avec regret que je me suis vu contraint à faire detruire la Ville d'Altena. La raison de guerre & une nécessité indispensable l'ont emporté sur mon penchant de ne pas imiter les Ennemis liguez contre le Roi mon Maitre. Du moins j'ose assurer V. E. que la desolation de plusieurs Provinses de S. M. & les inhumanitez y commises ne me portront que dans la derniere extremité à en faire porter les peines aux Sujets de S. M. D. Et c'est dans cette intention sincere, que J'ai cru, Mr., vous devoir recommander une precaution absolument nécessaire avec les Troupes de S. M. Cz. qu'elles ne s'avisent point de laisser en Pomeranie, comme elles l'ont pratiqué ailleurs, quand un jour elles en sortiront des vestiges brûlans & de tristes cendres du séjour qu'elles y ont fait, dont les pauvres Habitans ne perdront jamais l'afreux souvenir.

Il sera aisé au Roi votre Maitre, pour le bien de ses propres Sujets, à en convenir avec S. M. Czarienne, puisque je ne pourrois me dispenser d'user contre mon gré de represailles dans les Etats de S. M. D. & d'y faire détruire autant de Villes & de Villages, que les Troupes Russes en avoient réduits en cendres à leur départ de Pomeranie.

Je vous prie au reste d'agréer que j'aie l'honneur d'être &c.

Le Comte de Welling écrivit aussi aux Generaux Flemming & Scholten le 11. Janvier, pour justifier l'incendie d'Altena par represailles de ce qui avoit été fait à Stade, à Stralsund & à Wismar, par les Troupes de S. M. D. & ces Generaux lui firent la Reponse suivante.

MONSIEUR,

Lettre des Gen. Saxons & Danois sur l'injustice du traitement fait à Altena.

NOus avons vu par la Lettre que vous nous avez fait l'honneur de nous écrire, les raisons que vous aleguez de l'Incendie d'Altena. Etant Parties comme nous le sommes, nous ne voulons pas être Juges : il se trouvera assez de gens qui en decideront.

Cependant vous nous permettrez de vous dire, qu'il n'y a pas de comparaison entre ce qui vient d'arriver à Altena, & ce qui est arrivé à Stade. Stade est une Ville fortifiée, qui a résisté aux armes de S. M. Danoise, & contre laquelle il a été permis de se servir de tous les moïens dont on se sert ordinairement, pour se rendre Maître d'une Ville. Mais Altena est une Ville ouverte & sans défense ; & nous ne croyons pas, Monsieur, qu'on puisse jamais mettre en parallèle un Bombardement avec un Incendie qui se fait le flambeau à la main. C'est comme si on vouloit comparer le carnage inévitable dans un combat ou un assaut, avec un massacre de gens qui ne se défendent pas, & qui ne sont pas en état de defense.

Les autres raisons de l'Incendie d'Altena, qui ont été renduës publiques se réduisent à ceci : qu'on vouloit y établir des magazins, & y cuire du pain. Mais

Mais il est certain, qu'il n'y avoit point de magazins dans Altena ; ou s'il y en avoit, ils étoient si peu considérables, qu'il ne faloit pas pour cela brûler plus de 2000. maisons, & réduire plusieurs milliers d'Habitans à la mendicité, & cela sans en retirer aucun profit. Aussi n'avoit on pas pensé à cette raison des magazins, dans la réponse que le Comte de Steenbock a faite aux Députez d'Altena : on ne s'y étoit arrêté qu'à la raison de Stade, à laquelle nous croions avoir suffisamment répondu.

Pour ce qui est des Boulets rouges qu'on a tirez dans Stralsund & dans Wismar, nous nous remettons à ce que nous avons dit sur le Bombardement de Stade : cela est permis, mais les Incendies volontaires sont abhorrez.

Quant à la conduite de nos Alliez, nous croions que vous voudrez bien admettre de la distinction entre les excès qui se commettent sans ordre, & ceux qu'on commet par des ordres exprès. M. le Comte de Steenbock lui même fit fort bien cette distinction il y a quelques mois, lors que parlant de quelques excès qui avoient été commis par des Soldats Moscovites, il demanda s'ils avoient eu ordre de les commettre : Et lors qu'on l'eut assûré, que non seulement on n'avoit jamais donné de pareils ordres, mais qu'on avoit même puni les Auteurs de ces excès, il dit, qu'il étoit bien aise de le savoir ; ajoûtant, qu'il ne pourroit traiter ceux qui commettroient de tels excès sans ordre, & qui tomberoient entre ses mains, comme des prisonniers de guerre, mais qu'il les traiteroit comme des incendiaires.

Ce que vous pourrez alléguer de plus sur la conduite de nos Alliez, il sera aisé de le justifier par le droit de represailles. Souvenez vous seulement, Monsieur, de ce qui a été Pratiqué de vôtre côte après la bataille de Nerva:

Tom. III.

avant cela avoit-on commis de pareilles cruautez ?

Ceux qui ont été les Auteurs des premières sont responsables de toutes celles qui ont été comises ensuite. Vous savez, Monsieur, qu'il n'y a d'autre fondement au Droit des Gens, que la convention & l'éxemple. Après celui que vous venez de nous donner, il sera permis à nos Maîtres de vous en donner d'autres, & cela par le Droit des Gens.

Il nous semble que la moderation Suédoise en Zelande ne doit pas être alleguée dans cette occasion : car le Roi votre Maître n'y étant pas allé comme Ennemi, mais comme Garant de la paix, il ne pouvoit y exercer des actes d'hostilité.

Pour ce qui est de la Saxe, votre intérêt avoit plus de part à vôtre humanité que l'humanité même. Avec les 23. millions que vous avez tiré de la Saxe, on auroit pu la rebâtir, quand elle auroit été entierement reduite en cendres. D'ailleurs auriez-vous pu habiller, recruter, & remonter vôtre Armée ? Quoi qu'il en soit, ces deux exemples prouvent pourtant, que l'Incendie & les Actes d'inhumanité sont plus autorisez par les Ministres & les Generaux du Roi de Suéde, que par ce Prince même.

Nous avons répondu à l'exemple que vous aléguez, de la ruine de plusieurs de vos Provinces : mais nous ne pouvons comprendre, comment vous voulez que nous concourions avec M. le Comte de Steenbock à la pratique d'une guerre humaine, après l'exemple d'inhumanité & de cruauté qu'il vient de donner ; cruauté qui a coûté la vie à tant de pauvres Innocens, à des Femmes en couche & en travail d'enfant, à des malades qui n'étoient pas en état de sortir du lit.

Combien d'enfans & de vieillards arrachez à la fureur des flammes, n'ont

Y y y

1713. pu resister à la rigueur du froid, & ont péri miserablement dans la neige? combien de pauvres malheureux, de tout âge & de tout sexe, exposez à toute la rigueur de la saison, perissent encore tous les jours de froid & de misere? sont-ce là les exemples d'humanité que M. de Steenbock nous donne à imiter? comment pourrions-nous les proposer à nos Maîtres?

Nous avons vu la Lettre que M. le Comte de Steenbock a écrite à M. de Weibe. Nous suspendrons notre jugement là dessus: mais sachez que les menaces ne peuvent rien sur les Personnes justes, & sur les Cœurs genereux, tels qu'il y en a à la Cour du Roi de Dannemarck.

Nous concluons en disant, que vous ne pourrez jamais justifier l'embrasement d'Altena: mais il justifiera tout ce que nous pourrons entreprendre pour en tirer une juste vengeance.

Si nos augustes Maîtres, suivant leur humanité & leur moderation ordinaire, trouvent à propos de differer encore d'imiter un si cruel exemple à moins qu'ils n'y soient forcez par de nouvelles cruautez d'une pareille nature; nous sommes assurez cependant, que Dieu lui même ne laissera pas sans punition les cruautez inouies qui ont été exercées à Altena, nous sommes &c. le 13. Janvier 1713.

Mauvais succés de l'Armée Suedoise depuis l'Incendie d'Altena.

Il semble, en effet qu'on peut attribuer à cette barbare exécution tous les mauvais succés dont les entreprises du Comte de Steenbock furent depuis suivies; puisque l'Armée Suedoise, jusqu'alors victorieuse & triomphante, n'éprouva plus que des revers depuis l'incendie d'*Altena*. Ce General fit passer l'Eider à ses Troupes pour etablir des Contributions dans le Holstein, mais ce fut avec tant de précipitation, que plusieurs y furent noyez. Il savoit que les Alliez du Nord le poursuivoient; il fut même joint par l'Armée du Czar, qui fit attaquer un des Quartiers des Suédois qu'il battit, & rompit le Pont qu'ils avoient à Hollingsted. Le Comte de Steenbock, voyant son Pont rompu, en fit construire d'autres à Fridericxstad pour repasser l'Eider & tâcher de regagner la Pomeranie. Mais l'Armée des Alliez etant arrivée autour de cette Ville le 12. Fevrier, S. M. Czarienne se mit en personne à la tête de 5. Bataillons de sa Garde & de quelques Dragons, & attaqua les Retranchemens que les Suedois y avoient faits. Ce Prince s'en rendit maître apres une longue résistance, & obligea les Suedois de se retirer vers le gros de leur Armée. La Garnison de la Ville aiant aussi pris la fuite avec précipitation de ce côté là, S. M. Czarienne y entra & y passa la nuit.

Cependant le Comte de Steenbock, qui étoit à deux lieues de là avec le gros de son Armée, s'aprocha de Tonningen, & s'etant fait remettre la Ville par les ordres du jeune Duc de Holstein Gottorp, y fit entrer une partie de ses Troupes, & mit le reste sous le Canon de la Place. Sur l'avis qu'en eurent les Alliez, ils resolurent d'y faire marcher leur Armée, tant pour empêcher les Suedois de sortir du terrain resserré où ils étoient, que pour les y affamer s'il étoit possible. Ce General tenta la voye de la Negociation pour se tirer d'embarras, mais n'aiant pu y reüssir, les Alliez ne penserent qu'à attaquer ses Quartiers. Les Moscovites d'un côté & l'Infanterie avec quatre mille Chevaux Danois ou Saxons de l'autre, se mirent en marche le 24. d'Avril, & s'avancèrent jusqu'à Tettenbuhl, que les Suedois abandonnèrent sans faire la moindre résistance. Ils se retirerent sur la hauteur de Gardingen, où ils furent aussi poursuivis & l'abandonnerent encore sans qu'il en coûtât aux Alliez un

Elle se retire à Tonningen où elle est assiégée & faite prisonnière.

1713. seul coup de mousquet, Le voisinage de Tonningen leur procura une retraite facile ; mais tout étant prêt pour l'attaque de la Place qu'on étoit résolu de bombarder, le Comte de Steenbock ne jugea point à propos d'attendre l'extremité, pour renouer les Négociations. On les reprit le 15. de Mai, & le Traité conclu le lendemain fut aprouvé, le 17. par le Comte de Steenbock, qui fut fait prisonnier avec toute son Armée.

Intrigues de la France à la Porte en faveur du Roi de Suède.

Cette guerre des Suédois contre les Moscovites n'étoit pas la seule que la France eût sollicitée. Il parut par un Traité signé à Bender *, où le Roi de Suède étoit toûjours, que le Roi T. C. avoit promis de s'emploïer de tout son pouvoir pour engager la Porte Ottomane à rompre aussi de nouveau avec le Czar, & à embrasser les intérêts de S. M. Le Roi s'engageoit pour cet effet d'en expédier les ordres à ses Ministres à la Porte & d'envoyer les sommes necessaires. Il est facile de juger par là que le Roi de Suède, peu paisible de lui même fut encore moins disposé à la paix après ce Traité. Aussi son Ministre & celui de France travaillèrent ils de toutes leurs forces à Constantinople, pour porter le Sultan à recommencer la guerre, comme il fit. On pressa le Roi de Suede de partir pour marcher contre les Moscovites; sur ce que le Chef de la Religion Mahometane avoit déclaré au Grand Seigneur qu'un si long séjour d'un Prince Chrétien dans ses Etats étoit contraire à leur Loi. Mais le Roi de Suede n'aiant pas voulu deferer à ces instances, les Turcs userent de violence & l'emmenerent à Andrinople; où le Grand Seigneur aiant eu avec lui trois conferences particulières, lui promit de le faire conduire au Printems suivant dans ses Etats.

* Le 1. Septembre 1712.

Malgré les avantages que le Roi T. C. avoit remportez en Allemagne & l'esperance qu'il pouvoit avoir de faire encore quelques conquêtes en poursuivant la guerre, S. M. ne laissa pas de proposer de nouveau la paix & d'offrir d'en renoüer les Traitez. Elle reconnut plus qu'aucun autre le besoin qu'en avoient ses propres Sujets ; eu égard à l'épuisement d'hommes & d'argent que la continuation d'une si longue & si sanglante guerre causoit dans son Royaume. L'Empereur & l'Empire en avoient également besoin, & se trouvoient dans un état, où la résolution de poursuivre la guerre pouvoit leur attirer de plus grans desavantages, que ceux de céder quelque chose pour avoir la paix. L'Empereur s'étoit déterminé à vendre Final aux Genois pour avoir de l'argent. On avoit fait dans la Diete de Ratisbonne divers Règlemens pour réprimer la licence que plusieurs François de toute condition se donnoient de courir par l'Allemagne & d'y aliener les Esprits. On avoit renouvellé tous les Avocatoires contre les Sujets de l'Empereur & de l'Empire qui se trouvoient au service de la France ou de ses Adherans. Mais comme il est des moïens d'éluder l'effet des meilleures dispositions d'un Païs, sur tout lorsqu'un chacun s'y croit libre, & que les Princes en particulier croient pouvoir tout faire par eux mêmes, il n'y avoit pas lieu de se promettre grand-chose de toutes ces précautions. L'experience a fait voir que la France avoit cent ressources secretes pour deconcerter les mesures de ses Ennemis sous un Roi & un Ministère qui n'épargnoient rien pour cela.

Projet de paix de la France avec l'Empereur.

Ce fut après la prise de Fribourg & sur la fin du mois de Novembre que le Baron de Hundheim, Ministre de S. A. E. Palatine, & M. de la Houssaïe Intendant d'Alsace, après quel-

Conferences tenuës à Rastadt pour ce sujet.

7114. ques pourparlers & quelques entrévuës avec les Généraux des deux Armées, firent si bien que le Prince Eugène & le Maréchal de Villars se rendirent tous deux à Rastadt (Ville du Marquisat de Bade en Suabe) où ils commencèrent à conférer sur les moyens de parvenir à la paix. Le Prince Eugène insista sur ce qu'on cédât à l'Empereur non seulement tout ce qu'on lui avoit offert dans les Conférences d'Utrech, mais encore plusieurs autres choses qui étoient à sa bienséance & nécessaires pour la sûreté de l'Empire. Le Mar.chal au contraire voulut rabattre beaucoup des premières Propositions, sur le pretexte des nouvelles conquêtes qu'il avoit faites, & en dédommagement des dépenses que la poursuite de la guerre avoit causées au Roi T.C. Comme on affectoit un secret extraordinaire, & que les Généraux conférèrent seuls ensemble, il n'est pas surprenant que le Public ait ignoré les particularitz de leur Traité ; les Secretaires mêmes n'en eurent point de connoissance, n'y aiant eu que très-peu de choses à écrire & à enregîtrer, parce qu'on n'y convint presque de rien excepté de la seule Barriere de l'Empire;& que ces Ministres refusèrent d'admettre d'autres Propositions que celles qui regardoient la paix de S. M. I. & de l'Empire avec la France. On eut même assez long-tems la pensée que l'Empereur ne traitoit que de ses intérêts particuliers ; ce fut la cause que le Prince Eugene écrivit plusieurs Lettres au Commissaire principal de S. M. I. à Augsbourg, où la Diete étoit assemblée extraordinairement à cause du mal contagieux, pour l'assûrer du contraire. Il lui manda par la premiere * ,, Que ,, son entrevüe avec le Maréchal de ,, Villars s'étoit faite au jour arrêté;

* Du 1. Decembre.

,, mais qu'ils n'avoient encore tenu ,, que deux Conférences : Que l'on ,, devoit attendre peu de fruit des Pro- ,, positions fieres & inacceptables fai- ,, tes jusqu'alors de la part de la Fran- ,, ce, mais plûtôt une nouvelle rup- ,, ture des Conférences : Que néan- ,, moins il vouloit y rester encore quel- ,, ques jours, afin qu'on ne pût pas ac- ,, cuser l'Empire de n'avoir pas vou- ,, lu se prêter à tout ce qui pourroit ,, produire la paix; & qu'il ne manque- ,, roit pas de faire part de tout ce qui ,, se passeroit dans ces Conférences.

Ce Prince écrivit une seconde Lettre à la Diete, datée du 4., dans laquelle il marquoit entr'autres choses: *Que l'unique moyen de pouvoir esperer des conditions favorables de paix, étoit de se mettre en état de continuer la guerre, avec plus de vigueur qu'on n'avoit fait jusqu'alors.* Dans une autre Lettre du 24., le même Prince mande encore au Commissaire Impérial : que le Courier que le Maréchal de Villars avoit dépêché au Roi son Maître, pour demander de nouvelles instructions, étoit bien revenu ; mais qu'il n'avoit aporté aucun adoucissement, & qu'au contraire il renouvelloit l'ordre d'insister sur les dures conditions proposées. que lors que le Maréchal de Villars lui eut fait cette notification il n'avoit pu attendre davantage à lui faire savoir la resolution qu'il avoit déja prise de partir, s'il n'avoit pas d'autres instructions : que cependant Son Altesse avoit encore différé son départ, sur l'esperance & la promesse que ce Maréchal lui avoit données, qu'il attendoit encore un Courier avec de nouveaux ordres. Que comme jusques alors, au lieu de meilleures conditions, on en proposoit de plus mauvaises, que l'Empereur ni l'Empire ne pouvoient jamais accepter ; il ne voyoit pas comment il pourroit répondre de son séjour à Rastadt, puis-

Lettres du Prince Eugène à la Diete de l'Empire touchât ces cóferées.

1713.

que c'étoit déja la troisieme semaine qu'il y étoit, sans être plus avancé qu'au premier jour: que néanmoins, il pourroit partir avec cette satisfaction, que non seulement les personnes non intéressées, mais aussi les Peuples de France, seroient convaincus qu'il n'avoit rien manqué du côté de l'Empereur & de l'Empire, de tout ce qui pouvoit être en leur pouvoir, pour faire cesser cette longue guerre par une paix sûre: Qu'il ne demandoit d'autre témoin que le Maréchal de Villars, pour certifier combien il y avoit contribué de toutes ses forces, n'aiant manqué ni de patience ni de modération. Qu'il avoit pris une ferme résolution de partir, & qu'il l'auroit déja exécutée, si le Maréchal de Villars n'avoit encore demandé huit jours pour attendre le retour d'un Courier qu'il alloit depêcher, & qui aparemment lui aporteroit d'autres ordres. Qu'il avoit eu d'autant plus de peine à y consentir, qu'il étoit non seulement fort douteux que la Cour de France en vînt à des sentimens plus moderez, mais aussi parce que dans le tems présent, la perte d'un jour étoit plus precieuse, que des semaines entières en d'autres occasions: puisqu'il étoit facile de voir qu'une aparence de paix si peu fondée, retarderoit les résolutions nécessaires pour la continuation de la guerre, que néanmoins pour ôter tout prétexte aux Ennemis, & disculper entierement l'Empereur & l'Empire de tout blâme, & des malheurs qui pourroient s'en ensuivre, il avoit consenti d'attendre encore ces huit jours, dans la résolution, que si le Marechal de Villars ne recevoit pas alors les instructions convenables pour regler la paix, Son Altesse partiroit d'abord &c.

1714.

La France traîne

La Diète s'étant rassemblée le 2 Janvier 1714. on lui communiqua encore l'Extrait d'une autre Lettre du 30, du passé qui faisoit voir: Que la France continuoit de faire des offres encore plus dures que celles qu'elle avoit faites à Utrecht, ne voulant rendre Landau, Fort-Louis, le Vieux Brisach & Fribourg que démolis, & prétendant l'entier rétablissement du Duc de Baviere avec des dédommagemens, &c. Sur quoi le Prince avoit résolu de se retirer de Rastadt, en cas que le premier Courier qu'on attendoit de Versailles, n'aportât point de changement. Il est vraisemblable que la France ne faisoit durer les Conférences que pour gagner du tems & pour faire perdre à l'Empire le moïen de se préparer à la continuation de la guerre. C'est pourquoi le Prince Eugène; qui vouloit savoir à quoi s'en tenir, écrivit lui-même les conditions auxquelles l'Empereur pouvoit faire la paix. Il les consigna au Maréchal de Villars, protestant en même tems que c'étoient les dernières intentions de S.M.I. & le priant de les accepter s'il pouvoit, ou de les envoyer au Roi pour savoir son dernier sentiment là dessus.

1714.

en longueur & pourquoi.

Il n'y a pas d'aparence que la réponse de la France à ces propositions du Prince Eugène ait été telle que ce Prince le souhaitoit, puisque je trouve par une de ses Lettres du 7. Février au Prince de Leuvvenstein, principal Commissaire de l'Empereur, qu'il fut obligé de rompre une Negociation qui duroit infructueusement depuis deux mois, sans espérance d'un meilleur succès, *à cause de la mauvaise & non attenduë réponse, & d'un nouveau projet de paix si peu convenable. C'est pourquoi*, dit-il, *je suis parti aujourd'hui de grand matin de Rastadt, & le Maréchal de Villars est parti enmême tems pour Strasbourg. Néanmoins afin que la Négociation ne soit pas entièrement rompue, & pour donner aucontraire quelque occasion à l'Ennemi de se ra-*

Il semble qu'on les veuille rompre.

Y y y iij

procher, j'ai remis avant mon départ, à ce Maréchal, ma derniere réponse sur le projet de la France ; & je resterai aux environs de Stutgard, jusqu'à ce que la réponse de la France puisse arriver, laquelle ce Maréchal m'a promise dans dix jours : si cela ne suffit pas pour porter la France à des sentimens plus moderez, on verra clairement par-là, que c'est un preuve que cette Couronne ne veut pas la paix ; & qu'on ne pourra pas reprocher à S. M. I. qu'elle ait négligé de son côté aucun moyen convenable pour l'obtenir. C'est pourquoi il est indispensablement nécessaire que l'on fasse de la part de l'Empire tous les efforts possibles, pour porter cette fiere Couronne à des conditions plus moderées, à moins qu'on ne veuille s'attendre à la ruine totale de la Liberté Germanique. Votre Altesse peut communiquer ceci, en la maniere accoûtumée, & s'en servir à animer les Esprits, afin qu'on fasse le paiement du premier terme des cinq millions qui écheront à la fin de ce mois.

Mesures prises dans l'Empire pour continuer la guerre.

Ce nouveau subside de cinq millions, au quel le College Electoral consentit, avoit été accordé en conséquence d'une déliberation prise sur les remontrances du Prince Eugene & de S. M. I. pour continuer la guerre avec toute la vigueur possible ; & ce Prince avoit en effet quitté Rastadt, & s'en étoit allé conferer avec le Prince de Wirtemberg. C'est pourquoi après la lecture de cette Lettre, le Ministre de Maïence ajoûta, que puisque les quatre Cercles associez vouloient bien continuer la guerre contre la France, en fournissant leur contingent sans diminution, & en payant leur part des cinq millions d'Ecus au premier terme, il esperoit que les autres Princes & Etats suivroient leur exemple, & donneroient des preuves que leur zele n'étoit pas moindre pour le bien & l'avantage de la Patrie, que celui des Cercles qui avoient le plus souffert pendant cette guerre.

Les deux Generaux quittent Rastadt.

Cette résolution fut peut-être la cause que le Maréchal de Villars fit prier au bout de quelque tems le Prince Eugene de revenir à Rastadt. D'autres disent que la Négociation n'avoit pas été rompuë, mais que le Prince Eugene & ce Maréchal étoient convenus, que chacun iroit où il lui plairoit, en attendant qu'on pût avoir la derniere reponse sur les propositions qui avoient été faites de part & d'autre, après quoi on se feroit savoir si on se rassembleroit ou non. Sur cela, le Prince partit au commencement de Fevrier pour Etlingen & le Maréchal se rendit à Strasbourg, où il donna ses ordres pour que les Troupes fussent en campagne de bonne heure, suposé que la réponse du Roi T. C. ne fût pas favorable. Le Prince Eugene de son côté s'en fut à Stutgard, d'où il se rendit le 8. du même mois à Ludovisbourg avec le Margrave de Dourlach, pour y conférer avec le Duc de Wirtemberg, touchant les moïens de prévenir les François sur quelques entreprises qu'ils menaçoient de faire pendant l'Hiver.

Mr. de Villars écrit au P. Eugene pour l'y faire revenir.

Quoi qu'il en soit, Mr. de Contade qui étoit allé porter à la Cour de France les dernieres propositions du Prince Eugene, en aiant raporté la réponse au Maréchal, le 20. de Fevrier, ce dernier le dépêcha le 22. au Prince Eugene à Stutgard, où il arriva le même jour, avec une Lettre du Maréchal, datée de Strasbourg du 21. par laquelle il lui écrivoit, que Mr. de Contade étant de retour, il croïoit le pouvoir prier de revenir à Rastad, dans l'espérance où il étoit, que le peu de changement qui avoit été fait dans les Articles qu'il avoit raportez, n'arrêteroit point la signature du Traité, pourvu qu'il ni voulût pas s'attacher trop scrupuleusement à la parole qu'il

1714. lui avoit donnée, qu'il pourroit ne s'y plus tenir, en cas qu'on y fît le moindre changement. Qu'il avoit donc jugé à propos de lui envoyer M. de Contade, afin qu'il eût l'honneur de lui déclarer lui-même ces chagemens, & qu'il esperoit d'aprendre incessamment par son moyen, que lui, Maréchal, seroit bien-tôt en état d'avoir l'honneur de le voir & d'achever le grand ouvrage auquel ils avoient conjointement travaillé avec tant de satisfaction & de zele. Qu'il avoit l'honneur de lui faire savoir, qu'il pourroit donner une entiere créance à tout ce que Mr. de Contade pourroit lui dire de la part du Roi son Maître & de la sienne; parce qu'il avoit été instruit des intentions de S. M. par elle-même; & qu'il connoîtroit qu'elles ne tendoient qu'à rendre la paix plus sûre, le peu de changement qui avoit été fait dans les Articles n'aiant point d'autre but, &c

Les Conférences sont renoüées & l'on y conviet des Préliminaires.

Sur cette Lettre le Prince Eugène partit de Stutgard, & arriva le 18. au soir à Rastadt, en même tems que le Maréchal de Villars. Ils allèrent ensemble au Château, où le Maréchal traita le Prince ce même soir, comme le Prince le traita le lendemain, premier de Mars. Il y eut ce jour-là une Conférence qui dura plus de deux heures, & qui fut suivie de quelques autres, jusqu'à la nuit du 6., que les Préliminaires de part & d'autre furent enfin signés. Ils contenoient en substance, ,, que la Sardaigne & les autres ,, Etats d'Italie, lesquels l'Empereur ,, possedoit alors, lui demeureroient, ,, aussi bien que le Païs-Bas; & qu'on ,, ne parleroit plus de la Principauté ,, qu'on prétendoit pour la Princesse ,, des Ursins. Que les Electeurs de la ,, Maison de Baviere seroient entie- ,, rement rétablis dans leurs Etats. ,, Que Fribourg, le Vieux Brisach ,, & le Fort de Kehl seroient rendus ,, à S. M. I. & que pour le reste de ,, la Barriere à faire entre l'Empire & ,, la France, on s'en tiendroit au Trai- ,, té de Rysvvick.

Ils sont suivis de la signature du Traité.

Ces Préliminaires furent immédiatement suivis du Traité de Paix, que Mr. de Contade Maréchal de Camp porta à Versailles le 12., sans qu'on ait pu être instruit de ce qui s'étoit passé dans cette Négociation. Il y a bien de l'aparence qu'on étoit convenu de toutes choses entre les deux Cours, & que les feintes longueurs qu'on aporta à la signature de ce Traité, n'étoient que l'effet d'une Politique rafinée pour y faire entrevoir plus de difficulté. Le même Officier qui le porta au Roi en reçut une pension considerable, & fut renvoié quelques jours aptes avec les Ratifications.

Récompense accordée au Maréchal de Villars.

Le Maréchal de Villars, qui arriva le 14. en Cour, fut rendre compte au Roi de sa Négociation, & en reçut un accueil tout-à-fait favorable, S. M. lui accorda l'honneur des grandes Entrées, & ce qui est plus solide la Survivance du Gouvernement de Provence pour son Fils. L'Exprès qui étoit allé porter le Traité de Rastadt à Madrid en aiant raporté l'Ordre de la Toison pour le même Maréchal, le Duc de Berri lui fit l'honneur de le lui donner de la part de S. M Cath. & Mr. de Maisons de Poissi, Beau-frere du Maréchal, fut nommé par S. M. T. C. Ambassadeur Extraordinaire à la Cour de Vienne.

FIN DU XIX. LIVRE.

HIS

HISTOIRE
DE
LOUIS XIV.
ROI DE FRANCE ET DE NAVARRE.

LIVRE VINGTIEME,

Contenant ce qui s'est passé depuis la Paix de Rastadt jusqu'à la fin de ce Règne.

1714.

Statuë Equestre du Roi érigée à Lion.

Endant qu'on négocioit la paix avec l'Empereur, & qu'on prenoit des mesures pour avancer aussi celles qui restoit à faire avec l'Empire, on dressa à Lion * un nouveau Trophée pour immortaliser la gloire du Roi. Cette ville, aussi ancienne qu'opulente, ne voulut céder en rien à la Capitale du Roïaume dans son zele pour la personne du Roi dont elle fit élever la Statuë Equestre dans la grande Place de Bellecour, apres y avoir fait travailler avec beaucoup de soin & de dépenses. Cette Statuë, qui avoit été jettée à Paris par un tres-habile Fondeur, fut placée sur son piedestal avec les ceremonies accoûtumées en pareilles occasions. Ce fut le Prévôt des Marchans * qui y mit la premiere pierre, dans laquelle on enferma quantité de Médailles de differens métaux avec des Inscriptions & des Emblêmes tous à la gloire du Roi Mais c'eût été peu, pour la rendre immortelle, d'élever ce monument qui doit la transmettre à la Posterité, si

1714.

* Dès le 27. Décembre dernier.

* Mr. Raval.

l'on

1714. l'on n'y eût transmis en même tems son nom glorieux, en le faisant porter à la Place où ce Monument fut élevé. Ce fut donc le 9. Janvier de cette année que le même Prévôt des Marchans & le Corps de Ville assemblez delibererent de changer l'ancien nom de la Place de Bellecour & de la nommer à l'avenir *Place de Louis le Grand*. Mr. le Maréchal de Villeroi, également porté pour la gloire de son Souverain, comme pour seconder le zele de Mrs. de de Lion, suplia le Monarque d'agréer ce changement. S. M. y ayant donné les mains, Mrs. du Consulat de Lion allerent en ceremonie avec les Trompettes, Timbales & Hautbois changer le nom de Bellecour & proclamer son nouveau nom. On enjoignit en même tems aux Notaires & Procureurs de ne se servir à l'avenir dans leurs Actes ou Procedures que de cette nouvelle dénomination, lorsqu'ils auroient à parler de cette Place, avec ordre aux Peres & aux Meres de l'aprendre à leurs Enfans, afin qu'insensiblement le nom de Bellecour fût mis en oubli & ne fût point connu à la Posterité même la plus prochaine.

Mort de la Reine d'Espagne.

Cependant la Reine d'Espagne, qui étoit depuis quelque tems dans un état de langueur, avoit été attaquée la nuit du 14. au 15. Janvier d'une si grande oppression de poitrine, qu'on craignit avec raison pour sa vie. Les Medecins firent diverses Consultations sans fruit sur la maladie de cette Princesse, & l'on fit venir exprès de Paris le Medecin Hollandois Helvetius, pour tâcher de lui aporter quelque soulagement. Elle étoit d'une maigreur extraordinaire, & reduite à ne prendre point d'autre aliment que du lait de Femme. Mais ce remède, non plus que tous les autres n'aiant apporté aucun soulagement à son état, cette Princesse reçut le Viatique le 2. Fevrier & donna ensuite pouvoir au Roi son Epoux de tester pour elle. Elle eut les jours suivans plusieurs redoublemens, & enfin la nuit du 13. au 14. cette Princesse aiant eu un très-violent accés de fièvre, elle prit congé du Roi & des Infants, & les recommanda à la Princesse des Ursins. Vers les 7. heures du matin, elle reçut encore le Viatique; & une heure aprés elle rendit l'esprit. Cette Princesse, qui se nommoit *Marie-Louise de Savoie*, étoit née le 17. Septembre 1688. elle a eu 4. Fils; savoir *Louis*, Prince des Asturies; *Ferdinand*, qui n'a vécu que peu de jours; & les Infants *Philippe & Ferdinand*. La Princesse des Ursins fut nommée Gouvernante de ces trois Princes. Le Maréchal de Bervvick fut choisi par le Roi, pour aller faire des complimens de condoleance au Roi d'Espagne sur la mort de cette Princesse, qui avoit sû gagner le cœur des Espagnols, & qui fut extrêmement regrettée.

Mort du Duc de Berri.

Une autre mort causa trois mois après un nouveau sujet de deuil à la Cour de France. Cet fut celle du Duc de Berri, Frere de S. M. Catholique, qui s'étant trouvé fort incommodé le premier de Mai d'une espéce d'indigestion, fut saigné trois fois par ordre des Medecins, & avoit paru soulagé par l'Emetique qu'on lui fit prendre. Mais ce Prince s'étant trouvé plus mal le 3. expira le lendemain à la pointe du jour. Il se nommoit Charles de France, & étoit né le 31. Août 1686. de Louis Daufin & de Marie Anne-Victoire de Bavière, dont il étoit le troisiéme & le dernier des Fils; de sorte qu'il mourut dans sa 28. année. Il avoit épousé en 1710. Mademoiselle Fille de M. le Duc d'Orleans d'aujourd'hui, dont il ne lui restoit point d'enfans: cette Princesse étant accouchée le 26. Mars 712. d'un Prince nommé Duc d'Alençon qui n'aquit avant terme & qui mourut le 16. du mois suivant. Le Corps du Duc de Berri fut transferé le même jour de Marli au Château des Thuilleries, où il fut exposé sur le Lit de parade jusqu'au jour des Funerailles. Lors qu'on en fit l'ouverture pour l'embaumer, on lui trouva dans l'estomac une vaine rompuë; ce que quelques-uns attribuerent à la violence du Vomitif qu'on lui avoit fait prendre; mais d'autres crurent que cela étoit arrivé par un coup de crosse que son fusil lui avoit donné en repoussant la derniere fois qu'il étoit allé à la Chasse; & dont il avoit défendu à ceux de sa suite de parler. Le Roi parut très-vivement touché de cette nouvelle perte, & quita Marli le même jour pour se rendre à Trianon.

Le Roi défend le grãd deuil à laCour, & pourquoi.

La mort prématurée de tant de jeunes Princes de France renfermoit quelque chose d'aussi surprenant que déplorable. Ces funestes évenemens sembloient justifier les précautions que la Grande Alliance tâchoit de prendre, pour empêcher que les deux Sceptres de France & d'Espagne ne se réunissent dans une même main. Qui auroit pu croire trois ans auparavant que la seule vie d'un Enfant de 4.ans, tel qu'étoit alors le Roi d'à present, fût presque l'unique remede qui restât pour empêcher l'Europe de courir un tel risque? Il est vrai que les Renonciations qu'on avoit eu la précaution d'exiger étoient dans la vuë des Alliez les seules digues propres à oposer à la Puissance exhorbitante; mais tout le cours de cette Histoire a assez fait voir ce qu'on doit attendre de pareils expediens. Ils sont à la verité un motif sufisant & un fondement légitime pour entreprendre la guerre; cependant c'est toujours le plus Fort qui décide de leur validité. Toutefois si le Roi Philippe ne se trouve maintenant sur le Thrône d'Espagne qu'aprés avoir rendu inutile la plus solemnelle des Renonciations, il est pourtant vrai de dire que ce n'est que parce que les Alliez, qui en étoient Garants, ont bien voulu s'en déporter, & que ce qui convient dans un tems, ne convient pas toujours dans un autre. Quoiqu'il en soit, le Roi défendit le grand deuil à la Cour, pour ne pas avoir sans cesse devant les yeux des objets qui lui renouvellassent à toute heure le souvenir d'une perte à laquelle il étoit très-sensible. S. M. fut le 6. du même mois à Versailles rendre visite à la Duchesse de Berri, qu'elle tâcha de consoler sur la mort du Duc son Epoux. Cette Princesse étant restée grosse de 6. à 7. mois, le Roi se déclara son Tuteur & celui de l'Enfant à naitre, en se reservant tous les Revenus qu'avoit le Duc de Berri, & lui laissant 800. mille livres par an. S. M. pour se distraire de son chagrin, fit deux jours après la revuë de ses Gendarmes & de ses Mousquetaires.

Cependant le corps du défunt Prince recevoit aux Thuilleries, dans une Chapelle ardente, les tristes devoirs qui se pratiquent en ces occasions. Le Cardinal de Noailles à la tête de son Chapitre y alla le 9. jetter de l'eau benite, & le Nonce du Pape en rochet, accompagné de l'Ambassadeur de Malte en grand manteau de deuil, firent le lendemain la même ceremonie. Ils y furent reçus dans la premiere salle & conduits par l'Introducteur des Ambassadeurs, le Grand Maître, & le Maître des Ceremonies du Roi, qui les reconduisirent de même. Ce même jour 10. le cœur du Duc de Berri fut porté au Val de Grace, par l'Evêque de Séez, premier Aumônier de ce Prince. Le 11. le Parlement, le Premier Président à la tête, la Chambre des Comptes, la Cour des Aides la Cour des monnoyes & l'Université, allérent aussi jetter de l'eau benite.

Honneurs funebres rendus à ce Prince.

Le 12. le Grand Conseil y alla pareillement, ainsi que plusieurs Communautez. Le 16. le corps de feu Mr.

1714. le Duc de Berri, après avoir reçu aux Thuilleries tous ces honneurs funèbres, fut transporté à St. Denis avec la pompe convenable. La marche du convoi commença à 9. heures & demie du soir, par un grand nombre de pauvres, suivis des Officiers du Prince defunt, des carosses des principaux Officiers, de ceux de Mr. le Duc d'Orleans, de ceux du Prince, de ses Pages, de ceux du Roi, des carosses de divers Seigneurs de la Cour. Le convoi marcha le long de la ruë St. Honoré, & de la ruë St. Denis; mais il n'arriva à St. Denis qu'apres 2. heures du matin. Le Duc de Bourbon, qui avoit été nommé par le Roi pour mener le deuil, étoit accompagné du Duc de la Tremouille, premier Gentilhomme de la Chambre. L'Evêque de Séez, premier Aumônier du Prince, accompagna le corps jusqu'à St. Denis, avec l'Abbé Bignon, Doyen de St. Germain l'Auxerrois, Paroisse du Louvre, dont le Clergé avoit assisté à la Psalmodie, qui s'étoit continuée jour & nuit durant plusieurs jours. L'Evêque présenta le corps aux Religieux, qui le deposerent au millieu du Chœur; & le lendemain il celebra la Grand' Messe, où tous les Officiers assistèrent il demeura en dépôt jusqu'au jour du Service solemnel.

Etat des Finances de la France cette année. Suite du Mémoire de Mr. des Marêts.

Il n'y eut point d'Armée en campagne cette année, mais la dépense des Troupes ne laissa pas de continuer. Il falut, comme dans les precedentes, sans aucuns fonds présens & par industrie, pourvoir à leur dépense & à celle de tout l'Etat. Le seul expédient dont on put se servir fut de faire usage de l'Edit du mois d'Octobre 1713., par lequel il avoit été *attribué* 1250000. *liv. de Taxations aux Officiers des Bureaux des Finances & des Elections, & à plusieurs autres Officiers, qui devoient produire une Finance de* 1500000. *de livres.* Pour épargner au Roi la remise du sixième, & aux particuliers les sols pour livre & en dehors, & les fraix ordinaires des Traitans, S. M. agréa de remettre ce recouvrement en règle par les Receveurs Generaux à la caisse du Sr. le Gendre. Pour procurer des fonds plus promptement & par avance, il lui fut ordonné de faire ses Billets à différentes écheances, & aux Receveurs Generaux de les endosser; ils furent négociez à 5. pour cent d'intérêt. On engagea les Receveurs Generaux de faire une avance de 1256000o. livres sur la présente année. Ces deux parties produisirent un crédit de 29000000. de livres. Au mois de Mars, le Roi fit une nouvelle création de 500000. livres de rente sur les Tailles, & specialement sur les 2. sols pour livre qui avoient été imposez par 3. Déclarations de 1705. 1706. & 1707., avec une destination de 300000. livres pour faire des remboursemens: ce fut la 4. Constitution de cette nature, qui produisit promtement un fond de 6. millions. Il avoit été donné plusieurs assignations depuis la Déclaration du 7. Octobre 1710. Il en restoit d'autres tirées precedemment pour le service. Différens particuliers proposèrent de prendre pour le remboursement de ces assignations partie en Billets du Sr. le Gendre non endossez, paiables en argent à diverses écheances, partie en ses Billets paiables en promesses des Gabelles & en Rentes viageres au denier 12. Ces propositions raportées au Roi aiant paru avantageuses, il fut ordonné au Sr. le Gendre de faire ses Billets en exécution, païables sans intérêt.

Il étoit du à Madame Roiale de Savoie, aux Electeurs de Baviere & de Cologne, aux Srs. Bernard & Hoggers, & à d'autres Banquiers; ils proposèrent de les assigner sur la caisse du Sr. le Gendre: les Assignations furent tirées par le Tréſor Royal. Le Sr. le Gendre eut ordre de faire ſes Billets ſans intérêt. Il en fit d'autres pour partie de ces aſſignations, païables en promeſſes des Gabelles & Rentes viagéres. Le Sr. de Méuve Banquier, fit une avance de 6000000. liv. pour les Troupes pour la valeur deſquelles le Sr. le Gendre lui fit ſes Billets avec intérêt. Pluſieurs autres Banquiers, Agents du Clergé & divers particuliers aiant propoſé de faire des avances, partie en argent, & partie en aſſignations tirées depuis la Déclaration du 7. Octobre 1710. on en fit le raport au Roi: ſuivant ſes ordres, on accepta differentes propoſitions, on en rejetta un plus grand nombre, parce qu'on n'accepta que celles qui parurent les plus avantageuſes pour le Roi, & les moins utiles aux Propoſans; le Roi même s'expliqua aſſez nettement ſur ces propoſitions, & dit que ſi les Propoſans trouvoient quelque profit ſur le papier, c'étoit au moins un bien pour ſon ſervice de trouver de l'argent pour les dépenſes, & d'aquiter en même tems des dettes.

Il faut obſerver, qu'à l'égard de toutes les avances faites, partie en argent & partie en papier. On ſe propoſoit d'aquiter les dettes du Sr. le Gendre, non endoſées, des fonds qu'on feroit entrer dans la Caiſſe; & on auroit executé ce projet, ſi le tems & les circonſtances l'avoient permis. On fit entrer dans la Caiſſe du Sr. le Gendre tous les fonds dont on put s'aider pour les beſoins des Troupes & de l'Etat; entr'autres celui de 1600000. liv. deſtiné pour le rembourſement des païemens des Rentes; & qui étant reſté inutile entre les mains du Sr. de la Garde, auroit diminué du tiers par les rabais indiquez du prix des eſpéces. Il fut employé à païer les Gardes du Corps & les autres Troupes. Des Fermes unies, un million fut employé pour le comptant du Roi, & autres dépenſes preſſées & privilegiées. Si on entre, dit Mr. Desmarêts, dans les attentions que demandoit la ſituation fâcheuſe des Finances, on conviendra de deux choſes. La premiere, qu'étant réduit aux emprunts pour la manutention de l'Etat, il faloit un autre canal que celui des Gardes du Tréſor Roïal pour faire les Négociations. La deuxième, qu'on y aporte toute l'économie & tous les menagemens poſſibles par raport aux termes & aux conjonctures des affaires generales. Le Roi, qui étoit en bonne ſanté, travailloit de tems en tems avec ſes Miniſtres à reformer, ſuivant le Plan du Dauſin dernier mort, les abus qui s'étoient gliſſez dans les Finances pendant la guerre.

Suite de l'affaire de la Conſtitution. Projet de Lettre au Pape pour accepter la Bulle.

S. M. avoit paru fort ſurpriſe en aprenant que la *Conſtitution*, qu'elle croïoit qui paſſeroit tout d'une voix dans l'aſſemblée du Clergé, avoit néanmoins trouvé pluſieurs Evêques opoſans. Le Cardinal de Rohan chargé de faire à l'Aſſemblée le raport de la Commiſſion établie pour l'examen des Cl. propoſitions condamnées, avoit déclaré * que l'avis des Commiſſaires étoit, *que pour témoigner au Pape le reſpect qu'on lui devoit, & pour ſatisfaire à S. M. qui déſiroit ardemment de voir la fin de cette affaire, on reçut la Conſtitution purement & ſimplement.* Cependant il ajoûta, que pour remedier à l'abus qu'on pourroit faire de la condamnation de pluſieurs Propoſitions, on écriroit une Lettre au Pape dans laquelle on lui marqueroit en quel ſens on accepteroit ſa Conſtitution. Mais les Prélats qui s'étoient unis avec le Cardinal de Noailles, après avoir entendu la Propoſition, dirent par la bouche de M. l'Archevêque de Tours, *que puiſqu'on convenoit que la*

*Le 21. Janvier.

1714. Constitution ne pouvoit pas être reçue sans explications, il faloit convenir de ces explications avant que de recevoir la Constitution : que ce qu'ils devoient à leur Dignité & à la Verité, exigeoit cela d'eux, & que par consequent ils ne pouvoient consentir à une acceptation pure & simple de la maniere qu'on le proposoit. On en dressa un Procès Verbal, & l'on convint que le Cardinal de Noailles feroit un projet de Mandement avec les explications qu'il croiroit nécessaires ; ensuite de quoi l'Assemblée se sépara.

Le Cardinal de Noailles refuse d'y consentir.

Les Evêques s'étant rassemblez le premier de Fevrier, on y fit la lecture de l'Instruction Pastorale, dont les Prélats de la Commission étoient convenus pour la reception de la Bulle. Le Cardinal de Noailles qui presidoit, fit un Discours par lequel il déclara à l'Assemblée, *qu'aiant été obligé de s'y trouver avec les Prélats de son Parti pour obéir aux ordres du Roi, ils ne pouvoient donner leur avis sur une Acceptation à laquelle leur Religion, leur Honneur & leur Conscience ne permettoient pas de consentir.* Quelque surprenante que fut cette Déclaration pour les Prélats résolus d'accepter la Bulle, on ne laissa point de proceder sur le champ aux opinions & le Secretaire de l'Assemblée appelant chaque Prélat selon son rang, il s'en trouva encore 40. qui furent d'avis de la recevoir & d'aprouver l'Instruction Pastorale. Les Evêques oposans écrivirent une Lettre au Roi, pour lui rendre compte de leur conduite, & lui envoyérent en même tems celle qu'ils avoient dessein d'écrire au Pape ; mais lorsqu'ils en attendoient la réponse, le Cardinal de Noailles reçut une défense d'aller en Cour, & les Prélats oposans d'écrire en Corps au Pape, avec ordre, s'ils vouloient lui écrire en particulier, de communiquer leur Lettre à la Cour, & d'en obtenir la permission. Enfin ces mêmes Prélats, au nombre de 8., reçurent le 9. Fevrier une Lettre de Cachet qui les relegnoit chacun dans son Diocèse & leur enjoignoit de partir de Paris dans trois jours ce qu'ils exécutérent ponctuellement. Je ne dirai rien des autres Docteurs qui furent exilez pour le même sujet. Chacun sait la persecution qui fut faite à tous ceux qui ne voulurent pas se conformer aux sentimens de la Cour, comme si la France étoit moins Catholique avant la Constitution, ou comme si elle avoit cessé de l'être après le refus qu'on faisoit de l'accepter.

Mesures de la Cour pour la faire recevoir.

De la maniere dont la Cour s'y prenoit dans cette affaire, il étoit facile de voir qu'on n'en demeureroit pas là & qu'on la pousseroit avec la même hauteur qu'elle avoit été commencée. Aussi le Roi, pour y mettre la dernière main, résolut de donner ses Lettres Patentes sur la Constitution pour être enregîtrées au Parlement.

Lettres Patentes du Roi à ce sujet.

Elles portoient en substance, ,, Que ,, quelques précautions que S. M. eût ,, prises pour étouffer toutes les dispu- ,, tes qui pouvoient alterer la paix de ,, l'Eglise & la pureté de la Foi, les Sec- ,, tateurs de la nouvelle Doctrine de ,, Jansenius avoient trouvé les moyens ,, de se soutenir & même de s'accroitre ,, malgré les Constitutions Apostoli- ,, ques ; aiant apris qu'un des plus *per-* ,, *nicieux Ouvrages* par raport à cette ,, mauvaise Doctrine, avoit été compo- ,, sé par un des principaux Chefs du ,, Parti, sous le titre de *Nouveau Te-* ,, *stament en François avec des Réfle-* ,, *xions Morales sur chaque Verset &c.* ,, à Paris 1699. S. M. avoit cru que ,, pour prévenir les mauvais effets d'un ,, *Livre dangereux,* elle devoit com- ,, mencer par révoquer le Privilege ,, accordé pour en permettre l'impres- ,, sion. Qu'aiant ensuite demandé à S. ,, S. son Jugement sur la Doctrine de ,, ce Livre, & aiant reçu avec tout le

„ respect dû au St. Siège la *Constitution* „ en forme de Bulle du 8. Septembre „ dernier, S. M. avoit convoqué une „ Assemblée extraordinaire du Clergé „ de son Roïaume pour recevoir cette „ Bulle Qu'elle avoit eu la satisfaction „ de voir que cette Assemblée recon- „ noissant la Doctrine de l'Eglise dans „ la *Constitution* du Pape, l'avoit reçuë „ avec la déference düe à celui qui en „ est le Chef visible; & que desirant „ concourir au desir de cette Assem- „ blée qui avoit suplié S. M. de faire „ expedier ses Lettres Patentes pour „ faire publier & exécuter la Bulle „ dans son Roïaume, S. M. déclaroit „ par ces Présentes que sa volonté é- „ toit que la *Constitution* &c. acceptée „ par les Evêques du Roïaume assem- „ blez à Paris par son ordre, fut reçuë „ & publiée dans ses Etats selon sa „ forme & teneur: ENJOIGNANT à „ la Cour de Parlement de faire lire, „ publier & enregitrer les Présentes, „ ensemble ladite *Constitution*, s'ils „ reconnoissoient qu'elle ne contint „ rien de contraire aux S S. Decrets, „ aux Preéminences de la Couronne, „ & aux Libertez de l'Eglise Gallica- „ ne &c. Donné à Versailles le 14. Fe- „ vrier &c.

Elles font enregitrées au au Parlement.

Le lendemain 15. la Grand' Chambre & la Tournelle étant assemblées, les Gens du Roi entrèrent, & Mr. Joli de Fleuri, Avocat General, portant la parole, requit l'enregitrement des Lettres Patentes & de la Constitution aux charges portées par les Conclusions par écrit de Mr. le Procureur General du Roi, lesquelles furent laissées sur le Bureau; & après qu'ils se furent retirez, M. le Premier President dit à la Compagnie, qu'il étoit à propos de mander les Chambres, pour prendre leur avis dans une affaire aussi grave que celle-là. La chose mise en déliberation, on dit qu'il y eut 18. voix pour appeler les Chambres, & 19. contre: mais Mr. le Premier President aiant allegué diverses raisons, entr'autres que toutes les Chambres avoient été mandées pour l'enregitrement des Lettres Patentes sur la Constitution du 16. Juillet 1705. il fut conclu que les Chambres seroient appelées. Mr. Robert, Conseiller Clerc, fit le raport des Lettres Patentes & des Conclusions du Procureur general, & fut de l'avis des Conclusions. Le plus grand nombre prit de même parti. Il n'y eut que 10. Conseillers qui furent d'avis de faire au Roi de très-humbles Remontrances sur l'importance de cette affaire, avant que de proceder à l'enregitrement. Quelques uns d'eux representèrent entr'autres choses, que le terme d'*Enjoignant*, porté dans les Lettres Patentes, étoit d'une grande consequence; Que la Puissance Seculière n'avoit pas droit d'enjoindre aux Evêques, Juges de la Doctrine, de recevoir une Constitution de Rome: Qu'il ne suffisoit pas de dire qu'elle étoit deja acceptée par l'Assemblée du Clergé, puisque les Evêques qui s'y étoient trouvez, n'étoient point autorisez par des Pouvoirs de leur Province; & que n'étant qu'au nombre de 40, ce n'étoit que le tiers des Evêques du Roïaume, & qu'ils ne pouvoient imposer la Loi aux autres, &c. On fit valoir d'un autre côté l'ordre précis du Roi pour l'enregitrement, & la pluralité se rangea de l'avis des Conclusions, avec les modifications mentionnées dans l'Arrêt: ce qui fut exécuté le 15.

Après l'enregitrement, tout le monde crut l'affaire de la Constitution entièrement terminée, & chacun prit pour quelque tems le Parti du silence mais quelques Evêques du nombre des oposans s'étant réünis aux 40. qui s'étoient déclarez pour l'acceptation

Les esprits s'irri-

1714. les Esprits s'aigrirent de part & d'autre de plus en plus. Le Cardinal de Rohan remit au Sindic de la Faculté de Theologie de Paris, une Lettre (*a*) de Cachet du Roi, par laquelle S.M. enjoignoit à ce Corps de recevoir aussi la Constitution. La chose mise en deliberation, il s'y éleva plusieurs debats contre un ordre qui parut nouveau & fort extraordinaire en matiere de Doctrine. Une seconde Lettre (*b*) de Cachet fut aussi-tôt expediée pour la même fin ; & telle fut l'autorité du Roi, que la Faculté de Theologie obéit excepté toutefois la Clause du *consentement unanime*. Le Cardinal de Noailles de son coté, toujours ferme dans son premier sentiment, publia alors sa *Lettre Pastorale* (*c*) dans laquelle ses Adversaires cherchèrent à trouver des moiens d'Abus.

Cependant le Cardinal de la Tremouille avoit été chargé de faire savoir au Pape les mesures que la Cour de France avoit prises pour l'acceptation de la Constitution ; mais quelque tour qu'il eut donné à la chose, la Cour de Rome parut mécontente de la lenteur des Prélats qui composoient l'Assemblée du Clergé, & le Pape leur envoïa sur cela un nouveau Bref (*d*) Sa Sainteté fut encore plus scandalisée du refus du Cardinal de Noailles & des autres Evéques opposans de recevoir sa Bulle, *sous le vain prétexte de demander de nouvelles explications*. Ce procedé & la Lettre pastorale qui en fut la suite, parurent à Rome des attentats dignes de tout le ressentiment du St. Siège ; & après deux Decrets du S. Office, qui en firent la condamnation, un autre Bref (*e*) plus fort que le premier, fut envoié au Roi pour exciter de nouveau son zèle. Il n'étoit déja que trop allumé, & tous les Docteurs & autres qui oférent s'écarter de l'obéïssance aveugle n'en ressentirent que trop les effets. L'indignation de la Cour & l'éxil furent d'un côté la peine de ceux qui ne voulurent pas se soûmettre, & la terreur d'une Excommunication soudaine fut de l'autre la menace dont on les effraia. Mais *la crainte d'une Censure injuste*, doit-elle empêcher qu'on fasse son devoir (*f*) ?

Pendant que la Cour de Rome & celle de France se prêtoient ainsi la main, pour étouffer, comme on disoit, une nouvelle Heresie, on n'avoit garde de laisser en repos ceux qui étoient accusez d'en conserver une ancienne. Il parut trois Ordonnances du Roi touchant les Nouveaux Convertis : la premiere (*g*) fut une Déclaration qui prorogeoit pour trois ans les défenses faites à ceux qui avoient été de la Religion Reformée de vendre leurs biens sans permission. Les deux autres étoient des Lettres Patentes du Roi sur un Arrêt du Conseil, portant que les Debiteurs des Rentes constituées au profit des Sujets de la même R. R. lesquels voudroient en faire le remboursement, seroient tenus de se pourvoir par devant les Commissaires departis dans les Provinces & Généralitez, pour en obtenir la permission. On leur ôta aussi quelques Eglises dans le Païs Messin, à l'exem-

Marginalia:
Rentent & plusieurs Prélats se joignent au Cardinal de Noailles.

Brefs du Pade évoicz au Roi & au Clergé

Ordonnances du Roi touchant les Nouveaux Convertis.

(*a*) *Du* 28. *Fevrier.*
(*b*) *Du* 2. *Mars.*
(*c*) *Du* 15. *Fevrier.*
(*d*) *Du* 27. *Mars.*

(*e*) *Du* 8. *Mai.*
(*f*) C'est ce que le Cardinal de la Tremouille repliqua au Pape, qui au sujet de la défense faite par le Card. de Noailles à tous ceux de son Diocése de recevoir la Constitution sous peine de Suspense encourruë ipso facto, lui répondit, que cette Censure étoit injuste & ne devoit point empêcher qu'on lui rendit l'obeïssance qui lui étoit dûe.
(*g*) *Du* 12. *Mars.*

ple de ce qui se passa dans le Palatinat, où les Catholiques en ôtèrent 13. par force aux Reformez qui y étoient établis.

La Duchesse de Berri accouche d'une Princesse.

Sur ces entréfaites la Duchesse de Berri qui étoit, comme j'ai dit, enceinte de plusieurs mois à la mort du Duc son Epoux, accoucha le 16. de Juin dans le 8. mois de sa grossesse, d'une Princesse qui fut bâtisée le même jour & nommée *Marie Louise*. Mais cette Princesse mourut le lendemain à 2. heures du matin. Le Roi étoit alors à Rembouillet d'où il revint quelques jours après à Versailles. Quand la Duchesse de Berri fut relevée de ses couches, S. M. lui remit tous les Bijoux & Pierreries du feu Duc son Epoux, & lui donna en même tems le Château d'Amboise avec 400. mille livres comptant pour païer ses dettes. Le corps du feu Duc de Berri étoit toûjours en dépôt à St. Denis, & le Service Solemnel qu'on y devoit faire avoit été differé jusqu'alors. On le célébra enfin le 16. de Juillet: l'Evêque de Séez, Premier Aumônier du Prince défunt officia, assisté des Evêques de Saintes & de Rennes, & l'Abbé Prévôt prononça l'Oraison Funebre. Le Duc de Bourbon, le Prince de Conti, & le Prince de Dombes menèrent le deuil de la part du Roi, qui réünit au mois d'Août suivant l'Apanage de ce Prince défunt au Domaine de la Couronne.

Lettres Patentes du Roi en faveur du Duc du Maine & du Comte de Toulouse.

S. M. donna en ces tems-là une marque singuliere de sa tendresse pour ses deux Fils Naturels, le Duc du Maine & le Comte de Toulouse, par les Lettres Patentes qu'elle fit enregitrer en leur faveur. Elle voulut les faire joüir des Prérogatives de leur Naissance & prévenir en même tems jusqu'aux causes les plus éloignées des troubles qui pouvoient arriver, si tous les Princes Legitimes de la Maison Roiale venoient à manquer. Quoique le nombre en fut encore fort grand l'experience du passé faisoit assez voir ce qu'on avoit à craindre pour l'avenir, & les ravages que la mort avoit faits en si peu d'années parmi les Princes, sembloient justifier une si sage précaution. Quoi qu'il en soit ; les Lettres Patentes étoient conçuës en ces termes.

„ L o u ï s &c. L'affection que nous
„ portons à notre très-cher & bien a-
„ mé Fils, Louïs Auguste de Bourbon,
„ Duc du Maine, & à notre très
„ cher & bien amé Fils, Louïs A-
„ lexandre de Bourbon Comte de
„ Toulouse. nous a engagez à les légi-
„ timer, & à leur donner le nom de
„ Bourbon, par nos Lettres du mois de
„ Decembre 1673., regitrées par tout
„ où il a été besoin. Nous avons vu
„ depuis avec une entiere satisfaction,
„ qu'ils se sont rendus dignes du nom
„ qu'ils portent : l'attachement qu'ils
„ ont toûjours eu pour notre person-
„ ne, le zéle qu'ils ont marqué pour
„ le bien de l'Etat, nous les a fait
„ juger capables de posseder les gran-
„ des Charges, & les Gouvernemens
„ des principales Provinces du Roï-
„ aume. Nous avons aussi estimé de-
„ voir les faire joüir des prérogati-
„ ves & avantages dûs à leur Naissan-
„ ce, en leur accordant au mois de
„ Mai 1694. des Lettres pour tenir,
„ eux & leurs descendans en légitime
„ mariage, le premier rang immédia-
„ tement après les Princes du Sang
„ Roïal, en tous Lieux, Actes, Céré-
„ monies & Assemblées publiques &
„ particulieres, même en notre Cour
„ de Parlement de Paris & ailleurs,
„ en tous Actes de Pairies quand ils
„ en auroient, & preceder tous les
„ Princes des Maisons qui ont des
„ Souverainetez hors de notre Roïau-
„ me, & tous les autres Seigneurs de
„ quelque qualité & dignité qu'ils
„ puissent être, & en ordonnant que
„ dans

,, dans toutes les cérémonies qui se font en notre préfence & par tout ailleurs, nosdits Fils le Duc du Maine & ſes Enfans, le Comte de Touloufe & ſes Enfans, jouiffent des mêmes honneurs, rang & diſtinctions, dont de tout tems ont accoutumé de jouir les Princes de notre Sang, ce que nous leur aurions confirmé par nos Brevets des 20. & 21. Mai 1711. Mais voulant leur donner encore de plus grandes marques de notre tendreffe & de notre eſtime, nous croions devoir porter nos vûës plus loin en leur faveur, en pourvoiant en même tems à ce que nous croions être du bien & de l'avantage de notre Etat: & quoi que par le grand nombre de Princes du Sang, dont la Maiſon Roïale eſt préſentement compoſée, il y ait tout ſujet d'eſpérer que Dieu continuant d'y repandre ſa Benediction; la Couronne y demeurera pendant une longue ſuite de ſiècles, une ſage prévoiance exige néanmoins de notre amour pour la tranquilité de notre Roïaume, que nous prévenions les malheurs & les troubles qui pourroient arriver, ſi tous les Princes de notre Maiſon Roiale venoient à manquer, ce qui feroit naître des diviſions entre les grans Seigneurs du Roiaume, & donneroit lieu à l'ambition pour s'aſſûrer la ſouveraine Autorité par le fort des Armes, ou par d'autres voies également fatales à l'Etat. La crainte d'un ſi triſte évenement, que nous prions Dieu d'éloigner à jamais, nous engage d'aſſurer à notre Roiaume des Succeſſeurs qui y ſoient déja fortement attachez par leur Naiſſance, & de déſigner ceux à qui cette Couronne devra être dévoluë dans les tems à venir, s'il arrivoit qu'il ne reſtât pas un ſeul Prince legitime du Sang & de la Maiſon de Bourbon, pour porter la Couronne de France, Nous croions qu'en ce cas l'honneur d'y ſucceder feroit dû à nosdits Enfans Légitimez, & à leurs Enfans & Deſcendans Mâles nez en légitime mariage, tant que leurs Lignes ſubſiſteront, comme étant iſſus de Nous. Pour ces Cauſes, & autres bonnes & grandes conſiderations à ce nous mouvans, de l'avis de notre Conſeil & de notre propre mouvement, certaine Science, pleine Puiſſance & authorité Roiale, Nous avons, dit, déclarons & ordonnons par le préſent Edit perpetuel & irrevocable, que ſi dans la ſuite des tems tous les Princes légitimes de notre Auguſte Maiſon de Bourbon venoient à manquer, en ſorte qu'il n'en reſtât pas un ſeul pour être Héritier de notre Couronne, elle ſoit, dans ce cas, dévoluë & deferée de plein droit à nosdits Fils Légitimez, & à leurs Enfans & Deſcendans Mâles à perpetuité, nez & à naître en légitime mariage, gardant entr'eux l'ordre de Succeſſion, & préférant toujours la Branche Aînée à la Cadette, les déclarant par ceſdites Préſentes capables, audit cas ſeulement de manquement de tous les Princes Légitimes de notre Sang, de ſuccéder à la Couronne de France excluſivement à tous autres. Voulons auſſi que nosdits Fils Legitimez le Duc du Maine, & ſes Enfans & Deſcendans Mâles à perpetuité, nez en légitime mariage, aient entrée & ſéance en notre Cour de Parlement, au même âge que les Princes de notre Sang, encore qu'ils n'euſſent point de Pairies, ſans être obligez d'y preter ſerment, & qu'ils y reçoivent & jouiſſent des mêmes honneurs qui ſont rendus aux Princes de notre Sang, qu'ils ſoient en tous lieux & en toutes occaſions regardez & traitez comme les Princes

,, de notre Sang, après néanmoins tous lesdits Princes de notre Sang, & avant tous les autres princes des Maisons Souveraines, & tous autres Seigneurs de quelque Dignité qu'ils puissent être ; voulons que cette Prérogative d'entrée & séance au Parlement, & de joüir pour eux & leurs Descendans, tant dans les Ceremonies qui se font & se feront en notre presence, & des Rois nos Successeurs, qu'en tous autres lieux, des mêmes rangs, honneurs & préseances dûës à tous les Princes du Sang Roïal, après neanmoins tous lesdits Princes de notre Sang, soit attachée à leurs personnes, & celles de leurs Descendans à perpetuité, à cause de l'honneur & avantage qu'ils ont d'être issus de Nous, dérogeant à nos Edits des mois de Mai 1642. Mai 1711. en ce qu'ils peuvent être contraires à ces Presentes seulement. Si donnons en Mandement, &c. Donné à Marli au mois de Juillet, l'an de Grace 1714. & de notre Regne le 72.

Signé,

LOUIS.

Et plus bas.

par le Roi PHELIPEAUX.

Cet Edit est enregitré au Parlement.

Cette marque de la tendresse du Roi pour ses Enfans surprit beaucoup de monde & particulierement les Princes du Sang, qui ne firent pourtant du vivant de sa Majesté aucune démarche pour s'y oposer. Au contraire dans l'Assemblée du Parlement tenuë le 2. Août pour l'enregîtrement de l'Edit dont on vient de parler, se trouvèrent le Duc d'Enguien & le Prince de Conti, aussi bien que le Duc du Maine & le Comte de Toulouse. Les Pairs qui y assistérent furent l'Archevêque Duc de Reims, l'Evêque de Noïon, les Ducs d'Usez, de Sulli, de St. Simon, de la Force, de Rohan, de Luxembourg, d'Etrées, de Gramont, Mazarin, de Tresmes, de Noailles, de Charost, d'Albret, de la Tremouille, de Chaulnes, de Villars, & d'Antin. Mr. de Mesmes, Premier President, aïant alors expliqué les intentions du Roi, Mr. Joli de Fleuri, Avocat General, présenta l'Edit de S. M. qui fut lu, les Chambres assemblées ; l'Arrêt d'enregistrement fut ensuite prononcé suivant les Conclusions du Procureur Général, sans aucune oposition de la part de ceux qui y étoient les plus interessez.

Cet Edit ne fut pas le seul monument de l'affection du Roi pour les Princes Legitimez ; il leur en donna encore des marques dans son Testament envoïé au Parlement le 28. Août, cacheté de 7. cachets, pour y être gardé jusqu'au decès de S. M. Mr. le Premier President le reçut dans la Grand'Chambre, à laquelle il fit un Discours à ce sujet, & le donna ensuite à Mr. le Procureur General, pour le faire mettre à la Chancellerie. Ce Testament, qui ne fut ouvert qu'après la mort du Roi, en presence des Pairs du Royaume & de toutes les Chambres du Parlement, contenoit les dispositions suivantes.

COPIE DU TESTAMENT DU ROI TRES-CHRETIEN DU 2. Août 1714.

Ceci est notre Disposition & Ordonnance de dernière Volonté pour la Tutelle du Daufin nôtre Arriere-Petit-Fils, pour le Conseil de Régence que nous voulons être établi après nôtre decès, dans la Minorité du Roi.

Testament du Roi déposé au Parlement.

„ COmme par la Misericorde de Dieu, la Guerre (qui a pendant plusieurs années agité nôtre Roïaume avec des Ennemis diferens qui nous ont causé des inquiétudes,) est heureusement terminée; Nous n'avons présentement rien plus à cœur, que de procurer à nos Peuples le soulagement que le tems de guerre ne nous a pas permis de leur donner, de les mettre en état de joüir long-tems des fruits de la paix, & d'éloigner tout ce qui pourroit troubler leur tranquillité. Nous croyons dans cette vûë, devoir étendre nos soins paternels à prévoir & prevenir, autant qu'il dépend de nous, les maux dont notre Roïaume pourroit être troublé, si par l'ordre de la Divine Providence, nôtre decès arrive avant que le Daufin nôtre Arriere-Petit-Fils, qui est l'Heritier de nôtre Couronne, ait atteint sa 14. année, qui est l'âge de sa Majorité.

„ C'est ce qui nous engage à pourvoir à sa Tutelle & à l'éducation de sa Personne; & à former pendant sa Minorité un Conseil de Régence, capable par sa prudence, sa probité, & la grande expérience de ceux que nous choisirons pour le composer, de conserver le bon ordre dans le Gouvernement de l'Etat, & maintenir nos Sujets dans l'obéyssance qu'ils doivent au Roi Mineur.

„ Le Conseil sera composé du Duc d'Orleans, Chef du Conseil, du Duc de Bourbon, quand il aura 24. ans accomplis, du Duc du Maine, du Comte de Toulouse, du Chancelier de France, du Chef du Conseil Roïal, des Maréchaux de Villeroi, de Villars, d'Uxelles, de Tallard, & d'Harcourt, des quatre Secretaires d'Etat & du Controlleur General des Finances.

„ Nous les avons choisis par la connoissance de leur capacité, de leurs talens, & du fidèle attachement qu'ils ont toûjours eu pour notre Personne, & que nous sommes persuadez qu'ils auront de même pour le Roi Mineur.

„ Voulons que la Personne du Roi Mineur soit sous la Tutelle & à la garde du Conseil de Régence.

„ Mais comme il est necessaire que sous l'Autôrité de ce Conseil, quelque personne de merite, universellement reconnu & distingué par son rang, soit particulierement chargé de veiller à la sûreté, conservation, & éducation du Roi Mineur, Nous nommons le Duc du Maine pour avoir cette Autôrité, & remplir cette importante fonction, du jour de nôtre decès. Nous nommons aussi pour Gouverneur du Roi Mineur, sous l'Autôrité du Duc du Maine, le Maréchal de Villeroi, qui par sa bonne conduite, sa probité & ses talens, nous a paru meriter d'être honoré de cette marque de nôtre confiance. Nous sommes persuadez que pour tout ce qui aura raport à la Personne & à l'Education du Roi Mineur, le Duc du Maine & le Maréchal de Villeroi, Gouverneurs,

A a a a ij

„ animez tous deux par un même eſ-
„ prit, agiront avec un parfait con-
„ cert, & qu'ils n'omettront rien pour
„ lui inſpirer les ſentimens de Vertu,
„ de Religion & de Grandeur d'Ame,
„ que nous ſouhaitons qu'il conſerve
„ toute ſa vie.

„ Voulons que les Officiers de la
„ Garde & de la Maiſon du Roi ſoient
„ tenus de reconnoître le Duc du Mai-
„ ne, & de lui obéir en ce qu'il or-
„ donnera pour le fait de leurs Char-
„ ges, qui aura raport à la Perſonne
„ du Roi Mineur, à ſa garde & ſa ſû-
„ reté. Au cas que le Duc du Maine
„ vienne à manquer avant notre de-
„ cès, ou pendant la Minorité du Roi,
„ nous nommons à ſa place le Comte
„ de Toulouſe, pour avoir la même
„ Autôrité, & remplir les mêmes fonc-
„ tions. Pareillement, ſi le Maréchal
„ de Villeroi decede avant ou pendant
„ la Minorité du Roi, nous nommons
„ à ſa place le Maréchal d'Harcourt.

„ Voulons que toutes les affaires
„ qui doivent être decidées par l'Au-
„ tôrité du Roi, ſans aucune excep-
„ tion ni reſerve, ſoit concernant la
„ guerre ou la paix; la diſpoſition, l'ad-
„ miniſtration des Finances, ou le
„ choix des Perſonnes qui doivent
„ remplir les Archevêchez, Evêchez,
„ Abbaïes, ou autres Benefices, dont
„ la nomination doit apartenir au
„ Roi Mineur; la nomination aux
„ Charges de la Couronne, aux Char-
„ ges de Secretaires d'Etat, & à celle
„ de Controlleur General des Finan-
„ ces; à toutes celles des Officiers
„ tant des Troupes de Terre, qu'Offi-
„ ces de Marine & des Galeres; aux
„ Officiers de Judicature, tant des
„ Cours ſuperieures qu'autres, celles
„ de Finance; aux Charges de Gou-
„ verneurs, Lieutenans-Generaux
„ dans les Provinces, & celles des
„ Etats Majors des Places fortes, tant

„ des Frontieres que des Places du
„ dedans du Royaume, ſans diſtinc-
„ tion de grandes & petites, qui ſont
„ à la nomination du Roi, & gene-
„ ralement pour toutes les Charges,
„ Commiſſions & Emplois que le Roi
„ doit nommer, ſoient propoſées &
„ deliberées au Conſeil de Régence:
„ Que les Reſolutions y ſoient priſes
„ à la pluralité des Suffrages, ſans
„ que le Duc d'Orleans, Chef du Con-
„ ſeil, puiſſe ſeul & par ſon Autô-
„ rité particuliére, rien déterminer,
„ ſtatuer, ordonner, & faire expedier
„ aucun ordre au nom du Roi Mineur,
„ autrement que ſuivant l'avis du Con-
„ ſeil de Régence.

„ S'il arrive qu'il y eût dans quelque
„ affaire diverſité de ſentimens dans
„ le Conſeil de Régence, ceux qui y
„ aſſiſteront ſeront obligez de ſe réü-
„ nir à deux avis, & celui du plus
„ grand nombre prévaudra toûjours:
„ mais s'il ſe trouve qu'il y eût dans
„ les deux avis un nombre égal de ſuf-
„ frages, en ce cas ſeulement, l'avis
„ du Duc d'Orleans, comme Chef du
„ Conſeil, prevaudra.

„ Lors qu'il s'agira de nommer aux
„ Benefices, le Confeſſeur du Roi en-
„ trera au Conſeil de Régence, pour y
„ préſenter le memoire des Benefices
„ vacans & propoſer les Perſonnes qu'il
„ croira capables de les remplir. Se-
„ ront auſſi admis au même Conſeil
„ Extraordinaire; lors qu'il s'agira de
„ la nomination des Benefices, deux
„ Archevêques ou Evêques, de ceux
„ qui ſe trouveront à la Cour, & qui
„ ſeront avertis par l'ordre du Conſeil
„ de Régence, pour s'y trouver, & don-
„ ner leurs avis ſur le choix des Su-
„ jets qui ſeront propoſez.

„ Le Conſeil de Regence s'aſſemble-
„ ra 4. ou 5. jours de la ſemaine, le
„ matin, dans la Chambre ou Cabinet
„ du Roi Mineur; & auſſi tôt que le

,, Roi aura dix ans accomplis , il pour-
,, ra y assister quand il voudra , non
,, pour ordonner & décider , mais pour
,, entendre & pour prendre les premiè-
,, res connoissances des affaires.
,, En cas d'absence ou d'empêche-
,, ment du Duc d'Orleans, celui qui
,, se trouvera plus avancé par son rang,
,, tiendra le Conseil, afin que le cours
,, des affaires ne soit point inter-
,, rompu.
,, Et s'il y a partage de voix, la sienne
,, prévaudra. Il sera tenu Regître par
,, le plus ancien des Secretaires d'Etat
,, qui se trouvera présent, de tout ce
,, qui sera déliberé & résolu , pour ê-
,, tre ensuite les Expeditions faites au
,, nom du Roi Mineur , par ceux qui
,, en seront chargez.
,, Si avant qu'il plaise à Dieu nous ap-
,, peler à lui, quelqu'un que nous aions
,, nommé pour remplir le Conseil de
,, la Régence décède , ou se trouve
,, hors d'état d'y entrer ; nous nous
,, reservons d'y pourvoir & nommer
,, une autre personne pour remplir sa
,, place, & nous le ferons par un Ecrit
,, qui sera entièrement de notre main,
,, qui ne paroîtra qu'après notre decès:
,, Et si nous ne nommons personne, le
,, nombre de ceux qui devront com-
,, poser le Conseil de Régence, de-
,, meurera réduit à ceux qui se trou-
,, veront vivans au jour de notre
,, mort.
,, Il ne sera fait aucun changement
,, au Conseil de la Régence , tant que
,, durera la Minorité du Roi ; & si
,, pendant le tems de cette Minorité
,, quelqu'un de ceux que nous y avons
,, nommé, vient à manquer, la place
,, vacante pourra être remplacée par
,, le choix & déliberation du Conseil
,, de Regence, sans que le nombre de
,, ceux qui le doivent composer,tel qu'il
,, aura été au jour de notre decès,puis-
,, se être augmenté ; & le cas arrivant
,, que plusieurs de ceux qui le com-
,, posent ne puissent pas y assister, par
,, maladie ou autrement, il faudra qu'il
,, s'y trouve toûjours au moins le nom-
,, bre de sept de ceux qui sont nom-
,, mez pour le composer , afin que les
,, déliberations qui auront été prises
,, ayent rang & force d'Autorité. Et à
,, cet effet, dans tous les Edits , Dé-
,, clarations, Lettres Patentes , Provi-
,, sions & Actes, qui doivent être de-
,, liberez au Conseil de Regence , &
,, qui seront expediez pendant la Mi-
,, norité , il sera fait mention expresse
,, du nombre des personnes qui auront
,, assisté aux Conseils, dans lesquels les
,, Edits , Lettres Patentes , & autres
,, Expeditions auront été resoluës.
,, Notre principale aplication , pen-
,, dant la durée de notre Règne, a
,, toûjours été de conserver dans notre
,, Roïaume la pureté de la Religion
,, Catholique Romaine, en éloignant
,, toute sorte de nouveauté ; & nous
,, avons fait tous nos efforts pour unir
,, à l'Eglise ceux qui en étoient sepa-
,, rez, Notre intention est que le Con-
,, seil de la Régence s'attache à main-
,, tenir les Loix & Règlemens que
,, nous avons faits à ce sujet : & nous
,, exhortons le Daufin notre Arriére-
,, Petit-Fils, lors qu'il sera en âge de
,, gouverner par lui-même, de ne ja-
,, mais souffrir qu'il y soit donné at-
,, teinte : comme aussi de maintenir
,, avec la même fermeté , les Edits que
,, nous avons faits contre les Duels,
,, comme les plus utiles pour attirer
,, la benediction de Dieu sur notre
,, Royaume , & pour la conservation
,, de la Noblesse, qui en fait la prin-
,, cipale force.
,, Notre intention est que les dis-
,, positions contenuës dans notre Edit
,, du mois de Juillet dernier en faveur
,, du Duc de Maine, & du Comte de
,, Toulouse , & leurs Descendans,
,, aient pour toûjours leur entière ex-
,, écution , sans qu'en aucun tems, il

1714. ,, puisse être donné atteinte aucune
,, à ce que nous avons déclaré de no-
,, tre volonté.

,, Entre les differens établissemens
,, que nous avons faits durant le cours
,, de notre Règne, il n'y en a point qui
,, soit plus utile à l'Etat, que celui de
,, l'Hôtel Roïal des Invalides : il est
,, bien juste que ces Soldats, qui par
,, les blessures qu'ils ont reçuës à la
,, guerre, ou qui par leur long service
,, & âge sont hors d'état de travailler
,, & de gagner leur vie, aïent une
,, subsistance assurée pour le reste de
,, leurs jours, & que plusieurs Officiers
,, qui sont dénuez des biens de la for-
,, tune, y trouvent aussi une retraite
,, honorable. Toutes sortes de motifs
,, doivent engager le Daufin, tous les
,, Rois nos Successeurs à soûtenir cet
,, établissement, & lui accorder une
,, protection particulière : Nous l'y
,, exhortons autant qu'il est en notre
,, pouvoir.

,, La fondation que nous avons faite
,, d'une Maison à St. Cir, pour l'édu-
,, cation de 250. Demoiselles, donne-
,, ra perpetuellement à l'avenir aux
,, Rois nos Successeurs un moyen de
,, faire des graces à plusieurs Familles
,, de notre Roïaume, qui se trouvant
,, chargées d'Enfans avec peu de bien,
,, auroient le regret de ne pas pouvoir
,, fournir à la depense necessaire pour
,, leur donner l'éducation convenable à
,, leur naissance. Nous voulons que si
,, de notre vivant les 50. mille livres
,, de revenus en fonds de Terre, que
,, nous avons donné pour la Fondation,
,, ne sont pas entierement remplis, il
,, soit fait des aquisitions le plus prom-
,, ptement qu'il se pourra après notre
,, decès, pour fournir à ce qui s'en
,, manquera ; & que les autres sommes
,, que nous avons assignées à cette
,, Fondation sur nos Domaines & Re-
,, cettes générales, tant pour augmen-
,, ter la Fondation, que pour dotter

,, les Demoiselles qui sortent à l'âge 1714.
,, de 20. ans soient régulièrement pa-
,, yées ; en sorte qu'en nul cas, & sous
,, quelque prétexte que ce soit, notre
,, Fondation ne puisse être diminuée,
,, & qu'il ne soit donné aucune attein-
,, te à l'Union qui a été faite de la
,, Mense Abatiale de St. Denis ; com-
,, me aussi qu'il ne soit rien changé
,, aux Règlemens, que nous avons ju-
,, gé à propos de faire pour le gouver-
,, nement de la Maison, & pour la
,, qualité & preuves qui doivent être
,, faites par lesdites Demoiselles qui
,, obtiennent des places dans la Mai-
,, son.

,, Nous n'avons d'autres vûës dans
,, toutes les dispositions de notre pre-
,, sent Testament, que le bien de no-
,, tre Etat & de nos Sujets. Nous prions
,, Dieu qu'il benisse notre Posterité, &
,, qu'il nous fasse la grace de faire un
,, assez bon usage du reste de notre
,, vie pour effacer nos péchez, & pour
,, obtenir sa misericorde.

Fait à Marli le 2. Août 1714.

Signé LOUIS.

Copie des deux Codiciles du Testament du Roi, des 13. Avril & 23. Août 1715.

PAr notre Testament déposé au Parlement, j'ai nommé le Maréchal
de Villeroi pour Gouverneur du Roi,
& j'ai marqué quelle devoit être son
Autorité dans les dites fonctions, Mon
intention est, que du moment de mon
decès jusqu'à ce que l'ouverture de mon
Testament ait été faite, il ait toute
l'Autorité sur les Officiers de la Maison du jeune Roi, & sur les Troupes
qui la composent : il ordonnera aux dites
Troupes, aussi-tôt après ma mort, de se
rendre au lieu où sera le jeune Roi, pour

1714. le mener à Vincennes, passera par Paris, & ira au Parlement, pour y être fait l'ouverture de mon Testament, en la présence des Princes, Ducs & Pairs, & autres qui ont droit, ou qui voudront s'y trouver.

Dans la marche, pour la Séance du jeune Roi au Parlement, le Maréchal de Villeroi donnera tous les ordres, pour que les Gardes du Corps, les Gardes Françoises & Suisses prennent les postes dans les rües & au Palais, que l'on a accoûtumé de prendre lorsque les Rois vont au Parlement; en sorte que tout se fasse avec toute la sûreté & la dignité convenable.

Après que notre Testament aura été ouvert & lu, le Maréchal de Villeroi menera le jeune Roi avec sa Maison à Vincennes, où il demeurera tant que le Conseil de Regence jugera à propos.

Le Maréchal de Villeroi aura le Titre de Gouverneur, suivant ce qui est porté par mon Testament; il aura l'œil sur la conduite du jeune Roi, quoi qu'il n'ait pas encore 7. ans; jusqu'auquel âge de 7. ans acccomplis, la Duchesse de Ventadour demeurera, ainsi qu'il est accoûtumé, Gouvernante & chargée des mêmes soins qu'elle a à présent.

Je nomme pour Sous-Gouverneur, Sommeri, qui l'a déja été du Daufin mon Petit-Fils & General de mes Armées. Au surplus, je confirme tout ce qui est dans mon Testament, que je veux être exécuté en tout ce qu'il contient. Fait à Versailles le 13. Avril 1715.

Signé LOUIS.

Je nomme pour Precepteur du Daufin, le Sr. de Fleuri, Ancien Evêque de Frejus, & pour Confesseur, le Pere le Tellier.

Le 23. Août 1715.

Signé LOUIS.

Ce Testament étoit accompagné d'un Edit portant en substance, Que le Roi aiant eu la douleur de perdre presqu'en même tems tous ses Enfans & Petits-Enfans, qui étoient son espérance & celle de son Peuple, il voit sa Couronne devoluë de plein droit, après sa mort, à Mr. le Daufin son Arriére-Petit-Fils, qui est encore dans un âge très-tendre; & que comme il craint d'être prévenu par le moment fatal, il souhaite par une sage prévoiance, prescrire toutes les mesures qu'il conviendra de prendre alors pour affermir la Couronne à son Arriére-Petit-Fils, & maintenir en même tems la tranquillité de son Royaume. Qu'il a fait son Testament, souscrit de sa main, dans lequel il déclare sa volonté pour la Régence & son Conseil: il défend de l'ouvrir, pour quelque cause & prétexte que ce soit, avant son décès, & veut après icelui, que les Princes de son Sang & les Pairs du Royaume se rendent à son Parlement, & que, toutes les Chambres assemblées, il soit fait ouverture de son Testament, pour être ensuite par la Régence envoyé des Duplicata du tout aux autres Parlemens du Royaume.

Mr. Joli de Fleuri, Avocat General, par la sur ce sujet en ces termes.

MESSIEURS

Discours de Mr. l'Avocat General à ce sujet

L'Objet de l'Edit que nous aportons à la Cour, est d'affermir par le caractère le plus solemnel de l'Autôrité publique, les dispositions attachées sous le Contre-Scel de cet Edit, que le Roi a jugé à propos de faire pour pourvoir à la garde & à la tutelle du Prince destiné par sa naissance à être notre Roi, & pour établir un Conseil de Regence pendant sa Minorité

Ces dispositions que le Roi a cru devoir tenir secretes, & dont il vous rend aujourd'hui les Depositaires, doivent être regardées comme un Ouvrage vraiment digne de la sagesse d'un Prince, qui plein de la santé la plus parfaite, fait envisager avec courage ce moment fatal, auquel nous ne pouvons penser qu'avec fraïeur, & qui pénétré d'une tendre affection pour ses Peuples, & assûré de la fidelité inviolable de son Parlement, veut donner à ses Sujets le témoignage le plus solide de son amour, & à vous Messieurs, la marque de sa plus intime confiance.

Heureux si la durée d'une vie qui nous est si precieuse, pouvoit suspendre l'execution de ces dispositions pendant une si longue suite d'années, que nous n'eussions pas besoin d'y avoir recours: si Dieu répandant ses benedictions sur la vie du Bisaïeul & du Petit Fils, nous pouvions voir un jour ce jeune Prince capable d'aprendre du Roi même l'Art de gouverner, de s'instruire par sa bouche des règles de sa conduite, de se former par ses exemple &c.

Mais comme ces espérances ne doivent rien diminuer du zéle que nous devons avoir pour concourir aux sages précautions que le Roi a prises, nous avons cru devoir, en venant vous demander l'Enregistrement de l'Edit que nous vous aportons, vous proposer par nos Conclusions les moïens les plus convenables pour la sureté, le secret & la solemnité du depôt qui est confié à vos soins &c.

Après ce discours Mr. le Procureur General donna ses Conclusions tendantes à ce qu'il y eût un lieu particulier au Greffe de la Cour pour le depôt dudit Testament, lequel seroit fermé de trois clefs; dont une seroit remise entre les mains de Mre. Jean Antoine de Mêmes, Premier Président, la deuxieme entre les mains de lui Procureur General, & la troisiéme entre les mains de Nicolas D'angois, Greffier en chef de la Cour:

Procès Verbal préalablement dressé de l'état dudit lieu, & de tout ce qui se passeroit lors dudit dépôt par devant le Premier Président, en présence du même Procureur General du Roi.

On travailla aussi-tôt à un mur fort épais qui environnoit le lieu où ce Testament fut deposé, afin de le mettre à l'abri de tout danger. Mr. de Pontchartrain, Chancelier de France, qui avoit pris depuis quelque tems la la résolution de quitter les affaires, & de se retirer à la campagne, avoit remis au Roi * les Sceaux & sa Charge de Chancelier. S. M. choisit M. Voisin, Ministre & Secretaire d'Etat pour remplir cette importante Dignité; & quoi que Mr. de Pontchartrain fut extremement regretté, on ne laissa pas d'aplaudir à ce nouveau choix. Les Lettres de ce Chancelier aiant été enregistrées au Parlement le 11. de Juillet, il commença le lendemain à faire la fonction de cette Charge. Entre les complimens qu'il reçut sur ce sujet, on remarqua particulierement celui d'un president de la Cour des Aides, qui, après les fellicitations ordinaires, lui dit: Qu'on le prioit de se souvenir qu'il ne justifieroit jamais mieux le choix du Roi, & ne seroit jamais mieux connoître qu'il étoit le digne Chef de la Justice, qu'en contribuant par les lumieres, qu'il avoit reçues du Ciel, à rendre le Trône accessible aux Pauvres & à faire diminuer cette multitude de droits & d'impôts nouveaux, que les malheurs du tems & de la guerre avoient introduits &, qui étoient l'accablement du Peuple, & que les benedictions qu'il en recevroit, feroient passer son nom jusqu'aux siecles les plus reculez, &c.

Pendant que le Roi Très-Chrétien, par les précautions que nous venons

*Le 2. Juillet.

Mr. de Pontchartrain se demet de la Charge de Chancelier, & Mr. Voisin est choisi en sa place.

Mort de la Reine d'Angleterre.

1714.

de voir, songeoit à prevenir les troubles que sa mort pouvoit causer; celle de la Reine d'Angleterre, arrivée peu de jours après, produisit un grand changement dans ce Roïaume. Cette Princesse avoit été attaquée d'Apoplexie le 9. Aout, & l'on avoit eu assez de peine à la faire revenir à force de Vesicatoires & de Ventouses. Mais une seconde attaque plus violente lui étant survenuë le lendemain, elle ne fut que peu soulagée par deux Vomitifs qu'on lui fit prendre. Elle retomba même peu à peu en Létargie & resta dans cet état le 11. & la nuit suivante, jusqu'au matin du 12. qu'elle expira à 7. heures & un quart dans sa cinquantième année & dans la 13. de son règne. Cette Princesse étoit Fille de Jâques Stuart, alors Duc d'Yorck, & ensuite proclamé Roi d'Angleterre en 1685. sous le nom de Jâques II. & d'Anne Hyde, Fille d'Edouard Hyde, Comte de Clarendon & Grand Chancellier d'Angleterre, sa premiere Femme. Elle étoit née au mois de Fevrier 1664. & fut mariée en 1683. au Prince George de Dannemarck, Frère unique de Christian V. Roi de Dannemarck, dont elle a eu, entre plusieurs Enfans morts en bas âge, le Duc de Glocester, qui mourut de la petite-Verole à l'âge de 10. ans, au mois de Fevrier 1700. Elle succéda au Roi Guillaume III. à la Couronne de la Grande Bretagne au mois de Mars 1702., six ans avant la mort du Prince son Epoux, qu'elle avoit fait Grand Amiral d'Angleterre, & qui déceda le 8. Novembre 1708.

L'Electeur de Brunsvvick-Lunebourg lui succede.

Dès que le Conseil Privé fut informé de la mort de la Reine, il s'assembla, & on fit lecture de trois Lettres ou Ecrits de l'Electeur de Brunsvvick, Lunebourg, designé Successeur à la Couronne, par lesquelles S.A.E. nommoit dix-huit Pairs pour Régens du Roïaume. Après la lecture de ces trois Ecrits; les Seigneurs du Conseil Privé accompagnèrent en carosse les Hérauts d'Armes, qui proclamerent l'Electeur de Bruns-vvick-Lunebourg pour Roi de la Grande Bretagne de la maniere suivante.

Ce Prince est proclamé Roi sous le nom de George I.

,, Comme il a plû à Dieu Tout-Puissant de retirer en sa grace notre dernière Souveraine & Dame, la Reine Anne de benite Mémoire, & que par cette mort les Couronnes Impériales de la Grande Bretagne, de France & d'Irlande sont tombées uniquement & de plein droit à Haut & Puissant Prince l'Electeur de Bruns-vvick-Luneboug: A ces Causes, nous Lords Ecclesiastiques & Seculiers de ces Roïaumes, assistez des Conseillers Privez de S. M. defunte, & d'un nombre d'autres Gentilshommes de qualité, le Lord Maire, les Aldermans & Citoïens de Londres savoir faisons, d'unanimité de voix, de consentement, de bouche & de cœur, publions & proclamons: Que le Haut & Puissant Prince George, Electeur de Brunsvvick-Lunebourg, par le decés de notre défunte Souveraine d'heureuse mémoire, est devenu notre unique legitime & veritable Seigneur *George*, par la Grace de Dieu, Roi *de la Grande Bretagne, de France & d'Irlande, Defenseur de la Foi*; auquel nous promettons hommage, entiere fidelité & obeïssance constante, avec une affection toute cordiale & soumise: Priant Dieu, par lequel les Rois & les Reines règnent, de benir S. M. le Roi George d'un long & heureux Règne sur nous. Donné au palais de *St. James* le 12. d'Août 1714.

Quelle est la Famille Roiale.

Ce nouveau Roi, parvenu à la Couronne de la Grande Bretagne en vertu de l'Acte du Parlement qui établit la Succession du Roïaume dans la branche Protestante, est Arriere-Petit-Fils de Jaques I. Roi d'Angleterre & d'Ecosse, &c. dont la Fille Elisabeth d'Angleterre fut mariée à Frederic V, Electeur Palatin, depuis Roi de Bohême, & Pére de la feuë Princesse Sophie, Epouse du dernier Duc de Hanover, & Electeur de Brunsvvick-Lunebourg, duquel mariage naquit au mois de Mai 1660. Frederic George, Electeur de Brunsvvick-Lunebourg, qui est le Monarque dont nous parlons. Il épousa en 1682. la Princesse Sophie Dorothée, Fille unique du dernier Duc de Zell, dont il a eu un Fils & une Fille, savoir le Prince Electoral, George-Auguste, né au mois d'Octobre 1683. & déclaré dans la suite Prince de Galles, & une Princesse née au mois de mars 1687. & mariée au mois de Novembre 1706. au Roi de Prusse d'à-présent. Le Prince Roial épousa en 1705. la Princesse Willelmine, Charlote, Fille du Margrave de Brandebourg-Anspach, dont il a eu au mois de Janvier 1706. le Prince Frederic-George & trois Princesses. Tel est l'état où se trouve présentement l'auguste Famille sur laquelle repose la Couronne de la Grande Bretagne.

Caractère du Roi de la G. B.

Le Prince qui la porte si dignement réünit en sa personne toutes les qualitez qui font les grans Rois. Sa valeur dans la guerre, dont cette Histoire renferme plus d'un exemple, & son expérience consommée dans la Politique, dont il donne tous les jours tant de preuves par son aplication infatigable aux affaires, font voir qu'il sait également agir & deliberer. Et c'est de lui principalement qu'on peut dire, que faisant tout par lui-même, & voiant tout par ses propres yeux, il possede au mieux qu'aucun autre le grand Art de règner. Mais plus que tout, son amour pour ses Peuples & son attention continuelle à leur procurer le repos & la tranquilité, marquent qu'il a veritablement apris ce que c'est qu'être Roi. Depuis la Revolution de 1688. la Grande Bretagne n'avoit point été exposée à un plus grand danger que celui où elle se trouva sur la fin du dernier Régne & jusqu'à ce que la Rebellion que l'on a vu éclater en 1715. eut été entierement éteinte. C'étoit la suite du projet formé par le precedent Ministére, & le nouvel effort d'une Faction turbulente, qui au commencement avoit pris soin de couvrir son jeu, pour mieux parvenir à ses fins, jusqu'à traiter de visions chimeriques les soupçons trop bien fondez qu'on en avoit; & qui ne s'est demasquée qu'à la derniere extremité, lors qu'elle a vu ses artifices découverts, & le Parlement resolu de prendre connoissance d'une si mauvaise administration. Tout le monde a vu depuis de quoi il s'agissoit & quel étoit le but de tant d'intrigues & de ressorts si artificieusement mis en œuvre. On ne sauroit rien dire de plus fort ni de plus precis que ce que l'Orateur des Communes en dit dans sa Harangue au Roi*, que je rappelle ici, parce qu'elle contient en peu de mots l'abregé de toutes les Pratiques, dont j'ai raporté le détail avant la Paix d'Utrecht. *Vos Communes* dit-il, *n'ont pu voir sans la derniere indignation, la gloire du Regne de S. M. la feuë Reine, ternie par une perfide Cessation d'armes, la Foi des Traitez violée, l'ancienne probité, pour laquelle la Nation Angloise a été si justement renommée dans tous les Ages, exposée au mepris, & le Commerce de ce Roiaume sacrifié par des Traitez de Commerce insidieux & précaires, pendant que le Peuple, amusé par les esperances imaginaires d'un pretendu Commerce dans le Nouveau monde, voioit les branches*

Du 3 Octobre 1715.

LOUIS. XIV. Liv. XX.

1714. *les plus avantageuses de celui de la Nation en Europe, perdues & livrées.*

Son Entrée publique à Londres.

Telle étoit la condition de ce Roiaume là, lors que George-Louis, Electeur de Brunsvvick-Lunebourg, fut appelé à la Couronne. Ce Prince partit de Hannover au commencement de Septembre & fit son Entrée publique à Londres le premier d'Octobre avec une pompe & une magnificence des plus extraordinaires. La Cavalcade commença à marcher de Gréenvvich * environ à une heure après midi, & le Roi n'arriva au palais de St. James qu'entre 7. & 8. heures: Un Détachement de Grenadiers à cheval ouvroit la marche, suivi d'un Détachement de la Compagnie de l'Artillerie. Après qui venoient les deux Maréchaux & les Trompettes de la Cité à cheval, les Estafiers des Sherifs & du Lord Maire à pié : la Banniere de la Cité, portée par le Grand Baillif de la *Tamise* à cheval; les Officiers de Justice & de Police de la Cité, les Sherifs & les Aldermans avec leurs Robes d'écarlate, tous à cheval. Ensuite venoit un Cortège d'environ 250. carosses des Gentilshommes, Chevaliers, Pairs du Roiaume, & Grans Officiers de la Couronne, tous à six chevaux richement enharnachez, & ornez de grosses touffes de rubans. Après quoi venoient à cheval le Chevalier Maréchal, avec ses Estafiers; les Timbaliers du Roi, le Tambour Major, les Trompettes du Roi, le Trompette Major avec sa Masse; les poursuivans d'Armes, les Hérauts, les Rois d'Armes les Sergens d'Armes & le Greffier de la Cité. Le Lord Maire avec sa robe de velours cramoisi, portant l'Epée de la Cité,

* *Bourg sur la Tamise à 6. milles au dessous de Londres.*

& aiant la tête nuë, marchoit immediatement devant le carosse où étoient le Prince de Galles, & le Duc de Northumberland, Capitaine des Gardes du Corps de jour. Les cent Suisses & les Valets de pié marchoient devant & derriere le carosse où étoit le Roi. La marche étoit fermée par les Gardes du Corps & les Grenadiers à cheval, & l'on compte que toute la Cavalcade occupoit 4. milles d'étenduë.

Réjouissance à cesujet.

Les chemins & les ruës, depuis Gréenvvich jusqu'aux Palais de St. James, étoient bordez d'échaffaux richement ornez & remplis d'une infinité de spectateurs, de même que les fenêtres & les balcons. Le Roi donna par tout des marques de sa douceur & de son affabilité, saluant de tems en tems les personnes les plus aparentes qui se rencontroient sur son passage; ce qui lui attiroit un aplaudissement general, & faisoit redoubler les acclamations des Peuples. Le Roi étant arrivé près de la hauteur de *Ste. Marguerite*, le Recorder lui fit une belle Harangue; & le Lord Maire lui presenta l'Epée de la Cité, que S. M. lui remit ensuite. Le Lord Maire, le Roi d'Armes, & l'Huissier de la Verge noire attendirent S. M. au bas de l'escailier du Palais de *St. James*, & la conduisirent à la grande salle des Gardes, où tous les Seigneurs qui avoient accompagné S. M. prirent congé d'elle & du Prince. Quand elle y fut arrivée, les Gardes à pié firent une triple décharge de leur Mousqueterie; on tira des feux d'artifice dans la Place de Smithfiels, au Cimetière de St. Paul, & en d'autres endroits de la Ville: il y eut aussi des feux de joie, des illuminations, & des réjouissances inexprimables. Tout se passa dans une entiere tranquilité & sans le moindre desordre, si on en excepte un mouvement d'indignation que la Popula-

Bbbb ij

1714. ce fit éc'ater contre le Docteur *Sacheverel*, en abattant l'échaffaut d'une Maison où l'on croioit qu'il étoit, & en pendant son effigie dans la rue du Strand. Le 2. du même mois les Ministres de France eurent l'honneur de saluer S. M.

Mesures qui furent prises pour assurer la t anquillité de son Roïaume.

Ces marques éclatantes de joie, qui sont quelquefois l'effet de l'humeur inconstante d'un peuple qui aime le changement, étoient fondées dans cette occasion sur la connoissance qu'on avoit des grandes qualitez d'un Monarque qui venoit pour être le Pére de son Peuple. C'est pourquoi afin que rien ne manquât de la part des Communes d'Angleterre, pour établir le Trone de S. M B. sur des fondemens solides & durables, elles s'apliquèrent d'abord avec beaucoup de soin *à remettre* * *dans son lustre l'honneur de la Nation Britannique & à rétablir une mutuelle confiance entre ce Roiaume & ses anciens & fidèles Alliez, en recherchant les auteurs de ces pernicieux conseils & les acteurs de ces perfides desseins*, qu'on avoit vu éclore sous le precedent Ministère *dans la vûë que justice en fût faite de la maniere que tout le monde sait*. Il étoit naturel de s'attendre que ces Ennemis de la paix de la Nation feroient leurs derniers efforts pour arrêter les procedures des Communes; mais desesperant d'y réussir dans le Corps réprésentatif de ce Roiaume, ils fomenterent au dedans des tumultes parmi la lie du peuple, & inspirérent au Prétendant le dessein d'une invasion du dehors, qui n'eut pas plus de succès que toutes celles qu'il avoit auparavant tentées. Ce dernier ne manqua point de faire en cette conjoncture une Protestation à l'ordinaire, dattée de Plombières en Lorraine le 29. Août, contenant en substance :

1714.

Protestation du pretédant.

Que dans une conjoncture aussi extraordinaire & aussi importante où son Droit Héreditaire à la Couronne d'Angleterre étoit très injustement violé, il ne pouvoit demeurer dans le silence sans manquer à ce qu'il se devoit. Que dans la Révolution de 1688., la Monarchie Angloise avoit été renversée, & qu'on avoit commencé à y jetter les fondemens d'un Gouvernement Républicain, par le Pouvoir Souverain que le Peuple s'étoit attribué ; qu'après la mort du Roi son Père la Succession aux Couronnes que le Prince d'Orange avoit usurpées, lui étant aquise légitimement suivant les Loix fondamentales de l'Etat, il reclamoit ses droits, & qu'aussi-tôt qu'il seroit en état d'entreprendre de les recouvrer, il ne manqueroit pas de faire pour cela tous ses efforts &c. Que quoi qu'il eût été obligé de sortir de France, pour se retirer dans un Païs éloigné, il n'avoit pas perdu de vûe ses Roiaumes & ses Peuples, persuadé que tôt ou tard il plairoit à Dieu de lui faire rendre justice; qu'outre que l'Electeur de Brunsvvick étoit un des plus éloignez de tous ses Parens, & par consequent un des derniers de ceux qui pouvoient après lui prétendre à ses Couronnes; il étoit d'ailleurs évident que rien n'étoit plus contraire aux Maximes de l'Angleterre: que d'avoir établi avec tant d'injustice la Succession dans la Maison d'un Prince *qui est étranger, puissant & si absolu dans ses Etats; qu'il n'y a jamais experimenté la moindre contradiction de la part de ses Sujets*; Prince qui n'avoit aucune connoissance des Loix, des Coûtumes, des manieres ni de la langue du Pais, qui de plus étoit soutenu d'une Armée nombreuse de ses propres Sujets, apuïé de *l'assistance qu'un Etat voisin étoit obli-*

---

* Ce sont les termes de la Harangue que l'Orateur des Communes fit au Roi le 3. d'Octob. 1715.

LOUIS XIV Liv. XX.

1714.

gé de lui donner quand il le requerroit & favorisé de plusieurs milliers d'Etrangers Refugiez en Angleterre depuis plus de 30. ans, qui lui étoient devouez en toutes occasions. Que pour ces raisons & plusieurs autres il protestoit de la maniere la plus forte contre toute sorte d'injustices à lui faites, se reservant par ces Présentes tous ses droits & pretensions &c.

L'avenement du Roi George au Trône d'Angleterre rend le repos à ce Roiaume.

Il est certain qu'autant que l'heureux Avenement du Roi George à la Couronne combla de joie toute la Nation, en dissipant ses allarmes, & en assurant son repos ; autant fut-il un coup de foudre pour ceux qui le vouloient troubler, & qui virent toutes leurs mesures déconcertées. On crut d'abord, que profitant de l'intervale qu'on leur donnoit, ils se porteroient enfin à rentrer dans leur devoir, & à recourir à la clemence d'un Prince si bon & si genereux : mais si de fausses vûës d'intérêt les ont retenus & aveuglez, leur rebellion a du moins servi à manifester tout ce vieux levain, qui fermente depuis si long-tems, & à procurer le moien de s'en délivrer par la force : puisque toutes les autres voies ont été inutiles. C'est un grand malheur sans doute que la Division. La G. B. ne l'a que trop souvent éprouvé, & l'on peut dire que c'est le plus redoutable Ennemi qu'elle ait à craindre. Mais ce malheur ne doit être imputé qu'à ceux qui en sont la cause, en voulant tout renverser ; & non à ceux qui sont les Défenseurs des Loix, & qui au contraire se rendroient coupables, s'ils ne s'oposoient pas fortement à ces pernicieux desseins. Les Harangues du Roi, les Adresses & les Procedures du Parlement, ont si bien fait sentir le ridicule des pretextes dont on s'est servi pour seduire les Peuples, que nul n'y peut plus être abusé, que ceux qui veulent bien l'être.

L'Angleterre n'est pas le seul Païs où l'amour de la Liberté a souvent porté les choses à des extremitez déplorables. Le changement arrivé dans la condition des Catalans, qu'on vouloit obliger de se soumettre à la domination du Roi Phillipe en est encore un triste exemple. On leur avoit ôté leurs Privilèges, & il n'y avoit que la force qui pût les contraindre à obéir au nouveau Roi. C'est-pourquoi des l'année precedente on avoit représenté * à la Reine d'Angleterre, ,, que les ,, Habitans de Barcelone & de Major- ,, que refusoient toûjours de se ranger ,, sous la Domination du Roi d'Espa- ,, gne, qu'ils interrompoient le Com- ,, merce & la Correspondance de la ,, Mediterranée, qu'on prioit la Rei- ,, ne d'y faire reflexion, puisqu'elle ,, avoit garanti le Traité d'Evacuation, ,, outre que l'intérêt de la Grande ,, Bretagne le demandoit : qu'ainsi le ,, Roi Catholique esperoit par cette ,, raison que la Reine enverroit une ,, Escadre de ses Vaisseaux pour ré- ,, duire ces Sujets rebelles à son obéïs- ,, sance, & rétablir la tranquillité en ,, Espagne & dans le Commerce de la ,, Mediterannée ". Aussi tôt que la saison de l'année le put permettre, S. M. B. envoia effectivement une Flote dans cette Mer sous la Conduite du Chevalier Jâques, Wishart avec ordre de faire observer à la lettre le Traité d'Evacuation en toutes ses parties & de se rendre devant Barcelone.

Affaires de Catalogne. Mémoire du Tems. Raport du Comité secret

Cette Ville étoit bloquée alors & avoit pris la résolution desesperée de se défendre. Les Etats de la Province avoient levé une Armée de 20. mille hommes dans laquelle les Troupes Espagnoles qui étoient au service de l'Empereur & plusieurs Allemans avoient déja pris parti. Le Géneral

Les Barcelonnois prennent la résolution de se défendre.

* Par un Mémoire du Chevallier Patrik Lavvless à Mylord Bolingbroke du 9. Septembre 1713.

1714. Nebot avoit été declaré Chef des Volontaires, le Comte de Puebla General de l'Infanterie, & Mr. de Villareal General de la Cavalerie, avec tous les Fonds & les Magazins necessaires pour l'entretien de cette Armée. D'autre côté le Duc de Popoli s'étoit rendu devant cette Place avec une Armée d'environ 20. mille hommes, y compris les Troupes Françoises, & avoit envoïé * un Trompette avec une Lettre aux Magistrats pour menacer les Habitans du traitement le plus rigoureux si on ne lui en ouvroit promptement les portes. Mais après avoir retenu trois jours le Trompette, la réponse de la Députation fut, qu'on étoit résolu de se défendre jusqu'à la derniere extrêmité. On s'attendoit après cette réponse, de voir incontinent les effets des menaces du General. Cependant la Ville de Barcelone demeura toujours ouverte du côté des Montagnes. Comme les Catalans avoient surpris Tarragone, qu'ils s'étoient emparez de Cardone, d'Ostalrick & de plusieurs autres petites Places, & qu'ils avoient mis garnison dans le Fort de Monjouï ceux de Barcelone firent une Ligne de Communication de la Ville avec ce Fort, & prirent toutes les autres précautions necessaires pour une longue & vigoureuse défense. La Flote d'Espagne qui les tenoit comme assiégez par mer ne put les empêcher de recevoir à diverses fois plusieurs Vaisseaux de Majorque & d'ailleurs chargez de munitions & de vivres. Le Duc de Popoli s'étoit contenté de jetter des Bombes dans la Ville, pour obliger les Habitans à se rendre; mais ces rigueurs n'avoient fait qu'irriter leur courage & ils étoient disposez à soûtenir le siege le plus rude & le plus opiniatré. Néanmoins tout l'Hiver de l'année derniere & une partie du Printemps de celle-ci s'étoient ecoulez, sans qu'on eût commencé à l'entreprendre dans les formes. Ce qui contribua à l'empêcher furent les Négociations de Rastadt, dans lesquelles on avoit esperé de régler de quelle maniere on pourroit rétablir les Catalans dans leurs anciens Privileges. L'Empereur avoit même offert là-dessus sa garantie & s'étoit engagé outre cela de faire en sorte que ces Peuples ne recevroient point de Troupes du Roi dans aucune des principales Places de cette Principauté mais qu'ils les garderoient eux-mêmes. Ils avoient offert d'entretenir toujours sur pié pour cet effet 18. mille hommes à leurs frais; & avoient déclaré qu'en cas qu'on voulut dès-lors capituler avec eux sur ces conditions, ils mettroient bas les armes, qu'autrement ils se défendroient jusqu'à la derniere extrêmité.

Mais les Négociations aiant été rompuës là-dessus, le Duc de Popoli résolut d'attaquer enfin la Place dans les formes, Il fit donc ouvrir la tranchée la nuit du 15. au 16. de Mai devant le Fort des Capucins, éloigné de la Ville de 250. toises. Le R. T. C., quoi qu'engagé avec la Reine d'Angleterre par le Traité d'Evacuation à emploier ses bons offices de la maniere la plus efficace en faveur de la liberté des Catalans jugea néanmoins à propos d'y envoier aussi ses Troupes sous les ordres du Duc de Berwick, qui ouvrit de son côté la tranchée devant cette Place le 10. de Juillet. Le 18. le Chevalier Wishart écrivit aux Barcelonois une Lettre menaçante au nom de la Reine, & leur dit, qu'étant informé qu'ils molestoient le Commerce des Sujets de S. M., & qu'ils avoient eu l'insolence d'arrêter, d'emmener & de piller leurs Navires, & d'en traiter les Equipages d'une maniere barbare, il avoit jugé à propos de leur envoier le Capitaine

Le 29. Juillet 1713.

Leur Ville estassiégée. Pretexte de l'Angleterre pour se déclarer contr'eux. Raport du Comité secret.

LOUIS XIV. Liv. XX.

1714. *Gordon* avec deux Vaisseaux de guerre, pour leur representer un procedé si indoûtenable & si présomptueux; en demander la réparation au nom de la Reine, & qu'on fît punir exemplairement les Officiers de leurs Vaisseaux. Qu'au cas qu'ils ne s'aquitassent pas ponctuellement de ce devoir, ils pouvoient juger eux-mêmes des consequences qui en resulteroient.

Réponse de la Députation. La Députation répondit * ; Qu'il n'y avoit qu'un seul des vaisseaux mentionnez dans le Mémoire du Capitaine *Gordon* qui eût été conduit à *Barcelone*, chargé de sel, dont ils avoient aussi-tôt paié le prix au Capitaine; qu'étant assiegez, ils avoient cru pouvoir le faire avec justice, & conformément au Droit des Gens: qu'ils étoient si éloignez de vivre en Pirates, comme leurs ennemis en faisoient courir le bruit, pour les accabler, en empêchant qu'on ne leur aportât de quoi subsister que les Vaisseaux *Anglois* qui étoient entrez dans leur Port y avoient librement vendu leurs marchandises, à un plus haut prix qu'ils n'en auroient pu tirer qu'ils les avoient paiées de leur meilleur argent, & à leur satisfaction ; qu'ils venoient de publier une Ordonnance ce jour-là, défendant sur peine de la vie à tous leurs vaisseaux de molester les *Anglois*, quand même ils porteroient des provisions à leurs ennemis. Qu'ils espéroient que Son Excellence seroit satisfaite de leur conduite ; laquelle étoit conforme aux droits des peuples assiegez : l'assurant lors qu'ils aprendroient qu'aucuns de leurs vaisseaux, aiant Commission ou n'en aiant pas, auroient causé le moindre dommage aux *Anglois*, ils n'en feroient pas seulement une punition exemplaire, mais qu'ils en repareroient les dommages, souhaitant d'entretenir la bonne intelligence; qu'ils avoient toûjours eue avec sa noble & genereuse Nation ; qu'ils avoient toûjours eu une entiere deference pour la Reine, & qu'ils étoient prêts d'obeïr aux ordres de Son Excellence avec affection & respect.

1714.

Autre Remôtrance des Barcelonois aux Anglois. La Régence de *Barcelone* réduite à l'extremité, écrivit le même jour une seconde Lettre à l'Amiral, dans laquelle elle marquoit, Que Son Excellence n'ignoroit pas que les engagemens où la *Catalogne* étoit entrée pour recevoir *Charles* III. comme leur Roi, étoient fondez sur la protection des Hauts Alliez, & particulierement sur celle de l'*Angleterre*, sans laquelle ils n'auroient pas été en état de former une si grande entreprise : Qu'ils avoient tâché sept années de suite de servir la Nation *Angloise* en tout ce qui leur avoit été possible, en contribuant des Troupes & des sommes considerables sans aucun interêt: Que nonobstant qu'ils se fussent flattez du bonheur de rester sous la Domination de *Charles* III. cependant ils voioient aujourd'hui, par la vicissitude à laquelle toutes les affaires humaines sont sujettes, les Troupes du Duc d'*Anjou*, assistées de celles de *France*, en possession de toute la Principauté, à la reserve de *Barcelone* & de *Cardone*, commettant de tous côtez des hostilitez execrables, brûlant & pillant sans épargner l'effusion du sang innocent, & sans distinction d'âge & de sexe: Que ces Troupes avoient opprimé *Barcelone* une année entiere par mer & par terre, & leur avoient fait souffrir sans intervale les calamitez d'un Blocus de si longue durée, pendant lequel elles avoient jetté quatorze mille Bombes dans la Ville, dont la meilleure partie des maisons avoit été ruinée : Qu'ils s'attendoient alors à être attaquez dans les formes, & qu'on les battroit en brêche en 24.

* *Par une Lettre du 23. Juillet.*

1714.

heures de tems: Qu'ils ne pouvoient exprimer la douleur qu'ils avoient de voir le danger où leurs Habitans étoient exposez de servir de victimes à la cruauté dont leurs ennemis les menaçoient: Que n'aiant plus aucune ressource, ils se jettoient aux piez de la Reine de la G. B., & imploroient sa Protection par la Lettre incluse à Don *Dalmases* leur Envoié à *Londres*; qu'en attendant qu'ils en pussent recevoir la réponse, ils supplioient Son Excellences, du fond de leur Ame, d'intercéder pour obtenir des Troupes *Françoises*, qui les opprimoient, une suspension d'armes, puisque le Congrès de *Bade*, assemblé pour conclure une paix générale, pourroit encore disposer de leur sort: Qu'ils ne doutoient point que sa Médiation ne fût capable de leur procurer du soulagement, son Escadre étant supérieure à celle des François: Qu'ils ne vouloient nul autre remède à leurs maux, & qu'ainsi ils espéroient que son Excellence ne leur refuseroit pas cette grace: Que si la *Catalogne* avoit merité quelque chose par ses services, & par sa jonction avec la Nation *Angloise*, il étoit tems de l'en recompenser: Qu'il étoit digne de Son Excellence de donner du secours aux Affligez, & de ne pas les abandonner dans leur grande détresse.

Peu d'effet qu'elle produisit.

L'effet que produisit cette Lettre sur l'esprit de l'Amiral, paroît par celle qu'il écrivit à Mylord *Bingles*, le 7. Aout, dans laquelle il lui marque que le Sr. *Grimaldo* lui aiant fait savoir de la part du Roi d'*Espagne* que tous ses Vaisseaux de guerre étant emploiez devant *Barcelone*, S. M. n'en avoit point pour envoier au devant de la Flotille, qui étoit sur son retour, & qu'ainsi il le prioit de vouloir bien en voier trois des siens pour ce service, à quoi il avoit consenti; qu'il en avoit rendu compte à Mylord *Bolingbroke*, & qu'il espéroit que la Reine aprouveroit sa conduite. Les Catalans abandonnez de cette maniere, & livrez à leur mauvais sort, ne laissèrent pas de pourvoir à leur défense: ils en appelerent au Ciel; affichérent contre le grand Autel la Déclaration solemnelle que la Reine avoit faite de les proteger, & souffrirent les dernières miseres d'un siège, pendant lequel il perit un nombre infini des Habitans par la famine & par le tranchant de l'épée.

En attendant que je raporte une partie de ces évenemens, trop connus pour avoir besoin d'une relation exacte, je passe à ce qui se fit au Congrès de Bade * en Suisse où l'on étoit convenu de tenir de nouvelles Conferences pour achever de régler les intérêts particuliers des Etats de l'Empire. Ces Conférences commencèrent en effet le 10. de Juin entre les Plénipotentiaires Députez de la part S. M. I., les Comtes de Goës & de Seilern, & le Comte du Luc & M. de St. Contest de la part du Roi. Comme on avoit longtems attendu ces Ministres, parce qu'il falut avoir la ratification de ce qui avoit été conclu à Rastad; il s'en trouva beaucoup d'autres dès le commencement des Conférences, qui n'aiant pu obtenir ni à Rastadt ni à Utrecht qu'on déliberât sur les intérêts de leurs Maîtres, étoient venus à Bade pour le même dessein. Mais ils n'y reçurent pas plus de satisfaction qu'ailleurs. Ces Ministres étoient ceux du Pape, du Duc de Lorraine & de quelques Princes d'Italie, ceux des Electeurs de Cologne & de Bavière, & le Comte Beretti Landi de la part du Roi Phillipe. On affecta de tenir ces Négociations fort secretes; & comme les Traitez de Westphalie, de Nimegue & de Rysvvick avoient été le

Congrès de Bade en Suisse. *Mémoires du Tems.*

1714.

* *Cette Ville, Capitale d'un petit Comté de même nom, est située sur la Rivière de Limmat à 5. lieues au dessous de Zurich.*

fon-

1714. fondement du Traité de Raftadt, celui-ci le fut de ce qui se traitoit à Bade. Les Ministres des Princes Proteftans avoient deja prefenté des mémoires & fait des inftances tres-vives à Utrecht & à Raftadt, pour l'abolition du IV. Article de la Paix de Ryſvvick, touchant le rétabliſſement de la Religion Proteftante dans tous les lieux où elle avoit été permife Mais il femble qu'on n'y eut point d'égard, puifque par le III. Article du Traité de Bade il eſt expreſſément déclaré „ que toutes chofes dans l'Empire (s'il y étoit arrivé quelque changement) feroient remifes dans l'état, où elles devroient être felon le Traité de Ryſvvick.

Intérêts des Electeurs de Cologne & de Baviere reglez.

Apres la defignation de la Frontière entre l'Empire & la France, & apres qu'on eut été d'accord des Villes que le Roi. T.C. devoit reftituer, la plus importante affaire qui reſtoit à regler, fut de favoir en quelle forme les Electeurs de Baviere & de Cologne devoient être rétablis. Il ne fut pas queftion des Royaumes & Etats qu'on avoit promis au premier, pour le detacher du Parti de l'Empereur: on ne fe mit plus en peine de l'Ile de Sardaigne que le Roi de France & la Reine d'Angleterre avoient demandée pour lui au Congrès d'Utrecht. Toute la difficulté fut de le rétablir dans fes Etats, qu'on prétendoit lui devoir être reſtituez en leur entier, avec les honneurs & prérogatives qui y font attachez, & avec des dédommagemens proportionnez aux pertes qu'il avoit faites pendant le cours de la guerre. L'Empereur avoit donné le Haut-Palatinat à la Maifon Palatine, à qui il avoit autrefois apartenu, mais dont elle avoit été privée à l'occafion de la guerre que l'Electeur Frederic V. fit à l'Empereur Ferdinand II. pour fe faifir de la Couronne de Bohême. Cette aliénation avoit été agréée à la Diete de l'Empire: c'eſt-pour-quoi

Tome III.

l'Electeur Palatin infiftoit d'y être maintenu, ou qu'on lui accordât un Equivalent qui lui pût tenir lieu de cet Etat. Et comme cet Equivalent fut demandé à l'Empereur feul, ce fut aufli à lui feul de contenter S. A. E. Palatine. La reſtitution entiere de l'Electorat de Baviere fut donc concluë, mais fans y ajoûter aucun dedommagement, fi ce n'eſt que le Roi promit de ne point s'opofer à l'echange que pourroit faire l'Electeur de quelques uns de fes Etats contre quelques autres qui feroient plus à fa bienféance. La reftitution de l'Archevêché de Cologne fut aufli ſtipulée pour le Prince Clement de la maniere portée dans le Traité.

Evenemens qui firent craindre quelque retardement à la paix

La mort de la Reine d'Angleterre, arrivée pendant le cours de ces Conférencs, avoit fait craindre quelque retardement à la paix: cependant elle n'y en aporta aucun, non plus que le Mariage * du Roi d'Efpagne avec la Princefle de Parme, Nièce du Duc de ce Nom, & Heritière prefomptive de cet Etat, duquel on avoit aufli apréhendé les fuites. En effet il étoit à prefumer que fi la mort de la Reine Anne & la Proclamation de l'Electeur de Hanover fuffent arrivées pendant le cours des Conférences d'Utrechet & avant que les Traitez euffent été fignez, les chofes auroient pris une autre face; puifque tout fe faifoit alors par les preffantes & continuelles follicitations de cette Princefle, & que le Roi fon Succeffeur parut dans de tout autres difpofitions. Mais l'accord de S. M. I. avec S. M.T.C. étant deja fi avancé, qu'il eût fallu ou tout rompre & recommencer la guerre, ou achever le peu qui reftoit à règler, les affaires allerent leur train & parvinrent à une heureufe conclufion. Quant au Maria-

* *Ce Mariage fut declaré le 15. Août par le Roi Philipe & celebré le 16.*

Cccc

1714. ge du Roi Phillipe avec une Princesse Italienne, qui pouvoit transferer ses prétensions à un Prince que les autres Etats de Lombardie n'auroient pas vu volontiers s'établir parmi eux, c'étoit encore une chose capable de susciter de nouvelles brouilleries. L'Empereur ne vit pas sans chagrin que le Duc de Parme eût traité ce Mariage de sa Nièce (Fille d'une Tante de S. M. I.) sans lui en avoir rien communiqué, l'Empereur avoit plus d'intérêt que tous les autres Princes d'Italie à ne voir pas de bon œil l'établissement qui pouvoit arriver avec le tems, d'une Puissance considerable auprès de l'Etat de Milan, qui tiendroit toûjours cet Etat en jalousie & en défiance, si le Duché de Parme tomboit au pouvoir de la Maison de Bourbon.

Ce ne fut qu'après diverses allées & venuës de plusieurs Couriers dépêchez à Vienne & à Versailles, que le Traité de Bade fut enfin arrêté & conclu. Les Deux Generaux de l'Empereur & du Roi T. C. qui avoient conclu celui de Rastadt, dont ce-lui-ci n'étoit qu'une suite, se rendirent à Bade pour y mettre la dernière main. Le Prince Eugène y arriva le 5. Septembre & le Maréchal de Villars le 6. Les Plénipotentiaires s'étant rendus au Congrès le lendemain, le Traité fut signé le 7. Septembre, après avoir été lu à haute voix par les deux Secretaires d'Ambassade.

Le 11. du même mois tous les Plénipotentiaires partirent de Bade après y avoir celebré par plusieurs festins la conclusion de la paix generale. Il n'y eut que les Secretaires d'Ambassade qui y demeurerent pour faire l'échange des ratifications qui devoient être aportées dans 6. semaines au plus tard; & le Marquis du Luc, Fils du Comte de ce Nom, qui avoit négocié le Traité, le porta à Versailles dès qu'il fut signé.

Cependant la resistance vigoureuse des Barcelonnois ne laissoit pas d'inquieter la Cour de Madrid, où l'on desesperoit presque de les soûmettre. Ils étoient enfermez depuis plus d'un an, & quoi-qu'ils manquassent de toutes les choses nécessaires, & qu'ils fussent réduits aux plus afreuses extremitez, ils continuoient à se défendre avec le même courage. Mais enfin les brèches que l'Artillerie des Assiègeans avoient faites, aiant été jugées suffisantes pour donner l'assaut, le Maréchal de Bervvick résolut de ne plus attendre l'effet des Mines, inondées par une pluie qui étoit tombée le 9. Septembre. Mr. de Dillon, Lieutenant Général, fut chargé de l'attaque de la droite & du centre avec 20. Bataillons, autant de Compagnies de Grenadiers, & 500. Travailleurs. L'attaque de la gauche fut donnée à Mr. de Silli, Lieutenant General, avec 20. Bataillons, autant de Compagnies de Grenadiers, & 300. Travailleurs. Le Maréchal de Bervvick commanda le Corps de réserve, avec 9. Bataillons, 40. Compagnies de Grenadiers, & 300. Travailleurs. Le 11. à 4. heures & demie du matin, le signal pour marcher aiant été donné par une décharge de 12 Pièces de Canon & de 8. Mortiers. 7. Bataillons de la droite attaquerent le Bastion de la Porte Neuve; où les Assiègez avoient faits trois Retranchemens, qu'ils n'abandonnerent que quand ils aperçurent que les Troupes s'avançoient le long du Rempart de la Courtine, pour occuper la gorge de ce Bastion. Ainsi on se rendit Maître du Bastion, de la Gorge & de la Tête de la grande Coupure, qui commençoit entre ce Bastion & celui de St. Pierre. L'attaque du centre fut faite par 6. Bataillons, qui montèrent à la brêche de l'Angle flanquant du Bastion de Ste. Claire: Sept autres Bataillons montèrent par la grande brêche. Ils em-

Suite du siège de Barcelone. Mémoires du Tems.

1714. portèrent toute la Coupure qui étoit derrière le Monaftère de St. Auguftin, & une partie de ce Monaftere. A l'attaque de la gauche. 10. Bataillons montèrent à la brêche de l'Angle flanquant du Baftion de Ste.Claire, à côté de la groffe Tour, & par la bréche de l'Angle flanquant oppofé au Baftion du Levant. On emporta ce Baftion, la Courtine & la Coupure depuis les Moulins à vent de la vieille muraille jufquà la Boucherie.

Vigoureufe réfiftance des Affiegez

Le Retranchement que les Affiègez avoient dans ce Baftion auroit été impenetrable, fi on ne les avoit coupez par la Gorge du Baftion. Cependant ils firent une grande réfiftance, & tirerent huit coups de Canon chargé à Cartouches. Six cens Dragons à pié, foûtenus par 300. Carabiniers à cheval, attaquerent avec des échelles la Redoute de Ste. Eulalie, que les Affiegez abandonnèrent auffi, apres avoir tiré trois coups de Canon chargé à cartouches. Les Dragons aiant laiffé 100. hommes dans cette Redoute, pafferent par la brêche du Baftion du Levant, & occuperent les quartiers de la *Locata*, ou des Ecuries du Palais. Les Troupes s'emparèrent en fuite des ruines de l'Eglife de Ste. Claire, & de la Chapelle de Ste. Marthe, s'aprocherent du grand Retranchement, qui n'étoit pas encore perfectionné. On en chaffa les Affiegez, & Mr. de Silli eut beaucoup de peine à arrêter les Troupes dans la Place aux Herbes, & à les empêcher de fe jetter dans plufieurs petites ruës, où il y avoit par tout des coupures, qui en auroient fait périr un grand nombre. On fit d'abord couper l'entrée de ces ruës, & faire des Logemens dans les maifons de la Place qui y étoient opofées.

Ils ne fe rendent qu'à la derniére

Les Affiegez voiant qu'on n'avançoit pas davantage ni à la droite ni à la gauche, reprirent courage, & firent un dernier effort. A 8. heures du matin ils fe remirent en poffeffion, à la droite, du Baftion & du Monaftere de St. Pierre, d'une partie de celui de St. Auguftin, des maifons du Plan d'Enlui, du Palais & du Baftion du midi : ils attaquerent enfuite la brêche pour la regagner, & ils firent joüer deux Fougades, qui cauferent du dommage, fur tout aux Troupes VVallones. Enfin le feu augmenta fi confidérablement, que le Maréchal de Bervvick fut obligé de faire encore venir du Camp 10. Bataillons ; de forte qu'il y eut à l'Affaut 49. Bataillons & 44. Compagnies de Grenadiers. La plus grande perte fut au Baftion de St. Pierre, qu'on s'opiniâtra de prendre & de défendre fans néceffité. Ce Baftion avoit d'abord été emporté avec le Monaftère de St. Pierre ; maispour n'avoir pas eu la precaution de fe bien affûrer du Monaftere, les Affiegez le reprirent & attaquerent le Baftion. Les Gardes Efpagnols & VVallons qui y étoient ne pouvoient ni fe défendre ni repouffer les Affiegez, fans s'expofer au feu de cette Abaïe qui dominoit de tous côtez fur le Baftion, lequel fut pris & repris onze fois.

1714. re extremité

Conditions de la Capitulation.

Efin le combat dura jufquà 4. heures & demie, apres quoi les Affiegez fe retirerent dans la nouvelle Ville, & battirent la chamade arborant plufieurs drapeaux blancs. Le Maréchal de Bervvick voïant qu'il coûteroit encore beaucoup de fang pour forcer le refte de la Ville, confentir à recevoir leurs Députez. Vers les 8. heures du foir il en vint trois ; fçavoir Don Juan Francifco Ferrer, de la part des Troupes reglées, Don Jacinto Olivier, & le Docteur Durant pour le Corps de Ville : la Negociation ne fut terminée que le 12. au foir aux conditions fuivantes. ,, Quon leur affûreroit la vie: ,, Que la Ville ne feroit pas pillée: Quils ,, fe remettroient à la difcretion du ,, Roi d'Efpagne, (à quoi ils eurent

Cccc ij

1714.

"beaucoup de peine à consentir: Qu'ils
"feroient incessamment rendre Cardone en l'état où étoit la Place, &
"qui's disposeroient les Majorcains à
"le soumettre: Enfin que tous ceux
"qui avoient servi dans les Troupes
"reglées, & qui ne voudroient pas
"prendre parti dans celles de France
"ou d'Espagne, auroient la liberté
"d'aller où bon leur sembleroit, &c.

La Ville est livrée aux Espagnols.

En conséquence de cette Capitulation, le Monjouï fut livré le 13. à une heure après minuit à Mr. de Guerchi, qui y monta avec 800. hommes vers les 5. heures du matin, on lui porta les clefs de la Ville, & une heure après, on se saisit de tous les Postes, & on y mit les Gardes nécessaires. Le 14. on désarma les Miquelets & les Volontaires, qui furent renvoïez chez eux avec des Passeports. Les Habitans de Barcelone, qui devoient aussi être désarmez dans l'espace de 3. jours, furent taxez par le Maréchal de Bervvick à une somme pour l'Artillerie, en considération de ce qu'il prétendit que selon l'usage, la Ville aiant été emportée d'assaut, le pillage étoit dû aux Troupes. Le Marquis de Lede, Commandant de Tarragone, fût nommé Gouverneur de Barcelone, & la Lieutenance de Roi donnée à D.P. Rubio, Commandant de Roses.

Le Roi T.C. se félicite de cette conquête.

Le Marquis de Broglio porta à Fontainebleau la nouvelle de la prise de Barcelone avec les conditions de la Capitulation. Ce fut une nouvelle agréable pour toute la Cour; & le Roi s'en félicita dans une Lettre * qu'il écrivit sur ce sujet au Cardinal de Noailles, où il lui dit, qu'apres avoir procuré à son Roiaume une paix glorieuse par les différens Traitez conclus avec les Puissances qui étoient engagées dans la guerre, il ne lui restoit plus à desirer que de voir les Etats & les Sujets du Roi son petit-fils jouir de la même tranquillité.

* Du 20. de Decembre.

La Barrière des Païs-Bas Autrichiens étoit la seule chose qui fût encore à régler pour mettre la derniere main à la paix générale; l'Empereur avoit nommé le Comte de Coninckseck pour cet effet, & les Etats Généraux, Mr. Vander Dussen, l'un des Plenipotentiaires du Congrés d'Utrecht, le Comte de Rechteren, qui l'avoit aussi été, Mrs. de Gockinga de Geldermassen. Tous ces Ministres se rendirent à Anvers le 2. d'Octobre, & commencerent à s'assembler le 4. dans l'Hôtel de Ville. Il étoit difficile qu'une Négociation de cette importance fût terminée en peu de tems; on y emplo'ïa plusieurs Conferences qui durerent jusqu'au mois de Novembre 1715. mais sans entrer dans le détail de ce qui s'y est passé, je raporterai seulement l'Extrait du Traité conclu & signé le 15. pour ne rien laisser en arriere de ce qui apartient à mon sujet.

1714. Congrès tenus à Anvers pour la Barrierte des Païs-Bas.

EXTRAIT

Du Traité de Barriere *des Païs-Bas.*

"Les Etats Generaux remettront à
"S. M. Impériale & Catholique, en
"vertu du Traité de la grande Alliance du 7. Septembre 1701. & des
"engagemens où ils sont entrez depuis,
"toutes les Provinces & Places des
"Pays-Bas, tant celles qui ont été
"possedées par le Roi Charles II., que
"celles qui ont été cédées par le Roi
"de France, lesquelles, avec celles
"qui sont déja renduës, seront à l'avenir un Domaine inséparable des
"Païs & de la Maison d'Autriche en
"Allemagne, dont S. M. Impériale
"& Catholique, ses Successeurs &
"Héritiers, joüiront en pleine Souveraineté & propriété; savoir par
"raport aux premieres Provinces, ainsi

1715. Extrait de ce Traité.

1715. ,, que le Roi Charles II. en a joui, sui
,, vant le Traité de Rysvvick ; & par
,, raport aux autres Provinces, de la
,, maniere qu'elles ont été cedées par
,, le feu Roi T. C. aux Etats Gene
,, raux en faveur de la Maison d'Au
,, triche, &c.

,, II. L'Empereur s'engage, qu'au
,, cunes Provinces, Villes ou Places
,, desdits Païs-Bas ne seront cedées, en
,, aucune maniere, à un Prince ou
,, Princes de France, ou autre qui ne
,, sera point Successeur des Etats de
,, la Maison d'Autriche en allemagne,
,, mais qu'elles resteront toûjours à
,, cette derniere Maison, excepté ce
,, qui en est cedé au Roi de Prusse, &
,, ce qui en sera cedé par ce Traité aux
,, Etats Generaux.

,, III. S. M. Imperiale & Catholique,
,, & les Etats Generaux entretiendront
,, toûjours à leurs propres dépens 30.
,, à 35000. hommes dans lesdits Païs
,, Bas ; savoir 3. cinquiemes par l'Em
,, pereur : & en cas de guerre ou d'at
,, taque, 40000. hommes. En tems
,, de paix, les Etats feront eux mê
,, mes la repartition des Troupes, par
,, raport aux Places qu'ils occuperont,
,, & la repartition qui regarde l'autre
,, partie, sera faite par le Gouverneur
,, general des Païs-Bas.

,, IV. Les Etats Generaux auront leurs
,, Garnisons particulieres dans les Vil
,, les & Châteaux de *Namur*, *Tour*
,, *nai*, *Menin* *Furnes*, *Warneton*, *Ipres*,
,, & au Fort de la *Knocque*, lesquelles
,, devront être composées de leurs pro
,, pres Troupes, & non d'aucune Puis
,, sance qui soit en guerre avec l'Em
,, pereur, ou qui lui soit suspecte.

,, V. La Garnison de *Dendermonde*
,, sera mipartie, l'Empereur y établira
,, le Gouverneur, qui néanmoins prê
,, tera serment aux Etats generaux,
,, qu'il n'y sera rien fait au préjudice
,, de leur service, & qu'il n'empêche-

,, ra jamais le libre passage à leurs 1715.
,, Troupes.

,, VI. Les Etats pourront établir dans
,, les Places où ils auront leurs Garni
,, sons particulieres, tels gouverneurs,
,, Commandans &c. qu'ils trouveront
,, à propos à condition qu'ils ne se
,, ront pas à charge à l'Empereur ni
,, aux Villes, & Provinces, si ce n'est
,, pour le logement convenable & é
,, moluments des Fortifications & qu'ils
,, ne seront pas désagreables ni sus
,, pects à S. M. Impériale.

,, VII. Ils dependront uniquement des
,, Etats, par raport à la garde, sûreté &
,, autres affaires militaires de leurs Pla
,, ces; mais il feront serment à l'Em
,, pereur, qu'ils conserveront fidelle
,, ment ces Places pour la Souverai
,, neté de la Maison d'Autriche, &c.

,, VIII. Les Généraux des Places où
,, l'Empereur & les Etats ont leurs Gar
,, nisons, se rendront reciproquement
,, les honneurs accoûtumez, & en
,, particulier au Gouverneur General
,, des Païs Bas.

,, IX. Les Troupes des Etats pourront
,, faire l'exercice de leur Religion dans
,, toutes les Places où elles sont en
,, garnison, mais seulement dans des
,, endroits particuliers que les Magis
,, trats indiqueront & entretiendront,
,, & sans qu'ils puissent avoir aucune
,, marque exterieure d'une Eglise, &
,, l'on évitera toute occasion de dispu
,, te par raport à la Religion.

,, X. Les Munitions, Artillerie, Ar
,, mes, Montures, &c. dés Etats Ge
,, neraux passeront librement en tems
,, de guerre vers les Places occupées
,, par eux, moyennant qu'elles soient
,, munies de Passeports.

,, XI. Les Etats pourront changer
,, leurs Garnisons, selon qu'ils le juge
,, ront à propos ; & leurs propres
,, Troupes pourront, en cas de besoin,
,, passer par toutes les Villes de Bra
,, bant & de Flandre, jetter des Ponts

„ sur le Canal entre *Bruges* & *Gand*, & sur tous les autres Canaux & Rivières qu'elles trouveront dans leur chemin.

„ XII. Ils pourront, encas de guerre ou aparence de guerre, envoier les Troupes dans les Places qui sont les plus exposées à être surprises ; savoir autant qu'il en sera besoin pour leur défense : le tout neanmoins de concert avec le Gouverneur Général des Païs-Bas.

„ XIII. Ils pourront fortifier ces Villes & Places, & les mettre en bon état de defense, à leurs propres depens ; mais ils ne pourront y faire de nouvelles Fortifications sans la participation du Gouverneur Général.

„ XIV. Les Lettres & Messagers passeront librement des Païs-Bas des Provinces-Unies vers les Places de la Barrière, & reviendront de même ; moyennant que ces Couriers ne prennent avec eux aucunes Lettres de Marchands qui apartiennent aux Bureaux de la Poste impériale.

„ XV. Les Etats pourront transporter librement des Places qu'ils rendent, l'Artillerie & les Munitions qui leur apartiendront ; & celles qui sont dans les Places occupées par leurs Troupes, y resteront.

„ XVI. En cas qu'on vînt a attaquer les Païs-Bas Autrichiens, ou les Places de la Barrière, les Etats Généraux pourront faire occuper par leurs Troupes toutes les Villes & Places sur le *Deemer*, depuis l'*Escaut* jusqu'à la *Meuse* ; comme aussi faire des Retranchemens & Inondations : le tout de concert avec le Gouverneur Général des Païs-Bas.

„ XVII. L. H. P. auront aussi sur les Frontieres de la Flandre Autrichienne, de tels Forts & Tertres nécessaires pour faire des Inondations, pour la sûreté de leurs Frontieres. Les limites de l'Etat en Flandre, commenceront à la Mer, entre *Blankenberg* & *Heyst* où il n'y a point de Dunes, moyennant qu'on n'y établisse point de Maison ni d'Ecluses. ces limites sont spécifiées dans cet Article. L'Empereur cède aussi en propre à L. H. P. les Villages de *Polder*, le *Doel* & les Polders de *Sainte Anne kete* & *Rise*. En cas que les Places de la Barrière soient attaquées, ou que la guerre soit commencée le Fort la *Perle* & les Ecluses seront données en garde à l'Etat. On démolira le Fort de *Rodenhuisen*.

„ XVIII. Les Etats auront en entière propriété dans le Haut Quartier de la Gueldre, la Ville de *Venloo*, les Forts de St. *Michel* & de *Stevensvaerd*, avec leurs Territoires ; de même que le Bailliage de *Montfort* qui comprend les petites Villes de *Nieuwstadt* & d'*Echt*, & divers Villages, ces unions se faisant à condition que les Statuts, & anciennes Coûtumes, Privileges Civils & Politiques, & le Droit Diocesain de l'Evêque de Ruremonde subsisteront comme du tems du Roi Charles II. & que les Charges ne pourront être données qu'à des Catholiques Romains, &c.

„ XIX. Les Etats tireront par an 500. mille Risdalers, pour l'entretien de leurs Garnisons & Places de la Barrière.

„ XX. L'Empereur confirme tout ce qui a été fait par les deux Puissances Maritimes & le Conseil d'Etat à Bruxelles, depuis la reduction des Païs-Bas Espagnols.

„ XXI. Comme aussi dans le Haut Quartier de la Gueldre.

„ XXII. S. M. I. & C. s'engage aussi d'aquitter les obligations contractées, pour les deniers qui ont été levez pour le service du feu Roi Charles II.

1175. ,, XXIII. De même que les deniers ,, negociez pour la conservation des ,, Païs-Bas Espagnols, & pour l'entre-,, tien des Troupes Imperiales pendant ,, l'Administration des deux Puissances ,, maritimes.

,, XXIV. On en fera incessamment ,, la liquidation, par raport aux inté-,, rêts & Capital payez.

,, XXV. Tous les Contrâts faits tou-,, chant la livraison du pain, foura-,, ges, &c. pour les Troupes Imperia-,, les & Palatines, sont confirmez.

,, XXVI. Les affaires du Commerce, ,, à l'égard des droits d'entrée & de ,, sortie, resteront par provision sur le ,, pié où elles sont, & conformément ,, au Traité de Munster.

,, XXVII. Les Fortifications & tous ,, les Ouvrages de la Citadelle de Lie-,, ge, & du Château de Hui, seront ,, démolis, aux dépens des Etats du ,, pays de Liége, sans qu'ils puissent ,, jamais être rétablis: Cette démoli-,, tion se fera sous la direction des ,, Etats Generaux, & devra être ,, finie dans 3. mois, ou plûtôt ; & L. ,, H. P. y pourront tenir leurs Garni-,, sons jusqu'à ce que cela soit entiere-,, ment exécuté.

,, XXVIII. Le Roi de la Grande Bre-,, tagne confirme & garantit tous les ,, Articles du present Traité.

,, XXIX. Lequel sera ratifié dans 6. ,, semaines ou plûtôt, par S. M. I. & ,, Cath., par le Roi de la Grande Bre-,, tagne, & par les Etats Généraux, ,, &c.

C'est peu de faire des Traitez, si l'on ne les observe éxactement. Le IX. Article de celui d'Utrecht portoit, que non seulement le Port (a) de Dunkerque seroit comblé, & que les Digues qui formoient le Canal seroient détruites;

mais que les Fortifications (b), le Fort & les Digues de Dunkerque ne pourroient jamais être rétablis. Cependant la Cour de France, préferant contre ses propres maximes en cette occasion la lettre à l'esprit du Traité, faisoit travailler à Mardick à un nouveau Port beaucoup plus grand que le Vieux Canal, qui devoit aboutir, comme le Vieux Port, à la Ville de Dunkerque, & l'on y avoit jetté les fondemens d'une Ecluse beaucoup plus grande que celles qui servoient à néteïer le Vieux Port. C'est ce qui surprit extremement le Roi de la G. B. qui chargea Mr Prior, Plenipotentiaire de S. M. B. en France, de répresenter (c) au Roi que tant que ce Canal subsisteroit, on ne pourroit nier qu'il ne restât à Dunkerque un Port de mille toises de long & par consequent capable de contenir plusieurs centaines de Vaisseaux. On ne ,, pouvoit s'imaginer, dit le memoire ,, présenté par ce Ministre, que le ,, Roi voulût se prévaloir du mot *dicta* ,, *munimenta*, qui étoit dans ledit Ar-,, ticle IX. pour soûtenir, que pourvû ,, qu'on ne rétablît pas le même Vieux ,, Canal, qu'on n'y employât pas les ,, mêmes materiaux & qu'on ne rele-,, vât pas les mêmes Batteries & les ,, mêmes Courtines, il lui étoit libre ,, d'y élever de nouveaux Ouvrages, ,, ou de construire un nouveau Port, ,, meilleur que le vieux. La bonne foi qui doit règner dans les Traitez n'admettoit point une pareille supposition. Que des Vaisseaux pussent aborder à Dunkerque par le vieux Canal qui étoit du côté du Nord, ou par le nouveau du côté de l'Ouest, Dunkerque étoit toûjours un Port également incommode & dangereux au Commerce de la Grande Bretagne, & le Traité,

Canal de Mardick bâti près de Dunkerque. Memoire du Roi d'Angleterre à ce sujet.

(a) *Portus compleatur: Aggeres aut Moles diruantur.*

(b) *Ne dicta Munimenta, Portus, Moles aut Aggeres denuò unquam reficiantur.*
(c) *Par un Mémoire présenté au mois d'Octobre 1714.*

1715.

Réponse du Roi à ce Mémoire.

dans l'un & dans l'autre de ces deux cas, étoit également violé.

Cependant, comme on ne manque jamais de prétexte pour colorer ses entreprises, lors même qu'elles semblent le plus dénuées de raison, le Roi dans sa Réponse au Mémoire de Mr. Prior, dit : que les termes *Portus compleatur*, „ne pouvoient jamais s'apliquer au „vieux Canal très-different du Port; „& que certainement le Roi ne se „feroit pas engagé à combler entiè- „rement un Canal de mille toises „de long. Qu'il avoit été forcé „de faire cet Ouvrage, pour em- „pêcher la submersion d'une gran- „de étenduë de Païs, que la destruc- „tion des Ecluses de Dunkerque au- „roit fait périr. Que les eaux des Ca- „naux de Furnes, de la Moere, de „Bergue & de Bourbourg s'écoulant „par les Ecluses de Dunkerque, & la „feuë Reine de la G. B. n'aiant pas „voulu consentir à en laisser subsister „une pour cet effet, comme le Roi le „lui avoit demandé, il avoit falu cher- „cher un autre moyen de donner un „écoulement aux eaux de ces quatre „Canaux. Que s'agissant d'empêcher les „Marées d'entrer dans les païs, & de „retenir les eaux des anciens Canaux „à Marée haute, l'Ecluse devoit nécés- „sairement être proportionnée à la „largeur du Canal & à la quantité des „eaux qu'il devoit contenir. Que la „saison pressoit la fin de cet Ouvrage, „& que si le travail n'eût été fait a- „vec beaucoup de diligence, tout é- „toit à craindre du désordre que les „pluyes de l'Automne pouvoient cau- „ser. Que S. M. n'avoit nulle vuë & „nulle intention de faire un nouveau „Port à Mardick, ni d'y bâtir une „Place, & que moyennant que tous „soupçons cessassent de part & d'au- „tre, il espéroit que rien ne trouble- „roit la bonne intelligence entre les „deux Cours.

Pour commencer à l'entretenir, le Roi de la G. B. avoit écrit une Lettre à S. M. T. C. pour lui donner part de son avénement à la Couronne; & Mr Prior la lui avoit présentée dans une Audience particulière * Mais il semble que c'étoit mal y répondre, que de donner si tôt des soupçons de l'inobservation d'un Traité que S. M. B. étoit resoluë d'exécuter de bonne foi, quoi qu'il eût été le fruit des intrigues d'un Parti, dont elle a fait rechercher & punir sévèrement les principaux Chefs. Aussi ce nouveau Roi, qui ne vouloit pas renouveller une guerre à peine éteinte, emploïa-t-il les voïes les plus douces pour representer au Roi T. C. les conséquences de son procédé. Il envoïa à Paris le Comte de Stairs avec un nouveau Mémoire qu'il remit au Marquis de Torci le 5. Février de cette année, & donna ordre à ce Ministre de ne prendre ni audience ni caractere, qu'il n'eût reçu de S. M. la Réponse qu'il attendoit. Le Roi lui fit, dit-on, savoir, qu'il avoit entièrement satisfait au Traité d'Utrecht, qu'il étoit Maître de faire ce qu'il vouloit dans ses Etats, & que sur cela le Comte de Stairs pouvoit prendre, tel parti que bon lui sembleroit. Ce Mémoire contenoit en substance, „que quoi qu'il y eût 22. mois que le „Traité d'Utrecht étoit conclu, & „que le Port de Dunkerque dût être „comblé deux mois après sa signatu- „re, il l'etoit cependant si peu, qu'il „y entroit & en sortoit tous les jours „un grand nombre de Vaisseaux, dont „plusieurs étoient de 7. à 800. Ton- „neaux que les Digues du Port étoient „encore de 6. à 7. piés plus hautes que „l'Estrant du côté de la Mer : que le „Bassin & le Havre subsistoient enco- „re, & qu'en ôtant seulement le Ba- „tardeau dans le Canal de Bergues,

Autre présenté par le Comte de Stairs.

1715.

* Le 2. Novembre 1714.

„ ils étoient en état de recevoir d'aussi
„ gros Vaisseaux qu'auparavant. Qu'on
„ pouvoit fermer le Port de Dunker-
„ que, sans y laisser aucune ouverture
„ pour les eaux du païs, lesquelles
„ pouvoient s'écouler à la Mer avec
„ très-peu de dépense par les Ecluses
„ de la Rivière d'Aa à Gravelines, ou
„ sans aucuns fraix par les Ecluses de
„ la Rivière d'Yperlé près de Nieu-
„ port. Qu'à l'égard des 4. anciens
„ Canaux, le Païs ne fournissant que
„ très peu d'eau, comme l'experience
„ le faisoit voir, il étoit évident qu'on
„ ne les avoit faits de la largeur & de
„ la profondeur dont ils étoient, que
„ dans la vuë de faire un nouveau
„ Port qui corrigeât les défauts de ce-
„ lui de Dunkerque. Que ce Canal
„ étoit si large & si profond qu'un
„ Vaisseau de guerre du 3. rang y
„ pouvoit entrer & sortir avec tous
„ ses agrets. Que pour preuve que le
„ principal dessein avoit été d'y rece-
„ voir de tels Vaisseaux, plutôt que
„ pour faire un écoulement d'eaux,
„ on n'avoit qu'à considerer la gran-
„ deur de cette nouvelle Ecluse, pour
„ voir combien elle étoit plus grande
„ que celle de Dunkerque. Quant à
„ la Déclaration que le Roi avoit fai-
„ te, qu'il n'avoit nulle intention de
„ fortifier ce nouveau Canal, on di-
„ soit qu'elle ne contribuoit que fort
„ peu à calmer les inquiétudes de la
„ G. B. puis-qu'on ne peut s'en apro-
„ cher que par les Dunes entre Fur-
„ ne & Dunkerque, & que l'étenduë
„ de cette ouverture est si petite,
„ qu'on pouvoit bien la fortifier en
„ moins d'une semaine &c. Enfin
„ que le veritable sens du Traité d'U-
„ trecht & la vuë de la G. B. étant de
„ n'avoir jamais de Port à Dunker-
„ que & celui de Mardick étant aussi
„ bien port de Dunkerque que l'autre
„ le Roi d'Angleterre aimeroit au-
„ tant qu'on eut changé le nom de
„ Dunkerque, que de voir un autre
„ Port plus grand & plus commode
„ s'ouvrir à une lieuë seulement vers
„ l'Ouest &c.

La Réponse du Roi à ce Mémoire, portoit en substance, que c'étoit avec raison que le Comte de Stairs passoit legèrement sur le retardement aporté à la demolition de Dunkerque; puisqu'on ne devoit l'attribuer qu'à l'Angleterre, dont les Officiers & les Commissaires avoient eux-mêmes empêché ce travail. Qu'on auroit peine à prouver que depuis qu'il étoit achevé, l'entrée & la sortie du Port fussent aussi faciles & aussi frequentées que le Comte de Stairs l'avançoit. Que ces restes de Digues plus hautes que l'Estrant, dont parloit son Mémoire, n'empêchoient pas que la mer passant deux fois par jour sur ces Ouvrages, coupez en differens endroits, n'achevât de les aplanir. Qu'en l'état où étoit le Port toute communication avec le Bassin & le Havre seroit, inutile, quand même elle subsisteroit encore, mais qu'elle étoit rompuë par un Batardeau de 110. toises de longueur, Qu'il en étoit de même de la communication que le Comte de Stairs sembloit apprehender entre le Canal de Bergues & le Havre de Dunkerque, puisque les eaux multipliées, n'aiant point d'écoulement, elles inonderoient la Ville sans y être d'aucune utilité. Qu'à l'égard des pretendus Ouvrages de Fortifications énoncez dans le Mémoire, comme subsistans encore, personne ne qualifieroit de ce nom le reste d'une vieille enceinte où plusieurs maisons de la Ville sont adossées, si peu regardée comme Fortification, que le Roi l'avoit laissé subsister lorsque S. M. fit bâtir la Citadelle dont cette muraille n'étoit qu'à 50. toises de distance. Que S.M.B. n'etoit pas exactement informée de l'état veritable du nouveau Canal, si elle croïoit qu'il

Réponse du Roi.

communiquât à la Ville Dunkerque: que les eaux des trois Canaux de Bergues, Furnes & la Moere, dont l'écoulement étoit autrefois par le Port de Dunkerque tomboient à present dans le Canal de Bourbourg qui est hors de cette Ville, & entroient ensuite dans le nouveau Canal pour couler dans la Mer. Que d'ailleurs cet Ouvrage n'avoit pas été purement volontaire de la part du Roi, par les raisons énoncées dans sa Réponse au premier Mémoire. Que l'expedient de faire écouler les eaux par Nieuport, soumettoit le salut du Pais à la volonté d'un Prince etranger, alors en guerre avec le Roi: que les Etats Generaux des Provinces Unies en avoient jugé de même. Que jamais Souverain ne s'étoit engagé par un traité de Paix à laisser son Païs exposé à une submersion certaine. Que l'exemple du Païs submergé par la Moere, prouvoit que le péril n'étoit pas imaginaire. Qu'enfin le Roi s'engageoit à faire démolir les Fortifications de Dunkerque, à combler le Port, à ruiner les Ecluses, avec la condition expresse de ne les rétablir jamais; qu'un Traité dont les termes son clairs & le sens évident, ne demandoit point d'interpretation. Que le Roi aiant rempli les conditions precedentes, il avoit pleinement satisfait à ses engagemens; & qu'en vain l'une des Parties déclareroit qu'elle ne peut se contenter de l'execution, quand cette exécution est parfaite: son jugement ne pouvant decider de la signification des termes sans équivoque, egalement entendus de tous ceux qui les lisent.

Il fait interrompre les Ouvrages de Madick. Mémoires du Tems.

Outre ce Mémoire & cette Réponse, le Comte de Stairs en délivra un second quelque tems aprés au Marquis de Torci, qui lui en donna la Réponse au bout de quelques jours. Le Comte de Stairs l'envoia à Londres, mais ces Pièces n'aiant point été rendues publiques, je n'en raporterai rien ici. Il ne parut pas que la Cour d'Angleterre en eût été plus satisfaite que de la première; puisque le Comte de Stairs ne prit point de caractère à Paris & qu'on continua de travailler au Canal, en sorte que la grande Ecluse fut achevée au mois de Mars. Cependant on en interrompit subitement les Ouvrages le mois suivant; sans doute pour cesser de donner de l'ombrage à une Cour plus redoutable sous le Regne éclairé du Nouveau Roi, que sous celui d'une Reine qui se laissoit aveuglément conduire.

C'est une chose étrange, & qui fait peu d'honneur à la bonne foi des Princes, où du moins de leurs Ministres, que quelques précautions que prennent ces derniers pour emploier dans les Traitez les termes les plus clairs; & les plus précis, il se rencontre neanmoins toûjours dans l'exécution des difficultez capables d'en faire perdre tout le fruit! Tantôt c'est *l'esprit* de la Convention qu'il faut suivre, comme dans le *Traité de Partage* de la Monarchie d'Espagne, que la France avoit conclu pour prévenir la guerre que le Testament de Charles II. pouvoit allumer, & qu'elle rejetta ensuite lorsque l'acceptation de ce même Testament lui parut plus propre à parvenir à la fin proposée par le Traité. Et tan-tôt c'est la *lettre* qu'on doit observer, quand ce moien peut mieux servir à éluder les vûes qu'on avoit en traitant. Peut on douter que le motif de l'Angleterre en stipulant la démolition de Dunkerque, ne fût de ruiner un Port trop voisin, qui incommodoit son Commerce en tems de guerre, & qui menaçoit en tout tems la liberté de la Nation? L'esprit du Traité étant donc de délivrer les Anglois de la crainte que leur causoit ce Port, quelle aparence que la France pût pretendre en faire

La France agit contre ses principes en distinguant en cette occasion la lettre de l'esprit du Traité.

1715. construire un autre tout près de là & préferât alors la *lettre à l'esprit* du Traité ? N'étoit-ce pas faire voir à toute l'Europe qu'elle avoit deux poids & deux mesures pour s'en servir selon l'occasion ? Mais c'étoit encore au Duc Régent qu'étoit réservée la gloire d'aplanir ces difficultez, en ôtant * cette pierre d'achopement que le Roi avoit laissée devant les yeux de ses Voisins.

Differend entre les Cantons Suisses sur le renouvellement de leur Alliance avec la France.

D'autres Alliez de la France, qui avoient quelques differens entr'eux, pensoient à se la rendre favorable pour les terminer plus avantageusement. Je veux parler des Cantons Suisses, les Catholiques, mécontens de leur accommodement avec les Protestans, cherchoient à en avoir quelque satisfaction. Pour engager la France à les aider dans ce dessein, les premiers avoient pour elles toutes sortes de complaisances & vouloient renouveller leur ancienne Alliance avec cette Couronne au préjudice de ces derniers. Mais l'intention de la France, qui souhaitoit que les Articles de ce Traité fussent moins avantageux aux Cantons que ceux de 1663., en retarda quelque tems la conclusion. Cette Couronne prétendoit, dit-on, entr'autres conditions desavantageuses aux Suisses, qu'ils ne pourroient sans sa participation faire alliance avec aucune autre Puissance. Le Canton de Lucerne refusa nettement cet Article : ceux de Soleure & d'Uri balancérent quelque tems ; mais les autres s'abandonnant aux promesses de la Cour, firent tous leurs efforts pour terminer promtement cette affaire. Enfin aprés quelques délais, le Traité fut signé par les seuls Cantons Catholiques sans la participation des Cantons Protestans, quoi qu'ils eussent accoûtumé de le faire toujours tous ensemble. On ne pouvoit refuser d'y admettre Zurich & Berne, s'ils eussent marqué beaucoup d'empressement pour y entrer ; mais outre que ces deux Cantons temoignèrent que leur Alliance avec la France étant faite pour toute la vie du Roi & pour les 8. premieres années du Règne de son Successeur, ils n'étoient pas pressez de la renouveller : ils sentoient que de la manière dont elle devoit être conçuë, elle leur auroit été trop desavantageuse. *Ils ne se soucioient point*, comme ils avoient dit autrefois dans une occasion à peu près semblable *, *d'une Alliance verbale & d'un Parchemin inutile, & aimoient mieux y renoncer & ne tenir ceux de Soleure à l'avenir en autre qualité que celle d'Etrangers*, que d'avoir avec eux une Alliance de Combourgeoisie qui leur fût préjudiciable.

1715.

Quoi qu'il en soit, le nouveau Traité d'Alliance entre le Roi T. C. & les Cantons Catholiques, signé le 9. Mai à Soleure, fut ratifié le 26. & juré solemnellement dans la grande Eglise de cette Ville. On avoit exposé dès le matin le Portrait du Roi au dessus de la principale Porte, & l'on s'y rendit comme en Procession pour la Cérémonie. Le Portier du Comte du Luc vêtu à la Suisse & suivi des Gens de l'Ecurie, des Tapissiers, des Valets de pié, & des Pages de Son Excellence, commençoit la marche. L'Ambassadeur venoit ensuite à la tête des Députez des Cantons qui avoient renouvellé l'Alliance, placez selon leur rang & la Procession étoit fermée par les Secretaires & Gentilshommes de l'Ambassadeur ou des Députez. Ces Députez étoient au nombre de 30.

Cérémonie de ce Renouvellement.

---

* Par la *Triple Alliance* concluë pour la Manutention de la Paix d'Utrecht, & signée le 4. Janvier 1717. entre la France l'Angleterre & les Etats Generaux des Provinces-Unies, par laquelle le Canal de Mardick doit être comblé.

* Voiez le *Mercure Suisse* imprimé à Paris en 1634. pag. 68.

Dddd ij

1715. aiant avec eux environ 110. Gentils-hommes & 200. personnes de livrée. Après que l'Alliance eut été jurée, & pendant la ceremonie, on fit plusieurs decharges de Canon, qui furent renouvellées à chaque santé qu'on but dans le regal magnifique qui suivit cette ceremonie.

Extrait du Traité. Ce Traité est fort étendu & contient XXXIV. Articles, mais le V. étant le plus considerable & celui qui fit le plus de bruit, je me contenterai de le raporter. Il étoit conçu en ces termes.

ARTICLE V.

Du nouveau Traité d'Alliance conclu à Soleure entre le Roi T. C. & les Cantons Catholiques.

„ Que si en échange le Corps
„ Helvetique ou quelque Can-
„ ton ou Etat particulier, étoit atta-
„ qué par quelque Puissance Etrangè-
„ re ou qu'il fut troublé interieure-
„ ment ; au premier cas, S. M. les
„ aidera de ses Forces, suivant que la
„ nécessité le demandera, & que les
„ Cantons en prieront S. M.: &
„ dans le 2. cas, comme Ami & Allié
„ commun, S. M. ou les Rois ses
„ Successeurs emploieront, sur la re-
„ quisition de la Partie molestée &
„ grevée, toutes sortes d'offices a-
„ miables, pour porter les Parties à se
„ rendre une reciproque justice ; &
„ si cette voie n'avoit pas tout l'effet
„ désiré, S. M., ainsi que les Rois ses
„ succeurs, sans rien faire qui détruise
„ la présente Alliance, & au contrai-
„ re pour l'exécution dans son verita-
„ ble sens, emploiera à ses propres
„ dépens les Forces que Dieu lui a

„ mises entre les mains, pour obli-
„ ger l'Aggresseur de rentrer dans les
„ Régles prescrites par les Alliances
„ que les Cantons & Alliez ont en-
„ tr'eux. S. M. & les Rois ses Suc-
„ cesseurs se déclareront Garans des
„ Traitez qui pourront se faire en-
„ tre les L. Cantons, suposé que
„ Dieu permit qu'il arrivât quelque
„ division entr'eux.

Raisons qui empêchérent les Cantons Protestans d'y entrer. Il n'étoit pas surprenant que les Cantons Protestans regardassent ce Traité comme directement contraire aux Confédérations fondamentales de la Republique, & donnant atteinte à l'Article qui porte, *Qu'en cas de differend entre quelques Cantons, les autres interviendront comme Arbitres pour les terminer.* Aussi M. le Comte du Luc fit-il inutilement ses efforts, en communiquant * à ceux de Berne la conclusion de ce Traité, pour leur représenter : „ Qu'il auroit une joie
„ toute particuliére d'en pouvoir fai-
„ re aussi un avant son départ de Suis-
„ se, avec les Cantons Protestans, &
„ qu'il s'estimeroit encore plus heu-
„ reux de pouvoir, s'il étoit possible
„ reunir tous les Cantons entr'eux. Messieurs de Berne lui répondirent en substance : „ Qu'ils demeuroi-
„ ent fermes dans la resolution d'en-
„ tretenir & d'accomplir la Paix per-
„ petuelle & le renouvellement d'Al-
„ liace fait en 1663. entre le Roi de
„ France & tout le Corps Helvetique.
„ Qu'à l'égard de l'Union des Can-
„ tons, ils croïoient n'avoir pas rom-
„ pu ni même donné la moindre at-
„ teinte à la Paix d'Arau qui en de-
„ voit être le fondement.

Un Ambassadeur de la France. Quelles étoient des mœurs On a déja pu remarquer dans le cours de cette Histoire plus d'un exemple du faste de la Cour de France, toutes les fois que l'occasion s'est presentée de le faire paroitre avec éclat

* *Par sa Lettre du 28. Mai.*

LOUIS XIV Liv. XX.   613

1715.
& son caractère.

Il s'en offrit une cette année, qui fut comme la derniere Scène brillante de la vie du Roi. Car si le monde est un Theatre où chacun jouë son personnage selon les tems & les conjonctures, la Cour est le plus éclatant de tous, & les Audiences pompeuses, données aux Ambassadeurs Etrangers en sont les plus beaux Actes. Il en étoit venu un de Perse qui étoit arrivé à Marseille dans la fin de l'année derniere, & qui donna durant celle-ci à la France un spectacle assez curieux; mais avant que de parler de son entrée à Paris & de son audience, raportons quelques particularitez remarquables touchant le genie & les manières des Ministres de ces Pais éloignez. Cet Ambassadeur se nommoit *Mehemet Riza Beg*: il changeoit cinq ou six fois d'habit par jour, tous d'étofes à fond d'or & d'argent ses Pages & ses Valets de pié étoient vêtus de damas verd & jaune. Quand il prioit quelques personnes à manger, il avoit une table longue à la Francoise, au bout de laquelle l'Ambassadeur étoit à terre, sur un tapis de Turquie, entouré de grans carreaux de Perse, aiant devant lui une pipe d'or à serpentaux qu'il avoit coûtume de porter toutes les fois qu'il sortoit à cheval. On étendoit devant lui une nape d'étofe d'or & verd, dont les bordures étoient cramoisi & or, & on y mettoit un cabaret de la Chine sur lequel étoit son pain, fait comme une grande galette, trois sortes de plats de ris à l'eau, avec du mouton & du safran, qu'il mangeoit sans cueillier ni fourchette, & 10. ou 12. autres sortes de plats aprêtez par son Cuisinier. Les ragouts étoient des andouillettes de viande au sucre, envelopées dans des poires & du beurre le tout entremêlé de confitures, qu'il mangeoit avec de la viande & du fromage. Il faisoit passer par honneur tous les plats devant les personnes qu'il avoit invitées, & apres avoir bû dans un grand vase de porcelaine comme étoient aussi tous les plats, il l'envoïoit à la table, afin que chacun bûs à la ronde dans ce même vase. Cet Ambassadeur donnoit ensuite le divertissement de faire danser ses gens à la Persienne, & ceux qui ont vu ces danses, disent qu'il n'y a point d'Entrées d'Opera qui les vaillent. Il se deshabilloit avant que de faire sa Priere: parce qu'il ne doit pas prier avec des habits où il y ait de l'or. Il se lavoit souvent les piez & les mains, & il touchoit du front un morceau de terre de son Pais: il n'alloit jamais qu'à cheval, disant qu'il n'aimoit pas à s'enfermer dans une boëte il avoit à sa suite quatre ou cinq chavaux de main avec des harnois magnifiques, à la mode des Perses.

Differend survenu à son entrée.

Ce fut le 16. Janvier que cet Ambassadeur arriva à Charenton à deux petites lieuës de Paris où le Baron de Breteuil, Introducteur des Ambassadeurs, suivi de plusieurs carosses & d'un grand nombre de gens à cheval alla le 28. le complimenter de la part du Roi sur son arrivée. Il survint alors un differend entre cet Ambassadeur & le Baron de Breteuil au sujet de la maniere dont ce premier recevroit le Maréchal de Matignon, qui devoit l'accompagner dans son entrée publique à Paris, & qui dans cette occasion devoit representer la personne du Roi Le Baron de Breteuil prétendoit que l'Ambassadeur reçût le Marêthal debout & non assis & l'Ambassadeur refusoit absolument de le faire, alléguant, que si le Maréchal de Matignon representoit la personne du Roi, lui Ambassadeur représentoit pareillement celle de son Maitre, & que la chose étoit égale; outre que la Loi de Mahomet ne lui permettoit pas de se lever que pour un

Dddd iij

Prince Souverain. Le Baron de Breteuil lui fit en vain des remontrances sur la coûtume qui se pratique en pareille occasion, il ne put rien obtenir; l'Ambassadeur menaça de faire seul son entrée avec son monde & monta même à cheval dans ce dessein. Sur quoi le Baron de Breteuil & le Maréchal de Matignon jugérent à propos de ne plus insister & l'accompagnèrent dans son entrée publique qui se fit le 7. Fevrier dans l'ordre suivant.

Ordre de cette Ceremonie. Memoires du Tems.

Le Maréchal de Matignon & le Baron de Breteuil allèrent prendre l'Ambassadeur de Perse à Charenton, dans le carosse du Roi, suivi de ceux des Princes & Princesses de la Maison Roiale, & l'amenèrent dans ce carosse jusqu'à l'entrée du Faubourg St. Antoine: ils y descendirent dans la maison du Sr. Titon, où ils montérent tous trois à cheval, & entrérent ainsi dans Paris. La Compagnie des Inspecteurs de Police à cheval, uniformément habillée, marchoit à la tête de tout. A la distance de 30. ou 40. pas, le carosse du Baron de Breteuil, & ceux du Maréchal Matignon; un brancard porté par deux mulets du Roi, sur lequel étoient les présens que l'Ambassadeur aportoit à S. M. de la part du Roi de Perse: devant & derriere ce brancard, 8. Trompettes de la chambre du Roi à cheval: 12. chevaux de main des deux écuries du Roi, magnifiquement enharnachez, & menez par des Palefreniers de S. M: 4. chevaux du Roi, avec des harnois à la Persienne, & menez en main par des Persans 10. Présans ou Armeniens à cheval, portant haut des fusils apuiez sur la cuisse, 2. Armeniens à cheval, chargez du soin des présens du Roi de Perse: 2. Pages de l'Ambassadeur, son Maitre des Céremonies, & son secretaire: l'Interprete, l'Ambassadeur sur son cheval, enharnaché à la Persienne le Marechal de Matignon à sa droite, & le Baron de Breteuil à sa gauche, marchant tous trois de front: les Valets de pié Persans & Armeniens de l'Ambassadeur autour de son cheval: la livrée du Maréchal & celle du Baron de Breteuil à côte de leurs chavaux: l'Ecuier de l'Ambassadeur à cheval, portant l'Etendart du Roi de Perse, marchoit immediatement derriere lui, avec un Page qui portoit le sabre de l'Ambassadeur apuïé sur la cuisse; tous les chevaux qui servirent à cette entrée étoient de la grande & de la petite écurie du Roi. La marche etoit fermée par le carosse de S. M., & par ceux de tous les Princes & Princesses du Sang & du Marquis de Torci secretaire d'Etat pour les affaires étrangères. Le Maréchal de Matignon, après avoir accompagné le Ministre de Perse jusqu'à l'Hôtel des Ambassadeurs, prit congé de lui étant à cheval, & se retira; & le Marquis de Torci alla le lendemain chez l'Ambassadeur de la part du Roi, pour lui faire des excuses de ce qui étoit arrivé la veille.

Son audience publique.

Le 12. du même mois cet Ambassadeur eut son audience publique. Le Maréchal de Matignon & le Baron de Breteuil allèrent dans le carosse du Roi prendre Mehemet Riza Beg à l'Hôtel des Ambassadeurs pour le conduire à Versailles. Toute sa Suite étoit montée sur des chevaux de la grande & de la petite écurie, comme le jour de son entrée: l'Etendart de Perse marchoit à côté du carosse: les 12. Fuseliers de l'Ambassadeur aussi à cheval, le fusil haut, le précedoient le présent du Roi de Perse étoit porté dans un autre carosse, par le Sieur Agoubehant, Armenien, à qui la clef en avoit été confiée à Erivan. Le carosse du Roi s'arrêta dans l'avenuë de Versailles, chez le Sr. de Bontems, Premier Valet de Chambre du Roi,

& Gouverneur du Palais des Tuilleries, qui avoit fait préparer toutes sortes de rafraichissemens pour l'Ambassadeur & pour sa Suite, Le cheval que l'Ambassadeur devoit monter l'y attendoit, avec des chevaux frais pour toute sa Suite, ainsi que les Trompettes du Roi destinez pour accompagner sa marche, qui se fit en cet ordre jusqu'au Château. Le carosse du Baron de Breteuil, precedé de 3. de ses Domestiques à cheval: les deux carosses du Maréchal de Matignon, precedez de même: 11. chevaux de main des deux écuries du Roi, magnifiquement enharnachez & menez par des Palefreniers de S. M. 4. chevaux du Roi avec des harnois à la Persienne, & menez en main par des Persans: les 12. Fusiliers à pié, portant haut leurs fusils: plusieurs Domestiques de l'Ambassadeur, à cheval : le Secretaire à la conduite des Ambassadeurs : le Moula de l'Ambassadeur, ou Docteur de sa Loi : son Trésorier : le Page qui portoit sa pipe; les 8. Trompettes de la chambre du Roi : Agoubeant aussi à cheval, & portant sur les deux mains le present & la lettre du Roi de Perse, envelopez dans une étoffe de soie à fleurs d'or : le Maitre des Cérémonies de l'Ambassadeur, & l'Interprete à côté de lui : l'Ambassadeur sur un cheval du Roi, enharnaché à la Persienne; le Maréchal de Matignon à sa droite, & le Baron de Breteuil à sa gauche, marchant tous trois de front : les Valets de pié Persans & Armeniens de l'Ambassadeur, autour de son cheval : la livrée du Maréchal de Matignon & celle du Baron de Breteuil à côté de leurs chevaux : l'Ecuïer de l'Ambassadeur à cheval, portant l'Etendart du Roi de Perse, marchoit immediatement derrière lui avec un Page qui portoit le sabre de l'Ambassadeur, apuié sur la cuisse : le carosse du Roi fermoit la marche.

Les Fusiliers de l'Ambassadeur laisserent leurs armes à la grille de l'avant cour du Château, & continuèrent de marcher sans armes. L'Ambassadeur trouva dans l'avant-cour les Gardes Françoises & Suisses, au nombre de 1000. hommes sous les armes, les Tambours appelant. Son Ecuïer laissa l'Etendart de Perse en dehors de la porte de la Cour du Roi, où l'Ambassadeur trouva les Gardes de la Porte & de la Prévôté aussi en haye & sous les armes : elle étoit remplie d'une si grande multitude de personnes, que les Gardes eurent bien de la peine à faire faire place pour la marche qui se fit autour de cette Cour, à la vûë des fenêtres de S. M. A onze heures l'Ambassadeur, accompagné du Maréchal de Matignon & du Baron de Breteuil, traversa la Cour à pié, pour aller à l'audience du Roi par le degré qui conduit au grand apartement de S. M. L'Ambassadeur, avant que d'y aller, mit son sabre à son côté : il portoit outre cela un grand poignard dans un étui d'or à sa ceinture, qu'il n'est permis qu'aux Seigneurs qui sont Officiers du Roi de Perse de porter. Le Secretaire à la conduite marchoit à la tête du Cortége ; & Agoubehant, portant sur les mains le présent découvert & la lettre du Roi de Perse, precedé des 8. Trompettes du Roi, marchoit immediatement devant l'Ambassadeur. Il fut reçu au bas de l'escalier par le Marquis de Dreux, Grand Maître des Ceremonies, & par le Sr. des Granges, Maître des Ceremonies ; les cent Suisses étant sur l'escalier en habit de ceremonies, la hallebarde à la main. A la porte de la salle des Gardes en dedans, il fut reçu par le Duc de Noailles, Capitaine de la premiere Compagnie des Gardes du Corps, qui étoient en haye & sous les

Il entre dans le Château de Versailles.

armes. Ce fut là que l'Ambaſſadeur prit la lettre des mains d'Agoubehanr, & la porta juſqu'au Trône du Roi: elle étoit dans un ſac de brocard d'or d'environ un pié & demi de longueur. Le Trône de S. M., élevé de 8. marches, étoit au fond de la galerie de ſon grand partement;en ſorte que l'Ambaſſadeur arrivant par la porte qui eſt à l'autre bout de la galerie, apperçut en entrant S. M. aſſiſe ſur ſon Trône, aiant à ſes piés Monſeigneur le Daufin, & tous les Princes de la Maiſon Royale autour d'Elle.

Riche parure du Roi dans cette occaſion.

S. M. avoit un habit d'une très-riche étoffe d'or avec des boutons de diamans & des doubles boutonnieres auſſi bordées de diamans: la croix qui pendoit à ſon Cordon bleu étoit de diamans; & il en avoit auſſi une ſur ſon habit, brodée de perles & de pierreries. Mr. le Daufin avoit un habit ſemblable à celui du Roi, Mr. le Duc d'Orléans en avoit un des plus magnifiques d'un velours bleu, avec de gros boutons de diamans, & des doubles boutonnieres par tout, brodées de perles & de diamans. La croix qui pendoit à ſon cordon bleu, étoit auſſi de diamans; & les paremens de ſon habit étoient à la Moſayque pareillement brodez de diamans & de perles. Me. la Ducheſſe Douairière de Berri étoit en noir & en hermine, à cauſe du deuil. Toutes les Princeſſes avoient des habits d'étoffe d'or & d'argent garnis de pierreries. Les Dames étoient aſſiſes ſur les gradins qui étoient tout le long des galeries, dont le parquet étoit couvert de tapiſſeries très belles. Mais quelque pompeux que fût le ſpectacle de cette brillante Cour, le Roi l'effaçoit encore par la ſplendeur de ſa Perſonne auguſte qui attiroit ſeule tous les regards. Il avoit un air ſi grand & ſi majeſtueux, que l'Ambaſſadeur en fut beaucoup plus frapé, que de l'éclat des pierreries de la Couronne, dont l'habit de S. M. étoit couvert.

Ce fut là qu'il commença ſon premier ſalut. S. M. en même tems ſe leva, & ôta ſon chapeau. La foule des Courtiſans étoit ſi grande, que malgré la vaſte étendue de cette galerie, l'Ambaſſadeur fut longtems ſans pouvoir aprocher du Trône. Il fit ſon dernier ſalut à la Turque * en y abordant, & monta juſques ſur le haut du Trône. Le Maréchal de Matignon, le Duc de Noailles, & le Baron de Breteuil y montèrent auſſi. L'Ambaſſadeur en aprochant du Roi remit d'abord la lettre du Roi de Perſe entre les mains de S. M., qui la remit auſſi-tôt au Marquis de Torci, Miniſtre & Secretaire d'Etat. Alors l'Ambaſſadeur fit la Harangue ſuivante, durant laquelle le Roi demeura toûjours découvert.

L'Ambaſſadeur aborde Sa Majeſté.

SIRE,

,, L'Empereur mon Maître, qui eſt
,, au ſervice de Dieu & Obſervateur
,, de la Loi du grand Prophéte, m'a
,, envoié exprès, moi qui ſuis ſon Eſcla-
,, ve, au ſervice de V. M., pour deman-
,, der à Dieu la continuation de ſa ſanté,
,, en même tems augmenter & renouvel-
,, ler l'ancienne amitié. Il m'a ordonné
,, de fortifier les fondemens de l'Allian-
,, ce de la manière que V. M. ſouhai-
,, teroit. De plus j'ai ordre de donner
,, ſatisfaction en tout ce que V. M.
,, peut deſirer, & d'exécuter pour ce
,, qui regarde encore quelques affaires
,, que V. M. a ſouhaité. Votre Eſclave,
,, Sire, a ordre de la part de ſon Em-
,, pereur de lui donner toute la ſatis-
,, faction qu'un Fils doit donner à ſon
,, Père, puiſqu'il conſidère V. M. com-
,, me ſon propre Père. De plus, Sire,
,, elle peut être aſſurée qu'il ne rom-
,, pra jamais de ſon côté le Traité ni

* *C'eſt-à dire en ſe proſternant contre terre.*

le

1715. ,, le noble Seing signé, à moins qu'il
,, ne provienne de la part de V.M.
,, J'espère aussi que Dieu me fera la
,, grace d'exécuter les ordres que V.
,, M. me donnera ici. Maintenant que
,, j'ai le bonheur de la voir dans son
,, Trône de gloire, je sens que c'est
,, bien peu de chose d'avoir tant pâti
,, pour le service de deux si grans Em-
,, pereurs.
,, Que Dieu conserve à jamais V.M.
,, sur son Trone éclatant: qu'il confon-
,, de toûjours ses Ennemis, leur fasse
,, ressentir la pesanteur de son bras
,, redoutable, & qu'il lui plaise don-
,, ner à V. M. & à mon Empereur une
,, paix profonde. Que Dieu le veuille!

Après que l'Interprète eut expliqué au Roi ce que l'Ambassadeur disoit, S. M. qui avoit remis son chapeau du-,, rant ce tems là, se découvrit, & l'Ambassadeur descendit du Trône. Quand il fut sur la derniere marche il prit le présent du Roi de Perse de la main d'Agoubehant, le remit entre les mains du Marquis de Torci, & fit un salut au Roi. Ce présent consistoit, à ce qu'on dit, en sept escarboucles ou diamans pesans 100. à 150. grains chacun : une rose de rubis d'Orient composée d'environ 40 pierres : un sabre dont la poignée étoit garnie d'émeraudes & d'autres pierres de couleur, & le fourreau garni de perles : Septante turquoises & environ 100. perles assez belles : douze pièces d'étoffe à fond d'or & 12. autres à fond d'argent: deux boëtes de momies & quelques autres de baume. La même foule que l'Ambassadeur avoit trouvée en abordant le Trône, l'empêcha de faire d'autres saluts; & il eut bien de la peine à la percer pour arriver au bout de la galerie. Il y avoit environ 50. ans que S. M. n'étoit montée sur son Trône, & l'on peut dire que jamais la Cour n'avoit paru plus brillante. L'audience finie, le Roi alla se repo-

Presens de l'Ambassadeur.

Tome III.

ser dans son cabinet. L'Ambassadeur 1715. fut ensuite conduit à l'audience de M. le Daufin, à qui il baisa la main, & apres que lui & toute sa Suite eurent été traitez par les Officiers du Roi, il partit fort satisfait des honneurs qu'il avoit reçus, & reconduit à Paris par le Baron de Breteuil.

Cette Ambassade solemnelle, dont on ne pouvoit pénétrer le motif donna lieu à divers raisonnemens qui la rendirent fort suspecte en France. Mais un Journal Historique du voyage de ce Ministre, imprimé à Paris avec Privilège du Roi, en aprit bientôt la cause, ou du moins répandit dans le Public celle que la Cour vouloit que l'on crût. Les mauvaises impressions que les Ennemis de la France avoient donnée à la Cour de Perse, durant le cours de la derniere guerre, avoient fort diminué, disoit ce Journal, les idées avantageuses qu'on en avoit conçuës en ce Pays-là, & fait un tort considerable au Commerce qu'on y avoit établi, du tems que M. de Feriol étoit Ambassadeur à la Porte. Mais le bruit de la defaite des Alliez à Marchiennes & à Denain, aussi bien que de la levée du siége de Landrecies, avec tout le détail des circonstances de cette memorable journée, étant parvenu à Ispahan par les soins de Mr. des Alleurs, qui avoit succedé à Mr. de Feriol à Constantinople, fit tant de plaisir au Sophi, qu'il prit la résolution d'envoyer au Roi une Ambassade solemnelle, pour le féliciter de ces heureux succes. Je ne dirai rien des détours que l'on prit, à ce qu'on assure, pour derober au Turc la connoissance de ce dessein, ni de toutes les traverses qu'on pretend que cet Ambassadeur essuia pendant son voïage. Il suffit que tout le monde ne fut pas persuadé de la verité des motifs qu'on disoit qui le lui avoient fait entreprendre. On alla même jusqu'à le soupçonner d'im-

Motif de cette Ambassade publié par ordre de la Cour. Mémoire du Tems.

1715. posture, & à dire que c'étoit une feinte Ambassade, suposée par les Partisans du *Pretendant* à la Couronne d'Angleterre, pour favoriser un dessein qui fut ensuite découvert. Mais sans vouloir accrediter ces soupçons, trop injurieux à la mémoire du Monarque dont j'écris l'Histoire, comme si on pouvoit joüer de la sorte la majesté des Rois, ou comme s'il s'étoit prêté lui même à une telle intrigue; quand on suposeroit que tout cela n'eût été qu'une Comedie, la chose ne seroit pas sans exemple sous ce Régne. Toute la France en a vu une semblable, dans laquelle le Roi & le Parlement ont fait leur Personnage, quoiqu'ils sussent que ce n'étoit qu'un jeu. Ce fut du vivant du Duc de St. Aignan, qui étoit, comme chacun sait, un *preux Chevalier* * à tous égards. Il aimoit les avantures & sur tout celles de chevalerie. Un jour qu'il alloit à Blois, il fit accroire à Mr. le Duc † d'Orléans qui y étoit, qu'il avoit été attaqué près d'un Bois, par quatre Bandits, dont il en avoit tué deux, blessé le troisiéme, & mis le quatriéme en fuite. Toute la Cour aprit bien tôt cet exploit. C'étoit un conte fait à plaisir: aussi n'en voulut-on rien croire. On fit pourtant des perquisitions pour en savoir la vérité; mais comme il n'y en avoit pas la moindre trace, on commença à faire des railleries du *nouveau Paladin*, qui à son tour voulut soûtenir la gageure. Comme il n'étoit pas d'humeur à aprêter à rire, il s'avisa d'aller trouver le Roi, & de lui demander sérieusement des *Lettres de Grace* pour l'abolition du prétendu meurtre. Le Roi, qui savoit au fond ce qui en étoit, & qui ne vouloit pas desobliger un ancien Favori pour qui il avoit beaucoup de consideration, lui dit qu'il en parleroit à son Chancelier. Il lui en parla en effet; & la chose alla si loin, que les Lettres furent expediées & enregîtrées au Parlement en grande cérémonie. La chose étoit-elle plus grave que celle qui m'a donné lieu de raporter ce fait? On joüe la Comédie à la Cour plus qu'ailleurs, & les Rois s'y prêtent souvent, sans croire déroger à leur Dignité. 1715.

Quoi-qu'il en soit, il est certain du moins par le témoignage de plusieurs personnes, & par quelques Lettres de bonne main, que l'on se servit de l'occasion du départ de l'Ambassadeur de Perse pour charger sur les Vaisseaux qui le devoient porter, quantité d'armes & de munitions de guerre pour le Pretendant. Elles furent emballées comme des marchandises que l'Ambassadeur emportoit en son Païs; & pour prétexter la route qu'il devoit prendre vers l'Angleterre ou l'Ecosse, on résolut de le faire embarquer sur l'Océan, & non dans la Méditerrannée, qui étoit le chemin le plus court, pour éviter, disoit-on, la rencontre des Turcs qui ne manqueroient pas de l'insulter dans son passage. Mais ce dessein aiant été découvert, aussi bien que le Projet de la descente qu'on devoit faire à Portsmouth dont on changea pour cela le Gouverneur, l'Ambassadeur ne fut plus regardé de bon œil à la Cour où il étoit devenu inutile. Rien ne confirme mieux, que cette Ambassade renfermoit quelque chose de mistérieux, que le traitement qui fut fait dès-lors à ce prétendu Ministre. A peine le regardoit on; on lui ordonna de partir bien plûtôt qu'il ne s'y étoit

Ce qu'ô en disoit dans le monde. *Memoires NSS.*

---

* *Voiez* la Balade à M. le Duc de St. Aignan, *qui commence ainsi:*
Duc, plus vaillant que les fiers Paladins
&c.
Elle *fut faite à l'occasion de ce que je raporte ici.*
Poësies de Mad. Deshoulieres. *Tom. I. pag.* 45. Edit. *d'Amsterdam.*
† Philipe Duc d'Orleans, *Frère Unique du Roi.*

1715. attendu. Cependant pour fauver jufqu'au bout les aparences, il reçut fon Audience de congé *, mais avec bien moins de cérémonie que celle de fon arrivée. Il quitta même auffi tôt l'Hôtel des Ambaffadeurs, pour fe retirer à Chaillot †, où il refta jufqu'au commencement de Septembre, qu'il reçut ordre de partir fans délai. Mais afin qu'on ne crût pas que c'étoit la découverte du complot qui eût fait changer le deffein de fon voïage par le Nord, on le fit embarquer fur la Seine pour baiffer cette Rivière jufqu'à Rouën. Là il fe mit fur une Fregate, tout le refte de l'Efcadre qui devoit le conduire étant demeuré au Port, & fit voile vers le Dannemarck fous prétexte de retourner en Perfe par la Mofcovie. Mais quand on l'eut débarqué à Copenhague, il y refta quelque tems; après quoi il alla à Hambourg, d'où il parti enfuite pour Berlin, fans qu'on ait fû depuis ce qu'il étoit devenu.

Mort du Cardinal de Bouillon.

Le Cardinal de Bouillon, dont nous avons marqué ci devant * la difgrace & l'évafion hors du Roïaume, avoit erré longtems aux Pays-Bas & en Hollande, enfuite de quoi il étoit paffé à Rome & s'étoit retiré au Noviciat des Jéfuites. Il y tomba malade au mois de Fevrier de cette année d'une Pleurefie, qui l'emporta enfin le 2. de Mars âgé de 72. ans. Le Pape lui avoit rendu vifite durant fa maladie, & témoigna beaucoup de regret de fa mort. Son Corps fut embaumé, & après avoir été expofé quelque tems dans l'Eglife de Jefus, il fut porté à celle de St. André, pour y refter en dépôt jufqu'à ce qu'il pût être transferé en France au Tombeau de fes Ancêtres. Il étoit Fils de Frederic de la Tour d'Auvergne, Duc de Bouillon, & Cardinal Doïen du Sacré Collège, le Roi

* Le 13. Août.
† Village près de Paris.
Tom. VII. pag. 136. & Tome IX. p. 6. & fuiv.

l'aiant nommé au Cardinalat dès l'année 1669. quoi qu'il n'eût alors que 26. ans. En 1671. il fut fait Grand Aumônier de France & Commandeur de l'Ordre du S. Efprit Il étoit Abbé de Clugni, de St. Ouën, de Rouën, de St. Martin de Pontoife, de St Vaft d'Arras, de St. Amand, de Tournus près de Lion: Grand Prevot de Liége, & Evêque d'Oftie, qui eft un Evêché attaché au Décanat du Sacré College.

Suite de l'affaire de la Côftitution.

L'affaire de la Conftitution faifoit toûjours grand bruit en France, & les Prélats du Royaume étoient fort partagez fur fon acceptation. L'Evêque (a) de Soiffons entr'autres, l'un des fix Commiffaires nommez par le Roi, & qui étoit mort depuis peu, s'étoit repenti d'avoir eu part à cette affaire & en demanda pardon à Dieu & à l'Eglife dans fon Teftament. L'Evêque (b) de Montpellier refufa auffi de publier la Conftitution dans fon Diocèfe, ce qui fut caufe que les Etats de Languedoc, qui fe tiennent ordinairement dans cette Ville, s'affemblèrent à Nîmes cette année par ordre du Roi; & ces Prélats, auffi bien que l'Evêque (b) de Mirepoix, reçurent par une Lettre de Cachet défenfe de fortir de leurs Diocèfes. M. de Vertamont, Evêque de Pamiers, qui devoit prefider aux Etats de Foix dont il eft le Prefident né, aiant auffi refufé de publier la Bulle, reçut par Lettre de Cachet une pareille defenfe. L'Evêque (d) de Nîmes ne l'avoit pas publiée non plus, mais il ne s'étoit point déclaré comme les deux autres Prélats: Les Etats de Languedoc s'étant tenus dans fa Ville Epifcopale, il fut choifi pour porter le Cahier au Roi, Cet hon-

[a] Fabio Brulart de Silleri, Frere du Marquis de Puifieux, ci-devant Ambaffadeur en Suiffe
[b] M. Colbert de Croiffi.
[c] M. de la Broue.
[d] M. de la Parifière.

1715. neur est toûjours accompagné d'un present considerable que fait la Province au Prélat chargé de cette commission. Cela donna lieu de faire à Mr. de Nîmes de fortes instances pour l'engager à accepter & à publier la Bulle. Mais sur le refus qu'il en fit, on lui signifia une Lettre de Cachet, & M. le Duc du Maine écrivit au Prelat que le Roi étoit fort irrité. Sur quoi le timide Evêque monta d'abord en Chaire & publia lui même la Constitution. Il étoit bien éloigné de la fermeté de Mr. de Mirepoix, qui dans une *Refutation* imprimée de son Mandement, aima mieux souffrir d'être comparé à Luther [a] que de se retracter. Que de Lutheriens en France si c'est là ce qui en decide ! Et au lieu d'un Roïaume *tout Catholique* que le Roi s'étoit proposé d'avoir, ne pourroit-on pas dire que *la France est devenuë Heretique sous le Regne de Louis XIV.* ? Si tel est le Troupeau, quel le Pasteur, combien de Diocèses, soûmis à des Evéques reputez Jansenistes, sont envelopez dans la Censure de Rome ? Les menaces d'Excommunication faites à au Cardinal Archevéque de la Capitale du Royaume : l'Interdit de plusieurs predicateurs (*b*) arrétez & emprisonnez au moment qu'ils alloient monter en Chaire, au grand étonnement de leur Auditoire assemblé, sont ils un moindre scandale que celui d'une Heresie declarée ? Cependant tous ces traitemens rigoureux, bien loin de rebuter ceux qui les souffroient & d'intimider les autres, ne faisoient qu'animer de plus en plus les Peuples en leur faveur. C'est ce qui parut à l'égard du Cardinal de Noailles qui sachant que le Pape avoit demandé * permission au Roi de proceder contre lui à toute rigueur, & qu'il vouloit même lui ôter le Chapeau, répondit, *que pour le Chapeau, il le tenoit de la bonté du Roi, & que des que S. M. le redemanderoit, il étoit prêt à le rendre : que pour son Archevêché, il le tenoit de Dieu, & qu'il tâcheroit d'y faire son devoir tant que Dieu l'y laisseroit : qu'au surplus dans les affaires de l'Eglise, on n'agissoit point par la crainte des menaces, mais par conscience.*

On ne remarquoit presque aucune difference entre la maniere dont on traitoit ces Nouveaux Heretiques & ceux qu'on nomme *Nouveaux Convertis*. La persecution renouvellée contre ceux-ci leur attiroit chaque jour des poursuites plus rigoureuses. On fit venir au mois de Mai tous les Sindics des Communautez & des Corps de Métiers, pour savoir s'il n'y avoit point parmi eux des gens qui eussent été de la R. P. R. & en ce cas les obliger de faire publiquement profession de la Religion Romaine : à faute de quoi ils seroient interdits de leurs Charges & Emplois ; & s'ils refusoient d'appeler un Prêtre lorsqu'ils seroient malades, & qu'ils vinssent à mourir ensuite, tous leurs biens seroient confisquez & leurs corps jettez à la voirie. Il est vrai que sur les remontrances de plusieurs Intendans, on envoïa ordre de suspendre provisionnellement l'execution de cette Ordonnance. Elle avoit été précedée d'une Déclaration du Roi en date du 3. Mars & regîtrée au Parlement de Bourdeaux le 27. portant ,, que quelques-uns des Nou- ,, veaux Convertis refusant dans l'ex- ,, trêmité de leurs maladies de rece- ,, voir les Sacremens, & mourant apres avoir déclaré qu'ils persistoient

Nouvelles Ordonnances contre les Nouveaux Convertis.

---

[a] *Parce que de même que Luther refusa d'accepter la Constitution de Leon X. M. de Mirepoix refusoit de se soûmettre à celle de Clement XI.*

[b *Le Père d'Albizi, Jacobin Réformé le P. Don Jerôme & le P. Don Turquois de la Congregation des Feuillans.*

* *Par un Courier arrivé le 21. de Mai.*

1715. „ dans la Religion Prétenduë Reformée, „ S. M. Avoit ordonné, par sa Decla-„ ration du 29. Avril 1686., qu'en „ ce cas le procès seroit fait à leur mé-„ moire, & avoit prescrit aux Juges „ la manière dont ils devoient punir „ un tel crime. Mais qu'aprenant néan-„ moins que les Abjurations s'étant „ faites souvent dans des Provinces „ éloignées de celles où mouroient les-„ dits Sujets, il se trouvoit de la dif-„ ficulté à les condamner aux termes „ de la dite Déclaration, faute de preu-„ ves existantes de leur Abjuration, & „ d'autant que le sejour que ceux qui „ ont été de la R. P. R. ou qui sont nez „ de Parens Religionnaires ont fait „ dans le Royaume, depuis que tout „ exercice de ladite Religion y avoit „ été aboli, étoit une preuve plus que „ suffisante qu'ils avoient embrassé la „ Religion Cath., sans quoi ils n'y „ auroient pas été soufferts, A C E S-„ C A U S E S en interpretant ladite Dé-„ claration du 29. Avril 1686. & en „ y ajoûtant, S. M. avoit déclaré, par „ ces Présentes, que tous ses Sujets „ nez de Parens de la R. P. R. avant „ ou depuis la Revocation de l'Edit de „ Nantes, qui dans leurs maladies „ auroient refusé aux Curez, Vicai-„ res ao autres Prêtres de recevoir les „ Sacremens de l'Eglise, & auroient „ déclaré qu'ils vouloient persister & „ mourir dant la R. P. R. soit qu'ils „ eussent fait Abjuration ou non, se-„ roient reputez Relaps & sujets aux „ peines prononcées par ladite Décla-„ ration du 29. Avril 1686. &c.

S. M. veut emploïer toute son Autôrité pour finir l'affaire de la Constitution.

Le Roi vouloit continuer jusqu'au „ bout à dominer sur les Consciences „ aussi bien que sur les Personnes de „ ses Sujets. Il en donna des marques „ dans la résolution qu'il prit d'em-„ ployer toute son Autôrité pour finir „ avant sa mort la grande affaire de „ la Constitution. On parloit depuis „ long-tems de convoquer un Conci-le National, pour terminer l'espece de Schisme qu'elle causoit dans le Roïaume. Pour cet effet le Roi manda le 28. Juillet le Premier Président & le Procureur General, pour leur dire qu'il étoit determiné à convoquer ce Concile de son Autôrité, mais qu'auparavant il vouloit donner une Déclaration qui fût enregistrée au Parlement, *pour ordonner aux Evêques oposans de se joindre au plus grand nombre, à faute de quoi ils seroient poursuivis par les Loix Canoniques.* Ces Mrs. aiant prié le Roi de leur donner quelque tems pour refléchir sur cette Déclaration, S. M. le leur accorda. On vit bientôt après paroitre un Ecrit intitulé: *Difficultez sur la Convocation & Tenuë d'un Concile National en France dans les circonstances présentes*. Il contenoit XVII. Articles, par lesquels on faisoit voir combien cette convocation étoit *inutile, difficile, dangereuse, & préjudiciable à l'Eglise & à l'Etat*. Il ne restoit plus que la voïe de l'Autorité qui étoit le dernier remède, dont nous parlerons bientôt.

Cependant les Finances du Roiaume étoient toujours fort alterées & le Controlleur General n'oublioit rien pour tâcher de les rétablir. Nous avons parlé ci devant de la Caisse du Sr. le Gendre, dont on s'étoit proposé d'aquiter les dettes des fonds qu'on devoit y faire entrer. Cette Caisse fut dirigée avec tant de soin & d'arrangement, que par le crédit qu'on lui avoit donné, on avoit fourni aux dépenses necessaires de l'Etat depuis le 1. Janvier 1710. jusqu'au mois d'Avril 1715., & que les efforts qu'il falut faire pour trouver les fonds promis, & qui furent delivrez à la fin de Mars 1715., pour les depenses qu'on va expliquer, dans un tems où l'argent commençoit à être fort resserré, furent la cause que le credit de cette Caisse tomba sans qu'on pût le relever

1715.

Etat des Finances de cette année. Memoire de Mr. des Marêts.

1715. dans l'espace de 4. mois, qui s'écoulèrent jusqu'à la mort du Roi. Les dépenses extraordinaires faites au mois de Mars & d'Avril 1715. pour les Arrêrages du Subside ordinaire de l'Electeur de Bavière, montèrent à deux millions six cens mille livres: celui de Cologne à deux cens mille liv. le subside extraordinaire de Bavière pour le Traité de 1714. à deux millions, & celui de Suède à neuf cens mille livres. Les Ordonnances signées par le Roi pour les dépenses de 1714 montèrent à deux cens treize millions 529. mille 630. livres.

Divers Edits publiez

S. M. publia plusieurs Edits, un pour partager en quatre termes la diminution des espèces d'or & d'argent qui se devoit faire en deux fois aux mois de Mars & de Juin de cette année : un autre concernant la diminution des mêmes espèces de Billon: deux Edits, dont l'un ordonne que *les Contrats de Constitution des Rentes assignées sur la Ferme des Controlles des Exploits, seront passez par les Commissaires du Conseil avec exemption des dix derniers*, &c. L'autre portant *Creation de 20. nouvelles Charges de Conseillers du Roi Agens de Change*, &c. Une Déclaration qui ordonne le remboursement d'un vingtième par année des principaux des promesses de la Caisse des Emprunts. Un arrêt du Conseil d'Etat *qui avance les Echeances des promesses de cette Caisse, pour en accelerer le renouvellement.* Un Arrêt du Conseil d'Etat *qui concerne le prix des anciennes espèces & matière d'or & d'argent, à proportion des diminutions ordonnées sur les nouvelles espèces.* Un Arret du Parlement *qui pourvoit au Commerce & à la Police du Bois de chauffage destiné à la provision pour la Ville de Paris.* Deux autres Arrêts du Conseil d'Etat, dont l'un *prorogeoit jusqu'au dernier Mars l'exemption des Droits sur les Bestiaux, à cause de la perte causée par la mortalité:*

l'autre *proroge aussi jusqu'à la Pentecôte 1716. la défense de tuer des Agneaux, comme étant nécessaires pour l'augmentation de l'Espèce des Moutons.* Une Déclaration du Roi pour *le remboursement de la Caisse des Emprunts:* un Arrêt du Conseil *pour la réduction des Monnoies.* Un autre Arrêt *pour obliger ceux qui ont des Meubles d'étoffes ou toiles des Indes, à les faire marquer avant le 1. d'Août, sous peine de confiscation, & de mille livres d'Amende:* Une Déclaration, qui, sur quelques difficultez survenuës, ordonne à toutes les *Chambres du Parlement, de reconoître le Duc du Maine, le Comte de Toulouse & leurs Descendans en qualité de Princes du Sang Roial,* &c: & un Edit du Roi *qui casse toutes les Charges établies depuis le 1. Janvier 1689. sur les Ports, Quais, Halles ou Marchez de la Ville & Faubourgs de Paris, & retranche une partie des Impôts mis sur les denrées à cette occasion.* Un autre Edit *portant Creation de dix mille livres de Rente sur les Domaines & Bois, pour servir au remboursement de divers Offices suprimez.* Une Déclaration pour *fixer les espèces d'or & d'argent après la derniere diminution.* Un Edit *portant supression de la Caisse des emprunts, & Création de 5. millions de rente au denier 25. & un autre portant supression des 543. mille 400. livres de rentes viageres créées par l'Edit du mois de Juin 1714. au lieu desquels S. M. crea un million de livres de rente au denier 25.* Enfin quoi que la paix generale fût conclue, on n'en goûtoit pas pour cela les fruits, & la Capitation fut encore païée cette année.

Tel étoit l'état des Finances du Roiaume, dont les dépenses faites & ordonnées par le Roi pendant sept années commencées le 1. Janvier 1708, & finies le 31. Decembre 1714. montoient à la somme d'un Milliard 533.

1715. millions 201. mille 176. livres. Ce qui revenoit année commune à 219. millions 23. mille 27. liv. Les revenus ordinaires joints au Dixième & à la Capitation ne produisirent année commune, deduction faites des Charges ordinaires, que 75. millions. Sur ce pié-là, il manquoit tous les ans pour remplir toutes les dépenses, 144. millions 23. milles 27. livres. Pour trouver le fond entier de sept années; il faloit un milliard, 8. millions 151. mille 189. livres.

Tous les expediens d'avances d'assignations anticipées sur les années à venir le benefice de la refonte des Monnoïes, les rachats de la Capitation & du Dixième du Clergé, le rachat d'autres Dixièmes, & l'afranchissement des Capitations de diverses Compagnies, & de plusieurs particuliers; les Alienations, les Constitutions de rentes, les Traitez & autres expediens de Finance n'avoient pu produire que 691. millions 66. mille 368. livres. Par consequent il restoit dû à la fin de 1714. 316. millions 540. mile 813. Livres. Toutes les dépenses ordonnées par le Roi ayant été reglées sans être concertées avec le Controlleur General, & ce Ministre aiant été chargé de trouver par toutes sortes de moïens des fonds suffisans pour y fournir, il s'ensuit que le Roi étoit seul responsable de l'épuisement du Roïaume, & qu'on doit rendre sur cet Article la justice qui est duë à celui qu'il avoit choisi pour un si difficile emploi.

Honneurs accordez à la Duchesse de Berri. Sa Majesté avoit fait vers le millieu d'Avril la Revûë des Gardes Françoises & Suisses: mais aiant été incommodé quelques jours aprés, son indisposition fit differer le voïage de Marli que la Cour fait ordinairement en cette saison. S. M. s'étant ensuite trouvé mieux, partit le 1. Mai pour s'y rendre. Elle avoit resolu dans ce voïage de de faire raser une hauteur qui est entre Versailles & Marli, qu'on nomme la Montagne de Lussienne; & une partie du Régiment du Roi, qui devoit travailler à cet Ouvrage, étoit déja arrivée de Flandre sur les lieux; mais ce dessein fut remis à une autre année. Il arriva le 3. du même mois une Eclipse de Soleil que le Roi eu la curiosité de voir. Il se leva aussi bien que les Dames dés 7. heures du matin, & Mr. Cassini qui s'étoit rendu à Marli avec des Lunettes d'aproche, fit observer l'Eclipse à S. M. Elle commença * à 8. heures 6. minutes 13. secondes du matin, & finit à 10. heures 20. minutes 15. secondes: l'Eclipse fut centrale, & l'immersion de l'Astre totale depuis 9. heures 12. minutes 40. secondes. Ainsi cette immersion ou la plus grande obscurité dura 3. minutes 23. secondes. Pendant ce dernier intervalle, on remarqua un Cercle lumineux autour de la Lune, causé par l'Atmosphère de cette Planete. On vit trés-distinctement, non seulement celles de Jupiter, Mercure & Venus à l'Ouest, à peu prés à la hauteur du Soleil, mais aussi quelques autres Etoiles. Un peu avant & pendant l'immersion de cet Astre on sentit un froid extraordinaire; mais quelques minutes aprés l'Emersion, c'est à dire lors que le Soleil commença à paroître, ce qui se fit par un grand éclat de lumiere, on sentit sa chaleur naturelle, rien n'empêchant ses raïons de penetrer sur la terre, mais dès que l'Eclipse fut entierement finie, le Ciel se couvrit de nuages.

Indisposition du Roi qui n'a pointde suites. Pendant le sejour de la Cour à Marli, on dina chez le Roi & l'on soupa chez la Duchesse de Berri, qui eut les mêmes honneurs qu'avoit autrefois

* *Observations de la Societé Roiale de Londres.*

1715. Madame la Daufine. Cette Princesse fut souvent à la Chasse accompagnée d'une nombreuse Cour & il y eut toujours grand jeu chez elle. Le Roi nomma quatre Dames du Palais pour être auprès de cette Duchesse, savoir la Marquise de Coëtenfau, Femme du Chevalier d'honneur de cette Princesse: la Marquise de Brancas, Femme du Marquis de ce nom, Chevalier de la Toison d'or & ci-devant Ambassadeur en Espagne: la Marquise de Clermont, Femme du Capitaine des Gardes du feu Duc de Berri: & la Marquise de Pons, Femme du Maitre de la Garderobe de ce Prince, auxquelles S. M. donna 4000. livres de rente.

Le Roi fait la Revuë d'une partie de sa Maison

Ce Prince partit le 1. de Juin pour retourner à Versailles, où s'étant trouvé indisposé pendant quelques jours vers le millieu du mois, il fut obligé de garder la chambre; en sorte que la Revuë des Gendarmes & des Chevaux-Legers, qui avoit été fixée au 14., fut remise à un autre tems. Cependant le bon temperament de S. M. aiant encore pris le dessus, elle se trouva mieux & fut en état le 20. de faire devant le Château de Marli la Revuë des deux Compagnies de Gendarmes, des deux de Chevaux-Legers, & des deux de Mousquetaires, qui toutes ensemble montent à 900. hommes. Il faisoit fort beau ce jour-là, & non seulement les Ducs d'Orléans & du Maine, le Comte de Toulouse & les autres Princes du Sang assistèrent à cette Revuë, mais la Duchesse de Berri & la plûpart des Princesses & des Dames de la Cour y parurent vêtues en Amazonnes. Madame la Duchesse d'Orleans & quelques autres Princesses s'y trouverent dans deux carosses attelez de 8. chevaux chacun, dans l'un desquels étoit Mr. le Daufin. S. M. joüissoit encore à la fin de Juillet d'une santé si parfaite, qu'il fit deux fois dans une même semaine la Revuë du Régiment du Roi, où il resta 3. ou 4. heures de suite à cheval. Mais enfin s'étant encore trouvé mal au commencement d'Août, il ne put donner à l'Ambassadeur de Portugal, arrivé depuis peu à Paris, son Audience publique.

Ce ne fut pourtant que le 11. du même mois que parurent les premiers indices de la maladie de ce Prince, après une Medecine qu'il avoit prise. Il y avoit plus de deux mois que sa santé commençoit à s'affoiblir & qu'on s'en apercevoit; mais comme il agissoit à son ordinaire, qu'il se promenoit alloit à la Chasse, & faisoit la Revuë de ses Troupes, on n'en étoit pas fort allarmé. Il donna même encore le 13. Audience de Congé à l'Ambassadeur de Perse, & se tint debout pendant toute l'Audience. Quoi que vers le soir il avançât d'une heure celle de son souper, qui n'étoit jamais qu'à 10. heures, il ne parut pas assez malade pour qu'on dût le croire en danger. Néanmoins dès le Samedi 10. qu'il revint de Marli, il étoit si foible & si abattu, qu'il eut peine à aller de son cabinet à son prié-Dieu, & le Lundi qu'il prit Médecine & voulut souper à son grand Couvert & ne se coucher qu'à minuit, il parut si prodigieusement changé, que sa foiblesse & sa maigreur effraiërent tous ceux qui le virent. Cependant S. M. ne laissa pas de donner Audience publique le 16. au Baron d'Imhof, Envoié Extraordinaire du Duc de Wolfenbuttel, & le 17. au General de l'Ordre de Ste. Croix. Elle mangea encore en public, quoi que sur son lit, les jours suivans, & fit tenir Conseil plusieurs fois dans sa chambre.

Le 24. S. M. mangea encore en public, comme elle avoit fait depuis le 13. du même mois; mais elle fut attaquée de douleurs si subites & si violentes, qu'elle ordonna qu'on fit sortir

Il tombe malade & n'en relève pas. Journal Hist du Sr. le Febvre imprimé à Paris avec Approb. & Privil. Autres Mémoires du Tems.

Il se trouve un peu mieux & en reçoit

1715.

les felicitations de la Cour.

tir tout le monde de la chambre, excepté le Maréchal de Villeroi, à qui S. M. donna beaucoup de marques d'amitié & de confiance, & dit entr'autres choses, qu'*elle voioit bien que son heure aprochoit & qu'il faloit songer sérieusement à mourir*. Etant ensuite tombé dans une assez grande foiblesse, le Roi demanda à se confesser & le fit vers les 11. heures du soir. Il avoit une fièvre violente, mais aiant un peu dormi le matin, il se trouva assez de force pour faire entrer les Courtisans à son diner. Ce jour là, Fête de St. Louis, S. M. fut complimentée par le Duc d'Orléans & par plusieurs Seigneurs de la Cour sur le meilleur état de sa santé. Les Tambours allèrent lui donner des Aubades à l'ordinaire; il les fit avancer sous son Balcon pour les entendre mieux, parce que son lit en étoit trop éloigné, & les 24. Violons & les Hautbois jouèrent pendant son diner dans son antichambre, dont il fit ouvrir les portes pour les entendre. La petite Musique qu'il avoit accoûtumé depuis quelque tems d'entendre le soir chez Madame de Maintenon, & depuis tres-peu de jours dans sa chambre, se tint prête à entrer sur les 7. heures du soir; mais il s'endormit & se reveilla avec un poulx fort mauvais & une absence d'esprit qui effraïa les Medecins: ce qui fit résoudre à lui donner sur le champ le Viatique, au lieu que S. M. avoit déterminé la veille en se confessant d'entendre la Messe à minuit & d'y communier.

Il retombe & reçoit le Viatique, & l'Extrème Onction.

Ce Prince revenu de l'embarras qu'il avoit dans l'esprit un quart heure apres son reveil, & craignant de retomber dans un pareil état, pensa lui même qu'il devoit recevoir le Viatique sans attendre plus long-tems; & comptant dès ce moment qu'il lui restoit peu d'heures à vivre, il agit & donna ordre à tout, comme un homme qui va mourir ; mais avec une présence d'esprit, & une fermeté, dont il y a peu d'exemples. Mr. le Cardinal de Rohan Grand Aumonier de France, accompagné des deux Aumoniers de Quartier, du Père le Tellier & du Curé de Versailles, aportèrent le Viatique & les Stes. Huiles un peu après 8. heures par le degré derobé, par lequel on entroit dans les cabinets de S. M. Ce fut alors, selon la Lettre que j'ai deja citée, * que le Père Confesseur mit entre les mains de S. M. un Papier qu'Elle lut avant que de communier, & qu'on ne doute point qui ne fut le dernier *Vœu de la Societé*. Cette pieuse & triste cérémonie fut executée avec tant de douleur & de précipitation, qu'elle se fit sans aucune décoration exterieure. Il n'y eut que 7. ou 8. flambeaux portez par les Frotteurs † du Château, par deux Laquais du Medecin & un Laquais de Madame de Maintenon. Le Cardinal de Rohan portoit le Viatique & le Curé de Versailles les Stes. Huilles. M. le Duc d'Orleans & ceux des Princes du Sang qui furent assez tôt avertis accompagnèrent le Saint Sacrement, & pendant qu'on l'alla chercher, toutes les Princesses & leurs Dames d'honneur allèrent par les derrières dans l'Apartement du Roi où les Grans Officiers de sa Maison se rendirent aussi. Il n'y entra point d'autres personnes. Les Prières pour le Viatique & les Cèremonies de l'Extrême-Onction durèrent plus d'une demi-heure. Les Princes & les Officiers de la Maison qui se trouverent les plus proches de la chambre du Roi, y entrèrent pendant ce tems-là; mais toutes les Princesses demeurèrent dans le Cabinet du Conseil: les Prin-

1715.

* *Lettre d'un Ecclesiastique de Paris à un de ses Amis en Hollande.*
† *Domestiques qui frottent les Parquets des Apartemens.*

ces & plusieurs Grans Officiers reconduisirent le S. Sacrement.

Il fait un Codicille.

Dès qu'il fut hors de l'Apartement, Mad. de Maintenon qui avoit été toute l'après-dînée dans la chambre du Roi ; sortit de l'Apartement conduite par le Duc de Noailles, & Sa Majesté fit en même tems aporter sur son lit une petite table, & écrivit de sa main 4. ou 5. lignes sur la quatrième page du Codicille qu'elle avoit fait le 23. & que j'ai joint ci-devant avec le Testament. Il n'y eut pendant ce tems-là dans sa chambre que Mr. le Chancelier : la porte qui donne dans le Cabinet du Conseil étant demeurée ouverte, & les Courtisans auprès de la porte, en dedans du Cabinet. Pendant que le Roi écrivoit, Me. de Maintenon rentra & se mit à la ruelle la plus éloignée de la porte du Cabinet, en sorte qu'on ne la voïoit point. Dès que le Roi eut cessé d'écrire, il demanda à boire & les Courtisans les plus proches de la porte avancérent deux ou trois pas dans la chambre à la vuë du Roi, dont le rideau du lit, du côté de la cheminée & de la porte du Cabinet étoit ouvert. S. M. aiant jetté les yeux sur le Maréchal de Villeroi, l'appela avec une voix si forte qu'elle n'avoit rien d'un mourant: Elle lui parla pendant un demi quart d'heure. Le Maréchal rentra ensuite dans le Cabinet tout baigné de larmes. Après le Maréchal de Villeroi, le Roi appela Mr. Desmarets, lui parla pendant une ou deux minutes, & prit ensuite un bouillon.

Il fait appeler Mr. le Duc d'Orléans & les Princes legitimez.

Alors Mr. le Duc d'Orleans, que S. M. avoit fait appeler, entra : le Roi lui parla pendant plus d'un quart d'heure. M. le Duc du Maine, que S. M. avoit aussi demandé, entra dans son Apartement un moment après que fut fini le discours qu'elle avoit eu avec Mr. le Duc d'Orléans. Ce Prince sortit aussi-tôt en gemissant & fondant en larmes. Le discours que S. M. fit à Mr. le Duc du Maine, fut de la longueur de celui du Maréchal de Villeroi. Vers le milieu de cet Entretien, S. M. fit appeler Mr. le Comte de Toulouse. Après que les deux Frères furent sortis, Mr. le Duc Mr. le Prince de Charolois, & Mr. le Prince de Conti entrérent. Le Roi leur parla à tous trois ensemble : ce discours fut tres-court, & tous ces Princes rentrerent dans le Cabinet, le cœur si penetré & le visage tellement mouillé de larmes, qu'il n'y eut guere dans une Cour de spectacle plus touchant. S. M. avoit toujours tendrement aimé sa Famille : elle pleuroit elle-même de tendresse en parlant à tous ces Princes, qui communiquoient leur douleur aux Courtisans qui étoient dans le Cabinet. Mr. le Chancelier fut seul au dedans de la Chambre du Roi pendant tout ce tems ; il étoit debout entre la cheminée & la porte du Cabinet, c'est à-dire hors de la portée d'entendre ce que S. M. disoit. Le Roi n'appela aucune des Princesses qui demeurérent avec les Courtisans dans le Cabinet.

Dès que le Roi eut cessé de parler aux Princes, les Médecins & les Chirurgiens visitérent les jambes de S. M. dont ils trouvérent l'une sans mouvement; & y aiant aperçu quelques marques de Cangréne, ils préparent les Remédes necessaires pour la panser. Pendant ce tems là Mr. le Chancelier sortit de la chambre & alla parler à Mr. le Duc d'Orléans qui étoit assis dans l'embrazure de la fenêtre du Cabinet la plus proche de la chambre. Il se leva & ils s'aprochèrent l'un & l'autre de la Table du Conseil au bout où le Roi avoit accoûtumé de s'asseoir. Le Chancelier tira d'une envelope, qui n'étoit point cachetée, le papier sur lequel S. M. venoit d'écrire, & le donna à Mr. le Duc d'Orléans,

Il a la Cangrene à une jambe.

1715. qui, pour le lire, s'apuïa sur la table sans s'asseoir, & le Chancelier demeura debout auprés de lui. Aprés que Mr. le Duc d'Orléans eut achevé de lire, le Chancelier remit le papier dans l'envelope, & après en avoir fait lire le dessus à M. le Duc d'Orléans, il le mit dans sa poche sans le cacheter. Ce Prince & le Chancelier eurent ensuite une conversation d'environ un quart d'heure, après quoi le Chancelier sortit de l'Apartement, & Mr. le Duc d'Orléans demeura dans le Cabinet avec les Médecins. Il étoit onze heures quand cela finit. Les Dames entrèrent alors; mais le Roi aiant fait tirer son rideau, & dit qu'il vouloit reposer, les Princes, les Princesses & tous les Courtisans sortirent. Madame de Maintenon sortit aussi, lorsque le rideau du lit du Roi fut tiré, & alla manger un morceau derriére l'Apartement, pour ne pas passer dans les chambres qui étoient remplies de monde du coté du sien.

Dessein que le Roi avoit eu de porter au Parlement une Déclaration en faveur de la Constitution.

Mr. le Cardinal de Noailles avoit écrit à cette Dame une Lettre fort touchante, par laquelle il lui marquoit la peine qu'il ressentoit de la maladie du Roi, & l'empressement qu'il auroit eu de le voir, pour lui donner les dernières marques de son attachement, & pour lui représenter avec une respectueuse liberté, que la Conscience de Sa Majesté avoit été fort engagée par l'intérêt qu'on lui avoit fait prendre dans l'affaire de la Constitution. Effectivement outre ce que nous avons vu que le Roi avoit fait cidevant pour faire accepter cette Bulle, S. M. avoit resolu avant sa maladie de se rendre en personne au Parlement pour y faire enregitrer une Déclaration qu'elle avoit renduë sur ce sujet. Le commencement contenoit *un Exposé des affaires présentes, des maux de l'Eglise causez par l'oposition des huit Evêques, & la nécessité où le Roi se trouvoit de recourir au dernier reméde.* La fin étoit conçuë en ces termes. *Cependant pour suivre encore les mouvemens que notre Clémence nous inspire, & pour faire un dernier effort sur le cœur des Prélats à qui nous ne demandons que de se conformer au Corps des Pasteurs, nous avons resolu, avant que de les abandonner à la vigueur des Loix Canoniques, de leur enjoindre expressément qu'ils aient à suivre, dans l'acceptation de la Bulle Unigenitus, l'éxemple qui leur a été tracé par près de 110. Evêques de notre Roiaume, en leur declarant en même tems que s'ils persistent dans leur desobéïssance, nous aurons recours, sans délai, aux voies marquées par l'usage & par les Loix de l'Eglise.*

A CES CAUSES *nous exhortons & néanmoins enjoignons par ces Présentes, à ceux des Cardinaux, Archevéques & Evêques de France, qui n'ont point accepté ni fait publier dans leurs Dioceses la Constitution* Unigenitus, *ou qui ne l'ont acceptée que d'une maniere, qui n'aiant que l'aparence d'une veritable acceptation, déroge en effet à la Constitution & qui est si oposée à l'acceptation du Corps des Pasteurs, que si elle étoit tolerée, elle seroit la source inevitable d'un schisme & d'une division dans l'Episcopat, de recevoir ladite Constitution, sans user de distinction ni de restriction, qui dérogeant directement ou indirectement à ladite Constitution, & conformément à l'acte d'acception qui a été dressé, & aprouvé dans l'Assemblée des Cardinaux, Archevêques & Evêques de notre Roiaume, & de ceux qui n'avoient pas assisté à la dite Assemblée, de faire lire & publier ladite Constitution dans toutes les Eglises de leurs Dioceses & enregitrer aux Greffes de leurs Officialitez, quinzaine après la signification qui leur aura été faite à la Requête de*

Ffff ij

nos Procureurs Généraux, en nos Cours de Parlement, auxquels nous donnons tous les Ordres nécessaires pour faire ladite signification & les sommations requises, à peine d'être procedé suivant la forme prescrite par les SS. Canons contre ceux des Cardinaux, Archêveques & Evéques, qui refuseront d'accepter, faire lire, & publier ladite Bulle dans le tems & la forme ci dessus marquez.

Les Jesuites y ont eu plus de part que personne. Réponse à un Prelat sur le Refus que M. le Card. a fait de côtinuer ses Pouvoirs aux Jesuites.

On ne doutoit pas que les Jésuites n'eussent eu plus de part que personne à la Déclaration dont on vient de voir le Projet & à la détermination que le Roi avoit prise, par un zele de Religion mal inspiré, d'employer toute son Autorité pour la faire recevoir, jusqu'à vouloir aller lui même en personne tenir à ce dessein son Lit de Justice. Déclaration qui allarmoit tous les gens de bien & tous les bons François: Déclaration où par un renversement étrange on faisoit faire au Souverain le personnage de l'Eglise, pendant qu'on reservoit à l'Eglise le personnage du Souverain : c'est à-dire qu'on faisoit porter par le Prince une Loi Ecclesiastique, dont on ne laissoit que l'execution à l'Eglise; au lieu qu'il apartenoit à l'Eglise de porter la Loi & au Prince de se charger de l'exécution. Declaration enfin qui ne pouvoit être reçue en la maniere qu'on la projettoit, sans exposer Sa Majesté, déja fort affoiblie par ses infirmitez, à la plus rude mortification qu'elle eût jamais euë, & à mourir peut-être même par un effort au dessus de ses forces, & par le chagrin d'une résistance ferme, quoique respectueuse, de la part de ses Sujets. Voila comme les Jesuites aiment les Princes, & comme ils s'aiment encore plus que les Princes mêmes. Il n'est en effet que trop vrai qu'en paroissant les aimer & les craindre, ils ne les aiment ni ne les craignent comme il faut; parce qu'ils ne font l'un & l'autre que par retour sur leur Compagnie & qu'autant que les interêts de cette Compagnie si chère le demandent. Pour en convenir il suffit d'observer comme ils se conduisent aujourd'hui, comment ils se remuent & comment ils s'expliquent, aujourd'hui, dis-je, qu'ils voient une partie de ce qu'on leur avoit prédit arrivé, leurs mesures rompuës, leurs projets évanouïs, leurs esperances trompées, leurs temeraires promesses à la Cour de Rome non seulement sans effet, mais avec un succès tout contraire, leur indignation contre M. le Cardinal de Noailles plus vive & plus aigrie, mais jusqu'ici impuissante. Malgré la prudence & la profondeur dont tout leur corps fait profession, les Particuliers se trahissent. Comme l'abondance du cœur est grande, la bouche parle, & quelquefois la main s'échape à mettre sur le papier les sentimens du cœur. Telle est la Lettre qu'on dit qui fut trouvée parmi les Papiers de feu Mr. Chauvelin, Avocat General, & qu'on prétend lui avoir été adressée le 2. Août par le P. le Tellier au sujet de cette Declaration. ,, Tout est bien disposé, ,, portoit cette Lettre, pour faire réüs- ,, sir le grand Edit. Le Roi ira au Par- ,, lement le 10, cassera le Procureur ,, General, & vous commandera d'e- ,, xercer cette Charge & de faire la ,, Requisition; ensuite de quoi il pro- ,, noncera l'Arrêt d'Enregîtrement, ,, sans que personne ose s'y oposer. ,, Les Lettres de Cachet pour faire ,, arrêter le Cardinal de Noailles sont ,, toutes prêtes : On le fera conduire ,, sous bonne garde à *Pierre Encise* & ,, d'abord que cette Idole sera renver- ,, sée, nous n'aurons plus rien à crain- ,, dre " Que cette Lettre soit vraïe ou fausse, il n'en est pas moins certain qu'il échapoit aux Jesuites des discours fort indiscrets, & que par ces goutes amères on connoît aisément de quoi le dedans est rempli. Les Provinces s'en sont aperçuës, & par un contraste qui a fait plaisir, elles ont reprimé l'insolence par la fermeté, & l'esprit de sedition par * un attachement éclatant à leur Prince & à leur devoir.

Paroles du Roi qui semblent marquer qu'il avoit changé de dispositions.

Mais si les Sujets ont connu le danger de cette conduite artificieuse des Jesuites, il semble que le Roi lui-même en ait aussi aperçu les consequences, quand il n'étoit plus tems d'y remedier Du moins a t-il parut touché des engagemens qu'il avoit pris dans cette affaire & des démarches qu'il avoit faites trop egerement. Il demanda aux Cardinaux de Rohan & de Bissi si effectivement il n'avoit pas été trop loin dans cette afaire, dans laquelle il n'avoit rien fait que par leurs conseils, & par celui de son Confesseur : qu'il craignoit de s'y être trop engagé ; que si cela étoit, il pouvoit encore y remedier; qu'ainsi il leur ordonnoit de lui dire, s'il n'y avoit point eu de passion dans leur conduite, & s'ils n'avoient point agi par des considérations humaines. A quoi l'on dit que les Cardinaux repondirent : „Que S. M. ne devoit avoir aucune „peine d'avoir suivi le Pape & les Evê-„ques : que pour eux ils n'avoient eu „égard qu'à la gloire de Dieu, au ser-„vice de l'Eglise & à l'acquit de leur „Conscience Le Roi leur dit : *Mais* „*Mr. le Cardinal demande a me voir;* „*je l'ai toûjours aimé ; & je n'avois* „*pas de répugnance a le voir.* Alors le Pere le Tellier s'avança & lui dit: „Votre Majesté veut-elle défaire en „un moment l'ouvrage de toute sa vie? „si Elle voit Mr. le Cardinal, Elle de-

* Le Père de la Mothe, Jesuite de Rouën, qui a osé non seulement parler mais prêcher contre le Gouvernement présent [1719] a été poursuivi, poussé, interogé apres des Informations Juridiques, & cela en même tems par tous les endroits d'où l'Autorité pouvoit agir, l'Official, le Parlement, le Gouverneur.

truit tout ce qu'Elle a fait. Un des Cardinaux ajoûta qu'effectivement le Roi ne pourroit voir ce Cardinal, sans faire *abjuration* de tout ce qu'il avoit fait. Le Roi repliqua, *mais je n'ai rien dans le cœur de personnel contre lui , je l'ai toûjours estimé & aimé : que Mr. le Chancelier lui fasse reponse, & qu'on mette au moins dans la Lettre quelque chose d'obligeant de ma part.* Ce qui ne fut point exécuté : la Lettre étant assez seche, & le P. le Tellier aiant eu soin d'y faire inserer la condition d'accepter la *Constitution*. On dit encore comme tres assuré, que ce Pere aiant proposé au Roi de nommer aux Benefices vacans, S. M. ne le voulut point faire, disant qu'*Elle avoit toûjours tremblé, lorsqu'Elle avoit été obligée de s'acquiter de ce devoir: qu'Elle craignoit d'avoir de grans comptes a rendre sur cela: qu'Elle ne vouloit point y ajoûter une nouvelle nomination, & qu'elle laissoit ce soin à Mr. le Duc d'Orléans, qui s'en aquiteroit pa faitement bien.* On ajoûte que le P. le Tellier aiant dit au Roi, qu'il se répandoit un bruit, que S M. avoit eu la bonté de le nommer Sous-Precepteur de Mr. le Daufin; mais qu'il savoit bien qu'il n'étoit pas propre à un si grand emploi, le Roi lui répondit, *Helas! mon Pere, je n'y a pas seulement pensé.* Quant à la *Déclaration*, que les Jesuites auroient bien voulu faire passer, une Personne distinguée qui n'a point quitté Versailles depuis la maladie du Roi, a assuré qu'il n'en avoit point été question. Mr. le Cardinal de Bissi en voulut parler au Roi *, mais S. M. lui répondit: *qu'il ne vouloit plus qu'on lui en parlà. J'ai fait*, lui dit-il, *tout ce que j'ai pu pour mettre la paix entre vous: Je n'ai pu en venir à bout: je prie Dieu qu'il vous la donne ; c'est tout ce que je puis faire à present.* On ajoûte que le

* Le Mardi 27. Août.

Ffff iij

1715. Roi a dit dans une autre occasion : *Je suis de la meilleure foi du monde; si vous m'avez trompé, vous êtes bien coupables; car je ne cherche que le bien de l'Eglise.*

Ce qu'on peut recueillir de tous ces discours du Roi, qui ne paroissent point affectez, & qui découvrent au contraire le fond de l'ame d'un Price, qui songeoit véritablement à mourir, c'est qu'il avoit été effectivement trompé, & que sa facilité à se laisser conduire par ceux qui avoient su prendre de l'ascendant sur son esprit, jointe à de bonnes intentions, ne lui avoit pas permis de démêler le vrai d'avec le faux, ni le zèle veritable d'avec l'esprit de passion & d'intrigue. Reprenons les dernières circonstances de la vie de ce Prince.

La cangrene gagne, & la vie du Roi est desesperée.

Tous ceux qui avoient les grandes Entrées †, comme le Duc de Bouillon, Grand Chambellan de France, le Duc d'Aumont, Premier Gentilhomme de la Chambre, & le Maréchal Duc d'Harcourt, Capitaine des Gardes du Corps, se rendirent le 26. Août entre 9. & 10. heures du matin dans les cabinets du Roi, & peu de tems après toutes les Princesses y arrivèrent. La grande galerie & l'apartement de S. M. furent remplis comme la veille de quantité de Seigneurs & de gens de consideration qui n'avoient point les Entrées. Sur les 10. heures on pansa de nouveau la jambe du Roi, dans laquelle on donna plusieurs coups de lancette; on y fit des incisions jusqu'à l'os, & comme on trouva que la cangrene gagnoit jusques là, il n'y eut plus lieu de douter, même dans l'esprit de ceux qui auroient le plus voulu se flater, qu'elle venoit du dedans, & qu'on n'y pouvoit aporter aucun remède. Madame de Maintenon étoit alors seule dans la chambre & à genoux au pié du lit, pendant qu'on pansoit S. M. qui la pria de sortir & de n'y plus revenir. Elle ne laissa pas d'y retourner après la Messe. Ce pansement fini, le Roi dit : *que puisqu'il n'y avoit plus de remède, il demandoit au moins qu'on le laissât mourir en repos.*

Belles paroles de S. M. au Daufin.

A midi S. M. fit venir Mr. le Daufin dans sa chambre, où il entra avec Me. la Duchesse de Ventadour, sa gouvernante. Après l'avoir embrassé il lui dit: *Mignon, vous allez être un grand Roi; mais tout votre bonheur dépendra d'être soûmis à Dieu, & du soin que vous aurez de soulager vos Peuples. Il faut pour cela que vous évitiez, autant que vous le pourrez, de faire la guerre: c'est la ruine des Peuples. Ne suivez pas le mauvais exemple que je vous ai donné sur cela. J'ai souvent entrepris la guerre trop legerement, & l'ai soutenuë par vanité, ne m'imitez pas, mais soyez un Prince PACIFIQUE, & que vôtre principale aplication soit de soulager vos Sujets. Profitez de la bonne éducation que Me. la Duchesse de Ventadour vous donne. Obéissez lui, & suivez les bons sentimens qu'elle vous inspire.* Paroles vraiement dignes d'un GRAND ROI! & qui, quoi que les expressions tardives des sentimens qu'il auroit toûjours dû avoir, marquent du moins, que puisqu'il reconnoissoit ses fautes, il auroit été capable de les prevenir, s'il ne se fût pas livré trop aveuglement à ses Flateurs. Ne jugeons donc point des véritables sentimens d'un Prince, par ce qu'il peut avoir fait dans un tems où il étoit enyvré de sa GRANDEUR: c'est un état violent où il n'est pas à lui-même: obsedé par la Flaterie, il voit les objets tout autrement qu'ils ne sont. Jugeons en par ce qu'il dit au lit de la mort ; où plein de jugement & de connoissance, il envisage les choses d'un sens rassis dans leur véritable point de vûë. Alors le voile se

† *Voiez en les noms dans le* Journal Historique *du Sr. le Febvre*, Paris, Octobre 1715.

1715. rompt, la fascination de la grandeur se dissipe, la flaterie a honte de se montrer devant un Prince environné d'infirmitez & qui sent qu'il est homme. Que dis-je? c'est alors qu'il est véritablement Prince & l'un des plus grans Rois, par les sentimens dignes d'un Roi, qu'aucune violence ne lui arrache, mais que la Vérité seule tire de sa bouche. *Tout votre bonheur dépendra d'être soumis à Dieu*, dit-il au Daufin; il ne faloit donc pas exiger des Sujets une obéissance que leur Conscience ne leur permettoit pas de rendre aux hommes! *Ce même bonheur dépendra du soin que vous aurez de soulager vos Peuples*. Un Roi est donc le Pere de ses Peuples, & ce n'est donc pas être injuste que de le blâmer, quand il en est le Tiran! *J'ai souvent entrepris la guerre trop legerement, & l'ai soûtenuë par vanité*. Ce n'est donc pas être satirique ou partial, que de déveloper quelquefois, comme on a pu faire dans le cours de cette Histoire, les motifs de ces *Déclarations de guerre trop legeres*, & de cette vanité mal-entenduë qui les rendoit injustes en les soûtenant. Et si les motifs en étoient injustes, ceux des Princes Liguez pour se défendre ne donc pu être mis dans tout leur jour, sans que l'Ecrivain qui l'a pu faire doive passer pour Ennemi de sa Nation, ou pour Critique plûtôt que pour Historien. Pourquoi n'osera-t-il point dire ce que le Roi lui-même a dit? Plût à Dieu que tous les Rois profitassent de ces belles exhortations pour gouverner leurs Peuples avec douceur & équité; & que ceux qui vivent comme Louis XIV. parlassent du moins comme lui dans leur lit de mort! Combien leur Histoire n'en seroit-elle pas plus sincere! C'est-là la veritable grandeur des Rois, & si jamais Louis XIV. a été GRAND, ça été dans ce lit d'infirmitez, où l'on ne peut pas dire que les plaintes ni l'impatience lui aïent arraché ce noble aveu.

Quelques personnes ont voulu douter de la vérité de ce fait. Mais outre qu'il est attesté par un Journal * imprimé avec Privilège & sous les yeux de la Cour, pourquoi révoquer en doute des circonstances si glorieuses à ce Monarque? pourquoi lui envier une mort Chrêtienne après une vie mêlée de bien & de mal? N'est-ce pas vouloir flêtrir sa memoire, que de s'inscire en faux contre un fait avoüé de toute la Cour? Il suffit qu'il ait été publié par son ordre, pour en devoir respecter toutes les circonstances. C'est du moins une marque qu'elle veut qu'on les croye, puisqu'elle a permis qu'on les publiât. Et jusqu'à ce que nous aïons un témoignage public du contraire, nous devons présumer que la fin de LOUYS XIV. a été véritablement telle que nous l'avons raporté.

Pour vous Madame, dit encore ce Prince à Madame de Ventadour, *j'ai bien des remerciemens à vous faire du soin avec lequel vous élevez cet Enfant, & de la tendre amitié que vous avez pour lui. Je vous prie de la lui continuer, & je l'exhorte à vous donner toutes les marques possibles de sa reconnoissance*. Le Roi embrassa ensuite le Daufin par deux fois & lui donna sa Benediction. Le petit Prince mené par Me. de Ventadour sortit en pleurant. Ce tendre spectacle tira des larmes de tous ceux qui en furent témoins.

Un moment après le Roi fit appeller le Duc du Maine & le Comte de Toulouse, & leur parla la porte fermèe. Il fit la même chose avec Mr. le Duc d'Orléans, qu'on alla chercher dans son apartement où il étoit retourné. On remarqua que dans le moment que ce Prince sortoit de la chambre du Roi, S. M. le rappela jusqu'à deux

Sa Rebien connoissance envers Mad. de Ventadour.

Ses sentimens pleins de bonté pour tous ses Officiers.

* *Journal du Sr. Le Febvre cité-ci-devant plusieurs fois.*

1715. fois. A midi & demi le Roi entendit la Messe dans sa chambre, avec la même attention qu'il l'avoit entendue le jour qu'il avoit pris Médecine, les yeux toûjours ouverts, & priant Dieu avec une ferveur édifiante. Un moment avant qu'elle commençat, S. M. appela le Marquis de Torci, Ministre & Secretaire d'Etat des affaires étrangeres, & lui dit quelques mots. La Messe finie, il fit aprocher de lui le Cardinal de Rohan & le Cardinal de Bissi, auxquels il parla pendant une minute, & en finissant de leur parler, il adressa la parole à haute voix à tout ce qu'il y avoit de ses Officiers dans les ruelles de son lit & auprès de de son balustre* Ils aprocherent tous du lit, & il leur dit : *Messieurs, je suis content de vos services, vous m'avez fidélement servi & avec envie de me plaire. Je suis fâché de ne vous avoir pas mieux récompensé : que j'ai fait : les derniers tems ne me l'ont pas permis. Je vous quitte avec regret, servez le Daufin avec la même affection que vous m'avez servi. C'est un Enfant de cinq ans qui peut essuier bien des traverses, car je me souviens d'en avoir beaucoup essuié pendant mon jeune âge. Je m'en vais l'Etat demeurera toûjours : soiez y fidélement attachez, & que votre exemple en soit un pour tous mes autres Sujets : soiez tous unis & d'accord ; en l'union est la force d'un Etat, & suivez les ordres que mon Neveu vous donnera. Il va gouverner le Roiaume, j'espere qu'il le fera bien : j'espere aussi que vous ferez tous votre devoir & que vous vous souviendrez quelquefois de moi.* A ces dernières paroles, ils fondirent tous en larmes.

Il ne craint point la mort.

Belles leçons! qui renferment autant de sentences. Un Roi qui les donne n'est il pas capable d'être Roi? Et s'il ne les a pas toûjours mises en pratique, à qui doit-on l'imputer qu'à ceux qui n'ont songé qu'à le corrompre? Sa voix ne fut point entrecoupée pendant qu'il prononça ce discours, mais elle étoit beaucoup plus foible qu'à l'ordinaire. Il envoia chercher encore Mr. le Duc d'Orléans, à qui il dit des choses qui n'ont été sûës de personne ; & dans l'instant S. M. fit entrer Madame, & toutes les Princesses, qui furent suivies de leurs Dames d'honneur. Elles n'y restèrent qu'un moment, & il est incompréhensible que le Roi ait pu résister aux cris & aux lamentations qu'elles firent. Il faut avoir vu les derniers momens de ce Prince, pour croire la fermeté Chrétienne & Heroïque avec laquelle il a soûtenus les aproches d'une mort qu'il savoit prochaine & inévitable. On a vu les plus grans Guerriers, & ceux qui avoient bravé la mort à la bouche du Canon, trembler à sa vuë, quand elle s'est montrée à eux dans leur lit. Le Roi au contraire, qui avoit paru la craindre à la tête des Armées, soit par un effet du tempérament, dont on n'est pas toûjours maître, soit par les précautions excessives des Courtisans empressez pour la conservation de sa personne, l'envisagea d'un œil ferme & sans aucune apréhension, quand elle se présenta à lui avec toutes ses horreurs. Si quelcun la devoit craindre, c'étoit un Roi élévé dans les plaisirs, accoûtumé aux delices, nouri dans les idées flateuses d'un Pouvoir absolu & sans bornes, & bercé de l'espérance d'une vie, sinon immortelle, du moins longue & heureuse. C'étoit un Roi de qui l'on avoit toûjours pris soin d'écarter la pensée qu'il pouvoit mourir, & dont le tempérament fort & robuste sembloit d'autant plus devoir prolonger ses jours, qu'il avoit déja plus vécu. Souvent plus on est accoûtumé à vivre, plus on craint de ne

* *Les Etrangers peuvent ignorer que le lit du Roi est enfermé d'une balustrade [d'argent] d'environ trois piés de haut, pour empêcher qu'on n'en aproche.*

LOUIS XIV. Liv. XX.

1715. ne vivre pas toûjours. Le Roi avoit peu été malade, ainsi une maladie aiguë devoit, ce semble, l'affraïer. Il ne le fut pourtant point. Il ne laissa presque point passer un seul jour dans cette cruelle maladie, sans faire quelque action également illustre & pieuse, non point avec ce faste orgueilleux que les Rois conservent quelque-fois jusqu'à la mort ; mais d'une maniere naturelle & simple : ne parlant à chacun que des choses dont il convenoit de lui parler, & avec cette Eloquence juste & precise qu'il eut toute sa vie, & qui sembla s'être encore augmentée dans ses derniers momens. Enfin quelque grand qu'il ait paru dans le cours glorieux d'un Regne de soixante & douze ans, il se montra encore plus grand à sa mort. Son bon esprit & sa fermeté ne l'abandonnerent pas un moment, & en parlant avec douceur & bonté à tous ceux à qui il voulut bien parler, il conserva toute sa grandeur & sa majesté, jusqu'au dernier soupir.

Sa presence d'esprit jusqu'au dernier momét.

Vers les deux heures après midi du même jour 26. Madame de Maintenon étant seule dans la chambre du Roi, S. M. fit venir Mr. le Chancelier, & lui fit ouvrir des cassettes dont elle lui fit brûler plusieurs Papiers, & lui donna ses ordres sur les autres avec la même présence d'esprit & la même tranquillité, qu'elle avoit accoûtumé de les lui donner dans ses Conseils. Ce travail dura environ deux heures. Le Roi fit encore venir sur les six heures Mr. le Chancelier, & travailla environ une demi-heure avec lui, Me. de Maintenon présente. Le reste de la journée cette Dame resta seule, & le P. le Tellier eut de tems en tems des conférences de Pieté avec S. M. comme il avoit fait depuis le jour de sa Confession. A dix heures du soir on pansa la jambe du Roi, & l'on trouva non seulement que la cangrène n'avoit fait aucun progrès depuis le matin, mais qu'en tout la jambe étoit mieux. Ses forces étoient un peu revenuës l'après dinée, ce qui avoit donné une lueur d'esperance à ceux qui aiment à se flater. Mais ceux qui n'écoutoient & ne consultoient que la raison, avoient cessé d'esperer.

L'état du Roi fut toute la journée du Mardi 27. presque semblable à celui de la veille. Cependant S. M. s'affoiblissoit de plus en plus : Elle eut même quelques momens de convulsions, & quelque legere absence d'esprit ; mais la cangrène ne fit aucun progrès, & quand on pansa sa jambe le soir à dix heures, on la trouva comme la veille, au dessous de la marque que l'habitude qu'il avoit euë de porter toûjours une jarretiere sous le genouil avoit faite autour de sa jambe. Pendant la nuit & le jour il fit entrer à vingt reprises le P. le Tellier dans sa chambre pour parler de Dieu. Madame de Maintenon y resta presque toûjours : Mr. le Chancelier y entra aussi quel-quefois. Les Premiers Gentishommes de la Chambre n'y entrèrent que dans le tems qu'il prit des bouillons. Il entendit la Messe à midi, & il ordonna qu'il n'y eût que le Premier Aumônier & les deux Aumôniers de quartier qui entrassent dans sa chambre. Sur le soir il fit appeller par le P. le Tellier le Comte de Pontchartrain, Secretaire d'Etat de sa Maison & de Paris, qui étoit dans le cabinet, & lui dit : *Aussitôt que je serai mort, vous expedierez un Brevet pour faire porter mon cœur à la Maison Professe des Jesuites, & l'y faire placer de la même maniere que celui du feu Roi mon Pere ; je ne veux pas qu'on y fasse plus de dépense.* Il lui donna cet ordre avec la même tranquillité qu'il ordonnoit en santé les choses les plus indifferentes.

Derniers ordres qu'il donne.

Il avoit déclaré le Dimanche, qu'il

1715. vouloit qu'auſſi-tôt qu'il ſeroit expiré, on menât le Dauſin à Vincennes. Le Mardi il ſe ſouvint que le Grand Maréchal des Logis n'avoit jamais fait le logement dans ce Château, où il y avoit plus de 50. ans que la Cour n'avoit logé. Il ordonna qu'on allât prendre un plan qu'il avoit de ce Château dans un endroit qu'il indiqua, & qu'on le portât au Grand Maréchal des Logis pour lui faciliter le logement qu'il devoit faire. Il dit ſur le ſoir à Madame de Maintenon : *J'ai toûjours oui dire qu'il eſt difficile de mourir, pour moi qui ſuis ſur le point de ce moment ſi redoutable aux hommes, je ne trouve pas que cela ſoit ſi difficile.* Pouvoit-on dire que ce fut par inſenſibilité que le Roi parlât ainſi ; n'avoit-il pas le jugement auſſi ſain, & l'eſprit auſſi libre, qu'il l'eût eu durant toute ſa vie? Excellentes diſpoſitions, dont on ne peut aſſez déplorer qu'on ne lui eût pas fait faire plûtôt un meilleur uſage ! Cette tranquilité venoit ſans doute de l'aſſurance que les Jeſuites avoient donnée au Roi de ſon ſalut ; & ce fut aparemment en conſequence du droit (*a*) que ce Prince avoit ſelon eux aux Prières & aux Suffrages d'une ſi nombreuſe Société, qu'on lui entendoit dire aux aproches de la mort, *On m'aſſure que Dieu m'a pardonné mes péchez.* (Il faloit avoir été bien hardi pour inſpirer une pareille aſſurance. S. Gregoire le Grand (*b*) l'avoit refuſée à une Dame tres-vertueuſe qu'il conduiſoit, & qui par le mouvement d'une Piété mal entenduë lui avoit demandé cette conſolation.) Mais ce que le Roi ajoûtoit : *Je ne me conſolerai jamais d'avoir offenſé Dieu*, eſt un fondement bien plus ſolide d'eſperer tout pour lui de la Divine miſéricorde.

La nuit du Mardi au Mercredi fut ſemblable aux précédentes. Mais ſur les ſept heures du matin, un moment après que le Roi eut envoié chercher le P. le Tellier, qui ne faiſoit que de ſortir du cabinet où il avoit couché, on crut qu'il étoit à l'extrêmité : & cela fit un ſi grand mouvement dans le Château, que tout le monde crut qu'il expiroit. Dans cet inſtant plein de cris & de gémiſſemens, il aperçut dans ſes miroirs deux de ſes Garçons de la Chambre qui pleuroient au pié de ſon lit, & il leur dit : *Pourquoi pleurez vous ? Eſt-ce que vous m'avez cru immortel ? Pour moi je ne l'ai jamais cru être : & vous avez dû depuis longtems vous préparer à me perdre.*

Sur les onze heures du matin, il ſe préſenta un Provençal, appelé *Brun*, inconnu à tout le monde, qui, venant de Marſeille à Paris & aiant oui dire ſur le chemin l'ètat où étoit le Roi, avoit pris la Poſte & aporté un Elixir qu'il prétendoit infaillible pour la cangrène, même pour celle qui vient du dedans. On le fit parler aux Medecins, après qu'il leur eût dit dequoi ſa drogue etoit compoſée, on en fit prendre à midi dix goutes au Roi, dans trois cueillerées de vin d'Alicante. S. M. en prenant ce breuvage qui ſentoit fort mauvais dit, *je ne le prens, ni dans l'eſperance, ni avec deſir de guerir ; mais je ſai qu'en l'état où je ſuis je dois obéir aux Medecins,* Cette drogue eſt unElixir fait avec le corps d'un animal, de la même manière à peu près qu'on fait les Goutes d'Angleterre avec les Crânes d'hommes. *Brun* en prit avant qu'on en donnât au Roi, qui, une heure après en avoir pris, ſe ſentit un peu plus fort. Effet ordinaire des remedes fort ſpiritueux. Mais peu de tems après S. M. retomba en foibleſſe, & on trouva ſon poulx plus mauvais, ce qui fit que ſur les 4. heures, il y eut une ſi grande diſpute entre les Médecins & les Courtiſans, pour ſavoir

(*a*) *Voiez ce que nous avons raporté là-deſſus ci-devant Tom. II. pag. 76. & ſuiv.*
(*b*) *Lib. VII. Epiſt. 16. ad Gregoriam.*

pouvoit venir cette grande ſecurité du Roi

Il conſole ſes Domeſtiques.

Nouveau remede qu'on lui donne aporté par un Provençal.

LOUIS XIV. Liv. XX.

1715.
si on continueroit, ou non, à donner ce remede au Roi, que Mr. le Duc d'Orléans fut appelé pour en décider. Il fit entrer *Brun* dans la chambre du Roi; il lui fit tater son poux, aprés quoi il fut resolu, puisqu'il n'y avoit plus d'espérance de sauver le Roi, qu'on lui donneroit encore de cet Elixir pour le soutenir quelques heures de plus Il en prit à 8. heures du soir, & sa jambe fut pansée à l'ordinaire. On trouva comme la veille, que la cangrene n'avoit fait aucun progrés , mais le poulx fut tres-mauvais pendant tout le jour, l'assoupissement assez continuel, & la téte par intervalle fort embarrassée ; en sorte que de la journée il ne parla presque qu'à son Confesseur. Madame de Maintenon n'alla dans sa chambre que l'après dinée, même assez tard , & l'aiant trouvé fort assoupi, elle en sortit sans lût parler, elle alla sur les sept heures du soir coucher à S. Cir, pour y faire ses devotions le lendemain matin, & retourner à Versailles, si la vie du Roi se soutenoit encore.

Effet qu'il produisit, & ce qu'on en disoit à la Cour.

On continua la nuit du Mecredi, & tout le Jeudi 29. à donner au Roi, de huit heures, en huit heures le remède de *Brun*, on le fit même entrer dans la chambre du Roi, comme les autres Médecins, toutes les fois que S. M. le prit. Il parut le matin que cet Elixir spiritueux ranimoit le Roi, & lui donnoit plus de force qu'il n'en avoit eu, la veille, & comme la plûpart des gens sont extrémes en tout, & sur tout les Dames , elles chantérent victoire tout le jour; elles voulurent que *Brun* fût une espece d'Ange envoié du Ciel, pour guérir le Roi, & qu'on rejettât tous les Medecins de la Cour & de la Ville. Enfin il passoit pour si constant que le Roi alloit guérir, qu'on donnoit des noms desagréables à ceux qui, avec plus de raison , disoient que le poulx du Roi étant extrémement mauvais, il ne faloit regarder l'effet de cet Elixir, que comme un peu d'huile qu'on remet dans une lampe qui s'éteindra entierement dans peu de momens. Ce même jour le Roi entendit la Messe qu'il n'avoit pu entendre la veille. S. M. mangea entre six & sept heures du soir deux petits biscuits dans du vin, avec assez d'apetit , elle prit encore à huit heures du soir de l'Elixir de *Brun*. Il parut, quand elle le prit, que la téte commençoit à être fort embarassée, & S. M. dit elle-même , qu'elle n'en pouvoit plus. Enfin sur les dix heures & demie du soir , on leva l'apareil de sa jambe pour la panser & on trouva malheureusement que la cangréne étoit dans tout le pié, qu'elle avoit gagné le genouil , & que la cuisse étoit enflée. Alors le Roi, quoi que sa connoissance ne fut presque plus que machinale , dit qu'il s'évanouissoit. Me. de Maintenon & son Confesseur furent presque tout le jour dans sa chambre. Il fit encore cette même aprés-dinée des actes de pieté avec la resignation d'un vrai Chrétien aux volontez de Dieu.

1715.

Le Vendredi 30. le Roi fut toute la journée dans un assoupissement presque continuel , & n'aiant presque plus de connoissance ; son Confesseur qui ne le quittoit plus , n'en put rien tirer de toute l'après-dinée. Le soir on leva l'apareil à l'heure ordinaire; on trouva sa jambe aussi pourrie, que s'il y avoit eu six mois qu'il fût mort ; & l'enflure de la cangréne au genouil & dans toute la cuisse. Cependant ce Prince étoit né avec une si bonne constitution & un tempérament si robuste, qu'il combattit encore contre la mort ; il prit de la gelée , & but de tems en tems de l'eau pure, car il refusoit la boisson dés qu'il y sentoit du vin. Il dit en bûvant quelques paroles, mais tout cela sans connoissance distincte. Madame de Maintenon s'en alla à 5.

Le Roi commença à perdre connoissance.

Gggg ij

1715. heures à St. Cir, pour n'en plus revenir. Avant de partir elle distribua dans son Domestique le peu de meubles qu'elle avoit : elle dit un éternel adieu à ses Niéces, & leur declara qu'elle ne vouloit absolument pas que qui que ce fût au monde l'allât voir à St. Cir.

Sa longue agonie.

Le Samedi 31. le Roi fut sans connoissance toute la journée, les momens lucides aiant été fort courts, & dans le peu de choses qu'il dit, il parut qu'il s'impatientoit de ne pas voir la fin d'une si longue agonie. La cangrene avoit continué à faire du progrés, la mort ne pouvoit achever de le détruire, tant la force de sa constitution étoit prodigieuse. Il prit comme la veille de la gelée & quelques verres d'eau ; mais quand on lui donnoit de la gelée, ou à boire avec le biberon, il faloit lui ouvrir la bouche & lui tenir les mains parce que sans cela il ôtoit de sa bouche tout ce qu'on lui donnoit. Madame la Duchesse du Maine souhaitaqu'on lui donnât le remede que le Médec. Agnan donne pourla petite verole; les Médec. y consentirent, parce que n'y aiant plus aucune ressource, il valoit autant qu'il mourût aprés avoir pris ce remède, que sans l'avoir pris. A dix heures & demie du soir on lui dit les Priéres des Agonizans, de peur qu'il n'expirât pendant la nuit. La voix des Aumôniers qui faisoient les Priéres, ranima tellement ses esprits, qui paroissoient comme éteints, que pendant les Priéres, il dit à plus haute voix qu'eux l'Ave Maria & le Credo à plusieurs reprises, par la grande habitude que S. M. avoit de les prononcer.

Sa mort.

Enfin le Dimanche 1. Septembre, à 8. heures & un quart & demi du matin, le Roi expira sans aucun effort, comme une bougie qui s'éteint.

Récapitulation des principaux é-

Telle fut la fin d'un Roi puissant dont le Régne, le plus long qu'il y ait eu, ne put néanmoins suffire à tous ses grans desseins, ni le mettre en é-tat non plus que son Roïaume, de jouir de quelque repos. Tout s'est passé en des guerres presque continuelles, dont la plupart avoient pour but l'agrandissement de la Maison & de la Famille Roïale, qui devenoit de plus en plus nombreuse. Cependant, ces guerres, soûtenuës avec les plus grans préparatifs qui aient jamais été faits, se sont enfin terminées à placer un Petit-Fils sur le Trône d'Espagne, en vertu d'une *Renonciation*, & à ne laisser en France qu'un Arriere-Petit-Fils *Mineur*, qui font le reste de cette nombreuse Posterité. Mais le point principal, qui regarde le soulagement des Peuples, est toujours demeuré en arriere ; & la mort a surpris ce Monarque, avant qu'il ait pu exécuter ce dessein, dont il a été obligé de laisser le soin à ses Successeurs. C'est ce qu'il a reconnu lui-même, en donnant comme je l'ai raporté, ses dernières instructions au jeune Daufin, & en faisant cet aveu, qui mérite d'être transmis à la Posterité, Aveu qui (de quelque maniere qu'on le regarde) fera plus d'honneur à ce grand Prince dans l'Histoire, que tant de Panegiriques outrez.

1715. venemens de son Régne. Réflex. de Mr. Tronchin du Breuil sur l'an 1715.

Au reste, on a vu à la mort de ce Monarque, si puissant & si absolu dans ses Volontez, qu'il n'a pas eu aprés son décés plus de Privilége que les Rois ses Prédecesseurs, dont les dernières dispositions ont été souvent modifiées ou changées par les Parlemens, selon qu'ils l'ont jugé nécessaire pour le bien public : ainsi qu'on le voit entr'autres dans l'exemple de Louïs XIII. qui, peu de tems avant sa mort, avoit envoié au Parlement sa *Déclaration* du 21. Avril 1643., pour regler la forme de la Régence pendant la *Minorité* de son Fils. Mais après sa mort, le Roi Louïs XIV. étant allé tenir son lit de Justice, & faire confirmer la Régence de la Reine sa Mére,

Il n'a pas eu aprés sa mort plus de privilege que les Prédecesseurs, eu égard au raport à son Testamér.

1715. le Parlement n'eût point d'égard à certaines clauses de la Déclaration, & permit à la Reine de gouverner le Roïaume absolument, avec le Conseil de Mr. le Duc d'Orléans & de Mr. le Prince, d'appeler en son Conseil & au Ministère telles personnes que bon lui sembleroit, sans avoir égard à *la pluralité des voix*, contre ce qui étoit ordonné par cette Déclaration. Et c'est ainsi à peu près, que le Parlement d'aujourd'hui en a usé à l'ouverture du Testament du feu Roi. Avec cette différence néanmoins que la minorité qui suit ce long règne, a commencé sans troubles, ce qui n'étoit pas arrivé sous celles du Roi défunt & de Louis XIII.: Qu'une nouvelle forme de Gouvernement, établie de concert avec le Parlement, sous une Régence generalement aplaudie, est dirigée par un Prince doué d'un genie superieur, & des talens nécessaires pour soûtenir un si pesant fardeau; que les Conseils furent composez d'excellens Sujets, dont les sages décisions se rendent doublement respectables; & qu'enfin les plans étoient tout formez pour le redressement des affaires du Roïaume, & pour le soulagement des Peuples.

En effet, quand on considere l'état où le feu Roi avoit laissé les affaires, les dettes immenses qu'il avoit contractées, les domaines de la Couronne alienez, les revenus de l'Etat presque anéantis par une infinité de Charges, les impositions ordinaires consumées par avance, & les Peuples épuisez par tant de guerres continuelles, on ne peut en voïant toutes ces choses, s'empêcher de reconnoître le bonheur du Roïaume, d'avoir trouvé un Prince Regent, pendant la minorité du nouveau Roi, capable de soutenir un poids si accablant, de débrouiller ce cahos, & de s'ouvrir une route sûre pour procurer enfin le soulagement des peuples, pour rétablir l'abondance dans le Roïaume, & pour affermir la paix au dedans & au dehors. Son Altesse Roïale y a travaillé avec tant de succés, & l'on est si persuadé que toutes ces maximes tendent à ce but, qu'on n'en peut espérer qu'une heureuse issue. La suppression de la Chambre de Justice, qu'il avoit été necessaire d'établir; diverses contestations pacifiées; plusieurs impositions, Offices & autres charges onereuses supprimées, un grand nombre de Billets de l'Etat anneantis, quantité de Beaux Réglemens faits, tant pour l'administration & le redressement des Finances, que pour le retablissement & l'augmentation du commerce sont des preuves certaines du progrés qu'on y a déja fait. Il n'y a que ceux qui sont au timon des affaires & qui en sentent tout le poids, qui puissent bien juger de la grandeur des obstacles qu'ils ont eu à surmonter, pour amener les choses au point où elles sont dans le tems que j'écris *.

Une autre affaire sur laquelle les intentions & les volontez du feu Roi n'ont pas été suivies, c'est celle de la fameuse Constitution *Unigenitus*, qui a fait tant de bruit dans le Roïaume, & qui a été sur le point d'avoir des suites trés-facheuses par la nouvelle *Déclaration* qui étoit prête à être portée au Parlement. On avoit déja commencé, comme nous l'avons vu, par des Proscriptions & des Exils contre les Refusans; mais la mort du Roi étant survenuë, & le Gouvernement étant tombé entre les mains d'une Régence les choses ont entierement changé de face. Les anciennes maximes ont repris le dessus: la liberté a été renduë aux Parlemens & aux Evêques; les Exilez ont été rappelez; M. le Cardinal Archevêque a été mis à la tête d'un nouveau Conseil de Cons-

Par raport à l'affaire de la Constitution.

* *Au mois de Fevrier* 1718.

Gggg iij

cience; & les choses sont rétablies sur un tel pié, qu'on peut desormais esperer, que les voies de Droit prévaudront sur celles de la contrainte & de la violence. M. le Duc d'Orléans, Régent, s'est expliqué qu'il vouloit se conduire par l'avis des Conseils & du Parlement, & ne se servir de son autorité que *pour soulager les pauvres, entretenir la paix au dedans & au dehors du Roiaume, & rétablir sur tout l'union & la tranquillité de l'Eglise.* Voilà tout d'un coup un grand changement, qui donnoit lieu de bien espérer des suites, moiennant que le Pape y voulut concourir de son coté en n'étendant pas ses prétentions au delà des bornes prescrites en France. Il est certain que cette affaire est des plus délicates qu'on ait eu à démêler depuis long-tems avec la Cour de Rome, dont les vûes politiques l'ont portée en cette occasion à engager son Autorité si avant, qu'il paroit bien difficile de trouver des tempéramens capables de contenter également les deux Cours. Cependant Mr le Duc Régent s'y est encore conduit d'une maniere aussi pleine d'équité que de modération & de sagesse, pour menager d'un côté la délicatesse de la Cour de Rome, & pour conserver de l'autre les Droits du Roiaume dont il est le Gardien. Il a pris le parti de donner aux esprits divisez, le tems de s'éclaircir & de s'entendre; persuadé que si chacun y vouloit proceder avec la même circonspection, il ne seroit pas difficile de convenir. On a proposé des Temperammens, des Explications & des Ecclaircissemens, pour tâcher de trouver un milieu; mais tant que le Pape demeure ferme sur le point de son Autorité, qu'il met au-dessus de tout, les expediens qui regardent le fond de la Doctrine ils demeurent inutiles; & pendant qu'*il veut être obéi sans restriction,* & que l'on ne peut le faire sans préjudice de la vérité & des maximes du Roïaume qu'*avec restriction & limitation,* il est bien difficile, pour ne pas dire impossible, de concilier deux choses si contradictoires. C'est néanmoins pour tâcher de parvenir à un accommodement, que Mr. le Duc Regent aiant redoublé ses instances & ses sollicitations en Cour de Rome, ne voulant pas que cette négociation fût troublée par la chaleur des disputes qui s'échaufoient de plus en plus, S. A. R. a fait donner la Déclaration, par laquelle le nouveau Roi impose *par provision seulement* (& non d'une *maniere indéfinie, qui paroîtroit exceder les bornes de son pouvoir,*) *un silence general & absolu sur cette matiere, afin de preparer les voies, par cette espece de Trêve, à une veritable Paix,* en attendant que le St. Pere, touché des maux de l'Eglise de France, ait trouvé les moyens d'y rétablir une paix solide; lui insinuant en même tems, qu'on ne doutoit pas qu'il ne fit voir, que sa sagesse & ses lumieres sont au dessus des vûes de ceux qui ont cru que pour faire cesser les divisions, il faloit avoir recours à l'Eglise Universelle, &c. Mais le Pape, seduit par de mauvais conseils, & poussant trop loin les préjugez de sa prétenduë Autorité, fondée sur les *Fables Ultramontaines* (comme les apèle un tres habile homme de ce tems *) n'a pu souffrir qu'on s'élevât contre cette même autorité, quoi qu'il ne se mit pas en peine de faire cesser ces divisions. Et voyant que les Appels au futur Concile General se multiplient tous les jours dans l'Eglise de France, il a fait publier des *Lettres Apostoliques,* par lesquelles il separe de sa Communion tous ceux qui n'ont pas reçû, ou qui ne recevront pas à l'avenir sa Constitution: sans penser

du 7. Octobre 1717.

* Mr. de Gaufredy Avocat Géneral du Parlement d'Aix en Provence.

1175. (comme ledit autrefois *Firmilien* au Pape Etienne) qu'en croiant séparer tout le monde de sa Communion, c'est lui qui se sépare de la Communion de tout le monde.

A la fin de l'année 1718.

Voilà l'état où se trouve présentement cette grande affaire, dont il faut attendre l'évenement. Mais quelles qu'en soient les suites, on doit cette justice à la Régence, qu'elle n'a rien ômis de tout ce qui pouvoit dépendre de ses soins & de son autorité pour procurer la paix. C'est à l'Histoire du Régne suivant à en faire le détail. J'ajouterai seulement ici, que cette affaire a été mise d'ailleurs dans un si grand jour, qu'elle a réveillé l'attention du public, qui s'est trouvé en état d'élever sa voix, sur certaines veritez sensibles & palpables, qui sont à sa portée, & d'en juger à sa maniere, c'est-à-dire, pour parler comme l'Ecrivain que je cite ici, *d'un jugement de discernement*, qui ne lui peut être contesté. Autre motif qui mérite qu'on y fasse quelque attention à Rome ; puisque l'expérience a fait voir, qu'il y a des tems & des conjonctures où *la voix des peuples* qui rendent temoignage de leur Foi & se recrient contre l'erreur & la nouveauté, ne doit pas être méprisée.

L'Auteur des Lettres sur les matieres du tems.

Son cœur est porté aux Jesuites & ses entrailles à N. D. de Paris.

Le feu Roi fut vû de tout le monde à visage decouvert pendant le jour de sa Mort. Il y avoit dans sa Chambre des Prêtres, qui psalmodioient continuellement. Le lendemain son Corps fut ouvert en présence du Duc d'Elbeuf & du Maréchal de Montesquiou, nommez à cet effet par le Roi, & suivant la Coûtume on appela aussi à cet ouverture deux Médecins de la Faculté de Paris & deux Chirurgiens de la Communauté de St. Cosme, outre le premier Médecin & tous les autres Medecins & Chirurgiens du Roi. Son cercueil fut mis dans la Chambre du Grand Apartemét meublée des meubles les plus precieux. Il y demeura pendant huit jours gardé par les principaux Officiers : le Grand Aumônier, des Evêques & des Religieux psalmodiant jour & nuit. Le 3. ses Entrailles furent portées à Notre Dame de Paris, par l'Abbé de Froulai, Aumonier du Roi, accompagné du Sr. des Granges, Maître des Ceremonies. Le Carosse étoit suivi d'un Exemt, & de six Gardes portant des Flambeaux. Elles furent posées dans le Chœur, à côté de celles de Louis XIII. Le 6. son Cœur fut porté à la Maison Professe des Jesuites par le Cardinal de Rohan, accompagné du Comte de Charolois, & dans le même Carosse étoit le Duc de Sulli, le Duc de Tresmes, Premier Gentilhomme de la Chambre, le Marquis de Maillebois Maitre de la Garderobe & le Sieur de Jaucourt, Gouverneur de M. le Comte de Charolois. Les Aumôniers & le Confesseur du Roi occupèrent le second Carosse avec quelques Jésuites, & l'on marcha en cet ordre à Paris. Vingt Pages du Roi portant des Flambeaux : le premier Carosse où étoit le Cœur, trente Gardes du Roi & le second Carosse. On trouva à la Porte de la Conférence vingt Valets de pié & trente Suisses de la Garde. Le Cœur étant arrivé aux Jesuites fut presenté au Recteur par le Cardinal de Rohan. Il étoit bien juste que ces Peres, qui en avoient dirigé tous les mouvemens durant sa vie, le gardassent en depôt après sa mort.

1715.

Son Corps est porté à S. Denis.

Le 9. au soir le Corps fut porté à St. Denis, après que les Vêpres des Morts eurent été chantées par la Musique dans la Chambre où il avoit été gardé. Il fut levé par le Cardinal de Rohan, en presence du Duc de Bourbon, Grand Maître de la Maison du Roi & porté par les Gardes de la Compagnie Ecossoise sur un Chariot d'armes, couvert d'un Poële croisé de Moire d'argent ; puis on marcha en cet ordre. Le Capitaine des Gardes de la Maison du Roi : quelques caroffes des principaux Officiers : celui du Maître des Ceremonies, celui du Grand Maître des Ceremonies, les Moufquetaires gris, les Chevaux legers de la Garde, les Officiers de la Chambre & de la Garderobe : un Caroffe du Roi, où étoient des Aumôniers de S. M., fon Confeffeur & le Curé de Verfailles ; un Caroffe du Roi où étoient le Duc de Bourbon : le Cardinal de Rohan, le Duc de Trefme, Premier Gentilhomme de la Chambre de fervice, le Duc de la Tremouille & le Duc de Mortemar, auffi Premiers Gentilshommes de la Chambre, le Duc de la Rochefoucaut, Grand Maître de la Garderobe, & le Chevalier de Dampierre, Premier Ecuier du Duc de Bourbon : les Trompettes de la Chambre, les Hérauts d'Armes, le Grand Maître, le Maître & l'Aide des Ceremonies, le Chariot & quatre Aumôniers à cheval portant les coins du Poële, le Prince Charles de Lorraine, Grand Ecuier de France, & le Duc de Villeroi, Capitaine des Gardes du Corps à cheval, les Gardes du Roi & les Gendarmes. La marche étoit fermée par les Caroffes du Duc de Bourbon & par ceux du Cardinal de Rohan, & des Ducs de la Tremouille, de la Rochefoucault, de Mortemar & de Trefmes. Le Convoi arrivant à une demi lieuë de St. Denis y fut joint par un grand nombre d'Officiers, des fept Officiers à pié, par les Gardes de la Prevôté de l'Hôtel & par les cent Suiffes de la Garde. Et à quelque diftance, on trouva les Religieux de l'Abbaïe Roiale de St. Denis, au nombre d'environ fix ving, revêtus de Chapes de velours, & precedez par les Paroiffes, les Recolets & les Officiers de la Ville. Après les Priéres ordinaires ; tous les Ecclefiaftiques précederent proceffionnellement le Chariot, jufqu'à la Porte de l'Abbaïe, où le Cardinal le préfenta au Prieur, par un Difcours touchant & éloquent. Le Corps fut placé dans le Chœur de l'Eglife entouré de Cierges, & les Religieux commencèrent à faire autour des Prières jour & nuit. Le Lendemain les Religieux celebrérent un Service auquel affiftèrent tous les Officiers qui avoient accompagné le convoi.

Vers le milieu d'Octobre l'Hôtel de Vile de Paris fit faire un Service pour le feü Roi ; & l'on remarqua dans cette Ceremonie que chacun de fes Membres qui alloit à l'Offrande, avoit à la main une petite fonnette, dont il fonnoit en marchant. Le 23. du même mois, le Grand Service folemnel, pour lequel on avoit fait des préparatifs depuis la mort de ce Prince, fut celebré dans l'Eglife de l'Abbaïe Roiale de St. Denis. Le Corps, qui y étoit demeuré en depôt depuis le jour du tranfport, étoit fur un magnifique Catafalque *, fous un grand Pavillon, au millieu d'une Chapelle ardente, éclairée d'un grand nombre de Cierges. Le tour du Chœur étoit orné de Cartouches, qui reprefentoient les principales Actions, & les Vertus du Prince défunt. Le Cardinal de Rohan, Grand Aumônier de France, s'y étant rendu le jour précedent avoit affifté aux Vêpres des Morts chantées par la Mufique du Roi, & par les Religieux de l'Abbaïe. Le Clergé, le Parlement, la Chambre des Comptes, la Cour des Aides, la Cour des Monnoies, le Châtelet, l'Election, les Corps de Ville & l'Univerfité s'y étoient rendus, fuivant l'invitation qui leur en avoit été faite. Mr. le Duc d'Orleans, premier Prince du Deuil, aiant pris fa place, enfuite le Duc de Bourbon, & le Comte de Charolois, la Meffe fut

C'eft une Décoration d'Architecture & de Sculpture pour la Repréfentation d'un Cercueil.

celé-

1715. celebrée par le Cardinal de Rohan. A l'Ofertoire Mr. le Duc d'Orleans, conduit par le Marquis de Dreux, Grand-Maître des Ceremonies, alla à l'Ofrande, après les Saluts ordinaires de l'Autel, du Corps du feu Roi, des Princes, du Clergé, des Ministres Etrangers, & des Compagnies. Ensuite le Duc de Bourbon, puis le Comte de Charolois y furent conduits. Après l'Ofertoire, l'Evêque de Castres prononça l'Oraison funebre. Lorsque la Messe fut finie, le Cardinal de Rohan, & ensuite les Evêques d'Auxerre, de Seez, d'Angers, & de Bauvais, firent les Encensemens autour du Corps, après lesquels les Gardes du Corps habillez de deüil, le Chaperon en forme, le transporterent au Caveau, après qu'on eût ôté de dessus le Cercueil les Honneurs, qui furent presentez aux Ducs qui devoient les porter. Les quatre coins du Poële étoient tenus par Messieurs de Mesmes, premier President du Parlement, de Novion, de Menars, & d'Aligre, Presidens à Mortier. Le Roi d'Armes aprocha du Caveau, où après que le Corps eût été descendu, il jeta sa Cote d'Armes & son Chaperon : puis il apella ceux qui devoient porter les pieces d'honneur. Le Marquis de Courtenvaux aporta l'Enseigne des cent Suisses de la Garde, dont il est le Capitaine. Le Duc de Charost, le Duc de Villeroi, le Sieur de Balliviere, Lieutenant de la Compagnie du Maréchal d'Harcourt, en son absence, aporterent les Enseignes de leurs Compagnies ; & le Duc de Noailles, Capitaine de la Compagnie des Gardes Ecossoises, aporta celle de la sienne. Quatre Ecuyers du Roi aporterent les Eperons, les Gantelets, l'Ecu, & la Cote d'Armes. Le Sieur du Jaussoi, en l'absence du Marquis de Beringhen, premier Ecuyer, aporta le Heaume timbré à la Royale. Le Sieur de la Chesnaie, premier Trenchant, aporta le Pannon du Roi. Le grand Ecuyer de France aporta l'Epée Royale. Le Duc d'Albret, grand Chambellan, aporta la Banniere de France : le Duc de Brissac, la Main de Justice : le Duc de Luines, le Sceptre ; & le Duc d'Usez, la Couronne Royale. Toutes ces Pieces d'honneur furent posées sur le cercueil. Puis le Duc de la Tremouille, faisant la fonction de Grand-Maître de France, mit son Bâton dans le Caveau, & les Maîtres d'Hôtel rompirent les leurs. Ensuite le Duc de la Tremouille cria, *le Roi est mort* : & le Roi d'Armes repeta par trois fois : *le Roi est mort, prions tous pour le repos de son ame.* On fit ensuite une priere. Enfin le Roi d'Armes cria trois fois : *Vive le Roi Loüis XV*. ce qui fut suivi des aclamations de toute l'assemblée, & les Trompettes sonnerent dans la Nef. Les Princes, le Clergé, les Ducs, les Oficiers, les Compagnies, les Ministres Etrangers furent ensuite traitez magnifiquement en diverses Salles de l'Abaïe.

Enfin le même Mausolée qui avoit servi à Saint Denis, ayant été dressé dans l'Eglise Metropolitaine de Nôtre-Dame de Paris, on y fit le vingt-deuxiéme Novembre un Service solemnel pour le repos de l'ame du feu Roi. Le Cardinal de Noailles, Archevêque de Paris oficia pontificalement, & l'Evêque d'Alet prononça l'Oraison funebre. Monsieur le Duc d'Orleans, le Duc de Bourbon, & le Comte de Charolois faisoient le Deüil, étant suivis d'un grand nombre de personnes des plus considerables de la Cour.

& de la Ville. Le Clergé, le Parlement, la Chambre des Comptes, la Cour des Aides, l'Université, & le Corps de Ville y assisterent, ayant été invitez par ordre du Roi. Les Ambassadeurs & Envoyez des Princes étrangers y furent pareillement invitez. Mr. le Duc d'Orleans dîna ensuite à l'Archevêché, où le Cardinal de Noailles le traita magnifiquement.

FIN.

AVIS
AUX RELIEURS,

Pour placer les Figures ou les Folio ne sont pas marquez de l'Histoire de Loüis XIV. par M. de L~~imer~~y, *in* 4. 3. Tomes.

[manuscript: Limier]

TOME I.
Loüis XIV. doit regarder le Frontispice.
La Reine.   Page 649

TOME II.
M. le Duc de Luxembourg. 298
Le P. la Chaise.   374
M. De Catinat.   523

TOME III.
M. Le Duc de Bourgogne. P. 1
Le Roy d'Espagne.   64
M. De Villars.   224
M. De Berry.   338
M. le Comte de Toulouse. 584

www.ingramcontent.com/pod-product-compliance
Lightning Source LLC
Chambersburg PA
CBHW050126240426
43673CB00043B/1578